Forschungen und Berichte
der Evangelischen Studiengemeinschaft
im Auftrage des Wissenschaftlichen Kuratoriums
herausgegeben von Georg Picht, Hans Dombois und Heinz Eduard Tödt

Band 28

Die Evangelische Studiengemeinschaft e. V. wird getragen von der Evangelischen Kirche in Deutschland und ihren Gliedkirchen, dem Leiterkreis der Evangelischen Akademien und dem Deutschen Evangelischen Kirchentag. Vorsitzender des Wissenschaftlichen Kuratoriums ist Professor D. Dr. Ludwig Raiser in Tübingen. Sie unterhält die Forschungsstätte der Evangelischen Studiengemeinschaft (F. E. ST.) in Heidelberg.

WOLFGANG HUBER

Kirche und Öffentlichkeit

ERNST KLETT VERLAG
STUTTGART

Alle Rechte vorbehalten
Fotomechanische Wiedergabe nur mit Genehmigung des Verlages
© Ernst Klett Verlag, Stuttgart 1973. Printed in Germany
Satz und Druck: Brönner & Daentler KG, Eichstätt

ISBN 13-12-903940-6

Meinen Eltern
zum 1. Juli 1973
in Dankbarkeit gewidmet

Vorwort

Das Verhältnis von Kirche und Öffentlichkeit hat sich in den letzten Jahrzehnten tiefgreifend verändert. Das Ende des landesherrlichen Kirchenregiments, der staatliche Versuch, Religion und Kirche zur Privatsache zu erklären und auf den Bereich des Privaten zu beschränken, im Gegenzug die Beanspruchung eines Rechts der Kirche auf öffentliche Wirksamkeit oder auch das Verständnis der Kirche als einer staatstragenden Macht – dies sind für den Bereich Deutschlands und des Protestantismus einige der Stichworte für den Wandel im Verhältnis von Kirche und Öffentlichkeit, der sich in den letzten Jahrzehnten vollzogen hat. In der Gegenwart scheint dieses Verhältnis verworrener und umstrittener geworden zu sein als je zuvor. Die Motive, die die Diskussion bestimmen, sind nun aber nicht länger nur innerdeutscher und innerprotestantischer Herkunft. Sondern inzwischen greift die ökumenische Entwicklung in diese Debatte ein und bildet ein zusätzliches Moment der Verwirrung oder der Klärung. Dabei war das ökumenische Denken im Bereich von »Kirche und Gesellschaft« in den letzten Jahrzehnten noch deutlicheren Veränderungen unterworfen als das Denken im Bereich des deutschen Protestantismus. Die Entwicklung von dem Konzept der »verantwortlichen Gesellschaft« zur Debatte über die »Theologie der Revolution«, von der Orientierung am liberalen westlichen Gesellschaftsmodell zur Wahrnehmung des »rapid social change«, vom Eintreten für die liberalen Freiheitsrechte zum Ernstnehmen der sozialen Menschenrechte – diese Entwicklung hat eine Dynamik angenommen, in der sich die Dynamik der großen Weltprobleme spiegelt.

Mit diesen Veränderungen im Verhältnis von Kirche und Öffentlichkeit hat die theologische Reflexion in den letzten Jahrzehnten nicht Schritt gehalten. Die tatsächlichen Entwicklungen wurden von ihr nur zum Teil wahrgenommen und für die Weiterentwicklung der Ekklesiologie berücksichtigt. Notwendige kirchliche Entscheidungen fielen deshalb vielfach ohne eine zureichende wissenschaftliche Beratung durch die Theologie. In der gegenwärtigen Unsicherheit über das Verhältnis von Kirche und Öffentlichkeit fehlt es weithin an klaren theologischen Orientierungshilfen.

In diese Lücke versuchen die folgenden Untersuchungen einzutreten. Sie wollen in gleicher Weise zur Analyse der sich vollziehenden Veränderungen im Verhältnis von Kirche und Öffentlichkeit als auch zur angemessenen Interpretation dieses Verhältnisses beitragen. Aus dieser Zielsetzung ergeben sich die methodischen Besonderheiten dieser Arbeit. Sie benutzt Elemente empirisch-kritischer Methodik, um mit deren Hilfe die Wandlungen des Verhältnisses von Kirche und Öffentlichkeit zu erheben. Dies geschieht nicht in einer umfassenden Bestandsaufnahme, sondern in vier »Fallstudien« (case-studies), die sich ausgewählten Bereichen im Verhältnis von Kirche und Öffentlichkeit zuwenden. Sie beschränkt sich zum anderen nicht auf die Diskussion theologischer Interpretationen dieses Verhältnisses, sondern stellt ihnen die Erörterung juristischer Interpretationen zur Seite. Denn diese haben dank einer langen Tradition zu einem relativ ausgebildeten System geführt, welches zudem in den letzten Jahrzehnten andere Interpretationen sowohl theoretisch als auch praktisch in den Hintergrund drängte. Das Verhältnis von Kirche und Öffentlichkeit wurde vorwiegend unter dem Gesichtspunkt des Verhältnisses von Kirche und Staat interpretiert, wobei man sich in erster Linie der bereitstehenden juristischen Kategorien bediente. Demgegenüber steht die politologische und soziologische Interpretation des Verhältnisses von Kirche und Öffentlichkeit in Deutschland noch am Anfang ihrer Entwicklung; sie erfolgt vorwiegend in den Kategorien der sogenannten Verbandsforschung. Die aus ihr hervorgegangenen Interpretationen werden deshalb nicht in einem eigenen Abschnitt dargestellt, sondern an gegebenem Ort herangezogen.

Der Schwerpunkt dieser Fallstudien und Interpretationsanalysen liegt auf der Zeit nach 1945 und bezieht sich auf den Bereich der Bundesrepublik Deutschland sowie des Protestantismus. Allerdings würde eine schematische zeitliche Abgrenzung der Aufgabe nicht gerecht. In der ersten Fallstudie greife ich auf die Zeit des Ersten Weltkriegs zurück, um an ihr das Ende jenes Verhältnisses von Kirche und Öffentlichkeit darzustellen, das man mit dem Stichwort des »Bündnisses von Thron und Altar« zu kennzeichnen pflegt. So vergröbernd diese Kennzeichnung ist, so wichtig ist es doch zugleich, sich zu vergegenwärtigen, daß diese Epoche an ihr Ende gekommen ist, wenn man nach einem unserer Zeit gemäßen Verständnis des Verhältnisses von Kirche und Öffentlichkeit fragt.

Die zweite und dritte Fallstudie schließen jeweils einen knappen historischen Abriß ein, durch den die geschichtliche Herkunft der gegenwärtigen Problemstellung verdeutlicht werden soll.

Ebenso greife ich in den Interpretationsanalysen gelegentlich auf die Zeit vor 1945 zurück; so ist etwa eine Erörterung der Barmer Theologischen Erklärung im Zusammenhang späterer Interpretationsversuche unerläßlich.

Das Ziel der folgenden Untersuchungen besteht darin, zu einer sachgemäßen, auf die kirchliche und gesellschaftliche Wirklichkeit bezogenen Interpretation des Verhältnisses von Kirche und Öffentlichkeit vorzudringen.

Die vorliegende Arbeit wurde 1972 von der Theologischen Fakultät der Universität Heidelberg als Habilitationsschrift angenommen. Heinz Eduard Tödt, der das Hauptgutachten für die Fakultät erstattet hat, habe ich für vielfachen Rat aufrichtig zu danken. Mein Dank gilt ebenso den beiden Korreferenten, Martin Schmidt und Friedrich Müller. Er gilt ferner den Institutionen und Einzelpersonen, die mich durch die Überlassung von unveröffentlichtem Material und durch Auskünfte unterstützt haben. Dem Kuratorium der Evangelischen Studiengemeinschaft und den Herausgebern danke ich für die Aufnahme dieser Arbeit in die »Forschungen und Berichte«, meinen Kollegen in der Forschungsstätte der Evangelischen Studiengemeinschaft für viele anregende Diskussionen, Reinhard Schiffmacher für die Erledigung ungezählter Bücherwünsche, Gundula Krefft und Ute Koch für die sorgfältige Herstellung des Manuskripts, Anna Frese für die unermüdliche Hilfe bei den Korrekturen und der Erstellung der Register, Konrad Huber für die bereitwillige Unterstützung bei den Korrekturarbeiten. Die Drucklegung dieses Buches wurde durch einen großzügigen Zuschuß des Oberkirchenrats der Evangelischen Landeskirche in Württemberg ermöglicht. Ihm danke ich dafür ebenso wie dem Ernst Klett Verlag für sein Interesse und Entgegenkommen. Schließlich möchte ich Kara Huber-Kaldrack danken, die die Entstehung dieser Arbeit in ihren verschiedenen Stadien mit ihrer Hilfe, Ermunterung und Geduld begleitet und gefördert hat.

Heidelberg, im Juni 1973.   W. H.

Inhalt

Vorwort VII

A. Einführung 9

I. Der Begriff der Öffentlichkeit 11

1. Publicité und Öffentlichkeit 11
2. Staat und Gesellschaft 15
3. Öffentlichkeit und Kommunikation 25
4. Kirche als Teil der Öffentlichkeit oder Religion als Privatsache? 31
5. Zusammenfassung 45

II. Das öffentliche Handeln der Kirche als Problem evangelischer Ekklesiologie 49

1. Die Ekklesiologie und die Kategorie der Öffentlichkeit . 49
    1.1. Vorbemerkung 49
    1.2. Der reformatorische Kirchenbegriff 51
        1.2.1. Luther, Melanchthon und die Confessio Augustana 51
        1.2.2. Der Übergang zur altprotestantischen Orthodoxie 60
    1.3. Der neuprotestantische Kirchenbegriff 63
        1.3.1. Übergangstheologie und Aufklärung 63
        1.3.2. Friedrich Schleiermacher 68
        1.3.3. Albrecht Ritschl 80
        1.3.4. Das konfessionelle Luthertum 85
        1.3.5. Rudolph Sohm 88
        1.3.6. Zusammenfassung 96
    1.4. Kirche und Öffentlichkeit in der Wort-Gottes-Theologie 98
        1.4.1. Karl Barth 98

   1.4.2. Gerhard Ebeling 103
   1.4.3. Wolfhart Pannenberg 106
  1.5. Die Ekklesiologie Dietrich Bonhoeffers und der Gedanke der »Kirche für andere« 107
   1.5.1. Dietrich Bonhoeffer 107
   1.5.2. Hoekendijk und die Studie über die »missionarische Struktur der Gemeinde« 114
  1.6. Zusammenfassung 117
 2. Formen der öffentlichen Wirksamkeit der Kirche 119
 3. Ekklesiologie, Theorie der Kirche oder Pragmatismus? . . 125

B. Fallstudien 133

III. EVANGELISCHE THEOLOGIE UND KIRCHE BEIM AUSBRUCH DES ERSTEN WELTKRIEGS 135

 1. Zur Problemstellung 135
 2. Kirche, Nation und Krieg 140
  2.1. Die nationale Einstellung der Kirche und die patriotische Predigt 140
  2.2. Das »sittliche Recht des Krieges« 148
  2.3. Der »Burgfrieden« und die kirchlichen Parteien 158
 3. Die Kulturbedeutung des Protestantismus und die religiöse Bedeutung der großen Kriege: Karl Holl . . 160
 4. Die Freunde der »Christlichen Welt« 168
  4.1. Adolf von Harnack 171
  4.2. Ernst Troeltsch 176
  4.3. Martin Rade 183
 5. Die »Hilfe« 189
  5.1. Friedrich Naumann 189
  5.2. Gottfried Traub 192
 6. Der religiös-soziale Widerspruch 196
  6.1. Christoph Blumhardt d. J. 196
  6.2. Leonhard Ragaz 199
  6.3. Karl Barth 204
 7. Abschließende Erwägungen 212

IV. Die Struktur der evangelischen Militärseelsorge . . 220
1. Zur Problemstellung 220
2. Zur Geschichte der Militärseelsorge bis 1918 230
3. Militärseelsorge in der Weimarer Republik und im Dritten Reich 237
   3.1. Die Beibehaltung staatlich organisierter Militärseelsorge nach 1918 237
   3.2. Die Evangelische militärkirchliche Dienstordnung von 1929 241
   3.3. Militärseelsorge im Dritten Reich 244
4. Evangelische Militärseelsorge in der Bundesrepublik . 247
   4.1. Die Entstehung des Militärseelsorgevertrags und die Anfänge der Militärseelsorge 247
   4.2. Militärseelsorge und das Verhältnis von Staat und Kirche 259
   4.3. Lebenskundlicher Unterricht 272
       4.3.1. Aufgaben 273
       4.3.2. Beispiele 277
5. Abschließende Erwägungen: ein alternatives Strukturmodell 286

V. Der öffentliche Status der theologischen Fakultäten 295
1. Zur Problemstellung 295
2. Die Garantie des öffentlichen Status der theologischen Fakultäten 301
   2.1. Die korporative Garantie der theologischen Fakultäten und ihre Begründung 301
   2.2. Der Fakultätsartikel des Preußischen Kirchenvertrags von 1931 308
3. Theologische Fakultäten und Kirchliche Hochschulen 316
   3.1. Die Gründung Kirchlicher Hochschulen in der Zeit des Kirchenkampfs 316
   3.2. Theologische Fakultäten und Kirchliche Hochschulen nach 1945 320

4. Die Neugründung theologischer Fakultäten nach 1945 334
   4.1. Mainz 334
   4.2. Hamburg 344
   4.3. Bochum 351
   4.4. München 359
5. Abschließende Erwägungen 366

VI. Die Vertriebenendenkschrift von 1965 und das Verhältnis von Kirche und Öffentlichkeit 380

1. Zur Problemstellung 380
2. Die Situation der Vertriebenen in Gesellschaft und Kirche 384
3. Die Vorgeschichte der Vertriebenendenkschrift 389
4. Die Denkschrift und ihre Wirkungen 397
   4.1. Publikation, Hauptthesen und Aufnahme der Denkschrift 397
   4.2. Die Vertriebenenverbände und die NPD 402
   4.3. Die »Notgemeinschaft evangelischer Deutscher« . 404
   4.4. Die Wirkung der Denkschrift in Polen 407
   4.5. Die Fortführung der evangelischen und katholischen innerkirchlichen Diskussion 409
5. Abschließende Erwägungen 415

VII. Die Gleichzeitigkeit des Ungleichzeitigen – Ergebnisse der Fallstudien 421

C. Interpretationsanalysen 433

VIII. Theologische Interpretationen des Verhältnisses von Kirche und Öffentlichkeit 435

1. Zwei-Reiche-Lehre 437
   1.1. Zur Interpretation der Zwei-Reiche-Lehre . . . 437
   1.2. Die Zwei-Reiche-Lehre und die Unterscheidung von Gesetz und Evangelium 441

  1.3. Konsequenzen aus der Zwei-Reiche-Lehre für das Verhältnis von Kirche und Öffentlichkeit . 444
2. Königsherrschaft Christi 453
  2.1. Königsherrschaft Christi und Zwei-Reiche-Lehre 453
  2.2. Christengemeinde und Bürgergemeinde 459
3. Gesamtgesellschaftliche Diakonie 465
4. Politische Theologie 473
  4.1. Gründe für eine politische Theologie 474
  4.2. Aufgaben einer politischen Theologie 477
5. Abschließende Erwägungen 482

IX. JURISTISCHE INTERPRETATIONEN DES VERHÄLTNISSES VON KIRCHE UND ÖFFENTLICHKEIT 490

1. Die Stellung der Kirchen nach dem Bonner Grundgesetz 490
  1.1. Grundgesetz und Weimarer Reichsverfassung . 491
  1.2. Eine neue Stufe im Verhältnis von Staat und Kirche? 496
  1.3. Die Kirchen als Körperschaften des öffentlichen Rechts 498
2. Partnerschaft zwischen Staat und Kirche 502
  2.1. Verträge zwischen Staat und Kirche 503
  2.2. Die Anerkennung des Öffentlichkeitsauftrags der Kirche 511
3. Trennung von Staat und Kirche 522
  3.1. Die etatistische Interpretation 523
  3.2. Die liberale Interpretation 529
4. Die Kirche als Verband in der Gesellschaft 533
5. Abschließende Erwägungen 545

X. KIRCHENPRAKTISCHE INTERPRETATIONEN DES VERHÄLTNISSES VON KIRCHE UND ÖFFENTLICHKEIT 550

1. Die Barmer Theologische Erklärung 551
2. Verantwortliche Gesellschaft 556

3. Der einzelne und die Kirche 564
4. Die Zehn Artikel über Freiheit und Dienst der Kirche 570
5. Die politische Verantwortung der Kirche 572
6. Abschließende Erwägungen 575

XI. Kirchliche Denkschriften und das Verhältnis von Kirche und Öffentlichkeit 579

1. Bestandsaufnahme 580
   1.1. Vom »Wort« zur »Denkschrift« 580
   1.2. Zielsetzung und Adressaten 586
2. Die Denkschrift »Aufgaben und Grenzen kirchlicher Äußerungen zu gesellschaftlichen Fragen« 593
3. Abschließende Erwägungen: Der theologische Ort der Denkschriften 600

D. Schluß 609

XII. Der Öffentlichkeitsanspruch des Evangeliums und das öffentliche Handeln der Kirche 611

1. Der Horizont für die Bestimmung des Verhältnisses von Kirche und Öffentlichkeit 612
2. Der Öffentlichkeitsanspruch des Evangeliums 616
3. Öffentlichkeitsauftrag und cultus publicus 628
4. Kirche als gesellschaftlicher Verband 632
5. Konsequenzen 645

Abkürzungsverzeichnis 652
Literaturverzeichnis 655
Sachregister 713
Personenregister 727

A. Einführung

I. Der Begriff der Öffentlichkeit

Nach dem Verhältnis von Kirche und Öffentlichkeit wird in sehr unterschiedlichen Hinsichten gefragt: das Verhältnis der Kirche zu den Massenmedien, ihr Einfluß auf politische Entscheidungen, ihre Beziehung zu den gesellschaftlichen Gruppen und Verbänden, ihr Engagement für das »Gemeinwohl« — all diese Fragen begegnen unter dem Thema »Kirche und Öffentlichkeit«. Hinter ihnen stehen unterschiedliche Auffassungen des Begriffs der Öffentlichkeit. Eine Klärung der Fragestellung muß deshalb mit einer Erörterung dieses Begriffs einsetzen. In seiner spezifisch neuzeitlichen Fassung hat sich dieser Begriff erst seit der Zeit der Aufklärung gebildet. An diese geschichtliche Entwicklung knüpfen wir zur Präzisierung unserer Fragestellung an. Erst später kann geklärt werden, welche Konsequenzen aus voraufklärerischen Bestimmungen des Verhältnisses von Kirche und Öffentlichkeit unter den Bedingungen der Gegenwart gezogen werden können.

1. Publicité und Öffentlichkeit

Das deutsche Adjektiv »öffentlich« hat drei zu unterscheidende Hauptbedeutungen: 1. was jeder sehen oder hören kann; 2. was nicht für einzelne, sondern für viele oder für das ganze Publikum bestimmt ist; 3. was den Staat angeht[1]. Schon im 18. Jahrhundert kann man in den juristischen Texten zwei vorherrschende Bedeutungen von »öffentlich« unterscheiden: öffentlich ist entweder das, was auf das gemeine Wohl, oder das, was auf das Gemeinwesen des Staates bezogen ist[2]. Daneben bezeichnet »öffentlich« das, was allgemein zugänglich ist. Das Substantiv Öffentlichkeit ist ein erst Ende des 18. Jahrhunderts auftretendes Kunstwort zur Übersetzung des franzö-

---

[1] Vgl. *Grimm*, Wörterbuch VII, Sp. 1180 ff.; *Trübner*, Wörterbuch, S. 19 f.
[2] Vgl. *H. Kirchner*, Beiträge zur Geschichte der Entstehung der Begriffe »öffentlich« und »öffentliches Recht«, S. 8, wo Kirchner die erstgenannte Bedeutung mit »auf die Gesellschaft bezogen« wiedergibt. Die von ihm erörterten Belege zeigen jedoch, daß die oben gewählte Wiedergabe treffender ist und zudem jede Verwechslung mit dem Gesellschaftsbegriff des 19. Jahrhunderts ausschließt.

sischen publicité. Von der französischen Revolution an liegt das deutsche Wort mit dem französischen im Kampf um seine Anerkennung im deutschen Sprachgebrauch; mit der Revolution von 1848 war diese Anerkennung erreicht[3].

Allerdings hat »Öffentlichkeit« ebenso wie zumeist auch »Publizität« zunächst eine engere Bedeutung als das französische publicité und das englische publicity. Es bezeichnet »die Eigenschaft, daß etwas offenbar, tatsächlich bekannt oder doch jedenfalls allgemein zugänglich, der Kenntnisnahme offenstehend ist — oder den Bereich, in dem dieses Offenbarsein, dieses tatsächliche Bekanntsein oder doch diese Möglichkeit der Kenntnisnahme besteht«[4].

Das ist jedoch nur eine Teilbedeutung der umfassenderen Bedeutung von publicité und publicity, die den Bezug auf ihre Wurzel populus niemals eingebüßt haben. Das zeigt sich an der Reihenfolge, in der z. B. das Wörterbuch der Académie Française die Bedeutung von »public« nennt: »1. qui appartient à tout un peuple, qui concerne tout un peuple; 2. qui est commun, à l'usage de tous; 3. qui est manifeste, qui est connu de tout le monde«[5]. Genau die umgekehrte Reihenfolge findet sich in den deutschen Wörterbüchern; in diesen steht außerdem an der Stelle der Beziehung auf das ganze *Volk* die Beziehung auf den *Staat*. Publicité und publicity dagegen bezeichnen zu allererst die »Zugehörigkeit zu dem Lebens-, Wert- und Sinnbereich des Volkes als Gemeinwesen«[6]. Die Forderung nach der »Publizität« politischer Akte in dem uns geläufigen Sinn ist eine Konsequenz daraus, daß diese Akte das Gemeinwesen betreffen: in der französischen Revolution wird die Öffentlichkeit der Parlamentsverhandlungen faktisch durchgesetzt und juristisch normiert[7]. Diese Forderung greift auf Deutschland über und findet etwa in dem Spottvers G. Bürdes aus dem Jahr 1789 ihren Niederschlag:

»Das große Losungswort, das jetzt ein jeder kräht,
Vor dem in ihren Staatsperücken
Sich selbst des Volkes Häupter bücken,
Horch auf! es heißt: Publicität.«[8]

---

[3] Vgl. W. *Pfaff*, Zum Kampf um deutsche Ersatzwörter, S. 9, 44.
[4] R. *Smend*, Staatsrechtliche Abhandlungen, S. 463.
[5] Zitiert nach *Smend*, a. a. O., S. 472.
[6] *Smend*, a. a. O., S. 463.
[7] Vgl. J. *Habermas*, Strukturwandel der Öffentlichkeit, S. 78 ff.
[8] G. *Bürde*, Vermischte Gedichte, 1789, S. 126, zitiert nach H. *Kirchner*, a. a. O., S. 56.

Dieser Vers zeigt, daß sich das Wort »Publizität« zunächst neben dem Wort »Öffentlichkeit« hält und sogar häufiger als dieses begegnet. So verwendet insbesondere Kant das Wort »Publizität« an entscheidender Stelle. Im zweiten Anhang des Entwurfs »Zum ewigen Frieden«, der das Problem der Übereinstimmung der Politik mit der Moral behandelt, entwickelt Kant das transzendentale Prinzip des öffentlichen Rechts. Dieses lautet negativ: »Alle auf das Recht anderer Menschen bezogene Handlungen, deren Maxime sich nicht mit der Publizität verträgt, sind unrecht.«[9] Die positive Fassung lautet: »Alle Maximen, die der Publizität *bedürfen* (um ihren Zweck nicht zu verfehlen), stimmen mit Recht und Politik vereinigt zusammen.«[10] Kant begründet dieses Prinzip der Publizität in dem umfassenderen Sinne von »Publizität«, nämlich in dem »allgemeinen Zweck des Publikums«:

»Denn, wenn sie[11] nur durch die Publizität ihren Zweck erreichen können, so müssen sie dem allgemeinen Zweck des Publikums (der Glückseligkeit) gemäß sein, womit zusammenzustimmen (es mit seinem Zustande zufrieden zu machen) die eigentliche Aufgabe der Politik ist. Wenn aber dieser Zweck *nur* durch die Publizität, d. i. durch die Entfernung alles Mißtrauens gegen die Maximen derselben, erreichbar sein soll, so müssen diese auch mit dem Recht des Publikums in Eintracht stehen; denn in diesem allein ist Vereinigung der Zwecke aller möglich.«[12]

Öffentliches Recht also ist dadurch gekennzeichnet, daß es auf die allgemeinen Zwecke des Publikums, also auf das *öffentliche Interesse* gerichtet ist[13]. Wahre Politik wird »auf die Bedeutung eingeschränkt, mit der Idee des öffentlichen Rechts übereinzustimmen«[14].

Hinter Kants transzendentalem Prinzip steht die Überzeugung, dem öffentlichen Konsensus des räsonierenden Publikums komme die Funktion einer pragmatischen Wahrheitskontrolle zu; denn es ist zu vermuten, daß der Konsensus der einzelnen in der Übereinstimmung

---

[9] *Kant,* Werke, hrsg. v. Weischedel, Bd. VI, S. 245.
[10] Ebd., S. 250.
[11] Sc. die Maximen.
[12] Ebd., S. 250 f.
[13] Zur Auseinandersetzung zwischen der »Interessentheorie« und der »Subjektionstheorie« in der Begründung des öffentlichen Rechts vgl. *H. Krüger,* Allgemeine Staatslehre, S. 321 ff.
[14] Aus den Vorarbeiten Kants zu der Schrift über Theorie und Praxis, zitiert nach *Koselleck,* Kritik und Krise, S. 101.

ihres Urteils mit dem Objekt begründet ist[15]. Das öffentliche Räsonnement des Publikums gilt für Kant deshalb als Vehikel der Aufklärung[16]. Denn die Publizität ist zu allererst das Medium der Kritik. Im »Zeitalter der Kritik«, in dem Kant zu leben meint, vermag nur das Anspruch auf unverstellte Achtung zu erheben, was die freie und öffentliche Prüfung durch die Vernunft hat aushalten können[17]. Deshalb auch ist für ihn Publizität das »Prinzip der Rationalisierung politischer Herrschaft«[18]. An dieser Publizität nehmen nach Kant nur die Privateigentümer teil, da nur sie ihre eigenen Herren sind[19]: der Zusammenhang des öffentlichen Räsonnements mit dem freien Warenverkehr als Grundlage der bürgerlichen Gesellschaft wird daran offenbar. Der Vorstellung einer dem freien Markt immanenten Gerechtigkeit korrespondiert die Vorstellung einer der freien Diskussion entspringenden Wahrheit.

In dieser transzendentalen Bestimmung des öffentlichen Rechts und damit der Politik nimmt Kant die auf die Emanzipation des Bürgertums vom Staat folgende Unterwerfung des Staats unter die Normen der bürgerlichen Moral vorweg. Damit, daß er die Publizität als transzendentales Prinzip des öffentlichen Rechts erkennt, bindet er dieses ferner an die Form des allgemeinen Gesetzes[20]. Den Begriff des allgemeinen Gesetzes entwickelt Kant in der Moralphilosophie, nämlich im Kategorischen Imperativ, und führt ihn dann in die Staatsphilosophie ein. Für den Begriff des allgemeinen Gesetzes ist ein Dreifaches kennzeichnend: »daß es keinerlei empirische Interessen verfolgt, sondern das Gesetz der Freiheit ist; daß es das vernünftige und daher a priori notwendige Gesetz ist und daß es der allen Menschen gemeinsame höchste Zweck ihrer Freiheit ist«[21]. Damit, daß das staatliche Handeln an das allgemeine Gesetz gebunden wird,

---

[15] Kritik der reinen Vernunft B 848 f. *(Weischedel* II, S. 688); vgl. *Habermas*, Strukturwandel der Öffentlichkeit, S. 122.
[16] »Beantwortung der Frage: Was ist Aufklärung?« *(Weischedel* VI, S. 54): »Es ist also für jeden einzelnen Menschen schwer, sich aus der ihm beinahe zur Natur gewordenen Unmündigkeit herauszuarbeiten ... Daß aber ein Publikum sich selbst aufkläre, ist eher möglich; ja es ist, wenn man ihm nur Freiheit läßt, beinahe unausbleiblich.«
[17] Kritik der reinen Vernunft, A XI, Anm. *(Weischedel* II, S. 13).
[18] *J. Habermas,* »Politik und Moral«, S. 71.
[19] Ebd.
[20] Vgl. *K. Huber,* Maßnahmegesetz und Rechtsgesetz, S. 133 ff.
[21] *K. Huber,* a. a. O., S. 136.

führt Kant den Gedanken des Rechtsstaates ein, in dem staatlicher Zwang und bürgerliche Freiheit miteinander vermittelt sind. Dieser Vermittlung von Notwendigkeit und Freiheit im allgemeinen Gesetz ist die Vermittlung von Politik und Moral in der Publizität kongruent. Dem Postulat der Publizität kommt deshalb auch für den Rechtsstaatsgedanken eine Schlüsselfunktion zu. Wenn man meint, dieses Postulat weitgehend reduzieren und formalisieren zu können[22], muß man prüfen, wie sich diese Reduktion mit der rechtsstaatlichen Tradition verträgt.

2. Staat und Gesellschaft

Die bei Kant nachgewiesene Verwendung von Publizität wird im 19. Jahrhundert weithin überlagert durch ein Verständnis von Öffentlichkeit, in dem »öffentlich« und »staatlich« identifiziert werden. Zugrunde liegt dieser Entwicklung die Trennung von Staat und Gesellschaft, wie sie insbesondere in Hegels Rechtsphilosophie ihren Ausdruck gefunden hat. Die Wurzel dieser Trennung ist in der bürgerlichen Emanzipation des ausgehenden 18. Jahrhunderts zu suchen: Die private Sphäre des bürgerlichen Lebens – zu der die Wirtschaft ebenso zählt wie Religion und Kultur – soll staatlichem Zugriff entzogen und als ihm gegenüberstehende Sphäre der Gesellschaft zusammengefaßt werden[23]. Begrifflich wird diese Trennung allerdings erst bei Hegel fixiert. Dabei übernimmt er die Theorie der englischen politischen Ökonomie und bringt diese zum ersten Mal in einen Zusammenhang mit der Philosophie[24]. Er sieht die Gesellschaft begründet in dem System der Bedürfnisse, das auf der Bedürfnisnatur des Menschen und deren Befriedigung durch Arbeit und Arbeitsteilung aufbaut. Reguliert und organisiert wird die Gesellschaft in der Rechtspflege, sittlich und politisch zusammengehalten durch die auf die Polizei reduzierte Politik und durch die Korporation[25].

»Die moderne bürgerliche Gesellschaft ..., die Hegel erstmals prinzipiell thematisierte und zum begrifflichen Bewußtsein ihrer selbst erhob, hat die

---

[22] Z. B. *Martens*, Öffentlich als Rechtsbegriff, S. 50 ff.
[23] Vgl. E. *Angermann*, »Das Auseinandertreten von Staat und Gesellschaft im Denken des 18. Jahrhunderts«.
[24] Vgl. J. *Ritter*, Hegel und die französische Revolution, S. 37; M. *Riedel*, Studien zu Hegels Rechtsphilosophie, S. 75 ff.
[25] *Hegel*, Rechtsphilosophie, §§ 189 ff. (hrsg. von Hoffmeister, S. 169 ff.).

für die vorrevolutionäre Welt des alten Europas substantiellen Ordnungsstrukturen der Ökonomik und Politik zu Akzidenzen herabgesetzt, und zwar deshalb, weil sie selber zur Substanz des privaten und öffentlichen Lebens geworden ist. Ihre politische Gliederung dem Staate anheimgebend, behält die Gesellschaft von der traditionellen Politik allein die Polizei als Verwaltungs- und Ordnungsfunktion der ihr eigenen elementarischen Bewegungen zurück; das ›Stehende‹ der alten Ökonomik, den Hausverband mit der Entwicklung der industriellen Gewerbe auflösend, versucht sie, den in der geteilten Arbeit der Städte isolierten Einzelnen an ein Gemeinwesen zurückzubinden. So restituiert die mit der Revolution freigesetzte Gesellschaft in Polizei und Korporation sittlich-politische Elemente der Tradition, auf die sie als eine ›bürgerliche‹ noch immer sich zu gründen vermag.«[26]

Der so verstandenen bürgerlichen Gesellschaft stellt Hegel den Staat gegenüber als »die Wirklichkeit der sittlichen Idee«[27], und das heißt: als »die Wirklichkeit der konkreten Freiheit«[28]. In der Nachfolge Kants begreift er den Staat also als Rechtsstaat und versucht diese Bestimmung gerade durch die Unterscheidung von Staat und Gesellschaft zu sichern[29]. Diese Unterscheidung erweist sich als für das bürgerliche Zeitalter notwendig, da nur von ihr aus die Emanzipation des Bürgertums vom Staat und die Garantie der bürgerlichen Freiheitsrechte durch den Staat begriffen werden können.

Kontrovers jedoch ist bereits im 19. Jahrhundert die Frage nach der Zuordnung von Staat und Gesellschaft. Hegel hat diese Zuordnung so vorgenommen, daß er den Staat als äußerliche Notwendigkeit und als immanenten Zweck für Familie und bürgerliche Gesellschaft beschreibt[30]. Indem er ihr immanenter Zweck ist, ist er zugleich die wirkliche Idee, die die ideellen Sphären von Familie und bürgerlicher Gesellschaft erst aus sich heraussetzt:

»Die wirkliche Idee, der Geist, der sich selbst in die zwei ideellen Sphären seines Begriffs, die Familie und die bürgerliche Gesellschaft, als in seine End-

---

[26] *Riedel*, a. a. O., S. 165.
[27] Rechtsphilosophie, § 257 (Hoffmeister, S. 207).
[28] Rechtsphilosophie, § 260 (Hoffmeister, S. 214).
[29] Daß im Gegensatz zu Hegel der späte Fichte Staat und Gesellschaft verbunden und damit den Weg zum totalitären Staat eröffnet hat, stellt *B. Willms*, Die totale Freiheit, dar. Demgegenüber erscheint die Herleitung der totalitären Staatsideologie aus Hegels Trennung von Staat und Gesellschaft bei *Bahr*, Verkündigung und Information, S. 83 f., als wenig überzeugend, da sie die vor allem von J. Ritter hervorgehobene rechtsstaatliche Intention der Hegelschen Staatsphilosophie völlig übergeht.
[30] Rechtsphilosophie, § 261 (Hoffmeister, S. 215).

lichkeit scheidet, um aus ihrer Idealität für sich unendlicher wirklicher Geist zu sein, teilt somit diesen Sphären das Material dieser seiner endlichen Wirklichkeit, die Individuen als die *Menge* zu, so daß diese Zuteilung am Einzelnen durch die Umstände, die Willkür und eigene Wahl seiner Bestimmung vermittelt erscheint.«[31]

Im Widerspruch zu dieser Hegelschen Zuordnung steht vor allem die liberale Staatslehre. Schon 1810 unterscheidet Wilhelm Joseph Behr zwischen dem Wohl des Staates und dem allgemeinen, öffentlichen Wohl, das heißt dem Wohl der in der Gesellschaft verbundenen einzelnen. Er bestreitet, daß das Wohl der einzelnen auf das Wohl des Staates als seinen »immanenten Zweck« ausgerichtet sei, und behauptet umgekehrt, alles Staatliche sei nur Mittel zum »öffentlichen Wohl«[32]. In ähnliche Richtung weist der Artikel Karl Theodor Welckers über »Öffentlichkeit« in dem von ihm zusammen mit Rotteck herausgegebenen Staatslexikon. Welcker nimmt die schon für das 18. Jahrhundert geläufige dreifache Bedeutung von »öffentlich« auf: öffentlich ist, was den Staat angeht, was alle einzelnen Bürger als Teilnehmer der societas angeht, und schließlich, was nicht geheim ist. Entscheidend ist der Zusammenhang zwischen den verschiedenen Bedeutungen. Aus ihm ergibt sich zum einen das Publizitätspostulat: »Das Öffentliche soll öffentlich sein.«[33] Aus ihm ergibt sich zum anderen, daß das Handeln des Staates auf das öffentliche Wohl als das Wohl aller Glieder der societas bezogen werden muß.

Umgekehrt und eher in der Linie des Hegelschen Denkens sieht die konservative Staatslehre das Verhältnis von Staat und Gesellschaft. So heißt es bei Friedrich Julius Stahl: »Das Öffentliche ist nicht bloß das, was dem Nutzen aller, sondern was einer höheren Ordnung über allem Nutzen dient.«[34] Diese höhere Ordnung ist die Verwirklichung eines sittlichen Reiches christlicher Prägung[35]. Das Öffentliche wird also nicht durch die Individuen, durch ihre Rechte und Bedürfnisse bestimmt; was dazu dient, den einzelnen zu befriedigen, ist pri-

---

[31] Ebd., § 262 (S. 217).
[32] *W. J. Behr*, System der angewandten allgemeinen Staatslehre oder der Staatskunst (Politik), 1810, Bd. 1, S. 56 f., zitiert nach *H. Kirchner*, Beiträge zur Geschichte der Entstehung der Begriffe »öffentlich« und »öffentliches Recht«, S. 58.
[33] *K. Th. Welcker*, »Öffentlichkeit«, in: Rotteck/Welcker, Staatslexikon, 2. Aufl., Bd. 10, S. 249.
[34] *F. J. Stahl*, Rechts- und Staatslehre, Bd. 1, S. 302.
[35] Vgl. *H. Kirchner*, a. a. O., S. 76 f.

vat[36]. Öffentlich dagegen ist, »was erhaben über alle Menschen, über Fürsten wie über Volk einer nothwendigen Ordnung, einem sittlichen Beruf dient«[37]. Dieser Begriff des Öffentlichen ist unmittelbar dem Staat zugeordnet; denn »nach Gehalt und Bedeutung ist er ein sittliches Reich«[38], eine »durch und durch öffentliche Sache«[39]. Von den drei Bedeutungsrichtungen, die dem Begriff des Öffentlichen im 18. Jahrhundert eigentümlich waren, ist hier nur eine aufgenommen. Das Publizitätspostulat ist für diesen Begriff des Öffentlichen irrelevant; die Gesellschaft ist ausdrücklich als die Sphäre des Privaten bestimmt; allein der Staat ist in unmittelbarer Weise auf das Öffentliche bezogen.

Diese Entwicklung muß man vor Augen haben, will man die Kritik, die Marx an der Hegelschen Unterscheidung und Zuordnung von Staat und Gesellschaft geübt hat, in ihrem ganzen Gewicht würdigen. Marx hat diese Kritik zuerst in dem 1841/42 entstandenen Manuskript »Kritik der Hegelschen Staatsphilosophie«, in dem er die §§ 261—310 der Rechtsphilosophie Hegels erörtert, formuliert[40]. Die Kritik setzt bei der Hegelschen Aussage ein, der Staat als die wirkliche Idee setze die ideellen Sphären von Familie und bürgerlicher Gesellschaft aus sich heraus.

Nach Marx bringen jedoch Familie und bürgerliche Gesellschaft den Staat hervor; sie sind für dessen Existenz notwendig und bilden seine natürliche Basis. Bei Hegel aber wird diese Bedingung der Existenz des Staates als das durch den Staat Bedingte, »das Bestimmende wird als das Bestimmte, das Produzierende wird als das Produkt seines Produkts gesetzt; die ›wirkliche Idee‹ erniedrigt sich nur in der Endlichkeit der Familie und der bürgerlichen Gesellschaft, um durch ihre Aufhebung seine Unendlichkeit zu genießen und hervorzubringen«[41]. Das wahre Subjekt, nämlich die Menge (Familie und bürgerliche Gesellschaft), erscheint bei Hegel also als bloßes Prädikat der Idee. Die Feststellung, daß Hegel immer die Idee zum Subjekt und das wirkliche Subjekt zum Prädikat der Idee macht[42], daß er so

---

[36] *Stahl*, Rechts- und Staatslehre, Bd. 1, S. 301.
[37] Ebd.
[38] Ebd., Bd. 2, S. 131.
[39] Ebd., Bd. 2, S. 142.
[40] Vgl. dazu *J. Barion*, Hegel und die marxistische Staatslehre, S. 122 ff.
[41] *Marx*, Frühschriften, hrsg. v. Landshut, S. 25.
[42] Ebd., S. 28.

die »Tatsachen in ihrer empirischen Existenz« zu »mystischen Resultaten« macht[43], ist für Marx die zentrale Beobachtung seiner kritischen Beschäftigung mit Hegel. Er findet deshalb im § 262 »das ganze Mysterium der Rechtsphilosophie niedergelegt und der Hegelschen Philosophie überhaupt«[44]. Marx leugnet nicht die Wirklichkeit der von Hegel auf den Begriff gebrachten Trennung von Staat und Gesellschaft. Doch er kritisiert, daß Hegel diesen historisch – nämlich nach Marxens Auffassung durch die französische Revolution[45] – bedingten Zustand als notwendiges Moment der Idee setzt[46]. Indem Hegel den »wirklichen Menschen«, das »Konkretum der Vorstellung, das man Mensch nennt« und das als solches dem »Standpunkte der Bedürfnisse« zugeordnet bleibt[47], mit der Notwendigkeit des Begriffs der bürgerlichen Gesellschaft inkorporiert, erklärt er ihn zum »Privatmenschen«: »Die Individuen sind als Bürger dieses Staates *Privatpersonen*, welche ihr eigenes Interesse zu ihrem Zwecke haben.«[48] Diese Reduktion des »wirklichen Menschen« auf die Privatperson kritisiert Marx an Hegel; er sieht sie zugleich als charakteristisch für den beschränkten Charakter der neuzeitlichen Emanzipation an[49]. Diese ist eine lediglich »politische« Emanzipation, die nur den abstrakten Staatsbürger betrifft und den Status des wirklichen Menschen als Privatmenschen nicht verändert. Dieser »politischen« stellt Marx in dem ersten Aufsatz zur Judenfrage die »menschliche Emanzipation« gegenüber:

»Erst wenn der wirkliche individuelle Mensch den abstrakten Staatsbürger in sich zurücknimmt und als individueller Mensch in seinem empirischen Leben, in seiner individuellen Arbeit, in seinen individuellen Verhältnissen, *Gattungswesen* geworden ist, erst wenn der Mensch seine ›forces propres‹[50] als *gesellschaftliche* Kräfte erkannt und organisiert hat und daher die gesellschaftliche Kraft nicht mehr in der Gestalt der *politischen* Kraft von sich trennt, erst dann ist die menschliche Emanzipation[51] vollbracht.«[52]

[43] Ebd., S. 26.
[44] Ebd.
[45] Ebd., S. 96.
[46] Ebd., S. 87.
[47] *Hegel*, Rechtsphilosophie, § 190 (Hoffmeister, S. 171).
[48] Ebd., § 187 (Hoffmeister, S. 167).
[49] *Marx*, Frühschriften, S. 98.
[50] *Marx* nimmt diesen Begriff aus Rousseaus Contrat social auf.
[51] Emanzipation bestimmt Marx an der gleichen Stelle als »Zurückführung der menschlichen Welt, der Verhältnisse, auf den Menschen selbst«.
[52] Frühschriften, S. 199.

Marx sieht das Ziel also in der Überwindung der neuzeitlichen Trennung von Staat und Gesellschaft, da der moderne Staat vom wirklichen Menschen abstrahiert[53] und dadurch die wirklichen, allgemeinen und deshalb auch *öffentlichen* Bedürfnisse zu *privaten Bedürfnissen* erklärt. Während in der Nachfolge Hegels die Gesellschaft als das System der Bedürfnisse zur Privatsphäre erklärt wird, ist diese für Marx gerade öffentliche Sphäre. Während Hegel den Staat zum immanenten Zweck der Gesellschaft erklärt, soll dieser nach Marx ein auf der Grundlage der Gesellschaft beruhendes und den gesellschaftlichen Bedürfnissen dienendes Organ werden[54] beziehungsweise, soweit er das Organ der politischen Herrschaft einer Klasse über die andere ist, diesen politischen Charakter verlieren[55]. Während es in der Konsequenz des Hegelschen Denkens liegt, daß der Bereich der »Öffentlichkeit« durch den Staat definiert und Öffentliches mit Staatlichem identifiziert wird, liegt es in der Konsequenz des Marx'schen Denkens, als öffentlich das zu bezeichnen, was den Menschen als Gattungswesen, das heißt als wirklichen Menschen betrifft. Nach Marx sind also die wirklichen menschlichen Bedürfnisse und die Institutionen zu ihrer Befriedigung als Öffentlichkeit zu bestimmen.

Diese Einsicht kann nicht mehr revoziert werden: Wenn Öffentlichkeit dazu bestimmt ist, das Ganze zu repräsentieren, muß sie an den Bedürfnissen aller orientiert sein. Die vorherrschenden Interpretationen des bürgerlichen Öffentlichkeitsprinzips sind jedoch gerade dadurch gekennzeichnet, daß sie zentrale Lebensbereiche, insbesondere den Bereich der — vor allem industriellen — Arbeit und der familiären Sozialisation, ausgrenzen[56]. Eine solche Ausgrenzung hat die Funktion, die ökonomischen Bedingungen gesellschaftlichen Lebens aus der öffentlichen Kritik und Kontrolle auszuschließen und für die Disparität von Lebenschancen privates Versagen verantwortlich zu machen. Sie beruft sich auf ein sektorales Verständnis des Unter-

---

[53] »Einleitung zur Kritik der Hegelschen Rechtsphilosophie« (Frühschriften, S. 216).
[54] So die Formulierung der »Kritik des Gothaer Programms« (Marx/Engels, Werke, Bd. XIX, S. 27 f.).
[55] »Manifest der kommunistischen Partei« (Marx/Engels, Werke, Bd. IV, S. 482). Hier liegt die Wurzel und zugleich die Grenze des Gedankens vom »Absterben des Staates«.
[56] Vgl. O. Negt/A. Kluge, Öffentlichkeit und Erfahrung, S. 10 ff.

schieds von »öffentlich« und »privat«. Nach ihm bilden bestimmte Sektoren des gesellschaftlichen Lebenszusammenhangs den Bereich des Privaten, während andere Sektoren den Bereich des Öffentlichen konstituieren. Eine solche sektorale Aufspaltung zerteilt jedoch den inneren Zusammenhang gesellschaftlichen Lebens. Das Öffentliche und das Private stellen nicht Sektoren, sondern Dimensionen dieses Zusammenhangs dar. Jeder Lebensvollzug kann eine öffentliche und beziehungsweise oder eine private Dimension haben[57]. Wird der Unterschied des Öffentlichen und des Privaten aufgehoben, so hat dies totalitäre Folgen; wird dieser Unterschied jedoch sektoral verstanden und mit der Trennung von Staat und Gesellschaft identifiziert, so bleiben zentrale Lebensbereiche von der Öffentlichkeit ausgeschlossen.

Obwohl nach einer weithin herrschenden Auffassung die »Vergesellschaftung des Staates«[58] auch in Deutschland spätestens mit dem Ersten Weltkrieg eingesetzt hat, wird in der neueren Staatslehre die Trennung von Staat und Gesellschaft weithin aufrechterhalten. Dabei wird dem Staat das Recht zuerkannt, darüber zu entscheiden, was als »öffentlich« zu gelten habe. So formuliert Ernst Forsthoff: »Der Grundbegriff, welcher der Scheidung des ›Öffentlichen‹ und ›Privaten‹ zugrunde liegt, kann nur der staatliche, der Staat selbst sein. Das ausschließliche Kriterium ist die konkrete Entscheidung des Staates darüber, was öffentlich und was privat ist. Ein anderes gibt es nicht.« Als Merkmal des Öffentlichen bezeichnet Forsthoff den institutionell hervorgehobenen Status des Staates als eines Bereichs spezifischer Verantwortlichkeit und Legitimation; ihn grenzt er gegenüber der Sphäre des Warenverkehrs und der übrigen privaten bürgerlichen Handlungen ab[59].

Werner Weber versteht den Staat als die »überhöhende Einheit«, in der der Pluralismus der gesellschaftlichen Oligarchien aufgehoben sei[60]. Der Staat gilt hier wie bei Hegel als der »immanente Zweck« der Gesellschaft. Herbert Krüger bestimmt die Gesellschaft als den Inbegriff der staatshervorbringenden Kräfte, die ihren Platz in dem

---

[57] Ein besonders kennzeichnendes Beispiel für die zunehmende Verschränkung des Öffentlichen und des Privaten bildet das Privatrecht; vgl. *U. Huber*, »Das Öffentliche und das Private«.
[58] *H. Plessner*, Das Problem der Öffentlichkeit, S. 8.
[59] *E. Forsthoff*, Die öffentliche Körperschaft im Bundesstaat, S. 17.
[60] *W. Weber*, Spannungen und Kräfte im westdeutschen Verfassungssystem, S. 63.

»Vorgang der Selbstaufbereitung eines Volkes zum Staat« haben[61]. Im Gegensatz zur traditionellen juristischen Terminologie, für die »öffentlich« — jedenfalls in einer Schicht dieses Begriffs[62] — die Beziehung auf den Staat ausdrückt, verwendet Krüger »öffentlich« als Prädikat der Gesellschaft: der Bereich des »Öffentlichen« steht zwischen den Bereichen des Staatlichen und des Privaten. Indem er den Staat als »reine und ausschließliche Allgemeinheit«, die Gesellschaft aber als die »Sphäre der legitimen Besonderheiten« bestimmt[63], nimmt er die Unterscheidung Lorenz von Steins, nach der das Prinzip des Staates die Idee, das Prinzip der Gesellschaft dagegen das Interesse ist[64], auf — eine Unterscheidung, von der allerdings fraglich ist, ob sie die staatliche und gesellschaftliche Wirklichkeit zu decken imstande ist. Hinter all diesen Bestimmungen steht die Hegelsche Unterscheidung und Verhältnisbestimmung von Staat und bürgerlicher Gesellschaft.

Insbesondere Hermann Heller hat eine den Dualismus von Staat und Gesellschaft überwindende Auffassung des Staates zu entwickeln versucht[65]. Er geht davon aus, daß die Einheit einer Gebietsbevölkerung ihr nicht vorgegeben, sondern als Ergebnis bewußter menschlicher Tat und deshalb als Organisation zu begreifen ist[66]. Staat ist deshalb das Resultat eines gesamtgesellschaftlichen Organisationsprozesses, »in dem die für die gesamtgesellschaftliche Reproduktion notwendigen menschlichen Leistungen einer Gebietsbevölkerung koordiniert und in einen Wirkungszusammenhang gestellt werden ... Als gesamtgesellschaftliche Reproduktion wird jener Prozeß verstanden, in dem sämtliche Bedingungen der ökonomischen, sozialen und kulturellen Existenz einer Gebietsbevölkerung durch die Tätigkeit ihrer Mitglieder wiederhergestellt werden.«[67]

Diese Auffassung ist mit der Hegelschen dadurch verbunden, daß sie mit dem Satz, der Staat sei der »immanente Zweck« der Gesellschaft, ernst macht und deshalb die Einheit des Staates als das Pro-

---

[61] *H. Krüger*, Allgemeine Staatslehre, S. 346.
[62] Vgl. *W. Martens*, Öffentlich als Rechtsbegriff, S. 81 ff.
[63] Allgemeine Staatslehre, S. 100.
[64] *L. v. Stein*, Gesellschaft — Staat — Recht, S. 22 ff.
[65] Vgl. dazu *U. K. Preuß*, Zum staatsrechtlichen Begriff des Öffentlichen, S. 131 ff.
[66] *H. Heller*, Staatslehre, S. 230.
[67] *Preuß*, a. a. O., S. 132.

dukt eines gesamtgesellschaftlichen Prozesses versteht. Indem der Dualismus von Staat und Gesellschaft so in den Staat hinein aufgehoben wird, ist diese Theorie gegenüber totalitären Tendenzen allerdings nur unzureichend abgesichert. Demgegenüber haben vor allem O. H. von der Gablentz[68] und H. Ehmke[69] im Anschluß an die angelsächsische politische Theorie für die Eingliederung des Staates in die Gesellschaft unter Aufrechterhaltung ihrer Differenz plädiert. Gesellschaft ist dabei als »civil society«, als »politisches Gemeinwesen« der Inbegriff der Institutionen und Funktionen, die für die Ordnung, Sicherung und Reproduktion des Gesamtlebens einer Gebietsbevölkerung notwendig sind, »Regierung«, »government« ist eine der Funktionen innerhalb dieses Gemeinwesens: die Funktion der politischen Willensbildung, der Führung, Koordination und Verteilung. Neben dieser Funktion stehen andere Funktionen innerhalb des Gemeinwesens (zum Beispiel Wirtschaft, Religion). All diesen Funktionen sind bestimmte Institutionen zugeordnet (zum Beispiel Verbände, Kirchen).

N. Luhmann[70] hat diese Überlegungen durch die Übernahme der neueren systemtheoretischen Erwägungen zum »political system«[71] weitergeführt: Der Staat ist eines der Untersysteme des gesamtgesellschaftlichen Systems. Diese Untersysteme stellen keine Segmentierung der Gesellschaft, sondern eine funktionale Differenzierung dar. Die Funktion des politischen Untersystems wird von Luhmann völlig formal als »Problementscheidung« bestimmt; durch die Trennung dieser politischen Funktion von der administrativen Funktion erklärt er zudem den Gesamtbereich staatlicher Verwaltung zum Bereich reiner Technokratie. Doch dies ist nicht die notwendige Konsequenz einer Theorie, die die Funktion des Staates als eines Untersystems innerhalb des sich differenzierenden Systems der Gesamtgesellschaft bzw. des »politischen Gemeinwesens« zu begreifen sucht. Vielmehr bietet sich diese Theorie als Interpretationshilfe insbesondere deshalb an, weil die Strukturierung der Öffentlichkeit in Gruppen, Verbän-

---

[68] *O. H. von der Gablentz*, »Staat und Gesellschaft«, v. a. S. 20 ff.
[69] *H. Ehmke*, »›Staat‹ und ›Gesellschaft‹ als verfassungstheoretisches Problem«, v. a. S. 25 ff., S. 45 ff.
[70] *N. Luhmann*, Grundrechte als Institution, S. 12 ff.; ders., Soziologische Aufklärung, S. 154 ff.
[71] Vgl. dazu zusammenfassend *W.-D. Narr*, Theoriebegriffe und Systemtheorie, S. 96 ff., sowie *K. W. Deutsch*, Politische Kybernetik, S. 178 ff.

de und Institutionen mit ihrer Hilfe besonders klar zum Ausdruck gebracht werden kann.

Die Trennung von Staat und Gesellschaft in dem durch Hegel inaugurierten Sinn ist nur so lange sinnvoll, solange die bürgerliche Gesellschaft einem Obrigkeitsstaat gegenübersteht, von dem sie sich zwar emanzipiert, den sie aber ihrerseits noch nicht durchdrungen und nach ihren Kriterien gestaltet hat[72]; sie heute noch zur Grundlage einer »politischen Theologie« zu machen[73], erscheint als die Perpetuierung einer vergangenen Situation in der Theologie; diesen Dualismus fortzusetzen bedeutet außerdem, implizit an einem obrigkeitlichen Staatsverständnis festzuhalten.

Das dieser Arbeit zugrunde liegende Verständnis von Öffentlichkeit geht deshalb nicht von jener Trennung von Staat und Gesellschaft aus. »Öffentlich« ist deshalb weder ein Synonym für »staatlich« noch bezeichnet es die gesellschaftliche Sphäre als einen Zwischenbereich zwischen dem einzelnen und dem Staat. Vielmehr wird hier daran angeknüpft, daß das Wort »öffentlich« Bedeutungsgehalte des Wortes »gemein« in sich aufgenommen hat, also dasjenige bezeichnet, was auf das gemeine Wohl und Interesse bezogen ist[74]. Das entspricht der Basisbedeutung von public und publicité[75]. Demgemäß sind die gesellschaftlichen Bedürfnisse nicht wie bei Hegel als private, sondern als öffentliche Bedürfnisse zu verstehen. Öffentlichkeit ist der Inbegriff der gesellschaftlichen Bedürfnisse sowie der für Ordnung, Sicherung und Reproduktion der Gesellschaft notwendigen Funktionen und der ihnen entsprechenden Institutionen. Öffentlichkeit ist also ein der Gesamtgesellschaft als politischem Gemeinwesen zugeordneter Begriff. Öffentlichkeit läßt sich zureichend nicht durch die Ausgrenzung bestimmter Sektoren aus dem gesellschaftlichen Lebensprozeß bestimmen; ein solches Verfahren hat immer dazu geführt, daß fundamentale Bedürfnisse des Menschen von der Öffent-

---

[72] Vgl. *E. R. Huber*, Verfassungsgeschichte, Bd. I, S. 99; *U. K. Preuß*, Zum staatsrechtlichen Begriff des Öffentlichen, S. 89.
[73] Das tut Metz: er begründet den Unterschied seiner »politischen Theologie« gegenüber früheren Formen politischer Theologie mit dem Wandel in dem Verständnis von Politik, das seit der Aufklärung durch die Unterscheidung von Staat und Gesellschaft bestimmt sei (»Politische Theologie in der Diskussion«, S. 269, 274).
[74] Vgl. *W. Martens*, Öffentlich als Rechtsbegriff, S. 35 f., 169 ff.
[75] Vgl. oben S. 12.

lichkeit ausgeschlossen und die ökonomischen Bedingungen gesellschaftlicher Zustände der privaten Verfügungsgewalt weniger reserviert wurden. Vielmehr stellt Öffentlichkeit diejenige Dimension aller gesellschaftlichen Lebensvollzüge dar, in der die allgemein zugängliche Artikulation und gemeinsame Befriedigung von Bedürfnissen, der Austrag kollektiver Interessenkonflikte, die Bestimmung und Veränderung von Lebensverhältnissen für viele Menschen, die Konsensusbildung gesellschaftlich handelnder Gruppen zur Rede stehen. Dem Folgenden liegt demnach nicht ein formaler Begriff von Öffentlichkeit zugrunde, der sich allein auf die Art der Artikulation von Bedürfnissen, Interessen, Meinungen und Zielen richtet; unsere Überlegungen sind vielmehr an einem inhaltlich bestimmten Öffentlichkeitsbegriff orientiert, der bei den gesellschaftlichen Bedürfnissen seinen Ausgang nimmt und auf die öffentliche Dimension aller gesellschaftlichen Lebensvollzüge zielt.

3. Öffentlichkeit und Kommunikation

Häufig wird allerdings der Begriff der Öffentlichkeit auf den Bereich öffentlicher Diskussion, Kommunikation und Meinungsbildung, also auf den Bereich der Publizität im engeren Sinn, die durch Publizistik zu erreichen ist, eingeschränkt[76]. Diese Publizität muß jedoch — wie Kant betont hat — auf den »allgemeinen Zweck des Publikums« bezogen[77] und so in den Zusammenhang von Öffentlichkeit im umfassenden Sinn eingeholt werden. Publizität ist nicht mit Öffentlichkeit identisch; sie ist jedoch das Medium der Öffentlichkeit, das Medium nämlich, in dem sich öffentliche Interessen artikulieren und in dem die Tragfähigkeit handlungsorientierender Maßstäbe und Normen geprüft wird. Die Forderung nach Publizität und öffentlicher Kommunikation ist unlösbar mit der aufklärerischen Utopie verbunden, daß durch öffentliche Diskussion die Wahrheit am ehesten ermittelt werde und daß das am ehesten dem »allgemeinen Zweck des Publikums« diene, was auf Publizität angewiesen sei und diese nicht zu scheuen brauche. Auf diese Utopie kann auch in der Gegenwart nicht verzichtet werden; denn es zeigt sich

---
[76] So etwa bei *H.-E. Bahr*, Verkündigung als Information.
[77] Siehe oben S. 13 ff.

kein alternatives Modell für die Rationalisierung politischer Herrschaft. Durch den Hinweis auf die empirischen Grenzen und Mängel der Publizität[78] kann diese Utopie nicht widerlegt werden; es wird aus ihm nur deutlich, welche Anstrengungen zur Annäherung an sie notwendig sind. Doch Publizität kann weder durch die Dezision von Führungseliten noch durch das Vertrauen auf die Eigengesetzlichkeit der Lebensbereiche ersetzt werden. Vielmehr gilt, daß Rationalisierung der öffentlichen Lebensbereiche nur durch eine »Entschränkung der Kommunikation« möglich ist. »Die öffentliche, uneingeschränkte und herrschaftsfreie Diskussion über die Angemessenheit und Wünschbarkeit von handlungsorientierenden Grundsätzen und Normen im Lichte der soziokulturellen Rückwirkungen von fortschreitenden Sub-Systemen zweckrationalen Handelns — eine Kommunikation dieser Art auf allen Ebenen der politischen und wieder politisch gemachten Willensbildungsprozesse ist das einzige Medium, in dem so etwas wie ›Rationalisierung‹ möglich ist.«[79]

Öffentliche Kommunikation hat Privatheit zur Voraussetzung. Denn die negative Voraussetzung von Öffentlichkeit ist, wie Hans Paul Bahrdt[80] formuliert hat, die »unvollständige Integration«. Öffentliche Kommunikationsprozesse entstehen nur dann, wenn die Gruppenzugehörigkeit der Individuen nicht total determiniert ist, wenn die Art ihrer Beziehungen untereinander nicht eindeutig und vollständig — wie, jedenfalls idealtypisch betrachtet, in einem feudalen System — festgelegt ist[81]. Ein »geschlossenes System«, in dem »so gut wie alle sozialen Beziehungen durch ein dichtes, theoretisch lückenloses Netz personaler Bindung vermittelt sind«[82], gestattet so wenig öffentliche Kommunikation, wie es wirkliche Privatheit zuläßt. Die »totale Öffentlichkeit« ist gerade deshalb eine Perversion der

---

[78] Sehr stark hervorgehoben vor allem bei *Martens*, Öffentlich als Rechtsbegriff, S. 52 f.
[79] *J. Habermas*, Technik und Wissenschaft als ›Ideologie‹, S. 98.
[80] *H. P. Bahrdt*, Die moderne Großstadt, S. 63.
[81] Vgl. auch schon *F. Tönnies*, Kritik der öffentlichen Meinung, S. 103: »Das öffentliche Leben besteht im Unterschiede vom Privatleben vorzugsweise im Verkehr und gemeinsamen Interesse solcher Personen, die einander persönlich unbekannt sind, aber durch Besitz gemeinsamer Sprache und anderer geistiger Güter, zumeist auch durch materielle Interessen miteinander zusammenhängen und verbunden sind. Daher entfaltet sich das öffentliche Leben mit dem Wachstum der Städte.«
[82] *H. P. Bahrdt*, a. a. O., S. 64.

Öffentlichkeit, weil sie die Sphäre des Privaten nicht respektiert. Nicht zufällig ist die Erörterung der wirklich »öffentlichen« Angelegenheiten von solcher »totalen Öffentlichkeit« ausgeschlossen; über sie bildet sich nicht ein Konsensus in öffentlicher Kommunikation, sondern sie unterliegen der dezisionistischen Verfügung der Machthaber. Öffentliche Kommunikation ist ein Integrationsprozeß[83]; doch sie darf gerade nicht auf vollständige Integration zielen. Vielmehr ist die Distanz der Individuen vom Bereich des Öffentlichen, ihre Privatheit, eine unerläßliche Voraussetzung dafür, daß öffentliche Kommunikation möglich ist[84].

Seit dem Entstehen der neuzeitlichen, bürgerlichen Öffentlichkeit ist diese niemals ausschließlich auf die nationalen oder gar nur lokalen Räume ausgerichtet. Kennzeichnend ist vielmehr von vornherein die »überlokale Orientierung der einzelnen Bürger und ihre zunehmende Kommunikation und Kooperation im Feld des Territorialstaates, der Nation, ja auch schließlich der Weltwirtschaft und Weltpolitik«[85]. Dieses die Grenzen der Nationalstaaten überschreitende Moment ist bereits in frühen Fassungen der Begriffe »öffentlich« und »Öffentlichkeit« angelegt. Dies zeigt sich etwa an der Bezeichnung der seit dem Westfälischen Frieden ausgebildeten europäischen Völkerrechtsordnung als »Droit public de l'Europe«, die in der Aufklärungszeit aufgekommen ist[86]. Noch darüber hinaus auf die Vorstellung einer Welt-Öffentlichkeit weist Kants Begriff des »öffentlichen Menschenrechts«[87]; Kant versteht darunter die Verknüpfung des geltenden Staats- und Völkerrechts mit der »Idee eines Weltbürgerrechts«. Dieses sieht er nicht mehr als eine phantastische Vorstellung an, seit die Rechtsverletzungen an einem Ort der Erde an allen gefühlt werden, seit also Ansätze zu einer weltweiten Publizität vorhanden sind. Wieder zeigt sich die bei Kant am konsequentesten durchgeführte Verknüpfung der verschiedenen Schichten im Begriff der Öf-

---

[83] *Smends* Begriff der Integration in seiner Relevanz für das Problem der Öffentlichkeit diskutiert eingehend R. *Altmann*, Das Problem der Öffentlichkeit, S. 1 ff.
[84] Geistesgeschichtliche Beispiele für den Zusammenhang zwischen der Entstehung einer politischen Öffentlichkeit und den Forderungen nach einem privaten Bereich bei R. *Koselleck*, Kritik und Krise, bes. S. 41 ff.
[85] H. P. *Bahrdt*, a. a. O., S. 14.
[86] Vgl. E. *Reibstein*, Völkerrecht, Bd. II, S. 1 ff.
[87] I. *Kant*, »Zum ewigen Frieden«, Weischedel-Ausgabe, Bd. VI, S. 216.

fentlichkeit: Weltweite Publizität bildet die Bedingung für die Anerkennung und Durchsetzung eines allgemein geltenden »öffentlichen Menschenrechts«; dies aber ist nach Kant die Voraussetzung dafür, daß man auf eine Annäherung an den »ewigen Frieden« hoffen kann.

Neuzeitliche Öffentlichkeit ist tendenziell Weltöffentlichkeit, auch wenn dies durch den Nationalismus weithin verdeckt war und auch noch ist. In einer Zeit, in der die großen Existenzprobleme der Menschen — das Problem des Friedens, das Problem einer gerechten sozioökonomischen Entwicklung, das Problem der Erhaltung und Beschaffung der physischen Lebensbedingungen — Weltprobleme sind, ist dieses Moment im Begriff der Öffentlichkeit von erhöhtem Gewicht.

Fragt man nach der Tragfähigkeit des überlieferten Öffentlichkeitsbegriffs für die Gegenwart, so muß man den »Strukturwandel der Öffentlichkeit« beachten, der sich beim Übergang von der bürgerlichen Gesellschaft zur Industriegesellschaft vollzogen hat. Öffentlichkeit wird heute nicht mehr durch das räsonierende Publikum von Privatleuten gebildet, sondern durch das Zusammenspiel oder den Dissensus gesellschaftlicher Institutionen, Verbände und Gruppen[88].

Insbesondere die gesellschaftlichen Verbände haben in den letzten Jahrzehnten eine die Öffentlichkeit in starkem Maß prägende Rolle übernommen. Max Weber hat den Verband als eine »nach außen regulierend beschränkte oder geschlossene soziale Beziehung« bestimmt und als die entscheidende Voraussetzung für die Existenz eines Verbands angegeben, daß die Innehaltung der für diese soziale Beziehung geltenden Ordnung durch das Vorhandensein eines Leiters und eines Verwaltungsstabs garantiert werde[89]. Webers Definition orientiert sich an den Binnenbeziehungen in einem Verband; zu den wichtigsten Konsequenzen aus dieser Definition gehört, daß dem Verband nach Struktur und Programm eine gewisse Stabilität eignet. Gesellschaftliche Gruppierungen mit stark fluktuierender Mitgliedschaft, wenig ausgebildeter Organisationsstruktur und häufig wechselnden Zielen können demnach nicht zu den Verbänden gezählt werden. Webers Definition bedarf der Ergänzung durch den Hinweis, daß neben den

---

[88] Vgl. *J. Habermas*, »Öffentlichkeit«; ders., Strukturwandel der Öffentlichkeit, bes. S. 157 ff.
[89] *M. Weber*, Wirtschaft und Gesellschaft, S. 26. Zu den Kirchen als »hierokratischen Verbänden« ebd., S. 29.

Binnenbeziehungen auch die Außenbeziehungen für die Bestimmung des Verbandsbegriffs ausschlaggebend sind. Ein Verband ist eine gesellschaftliche Gruppierung, die einen Anspruch auf die Beteiligung an politischen Entscheidungsprozessen und auf politischen Einfluß erhebt. Dieser Anspruch beruht in der Regel entweder auf gemeinsamen ökonomischen Interessen oder auf gemeinsamen Einstellungen der Mitglieder. Diese Differenz hat in der amerikanischen Verbandsforschung zu der Unterscheidung zwischen interest groups und attitude groups (promotional groups) geführt[90]. Zu den interest groups zählen vor allem Gewerkschaften sowie Arbeitgeber- und Wirtschaftsverbände; zu den attitude groups (promotional groups) werden vor allem die Kirchen und karitativen Verbände gerechnet. Von diesen Verbänden verschiedener Art sind die politischen Parteien zu unterscheiden. Als wichtigstes Unterscheidungskriterium gilt, daß Parteien im Gegensatz zu Verbänden an Wahlen und am Kampf um die Regierungsbildung teilnehmen. Insbesondere für die angelsächsischen Länder wird zudem auch das Kriterium für zutreffend gehalten, daß Parteien Interessen aggregieren, während Verbände Interessen artikulieren[91].

Die gesellschaftliche Rolle der Verbände wird im Rahmen des Konzepts der »pluralistischen Gesellschaft« häufig so interpretiert, daß die Auseinandersetzung zwischen den organisierten gesellschaftlichen Gruppen mit hoher Wahrscheinlichkeit zu einem relativ gerechten und demokratisch befriedigenden Kompromiß führt[92]. Die pluralistische Gesellschaft wird in diesem Konzept verstanden als eine offene und freie, auf Toleranz und Kompromiß aufbauende Gesellschaft. Vorausgesetzt wird in diesem Konzept, daß alle gesellschaftlichen Interessen in gleichem Maß organisierbar sind und deshalb gleiche Durchsetzungschancen haben. Die Untersuchung einzelner Gesetzgebungsverfahren in der Bundesrepublik[93] zeigt jedoch deutlich, daß diese Chancengleichheit in der pluralistischen Gesellschaft nicht

[90] Einen Überblick über die amerikanische Verbandsforschung findet der deutsche Leser v. a. bei *K. v. Beyme*, Interessengruppen in der Demokratie, S. 204 ff.; *R. Eisfeld*, Pluralismus zwischen Liberalismus und Sozialismus, v. a. S. 55 ff.
[91] *Narr/Naschold*, Theorie der Demokratie, S. 219 f.
[92] Vgl. — frühere Ansätze zusammenfassend und kritisierend — *W.-D. Narr*, Pluralistische Gesellschaft.
[93] *J. Matthes*, Gesellschaftspolitische Konzeptionen im Sozialrecht; *Fr. Naschold*, Kassenärzte und Krankenversicherungsreform.

verwirklicht ist. Vielmehr verschärft der Pluralismus in erster Linie die bestehenden gesellschaftlichen Machtunterschiede[94]; vielfach kann man geradezu von einem »Darwinismus der Gruppengesellschaft« sprechen[95]. Zumindest aber tendiert die pluralistische Gesellschaft zu einer Stabilisierung der gegebenen gesellschaftlichen Machtverteilung — dies schon deshalb, weil die gesellschaftlichen Gruppen durch Verbandsfunktionäre vertreten werden, die in der Regel ein gemeinsames Interesse verbindet: das Interesse nämlich, einmal errungene Herrschaftspositionen zu behalten[96]. Die Theorie der pluralistischen Gesellschaft erweist sich damit als eine »Theorie demokratischer Elitenherrschaft«[97], die die Konzentration gesellschaftlicher Machtbefugnisse in den Händen weniger als notwendig und zugleich als demokratisch legitim zu erweisen sucht. Mit der klassischen Konzeption, die die Legitimität von Entscheidungen, die die Öffentlichkeit betreffen, an die Möglichkeit öffentlicher Kritik und Kontrolle[98] bindet, läßt sich eine derartige Theorie demokratischer Elitenherrschaft indes nicht vereinbaren. Will man an dieser Konzeption festhalten, so kann man sie nur durch eine Erhöhung der Partizipationschancen für diejenigen, die von der gegenwärtigen gesellschaftlichen Machtverteilung nicht oder relativ wenig profitieren, einlösen. Aus dieser Forderung nach einer Erhöhung der Partizipationschancen ergibt sich insbesondere das Postulat, daß die Gruppen und Verbände der Gesellschaft selbst dem Prinzip der Publizität unterworfen werden müssen[99]. Die Parteien, Massenmedien und Verbände müssen in ihrem inneren Aufbau nach diesem Prinzip organisiert sein; sie müssen also eine freie Diskussion über ihre politische Funktion und damit innerparteiliche beziehungsweise verbandsinterne Demokratie ermöglichen. Demokratische Partizipation der Betroffenen kann nicht auf die Bereiche beschränkt werden, für die sie von der Verfassung bereits ausdrücklich geboten ist[100]; sie muß vielmehr für alle gesellschaftli-

---

[94] R. *Eisfeld*, Pluralismus zwischen Liberalismus und Sozialismus, S. 86 ff.
[95] *W.-D. Narr*, Pluralistische Gesellschaft, S. 57.
[96] G. *Picht*, Die Verantwortung des Geistes, S. 235.
[97] P. *Bachrach*, Die Theorie demokratischer Elitenherrschaft.
[98] S. B. *Schildmacher*, Kritik- und Kontrollfunktion der Öffentlichkeit.
[99] Vgl. *Habermas*, Strukturwandel der Öffentlichkeit, S. 228; zum Problem der Demokratisierung gesellschaftlicher Organisationen v. a. F. *Naschold*, Organisation und Demokratie.
[100] Das ist die unter Juristen vielfach geläufige Argumentation; als Beispiel sei genannt: H. H. *Klein*, »Demokratisierung der Universität?«

chen Bereiche Geltung beanspruchen. Die Beschränkung der Demokratie auf den Bereich staatlicher Willensbildung konnte nur so lange vertretbar sein, solange der Dualismus von Staat und Gesellschaft eine zureichende Beschreibung der gesamtgesellschaftlichen Wirklichkeit war. In der Industriegesellschaft muß jedoch die demokratische Struktur aller gesellschaftlichen Organisationen, die politisch agieren, gefordert werden.

4. Kirche als Teil der Öffentlichkeit oder Religion als Privatsache?

Die Kirche ist, wie in den folgenden Kapiteln darzustellen ist, eine gesellschaftliche Organisation in diesem Sinn. Diese Feststellung gilt unabhängig von der Überlegung, ob man die Kirche im Blick auf ihren hauptsächlichen Verbandszweck als mit anderen gesellschaftlichen Verbänden inkommensurabel betrachten muß[101]. Im Blick auf ihre politische Funktion kann ihr die Gesellschaft einen solchen Sonderstatus nicht zuerkennen. Solange und soweit die Kirche eine derartige Funktion innehat, wird die Forderung nach Publizität und Demokratisierung sich allein schon deshalb — also unabhängig von allen ekklesiologischen Erwägungen, die in eine ähnliche Richtung weisen könnten — auch auf die Kirche erstrecken müssen. Dabei wird die Forderung nach Publizität nicht auf die Verwaltung der staatlich eingezogenen Kirchensteuern beschränkt bleiben können.

Die Kirche ist also in einem ersten Schritt als Teil der Öffentlichkeit zu bestimmen. Sie bildet ein Untersystem des gesamtgesellschaftlichen Systems, obgleich sie ihren Ursprung, ihr Wesen und ihre Aufgabe nicht von diesem gesamtgesellschaftlichen System herleitet. Sie ist nicht von der Welt, aber in der Welt. Sie kann sich deshalb der Verantwortung vor der Öffentlichkeit und der öffentlichen Kritik nicht entziehen, die in Publizität und Demokratisierung ihren Niederschlag finden.

Der einzelne, der dem Untersystem Kirche angehört, gehört zugleich anderen gesellschaftlichen Systemen an: so ist er etwa zugleich Staatsbürger, Arbeitnehmer, Gewerkschaftsmitglied etc. Das Verhältnis der Kirche zu den anderen gesellschaftlichen Subsystemen ist nicht so zu bestimmen, daß die Kirche als relativ geschlossenes Segment

---

[101] Vgl. dazu bes. unten S. 533 ff., S. 632 ff.

der Gesamtgesellschaft anderen Segmenten gegenübersteht, sondern daß diese verschiedenen Subsysteme *funktional* differenziert und einander zugeordnet sind. Die Kommunikation zwischen diesen verschiedenen Subsystemen beginnt damit, daß der einzelne immer zugleich zu mehreren Subsystemen in Beziehung steht. Den Kirchen kommt — insbesondere in einem Land wie der Bundesrepublik, in dem noch ein hoher Prozentsatz der Bevölkerung einer der beiden großen Kirchen angehört — eine besondere Verantwortung für die Kommunikation zwischen den verschiedenen gesellschaftlichen Subsystemen zu. Konflikte zwischen verschiedenen Gruppen in der Gesellschaft spiegeln sich in den Kirchen als Konflikte zwischen ihren Mitgliedern. Daraus entsteht für sie die Frage, wie in diesen Konflikten die Einheit des Glaubens gewahrt und neu hergestellt werden kann. Dies ist der Ausgangspunkt für ihren Beitrag dazu, daß die Kommunikation zwischen konfligierenden Gruppen nicht abreißt; so nehmen sie den »Dienst der Versöhnung« in der Öffentlichkeit wahr. Die Kommunikation zwischen den nationalen Gesellschaften, die Kommunikation also innerhalb der Weltgesellschaft, vollzieht sich dadurch, daß verschiedene Subsysteme auf transnationaler Ebene zusammengeschlossen sind[102]. Den Kirchen ist eine universale Ausrichtung und damit das Überschreiten des nationalen Kommunikationsrahmens von ihrem Ursprung her eigen; als Glieder einer ökumenischen Gemeinschaft müssen sie dazu beitragen, daß die Probleme der Weltgesellschaft in den nationalen Gesellschaften bewußt werden.

Gegen eine derartige Argumentation, die bei der gesellschaftlichen Stellung der Kirchen ihren Ausgang nimmt, kann eingewandt werden, daß sie die Privatisierung von Religion und Kirche seit der Zeit der Aufklärung und die ihr entsprechende politische Forderung, Religion sei als Privatsache zu behandeln, ignoriere. Die Klärung dieses Einwands bildet eine notwendige Voraussetzung für die Erörterung des Verhältnisses von Kirche und Öffentlichkeit. Ihr wenden wir uns deshalb an dieser Stelle zu.

Die Unterscheidung zwischen öffentlicher Religion und Privatreligion ist an Theologie und Kirche nicht von außen herangetragen worden, sondern in ihrer Mitte entstanden. Schon bei J. S. Semler[103], der diese Unterscheidung entwickelt hat, wird sie anhand der Frage nach der gesellschaftlichen Bindung der Religion dargestellt: Öffent-

---
[102] Vgl. *E. Senghaas-Knobloch*, Frieden durch Integration und Assoziation.
[103] Vgl. *T. Rendtorff*, Kirche und Theologie, S. 35 ff.

liche Religion ist die historische christliche Religion, die »von gesellschaftlicher Form und Lehrordnung abhängt«[104]; Privatreligion dagegen ist die moralische Religion, die sich der einzelne vernünftige Christ zu bilden vermag und in der er Gott allein unterworfen ist. Diese Unterscheidung soll der Emanzipation des »denkenden Christen« von der Bevormundung durch Glaubensnormen ebenso dienen wie der Emanzipation vom Zwang religiös legitimierter Verhaltensnormen. Die Privatreligion bildet also eine kritische Instanz gegenüber der Instrumentalisierung der Religion durch den absoluten Staat. Die Erklärung der Religion zur Privatsache dient ihrem Ursprung nach zum Schutz des Individuums vor religiös legitimiertem staatlichem Zwang und vor staatlich sanktionierter religiöser Bevormundung.

Eine ungewöhnlich konsequente und radikale Formulierung hat der aufklärerische Protest gegen die Verbindung von staatlicher Herrschaft und kirchlicher Autorität in Fichtes anonym erschienenen »Beiträgen zur Berichtigung der Urtheile des Publicums über die französische Revolution« von 1793 gefunden. In den veröffentlichten Teilen dieser Beiträge untersucht Fichte auf der Grundlage des Naturrechts die Frage, ob eine Staatsveränderung von der Art der französischen Revolution berechtigt sei. Diese Frage prüft er in einem eigenen Kapitel im Hinblick auf die Kirche. Die Art der Problemstellung erfordert es, daß zunächst das Verhältnis von Staat und Kirche aus dem Naturrecht entwickelt wird. Kirche und Staat bilden »zwei verschiedene abgesonderte Gesellschaften«[105]. Unter dem Naturrecht verhalten sie sich zueinander wie einzelne Personen; daß in aller Regel die gleichen Menschen sowohl Mitglieder des Staats als auch der Kirche sind, beeinträchtigt diese Erwägung nicht, da es möglich sein muß, in diesen Menschen die Person des Staatsbürgers und die Person des Kirchenmitglieds voneinander zu unterscheiden. Im Fall eines Streits zwischen Staat und Kirche ist »das Naturrecht ihr gemeinsamer Gerichtshof«; wenn beide ihre Grenzen kennen und einhalten, so kann ein solcher Streit allerdings nicht entstehen. Denn — dies ist Fichtes grundlegende These — die beiden Gesellschaften Staat und Kirche gehören zwei völlig verschiedenen Bereichen an: »Die Kirche hat ihr Gebiet in der unsichtbaren Welt, und ist von der sichtbaren ausge-

---

[104] *J. S. Semler*, Über historische, gesellschaftliche und moralische Religion, Leipzig 1786, S. 247.
[105] *J. G. Fichte*, »Beiträge«, S. 264.

schlossen; der Staat gebietet nach Maassgabe des Bürgervertrages in der sichtbaren, und ist von der unsichtbaren ausgeschlossen.«[106]

Trotz dieser — wie Fichte meint — aus dem Begriff des Staats und der Kirche abzuleitenden klaren Trennung der jeweiligen Bereiche kommt es zu Grenzüberschreitungen. Dabei sind dem Staat solche Grenzüberschreitungen nicht möglich; er ist mit den ihm physisch zur Verfügung stehenden Werkzeugen nicht dazu in der Lage, in den Bereich des Unsichtbaren einzugreifen. Der Versuch dazu widerspräche aber auch seinen Aufgaben; denn er hat gemäß dem »Bürgervertrag« nur über die Handlungen, nicht aber über die Gedanken der Bürger zu urteilen. Zwar richtet er Anstalten zur Pflege von Bildung und Wissenschaft und damit zur geistigen Belehrung der Bürger ein. Doch diese unterscheiden sich von der Kirche fundamental: »Die Kirche ist aufs *Glauben*, diese Anstalten sind auf *das Forschen* aufgebaut; die Kirche *hat* die Wahrheit; diese *suchen* sie; die Kirche fordert *gläubiges Annehmen;* diese suchen zu *überzeugen.*«[107] Im Gegensatz zum Staat verfügt die Kirche sehr wohl über Möglichkeiten, in die Grenzen des Staats einzugreifen — und zwar »weil ihre Mitglieder physische Kräfte haben«[108]. Die Kirche greift in den Bereich des Staats ein, wenn sie die menschlichen und bürgerlichen Rechte ihrer Mitglieder einschränkt und dafür Werkzeuge der physischen Unterdrückung einsetzt; der Staat ist verpflichtet, seine Mitglieder gegen eine solche Beeinträchtigung ihrer Rechte zu schützen.

Statt die Kirche auf den ihr zustehenden Bereich des Unsichtbaren einzuschränken, hat man jedoch den Weg einer Verbindung zwischen Staat und Kirche eingeschlagen. Indem Fichte diesen Weg charakterisiert, kritisiert er das voraufklärerische Bündnis von staatlicher Herrschaft und kirchlicher Autorität[109]:

»Man hat einen gewissen gegenseitigen Bund der Kirche und des Staates erdacht, kraft dessen der Staat der Kirche seine Macht in dieser, und die Kirche dem Staate ihre Gewalt in der zukünftigen Welt freundschaftlich leiht. Die Glaubenspflichten werden dadurch zu bürgerlichen; die Bürgerpflichten zu Glaubensübungen. Man glaubte ein Wunder der Politik vollbracht zu haben, als man diese glückliche Vereinigung getroffen hatte. Ich glaube, daß man unvereinbare Dinge vereinigt und dadurch die Kraft beider geschwächt habe.«

---

[106] Ebd., S. 265.
[107] Ebd., S. 265.
[108] Ebd., S. 266.
[109] Ebd., S. 267.

Fichte zieht aus diesen Überlegungen vor allem zwei Folgerungen: Zum Begriff der Kirche — so ist die erste Folgerung — gehört, daß sie über das Heil des Menschen in einer zukünftigen, unsichtbaren Welt zu verfügen behauptet; deshalb bilden Ausschließlichkeit und Unfehlbarkeit notwendige Momente am Begriff der Kirche. Eine Vereinigung, die zugibt, daß das jenseitige Heil auch mit Hilfe anderer Vereinigungen zu erlangen sei, ist keine Kirche. Darum ist der Begriff der Kirche nur in der römisch-katholischen Kirche konsequent ausgeprägt; man muß sich also »entweder in den Schoß der allein seligmachenden römischen Kirche werfen, oder man muß entschlossener *Freigeist* werden«[110]. Die protestantischen Gemeinden sind wegen der genannten Inkonsequenz nicht Kirchen, sondern Lehranstalten.

Die zweite Folgerung besteht darin, daß die im Begriff des Staats und der Kirche begründete Trennung von Staat und Kirche entschlossen durchgeführt werden muß. Deren größtes Hindernis ist es, daß die Kirche »Güter in der sichtbaren Welt besitzt«[111]. Nun läßt sich jedoch nachweisen, daß die Kirche nach ihrem Begriff kein Eigentum an sichtbaren Gütern erwerben kann; denn da ihr nach ihrem Wesen nur unsichtbare, himmlische Güter eigen sind, kann sie keinen Tauschvertrag abschließen, mit dessen Hilfe sie Eigentum an irdischen Gütern erwerben könnte. Das angebliche Kircheneigentum ist also in Wahrheit Eigentum der Einzelpersonen, die die Kirche als ihre Lehensträger betrachtet; sie können jedoch der Kirche dieses Eigentum auch wieder entziehen, ohne durch einen Vertrag gebunden zu sein[112]. Wenn man dem naturrechtlichen Satz, daß die Kirche als geistige Gesellschaft keine irdischen Güter besitzen kann, zur Durchsetzung verhilft, hat man den wichtigsten Grund für Konflikte zwischen Staat und Kirche beseitigt; man hat, mit anderen Worten, die Trennung von Staat und Kirche vollendet.

In Fichtes Darlegungen findet man die Gegenposition gegen die voraufklärerische Verbindung von Staat und Kirche in einer Klarheit

---

[110] Ebd., S. 270.
[111] Ebd., S. 274.
[112] Ebd., S. 279. Fichte sieht sich zu dieser Erwägung wohl durch die Eingriffe in das Kirchengut während der französischen Revolution veranlaßt; wie in der ganzen Schrift, so geht er jedoch auch hier mit keinem Wort auf die Vorgänge während der Revolution ein, deren Beurteilung im Publikum er berichtigen will.

und Radikalität, in der man die Zusammengehörigkeit verschiedener Elemente besonders deutlich erkennen kann. Die Forderung nach Trennung von Staat und Kirche, die als notwendiger Schritt in der Überwindung des absolutistischen Herrschaftssystems erscheint, beruht auf der Erklärung der Religion zur Privatsache (wenn auch diese Formel erst später gebräuchlich wird) und auf der Erklärung der Kirche zu einer unsichtbaren Größe ohne legitime irdisch-geschichtliche Existenzform. Die Praxis des Glaubens wird vom Begriff des Glaubens, das korporative Handeln der Kirche vom Begriff der Kirche getrennt. Die Kirche wird zu einer Anstalt zur Verwaltung jenseitigen Heils erklärt; daß sie um der Öffentlichkeit des Evangeliums willen notwendigerweise publica ecclesia sei, wird bestritten.

Allerdings enthält Fichtes Position eine bemerkenswerte Inkonsequenz: während er einerseits die Kirche in den Bereich des Überweltlichen und Unsichtbaren verweist und alle Berührungen zwischen Staat und Kirche als mit deren Begriff unvereinbar ansieht, bezeichnet er andererseits die römisch-katholische Kirche als die einzige konsequente Realisierung des Kirchenbegriffs — jene Kirche also, zu deren geschichtlichen Kennzeichen gerade die Entfaltung eines weltlichen Machtanspruchs gehört. Die Inkonsequenz liegt darin, daß Fichte einerseits den Anspruch auf die alleinige Verfügung über das jenseitige Heil zum Begriff der Kirche rechnet, andererseits jedoch an der Überweltlichkeit der Kirche festhält, obgleich diese ihren Anspruch nicht anders als irdisch-geschichtlich realisieren kann. Erkennt man diesen Charakter der Kirche und will man gleichwohl am spirituellen, aufs Jenseitige gerichteten und aller irdischen Macht entrückten Charakter der Religion festhalten, so kann man also nur einen schroffen Widerspruch zwischen Religion und Kirche feststellen.

Diese Konsequenz hat mit besonderem Nachdruck Ernst Troeltsch hundert Jahre nach Fichtes »Beiträgen« gezogen[113]. An Thesen Richard Rothes[114] und Rudolph Sohms[115] anknüpfend[116], sieht er

---

[113] E. Troeltsch, »Religion und Kirche«. Die weitere Entwicklung der Überlegungen Troeltschs, die in den »Sozialleheren« ihren Höhepunkt hat, kann hier nicht verfolgt werden; Troeltsch selbst hat in ihr nicht eine Korrektur, sondern eine Ergänzung seines frühen Ansatzes gesehen (»Religion und Kirche«, S. 146, Anm. 2). Vgl. zu Troeltschs Unterscheidung von Religion und Kirche auch unten S. 182 f., S. 371.
[114] Siehe unten S. 80.
[115] Siehe unten S. 88 ff.
[116] E. Troeltsch, a. a. O., S. 178 ff.

einen – für viele durch die offenkundige Verknüpfung von Religion und Kirche häufig verdeckten – direkten Gegensatz zwischen der Spontaneität der Religion und der festen Form der Kirche. »Die Religion ist flüssig und lebendig, jederzeit durch unmittelbare Berührung aus Gott schöpfend, höchst innerlich, persönlich, individuell und abrupt.«[117] Die Kirchen dagegen »isolieren die Religion als ein besonderes Lebensgebiet, dessen Pflege und Ordnung ihnen zusteht«; sie »rationalisieren immer die reine religiöse Autorität gewisser Grundanschauungen zum Träger einer rechtlichen Verbindlichkeit« und beschneiden dadurch deren religiösen – das heißt: spontanen, unberechenbaren und rechtlich nicht faßbaren – Charakter[118]. Im Unterschied zu anderen Glaubensweisen ist im christlichen Glauben die Kritik an einer solchen Erstarrung in kirchlicher Organisation besonders deutlich enthalten; denn in ihm liegt nicht nur ein aufs Jenseits gerichteter Begriff der individuellen Religion, sondern zugleich ein entsprechender Begriff der religiösen Gemeinschaft. Er allein kennt den Begriff des Reiches Gottes als einer »rein geistige(n) Gemeinschaft aller derer, welche reinen Herzens sind und Gott schauen wollen. Ohne bestimmte Lehre und ohne bestimmte Organisation umfaßt dieses Reich alle, die vom Geiste Jesu so oder so ergriffen sind«[119]. Das ist der Ausgangspunkt, der eine Kritik eines unwahr gewordenen Kirchentums und die Bildung neuer Gesellschaftsformen ermöglicht[120]. Ohne solche »Gesellschaftsformen« jedoch – dies betont Troeltsch gegenüber Rothe und Sohm – vermag die religiöse Gemeinschaft in der Geschichte nicht zu existieren. So sehr Religion und Kirche in direktem Gegensatz zueinander stehen, so sehr erweist sich doch auch ihre – notwendigerweise spannungsreiche – Verbindung als unausweichlich. Indem Religion – so muß man folgern – Menschen in ihrem Leben bestimmt, gewinnt sie mit Notwendigkeit eine gesellschaftliche Dimension.

Auf dem Hintergrund dieser am Beispiel Troeltschs verdeutlichten Position wird verständlich, daß die aufklärerische Forderung nach Gewissensfreiheit, Toleranz und religiöser Neutralität des Staates nicht unbedingt diejenige Bestimmung des Verhältnisses von Kirche und Staat, die von Fichte formuliert wurde, nach sich zieht. So entsprechen auch die geschichtlichen Folgen des aufklärerischen Postulats

---

[117] Ebd., S. 148.
[118] Ebd., S. 149.
[119] Ebd., S. 182.
[120] Ebd., S. 181.

nicht der — in sich, wie wir sahen, inkonsequenten — Konstruktion Fichtes. Schon das preußische Allgemeine Landrecht von 1794 anerkannte die Forderung nach Gewissensfreiheit und religiöser Toleranz des Staates; es verknüpfte dies jedoch mit einer fortdauernden rechtlichen Subordination der Kirchen als öffentlicher Korporationen unter den Staat[121]; der individuellen Gewissensfreiheit entspricht im Allgemeinen Landrecht also — ebensowenig wie in dem ihm vorausgehenden Woellnerschen Religionsedikt von 1788 — keine institutionelle Garantie für die Freiheit der Kirchen. Erst die Paulskirchenverfassung von 1849 hat diese Konsequenz aus dem Postulat der Toleranz gezogen[122]; ihr Grundrechtsteil enthält sowohl die Garantie der Glaubens- und Gewissensfreiheit für den einzelnen[123], als auch die Gewährleistung der unbeschränkten Religionsausübung[124], als auch schließlich die Anerkennung der Autonomie der Religionsgesellschaften[125]. Doch erst durch die Weimarer Reichsverfassung von 1919 wurde diese Verbindung von individueller und korporativer Freiheitsgarantie geltendes Verfassungsrecht[126]. Die Gewährleistung der

---

[121] *E. R. Huber/W. Huber*, Staat und Kirche, Bd. 1, Nr. 1.
[122] Die Bedeutung der Frankfurter Reichsverfassung ist bei *Th. Strohm*, Kirche und demokratischer Sozialismus, S. 74, verkannt. Er sieht nicht, daß sie die individuelle Gewissensfreiheit durch die Kirchenfreiheit ergänzt, und meint deshalb, die katholischen Vertreter in der Paulskirche hätten unter »Gewissensfreiheit« nicht die Freiheit der einzelnen, sondern der Kirche als Glaubensverband verstanden. Da diese eigens gewährleistet wurde, war eine solche Interpretation jedoch unnötig. Man kann deshalb auch nicht (wie Strohm) in diesem »Mißverständnis« der katholischen Vertreter in der Paulskirche eine Ursache des Kulturkampfs sehen; für ihn wurde vielmehr der Umstand entscheidend, daß die Grundrechte der Paulskirchenverfassung nicht zum geltenden Verfassungsrecht erhoben wurden.
[123] »§ 144: Jeder Deutsche hat volle Glaubens- und Gewissensfreiheit. Niemand ist verpflichtet, seine religiöse Überzeugung zu offenbaren« (*E. R. Huber*, Dokumente zur deutschen Verfassungsgeschichte, Bd. 1, Nr. 102, S. 319).
[124] »§ 145: Jeder Deutsche ist unbeschränkt in der gemeinsamen häuslichen und öffentlichen Übung seiner Religion. Verbrechen und Vergehen, welche bei Ausübung dieser Freiheit begangen werden, sind nach dem Gesetz zu bestrafen« (ebd.).
[125] »§ 147: Jede Religionsgesellschaft ordnet und verwaltet ihre Angelegenheiten selbständig, bleibt aber den allgemeinen Staatsgesetzen unterworfen. Keine Religionsgesellschaft genießt vor andern Vorrechte durch den Staat; es besteht fernerhin keine Staatskirche. Neue Religionsgesellschaften dürfen sich bilden; einer Anerkennung ihres Bekenntnisses durch den Staat bedarf es nicht« (ebd., S. 320).
[126] Siehe unten S. 493 f.

kirchlichen Autonomie wurde in ihr ergänzt durch die Anerkennung der Kirchen als Körperschaften des öffentlichen Rechts.

Das durch die Weimarer Verfassung geschaffene System der »hinkenden Trennung« von Staat und Kirche[127] ist dadurch gekennzeichnet, daß es die Glaubens- und Gewissensfreiheit, die Religionsneutralität des Staates und die Anerkennung der Kirchen als gesellschaftlicher Körperschaften mit einem Anspruch auf öffentliche Wirksamkeit miteinander verknüpft. In diesem System sind also die entscheidenden Impulse der Aufklärung aufgenommen, ohne daß aus ihnen die Konsequenz einer Erklärung der Religion zur Privatsache gezogen wird. Diese Impulse sind in ihm allerdings nur so lange gewahrt, so lange dieses System der »hinkenden Trennung« nicht in ein System der Dyarchie von Staat und Kirche als den beiden einzigen öffentlichen Gewalten uminterpretiert wird. Wird es jedoch in seiner ursprünglichen Bedeutung festgehalten, so bildet ihm gegenüber eine sogenannte »konsequente« Trennung von Staat und Kirche[128] nicht etwa einen Fortschritt, sondern einen Rückschritt zu einer Position, die den — für die Kirche mit ihrem Ursprung unlöslich zusammenhängenden — Anspruch der Kirche auf öffentliche Wirksamkeit nicht zu respektieren vermag und deshalb die Privatisierung von Religion und Kirche anstrebt.

Zieht man die geschilderte neuzeitliche Verfassungsentwicklung zum Vergleich heran, so verbleibt die »Erklärung der Religion zur Privatsache« durch die Sozialdemokratie im Gothaer Programm von 1878 und im Erfurter Programm von 1891[129] auf der Stufe des altliberalen Trennungsdenkens. Die Kritik von Karl Marx am Gothaer Programm — »Man beliebt aber das bürgerliche Niveau nicht zu überschreiten«[130] — trifft auch insofern den Kern. Gleichwohl hat sich die Erklärung der Religion zur Privatsache, von Lenin übernommen[131], im sozialistischen Denken lange erhalten.

Will man diese Entwicklung zureichend würdigen, so muß man allerdings berücksichtigen, daß der Erklärung der Religion zur Pri-

---

[127] *U. Stutz*, »Das Studium des Kirchenrechts an den deutschen Universitäten«, S. 2.
[128] Siehe dazu unten S. 522 ff.
[129] *W. Mommsen*, Deutsche Parteiprogramme, 1960, S. 352; vgl. *Th. Strohm*, Kirche und demokratischer Sozialismus, S. 70 ff.
[130] Zitiert nach *Strohm*, a. a. O., S. 71.
[131] *W. I. Lenin*, Über die Religion, Berlin 1965, S. 6,11.

vatsache in der neuzeitlichen Kirchen- und Religionskritik eine Privatisierung von Theologie und Kirche selbst korrespondiert. Mit der Entlastung der Religion von der Verantwortung für die öffentliche Zucht und Ordnung wandte sich auch die Theologie verstärkt dem Gewissen und der Innerlichkeit des einzelnen zu, wobei sie an das Denken des Idealismus wie der Romantik anknüpfen konnte. Ähnliche Beobachtungen kann man am Verhalten der Kirchen machen, die Verantwortung für die sozialen und politischen Konsequenzen des Glaubens weithin freien christlichen Vereinigungen überließen. Wie in einem Spiegel erkennt man diese Entwicklung in den Urteilen über die Aufgabe der Kirchen, die sich noch heute nach Auskunft empirischer Untersuchungen in der Bevölkerung der Bundesrepublik Deutschland feststellen lassen[132]. Nach einer vom »Spiegel« veranlaßten Untersuchung aus dem Jahr 1967[133] besteht einer der stärksten Meinungstrends in der Aussage, die Kirchen sollten sich nicht um öffentliche Angelegenheiten kümmern: nicht um Politik (85 Prozent der Befragten), um Gesetzgebung (64 Prozent), um Film und Fernsehen (52 Prozent), um die Schulen (27 Prozent), um die Moral (24 Prozent). Vielmehr sollen sich die Kirchen um Seelsorge und Gottesdienst bemühen (82 Prozent), um Arme und Alte (80 Prozent), um Taufen und Hochzeiten (77 Prozent), um Krankenhäuser (66 Prozent), um Beratung und Betreuung von Jugendlichen (53 Prozent), um Lebenshilfen (51 Prozent) und um Kindergärten (48 Prozent). Demgemäß ist die Zahl derjenigen groß, die davon überzeugt sind, daß die Kirchen in der Bundesrepublik einen zu großen politischen Einfluß haben; das betrifft insbesondere die katholische (33 Prozent), nur in beschränkterem Maß die evangelische Kirche (9 Prozent)[134]. 40 Prozent der Befragten forderten im September 1963, der Einfluß der Kirchen solle abgebaut werden[135].

In solchen öffentlichen Urteilen überkreuzen sich zwei Linien: zum einen die nach diesen Ergebnissen sehr verbreitete, wenn auch nicht

---

[132] O. *Massing*, »Die Kirchen und ihr ›image‹«, hat die vorhandenen Untersuchungen einer sorgfältigen Sekundär-Analyse unterzogen. Darauf beruhen die folgenden Angaben.
[133] Vgl. die Ergebnisse der Untersuchung bei W. *Harenberg*, Was glauben die Deutschen?; ferner Y. *Spiegel*, »Der statistische Christ und theologische Mutmaßungen«.
[134] *Massing*, a. a. O., S. 51, nach: Jahrbuch der öffentlichen Meinung, hrsg. von E. *Nölle* und E. P. *Neumann*, Bd. 4, Allensbach und Bonn 1967, S. 174.
[135] Ebd.

völlig bewußte Kritik an dem dyarchischen System von Staat und Kirche als den beiden öffentlichen Hoheitsmächten, das sich nach 1945 in der Bundesrepublik gebildet hat; zum andern die Konsequenz aus der neuzeitlichen Privatisierung von Religion und Kirche, die auch die anerkannten öffentlichen Aufgaben der Kirche noch zu Funktionen erklärt, die sich auf die Privatsphäre beschränken. Denn unzweifelhaft spiegeln sich in den erwähnten Ergebnissen Erwartungen an eine öffentliche Wirksamkeit der Kirchen: man erwartet von ihnen Beiträge zur Linderung gesellschaftlicher Notstände wie zur Integration des einzelnen in die Gesellschaft; sie gelten als die Hüterinnen eines traditionellen Normenkodex, der für das Funktionieren der Leistungsgesellschaft als unentbehrlich betrachtet wird[136]. Doch daß es sich hier um öffentliche Funktionen der Kirchen handelt, scheint weithin nicht bewußt zu sein. Vielmehr schlägt sich in den Befragungsergebnissen die Tendenz nieder, die Kirchen auf den Raum des Privaten zu beschränken. Eine langfristige geschichtliche Entwicklung findet damit in der Beurteilung der öffentlichen Rolle der Kirchen ihr Echo.

Deshalb ist es noch nicht überflüssig geworden, nach dem Recht der Aussage zu fragen, Religion sei Privatsache. Dieses ist nicht schon damit erwiesen, daß man »den Bereich eigener, keineswegs gemeinschaftsfremder, aber doch allein zu verantwortender Entscheidung des Individuums, der von der Allgemeinheit frei gegeben werden muß«[137], als den genuinen Bereich der Religion ansieht; denn der Satz, Religion sei Privatsache, impliziert darüber hinaus die Forderung, Religion dürfe keine Wirkungen entfalten, die über den Bereich des Privaten hinausgehen. Im Blick auf diese Konsequenz bedarf jener Satz der Überprüfung.

Ich gehe dabei von den Argumenten aus, die H. R. Schlette angeführt hat, um die Erklärung der Religion zur Privatsache als unverzichtbare Basisaussage über Religion und Kirche in der neuzeitlichen Gesellschaft auszuweisen[138].

---

[136] Vgl. *G. Kehrer*, Das religiöse Bewußtsein des Industriearbeiters, S. 193 u. ö.
[137] *H. Gollwitzer*, »Die marxistische Religionskritik«, S. 116.
[138] *H. R. Schlette*, »Religion ist Privatsache«. — Schlette behauptet zwar (a. a. O., S. 81 u. ö.), seine Erklärung der Religion zur Privatsache widerspreche dem Konzept einer »politischen Theologie«, wie es etwa von J. B. Metz entwickelt wird, nicht; er vermag diese Behauptung jedoch nur insoweit einzulösen, als er den Glauben, der Privatsache ist, als Fundament für die Entfaltung einer politischen Theologie bezeichnet (a. a. O., S. 80) und in der

a) Religion als Bindung des Menschen an einen absoluten Seins-Grund ist unverzichtbar eine Sache, die den einzelnen in seiner Einzelheit und nur sekundär auch in seiner Sozialität betrifft.

b) Unsere allgemeine geistig-kulturelle Situation ist von einer Pluralität der Philosophien und Weltanschauungen gekennzeichnet. In dieser Situation kann die Zustimmung zu einer Religion nur eine Privatsache sein, die allerdings als freie und begründete ausgewiesen werden muß.

c) Die wissenschaftlich-technische Zivilisation ist notwendigerweise agnostisch. In ihrem Kontext ist über Religion nichts auszumachen; sie ist also privat.

d) Die Marxsche Religionskritik, die die Voraussetzung der Formel »Religion ist Privatsache« bildet, hat weitgehend recht. Wer sich trotz des Elends, an dem die Religion nichts geändert, das sie vielmehr oft nur religiös bestätigt hat, zu einer Religion bekennt, kann dies nur als seine Privatsache tun.

e) Die Theologie hat immer betont, es komme auf das Herz und die Entscheidung des einzelnen an. Die Idee der Privatheit ist erst in der Lehre und Tradition des Judentums und Christentums in ihrer ganzen Radikalität entdeckt worden.

Gegen diese Argumentation muß eine Reihe von Gegenargumenten geltend gemacht werden:

a) Die Kategorie des »Privaten« ist in ihrer uns geläufigen Verwendung eine Kategorie des bürgerlichen Zeitalters, die in Deutschland eng mit der Unterscheidung bzw. Trennung von Staat und bürgerlicher Gesellschaft verknüpft ist[139]. Privat ist der von staatlicher Einwirkung freie Bereich des einzelnen innerhalb der bürgerlichen Gesellschaft; privat sind die Tätigkeiten des einzelnen, soweit er nicht staatliche, »öffentliche« Funktionen wahrnimmt. In diesen Begriff lassen sich die biblischen Aussagen über den Glauben und die Gottesrelation des einzelnen nicht einfach eintragen. Die jüdische und christliche Tradition hat mit ihrer Betonung der Gottesrelation des

---

Privatheit des Glaubens die Bedingung der Möglichkeit für jede Art von Protest und Weigerung gegenüber Kirche, Staat, Gesellschaft, gegenüber Herrschaft und Repression sieht (a. a. O., S. 79). Daß diese beiden Aussagen jedoch nicht zu begründen sind, solange man — wie Schlette — die Privatheit des Glaubens von seiner öffentlichen Praxis isoliert, soll aus dem folgenden deutlich werden.

[139] Siehe dazu oben S. 15 ff.

Menschen seiner Personalität eine neue Bedeutung verliehen; der Gedanke der »Privatheit« ist ihr jedoch fremd.

b) Darüber hinaus hat die biblische, insbesondere neutestamentliche Tradition den Unterschied von sakraler und profaner, kultischer und alltäglicher und damit zugleich von privater und öffentlicher Sphäre aufgehoben und damit dem Glauben eine Dynamik gegeben, die sich mit dem *Nacheinander* von privater Entscheidung und konkreter Sozialität nicht verträgt. »Steht der Christ mit seinem ganzen Dasein, weil ›im Angesichte Christi‹ als des Weltenherrn und Weltenrichters, in eschatologischer Öffentlichkeit, so gibt es für ihn den Bereich des ›Privaten‹, den wir dem Individuum zubilligen, überhaupt nicht mehr.«[140] Die Entscheidung des Glaubens vollzieht sich wie der Dienst, der aus ihr folgt, in der Öffentlichkeit der Gemeinde und im »Alltag der Welt«. Die Gebote der Gottes- und der Nächstenliebe sind im Neuen Testament nicht als zwei aufeinander folgende, sondern als ein Gebot verstanden (vgl. Lk. 10,27). Die Erklärung der Religion zur Privatsache mag historisch für eine bestimmte Epoche zutreffen, als Gegenposition zur Funktionalisierung der Religion als cultus publicus verständlich und politisch für manche erstrebenswert sein; sie kann jedoch nicht eine *theologisch* zureichende Beschreibung des Glaubens darstellen.

c) Der Glaube wird vor aller privaten Entscheidung durch Tradition und das heißt durch soziale Vermittlung überliefert. Ihn zur Privatsache zu erklären, hieße, von dieser geschichtlichen Dimension zu abstrahieren.

d) Die Marxsche Religionskritik behaftet den christlichen Glauben zu Recht an der Frage seiner öffentlichen Wirksamkeit. Mag die Erklärung der Religion zur Privatsache deshalb eine Konsequenz dieser Kritik sein, so entzieht sie ihr doch zugleich die Voraussetzung. Marx spricht der Religion eine doppelte Funktion zu: sie ist in einem ideologische Verschleierung des wirklichen Elends und utopische Protestation gegen das wirkliche Elend; den Protestantismus nennt Marx in diesem Zusammenhang, wenn nicht die wahre Lösung, so doch die wahre Stellung der Aufgabe[141].

---

[140] *E. Käsemann*, Exegetische Versuche und Besinnungen, II, S. 203 (in einer Interpretation von Rm. 12).
[141] »Einleitung zur Kritik der Hegelschen Rechtsphilosophie«, in: *Marx*, Frühschriften, hrsg. v. S. Landshut, S. 208, 217; vgl. *H. Bosse*, Marx-Weber-Troeltsch, S. 107 ff.; ders., »Marx, Freud und die Christen«, S. 98 ff.

Auf den Protest und den Kampf gegen das Elend kann der Glaube gerade gemäß dieser Kritik nicht verzichten[142].

e) Aus dem Pluralismus der Philosophien und Weltanschauungen in der Gegenwart folgt nicht ihre Erklärung zur Privatsache, sondern die Notwendigkeit öffentlicher Kommunikation und Diskussion über sie[143]. Dieser Diskussion kann sich keine von ihnen dadurch entziehen, daß sie sich zur Privatsache erklärt.

f) Die Aussage Schlettes, die wissenschaftlich-technische Zivilisation sei agnostisch, muß auf ihren wahren Kern reduziert werden; er besteht darin, daß die *Wissenschaft* sich in ihrem Vollzug einem *methodischen* Agnostizismus unterwerfen muß. Doch sowohl im Blick auf ihre Voraussetzungen als auch im Blick auf ihre möglichen Folgen ist die Wissenschaft nicht agnostisch. Sie beruht auf wissenschaftstheoretischen Voraussetzungen und politischen Prioritätsentscheidungen, die bestimmte Vorstellungen über Sinn und Zielsetzung menschlichen Lebens implizieren. Die Wissenschaft kann ihren methodischen nicht zu einem prinzipiellen Agnostizismus machen, da sie dazu bereit sein muß, die Verantwortung für die Folgen ihres Tuns zu übernehmen[144]. Darüber hinaus wäre es ein fragwürdiges Verfahren, aus dem methodischen Agnostizismus der Wissenschaft auf einen faktischen Agnostizismus der wissenschaftlich-technischen Zivilisation zu schließen.

Bei einer Prüfung der von Schlette vorgebrachten Argumente erweist sich also der Satz, Religion sei Privatsache, für den christlichen Glauben als von seinen Ursprüngen her unzutreffend wie auch gegenüber der gegenwärtigen Verantwortung des Glaubens als unangemessen. So wie mit dem Glauben zugleich eine Verantwortung des Glaubenden für seinen Mitmenschen gegeben ist, die die Struktur der Stellvertretung hat, so ist mit der Existenz der Kirche zugleich eine Verantwortung für die sie umgebende gesellschaftliche Welt gesetzt, aus der hervorgeht, daß die Kirche nach ihrem Wesen Kirche für andere

---

[142] Schlette vernachlässigt in diesem Zusammenhang die Tatsache, daß die Wurzeln der Formel »Religion ist Privatsache« in die Aufklärung zurückreichen und daß gerade Marx diese Formel wegen ihres bürgerlich-liberalen Charakters einer scharfen Kritik unterzogen hat (siehe oben S. 39).
[143] *B. Bosnjak*, »Die Religion als Privatsache«, erklärt die Privatisierung der Religion und d. h. ihre Lösung von institutioneller Organisation zur Bedingung eines freien, öffentlichen Dialogs (v. a. S. 166). Das liegt jedoch daran, daß er Institutionalisierung und Absolutheitsanspruch identifiziert (S. 162).
[144] Vgl. *G. Picht*, Wahrheit, Vernunft, Verantwortung, v. a. S. 11 ff., 343 ff.

ist. Der Satz, Religion sei Privatsache, ermöglicht weder einen angemessenen Zugang zur Betonung des Personseins des Menschen im Begriff des Glaubens; denn er trennt dessen angebliche Privatheit künstlich davon ab, daß er im Miteinandersein von Menschen vermittelt, gelebt und bekannt wird. Noch ermöglicht dieser Satz einen angemessenen Zugang zur gesellschaftlichen Rolle der Kirche; denn er isoliert die in der Kirche geschehende Verkündigung und Seelsorge künstlich von der gemeinschaftlichen Praxis des Glaubens und dem korporativen Handeln der Kirche.

Die Erklärung der Religion zur Privatsache beruht auf einer sektoralen Fassung der Unterscheidung von Öffentlichem und Privatem, die der Trennung von Staat und Gesellschaft entspricht. Erneut zeigt sich, daß die Trennung zwischen öffentlichen und privaten Lebensbereichen in die Irre führt. »Öffentlich« und »privat« bezeichnen vielmehr unterschiedliche und zu unterscheidende Dimensionen gesellschaftlicher Lebensvollzüge. Religion und Kirche sind weder ohne die Dimension des Privaten, die insbesondere in Meditation und Gebet, individueller Frömmigkeit und Seelsorge zum Ausdruck kommt, noch ohne die Dimension des Öffentlichen, die sich vor allem in öffentlichem Gottesdienst und gesellschaftlicher Diakonie, in rechtlicher Organisation und korporativem Handeln zeigt, zu denken. Die folgenden Untersuchungen sind dieser öffentlichen Dimension gewidmet, ohne daß damit die konstitutive Bedeutung der privaten Dimension für Religion und Kirche geleugnet würde.

5. Zusammenfassung

Am Anfang dieser Überlegungen stand die Frage, ob wir es mit verschiedenen Begriffen von Öffentlichkeit zu tun haben, wenn vom Verhältnis zwischen Kirche und Öffentlichkeit die Rede ist. Diese Frage läßt sich nun beantworten. Der Begriff der Öffentlichkeit bezeichnet diejenige Dimension aller gesellschaftlichen Institutionen und Lebensvollzüge, in der die gemeinsamen Interessen und Bedürfnisse, Rechte und Pflichten der Glieder einer Gesellschaft betroffen sind. Die Unterscheidung von Öffentlichem und Privatem kann deshalb nicht im Sinn einer sektoralen Trennung von öffentlichen und privaten Lebensbereichen, sondern nur im Sinn einer dimensionalen Unterscheidung innerhalb aller Lebensbereiche vorgenommen werden. Dies darf nicht zur Aufhebung des Unterschieds von Öffentlichem und Privatem führen, da dies die Vernichtung privater Freiheit und die Zerstörung der Öffentlichkeit zugleich zur Folge hätte. Ebensowenig wie durch die sektorale Trennung von öffentlichen und privaten Lebensbereichen wird der Begriff der Öffentlichkeit im Rahmen eines Dualismus von Staat und Gesellschaft zureichend erfaßt, nach dem der Staat als Verwirklichung der sittlichen Idee gegenüber der Gesellschaft als der Sphäre privater Interessen zu bestimmen hat, was als öffentlich zu gelten habe. Vielmehr ist der Begriff der Öffentlichkeit der Gesamtgesellschaft als politischem Gemeinwesen zugeordnet; innerhalb des gesellschaftlichen Systems ist der Staat mit der Wahrnehmung öffentlicher Aufgaben betraut. Aus dieser Argumentation ergibt sich nicht die Aufhebung des Unterschieds von Staat und Gesellschaft, die in totalitäre Tendenzen münden würde; wohl aber wird die Überordnung des Staats über die Gesellschaft abgelöst durch eine Eingliederung des Staats in die Gesellschaft.

Innerhalb des Begriffs der Öffentlichkeit lassen sich verschiedene Schichten voneinander abheben. Sie unterscheiden sich zum einen danach, ob der Begriff der Gesamtgesellschaft oder dem Staat als Subsystem der Gesellschaft zugeordnet ist; sie unterscheiden sich zum andern danach, ob der Begriff eine inhaltliche Qualifikation darstellt oder sich auf die Art der Kommunikation bezieht. Auszugehen ist von dem Bezug des Begriffs »Öffentlichkeit« auf gesellschaftliche Bedürfnisse und Aufgaben; er zeigt sich in Ausdrücken wie: öffentliche Aufgabe, öffentlicher Frieden, öffentliche Sicherheit, öffentliche Wohlfahrt und so weiter (A). Der Qualifikation gesellschaftlicher Bedürfnisse und Interessen als öffentlich entspricht, daß diese öffentlich artikuliert und diskutiert werden sollen und daß die Institutionen, die solche Interessen und Bedürfnisse vertreten beziehungsweise befriedigen, öffentlich sind. Hierher gehören Ausdrücke wie: öffentliche Meinung, öffentliche Diskussion, Öffentlichkeitsarbeit von Verbänden und so fort (B). Die Wahrnehmung öffentlicher Aufgaben obliegt in erster Linie dem Staat. Im Rahmen dieser Aufgaben kommt ihm deshalb das Recht zu, Gegenstände und Institutionen als öffentlich zu qualifizieren. Hierher gehören das öffentliche Amt, der öffentliche Dienst, die öffentliche Gewalt, die öffentliche Sache und so fort (C). Schließlich ist der Staat verpflichtet beziehungsweise berechtigt, seine Entscheidungen öffentlich bekannt und damit der öffentlichen Kritik und Kontrolle zugänglich zu machen. Diesem Vorgang sind

Begriffe wie öffentliche Verhandlung, öffentliche Bekanntmachung, öffentliche Verkündung (z. B. eines Urteils) und andere zugeordnet (D). Aus unseren bisherigen Überlegungen hat sich ferner die — oft vernachlässigte — Zusammengehörigkeit dieser verschiedenen Schichten im Begriff der Öffentlichkeit gezeigt. Kants transzendentales Prinzip der Publizität[145] ist darin begründet, daß das öffentliche Recht dem allgemeinen Zweck des Publikums zu dienen hat. Die Pflicht, staatliche Akte öffentlich zur Kenntnis zu bringen, hat ihren Grund also darin, daß diese das öffentliche Interesse betreffen. Sie hängt jedoch weiterhin mit dem Zutrauen zusammen, daß in der öffentlichen Diskussion eine gewisse Gewähr für die Richtigkeit der schließlich getroffenen Entscheidung liegt. So zeigt sich ein enger Zusammenhang zwischen öffentlichem Recht (C), Publizitätsgebot (D), öffentlicher Diskussion (B) und öffentlichem Interesse (A). Dieser Zusammenhang ist im Begriff der Öffentlichkeit artikuliert, der im Bezug zum Volk als Gemeinwesen seine begriffsgeschichtliche Wurzel hat. Die einzelnen Schichten des Begriffs darf man nicht von dieser Basis lösen. Sie ist allerdings durch die neuzeitliche, bereits bei Kant artikulierte Einsicht zu erweitern, daß angesichts globaler Kommunikationsmöglichkeiten allein die Weltgesellschaft den zureichenden Rahmen von Öffentlichkeit abzugeben vermag.

Aus diesem Zusammenhang zwischen den verschiedenen Schichten im Begriff der Öffentlichkeit ergibt sich, daß dem normativen Gehalt des Begriffs durch die Vermehrung von Publizität allein nicht Genüge getan wird. Vielmehr müssen Publizität und öffentliche Diskussion bezogen sein auf die Erhöhung der Partizipationschancen aller an den für sie relevanten Entscheidungen. Diese Partizipationschancen werden vielfach vermittelt durch gesellschaftliche Gruppen und Verbände. Die Erhöhung der Partizipationschancen ist deshalb an die effektive Demokratisierung dieser Gruppen und Verbände geknüpft. Nur dann kann öffentliche Kritik und Kontrolle öffentliche Machtausübung am öffentlichen Interesse messen und so zu einer Rationalisierung politischer Herrschaft führen.

Die Kirchen haben an der Öffentlichkeit in ihren verschiedenen Schichten teil. So sehr Religion und Kirche eine private Dimension eigen ist, so sehr ist auch ihre öffentliche Dimension unverzichtbar. Die Kirchen beteiligen sich an der Artikulation und Befriedigung gesellschaftlicher Bedürfnisse im öffentlichen Gottesdienst wie in ihrer

---

[145] Oben S. 13 ff.

gesellschaftlichen Diakonie und in anderen Formen öffentlichen Handelns (A). Sie beteiligen sich an der öffentlichen Diskussion und Meinungsbildung und wirken dabei als Verbände mit besonderem Auftrag und eigenständiger Prägung neben anderen Verbänden (B). Sie nehmen zwar nicht mehr an der Erfüllung staatlicher Aufgaben teil, verfügen jedoch wegen ihres besonderen Charakters und dank geschichtlicher Herkunft über eine Reihe staatlicher Gestaltungsmöglichkeiten; diese sind im Rechtsstatus der Körperschaft des öffentlichen Rechts[146] zusammengefaßt (C).

Theologisch betrachtet, ist die Basis für die Zuwendung der Kirchen zur Öffentlichkeit umfassender. Sie hat ihren Grund in der Universalität des Heilswillens Gottes. Dies nötigt die Kirchen dazu, Elementen im Öffentlichkeitsbegriff verstärktes Gewicht beizumessen, die in einer Zeit, die politisch von der Entstehung und Selbstbehauptung der Nationalstaaten geprägt war, in den Hintergrund gedrängt wurden. Nicht ein einzelnes Volk, ein einzelner Staat oder eine bestimmte Gesellschaftsform, sondern die Menschheit als ganze muß für die Kirche den Bezugsrahmen darstellen, innerhalb dessen sie ihr Verhältnis zur Öffentlichkeit gestaltet. Die Zuwendung zur Öffentlichkeit hat die Distanzierung von den partikularen Interessen eines Volkes oder Staates geradezu zur Voraussetzung. Auf dieser Basis zeigt sich jedoch erneut die Zusammengehörigkeit der verschiedenen Aspekte im Begriff der Öffentlichkeit und im Verhältnis der Kirchen zu ihr. Die allgemeine Zugänglichkeit christlicher Verkündigung ist ebenso in der Universalität des Heilswillens Gottes begründet wie die Beiträge der Kirchen zur Linderung gesellschaftlicher Not (A). Daß sie sich als gesellschaftliche Institutionen organisieren und dabei an staatlichen Gestaltungsmöglichkeiten partizipieren, ist auf diese ihre öffentlichen Aufgaben bezogen und nur so lange berechtigt, als es diesen Aufgaben dient (C). Die Kirchen können sich mit überzeugender Begründung nur an der öffentlichen Meinungsbildung beteiligen, so lange darin ihr aus Gottes Heilswillen folgender Öffentlichkeitsauftrag — und nicht ihr auf Selbstdarstellung in der Öffentlichkeit bezogener Öffentlichkeitsanspruch — zum Zuge kommt (B).

---

[146] Siehe unten S. 498 ff.

II. Das öffentliche Handeln der Kirche als Problem evangelischer Ekklesiologie

1. Die Ekklesiologie und die Kategorie der Öffentlichkeit

1.1. Vorbemerkung

Den verschiedenen Schichten im Begriff der Öffentlichkeit, so sahen wir, entsprechen verschiedene Dimensionen des Verhältnisses von Kirche und Öffentlichkeit. Doch was ist dabei unter dem Begriff der Kirche verstanden? Gerade unter dem Gesichtspunkt des Verhältnisses von Kirche und Öffentlichkeit erweist es sich als notwendig, zwischen Christenheit und Kirche zu unterscheiden. Denn die öffentliche Wirksamkeit des christlichen Glaubens ist nicht auf den Bereich der organisierten Kirchen beschränkt, sondern greift über ihn hinaus. Schon für die Theologie der Aufklärungszeit ist die Einsicht charakteristisch, daß die Partikularität der konfessionellen Kirchen mit der gesamtgesellschaftlichen Bedeutung des Christentums nicht mehr zur Deckung kommt[1]; daher rührt die Aufmerksamkeit für das »Christentum außerhalb der Kirche«[2], das seine Relevanz nicht zuletzt darin erweist, daß die Kirchen in ihrem öffentlichen Handeln an den Bestand manifester oder latenter Christlichkeit in der Gesellschaft anzuknüpfen vermögen[3]. Die geschichtliche Wirksamkeit der Unterscheidung von Christenheit und Kirche ist für den Bereich der reformatorischen Kirchen insbesondere an der Rolle abzulesen, die der »freie Protestantismus« im 19. und beginnenden 20. Jahrhundert gespielt hat. In vielen Fällen haben kirchlich distanzierte, dogmatisch weniger fixierte und organisatorisch beweglichere Gruppen der Christenheit Schritte vollzogen, die die organisierten Kirchen sehr viel später — wenn überhaupt — nachgeholt haben. Im 20. Jahrhundert ist eine Reihe von Fehleinschätzungen des Verhältnisses von Kirche und Öffentlichkeit darauf zurückzuführen, daß man die Differenz von Christenheit und

---
[1] Dies hat T. *Rendtorff*, Kirche und Theologie, S. 27 ff., an der Theologie J. S. Semlers gezeigt.
[2] Vgl. T. *Rendtorff*, Christentum außerhalb der Kirche.
[3] Vgl. J. *Matthes*, Die Emigration der Kirche aus der Gesellschaft.

Kirche in ihrer faktischen Bedeutung unterschätzt oder aus theologischen Gründen negiert hat.

Betrachtet man, von dieser Unterscheidung ausgehend, den Begriff der Kirche, so legt es sich nahe, ihn auf drei korrelativen Wegen zu bestimmen:

a) Kirche ist die auf die befreiende und versöhnende Tat Gottes in Christus gegründete Gemeinschaft von Menschen, in der diese Tat Gottes in Wort und Sakrament, in Handeln und Leiden bezeugt wird; sie ist insofern die irdisch-geschichtliche Existenzform Jesu Christi selbst[4]. Sie wird durch die Verkündigung des Evangeliums konstituiert und entspricht dieser Verkündigung in verschiedenen Formen der auf Versöhnung gerichteten Kommunikation und des befreienden Handelns. Dieser Begriff der Kirche umgreift die ecclesia universalis als die Einheit der mit Christus durch die Taufe Verbundenen, die ecclesiae particulares als die lokal und konfessionell getrennten Kirchentümer, die Gemeinden als die örtlichen Versammlungen unter Wort und Sakrament und die sich diesen Gliederungen immer wieder entziehenden Initiativgruppen (Orden)[5]. Dies ist der umfassendste Begriff der Kirche, dem die anderen Begriffe zuzuordnen sind.

b) Geschichtlich begegnet die Kirche von Anfang an in der Aufspaltung konfessioneller Kirchen. In ihnen ist trotz aller Gegensätzlichkeiten bis hin zu Konfessionskriegen ein Wissen um die Einheit der Kirche in Christus[6] immer präsent geblieben; dieses Wissen aktualisiert sich heute in den Bemühungen um die ökumenische Kooperation der Kirchen. Die Kirchen sind also nicht nur als konfessionelle Organisationen, sondern zugleich auch als Glieder der ökumenischen Gemeinschaft zu betrachten.

c) In ihrem öffentlichen Handeln erscheinen die Kirchen außerdem jedoch noch als Verbände in der Gesellschaft, die römisch-katholische Kirche und der Ökumenische Rat der Kirchen als transnationale Verbände in der Weltgesellschaft. Sie können sich als solche Verbände nur organisieren, indem sie von den Strukturen Gebrauch machen, in denen die Gesellschaft sich organisiert[7]. Dies gehört zu den notwendigen Bedingungen ihres öffentlichen Handelns.

---

[4] Vgl. K. *Barth*, Kirchliche Dogmatik IV/1, S. 738 ff.
[5] Vgl. H. *Dombois*, »Die vierfache Gestalt der Kirche«.
[6] Vgl. P. *Brunner*, Pro Ecclesia I, S. 225 ff.
[7] Vgl. G. *Picht*, Wahrheit, Vernunft, Verantwortung, S. 173.

Blickt man von diesem dreifachen Kirchenbegriff aus auf die Geschichte der evangelischen Ekklesiologie, so stellt man fest, daß in ihr das erste Verständnis von Kirche in unterschiedlichen Fassungen dominiert, gelegentlich durch das zweite ergänzt. Wie jedoch dieses theologische Verständnis der Kirche sich zu der Vorfindlichkeit der Kirche als eines gesellschaftlichen Verbands verhält, ist in dieser Geschichte häufig nicht explizit erörtert worden. Erst eine Klärung dieser Frage ermöglicht jedoch eine präzise Bestimmung des Verhältnisses von Kirche und Öffentlichkeit.

Diese These kann hier nicht durch einen detaillierten historischen Rückblick nachgewiesen, sondern nur an ausgewählten Beispielen erläutert werden. Im folgenden fragen wir also nach Ansatzpunkten für die Klärung des Verhältnisses von Kirche und Öffentlichkeit in der Geschichte der evangelischen, vorwiegend der lutherischen Ekklesiologie.

1.2. Der reformatorische Kirchenbegriff

1.2.1. Luther, Melanchthon und die Confessio Augustana

Kennzeichnend für den Kirchenbegriff Luthers, Melanchthons und auch der lutherischen Bekenntnisschriften[8] ist ein Doppeltes: sie wehren eine äußerliche Betrachtung der Kirche als einer kultischen oder hierarchischen Organisation ab und betonen, daß sie zu allererst Glaubensgemeinschaft sei; sie bestehen jedoch gleichzeitig darauf, daß die Kirche in der Welt öffentlich erkennbar ist[9]. Dem ersten dient vor allem Luthers Unterscheidung zwischen den »zwo Kirchen«[10]:

»Die erste, die naturlich, wesentlich und warhafftig ist, wollen wir heyssen ein geystliche, ynnerliche Christenheit, die andere die gemacht und eusserlich ist, wollen wir heyssen ein leypliche, euszerlich Christenheit, nit das wir sie vonn einander scheyden wollen, sondern zu gleich als wen ich von einem menschen rede und yhn nach der seelen ein geistlichen, nach dem leyp ein

---

[8] Zum hier nicht erörterten Kirchenbegriff Zwinglis, Calvins und der reformierten Bekenntnisschriften vgl. bes. *B. Gassmann*, Ecclesia reformata; zum katholischen Kirchenverständnis vgl. bes. *U. Valeske*, Votum Ecclesiae; *H. Küng*, Die Kirche; *Chr. Frey*, Mysterium der Kirche — Öffnung zur Welt.
[9] Vgl. *E. Kinder*, »Kann man von einem ›lutherischen Kirchenbegriff‹ sprechen?«, Sp. 363.
[10] WA 6, 296, 39—297, 9; vgl. zu dem Text v. a. *J. Heckel*, Das blinde, undeutliche Wort ›Kirche‹, S. 111 ff.; *M. Honecker*, »Sozialethische Aspekte des Kirchenverständnisses«, S. 77 ff.

leyplichen menschen nenne, oder wie der Apostel pflegt ynnerlichen und euszerlichen menschen zunennen, also auch die Christlich vorsammlung, nach der seelen ein gemeyne in einem glauben eintrechtig, wie wol nach dem leyb sie nit mag an einem ort vorsamlet werdenn, doch ein iglicher hauff an seinem ort vorsamlet wirt.«

Diese Unterscheidung soll dartun, daß die Kirche nicht durch die päpstliche Herrschaft oder menschliche Ordnungen, sondern durch das Haupt-Sein Christi und die Gemeinschaft des Glaubens konstituiert wird. Sie hat nicht die Behauptung zum Ziel, daß die Kirche eine geistige Größe im Sinn einer »civitas Platonica«[11] sei. Vielmehr stellt Luther die Verbindung zwischen der »geistlichen, innerlichen Christenheit« und der »leiblichen, äußerlichen Christenheit« durch die Lehre von den »notae ecclesiae« her[12]:

»Die zeichen, da bey man euszerlich mercken kan, wo die selb kirch in der welt ist, sein die tauff, sacrament und das Evangelium, unnd nit rom, disz oder der ort. Dan wo die tauff und Evangelium ist, da sol niemant zweyffeln, es sein heyligen da, und soltens gleich eytel kind in der wigen sein. Rom aber odder bepstlich gewalt ist nit ein zeychen der Christenheit, dan die selb gewalt macht keinen Christen, wie die tauff unnd das Evangelium thut, drumb gehoret sie auch nichts zur rechten Christenheit, und ist ein menschlich ordnung.«

In dieser Argumentation Luthers sind die Elemente bereits enthalten, die den Kirchenbegriff der Confessio Augustana bestimmen[13]. Dort wird einerseits die Kirche als die »Versammlung aller Gläubigen« (CA VII), als »Versammlung aller Gläubigen und Heiligen« (CA VIII) bezeichnet. Andererseits werden die reine Predigt des Evangeliums und die rechte Verwaltung der Sakramente als die notwendigen Zeichen der Kirche und damit als für die Kirchengemeinschaft ausreichend angesehen (CA VII). Daß der Verweis auf die Gnadenmittel von Wort und Sakrament auch hier die Aufgabe hat, zwischen dem Glaubensbegriff der Kirche als der »geistlichen Christenheit« und der »leiblichen, äußerlichen Christenheit« zu vermitteln, zeigt die Apologie, die Wort und Sakrament ausdrücklich als *notae externae* der Kirche bezeichnet (Apol. VII, 5).

Sowohl Luthers Unterscheidung von geistlicher und leiblicher Christenheit als auch die Beschränkung der notae externae ecclesiae auf

---

[11] Vgl. WA 7, 683, 8; Apol. VII, 20.
[12] WA 6, 301, 3—10.
[13] Vgl. v. a. *H. Diem*, »Est autem Ecclesia ...«; *E. Schlink*, Theologie der lutherischen Bekenntnisschriften, S. 269 ff.; *E. Kinder*, Der evangelische Glaube und die Kirche, S. 78 ff.

die Predigt des Evangeliums und die Verwaltung der Sakramente versteht man nur dann richtig, wenn man deren kritische Funktion bedenkt: sie sollen klären, was zum Begriff und zur sichtbaren Erscheinung der Kirche notwendig hinzugehört, und damit den Anspruch, daß die römisch-katholische Gestalt der Kirche mit dem Begriff der Kirche identisch sei, abweisen; sie sollen deutlich machen, was die wahre Einheit der Kirche konstituiert[14]. In besonderer Schärfe formuliert Luther diesen kritischen Charakter, der der Konzentration auf Wort und Sakrament eignet, in seinem Jesaja-Kommentar von 1534: »Unica enim et perpetua et infallibilis Ecclesiae nota semper fuit Verbum.«[15] Nur innerhalb dieser »unica nota« können deshalb nach reformatorischem Verständnis die vier notae ecclesiae des Nicaeno-Constantinopolitanums: Einheit, Heiligkeit, Katholizität und Apostolizität der Kirche erörtert werden[16]. Denn diese Kennzeichen entfalten nur, was in der Konzentration auf das Wort Gottes als Kennzeichen der Kirche bereits ausgesagt ist. Doch damit ist nicht behauptet, daß durch die beiden notae externae von Wort und Sakrament die äußere Gestalt der Kirche und ihre öffentliche Wirksamkeit bereits hinreichend beschrieben sind. Das zeigt schon die Confessio Augustana selbst, die im Hinblick auf die *öffentliche* Predigt des Evangeliums und die Verwaltung der Sakramente das geistliche Amt einführt (CA XIV). Die mit der Formulierung von CA XIV gestellte Frage nach dem Verhältnis von geistlichem Amt und allgemeinem Priestertum braucht hier nicht erörtert zu werden; denn trotz ihrer unterschiedlichen Auffassung in dieser Frage[17] stimmen Luther und Melanchthon darin überein, daß das geistliche Amt eingesetzt sei, damit die *öffentliche* Verkündigung des Evangeliums gesichert ist.

Das Evangelium aber drängt auf Öffentlichkeit. Das veranlaßt Melanchthon zur Bezeichnung der Kirche als »publica Ecclesia«[18].

---

[14] Vgl. *Kl. Scholder*, »Die Bedeutung des Barmer Bekenntnisses für die evangelische Theologie und Kirche«, S. 443 ff.
[15] WA 25, 97.
[16] Vgl. *E. Wolf*, Peregrinatio I, S. 155 f.
[17] Zu Melanchthons Ablehnung des allgemeinen Priestertums vgl. sein »Iudicium« vom 10. Juli 1530, CR 2, 182 f.; zu Luthers Auffassung zusammenfassend *H. Storck*, Das allgemeine Priestertum bei Luther.
[18] CR 13, 1210 (Commentarii in Psalmos); vgl. *J. Heckel*, Das blinde, undeutliche Wort ›Kirche‹, S. 326; an der von Heckel noch genannten Stelle CR 23, 51 (»Examen Ordinandorum«) kommt der Ausdruck allerdings nicht vor; vielmehr ist dort von der universa Ecclesia und der vera Ecclesia die Rede.

Auch in den späteren Schriften Melanchthons ist diese Publizität der Kirche in ihrem Verkündigungsauftrag begründet. Besonders deutlich ist dies einer Stelle in der deutschen Fassung des Examen Ordinandorum zu entnehmen[19]:

»Hie merck, das wir nicht von der Kirchen, als von einer Idea Platonica reden, da niemand wisse, wo sie zu finden sey sondern ... Gott will aus grosser Barmherzigkeit gegen dem menschlichen geschlecht, im für und für ein Heuflin sameln, das jn und den Heiland Jhesum Christum recht erkenne und anruffe. Und wil darumb, das seine lere öffentlich gepredigt werde, wie im Psalm geschrieben ist, jn alle Land ist jre Stim ausgangen.«

Daraus wird hergeleitet, daß das Amt der Verkündigung wie die Versammlung der Gemeinde grundsätzlich öffentlich sind[20].

So steht die Kirche von ihrem Auftrag her in der Öffentlichkeit; darin ist es nach Melanchthons Auffassung auch begründet, daß die Kirche als »publica Ecclesia« für die Ordnung des öffentlichen Lebens, für die »conservatio privati et publici status« Mitverantwortung trägt[21]. Der Auftrag öffentlicher Evangeliumsverkündigung verbindet sich mit einer Aufgabe, die einem späteren Verständnis des »Öffentlichkeitsauftrags« der Kirche schon nahe kommt.

Noch deutlicher wird dies in einem Satz aus Luthers Predigt »Daß man Kinder zur Schulen halten solle«[22]:

»Darumb, so man die wahrheit sagen will, Der zeitlich fried, der das grosseste gut auf erden ist, darinn auch alle andere zeitliche guter begriffen sind, ist eigentlich eine frücht des rechten predig ampts, denn wo dasselbige gehet, bleibt der Krieg, hadder und blut vergiessen wol nach.«

Von diesem Interesse an der Öffentlichkeit der Kirche her wird es verständlich, daß in der Lehre der Reformatoren von den notae ecclesiae zwischen zwei Schichten zu unterscheiden ist. In der einen Schicht werden nur die reine Predigt des Evangeliums und die rechte Verwaltung der Sakramente als notae ecclesiae genannt, weil sie allein notwendig sind, um die Verbindung zwischen der geistlichen und der leiblichen Christenheit deutlich zu machen. In der anderen Schicht jedoch, in der das Problem der Öffentlichkeit der Kirche in die Erwägungen einbezogen wird, vermehrt sich die Zahl der notae eccle-

---

[19] CR 23, LXXV.
[20] CR 21, 825.
[21] CR 13, 1210.
[22] WA 30, 2, 538; vgl. zu dieser Stelle U. *Duchrow*, Christenheit und Weltverantwortung, S. 558 ff.

siae. So nennt Melanchthon im »Examen Ordinandorum« (1559) drei notae ecclesiae: die Übereinstimmung in der unverfälschten Lehre des Evangeliums als das Fundament, den rechtmäßigen Gebrauch der Sakramente und den Gehorsam, der dem Amt der Verkündigung nach dem Evangelium geschuldet wird[23]. Vorher schon nennt Luther in »Von den Konziliis und Kirchen« (1539) sieben »Hauptstücke«, an denen die Kirche in dieser Welt zu erkennen sei[24]: 1. das Wort Gottes, 2. das Sakrament der Taufe, 3. das Sakrament des Altars, 4. der öffentliche und nicht-öffentliche Gebrauch der Schlüssel, 5. die Einrichtung kirchlicher Ämter, 6. das Gebet, in dem man Gott öffentlich lobt und dankt, 7. das Heiltum des Heiligen Kreuzes (Unglück und Verfolgung, Anfechtung und Leiden).

In »Wider Hans Worst« (1541) weist Luther auf elf Wahrzeichen der wahren alten Kirche im Gegensatz zur Pseudokirche hin. Diese elf Wahrzeichen sind[25]: 1. die heilige Taufe, 2. das heilige Sakrament des Altars, 3. die Schlüssel, 4. das Predigtamt und Gottes Wort, 5. das apostolische Glaubensbekenntnis, 6. das Vaterunser und die Psalmen, 7. die Ehrerbietung gegenüber der weltlichen Herrschaft, 8. die Anerkennung des Ehestands, 9. das Leiden, 10. die Duldsamkeit, Ermahnung und Fürbitte gegenüber den Feinden, 11. das Fasten.

An diesen Aufzählungen wird zweierlei deutlich: Mit der Hervorhebung der Glaubensgemeinschaft und der Gnadenmittel im Kirchenbegriff, wie sie etwa in der Confessio Augustana vorgenommen wird, soll keine »erschöpfende Seinsbeschreibung« der Kirche vorgenommen, sondern nur auf die beiden notwendigen und wesentlichen Momente am Kirchenbegriff hingewiesen werden[26]. Die Frage nach der öffentlichen Kenntlichkeit und Wirksamkeit der Kirche wird deshalb, ohne daß dies eine Einschränkung des Kirchenbegriffs der Confessio Augustana bedeutet, mit dem Hinweis auf eine Reihe weiterer Kennzeichen der Kirche beantwortet. Diese stehen jedoch – dies ist das zweite, was zu bemerken ist – »alle in einem funktionalen Verhältnis zu Wort und Sakrament ... Das kirchliche Amt oder das Bekenntnis oder das Gebet oder das Ethos oder das Leiden sind nicht für sich stehende und per se geltende ›notae verae ecclesiae‹,

---

[23] CR 23, 38.
[24] WA 50, 628 ff.; vgl. dazu *E. Wolf*, Peregrinatio I, S. 158 ff.; *E. Kinder*, Der evangelische Glaube und die Kirche, S. 106 ff.
[25] WA 51, 478 ff.
[26] Vgl. *E. Kinder*, a. a. O., S. 91.

sondern sie sind Wahrzeichen, an welchen sich die Kirche in dieser Welt erweist und bewährt, in Abhängigkeit von Wort und Sakrament und in Bezogenheit auf sie«[27]. Doch in der wirklichen Erscheinung der Kirche sind Wort und Sakrament als Kennzeichen der Kirche nie isoliert, sondern immer verbunden mit anderen, funktional auf sie bezogenen Zeichen. So wird von dem Ansatz des Kirchenbegriffs, wie er etwa in Luthers »Vom Papsttum zu Rom« oder in der Confessio Augustana formuliert ist, die Brücke geschlagen zu der Wirksamkeit der »publica Ecclesia«.

Damit aber ist die Frage nach der öffentlichen Wirksamkeit der Kirche nur von der einen Seite, vom Verständnis der Kirche her beantwortet. Ihre andere Seite besteht darin, daß das öffentliche Wirken der Kirche die Ansprechbarkeit der »Öffentlichkeit« zur Voraussetzung hat. Dies gehört zu den Problemen, die für Luther in der Lehre von den drei Ständen, dem status ecclesiasticus, dem status politicus und dem status oeconomicus, ihre Lösung finden.

Es gehört zu den umstrittenen Fragen, ob in der mittelalterlichen Welt dieses Problem im Gedanken wie in der Realität eines einheitlichen corpus christianum gelöst worden ist[28]. Denn spätestens seit dem Investiturstreit war diese Einheit eines corpus christianum allenfalls in einer immer erneuten Auseinandersetzung der beiden Gewalten sacerdotium und imperium vorhanden. Am Ende des Mittelalters jedenfalls konnte die Kirche dem Anspruch, der sich mit dem Gedanken des corpus christianum verband, nicht mehr genügen[29]. Das Papsttum verlor seine kirchlich einheitsbildende wie politisch zentrierende Kraft; die kirchliche Hierarchie wie das Priestertum vermochten nicht mehr die ethische Ausrichtung der Bevölkerung im ganzen zu prägen; die Kultur emanzipierte sich von der Kirche und durchlief einen dramatischen Säkularisierungsprozeß. Als Luther auftrat, bestand keine einheitliche christliche Welt.

Luther hat nicht aufs neue das Ideal einer einheitlichen societas christiana aufgestellt[30]; sein Kirchenbegriff ist nicht, wie Troeltsch ver-

---

[27] Ebd., S. 109.
[28] Vgl. dazu zuletzt U. *Duchrow*, Christenheit und Weltverantwortung, S. 321 ff.
[29] Vgl. W. *Elert*, Morphologie des Luthertums II, S. 15 ff.
[30] Diese Meinung wurde v. a. von R. *Sohm*, Kirchenrecht I, S. 548 ff., und E. *Troeltsch*, Soziallehren, S. 521 ff., vertreten; sie wurde definitiv widerlegt von K. *Holl*, Gesammelte Aufsätze I, S. 339 ff.

allgemeinernd für den Typus der Kirche meinte feststellen zu können, auf die Idee eines corpus christianum gerichtet. Vielmehr geht wie die Zwei-Reiche-Lehre[31] so auch die Drei-Stände-Lehre[32] von der unaufhebbaren Unterschiedenheit der verschiedenen Lebensbereiche aus. Nicht durch die Behauptung einer institutionellen Vorherrschaft der Kirche über die beiden anderen Stände, sondern durch den Verweis auf die Beauftragung der Menschen durch Gott in diesen drei Ständen stellt Luther die Beziehung zwischen den Ständen her; die hierokratische Gesellschaftsgliederung mittelalterlicher Theologie wird durch die Gleichstellung der drei Stände abgelöst.

Bei Luther begegnet die Lehre von den drei Ständen, für die man manche mittelalterlichen Vorstufen nennen kann[33], zum ersten Mal 1519 im »Sermon von dem Sakrament der Taufe«[34]. Dort unterscheidet er den ehelichen, den geistlichen und den regierenden Stand; ihnen allen sei »befolen, mühe und arbeyt zu haben, das man das fleysch tödte und gewene zum todte«. So mönchisch diese Formulierung noch klingt, so ist die Gleichstellung der drei Stände in ihr doch schon deutlich ausgesprochen; mit der Überordnung des geistlichen über die anderen Stände hat Luther schon hier gebrochen. In der Schrift »Von weltlicher Obrigkeit« von 1523 faßt er den ehelichen Stand, das Ackerwerk und andere handwerkliche Tätigkeiten als den status oeconomicus zusammen und beschreibt die Aufgaben dieses Standes und des status politicus in übereinstimmender Weise[35]: »Wie nu eyn man kan Gott dienen ym ehelichen stand, am ackerwerk oder handwerck dem andern zu nutz, und dienen müste, wenn es seynem nehisten nott were, also kan er auch ynn der gewallt Gott dienen und soll drynnen dienen, wo es des nehisten notturfft foddert.« Damit ist deutlich ausgesprochen, daß sich der Mensch in allen drei Ständen im Dienst Gottes befindet[36] und seine Aufgaben in die-

---

[31] Siehe unten S. 437 ff.
[32] Vgl. zur Drei-Stände-Lehre v. a. W. Elert, Morphologie des Luthertums II, S. 49 ff.; E. Wolf, Peregrinatio I, S. 232 f.; II, S. 175 f.; A. Peters, »Kirche und Welt«, S. 288 ff.; J. Küppers, »Luthers Dreihierarchienlehre«; U. Duchrow, Christenheit und Weltverantwortung, S. 479 ff.
[33] Vgl. Elert, a. a. O., S. 53, 55; Duchrow, a. a. O, S. 502.
[34] WA 2, 734, 24.
[35] WA 11, 258, 3 ff.
[36] Vgl. zum Zusammenhang der Ständelehre mit Luthers Berufslehre v. a. K. Holl, Gesammelte Aufsätze III, S. 213 ff.; W. Elert, Morphologie II, S. 65 ff.

sen Ständen zum Wohl des Nächsten erfüllen soll. Dadurch aber ist das Tun in allen drei Ständen als cooperatio hominis cum deo[37] qualifiziert. Die Stände sind kein Weg zur Seligkeit, aber sie sind der Ort der Heiligung des menschlichen Lebens[38]. Darauf ist der Christ auch im status oeconomicus und im status politicus anzusprechen. Auch die »weltlichen« Größen von Staat und Wirtschaft sind nicht ihrer Eigengesetzlichkeit ausgesetzt; vielmehr ist der Christ auch in diesen Ständen dem Anspruch Gottes auf sein ganzes Leben unterstellt.
Diesen Anspruch deutlich zu machen, gehört zu den Aufgaben der Kirche. Daher leitet Luther das Recht wie die Pflicht ab, sich als Theologe zu den Berufsproblemen der verschiedenen Stände zu äußern, immer geleitet von der Frage nach dem Nutzen des Nächsten. Mit den Aufgaben des status politicus beschäftigen sich vor allem[39] die Schrift An den christlichen Adel von 1520[40], der Rechtsunterricht im Magnificat von 1521[41], die Schrift Von weltlicher Obrigkeit von 1523[42] und die Eingabe »An die Ratsherrn aller Städte deutsches Landes, daß sie christliche Schulen aufrichten und halten sollen« von 1524[43]. Fragen des status oeconomicus behandelt vor allem die Schrift Von Kaufshandlung und Wucher von 1524[44]; die Pflichten der Eltern gegenüber ihren Kindern erörtert die Schulpredigt von 1530[45]. Diese Beispiele genügen, um deutlich zu machen, daß Luther aus der Drei-Stände-Lehre das Recht und die Pflicht abgeleitet hat, als Theologe zu den Problemen und Aufgaben des status politicus und des status oeconomicus Stellung zu nehmen. Die Arbeit in diesen Ständen sah er als Gottesdienst an, der dem Nächsten zugute kommen müsse; darin, diesem Gesichtspunkt Geltung zu verschaffen, sah er eine wichtige Aufgabe für die öffentliche Wirksamkeit der Kirche.

---

[37] Vgl. *Duchrow*, a. a. O., S. 512 ff.
[38] WA 26, 504 f. (»Großes Bekenntnis vom Abendmahl«, 1528).
[39] Vgl. G. *Scharffenorth*, Römer 13 in der Geschichte des politischen Denkens, Anhang, S. 13 f.
[40] WA 6, 404 ff.
[41] WA 7, 544 ff.; vgl. die Vorrede an Johann Friedrich von Sachsen (WA 7, 544 f.).
[42] WA 11, 245 ff.
[43] WA 15, 27 ff.
[44] WA 15, 293 ff.
[45] WA 30 II, 517 ff.

Von diesem Ansatz Luthers weicht Melanchthons Ausgangspunkt ab[46]. Dieser besteht in dem Satz: »Vult Deus esse consociationem.«[47] Der Begriff der societas ist der Zentralbegriff für Melanchthons Ethik. »Aller Wille Gottes an die Menschen zweckt ab auf Herstellung einer wohlorganisierten, befriedeten und an den wahren Gottesdienst hingegebenen Gesellschaft.«[48] In diesem Begriff der Gesellschaft sind Staat und Kirche miteinander verbunden; denn auch die Kirche bildet eine externa societas[49]; Staat und Kirche werden unter dem Begriff der societas humana zusammengefaßt[50]. Das Bild der Kirche gewinnt unter dem Einfluß des societas-Begriffs immer deutlicher die Züge einer Schule, bis es in den Loci von 1559 folgende Fassung hat[51]:

»Ecclesia visibilis est coetus visibilis hominum amplectentium incorruptam Evangelii doctrinam et recte utentium Sacramentis, in quo coetu Filius Dei est efficax per ministerium Evangelii et multos regenerat ad vitam aeternam, quamquam sint in eo coetu et alii multi non sancti, sed tamen de doctrina et externa professione consentientes. Haec est simplicissima definitio visibilis ecclesiae.«

Die Erziehung der Bevölkerung eines Landes wird von Melanchthon immer deutlicher als originäre Aufgabe der Kirche bestimmt. Dadurch aber wird dem Staat eine Hilfsfunktion der Kirche gegenüber zugeschrieben: er hat die Kirche in ihrer Erziehungsaufgabe zu unterstützen[52]; die vom weltlichen Gericht verhängte Strafe dient der Sittenzucht der Kirche[53].

So verknüpft sich mit dem Begriff der societas ein — vornehmlich durch den Erziehungsgedanken vermitteltes — theokratisches Ideal, in dem die öffentliche Wirksamkeit der Kirche mit der Verkirchlichung der Öffentlichkeit zusammenfällt. In der melanchthonischen Konzeption begegnet uns somit eine Reihe von Motiven, die in unterschiedlicher Kombination auch für die Folgezeit bedeutungsvoll sind.

---

[46] Vgl. *W. Elert,* »Societas bei Melanchthon«; ders., Morphologie des Luthertums II, S. 28 ff.; zur späteren Entwicklung bei Melanchthon *R. B. Huschke,* Der ordo politicus bei Melanchthon.
[47] CR 25, 152.
[48] *W. Elert,* Morphologie II, S. 29.
[49] Apologie art. VII und art. VIII, in: Bekenntnisschriften, S. 234, 16 f.
[50] *W. Elert,* Morphologie I, S. 354.
[51] CR 21, 1087.
[52] CR 5, 604 f.
[53] *Elert,* a. a. O.

1.2.2. Der Übergang zur altprotestantischen Orthodoxie

Die Ekklesiologie der altprotestantischen Orthodoxie ist zunächst formal durch die Anknüpfung an die Formulierung des Kirchenbegriffs in CA VII charakterisiert. Gleichwohl vollzieht sich im Übergang zum lutherischen Kirchentum und zur damit verbundenen lutherischen Orthodoxie eine folgenreiche Verschiebung, die man mit E. Kinder als die »Verschiebung vom regulativen zum konstruktiven Kirchenbegriff« bezeichnen kann. Nach Kinder ist diese Verschiebung dadurch gekennzeichnet, »daß das Wesen der Kirche mit ihren Kennzeichen verwechselt wurde, daß man die Kriterien zum Konstitutiven und die Grenzwerte zum überhaupt Genugsamen machte, kurz: daß man in den in CA VII zum Ausdruck gebrachten Bestimmungen statt eines regulativen einen konstruktiv ausreichenden Kirchenbegriff sah, so daß aus den auf das Ganze der Kirche gerichteten lutherischen ekklesiologischen Prinzipien und Kriterien eine eigene lutherische Kirche als partikulare Denomination unter anderen wurde. Dies ist zweifellos eine Einbiegung der ursprünglichen Tendenzen der lutherischen Reformation und an sich ein Widerspruch in sich selbst.«[54]

Dogmatisch betrachtet, ist dieser Übergang dadurch bestimmt, daß die »lautere Predigt des göttlichen Worts« und die »rechte Verwaltung der Sakramente« nun als die ausreichenden Zeichen für die Erkenntnis der sichtbaren Kirche als der wahren Kirche angesehen werden[55]. Die Tatsache, daß aus CA VII ein »konstruktiver Kirchenbegriff« abgeleitet wird, verbindet sich also mit der anderen, daß die Unterscheidung von geistlicher und leiblicher Christenheit beziehungsweise die Rede von der Verborgenheit der Kirche nun in der Unterscheidung zwischen unsichtbarer und sichtbarer Kirche statisch fixiert wird[56]. Denn daraus, daß die wahren Glieder der Kirche nicht von Menschen unfehlbar erkannt werden und daß die Zugehörigkeit der Kirche zu Christus als ihrem Haupt geistlicher Art ist, kann man gerade nicht — wie die Orthodoxie es tat — eine statische Unterscheidung zwischen unsichtbarer und sichtbarer Kirche ableiten.

---

[54] E. Kinder, »Kann man von einem ›lutherischen Kirchenbegriff‹ sprechen?«, Sp. 366.
[55] So etwa bei Quenstedt, zitiert nach Hirsch, Hilfsbuch zum Studium der Dogmatik, S. 373; vgl. auch H. E. Weber, Reformation, Orthodoxie und Rationalismus I, 2, S. 60 ff.
[56] Vgl. dazu E. Kinder, Der evangelische Glaube und die Kirche, S. 93 ff.

Vielmehr folgt aus der Einsicht in die Verborgenheit der Kirche, daß durch Gottes Wirken in Wort und Sakrament immer neu Glaube entstehen soll, so daß die Gliedschaft in der Kirche nie als endgültig fixiert gelten kann. Mit der Veränderung des Kirchenbegriffs in der lutherischen Orthodoxie ist insbesondere auch eine Veränderung in der Lehre vom kirchlichen Amt verbunden. Diese wird nun nicht mehr in der Aufgabe der *öffentlichen* Verkündigung des Evangeliums, sondern in der Aufgabe der Verwaltung von Wort und Sakrament als der Kennzeichen der Kirche schlechthin begründet[57]. Damit jedoch ist der Dualismus von Amt und Gemeinde dogmatisch festgelegt, der für die lutherischen Kirchen lange Zeit bestimmend bleiben sollte und ihre Anpassung an den absoluten Staat erleichterte. Die obrigkeitliche Struktur, die den Bürgern im Staat begegnete, begegnete ihnen auch in der Kirche. Die öffentliche Funktion der Kirche begründete sich nun nicht mehr in Wesen und Aufgabe der Kirche, sondern in ihrer faktischen Struktur. Die voraufklärerische Kirche hatte eine vom Staat her definierte Funktion: ihre Aufgabe bestand in dem cultus publicus, durch den die bestehenden Ordnungen legitimiert und den Menschen die Anpassung an diese Ordnungen erleichtert wurde.

Die Entwicklung sei an der Ekklesiologie Johann Gerhards verdeutlicht[58]. Konstitutiv für Gerhards Kirchenbegriff ist die Unterscheidung zwischen ecclesia invisibilis und ecclesia visibilis. Mit ihr werden nicht zwei Kirchen voneinander getrennt, sondern es wird eine doppelte Betrachtung der Kirche eingeführt: coram hominibus sind die Glaubenden nicht erkennbar, sondern nur ein coetus vocatorum; coram deo jedoch ist die Kirche eine Gemeinschaft der wahrhaft Glaubenden. Doch diese Unterscheidung zweier Betrachtungsweisen der Kirche führt zu einer Verschiebung der theologischen Reflexion von den notae ecclesiae, in denen der Zusammenhang von ecclesia invisibilis und ecclesia visibilis gegeben ist, auf die Beschaffenheit der Kirchenglieder, die gewährleisten muß, daß in der ecclesia visibilis die ecclesia invisibilis präsent ist. Zugleich damit vollzieht sich eine Verschiebung vom Geschehen der Verkündigung als dem Kirche konstituierenden Ereignis zur Reinheit des Lehrin-

---

[57] *Quenstedt*, bei Hirsch, a. a. O., S. 368 f.
[58] Das folgende nach *M. Honecker*, Cura religionis Magistratus Christiani, bes. S. 51 ff.; dort S. 137 ff. ein Bericht über frühere Literatur.

halts. »Aus der Kirche wird die Schule der reinen Lehre.«[59] Damit aber setzt sich das von Melanchthon geprägte Verständnis der Kirche als societas durch.

Gleichzeitig wird Luthers Drei-Stände-Lehre, deren Bedeutung für das Verhältnis von Kirche und Öffentlichkeit wir uns früher vor Augen führten, in einen neuen Zusammenhang gestellt. Sie dient nun nicht mehr dazu, die Verantwortung der Menschen vor Gott in ihrem weltlichen Beruf hervorzuheben; sie bildet also nicht mehr die Grundlage der ethischen Argumentation. Sondern sie wird zum Grundprinzip der partikularkirchlichen Verfassung erklärt: Die *Kirche* ist in die drei Stände, den status ecclesiasticus, den status politicus und den status oeconomicus gegliedert; die Zugehörigkeit zu diesen Ständen begründet bestimmte kirchliche Rechte und Pflichten. Insbesondere dient die Drei-Stände-Lehre dazu, das landesherrliche Kirchenregiment einerseits theologisch zu begründen, andererseits in seiner Ausübung zu beschränken[60]. Von der Drei-Stände-Lehre wird eine Theorie der kirchlichen Gewaltenteilung und Gewaltenverbindung abgeleitet; das landesherrliche Kirchenregiment wird in ihr auf den Bereich der äußeren Kirchenordnung eingegrenzt, die Ausübung geistlicher Rechte und Pflichten allein dem ordo ecclesiasticus zuerkannt. Diese Gewaltenteilung erfolgt auf Kosten des dritten Standes: Die Gemeinde hat keine eigenen Rechte in der Ausübung der Kirchengewalt, sondern tritt nur »als Objekt der landesherrlichen Fürsorge und pfarramtlichen Versorgung«[61] in den Blick. Gerade darin zeigt sich die Entsprechung zu staatlichen Verfassungsprinzipien der Zeit.

Mit der Verwendung der Drei-Stände-Theorie als eines innerkirchlichen Verfassungsgrundsatzes verändert sich deren Verständnis an einem wesentlichen Punkt. Nach Luthers Auffassung kann ein Christ zugleich verschiedenen Ständen angehören: er kann zugleich im geistlichen Stand und im Ehestand sein, zugleich dem status politicus und dem status oeconomicus angehören[62]. Nach der Meinung Johann Gerhards dagegen gehört er immer nur einem der drei Stände an. Dadurch erst eignet sich die Drei-Stände-Lehre als Prinzip einer »ständischen« Kirchenverfassung; zugleich damit büßt sie ihre

---

[59] *Honecker*, a. a. O., S. 71.
[60] Vgl. *Honecker*, a. a. O., S. 75 ff.
[61] *Honecker*, a. a. O., S. 78.
[62] Vgl. *Elert*, Morphologie II, S. 56 f.; *Honecker*, a. a. O., S. 77.

Bedeutung für die Interpretation des Verhältnisses von Kirche und Öffentlichkeit ein.

1.3. Der neuprotestantische Kirchenbegriff

1.3.1. Übergangstheologie und Aufklärung

»Die Lehre von der Kirche ist ... die Stelle, an der die Orthodoxie sich zuerst den neuen Gesichtspunkten des Zeitalters öffnete und unter Vermittlung des Pietismus den Übergang zu aufgeklärten Gedankenbildungen einleitete.«[63] E. Hirsch hat am Beispiel von Joh. Franz Buddeus (1667—1729) gezeigt, an welchen Punkten die entscheidenden Wandlungen der Lehre von der Kirche im Übergang zur Aufklärung liegen[64]: Buddeus setzt wie die altprotestantische Orthodoxie die Unterscheidung von sichtbarer und unsichtbarer Kirche voraus. Er versteht die Kirche als die Gemeinschaft der Glaubenden untereinander und mit Christus. Dies prägt sein Verständnis der unsichtbaren wie der sichtbaren Kirche. Doch er zieht daraus, daß die unsichtbare Kirche rein als geistliche Gemeinschaft zu verstehen sei, die Konsequenz, daß das kirchliche Amt, obwohl von Gott gestiftet und beauftragt, nicht zur unsichtbaren Kirche, sondern zur irdisch-geschichtlichen Verfassung der sichtbaren Kirche gehört. Er folgert weiter aus der Unterscheidung ein Verständnis der sichtbaren Kirche als Kollegium, als gesellschaftlicher Vereinigung von Menschen, die mit den anderen menschlichen Gemeinschaften innerhalb des Staates durchaus vergleichbar ist. Damit findet Buddeus einen Ausgangspunkt zur Klärung der Frage nach den Rechten des Staates gegenüber der Kirche und den Rechten der Kirche im Staat. Doch dieser Ausgangspunkt — daß die Kirche ein menschliches Kollegium sei — ist mit dem andern, daß die Kirche eine unsichtbare geistliche Gemeinschaft sei, noch nicht voll ausgeglichen; der Ansatz für die Lösung des Problems, wie Kirche und Staat sich zueinander verhalten, steht relativ unverbunden neben dem Ansatz zur theologischen Erklärung des Kirchenbegriffs.

Doch Buddeus hat mit diesen Gedanken das Kollegialsystem des Christoph Matthäus Pfaff (1686—1760)[65] vorbereitet, in dem auch die

---
[63] *E. Hirsch,* Geschichte der neuern evangelischen Theologie, II, S. 333 f.
[64] A. a. O., S. 326 ff. — in einem Vergleich mit Hollaz; siehe zu diesem Vergleich auch *M. Honecker,* Cura religionis Magistratus Christiani, S. 186 ff.
[65] Vgl. *Hirsch,* a. a. O., S. 339 ff.; *K. Schlaich,* Kollegialtheorie; ders., »Kirchenrecht und Vernunftrecht«.

Frage nach dem Verhältnis von Kirche und Staat eine den älteren Systemen des Episkopalismus und Territorialismus überlegene Lösung erhalten hat. Das Verständnis für diese Lösung ist allerdings durch die Romantik und die kirchliche Restauration des 19. Jahrhunderts verstellt worden. Sie konnten im Kirchenverständnis des Kollegialismus nur eine Auslieferung des Kirchenbegriffs an aufklärerisches und vernunftrechtliches Denken sehen; sie mußten deshalb fordern, daß das Verständnis der Kirche als collegium wieder durch ihr Verständnis als göttliche Stiftung ersetzt werde. Diese Vorwürfe treffen jedoch nur auf den späteren Kollegialismus der zweiten Hälfte des 18. Jahrhunderts zu; sie werden dem frühen, theologisch begründeten und von Theologen vertretenen Kollegialismus nicht gerecht[66].

»Es gibt einen frühen Kollegialismus, der die Auslieferung des Kirchenrechts an das weltliche Gesellschaftsrecht und eine volle Lösung des Kirchenrechts aus der Theologie gerade zu verhindern sucht. Die wichtigsten Vertreter eines solchen frühen Kollegialismus sind Pfaff, J. L. Mosheim und Chr. Liberus (Pseudonym).«[67]

Ausgangspunkt dieses frühen Kollegialismus ist eine allgemeine Definition des Kirchenbegriffs, die in Pfaffs Formulierung lautet: »Ecclesia est societas hominum, religionem a Christo traditam profitentium.«[68] Dieser — in jener Zeit vielfach vertretene[69] — Begriff der Kirche knüpft an Melanchthons Verständnis der Kirche als societas beziehungsweise als coetus vocatorum[70] an. Daraus ergibt sich für die frühen Kollegialisten nicht eine einfache Gleichstellung der Kirche mit den anderen societates; vielmehr unterscheidet sich die Kirche insbesondere vom Staat dadurch, daß sie — im Gegensatz zu jenem — eine societas aequalis bildet[71]. Es gibt in ihr keine Unterwerfung und keinen Zwang; vielmehr kann in ihr alles nur »per modum pacti«, also auf der Grundlage von Gleichheit und Freiwilligkeit geregelt werden. Die Struktur der Kirche ist vom allgemeinen Priestertum bestimmt, das keine vorgegebenen Über- und Unterordnungsverhält-

---

[66] Diese These hat Schlaich in den beiden Anm. 65 genannten Arbeiten durchzuführen gesucht.
[67] *Schlaich*, »Kirchenrecht und Vernunftrecht«, S. 5.
[68] *Chr. M. Pfaff*, Origines Juris Ecclesiastici, Ulm, Frankfurt, Leipzig 1759, S. 353, 360.
[69] Vgl. *Schlaich*, Kollegialtheorie, S. 49 ff.
[70] Siehe oben S. 59.
[71] Vgl. *Schlaich*, Kollegialtheorie, S. 85 f.

nisse kennt[72]; es kennt nur gemeinsame Rechte — iura collegialia —, die lediglich auf Grund von Vereinbarungen auf einzelne übertragen werden können. Deshalb weist Pfaff die Unterscheidung von Lehrenden und Hörenden der äußeren, sichtbaren Kirche — der ecclesia vocatorum — zu. Doch auch in ihr kommt dieser Unterscheidung niemals der Charakter des Befehls oder der Leitung zu; denn die Lehrenden nehmen den Hörenden gegenüber lediglich einen Dienst wahr. Die Vorstellung von der Kirche als einer societas aequalis wird also nicht nur aus vernunftrechtlichen Erwägungen, sie wird vielmehr aus theologischen Prämissen — wie der Gleichheit der Gläubigen vor Gott und dem allgemeinen Priestertum — abgeleitet. Der frühe Kollegialismus konnte es noch vermeiden, durch den societas-Begriff zu einer »Säkularisierung« des Kirchenbegriffs gedrängt zu werden, in der die Gottesrelation für die Bestimmung des Begriffs der Kirche nicht mehr konstitutiv ist.

Für die Neubestimmung des Verhältnisses von Kirche und Staat ist dieser Tatbestand von großer Bedeutung. Denn nur in dem Maß läßt sich Freiheit der Kirche vom Staat fordern und behaupten, in dem sie Eigenständigkeit im Innern aufweist. Im Blick auf spätere Überlegungen ist es wichtig, hier schon darauf hinzuweisen, daß das Verständnis der Kirche als collegium bzw. societas bei den frühen Kollegialisten beides zugleich zu leisten vermochte: den Zusammenhang der Kirche mit den anderen collegia und somit der sie umgebenden Gesellschaft zu verdeutlichen und die Eigenständigkeit der Kirche und damit ihre Freiheit vom Staat hervorzuheben.

Der Kollegialismus hat den faktischen Rechtszustand des landesherrlichen Kirchenregiments nicht angezweifelt; er hat ihn jedoch neu interpretiert und damit auch die dem Summepiskopat des Landesherrn gesetzten Grenzen deutlicher als die ihm vorausgehenden Theorien bezeichnet. Der Episkopalismus des 17. Jahrhunderts[73] ging von der Fortgeltung des kanonischen Rechts auch in den evangelischen Kirchen aus; daraus folgerte er, daß mit dem Augsburger Religionsfrieden von 1555 die bischöfliche Jurisdiktion in den evangelischen Territorien auf den Landesherrn übergegangen sei; das landesherrliche Kirchenregiment wie das ius reformandi ergab sich also aus dem

---

[72] *Pfaff*, Origines, S. 59.
[73] Vgl. *U. Scheuner*, »Episkopalismus«; *M. Heckel*, Staat und Kirche nach den Lehren der evangelischen Juristen, bes. S. 79 ff.

Reichsrecht. Gleichwohl ging der Episkopalismus von einem Nebeneinander der in der Hand des Landesfürsten vereinigten säkularen und kirchlichen Jurisdiktion aus. Darüber ging der Territorialismus hinaus[74]. Unter der Devise »Ecclesia est in civitate« leitete er die kirchenregimentlichen Rechte der Fürsten unmittelbar aus ihrer landesherrlichen Stellung ab; die Dualität von säkularen und kirchlichen Rechten des Landesherrn wurde damit überwunden. Der Territorialismus ist die konsequenteste Theorie des Landeskirchentums; der Kollegialismus dagegen hat diesem im Prinzip den Abschied gegeben[75]. Vom Begriff und von der Sache her kommt dem Landesherrn nach der Theorie des Kollegialismus notwendigerweise nur das ius circa sacra maiesteticum, also die staatliche Kirchenhoheit zu; dagegen gehört das Kirchenregiment nicht zu den Rechten des Landesherrn, sondern zu den iura collegialia der Kirche selbst. Die Kirche hat deshalb die freie Wahl, wem sie das Kirchenregiment überträgt; diese Übertragung kann nur durch freie Vereinbarung erfolgen und muß enden, wenn ihre Voraussetzungen hinfällig werden. Dem Landesherrn kommt das Kirchenregiment also nicht als ein *essentiale*, sondern nur als ein *accidens* zu; es kann ihm nur »ex confoederationis mutuae arbitrio« übertragen werden[76].

Diese Erwägung ist den episkopalistischen und territorialistischen Begründungen des landesherrlichen Summepiskopats überlegen; denn es ist einleuchtend, daß die Ausübung des Kirchenregiments weder aus dem Reichsrecht noch aus den staatlichen Zuständigkeiten des Landesherrn, sondern nur aus den Verfassungsprinzipien der Kirche selbst abgeleitet werden kann. Damit werden aber zugleich auch die theologischen Begründungen des landesherrlichen Summepiskopats aus seiner Stellung als »praecipuum membrum ecclesiae«[77] oder aus der Aufgabe der »custodia utriusque tabulae (legis)«[78] abgelehnt. Denn nach kollegialistischer Theorie kommt dem Landesherrn das Kirchenregiment »non ut Principi«[79], sondern als einem Glied der Gemeinde zu.

---

[74] Vgl. *U. Scheuner*, »Territorialismus«; *M. Heckel*, Staat und Kirche nach den Lehren der evangelischen Juristen, bes. S. 109 ff.
[75] Vgl. *K. Schlaich*, Kollegialtheorie, S. 259 ff.
[76] *Pfaff*, Origines, S. 173.
[77] Vgl. *Schlaich*, a. a. O., S. 261.
[78] Ebd., S. 253.
[79] *Pfaff*, Origines, S. 183.

Die Kollegialisten konnten diese Theorie nur mit solcher Konsequenz vertreten, weil sie zugleich bereit waren, den gegebenen Rechtszustand pragmatisch zu akzeptieren. Dennoch war ihre Theorie bei eventuellen Veränderungen in den Voraussetzungen des landesherrlichen Kirchenregiments auch von unmittelbar praktischem Gewicht: Da die Übertragung des Kirchenregiments auf den Landesherrn an dessen kirchliche Mitgliedschaft gebunden ist, wird die kirchliche Jurisdiktionsgewalt katholischer Landesherrn über evangelische Untertanen verneint[80]. Zugleich damit ist geleugnet, daß der Landesherr die Rechte des Kirchenregiments »absolute et sine conditione« besitzt[81]. Insofern erweist sich der frühe Kollegialismus als Anti-Absolutismus[82]. Die Unterscheidung zwischen dem ius circa sacra (der staatlichen Kirchenhoheit) und dem ius in sacra (dem Kirchenregiment) erweist sich als ein Ansatzpunkt zur Eingrenzung staatlicher Machtausübung über die Kirche.

Die kollegialistische Lehre von der Kirche hat sich im Jahrhundert der Aufklärung als feste dogmatische Tradition weitgehend durchgesetzt[83]. Jedoch wurde ihre theologische Begründung je länger desto mehr durch eine vernunftrechtliche Begründung verdrängt; der Zusammenhang zwischen der Bestimmung der Kirche als societas und ihrem theologischen Verständnis als Stiftung Gottes ging verloren. Zugleich damit nahm das Interesse an der Lehre von der Kirche überhaupt ab, weil Fragen wie die nach dem Verhältnis von Vernunft und Offenbarung das theologische Denken stärker bestimmten, vor allem aber, weil die Gebildeten sich in ihrer Religiosität nicht mehr an das organisierte Kirchentum gebunden fühlten. Dies verstärkte die Tendenz, die Kirche nur noch als ein collegium gleich den anderen collegia zu verstehen und auf jede theologische Deutung des Kirchenbegriffs zu verzichten. Deshalb mußte Schleiermachers Kirchenbegriff, in dem eine solche Deutung wieder vorgenommen wurde, als eine »Wiederentdeckung der Kirche« erscheinen.

---

[80] Vgl. *Schlaich*, a. a. O., S. 274.
[81] *Pfaff*, Academische Reden über das so wohl algemeine als auch Teutsche Protestantische Kirchenrecht, Tübingen 1742, unveränderter Nachdruck Frankfurt 1963, S. 165.
[82] Vgl. *Schlaich*, »Kirchenrecht und Vernunftrecht«, S. 19.
[83] Vgl. *Hirsch*, a. a. O., S. 385.

1.3.2. Friedrich Schleiermacher

Der Ausgangspunkt für die drei theologischen Hauptwerke Schleiermachers[84] — die »Kurze Darstellung«, die Glaubenslehre und die Christliche Sittenlehre — ist der Bezug der Theologie als positiver Wissenschaft auf die Kirche: Theologie ist eine positive Wissenschaft durch die Beziehung auf eine bestimmte Glaubensweise, christliche Theologie durch die Beziehung auf das Christentum[85]. Jede Religion wird sich »in dem Maß, als sie geschichtliche Bedeutung und Selbständigkeit erhält, d. h. sich zur Kirche gestaltet, eine Theologie ausbilden«[86]. Theologie ist deshalb und soweit nötig, als sie zu der mit der Existenz einer Kirche verbundenen praktischen Aufgabe, die Schleiermacher als »eine zusammenstimmende Leitung der christlichen Kirche, d. h. ein christliches Kirchenregiment« bezeichnet[87], erforderlich ist. Diesen Ansatz führt Schleiermacher in der Glaubenslehre wie in der christlichen Sittenlehre nun konsequent durch. So erklärt er von der Dogmatik, daß sie als theologische Disziplin »lediglich auf die christliche Kirche ihre Beziehung hat«[88], und bestimmt sie deshalb als »die Wissenschaft von dem Zusammenhange der in einer christlichen Kirchengesellschaft zu einer bestimmten Zeit geltenden Lehre«[89]. Dem entspricht die einleitende Bestimmung der christlichen Sittenlehre: sie ist »eine geordnete Zusammenfassung der Regeln, nach denen ein Mitglied der christlichen Kirche sein Leben gestalten soll«[90].

Schleiermacher begründet jedoch das prinzipielle Gewicht des Kirchenbegriffs nicht nur aus dem Wissenschaftscharakter der Theologie, sondern vor allem aus dem — in der Ethik darzustellenden — Charakter der Frömmigkeit beziehungsweise der Religion: »Das fromme

---

[84] Vgl. zum folgenden E. *Hirsch,* Geschichte der neuern evangelischen Theologie, Bd. V, S. 148 ff.; T. *Rendtorff,* Kirche und Theologie, S. 115 ff.; *Kl.-M. Beckmann,* Der Begriff der Häresie bei Schleiermacher; ders., Unitas Ecclesiae, S. 37 ff.; Y. *Spiegel,* Theologie der bürgerlichen Gesellschaft; W. *Brandt,* Der Heilige Geist und die Kirche bei Schleiermacher; M. *Honecker,* Schleiermacher und das Kirchenrecht; M. *Miller,* Der Übergang, bes. S. 159 ff.; M. *Daur,* Die eine Kirche und das zweifache Recht; R. *Strunk,* Politische Ekklesiologie im Zeitalter der Revolution, S. 54 ff.
[85] Kurze Darstellung, § 1.
[86] Kurze Darstellung, 1. Aufl., § 2.
[87] Kurze Darstellung, 2. Aufl., § 5.
[88] Glaubenslehre, § 2.
[89] Glaubenslehre, § 19.
[90] Die Christliche Sitte, S. 1.

Selbstbewußtsein wird wie jedes wesentliche Element der menschlichen Natur in seiner Entwicklung notwendig auch Gemeinschaft, und zwar einerseits ungleichmäßig fließende, andererseits bestimmt begrenzte, d. h. Kirche.«[91] Damit überwindet Schleiermacher den von der Aufklärung statuierten Gegensatz zwischen der Allgemeinheit der Religion und der Partikularität der Kirchen und schafft sich den Raum, um auch das theologisch-dogmatische Verständnis des Kirchenbegriffs wieder zur Geltung zu bringen.

Dies tut er im Rahmen der Erlösungslehre unter der Überschrift: »Von der Beschaffenheit der Welt bezüglich auf die Erlösung«[92]. Die Kirche ist zusammen mit der Erlösung der Menschen gesetzt, weil mit dieser das Bewußtsein eines Gemeingeistes verbunden ist, der die Erlösten zu einem Miteinander- und Aufeinanderwirken bewegt[93]. Damit nimmt Schleiermacher den »allgemeinen Begriff der Kirche«, wie er ihn zu Beginn der Glaubenslehre in den Lehnsätzen aus der Ethik dargestellt hat, wieder auf; dort hat er darauf hingewiesen, daß »auf jeden Fall die Kirche eine Gemeinschaft ist, welche nur durch freie menschliche Handlungen entsteht und nur durch solche fortbestehen kann«[94]. Weil dies auch für die christliche Kirche gilt, kann der Begriff der christlichen Kirche aus dem allgemeinen Begriff der Kirche abgeleitet werden: auch die christliche Kirche ist eine Gesamtheit von Handlungen und hat nur vermittels freier menschlicher Handlungen Bestand[95]. Damit wird jedoch nicht — wie Schleiermacher immer wieder vorgeworfen wurde[96] — der einzelne der Gemeinschaft und das individuelle Tun dem Glauben vorgeordnet. Vielmehr betont Schleiermacher nachdrücklich, daß die Gemeinschaft des Glaubenden mit Christus von seinem Eintritt in die Gemeinschaft der Gläubigen nicht zu trennen ist[97]. Daraus ergibt sich keine Überordnung des Individuums über die Kirche, sondern eine »unbedingte Vorordnung der Gemeinschaft« vor den Glaubenden[98].

---

[91] Glaubenslehre, § 6.
[92] Ebd., §§ 113 ff.
[93] Ebd., § 121.
[94] Ebd., § 2,2.
[95] Vgl. *Y. Spiegel*, Theologie der bürgerlichen Gesellschaft, S. 34 f.
[96] Vgl. z. B. *Karl Holl*, Gesammelte Aufsätze III, S. 373; *W. Elert*, Abendmahl und Kirchengemeinschaft, S. 6 und andere.
[97] Z. B. Glaubenslehre, § 139,1; Christliche Sitte, S. 173.
[98] *H.-J. Birkner*, Schleiermachers Christliche Sittenlehre, S. 95; vgl. *M. Daur*, Die eine Kirche und das zweifache Recht, S. 46 ff.

Insofern ist auch der Heilige Geist als der Gemeingeist der Kirche den in ihr sich vereinigenden Individuen vorgeordnet. Schleiermacher bezeichnet den Heiligen Geist als den Gemeingeist, um deutlich zu machen, daß die Abhängigkeit der Gläubigen von der Erlösung einerseits, ihre freie Selbsttätigkeit andererseits einander nicht ausschließen: Zwar hat die Kirche die Erlösung der Menschen zur Voraussetzung; doch sie entsteht und besteht in den frommen Handlungen der in ihr Zusammengeschlossenen. Um dies auszudrücken, hat Schleiermacher die Differenz zwischen dem Heiligen Geist und dem jeweiligen Gemeingeist der Kirche, damit aber auch die Differenz zwischen dem verbum externum und dem jeweiligen Reden der Kirche preisgegeben[99]. Darin ist ihm die spätere Theologie nicht gefolgt. Doch auch wenn man gegen Schleiermacher diese Differenz wieder zur Geltung zu bringen genötigt ist, bleibt die Aufgabe, den freien menschlichen Handlungen, in denen die Kirche besteht, einen konstitutiven Platz in der Ekklesiologie zuzuerkennen. Schleiermacher hat dies auf der Grundlage seiner Auffassung vom Heiligen Geist als Gemeingeist getan; heutiger Theologie wird es näherliegen, dafür an die paulinische Charismenlehre anzuknüpfen[100]. Sie verdeutlicht, daß die kirchengründende Erlösungstat Jesu die Christen zu gemeinsamem, die Gemeinde erbauendem Handeln gemäß ihren Gaben ermächtigt. Die Kirche besteht also in dem Handeln ihrer Glieder; denn in ihr gibt es keine »passive Mitgliedschaft«[101]. Auch nach dieser paulinischen Auffassung, für die die Differenz zwischen der Gnade Gottes und den jeweiligen Gnadengaben der Christen konstitutiv ist, vermag man die Kirche als die Gesamtheit der Handlungen ihrer Glieder zu begreifen.

Schleiermacher unterscheidet in der Glaubenslehre zwei Momente an der Kirche als der vom Heiligen Geist als ihrem Gemeingeist beseelten Gemeinschaft: die unveränderlichen Grundzüge und die durch das Zusammensein der Kirche mit der Welt bedingten Elemente der Veränderung[102]. Unter dem Gesichtspunkt der Unveränderlichkeit behandelt er die Lehre von den notae ecclesiae; er nennt die Heilige Schrift und den Dienst am göttlichen Wort, Taufe und Abendmahl,

---

[99] Vgl. W. *Brandt*, Der Heilige Geist und die Kirche.
[100] Vgl. dazu für unseren Zusammenhang E. *Käsemann*, »Amt und Gemeinde im Neuen Testament«; siehe bes. Rm. 12 und 1. Kor. 12.
[101] *Käsemann*, a. a. O., S. 117.
[102] Glaubenslehre, § 126.

das Amt der Schlüssel und das Gebet im Namen Jesu[103]. Besonders charakteristisch ist, daß Schleiermacher den »Dienst am göttlichen Wort« nicht auf die göttliche Stiftung des geistlichen Amts, sondern auf die »für jede Gemeinschaft gültige Voraussetzung einer ungleichen Verteilung des Gemeingeistes« zurückführt[104]. Aus ihr ergibt sich, daß diejenigen Mitglieder der christlichen Gemeinschaft, die sich überwiegend selbsttätig verhalten, bei denen, die sich überwiegend empfänglich verhalten, den Dienst am göttlichen Wort wahrnehmen[105]. Der »öffentliche Dienst am Wort« hat demgemäß nur den Charakter einer »unter bestimmten Formen übertragenen Geschäftsführung«[106].

Schleiermacher leitet also die unterschiedliche Stellung der Gemeindeglieder nicht aus einer göttlichen Stiftung des kirchlichen Amts, sondern aus dem unterschiedlichen Maß ihrer Selbsttätigkeit ab. In einer gewissen Analogie zum frühkollegialistischen Kirchenverständnis[107] weist er die Unterschiede innerhalb der Gemeinde der geschichtlichen Existenzform der Kirche zu; er versteht die Differenzen zwischen den Gliedern der Gemeinde als eine Folge ihrer unterschiedlichen Begabung. Deshalb lehnt er ein hierarchisches Kirchenverständnis je länger desto entschiedener ab: die Betonung des Eigenrechts der Gemeinde, das Eintreten für eine presbyteriale Kirchenverfassung, die Ablehnung des landesherrlichen Kirchenregiments sind charakteristische Elemente in Schleiermachers Stellung zur Kirchenverfassungsfrage[108]. Gleichwohl kann man nicht leugnen, daß die in den »Reden über die Religion« entwickelte Auffassung vom »reli-

---

[103] Ebd., §§ 127 ff.
[104] Ebd., § 133,1.
[105] Ebd., § 133.
[106] Ebd., § 134.
[107] Nachdem die frühere Forschung Schleiermacher vorhielt, er vertrete einen kollegialistischen Kirchenbegriff, versucht man neuerdings, ihn von diesem »Vorwurf« freizusprechen (vgl. *M. Daur*, Die eine Kirche und das zweifache Recht, S. 44 u. ö.); in beiden Fällen übergeht man jedoch gerade die theologischen Elemente des frühen Kollegialismus (siehe oben S. 64 ff.), zu denen sich Entsprechungen bei Schleiermacher durchaus aufweisen lassen.
[108] Siehe dazu die verschiedenen Gutachten in: Schleiermacher, Sämtliche Werke, I. Abt., Bd. 5, sowie Praktische Theologie, S. 534 ff.; vgl. *G. Holstein*, Die Grundlagen des evangelischen Kirchenrechts, S. 141 ff.; *M. Honekker*, Schleiermacher und das Kirchenrecht, S. 27 ff.; *M. Daur*, Die eine Kirche und das zweifache Recht, S. 93 ff.; *W. Huber*, »Schleiermacher und die Reform der Kirchenverfassung«.

giösen Virtuosen«[109] in der Unterscheidung zwischen selbsttätigen und empfänglichen Gliedern der Gemeinde fortwirkt. Von jener Auffassung hat aber bereits Albrecht Ritschl festgestellt, daß sie eine »Übertreibung des hierarchischen Charakters der ›Priester‹« beinhalte. »Aber auf diesem Wege ist der Entwicklung der deutschen evangelischen Kirche dieses Jahrhunderts der hierarchische Zug eingeimpft worden... Die modernen Hierarchen sind zwar in ihrer eigenen Meinung Lutheraner, in Wahrheit aber modificierte Schleiermachianer.«[110] Mag Ritschls Urteil auch übertrieben sein, so verweist es doch auf einen wichtigen Zusammenhang: Die gegenüber der Aufklärungstheologie verstärkte Betonung der Unterschiede in der Gemeinde verbindet Schleiermacher mit der lutherischen Orthodoxie seines Jahrhunderts, wenn auch beide diese Unterschiede keineswegs gleich begründen. Die darin (trotz der geschilderten gegenläufigen Tendenzen bei Schleiermacher) angelegte Hierarchisierung des Kirchenbegriffs ist jedoch für das Verhältnis von Kirche und Öffentlichkeit von beträchtlicher Bedeutung — diente sie doch insbesondere dem orthodoxen Luthertum »als maßgebliches Bollwerk gegen die anarchischen Tendenzen der Revolution«[111].

Wir kehren nochmals zur Entwicklung der Ekklesiologie in Schleiermachers Glaubenslehre zurück:

Während Schleiermacher die Lehre von den notae ecclesiae unter der Überschrift der unwandelbaren Grundzüge der Kirche behandelt, erörtert er unter der Frage nach dem »Wandelbaren, was der Kirche zukommt vermöge ihres Zusammenseins mit der Welt«, die Unterscheidung zwischen unsichtbarer und sichtbarer Kirche[112]. Entscheidend für ihn ist — damit nimmt er Grundgedanken der Reformation wieder auf — der Zusammenhang zwischen beiden: die notae ecclesiae repräsentieren die unsichtbare Kirche in der sichtbaren; die unsichtbare Kirche stellt der sichtbaren gegenüber die kritische Instanz dar, die es verwehrt, in einer bestimmten, irrtumsfähigen Partikularkirche die unverkürzte Realisierung der Kirche zu sehen[113]; der Bezug der sichtbaren auf die unsichtbare Kirche verbietet aber auch eine völlige

---

[109] Reden über die Religion, bes. S. 142 ff.
[110] *A. Ritschl*, Schleiermachers Reden über die Religion, S. 82 f.
[111] *R. Strunk*, Politische Ekklesiologie im Zeitalter der Revolution, S. 99; vgl. S. 154 ff.
[112] Glaubenslehre, § 148.
[113] Ebd., § 153 f.

Aufhebung der Gemeinschaft zwischen den verschiedenen Partikularkirchen[114]. Das Problem der konfessionellen Partikularkirchen wird also durch den Hinweis auf den Zusammenhang zwischen unsichtbarer und sichtbarer Kirche gelöst. Man muß sich verdeutlichen, wie Schleiermacher in all diesen Punkten an die überlieferte Lehre von der Kirche anknüpft, um zu erkennen, worin das Neue seines Kirchenbegriffs besteht. Es ist darin zu suchen, daß er all diese Elemente des überlieferten Kirchenbegriffs auf das nach seiner Meinung Wesentliche an der christlichen Kirche zurückbezieht; wesentlich aber ist die Kirche dadurch bestimmt, daß sie »Träger eines von Jesus Christus als dem Erlöser oder Gottmenschen ausgehenden und getragenen sich geschichtlich fortpflanzenden geistigen Gesamtlebens ist«[115]. Die Kirche ist also als eine geistige Größe verstanden, die eine geschichtliche und geschichtsbildende Macht darstellt; deshalb kann sie ihre Aufgabe nicht in der Trennung von der Welt, sondern nur in der verwandelnden Einwirkung auf die Bereiche der Kultur, der Wissenschaft, der Gesellschaft wahrnehmen. Hierin liegt der Kerngedanke des »Kulturprotestantismus«: in dem Zutrauen, daß Christentum und Kirche als geistige Mächte eine das Gesamtleben verwandelnde, zu sittlicher Höhe emporführende Kraft haben. In diesem Ausgangspunkt liegt eine klare, geschichtlich äußerst wirksame Konzeption des Verhältnisses von Kirche und Öffentlichkeit beschlossen.

Man erkennt dies noch deutlicher, wenn man dem Schleiermacherschen Kirchenbegriff sein Verständnis der Öffentlichkeit gegenüberstellt. Er geht aus von der Trennung zwischen der öffentlichen und der Privatsphäre[116]: der Privatsphäre gehören vornehmlich die Familie und die freie Geselligkeit, der öffentlichen Sphäre vor allem der Staat und die Wissenschaft an. Der Kirche kommt die Aufgabe zu, »ein vermittelndes Glied« zu sein und »das Privatgebiet und das öffentliche näher zu bringen«[117]. Schon dies deutet darauf hin, daß Schleiermacher die Trennung der öffentlichen und der privaten Sphäre nicht statisch begreift; vielmehr gilt dem Übergang aus dem privaten in den öffentlichen Bereich, ihrer Verknüpfung sein eigentliches Interesse. So entwickelt er in der Ethik von 1812/13 den Gedanken,

---

[114] Ebd., § 151.
[115] So die treffende Zusammenfassung bei *Hirsch*, a. a. O., S. 151.
[116] Praktische Theologie, S. 40.
[117] Ebd., S. 41.

die Familie enthalte die Keime für die vier Sphären der Gesellung in sich, in die das gesellige Leben zu unterscheiden ist. Diese vier Sphären sind der Staat, die Kirche, die freie Geselligkeit und die Wissenschaft[118]. Daß dem Übergang aus der privaten in die öffentliche Sphäre Schleiermachers Interesse gilt, zeigt sich aber insbesondere an der Theorie der Öffentlichkeit, die er in der Christlichen Sittenlehre entwickelt[119].

Er legt sie im ersten Teil der Sittenlehre über das wirksame Handeln, und zwar im Zusammenhang des reinigenden oder wiederherstellenden Handelns in der christlichen Gemeinde, also der »Kirchenverbesserung«, dar. Den Ausgangspunkt bildet die Einsicht, »daß jeder einzelne, der den Impuls zu einem reinigenden Handeln auf das ganze in sich fühlt, auch nothwendig fortschreiten muß bis zu einer Wirksamkeit auf das ganze«[120]. Daraus folgt der »allgemeine Kanon ..., daß von jedem Punkte an der einzelne seiner Überzeugung von dem Zustande des ganzen und von seiner Wirksamkeit auf denselben die größtmögliche Öffentlichkeit geben muß«[121]. Dies ist ein Grundsatz, der für alle Sphären der Öffentlichkeit Geltung beansprucht: die Verbesserung öffentlicher Zustände hat die öffentliche Diskussion zur Voraussetzung. Verweigerung solcher öffentlicher Diskussion ist gleichbedeutend mit »separatistischem Wesen«, das dadurch gekennzeichnet ist, daß es die Wahrheit der Überzeugungen, auf die es sich beruft, nicht mehr öffentlicher Prüfung aussetzen will, sich damit aber zugleich von der Aufgabe der Verbesserung des Ganzen ausschließt[122]. Schleiermacher knüpft also an die allgemeine Überzeugung der Gebildeten seiner Zeit an, der Kant die Form eines transzendentalen Prinzips gegeben hat[123] — die Überzeugung nämlich, daß das öffentliche Interesse nur durch ein größtmögliches Maß an Publizität gefördert werden kann, daß die Verbesserung öffentlicher Zustände die öffentliche Diskussion zur Voraussetzung hat, weil dieser Diskussion die Funktion einer pragmatischen Wahrheitskontrolle zukommt. Eine individuelle Meinung kann nur auf dem »Wege

---

[118] Werke in Auswahl, Bd. II, 1910, S. 273; vgl. *Spiegel*, a. a. O., S. 65 f.
[119] Die Christliche Sitte, S. 186—197.
[120] Ebd., S. 186 f.
[121] Ebd., S. 187.
[122] Ebd., S. 187; vgl. S. 196.
[123] Siehe oben S. 13 ff.; Schleiermacher bezieht sich in dem uns beschäftigenden Zusammenhang nicht ausdrücklich auf Kant.

der lebendigen Überzeugung« zum Ziel geführt werden; dazu muß sie »in der Gesammtheit frei erörtert« werden[124]. Daraus ergibt sich für den einzelne die Pflicht, »seinem Handeln die größte Öffentlichkeit zu geben, die möglich ist«[125].

Schleiermacher unterscheidet drei Momente des Handelns und der zu ihm gehörenden Urteilsbildung: Erst muß der einzelne eine gewisse Festigkeit in seiner Überzeugung und eine Fertigkeit in ihrer Darstellung finden; dann muß er damit auf einzelne — in den Formen der freien Geselligkeit — wirken; schließlich muß er auf das Ganze einzuwirken suchen[126]. Eine Isolierung der einzelnen Momente voneinander — mit der Begründung, jedes für sich sei ein unendlicher Prozeß — ist unsittlich, außerdem aber auch unrealistisch. Denn obwohl diese drei Momente so dargestellt werden, als begännen sie im individuellen Leben des einzelnen als isolierter Prozeß, so ist doch solche Urteilsbildung nie ein in sich abgeschlossener, sondern immer von vornherein ein öffentlicher Vorgang[127]. Denn aus der Öffentlichkeit, in der er sich immer schon befindet, erhält der einzelne die Anstöße zu neuer Urteilsbildung; ihr muß er deshalb seine Überzeugungen auch stets wieder vermitteln. Dieses gegen alles »Mysteriöse« und gegen alle »Feigheit«[128] gerichtete Prinzip der Öffentlichkeit gilt auch in der Kirche — dies schon deshalb, weil sie zu den öffentlichen Gesellungsformen zählt.

Diese Einsicht veranlaßt Schleiermacher zu einer entscheidenden Korrektur seines Kirchenbegriffs gegenüber seinen Anfängen. In den »Reden über die Religion« hatte er sehr nachdrücklich das Ideal der »Privatreligion« vertreten; er hatte Kirche verstanden als die freie Vereinigung der wahrhaft Gläubigen in kleinen Gemeinschaften[129].

Hegel hat gegen diesen Kirchenbegriff eingewandt, damit werde die Objektivität und Realität einer allgemeinen Kirche preisgegeben. In ihm solle vielmehr der »subjektiven Eigenheit der Anschauung (Idiot heißt einer, insofern Eigenheit in ihm ist) ... so viel nachgegeben werden, daß sie das Prinzip einer eigenen Gemeinde bilde und daß auf diese Weise die Gemeindchen und Besonderheiten ins Unendliche sich geltend machen und vervielfältigen, nach Zufälligkeit auseinanderschwimmen und zusammen sich suchen und alle

---

[124] Die Christliche Sitte, S. 189.
[125] Ebd.
[126] Ebd. S. 189 f.
[127] Ebd., S. 191.
[128] Ebd., S. 196.
[129] Vgl. v. a. Reden über die Religion, S. 112 ff., S. 151 ff.

Augenblicke wie die Figuren eines dem Spiel der Winde preisgegebenen Sandmeeres die Gruppierungen ändern, deren jeder zugleich, wie billig, die Besonderheit ihrer Ansicht und ihrer Eigenheit etwas so Müßiges und sogar Ungeachtetes sei, daß sie gleichgültig gegen die Anerkennung derselben auf Objektivität Verzicht tun und in einer allgemeinen Atomistik alle ruhig nebeneinander bleiben können, wozu freilich die aufgeklärte Trennung der Kirche und des Staats sehr gut paßt und in welcher Idee eine Anschauung des Universums nicht eine Anschauung desselben als Geistes sein kann, weil das, was Geist ist, im Zustand der Atome nicht als ein Universum vorhanden ist und überhaupt die Katholizität der Religion nur in Negativität und der Allgemeinheit des Einzelseins besteht.«[130]

Sieht Hegel also in dem Kirchenbegriff der »Reden« eine Verleugnung der Allgemeinheit und Öffentlichkeit der Religion, so hat Schleiermacher ihm darin später zugestimmt. Die Allgemeinheit und Öffentlichkeit gehört zu den wesentlichen Bestimmungen des christlichen Glaubens; deshalb unterliegt auch die Kirche den Kriterien der Öffentlichkeit. Ebenso wie die subjektive Pflicht des einzelnen, seinem Handeln die größtmögliche Öffentlichkeit zu geben, auch für die Glieder der Kirche gilt, so gilt auch für die Kirche die dieser Pflicht entsprechende Voraussetzung, »daß im ganzen eine Öffentlichkeit herrschend sei, welche die vollkommenste gegenseitige Mittheilung möglich macht«[131]. Denn der einzelne wäre nicht in der Lage, seiner Pflicht zur Öffentlichkeit zu genügen, »wenn nicht in dem Zustande des ganzen die Öffentlichkeit schon angelegt und eine Methode derselben schon gegeben wäre«[132]. Dies ist jedoch, wie Schleiermacher in der Christlichen Sittenlehre behauptet, in der Kirche von Anfang an der Fall. Er nennt zum Beleg dafür die Tatsache, daß der literarische Charakter des Christentums so früh hervorgetreten ist, sowie die Bewegung auf das hin, was ursprünglich als katholische Kirche bezeichnet wurde und vom Katholizismus in sein Gegenteil verkehrt worden ist. Demgegenüber ist die ursprüngliche Tendenz des Christentums auf Öffentlichkeit im Protestantismus wieder zur Geltung gekommen; dies zeigt sich daran, daß er sich sofort des größten Mittels der Öffentlichkeit, nämlich der Druckerpresse, bediente. Ist also uneingeschränkte Öffentlichkeit die Voraussetzung für Entwicklung und Verbesserung der Kirche, so kann man »es nur für recht halten, daß jeder einzelne sich aus einer Kirche flüchte, in welcher das Princip

---
[130] *G. W. F. Hegel*, »Glauben und Wissen«, S. 392.
[131] *Schleiermacher*, Die Christliche Sitte, S. 189.
[132] Ebd., S. 187.

der Öffentlichkeit durchaus gehemmt ist, weil in einer solchen, da kein Mittel mehr sein könnte, rückschreitende Bewegungen aufzuheben, alle Irrthümer permanent wären«[133].

Öffentlichkeit ist also notwendig, weil sich nur mit ihrer Hilfe die Überwindung von Irrtümern und die fortschreitende Annäherung an die Wahrheit erreichen lassen. Daß die Kirche die freie Äußerung von Überzeugungen zuläßt, ist deshalb ebenso wesentlich, wie daß sie sich die Methoden der Öffentlichkeit aneignet. Aus diesem Grund muß dem organisierten, gebundenen Element der Kirchenleitung das ungebundene Element zur Seite treten, die »freie Einwirkung auf das Ganze, welche jedes einzelne Mitglied der Kirche versuchen kann, das sich dazu berufen glaubt«[134]. Erst dadurch erweist sich die Kirche als *freie* Gemeinschaft, zugleich damit auch als Gemeinschaft, die auf das ganze menschliche Geschlecht bezogen ist:

»Das ist eben das große und vortreffliche was allen freien Gemeinschaften eigen ist, ganz vorzüglich aber der christlichen Kirche, die ihre Berechnung hat auf das ganze menschliche Geschlecht, ganz besonders aber der freien Gestaltung derselben in unserer evangelischen Kirche, daß einem jeden in dem Maaße, wie ihm das geistige Auge geöffnet ist, eine Wirksamkeit auf das Ganze der Kirche sich eröffnet, und daß man es einer jeden Wirksamkeit anmerken kann in wie fern einer dem Geiste nach der großen Gemeinschaft angehört, oder ob er freiwillig sich davon ausgeschlossen hat und aus dem Gesichtspunkt eines kleinen Gebietes wirkt.«[135]

Zwei Elemente müssen also zusammenkommen, wenn eine Religion geschichtliche Bedeutung und Selbständigkeit erhalten, das heißt sich zur Kirche bilden soll[136]: sie bedarf zum einen der organisierten Kirchenleitung, die allein ihr geschichtliche Dauer zu geben vermag; sie bedarf zum andern – und dies ist nach Schleiermachers Auffassung das Wichtigere – der Öffentlichkeit, die die freie Bildung von Überzeugungen und damit geschichtlichen Fortschritt ermöglicht. Die fromme Gemeinschaft, die sich um einen Hausgottesdienst sammelt, kann nicht als »geschichtliches Hervortreten« und insofern nicht als Kirche betrachtet werden, weil ihr die Öffentlichkeit fehlt[137].

---

[133] Ebd., S. 188.
[134] Kurze Darstellung, § 312; vgl. *M. Daur*, a. a. O., S. 160 ff.
[135] Praktische Theologie, S. 724.
[136] Vgl. Kurze Darstellung, § 2.
[137] Vgl. Glaubenslehre, § 134,3: Es ist »nur einer ganz oberflächlichen Ansicht vom Christentum möglich, die christliche Gemeinschaft auf das häusliche Leben und auf stille Privatverhältnisse ohne Öffentlichkeit zurückzuführen«.

Die geschilderten Zusammenhänge bilden den Hintergrund für Schleiermachers Bestimmung der dogmatischen Theologie als einer historischen Disziplin[138]: »Dogmatische Theologie ist die Wissenschaft von dem Zusammenhange der in einer christlichen Kirchengesellschaft zu einer gegebenen Zeit geltenden Lehre.«[139] Dogmatische Theologie ist nicht auf die Überzeugungen einer Hausgemeinde oder einer Sekte, sondern auf die in den »öffentlichen Verhandlungen« einer Kirche hervortretende Darstellung der gemeinsamen Frömmigkeit bezogen[140]. Sie reflektiert also jenen Prozeß öffentlicher Diskussion und Konsensusbildung, den Schleiermacher für die Überwindung von Irrtümern und die Annäherung an die Wahrheit für unerläßlich hält. Deshalb steht die Bestimmung der dogmatischen Theologie als historischer Disziplin mit ihrer Aufgabe, selbst zur Weiterentwicklung des kirchlichen Konsensus beizutragen, nicht im Widerspruch; das eine ist vielmehr die Bedingung für das andere.

Schon in den Reden über die Religion hat Schleiermacher die Geselligkeit als ein notwendiges Moment der Religion angesehen. Später hat er jedoch erkannt, daß die Geselligkeit in der Religion von den anderen Formen, in denen sich Geselligkeit darstellt, nicht getrennt werden kann, sondern an diesen Formen teilhat[141]. Deshalb hat er die Öffentlichkeit der Kirche von einem allgemeinen, gesellschaftlichen Verständnis von Öffentlichkeit aus entwickelt. Er hat also die notwendige Öffentlichkeit der Kirche und ihre Formen nicht einfach aus der Ekklesiologie deduziert, wohl aber festgestellt, daß die von ihm formulierten Öffentlichkeitskriterien ursprünglichen Tendenzen des Christentums entsprechen. Methodisch zielt er damit auf ein Verfah-

---

Aus dieser Stelle einen »Öffentlichkeitsauftrag der Kirche im Amt« zu entnehmen (*Chr. Link*, Die Grundlagen der Kirchenverfassung, S. 55), ist allerdings ein Mißverständnis. Denn Schleiermacher fährt an der zitierten Stelle fort: »Vielmehr sind die öffentlichen Versammlungen zum gemeinsamen Bekenntnis und zur gemeinsamen Erbauung die Hauptsache, und die Übertragung der überwiegenden und leitenden Tätigkeit darin an einige ausschließend bleibt eine Nebensache. Wie denn auch, was dies anlangt, eine Kirchengemeinschaft ganz im evangelischen Geiste bestehen kann, welche von einer solchen Übertragung nichts weiß, sondern jedem Christen die Befugnis zur leitenden Tätigkeit darin zugesteht.«
[138] Vgl. *Y. Spiegel*, Theologie der bürgerlichen Gesellschaft, S. 95 ff.
[139] Glaubenslehre, § 19.
[140] Ebd., § 19,3.
[141] Vgl. *Spiegel*, a. a. O., S. 72.

ren, wie es später unter dem Stichwort einer »Theorie der Kirche« noch zu erörtern sein wird[142].
Von Schleiermachers Interesse an der Öffentlichkeit von Religion und Kirche her vermag man auch seine eigentümlich schwankende Haltung zum Verhältnis von Staat und Kirche zu verstehen[143]. Schon in den »Reden« fordert Schleiermacher: »Hinweg also mit jeder solchen Verbindung zwischen Kirche und Staat! — das bleibt mein Catonischer Ratsspruch bis ans Ende, oder bis ich es erlebe, sie wirklich zertrümmert zu sehen.«[144] Hat er an diesem Catonischen Ratsspruch festgehalten? In seinen Gutachten und Stellungnahmen zu Kirchenverfassungsfragen — zusammenfassend im »Pacificus Sincerus« von 1824 — fordert Schleiermacher nachdrücklich eine von der Staatsregierung wie von der staatlichen Verwaltung unabhängige Kirchenordnung; in der Ethik und der Staatslehre entwickelt er die Unterscheidung von Staat und Kirche als zwei Gemeinschaftsformen, die nicht ineinander aufgehen können und sollen[145]; in der Glaubenslehre betont er die Eigenständigkeit des Reiches Christi gegenüber dem Reich der göttlichen Weltregierung[146]: »Beiden ..., politischen Religionen wie Theokratien, macht Christus durch seine rein geistige Herrschaft des Gottesbewußtseins ein Ende; und je mehr sich sein Reich befestigt und verbreitet, um desto bestimmter sondern sich Kirche und Staat.«[147] Doch auf der anderen Seite erkennt schon Schleiermacher deutlich, daß eine konsequente Trennung von Staat und Kirche zur Privatreligion und zu jener zur Sekte privatisierten Kirche führt, die er in seiner Ekklesiologie entschieden ablehnt. Deshalb sieht er die Aufgabe einer Theorie des Verhältnisses von Staat und Kirche darin »zu bestimmen, auf welche Weise die kirchliche Autorität unter den verschiedenen gegebenen Verhältnissen dahin zu wirken habe, daß die Kirche weder in eine kraftlose Unabhängigkeit vom Staat, noch in eine wie immer angesehene Dienstbarkeit unter ihm gerate«[148]. In der »Praktischen Theologie« formuliert Schleiermacher das Ziel, der Staat müsse von der Forderung abgebracht werden, daß jeder Bürger Mitglied einer religiösen Gemeinschaft sei; denn

---
[142] Siehe unten S. 125 ff.
[143] Vgl. *M. Daur*, a. a. O., S. 147 ff.
[144] Reden über die Religion, S. 153.
[145] Vgl. *Daur*, a. a. O., S. 153.
[146] Glaubenslehre, § 105; vgl. *Daur*, a. a. O., S. 149 ff.
[147] Glaubenslehre, § 105,3.
[148] Kurze Darstellung, § 325.

das religiöse Prinzip könne nur in der Freiheit gelingen. Doch er fährt fort: »Mehr Unabhängigkeit sollen wir nicht wünschen, sonst versinken wir in Dürftigkeit. Es darf nichts übereilt werden, und nicht in Masse, sondern einzeln muß gewirkt werden.«[149]

Staat und Kirche wirken beide in der Öffentlichkeit; eine völlige Trennung der Kirche vom Staat führt zur Verdrängung der Kirche aus der Öffentlichkeit. Deshalb verwirft Schleiermacher zwar nach wie vor alle Formen der politischen Religion und der Theokratie; er verwirft insbesondere allen Zwang in religiösen Fragen. Doch seinen »Catonischen Ratsspruch« hat er gleichwohl modifiziert, veranlaßt durch sein Interesse an der freien, öffentlichen Wirksamkeit der Kirche, durch sein Interesse daran, daß die Kirche Beiträge für den Fortschritt der Gesellschaft zu Wahrheit und Sittlichkeit leistet.

1.3.3. Albrecht Ritschl

Von Schleiermachers Konzeption des Verhältnisses von Kirche und Öffentlichkeit her ist Richard Rothes[150] Theorie von der Auflösung der Kirche in den Staat ebenso verständlich wie Ritschls Verhältnisbestimmung von Kirche und Reich Gottes. Rothe begreift das Christentum als eine Geschichtsmacht, die die Weltentwicklung zum Ziel eines Reiches religiös-sittlicher Geistigkeit führen soll. Am Ende dieses Weges hat sich die Kirche als Sonderorganisation des religiös-sittlichen Lebens in dieses Reich hinein aufgelöst. Da Rothe — im Anschluß an Hegel[151] — die Organisation eines weltlich-natürlichen Lebenskreises zu einer geistig-sittlichen Einheit als Staat begreift, kann er diesen Vorgang auch als die Auflösung der Kirche in den Staat bezeichnen.

Ein vergleichbarer Gedanke findet sich auch bei Ritschl[152]. Der Kern seines theologischen Denkens ist der Begriff der religiösen und

---

[149] Praktische Theologie, S. 678.
[150] Vgl. *E. Hirsch*, Geschichte der neuern evangelischen Theologie, Bd. V, S. 166 ff.; *Chr. Walther*, »Der Reich-Gottes-Begriff in der Theologie Richard Rothes und Albrecht Ritschls«; ders., Typen des Reich-Gottes-Verständnisses, S. 117 ff.; *H.-J. Birkner*, Spekulation und Heilsgeschichte; *E. Schott*, »Rothes These vom Aufgehen der Kirche im Staat«; *D. Hoffmann-Axthelm*, »Die Freundlichkeit des Objektiven«; *P. Kessler*, Glaube und Gesellschaftsgestaltung; *M. Honecker*, Konzept einer sozialethischen Theorie, S. 90 ff.
[151] Siehe oben S. 16.
[152] Vgl. *Chr. Walther*, »Der Reich-Gottes-Begriff in der Theologie Richard Rothes und Albrecht Ritschls«; ders., Typen des Reich-Gottes-Verständnisses,

sittlichen Gemeinschaft, die er einerseits als Kirche, andererseits als Reich Gottes begreift[153]. Zwischen beiden Begriffen unterscheidet er in folgender Weise[154]:

»Kirche sind die an Christus Glaubenden, sofern sie im Gebete ihren Glauben an Gott den Vater oder sich für Gott als die ihm durch Christus wohlgefälligen Menschen darstellen. Reich Gottes sind die an Christus Glaubenden, sofern sie, ohne die Unterschiede des Geschlechtes, Standes, Volkes aneinander zu beachten, gegenseitig aus Liebe handeln und so die in allen möglichen Abstufungen bis zur Grenze der menschlichen Gattung sich ausbreitende Gemeinschaft der sittlichen Gesinnung und der sittlichen Güter hervorbringen.«

Der Begriff des Reiches Gottes ist nach dieser Formulierung umfassender als der Begriff der Kirche: nicht die Kirche, sondern das Reich Gottes ist der Endzweck des Willens Gottes, damit aber zugleich der allgemeine Zweck der Gemeinde[155]. Das Reich Gottes ist für Ritschl, wie er insbesondere in der ersten Auflage des »Unterrichts in der christlichen Religion« deutlich macht, zugleich religiöse Idee und sittlicher Grundgedanke. Das Kennzeichnende an seinem Begriff des Reiches Gottes ist eben, daß er es gleichzeitig als übernatürlich und überweltlich bezeichnet[156] und daß er in ihm das »gemeinschaftliche Produkt« der Gemeinde sieht, »indem deren Glieder sich durch eine bestimmte gegenseitige Handlungsweise untereinander verbinden«[157]. Dem entspricht die Unterscheidung zwischen dem dogmatischen und dem ethischen Begriff des Reiches Gottes[158], der die Unterscheidung zwischen dem dogmatischen und dem ethischen Begriff der Kirche, wie wir noch sehen werden, korrespondiert. In der im ethischen Begriff des Reiches Gottes enthaltenen Relation zwischen Kirche und Reich Gottes ist aber zugleich das Verhältnis von Kirche und Öffentlichkeit im heutigen Sinn dieses Wortes enthalten, und zwar dergestalt, daß der Begriff des Reiches Got-

---

S. 137 ff.; *R. Schäfer*, »Das Reich Gottes bei Albrecht Ritschl und Johannes Weiß«; ders., Ritschl, bes. S. 114 ff.; *H. Timm*, Theorie und Praxis in der Theologie Albrecht Ritschls und Wilhelm Herrmanns, S. 29 ff.; *M. Honecker*, a. a. O., S. 99 ff.
[153] Vgl. *H. Timm*, a. a. O., S. 37 f.
[154] Rechtfertigung und Versöhnung, Bd. 3, S. 271.
[155] Unterricht in der christlichen Religion, 1. Aufl., §§ 5 ff.
[156] Ebd., § 8; darauf hat *R. Schäfer*, »Das Reich Gottes bei Albrecht Ritschl und Johannes Weiß«, S. 88, einseitig das Gewicht gelegt.
[157] Unterricht in der christlichen Religion, § 5.
[158] Vgl. *R. Schäfer*, Ritschl, S. 114, 117.

tes auf die Menschheit im umfassendsten Sinn als den Horizont dieses Verhältnisses verweist. An der schon herangezogenen Stelle aus »Rechtfertigung und Versöhnung« erläutert Ritschl den Begriff des Reiches Gottes folgendermaßen[159]:

> »Die christliche Vorstellung von dem Reiche Gottes, welche sich als correlat mit dem Begriff von Gott als der Liebe erwiesen hat, bezeichnet die extensiv und intensiv umfangreichste Vereinigung der Menschheit durch das gegenseitige sittliche Handeln ihrer Glieder, welches über alle natürlichen und particularen Bestimmungsgründe hinausgreift.«

Übersteigt so das Reich Gottes einerseits alle partikularen Bestimmungen, so ist es andererseits inhaltlich durch folgende Momente ausgezeichnet: durch die Ausübung der Gerechtigkeit, den dadurch bewirkten Frieden unter allen Gliedern und durch die aus dem Heiligen Geist entspringende Freude oder Seligkeit[160].

Die Bestimmung des Reiches Gottes als Zweck der christlichen Gemeinde veranlaßt Ritschl auch zu einer Neuformulierung des Kirchenbegriffs. Hatte er schon 1859 gefordert, man müsse zwischen den dogmatischen, den ethischen und den politischen Merkmalen der Kirche unterscheiden[161], so führt er 1869, also in der Entstehungszeit von »Rechtfertigung und Versöhnung«, die Unterscheidung zwischen dem dogmatischen und dem ethischen Begriff der Kirche ein[162]. Für den dogmatischen Begriff der Kirche greift er auf die Formulierung der Confessio Augustana zurück, erklärt jedoch, der reformatorische Grundbegriff der Kirche müsse durch die paulinische Charismenlehre ergänzt werden. Demgemäß formuliert er den dogmatischen Begriff der Kirche folgendermaßen[163]:

> »Die Kirche ist die Gemeinschaft der von Gott Geheiligten, welche aus seinem Heiligen Geist durch die Verkündigung des Wortes seiner Gnade in Christus und durch die Sakramente als Einheit hervorgebracht, und durch die Gnadengaben und Berufe, die nach dem Maß des erweckten Glaubens verschieden sind, gegliedert wird.«

---

[159] Rechtfertigung und Versöhnung, Bd. 3, S. 270.
[160] Unterricht in der christlichen Religion, § 5, Anm. d).
[161] »Über die Begriffe: sichtbare und unsichtbare Kirche«, in: Gesammelte Aufsätze I, S. 68—99 (91).
[162] »Die Begründung des Kirchenrechts im evangelischen Begriff von der Kirche«, ebd., S. 100—146.
[163] Ebd., S. 109.

Dem tritt der ethische Begriff der Kirche zur Seite, der auf das selbsttätige und gemeinschaftliche Handeln ihrer Glieder bezogen ist[164]:

»Die Kirche ist eine ethische selbstthätige Größe, indem ihre Mitglieder ihr gemeinsames Priesterrecht durch das Bekennen Gottes und Christi im Gebet, durch das Bekennen Christi im Begehen des Abendmahls ausüben, indem sie durch das Opfer der Wohlthätigkeit an ihre bedürftigen Genossen dieselben zum gemeinschaftlichen Gottesdienst fähig machen. Diese gemeinschaftlichen Functionen Vieler können als gemeinschaftliche im Raum und als identische in der Zeit nur durch eine Ordnung oder Gliederung der Gemeinde ausgeübt werden.«

Ritschl bringt also das öffentliche Handeln der Kirche als das gemeinschaftliche Handeln ihrer Glieder ebenso wie das kirchliche Amt im ethischen Begriff der Kirche zum Ausdruck, bezieht diesen aber gerade dadurch auf den dogmatischen Begriff der Kirche zurück, daß er in ihm sowohl die Begründung der Einheit der Kirche in Wort und Sakrament als auch die Begründung der gegliederten Vielfalt der Kirche in den Gnadengaben hervorhebt.

Ritschl *ergänzt* also nicht den dogmatischen Begriff der Kirche durch deren ethischen Begriff[165], sondern er leitet diesen aus jenem ab. Er bemerkt ausdrücklich, daß die dogmatische Definition der Kirche nicht als unvollständig anzusehen sei; »sondern sie ist *in ihrer Art* durchaus vollständig und deckt alle Functionen, die aus einer andern Rücksicht, als der der religiösen Auffassung, in der Kirche als nothwendig nachgewiesen werden können«[166]. Der dogmatische Begriff der Kirche deckt also auch die Funktionen, die im ethischen Begriff der Kirche ausdrücklich formuliert werden. Gleichwohl wird es dadurch nicht überflüssig, den Begriff der Kirche auch im Blick auf die Selbsttätigkeit der in ihr vereinigten Menschen zu formulieren. Die Tatsache, daß alle religiösen Begriffe einer dogmatischen und einer ethischen Betrachtung zugänglich sind und bedürfen, erweist sich auch hier. Ritschl unterscheidet die dogmatischen und die ethischen Begriffe folgendermaßen[167]:

---

[164] Ebd., S. 136 f.
[165] So *E. Schlink*, Theologie der lutherischen Bekenntnisschriften, S. 274 f., der demgegenüber fragt, »ob nicht die Definition von CA VII bereits die ethischen Aussagen enthält, die von der rechten Unterscheidung von Gesetz und Evangelium her in diesem Zusammenhang zu machen sind«.
[166] Gesammelte Aufsätze I, S. 113 (Hervorhebung bei Ritschl).
[167] Ebd., S. 109.

»Die dogmatischen Begriffe ... richten sich darauf, die Größen und Verhältnisse von religiösem Werthe von Gott aus zu erklären, während die ethischen Begriffe unter Voraussetzung der Begründung des christlichen Lebens in Gottes Gnade, sich darauf beziehen, daß der Verlauf des individuellen Lebens und der religiösen und sittlichen Gemeinschaft in den Formen der geistigen Selbstthätigkeit, des stellvertretenden Willens sich vollzieht.«

Diese Unterscheidung hat gerade nicht den Sinn, zwischen dogmatischer und ethischer Erkenntnis, zwischen religiösem Leben und ethischer Praxis zu trennen. Vielmehr bezieht die Unterscheidung, die für *alle* theologischen Begriffe Gültigkeit beansprucht, daraus ihren Grund, daß »der menschliche Geist nur durch geschichtliche Praxis im Reiche Gottes Zugang zu der in Jesus Christus geoffenbarten absoluten Wahrheit« erhält[168]. Der Begriff der Kirche kann deshalb ohne den Bezug auf die geschichtliche Praxis ihrer Glieder in seiner Wahrheit nicht gedacht werden. Der Bezug der Kirche auf die mit Gott versöhnte Menschheit, auf die sittliche Gemeinschaft aller freien Geister, damit aber auch auf die Öffentlichkeit tritt also nicht als etwas Sekundäres zum Begriff der Kirche hinzu, sondern ist mit diesem zugleich gesetzt. Dem entspricht, daß Ritschl die sittliche Aufgabe des Reiches Gottes entfaltet als die Aufgabe des Handelns innerhalb der begrenzteren und natürlich bedingten Gemeinschaften: der Ehe, der Familie, der bürgerlichen Gesellschaft, dem nationalen Staat[169]. Das Handeln in diesen Gemeinschaftsformen wird dadurch dem Zweck des Reiches Gottes untergeordnet, daß es »in der Gestalt des sittlichen Berufes zum gemeinen Nutzen ausgeübt« wird[170]. Die Vermittlung zwischen der Kirche und den anderen begrenzten Gemeinschaften geschieht also vornehmlich durch das Berufshandeln der einzelnen Christen; demgegenüber tritt das korporative, öffentliche Handeln der Kirche in den Hintergrund. Das entspricht dem Bild der bürgerlichen Gesellschaft, von dem Ritschl ausgeht: sie bildet sich dadurch, daß die einzelnen ihren Berufspflichten entsprechen, nicht durch das Zusammenspiel oder die Auseinandersetzung gesellschaftlicher Gruppen.

Gleichwohl enthält Ritschls Ekklesiologie ansatzweise in der Beziehung von Kirche und Reich Gottes einerseits, in der Unterscheidung von dogmatischem und ethischem Begriff der Kirche anderer-

---

[168] H. *Timm*, Theorie und Praxis, S. 46.
[169] Unterricht in der christlichen Religion, §§ 27 ff.
[170] Ebd., § 28.

seits eine Theorie des Verhältnisses von Kirche und Öffentlichkeit. Denn auch das korporative, öffentliche Handeln der Kirche und christlicher Gruppen ließe sich aus dem Begriff des Reiches Gottes als des Endzwecks der Gemeinde wie aus der der Gnade Gottes entsprechenden Selbsttätigkeit der Gemeinde ableiten. Doch undiskutiert und ungelöst bleibt auch dann die Frage, ob dieses korporative Handeln als ein opus alienum der Verkündigung des Evangeliums zur Seite tritt oder ob auch in diesem Handeln jene Verkündigung als das Proprium der Kirche zum Zuge kommt; ihr entspricht die Frage, ob Ritschl an der Unverfügbarkeit des Reiches Gottes festhält oder es dem Geschichtsprozeß überantwortet[171]. Die Reformatoren hatten die Öffentlichkeit der Kirche unmittelbar aus der Aufgabe der Evangeliumsverkündigung abgeleitet. Für Ritschl ergibt sich diese Öffentlichkeit (er selbst führt den Begriff allerdings nicht ein) aus der Selbsttätigkeit der Gemeinde einerseits, dem Endzweck des Reiches Gottes andererseits. So führt eine Analyse von Ritschls Theologie auch an diesem Punkt zu den Fragen, die die dialektische Theologie dem Kulturprotestantismus meinte stellen zu müssen.

1.3.4. Das konfessionelle Luthertum

Darin, daß Ritschl in seiner Erörterung des Kirchenbegriffs ausdrücklich und betont auf CA VII zurückgreift, spiegelt sich die Tatsache, daß zwischen der Zeit Schleiermachers und der Zeit Ritschls das konfessionelle Luthertum dem neuprotestantischen Kirchenbegriff einen eigenen Kirchenbegriff entgegengestellt hat, der in explizitem Rückgriff auf die Bekenntnisschriften und in ihnen vor allem auf CA VII formuliert ist[172]. Vertreten wird dieses Neuluthertum vor allem von Stahl, Löhe, Vilmar und Kliefoth, in einer gemäßigten Variante von den Führern der Erlanger Theologie, insbesondere Harleß, Höfling und Theodosius Harnack. Versucht man, den Standpunkt der ersten Gruppe summarisch zusammenzufassen, so stößt man auf

---

[171] Vgl. dazu v. a. *H. Timm*, Theorie und Praxis, S. 41 ff.
[172] Vgl. dazu v. a. *W. Schneemelcher*, »Conf. Aug. VII im Luthertum des 19. Jahrhunderts«; *E. Hirsch*, Geschichte der neuern evangelischen Theologie, Bd. V, S. 170 ff.; *H. Fagerberg*, Bekenntnis, Kirche und Amt in der deutschen konfessionellen Theologie des 19. Jahrhunderts; *H. Wittram*, Die Kirche bei Theodosius Harnack; *Chr. Link*, Die Grundlagen der Kirchenverfassung; *K.-M. Beckmann*, Unitas Ecclesiae, S. 105 ff.; *R. Strunk*, Politische Ekklesiologie im Zeitalter der Revolution, S. 154 ff.

folgende Kennzeichen ihres Kirchenbegriffs[173]: Gegenüber der Tendenz zu einer Verflüchtigung des Kirchenbegriffs wird mit Entschiedenheit die Zusammengehörigkeit von unsichtbarer und sichtbarer Kirche behauptet; die Kirche wird als Anstalt verstanden, zu der das göttlich eingesetzte Amt untrennbar hinzugehört. Stahl kritisiert an CA VII, die Definition der Kirche sei hier einseitig und unvollständig:

»Nur die reine Verkündigung des Evangeliums wird als die sichtbare Seite (sc. der Kirche) bezeichnet und als solche nachdrücklich geltend gemacht. Aber es ist die organische Seite der Kirche ignoriert — Amt und Regierung. Es sind nur die geistigen Kräfte und ihre Wirksamkeit in den Begriff der Kirche aufgenommen, nicht aber der anstaltliche Bau, der sie tragen soll ..., die äußere Ordnung und Gliederung unter den Menschen, durch welche das werden soll.«[174]

Welchen Rang das konfessionelle Luthertum dem kirchlichen Amt einräumt, geht aus nichts deutlicher hervor als daraus, daß Kliefoth das Predigtamt als »Gnadenmittelamt« bezeichnet, dem das »Gemeindeamt« und das »Regieramt« zur Seite treten[175]. Die Verwendung der Drei-Stände-Lehre als innerkirchlichen Verfassungsprinzips durch die lutherische Orthodoxie[176] wird auch vom lutherischen Konfessionalismus des 19. Jahrhunderts aufrechterhalten, wenn auch zu Unrecht auf Luther selbst zurückgeführt. Die Verbindung dieses Gedankens mit einem romantisierenden anstaltlichen Kirchenbegriff, der den Organismusgedanken des Idealismus in sich aufnimmt[177], führt zu einer starken Hervorhebung, ja zu einer Sakralisierung des kirchlichen Amts. Ist so auf der einen Seite das Verständnis der Kirche als Heilsanstalt und die dementsprechende Würdigung des kirchlichen Amts für diese Richtung des neulutherischen Denkens charakteristisch, so zeichnet sie sich andererseits durch eine starke Betonung des Bekenntnisses aus: Nach Löhes Auffassung ist an ihrem schriftgemäßen Bekenntnis abzulesen, daß die lutherische Kirche als einzige Partikularkirche über die volle Wahrheit verfügt[178].

---

[173] Einzelnachweise v. a. bei *Fagerberg*, a. a. O., S. 121 ff., 195 ff.; *Link*, a. a. O., S. 63 ff.
[174] *F. J. Stahl*, Die Kirchenverfassung nach Lehre und Recht der Protestanten, S. 43 f.
[175] Vgl. *Fagerberg*, a. a. O., S. 286 ff.; *Link*, a. a. O., S. 91 ff.
[176] Siehe oben S. 57 f., 62 f.
[177] Vgl. *Link*, a. a. O., S. 47 ff., 66 ff., 89 ff.
[178] Vgl. *Schneemelcher*, a. a. O., S. 325.

Der Kulturprotestantismus war von der Vorstellung bestimmt, daß vom Christentum eine die Gesamtgesellschaft, ja die gesamte Menschheit in all ihren Lebensäußerungen durchgeistigende Wirkung ausgehe; das konfessionelle Luthertum dagegen erhob die Forderung nach der »Kirchgemäßheit alles öffentlichen Lebens«[179]. Aus der Betonung des Bekenntnisses und dem Verständnis der Kirche als Anstalt ergibt sich also eine Konzeption des Verhältnisses von Kirche und Öffentlichkeit, nach der die Kirche in Schrift und Bekenntnis diejenigen Maßstäbe verwaltet, an denen das öffentliche Leben zu messen ist; daraus leitet sich das Recht der Kirche her, auf öffentliche Vorgänge Einfluß zu nehmen.

Das Verständnis der Kirche als Anstalt impliziert darüber hinaus eine konservative politische Ekklesiologie: Während das sich an den Kollegialismus der Aufklärungstheologie anschließende Verständnis der Kirche als societas aequalis alle Autoritätsstrukturen in Frage stellt und deshalb mit der herrschenden kirchlichen auch die herrschende politische Ordnung angreift, bestätigt die am Anstaltscharakter der Kirche orientierte Ekklesiologie nicht nur den hierarchischen Charakter der Kirche, sondern zugleich damit auch den obrigkeitlichen Charakter des Staates; ihr Widerspruch gilt nicht nur den Vertretern des allgemeinen Priestertums aller Gläubigen, sondern ineins damit auch den Verfechtern der Volkssouveränität[180]. Daraus erklärt sich auch das bei manchen lutherischen Theologen und Kirchenrechtlern zu beobachtende leidenschaftliche Eintreten für das landesherrliche Kirchenregiment; nicht ohne Grund vermuten sie in dem Angriff auf die kirchliche zugleich einen Angriff auf die staatliche Stellung des Monarchen[181].

Von der geschilderten Position ist die Ekklesiologie der Erlanger Theologie zu unterscheiden. Harleß, Höfling und Harnack[182] trennen sich — bei Übereinstimmung im konfessionellen Ausgangspunkt — von den genannten Lutheranern vor allem darin, daß sie die Kirche

---

[179] *Hirsch*, a. a. O., S. 193; vgl. *M. Schmidt*, »Kirche und öffentliches Leben im Urteil der lutherischen Erweckungsbewegung des 19. Jahrhunderts«.
[180] Diesen Zusammenhang zeigt *R. Strunk*, Politische Ekklesiologie im Zeitalter der Revolution, S. 154 ff., v. a. am Beispiel Stahls und Vilmars.
[181] Dies erörtert *Link*, a. a. O., S. 138, am Beispiel Puchtas.
[182] Vgl. *Fagerberg*, a. a. O., S. 225 ff., 273 ff.; *Wittram*, a. a. O., S. 47 ff.; *Link*, a. a. O., S. 164 ff. Auf Differenzen zwischen den drei genannten Theologen kann hier so wenig eingegangen werden wie auf Differenzen in der oben behandelten Gruppe.

nicht als Anstalt, sondern als Gemeinschaft — als communio sanctorum — verstehen. Demgemäß leiten sie das kirchliche Amt nicht aus dem Anstaltscharakter der Kirche, sondern aus dem Priestertum aller Gläubigen ab. Der Anspruch, die lutherische Partikularkirche sei die »wahre Kirche«, wird durch die Unterscheidung zwischen Kirche und Kirchentum, zwischen »wesentlicher« und »empirischer« Kirche abgeschwächt. Diese Unterscheidung kehrt in der Unterscheidung zwischen Amt und Amtstum wieder. Durch diese Differenzierungen wird jedem Perfektionismus, der meint, die vollkommene Kirche oder die heilige Gemeinde lasse sich gegenwärtig realisieren, ein kritisches Korrektiv entgegengestellt; ferner wird der Vergöttlichung bzw. Ideologisierung der Rechtsgestalt der Kirche gewehrt; und schließlich wird deutlich gemacht, daß diese Rechtsgestalt der Kirche auf ihren Auftrag zu öffentlicher Wirksamkeit zurückgeht.

1.3.5. Rudolph Sohm

An einer Reihe von Beispielen sind wir bereits auf den engen Zusammenhang gestoßen, der zwischen der Bestimmung des Verhältnisses von Kirche und Öffentlichkeit einerseits, der Rechtsgestalt der Kirche und ihrer Interpretation andererseits besteht. Dieser Zusammenhang soll am Beispiel Rudolph Sohms noch einmal erörtert werden[183].

Sohms Position ist schwerer zu erfassen, als es demjenigen erscheinen mag, der sich im wesentlichen am ersten, 1892 erschienenen Band von Sohms »Kirchenrecht« orientiert. Dieser Band, der in drei großen Kapiteln über das Urchristentum, den Katholizismus und die Reformation die geschichtlichen Grundlagen des gegenwärtigen Kirchenrechts und seiner Problematik darstellt, bildet jedoch nur eine Stufe in Sohms Denken über die Kirche, das zumindest in vier Stufen zu unterscheiden ist[184].

---

[183] Aus der neueren Literatur zu Sohm vgl. bes.: W.-D. *Marsch*, »Ist das Recht eine notwendige Funktion der Kirche?«; W. *Maurer*, »Die Auseinandersetzung zwischen Harnack und Sohm«; ders., »R. Sohms Ringen um den Zusammenhang zwischen Geist und Recht«; D. *Stoodt*, Wort und Recht; A. *Bühler*, Kirche und Staat bei R. Sohm; E. *Ruppel*, »Kirche und Staat bei R. Sohm«.
[184] A. *Bühler* unterscheidet zwischen den frühen Schriften, der Reifezeit und dem Spätwerk (a. a. O., S. 1 ff.), weist aber selbst auf den Neuansatz hin, den Sohm innerhalb des Spätwerks mit der Schrift über »das altkatholische Kirchenrecht und das Dekret Gratians« unternimmt (a. a. O., S. 28 ff. u. ö.).

Für die *erste* Stufe ist die Arbeit über »das Verhältnis von Staat und Kirche, aus dem Begriff von Staat und Kirche entwickelt«, mit der Sohm 1873 von Straßburg aus in den Kulturkampf eingreift, charakteristisch. Hier führt Sohm, von Ritschls Aufsatz über die Begründung des Kirchenrechts angeleitet[185], die Unterscheidung zwischen dem Begriff der Kirche im Rechtssinn und dem Begriff der Kirche im Lehrsinn durch. »Kirche im Rechtssinn ist eine Corporation, d. h. eine äußerlich organisierte Gemeinschaft«[186], eine »äußerlich organisierte Heilsanstalt«[187]; da eine organisierte Gemeinschaft nur durch das Recht geordnet und auf Dauer gestellt werden kann, gehört das Kirchenrecht wesensnotwendig zur Kirche im Rechtssinn. Kirche im Lehrsinn dagegen ist die »Gemeinde der Heiligen«[188]. Hier anerkennt Sohm also die Notwendigkeit kirchlichen Rechts; in Anknüpfung an die Kollegialtheorie versteht er die Kirche im Rechtssinn als eine »öffentliche Corporation«. Daraus leitet sich ihre Stellung in der Öffentlichkeit wie ihre Stellung gegenüber dem Staat ab. Die Kirche steht dem Staat als selbständiger Organismus gegenüber, mit einer eigenen, nicht von der Staatsgewalt abgeleiteten Korporationsgewalt[189]. Nach dieser Feststellung überrascht die sich anschließende Aussage, daß der Rechtsbegriff der Kirche nicht etwa die Trennung, sondern die Verbindung, die Ehe zwischen Staat und Kirche fordert[190]. Denn die Kirche im Rechtssinn ist eine *öffentliche* Korporation, nicht lediglich eine Privatkorporation; damit wird sie zur Kirche erst vermittels des öffentlichen Rechts[191]. Diese Unterordnung unter das staatliche Recht zeigt das Interesse, das der Staat an der Kirche hat, und drückt sich in aller Regel in der Form der Privilegierung aus[192]. So endet Sohms erste Konzeption des Verhältnisses von Staat und Kirche mit der ethischen Gleichsetzung von Staat und Kirche einerseits, der rechtlichen Unterordnung der Kirche unter den Staat andererseits.

Die *zweite* Phase von Sohms Kirchenverständnis wird eröffnet

---

[185] Auf ihn bezieht Sohm sich explizit (Das Verhältnis von Staat und Kirche, S. 22); siehe auch oben S. 82 ff.
[186] Das Verhältnis von Staat und Kirche, S. 23.
[187] Ebd., S. 25.
[188] Ebd., S. 25.
[189] Ebd., S. 29.
[190] Ebd., S. 43.
[191] Ebd., S. 33.
[192] Ebd., S. 39.

mit der »Kirchengeschichte im Grundriß« von 1887[193] und findet ihren Höhepunkt im ersten Band des »Kirchenrechts« von 1892. Geht die Schrift über Staat und Kirche von einem zweifachen Kirchenbegriff aus, so gliedert sich der Kirchenbegriff des »Kirchenrechts« dreifach: Der Kirche im Rechtssinn stehen die sichtbare Kirche (im Lehrsinn) und die unsichtbare Kirche (im Lehrsinn) gegenüber. Mit dieser weitergehenden Differenzierung verknüpft sich zugleich eine dogmatische Entscheidung. Im »Kirchenrecht« ist Sohm nicht mehr bereit, die Kirche im Rechtssinn als Kirche anzuerkennen. Sein Studium des Urchristentums und der Reformation hat ihn zu der Einsicht geführt, daß die sichtbare Kirche eine geistliche Größe und nur dem Glauben zugänglich ist: »mit Juristenaugen (ist hier nichts) zu sehen und mit Juristenhänden nichts zu ergreifen«[194]. Denn nicht nur das Wesen der unsichtbaren, sondern auch und gerade das Wesen der sichtbaren Kirche als einer geistlichen Größe steht mit dem Wesen des Rechts im Widerspruch[195].

Die Begründung dieser These kann hier nicht im einzelnen referiert werden. Doch an dieser Stelle schon muß man darauf hinweisen, daß Sohms These nicht allein von der Seite des ihr zugrunde liegenden Rechtsbegriffs her widerlegt werden kann[196]. Zwar versteht Sohm formale Geltung und Erzwingbarkeit als die beiden Charakteristika des Rechtsbegriffs[197] und trifft sich darin mit dem positivistischen Rechtsdenken; doch er übernimmt gerade nicht die diesem Denken eigentümliche Trennung von Recht und Sittlichkeit[198]. Vielmehr steht für ihn, wie wir noch sehen werden, die Frage nach deren Zusammenhang an einem zentralen Ort. Sohms These vom Widerspruch zwischen dem Wesen der Kirche und dem Wesen des Rechts läßt sich also allenfalls durch eine Prüfung seiner theologischen, nicht durch die Prüfung seiner juristischen Argumente widerlegen[199].

---

[193] Ist schon die Tatsache, daß ein Jurist, dessen juristischer Wirkungsbereich weit über das Kirchenrecht hinausging, eine Kirchengeschichte verfaßte, erstaunlich, so ist noch bemerkenswerter, daß Sohm 1888 von konservativer Seite für die Neubesetzung der Berliner kirchengeschichtlichen Professur, die dann Harnack erhielt, vorgeschlagen wurde (vgl. Bühler, a. a. O., S. 15).
[194] Kirchenrecht I, S. X.
[195] Ebd., S. X, S. 1, S. 700.
[196] Wie das insbesondere G. *Krauss,* Der Rechtsbegriff des Rechts, versucht hat.
[197] Kirchenrecht I, S. 2.
[198] Vgl. M. *Daur,* Die eine Kirche und das zweifache Recht, S. 197 ff.
[199] So mit Recht schon H. *Barion,* Rudolph Sohm und die Grundlegung des Kirchenrechts, bes. S. 19.

Nun zeigt allerdings eine solche Prüfung der theologischen Argumente, daß schon im ersten Band des »Kirchenrechts« die Tendenz zur Spiritualisierung des Kirchenbegriffs unverkennbar ist. Obwohl zunächst der geistliche Charakter der sichtbaren Kirche so stark betont wird, findet man doch an manchen Stellen eine schlichte Identifikation der Sichtbarkeit der Kirche mit ihrer Verrechtlichung und Verweltlichung[200]. Die sichtbare Kirche im Lehrsinn kann dann nur noch jeweils in den Versammlungen der Einzelgemeinden gefunden werden[201]; jeder Versuch, diesen Versammlungen eine dauerhafte Ordnung zu geben, und erst recht jeder Versuch, zwischen ihnen eine organisatorische Verbindung herzustellen, muß als Widerspruch gegen das Wesen der Kirche angesehen werden. Dieser aktualistische und spiritualistische Kirchenbegriff tendiert mit Notwendigkeit dazu, daß nur noch der unsichtbaren Kirche die Bezeichnung als Kirche zuerkannt werden kann. Mit dem zweiten Band des Kirchenrechts ist diese Entwicklung zum Abschluß gekommen.

Doch bevor wir uns dieser dritten Stufe in Sohms Kirchenverständnis zuwenden, müssen wir einen Blick auf seine politische Tätigkeit werfen. Zwischen 1892 und 1909 hat Sohm keine größeren Veröffentlichungen zum Problem des Kirchenrechts vorgelegt. In diese Zeit fällt einerseits seine Mitarbeit am Bürgerlichen Gesetzbuch, andererseits seine Mitwirkung in Naumanns Nationalsozialem Verein[202]. Für die Gründung dieser Partei hat Sohm durch den Vortrag »Der Christ im öffentlichen Leben«, den er 1895 auf dem Kongreß für innere Mission in Posen hielt, einen wesentlichen Anstoß gegeben[203]. Sohm trennt in dieser Rede scharf zwischen Politik und Religion: Die Politik ist eine rein weltliche Angelegenheit; der Glaube steht mit ihr in keinem unmittelbaren Zusammenhang. Im Schlußwort zur Diskussion dieses Vortrags bringt Sohm seine Meinung auf die einprägsame Formel, daß »das Recht ein geborener Heide ist. Es ist geboren worden vor dem Christentum und ist Heide geblieben auch nachdem das Christentum in die Welt gekommen ist. Es hat seine Natur nicht verändert noch verändern können.«[204]

---

[200] Besonders anschaulich a. a. O., S. 199 ff., in der Darstellung des Übergangs vom Urchristentum zum Altkatholizismus.
[201] Zusammenfassend a. a. O., S. 699.
[202] Vgl. dazu bes. *Bühler*, a. a. O., S. 18 ff.
[203] Vgl. *Th. Heuss*, Friedrich Naumann, bes. S. 103 f.; *Bühler*, a. a. O., S. 18 ff.
[204] Zitiert nach *Bühler*, a. a. O., S. 239.

Nimmt man den ersten Band des Kirchenrechts und diese Grundentscheidung in der Frage der christlichen Beteiligung an der Politik zusammen, so erkennt man deutlich, daß Sohm sich in seiner Reifezeit einer dualistischen Interpretation der lutherischen Zwei-Reiche-Lehre anschließt, nach der die auf ihren geistlichen Charakter und auf die Innerlichkeit ihrer Glieder beschränkte Kirche und der seiner Eigengesetzlichkeit verhaftete politische Bereich unverbunden nebeneinander stehen.
Ganz beziehungslos sind die beiden Größen allerdings nicht. Dies läßt sich an Sohms Begriff der Gesellschaft verdeutlichen. Bald nach der gerade herangezogenen Rede »Der Christ im öffentlichen Leben« erklärt Sohm auf dem Delegiertentag des Nationalsozialen Vereins 1897: »Gesellschaft nennen wir die Zahl derer, die bewußt am Leben des Staates teilnehmen. Die Gesellschaft regiert, sie ist die Großmacht im Staat. Sie ist darauf angelegt, ständig größer zu werden, zu wachsen.«[205] Sohm hätte auch sagen können: die Gesellschaft besteht aus den Gebildeten. So heißt es in merkwürdigem Anklang an die gerade erwähnte Äußerung in einem Votum aus dem Jahr 1903: »Die größte Großmacht im deutschen Reich stellt die deutsche Bildung dar.«[206] Bildung jedoch hängt für Sohm unmittelbar mit Sittlichkeit zusammen: »die höchste Bildung ist die sittliche Bildung«[207]. Diese höchste Bildung erreicht man nur auf dem Weg des christlichen Glaubens; ja Glaube und sittliche Bildung fallen beim einzelnen Christen zusammen. Damit aber haben wir den Punkt erreicht, an dem für Sohm die Beziehung zwischen Kirche und Öffentlichkeit hergestellt ist: im Bildungsprozeß der Persönlichkeit[208]. Sohms Zwei-Reiche-Lehre erweitert sich dadurch zu einer Drei-Reiche-Lehre: Zwischen dem geistlichen Reich der Kirche und dem durch Recht, Macht und Zwang charakterisierten Reich des Staates steht das Reich der Sittlichkeit, der Bildung und der Kultur. Sohm gelangt zu dieser Drei-Reiche-Lehre, ohne daß für seine Konzeption der Begriff des Reiches Gottes eine konstitutive Bedeutung hat; ebenso begegnen wir etwa zur gleichen Zeit in Wilhelm Herrmanns Ethik einer derartigen theologischen Qualifikation der »Kultur«, die nicht durch einen Rück-

---
[205] Zitiert nach *Bühler*, a. a. O., S. 79.
[206] Ebd., S. 86.
[207] Die sozialen Pflichten der Gebildeten, Leipzig 1896, S. 7, zitiert nach *Bühler*, a. a. O., S. 283.
[208] Vgl. dazu bes. *Bühler*, a. a. O., S. 73 ff., S. 248 ff., S. 283 ff.

griff auf den Reich-Gottes-Begriff begründet wird[209]. Diese Form der Drei-Reiche-Lehre gehört zu den Charakteristika des späten Kulturprotestantismus, zu dem man auch Rudolph Sohm wird zählen müssen: Das Reich der Kultur, der Sittlichkeit, der Bildung steht zwischen dem Reich Gottes und dem Reich der Welt; die Gesellschaft steht zwischen Kirche und Staat. Eine solche Einordnung von Kultur und Bildung bedarf der theologischen Begründung nicht mehr, da die kulturprotestantische Theologie selbst eine Theologie des Bildungsbürgertums ist. In ihren Aussagen über Kultur, Bildung und Sittlichkeit bestätigt sie die Rolle, die sich das Bildungsbürgertum selbst zumißt.

In dieser zweiten Phase von Sohms Kirchenverständnis tritt uns also zugleich mit einer bestimmten Fassung der Ekklesiologie eine bestimmte Konzeption des Verhältnisses von Kirche und Öffentlichkeit entgegen. Kirche bilden allein die Versammlungen der Einzelgemeinde um Wort und Sakrament; ihre Wirksamkeit ist auf die Innerlichkeit der christlichen Persönlichkeit beschränkt. Der Staat ist wie das Recht ein geborener Heide, der durch den Eintritt des Christentums in die Weltgeschichte nicht verändert wurde. Doch zwischen beiden steht das Reich der Sittlichkeit und der Kultur, bestehend aus denjenigen, die sich durch den Einfluß des Christentums zu Persönlichkeiten gebildet haben und die bewußt am Leben des Staates Anteil nehmen. Vermittelt durch den Bildungsprozeß der christlichen Persönlichkeit wirkt die Kirche auf Staat und Öffentlichkeit ein.

Wir werfen abschließend noch einen Blick auf die beiden letzten Stufen in Sohms Kirchenverständnis. Siebzehn Jahre nach dem Erscheinen des ersten Bandes seines »Kirchenrechts« hat Sohm 1909 (2. Aufl. 1912) eine Studie über »Wesen und Ursprung des Katholizismus« vorgelegt. Diese Studie, die darauf folgende Schrift über »Weltliches und geistliches Recht« und die dieser Schrift entsprechenden Partien des zweiten Bands des »Kirchenrechts«[210] dokumentieren die *dritte* Phase in Sohms Kirchenverständnis. Hier wird die

---
[209] Vgl. W. *Herrmann*, Ethik, bes. S. 191 ff.
[210] Das 2. Kapitel von Kirchenrecht, Bd. II (S. 48 ff.) entspricht auf weite Strecken wörtlich der vorher separat veröffentlichten Studie über weltliches und geistliches Recht. Kirchenrecht, Bd. II, repräsentiert einen früheren Stand in Sohms Denken als die Arbeit über das altkatholische Kirchenrecht. Beide wurden postum veröffentlicht, die Studie über das altkatholische Kirchenrecht 1918, der zweite Band des Kirchenrechts erst 1923.

Spiritualisierung des Kirchenbegriffs zum Abschluß gebracht, indem nun allein die unsichtbare Kirche als die Kirche Jesu Christi anerkannt wird: die Kirche als Volk Gottes ist unsichtbar[211]. Dies führt zu einer scharfen Trennung zwischen der Kirche und der sichtbaren, »leiblichen«, weltlichen Christenheit. Auch sofern diese Wort und Sakrament verwaltet, ist sie nicht Kirche[212]. Diese dogmatische Setzung veranlaßt Sohm zu einer Uminterpretation des Kirchenbegriffs der Confessio Augustana und der Apologie. In der Apologie heißt es, die Kirche sei nicht nur eine »societas externarum rerum ac rituum« wie andere »politiae«, sondern zu allererst eine »societas fidei et spiritus sancti«, die gleichwohl äußere Kennzeichen hat[213]. Demgemäß wird an späterer Stelle gefragt, worin denn der Unterschied zwischen dem Volk des Gesetzes und der Kirche bestünde, wenn diese — allein, wie die deutsche Übersetzung zu Recht hinzufügt — eine »externa politia« wäre[214]. Sohm jedoch interpretiert diese Stelle so, als sage sie aus: »Keine externa politia ist Kirche.«[215] Aus der Aussage der Confessio Augustana, daß die Übereinstimmung über äußere Riten und Rechtsregeln für die Einheit der Kirche nicht konstitutiv sei, leitet er den Satz ab, daß alle christlichen Gemeinschaften, die über solche Riten und Rechtsregeln verfügen, nicht Kirche seien. Alles Recht, dem sich die Kirche unterwirft, ist nicht eigenständiges kirchliches, sondern ist obrigkeitliches weltliches Recht[216]. Die Bestimmung des Verhältnisses von Kirche und Öffentlichkeit ist in dieser Konzeption darin begründet, daß die Christenheit, die sich in der Welt sichtbar organisiert, immer schon *Welt* ist[217]; sie hat sich dadurch bereits der Welt assimiliert und ist ein Teil der Gesellschaft geworden. Kritische Distanz zur Gesellschaft hat allein die unsichtbare Kirche; doch sie vermag sich nicht auszusprechen, da sie sich dazu in der Welt organisieren müßte. Die vollständige Spiritualisierung der unsichtbaren Kirche, die vollständige Verweltlichung der sichtbaren Christenheit — das ist Sohms Ergebnis in der Phase seit 1909.

Sohm hat die Arbeit am zweiten Band des Kirchenrechts kurz vor

---

[211] Kirchenrecht II, S. 132.
[212] Ebd., S. 135.
[213] Apologie, art. VII und VIII (Bekenntnisschriften, S. 234).
[214] Ebd., S. 237 f.
[215] Kirchenrecht II, S. 136, Anm.
[216] Ebd., S. 143.
[217] Ebd., S. 140.

seinem Tod (1917) unterbrochen, um den Teil über das altkatholische Kirchenrecht, mit dem nun das fragmentarisch gebliebene Kirchenrechtswerk schließt, in einem neuen Anlauf für die Wach-Festschrift weiter auszuarbeiten. Diese Bemühung führte zu einem erneuten Wandel seiner Auffassungen, so daß man in der Arbeit über »Das altkatholische Kirchenrecht und das Dekret Gratians« und in manchen ihr entsprechenden Teilen im zweiten Band des »Kirchenrechts« eine *vierte* Stufe seines Kirchenverständnisses sehen muß.

Den Ausgangspunkt für Sohms neue Einsichten bildet die Beobachtung, daß das Urchristentum »naiv-sichtbar« dachte und den religiösen Kirchenbegriff »auch auf die körperlich sichtbare Christenheit« anwandte[218]. Nun stellt er fest, daß sich gerade darin der Altkatholizismus mit dem Urchristentum aufs engste berührt. Die Unsichtbarkeit des göttlichen Heilswirkens und die Sichtbarkeit der Kirche sind für den Altkatholizismus im Sakrament verknüpft: »Im Sakrament vollzieht sich etwas Geheimnisvolles: ein körperlich sichtbarer Tatbestand trägt unmittelbares Wirken des in Christo der Christenheit zugewandten göttlichen Heilswillens in sich ... Der Wert des sakramentalen Vorgangs beruht darin, daß in dem sichtbaren Tatbestand auf geheimnisvolle Weise Gott (Christus) selber sich betätigt.«[219] Für den Altkatholizismus hat alles sichtbare Handeln der Kirche diesen sakramentalen Charakter: alles Handeln der Kirche ist Handeln Christi selbst. Wird die Sichtbarkeit der Kirche jedoch auf diese Weise interpretiert, so läßt sich auch das Kirchenrecht als sakramentales Recht legitimieren. Sohm erkennt nun das altkatholische Kirchenrecht als dem Wesen der Kirche entsprechend an: »Das Eigentümliche des altkatholischen ... Kirchenrechts liegt darin, daß es ausschließlich auf das Überweltliche gerichtet und nur des Überweltlichen mächtig ist. Das entspricht dem Wesen der urchristlichen Ekklesia, zugleich dem Wesen des griechischen, den Himmel stürmenden Geistes.«[220] Bedeuteten bisher der 1. Clemensbrief und die Ignatius-Briefe den entscheidenden Wendepunkt, mit dem ein dem Wesen der Kirche widersprechendes Kirchenrecht auftrat[221], so verschiebt sich dieser Einschnitt nun vom 2. ins 12. Jahrhundert:

---

[218] Wesen und Ursprung des Katholizismus, S. 190.
[219] »Das altkatholische Kirchenrecht«, S. 62.
[220] Kirchenrecht II, S. 184.
[221] Vgl. Kirchenrecht I, S. 157 ff.

»Unter Führung des Papsttums verwandelte sich die Ekklesia Christi aus einer Bürgerin des Himmels in eine weltgebietende Macht, Ritterheere in das Morgenland entsendend, die hohe Politik des Abendlandes bestimmend. Die Kirche Christi ward zu einem körperschaftlich verfaßten Gemeinwesen mit einer Spannweite und Kraft der Organisation, die weit allem überlegen war, was sich im Mittelalter Staat nannte. Das Wesen des Kirchenrechts änderte sich. Aus Recht für das Volk Gottes ward es Recht für die Körperschaft Gottes, für den körperschaftlich, nach Art eines weltlichen Gemeinwesens verfaßten Leib Christi.«[222]

An Sohms Lebensende ist die Frage nach dem Kirchenrecht wieder offen. Ihm war es nicht mehr möglich, aus seinen letzten Einsichten noch die Folgerungen zu ziehen. Doch nach diesen Einsichten mußte er es nun wieder für möglich halten, daß die Kirche sich eine rechtliche Ordnung gibt, die mit ihrem Wesen nicht im Widerspruch steht; damit zugleich mußte es dann auch möglich sein, das Verhältnis von Kirche und Öffentlichkeit so zu bestimmen, daß die Kirche *als Kirche* — und nicht als dem Wesen der Kirche widersprechende weltliche Christenheit — eine öffentliche Wirksamkeit entfaltet. Doch diese Konsequenz hat Sohm nicht mehr gezogen. So begegnen uns bei ihm ausgeführt nur drei Konzeptionen des Verhältnisses von Kirche und Öffentlichkeit, die den drei ersten Phasen seines ekklesiologischen Denkens entsprechen: In der ersten Phase ist die Kirche im Rechtssinn als öffentliche Korporation dem Staat ethisch gleichgeordnet und rechtlich untergeordnet. In der zweiten Phase steht das Reich von Sittlichkeit, Kultur und Bildung zwischen Kirche und Staat; die Kirche wirkt öffentlich nur vermittels des individuellen Bildungsprozesses ihrer Glieder. In der dritten Phase handelt die — mit dem Wesen der Kirche im Widerspruch stehende — weltliche Christenheit als ein Stück Welt in der Öffentlichkeit; der Zusammenhang zwischen dem theologischen Verständnis der Kirche und ihrem korporativen Handeln ist zerbrochen. Die Beachtung des sakramentalen Kirchenrechts in der letzten Phase seines Denkens zeigt Sohm eine Möglichkeit, beide Größen wieder zueinander in Beziehung zu setzen.

1.3.6. Zusammenfassung

In dieser Darstellung, die sich auf einige Beispiele evangelischer Ekklesiologie seit der Reformationszeit beschränkt, kann es nicht darum gehen, die geschilderten Ansätze an der Theologie der lutheri-

---

[222] Kirchenrecht II, S. 184.

schen Bekenntnisschriften oder den ekklesiologischen Aussagen des Neuen Testaments zu überprüfen; ebensowenig können die historischen Bedingungen, von denen die geschilderten Konzeptionen abhängig sind, im einzelnen aufgewiesen werden. Das Ziel der Darstellung ist ein anderes: aus ihr soll deutlich werden, daß in den verschiedenen ekklesiologischen Konzeptionen bestimmte Konsequenzen für das Verhältnis von Kirche und Öffentlichkeit enthalten sind, die in der Regel allerdings über eine gewisse Allgemeinheit nicht hinauskommen. Diese Allgemeinheit wird allenfalls dann überwunden, wenn der Ekklesiologie ein korrelativer Ansatz bei einer Theorie der Gesellschaft oder einer Theorie der Öffentlichkeit zur Seite tritt, wie er uns in unterschiedlichen Formen etwa in Luthers Drei-Stände-Lehre, in Schleiermachers Öffentlichkeitsverständnis oder in Ritschls Reich-Gottes-Begriff begegnet ist. Bevor wir diese Übersicht mit einem Blick auf Ekklesiologien des 20. Jahrhunderts abschließen, sei der bisherige Ertrag zusammengefaßt:

Die Öffentlichkeit der Kirche wird in der Theologie der Reformatoren auf die Öffentlichkeit des Evangeliums zurückgeführt: sie ist deshalb durch die Forderung charakterisiert, daß die Verkündigung öffentlich zu geschehen habe; dem dient das kirchliche Amt. In der lutherischen Orthodoxie geht diese Dimension des Kirchenbegriffs in dem Maß verloren, in dem das kritische Kirchenverständnis der Reformation in ein konstruktives verwandelt, die Unterscheidung von sichtbarer und unsichtbarer Kirche statisch fixiert, die Lehre von den notae ecclesiae absolut gesetzt und die ursprüngliche funktionale Bestimmung des kirchlichen Amts verdrängt wird. Das Verhältnis von Kirche und Öffentlichkeit wird nun nicht mehr theologisch, es wird vielmehr durch die Kirchenstruktur vermittelt, in der sich die Struktur des obrigkeitlichen Staates wiederfindet; diese Struktur ermöglicht es, daß die Kirche die Funktion des cultus publicus wahrnimmt. Legitimiert wird diese Struktur durch die Drei-Stände-Lehre, die aus einer Gesellschaftstheorie in eine Kirchenverfassungstheorie umgewandelt wird. Diese Verfestigung wird dadurch aufgebrochen, daß im Übergang zur Aufklärungstheologie der Kirchenbegriff kollegialistisch gefaßt wird: indem die Kirche mit den anderen Collegia innerhalb des Staates auf eine Stufe gestellt wird, ist eine neue Verhältnisbestimmung gegeben. Das zentrale Problem der Folgezeit ist, ob dieser kollegialistische Begriff der Kirche sich mit ihrem theologischen Verständnis verknüpfen läßt. Dies geschieht im Neuprotestantismus durch die Neuformulierung des Religionsbegriffs einerseits (in dem das Gefühl »schlechthinniger Abhängigkeit« mit dem Gedanken des »Gemeingeistes« vermittelt ist), durch die Ethisierung des Reich-Gottes-Gedankens, in der das Reich Gottes als der Endzweck der gemeinschaftlichen Tätigkeit der Christen begriffen wird, andererseits. In der Relation von Kirche und Reich Gottes ist eine Verhältnisbestimmung von Kirche und Öffentlichkeit enthalten, nach der zum einen die Menschheit den Horizont dieses Verhältnisses abgibt und zum andern die sittliche und religiöse Durchgeistigung der Öffentlichkeit als Aufgabe der Kirche begriffen wird. Dagegen wendet sich die neu erstarkende konfessionelle Theologie, die die Treue zum Bekenntnis als Maßstab der Kirchlichkeit und die Verkirchlichung des öffentlichen Lebens als die Aufgabe betrachtet, die sich der Kirche in ihrem Verhältnis zur Öffentlichkeit stellt. In der Spätphase des Kulturprotestantismus begegnet uns eine Drei-Reiche-Lehre, in der das Reich der Sittlichkeit, der Bildung und der Kultur vermittelnd zwischen Kirche und Staat tritt.

1.4. Kirche und Öffentlichkeit in der Wort-Gottes-Theologie

1.4.1. Karl Barth

Wird also — summarisch gesprochen — das Verhältnis von Kirche und Öffentlichkeit im reformatorischen Kirchenbegriff aus der Verkündigung des Evangeliums begründet, so im neuprotestantischen Kirchenbegriff aus der Selbsttätigkeit der Gemeinde. Gegen diese Einführung der Selbsttätigkeit des Menschen richtet sich der Widerspruch der dialektischen Theologie, in erster Linie der Widerspruch Karl Barths[223]. Gerade die Kirche des Kulturprotestantismus erscheint ihm als Ausdruck der Selbstrechtfertigungsversuche des Menschen[224]:

»›Kirche‹ ist ein zweideutiges Faktum ... Die ganze Zweideutigkeit der menschlichen Natur und Kultur kommt in ihr zum Ausdruck. — Sofern sich unter dem Gesichtspunkt menschlicher Pragmatik gegenüberstehen hier die Heilsbotschaft von Christus als das Eine, dort das Menschenwerk der Kirche

[223] Vgl. v. a. *M. Honecker*, Kirche als Gestalt und Ereignis, S. 157 ff.; *Chr. Bäumler*, Die Lehre von der Kirche in der Theologie Karl Barths; *H. Ruh*, Sozialethischer Auftrag und Gestalt der Kirche, S. 142 ff.; zur Kritik auch *H. Dombois*, Das Recht der Gnade, S. 39 ff.
[224] *K. Barth*, Der Römerbrief, S. 403.

als das Andere, ist zweifellos die Kirche der Ort, wo die Feindschaft des Menschen gegen Gott offenkundig wird, wo seine Gleichgültigkeit, sein Mißverständnis, sein Widerstand ihre sublimste und auch wieder ihre naivste Form gewinnen, wo der tote Punkt zwischen zwei Welten sichtbar wird, an dem es auch für den gewaltigsten Ansturm gegenüberstehender, noch so groß gedachter Gotteskräfte kein Vorwärts mehr geben kann. Der von der Kirche erstrebte und erreichte fromme und als solcher gerechtfertigte Mensch mit seinem Wissen, Tun und Beten scheint irgendwie das letzte unüberwindlich starke Hindernis diesseits der Barrikade.«

In dem unendlichen qualitativen Gegensatz zwischen Gott und dem Menschen stellt sich die Kirche also, so urteilt Barth, auf die Seite des Menschen und damit auf die Seite der Religion[225]. Demgegenüber versucht er, die Kirche vom Wort Gottes her neu zu bestimmen: indem das Wort Gottes einerseits das Gericht Gottes über die Menschen ist, ist die Kirche als Kirche der Sünder zu bestimmen[226]; indem das Wort Gottes andererseits die Menschen befreit und beruft, ist die Kirche der Ort, an dem dieses berufende und befreiende Reden Gottes mit den Menschen geschieht. So ist das Wort »die Substanz der Kirche«[227].

Aus dieser Konzentration auf das Ereignis des Wortes Gottes in der Kirche folgt, wie M. Honecker kritisch angemerkt hat[228], ein »aktualistischer Kirchenbegriff«, von dem aus die Kirche als Sozialgebilde, die Kirche als Verband von Menschen in einer bestimmten Gesellschaft theologischer Betrachtung nicht zugänglich ist. Der Wandel der geschichtlichen Gestalt der Kirche, ihr sich veränderndes Verhältnis zur Öffentlichkeit sind von diesem Kirchenverständnis aus theologisch nicht zu erörtern.

Es ist zu fragen, ob der christologische Kirchenbegriff der Kirchlichen Dogmatik hierin eine Änderung herbeigeführt hat. Das Festhalten an dem aktualistischen Kirchenverständnis zeigt sich zwar schon darin, daß Barth durchweg den Begriff der Gemeinde dem Begriff der Kirche vorzieht; gleichwohl deuten sich Veränderungen an: Barth bestimmt die Gemeinde als »Jesu Christi eigene irdisch-geschichtliche Existenzform«[229] und interpretiert diesen Ausdruck durch einen Rückgriff auf die neutestamentliche Bezeichnung der

---

[225] Vgl. *Honecker*, a. a. O., S. 158.
[226] *K. Barth*, Die Theologie und die Kirche, S. 354 f.
[227] Ebd., S. 337.
[228] A. a. O., S. 172 ff.
[229] KD IV/1, S. 718; IV/2, S. 695; IV/3, S. 780.

Kirche als Leib Christi. Damit werden jedenfalls ansatzweise diejenigen biblischen Begriffe in die Ekklesiologie eingeführt, die als »Sozialbegriffe« die Glaubensdimension und die soziale Dimension der Kirche zugleich zu bedenken Anlaß geben[230]. Gerade die christologische Begründung steht einer Spiritualisierung des Kirchenbegriffs im Wege. Konsequenterweise wendet Barth gegen die These Rudolph Sohms und Emil Brunners, die Kirche als »Geistkirche«, als »Personengemeinschaft« stehe zur Kirche als rechtlich verfaßter Institution im Widerspruch, ein, hier sei mit der christologischen Begründung des Kirchenbegriffs nicht ernst gemacht: nicht aus der Existenz und der Herrschaft Jesu Christi, sondern aus den Beziehungen, in denen die Christen zu ihm und vor allem zueinander stehen, werde bestimmt, was die christliche Gemeinde konstituiert[231]. In diesem spiritualistischen Kirchenbegriff wird also Christus zum Prädikat der Kirche gemacht, während nach Barths Auffassung die Kirche als Prädikat Christi anzusehen ist. Dann aber ist sie auch als Sozialkörper, auch in ihrer rechtlichen Gestalt von Christus her und demnach theologisch zu betrachten.

Diese unumkehrbare Reihenfolge von Christologie und Ekklesiologie[232] enthält also Ansatzpunkte dafür, sowohl die »Ordnung der Gemeinde«[233] als auch den »Dienst der Gemeinde«[234] theologisch zu erfassen und zu interpretieren. Barth kritisiert an der traditionellen Lehre von der Kirche, insbesondere an CA VII, daß sie den Auftrag der Kirche für die Welt nicht als konstitutiven Bestandteil in den Kirchenbegriff aufnimmt; dadurch entsteht der Eindruck, die Kirche könne als Selbstzweck verstanden werden.

»Die klassische Lehre von der Kirche leidet unter demselben ›heiligen Egoismus‹, den wir schon in unserer Auseinandersetzung mit der klassischen Lehre von des Menschen Berufung zu beklagen fanden. Daß die Kirche nicht um ihrer selbst willen, sondern für die Welt da ist, wird in ihr überhaupt nicht

---

[230] Neben dem Begriff »Leib Christi« ist vor allem noch der Begriff des »Volkes Gottes« zu nennen. Zur exegetischen Literatur vgl. zu »Leib Christi« zusammenfassend: *E. Schweizer*, »σῶμα«, S. 1064 ff.; zu »Volk Gottes«: *N. A. Dahl*, Das Volk Gottes; *A. Oepke*, Das neue Gottesvolk; zur dogmatischen Rezeption vgl. *M. Keller*, »Volk Gottes« als Kirchenbegriff.
[231] KD IV/2, S. 769.
[232] Vgl. *Chr. Bäumler*, Die Lehre von der Kirche in der Theologie Karl Barths, S. 12 ff.
[233] Vgl. KD IV/2, S. 765 ff.
[234] Vgl. KD IV/3, S. 951 ff.

sichtbar, geschweige denn, daß sie von Grund und Haus aus, wesenhaft eben für die Welt da ist.«[235] Da darin eine Verfälschung des theologischen Verständnisses der Kirche liegt, darf die traditionelle Lehre »in dieser Form nicht bestätigt und in die Zukunft hinein verlängert werden«[236]. In eigentümlicher Parallele zu Albrecht Ritschl, wenn auch ohne ihn zu erwähnen, behauptet Barth also, der Kirchenbegriff von CA VII sei unvollständig und bedürfe der Erweiterung. In Aufnahme der — später zu erörternden — ekklesiologischen Aussagen Dietrich Bonhoeffers versteht er die Gemeinde in ihrer Sendung als »Gemeinde für die Welt«[237]. Doch die Explikation dieses Verständnisses bleibt eigentümlich abstrakt, fern von der irdisch-geschichtlichen Existenz der Kirche in der Gesellschaft. Barth bemüht sich nicht um die theologische Interpretation und Kritik der geschichtlich gewordenen und geschichtlich veränderbaren Formen, in denen sich die Kirche zur Welt verhält, sondern beschränkt sich auf die Darlegung der »in Geschichte und Gegenwart *konstanten Grundformen* der Gliederung kirchlichen Dienstes«[238]. Diese findet er auf zwei »Linien«: der Linie des Sprechens und der Linie des Handelns. Die sechs Grundformen des Sprechens sind: Lob Gottes, Predigt, Unterricht, Evangelisation, Mission, Theologie; die sechs Grundformen des Handelns sind: Gebet, Seelsorge, Vorbilder christlichen Seins und Tuns, Diakonie, prophetisches Handeln, Gemeinschaft[239]. All diese Formen des Dienstes der Gemeinde sind zu verstehen als Zeugnis, das heißt als »Proklamation, Explikation, Applikation des Evangeliums als des ihr anvertrauten Wortes«[240]. Diese Rückbeziehung alles Sprechens und Handelns der Gemeinde auf ihren Auftrag zum Zeugnis des Evangeliums macht es vielleicht verständlich, daß Barth die verschiedenen Grundformen des *Sprechens* wesentlich konkreter erläutert als die Grundformen des *Handelns* der Gemeinde. Wo der Zeugnischarakter dieses Handelns nicht von vornherein evident ist, wo zum andern Illustrationen für dieses Handeln sich aus der kirchlichen Tradition nicht nahezu unge-

---

[235] KD IV/3, S. 878.
[236] KD IV/3, S. 875.
[237] Vgl. KD IV/3, S. 872 ff.
[238] KD IV/3, S. 986 (Hervorhebung von mir).
[239] Vgl. KD IV/3, S. 991 ff.
[240] KD IV/3, S. 967.

sucht einstellen, wird Barths Darstellung seltsam blaß. Eine konsequente theologische Argumentation von der christologischen Begründung der Ekklesiologie bis zu den konkreten Organisations- und Handlungsformen der Gemeinde durchzuhalten, ist Barth noch nicht gelungen[241]. Die Kategorie des »Dienstes« allein gewährleistet noch nicht, daß die Korrelation zwischen dem Verständnis der Kirche als irdisch-geschichtlicher Existenzform Jesu Christi einerseits, ihrer Sozialgestalt und ihrem öffentlichen Handeln andererseits überzeugend durchgeführt wird.

So bleibt Barth auch in den Konsequenzen, die er aus seiner Ekklesiologie für die »Ordnung der Gemeinde«[242] zieht, jenem aktualistischen, vom Ereignis der Verkündigung bestimmten Kirchenbegriff verhaftet, den wir schon in der Anfangsphase der dialektischen Theologie beobachtet haben. Die Einheit der Kirche wird ausschließlich aus ihrer Ganzheit in jeder einzelnen Gemeinde hergeleitet; die übergemeindliche Organisation der Kirche oder gar überkonfessionelle organisatorische Zusammenschlüsse sind für den Begriff der Kirche irrelevant; das Kirchenrecht wird als liturgisches, bekennendes und dienendes Recht ausschließlich auf den Akt der Verkündigung bezogen und von ihm her begründet[243]; die dadurch veranlaßte »christologische Engführung«[244] läuft »faktisch auf eine Theonomisierung des bestehenden Kirchenrechtes hinaus, statt eine Relativierung der historischen Gestalt der Kirche zu intendieren«[245].

Die Behauptung der Weltlichkeit aller kirchlichen Gestaltung steht damit in einer unaufgelösten Spannung zur christologischen Überhöhung kirchlichen Rechts. Anders ist dies im Zusammenhang von Barths ethischer Theoriebildung, die seit Beginn der dreißiger Jahre insbesondere vom Gedanken der Königsherrschaft Christi ausgeht; an ihn schließen sich die Überlegungen zum Verhältnis von Rechtfertigung und Recht wie zum Verhältnis von Christengemeinde und Bürgergemeinde an. In diesem Zusammenhang kommt Barth zu wesentlich präziseren Aussagen über das Verhältnis von Kirche und

---

[241] So urteilt auch *H. Ruh,* Sozialethischer Auftrag und Gestalt der Kirche, S. 149 f.
[242] KD IV/2, S. 765 ff.
[243] KD IV/2, S. 781 ff.
[244] Zur Kritik an einer exklusiv christologischen Entfaltung der Ekklesiologie vgl. v. a.: *E. Schlink,* Der kommende Christus und die kirchlichen Traditionen, S. 88 ff.
[245] *M. Honecker,* a. a. O., S. 199.

Öffentlichkeit, als sie ihm im Rahmen seiner Ekklesiologie möglich sind. Fragt man nach den theologischen Aussagen zum Verhältnis von Kirche und Öffentlichkeit, so ist man also bei Barth wie auch bei anderen Autoren auf die Aussagen zur ethischen Theoriebildung verwiesen. Aus ihnen ergeben sich Konsequenzen für die Begründung, Interpretation und Orientierung des öffentlichen Handelns der Kirche, die allerdings in vielen Fällen nicht mehr ausdrücklich auf die Aussagen zur Ekklesiologie zurückbezogen werden, sondern in einer unausgeglichenen Spannung zu diesen stehen. Wir werden uns an späterer Stelle mit solchen von der ethischen Theoriebildung ausgehenden Interpretationen zu beschäftigen und dabei auch Karl Barths Argumentation im Anschluß an den Gedanken der Königsherrschaft Christi zu erörtern haben[246].

Blickt man jedoch auf die Ekklesiologie der Kirchlichen Dogmatik, so ist zunächst das Urteil zu wiederholen, das sich schon bei der Betrachtung der Anfangsphase der dialektischen Theologie nahegelegt hat. Sozialgestalt und Öffentlichkeitsbezug der Kirche werden im Rahmen von Karl Barths christologischer Ekklesiologie nicht in ausreichender Weise thematisiert und interpretiert. Trotz seiner Kritik an Rudolph Sohms und Emil Brunners doketischem Kirchenbegriff tendiert auch seine Ekklesiologie zu einem aktualistischen und spiritualistischen Kirchenverständnis, aus dem sich keine kritischen Konsequenzen für Organisationsgestalt und Weltbezug der Kirche ableiten lassen.

1.4.2. Gerhard Ebeling

Dieses Urteil läßt sich an anderen Vertretern der Wort-Gottes-Theologie bestätigen. Der an ihr oft beklagte Akosmismus, dessen Wurzeln sich über die Anfänge der dialektischen Theologie hinaus zurückverfolgen lassen[247], zeigt sich auch in ihrer Ekklesiologie. Dies sei noch an der Bedeutung dargestellt, die der Begriff der Öffentlichkeit in der Ekklesiologie Gerhard Ebelings hat. In seinen »Leitsätzen zur Ekklesiologie«[248] beschreibt Ebeling Kirche als die fortdauernde Präsenz der Vollmacht Jesu, als vollmächtiges Wortgeschehen auf

---
[246] Siehe unten S. 459 ff.
[247] Vgl. *H. Timm*, Theorie und Praxis in der Theologie Albrecht Ritschls und Wilhelm Herrmanns.
[248] Theologie und Verkündigung, S. 93 ff.

Grund dieser Vollmacht[249]. Dies expliziert er unter anderem »in Hinsicht auf die Kenntlichkeit«[250]: Kirche als vollmächtiges Wortgeschehen muß kenntlich sein, da der Kirche Öffentlichkeit wesenhaft eigen ist. Öffentlichkeit »ist identisch mit der Vollmacht des Wortes, die eine Geheimlehre ausschließt und darum Kirche nicht als Geheimbund existieren läßt«. Ebeling lehnt eine formale Bestimmung der Öffentlichkeit ab; diese zeigt sich vielmehr nur als vollmächtiges Wortgeschehen. Kennzeichen der Kirche ist deshalb *allein* das vollmächtige Wortgeschehen. »Die Katakombenzusammenkunft der ecclesia pressa, aber auch das verschwiegene Seelsorgegespräch kann um der Vollmacht des Wortes willen wesenhaften Öffentlichkeitscharakter haben.«

In diesen Formulierungen zeigt sich, wie problematisch Ebelings Identifikation von Vollmacht des Wortes und Öffentlichkeit ist: der Begriff der Öffentlichkeit wird durch diese Identifikation jedes spezifischen Sinns entlehrt. Vollmacht des Wortes ist ihrem Wesen nach nicht aufweisbar; sie jedoch soll Kennzeichen der Kirche als *öffentlicher* Kirche sein. Damit wird der außerkirchlichen Öffentlichkeit gegenüber zwar der öffentliche Charakter der Kirche behauptet, das Recht, diesen nachzuprüfen, aber zugleich entzogen. Die Öffentlichkeit der Kirche erschließt sich vielmehr nur dem, der von der Vollmacht des Wortgeschehens betroffen ist. Sie ist für den außenstehenden Betrachter institutionell nicht aufweisbar.

Mit der reformatorischen Auffassung vom öffentlichen Charakter der Verkündigung ist diese Konzeption nicht in Übereinstimmung zu bringen[251]. Luther etwa differenziert ausdrücklich zwischen verschiedenen Formen der Verkündigung. Verkündigung ist nicht immer und an allen Orten öffentlich; sie geschieht vielmehr nichtöffentlich in der Hausgemeinde[252], in der geschlossenen Zusammenkunft derer, die »mit Ernst Christen wollen sein«[253] und in anderen Formen. Doch neben diesen nicht-öffentlichen Formen ist die öffentliche Verkündigung notwendig, weil das Evangelium alle Menschen erreichen soll. Die Notwendigkeit dieser öffentlichen Verkündigung findet ihre

---
[249] Ebd., S. 97 f.
[250] Ebd., S. 101. Dort (und S. 102) auch die folgenden Zitate.
[251] Vgl. oben S. 53 ff.
[252] Vgl. Luthers Ermahnung an die Hausväter in der Vorrede des »Großen Katechismus« (Bekenntnisschriften, S. 554) sowie die »Deutsche Messe« (WA 19, 76 ff.).
[253] Vgl. »Deutsche Messe« (WA 19, 75).

institutionelle Entsprechung im öffentlichen Predigtamt. Das kirchliche Amt ist also das institutionelle Zeichen für den öffentlichen Charakter christlicher Verkündigung. Auch wenn sich die Weisen der Verkündigung wandeln, so bleibt doch ihr öffentlicher Charakter in sich wandelnden institutionellen Formen aufweisbar. Die Öffentlichkeit der Kirche ist damit für die außerkirchliche Öffentlichkeit erkennbar — auch dann, wenn diese den *Grund* solcher Öffentlichkeit nicht zu verstehen vermag.

Durch die Identifikation von Vollmacht des Wortgeschehens und Öffentlichkeit der Kirche macht Ebeling seine Argumentation dem Faktum gegenüber unangreifbar, daß die christliche Verkündigung, jedenfalls in den traditionellen Formen des Gottesdienstes, ihren öffentlichen Charakter zunehmend eingebüßt hat; er entzieht sich also der Aufgabe, das Reden von der Öffentlichkeit der Kirche unter den gegenwärtigen geschichtlichen Bedingungen zu verantworten. Diese sind mit H.-R. Müller-Schwefe folgendermaßen zu kennzeichnen:

»Da nun aber die Kirche mit ihrem Kirchenraum in der Entwicklung der Aufklärung ständig mehr privatisiert worden ist, da ... die Stände allmählich aus der Kirche ausgewandert sind, ist der Gottesdienst nicht mehr ›Öffentlichkeit‹ im Sinne der Welt.«[254] »Die Predigt erreicht nicht mehr das Ohr derer, die die Öffentlichkeit bestimmen, und hat keine die Öffentlichkeit bildende Macht mehr.«[255]

Diesen Feststellungen gegenüber kann sich die Theologie nicht darauf zurückziehen, daß sie vom Begriff der Kirche aus einen eigenen Begriff der Öffentlichkeit entwickelt, der mit einem nicht-theologischen Begriff von Öffentlichkeit nicht kommensurabel und an diesem deshalb auch nicht überprüfbar ist.

Mit dem öffentlichen Charakter der Verkündigung ist vielmehr deren Ausrichtung auf die Öffentlichkeit aller Menschen und damit ihr Eingehen in den Bereich gesellschaftlicher Öffentlichkeit gemeint[256]. Öffentlichkeit ist dann nicht nur ein formales, sondern auch ein inhaltliches Strukturelement der Verkündigung. Davon, daß der Öffentlichkeitsanspruch des Evangeliums in der Verkündigung der Kirche zum Zuge kommt, kann also erst dann die Rede sein, wenn in ihr die »Mächte Christus unterstellt« werden[257], wenn also die Pro-

---

[254] *H.-R. Müller-Schwefe*, »Verkündigung und Öffentlichkeit«, S. 203.
[255] *H.-R. Müller-Schwefe*, Homiletik II, S. 258.
[256] Vgl. *H.-E. Bahr*, Verkündigung als Information, S. 104 ff.
[257] *H.-R. Müller-Schwefe*, »Verkündigung und Öffentlichkeit«, S. 201.

bleme der politischen Existenz und die gesellschaftlichen Bedürfnisse der Menschen in der Verkündigung reflektiert und interpretiert werden, wenn zur Urteilsbildung angesichts dieser Probleme verholfen wird. Öffentlichkeit ist dann nicht mehr ein Synonym für Verkündigung (bzw. für »vollmächtiges Wortgeschehen«), sondern ihr »Gegenstand«, ihr nicht nur formal, sondern auch inhaltlich zu erreichendes Ziel.

1.4.3. Wolfhart Pannenberg

Wolfhart Pannenbergs Bemerkungen zum Verhältnis von Kirche und Öffentlichkeit[258] kann man als direkte Antithese zu dem dargestellten Gedankengang Gerhard Ebelings interpretieren. Denn er geht nicht von einem spezifisch kirchlich-theologischen, sondern von einem allgemeinen Begriff von Öffentlichkeit aus. Öffentlichkeit, so definiert er, ist »der Inbegriff der Institutionen, die der Erkenntnis des Gemeinwohls durch Diskussion gewidmet sind und die Ausübung der Herrschaft durch Bildung öffentlicher Meinung kontrollieren«. Dieser Begriff von Öffentlichkeit ist zwar allgemeingültig formuliert, enthält jedoch insofern eine theologische Dimension, als im Begriff des Gemeinwohls nach Pannenbergs Auffassung die Gegenwartsrelevanz der Gottesherrschaft repräsentiert ist. Die Funktion der Kirchen in dem so definierten Bereich der Öffentlichkeit sieht er in folgendem:

> Sie sind »die jedenfalls historisch bedeutendsten Institutionen zur Bildung der einzelnen Bürger im Hinblick auf die Ein- und Unterordnung der Sonderinteressen einzelner und partikularer Gruppen oder Gesellschaften unter die Forderungen der Humanität als Ausdruck des Gesamtwohls der Menschheit in der Gesamtheit ihrer Individuen. Indem die Kirche die Individuen religiös ihres im gesellschaftlichen Leben nie schon unzweideutig realisierten Heils (der Ganzheit und des Gesamtsinnes ihres Daseins) versichert, befähigt sie sie, sich dem Wohle anderer unter den vorläufigen geschichtlichen Bedingungen der jeweiligen Gesellschaft zu widmen. Daher ist gerade das spezifisch religiöse und gottesdienstliche Leben der Kirche ihr bedeutendster Beitrag für die Gesellschaft.«

Es liegt in der Konsequenz der von Pannenberg gewählten Definition, daß die Kirche auf die Öffentlichkeit zwar funktional bezogen werden kann, aber nicht selbst eine Institution der Öffentlichkeit darstellt (wie es dem hier vorausgesetzten Begriff der Öffentlichkeit entspräche). Deshalb aber wird das Problem nicht erörtert, daß der Öffentlichkeitsanspruch des Evangeliums und die Funktion der Kir-

---

[258] Thesen zur Theologie der Kirche, S. 19 f.

che als Agentur der politischen Religion, des cultus publicus, in ihrer öffentlichen Wirksamkeit immer schon miteinander im Streit liegen – in einem Streit, der nur zu entscheiden ist, wenn über die Konsequenzen des Öffentlichkeitsanspruchs des Evangeliums Klarheit besteht. Pannenberg jedoch bezieht die öffentliche Funktion der Kirche nur in indirekter Weise auf ihre Verkündigung zurück: diese hat eine entlastende Funktion, indem sie den einzelnen von der Notwendigkeit freisetzt, den Sinn seines Lebens irdisch eindeutig zu verifizieren und ihm so den Einsatz für das Wohl anderer ermöglicht oder doch erleichtert. Doch die von der Theologie des Wortes Gottes zwar nicht gelöste, aber mit Entschiedenheit neu gestellte Frage, wie sich die Öffentlichkeit der Kirche aus dem Verkündigungsgeschehen, das Kirche konstituiert, begründe, ist durch diese Argumentation noch nicht beantwortet.

1.5. Die Ekklesiologie Dietrich Bonhoeffers und der Gedanke der »Kirche für andere«

1.5.1. Dietrich Bonhoeffer

Ansätze zur Beantwortung dieser Frage finden sich in der neueren evangelischen Theologie vor allem bei Dietrich Bonhoeffer[259].

In der Erörterung seiner Theologie hat man stets besonderes Gewicht auf die Unterscheidung der verschiedenen Abschnitte seiner Biographie und seines theologischen Denkens – die Zeit des theologischen Ansatzes, des Kirchenkampfs, der Konspiration und Haft[260] – gelegt; über die Entwicklung seiner Ekklesiologie hat man sogar gesagt, zwischen Bonhoeffers Dissertation über »Sanctorum Com-

---

[259] Unter den zahlreichen Arbeiten zu seiner Ekklesiologie seien hervorgehoben: *H. Chr. v. Hase*, »Begriff und Wirklichkeit der Kirche in der Theologie Dietrich Bonhoeffers«; *Kl.-M. Beckmann*, »Christus als Gemeinde existierend«; *M. Honecker*, Kirche als Gestalt und Ereignis, S. 124 ff.; *H. Pfeifer*, Das Kirchenverständnis Dietrich Bonhoeffers; *E. Lange*, »Kirche für Andere«; *J. Philips*, The Form of Christ in the World; *J. Schwarz*, Christologie als Modell der Gesellschaft; *E. Bethge*, »Was heißt: Kirche für andere?«; *E. Feil*, Die Theologie Dietrich Bonhoeffers (dort S. 400 ff. auch eine umfassende Bonhoeffer-Bibliographie).
[260] Vgl. etwa *H. Chr. v. Hase*, a. a. O., S. 26, oder auch *E. Bethge*, Dietrich Bonhoeffer, passim. Am entschiedensten versucht *H. Müller*, Von der Kirche zur Welt, nicht nur eine Veränderung, sondern einen Bruch in Bonhoeffers Denken festzustellen.

munio« und den Briefen aus dem Tegeler Gefängnis habe sich eine vollständige Wendung vollzogen: »Einst hatte er gesagt: Das Fürsein der Kirche entscheidet sich an ihrem Kirchesein. Jetzt aber würde er sagen: Das Kirchesein der Kirche — und das heißt, ihre Kommunikationsfähigkeit, die Relevanz ihrer Rede von Gott, ihrer Ordnung und ihres gemeinsamen Lebens — entscheidet sich in ihrem Fürsein für die Welt.«[261] Doch handelt es sich hier nicht um eine totale Wendung, sondern um eine Verlagerung der Gewichte, um die Erweiterung, Reformulierung und Radikalisierung eines schon in den Anfängen sich abzeichnenden ekklesiologischen Ansatzes angesichts neuer Erfahrungen[262]. Dieser sich in Bonhoeffers Denken durchhaltende ekklesiologische Ansatz läßt sich mit H. Chr. v. Hase folgendermaßen formulieren: »Die Kirche ist der Ort, an dem die Stellvertretung Christi für die Menschheit in der Stellvertretung der Glaubenden aneinander und an der Welt vollzogen wird.«[263]

Die Grundbestimmung der Kirche in der Erstlingsschrift »Sanctorum Communio« ist: »Christus als Gemeinde existierend.«[264] Bonhoeffer vollzieht also in dieser Arbeit den — sich gleichzeitig bei Barth ankündigenden[265] — Schritt, den Begriff der Kirche christologisch zu bestimmen[266]. Nur von hier aus kann er den verwegen erscheinenden Versuch unternehmen, eine »dogmatische Untersuchung zur Soziologie der Kirche«[267] vorzulegen. Denn in Christus sind die »neuen

---

[261] E. Lange a. a. O., S. 544.
[262] Daß Bonhoeffers Theologie — bei allen Wandlungen im einzelnen — eine Einheit bildet, ist auch die These von E. Feil (a. a. O., S. 15 u. ö.).
[263] H. Chr. v. Hase, a. a. O., S. 26.
[264] Sanctorum Communio, S. 137 u. ö. Zum Zusammenhang dieser Formel mit Hegelschen Formulierungen vgl. H. Pfeifer, a. a. O., S. 34, Anm. 3; E. Feil, a. a. O., S. 147, Anm. 26.
[265] Vgl. Barths Bemerkungen zu »Sanctorum Communio«: KD IV/2, S. 725.
[266] E. Feils Meinung (a. a. O., S. 144), der Ansatz von Sanctorum Communio sei nicht christologisch bestimmt, bedarf also der Modifikation: es ist Bonhoeffer in dieser Schrift noch nicht gelungen, den christologischen Ansatz, den er anstrebt, voll durchzuführen.
[267] So der Untertitel von »Sanctorum Communio«. Daß der Argumentationszusammenhang von Bonhoeffers Schrift so zu verstehen ist, zeigen besonders klar diejenigen seiner Promotionsthesen, mit denen er das Ergebnis seiner Dissertation zusammenfaßt: »5. Es gibt keinen soziologischen Kirchenbegriff, der nicht theologisch fundamentiert wäre. 6. Die Kirche ist Christus ›als Gemeinde existierend‹ und als Kollektivperson zu verstehen. 7. Die Kirche faßt nach ihrer soziologischen Struktur sämtliche nur möglichen Typen sozialen Verbundenseins in sich zusammen und überhöht sie in der ›Gemeinschaft‹;

Grundbeziehungen sozialen Seins... nicht ideell, sondern real vollkommen gesetzt«[268]. Die Art dieser Beziehungen ist dadurch bestimmt, daß Christus für die Gemeinde starb. Deshalb sind die sozialen Beziehungen in der Gemeinde durch das Füreinandersein charakterisiert.

»Das Füreinander ist nun zu aktualisieren durch die Tat der Liebe. Drei große positive Möglichkeiten des Füreinanderwirkens in der Gemeinschaft der Heiligen tun sich auf: Die entsagungsvolle, tätige Arbeit für den Nächsten, das Fürbittgebet, schließlich das gegenseitige Spenden der Sündenvergebung im Namen Gottes. Hier wie dort handelt es sich um eine Preisgabe des Ich ›für‹ den Nächsten, zu dessen Nutzen, aber mit der Bereitschaft, an dessen Statt alles zu tun und zu tragen, ja wenn nötig, sich für ihn zu opfern, stellvertretend für ihn dazustehen. Wenn auch das rein stellvertretende Handeln nur selten aktualisiert wird, so liegt in jedem echten Akt der Liebe ein solches intentional enthalten.«[269]

Bei allen Unterschieden der Terminologie ist hier der Grundgedanke bereits enthalten, der für den Zusammenhang zwischen Christologie und Ekklesiologie auch in Bonhoeffers späteren Äußerungen charakteristisch ist: da Jesus stellvertretend für andere lebte und starb, da er ganz für andere da war, ist die Existenz der Christen wesentlich stellvertretende Existenz, ist die Kirche nur dann Kirche, wenn sie ganz für andere da ist. Allerdings verändert und radikalisiert sich dieser Gedanke im Gefolge persönlicher und kirchlicher Erfahrungen. Deutlicher als in »Sanctorum Communio« wird in Bonhoeffers späteren Schriften ausgedrückt, daß mit dem Begriff der Stellvertretung jedes Für-sich-selbst-Sein der Kirche ausgeschlossen ist: indem Stellvertretung ihre Existenz bestimmt, ist die Kirche um der Welt willen und für die Welt da.

Schon in der Vorlesung über Ekklesiologie vom Sommersemester 1932 heißt es[270]:

»Die Weltlichkeit der Kirche folgt aus der Menschwerdung Christi ... Die Kirche kann zu Zeiten obdachlos werden wie Jesus Christus selbst. Das muß

---

diese ruht auf dem soziologischen Grundgesetz der Stellvertretung« (Gesammelte Schriften III, S. 47).
[268] Sanctorum Communio, S. 95.
[269] Ebd. S. 132.
[270] Das Wesen der Kirche, S. 70. Durch diese von O. Dudzus besorgte Edition der Ekklesiologie-Vorlesung Bonhoeffers ist die frühere Veröffentlichung im Anhang der 1. und 2. Auflage von E. Bethges Bonhoeffer-Biographie (S. 1057 ff.) abgelöst worden.

so sein. Um des wirklichen Menschen willen muß die Kirche ganz weltlich sein. Es ist eine Weltlichkeit uns zugut. Echte Weltlichkeit besteht darin, daß die Kirche auf alle Privilegien, auf allen Besitz verzichten kann, nur nicht auf das Wort Christi und die Vergebung der Sünden. Mit Christus und der Vergebung der Sünden wird sie frei, alles andere herzugeben.«

In der Ethik wird noch deutlicher die Stellvertretung der Kirche für die Welt als der Grundzug ihrer Existenz hervorgehoben[271]:

»Die christliche Gemeinde steht an der Stelle, an der die ganze Welt stehen sollte; insofern dient sie stellvertretend der Welt, ist sie um der Welt willen da. Andererseits kommt die Welt dort zu ihrer eigenen Erfüllung, wo die Gemeinde steht. Die Gemeinde ist die ›neue Schöpfung‹, die ›neue Kreatur‹, das Ziel der Wege Gottes auf Erden. In dieser doppelten Stellvertretung steht die Gemeinde ganz in der Gemeinschaft und Nachfolge ihres Herrn, der gerade darin der Christus war, daß er ganz für die Welt und nicht für sich selbst da war.«

Im »Entwurf einer Arbeit« vom August 1944 schließlich hat der Gedanke der »Kirche für andere« folgende Fassung erhalten[272]:

»Die Kirche ist nur Kirche, wenn sie für andere da ist. Um einen Anfang zu machen, muß sie alles Eigentum den Notleidenden schenken. Die Pfarrer müssen ausschließlich von den freiwilligen Gaben der Gemeinde leben, evtl. einen weltlichen Beruf ausüben. Sie muß an den weltlichen Aufgaben des menschlichen Gemeinschaftslebens teilnehmen, nicht herrschend, sondern helfend und dienend. Sie muß den Menschen aller Berufe sagen, was ein Leben mit Christus ist, was es heißt, ›für andere da zu sein‹ ... nicht durch Begriffe, sondern durch ›Vorbild‹ bekommt ihr Wort Nachdruck und Kraft.«

Man wird die Konsequenz dieser Überlegung nicht zum Gedankenexperiment herunterspielen dürfen — »ausgezeichnet als Test, wie es mit der Kirche in Wahrheit bestellt ist, auch ohne daß dieses Experiment durchgeführt wird!«[273] —, sondern ernst nehmen müssen, daß das »Für andere dasein« der Kirche für Bonhoeffer ein Problem ihrer sichtbaren Existenz, Ordnung und Gestalt, nicht allein ein Problem der Sprache[274] ist. Ebensowenig wird man diese Überlegung als einen Einfall des späten Bonhoeffer abtun können; denn ihre Entstehung und Entwicklung läßt sich seit Bonhoeffers Dissertation verfolgen. Seit »Sanctorum Communio« stellt sich für Bonhoeffer die Frage, wie die »Stellvertretung«, die »Weltlichkeit«, das »Für an-

---

[271] Ethik, 7. Auflage, S. 318.
[272] Widerstand und Ergebung, Neuausgabe, S. 415 f.
[273] G. Ebeling, Wort und Glaube I, S. 118.
[274] Ebd.

dere dasein« der Kirche in ihrer sichtbaren Gestalt und ihrem öffentlichen Handeln Ausdruck finden. Damit ist die Frage nach der Öffentlichkeit der Kirche aufgeworfen. Wir verfolgen sie nochmals in Bonhoeffers Erstlingsschrift zurück. Bonhoeffer erörtert sie dort vor allem im Blick auf die gottesdienstliche Versammlung, da das soziologische Aufbauprinzip der gesamten Kirche das Wort ist[275], dessen Verkündigung in gottesdienstlichen Versammlungen geschieht. Bonhoeffer unterscheidet sie in öffentliche und private Versammlungen[276]:

»Beide sind Darstellungen der sanctorum communio, beide an sich völlig gleichwertig; und doch muß die Notwendigkeit der ersten vor der zweiten betont werden. In der Kirchengemeinde ist ein Stück Welt rein aus der sanctorum communio heraus organisiert, nicht ist, wie in der Hausgemeinde etwa, gegebene Form im Geist erneuert. So liegt der Unterschied darin, daß in der *ersten* der objektive Geist der Gemeinde stets produktiv gestaltend tätig sein muß, um neue Formen zu finden, alte zu erhalten, in der *anderen* kein objektiver Geist der Gemeinde als solcher existiert, sondern mit dem des Hauses zusammenfällt.«

Nimmt man den öffentlichen Charakter christlicher Verkündigung ernst, so ist man also genötigt, die sich daraus ergebenden Konsequenzen für die empirische Öffentlichkeit der Kirchengemeinde zu bedenken. Dem kann man sich nicht dadurch entziehen, daß man es für unzulässig erklärt, das »theologische Kirchenverständnis an die empirische, soziologisch zu umschreibende Wirklichkeit der Kirche« zu binden und daß man auf die einer derartigen Betrachtung drohende Gefahr einer »Erstarrung geschichtlich-dynamischer Verhältnisse in gesetzliche Statik« hinweist[277]. Denn dieser Gefahr entgeht man nicht dadurch, daß man bei der theologischen Interpretation der Kirche deren empirische Gestalt unberücksichtigt läßt, sondern eher dadurch, daß man aus der theologischen Interpretation Kriterien für die Veränderung (oder auch Bewahrung) der institutionellen Formen erhebt, in denen sich die Kirchengemeinde »als ein Stück Welt« organisiert.

In der christologischen Begründung der Kirche hängt der Gedanke, daß das Verhältnis von Kirche und Welt durch die Struktur der Stellvertretung bestimmt sei, mit dem anderen, daß die Verkündi-

---
[275] Sanctorum Communio, S. 186.
[276] Ebd., S. 173.
[277] M. *Honecker,* Kirche als Gestalt und Ereignis, S. 143 f., in seiner Kritik an Bonhoeffer.

gung der Kirche öffentlich sei und ihre empirische Gestalt bestimme, unmittelbar zusammen. Denn der Ruf Jesu Christi, der ein Ruf in die Nachfolge und damit zur Stellvertretung ist, »ergeht in der Kirche durch sein Wort und Sakrament. Predigt und Sakrament der Kirche ist der Ort der Gegenwart Jesu Christi«[278]. Nun hat Bonhoeffer am Ende seines Lebens dem Primat der öffentlichen gottesdienstlichen Versammlung direkt widersprochen und statt dessen die Wiederherstellung einer Arkandisziplin gefordert, »durch die die *Geheimnisse* des christlichen Glaubens vor Profanierung behütet werden«[279]. Der Grund dieser Forderung liegt zum einen in der Meinung, daß nur »innerste Konzentration« die Christen zum Dienst nach außen befähigen kann[280]; er liegt zum andern in der Überzeugung, daß nur eine Kirche, die in ihrer sichtbaren Gestalt »Kirche für andere« ist, den Ruf Jesu öffentlich zu verkündigen vermag; denn »nicht durch Begriffe, sondern durch ›Vorbild‹ bekommt ihr Wort Nachdruck und Kraft«[281]. Wenn die Kirche jedoch für sich selbst dasein will, verfehlt sie auch die Möglichkeit der Verkündigung:

»Unsere Kirche, die in diesen Jahren nur um ihre Selbsterhaltung gekämpft hat, als wäre sie ein Selbstzweck, ist unfähig, Träger des versöhnenden und erlösenden Wortes für die Menschen und für die Welt zu sein. Darum müssen die früheren Worte kraftlos werden und verstummen, und unser Christsein wird heute nur in zweierlei bestehen: im Beten und im Tun des Gerechten unter den Menschen ... Die Umschmelzung (sc. der Kirche) ist noch nicht zu Ende, und jeder Versuch, ihr vorzeitig zu neuer organisatorischer Machtentfaltung zu verhelfen, wird nur eine Verzögerung ihrer Umkehr und Läuterung sein ... der Tag wird kommen —, an dem wieder Menschen berufen werden, das Wort Gottes so auszusprechen, daß sich die Welt darunter verändert und erneuert ... Bis dahin wird die Sache der Christen eine stille und verborgene sein; aber es wird Menschen geben, die beten und das Gerechte tun und auf Gottes Zeit warten.«[282]

Fassen wir die Folgerungen aus Bonhoeffers ekklesiologischen Ansätzen für das Verhältnis von Kirche und Öffentlichkeit zusammen,

---

[278] Nachfolge, S. 196.
[279] Widerstand und Ergebung, S. 312; vgl. S. 306; vgl. zu der Forderung der Arkandisziplin zuletzt *E. Feil*, a. a. O., S. 393 ff.
[280] So schon 1935: »Nicht klösterliche Abgeschiedenheit, sondern innerste Konzentration für den Dienst nach außen ist das Ziel« (Gesammelte Schriften II, S. 449).
[281] Ebd., S. 416.
[282] Ebd., S. 328.

so ergibt sich: Das Verhältnis der Kirche zur Öffentlichkeit ist durch die christologische Begründung der Kirche bestimmt und hat deshalb die Struktur der Stellvertretung. Die Kirche steht, indem sie Gottes veränderndes und erneuerndes Wort hört, an der Stelle, an der die Welt stehen sollte. Indem sie Jesu Ruf in die Nachfolge annimmt, ist sie ganz für die Welt da und tritt für sie ein. Die Kirche ist nur Kirche, indem sie für andere da ist.

Die eben geschilderte Gedankenlinie muß abschließend noch zu Bonhoeffers Äußerungen über das Verhältnis von Kirche und Staat in Beziehung gesetzt werden. Die ersten ausgeführten Stellungnahmen dazu finden sich in zwei Arbeiten aus dem Jahr 1932[283]. Das Verhältnis von Kirche und Staat erschließt sich nach Bonhoeffers Auffassung, wenn man vom Begriff des Reiches Gottes ausgeht. Das Reich Gottes nimmt in der Welt nicht anders als in der Zweiheit von Staat und Kirche Gestalt an. Daraus leitet sich einerseits die Autonomie beider Größen, andererseits ihre notwendige Beziehung ab. Durch den Staat, der für die Ordnung und Erhaltung der Welt sorgt, handelt Gott ebenso wie durch die Kirche, die mit der Auferstehung Jesu geschaffene Gemeinde der Heiligen. Deshalb muß der Staat vor hierokratischen Tendenzen ebenso geschützt werden wie die Kirche vor cäsaropapistischen Ansprüchen. Zugleich jedoch sind beide Größen aufeinander angewiesen:

»Die Kirche ist die Grenze der Politik, darum in eminentem Sinn politisch und apolitisch zugleich. Die Kirche weist, weil sie von der durchbrochenen Grenze (sc. des Todes) zeugt, auf das Begrenzte, auf das Gesetz, auf die Ordnung, auf den Staat hin. Kirche ist nur in Beziehung auf den Staat. Kirche begrenzt den Staat, Staat begrenzt die Kirche[284].«

Indem Bonhoeffer die Grenze zwischen Staat und Kirche markiert, nimmt er nichts von der These, es gehöre zum Wesen der Kirche, daß sie für die Welt da ist, zurück. Zwar kann sich die Kirche nicht an die Stelle des Staates setzen und die ihm aufgetragenen Entscheidungen zu den ihrigen machen; deshalb ist sie apolitisch. Doch sie muß zugleich den Staat auf seine Grenzen hinweisen und den Horizont des Reiches Gottes, der durch die Auferstehung Christi angezeigt ist, in seiner politischen Bedeutung vertreten; deshalb ist sie politisch.

---

[283] »Dein Reich komme«, in: Gesammelte Schriften III, S. 270—285; »Was ist Kirche?«, ebd., S. 286—291.
[284] Gesammelte Schriften III, S. 289.

Von einem solchen Verständnis des politisch-apolitischen Handelns der Kirche her kann man nicht zu generellen Regeln darüber gelangen, wann die Kirche zu politischen Fragen das Wort zu ergreifen habe und wann nicht. Auch zehn Jahre später noch kommt Bonhoeffer deshalb zu dem Ergebnis, die Frage des Verhältnisses von Kirche und Staat sei prinzipiell nicht lösbar; das Risiko eines Eingreifens in politische Vorgänge kann nicht durch eine generelle Entscheidung vermieden, sondern muß im Einzelfall übernommen werden[285]. Gleichzeitig mit diesen Erwägungen stellt Bonhoeffer die Überlegungen über die vier Mandate an, zu denen neben Ehe und Arbeit auch Kirche und Obrigkeit gehören[286]. Damit versucht er, eine theologische Gesellschaftstheorie zu entwickeln; sie soll dieselbe Funktion wahrnehmen wie Luthers Drei-Stände-Lehre, bevor sie von der lutherischen Orthodoxie zu einer Kirchenverfassungstheorie uminterpretiert wurde[287]. Man wird in der Vermutung nicht fehlgehen, daß auch Bonhoeffer durch die Frage nach der Ansprechbarkeit des Menschen in seiner gesellschaftlichen Existenz zu der Entwicklung dieser theologischen Gesellschaftstheorie veranlaßt wurde. Da die Menschen in den vier Mandaten Verantwortung vor Gott wahrnehmen, hat die Kirche die Pflicht und die Möglichkeit, sie auf diese ihre Verantwortung anzureden. So zeigt sich in Bonhoeffers Mandatenlehre ein Ansatzpunkt für die Bestimmung des Verhältnisses von Kirche und Öffentlichkeit. Gerade dann aber muß man gegen sie einwenden, daß sie dem Differenzierungsprozeß der neuzeitlichen Gesellschaft nicht gerecht wird und von patriarchalischen Vorstellungen geprägt ist[288], die auf die Dauer nicht die Basis für eine theologische Gesellschaftstheorie abgeben können.

1.5.2. Hoekendijk und die Studie über die »missionarische Struktur der Gemeinde«

Bonhoeffers Aussage, die Kirche sei nur Kirche, wenn sie für andere da sei, wurde insbesondere in der ökumenischen Studie über die »missionarische Struktur der Gemeinde« aufgenommen. Diese Studie wurde — entsprechend einem Auftrag der dritten Vollversammlung

---
[285] Ethik, S. 353—375 (373 f.).
[286] Ethik, S. 220 ff. u. ö.
[287] Siehe oben S. 56 ff., S. 62 f.
[288] Vgl. zum Beispiel auch Ethik, S. 374 f.

des Ökumenischen Rats der Kirchen von New Delhi 1961 – vom Referat des ÖRK für Fragen der Verkündigung durchgeführt; die abschließenden Berichte der westeuropäischen und der nordamerikanischen Arbeitsgruppe wurden 1967 unter dem Titel »Die Kirche für andere und Die Kirche für die Welt« veröffentlicht[289]. Bonhoeffers Stichwort der »Kirche für andere« verbindet sich hier insbesondere mit Anregungen der holländischen Apostolatstheologie, die in Formulierungen von J. C. Hoekendijk aufgenommen wurden[290]. Apostolat und Mission werden in dieser Konzeption als Synonyme verstanden. Sie sind zunächst Prädikate Gottes: er wirkt selbst in der Welt und macht sich bekannt durch die Ökonomie seiner Sendung, die der Erweis seiner »Philanthropie« in der Geschichte ist. Mission und Apostolat der Menschen sind also Nachvollzug und Teilnahme an der missio Dei. Ziel dieser Mission ist »Schalom« als Charakteristikum der messianischen Ära, als zusammenfassende Bezeichnung für die Heilung des Menschlichen, für Gerechtigkeit, Wahrheit, Gemeinschaft, Kommunikation, als umfassender Ausdruck für die Wiederherstellung sozialer Beziehungen[291]. Gottes Mission überschreitet die Grenzen des Religiösen, ja hebt die Grenzen zwischen Sakralem und Profanem auf; sie ist auf das Heil der Schöpfung und der Menschen in einem umfassenden Sinn gerichtet. Gottes Heilswille richtet sich also auf die Welt und in ihr auf die Kirche, die er in den Dienst seiner Sendung stellt. Die alte theologische Reihenfolge: Gott – Kirche – Welt, so lautet die Forderung der westeuropäischen Arbeitsgruppe[292], muß durch die Reihenfolge: Gott – Welt – Kirche abgelöst werden[293]. War man gemäß der alten Reihenfolge der Auffassung, »Gott beziehe sich durch die Kirche auf die Welt, um so viele wie

---

[289] Vgl. zu dieser Studie außerdem: *H. J. Margull*, Mission als Strukturprinzip; *C. W. Williams*, Gemeinden für andere; *G. Casalis, W. J. Hollenweger, P. Keller*, Vers une église pour les autres.
[290] Vgl. *J. C. Hoekendijk*, in: Margull, Mission als Strukturprinzip, S. 30 ff.; ders., Die Zukunft der Kirche und die Kirche der Zukunft, v. a. S. 109 ff.; vgl. auch die Rezeption dieses Ansatzes bei *O. Weber*, Grundlagen der Dogmatik, II, S. 572 f.
[291] Zur Problematik, die in diesem Rückbezug auf den alttestamentlichen Begriff »schalom« liegt, vgl. v. a. *C. Westermann*, »Der Frieden (Shalom) im Alten Testament«.
[292] Die Kirche für andere, S. 19 f.
[293] Vgl. auch *G. Casalis*, »Christ – Monde – Eglise«, in: Casalis, Hollenweger, Keller, a. a. O., S. 84–89.

möglich aus der Welt in die Kirche hinein zu versammeln, ... Gott bewege sich durch die Kirche auf die Welt zu«, so gilt es nun zu erkennen, »daß Gottes primäre Beziehung die zur Welt ist« und daß »die Kirche um der Welt willen da ist«[294]. Die Kirche ist also eine Funktion der missio Dei; sie kann diese Funktion nur in der Solidarität mit der Welt, im Nachvollzug der Mission Christi bis hin zur Selbstentäußerung wahrnehmen[295].

Hoekendijk hat aus diesem Gedanken sehr ähnliche Konsequenzen für die sichtbare Gestalt der Kirche gezogen wie Bonhoeffer in dem »Entwurf einer Arbeit«:

»Solidarität mit dieser Welt wird darum Solidarität in Armut sein müssen. Sie wird sich an der Askese zeigen, die wir uns selbst auferlegen, an der Selbstbeschränkung auf ein Minimum und an der Bereitschaft, alles uns Verfügbare mit andern zu teilen. Von der Kirche wird hier gefordert, sich zu entledigen zur Kirche der Armen ... Das klingt natürlich töricht und unwirklich. Es ist aber durchaus nicht einzusehen, warum es beim Suchen nach dem Geheimnis der Kirche der Armen — allen geltenden Maßstäben entsprechend — anders zugehen könne als töricht und unwirklich.«[296]

Trotz dieser am Christushymnus (Phil. 2,5 ff.) orientierten[297] Forderung wird hier die Solidarität der Kirche mit der Welt nicht in derselben Eindeutigkeit auf Christus als den Grund der Kirche zurückbezogen und demgemäß der Öffentlichkeitsbezug der Kirche mit ihrem Verkündigungsauftrag nicht in derselben Eindeutigkeit verknüpft wie bei Bonhoeffer. Vielmehr erscheint die Sendungsökonomie Gottes als ein geschichtliches Kontinuum, aus dem sich Leben und Tod Jesu kaum herausheben. Indem die Sendung der Kirche in der Sendungsökonomie Gottes als ganzer begründet wird, geht die christologische Begründung der Kirche in einer geschichtstheologischen[298] Begründung auf. Demgegenüber ist jedoch an der Exklusivität des Christusgeschehens als des Kirche-gründenden Geschehens festzuhalten. Ekklesiologie ist in ihrem Kern Christologie[299]; auch das öffentliche, auch das missionarische Handeln der Kirche ist deshalb auf die Christologie zu beziehen, in ihr zu begründen und an ihr zu prüfen.

---

[294] Die Kirche für andere, S. 19, 21.
[295] *Hoekendijk*, in: Margull, Mission als Strukturprinzip, S. 35.
[296] *Hoekendijk*, Die Zukunft der Kirche und die Kirche der Zukunft, S. 26.
[297] Vgl. *Hoekendijk*, in: Margull, Mission als Strukturprinzip, S. 35.
[298] Vgl. v. a. ebd., S. 34.
[299] Vgl. O. *Weber*, Grundlagen der Dogmatik, II, S. 575.

Darin, daß Jesus ganz für andere da war, begründet sich die Solidarität der Kirche mit der Welt; aus dem stellvertretenden Leben und Handeln Jesu begründet sich, daß diese Solidarität der Kirche mit der Welt die Struktur der Stellvertretung hat. Der Dienst der Kirche in der Welt ist eine Funktion des Dienstes Jesu an der Welt. Daraus folgt, daß von einem Öffentlichkeits*anspruch* der Kirche theologisch nicht die Rede sein kann; vielmehr kann allenfalls von ihrem Öffentlichkeits*auftrag* gesprochen werden.

1.6. Zusammenfassung[300]

Die exemplarische Erörterung von ekklesiologischen Ansätzen führt uns zu einer Reihe von Ergebnissen, die für den weiteren Gang unserer Überlegungen von Gewicht sind: Diejenigen Formen der Ekklesiologie, die sich auf eine Entfaltung von Aussagen über das Wesen der Kirche beschränken, vermögen nicht zu einer zureichenden Bestimmung des Verhältnisses von Kirche und Öffentlichkeit vorzustoßen. Sie verharren in einem »heiligen Egoismus« und versäumen über den Erwägungen zum *Wesen* der Kirche, vom *Ort* der Kirche Rechenschaft abzulegen. Theologisch zureichend kann diese Rechenschaft jedoch nur dann abgelegt werden, wenn es gelingt, den Zusammenhang zwischen Ekklesiologie und Christologie deutlich zu machen, das heißt den Zusammenhang zwischen dem Geschehen von Kirche und dem die Kirche begründenden Geschehen zu entfalten. Dies ist der Ansatzpunkt der reformatorischen Ekklesiologie, der vor allem in der Ekklesiologie Karl Barths und Dietrich Bonhoeffers wieder aufgenommen wird. Aus der Christologie ergibt sich die Ortsanweisung für die Kirche, die Bonhoeffer auf die Formel bringt, die Kirche sei nur dann Kirche, wenn sie für andere da sei. Jede Binnendefinition der Kirche, die von dieser Ortsanweisung absieht, erweist sich somit als theologisch unzureichend.

Unser Rückblick auf die Geschichte der Ekklesiologie hat weiterhin ergeben, daß eine zureichende Bestimmung des Verhältnisses von Kirche und Öffentlichkeit auf den Versuch einer theologischen Gesellschaftstheorie nicht verzichten kann. Denn aus dem Begriff der Kirche allein läßt sich das Verhältnis von Kirche und Öffentlichkeit nicht entwickeln. Ansätze zu einer derartigen theologischen Gesell-

---

[300] Vgl. die Zusammenfassung oben S. 96 ff.

schaftstheorie begegneten uns vor allem in Luthers Drei-Stände-Lehre, im Verständnis des Reiches Gottes bei Albrecht Ritschl, in der Drei-Reiche-Lehre des späten Kulturprotestantismus und in der Mandatenlehre Dietrich Bonhoeffers. Daneben stießen wir bei Schleiermacher auf den Versuch, das Verhältnis von Kirche und Öffentlichkeit im Rahmen einer allgemeinen Theorie der Öffentlichkeit zu bestimmen. Beobachtungen über die faktische Gestaltung des Verhältnisses von Kirche und Öffentlichkeit gehen in die ekklesiologische Theoriebildung dagegen kaum oder doch nicht in einer methodisch geklärten Form ein. Aus diesem Mangel erklärt es sich, daß Aussagen über dieses Verhältnis fast immer abstrakt und allgemein bleiben.

Aus diesen Feststellungen läßt sich eine Reihe inhaltlicher und methodischer Konsequenzen ziehen, die an dieser Stelle genannt und in späterem Zusammenhang erneut aufgenommen werden sollen:

1. Eine Ekklesiologie, in deren Zusammenhang eine zureichende Bestimmung des Verhältnisses von Kirche und Öffentlichkeit möglich sein soll, muß inhaltlich an der Christologie orientiert sein; ich knüpfe deshalb im folgenden vor allem an die Ekklesiologie Dietrich Bonhoeffers an.

2. Aus der Rolle einer theologischen Gesellschaftstheorie für die Bestimmung des Verhältnisses von Kirche und Öffentlichkeit ergibt sich, daß auf Konsequenzen aus der sozialethischen Theoriebildung für diese Verhältnisbestimmung in besonderem Maß geachtet werden muß[301].

3. Die Bestimmung des Verhältnisses von Kirche und Öffentlichkeit muß nicht nur auf die Ekklesiologie, sondern auch auf die Theorie der Öffentlichkeit bezogen werden[302].

4. Die Allgemeinheit der Aussagen über das Verhältnis von Kirche und Öffentlichkeit im Rahmen der Ekklesiologie kann nur dadurch überwunden werden, daß man die Analyse der faktischen Gestalt dieses Verhältnisses in die theologische Urteilsbildung einbezieht[303].

---

[301] Siehe unten VIII.
[302] Siehe oben I.
[303] Siehe unten III—VII.

2. Formen der öffentlichen Wirksamkeit der Kirche

Überblickt man die verschiedenen Ansätze dazu, die Frage nach dem Verhältnis von Kirche und Öffentlichkeit innerhalb der Ekklesiologie zu beantworten, so ergibt sich, daß diese Ansätze über ein gewisses Maß an Allgemeinheit nicht hinausgehen. Sie führen zu generellen Aussagen über das Verhältnis von Kirche und Welt, ohne daß sich Differenzierungen — entsprechend den verschiedenen Schichten im Verhältnis von Kirche und Öffentlichkeit und den verschiedenen Formen, in denen dieses wahrgenommen wird — aus diesen Aussagen ableiten ließen. Will man dieser Differenzierungen ansichtig werden, so muß man deshalb über die traditionelle ekklesiologische Diskussion hinausgehen und die reale Gestaltung des Verhältnisses von Kirche und Öffentlichkeit an einer Reihe von Fallstudien untersuchen; nur aus solchen Fallstudien kann sich auch ergeben, welche theologischen Vorstellungen in den verschiedenen Schichten des Verhältnisses von Kirche und Öffentlichkeit tatsächlich handlungsorientierende Bedeutung haben. Das ist der Weg, der im Teil B dieser Arbeit beschritten wird.

Dieser Weg hat den Nachteil, daß er nur einen Ausschnitt aus dem vielfältigen Geflecht des Verhältnisses von Kirche und Öffentlichkeit vor Augen führt. Deshalb mag es nützlich sein, zunächst den Ausgangspunkt darzustellen, an dem die Diskussion und Gestaltung des Verhältnisses von Kirche und Öffentlichkeit im deutschen Protestantismus nach 1945 ansetzte, und eine Typologisierung der verschiedenen Formen zu versuchen, in denen dieses Verhältnis Gestalt gewann.

Charakteristisch dafür, in welcher Weise die Frage nach dem Verhältnis von Kirche und Öffentlichkeit nach 1945 zur Diskussion stand, ist Helmut Thielickes Schrift »Kirche und Öffentlichkeit« aus dem Jahr 1947. Thielicke sah sich zu dieser Schrift durch die Feststellung veranlaßt, daß »die Kirche als einer von den wenigen Vertrauensfaktoren des öffentlichen Lebens den Zusammenbruch des unmenschlichen Zeitalters überlebt« hatte und nun fortgesetzt auf ihren Beitrag zum Wiederaufbau des öffentlichen Lebens, also auf ihren Beitrag zur »Politik« im umfassenden Sinn angesprochen wurde[304]. An der Berechtigung dieses Öffentlichkeitsauftrags konnte nach Thielickes Auffassung nicht gezweifelt werden, da die Gebote Gottes

---

[304] H. Thielicke, Kirche und Öffentlichkeit, S. 33.

öffentlichen Charakter haben[305] und der Verkündigung Jesu eine Weltdimension eignet[306]. In Theologie und Kirche hatte der Kirchenkampf einen sehr weitgehenden Konsensus über den Öffentlichkeitsauftrag der Kirche herbeigeführt, der insbesondere in der Barmer Theologischen Erklärung seinen Niederschlag gefunden hatte[307]; deshalb stand in den ersten Jahren nach dem Zweiten Weltkrieg die Frage nach den Zielen und Mitteln dieses Auftrags im Vordergrund. Die Frage, ob dabei die Position der Barmer Theologischen Erklärung noch gewahrt wurde, zog zunächst nur wenig Aufmerksamkeit auf sich.

Rückblickend lassen sich modellartig fünf Positionen und Verhaltensweisen unterscheiden.

1. Die erste und für den Rückblick vielleicht wichtigste Form des Öffentlichkeitsauftrags findet in einschlägigen Arbeiten kaum eine Erwähnung[308], nämlich der Gesamtbereich sozialer Diakonie. Daß diese nach 1945 für die Beurteilung der Kirche durch die Öffentlichkeit entscheidende Bedeutung hatte, steht außer Zweifel. Den Wandel, der seitdem in der öffentlichen Beurteilung der Kirche eingetreten ist, wird man in erheblichem Umfang darauf zurückführen können, daß der Stellenwert sozialer Diakonie im öffentlichen Bewußtsein der Bundesrepublik zurückgegangen ist. Doch diese sozial-diakonischen Unternehmungen entstanden, ohne daß sie von einer zureichenden theologischen Reflexion begleitet waren[309]. Deshalb wurde weder die Bedeutung dieser Arbeit für den Wandel des Kirchenverständnisses noch ihre Relevanz für das Verhältnis von Kirche und Öffentlichkeit zureichend bedacht.

2. Die Evangelischen Akademien und der Evangelische Kirchentag stellen einen spezifischen Versuch dar, die kirchliche Verkündigung in ein neues Verhältnis zur Öffentlichkeit zu setzen. Stand in den Anfangsjahren der Evangelischen Akademien die Zielsetzung im

---

[305] Ebd., S. 29 ff.
[306] Ebd., S. 10 ff.
[307] Siehe dazu unten S. 551 ff.
[308] Sie wird z. B. in den Artikeln von Oyen, Pirson, Wolf und Bosse und in den Arbeiten mit dem Titel »Kirche und Öffentlichkeit« von Thielicke bis Steck allenfalls am Rande erwähnt. Als letzte zusammenfassende Darstellung der Diakonie im Bereich der EKD vgl. *H. Chr. v. Hase* u. a., »Die Diakonie der Evangelischen Kirche in Deutschland 1952—1966«.
[309] *H. E. Tödt*, »Theologie der Gesellschaft oder theologische Sozialethik?«, S. 212.

Vordergrund, »bei der Neuordnung des geistigen und öffentlichen Lebens zu helfen«[310] sowie »die Wahrheit über das Wesen der Dinge, der Menschen und Gottes im gemeinsamen Gespräch« vor allem von Angehörigen akademischer Berufe »zu ergründen«[311], so wurde ein Schwerpunkt der Aufgabenstellung später dahin präzisiert, Lösungen gesellschaftspolitischer Probleme zu finden, an denen alle betroffenen Gruppen beteiligt würden, sowie einen Beitrag zur Erwachsenenbildung zu leisten[312]. Die gesellschaftlichen Veränderungen führten so dazu, daß sich Kirche in einer neuen Form »als ein Stück Welt« organisierte und daß die Öffentlichkeit der Verkündigung in einer neuen, nämlich auf bestimmte Berufsgruppen und Problemsituationen bezogenen Weise institutionalisiert wurde. Begründet wurde diese neue Form weithin mit der These von der »Emigration der Kirche aus der Gesellschaft«. Diese These mißt allerdings die Präsenz der Kirche in der Gesellschaft an traditionellen Formen der Kirchlichkeit und verkennt deshalb, daß die Möglichkeit kirchlicher Akademiearbeit in der partiellen, durch die Identität der Mitgliedschaft gegebenen Einheit von Kirche und Gesellschaft begründet ist[313]. Die Arbeit der Akademien und des Kirchentags knüpft an die Tradition des »freien Protestantismus« an, die sich mit einer »distanzierten Kirchlichkeit«[314] verbunden hat. Diese »distanzierte Kirchlichkeit« bildet die Voraussetzung der öffentlichen Wirksamkeit der Akademien; das sollte nicht durch die These von der »Emigration der Kirche aus der Gesellschaft« verdeckt werden.

3. Schon an der Entwicklung der Evangelischen Akademien zeigt sich ein Gesichtspunkt, der sich darüber hinaus für die öffentliche Wirksamkeit der evangelischen Kirche nach 1945 als bestimmend erweist: die Überzeugung, die Kirche habe den Wiederaufbau des öffentlichen Lebens zu stützen und ihm die geistigen Grundlagen zu vermitteln. Die Erwartungen, die von vielen Seiten an die Kirche herangetragen wurden, wurden von dieser aufgenommen: 1948 sprach Plieninger davon, es sei Aufgabe der Kirche, eine »christliche Atmo-

---

[310] G. Günther, »Evangelische Akademien«, Sp. 204.
[311] E. Müller, »Akademien, Evangelische«, Sp. 15.
[312] W. Böhme, »Akademien, kirchliche« I, Sp. 27 f.
[313] Vgl. J. Matthes, Die Emigration der Kirche aus der Gesellschaft, v. a. S. 48 ff.
[314] Der Ausdruck stammt von T. Rendtorff, zuerst in: Die soziale Struktur der Kirchengemeinde, S. 134 f., dann an verschiedenen Stellen.

sphäre« zu schaffen[315]; in solchen Formulierungen wurde der Ausgangspunkt, daß die öffentliche Wirksamkeit der Kirche dem Öffentlichkeitsanspruch des Evangeliums unterzuordnen sei, zunehmend undeutlich. Nicht dieser Öffentlichkeitsauftrag, sondern der »Öffentlichkeitswille der Kirche«, den Otto Dibelius schon 1926 im »Jahrhundert der Kirche« proklamiert hatte[316], erwies sich hier als maßgeblich. Daß Dibelius selbst, der auf die kirchliche Entwicklung nach 1945 einen maßgeblichen Einfluß ausübte, an seiner im »Jahrhundert der Kirche« entwickelten Konzeption festhielt, wird aus einer Äußerung in einem Rundfunk-Interview vom Februar 1949 deutlich. »Was heißt Neubau?« fragte Dibelius selbst und gab die Antwort: »Wir haben 1945 da wieder angefangen, wo wir 1933 aufhören mußten.«[317] Zu dieser Konzeption des »Öffentlichkeitswillens« gehörte zwar auf der einen Seite eine Betonung der »Grenzen des Staates«[318], die oft von klerikaler Anmaßung nicht frei war. Doch diese verband sich mit einer kritiklosen Unterstützung staatlicher Ordnungen und öffentlicher Wertvorstellungen, durch die die Kirche weithin zur Dienerin von Staat und Gesellschaft wurde. Das Ergebnis dieser Entwicklung faßte Klaus Scholder 1958 in dem kritischen Urteil zusammen: »Die Kirche ist jene Institution des perfekten Staates, die seine Perfektion über den Bereich des Irdisch-Sichtbaren hinaus ins Metaphysische erweitert.«[319]

4. Diesem »Dienst« der Kirche korrespondierte ihre Forderung nach Wahrung und Erweiterung ihres Besitzstandes: die Sicherung des kirchlichen Raumes im öffentlichen Leben erwies sich als das

---

[315] *M. Plieninger*, »Der Öffentlichkeitsauftrag der Kirche«, S. 258.
[316] Vgl. *O. Dibelius*, Das Jahrhundert der Kirche, v. a. S. 197 ff.; ders., Nachspiel, v. a. S. 13 ff. Zur Kritik dieser Konzeption vor 1933 vgl. insbesondere *K. Barths* Berliner Vortrag von 1931, »Die Not der evangelischen Kirche«, in: Der Götze wackelt, S. 33—57, und *M. Doerne*, »Wider den neuen Öffentlichkeitswillen«. Diese Linie der Kritik wurde im Blick auf den »Öffentlichkeitsanspruch« nach 1945 vor allem von *H. Diem* fortgesetzt, vgl. »Um die politische Verantwortung der Kirche« und andere Beiträge.
[317] Zitiert nach *E. Wolf*, »Volk, Nation, Vaterland im protestantischen Denken«, S. 209. Vgl. auch die Äußerung von Dibelius in seiner Autobiographie: »Es mußte etwas Neues geschaffen werden. Und dies Neue mußte irgendwie das Alte sein« (*O. Dibelius*, Ein Christ ist immer im Dienst, S. 257).
[318] Vgl. *O. Dibelius*, Die Grenzen des Staates, 1949; siehe dazu *E. Wolf*, Barmen, S. 148.
[319] *K. Scholder*, »Kirche, Staat, Gesellschaft«, S. 247.

»wohl mächtigste Motiv« im Verhältnis von Kirche und Öffentlichkeit[320]. Dabei führte der Grundsatz konfessioneller Parität[321], weithin verfälscht zum Konfessionsproporz[322], zu einer Steigerung der kirchlichen Ansprüche. Der Streit um die Bekenntnisschule[323], Art und Ausdehnung kirchlichen Mitspracherechts im Rundfunkwesen[324], die Sozialgesetzgebung[325] und die Rechtsprechung insbesondere in Ehefragen[326] gehören zu den bekanntesten Beispielen für diese Form öffentlicher Wirksamkeit der Kirche. Rückblickend kann man sich dem Urteil nicht entziehen, daß diese Form des »Öffentlichkeitsanspruchs der Kirche«, in der sie als gesellschaftliche Großorganisation zum Vertreter ihrer eigenen partikularen Interessen wurde, dem Öffentlichkeitsanspruch des Evangeliums eher geschadet hat. Weithin muß man das Verhalten der evangelischen Kirche nach 1945 als pragmatisch-reaktiv mit dem Ziel der Wahrung des eigenen Besitzstandes im gesellschaftlichen Leben bezeichnen. Häufig schloß sie sich Forderun-

---

[320] *K. G. Steck*, Kirche und Öffentlichkeit, S. 29.
[321] Vgl. *M. Heckel*, »Parität«, Sp. 1467 ff.
[322] *Heckel*, ebd., Sp. 1472: »Die Unterwerfung der Staatsorganisation unter den Konfessionsproporz verletzt die Verfassung.«
[323] Vgl. die Warnung, die *Thielicke* schon 1947 aussprach: Kirche und Öffentlichkeit, S. 119 ff., und das Résumée von *G. Picht* nach 15 Jahren Bundesrepublik, in: Die Verantwortung des Geistes, S. 219 ff. Die Zweideutigkeit evangelischer Schulpolitik nach 1945 ist auf ihre Unsicherheit gegenüber der katholischen Forderung nach der Bekenntnisschule zurückzuführen, der sich die evangelische Kirche dann oft anschlossen hat. Eine Sonderstellung nimmt das Wort der Synode der EKD zur Schulfrage von 1958 ein, das davon ausgeht, »daß über Schule und Lehrer keinerlei kirchliche Bevormundung ausgeübt werden darf« (*Heidtmann*, Hat die Kirche geschwiegen?, S. 270). *Th. Strohm* bemerkt zu dieser Erklärung, sie sei der Praxis vorausgeeilt; vergleiche man sie mit der landeskirchlichen Wirklichkeit, so müsse der Eindruck der Verwirrung und Doppelzüngigkeit entstehen (»Evangelische Bildungspolitik nach 1945«, S. 26, 28). Erstaunlich positiv ist demgegenüber die Beurteilung evangelischer Schulpolitik bei *A. v. Campenhausen*, Erziehungsauftrag und staatliche Schulträgerschaft, S. 129 ff.; vgl. ders., »Staat, Kirche und Schule«. — Den Versuch einer neuen Erörterung der kirchlichen Verantwortung im Bereich der Schule unternahm die Synode der EKD im November 1971; vgl. Die evangelische Kirche und die Bildungsfrage.
[324] Vgl. *K. W. Bühler*, Die Kirchen und die Massenmedien.
[325] Vgl. *J. Matthes*, Gesellschaftspolitische Konzeptionen im Sozialrecht.
[326] Vgl. *H. Simon*, Katholisierung des Rechts?; *S. Ott*, Christliche Aspekte unserer Rechtsordnung, S. 134 ff.

gen der katholischen Kirche an; andernorts bemühte sie sich um Kompromisse mit auftretenden laizistischen Tendenzen[327].

5. Neben den bisher genannten Formen öffentlicher Wirksamkeit der Kirche muß die kirchliche Kritik an öffentlichen Vorgängen eigens erwähnt werden. Sie beginnt nach 1945 mit den kirchlichen Stellungnahmen zu den Nachkriegsereignissen und der Politik der Besatzungsmächte[328] und erreichte einen ersten Höhepunkt in der Auseinandersetzung um die Wiederbewaffnung der Bundesrepublik; ihr folgte der Streit um die atomare Bewaffnung der Bundeswehr. Wurde in der Kritik der ersten Nachkriegsjahre meistens nur eine Meinung als kirchliche Stimme laut[329], so ist die Entwicklung der fünfziger Jahre dadurch gekennzeichnet, daß kontroverse, einander ausschließende Positionen innerhalb der evangelischen Kirche mit dem Anspruch auftraten, die richtige Konsequenz aus Gesetz und Evangelium für die aktuelle politische Situation darzustellen. Die in den »Heidelberger Thesen« von 1959 entwickelte Formel von der Komplementarität einander ausschließender Entscheidungen im Blick auf die Aufgabe des Friedens[330] ist ein Versuch, diese Entwicklung in der EKD zu bewältigen[331]. Diese kontroverse Situation wiederholte sich in den sechziger Jahren in der Auseinandersetzung um die sogenannte Vertriebenen-Denkschrift und in schwächerer Form auch in der Diskussion über die beiden sich daran anschließenden Studien der Kammer für öffentliche Verantwortung »Friedensaufgaben der Deutschen« und »Der Friedensdienst der Christen«[332]. In diesen Denkschriften und Studien findet sich der Versuch, in kritischer Distanz zu herrschenden politischen Auffassungen Fehlentwicklungen aufzudecken und produktive Ansätze politischen Handelns, das im

---

[327] Vgl. *Strohm*, a. a. O., S. 22.
[328] Vgl. aus den Jahren 1946 und 1947 v. a.: Eingabe des Rats der EKD an den Alliierten Kontrollrat und die UNO (in: *Heidtmann*, Hat die Kirche geschwiegen?, S. 21 ff.); Erklärung des Rates der EKD zur Entnazifizierung (ebd., S. 24 ff.); Kanzelerklärung des Rates der EKD zur Friedenskonferenz in Moskau (ebd., S. 30 ff.); Wort des Bruderrates der EKD zum politischen Weg unseres Volkes (ebd., S. 33 ff.).
[329] Die wichtigste Ausnahme bildet die Auseinandersetzung um das Entnazifizierungsproblem, dargestellt bei *H.-G. Fischer*, Evangelische Kirche und Demokratie nach 1945, S. 32 ff.
[330] G. *Howe* (Hrsg.), Atomzeitalter, Krieg und Frieden, S. 225 ff.
[331] Vgl. G. *Scharffenorth*, »Konflikte in der Evangelischen Kirche«, v. a. S. 58 ff.
[332] Zu den Denkschriften vgl. unten VI. und XI.

Dienst des Friedens steht, aufzuweisen. Sie gehen von der Voraussetzung aus, daß die Kirche einen Beitrag zum Frieden und zu weltweiter Gerechtigkeit zu leisten hat und sich deshalb ihrer politischen Verantwortung nicht entziehen kann. Wahrnehmen kann sie diese Verantwortung jedoch nur, wenn sie den politischen Zusammenhang, in dem sie sich selbst befindet, kritisch reflektiert.

3. Ekklesiologie, Theorie der Kirche oder Pragmatismus?

Eine Typologie wie die im Vorangehenden skizzierte bedarf der Erweiterung und Verfeinerung; insbesondere unterliegt sie der Revision durch neu auftretende Konstellationen im Verhältnis von Kirche und Öffentlichkeit. Gleichwohl vermag sie schon deutlich zu machen, daß von ekklesiologischen Ansätzen wie den in diesem Kapitel geschilderten allein zureichende Orientierung in diesem Feld nicht ausgehen kann. Vielmehr bedarf es neuer theoretischer Bemühungen, die der Aufklärung des Verhältnisses von Kirche und Öffentlichkeit zu dienen und zur Orientierung in der Gestaltung dieses Verhältnisses beizutragen vermögen. Diese Bemühungen müssen zweierlei leisten:

a) Sie müssen eine Analyse des Verhältnisses von Kirche und Öffentlichkeit in verschiedenen Bereichen sowie der tatsächlich handlungsorientierenden Vorstellungen bieten.

b) Sie müssen diese handlungsorientierenden Vorstellungen überprüfen, gegebenenfalls korrigieren oder ihnen andere Vorschläge zur Handlungsorientierung zur Seite stellen.

Die vagen Begriffe der »Vorstellung« und des »Vorschlags« sind hier mit Absicht gewählt. Denn aus unseren bisherigen Erwägungen hat sich noch nicht mit Eindeutigkeit ergeben, innerhalb welches kategorialen Rahmens solche Vorstellungen und Vorschläge zu erheben und zu diskutieren sind.

Aus neueren Beiträgen lassen sich dafür insbesondere drei Konzeptionen ableiten: die eine wählt die theologische *Ekklesiologie* als kategorialen Rahmen für die Erörterung des Verhältnisses von Kirche und Öffentlichkeit und daraus folgende Kirchenstrukturvorschläge; eine weitere diskutiert dieses Verhältnis im Rahmen einer *Theorie der Kirche;* eine dritte schließlich stellt diese Diskussion in einen *pragmatischen Bezugsrahmen.* Diese drei Konzeptionen seien anhand neuerer theologischer Arbeiten erläutert.

In seinem Aufsatz »Leib Christi und moderne Kommunikationsstrukturen« setzt sich Ulrich Duchrow mit der gängigen Auffassung auseinander, die aufweisbaren Strukturen der Kirche gehörten dem Bereich des »Verfügbaren« an, während die wahre Kirche unsichtbar und nur dem Glauben zugänglich sei. Demgegenüber vertritt er die These, daß aus zentralen Wesensbestimmungen der Kirche Konsequenzen für ihre Organisationsstruktur herzuleiten sind. Diese These führt er in folgender Weise durch:

Zu den wichtigen theologischen Bestimmungen der Kirche im Neuen Testament gehört die paulinische Beschreibung der Kirche als Leib Christi. Charakteristisch für sie ist unter anderem, daß die Christen in der endzeitlichen Spannung zwischen dem Sterben des alten und Auferstehen des neuen Menschen leben und deshalb ständig dazu aufgerufen werden müssen, das Leben der neuen Schöpfung bis in ihre leibliche Existenz hinein zu realisieren. Dieses Aufrufen, diese Paraklese gehört also zu den wichtigsten Vollzügen in der Kirche als Leib Christi: sie zielt auf das konkrete Handeln aus dem Geist der Liebe; zu ihr gehört die Prüfung dessen, was der Wille Gottes für die Welt sei.

In einem zweiten Schritt zeigt Duchrow, daß in der Gegenwart, für die er die großen Mensch-Maschine-Systeme (Big Science) als charakteristisches Exempel wählt, das Gute, Vernünftige und für die Welt Heilsame nicht mehr vorweg und nicht vom einzelnen, sondern nur noch in dem Vorgang der Kommunikation selbst erkannt werden kann. Umfassende Kommunikation ist heute deshalb auch der Weg zur Prüfung des Willens Gottes für die Welt, deshalb auch der Weg, in den sich das verlagert, was für Paulus Paraklese heißt. Weil dieser Kommunikationsvorgang universale Struktur haben muß, ist die ökumenische Christenheit der Bezugsrahmen, in dem für die Kirchen diese Kommunikation stehen muß.

Damit ist die Brücke zu der ekklesiologischen Ausgangserwägung geschlagen. Unter den gegenwärtigen Bedingungen legt es sich nahe, »Leib Christi« als »kommunikatives Team Christi« zu interpretieren. Der Aufbau eines umfassenden ökumenischen und vieler regionaler kirchlicher Informations- und Kommunikationssysteme gehört zu den organisatorischen Konsequenzen, die sich aus einer solchen ekklesiologischen Erwägung ergeben.

Dieser Ansatz umfaßt also drei Schritte: die theologische Erhebung zentraler Wesensbestimmungen der Kirche; die Prüfung der Bedingungen, unter denen diese Wesensbestimmungen heute zu realisieren sind; die Klärung der Konsequenzen für Struktur und Organisation der Kirche.

Einen anderen Ausgangspunkt wählt Gerhard Sauter[333]. Er geht aus von denjenigen Vorstellungen und Bildern, die das Verhalten und die Struktur der Kirche faktisch bestimmen. Diese gehören nicht in den Bereich der dogmatischen Ekklesiologie, sondern sind in einem Zwischenbereich zwischen Dogmatik und Praxis angesiedelt, in dem versucht wird, das Gewohnte zu erklären und das alltägliche Handeln anzuleiten. »Es hat immer — neben der Frage nach dem Wesen der Kirche — eine solche Phänomenologie und Theorie der Kirche gegeben, die die Kirche im Zusammenhang der sie umgebenden Lebensverhältnisse beschrieb.«[334]

Diese Theorie der Kirche verbleibt häufig in einem unaufgeklärten Status; Ziel theologischer Bemühungen muß es jedoch sein, zu einer reflektierten Theorie der Kirche zu gelangen, in der die in der Kirche wirksamen theologischen Gegensätze daraufhin ausgetragen werden, welche Konsequenzen sich aus ihnen für Bewahrung oder Veränderung der geschichtlichen Gestalt der Kirche ergeben.

Steht so am Anfang eine Analyse im Vollzug kirchlichen Lebens handlungsleitender Vorstellungen, so folgt darauf die kritische Diskussion der theoretischen Grundentscheidungen, auf denen gegenwärtiges Handeln und gegenwärtige Struktur der Kirche wie auch Vorschläge zu deren Veränderung beruhen. Diese Diskussion führt zum Entwurf einer Theorie der Kirche, aus der sich Gesichtspunkte für Veränderungen in Struktur und Praxis der Kirche ableiten lassen.

Sauter hat diese methodischen Schritte 1971 ansatzweise am Beispiel der Diskussionen über die Strukturreform der EKD durchgeführt. Unter den in dieser Diskussion leitenden theoretischen Ansätzen erörtert er zuerst die These, Planung kirchlichen Handelns habe mit theologischen Voraussetzungen nichts zu tun; ferner erörtert er die rein organisationssoziologische Betrachtung der Kirche und den Ansatz bei einer Theologie der Sendung. Er selbst plädiert in dieser Diskussion für eine systemtheoretische Analyse der Kirche[335]. Dieses Plädoyer jedoch

---

[333] Vgl. G. *Sauter*, »Planungseifer ohne Theorie«; ders., »Kirche und Öffentlichkeit«; ders., »Vor einem neuen Methodenstreit in der Theologie?«, v. a. S. 50 ff.
[334] »Planungseifer ohne Theorie«, S. 189.
[335] Er beruft sich dafür auf N. *Luhmann*, »Die Organisierbarkeit von Religionen und Kirchen«.

zeigt, daß der theoretische Ort einer solchen Theorie der Kirche noch nicht geklärt ist. Denn die Prämissen, die dazu berechtigen, für eine theologische Theorie der Kirche seinen Ausgangspunkt bei einer soziologischen Theorie zu wählen, sind in Sauters Erwägungen noch nicht erörtert.

Die Unterscheidung zwischen dogmatischer Ekklesiologie und Theorie der Kirche findet ihre Begründung in der empirischen Beobachtung, daß handlungsorientierende Bedeutung in der Kirche vielfach nicht die Aussagen der Ekklesiologie, sondern — artikulierte oder auch nicht artikulierte — Vorstellungen aus dem Zwischenbereich zwischen Dogmatik und Praxis haben. Doch nötigt diese Beobachtung nicht dazu, nach der Kompatibilität einer solchen Theorie der Kirche mit den ekklesiologischen Wesensbestimmungen zu fragen? Oder nötigt sie dazu, die theologischen Aussagen über die Kirche von der Frage nach ihrer sichtbaren Gestalt und ihrem Handeln zu trennen?

Dieses Programm, das man als das Programm des »Pragmatismus« bezeichnen kann, ist zuletzt von Martin Honecker vorgetragen worden. Nach seiner Auffassung[336] vermag eine theologische Erwägung des Verhältnisses von Kirche und Öffentlichkeit nur zu »begründen ...., *warum* die Christen — gerade auch als Gemeinschaft — Verantwortung für die Welt tragen«[337]; sie vermag jedoch nichts zu der Frage beizutragen, *wie* diese Verantwortung wahrzunehmen sei. Dies ist nur auf dem Weg rationaler Prüfung und Erörterung möglich. Ebensowenig lassen sich bestimmte Aussagen über die in der Gegenwart notwendige Gestalt der Kirche auf theologische Wesensaussagen über die Kirche zurückführen; sie lassen sich vielmehr nur rational begründen[338]. Allgemeiner formuliert: im Blick auf das Handeln der Christen und der Kirche muß sich die Theologie auf Aussagen zur *Motivation* dieses Handelns — »der Christ handelt aus Glaube, Liebe, Hoffnung« — und auf die *Begründung* christlicher Gemeinschaft beschränken. Sie vermag nichts beizutragen zu der Frage

---

[336] Sie kündigt sich schon in seiner Kritik an Bonhoeffers »dogmatischer Soziologie der Kirche« an (vgl. oben S. 111) und ist ausgeführt insbesondere in den beiden Arbeiten: »Sozialethische Aspekte des Kirchenverständnisses« und: Konzept einer sozialethischen Theorie.
[337] »Sozialethische Aspekte des Kirchenverständnisses«, S. 84.
[338] Ebd., S. 92.

nach den *Kriterien,* an denen sich dieses Handeln inhaltlich orientiert[339].

Auf diesem Hintergrund entwickelt Honecker folgende Konzeption von der christlichen Gemeinde als einer Gruppe in der Gesellschaft:

»1. Durch die Nachfolge Jesu werden Christen motiviert, sich der Aufgabe zu stellen, den Schalom[340] praktisch zu verwirklichen. Nachfolge Jesu ermächtigt die Christen zur Wahrnehmung sozialethischer Aufgaben und Verantwortung...

2. Die Aufgabe der Christen als gesellschaftlicher Gruppe, und das heißt als Gemeinde, ist es daher, die Vermittlung des Schalom in konkrete gesellschaftliche Verhältnisse hinein als sozialethische Aufgabe zu begreifen und zum praktischen Experiment zu machen...

3. Wenn die Gemeinde der Gesellschaft ihr gesellschaftliches Handeln verständlich machen will, so kann sie dies freilich nur durch Argumente der Vernunft tun. Allein rationale Argumente sind, was gesellschaftliche Vorstellungen und Verhaltensweisen betrifft, allgemein verständlich und kommunikabel...«[341]

Diese Konzeption von der Rolle der Gemeinde in der Gesellschaft wird hier referiert, weil sich aus ihr die Aporien ablesen lassen, in die dieser »pragmatische« Ansatz mit Notwendigkeit führt. Begriffe der theologischen Tradition werden in ihm zu Leerformeln entwertet, da sie nur der Motivation dienen, aber keine inhaltlichen Kriterien des Handelns enthalten dürfen. In den zitierten Sätzen wird dies aus der Verwendung des Begriffs der »Nachfolge« besonders deutlich: während er im Neuen Testament und in der theologischen Tradition den *Vollzug* eines dem Ruf Jesu entsprechenden Lebens bezeichnet, wird hier behauptet, aus ihm ergebe sich lediglich die *Ermächtigung* für sozialethisches Handeln. Andererseits sieht sich Honecker trotz seiner Kritik an der Funktion biblischer Terminologie in der theologischen Ethik[342] veranlaßt, auch seinerseits das Kriterium solchen Handelns mit einem biblischen Terminus — »Schalom« — zu bezeichnen, den er nun allerdings alles theologischen Inhalts entklei-

---

[339] Vgl. Konzept einer sozialethischen Theorie, S. 67 u. ö., zur Terminologie S. 15.
[340] Schalom ist dabei »ein inhaltlich von der Vernunft bestimmter Begriff«. Der Inhalt dieses Begriffs wird auch durch das Auftreten Jesu nicht verändert; das Neue, das Jesus bringt, ist vielmehr, daß dieser (inhaltlich bereits bekannte) Schalom Realität wird (a. a. O., S. 61).
[341] A. a. O., S. 64 f.
[342] Besonders a. a. O., S. 67 ff.

den muß[343]. Damit aber bekommt der biblische Terminus ideologische Funktion: er soll den Anschein einer *Identität* der christlichen Gemeinde in ihrem Handeln, einer Orientierung an ihrem »Proprium« erwecken, ohne daß dieser Anschein eine inhaltliche Basis hat. Veranlaßt wird Honecker zu dieser Konzeption durch die Beobachtung, daß aus bestimmten theologischen Termini — er zeigt dies am Begriff des »Reiches Gottes«[344] — in der neueren Sozialethik sehr unterschiedliche Folgerungen gezogen worden sind. Doch dieser Beobachtung könnte er nur durch das Postulat einer ideologiekritischen Prüfung jener theologischen Argumentationen gerecht werden; dadurch, daß er meint, eindeutige Kriterien für das Handeln der Gemeinde ergäben sich *statt* aus theologischen Erwägungen aus rationaler Argumentation, verfällt er jedoch selbst einem ideologischen Schein. Zu Unrecht beruft er sich für diesen Vorschlag auf die »kritische Theorie«[345]; denn diese beansprucht gerade, den ideologischen Trug, nach dem sich die Ziele gesellschaftlichen Handelns allein aus »Rationalität« ergeben, aufzudecken[346] — jenen Trug, durch den Technik und Wissenschaft zur »Ideologie« werden[347]. Kritische Theorie dagegen kann für die Orientierung des Handelns auf die »Antizipation des gelungenen Lebens«[348] nicht verzichten und erweist gerade so die Unterscheidung zwischen der Motivation und den Kriterien des Handelns, auf der Honeckers Argumentation beruht, als undurchführbar. Deshalb ist zwar Ideologiekritik und Sachkritik an der theologischen Begründung ethischer und kirchenpraktischer Entscheidungen, nicht aber der Verzicht auf deren theologische Begründung zu fordern.

Wir gingen von der Frage aus, in welchem kategorialen Rahmen das Verhältnis von Kirche und Öffentlichkeit zu diskutieren sei. Der »Pragmatismus« vermag diesen kategorialen Rahmen nicht darzustellen, da er die Probleme, durch die er sich veranlaßt sieht, nicht zu lösen vermag. Wir schließen uns hier vielmehr dem Vorschlag an,

---

[343] Vgl. Anm. 340; die Diskussion des neutestamentlichen Friedensbegriffs hat Honecker trotz seines Verweises auf P. *Stuhlmacher*, »Der Begriff des Friedens im Neuen Testament und seine Konsequenzen« (a. a. O., S. 61 f.), unberücksichtigt gelassen.
[344] A. a. O., S. 67 ff.
[345] A. a. O., S. 31 ff.
[346] Vgl. M. *Horkheimer*, Kritische Theorie II, S. 147 ff.
[347] Vgl. J. *Habermas*, Technik und Wissenschaft als ›Ideologie‹, S. 48 ff.
[348] Ebd., S. 164.

eine Theorie der Kirche zu entwickeln, erweitern diesen Vorschlag jedoch durch das Postulat, daß Aussagen einer Theorie der Kirche auf ihre Kompatibilität mit ekklesiologischen Aussagen über das Wesen der Kirche zu überprüfen sind, weil allein so handlungsorientierende Aussagen einer Theorie der Kirche auf die *Identität* der Kirche zu beziehen sind. Insofern verknüpfen wir diesen Vorschlag mit dem Versuch, die Frage nach der empirischen Gestalt der Kirche im Rahmen der theologischen Ekklesiologie zu diskutieren. Bei diesem Versuch allein kann man jedoch, will man das Verhältnis von Kirche und Öffentlichkeit theologisch klären, nicht stehenbleiben, weil im Rahmen der Ekklesiologie (als der Lehre vom Wesen der Kirche) die verschiedenen Schichten dieses Verhältnisses und die Funktion theologischer Vorstellungen aus dem Zwischenbereich zwischen Dogmatik und Praxis der Kirche für dieses Verhältnis nicht zureichend erörtert werden können. In einer Theorie der Kirche kann auch die Bedeutung nicht-theologischer Interpretationen des Verhältnisses von Kirche und Öffentlichkeit gewürdigt werden[349]; aus dem vorausgesetzten Verhältnis zwischen Theorie der Kirche und Ekklesiologie ergibt sich, daß auch diese Interpretationen auf ihre Kompatibilität mit den theologischen Aussagen über das Wesen der Kirche zu überprüfen sind.

Die Ekklesiologie ist in ihren Aussagen über das Verhältnis von Kirche und Öffentlichkeit über einen gewissen Grad der Allgemeinheit nicht hinausgekommen. In der Zeit nach 1945, die den Ausgangspunkt und im allgemeinen den zeitlichen Rahmen der folgenden Untersuchungen abgibt, haben sich deshalb Ansätze aus anderen Bereichen der Theologie als folgenreicher für dieses Verhältnis erwiesen. Auch bei diesen Ansätzen wird die Frage nach der Kompatibilität mit der Ekklesiologie zu stellen sein.

Aus diesen Erwägungen ergeben sich die notwendigen Gesichtspunkte für die Gliederung der folgenden Untersuchungen. Im Teil B wird eine Reihe von Fallstudien vorgelegt, die die Differenzierungen im Verhältnis von Kirche und Öffentlichkeit verdeutlichen und die Funktion theologischer Vorstellungen aus dem Zwischenbereich zwi-

---

[349] Solche nicht-theologischen Einsichten über die Kirche bezieht auch *W.-D. Marsch,* Institution im Übergang, in die ekklesiologische Theoriebildung ein; wie selbstverständlich etwa die Beachtung politologischer und soziologischer Gesichtspunkte für die nordamerikanische Theologie ist, zeigt (bisweilen drastisch) *K. Bridston,* Church Politics.

schen Dogmatik und kirchlicher Praxis für dieses Verhältnis kritisch aufklären sollen. Im Teil C werden theologische, juristische und explizit kirchenpraktische Interpretationen des Verhältnisses von Kirche und Öffentlichkeit diskutiert. Im Teil D ist die Frage nach der Kompatibilität solcher Interpretationen mit der Ekklesiologie in den Versuch einer zusammenfassenden Auswertung der folgenden Untersuchungen wieder aufzunehmen.

B. Fallstudien

III. Evangelische Theologie und Kirche beim Ausbruch des Ersten Weltkriegs

1. Zur Problemstellung

Als Modellproblem für das Verhältnis von Kirche und Öffentlichkeit bieten sich kirchliche und theologische Stellungnahmen zum Ausbruch und Fortgang des Ersten Weltkriegs aus einer Vielfalt von Gründen an. Ein formaler Grund besteht darin, daß die Zahl öffentlicher Äußerungen von Kirchenführern und kirchlichen Gremien in dieser Zeit sprunghaft anstieg; die Äußerungen von Theologieprofessoren müssen ihnen hinzugerechnet werden, weil die Differenz zwischen Kirche und Theologie im Augenblick »vaterländischer Not«, unter dem Eindruck der »Ideen von 1914« verschwand. Der Anspruch der Kirche auf öffentliches Wirken war plötzlich nicht mehr fraglich; die öffentliche Resonanz war ihr gewiß. Hinzu kommt, daß das Problem von Krieg und Frieden wie wenige ein öffentliches Problem, eine Frage des allgemeinen Interesses ist. Wie die evangelische Kirche beim Ausbruch des Ersten Weltkriegs zu diesem Problem Stellung genommen hat, ist deshalb weit über den Zeitraum des Krieges hinaus kennzeichnend für eine bestimmte Epoche im Verhältnis von Kirche und Öffentlichkeit. Man vereinfacht das Problem, wenn man diese Epoche als die Zeit des »Bündnisses von Thron und Altar« bezeichnet. Denn bestimmender als das Bündnis von staatlicher Obrigkeit und kirchlichem Amt war in der Zeit des Ersten Weltkriegs die Verbindung von Nationalbewußtsein und christlichem Glauben.

In zureichender Weise erfaßt man die Verhältnisbestimmung von Kirche und Öffentlichkeit zur Zeit des Ersten Weltkriegs erst, wenn man auf die Differenzierungen in den vertretenen Positionen achtet. Dazu muß man sich in einiger Ausführlichkeit den Stellungnahmen der wissenschaftlichen Theologen zuwenden, die allerdings zugleich bestimmte kirchliche Richtungen repräsentieren. Erst wenn man diese Differenzierungen vor Augen hat, kann man beurteilen, ob mit dem Ersten Weltkrieg eine geschichtliche Gestalt des Verhältnisses von Kirche und Öffentlichkeit definitiv an ihr Ende gekommen ist.

Daneben tritt eine weitere Erwägung: Das Problem des Friedens bildet heute den Horizont, innerhalb dessen das Verhältnis von Kirche und Öffentlichkeit betrachtet werden muß. In eine solche Betrachtung muß man auch historische Modelle einbeziehen, die über das Verhalten von Kirche und Theologie gegenüber der Öffentlichkeit im Problemfeld von Frieden und Krieg Auskunft geben. Diese Modelle sind oft negativer Art: sie zeigen, in welcher Weise Theologie und Kirche sich an der Legitimation von Kriegen und an der Stärkung von Kriegsbereitschaft beteiligt haben. Das nötigt uns zu fragen, wie sich ein derartiges politisches Handeln der Vertreter von Kirche und Theologie zu den theologischen Motiven verhält, von denen sie geleitet werden, und wie es auf die institutionelle Regelung des Verhältnisses von Kirche und Öffentlichkeit zurückbezogen ist. Auf diesem Weg gelangt man zu einer Kritik theologischer und kirchlicher Traditionen, die für einen gegenwärtigen Beitrag der Kirchen zum Frieden hemmend sein können, und zu einer Freilegung anderer Überlieferungen, die vielleicht auch heute für diesen Beitrag förderlich sind. So wird man durch die Betrachtung eines historischen Modells genötigt, die gegenwärtige Gestalt des Verhältnisses von Kirche und Öffentlichkeit im Horizont des Friedensproblems kritisch zu überprüfen.

Zu einer solchen Überprüfung soll das folgende Kapitel[1] einen Beitrag leisten. Es geht von den theologischen und kirchlichen Stellungnahmen zum Ausbruch des Ersten Weltkriegs aus, verfolgt jedoch an einzelnen Punkten die Entwicklung über den engeren Zeitraum des Kriegsausbruchs hinaus. Dabei kann es nicht einen umfassenden Eindruck von der Fülle des Materials bieten, das uns über die Stellung evangelischer Theologen und Kirchen zum Ausbruch und Fortgang des Ersten Weltkriegs zur Verfügung steht. Einen ersten Eindruck von dieser Fülle erhält man, wenn man die Bibliographien bei M. Schian[2], W. Pressel[3], K.-W. Dahm[4], G. Mehnert[5] und K. Hammer[6] oder die Liste von Kriegsliteratur, die zum Beispiel in der »Christlichen Welt« seit 1914 veröffentlicht wurde, zur Kenntnis

---

[1] Es wurde in einer etwas anderen Fassung zuerst veröffentlicht in: *W. Huber* (Hrsg.), Historische Beiträge zur Friedensforschung, 1970, S. 134—215.
[2] *M. Schian*, Die deutsche evangelische Kirche im Weltkrieg.
[3] *W. Pressel*, Die Kriegspredigt 1914—1918 in der evangelischen Kirche Deutschlands.
[4] *K.-W. Dahm*, Pfarrer und Politik.
[5] *G. Mehnert*, Evangelische Kirche und Politik 1917—1919.
[6] *K. Hammer*, Deutsche Kriegstheologie.

nimmt. Diese Bibliographien sind zum Teil sehr umfangreich; dennoch kann verständlicherweise keine von ihnen Vollständigkeit beanspruchen. Die Flut der Flugschriften, der regionalen und überregionalen kirchlichen Zeitschriften, in denen theologische und kirchliche Stellungnahmen zum Weltkrieg enthalten sind, ist unermeßlich. Angesichts dieser Fülle kann im folgenden lediglich der Versuch unternommen werden, die Hauptlinien der kirchlichen und theologischen Stellungnahmen zum Ausbruch des Ersten Weltkriegs darzustellen und dafür einige Beispiele zu bieten. Interessanter als der detaillierte Nachweis der bekanntlich oft extrem nationalen oder nationalistischen Einstellung des deutschen Protestantismus, interessanter auch als das nicht überraschende Ergebnis, daß an der sittlichen Berechtigung des Krieges kaum Zweifel geäußert wurden, ist dabei eine Frage, die in den bisherigen Arbeiten zu diesem Thema vernachlässigt worden ist: Lassen sich charakteristische Unterschiede zwischen den verschiedenen theologischen Gruppen und zwischen den führenden Vertretern der Theologie in ihrer Reaktion auf Ausbruch und Fortgang des Ersten Weltkriegs zeigen? Dieser Frage soll unser besonderes Interesse gelten. Deshalb läßt sich die Beschränkung auf den engeren Zeitraum des Kriegsausbruchs nicht durchweg aufrechterhalten; vielmehr ist es notwendig, an verschiedenen Punkten der Darstellung über das Jahr 1914 nach beiden Seiten hinauszugehen.

Dabei wird deutlich hervortreten, wie sehr alle derartigen Stellungnahmen von der Situation geprägt sind, aus der sie hervorgehen. Gerade zur Erklärung bestimmter theologisch-ethischer Stellungnahmen genügt es nicht, nach den sie leitenden theologischen Prinzipien zu fragen; sie werden vielmehr erst dann voll verständlich, wenn man nach der Situation fragt, auf die sie Antwort geben wollen. Die Ambivalenz, die in der notwendigen Situationsbezogenheit aller theologischen und insbesondere aller ethischen Überlegungen enthalten ist, tritt am Beispiel der Stellungnahmen zum Ersten Weltkrieg deutlich zu Tage. Die Situationsbezogenheit der Theologie zeigt sich nicht nur in den enthusiastischen Äußerungen von Theologen während der ersten Kriegsmonate, sondern auch in kritischen Stellungnahmen aus der späteren Zeit des Krieges; denn diese reflektieren die neue Situation, die durch die Länge und Härte des Krieges, durch das Schwinden der Siegeshoffnungen und das Scheitern der Friedensinitiativen gekennzeichnet ist. Sie zeigt sich ebenso in den kritischen und ablehnenden Stimmen zur Kriegstheologie, also vor allem in den

Äußerungen der schweizer Religiös-Sozialen. Die Frage, die sich angesichts dieses Tatbestandes stellt, ist nicht, wie man dieser Situationsbezogenheit entgehen kann, sondern wie man in ihr die spezifische Differenz des Evangeliums zur Situation und die spezifischen Impulse des Glaubens für die Situation zur Geltung bringen kann.

Im folgenden sollen zunächst unter der Überschrift »Kirche, Nation und Krieg« die Hauptlinien der Stellungnahmen zum Kriegsausbruch dargestellt werden (2.). Daran schließt sich eine Untersuchung zweier zentraler Themen der damaligen Zeit, der These von der Kulturbedeutung des Protestantismus und der Überzeugung von der religiösen Bedeutung der großen Kriege, an; diese Thesen sollen am Beispiel des Kirchenhistorikers Karl Holl erörtert werden (3.). In den Teilen 4 bis 6 kommen einzelne Gruppen des damaligen Protestantismus gesondert in wichtigen Vertretern zu Wort: zunächst die Freunde der »Christlichen Welt«, dann der Kreis um »Die Hilfe«, schließlich die Religiös-Sozialen. Den Abschluß bilden einige Überlegungen, in denen mögliche Hypothesen über die Funktion gewichtiger theologischer Lehrtraditionen für die politischen Stellungnahmen des deutschen Protestantismus anhand des vorgelegten Materials überprüft werden. Die Auswahl des erörterten Materials ist nicht in einem strengen Sinn repräsentativ. Vielmehr ist sie davon bestimmt, daß sie gegenüber der vorherrschenden Darstellung der deutschen »Kriegstheologie von 1914«, die ein Einheitsbild der theologischen Stellungnahmen zum Ersten Weltkrieg zu zeichnen pflegt, die Differenziertheit dieser Stellungnahmen deutlich machen möchte.

Die These von der einheitlichen deutschen »Kriegstheologie« geht auf Karl Barth zurück; bereits kurz nach dem Ausbruch des Krieges hat er sie in einem Brief an Martin Rade vertreten, der in den »Neuen Wegen«, der Zeitschrift der schweizer Religiös-Sozialen, veröffentlicht wurde[7]. Diese These von der einheitlichen Kriegstheologie, die durch eine unzulässige Vermischung von Vaterlandsliebe, Kriegsbegeisterung und christlichem Glauben gekennzeichnet sei, hat auch die neueren Arbeiten zu dieser Frage bestimmt. Sie wird von Karl Kupisch[8] wie von Heinrich Fausel[9], von Wolf-Dieter Marsch[10]

---
[7] Siehe unten S. 206 f.
[8] *K. Kupisch*, Zwischen Idealismus und Massendemokratie, S. 145; ders., Die deutschen Landeskirchen, S. 92 ff.; ders., Karl Barth, S. 7 ff.
[9] *H. Fausel*, Im Jahre 1914.
[10] *W.-D. Marsch*, »Politische Predigt zum Kriegsbeginn 1914/15«.

wie von Wilhelm Pressel[11] und Karl Hammer[12] übernommen. Das Bild, das so entsteht, ist historisch unzutreffend. Im Ersten Weltkrieg begegnet uns in den verschiedenen theologischen Gruppen eine Vielzahl unterschiedlicher Positionen, von denen einige im folgenden dargestellt werden sollen.

Allerdings ist es nicht einfach möglich, die unterschiedlichen politischen Stellungnahmen geradlinig auf die Zugehörigkeit zu den verschiedenen theologischen »Lagern« zurückzuführen. Klaus Schwabe kommt in seiner Untersuchung über die Stellung der deutschen Hochschullehrer zu den politischen Grundfragen des Ersten Weltkriegs[13] zu dem Ergebnis, bei den Theologen habe sich eine generelle Übereinstimmung zwischen liberalem religiösem Bekenntnis und liberaler politischer Einstellung einerseits, zwischen theologischer Orthodoxie und politischem Konservativismus andererseits herausgestellt. Diese scheinbare Homogenität zwischen theologischen und politischen Auffassungen besteht jedoch, wie noch deutlich werden soll, keineswegs. Schwabes Einordnung der Theologen ist vielmehr ebenso unzutreffend wie die allgemeine These, die sein ganzes Buch durchzieht. Diese These besagt, die deutsche Hochschullehrerschaft sei im Ersten Weltkrieg in zwei Gruppen, in »Naumannianer« und »Imperialisten«, gespalten gewesen. Diese Unterscheidung ist deshalb unzutreffend, weil vor dem Ersten Weltkrieg imperialistische Gedanken gerade auch von Liberalen und so auch von Naumann vertreten wurden. Schwabe dagegen setzt einerseits konservativ, imperialistisch und annexionistisch gleich, während er andererseits von den Liberalen meint, sie hätten vom ersten Kriegstag an den Gedanken des Verständigungsfriedens vertreten. So interessant es ist, die Stellungnahmen der Theologen zum Ersten Weltkrieg im Rahmen der politischen Positionen der deutschen Hochschullehrerschaft insgesamt zu betrachten, so sehr muß man sich doch vor derart vereinfachenden Antithesen hüten. Nur wenn man darauf verzichtet, pauschal von der »Kriegstheologie« zu sprechen oder etikettierend bestimmte politische Positionen mit bestimmten theologischen »Lagern« zu verbinden, kann man in den theologischen Stellungnahmen zum Ersten Weltkrieg, und zwar in all ihrer Unterschiedlichkeit, ein Modell sehen, an dem sich die Frage nach der Korrelation von theologischen Grundüberzeugun-

---

[11] W. *Pressel*, Die Kriegspredigt 1914—1918.
[12] K. *Hammer*, Deutsche Kriegstheologie.
[13] K. *Schwabe*, Wissenschaft und Kriegsmoral, S. 186.

gen und politischen Stellungnahmen erörtern läßt. Dann könnte eine derartige Untersuchung auch eher dazu imstande sein, das kritische Bewußtsein im Blick auf die Frage nach dem gegenwärtigen Beitrag von Theologie und Kirche zum Frieden zu schärfen.

2. Kirche, Nation und Krieg

2.1. Die nationale Einstellung der Kirche und die patriotische Predigt

Martin Schian beginnt in dem zweibändigen Werk »Die deutsche evangelische Kirche im Weltkrieg«, das er im Auftrag des Deutschen Evangelischen Kirchenausschusses 1921/25 veröffentlichte, das Kapitel über »Die Kirche und den Krieg« mit folgenden Worten[14]:

»Die evangelischen Kirchen im Deutschen Reich haben von jeher eine nationale Haltung eingenommen. Sie waren überzeugt, ihrem christlichen Charakter nichts zu vergeben, wenn sie dem Kaiser gaben, was des Kaisers war. Es lag nicht etwa an ihrer engen Verbundenheit mit dem Staat oder an der Tatsache des Summepiskopats der Landesherren, wenn sie diese Gesinnung pflegten. Vielmehr war ihnen diese Gesinnung ganz selbstverständlich, und ihre Pflege erschien ihnen als sittliche Pflicht.«

Diese Einstellung, in der sich die Mehrzahl der evangelischen Pfarrer mit dem »Kirchenvolk« völlig einig war, hat bei Kriegsausbruch 1914 deutlichen Ausdruck gefunden. Sie hat den Ersten Weltkrieg überdauert und hat in der Zeit der Weimarer Republik weiterhin eine beherrschende Rolle gespielt. Man schätzt, daß zwischen 1919 und 1933 etwa 80 % der evangelischen Pfarrer konservativ-nationale Anschauungen vertreten haben[15]. Die historischen Wurzeln dieser konservativ-nationalen Einstellung, nach denen zu fragen Schian für überflüssig hält, sind verschiedener Art. An erster Stelle wird man auf die Entstehung des deutschen Nationalismus in der Zeit der Wende zum 19. Jahrhundert überhaupt verweisen müssen. Von Anfang an hat sich dieser Nationalismus mit religiösen Gedanken ver-

---

[14] *Schian*, a. a. O., Bd. II, S. 17.
[15] *Dahm*, a. a. O., S. 9 u. ö. Dahm lehnt die Kennzeichnung dieser Einstellung als »Pastorennationalismus« durch Karl Kupisch ab und spricht statt dessen von einer »Krisenmentalität«. Doch wenn man die historischen Wurzeln dieser Einstellung in der Zeit vor 1914 vor Augen hat, wird man ihre einseitige Herleitung aus der »Krise« der Zeit von 1919—1933 für überspitzt halten.

bunden[16]; die evangelische Kirche hatte an der allgemeinen Entwicklung zum Nationalstaatsgedanken und zum Nationalgefühl einen gewichtigen Anteil. Daß sie sich so stark mit dem nationalen Gedanken identifizierte, wird man wohl vor allem der engen Verbindung von Staat und Kirche, die im landesherrlichen Summepiskopat ihren Ausdruck fand, zuschreiben müssen[17].

In dem Jahrhundert zwischen 1813 und 1914 wuchs diese nationale Einstellung der evangelischen Kirche, insbesondere beflügelt durch die Reichsgründung, ständig. 1914 war sie bereits so »selbstverständlich«, daß nach ihren historischen Wurzeln zu fragen als abwegig galt. Dieser Nationalismus verband sich mit einem Gottesbegriff, für den man sich vor allem auf das Alte Testament, insbesondere auf die Tradition des »Heiligen Kriegs« und auf die enge Verbindung Gottes mit einem Volk und seiner Geschichte, berief. Gott wurde nicht mehr, wie in der Aufklärung, als summum bonum, als der Künstler, der die sinnvolle Ordnung in der Welt herstellt, verstanden, sondern er galt als Gott in der Geschichte, als Herr der Völker und Lenker der Schlachten. Die Rede vom »deutschen Gott«, die zuerst bei E. M. Arndt begegnet, wurde für viele selbstverständlich; sie war zu Beginn des Ersten Weltkriegs sehr verbreitet.

Die enge Verbindung von Nationalismus und Religiosität zeigt sich an den Kriegspredigten der ersten Kriegswochen ebenso wie an Situationsschilderungen — an der Schilderung der Volksmenge etwa, die am 1. August 1914 vor dem Berliner Schloß stand. Bruchlos ging das Singen vaterländischer Lieder in den Gesang von »Ein feste Burg ist unser Gott« über; wie selbstverständlich zog man vom Schloßplatz zum Kriegsgottesdienst in den Berliner Dom[18]. »Ein feste Burg ist unser Gott« war in diesen Tagen ein nationales Lied wie die »Wacht am Rhein« und »Deutschland, Deutschland über alles«. Daß Kaiser Wilhelm II. alle evangelischen preußischen Gemeinden zu der Abhaltung eines Bettages am 5. August aufrief[19], wurde eben-

---

[16] Vgl. G. *Kaiser*, Pietismus und Patriotismus im literarischen Deutschland.
[17] Anders *Schian*, a. a. O., S. 17, und K. *Scholder*, »Neuere deutsche Geschichte und protestantische Theologie«, S. 526. Zum Problem vgl. ferner *F. Fischer*, »Der deutsche Protestantismus und die Politik im 19. Jahrhundert«; *R. Wittram*, »Kirche und Nationalismus in der Geschichte des deutschen Protestantismus im 19. Jahrhundert«, in: Das Nationale als europäisches Problem, S. 109 ff.
[18] Vgl. z. B. die Schilderung der Kreuz-Zeitung vom 2. August 1914.
[19] Vgl. den Allerhöchsten Erlaß vom 2. August 1914 (Allgemeines Kirchen-

so bereitwillig aufgenommen, wie es selbstverständlich war, daß der Reichstagssitzung am 4. August ein Gottesdienst im Berliner Dom vorausging. Die Predigt, die der Vizepräsident des Preußischen Oberkirchenrats Dryander in diesem Gottesdienst hielt, enthält schon viele der Elemente, die für die Großzahl der Kriegspredigten kennzeichnend sind[20]. Dryander predigte über Römer 8,31: »Ist Gott für uns, wer mag wider uns sein«; wie selbstverständlich bezieht er dieses Wort auf die Siegeshoffnungen und die Siegesgewißheit Deutschlands. Er beruft sich dafür vor allem auf das verpflichtende und zugleich gewiß machende Erbe der protestantisch-deutschen Geschichte, deren Höhepunkt die »nationale Auferstehung« in den »großen Tagen von 1870« ist. Schon die drei ersten Kriegstage muten den Prediger »wie eine Offenbarung« an, an der sich das Wort Bismarcks bewährt: »Die Deutschen fürchten Gott, sonst nichts auf der Welt.« Den Sinn, den der Weltkrieg für das deutsche Volk hat, faßt Dryander in den Worten zusammen:

> »Im Aufblick zu dem Staat, der uns erzogen, zu dem Vaterland, in dem die Wurzeln unserer Kraft liegen, wissen wir, wir ziehen in den Kampf für unsere Kultur gegen die Unkultur, für die deutsche Gesittung wider die Barbarei, für die freie, deutsche, an Gott gebundene Persönlichkeit wider die Instinkte der ungeordneten Masse [, für] ... deutsche[n] Glaube[n] und deutsche Frömmigkeit.«

Ich will diese von Dryander noch zurückhaltend formulierten Gedanken nicht in ihren krasseren Ausführungen wiederholen[21]. Nur

---

blatt für das evangelische Deutschland, 63, 1914, S. 386) und die Verfügung des Evangelischen Oberkirchenrats vom 3. August 1914 (ebd., S. 387 f.).

[20] Die Predigt wurde zuerst in der Kreuz-Zeitung vom 6. August 1914, dann in dem Sammelband: B. *Doehring* (Hrsg.), Ein feste Burg — Predigten und Reden aus eherner Zeit, Bd. I, S. 14 ff., veröffentlicht.

[21] Ein erschreckendes Dokument sei immerhin zitiert, das einzelnen Formulierungen des Vaterunser nachgebildete Gedicht »Hurra und Halleluja« des Pfarrers Dietrich Vorwerk (zitiert nach *Martin Rade*, CW, 28, 1914, Sp. 1069):

> »Ist auch kärglich des Krieges Brot,
> Schaff uns täglich den Feinden Tod
> Und zehnfältiges Wehe!
> In barmherziger Langmut vergib
> Jede Kugel und jeden Hieb,
> Die wir vorbeigesendet!

auf zwei Elemente dieses kirchlichen Nationalismus soll ausdrücklich hingewiesen werden.

Zum einen erlebten viele Pfarrer zum ersten Mal, daß die evangelische Kirche Volkskirche war. Vor dem Ersten Weltkrieg hatte eine Kirchenaustrittsbewegung von vorher unbekanntem Ausmaß insbesondere die Pfarrer unsicher gemacht. Diese Austrittsbewegung war zugleich Ausdruck der Entfremdung zwischen Kirche und Arbeiterschaft, Zeichen des intellektuellen Protests gegen die kirchlichen Lehren und politische Demonstration gegen die geltende Staatsform und die herrschende Politik. Die Zahl der Kirchenaustritte, die sich von 1906 bis 1914 zwischen 14 300 und 29 300 bewegt hatte, fiel nach Kriegsbeginn alsbald ab[22]. Große Teile der Arbeiterschaft nahmen wieder an den Gottesdiensten teil, die Kirchen waren in der ersten Kriegszeit überfüllt. Für die Pfarrer war mit Kriegsbeginn die Unsicherheit darüber, was ihre Aufgabe sei, beendet. Die nationale Begeisterung der ersten Augusttage, die das deutsche Volk geeint hatte, hatte auch die Glieder der Kirche wieder zusammengeführt. Es war verständlich, daß in dieser Situation die nationalen Töne in den Predigten überhandnahmen.

Zum anderen bedeutete nach dem Verständnis vieler Prediger die nationale Begeisterung für den Krieg eine Erlösung von den materiellen Bindungen und vom Egoismus. Sie erklärten die Gleichgültigkeit gegenüber der Kirche aus dem materiellen Wohlstand der wilhelminischen Zeit. Der Aufstieg Deutschlands zur Industriemacht war nach ihrer Meinung verbunden mit dem Überhandnehmen von »Materialismus«, »Mammonismus«, »Egoismus«. Dies alles wird

---

> In die Versuchung führe uns nicht,
> Daß unser Zorn dein Gottesgericht
> Allzu milde vollendet!
> Uns und unseren Bundesfreund
> Gib Erlösung vom höllischen Feind
> Und seinen Dienern auf Erden!
> Dein ist das Reich, das deutsche Land,
> Uns muß durch deine gepanzerte Hand
> Kraft und Herrlichkeit werden.«

[22] Vgl. die informative Übersicht von *P. Zieger*, »Kirchenaustrittsbewegung in Deutschland«, Sp. 1344 ff. Die Kirchenaustrittsbewegung nach dem Ersten Weltkrieg übertraf diejenige vor dem Ersten Weltkrieg noch bei weitem; dennoch war auch schon vor dem Ersten Weltkrieg eine erhebliche Beunruhigung in den Kirchenbehörden und unter der Pfarrerschaft entstanden.

durch den Einsatz für den Sieg Deutschlands überwunden. So heißt es z. B. in einer Predigt von Otto Dibelius[23]:

»Unser Fühlen und Wollen und Glauben wird (sc. durch den Krieg) tiefer, ohne unser Zutun. Damit zugleich aber steckt Gott der Herr unserm Leben ein neues, hohes Ziel. Bisher lebte der eine für seine Gesundheit, der andere für seine Familie, der Dritte für sein Geschäft. Jetzt gibt es nur *ein* Ziel für jedes Leben: das ist Deutschlands Sieg und Deutschlands Zukunft.«

Die Erlösung, die durch den Krieg gebracht wird, besteht also in dem Aufstieg von den natürlichen, egoistischen zu den altruistischen und damit geistigen Motiven. Damit nimmt Dibelius, der Schüler Harnacks, der in der Tradition der Ritschl-Schule steht, ein Motiv des kulturprotestantischen Denkens auf. Er modifiziert es nur dadurch, daß er die wahrhaft sittlichen Motive, zu denen nach der kulturprotestantischen Auffassung der Mensch von den natürlichen Motiven aufsteigen muß, einfach mit dem Einsatz für Deutschlands Sieg im Weltkrieg identifiziert.

Friedrich Gogarten, aus einer ähnlichen Tradition kommend wie Dibelius und nach dem Krieg einige Zeit Weggenosse von Karl Barth, begründet eine derartige religiöse Wertung des Vaterlands, wie sie schon aus Dibelius' Worten spricht, dadurch, daß er dem Volkstum Schöpfungs- und Offenbarungsqualität zuspricht[24].

Er verdankt diese Erkenntnis der ersten Kriegszeit; denn sie ist Schöpfungszeit. Er spürt, »daß die Schöpfung in unserem Volk am Werk ist. Die Ewigkeit will deutsch werden ... Und Gott will sich in uns Deutschen offenbaren.« Wir werden, so meint er, eine deutsche Religion haben, weil der Gedanke des Vaterlandes eine der lebendigen Offenbarungen der Ewigkeit ist. »Wir werden auf deutsche Weise fromm sein, weil die Schöpfung an unserer deutschen Art arbeitet ... Unseren höchsten Gedanken ist das deutsche Volk und deutscher Geist die Offenbarung der Ewigkeit, der wir am meisten verpflichtet sind.«[25]

Diese Sätze schrieb Gogarten im Protestantenblatt, in der Zeitschrift des liberalen Protestantenvereins. Die religiöse Wertung der Nation als »lebendiger Offenbarung der Ewigkeit« begegnet in allererster Linie bei Theologen, die dem »Kulturprotestantismus« oder der Schule Albrecht Ritschls im weiteren Sinne zuzurechnen sind.

---

[23] O. *Dibelius*, Gottes Ruf in Deutschlands Schicksalsstunde, S. 7.
[24] Fr. *Gogarten*, »Volk und Schöpfung«; ders., Religion und Volkstum.
[25] »Volk und Schöpfung«, Sp. 55; vgl. dazu *Th. Strohm*, Theologie im Schatten politischer Romantik, S. 69 ff.

Die »Kriegstheologie«, die man vorschnell als eine Folge des orthodoxen Luthertums beurteilen möchte, ist viel eher eine Folge der Verbindung des Reich-Gottes-Gedankens mit dem Gedanken der Kulturentwicklung. Hatte Ritschl die Nation noch dem Endzweck des Reiches aller freien Geister untergeordnet, so vergaß ein Großteil seiner Schüler[26] diese übernationale Ausrichtung der Reich-Gottes-Lehre. Der Protestantismus wird so der »religiöse Garant des nationaldeutschen Kulturstaats«[27]. Dabei wird die ethische Bedeutung des Volkes aus dem ethischen Verständnis des Reiches Gottes abgeleitet. Der Einsatz für »Deutschlands Sieg und Deutschlands Zukunft« gilt als Schritt auf dem Weg zur Verwirklichung des Reiches Gottes als ethischer Gemeinschaft. Der universale Anspruch des Reich-Gottes-Gedankens wird also zugunsten der religiösen Zuwendung zur Volksgemeinschaft aufgegeben.

Bei Gogarten tritt dieser Verbindung des Volksgedankens mit dem Gedanken des Reiches Gottes eine andere Argumentationsfigur zur Seite. In einer etwas unscharfen Terminologie spricht er von der »lebendigen Offenbarung der Ewigkeit« und verbindet diesen Begriff mit dem Schöpfungsgedanken. Wiederum tritt dabei der universale Charakter des Schöpfungsgedankens in den Hintergrund. Vielmehr werden das deutsche Volk und der deutsche Geist zur »Schöpfungsoffenbarung« erklärt. Sowohl im Fall des Reich-Gottes-Gedankens wie auch im Fall des Schöpfungsgedankens vollzieht sich also eine Partikularisierung ursprünglich universal gemeinter theologischer Begriffe.

Für das orthodoxe Luthertum bildet eine wie auch immer verstandene oder mißverstandene Zwei-Reiche-Lehre ein gewisses Widerlager dagegen, daß das Volk als Schöpfungsoffenbarung oder Deutschlands Sieg als wichtiger Schritt zur Verwirklichung des Reiches Gottes begriffen werden. Deshalb steht es beim Ausbruch des Ersten Weltkriegs dem nationalen Gedanken wesentlich zurückhaltender gegenüber. Vom Offenbarungscharakter des Vaterlandes ist hier nicht die Rede. L. Ihmels[28], der allerdings nicht in allem als Repräsentant der durchschnittlichen lutherischen Orthodoxie gelten kann, besteht sogar nachdrücklich darauf, daß das Christentum international sei.

---

[26] Vgl. aber u. a. das unten S. 183 ff. über Martin Rade Gesagte.
[27] *H. Timm*, Theorie und Praxis in der Theologie Albrecht Ritschls und Wilhelm Herrmanns, S. 149 f.
[28] *L. Ihmels*, »Krieg und Theologie«, Sp. 458.

»Wir wissen nichts von einem deutschen Gott und wollen nichts von ihm wissen, sondern kennen nur den Gott, der ein Herr aller Völker ist.« Ihmels will nicht bestreiten, daß das Christentum auf jedem nationalen Boden eine Färbung annimmt, die der jeweiligen nationalen Eigenart entspricht[29]; doch er wehrt sich gegen die religiöse Qualifikation der Nation und gegen die Identifikation des Christentums mit einer Nation. Wir werden bei der Frage der Beurteilung des Krieges einer ähnlichen Differenz begegnen.

Die nationale Einstellung vieler Theologen hat in ihren Predigten zu einer Überfremdung des Evangeliums durch nationalistische Gedanken geführt. Das ist nicht erst ein Urteil späterer Generationen. Unter den zeitgenössischen Stellungnahmen, die bereits zu diesem Ergebnis kommen, ist die des preußischen Feldpropstes besonders bemerkenswert. Denn eine starke Betonung des nationalen Gedankens war zweifellos im Sinn des obersten preußischen Militärgeistlichen. Dennoch sah er sich zu folgender Verfügung vom 25. 2. 1916 veranlaßt[30]:

»Es ist mir darüber Klage geführt worden, daß namentlich jüngere in der Heeresseelsorge stehende Geistliche in ihren Predigten und Ansprachen die Verkündigung des Evangeliums gegenüber vaterländischen Gedanken zurücktreten lassen. Obwohl ich aus den Berichten der Geistlichen mit Befriedigung ersehe, daß die Notwendigkeit religiöser Vertiefung der Amtsreden desto mehr empfunden wird, je länger der Krieg dauert, so nehme ich doch Veranlassung, daran zu erinnern, daß auch gerade im Kriege die Darbietung des unverkürzten Evangeliums die Hauptaufgabe der Seelsorge ist und daß die Verkündigung der Heilsbotschaft zwar den Verhältnissen des Krieges Rechnung tragen soll, aber unter keinen Umständen in ihrem Inhalte verflüchtigt oder durch die Anpreisung vaterländischer Gesinnung und soldatischer Tugenden verdrängt werden darf.«

Die Vermutung liegt nahe, daß die Vertreter der katholischen Kirche in Deutschland sich beim Kriegsausbruch wesentlich zurückhaltender äußerten als evangelische Theologen. Denn während der deutsche Protestantismus durch seine Geschichte wie durch seine Institutionen mit dem deutschen Nationalstaat sehr unmittelbar verbunden war, galt dies für den deutschen Katholizismus nicht in demselben Maße: Den deutschen Katholiken war jederzeit bewußt, daß sie einer universalen

---
[29] Ebd., Sp. 459.
[30] Zitiert bei M. *Schian*, Die deutsche evangelische Kirche im Weltkriege, Bd. 1, S. 219.

Gemeinschaft angehörten. Zudem wird häufig noch darauf hingewiesen, daß der deutsche Katholizismus sich durch den Kulturkampf in eine erhebliche Distanz zum Deutschen Reich gedrängt gesehen[31] und bis zum Ende des Kaiserreichs ein gestörtes Verhältnis zum Staat behalten habe. Dieses Urteil läßt sich nicht aufrecht erhalten[32]. Vielmehr ist für den deutschen Katholizismus in der Zeit nach dem Kulturkampf im allgemeinen eine bemerkenswerte Staatstreue kennzeichnend, die sich auch in der politischen Haltung der Zentrumspartei niederschlug. Die nationale Integration der deutschen Katholiken und ihr Eintreten für nationalstaatliche Ziele zeigt nur, daß sie an der politischen Entwicklung in Deutschland in den Jahrzehnten um die Jahrhundertwende voll Anteil nahmen. Vor diesem Hintergrund erscheint die These zwar als überspitzt, die deutschen Katholiken hätten den Ersten Weltkrieg einmütig und freudig bejaht, weil sie dadurch und durch ihren Anteil an den Opfern des Krieges »ihre endgültige nationale Rehabilitation« erlangen[33] und den Vorwurf ultramontanen Denkens endgültig widerlegen[34] wollten. Es läßt sich jedoch deutlich erkennen, daß die Integration des deutschen Katholizismus in den Nationalstaat dazu führte, daß die universale Bindung der Katholiken hinter ihre nationale Loyalität zurücktrat. Deshalb konnten von katholischen Bischöfen und Priestern Kriegspredigten gehalten werden[35], die sich von den evangelischen oft nur in Nuancen unterscheiden. Zu diesen Nuancen gehört etwa die naturrechtliche Begründung der Treue zu Kaiser und Reich[36]. Doch in der Überzeugung, daß Deutschland um einer gerechten Sache willen in den Krieg ziehe und daß ihm deshalb Gott den Sieg verleihen werde, waren sich die deutschen Katholiken mit den deutschen Protestanten einig. Die doppelte Interpretation des Kriegsgeschehens als Zeichen des göttlichen Zorns und als Heilsoffenbarung, die in den evangelischen Kriegspredigten auftritt[37], begegnet auch in katholischen Predigten[38]. Eine genauere Analyse würde sicherlich auch innerhalb der katholischen

---

[31] *N. Miko*, »Kulturkampf«, Sp. 675, spricht von der »Ghettostimmung«, die im deutschen Katholizismus durch den Kulturkampf aufgekommen sei.
[32] Vgl. *E. R. Huber*, Deutsche Verfassungsgeschichte, Bd. IV, S. 828 ff.
[33] So *H. Lutz*, Demokratie im Zwielicht, S. 21.
[34] So *H. Missala*, Gott mit uns, S. 123.
[35] Vgl. *H. Missala*, a. a. O.
[36] Vgl. *Missala*, a. a. O., S. 34 ff.
[37] Vgl. unten S. 153 ff.
[38] Vgl. *Missala*, a. a. O., S. 51 ff.

Stellungnahmen zum Ersten Weltkrieg eine Reihe von unterschiedlichen Standpunkten erkennen lassen; diese Analyse kann jedoch hier nicht geleistet werden. Vielmehr sind die folgenden Erörterungen auf die Stellungnahmen des deutschen Protestantismus beschränkt.

2.2. Das »sittliche Recht des Krieges«

Schon 1912 bemerkte Martin Rade, es sei bezeichnend, »daß wir von einem akademischen Theologen zwar eine Broschüre haben über und für den Krieg, keine über und für den Frieden«[39]. Rade meinte die Schrift des Ritschl-Schülers F. Kattenbusch, »Das sittliche Recht des Krieges« (1906), die zuerst als Aufsatzfolge in der von Rade selbst herausgegebenen Zeitschrift »Die Christliche Welt« erschienen war[40]. Kattenbusch setzt sich in dieser Schrift insbesondere mit zwei Argumenten gegen das sittliche Recht des Krieges auseinander. Auf das Argument, der Krieg zwischen Nationalstaaten widerstreite dem Kosmopolitismus, antwortet er, der Kosmopolitismus führe notwendigerweise in den Anarchismus; dieser aber sei das Ende aller Kultur[41]. Auf das Argument, der Krieg stehe im Widerspruch zum Gebot der Feindesliebe, erwidert er, die Liebe könne auch nach dem Verständnis Jesu »ihre direkte Kraft nur entfalten, wo sie *begriffen* wird«[42]; wenn der Empfänger für die Liebe nicht offen ist, kann also auch keine Liebe geübt werden. Die Liebe wird dort nicht begriffen, wo sich der andere gegen sie sperrt; das aber ist in den Beziehungen zwischen den Völkern in aller Regel der Fall. Aus dieser These ergibt sich, daß Krieg und Feindesliebe sich nicht notwendigerweise widersprechen, »daß Bekriegung auch ein Ausdruck von Feindesliebe sein könne«.

Damit sind die beiden entscheidenden Anstöße zur Seite geräumt, die der Rechtfertigung des »gerechten Krieges« nach Kattenbuschs Meinung im Wege stehen können. Auch in den Äußerungen von Theologen während des Krieges kehrt der Versuch immer wieder, den Krieg mit dem Ethos der Bergpredigt, insbesondere mit dem Gedan-

---

[39] *M. Rade*, Der Beitrag der christlichen Kirchen zur internationalen Verständigung, S. 14.
[40] Ich zitiere die Abhandlung nach der CW, da mir die Buchausgabe nicht zugänglich war.
[41] CW, 20, 1906, Sp. 533 ff.
[42] Ebd. Sp. 557.

ken der Feindesliebe, auszugleichen⁴³ und sich auf diese Weise der kritischen Infragestellung durch dieses Ethos zu entziehen. Ebenso begegnet in ihnen die Auseinandersetzung mit dem »Kosmopolitismus«, der die Widerstandskraft Deutschlands gegen seine Feinde zu schwächen droht; einen eindrucksvollen Beleg dafür bietet ein Aufsatz von W. Elert über Kants Schrift »Zum ewigen Frieden«⁴⁴.

Kattenbusch wie Elert argumentieren vor allem abwehrend. Sucht man dagegen in der protestantischen Theologie zur Zeit des Ersten Weltkriegs eine positive Lehre vom sittlichen Recht des Krieges, so stößt man auf Wilhelm Herrmanns »Ethik«⁴⁵. Auch Herrmann gehört zur Schule Albrecht Ritschls. Er leitet das sittliche Recht des Krieges aus dem Begriff des Staates her. »Der Staat«, so sagt er, »ist die von einer Obrigkeit gehandhabte Ordnung, durch die sich eine durch Natur und Geschichte zusammengeführte Menschengruppe in ihrer Zusammengehörigkeit zu behaupten sucht.«⁴⁶ Eine innere Berechtigung hat ein Staat erst dann, wenn er sich durch eine ihm eigentümliche Kultur auszeichnet. »Wenn jetzt eine europäische Katastrophe die Polen oder Tschechen mit einem nationalen Staat beschenkte, so würden diese willkürlichen Gebilde schwerlich lange Dauer haben«, da ihnen eine eigene Kultur fehlt⁴⁷. Auch nachdem diese europäische Katastrophe eingetreten war, hielt Herrmann an diesem Satz fest.

Dem Einwand, auch der Gedanke des Kulturstaats könne die Anwendung von Gewalt in den internationalen Beziehungen nicht recht-

---

⁴³ Besonders kennzeichnend ist der Versuch von *Frederking*, »Krieg und Religion«, nachzuweisen, daß auch Jesus Haß gekannt habe, den Haß gegen den bösen Dämon des Mammongeistes. Dieser Haß erfüllt auch das deutsche Volk. Vgl. auch O. *Eißfeldt*, »Krieg und Neues Testament«: Die positive Stellungnahme zu einem Krieg gegen eine Macht, die sich zum Hort der Unsittlichkeit und Widergöttlichkeit aufgeworfen hat, liegt in der Konsequenz des neutestamentlichen Denkens.
⁴⁴ W. *Elert*, »Kant und der ewige Friede«: Die Rede von Kant als dem »Philosophen des Protestantismus« und dem »deutschesten Philosophen« beginnt nach Elerts Meinung unerträglich zu werden. Das ist die Quintessenz seiner Kant-Kritik.
⁴⁵ Herrmanns Auffassung hat sich in der Zeit von 1904, der 3. Auflage der Ethik, bis 1921, dem Nachdruck der 5. Auflage ein Jahr vor Herrmanns Tod, nicht gewandelt. An den im folgenden zitierten Formulierungen etwas zu ändern, hat er sich durch den Ersten Weltkrieg nicht veranlaßt gesehen.
⁴⁶ A. a. O., S. 213.
⁴⁷ Ebd., S. 213 f.

fertigen, begegnet Herrmann durch den Hinweis darauf, daß auch zum Schutz des Privatrechts und des öffentlichen Rechts die Anwendung von Gewalt notwendig sei. Ebenso ist in den internationalen Beziehungen, die vom Trieb der Selbsterhaltung bestimmt sind, die Anwendung von Gewalt unausweichlich. Deshalb muß die Mitgliedschaft im Staat den Willen zum Krieg dann entstehen lassen, »wenn der Krieg politisch richtig oder durch die Selbstbehauptung des Staats geboten ist«. »Der Krieg an sich ist weder christlich noch unchristlich, weder sittlich noch unsittlich. Er ist in einer bestimmten geschichtlichen Lage die unabweisbare Äußerung der in der Kulturbewegung zu einem politischen Leben entwickelten Menschennatur.« Das Recht des Krieges, sagt Herrmann einschränkend, läßt sich nicht etwa daraus beweisen, daß er zur Ausbildung bestimmter Tugenden notwendig ist. Vielmehr »ist der Krieg sittlich gerechtfertigt, wenn er politisch richtig ist, als ein Akt der Selbstbehauptung eines Volkes in seiner Kulturaufgabe«[48]. Herrmann ordnet also die christliche Entscheidung eindeutig der Entscheidungsbefugnis der herrschenden politischen Instanzen unter. Sie haben darüber zu befinden, was für die »Selbstbehauptung eines Volkes in seiner Kulturaufgabe« notwendig ist. In der Frage des Krieges ist die sittliche Verantwortung dem einzelnen abgenommen und an die Träger der politischen Entscheidung delegiert. Aus dem Duktus von Herrmanns Ausführungen geht weiter hervor, daß er die kulturelle Selbstbehauptung eines Volkes und seine politische und ökonomische Machtentfaltung als eine Einheit betrachtet. Das zeigt sich am deutlichsten daran, daß er Deutschlands östlichen Nachbarn jedes Recht auf politische Selbständigkeit abspricht.

In diesem Verständnis der internationalen Politik verbindet sich eine bestimmte Fassung der Erbsündenlehre mit sozialdarwinistischem Denken. Die Sündigkeit des Menschen ist der Grund dafür, daß sowohl innerhalb der Staaten – im Bereich des Zivilrechts und des öffentlichen Rechts – wie auch in den Beziehungen zwischen den Staaten Gewalt angewendet werden muß und darf. Der sozialdarwinistische Ansatz erklärt die »Selbstbehauptung« zur politischen und damit auch zur ethischen Norm. Die Kulturaufgabe des Volkes

---

[48] Ebd., S. 221 f. Seit der 5. Auflage von 1913 hat Herrmann hier einen Abschnitt über die Bedeutung der allgemeinen Wehrpflicht und der Ausbildung internationaler Rechtsinstitute für die Bewahrung des Friedens eingefügt.

(und der mit ihr verbundene Machtanspruch des Staates) und seine politische Selbstbehauptung werden zu nicht mehr hinterfragbaren obersten Werten erklärt.

Herrmann hat sich in einem Vortrag während der ersten Kriegsmonate ähnlich geäußert[49]. Der Krieg als solcher ist »ein uns auferlegtes Schicksal«. Die Entscheidung, die von den Trägern der politischen Macht getroffen wird, erhält also für den einzelnen den Charakter eines unverfügbaren und auferlegten Schicksals. Das Christentum hat es nur mit der Frage zu tun, *wie* die Menschen dieses Schicksal ertragen. Hier meint Herrmann eine wesentliche Humanisierung des Krieges gegenüber der Vergangenheit feststellen zu können; sie zeigt sich in der Pflege der Verwundeten, der Versorgung der Kämpfer und in der Behandlung des feindlichen Landes. Im Rückblick auf den Ersten Weltkrieg muß dieses Urteil erstaunlich wirken. Vor allem aber hält Herrmann es für einen Sieg des Christentums, wenn die Menschheit durch diesen Krieg von der Meinung befreit wird, ein Volk müsse über das andere herrschen — einer Meinung, die bereits Aristoteles vertrete und für die England in diesem Krieg kämpfe[50]. Herrmann nimmt damit den in der Zeit des Ersten Weltkriegs häufig vertretenen Gedanken auf, England strebe nach der Welt*herrschaft*, also nach einer Hegemonie über die anderen Staaten, Deutschland dagegen kämpfe nur um Welt*geltung*, also um die Gleichberechtigung mit den anderen führenden Staaten der Erde. Darin, daß das Streben nach Welt*herrschaft* gebrochen wird, sieht er einen Sieg des Christentums. Er braucht die Folgerung nicht mehr ausdrücklich zu formulieren: der erhoffte Sieg Deutschlands über England ist ein Sieg des Christentums.

Gegenstimmen gegen die Überzeugung vom sittlichen Recht des Krieges wurden kaum laut. Ebenso gilt das für die Überzeugung, der Erste Weltkrieg sei ein Deutschland von den Feinden aufgezwungener reiner Verteidigungskrieg. Im Erlaß Wilhelms II. zum Bettag am 5. August[51] heißt es: »Reinen Gewissens über den Ursprung des

---

[49] W. *Herrmann*, »Die Türken, die Engländer und wir deutschen Christen«. Der erste Teil dieses Vortrags dient dem Nachweis, daß das Bündnis zwischen Deutschland und der Türkei sinnvoll ist. Denn Christentum und Islam sind verwandt; so kann dieses Bündnis dazu dienen, die Grundkräfte der Religion stärker hervortreten zu lassen.
[50] Ebd., Sp. 234.
[51] Text: Allgemeines Kirchenblatt für das evangelische Deutschland, 63, 1914,

Krieges, bin Ich der Gerechtigkeit unserer Sache vor Gott gewiß.« Wie die verschiedensten politischen Gruppierungen bis hin zur sozialdemokratischen Partei, so haben sich auch evangelische Theologie und Kirche dieser Überzeugung vorbehaltlos und mit Nachdruck angeschlossen. Als Beleg dafür muß an erster Stelle ein offiziöses kirchliches Dokument aus der ersten Kriegszeit, der Aufruf »An die evangelischen Christen im Ausland« vom August 1914, genannt werden. Dieser Aufruf wurde von einer großen Zahl führender kirchlicher Persönlichkeiten, insbesondere von den leitenden Geistlichen der preußischen Landeskirche sowie Theologieprofessoren[52] und Vertretern der Mission, unterzeichnet. Seine Kernsätze heißen[53]:

»Darin aber wissen wir uns mit allen Christen unseres Volkes einig, daß wir die Verantwortung für das furchtbare Verbrechen dieses Krieges und all seine Folgen für die Entwicklung des Reiches Gottes auf Erden von unserem Volk und seiner Regierung abweisen dürfen und müssen. Aus tiefster Überzeugung müssen wir sie denen zuschieben, die das Netz der Kriegsverschwörung gegen Deutschland seit langem im Verborgenen arglistig gesponnen und jetzt über uns geworfen haben, um uns zu ersticken.«

Man kann die allgemeine Begeisterung beim Beginn des Krieges ebensowenig verstehen wie die kirchlichen Stellungnahmen zum Kriegsausbruch, ohne die subjektive Aufrichtigkeit der Überzeugung, dieser Krieg sei ein reiner Verteidigungskrieg, ernst zu nehmen. Auch wenn der heutige Historiker zu einer anderen Beurteilung gelangt[54], war für die meisten deutschen Zeitgenossen der Erste Weltkrieg ein reiner Verteidigungskrieg und damit ein »gerechter Krieg«. Im Unrecht befanden sich nach ihrer Auffassung die Gegner, die Deutschland in diesen Krieg hineingezogen hatten.

Diese Einstellung hat in der Folgezeit führende kirchliche Persönlichkeiten immer wieder veranlaßt, die Beteiligung an internationalen kirchlichen Friedensresolutionen abzulehnen[55]. Romain Rolland beklagt an einem derartigen Brief von Dryander vor allem

---

S. 386. Der Erlaß wurde von G. *Kawerau* verfaßt; vgl. M. *Schian*, Die deutsche ev. Kirche im Weltkrieg, Bd. II, S. 23.
[52] Unter ihnen sind v. a. *Deißmann, Harnack, Herrmann* und *Loofs* zu nennen.
[53] Text: PrBl, 1914, Sp. 884—887; Zitat Sp. 886.
[54] Zu dieser Frage vgl. zum Beispiel verschiedene Beiträge in: W. *Schieder* (Hrsg.), Erster Weltkrieg: Ursachen, Entstehung und Kriegsziele.
[55] Vgl. vor allem die Antwort von *Dryander, Lahusen* und *Axenfeld* auf den Aufruf des Pastors Babut aus Nîmes, in: PrBl, 1914, Sp. 895 ff. Auf sie

»die schreckliche Sicherheit, die pharisäische Zufriedenheit, die sich in dem furchtbaren Briefe des Oberhofpredigers ausprägen, der Gott dafür dankt, daß er ihn fehlerlos, untadelhaft und rein erschaffen, ihn, seinen Kaiser, seine Minister, seine Armee und seine ganze Rasse, und der sich schon jetzt in seinem ›heiligen Zorn‹ über den Zusammenbruch aller derjenigen freut, die nicht wie er denken«. Er fügt hinzu, daß er nicht glaube, »daß dies Bekenntnis antichristlichen Stolzes dem Sinn der Besten Deutschlands entspricht«[56].

Diesen Krieg, in den Deutschland nach Meinung der deutschen Kirchenführer mit so reinem Gewissen eingetreten war, verstanden viele als »Gottesoffenbarung«. »Den Gott, der im Toben der Naturgewalten seine Macht offenbart, kannten wir. Aber den Gott, der im eisernen, zermalmenden Tritt der Weltgeschichte einhergeht, lernten wir erst jetzt kennen.«[57] Doch auch an diesem Punkt zeigen sich erhebliche Differenzen zwischen den verschiedenen theologischen Richtungen. Von einer einheitlichen »Kriegstheologie« zu reden, wie das üblicherweise geschieht, erscheint angesichts dieser Unterschiede ungerechtfertigt. Vielmehr muß man auch hier zumindest zwischen den Vertretern des Kulturprotestantismus und den Vertretern des orthodoxen Luthertums sehr sorgfältig unterscheiden. Diese Unterscheidung hatte sich schon im Blick auf das theologische Verständnis von Nation und Volkstum als notwendig erwiesen[58]. Sie bewährt sich bei der Frage nach der theologischen Beurteilung des Kriegserlebnisses.

Die Rede vom Krieg als »Gottesoffenbarung«, die sich mit dem Verständnis der Nation als einer »Offenbarung der Ewigkeit« verbindet, begegnet vor allem bei Theologen, die man dem Kulturprotestantismus zurechnen kann. Sehr charakteristisch für diese Gruppe ist es auch, daß Beckmann[59] das Erlebnis des Krieges als das »Gefühl schlechthinniger Abhängigkeit von der ewigen Macht als einer Macht der Weisheit und Güte« bezeichnet. Er nimmt damit den Ausdruck auf, mit dem Schleiermacher die Frömmigkeit beschrieben hat[60].

---

bezieht sich *Romain Rollands* im folgenden zitierter Kommentar. Ferner die Ablehnung einer Friedenserklärung, zu der Söderblom aufgerufen hatte, durch *Dryander, Fr. Dibelius, Roemer* und *Bezzel*, in: Ev. Kirchenzeitung, 1914, Sp. 669 f.
[56] Journal de Genève, 4. Nov. 1914, zitiert von W. *Schubring*, »Krieg und Kirche«, Sp. 552.
[57] *Ott*, zitiert von G. *Mahr*, »Wir Pfarrer und der Krieg«, Sp. 904.
[58] Siehe oben S. 144 ff.
[59] *Beckmann* zitiert von G. *Mahr*, »Wir Pfarrer und der Krieg«, Sp. 902.
[60] *Fr. D. E. Schleiermacher*, Der christliche Glaube, § 4 (Bd. I, S. 23 ff.).

Das Erlebnis, durch das nach seiner Meinung dieses Gefühl schlechthinniger Abhängigkeit und damit das Bewußtsein, mit Gott in Beziehung zu stehen[61], entsteht, ist der Krieg.

Es ist sehr kennzeichnend für die theologische Situation um 1914, daß in ihr die Begriffe »Offenbarung« und »Gefühl schlechthinniger Abhängigkeit« so leicht mit dem Krieg verbunden werden konnten. Darin zeigt sich eine für die Theologie dieser Zeit charakteristische Unschärfe im Gebrauch theologischer Begriffe, auf die zuerst Ernst Troeltsch aufmerksam gemacht hat[62]. Troeltsch erklärt diese Unschärfe, die er in allen wesentlichen theologischen Strömungen in Deutschland seit Schleiermacher findet, daraus, daß die Dogmatik zur Phänomenologie religiöser Erkenntnis, also zu einer »religiösen Erkenntnistheorie« geworden sei. Dieser Vorgang hat zur Resignation des dogmatischen Denkens und zu einem »dogmatischen Agnostizismus« geführt[63]. Das dogmatische Denken hat an der »allgemeinen Ermattung des philosophischen und metaphysischen Geistes« teil, »der gültige Erkenntnisse auf transzendenten Gebieten innerhalb und außerhalb der Theologie zu gewinnen überhaupt nicht mehr wagt und sich mit persönlichen Gewißheiten zufrieden gibt, bei denen es dann auf dogmatische Formulierung und Ausdruck überhaupt so genau nicht mehr ankommt«[64].

Schließt man sich dieser Diagnose, die Troeltsch bereits 1908 gab, an, so wird es verständlich, daß innerhalb des »Kulturprotestantismus« die theologischen Begriffe unscharfe Konturen erhalten. Besonders deutlich ist dies in unserem Zusammenhang beim Begriff der Offenbarung festzustellen. Er wird nicht mehr, wie es reformatorischer Theologie entspräche, exklusiv auf das »Wort Gottes« bezogen, sondern auf der einen Seite mit dem Erlebnis des einzelnen, auf der anderen Seite mit dem Begriff der Schöpfung verknüpft. Entsprechend wird auch der Glaube nicht mehr so verstanden, als sei es für ihn konstitutiv, daß er auf das Hören des Wortes angewiesen sei; vielmehr entsteht der Glaube aus dem Erlebnis schlechthinniger Abhängigkeit im Krieg.

In den Kreisen des orthodoxen Luthertums hat die Unschärfe im

---

[61] *Schleiermacher*, a. a. O., S. 30.
[62] *E. Troeltsch*, »Rückblick auf ein halbes Jahrhundert der theologischen Wissenschaft«. Vgl. auch W. *Pressel*, Die Kriegspredigt 1914—1918, S. 176.
[63] *E. Troeltsch*, a. a. O., S. 200 f.
[64] Ebd., S. 199.

Gebrauch theologischer Begriffe nicht dasselbe Ausmaß erreicht. Das war schon dadurch gewährleistet, daß sie sich enger an die traditionelle Begrifflichkeit der Theologie anschlossen. So war es für sie auch nicht möglich, den Krieg als Heilsoffenbarung zu interpretieren. Denn auch in der Begeisterung der ersten Kriegszeit ging bei vielen Lutheranern die Überzeugung, daß der Glaube auf das Wort des Evangeliums angewiesen sei, nicht verloren. Darüber hinaus standen sie wegen des starken Gewichts, das in ihrem Denken auf der Erbsündenlehre lag, dem Optimismus des Kulturfortschritts und so auch dem Gedanken, der Krieg könne zur Weiterentwicklung der Kultur beitragen, kritisch gegenüber. Deshalb interpretierten sie den Krieg nicht als Offenbarung, sondern als Gericht.

Für die Vertreter des orthodoxen Luthertums steht also der Gedanke im Vordergrund, daß der Krieg Ausdruck der Strafe Gottes und ein Aufruf zur Buße sei. Begründet wird diese Auffassung damit, daß eine positive Wertung des Krieges durch Jesus nur in den eschatologischen Reden des Neuen Testaments erfolge; der Krieg werde von Jesus dort verstanden als Wirkung des Gerichts und des Zornes Gottes[65]. Deshalb muß während des Krieges auf die Bußpredigt besonderes Gewicht gelegt werden[66]. Dieser Bußgedanke verbindet sich mit der lutherischen Tradition des Gehorsams gegenüber der Obrigkeit und der Staatstreue, aus denen sich der volle Einsatz des einzelnen in diesem Krieg ergibt. Offenbar hindert sowohl der Gedanke des Gehorsams gegenüber der Obrigkeit wie vor allem die Erbsündenlehre die orthodoxen Lutheraner daran, sich nachdrücklich für die Humanisierung der Kriegführung einzusetzen oder sich gar mit dem Gedanken einer »Abschaffung des Krieges« zu beschäftigen.

Eine weitere »Kriegstheologie« ergibt sich aus der insbesondere von Ernst Troeltsch durchgeführten scharfen Unterscheidung von Kulturethik und Ethik Jesu[67]. Otto Herpel vergleicht in seinem Bericht über »Deutsche Theologie-Professoren zum Kriege« die Haltung der Gruppe um Troeltsch mit derjenigen der orthodoxen Lutheraner, also der Gruppe um die »Allgemeine Evangelisch-lutherische Kirchenzeitung«.

---

[65] *Wohlenberg*, »Das Neue Testament und der Krieg«, zitiert von O. *Herpel*, »Deutsche Theologie-Professoren zum Kriege«, Sp. 784.
[66] Vgl. *L. Ihmels*, »Die Aufgabe der Kirche in der Gegenwart«, Sp. 883 ff., 900 ff.; *Pauli*, Vorwort, in: Ev. Kirchenzeitung, 89, 1915, Sp. 3 ff., 13 ff.
[67] Siehe unten S. 181 f.

Nach seiner Meinung bietet sich »das interessante Schauspiel, daß jene (sc. die Gruppe um Troeltsch), von dem Gegensatz der Kulturethik zur Ethik Jesu ausgehend, dennoch viel intensiver seelisch nach der Durchsetzung der letzteren ringen und den Krieg viel nachhaltiger als Übel empfinden als diese (sc. die Gruppe um die AELKZ), die doch prinzipiell von dem Krieg als Übel ausgehen und ihn als Erziehungsmittel in der Hand Gottes zur Zurückführung des Menschengeschlechts werten«[68].

Es ergeben sich also charakteristische Unterschiede zwischen verschiedenen Gruppen von Theologen in ihrer *theologischen* Wertung des Krieges. Ebenso finden sich unterschiedliche Positionen in der *politischen* Beurteilung des Krieges. Nahezu einhellig wird zwar die Überzeugung vertreten, daß es sich beim Ersten Weltkrieg um einen Verteidigungskrieg Deutschlands gegen seine Feinde handle, die ihm den Anspruch auf eine gleichberechtigte Stellung in der Welt streitig machen wollen: deshalb wird der Krieg als ein gerechter Krieg verstanden; die Berechtigung der Lehre vom gerechten Krieg wird dabei nicht mehr diskutiert, sondern als selbstverständlich vorausgesetzt. Unterschiede zeigen sich jedoch in den Stellungnahmen zur Frage der deutschen Kriegsziele. Die deutschen evangelischen Theologen haben in der Kriegszieldiskussion der Jahre 1914/15 eine bemerkenswerte Rolle gespielt.

Kennzeichnend dafür ist folgender Vorgang: Im Frühjahr 1915 trugen sechs große wirtschaftliche Verbände in einer der damals zahlreichen Denkschriften zur Kriegszielfrage[69] dem Reichskanzler ihre annexionistischen Kriegsziel-Wünsche vor. Diesen Forderungen schloß sich unter der Führung des Berliner Theologen Reinhold Seeberg eine Gruppe von 1347 Persönlichkeiten des öffentlichen Lebens, darunter 352 Hochschullehrern, an. Zu den Theologieprofessoren, die diese Eingabe unterzeichneten, gehörten außer Seeberg A. Deißmann, K. Holl, M. Schian, J. Haußleiter, N. Bonwetsch und F. Kropatschek[70]. Eine andere Gruppe von 341 Personen erhob alsbald gegen die Forderungen der Wirtschaftsverbände und die Seeberg-Denkschrift Protest und versuchte so, die gemäßigte Kriegszielpolitik Bethmann Hollwegs zu unterstützen. Angeführt wurde diese Gruppe von dem

---

[68] A. a. O., Sp. 804.
[69] Zu den Denkschriften über die Kriegszielfrage vgl. zuletzt W. J. Mommsen, »Die Regierung Bethmann Hollweg und die öffentliche Meinung 1914 bis 1917«, S. 138 f. u. ö.
[70] Vgl. K. *Schwabe*, Wissenschaft und Kriegsmoral, S. 70.

Berliner Historiker Hans Delbrück[71]; unter den Theologen, die seine Denkschrift unterzeichneten, waren A. v. Harnack, O. Baumgarten, F. Loofs und E. Troeltsch; ferner zählte der Jurist W. Kahl, einer der Führer der kirchlichen Mittelpartei in Preußen, zu den Unterzeichnern[72].

An diesem Vorgang wird deutlich, daß es nicht möglich ist, die verschiedenen politischen Positionen eindeutig den unterschiedlichen theologischen und kirchlichen Gruppierungen zuzuordnen[73]. Man findet liberale Theologen sowohl bei den Unterzeichnern der Seeberg-Eingabe (v. a. Deißmann) wie auch der Delbrück-Denkschrift (Harnack, Baumgarten, Troeltsch). Von den beiden Führern der kirchlichen Mittelpartei in Preußen schloß sich der eine der Seeberg-Eingabe (Schian), der andere der Delbrück-Denkschrift (Kahl) an. Eindeutiger scheint die politische Stellungnahme der »Positiven Union«, soweit sie politischen Fragen nicht distanziert gegenüberstand, zu sein. Zu ihr zählten auch die von Seeberg angeführten »Modern-Positiven«, die trotz einer gewissen Öffnung für den »Zeitgeist« im wesentlichen an der überlieferten lutherischen Orthodoxie festzuhalten bestrebt waren. Teil ihrer Theologie war es, daß sie »der positiv-völkischen Haltung des evangelischen Christentums in Deutschland starken Ausdruck« gaben[74]. So war es begreiflich, daß diese Richtung die Forderungen der Alldeutschen und der großen Wirtschaftsverbände unterstützte. Doch ebenso stand der Protestantenverein auf dieser Seite, obwohl er den linken Flügel der kirchlichen Parteien bildete. Auch Angehörige des Protestantenvereins betonten im Krieg das »Positiv-Völkische«, sahen im Erlebnis des Krieges ein Offenbarungsgeschehen und hofften auf einen möglichst weitreichenden Sieg Deutschlands.

Theologisch und kirchlich zur »Linken« zu gehören, hinderte also nicht daran, politisch rechts zu stehen[75]. Doch so, wie das Verständnis des Kriegs als göttlichen Offenbarungsgeschehens nicht mit Notwendigkeit zu alldeutschen Forderungen führte, garantierte das Verständnis des Kriegs als Ausdruck des göttlichen Gerichts keines-

---

[71] Zu Delbrücks Rolle in der Kriegszieldiskussion siehe *Mommsen*, a. a. O., S. 133 f.
[72] Vgl. *Schwabe*, a. a. O., S. 72, 88, 120.
[73] Wie *Schwabe* das tut; vgl. oben S. 139.
[74] *H. Stephan — M. Schmidt*, Geschichte der deutschen evangelischen Theologie seit dem deutschen Idealismus, S. 305.
[75] Vgl. den Abschnitt über *G. Traub* unten S. 192 ff.

wegs immer eine zurückhaltende Stellungnahme in der Frage der Kriegsziele. Vielleicht ist es erneut als ein Zeichen der Unschärfe in der theologischen Begrifflichkeit[76] und damit im theologischen Denken zu werten, daß die Zusammenhänge zwischen theologischer und politischer Argumentation so diffus sind, wie es nach den bisherigen Ergebnissen den Anschein hat. Diese Unschärfe zeigt sich darin, daß sehr viele Theologen über die politischen Konsequenzen ihrer theologischen Überzeugungen oder auch über die theologischen Implikationen ihrer politischen Entscheidungen offensichtlich sehr weitgehend im unklaren blieben. Wir werden allerdings im Lauf der weiteren Untersuchung noch auf theologische Gesichtspunkte stoßen, die für die betreffenden Autoren auch in ihren politischen Stellungnahmen von größerem Gewicht waren, als dies für die unterschiedlichen theologischen Wertungen des Krieges, die uns in diesem Abschnitt begegnet sind, der Fall ist.

2.3. Der »Burgfrieden« und die kirchlichen Parteien

»Ich kenne keine Parteien mehr, ich kenne nur Deutsche.« Dieses Wort Wilhelms II. bei der Eröffnung des Reichstags am 4. August 1914[77], das er zuvor in ähnlicher Fassung auch schon bei seiner Ansprache an die vor dem Schloß versammelte Menschenmenge am 1. August gebraucht hatte, blieb auch auf die kirchlichen Parteien nicht ohne Wirkung; bei ihnen wurde es oft in der Fassung zitiert: »Ich kenne keine Parteien, keine Standes- und Religionsunterschiede, ich kenne nur noch Deutsche.«[78] Hatte sich der »Burgfrieden« der politischen Parteien aus der Verhandlung der Parteiführer am 3. August und der gemeinsamen Bewilligung der Kriegskredite am 4. August ergeben, so war in der Folgezeit auch bald von einem kirchlichen »Burgfrieden« die Rede. Die Auseinandersetzungen zwischen Positiven, Liberalen und Mittelpartei sollten für die Dauer des Krieges ruhen[79].

---

[76] Siehe oben S. 154 f.
[77] Text: *E. R. Huber*, Dokumente zur deutschen Verfassungsgeschichte, Bd. 2, Nr. 313.
[78] So von *Schian*, Die deutsche evangelische Kirche im Weltkriege, Bd. 2, S. 28, zitiert nach der Sammlung: Weltkrieg! Kriegs- und Ruhmesblätter, Nr. 1, S. 3.
[79] Die ersten Anzeichen des kirchlichen Burgfriedens wurden von *J. Kübel*

Die Kämpfe zwischen den kirchlichen Parteien waren in der Vorkriegszeit in Berlin am heftigsten gewesen. Dort wurde auch, aus Anlaß der bevorstehenden Synodalwahlen, ein Kirchenwahlabkommen geschlossen, in dem der Burgfrieden dokumentarischen Niederschlag fand. In diesem Abkommen heißt es: »In einer Zeit, in der alle Glieder unseres Volkes einmütig nur das eine Ziel vor Augen haben, den äußeren Feind zu besiegen und dem Vaterlande einen dauernden Frieden zu gewinnen, erscheint es geboten, von inneren Kämpfen Abstand zu nehmen und die Waffen ruhen zu lassen, vor allem in der Kirche.«[80] Die Vereinbarung betrifft insbesondere die Gewährleistung des jeweiligen Besitzstandes in den synodalen Körperschaften bis zu den nächsten Hauptkirchenwahlen 1918 und den Verzicht auf alle Wahlagitation.

Die Parole vom Burgfrieden wurde allerdings von den verschiedenen Gruppen unterschiedlich aufgenommen. Viele Anhänger des kirchlichen Liberalismus wünschten, daß der Burgfrieden auch nach dem Ende des Krieges andauern würde[81]. Die Positive Union setzte sich gegen solche Hoffnungen zur Wehr; die Evangelische Kirchenzeitung, dem Geist ihres Gründers Hengstenberg getreu, machte sich zum Sprachrohr des Kampfes gegen einen länger dauernden Burgfrieden. Zum einen, so argumentierte diese Gruppe, dürfe man nicht unter dem Druck nationaler Erregung das Wort des Kaisers, er kenne keine Parteien mehr, einfach auf das kirchliche Leben übertragen und dabei Jesu Aufforderung übersehen, man solle dem Kaiser geben, was des Kaisers ist, Gott aber, was Gottes ist. Zum anderen bedeute der kirchliche Burgfrieden nichts anderes als die Proklamierung der Gleichberechtigung aller Richtungen in der Kirche. Dies aber würde gleichbedeutend sein »mit der Preisgabe der gottgegebenen, unveräußerlichen Grundlagen des Evangeliums und der darauf fußenden Bekenntnisse unserer Landeskirche«[82]. Sowohl die Distanz gegenüber der nationalen Begeisterung als auch die unbeugsame Sicherheit,

---

am 10. September 1914 in der Chronik der christlichen Welt, 24, 1914, S. 451, registriert und am 17. September 1914 in dem Aufsatz »Kirchenpolitik und Krieg« dargestellt.
[80] Der Text ist veröffentlicht z. B. in: CW, 29, 1915, Sp. 246 und in: Protestantenblatt, 1915, Sp. 601 f.
[81] Diese Hoffnung wurde zuerst in dem Anm. 79 genannten Aufsatz von *Kübel* ausgesprochen.
[82] Ev. Kirchenzeitung, 89, 1915, Sp. 82.

allein die rechte und reine Lehre zu vertreten, sind diesen Worten mit Deutlichkeit zu entnehmen[83].

3. Die Kulturbedeutung des Protestantismus und die religiöse Bedeutung der großen Kriege: Karl Holl

Der Ausbruch des Ersten Weltkriegs fiel für Deutschland zwischen zwei hundertjährige Jubiläen: zwischen das Jubiläum der Befreiungskriege und das Jubiläum von Bismarcks Geburtstag. Beide Jubiläen waren für den deutschen Protestantismus von hoher Bedeutung: Zeigte sich in Bismarcks Persönlichkeit wie in seiner politischen Leistung die Kulturbedeutung der lutherischen Reformation bis hinein in den Bereich der Politik, so rief das Gedächtnis der Befreiungskriege die Erinnerung an den religiösen Aufschwung wach, den das Erlebnis des Krieges und das Eintreten für die Zukunft des Vaterlandes vermittelten. So klingen die beiden Thesen von der Kulturbedeutung des Protestantismus und von der religiösen Bedeutung der großen Kriege in vielen Predigten und Stellungnahmen der ersten Kriegsmonate an[84]. Die eigentümliche Verschränkung der beiden Motive, in denen die politischen Auswirkungen auch »religiöser« Ereignisse und die religiösen Wirkungen politischer Ereignisse nebeneinander stehen, ist für die Denkweise weiter Kreise des Protestantismus der damaligen Zeit in hohem Maß kennzeichnend.

Derjenige Theologe, der beiden Motiven in sorgfältigen historischen Studien nachgegangen ist, ist Karl Holl[85]. Holl gehörte zu den Un-

---

[83] Zum »Burgfrieden« vgl. noch den Abschnitt über *G. Traub*, unten S. 192 ff.
[84] Vgl. z. B. das bei *Pressel*, Die Kriegspredigt 1914—1918, S. 80 ff., 140 ff. zusammengestellte Material.
[85] Vgl. vor allem: »Die Kulturbedeutung der Reformation«, in: Ges. Aufs., I, S. 468—543; »Die Bedeutung der großen Kriege für das religiöse und kirchliche Leben innerhalb des deutschen Protestantismus«, in: Ges. Aufs., III, S. 302—384. Daneben sind folgende Arbeiten *Holls* für unseren Zusammenhang von Bedeutung: »Tolstoi nach seinen Tagebüchern«, in: Ges. Aufs., II, S. 433—449; »Luthers Anschauung über Evangelium, Krieg und Aufgabe der Kirche im Lichte des Weltkrieges«, in: Ges. Aufs., III, S. 147—170; »Christentum und Sozialismus«, in: Ges. Aufs., III, S. 505—513; »Der Protestantismus in seiner Kulturbedeutung«, in: Ges. Aufs., III, S. 514—519; »Das Verhältnis von Staat und Kirche im Lichte der Geschichte«, in: Kleine Schriften, S. 13—32; »Luther als Erneuerer des christlichen Gemeinschaftsgedankens«, in: Kl. Schr., S. 62—66; »Kirchliche Aufgaben nach dem Krieg«, in: Kl. Schr., S. 96—110;

terzeichnern der Seeberg-Eingabe[86] und war am Ende des Krieges Mitglied der Vaterlandspartei, zu deren maßgebenden Persönlichkeiten wiederum R. Seeberg zählte[87]. Holls damit angedeutete politische Haltung macht es verständlich, daß die Thesen über die Kulturbedeutung des Protestantismus und über die religiöse Bedeutung der großen Kriege für ihn von erheblichem Interesse waren. Um so bemerkenswerter sind seine kritischen Urteile, insbesondere über die religiösen Wirkungen der vergangenen Kriege.

Holls Arbeiten zu den genannten Themen entstammen allerdings nicht der Zeit des Kriegsausbruchs, sondern sind zum Teil schon vorher, zum Teil erst 1917 entstanden. Dennoch soll von ihm hier die Rede sein, da seinen Versuchen, diesen Themen als Historiker nachzugehen, nichts Vergleichbares an die Seite gestellt werden kann. Holl hat die genannten historischen Studien mit dem offen ausgesprochenen Ziel geschrieben, zur Klärung von Gegenwartsfragen beizutragen. Die Meisterschaft der historischen Analyse und Kritik verbindet sich mit einer lebendigen, oft auch schmerzvollen Beteiligung an den Fragen der eigenen Gegenwart. Holl nimmt zu diesen Fragen einen festen Standpunkt ein, den er in all seinen Einzelzügen immer wieder auf Luther zurückzuführen sucht — und zwar auf den Luther, den Holl selbst gegenüber den verflachenden Interpretationen seiner Zeitgenossen neu verstehen lehrt.

Holls Arbeit über »Die Kulturbedeutung der Reformation« erwächst zunächst nicht aus der Auseinandersetzung mit dem politischen Geschehen, sondern aus einer wissenschaftlichen Kontroverse. Die erste Fassung dieser Arbeit stammt aus dem Jahr 1911; sie dient der Auseinandersetzung mit der von Troeltsch (und Max Weber) vertretenen These, nur dem Calvinismus sei eine entscheidende Wirkung auf die Kultur der Neuzeit zuzuschreiben, nicht aber dem Luthertum. Demgegenüber untersucht Holl die Wirkungen des Luther-

---

»Revolution und Kirche«, in: Kl. Schr., S. 111—116; »Werden wir unsere Kirche behalten?«, in: Kl. Schr., S. 117—128; Christliche Reden. Unter den zitierten Arbeiten sind auch solche aus dem Anfang der zwanziger Jahre, die jedoch das Erlebnis des Krieges noch sehr deutlich spiegeln. Der Briefwechsel Holls mit Harnack ist für unsere Fragen leider unergiebig. Ergiebiger sind *K. Holl*, »Briefwechsel mit A. Schlatter«, und *K. Holl*, »Briefwechsel mit P. Schattenmann«. Die einzige größere Monographie über K. Holl: *W. Bodenstein*, Die Theologie K. Holls, geht auf unsere Fragestellung nicht ein.
[86] Siehe oben S. 156.
[87] Vgl. *K. Schwabe*, Wissenschaft und Kriegsmoral, S. 161 mit Anm. 253.

tums wie des Calvinismus auf die Bereiche der Politik, der Wirtschaft, der Bildung, der Philosophie und der Kunst. Das Ergebnis ist differenziert; im ganzen soll deutlich werden, daß der Einfluß des Luthertums dem des Calvinismus in keiner Weise nachsteht. Das gilt gerade für den Bereich der Politik. Die Wurzeln für die Entwicklung des Kultur- wie des Sozialstaatsgedankens sind in der lutherischen Reformation zu suchen; ebenso hat die Forderung der religiösen Gewissensfreiheit und einer weitgehenden Toleranz des Staates im Luthertum ihren Ursprung. Auf der anderen Seite ergeben sich für Holl wichtige und höchst aktuelle Erkenntnisse über die religiösen Wurzeln, aus denen sich Unterschiede zwischen Deutschland und England und der Holl selbst sehr schmerzliche Gegensatz beider Länder erklären lassen. Noch im gegenwärtigen politischen Verhalten Englands und Deutschlands sind die verschiedenen religiösen Traditionen beider Länder wirksam. Während die Deutschen in der Nachfolge Luthers von einem sittlichen Ziel der Geschichte überzeugt sind, geben die Engländer sich mit der Garantie der politischen Menschenrechte und der Sicherung von »happiness«, dem materiellen Glücklichsein, zufrieden[88]. Dies verbindet sich mit dem Glauben an eine besondere religiöse Begnadung des englischen Volkes, die Holl aus der Einführung der Reformation durch den König selbst und der Einrichtung der Staatskirche erklärt[89]. Aus dem so begründeten Selbstbewußtsein entspringt die englische Einstellung zum Krieg. Der Krieg gilt ihr als ein Rechts- und Strafverfahren; wo England das Recht bedroht sieht, kann es eingreifen, auch wenn es nicht unmittelbar betroffen ist. Aus diesem Verständnis des Krieges wird das Recht hergeleitet, den Besiegten wie einen Verbrecher zu behandeln.

»Danach hat England wie jederzeit so auch im Weltkrieg gehandelt. Was in Deutschland als unerträgliche Selbstgerechtigkeit empfunden würde, was Bismarck, darin der echteste Vertreter deutschen Denkens, beharrlich von sich gewiesen hat, das wird vom Engländer auf Grund jener religiösen Selbsteinschätzung mit dem allerbesten Gewissen ausgeübt.«[90]

Aus dem religiösen Selbstbewußtsein stammt auch Englands Imperialismus; demgegenüber liegt dem deutschen Volk Imperialismus im Sinn einer *Vorherrschaft* in der Welt oder gar einer alleinigen Welt-

---

[88] Ges. Aufs., I, S. 528.
[89] Ebd., S. 497 f.
[90] Ebd., S. 499.

herrschaft völlig fern[91]. Daß Deutschland eine Welt*geltung* erstrebt habe, räumt Holl in einer Predigt kurz nach Kriegsende allerdings ein, und er kann auch keine Schuld daran finden[92]; denn damit hat Deutschland nur erstrebt, was ihm als jungem und aufsteigendem Volk zustand. Holl meint offenbar, Deutschland habe Gleichberechtigung, nicht Vorherrschaft erstrebt; gegen dieses Streben sei nichts einzuwenden.

Doch statt der Weltgeltung kamen Zusammenbruch und Verachtung. Worin lag der Grund? In der genannten Predigt macht Holl als Grund vor allem geltend, daß Glaube und Sittlichkeit gesunken seien[93]. Man könnte das so verstehen, als habe Holl im Glauben, und zwar im Glauben an den »deutschen Gott«, und in der Sittlichkeit, also in der Opferbereitschaft der ersten Kriegszeit, einen Garanten des Sieges gesehen, dessen man sich leichtfertig begeben hätte. Doch Holls Überlegungen, die er in dieser Predigt nicht ausführt, gehen in andere Richtung. Im Zusammenhang mit seiner Behauptung, Imperialismus sei den Deutschen fremd, bemerkt er, bei großen Erfolgen in der auswärtigen Politik habe sich in Deutschland immer die bange Frage eingestellt, ob das äußere Glück nicht mit dem Schaden der Seele erkauft sei. Und er fährt fort: »Im Weltkrieg hat sich das erschütternd offenbart. Es war nur nötig, das deutsche Volk zu überreden, daß es jetzt keinen Verteidigungskrieg, sondern einen Eroberungskrieg führe, so war auch seine Kraft dahin.«[94] Man könnte in dieser Äußerung eine Selbstkritik Holls sehen, da er selbst während des Krieges als Unterzeichner der Seeberg-Eingabe und Mitglied der Vaterlandspartei annexionistische Kriegsziele vertreten hat. Doch gemeint ist wohl etwas anderes: nicht der Unterschied zwischen der Gruppe um Delbrück und Harnack, die einen schnellen Verständigungsfrieden anstrebte, und der Vaterlandspartei, die in ihrer großen Mehrheit der Meinung war, Deutschlands Sicherheit lasse sich nur durch ein gewisses Maß an Gebietserwerb gewährleisten, bedeutete den großen Bruch innerhalb des deutschen Volkes; sondern dieser Bruch entstand durch den Vorwurf der Linken (vor allem der USPD), der Krieg habe sich aus einem Verteidigungs- in einen Eroberungskrieg verwandelt. Dadurch, daß man dem Volk das einredete (es

---

[91] Ebd., S. 491.
[92] Christliche Reden, S. 50.
[93] Christliche Reden, S. 51 ff.
[94] Ges. Aufs., I, S. 491.

»überredete«) — so ist nun Holls Meinung[95] —, wurde seine Verteidigungs- und Widerstandskraft gebrochen[96].

Holls Entgegensetzung von Deutschland und England ist kraß und enthält verhängnisvolle Momente; doch Holl wird dadurch, daß er die Kulturbedeutung der lutherischen Reformation darzustellen sucht und sich bemüht, nachzuweisen, daß von Luther über Leibniz und Böhme, Kant und Goethe eine Linie zu Bismarck führt, nicht zum Propheten des »deutschen Wesens« und nicht zum Apostel des »deutschen Gottes«. Ebenso ist auch seine Beurteilung der religiösen Bedeutung der großen Kriege viel differenzierter, als es zur Zeit des Ersten Weltkriegs üblich ist. Holl betrachtet als große Kriege nur den Dreißigjährigen Krieg und die Befreiungskriege. Den deutsch-französischen Krieg, den die Zeitgenossen außerdem noch mit Begeisterung erwähnen, anerkennt er nicht als »großen Krieg«. Vier Schlußfolgerungen, die sich aus Holls geschichtlicher Darstellung ziehen lassen, sind in unserem Zusammenhang wichtig:

1. Die religiöse Begeisterung, die durch die großen Kriege ausgelöst wurde, war nicht von Dauer; auf Zeiten der Begeisterung folgten Zeiten der Erschlaffung.

2. Die großen Kriege fanden den Protestantismus in zersplittertem Zustand vor. Während der Befreiungskriege standen sich vor allem zwei theologische Richtungen, die Schule Schleiermachers und die Erweckungstheologie, gegenüber, die auch durch das Erlebnis des Krieges nicht zusammenfanden; vielmehr verschärfte sich der Gegensatz.

3. Noch deutlicher als im Dreißigjährigen Krieg zeigte sich in den Befreiungskriegen, daß dem Protestantismus ein spezifisch kirchliches Gemeinschaftsbewußtsein weithin verlorengegangen war; nicht die Kirche, sondern das Volk war die Gemeinschaft, der man sich zugehörig fühlte.

4. Auf beide großen Kriege folgten Zeiten, in denen der Druck des

---

[95] *Holls* Arbeit über »Die Kulturbedeutung der Reformation«, die auf einen Vortrag aus dem Jahr 1911, der 1918 wiederholt wurde, zurückgeht, erschien in der 2. Aufl. der Gesammelten Aufsätze, Bd. I, 1923 zum ersten Mal. Es ist zu vermuten, daß die zitierte Formulierung auf die Überarbeitung für den Druck zurückgeht.

[96] Diese Interpretation wird auch dadurch gestützt, daß *Holl* in einem Brief an Schattenmann von 8. 9. 1919 betont, er sehe keinen Anlaß, dem »alten Deutschland« Überheblichkeit vorzuwerfen (ZKG, 79, 1968, S. 81).

landesherrlichen Kirchenregiments auf die Kirche zunahm und schwer erträglich wurde.

Aus diesen Ergebnissen hat Holl während des Krieges und nach dem Krieg Konsequenzen zu ziehen gesucht. So hat er, obwohl überzeugter Monarchist, das Ende des landesherrlichen Kirchenregiments lebhaft begrüßt[97] und seinen Beitrag zu den Aufgaben, die sich der Kirche nach dem Krieg stellten, zu leisten gesucht. Noch während des Krieges hat er auf den Gegensatz zwischen denen, die das sittliche Recht des Krieges verteidigten, und denen, die dieses Recht bestritten, also insbesondere den »Friedensfreunden« und den »Religiös-Sozialen« aufmerksam gemacht[98]. Holl sah in diesem Gegensatz offenbar eine Parallele zu dem Gegensatz zwischen Schleiermacher-Anhängern und lutherischer Erweckungsbewegung nach 1813. Deshalb führte er im Gegensatz zu den meisten seiner theologischen Zeitgenossen die Auseinandersetzung mit den Religiös-Sozialen und den Friedensfreunden um Fr. W. Foerster und Planck mit allem Ernst, obgleich der Einfluß dieser Gruppen in Deutschland sehr gering war. Durch den Rückgang auf Luther suchte er diesen Gegensatz, von dem er, durch die Geschichte belehrt, verhängnisvolle Auswirkungen auf das Leben der Kirche nach dem Krieg befürchtete, zu überwinden oder zu relativieren. Doch das konnte nicht gelingen; denn Holl selbst geriet in dieser Auseinandersetzung in eine schroffe Frontstellung gegen den religiösen Sozialismus, dem er vorwarf, die Theologie zu einer Unterstützung sozialdemokratischer Ideen zu mißbrauchen[99].

---

[97] Für *Holls* Gegnerschaft gegen das landesherrliche Kirchenregiment vgl. auch seine Briefe an Adolf Schlatter vom 17. 11. 1918 (ZThK, 64, 1967, S. 225), vom 1. 1. 1919 (ebd., S. 227) und vom 13. 7. 1924 (ebd., S. 239 f.).
[98] Vgl. Ges. Aufs., III, S. 147—170.
[99] Vgl. auch *Holls* briefliche Äußerung an A. Schlatter vom 28. 12. 1914 über die Religiös-Sozialen: »Was Ragaz über unseren Krieg und über Deutschland sagt, ist doch geradezu empörend. Und das wird dann im Namen des Christentums herausgeschleudert ... Ich empfinde es sehr schmerzlich, daß sich zwischen uns und den deutschen Schweizern jetzt eine noch tiefere Kluft auftut als vorher ...« (ZThK, 64, 1967, S. 217). Ähnlich in einer Karte an Schlatter von 1916, in der Holl die Auseinandersetzung mit den Religiös-Sozialen als das treibende Motiv seines Anm. 98 erwähnten Aufsatzes angibt: »Es ist mir ebenso unbegreiflich wie schmerzlich, daß ein im Grund so unklarer, nur schwärmerisch veranlagter Mann wie Ragaz die ganze schweizerische theologische Jugend mit sich fortzureißen und durch seinen Sozialismus alle anderen theologischen Fragen in den Hintergrund zu schieben vermocht hat. Das erweckt sehr

Dem Mangel eines kirchlichen Gemeinschaftsbewußtseins hat Holl vor allem dadurch entgegenzuwirken gesucht, daß er Luthers Kirchenbegriff wieder ans Licht hob. Für ihn war nach Holls Auffassung der Gemeinschaftsgedanke von hoher Bedeutung; aus diesem versuchte er deshalb Konsequenzen für das Leben der Kirche in der Gegenwart zu ziehen. Die Auflösung des Kirchenbegriffs im Protestantismus und deren Konsequenzen hat Holl deutlich erkannt. Von seinen Überlegungen aus fällt auch ein Licht auf einen bezeichnenden Zug der Kriegspredigt und der »Kriegstheologie«, von dem deshalb hier noch kurz die Rede sein soll.

Das Fehlen eines angemessenen Kirchenverständnisses zeigt sich in den theologischen Äußerungen zum Weltkrieg mit voller Deutlichkeit. Die Größe, die in Frage stand, war das Vaterland, nicht die Kirche; und die Gemeinschaft, der der einzelne sich zugehörig fühlte, war nicht die Kirche, sondern das Volk. Selbst das christliche Reden vom heiligen Geist wurde nicht, wie es der Tradition entsprochen hätte, auf die Kirche, sondern auf das Volk bezogen[100]. Die »Ideen von 1914« galten als »Offenbarung des Heiligen Geistes«. Eine Kritik solcher Gedanken muß stärker, als es üblicherweise geschieht[101], bedenken, daß hinter ihr nicht nur die theologische, sondern auch die »kirchensoziologische« Entwicklung des 19. Jahrhunderts steht. Sie ist dadurch gekennzeichnet, daß sich ein Protestantismus herausbildete, bei dem ein Minimum an kirchlicher Bindung mit einer starken Bindung an »Volk und Vaterland« einherging. Auf die Kirche als Gemeinschaftsform meinte dieser Protestantismus weitgehend verzichten zu können, nicht jedoch auf den Glauben; doch dieser Glaube zeigte sich vielleicht am stärksten in der religiösen Begründung des Nationalgefühls.

Man könnte diesen Sachverhalt auch so zu beschreiben versuchen: Für die protestantische Bildungsschicht war im 19. Jahrhundert die Nation zum vorrangigen Loyalitätsinhalt[102] geworden. Im Vergleich dazu spielte die Loyalität gegenüber der Kirche eine untergeordnete

---

trübe Aussichten für die Zeit nach dem Krieg. Wenn sich die Kluft zwischen den Schweizern und uns noch mehr verbreitert, so ist das doch auch für sie ein schwerer Verlust« (ebd., S. 220).
[100] Vgl. *Pressel*, Die Kriegspredigt 1914—1918, S. 15 ff.
[101] Etwa bei *Pressel*, a. a. O., S. 338 f., und bei *Marsch*, »Politische Predigt zu Kriegsbeginn«, S. 513 ff.
[102] Zur heutigen Diskussion über die Transformation von Loyalitäten vgl. *E. Senghaas-Knobloch*, Frieden durch Integration und Assoziation, S. 164 ff.

Rolle. Insbesondere war aus dem Bewußtsein der deutschen Protestanten der Tatbestand weitgehend verschwunden, daß die Bindung an die Kirche Bindung an eine transnationale Gemeinschaft ist. Loyalitätskonflikte zwischen Kirche und Staat wurden im allgemeinen schon dadurch ausgeschaltet, daß infolge der engen Verbindung von Staat und Kirche die Vertreter der Kirche kaum Kritik am staatlichen Handeln übten. So konnte die Loyalität gegenüber der Kirche für Protestanten kaum ein Grund sein, sich der nationalen Begeisterung der ersten Kriegszeit gegenüber kritisch zu verhalten. Die »Ideen von 1914« wurden vielmehr von Theologen und Pfarrern geteilt und wirksam unterstützt.

Neben der protestantischen Bildungsschicht, die der Kirche als Gemeinschaftsform nicht bedurfte, stand die Arbeiterschaft, die sich zum größten Teil von der Kirche noch entschiedener und aus anderen Motiven zurückgezogen hatte. Durch die Begeisterung der ersten Kriegszeit bekamen die Pfarrer zu beiden Gruppen wieder Zugang. Sie waren angesichts der geschilderten Situation und insbesondere durch die Kirchenaustrittsbewegung der Vorkriegszeit in ihrer Funktion verunsichert worden. Angesichts des »nationalen Aufbruchs« sahen sie eine Möglichkeit, ihrer Aufgabe wieder gewiß zu werden und sich in ihr zu bewähren. Daß sie nun vom Volk mehr redeten als von der Kirche, von Gott, dem Schlachtenlenker, eindringlicher zu predigen wußten als vom Christus der Versöhnung, ist eine naheliegende, wenn auch weithin unreflektierte Konsequenz aus der unmittelbar vorhergehenden geschichtlichen Entwicklung wie aus der aktuellen geschichtlichen Situation. Darin kommt mehr zum Vorschein als eine »schlechte« Theologie, die leicht durch eine »bessere« zu ersetzen wäre. Darin zeigen sich vielmehr die Konsequenzen einer Entwicklung, durch die der Protestantismus so sehr zu einer »staatserhaltenden Kraft« geworden war, daß er alle Distanz zu diesem Staat verloren hatte. Durch diese Entwicklung war die Kirche als eigenständige Gemeinschaft in der Gemeinschaft des Volkes aufgegangen; sie hatte so die Kraft verloren, der Öffentlichkeit gegenüber eine kritische Instanz zu sein und nationalen Ideologien kritisch gegenüberzutreten.

4. Die Freunde der »Christlichen Welt«

Was man generalisierend die »Kriegstheologie« des Ersten Weltkriegs zu nennen pflegt, wurde, wie oben gezeigt, vor allem von Gruppen vertreten, die dem sogenannten »Kulturprotestantismus« nahestanden. Dieser Ausdruck kann allerdings nur mit Vorsicht verwendet werden. Denn mit ihm hat sich diese theologische Richtung nicht selbst bezeichnet; vielmehr ist er erst von der dialektischen Theologie geprägt worden, die sich mit diesem polemischen Begriff von der ihr vorausgehenden liberalen Theologie distanzieren wollte[103]. Hinzu kommt, daß auch in dieser Gruppe, und zwar gerade unter ihren bedeutendsten Vertretern, sehr charakteristische Unterschiede begegnen. Angesichts dieser Unterschiede stellt sich die Frage, ob es überhaupt sinnvoll ist, vom »Kulturprotestantismus« als einer einheitlichen Größe zu sprechen. Sind die Gegensätze innerhalb dieser Gruppe, die gerade in den Stellungnahmen zum Ersten Weltkrieg hervortreten, dafür nicht zu tiefgreifend?

Doch diese Stellungnahmen beruhen bei allen Differenzen auf gemeinsamen Erfahrungen und Voraussetzungen. Sie beruhen auf einem Kulturidealismus, für den sich der Gedanke der Kultur mit dem Gedanken des Reiches Gottes verbindet. Mit diesem Kulturidealismus hatte die Theologie an einer starken Bewegung innerhalb der deutschen Bildungsschicht der Vorkriegszeit Anteil. Für breite Kreise der deutschen Wissenschaft, Literatur und Bildung war das Jahrzehnt vor dem Ersten Weltkrieg durch das Bewußtsein einer tiefen Kulturkrise bestimmt. Man sah die Zeit gekennzeichnet durch einen um sich greifenden Materialismus und eine »sinnlose Wohlstandsanbetung«[104]. Man hoffte auf einen Aufbruch aus diesem Verfallensein an Materialismus und »Zivilisation« zu einer neuen Blüte deutscher Kultur. In dieser Hoffnung interpretierte man die Begeisterung der ersten Kriegszeit, die »Ideen von 1914« als einen Anfang der Kulturerneuerung, die sich im Kampf gegen den materialistischen »Geist des Westens« vollziehen sollte. Deshalb verbanden sich die »Ideen von 1914« mit dem, was man als Wurzel der deutschen Kultur ansah, mit dem Protestantismus. Thomas Mann schrieb[105]:

---

[103] Vgl. *H. Timm*, Theorie und Praxis in der Theologie Albrecht Ritschls und Wilhelm Herrmanns, S. 13.
[104] *Th. Mann*, Betrachtungen eines Unpolitischen, S. 345.
[105] Ebd., S. 39 f.

»Umfassendste Einhelligkeit, meine ich, bestand vom ersten Augenblick an darüber, daß die geistigen Wurzeln dieses Krieges, welcher mit allem möglichen Recht ›der deutsche Krieg‹ heißt, in dem eingeborenen und historischen ›Protestantentum‹ Deutschlands liegen; daß dieser Krieg im wesentlichen einen neuen Ausbruch, den großartigsten vielleicht, den letzten, wie einige glauben, des uralten deutschen Kampfes gegen den Geist des Westens sowie des Kampfes der römischen Welt gegen das eigensinnige Deutschland bedeutet. Ich lasse es mir nicht nehmen, daß aller deutsche ›Patriotismus‹ in diesem Kriege ... seinem Wesen nach instinktive, eingeborene, oft erst nachträglich reflektierte Parteinahme für eben jenes Protestantentum war und ist.«

Vor diesem Hintergrund des Bewußtseins der Kulturkrise und des Willens zur Kulturerneuerung muß man auch die Kriegspredigten sehen, die den Kriegsbeginn als ein Erlebnis der Befreiung deuten. Der Krieg bedeutet die Befreiung aus den materialistischen und egoistischen Bindungen des einzelnen zum Einsatz für die gemeinsame Zukunft[106]. Die Kulturerneuerung im Innern ist verbunden mit dem Kampf gegen die der Kultur schädlichen »materialistischen« Einflüsse von außen wie auch mit dem Kampf gegen die »Verleumdung« deutschen Wesens und deutscher Kultur durch die Feinde. Deshalb wird der Krieg als Kulturkrieg verstanden[107].

In den Stellungnahmen zum Ersten Weltkrieg kommt der Charakter der später so benannten theologischen Bewegung als »Kulturprotestantismus« mit ihren Impulsen wie mit ihren Gefährdungen besonders deutlich zum Ausdruck. Hinter den verschiedenen Stellungnahmen zum Kriegsgeschehen steht als gemeinsames Motiv die Überzeugung, daß der Mensch von den materialistischen und egoistischen Bindungen zu den geistigen Bindungen aufsteigen muß; diese finden ihren Ausdruck in den Gestaltungen der Kultur.

Von hier aus wird auch die religiöse Wertung des Krieges als Ort göttlicher Offenbarung eher verständlich. Diese Wertung des Krieges ist keineswegs auf den Kreis der Theologen beschränkt. Sie stellt vielmehr ein verbreitetes Motiv dar. So endet etwa der erste der »Fünf Gesänge«, die Rilke im August 1914 schrieb, mit den Zeilen[108]:

»Endlich ein Gott. Da wir den friedlichen oft
nicht mehr ergriffen, ergreift uns plötzlich der Schlacht-Gott,

---

[106] Vgl. etwa die oben S. 144 zitierte Predigtäußerung von *Otto Dibelius*.
[107] Dieses Stichwort wird z. B. von *E. Troeltsch* aufgenommen; vgl. Der Kulturkrieg, 1915.
[108] *R. M. Rilke,* Werke, Bd. II, S. 87.

schleudert den Brand: und über dem Herzen voll Heimat
schreit, den er donnernd bewohnt, sein rötlicher Himmel.«

Hinter den verschiedenen Positionen, die von Vertretern der liberalen Theologie im Ersten Weltkrieg eingenommen wurden, kommen also gemeinsame Motive zum Vorschein, die in der Bildungsschicht in den Jahren vor dem Ersten Weltkrieg sehr verbreitet waren und von diesen Theologen aufgenommen wurden. Da der Wille zur Kulturerneuerung für diese Gruppen charakteristisch ist, findet so auch der Begriff des »Kulturprotestantismus« eine gewisse Rechtfertigung.

In diesem Abschnitt soll von drei Vertretern des Kulturprotestantismus ausführlicher gesprochen werden. Von Adolf von Harnack muß allein schon deshalb die Rede sein, weil er unter den deutschen Theologen eine einzigartige Position besaß. Durch die Achtung, die man ihm im In- und Ausland entgegenbrachte, durch die wichtigen wissenschaftlichen und wissenschaftspolitischen Positionen, die er innehatte, durch seinen unmittelbaren Kontakt mit Wilhelm II., Bethmann Hollweg und Clemens von Delbrück[109] nahm er eine Sonderstellung ein. Von Troeltsch, der bald nach Kriegsausbruch von der theologischen Fakultät in Heidelberg zur philosophischen Fakultät in Berlin überwechselte, muß in unserem Zusammenhang gesprochen werden, weil die Entwicklung seiner Anschauungen von der Rede, die er zur Mobilmachung am 2. August 1914 in Heidelberg hielt, bis zu dem Gedanken des Europäismus, den er in seinen späteren Schriften vertrat, bemerkenswert und ohne Parallele ist. Martin Rade schließlich muß wegen seiner besonderen, »pazifistischen« Stellungnahmen zum Krieg sowie in seiner Rolle als Herausgeber der »Christlichen Welt« eigens gewürdigt werden.

Nun kann es fragwürdig erscheinen, wenn man diese drei sehr unterschiedlichen Männer unter dem Zeichen der »Christlichen Welt« zusammenbringt. Doch diese Zeitschrift, 1886 von Martin Rade gegründet, und die sich um sie gruppierende »Vereinigung der Freunde der Christlichen Welt« hatten sich im Lauf der Jahre zum Mittel-

---

[109] Auf Delbrücks Bitte hat Harnack nach der Reichstagssitzung vom 4. August 1914, an der er teilgenommen hatte, im Zimmer Delbrücks im Reichstag einen Entwurf für den Aufruf des Kaisers an das deutsche Volk vom 6. August angefertigt; die endgültige Fassung des Aufrufs enthält noch Harnacksche Formulierungen. Vgl. dazu *Axel von Harnack*, »Der Aufruf Kaiser Wilhelms II. beim Ausbruch des Ersten Weltkriegs«; *Agnes von Zahn-Harnack*, Adolf von Harnack, S. 443 f.

punkt der liberalen Theologie entwickelt. Harnack und Troeltsch gehörten beide der »Vereinigung« an und schrieben Artikel in der »Christlichen Welt«. Die »Vereinigung« stand in engster sachlicher und personeller Berührung mit dem Evangelisch-Sozialen Kongreß, dessen Vorsitzender Harnack bis 1911 war[110]. Dadurch, sowie durch familiäre Kontakte[111], war auch die Verbindung zu der Gruppe um Friedrich Naumann, von der später gesondert die Rede sein soll, eng.

4.1. Adolf von Harnack

Harnacks Stellungnahmen zum Ausbruch des Krieges[112] sind gekennzeichnet durch die Anteilnahme an der allgemeinen Begeisterung auf der einen[113], durch die Erschütterung über den Kriegseintritt Englands auf der anderen Seite. Schon 1912 hatte Harnack in einem offenen Brief an Fr. Siegmund-Schultze, den Sekretär des »Kirchlichen Kommittees zur Pflege freundschaftlicher Beziehungen zwischen Großbritannien und Deutschland«, seiner Sorge über die englische Politik Ausdruck gegeben[114]. Harnack hatte sich selbst an den Bemühungen des »Kirchlichen Kommittees«, das 1911 gegründet worden war, beteiligt[115]. Doch zugleich hatte er wie viele dem

---

[110] Sein Nachfolger war Otto Baumgarten, der Herausgeber der Zeitschrift »Evangelische Freiheit«, dessen Stellungnahmen zum Ersten Weltkrieg ebenfalls von Bedeutung sind. Sie sind bereits von *Pressel*, Die Kriegspredigt 1914—1918 (siehe Register), dargestellt worden.
[111] Martin Rade war mit Naumanns Schwester verheiratet.
[112] Vgl. dazu *E. Pachaly*, Adolf von Harnack als Politiker und Wissenschaftsorganisator; *K. Hammer*, »Adolf von Harnack und der Erste Weltkrieg«.
[113] »Gott hat uns mit einem Male aus der Misere des Tages heraufgebracht auf eine Höhe, auf der wir noch nie innerlich gestanden haben« — so in der gleich erwähnten Rede vom 11. August 1914, in: *A. von Harnack*, Aus der Friedens- und Kriegsarbeit, S. 228 f. Ausführlicher in der Rede vom 29. Sept. 1914: »Was wir schon gewonnen haben und was wir noch gewinnen müssen«, ebd., S. 313—330.
[114] »Brief an Herrn Pastor Lic. Siegmund-Schultze«, ebd., S. 279—283. Siegmund-Schultze, der Herausgeber der »Eiche«, gehörte zu den Mitbegründern des »Weltbunds für Freundschaftsarbeit der Kirchen«, der am 1. 8. 1914 (!) in Konstanz gegründet wurde. Angesichts der zunächst geringen Wirkungsmöglichkeiten des Weltbunds gründete Siegmund-Schultze noch im selben Jahr zusammen mit dem englischen Quäker H. Hodgkin den »Internationalen Versöhnungsbund«.
[115] Vgl. *J. Rathje*, Die Welt des freien Protestantismus, S. 218 ff. Zu Har-

Gerücht, England habe im Sommer 1911 einen Flottenangriff auf Deutschland geplant, Glauben geschenkt. Deshalb sei es nun, so meinte er, Englands Sache, Deutschland durch Taten von seinen friedlichen Absichten zu überzeugen.

Englands Kriegseintritt empfand Harnack als einen Verrat an der gemeinsamen Kultur. Am 11. August 1914 brachte er dies in einer Rede zur »Deutsch-amerikanischen Sympathiekundgebung«[116] im Berliner Rathaus mit voller Schärfe zum Ausdruck. Daraufhin erhielt er einen Brief von elf englischen Theologen, die sich gegen diesen Vorwurf zur Wehr setzten[117] und ihm den (bekanntlich selbst von Bethmann Hollweg als berechtigt anerkannten) Vorwurf entgegenstellten, Deutschland habe durch den Einmarsch in Belgien das Völkerrecht gebrochen. Alle Hoffnungen, einen dauerhaften Frieden auf der Erde zu schaffen, würden aber zunichte, wenn das internationale Recht nicht geachtet werde. Nur, um die kleinen Nationen Belgien und Serbien zu schützen sowie für die Wahrung internationaler Verträge einzutreten, habe England Deutschland den Krieg erklärt.

Harnack hat in dieser Zeit verschiedentlich jede deutsche Schuld am Kriegsausbruch bestritten. Er unterzeichnete zur gleichen Zeit den »Aufruf an die evangelischen Christen im Ausland«[118], in dem jede Verantwortung für das Verbrechen des Krieges abgewiesen wird, wie das sog. »Manifest der 93 Intellektuellen«, das von »Vertretern der deutschen Wissenschaft und Kunst« an die »ganze Kulturwelt« gerichtet ist und in dem mit einem sechsmaligen »Es ist nicht wahr« gegen die »Lügen und Verleumdungen«, insbesondere gegen den Vorwurf, Deutschland habe die belgische Neutralität verletzt, Stellung genommen wird[119]. So weist Harnack auch die von den engli-

---

nacks Beteiligung vgl. die 1911 auf einer Tagung des Kommittees in England gehaltene Rede »Der Friede, die Frucht des Geistes«, in: Aus Wissenschaft und Leben, S. 203—209.
[116] Aus der Friedens- und Kriegsarbeit, S. 283—290.
[117] Ebd., S. 290—293.
[118] Siehe oben S. 152.
[119] Vgl. dazu Chronik der christlichen Welt, 24, 1914, S. 507; *A. v. Zahn-Harnack*, Adolf von Harnack, S. 459; *A. v. Harnack*, Erforschtes und Erlebtes, S. 303 ff.; *K. Schwabe*, Wissenschaft und Kriegsmoral, S. 22 ff.; *M. Mattmüller*, Leonhard Ragaz und der religiöse Sozialismus, Bd. II, S. 76 ff. (insbes. auch zur schweizerischen Reaktion auf das »Manifest der Intellektuellen«); *K. Barth*, Nachwort, in: Schleiermacher-Auswahl, S. 293, der sich im Alter noch an das »schreckliche Manifest« erinnert.

schen Theologen aufgestellten Behauptungen entschieden und erbittert zurück[120]. England nehme Serbien nur zum Vorwand, um Deutschland zu treffen, und gehe deshalb mit Rußland gegen Deutschland. Nach Harnacks Meinung bedeutet das aber: »Großbritannien reißt den Damm ein, der Westeuropa und seine Kultur vor dem Wüstensande der asiatischen Unkultur Rußlands und des Panslawismus geschützt hat. Nun müssen wir Deutsche ihn mit unseren Leibern ersetzen.«[121] Auf das Argument, Deutschland habe Belgiens Neutralität verletzt, antwortet Harnack mit denselben Überlegungen, die bereits Bethmann Hollweg in seiner Erklärung vor dem Reichstag angestellt hatte[122]. Er kommt zu folgendem Resultat über die Bedeutung des Krieges:

»Fallen wir, was Gott und unser starker Arm verhüten mögen, so zieht mit uns alle höhere Kultur in unserem Weltteil ins Grab, zu deren Wächter wir berufen waren. — Siegen wir, ... so werden wir uns ebenso wie bisher für die höhere Kultur, für die Wissenschaft und für den Frieden Europas verantwortlich fühlen und den Gedanken weit von uns weisen, eine Hegemonie in Europa aufrichten zu wollen.«[123]

Harnacks Überlegungen unterscheiden sich an einem Punkt sehr charakteristisch von denen vieler seiner Zeitgenossen: Hatten diese aus dem Kulturunterschied zwischen Deutschland und England deren Feindschaft hergeleitet, so sieht er gerade deshalb diesen Krieg als ein großes Unglück an, weil Deutschland, England und Amerika — von Frankreich ist nicht die Rede! — zusammen die drei Säulen der westlichen Kultur seien[124]; eine dieser drei Säulen, England, habe sich ihrer geschichtlichen Aufgabe nun entzogen. Die Behauptung des Gegensatzes von Luthertum und Calvinismus und seiner kulturellen Folgen, die Holl herausarbeitet, oder auch die Unterscheidung von deutscher Kultur und westlicher Zivilisation begegnen in Harnacks Erklärungen nicht.

Die weiteren öffentlichen Stellungnahmen Harnacks zum Welt-

---

[120] »Meine Antwort auf den vorstehenden Brief«, in: Aus der Friedens- und Kriegsarbeit, S. 293—299.
[121] Ebd., S. 295.
[122] Text der Erklärung Bethmann Hollwegs vor dem Reichstag bei: E. R. *Huber*, Dokumente, Bd. 2, Nr. 314.
[123] Aus der Friedens- und Kriegsarbeit, S. 299.
[124] So in der Rede bei der deutsch-amerikanischen Sympathiekundgebung, a. a. O., S. 288.

krieg[125] sind vor allem durch folgendes gekennzeichnet: In seinen öffentlichen Äußerungen tritt auf der einen Seite der Protest gegen den »Feldzug der Lügenpresse«, der vom Ausland aus gegen Deutschland geführt werde, immer mehr in den Vordergrund; auf der anderen Seite gewinnen religiöse Überlegungen für ihn in dem Augenblick erhöhte Bedeutung, in dem die deutsche Siegesgewißheit und damit auch die quasi-religiöse Kriegsbegeisterung zu schwinden beginnt; schließlich wendet er sich gegen die Stimmen, die fordern, sich nicht aus Furcht vor der künftigen Prüfung der Geschichte in seinen politischen und militärischen Entscheidungen hemmen zu lassen, die also dem Machtstaatsgedanken die Priorität vor jeder ethischen Erwägung zubilligen. Neben den öffentlichen Äußerungen stehen zwei Denkschriften an den Reichskanzler aus den Jahren 1916 und 1917, die erst nach Kriegsende veröffentlicht wurden. In ihnen schlägt sich Harnacks Erkenntnis nieder, daß das Kriegsgeschehen nicht nur eine Demonstration deutscher Macht nach außen, sondern tiefgreifende Reformen im Innern erfordere.

Die Denkschrift vom Sommer 1916 zeigt zunächst deutlich Harnacks kulturprotestantischen Ausgangspunkt darin, wie er das »Wesen« des »Geistes von 1914« beschreibt:

»*Negativ* ist er bezeichnet durch die Erhebung über den gemeinen Egoismus, über den Egoismus der Partei und über alle Scheingüter und Pseudo-Ideale sinnlicher, ästhetischer und intellektueller Art. *Positiv* ist er bezeichnet durch den festen zielstrebigen Willen, alle Kräfte, Leib und Seele dem Ganzen, dem Vaterlande zu weihen und freudig dafür jedes Opfer zu bringen.«[126]

Die Denkschrift geht ferner von drei Voraussetzungen aus. Zum einen ist Harnack davon überzeugt, daß die schwierigste Aufgabe nicht die Beendigung des Krieges, sondern die Bewältigung der Situation nach Friedensschluß ist; die Ansätze dafür, daß diese Aufgabe gelöst werden kann, müssen unverzüglich geschaffen werden. Unmittelbar nach der Beendigung des Krieges muß eine kaiserliche Bot-

---

[125] Zu nennen sind insbesondere: »Der Abschied von der Weißen Weste«, in: Aus der Friedens- und Kriegsarbeit, S. 300—307; »An der Schwelle des Dritten Kriegsjahres«, ebd., S. 333—348; »Friedensaufgaben und Friedensarbeit«, in: Erforschtes und Erlebtes, S. 279—297; »Das Gebot der Stunde«, ebd., S. 298—302; »Offener Brief an Herrn Clemenceau«, ebd., S. 303—305; »Die Religion im Weltkrieg«, ebd., S. 306—314.
[126] »Friedensaufgaben und Friedensarbeit«, in: Erforschtes und Erlebtes, S. 279—297 (279).

schaft die geplanten Reformen ankündigen. Zum andern hat nach Harnacks Meinung der Krieg gezeigt, daß das deutsche Volk ein mündiges Volk ist und sich zu einer »brüderlichen sozialen Arbeitsgemeinschaft« verbunden hat[127]. Schließlich geht Harnack von der Erkenntnis aus, daß man in Deutschland bisher zu Unrecht darauf verzichtet habe, gewisse Elemente der westeuropäischen gesellschaftlichen und staatlichen Verfassung zu übernehmen. Zwar sei der deutsche Freiheits-, Staats- und Kulturbegriff durchweg tiefer, sachlicher und produktiver als der westeuropäische; doch die westeuropäischen Ideale und Lebensformen seien dazu eine notwendige Ergänzung[128]. Harnack hält also daran fest, daß er bei allen Unterschieden Deutschland, England und Amerika als eine Kultureinheit versteht, und ist nicht bereit, sich durch den »Kulturkrieg« den Blick auf die Vorzüge angelsächsischer Lebensformen verstellen zu lassen.

Vor diesem Hintergrund stellt Harnack Erwägungen zur Kriegshinterbliebenen-Fürsorge, zur »Erhaltung der Volkskraft«, zur Überwindung der Klassengegensätze und zur Bildungspolitik an. Insbesondere aber erhebt er drei politische Forderungen: Änderung des preußischen Wahlrechts, Gewährung der vollen religiösen Freiheit, Anerkennung des Koalitionsrechts der Gewerkschaften. Schließlich fordert er, daß die Kenntnis der anderen Kulturvölker »nach ihrer Eigenart und Kraft, ihrer Lebensbewegung und [ihren] Zielen«[129] in Deutschland verbessert werden müsse. Der Krieg habe gezeigt, wie schlecht es um diese Kenntnis bestellt sei; hier sei deshalb eine durchgreifende Reform notwendig. »Die wesenlosen und frivolen Träume politisch blinder Alldeutscher müssen verscheucht werden durch die Anspannung des alle Probleme bezwingenden deutschen Geistes und der deutschen Arbeit. Nur durch sie vermögen wir durchzudringen und den Kranz zu gewinnen, der uns beschieden ist.«[130] Je größer die Aufgaben sind, die dem deutschen Volk gestellt werden, desto eher wird es zu dem Höchsten und Letzten durchdringen, zu »dem in Gott gegründeten Idealismus«[131].

Schon in dieser Denkschrift hielt Harnack die Einführung des allgemeinen, gleichen und geheimen Wahlrechts in Preußen für die beste

---

[127] Ebd., S. 280.
[128] Ebd., S. 287.
[129] Ebd., S. 295.
[130] Ebd., S. 296.
[131] Ebd., S. 297.

Lösung; allerdings schien ihm auch die Einführung eines Pluralwahlrechts (statt des *gleichen* Wahlrechts) möglich[132]. Die Forderung nach einer durchgreifenden Reform des preußischen Wahlrechts hat er jedenfalls bereits vor der Osterbotschaft Wilhelms II. vom 7. April 1917[133] erhoben; er hat nach diesem Erlaß seine Bemühungen fortgesetzt[134] und seine Auffassung verschärft: nun hielt er nur noch die Einführung des *gleichen* Wahlrechts in Preußen für angemessen[135].

Doch auch er konnte nicht erreichen, daß das gleiche Wahlrecht in Preußen noch einigermaßen rechtzeitig eingeführt wurde; schließlich kam die Revolution der endgültigen Verabschiedung des Reformgesetzes zuvor.

Der Wandel in den Anschauungen Harnacks, der in diesen Aktivitäten sichtbar wird, hat es ihm erleichtert, sich von 1919 an auf den Boden der neuen Reichsverfassung zu stellen; er hat die Erkenntnis vorbereitet, die er am 31. Dezember 1927 in einem Brief an Martin Rade formuliert hat: »Mehr und mehr sehe ich auch ein, daß den Frieden zu stützen, zu halten, zu verbreiten zu unsern höchsten Aufgaben gehört. Collaboratores dei heißt heute auf allen Gebieten den Frieden zu sichern und zu pflegen.«[136]

4.2. Ernst Troeltsch

»Nach Erklärung der Mobilmachung wurde wie selbstverständlich Ernst Troeltsch am 2. August 1914 der Sprecher von Stadt und Universität Heidelberg in der einberufenen vaterländischen Ver-

---

[132] Ebd., S. 289.
[133] Text: *E. R. Huber*, Dokumente, Bd. 2, Nr. 331.
[134] Am 3. Juli 1917 erhob eine Reihe von Professoren und Politikern, zu denen außer Harnack auch Delbrück und Troeltsch gehörten, in einer öffentlichen Erklärung die Forderung, der kaiserliche Erlaß vom 7. April solle nun in die Tat umgesetzt werden (vgl. dazu *K. Schwabe*, Wissenschaft und Kriegsmoral, S. 158 mit Anm. 229). Der Kaiser hat diese Erklärung »ungnädig« aufgenommen (*v. Zahn-Harnack*, a. a. O., S. 456); dennoch folgte der Reformerlaß vom 11. Juli 1917 (Text: *E. R. Huber*, Dokumente, Bd. 2, Nr. 332). Harnack wandte sich am 30. Oktober 1917 noch einmal in dieser Sache brieflich an den Chef des Kaiserlichen Zivilkabinetts, v. Valentini (*v. Zahn-Harnack*, a. a. O., S. 456 f.).
[135] So in seiner Denkschrift vom Juni 1917, in: Erforschtes und Erlebtes, S. 299.
[136] *A. von Zahn-Harnack*, a. a. O., S. 544.

sammlung.«[137] Von diesem Tag an hat Troeltsch in einer Vielzahl von Reden, Aufsätzen und selbständigen Schriften zu Problemen des Krieges Stellung genommen[138]. Unter den vielfältigen Themen, die er in ihnen behandelt, treten drei als besonders bedeutungsvoll hervor:
1. Der Gegensatz von Deutschland und Westeuropa und die gemeinsame europäische Kultur;
2. der Unterschied von Privatmoral und Staatsmoral;
3. die Bedeutung des Krieges für das Christentum.

1. Troeltsch hat an der allgemeinen Begeisterung des August 1914 Anteil gehabt. Er hat über die »Ideen von 1914«[139] nicht nur referiert[140], sondern er hat sie zunächst geteilt. Troeltsch sieht die »Ideen von 1914« vor allem in folgendem: in einem neuen Idealismus, der als Reaktion auf den materialistischen »Amerikanismus« auftritt, in der Wiederentdeckung der Volksgemeinschaft, im Prinzip der Autokratie der deutschen Wirtschaft, im Streben nach einer gegenüber Westeuropa eigene Wege gehenden deutschen Staatlichkeit. Allerdings war für Troeltsch die Geltung dieser Ideen von vornherein eingegrenzt; hatte er doch schon 1904 gefordert, Deutschland müsse sich, anstatt einen von allen ethischen Impulsen freien Machtstaatsgedanken zu pflegen, den demokratischen Ideen und liberalen ethischen Überzeugungen des Westens öffnen[141]. Eine weitere Grenze ist

---

[137] *W. Köhler*, Ernst Troeltsch, S. 293.
[138] Von ihnen seien folgende genannt: Nach Erklärung der Mobilmachung, 1914; »Der Krieg und die Internationalität der geistigen Kultur«, in: Internationale Monatsschrift, Okt. 1914; Unser Volksheer, 1914; »Friede auf Erden«, in: Die Hilfe, 20, 1914, S. 833—834; Das Wesen des Deutschen, 1915; Deutscher Glaube und deutsche Sitte, 1915; »Über den Völkerhaß«, in: Frankf. Zeitung, 142, 4. Juni 1915; »Die Arbeit an der Idee unseres Krieges«, in: Frankf. Ztg., 11. Juli 1915; »Der Völkerkrieg und das Christentum«, in: CW, 29, 1915, Sp. 294—303; »Imperialismus«, in: Neue Rundschau, 26, 1, 1915; Der Kulturkrieg, 1915; Deutsche Zukunft, 1916; »Briefe über religiöses Leben und Denken im gegenwärtigen Deutschland«, in: Schweiz. theol. Zeitschrift, 34—36, 1917—1919; »Das Wesen des Weltkriegs«, in: *M. Schwarte*, Der Weltkrieg in seiner Einwirkung auf das deutsche Volk, 1918, S. 7—25; Spektator-Briefe, 1924; Deutscher Geist und Westeuropa, 1925.
[139] Er verwendet diesen Ausdruck im Anschluß an den deutschen Nationalökonomen Johann Plenge und den schwedischen Staatsrechtslehrer Rudolf Kjellén.
[140] »Die Ideen von 1914«, in: Deutscher Geist und Westeuropa, S. 31—58. Vgl. dazu *H. Lübbe*, Politische Philosophie in Deutschland, S. 227 f.
[141] Politische Ethik und Christentum, v. a. S. 42 f. Vgl. zu Troeltschs Kritik am Nationalismus *H. Bosse*, Marx-Weber-Troeltsch, S. 46 ff.

Troeltschs historischer Standpunkt: Für ihn kann niemals das zeitlose »deutsche Wesen« die Wurzel der deutschen Geschichte sein; sondern die Geschichte ist für ihn der Wurzelgrund des gegenwärtigen, dem Wandel unterworfenen »Wesens des Deutschen«. Die Hypostasierung des »deutschen Wesens« in die Zeitlosigkeit ist ihm deshalb von vornherein fremd. Die Ideen von 1914, insbesondere die religiöse Wertung der eigenen Nation, die mit der »Wiederentdeckung der Volksgemeinschaft« verbunden ist, erhalten schließlich noch eine andere, spezifisch theologische Begrenzung: Troeltsch erkennt zwar den Gedanken an, daß die Nation eine Offenbarung der göttlichen Weltvernunft, eine »Hülle des Göttlichen« sei; er führt diesen Gedanken insbesondere auf Fichte zurück. Doch er fordert dazu auf, in diesem Fichteschen Glauben nach »einer tieferen Wurzel unseres Wesens« zu suchen. Er konstatiert »eine Spaltung und Spannung innerhalb des Göttlichen selbst: ein Göttliches im Geistesgehalte der Nation, für das wir kämpfen, töten und sterben, und ein Göttliches in der aller Welt überlegenen Gottgeborgenheit der Seele und in der Zusammenschmelzung aller Seelen zum Gottesreich des Friedens und der Liebe«[142]; am zweiten findet das erste seine Grenze. Von einem »rein nationalistischen Standpunkt« hat Troeltsch deshalb schon 1915 gesagt, daß in ihm »die eigentliche Christlichkeit bewußt oder unbewußt ausgeschieden [ist], wie denn das letztere im heutigen Protestantismus vielfach der Fall ist«[143].

Doch abgesehen von dieser Grenze hat Troeltsch insbesondere in den Reden der ersten Kriegszeit (»Nach der Mobilmachung«, »Unser Volksheer« und »Das Wesen des Deutschen«) die Besonderheit der Deutschen und die Aufgabe, diese Besonderheit zu verteidigen und für sie zu kämpfen, kräftig betont. Die Deutschen, so legt er dar, sind ein monarchistisches, militärisches und arbeitsames Volk. Sie verfügen über einen ausgeprägten Ordnungssinn, dessen Gegenstück ein überaus weiches und zartes Gefühls- und Gemütsleben ist. Die Wurzel beider ist der metaphysisch-religiöse Geist. Alle besonderen Charakterzüge der Deutschen sammeln sich in der deutschen Idee der Freiheit, die der formalen westlichen Freiheitsidee selbständig gegenübertritt[144]. Troeltsch gibt nicht die Losung aus: »Am deutschen

---

[142] Die Hilfe, 20, 1914, S. 834.
[143] CW, 29, 1915, Sp. 302.
[144] Vgl. dazu: »Die deutsche Idee der Freiheit«, in: Deutscher Geist und Westeuropa, S. 80—107.

Wesen soll die Welt genesen«; wohl aber ruft er dazu auf: »Sei deutsch, bleibe deutsch, werde deutsch.«[145]

Doch schon bald ändert sich der Ton. An Pfingsten 1915 warnt Troeltsch in der Frankfurter Zeitung vor dem Völkerhaß. Zu ihm darf man sich nach seiner Meinung auch durch den Kulturkrieg nicht hinreißen lassen. Mit »Kulturkrieg« meint Troeltsch den literarischen Feldzug, der von den Feinden gegen Deutschland geführt wird. Er hat diesem Kulturkrieg eine eigene Schrift gewidmet, in der er scharfe Worte gegen die »Lügenpresse« des Auslands findet[146]. Doch zur gleichen Zeit warnt Troeltsch davor, diesen »literarischen Feldzug« mit Haß zu beantworten. Hier spricht Troeltsch als Theologe; die Überzeugungen, die er als Theologe hat, modifizieren seine politische Stellungnahme an einer entscheidenden Stelle. Die Kirchen müssen, so ist seine Meinung, überall protestieren, wo sie planmäßiger Erziehung zum Haß begegnen; ihre eigene Aufgabe besteht in der Erziehung »zu einem in Menschenliebe und Menschenwürde geeinigten Geistesreich«[147]. Deshalb sieht auch Troeltsch sich außerstande, sich an den allgemeinen Haßausbrüchen gegen Deutschlands Feinde zu beteiligen.

Im Sommer 1915 gewinnen also theologische Gesichtspunkte für Troeltschs Stellungnahmen zum Weltkrieg deutlich an Gewicht. Gleichzeitig tritt eine universalgeschichtliche Deutung des Weltkriegs vor seine Betrachtung vom spezifisch deutschen Standpunkt aus. Troeltsch spricht nun nicht mehr vom »Wesen des Deutschen«, wie es sich in der vergangenen Geschichte gezeigt hat; sondern er fragt nach den neuen Aufgaben, die sich Deutschland nach dem Krieg stellen werden. Dem Kampf gegen den »Kulturkrieg« der Feinde folgt der Kampf gegen das rein machtpolitische Denken, den Expansionsdrang und die Annexionsforderungen, wie sie vor allem von der »Vaterlandspartei« vertreten werden. Dieses »trotzig sich auf sich selbst versteifende Teutonentum« alldeutscher Art[148] hält Troeltsch für eine große Gefahr. Deshalb beteiligt er sich führend an der Gründung des »Volksbunds für Freiheit und Vaterland«, der als Gegenbewegung zur Vaterlandspartei gedacht ist.

---

[145] Das Wesen des Deutschen, Schlußsatz.
[146] Der Kulturkrieg.
[147] Frankfurter Zeitung vom 4. Juni 1915, 1. Morgenausgabe; siehe auch unten S. 213.
[148] Deutsche Zukunft, S. 10.

In einer am 7. Januar 1918 auf einer Versammlung des »Volksbunds für Freiheit und Vaterland« gehaltenen Rede kommt diese Wandlung Troeltschs deutlich zum Ausdruck[149]. Es kommt Troeltsch nun nicht mehr, wie zu Beginn des Krieges, darauf an, »Wahrzeichen deutscher Gesinnung aufzustellen«; für ihn ist es vielmehr das Gebot der Stunde, daß die Deutschen dem »absoluten Kriegs- und Vernichtungswillen« und allen übersteigerten Machttheorien absagen; sie müssen sich nun von der »Romantik des nationalen Egoismus« und von der »Poesie der unerbittlichen Härte des Machtsinnes« abwenden. Statt dessen muß der gute Glaube in der internationalen Politik wiedergewonnen werden. Dazu bedarf es der Rückkehr zur Vertragstreue und zu den für ganz Europa gültigen ethischen Normen in der Politik.

Diese Rede aus dem letzten Kriegsjahr spiegelt die völlig veränderte Situation, die sich zu dieser Zeit gegenüber dem Kriegsbeginn für Deutschland darbot. Doch sie läßt zugleich erkennen, daß für Troeltsch im Lauf des Krieges theologische Gesichtspunkte für die Beurteilung politischer Vorgänge an Gewicht gewonnen haben. Ein erster Beleg dafür findet sich, wie erwähnt, in dem Artikel über den Völkerhaß aus dem Jahr 1915.

In einem von M. Schwarte herausgegebenen Sammelwerk über den »Weltkrieg in seiner Einwirkung auf das deutsche Volk«, das im allgemeinen von einem eng nationalen Standpunkt aus verfaßt ist, versucht Troeltsch, das »Wesen des Weltkriegs« darzustellen. Der Aufsatz ist deutlich von der Enttäuschung darüber geprägt, daß das Friedensangebot vom Dezember 1916 gescheitert ist. Doch noch wichtiger ist, daß Troeltsch der Erörterung darüber, welche Bedeutung der Krieg für Deutschland hat, eine »universalgeschichtliche« Deutung des Krieges voranstellt. In Europa folgen auf die schweren und erschütternden Krisen Phasen der Einheitsbestrebungen; Troeltsch weist dies an einer Reihe historischer Beispiele nach. Auf die Krisis des Ersten Weltkriegs, so meint er, wird der Pazifismus folgen. Dazu wird gehören, daß auch in den bisher noch monarchisch verfaßten Staaten die Demokratie zum Durchbruch kommt[150]. In dieser für breite Leserkreise bestimmten Interpretation des Ersten Weltkriegs liegen An-

---

[149] E. *Troeltsch*, »Freiheit und Vaterland«, in: Deutsche Politik, hrsg. von E. Jäckh, II, 1, 1918, S. 72 ff. Vgl. K. *Schwabe*, Wissenschaft und Kriegsmoral, S. 168.
[150] »Das Wesen des Weltkriegs«, S. 8 f.

sätze für Troeltschs wissenschaftlichen Versuch, im Begriff des »Europäismus« einen Ausgangspunkt für die Überwindung des Historismus zu finden[151].

Das Bild, das sich aus Troeltschs Äußerungen ergibt, ist allerdings nicht völlig einheitlich; denn bei Kriegsende begegnen wieder Äußerungen, die hinter den »europäischen« Ansatz zurückfallen. In ihnen wird die Parole ausgegeben: »Wir wollen deutscher werden als wir waren.«

So ist es verständlich, daß W. Köhler in seiner 1941 veröffentlichten Darstellung Troeltschs die antiliberalen und nationalen Äußerungen Troeltschs hervorkehrt[152]. H. Lübbe dagegen feiert Troeltsch als den Philosophen, der »die Souveränität der politischen Urteilskraft gegenüber der einfangenden Gewalt des nationalen Bewußtseins durchgesetzt hat«[153]. Beide haben Troeltsch aus ihrer eigenen geschichtlichen Lage interpretiert. Die geschichtliche Situation, in der Troeltsch lebte, hat es ihm jedoch offenbar erschwert, die Synthese von deutschem und westeuropäischem Geist, die er anstrebte, nur schon denkend voll vorwegzunehmen.

2. Troeltsch hat die Frage nach dem sittlichen Recht des Krieges nicht umgangen. Daß dieser sich mit dem Geist der Bergpredigt nicht vereinen lasse, hat er nicht dadurch zu verschleiern gesucht, daß er auch das Töten zu einer Form der Liebe erklärte und den Völkerhaß durch die Behauptung rechtfertigte, auch Jesus habe den Haß gekannt[154]. Troeltsch will vielmehr die Ethik der Bergpredigt in ihrer ganzen Strenge zu Gehör bringen; doch sie ist nach seiner Meinung auf die »Einzelseele« bezogen, nicht auf »politisch-organisierte Gesamteinheiten«[155]. Für diese gilt nicht die Privatmoral, sondern die Staatsmoral, nicht die Ethik der Bergpredigt, sondern die Kulturethik. Der Kampf um die Selbsterhaltung eines Volkes, um die Lebensinteressen eines Staates und seiner Kultur ist ein notwendiger Bestandteil dieser Ethik. Das Recht zu diesem Kampf ist in dem Glauben an den »Kulturgehalt« des eigenen Volkes und in der Pflicht gegen die

---

[151] Der Historismus und seine Probleme, S. 703 ff.
[152] W. Köhler, Ernst Troeltsch, S. 292 ff.
[153] H. Lübbe, Politische Philosophie in Deutschland, S. 228.
[154] Vgl. oben S. 148 f.
[155] CW, 29, 1915, Sp. 298. Troeltsch hat diese Meinung auch schon vor dem Krieg dargelegt; vgl. z. B. Die Soziallehren der christlichen Kirchen und Gruppen, S. 967.

gegenwärtigen und kommenden Generationen begründet[156]. Der blutige Krieg ist dabei nichts weiter als die Fortsetzung und Umformung des unblutigen Wettkampfes; die Kulturethik bewährt sich gerade im Heldentum des Krieges[157]. Der Krieg ist also nach Troeltschs Auffassung ein unvermeidliches Übel; doch darüber hinaus hat er seine eigene Ehre und sittliche Bedeutung — sie liegt nur auf einer anderen Ebene als der der Privatmoral. In Anlehnung an ein berühmtes Pauluswort sagt Troeltsch: »Nun aber bleiben diese drei: Privatmoral, Staatsmoral, Völkergemeinschaftsmoral; aber die Staatsmoral ist für die Gegenwart die größte unter ihnen.«[158]

Doch der Gegensatz von Privatmoral und Staatsmoral kann nicht das letzte Wort bleiben. Nachdem ihre Trennung deutlich festgestellt ist, fragt Troeltsch, wie man beide »zusammenleben« kann, wie beide also im ethischen Verhalten des einzelnen zusammengefügt werden können. Eine Antwort auf diese Frage findet sich bei Troeltsch nur in Ansätzen. Die christliche Innerlichkeit, so sagt er, unterscheidet sich von anderen Arten, die Innerlichkeit zu pflegen (z. B. dem Ästhetizismus), gerade dadurch, daß sie einen echten Anschluß an die staatliche Sittlichkeit finden und behaupten kann[159]. Doch diesen Anschluß kann er zunächst nur als Widerspruch formulieren: Der Gegensatz von Staat und Krieg einerseits, von Christentum und Liebe andererseits muß sich den Menschen einprägen; das konventionelle Christentum muß dadurch aufgerüttelt werden. Die Vermittlung von Privatmoral und Staatsmoral gelingt nur über die Einzelpersönlichkeit, die den Widerspruch beider aushalten und so überwinden muß.

3. Noch ein zweiter Fragenkreis ist für Troeltsch von Gewicht, wenn er nach dem Verhältnis von Christentum und Krieg fragt. Welche Konsequenzen hat der Krieg für die Kirchen, für das Christentum als Kulturmacht? Die Kirchen sind die »einzigen großen Verkörperungen des internationalen, kosmopolitischen, humanitären Gedankens«[160]. Ihre Aufgabe besteht »in der Erziehung und Läuterung der Seelen ... zu einem in Menschenwürde und Menschenliebe ge-

---

[156] »Privatmoral und Staatsmoral«, in: Deutscher Geist und Westeuropa, S. 151.
[157] CW, 29, 1915, Sp. 269, 298.
[158] Deutscher Geist und Westeuropa, S. 165.
[159] CW, 29, 1915, Sp. 302.
[160] Frankfurter Zeitung vom 4. Juni 1915, 1. Morgenausgabe.

einigten Geistesreich«. Diese Aufgabe haben — das konstatiert Troeltsch bereits 1915 — die Kirchen im Krieg verfehlt. Sie haben eine klare, kompromißlose Auslegung des Gebots der Feindesliebe vermissen lassen. Sie hätten sagen müssen, daß aus der Welt des Glaubens in die irdische Welt eine Kraft der Versöhnung fließt. Sie hätten das sagen müssen — allen Realpolitikern und Kriegsphilosophen zum Trotz[161].

Für das Christentum als internationale Macht bedeutet der Krieg deshalb eine Katastrophe. Die führenden Völker der christlichen Welt sind in einen Krieg gegeneinander verwickelt. Dieser Krieg zeigt, wie wenig das Christentum dazu imstande war, Frieden und Einheit, Wahrheitsliebe und Menschenliebe zu sichern und durchzusetzen. England hat sich mit dem heidnischen Japan, Deutschland mit der islamischen Türkei verbündet. Dadurch wird der Islam als gleichberechtigte Religion anerkannt[162] und der christlichen Mission gegenüber den Heiden ein Stoß versetzt, von dem sie sich kaum wird erholen können[163].

Für Troeltsch, den »Systematiker der religionsgeschichtlichen Schule«, ist dieses katastrophale Ergebnis des Krieges allerdings keine Überraschung. Vielmehr bestätigt ihm nun der Krieg, was ihm schon vorher wissenschaftliche Erkenntnis war: »Alles Historisch-Besondere an den großen Religionen ist nur etwas Relatives, von höchster Bedeutung und Lebendigkeit für den Kreis, den es erfüllt, aber nicht bestimmt zum schlechthin Allgemeinen zu werden. Das schlechthin Allgemeine gibt es in diesen Dingen überhaupt nicht, wenigstens nicht als kirchliche Institution und als Volks- und Massenreligion.«[164] Die Erschütterung des Krieges verschaffte dieser Erkenntnis geschichtliche Wirksamkeit.

4.3. Martin Rade

Martin Rade hat es bereits vor dem Krieg als ein schweres Versäumnis der Kirchen und der Theologie angesehen, daß sie eine Lehre vom sittlichen Recht des Krieges, aber nicht des Friedens entwickel-

---

[161] Ebd.
[162] Vgl. den oben S. 151, Anm. 49 genannten Aufsatz von *W. Herrmann*.
[163] CW, 29, 1915, Sp. 295 f.
[164] Ebd., Sp. 296. Dieses Urteil Troeltschs mitsamt seinen Konsequenzen für die Mission ist natürlich auf erheblichen Widerspruch gestoßen.

ten[165]. Selbstverständlich müßte es für sie sein, daß sie auf der Seite der Friedfertigen, der Friedensstifter (Mt. 5,9) zu finden seien. Daß das nicht der Fall sei, entnahm Rade den Beiträgen zur Verherrlichung des Krieges, in denen sich gerade Theologen hervorzutun pflegten.

Rade wies damit auf ein deutliches Defizit an Verständnis für die Friedensaufgabe der Kirche hin, das für die deutsche Theologie in besonderer Weise bezeichnend war[166]. Unter den 9000 deutschen Mitgliedern der »Friedensgesellschaft« befanden sich nur 117 Geistliche[167]; ein Aufruf deutscher Theologen vom April 1913, der unter der Losung »Friede auf Erden« stand und dazu aufrief, sich an der Suche nach einer Rechtsgemeinschaft der Völker zu beteiligen, die das Unrecht des Krieges durch internationale Schiedsgerichtsverfahren ersetzte, fand nur 390 Unterschriften, von denen 112 aus Elsaß-Lothringen stammten[168].

Martin Rade hat versucht, durch seine Beteiligung an einer Reihe von Friedensvereinigungen und Verständigungsbemühungen[169] wie durch seine literarische Tätigkeit[170] diesem allgemeinen Versagen der Kirche entgegenzuwirken. Er verstand sich in dem Sinn als Pazifist, daß er meinte, alle Anstrengungen müßten darauf konzentriert werden, die Gefahr eines Krieges durch unermüdliche Verständigungsversuche und durch die Schaffung einer internationalen Rechtsordnung zu bannen.

Rade hat es zwar später abgelehnt, sich ausdrücklich als einen Pazifisten zu bezeichnen[171]. Dennoch ist sein Weg vom orthodoxen Lutheraner über den Schüler Harnacks und Ritschls zum Gesinnungsgenossen des pazifistischen Marburger Völkerrechtlers Schük-

---

[165] Der Beitrag der christlichen Kirchen zur internationalen Verständigung, S. 14.
[166] Siehe oben S. 148 ff.
[167] *Rade,* a. a. O.
[168] *Schian,* Die deutsche evangelische Kirche im Weltkriege, Bd. II, S. 22.
[169] Er war Mitglied der Friedensgesellschaft, des Verbandes für internationale Verständigung, des kirchlichen Kommittees zur Pflege freundschaftlicher Beziehungen zwischen Großbritannien und Deutschland. Auch seine Mitarbeit im »Weltkongreß für freies Christentum und religiösen Fortschritt« sah er in diesem Zusammenhang.
[170] Hier sind neben der Anm. 165 genannten Schrift vor allem zwei politische Publikationen von *Rade* zu nennen: Mehr Idealismus in der Politik, 1911; Unsere Pflicht zur Politik, 1913.
[171] Zitiert bei *Rathje,* Die Welt des freien Protestantismus, S. 247.

king bemerkenswert und höchst untypisch. Den Mord von Serajewo wertet Rade als Mahnung dazu, »um uns her den Leichtsinn zu bannen, mit dem Leidenschaft oder Hohlheit heute die nationale Phrase handhabt«[172]. Diesen Aufruf zur Nüchternheit begründet er mit Zahlenangaben über die deutschen Rüstungsausgaben: ein Volk, das mit seinen Rüstungsausgaben alle anderen Staaten weit überflügelt, muß sich nach seiner Auffassung äußerste Zurückhaltung von nationalistischen Äußerungen auferlegen. Von einer solchen Zurückhaltung sind Rades erste Kommentare zum Kriegsausbruch, geschrieben am 2. August 1914[173]. Zwar sagt er dort: »Das Beste am Kriege ist sein Anfang. Dies Durchzucktsein und Durchglühtsein des ganzen Volkes von einer Empfindung! Dieser Kurssturz alles sonst so Wichtigen!« In dieser Äußerung spiegelt sich Rades kulturprotestantische Hoffnung auf die Befreiung aus der Kulturkrise wie auch seine patriotische Gesinnung. Doch man kann diesen Satz nicht als Identifikation mit der allgemeinen nationalen Kriegsbegeisterung interpretieren[174]. Denn unmittelbar daneben steht der Satz: »Nur jetzt keine Phrasen mehr. Weder patriotische noch fromme. Aber ein tiefes Sich-Hineindenken und -Hineinbeten in die Gedanken Gottes über uns.« Und der allgemeinen Behauptung, für Deutschland sei der Krieg ein reiner Verteidigungskrieg, widerspricht Rade ausdrücklich: »Des realen Gewinns winkt uns wenig in diesem Krieg, und sehr von ferne. Und doch können wir von keinem reinen Verteidigungskrieg reden. Wir waren auch mitschuldig an dem bisherigen Zustande, der nur einen Nicht-Krieg bedeutete, aber keinen Frieden. Nun will endlich die furchtbare Spannung ein Ende haben. So wirkt der entsetzlichste Krieg wie eine Wohltat. Jetzt hört wenigstens die Heuchelei auf.«

Das grundsätzliche Problem von Krieg und Frieden hat Rade in seiner Zeitschrift zunächst von der Diskussion ausgeschlossen[175]. Doch dieses Moratorium der Diskussion bedeutet kein Moratorium des Christentums während des Krieges; daß Krieg herrscht, bedeutet für

---

[172] CW, 28, 1914, Sp. 658.
[173] CW, 28, 1914, Sp. 767.
[174] So verwendet *Marsch*, »Politische Predigt zu Kriegsbeginn«, S. 520 f., den Satz. Für Marsch ist er ein Beleg dafür, daß man »kaum etwas [empfand] von der tiefen Zweideutigkeit dieser ›nationalen Stunde‹, sondern ... [sich] begeisterte ... an dem großen Erwachen, das der Kriegsausbruch ausgelöst hatte«. Diese Formulierung wird Rades Position keineswegs gerecht.
[175] CW, 28, 1914, Sp. 786 (20. August 1914).

Rade nicht, daß in dieser Zeit die christliche Ethik suspendiert wäre. Vielmehr sieht er es als seine Aufgabe an, die Gesinnung der Bergpredigt auch in der Zeit des Krieges zur Geltung und zur Wirksamkeit zu bringen[176]. Dabei erkennt er klarer als andere[177], daß der Krieg den »Bankrott der Christenheit« bedeutet[178]. Die eine allgemeine Christenheit hat ihren ersten Bankrott in den Religionskriegen des 16. und 17. Jahrhunderts erlebt; dieser Bankrott wiederholt sich nun in schrecklicher Gestalt. Es ist nicht ein Versagen des Christen*tums* und der persönlichen Frömmigkeit, wohl aber ein Versagen der Christen*heit* als eines völkerverbindenden Ganzen. Nicht der christliche Glaube selbst hat einen Bankrott erlebt, wohl aber die Christenheit als die Gemeinschaft der Glaubenden, die in der Geschichte Gestalt gewonnen hat. Dadurch, daß der transnationale Charakter dieser Gemeinschaft verleugnet und der christliche Glaube in den Dienst nationaler Interessen gestellt wurde, hat die Christenheit versagt.

Diese Äußerung Rades hat lebhaften Widerspruch hervorgerufen. Meistens ohne seinen Namen zu nennen, hat man gegen die These vom »Bankrott der Christenheit« polemisiert. Da die »christliche Liebesgemeinschaft« bisher in der Geschichte noch nicht verwirklicht worden sei, könne man auch nicht von ihrem Bankrott reden[179]. Selbst Harnack hat noch 1918 Rades Urteil für »völlig verkehrt« erklärt[180]. Auch sonst stößt Rade auf den Widerspruch seiner Leser; die »Christliche Welt« verliert bis zum März 1915 über 600 Abonnenten[181]. Ernst Troeltsch meint sogar, der Freundeskreis der »Christlichen Welt« sei durch Rades der nationalen Begeisterung gegenüber kritische Haltung erledigt und »die freie Theologie mit einem neuen Odium behaftet«[182]. Diese Briefäußerung wirft noch einmal ein be-

---

[176] So zusammenfassend über ihn *Herpel*, in: CW, 29, 1915, Sp. 780 f. Vgl. zu diesem Bemühen Rades v. a. Christenglaube in Krieg und Frieden, 1. Im Krieg, 1915 (Sammlung der in den ersten Kriegsmonaten in der CW veröffentlichten Andachten); Dieser Krieg und das Christentum, 1915.
[177] Doch vgl. die oben S. 178 wiedergegebene Stellungnahme von *Troeltsch*.
[178] CW, 28, 1914, Sp. 849 f. (17. September 1914).
[179] Vgl. z. B. *M. Schian*, »Bedeutet der gegenwärtige Krieg den Bankrott der Christenheit?«
[180] »Die Religion im Weltkriege«, in: Erforschtes und Erlebtes, S. 307.
[181] *Rathje*, Die Welt des freien Protestantismus, S. 242.
[182] Brief von Troeltsch an Rade vom 29. 9. 1914; nach den unveröffentlichten Manuskriptteilen von Rathje, Die Welt des freien Protestantismus, zitiert von *G. Mehnert*, Evangelische Kirche und Politik 1917—1919, S. 31.

zeichnendes Licht auf Troeltschs Haltung in den ersten Kriegsmonaten; schon 1915 hätte Troeltsch dieses Urteil schwerlich wiederholt. Troeltschs Urteil über die »Christliche Welt« entgegengesetzt ist das von Karl Barth; er urteilt, auch in der »Christlichen Welt« seien nun Vaterlandsliebe, Kriegslust und christlicher Glaube in ein hoffnungsloses Durcheinander geraten, auch sie habe nun aufgehört, christlich zu sein[183].

1915 werden Rades Äußerungen zurückhaltender. In einer Zeit, in der die allgemeine Begeisterung zu sinken beginnt, wehrt er die »Friedenssehnsucht« als ein Zeichen innerer Schwäche ab[184]. Deshalb muß er erneut das Verhältnis der christlichen Ethik zum Krieg zu klären versuchen. An der absoluten Geltung der Bergpredigt soll nicht gerüttelt werden. Doch gerade derjenige, der die Spannung zwischen ihr und dem Geschehen des Krieges erkennt, wird dazu frei, sich den vorläufig noch notwendigen Anforderungen des Krieges nicht zu entziehen. Er tut das jedoch in dem Bewußtsein, daß die größere Aufgabe darin besteht, diese Spannung zu beseitigen oder doch zu mildern. Dies kann dadurch geschehen, daß Formen internationaler Schiedsgerichtsbarkeit gefunden werden, durch die der gewaltsame Austrag von Konflikten verhindert wird. Solange dies nicht möglich ist, ist nicht derjenige schon »sittlich verloren«, der sich an den Notwendigkeiten des Krieges beteiligt. »Sittlich verloren ist nur der, der im Kriege von dem, was sein soll, nichts mehr weiß und fühlt.«[185]

Noch früher als Harnack, etwa zur gleichen Zeit wie Troeltsch, beginnt Rade deshalb, seine Gedanken auf die notwendigen Veränderungen nach dem Krieg auszurichten. Seine Überlegungen gelten dabei in erster Linie der Zukunft der Kirche[186]. Doch daneben bereitet sich seine aktive Teilnahme an der politischen Neugestaltung nach dem Kriege vor. 1919 finden wir ihn neben Ernst Troeltsch und Rudolf Otto als Abgeordneten der Deutschen Demokratischen Partei in der Preußischen Landesversammlung. Ernst Troeltsch, dessen Kandidatur für die Reichspräsidentenwahl zu dieser Zeit ebenso erwogen wird wie diejenige Naumanns, wird außerdem Unterstaatssekretär

---

[183] *Rathje*, a. a. O., S. 238; vgl. dazu unten S. 208.
[184] CW, 29, 1915, Sp. 105 f.
[185] Dieser Krieg und das Christentum, S. 27 f. Vgl. den Aufsatz von Rades Gesinnungsgenossen *W. Schücking*, »Der Weltkrieg und der Pazifismus«.
[186] Vgl. Die Kirche nach dem Krieg, 1915; Das königliche Priestertum der Gläubigen und seine Forderung an die evangelische Kirche unserer Zeit, 1918.

im preußischen Kultusministerium. Harnack beteiligt sich als von der Regierung berufener Sachverständiger für die Kirchen- und Schulfragen an den Beratungen der Weimarer Nationalversammlung[187].

Doch dieser Weg einiger der Führer der liberalen Theologie und des liberalen Protestantismus ist nicht typisch für die Stellung, die der deutsche Protestantismus zur Umwälzung von 1918 eingenommen hat. Der Verherrlichung von Nation und Krieg im Jahr 1914 entspricht 1918/19 die Weigerung, das Ende der Monarchie und den neuen Staat zu akzeptieren. Nicht etwa nur das orthodoxe Luthertum, dem der Monarch die von Gott eingesetzte Obrigkeit war, sondern ebenso große Teile des von der kulturprotestantischen Theologie bestimmten Nationalprotestantismus, für den das Kriegsende das Ende der nationalen Hoffnungen war, standen in Distanz zu dem neuen Weimarer Staat[188]. Bis zum Ersten Weltkrieg hatte der Protestantismus seine Aufgabe gegenüber dem Staat selbst als die einer staatstragenden und staatserhaltenden Macht verstanden; im Krieg hatte er diese Aufgabe ein letztes Mal – bis hin zur Selbstverleugnung – wahrgenommen. Dazu, unter den veränderten Bedingungen der Weimarer Republik seine neue Aufgabe gegenüber Staat und Öffentlichkeit zu klären und wahrzunehmen, war er – aufs Ganze gesehen – nicht imstande. Nachdem die Einheit von Staat und Kirche, die Ver-

---

[187] Harnacks Haltung ist ihm von manchen verdacht worden, z. B. von K. Holl, der an A. Schlatter am 29. 5. 1921 schrieb: »Mein Verhältnis zu ihm (sc. Harnack) ist kühl geworden. Ich habe es ihm doch sehr übel genommen, daß er kein Wort für den Kaiser gesprochen hat. Wer sich so sehr und so gerne in der kaiserlichen Gunst gesonnt hat, der müßte nach seinem Sturz Treue beweisen« (ZThK, 64, 1967, S. 233). Noch nach Harnacks Tod heißt es im Nachruf der Kreuz-Zeitung vom 12. 6. 1930: »Um so befremdlicher wirkte Harnacks Verhalten gegenüber seinem Freund und Wohltäter (sc. Wilhelm II.) nach dem Zusammenbruch des Kaiserreiches. Im Angesicht der Majestät des Todes soll der Mensch nicht urteilen und verurteilen, darum möge über diese wenig erquickliche Epoche in des verdienstvollen Gelehrten Erdenwallen der Schleier der Vergessenheit gebreitet sein« (zitiert nach: ThBl, 9, 1930, Sp. 165).
[188] Für die Anfänge der Weimarer Republik vgl. zu dieser Frage G. Mehnert, Evangelische Kirche und Politik 1917–1919. Für die Zeit der ersten Wahl Hindenburgs zum Reichspräsidenten vgl. K. Holl, »Konfessionalität, Konfessionalismus und demokratische Republik«. Auch bei der Reichspräsidentenwahl von 1925 bildete die von Harnack, Rade, Baumgarten u. a. geführte Gruppe, die die Kandidatur des Katholiken Marx unterstützte, innerhalb des Protestantismus eine verschwindende und heftig angegriffene Minderheit. Zur Situation in der Weimarer Republik vgl. zusammenfassend den Aufsatz von R. Smend, »Protestantismus und Demokratie« aus dem Jahr 1932.

bindung von »Thron und Altar« ihr Ende gefunden hatte, war für viele Protestanten auch die Möglichkeit verlorengegangen, dem Staat ihre Unterstützung und ihr Vertrauen zu geben.

5. Die »Hilfe«

5.1. Friedrich Naumann

Von Friedrich Naumann in unserem Zusammenhang zu reden, mag abwegig erscheinen. Denn im Ersten Weltkrieg scheint Naumann längst nur noch Politiker und politischer Publizist zu sein. Sein Abschied von der Theologie, 1903 in den »Briefen über Religion« ausgesprochen, liegt lange zurück. Und Naumanns politische Gedanken zum Krieg, insbesondere die Mitteleuropa-Idee[189], zu erörtern, kann nicht Aufgabe dieser Darstellung sein. Der Grund, aus dem von Naumann hier die Rede ist, ist ein anderer.

Bald nach Kriegsausbruch hat Naumann wieder begonnen, für die »Hilfe«, wenn auch nur sehr unregelmäßig, Andachten zu verfassen. 1902 hatte er diese Andachten eingestellt, 1903 in den »Briefen über Religion« das Résumé seiner theologischen Entwicklung gezogen. Der Krieg stellte die Frage, ob sich die theologische Position, die Naumann 1903 erreicht hatte, auch in dieser völlig neuen Situation bewährte. Naumann hatte zwar schon 1900 den »Weltkrieg« als unausweichlich bezeichnet: »Wenn irgend etwas in der Weltgeschichte sicher ist, so ist es der zukünftige ›Weltkrieg‹, das heißt der Krieg derer, die sich vor England retten wollen.«[190] Durch das Eintreten dieses Krieges sah sich dennoch der Politiker Naumann plötzlich neu als Christ und als Theologe herausgefordert. Hatte ihm die reinliche Scheidung von Glauben und Politik, die 1903 das Ergebnis seines Weges war[191], in der darauffolgenden Zeit erlaubt, nur als Politiker zu sprechen, so machte Naumann bei Kriegsausbruch diesem Moratorium der Theologie ein Ende.

Das ist bemerkenswert. Man wird den Grund nicht einfach in der

---

[189] Vgl. zu ihr W. *Schieder* in seiner Einleitung zur Edition der Mitteleuropa-Schriften, in: *Friedrich Naumann*, Werke, Bd. 4, S. 374—399.
[190] Zitiert bei *Th. Heuss*, Friedrich Naumann, S. 160.
[191] Zu Naumanns theologischer Entwicklung vgl. *H. Timm*, Friedrich Naumanns theologischer Widerruf; *I. Engel*, Gottesverständnis und sozialpolitisches Handeln; *A. Lindt*, Friedrich Naumann und Max Weber.

religiösen Begeisterung der ersten Kriegszeit sehen dürfen; denn Naumann hat sich diesen Kriegsrausch nicht zu eigen gemacht[192]. Er hat die Schwere des Krieges von Anfang an gesehen. Er war der Meinung, daß sie an die seelische und religiöse Substanz der Menschen besonders hohe Anforderungen stelle; für sein Teil wollte er dazu beitragen, daß sie diesen Anforderungen besser gerecht würden. Auf der anderen Seite sah sich der Politiker Naumann, der den nationalen Machtstaatsgedanken lange genug vertreten hatte und weiter vertrat, plötzlich vor der Notwendigkeit, den im Krieg mit elementarer Wucht aufbrechenden Glauben an die Nation als Theologe zu verstehen und zu würdigen. Von diesen beiden Fragestellungen aus erklären sich Naumanns theologische — eher müßte man wohl sagen: religiöse — Stellungnahmen zum Krieg.

Dabei bewährt sich für Naumann das Ergebnis seiner theologischen Entwicklung. Mit besonderer Bewegung, so berichtet er 1916 im Nachwort zur Neuauflage der »Briefe über Religion«[193], lese er die Seiten seines Buches von 1903 wieder, in denen er gezeigt habe, daß es eine »Sozialpolitik der Bergpredigt« nicht geben könne. Rudolph Sohms Überzeugung, daß Staat wie Recht »geborene Heiden« seien, bestätigt sich für Naumann gerade im Krieg. In allen Betrachtungen der ersten Kriegszeit kehrt deshalb die Trennung zwischen dem Glauben, der der Sphäre der Innerlichkeit, der Persönlichkeit angehöre, und dem staatlichen und zwischenstaatlichen Leben, die Trennung zwischen dem Reich der Liebe und dem Kampf ums Dasein wieder. Weihnachten ist das Gegenteil von Krieg, schreibt Naumann zu Weihnachten 1914; das »linde Evangelium von Weihnachten« und das »harte Roggenbrot der Gesetzlichkeit, des Zwanges und der Angst« stehen einander gegenüber; wer sie vermischt, dessen Christentumsauslegung ist »oberflächlich und dünn«[194]. Diese Vermischung, schreibt Naumann in anderem Zusammenhang, führt zu jener »aus Bethlehem und Potsdam gemischten Predigt«[195], die für die erste Kriegszeit so kennzeichnend und für strenggläubige Christen noch schwerer zu ertragen ist als für die »Völkischen«.

Doch Religion ist nicht nur auf der Seite des Persönlichkeitsglaubens. Religion ist auch im »Kampf ums Dasein«. Naumann schildert

---

[192] Vgl. auch W. *Schieder*, a. a. O., S. 381.
[193] »Nach dreizehn Jahren«, in: Werke, Bd. 1, S. 867.
[194] Werke, Bd. 1, S. 846 f.
[195] Ebd., S. 854.

diesen »Kriegsglauben«[196], diese »Religion der Völker«[197] mit eindringlichen Worten. Der hohe persönliche Einsatz der Soldaten läßt sich nur aus dem unter ihnen wachsenden Glauben erklären, »daß es Güter gibt, für die es sich verlohnt zu sterben«. Für diesen Glauben gibt es eine natürliche und eine übernatürliche Begründung. Die natürliche Begründung erklärt die Erhaltung der Gattung, d. h. der Nation, zum Ziel des Kampfes, die übernatürliche erklärt den Krieg als Kampf um höhere Ideen und Lebensziele. »Beide Begründungen aber fließen zusammen in dem Wort: sterben fürs Vaterland.«[198] Gegenstand dieses Glaubens also ist »der besondere geistleibliche Körper Volk«. In der Hingabe an dieses größere Ganze erkennt man dieses »lange Leben vom Urvolk bis zur vollendeten ausgereiften Volkswirklichkeit ... als das eigentlich Existierende«. Jeder einzelne ist nur eine Erscheinungsform dieses »langandauernden Wesens«[199].

Dieser Glaube an das Volk läßt sich mit dem Geist des Christentums auch nach Naumanns Auffassung nicht vereinen. Doch im Krieg tritt er gleichberechtigt neben den Glauben an den überweltlichen Gott, zu dem alle Völker beten. Erst nach dem Krieg wird vielleicht wieder »das Licht neuer Verständigung« leuchten, das dem Geist des Christentums entspricht[200]. Erst dann also, so muß man folgern, wird vielleicht wieder deutlich werden, daß der christliche Glaube gegenüber dem Glauben an das Volk eine kritische Funktion wahrzunehmen hat. Naumann spricht zwar vom »langandauernden Wesen« des Volkes; doch er sieht in ihm keine übergeschichtliche Größe. Daran hindert ihn sein entwicklungsgeschichtliches Denken. Um so mehr interessiert uns in unserem Zusammenhang[201] die Frage, wie Naumann die Bedeutung des Protestantismus für die Entwicklung des »deutschen Wesens« eingeschätzt hat, ob er die Kulturbedeutung des Protestantismus wie so viele andere »kriegstheologisch« fruchtbar gemacht hat. Doch zu dieser Frage ergreift nicht der Nationalprotestant Naumann, sondern der Verfechter des Mitteleuropa-Gedankens das Wort. Das 3. Kapitel des Mitteleuropa-Buches behandelt das Problem der »Konfessionen und Nationalitäten«[202]. Die

---

[196] Ebd., S. 848 ff.
[197] Ebd., S. 852 ff.
[198] Ebd., S. 850.
[199] Ebd., S. 853.
[200] Ebd., S. 856.
[201] Siehe oben S. 160 ff.
[202] Werke, Bd. 4, S. 551 ff.

unter den Historikern vor allem von Treitschke, in den Kriegspredigten von genügend Theologen vertretene »rein protestantische Geschichtskonstruktion«, die eine möglichst gerade Linie von Wittenberg nach Berlin, von Luther zu Bismarck zieht, muß Naumann um des Mitteleuropa-Gedankens willen ablehnen[203]. Denn in dem Mitteleuropa, das ihm vorschwebt, werden die Protestanten nicht mehr, wie im Deutschen Reich, eine Mehrheit, sondern eine Minderheit sein. Und die für Mitteleuropa notwendige Geschichtsauffassung ist die, »bei der Katholik und Protestant ohne Aufgabe ihrer geistlichen Werte und Ehren sich als Bestandteile einer gemeinsamen Vorzeit begreifen«[204].

Naumann hat deshalb die »Geschichtskonstruktion« des Nationalprotestantismus nicht übernommen. Doch durch seine Darstellung des »Kriegsglaubens«, die der Klärung dienen sollte, hat er sich an der religiösen Rechtfertigung des Krieges beteiligt. Nachdem er sich zunächst schweren Herzens zu der Erkenntnis durchgerungen hatte, daß Recht und Staat »geborene Heiden« seien, hat er dann doch diesen »heidnischen« Bereich religiös verklärt. Nachdem er theologisch an der Frage gescheitert war, wie der christliche Glaube auf den Bereich der Politik zu beziehen sei, konnte er gerade deshalb dem politischen Leben eine eigene religiöse Weihe zusprechen. Denn es stand für ihn völlig unverbunden neben dem Glauben, der sich in den Bereich der Innerlichkeit zurückgezogen hatte.

5.2. Gottfried Traub

Das Schicksal der von Naumann herausgegebenen Zeitschrift »Die Hilfe« in der Kriegszeit war demjenigen von Rades »Christlicher Welt«[205] entgegengesetzt: die Bezieherzahl der »Hilfe« stieg außergewöhnlich an[206]. In diesen Kriegsheften der »Hilfe« waren die »Kriegschronik« von Friedrich Naumann, die »Heimatchronik« von Gertrud Bäumer und die »Andachten« von Gottfried Traub die ständigen Beiträge, zwischen denen sich Aufsätze wechselnder Autoren fanden.

---

[203] Ebd., S. 559.
[204] Ebd., S. 558.
[205] Vgl. oben S. 186.
[206] Vgl. *Th. Heuss*, Friedrich Naumann, S. 323.

Traub, der ehemalige Dortmunder Pfarrer, entwickelte von Kriegsbeginn an eine ungewöhnliche literarische Produktivität. Außer den »Andachten« in der »Hilfe« verfaßte er die »Eisernen Blätter«, die an Soldaten an der Front verschickt wurden; ferner war er Herausgeber der »Christlichen Freiheit« und Mitherausgeber der »Evangelischen Freiheit«. Er gewann durch diese rege literarische Tätigkeit einen großen Einfluß weit über kirchlich gebundene Kreise hinaus. Troeltsch nannte ihn deswegen den »Kriegs-Seelsorger des deutschen Volkes«[207]. Rade sagte von ihm, er habe sich in den ersten Kriegsmonaten als »ein wahrer Pastor des evangelischen Volks« bewährt[208].

Sie sagten das von einem Theologen, dem es untersagt war, den Pfarrertitel zu führen. Hier ist ein Nachtrag zu dem oben behandelten »Burgfrieden« innerhalb der evangelischen Kirche notwendig. Traub, damals Pfarrer in der Reinoldi-Gemeinde in Dortmund, hatte 1911 in dem ersten nach dem neuen preußischen Irrlehregesetz durchgeführten Lehrzuchtverfahren zusammen mit Otto Baumgarten den Kölner Pfarrer Jatho verteidigt; das Urteil des Spruchkollegiums, das auf Amtsenthebung unter Gewährung des Ruhegehaltes lautete, hatte er scharf kritisiert[209]. Daraufhin wurde gegen Traub selbst ein Disziplinarverfahren eingeleitet. Nachdem das Breslauer Konsistorium, an das der Fall verwiesen worden war, auf Versetzung in ein anderes Amt erkannt hatte, verschärfte der Preußische Oberkirchenrat als Berufungsinstanz am 5. Juli 1912 das Urteil: es lautete nun auf Dienstentlassung ohne Pension und Titel[210]. Als Urteilsbegründung wurde angegeben, Traub habe der verfaßten Landeskirche die Existenzberechtigung abgesprochen, sie in ihren Behörden und Einrichtungen verächtlich gemacht und sich dadurch selbst die Möglichkeit genommen, in dieser Landeskirche weiterhin als Geistlicher tätig zu sein[211].

Diese Entscheidung löste lebhaften Protest aus[212]. Der neben Traub vor allem betroffenen Reinoldi-Gemeinde in Dortmund schien nach

---

[207] CW, 29, 1915, Sp. 297.
[208] CW, 28, 1914, Sp. 1151.
[209] Vgl. E. R. Huber, Deutsche Verfassungsgeschichte, Bd. IV, S. 872 ff.
[210] Die »Hilfe« hat allerdings in ihrem Inhaltsverzeichnis für Traub den Pfarrertitel bis zum 10. September 1914 weiterhin geführt.
[211] Vgl. E. R. Huber, a. a. O., S. 874 f.
[212] Vgl. z. B. A. v. Harnack, Die Dienstentlassung des Pfarrers Lic. G. Traub, 1912.

dem Kriegsausbruch die Zeit gekommen zu sein, um den Oberkirchenrat um eine Überprüfung seiner Entscheidung zu bitten. Am 30. 9. 1914 richtete sie eine Eingabe an den Oberkirchenrat[213]. Sie bat ihn um einen Akt kirchenregimentlicher Versöhnlichkeit, da im Kriege aller politische, soziale und konfessionelle Hader begraben sei. Sie wies auf Traubs Eintreten für die Landeskirche auch nach seiner Dienstentlassung und insbesondere auf seine Verdienste in den ersten Wochen des Krieges hin.

Am 12. 12. 1914 antwortete der Oberkirchenrat durch das westfälische Konsistorium[214], die Gründe, die zur Dienstentlassung von Traub geführt hätten, seien durch die Eingabe nicht berührt. »Die von dem Presbyterium wiederholt hervorgehobene Bitte um einen Akt der Versöhnlichkeit komme nicht in Frage, da die Entscheidung über eine Wiederbeilegung der Rechte des geistlichen Standes unter anderen Gesichtspunkten als dem der Versöhnlichkeit zu erfolgen habe.« Vor den Toren des Preußischen Oberkirchenrats hatte der »Burgfrieden« also Halt gemacht. Erst Ende 1918 wurden Traub »infolge kaiserlicher Anregung« durch den Oberkirchenrat die Rechte des geistlichen Standes wieder zuerkannt[215]. Der Oberkirchenrat meinte nun, es Traub schuldig zu sein, ihm »wegen seiner im Kriege bewiesenen vorbildlichen patriotischen Haltung« diese Rechte wiederzugeben[216].

Mit der Dienstentlassung Traubs hatte der Oberkirchenrat an einem bekannten Vertreter der liberalen Theologie ein Exempel statuieren wollen; er trieb ihn dadurch in die Politik. 1913 wurde Traub Mitglied des Preußischen Abgeordnetenhauses, und zwar als Mitglied der Fortschrittlichen Volkspartei. Doch 1917 wechselte er zur »Vaterlandspartei« und damit von der gemäßigten Linken zur extremen Rechten über. Nach der Novemberrevolution war er deutschnationaler Abgeordneter der Weimarer Nationalversammlung; 1920 beteiligte er sich am Kapp-Putsch[217].

Diese politische Entwicklung war extrem; dennoch offenbarte sie in ihrer Radikalität eine der Möglichkeiten, die im liberalen Prote-

---

[213] Veröffentlicht im Protetantenblatt, 1915, Sp. 27 f.
[214] Text: ebd., Sp. 28.
[215] Vgl. G. *Traub*, Erinnerungen, S. 6, 86.
[216] Vgl. G. *Dehn*, Die alte Zeit, die vorigen Jahre, S. 208 f. Zu Traubs Rolle im »Fall Dehn« vgl. ebd., S. 260.
[217] Vgl. E. R. *Huber*, a. a. O, S. 88 f.; *Traub*, a. a. O., S. 6 f.

stantismus enthalten waren. Wie Traub, so fanden viele nationalprotestantisch gesonnene Pfarrer und Laien nach 1919 ihre politische Heimat in der DNVP. Kirchenpolitisch »links« zu sein, hinderte nicht daran, politisch »rechts« zu werden. Traubs Entwicklung zeigt, daß der Kulturprotestantismus dem Nationalismus weithin widerstandslos offenstand.

Das wird bereits an Traubs »Andachten« aus den ersten Kriegsmonaten deutlich. Es handelt sich nicht um Andachten im üblichen Sinn, wenngleich sie in den Inhaltsübersichten der »Hilfe« als solche erscheinen. Ihnen liegt nicht, wie gewohnt, ein Bibeltext zugrunde; vielmehr stellt Traub jeder von ihnen ein Wort von Luther, Goethe, Fichte, Arndt, Bismarck (der Ahnenreihe des »Nationalprotestantismus«) oder einem anderen Autor voran[218]. Ausgehend von diesem Motto, entwickelt er religiöse und sittliche Gedanken zur Zeit. Von Naumann unterscheidet sich Traub aufs schärfste dadurch, daß der Gegensatz zwischen dem Glauben und dem staatlichen und völkischen Leben für ihn nicht besteht. Darüber nachzudenken, wie man Weihnachten und Krieg, von deren Gegensatz Naumann zur gleichen Zeit so nachdrücklich spricht[219], zusammendenken könne, hält er für unnütz: »Sie stehen heute nebeneinander und verkünden laut, daß Ewigkeit größer ist als Zeit, daß aber alle Ewigkeit sich nur in denen offenbart, die ihrer Zeit sich voll zum Opfer gebracht haben.«[220] Es ist ihm geradezu eine »Weihnachtsbotschaft«, »daß die Masse unseres Volkes innerlich gesund, opferwillig und von gutem Anstand ist«[221]. »Wie an der ersten Weihnacht, so liegt auch heute ein Kind Gottes in Nässe und Kälte, Wind und Wetter: das ist das junge Deutschland.«[222]

Ähnlich wendet Traub auch die anderen traditionellen Inhalte des christlichen Glaubens unmittelbar auf die Situation Deutschlands an: In den ersten Augusttagen 1914 hat sich im deutschen Volk der

---

[218] Traub berichtet a. a. O., S. 22, daß Naumann von ihm, als er 1904/05 die regelmäßigen Andachten in der »Hilfe« übernahm, gefordert habe, ihnen nicht Textworte aus der Bibel zugrunde zu legen; denn Naumann war der Überzeugung: »die Worte Jesu sind ursprünglich wörtlich zu verstehen auf dem Boden Palästinas, aber sie können nicht wörtlich erfüllt werden«.
[219] Siehe oben S. 190.
[220] Die Hilfe, 20, 1914, S. 858.
[221] Ebd., S. 606.
[222] Die Hilfe, 21, 1915, S. 834.

Pfingstgeist offenbart[223]; Sünde ist es deshalb, diese Kriegsbegeisterung als »Rausch« zu bezeichnen. Vom Tod der Soldaten gilt: »Der Tod ist verschlungen in den Sieg.«[224] Aus ihrem Tod entspringt Auferstehung: die Neugeburt des Volkes[225]. Nur in der Fortdauer des Volkes gibt es ewiges Leben[226].

All diese Ausführungen Traubs kreisen um das Volk, das für ihn eine (die?) Offenbarung Gottes ist. Daraus leitet Traub das Recht her, die Nächstenliebe im »eigentlichen Sinn« zu nehmen, und das heißt, auf die Glieder des eigenen Volkes zu beschränken und deshalb nicht um den Frieden zu beten, sondern um den Sieg[227].

6. Der religiös-soziale Widerspruch

6.1. Christoph Blumhardt d. J.

Gottfried Traub und Christoph Blumhardt — dies erscheint als ein eindrucksvoller Kontrast. Dennoch sollen dadurch, daß nun abschließend vom religiösen Sozialismus die Rede ist, die Differenzierungen zwischen den unterschiedlichen Positionen, die im vorangehenden dargestellt wurden, nicht verwischt werden. Unvermeidlich ist es allerdings, daß diese Differenzierungen relativiert werden, wenn man sie mit der entschlossenen Ablehnung jeder Kriegstheologie durch die Religiös-Sozialen konfrontiert. Denn nur im religiösen Sozialismus wurde eine konsequente Gegenposition gegen alle Schattierungen einer Theologie, in der Kriegsbegeisterung und deutscher Nationalismus Platz fanden, entwickelt.

Eine solche Gegenposition zu beziehen, wurde Leonhard Ragaz und Karl Barth, von denen unten die Rede sein soll, zweifellos allein schon dadurch erleichtert, daß sie nicht Deutsche, sondern Schweizer waren, daß sie also den Kriegsbeginn und den Verlauf des Krieges als Bürger eines neutralen Staates beobachten konnten. Anders lagen die Dinge für den in Bad Boll ansässigen württembergischen Theologen Christoph Blumhardt.

---

[223] Ebd., S. 325.
[224] Die Hilfe, 20, 1914, S. 770.
[225] Die Hilfe, 21, 1915, S. 373.
[226] Ebd., S. 667.
[227] Ebd., S. 47.

In einem strengen Sinn kann Blumhardt nicht der Schweizer religiös-sozialen Bewegung zugerechnet werden; er ist vielmehr als ihr Vorläufer und Lehrer anzusehen. Leonhard Ragaz hat sich ausdrücklich als Schüler Blumhardts bezeichnet[228]; für Karl Barths Entwicklung zum Begründer der dialektischen Theologie hat Blumhardt eine zentrale Rolle gespielt[229]. Man hat deshalb von der »einen Blumhardt-Bewegung« gesprochen, aus der sowohl der religiöse Sozialismus als auch die dialektische Theologie hervorgegangen sei[230]. Blumhardt hat sich, obwohl er der sozialdemokratischen Partei angehörte, an der politischen Diskussion der ersten Kriegszeit nicht literarisch beteiligt; er hat auch in die, insbesondere in den ersten Kriegsmonaten sehr lebhafte, Auseinandersetzung zwischen den Schweizer Religiös-Sozialen und deutschen Theologen nicht unmittelbar eingegriffen. Doch er hat durch seine Predigten während des Krieges gezeigt, daß er in seiner, theologisch begründeten, Distanz zur nationalen Begeisterung den meisten seiner deutschen theologischen Zeitgenossen voraus war[231].

Der Enthusiasmus des Kriegsbeginns und die »Ideen von 1914« sind Blumhardt völlig fremd. Das Erlebnis des August 1914 bezeichnet er mit bewußter Gleichgültigkeit als eine vorübergehende »Aufregung«[232], den Krieg als einen »dummen Krieg ..., von dem kein Mensch weiß, was er eigentlich bedeuten soll«[233]. Eine »Sinndeutung« dieses »dummen Krieges« ist unmöglich; sie bliebe auch »im Bereich des Gesetzes« stecken[234]. Deuten kann man diesen Krieg nur von der Verkündigung des Reiches Gottes her.

Dabei geht Blumhardt von einem völlig anderen Verständnis des

---

[228] Vgl. *M. Mattmüller*, Leonhard Ragaz und der religiöse Sozialismus, Bd. II, S. 27.
[229] Vgl. *K. Barth*, »Vergangenheit und Zukunft (Friedrich Naumann und Christoph Blumhardt)«, in: Anfänge der dialektischen Theologie, hrsg. v. J. Moltmann, I, S. 37—49; *G. Sauter*, Die Theologie des Reiches Gottes beim älteren und jüngeren Blumhardt, S. 235 ff.; siehe auch unten S. 210.
[230] *M. Mattmüller*, a. a. O., S. 218; vgl. ders., »Der Einfluß Christoph Blumhardts auf schweizerische Theologen des 20. Jahrhunderts«.
[231] Das Folgende beruht auf: *G. Sauter*, Die Theologie des Reiches Gottes beim älteren und jüngeren Blumhardt, S. 223 ff.; *W. Pressel*, Die Kriegspredigt 1914—1918, S. 251 ff.
[232] *Chr. Blumhardt*, Gottes Reich kommt, S. 387.
[233] Ebd., S. 416.
[234] *Sauter*, a. a. O., S. 227.

Reich-Gottes-Begriffs aus als der Kulturprotestantismus: Diesem ist das Reich Gottes ein innergeschichtlicher Endzustand, auf den die Menschen mit all ihrer sittlichen und geistigen Kraft zustreben sollen; für Blumhardt ist das Kommen des Reiches Gottes in Gottes Verfügung gestellt und menschlichem Handeln entzogen. Der Blick auf die Gottesherrschaft relativiert die Schrecken des Krieges; er hilft aber zugleich, den Krieg in seinem wahren Wesen zu erkennen. Auch Blumhardt bezeichnet den Krieg als ein »Gericht« Gottes über die Menschen und erinnert damit an die Kriegspredigt der orthodoxen Lutheraner[235]. Doch das Gewicht der Aussage liegt bei ihm nicht wie bei diesen auf der Verurteilung des moralischen Verfalls, durch den das Vorkriegs-Europa gekennzeichnet gewesen sei, sondern darauf, daß durch den Krieg die Ruhm- und Machtgier des Menschen ans Licht komme[236]. Der Erste Weltkrieg erscheint ihm als »Aufbäumen im Todeskampf der alten Welt, ... die durch den Geist des Krieges, des Geldes und anderer Macht beherrscht wird«[237]. Dieser Geist muß durchbrochen werden durch den Geist der Auferstehung. Die Frage, ob Deutschland siegt, ist deshalb für Blumhardt unwichtig; wichtig ist die Frage, ob Jesus als Sieger offenbar wird[238].

Somit bleibt der Christenheit im Weltkrieg nur die Einsicht in die Notwendigkeit des Gebets. Denn nur der Geist Gottes selbst kann nach Blumhardts Überzeugung den Geist der Welt überwinden und so Frieden bringen. Blumhardt kennt kein Gebet um den Sieg, sondern nur ein Gebet um das Kommen der Gottesherrschaft[239].

Doch andererseits haben die Christen im Blick auf den Frieden eine Aufgabe, allerdings nicht als Glieder der Volksgemeinschaft – zu ihr haben sie als Christen vielmehr ein distanziertes Verhältnis –, sondern als Glieder der Gemeinde Jesu. Der Gemeindegedanke, im Protestantismus weithin schon seit Anfang des 19. Jahrhunderts und erst recht in der Kriegszeit durch den Volksgedanken verdrängt, tritt in Blumhardts Predigten wieder in den Mittelpunkt. Die Gemeinde soll sich bewußt werden, daß Gottes Bund mit den Menschen ein Friedensbund ist, der Menschen aller Völker miteinander verbindet[240]. Blumhardt

---

[235] Siehe oben S. 155.
[236] *Pressel*, a. a. O., S. 259.
[237] *Sauter*, a. a. O., S. 225.
[238] Ebd., S. 233.
[239] *Pressel*, a. a. O., S. 266.
[240] Ebd., S. 263.

trifft sich mit Troeltsch und Rade[241] in dem Urteil, daß der Krieg eine »Niederlage unserer Religion« sei. Nun muß aus dem Friedensbund Gottes mit den Menschen ein Bund des Friedens entstehen, der durch die Welt hindurchgeht[242]. Doch dieser Gedanke, daß die Christen als »Friedensstifter« tätig werden müssen, scheint zurückzutreten hinter den anderen, daß sie um das Kommen der Gottesherrschaft beten sollen.

6.2. Leonhard Ragaz

»Wenn die Menschen einmal die Hölle eines heutigen Krieges — und dazu eines solchen Krieges! — gesehen haben, werden sie, so wahr Gottes Ebenbild in ihnen lebt, entsetzt sein und den Krieg hassen.«[243] Mit diesen Worten gab Leonhard Ragaz dem Erlebnis des Kriegsausbruchs Ausdruck[244]. Dieses Erlebnis führte Ragaz zu einer Kriegsgegnerschaft, die in seinem Denken wohl schon angelegt, aber vor dem Krieg noch keineswegs klar ausgeprägt war. Angelegt war sie in der Lehre von der Solidarität aller Menschen[245]; doch erst im August 1914 vollzog Ragaz explizit die Anwendung dieser Lehre auf die Frage des Krieges und der internationalen Beziehungen. Erst jetzt begann er, die pazifistische Tradition aufzunehmen und seinen Standpunkt gegenüber dem Pazifismus zu bestimmen[246]. Am Ende des Krieges bekannte er sich zu einer Auffassung des Pazifismus, »die man die mehr relative, evolutionistische oder auch reformistische nennen mag«[247]. Diese Kennzeichnung trifft bereits Ragaz' Haltung zu Beginn des Krieges. Ragaz konnte aus seiner Ablehnung der Gewalt keinen absoluten Pazifismus ableiten, weil er das Ziel des gewaltfreien Austrags internationaler Konflikte mit den Zielen des Rechts, der Demokratie und der Solidarität vermitteln mußte. Diese Ziele sah er aber in erster Linie durch das Verhalten und die Mentalität der

---

[241] Siehe oben S. 183, 186.
[242] *Pressel*, a. a. O., S. 266.
[243] Neue Wege, August 1914, S. 300.
[244] Im folgenden stütze ich mich auf die umfangreiche Darstellung im zweiten Band der auf drei Bände angelegten Biographie von *M. Mattmüller*, Leonhard Ragaz und der religiöse Sozialismus, Bd. II: Die Zeit des Ersten Weltkriegs und der Revolution.
[245] Vgl. *Mattmüller*, a. a. O., Bd. I, S. 215 ff.
[246] Vgl. *Mattmüller*, a. a. O., Bd. II, S. 257 ff.
[247] Neue Wege, Juli 1918, S. 338; vgl. dazu *A. Rich,* »Leonhard Ragaz. Eine Skizze von seinem Denken und Wirken«, S. 206 ff.

deutschen Regierung behindert. Deshalb erhoffte er einen Sieg der alliierten Waffen und einen Frieden, der den Anfang einer solidarischen Ordnung der Völkergemeinschaft darstellen würde[248].

Dieses Verständnis des Krieges stand, so sehr es sich im einzelnen noch weiterentwickelte, in seinen Grundzügen für Ragaz sehr bald nach Kriegsbeginn fest. Es machte ihn, der einen großen Teil seines Studiums in Deutschland verbracht hatte, zu einem erklärten Gegner der deutschen Politik und auch der deutschen Theologie, in der er eine Unterstützung dieser Politik sah. Seine Gegnerschaft gegen Deutschland entsprang also aus einem Zusammentreffen von politischen und theologischen Motiven. Die politische Gegnerschaft entzündete sich am Bruch der belgischen Neutralität, der theologische Protest wurde durch eine Andacht Gottfried Traubs in der »Hilfe« ausgelöst. Dort schrieb Traub über die deutschen Soldaten in Belgien: »Ihre Stärke heißt Herzensbegeisterung, ihre Kraft heißt Zorn. Und diese brennende Glut ist ihr heiliger Geist«; er schwärmte von den Kinderaugen eines Soldaten, der »belgisches Volk an die Mauer gestellt und erbarmungslos zusammengeschossen« habe[249]. Gegen derartige chauvinistische Äußerungen richtete Ragaz »eine wohlgemeinte Warnung«[250]; er sah in solchen Ausbrüchen eine größere Gefahr für Deutschland, als sie ihm von seinen äußeren Feinden drohte.

Traub antwortete Ragaz mit einem Offenen Brief in der »Christlichen Freiheit«; dieser gab Ragaz den Anstoß zu seiner »endgültigen Losreißung von meiner Verbundenheit mit Deutschland«. Ragaz stellt fest:

»Es gibt keine Christenheit, keinen internationalen Sozialismus mehr; es gibt nur noch das Volk und das Volksgefühl. Hoch lodert es auf, eine heilige Flamme! Alles wird in ihrem Lichte heilig. Wüstes Schimpfen über den Gegner, orgiastisches Selbstlob, fürchterliches Morden und Brennen, Ausbrüche wildester Roheit, alles wird eine Art Gottesdienst. *Gott* kommt und verbindet sich mit dieser Leidenschaft, der Gott des Volkes.«[251]

---

[248] Ragaz hat diesen Standpunkt in dem Aufsatz »Unsere Politik«, Neue Wege, Mai-Juli 1918, zusammenfassend dargestellt; vgl. dazu *Mattmüller*, a. a. O., Bd. II, S. 325 ff. Seine Hoffnungen wurden durch den Versailler Friedensvertrag, in dem er keinen »wirklichen« Frieden, sondern einen »Gewaltfrieden« sah, bitter enttäuscht; vgl. *Mattmüller*, ebd., S. 496 ff.
[249] *G. Traub*, »Unvergeßlich«, in: Die Hilfe, 20, 1914, Nr. 35.
[250] Neue Wege, September 1914, S. 386.
[251] Neue Wege, Oktober 1914, S. 443; vgl. *Mattmüller*, a. a. O., Bd. II, S. 203 f.

In dieser Beanspruchung Gottes für die Sache eines Volkes sieht Ragaz einen Verrat an der Solidarität aller Menschen, die für ihn im Glauben an die universale Versöhnungstat Jesu Christi begründet ist. Deshalb hat Traub für Ragaz aufgehört, ein Christ zu sein[252]. Die Gleichsetzung von »furor teutonicus und heiligem Geist« wird ihm zum Zeichen der Dämonie; der Glaube an den deutschen Gott und das Festhalten an dem übernationalen Reich Gottes treten für ihn unversöhnbar auseinander. Ragaz wendet das von dem Kieler Generalsuperintendenten Th. Kaftan ursprünglich auf das Verhältnis von positivem und liberalem Protestantismus gemünzte Wort von den »zwei Religionen« auf das Verhältnis von deutscher Kriegstheologie und dem Glauben an die in Jesus begründete Solidarität der Menschen an: »Es sind zwei Religionen, die einander gegenüber treten, das ist mir erschütternd klar geworden, als die Katastrophe hereinbrach.« Für Ragaz besteht ein unüberbrückbarer Gegensatz zwischen denen, die »das Gottesreich dem Weltreich anzunähern« suchen und »die 42-cm-Kanone mit dem Kreuz Christi... verschmelzen« und denen, die den absoluten Gegensatz von Reich Gottes und Reich der Gewalt festhalten[253].

Die Rede vom »deutschen Gott« ist für Ragaz kein Zufall, sondern in der Besonderheit des deutschen Protestantismus verwurzelt. Den Gegensatz, in den er zur deutschen Theologie tritt, identifiziert er mit dem Gegensatz von lutherischer und reformierter Tradition. Ja, Ragaz versteht den Weltkrieg selbst als einen welthistorischen Kampf zwischen Luthertum und reformiertem Christentum. Während aus dem Calvinismus die moderne Demokratie hervorgegangen sei, denke das Luthertum von jeher konservativ, patriarchalisch und quietistisch[254]; deshalb habe es sich mit den deutschen Dynastien verknüpft. Diese Verbindung habe den Nationalismus der deutschen Theologie hervorgerufen. Seitdem das idealistische, kosmopolitische Deutschland Kants, Goethes und Schillers durch das realpolitische, nationalistische und imperialistische Reich Bismarcks verdrängt worden sei, sei auch der deutsche Geist in den Dienst der deutschen

---

[252] Neue Wege, Oktober 1914, S. 445.
[253] Ebd. S. 447.
[254] »Von den letzten Voraussetzungen der schweizerischen Neutralität«, in: Wissen und Leben, 1915/16, S. 305 ff. (312); auch in: *Seippel, Zürcher, de Quervain* und *Ragaz*, Die geistige Unabhängigkeit der Schweiz, Schweizer Zeitfragen, Heft 51, 1916; vgl. *Mattmüller*, a. a. O., Bd. II, S. 79 ff.

Macht getreten; die deutsche Theologie sei durch das Überhandnehmen nationaler Gesichtspunkte imperialistisch geworden. Als Beispiel einer imperialistischen Theologie nennt Ragaz Friedrich Naumann. »Das Nationale rückt für eine ganze Generation von Theologen in den Mittelpunkt, wie ich es in keinem anderen christlichen Kulturkreis beobachtet habe. Ein Ausdruck (und nicht einmal der kühnste) dieser Denkweise ist dann das Wort vom ›deutschen Gott‹.«[255]

Ragaz nimmt also den Gedanken auf, daß der schweizerischen Reformation entscheidende Bedeutung für die Entwicklung der Menschenrechte wie des westlichen Demokratiebegriffs zukommt[256], und verbindet damit einen »vaterländisch« schweizerischen Standpunkt, der seinen umfassendsten Ausdruck in seinem Buch »Die neue Schweiz« von 1918 findet[257]. Daneben steht die theologische Kritik an jedem Versuch, Gott für eine einzelne Nation zu beanspruchen, und der Gedanke der Solidarität aller Menschen. Beide Überzeugungen hat Ragaz allerdings nicht zum vollen Ausgleich miteinander gebracht.

Ebenso wie Blumhardt, ebenso auch wie die orthodoxen Lutheraner[258] interpretiert Ragaz den Krieg als Gericht und Strafe Gottes. Er steht darin den Lutheranern sogar noch näher als seinem »Lehrer« Blumhardt; denn wie diese gibt er im einzelnen die Verfehlungen der Vorkriegszeit an, über die im Krieg das Gericht erfolgt. Ragaz spricht vom Niedergang der Moral im individuellen Leben, vom Mammonismus der Wirtschaftsordnung, von der Gewalttätigkeit der internationalen Politik[259]. Doch er stellt diesen Gerichtsgedanken anders als die Lutheraner in den Zusammenhang eines bestimmten Reich-Gottes-Verständnisses. Er verbindet nicht mehr wie der Kulturprotestantismus die Hoffnung auf das Reich Gottes mit dem Optimismus des Kulturfortschritts, sondern geht davon aus, daß der Gottesherrschaft dämonische Mächte entgegenstehen, daß

---

[255] Wissen und Leben, 1915/16, S. 311.
[256] Im Umkreis von Ragaz wurde dieser Gedanke zuerst von *Paul Seippel*, Escarmouches, 1910 entwickelt, der sich dafür auf *Georg Jellinek*, Die Erklärung der Menschen- und Bürgerrechte, 1901 (Neudruck in: R. Schnur, Hrsg., Zur Geschichte der Erklärung der Menschenrechte) berief; vgl. *Mattmüller*, a. a. O., Bd. II, S. 79 f.
[257] Dazu *Mattmüller*, ebd., S. 427 ff.
[258] Siehe oben S. 155, 198.
[259] Neue Wege, August 1914, S. 300.

Reich Gottes und Reich der Gewalt miteinander im Kampf liegen, und daß deshalb der Weg zum Reich Gottes durch Katastrophen und durch Opfer hindurchführt[260]. Deshalb wird die Hoffnung auf das Reich Gottes durch die Katastrophe des Krieges nicht widerlegt; vielmehr ist es so, »daß die größten Fortschritte durch den Sprung geschehen und daß die Katastrophe der Entwicklung zu Hilfe kommt«[261].

Neben der Katastrophe steht das Opfer. Daß die Menschen Mitarbeiter Gottes in der Verwirklichung seines Reichs sind, bedeutet, daß von ihnen Opfer verlangt werden. Dies gilt in besonderem Maß im Krieg. »Jetzt gilt nicht die Theologie und die Diskussion, sondern die Nachfolge Christi und das Kreuz.«[262] Die Nachfolge Jesu erfordert jetzt nicht nur den halbherzigen, sondern den vollen Einsatz für Gewaltlosigkeit und Frieden. Die Friedensbewegung in all ihren Formen hat nach der Meinung von Ragaz deshalb versagt, weil sie nicht entschieden genug alle Formen des Krieges bekämpft, sondern sich die Unterscheidung von aggressivem und defensivem Krieg zu eigen gemacht und so die traditionelle Lehre vom gerechten Krieg rezipiert hat. Das gilt von der humanitären, der sozialistischen und der christlichen Friedensbewegung in gleicher Weise. Doch da der Anspruch des Christentums, der Welt den Frieden zu bringen, am größten war, so ist auch sein Versagen das größte[263]. Auch für Ragaz ist der »Bankrott der Christenheit« eine der Grunderfahrungen des Krieges[264]. Über diesen Bankrott hinaus führt nur die Nachfolge Jesu als kompromißloser Einsatz für den Frieden; gemeint ist damit nicht der Friede als Ende nur dieses, sondern als Ende jedes Krieges, »nicht *ein* Friede, sondern *der* Friede, die Überwindung des Krieges und der Beginn einer neuen Stufe der menschlichen Entwicklung, einer neuen Ära, ja, wollte Gott, eines neuen Äons«[265].

Der »relative Pazifismus«, den Ragaz vertreten hat[266], wird hier von der Theologie aus kritisch in Frage gestellt. Der relative

---

[260] Vgl. *Mattmüller*, a. a. O., Bd. II, S. 39 f.
[261] Neue Wege, Januar 1915, S. 10.
[262] Neue Wege, November-Dezember 1914, S. 472.
[263] Ebd., S. 471.
[264] Siehe oben S. 183, 186, 199.
[265] Neue Wege, November-Dezember 1914, S. 457.
[266] Siehe oben S. 199.

Pazifismus rechnet mit Situationen, in denen um anderer Zielvorstellungen willen auf die Anwendung von Gewalt nicht verzichtet werden kann. Die Hoffnung auf das Reich Gottes jedoch ist das Gegenbild gegen jeden Krieg und gegen jede Form von Gewalt. An der Herstellung dieses »neuen Äons« sollen die Menschen sich beteiligen. Gegenüber dieser Hoffnung erweist sich der »relative Pazifismus« nur als erster Schritt. Doch er ordnet sich in diese Hoffnung ein, indem mit ihm selbst die Erwartung verbunden ist, daß auf den ersten Schritt weitere Schritte folgen werden. Doch diese Schritte stehen nicht von vornherein fest. »Wir wissen, daß Lebenserkenntnis nicht aus systematischer Reflexion kommt, die dem Tun vorausgeht, sondern aus dem Tun selbst. Wir tun die Schritte, die wir jetzt tun müssen, entschlossen, weitere zu tun, wenn sie ebenfalls nötig werden sollten.«[267]

6.3. Karl Barth

Christoph Blumhardt nahm schon durch seine Herkunft, das religiöse und theologische Milieu, in dem er aufgewachsen war, unter seinen theologischen Zeitgenossen eine Sonderstellung ein. Leonhard Ragaz hatte sich beim Ausbruch des Krieges von den Eindrücken, die er als Student der Theologie in Deutschland bekommen hatte, bereits entfernt und hatte den Weg zu einer eigenständigen theologischen Position schon hinter sich. Anders Karl Barth[268]. Er war Schüler Adolf von Harnacks und Wilhelm Herrmanns; 1909 war er Martin Rades Redaktionshelfer in der »Christlichen Welt«[269]. Doch nicht erst bei Kriegsende, mit der ersten Auflage des »Römerbriefs«, sondern schon unmittelbar vor Kriegsausbruch finden wir Barth in Distanz zu seiner liberalen theologischen Vergangenheit. Noch 1914 veröffentlichte er in der Zeitschrift für Theologie und Kirche einen Aufsatz über den »Glauben an den persönlichen Gott«, der in Ton wie Inhalt dem Denken seiner Lehrer entspricht. Doch in demselben Jahr 1914 erscheint in der »Christlichen Welt« eine kritische Be-

---

[267] Neue Wege, November-Dezember 1914, S. 469.
[268] Vgl. jetzt auch *F.-W. Marquardt*, Theologie und Sozialismus, bes. S. 39 ff., 120 ff.
[269] Karl Barth stand Rade auch durch verwandtschaftliche Beziehungen nahe; sein Bruder Peter Barth, der bekannte Calvin-Forscher, war mit der Tochter Rades verheiratet.

trachtung über den Jahrgang 1913 der »Hilfe« von sehr anderem Klang[270]. Barth charakterisiert zunächst die durch Naumann bestimmte politische Position der »Hilfe«, die nach seiner Ansicht entschiedenen Liberalismus verbindet mit dem Machtstaatsgedanken und mit dem Verständnis Deutschlands als eines modernen Industrielands von weltwirtschaftlicher Bedeutung. Doch die dringendste Frage ist für ihn die, »inwiefern in der Hilfepolitik noch heute neben oder über dem Evangelium der Technik, der Macht und des allgemeinen Stimmrechts das Evangelium des absoluten und lebendigen Gottes spürbar ist«[271]. Er stellt fest, daß Naumann sich von dem Gedanken einer praktischen »christlichen« Politik abgewandt habe[272]. Das sei insofern selbstverständlich, als es in der Politik um die Sphäre des Relativen, des Vorläufigen geht. Doch es ist ein Unterschied, so betont Barth, ob man die in dieser Sphäre notwendigen Kompromisse zur Würde von allgemeingültigen letzten Ideen erhebt, oder ob man sie nur als Vorläufiges akzeptiert, weil man auf ein größeres Ziel ausgerichtet bleibt.

»Ein anderes ist es, sich in die Welt der Relativitäten einleben, schließlich ganz befriedigt und mit ästhetischem Wohlgefallen an ihren Wunderlichkeiten in ihr heimisch werden, als solche, die keine Hoffnung haben — ein anderes mitten in dieser Welt der Relativitäten anhaltend unruhig und sehnsüchtig sein, grundsätzlich revolutionär gegenüber dem Bestehenden, sehnsüchtig nach dem Bessern, das kommen soll, nach den absoluten Zielen eines menschlichen Gemeinschaftslebens jenseits aller zeitlichen Notwendigkeiten. Nach diesem Glauben, nach dieser Unruhe und Sehnsucht habe ich gesucht in der ›Hilfe‹.«[273]

Barth hat diesen Glauben und diese Sehnsucht in der »Hilfe« nicht gefunden. Naumanns politische Weltanschauung kann, so ist sein Ergebnis, »trotz all ihrer idealistischen Bestandteile nur bestehen

---

[270] Der Aufsatz erschien in der Ausgabe der CW vom 15. August 1914, war jedoch offenbar schon vor Kriegsausbruch fertiggestellt. Rade bezeichnet Barth in der redaktionellen Vorbemerkung als einen »Schweizer Religiös-Sozialen«. Rade hatte ihn um diese Stellungnahme gebeten, um die für den geplanten Internationalen Kongreß für soziales Christentum im Sept. 1914 zu erwartende Auseinandersetzung zwischen den deutschen Evangelisch-Sozialen und den Schweizer Religiös-Sozialen vorzubereiten. Der Kongreß fand nicht statt. Zur Vorbereitung und zum Scheitern dieses Kongresses vgl. *Mattmüller*, a. a. O., Bd. II, S. 19 ff.
[271] A. a. O., Sp. 776.
[272] Siehe oben S. 189 ff.
[273] A. a. O., Sp. 776.

unter der Voraussetzung, daß es — keinen Gott gibt«[274]. Denn sie kennt kein »Jenseits« von Krieg und Kapitalismus; Panzerschiffe, Eisenbeton, Stimmrecht sind ihre letzten Worte.

Es gibt nach Barths Meinung nur eine Gegenposition gegen diese politische Haltung, die das Evangelium preisgibt: Das ist die internationale Sozialdemokratie. »Das sozialdemokratische Wollen zeichnet sich dadurch vor allen anderen Arten von Politik aus, daß da mit dem Absoluten, mit Gott politisch ernst gemacht wird.«[275] Die »Hilfe« jedoch ist für Barth eine Enttäuschung, »nicht aber ein Beweis dafür, daß eine Politik, die vor gewissen angeblichen Wirklichkeiten einfach kapituliert, die einzig mögliche, die richtige Politik sei. Wir möchten von Gott mehr erwarten.«[276]

Damit schließt der Aufsatz. In ihm kündigt sich nicht nur Barths, 1915 erfolgter, Eintritt in die Sozialdemokratische Partei an; er ist nicht nur der Vorbote der Position, die Barth gegenüber der deutschen »Kriegstheologie« einnahm. Hier klingen vielmehr schon die Grundmotive an, die der Ausgangspunkt für Barths Protest gegen die liberale Theologie nach dem Weltkrieg sein werden: der Kulturprotestantismus hat das Evangelium des absoluten und lebendigen Gottes über dem Evangelium der Kultur, der Technik, der Macht verraten.

Diese scharfe Abrechnung mit Friedrich Naumann, die implizit auch eine Kritik an den deutschen Evangelisch-Sozialen enthielt, hatte Barth unmittelbar vor Kriegsausbruch verfaßt. Die Beschäftigung mit Naumann, so schrieb er bald darauf an Thurneysen[277], sei für ihn der Hintergrund, von dem aus ihm die Lage der deutschen Theologie insgesamt und vor allem das Entstehen der »Kriegstheologie« verständlich werde. Sein Protest gegen diese »Kriegstheologie« erfolgte bald nach Kriegsausbruch; er richtete sich ausgerechnet gegen Martin Rade. Am 31. August 1914 schrieb Barth einen Brief, der zusammen mit Rades Antwort im Oktober-Heft der »Neuen Wege« veröffentlicht wurde. Barth wirft der »Christlichen Welt« vor, mit ihrer unzulässigen Vermischung nationalistischer Begeisterung mit christlichem Glauben habe sie aufgehört, christlich zu sein.

---

[274] Ebd., Sp. 777.
[275] Ebd.
[276] Ebd., Sp. 778.
[277] *Karl Barth — Eduard Thurneysen,* Ein Briefwechsel, S. 32 ff.

In ganz Deutschland geraten nun Vaterlandsliebe, Kriegslust und christlicher Glaube in ein hoffnungsloses Durcheinander. Und die »Christliche Welt« tut genau dasselbe, was ganz Deutschland tut. »Wir hatten von der ›Christlichen Welt‹ anderes erwartet.« Man darf Gott nicht in einer Weise in die Angelegenheiten der Menschen hineinziehen, »als ob die Deutschen mitsamt ihren großen Kanonen sich jetzt als seine Mandatare fühlen dürften«. »Es versteht sich von selbst, daß Deutschland den Krieg, den es nun, mit Recht oder Unrecht, einmal hat, auch führen muß ... Aber warum lassen Sie bei dieser ganzen weltlichen sündigen Notwendigkeit Gott nicht aus dem Spiel?«[278]

Barth geht auf die politische Frage, mit welchem Recht Deutschland sich in diesem Krieg als der Angegriffene fühle, überhaupt nicht ein. Ihn interessiert Rade gegenüber nur die theologische Frage, daß Gott in unzulässiger Weise in die Angelegenheiten der Menschen hineingezogen wird. Den Gegensatz zwischen dieser deutschen »Kriegstheologie« und seiner eigenen Auffassung empfindet er als so stark, daß er — ähnlich wie bald darauf Ragaz[279] — ihn mit dem Unterschied von Luthertum und reformiertem Protestantismus in Verbindung bringt und sich auf das Marburger Religionsgespräch von 1529 beruft: »Noch nie ist mir so klar gewesen wie jetzt, wie recht Luther hatte, als er unserem Zwingli das Wort vom ›andern Geist‹ sagte.«[280]

In seiner Antwort verteidigt Rade grundsätzlich die Haltung, die das Erlebnis dieses Krieges mit Gott in Verbindung bringt.

»Gewiß, unser Volk hat den Krieg ... nicht anders empfunden denn als ein Unglück. Aber eben als ein so großes ungeheures, daß ihm alles andere Denken und Fühlen verging über dem Einen: Gott. Und Sie verlangen, wir sollten beim Erleben des Krieges Gott außerm Spiel lassen. Das ist unmöglich. Für eine so überwältigende Sache gibt es nur Einen Grund und Urheber: Gott ... Wie wir diesen Krieg erfahren haben und erfahren, ist es für uns Gottlosigkeit und Wahnsinn, zu leugnen, daß für den Krieg überhaupt und für diesen Krieg zuletzt Einer die Verantwortung übernimmt: Gott.«

Daneben meint Rade, im Geschehen des Krieges auch positive Momente finden zu können, die man mit Gott in Verbindung bringen kann: in »Ordnung, Alkoholfreiheit, Sicherheit des Betriebs und der Leitung« sieht er solche positiven Momente und fragt:

---

[278] Neue Wege, Oktober 1914, S. 430 f.
[279] Siehe oben S. 201.
[280] Neue Wege, Oktober 1914, S. 431.

»Freuen sich die Engel im Himmel denn nicht über alles, was gut ist in der Welt?«[281]

Rade meint, für das ganze deutsche Volk zu sprechen, wenn er sagt, daß er den Krieg zuallererst als Unglück empfinde und das Erleben dieses Unglücks mit Gott in Verbindung bringe. Doch es ist nur seine eigene Überzeugung, die sich hier ausspricht und die von der Auffassung der Mehrheit der deutschen Theologen wie des deutschen Volkes charakteristisch unterschieden ist. So konnte er weder Barth noch die anderen Religiös-Sozialen davon überzeugen, daß sich das deutsche Volk in diesem Krieg zu Recht auf Gott berufe.

In dem schon genannten Brief an Thurneysen erläutert Barth noch einmal sein »Manifest« gegen Rade[282].

Vom Studium der »Naumann-Sachen« herkommend, findet er es symptomatisch, »daß ein Mann wie Rade völlig den Kopf verlieren kann in dieser Lage. Die absoluten Gedanken des Evangeliums werden einfach bis auf weiteres suspendiert und unterdessen wird eine germanische Kampftheologie in Kraft gesetzt, christlich verbrämt durch viel Reden von ›Opfern‹ und dergleichen... Marburg und die deutsche Kultur verliert in meinen Augen etwas, und zwar für immer, durch diesen Zusammenbruch.«

Barth hat viele Theologen, von Dryander bis Traub, durch diese Worte richtig charakterisiert; Rade ist er mit ihnen nicht gerecht geworden[283].

Barth fügt der Kritik sein eigenes Verständnis des Krieges hinzu. Die Formel »Gott will den Krieg nicht« ist ihm zu oberflächlich. Man muß vielmehr sagen: »Gott will den Egoismus nicht. Er aber, daß der Egoismus sich im Krieg offenbare und sich selbst zum Gericht werde. Dieser Gerichtswille Gottes ist dann auch nichts anderes als Liebe: Offenbarwerden der göttlichen Gerechtigkeit.«

Barth nimmt also das Verständnis des Krieges als Gericht, wie es auch bei den orthodoxen Lutheranern einerseits, bei Ragaz andererseits begegnet, auf; doch er tut es in einer sehr charakteristischen Weise. Denn hier kündigt sich bereits ein wichtiges Element der späteren Theologie Barths an: das Verständnis der Sünde als Selbstrechtfertigung, als Egoismus des »Seinwollen wie Gott«. Dieser Egoismus offenbart sich im Krieg. So wird es nur um so verständlicher,

---

[281] Neue Wege, Oktober 1914, S. 432 ff.
[282] *Barth-Thurneysen*, a. a. O., S. 32 f.
[283] Vgl. zu Rades Position oben S. 183 ff.

daß das Erlebnis des Krieges Barth den Anstoß zu seinem theologischen Neuanfang gegeben hat.

Barths Stellungnahmen aus der ersten Kriegszeit scheinen einen Widerspruch zu enthalten. Auf der einen Seite wirft er der deutschen Kriegstheologie vor, daß sie die »sündige Notwendigkeit« des Krieges mit Gott in Verbindung bringe, und fordert, Gott bei dieser Sache völlig aus dem Spiel zu lassen; auf der anderen Seite beansprucht er selbst Gott zur Rechtfertigung der Sozialdemokratie: sie sei die einzige politische Richtung, die mit Gott »politisch ernst« mache.

Hinter Barths sehr knapper Äußerung über die Sozialdemokratie steht die schon von Ragaz vertretene Überzeugung, »daß sich hinter der Bewegung des Sozialismus der lebendige Gott verberge«[284], daß die sozialistische Hoffnung das »Gleichnis« des Reiches Gottes für die Gegenwart sei. Diese Überzeugung war deshalb so anstoßerregend, weil sie zur Bürgerlichkeit von Theologie und Kirche in krassem Widerspruch stand und den Reich-Gottes-Gedanken ausgerechnet mit der politischen Bewegung verband, die selbst der Kirche und dem christlichen Glauben ablehnend gegenüberstand. Begründet war diese Überzeugung darin — wie Barth es in der ersten Auflage des »Römerbriefs« formuliert hat —, daß Gott »nicht ein Gott der Hohen und der Niedrigen, sondern einseitig ein Gott der Niedrigen« ist[285]. Etwas zurückhaltender als in der ersten schrieb Barth in der zweiten Auflage des »Römerbriefs«: Das Christentum »ist immer da, wo noch keine Lösungen vorliegen, *nicht* da, wo der Mensch wieder mit sich ins Reine gekommen ist. Es hat — und *darum* haben die Sozialdemokraten auf weite Strecken seinen Beifall! — eine gewisse parteiische Vorliebe für die Bedrückten, zu kurz Kommenden, Unfertigen, Grämlichen und in Auflehnung Begriffenen.«[286]

Von diesem Ausgangspunkt herkommend, hat Barth in den Anfangsjahren der »dialektischen Theologie« verschiedentlich den Gedanken wieder aufgenommen, die sozialistische Hoffnung sei das »Gleichnis des Gottesreiches für unsere Zeit«[287]. Sinnlos sei es aber,

---

[284] *Mattmüller*, a. a. O., Bd. II, S. 39.
[285] *K. Barth*, Der Römerbrief, ¹1918, S. 367.
[286] *K. Barth*, Der Römerbrief, neue Bearbeitung, S. 448.
[287] »Vergangenheit und Zukunft. Friedrich Naumann und Christoph Blumhardt«, in: *J. Moltmann*, Anfänge der dialektischen Theologie, Bd. I, S. 47; »Der Christ in der Gesellschaft«, ebd., S. 32.

der Sozialdemokratie einen »christlichen Sozialismus« an die Seite stellen zu wollen. »Haben die Gottlosen Gott besser verstanden als die Christen, dann kann es nicht deren Sache sein, jene durch eine ›christliche‹ Nachahmung überbieten zu wollen; dann heißt es, Gott die Ehre, und in diesem Fall den Gottlosen Recht geben.«[288]

Hier trifft sich die Überzeugung, die sozialistische Hoffnung sei das »Gleichnis« des Gottesreiches, mit einer anderen Überlegung. Die Kriegstheologie, die er in Deutschland sich entwickeln sah, hat Barth gegen jede Form von Bindestrich-Theologien mißtrauisch gemacht. In einer wenig bekannten Rezension eines Andachtsbandes von Blumhardt aus dem Jahr 1916[289] hat Barth das Gericht, in welches das theologische Denken durch die Kriegstheologie geraten sei, auch auf sich selbst bezogen: »unsere Dialektik« habe versagt; ein theologischer Neuansatz müsse von einem unmittelbaren Schriftverständnis her erfolgen, für das Blumhardts Hausandachten als Vorbild dienen könnten. Deshalb fordert er dazu auf, das Buch »ohne schwarze und rote Brillen« zu lesen.

Einleitend sagt Barth von Blumhardt: »Er geht freundlich, aber ganz unbeteiligt vorbei ... an uns sozialistischen Theologen.« Damit taucht für Barth die Frage auf, ob es sich bei »sozialistischer Theologie« (zu der er sich selbst bekennt) ebenso wie bei den Kombinationen »christlich-sozial«, »evangelisch-sozial«, »religiös-sozial« nicht um »gefährliche Kurzschlüsse« handelt[290]. Er sieht nun in diesen »Bindestrichen« neue Säkularisierungen Christi, ebenso wie es sich bei der Kriegstheologie um eine Säkularisierung handelt. »Ja, Christus zum soundsovielten Male zu *säkularisieren*, heute z. B. der Sozialdemokratie, dem Pazifismus, dem Wandervogel zu Liebe, wie ehemals den Vaterländern, dem Schweizertum und Deutschtum, dem Liberalismus der Gebildeten zu Liebe, *das* möchte uns allenfalls gelingen.«[291] Doch durch die Kriegstheologie sind alle derartigen Säkularisierungen endgültig diskreditiert. Jetzt besteht die theologische

---

[288] Ebd., S. 47 f.
[289] Auf die Rezension geht ausführlich *Mattmüller*, a. a. O., Bd. II, S. 220 ff., ein, nach dem ich im folgenden zitiere. Die Rezension ist unter der Überschrift »Auf das Reich Gottes warten« erschienen, in: Freier Schweizer Arbeiter, 9. Jg., 1915/16, Nr. 49 und 50; wieder abgedruckt in *K. Barth — E. Thurneysen*, Suchet Gott — so werdet ihr leben, 1917, 2. Aufl. 1928; vgl. *K. Kupisch*, Karl Barth, S. 38.
[290] »Der Christ in der Gesellschaft«, a. a. O., S. 5.
[291] Ebd., S. 6.

Aufgabe darin, vom »ganz Anderen an Gott, das sich gegen alle Säkularisierungen ... sträubt«[292], her nach dem ursprünglichen Zusammenhang unseres Lebens mit jenem ganz anderen Leben zu fragen.

Auch in diesem theologischen Zusammenhang behält für Barth die Rede von der sozialistischen Hoffnung als dem »Gleichnis« des Gottesreiches ihr Recht. Doch nun liegt ein entscheidender Ton darauf, daß diese Hoffnung nur ein Gleichnis ist, daß sie von der Erwartung des Reiches Gottes her immer überboten und kritisch in Frage gestellt wird. Deshalb kann Barth es für angemessen und notwendig halten, daß Christen innerhalb der Sozialdemokratie an der Umwandlung der Gesellschaft arbeiten, und doch zugleich gegen die »Bindestriche« — sei es »evangelisch-sozial«, »christlich-sozial« oder »religiös-sozial« — seinen Widerspruch anmelden.

Es war notwendig, Barths Protest gegen die »Kriegstheologie« etwas weiter in seinen Konsequenzen zu verfolgen, um deutlich zu machen, daß eine vorschnelle Kritik daran, wie Barth das »Evangelium der Technik, der Macht und des allgemeinen Stimmrechts« und das »Wollen der Sozialdemokratie« einander gegenüberstellt, seiner Position nicht gerecht wird. Barths Überlegungen sind dadurch bestimmt, daß sich für ihn zwei Fragen miteinander verknüpfen: die Frage nach den politischen Konsequenzen des christlichen Glaubens und die Frage danach, wie man dem »absoluten Gott«, dem »ganz Anderen« die Ehre gibt. Die Kriegstheologie, so ist seine Meinung, hat dadurch, daß sie Gott in »die sündige Notwendigkeit des Krieges« hineinzog und so nicht den ganz Anderen sein ließ, zugleich auch die politischen Konsequenzen des christlichen Glaubens verkannt.

Diese scharfe Frontstellung gegen die Kriegstheologie hat Barth dazu veranlaßt, alle Differenzierungen innerhalb der deutschen Theologie während der Kriegszeit zu vernachlässigen. Für ihn bildete die deutsche Theologie in dieser Zeit eine Einheit, die von Dryander bis Traub, von Naumann bis Rade reichte. Das mag darin eine gewisse Berechtigung haben, daß gegenüber Barths theologischer Fragestellung sich die Unterschiede zwischen diesen verschiedenen Positionen relativierten. Doch es hat dazu geführt, daß in der Nachfolge Barths auch spätere Darsteller meinten, auf eine Erörterung dieser Unter-

---

[292] Ebd., S. 13.

schiede verzichten zu können²⁹³. Sie zu würdigen, ist jedoch nicht nur ein Gebot historischer Gerechtigkeit; sondern sie haben auch für die systematische Frage nach der Bedeutung theologischer Traditionen für die politischen Stellungnahmen von Theologie und Kirche erhebliches Gewicht.

7. Abschließende Erwägungen

1. Aus der Darstellung der kirchlichen und theologischen Stellungnahmen zum Ausbruch und Fortgang des Ersten Weltkrieges könnte der Schluß gezogen werden, der historische Befund sei ein Beleg dafür, daß die theologischen Überzeugungen der Vertreter von Kirche und Theologie für deren politische Entscheidungen und Stellungnahmen ohne maßgebliche Bedeutung gewesen seien. Die Funktion der Theologie würde sich dann darauf beschränken, zur christlichen »Überhöhung« und Legitimation von bereits getroffenen Entscheidungen, zur ideologischen Absicherung von Einstellungen, die von der Theologie in Wahrheit unabhängig sind, zu dienen.

Diese Überlegung könnte man mit der Feststellung stützen, daß die politischen Stellungnahmen von Theologen während des Ersten Weltkriegs sich im allgemeinen nicht außerhalb des Rahmens bewegen, der auch für andere Vertreter der bürgerlichen Intelligenz kennzeichnend ist. Die politischen Stellungnahmen der bürgerlichen Intelligenz bewegten sich in der Regel in dem Bereich zwischen der gemäßigten Politik Bethmann Hollwegs und den Forderungen des alldeutschen Verbandes; ebenso verhielten sich die Theologen. Wegen ihrer besonderen Einflußmöglichkeiten übernahmen sie die Aufgabe, Exponenten und Repräsentanten der bürgerlichen Intelligenz zu sein: da öffentliche Äußerungen von Theologen auf besonders große Resonanz rechnen konnten, ist die Vielzahl ihrer Veröffentlichungen zum Krieg nicht verwunderlich. Dasselbe gilt für die kleinere Gruppe der theologischen Hochschullehrer: ihre politischen Positionen, so hat es den Anschein, stimmen mit denjenigen, die in der Hochschullehrerschaft überhaupt vertreten wurden, überein. Unter ihnen spielten die Theologieprofessoren, insbesondere diejenigen der Berliner Fakultät, eine führende Rolle: Adolf von Harnack und Reinhold Seeberg waren nicht nur die Repräsentanten zweier gegensätzlicher theologischer Gruppierungen, sondern in den ersten

---
²⁹³ Siehe S. 138 f.

Kriegsjahren auch Exponenten zweier entgegengesetzter politischer Konzeptionen, hinter denen jeweils große Gruppen von Hochschullehrern standen – einer auf einen Verständigungsfrieden zielenden Politik und einer annexionistischen Kriegszielpolitik.

Eine derartige Erklärung klingt einleuchtend. Doch, so sehr sie berechtigte Elemente enthält, so sehr vereinfacht sie doch auch das Problem – und zwar dadurch, daß sie den Zusammenhang von politischen Stellungnahmen und theologischen Überzeugungen einlinig sieht: theologische Überlegungen versteht sie nur als Überhöhung schon gefaßter politischer Entscheidungen. Es läßt sich jedoch zeigen, daß theologische Grundüberzeugungen bei einer Reihe von Theologen in den Entscheidungsprozeß eingegangen sind, der zu bestimmten politischen Stellungnahmen geführt hat, oder daß theologische Reflexion sie zur Korrektur politischer Einstellungen mitveranlaßt hat.

So hat Ernst Troeltsch zwar auf der einen Seite sehr nachdrücklich von dem »Kulturkrieg« gesprochen, der zwischen Deutschland und seinen Gegnern entbrannt sei; zur gleichen Zeit hat er jedoch den Gedanken vertreten, daß die Liebe, die das Verhalten der Christen bestimmen solle, dem sich im Krieg ausbreitenden Völkerhaß entgegenstehe[294]. Diese theologische Überzeugung hatte also offenbar eine bestimmende Bedeutung für die Entwicklung von Troeltschs politischen Stellungnahmen. Ähnliches gilt für die Schweizer Religiös-Sozialen. Ragaz wie Barth haben sich ausdrücklich dazu bekannt, daß sie sich mit Deutschland durch Sprache und Studium eng verbunden fühlten; doch sie gerieten unmittelbar nach Kriegsausbruch in einen theologischen Gegensatz zu der in Deutschland verbreiteten nationalistischen Kriegstheologie. Die Kritik dieser Theologie hatte wiederum Konsequenzen für ihre Stellungnahme zum Nationalismus überhaupt.

2. So zeigt sich auf der einen Seite deutlich ein Zusammenhang zwischen theologischen Überlegungen und politischen Einstellungen. Doch auf der anderen Seite wird man nicht leugnen können, daß die »Ideen von 1914« die meisten Theologen in der ersten Kriegszeit überwältigt haben; sie konnten theologisch kaum verantworten, was sie aus dem »Geist des 4. August« sagten und schrieben. Bei einer Reihe von Theologen äußerte sich das so, daß theologische Gesichtspunkte, Verweise auf biblische Texte, das Reden von Gott und

---

[294] Siehe oben S. 179.

dem Glauben völlig zurücktraten hinter der nationalen Begeisterung, der Auseinandersetzung mit Deutschlands Feinden und dem Aufruf zum Opfer für Deuschlands Zukunft. Derartiges kann man in den ersten Kriegsreden von Harnack oder Troeltsch beobachten – von Theologen also, bei denen in späteren Jahren des Krieges theologische Gesichtspunkte an Gewicht gewannen und kritisch auf die politischen Stellungnahmen einwirkten. Andere Theologen dagegen versuchten von Anfang an, ihre nationale Begeisterung unmittelbar theologisch und biblisch zu begründen. Mit der Losung »Ist Gott für uns, wer mag wider uns sein« (Rm. 8,31) wurde der Krieg begonnen; nach den ersten deutschen Siegen predigte man über den anderen paulinischen Satz: »Gott aber sei Dank, der uns den Sieg gegeben hat durch unseren Herrn Jesus Christus« (1. Kor. 15,57). Die Theologie erhielt die Funktion, politische Überzeugungen und Hoffnungen zu bestätigen, und verlor jede kritische Kraft.

3. Dennoch ist, wie oben gezeigt wurde, das Erklärungsmodell, nach dem die theologischen Äußerungen zum Krieg nur christliche »Überhöhungen« schon getroffener politischer Entscheidungen darstellen, unzureichend. Ebenso einlinig und unzutreffend ist jedoch auch eine Erklärung, die nun umgekehrt die politischen Stellungnahmen direkt aus theologischen Überzeugungen ableitet und daraus folgert, daß die Aufnahme bestimmter theologischer Lehrtraditionen immer dieselben eindeutig festlegbaren politischen Konsequenzen habe. Wenn im folgenden versucht wird, die Bedeutung einiger gewichtiger Lehrtraditionen für die politischen Einstellungen evangelischer Theologen im Ersten Weltkrieg zu erörtern, so darf dies nicht im Sinn einer derartigen einlinigen Auffassung mißverstanden werden. Vielmehr muß berücksichtigt werden, daß diese Lehrtraditionen in einem größeren Interpretationszusammenhang standen; ihre politische Bedeutung war von der theologischen, kirchlichen, geistigen und politischen Gesamtkonstellation mitbestimmt, in der sie aufgenommen und weitergebildet wurden.

Das zeigt sich schon daran, daß ein und dieselbe Lehrtradition für sehr unterschiedliche politische Konsequenzen herangezogen werden konnte. Dies läßt sich am Reich-Gottes-Gedanken verdeutlichen. Der »Kulturprotestantismus« deutete das Reich Gottes als die höchste sittliche Gemeinschaft, der man sich durch die Entwicklung des Kulturvolkes nähern könne. Den Krieg interpretierten viele als Befreiung aus dem Kulturverfall und der Kulturkrise der wilhelminischen Zeit; deshalb verstanden sie den Krieg als einen Schritt zur Verwirklichung des Reiches Gottes, zur Verwirklichung der sittlichen Gemeinschaft.

Für den religiösen Sozialismus verband sich der Gedanke des Reiches Gottes nicht mit dem Fortschritt der bürgerlichen Kultur, sondern mit Gottes im Neuen Testament bezeugter Parteinahme für die Erniedrigten und Entrechteten. Der Krieg war ihm deshalb ein Ausbruch des Reiches der Gewalt, in dem die Menschen geknechtet und erniedrigt werden; der Krieg galt ihm als ein Teil des Kampfes zwischen dem Reich Gottes und diesem Reich der Gewalt. Als ein Schritt auf dem Weg zum Reich Gottes konnte der religiöse Sozialismus den Krieg nur deshalb verstehen, weil »die größten Fortschritte durch den Sprung geschehen und ... die Katastrophe der Entwicklung zu Hilfe kommt«[295].

In keiner dieser beiden Positionen verbindet sich mit dem Gedanken des Reiches Gottes die Stimmung der Passivität; vielmehr verbindet sich für beide mit der Hoffnung auf die Verwirklichung des Gottesreiches der Impuls zur Veränderung oder zum Fortschritt. Das hängt damit zusammen, daß keine der beiden Gruppen das Reich Gottes als schlechthin jenseitige Größe versteht. Nach den Vorstellungen des Kulturprotestantismus soll sich das Reich Gottes als sittliche Gemeinschaft in dieser Welt verwirklichen. Der religiöse Sozialismus vertritt eine differenzierte Eschatologie, in der zwischen dem »Nahziel« und dem »Fernziel« des Reiches Gottes unterschieden wird[296]. Das Fernziel der vollen Verwirklichung des Reiches Gottes ist menschlicher Verfügung entzogen und dem Handeln Gottes vorbehalten; doch dieses Fernziel setzt Nahziele aus sich heraus, auf die hin der Christ sein gegenwärtiges Handeln orientieren soll. Diese Vorstellung steht im Hintergrund, wenn der Sozialismus als Gleichnis des Reiches Gottes für die Gegenwart bezeichnet wird[297].

4. Bei Vertretern des religiösen Sozialismus verbinden sich derartige Überlegungen mit dem Verständnis des Krieges als Gericht und Strafe Gottes. Diese Interpretation begegnet außerdem — allerdings unabhängig von der Reich-Gottes-Vorstellung — im orthodoxen Luthertum. In der Konsequenz eines derartigen Verständnisses könnten die scharfe Verurteilung des Krieges und der Kampf gegen die

---
[295] Siehe oben S. 203.
[296] So *Ragaz;* vgl. *Mattmüller,* a. a. O., Bd. II, S. 42.
[297] Siehe oben S. 209 ff.

menschliche Bosheit, die im Krieg ihren Ausdruck findet, liegen. Dies ist jedoch bei den orthodoxen Lutheranern nicht der Fall. Vielmehr verstehen sie Gottes Gericht als ein über die Menschen verhängtes, unabwendbares Geschick. Unabwendbar ist es insbesondere deshalb, weil die menschliche Sünde unabwendbar ist. Der Krieg ist Ausdruck der sündigen Verfassung des Menschengeschlechts; deshalb kehren Kriege immer wieder. Wie die Beziehungen zwischen den Menschen überhaupt, so sind auch die Beziehungen zwischen den Völkern von der Erbsünde bestimmt. Deshalb ist der Krieg aus dem Leben der Völker nicht zu entfernen; man kann ihn nur auf sich nehmen als über die Menschen verhängtes Schicksal bzw. als Ausdruck des göttlichen Zorns über die menschliche Sünde. So wird die Erbsündenlehre zur Legitimation einer Politik, die den Krieg für ein notwendiges und rationales Mittel des Austrags internationaler Konflikte hält; sie wird ferner zur Legitimation dafür, daß die Bürger die politische Entscheidung für einen Krieg als ein über sie verhängtes Schicksal akzeptieren.

5. Das größte Problem, vor das die Realität des Krieges die Theologen stellte, war die Frage, wie der Krieg sich zur Ethik der Bergpredigt verhalte. Der Widerspruch zwischen beiden ist während des Ersten Weltkrieges gelegentlich so aufgelöst worden, daß man auch das Töten im Krieg als Ausdruck der Liebe interpretiert hat — der Liebe denen gegenüber, die sie anders nicht zu verstehen vermögen[298]. Doch häufiger begegnet eine andere Auffassung: man trennt die Ethik der Bergpredigt und die Staatsethik voneinander und weist beide verschiedenen Bereichen des menschlichen Lebens zu. In dieser Auffassung findet ein bestimmtes, im 19. Jahrhundert entwickeltes Verständnis der lutherischen Zwei-Reiche-Lehre seinen Niederschlag. Dieses Verständnis steht unter dem Eindruck des gewaltigen Aufschwunges der Naturwissenschaften und ihrer Konsequenzen für die Gesellschaftsauffassung und behauptet von hier aus die Eigengesetzlichkeit des politischen und sozialen Bereichs[299]. Das Evangelium betrifft danach nur den Bereich der Innerlichkeit der einzelnen Person; und ebenso ist die Bergpredigt nur auf den Bereich der »personalen Ethik« anwendbar[300].

---
[298] Siehe oben S. 148 f.
[299] Vgl. *U. Duchrow*, Christenheit und Weltverantwortung, S. 582 ff.
[300] Hier liegt einer der Ausgangspunkte für die »unangebrachte« Unterscheidung zwischen Individualethik und Sozialethik; vgl. *H. E. Tödt*, Ethik, S. 242 u. 248.

Doch diese Trennung wird nicht durchweg streng durchgeführt. Vielmehr begegnen in der evangelischen Theologie während des Ersten Weltkriegs Ansätze dafür, daß beide Bereiche bei all ihrer Unterschiedenheit doch aufeinander bezogen werden. Hier sind in erster Linie die Namen von Ernst Troeltsch und Martin Rade zu nennen. Von der Überlegung aus, daß es ein und derselbe Mensch ist, der sowohl im personalen wie im staatlichen Bereich handelt, stellt sich für sie die Frage, wie das Handeln in beiden Bereichen miteinander verbunden ist. Sie haben diese Frage nicht eindeutig gelöst. Sie sahen sich nicht dazu imstande, die Ethik der Bergpredigt gesetzlich auf den Bereich der Politik zu übertragen; denn dadurch hätten sie sich — so läßt sich ihre Auffassung interpretieren — jedes angemessenen Verständnisses der politischen Wirklichkeit wie auch jeder effektiven Einflußmöglichkeit auf politische Vorgänge begeben. Andererseits waren sie davon überzeugt, daß die Botschaft der Versöhnung Konsequenzen für das politische Verhalten der Christen haben muß, und daß man deshalb nach den Stellen suchen muß, an denen die Ethik der Bergpredigt in der Staatsethik zur Wirksamkeit kommen kann. Daß die Ethik der Bergpredigt für die Staatsethik, wie der Weltkrieg zeigte, zu ihrer Zeit ohne Konsequenzen geblieben war, empfanden sie deshalb als einen »Bankrott der Christenheit«. Die Frage, wie das zu ändern sei, steht hinter Harnacks Erkenntnis: »Collaboratores dei heißt heute auf allen Gebieten den Frieden zu sichern und zu pflegen.«[300a]

6. Betrachtet man die geschilderten Vorgänge unter dem Gesichtspunkt des Verhältnisses von Kirche und Öffentlichkeit, so tritt eine Tendenz deutlich in den Vordergrund: die Identifikation der Kirche mit dem nationalen Denken und den nationalen Interessen. Die Kirche bildete in der überwiegenden Mehrzahl ihrer Vertreter eine Agentur der »politischen Religion«[301], die die positive Einstellung des Bürgers zum Staat und zu dem von ihm geführten Krieg unterstützte. In den Auseinandersetzungen über die Frage, wie der Krieg sich zur Bergpredigt verhalte, spiegelt sich das »institutionelle Dilemma« der Kirche: Einerseits war sie eine dem Staat eng verbundene große gesellschaftliche Organisation, die es sich nicht leisten konnte, den staatlichen Zielen kritisch gegenüberzutreten; ihre Bürokratie war mit der staatlichen so eng verbunden, daß solche kritische

---

[300a] Siehe oben S. 176.
[301] Siehe dazu unten S. 481 f.

Distanz nur schwer vorstellbar war; in der Institution des landesherrlichen Summepiskopats fand diese Harmonie einen immer noch symbolkräftigen Ausdruck. Andererseits war die Kirche dem Evangelium verpflichtet, dessen Inhalt dem Geist des Krieges kraß entgegenstand. Dieses Dilemma wurde in aller Regel zugunsten der »politischen Religion« gelöst.

Nur wenige Theologen haben in der Zeit des Ersten Weltkriegs die strukturellen Voraussetzungen überprüft, die eine solche Rolle der Kirche begünstigten. Unter ihnen befand sich vor allem Karl Holl — ein Theologe also, der in seinen politischen Überzeugungen dem Nationalprotestantismus sehr nahe stand[302]. Gleichwohl hat er deutlich erkannt, daß die evangelische Kirche im 19. Jahrhundert ein eigenständiges Gemeinschaftsbewußtsein eingebüßt hatte. Deshalb fehlte ihr auch die Fähigkeit der kritischen Distanz zu nationalistischem Denken. Holl erkannte auch, daß das landesherrliche Summepiskopat der evangelischen Kirche schadete. Er wies nach, daß immer dann, wenn eine Intensivierung eines eigenständigen kirchlichen Lebens eintrat, auch der Druck des landesherrlichen Kirchenregiments wuchs. Wenn die Distanz der Kirche zu Staat und Gesellschaft zu den Bedingungen ihrer kritischen Solidarität gehört, so zeigt sich an diesen Überlegungen Holls deutlich, daß für die evangelische Kirche die Voraussetzungen einer solchen kritischen Solidarität gegenüber der Öffentlichkeit nicht gegeben waren. Vielmehr war für sie im allgemeinen nur eine unkritische Loyalität möglich.

Von der allgemeinen Kriegsbejahung abweichende Positionen wurden nur von einzelnen Theologen bezogen, deren Resonanz — jedenfalls in dieser Frage — sehr begrenzt war. Eine radikale Gegenposition zur deutschen Kriegstheologie wurde am entschiedensten von schweizer Theologen vertreten, die sich vom deutschen Staat wie von der deutschen Kirche gleichermaßen zu distanzieren vermochten. Wenn diese Positionen die Stellungnahmen der evangelischen Kirche zum Ersten Weltkrieg nur wenig zu beeinflussen vermochten, so stellen sie doch Ansätze zur Überwindung der »Kriegstheologie« dar, denen nachzugehen unter veränderten Bedingungen noch lohnend ist.

7. Eine Fallstudie wie die hier vorgelegte bedürfte der Vervollständigung in zwei Richtungen. Zum einen müßte in einer Querschnittanalyse untersucht werden, wie sich die deutschen Stellungnahmen zum Ersten Weltkrieg zu den Stellungnahmen in den anderen am

---

[302] Siehe oben S. 160 ff.

Krieg beteiligten Ländern verhalten. Zum anderen müßten in einer Längsschnittanalyse die Äußerungen zum Ersten Weltkrieg mit denen zum Zweiten Weltkrieg wie auch mit der Behandlung des Kriegsproblems zwischen den beiden Kriegen und nach 1945 verglichen werden. Erst dann würde voll sichtbar werden, wieweit die dargestellten Tendenzen einmalig und wieweit sie typisch sind, wieweit sich mit der Veränderung der politischen und gesellschaftlichen Situation auch die kirchlichen Stellungnahmen verändert haben und wieweit wir in den Äußerungen zum Ersten Weltkrieg Traditionen begegnet sind, die auch heute noch fortwirken. Daß jedenfalls die kennzeichnenden Topoi der »Kriegstheologie« auch nach 1945 noch nicht verschwunden sind, zeigt ein Aufsatz des Generalmajors a. D. Friedrich von Boetticher aus dem Jahr 1964.

Für ihn, der seine Offiziersausbildung vor 1914 erfuhr, gilt immer noch, daß ein »gut geführter Krieg... eine große Symphonie« und »Feldherrntum... Offenbarung höchsten Menschentums« sei[303]; denn: »Im Kriege offenbaren sich die edelsten und viele niedrige Eigenschaften der Menschen: Im Kriege offenbart sich Gott den Menschen... Das Denken des 20. Jahrhunderts ist nicht geneigt, solche Gedanken zu verstehen. Es ist die Aufgabe der Generalstabserziehung, das heilige Feuer in der Brust der Offiziere zu entfachen, damit sie dem Krieg, der höchsten Steigerung des menschlichen Lebens, gewachsen sind und die Schwäche ihrer Zeit überwinden.«[304]

In einer solchen Stellungnahme begegnet die Erklärung des Krieges zur Offenbarung Gottes ebenso wie die Vorstellung, daß durch den Krieg und den Geist des Krieges der Niedergang der Kultur, der Egoismus und die Verweichlichung des Lebens überwunden werden können. Aber auch der schon im Ersten Weltkrieg begegnende Protest gegen eine solche religiöse Überhöhung des Krieges, die schon 1914 diskutierte Frage nach dem Verhältnis des Krieges zur Verkündigung Jesu, die Auseinandersetzung über den Versöhnungsauftrag der Kirchen lassen sich in ihren Nachwirkungen in die Zeit nach 1945 verfolgen. Ähnliche Argumentationsfiguren wie während des Ersten Weltkriegs begegnen nach 1945 in den Kontroversen über die Remilitarisierung der Bundesrepublik, über die atomare Rüstung der Bundeswehr und über die Wiedereinrichtung einer Militärseelsorge.

---

[303] *F. von Boetticher*, »Feldherrntum und Generalstab: Grundsätze und Geist«, in: Wehrkunde 13, 1964, S. 453—459 (454), zitiert nach *L. von Friedeburg*, »Zum Verhältnis von Militär und Gesellschaft in der Bundesrepublik«, S. 34 f.
[304] *F. von Boetticher*, a. a. O., S. 458 f.

IV. Die Struktur der evangelischen Militärseelsorge

1. Zur Problemstellung

Öffentlichkeit entsteht heute nicht mehr in erster Linie aus dem öffentlichen Dialog der freien Bürger. Sie bildet sich vielmehr aus dem Zusammenspiel und der Auseinandersetzung der großen gesellschaftlichen Gruppen und Verbände. Öffentlichkeit bewährt sich darin, daß es gelingt, diese Verbände und Gruppen allgemeiner Kontrolle zu unterwerfen und so im Widerspiel der Interessen das allgemeine Interesse zum Zuge zu bringen. Die Frage nach dem Verhältnis von Kirche und Öffentlichkeit begegnet deshalb besonders vordringlich in der Frage, wie sich die Kirche zu bestimmten Gruppen und Verbänden in der Öffentlichkeit verhält, wie es ihr gelingt, das Evangelium ihnen gegenüber zu vertreten, und ob es ihr möglich ist, dem Sog der Identifikation mit solchen Gruppen und Verbänden Widerstand zu leisten. Die Nichtidentität des Evangeliums mit den partikularen gesellschaftlichen Interessen muß sich darin auswirken, daß sich auch die Kirche mit den Gruppen, denen sie sich zuwendet, nicht identifiziert. Ihre Zuwendung kann deshalb nur die Form der *kritischen* Solidarität[1] haben.

Trotz der immer wieder aufflammenden theologischen Kontroverse über das Verhältnis von Individuum und Gesellschaft[2] besteht im Blick auf die Praxis der evangelischen Kirche nach 1945 ein weitgehender Konsensus darüber, daß die Kirche nicht darauf verzichten kann, die Menschen als Glieder der Gruppen anzusprechen, denen sie zugehören, daß sie, will sie die öffentliche Relevanz des Evangeliums bewußt machen, neben die »Individualseelsorge« neue Formen der »Gruppenseelsorge« stellen muß[3]. Aus dieser Einsicht hat sich eine Vielfalt unterschiedlicher Arbeitsformen der Kirche ergeben, die neben die von der Tradition her dominierende parochiale Form getreten sind; diesen verschiedenen Arbeitsformen korrespondiert eine zunehmende Differenzierung im Berufsbild des Theologen in der Ge-

---

[1] Vgl. *G. Picht*, »Einführung«, S. 18.
[2] Vgl. etwa unten S. 564 ff.
[3] Programmatisch ist dafür der Sammelband von *E. Müller* und *H. Stroh* (Hrsg.), Seelsorge in der modernen Gesellschaft.

genwart⁴. Als Prototyp solcher Differenzierung könnte man die Militärseelsorge ansehen: da sie der parochialen Struktur kirchlicher Tätigkeit nicht einzugliedern war, entwickelte sie sich schon früh zu einer eigenen Form kirchlicher oder staatskirchlicher Tätigkeit. Es wird im folgenden nicht möglich sein, die Geschichte der Militärseelsorge — und sei es auch nur auf Deutschland beschränkt — im einzelnen nachzuzeichnen. Vielmehr soll nur der Nachweis geführt werden, daß die Strukturelemente, die für die evangelische Militärseelsorge in der Gegenwart bestimmend sind, bereits in der Geschichte der Militärseelsorge vorgeprägt waren und nach 1945 ohne eine zureichende Reflexion auf die veränderten Bedingungen kirchlicher Seelsorge an Soldaten übernommen wurden. Hinter dieser Übernahme steht, wie zu zeigen sein wird, die Meinung, der Bereich des Militärs unterliege in besonderem Maß Eigengesetzlichkeiten, denen die Kirche sich anpassen müsse, wenn sie das Evangelium in diesem Bereich vertreten wolle.

Diese Meinung kann zu dem Einwand Anlaß bieten, die Militärseelsorge eigne sich nicht als Modellfall für die Untersuchung des Verhältnisses von Kirche und Öffentlichkeit; denn das Militär stelle seiner Aufgabe wie seiner Struktur nach einen Sonderfall dar, der mit allen anderen gesellschaftlichen Bereichen unvergleichlich sei. Eine starke Stütze findet ein solcher Einwand in militärsoziologischen Erwägungen, die von der Inkompatibilitätsthese ihren Ausgang nehmen. Die Begründer der modernen Soziologie, Saint-Simon und Comte, betrachteten das Verhältnis von Militär und Gesellschaft als ein Verhältnis der Inkompatibilität⁵: die unproduktive, parasitäre Rolle des Soldaten galt ihnen als unvereinbar mit der Produktivität der modernen Industriegesellschaft. Das wissenschaftlich-industrielle Zeitalter sei allein der friedlichen Produktion, der Arbeit gewidmet. »Der Krieg mußte von Tag zu Tage mehr eine Ausnahme werden und schließlich dazu neigen, bei der Elite der Menschheit zu verschwinden, wo das ursprünglich so untergeordnete industrielle Leben gleichzeitig eine immer wachsende Ausdehnung und Intensität erlangen mußte...«⁶. Die Inkompatibilitätsthese hat sich allerdings in

---
⁴ Vgl. zuletzt *Y. Spiegel* (Hrsg.), Pfarrer ohne Ortsgemeinde.
⁵ Vgl. *L. v. Friedeburg*, »Zum Verhältnis von Militär und Gesellschaft in der Bundesrepublik«, S. 10 ff.
⁶ *A. Comte*, Soziologie, Bd. II, 3. Aufl., Jena 1923, S. 357 f., zitiert nach *L. v. Friedeburg*, a. a. O., S. 11 f.

dieser Form nicht bewahrheitet; denn der technisch-industrielle Fortschritt stand dem Krieg nicht entgegen, sondern wurde ihm dienstbar gemacht. Doch die dem Krieg dienstbare technische Entwicklung brachte Massenvernichtungsmittel hervor, durch die der Krieg als Mittel der Politik ad absurdum geführt wurde.

»Unter veränderten Umständen gewinnt damit das Inkompatibilitätstheorem der frühen Soziologie in anderer Gestalt höchste Aktualität. Die Unvereinbarkeit industrieller Arbeit und militärischer Gewalt wurde Wirklichkeit, aber nicht durch die Vernunft, sondern durch den Schrecken — nicht indem eine vernünftige Einrichtung der Welt den durch die gesteigerte Arbeitsproduktivität für alle nutzlos gewordenen Krieg unmöglich machte, sondern indem die Menschen ihre ungeheuer wachsende Herrschaft über die Natur und ihre Kräfte als Vernichtungspotential gegen sich selbst richten.«[7]

Die Aporie, die aus diesem Sachverhalt folgt, wirkt sich auch auf das Selbstverständnis der Bundeswehr und des Soldaten in ihr aus. Sehr kennzeichnend heißt es in der vom Führungsstab der Bundeswehr herausgegebenen Schrift über »soldatische Pflicht«:

»Es besteht also die große innere Schwierigkeit, daß die Streitmacht sich auf ein Ereignis vorbereiten muß, dessen Eintreten sie doch verhindern soll, und daß sie es um so besser verhindert, je kräftiger, entschlossener, und genauer sie sich darauf vorbereitet. Diese Spannung muß ausgehalten werden... Krieg war und ist... immer, gleichgültig wer die Schuld an ihm trägt und wie er ausgeht, eine Niederlage der Menschlichkeit. ... Zur Zeit hat die Kriegstechnik Mittel der Vernichtung entwickelt, die unterschiedslos über weite Landstriche alles Leben auszulöschen und anderes darüber hinaus unheilbar zu schädigen vermögen... Die Menschheit kann heute nichts Schlimmeres tun, als Krieg zu führen. Wenn der deutsche Soldat sich dennoch auf einen Krieg vorbereitet, geschieht das gerade in entschiedener Verneinung des Krieges, aus bitterer Notwendigkeit. Das muß er wissen, und die Bürger müssen wissen, daß sich der Soldat in dieser Anschauung nicht von ihnen unterscheidet.«[8]

Aus dieser Situation ergeben sich für das Militär Aporien, die so in keinem anderen gesellschaftlichen Bereich begegnen. Am deutlichsten zeigen sie sich an der Berufsrolle des Soldaten. Von ihm wird ein hoher Leistungsstand und ständige Einsatzbereitschaft verlangt — doch beides mit dem Ziel, es nicht bewähren zu müssen. Die Bewährung, sonst Bestandteil jedes Lernprozesses, soll aus der Berufspraxis des

---

[7] *L. v. Friedeburg*, a. a. O., S. 20.
[8] Bundesministerium der Verteidigung, Führungsstab der Bundeswehr I, Soldatische Pflicht, o. O., o. J., S. 13 ff.

Soldaten gerade ausgeschlossen sein[9]. Auch wenn die Verhinderung des Krieges mißlingt, kann das Ziel des militärischen Einsatzes nicht mehr — wie nach der traditionellen, von Clausewitz formulierten Strategie — im Sieg mit allen Mitteln, sondern nur darin bestehen, den Gegner an der Eskalation der Mittel zu hindern[10].

Diese spezifische Situation neuzeitlicher Streitkräfte verbindet sich mit den Elementen militärischer Tradition, die das Heer von der Gesellschaft, welche es umgab, schon früher unterschieden. An erster Stelle ist das Prinzip von »Befehl und Gehorsam« zu nennen, das die Organisations- und Verhaltensstrukturen im Militär in besonderem Maß bestimmt. Damit verknüpft sich die überlieferte Tendenz des Militärs, einen ausgesonderten Stand in der Gesellschaft zu bilden. Dies alles scheint für das Inkompatibilitätstheorem eine beachtliche empirische Basis abzugeben.

Der Bundeswehr bot sich bei ihrem Entstehen wie kaum einer anderen Armee nach 1945 die Möglichkeit, neue Überlegungen über das Verhältnis von Gesellschaft und Militär in militärische Organisationsstrukturen zu überführen. Denn beim Aufbau der Bundeswehr konnte und mußte man davon ausgehen, daß die überlieferten militärischen Traditionen durch das Dritte Reich und den Zweiten Weltkrieg desavouiert waren. Diese Möglichkeit ist vor allem in der Konzeption der »Inneren Führung« wahrgenommen worden; um so bemerkenswerter ist es, daß die öffentliche wie die militärische Kritik sich insbesondere gegen diese Konzeption richtete[11]. Das hat wohl darin einen seiner wichtigsten Gründe, daß das Konzept der Inneren Führung mit der Leitidee des »Staatsbürgers in Uniform« sich ausdrücklich die Integration des Militärs in die Gesellschaft zum Ziel setzt[12]. Damit stellt dieses Konzept den Versuch dar, die in der Inkompatibilitätsthese formulierten Probleme nicht zu umgehen,

---

[9] Vgl. *H.-D. Bastian*, Strukturveränderung — eine Aufgabe der Militärseelsorge, S. 9 f.
[10] Vgl. *W. Graf Baudissin*, Soldat für den Frieden, S. 39 f.
[11] An Stelle vieler Hinweise nenne ich nur *F. A. Klausenitzer*, »Die Diskussion um die Innere Führung«; *G. Kaldrack*, Offizier und politische Bildung, S. 31 ff.; *H.-H. Thielen*, Der Verfall der Inneren Führung; *D. Genschel*, Wehrreform und Reaktion; *R. Hamann*, Armee im Abseits.
[12] Die Jahresberichte des Wehrbeauftragten des Deutschen Bundestags widmen der Frage der Integration der Streitkräfte in die Gesellschaft oft einen eigenen Abschnitt und betrachten die Probleme der Inneren Führung sehr deutlich unter diesem Gesichtspunkt.

sondern die Spannung zwischen Gesellschaft und Militär produktiv zu überwinden. Dies aber verlangt von den Streitkräften den Verzicht auf einen prinzipiellen militärischen Sonderstatus[13] und die Bereitschaft, sich wo immer möglich den für die Öffentlichkeit gültigen Grundsätzen zu unterwerfen; es verlangt von der Gesellschaft die Bereitschaft, das Problem der Streitkräfte nicht damit erledigt sein zu lassen, daß diese eine Alibifunktion im Blick auf das Problem des Friedens wahrnehmen und einem gesellschaftlichen Sicherheitsbedürfnis Genüge zu tun scheinen. Hinter dem Konzept der Inneren Führung steht also das Postulat: Solange es Militär gibt, sollen die im Inkompatibilitätstheorem angesprochenen Probleme nicht durch Segregation, sondern durch Integration gelöst werden.

Im Blick auf eine kirchliche Militärseelsorge stellte sich beim Aufbau der Bundeswehr eine analoge Frage: Sollte die Kirche – in Anknüpfung an militärkirchliche Traditionen – das Militär als einen von der Gesamtgesellschaft getrennten Sonderbereich betrachten, oder sollte sie das Militär als eine gesellschaftliche Gruppe und die Militärseelsorge als einen zu integrierenden Bestandteil des kirchlichen Gesamtauftrags begreifen? Die prinzipielle Antwort, die bei den Vorbereitungen des Militärseelsorgevertrags gegeben wurde, ging eindeutig in die zweite Richtung: Militärseelsorge wurde als Teil des kirchlichen Auftrags verstanden[14]; sie sei selbstverständlich, weil der Kirche der Dienst an allen ihren Gliedern aufgetragen sei[15]. Deshalb wertete man später die Militärseelsorge als ein Beispiel der »Gruppenseelsorge«[16] und ordnete sie der kirchlichen Männerarbeit zu[17]. So wie es dem Konzept der Inneren Führung entspricht, die Bundeswehr als einen Teil der Gesellschaft zu verstehen, so ist es den kirchlichen Intentionen bei der Einrichtung der Militärseelsorge ge-

---

[13] Als Beispiel für das Verlangen nach einem solchen Status seien genannt: *H. Karst*, Das Bild des Soldaten, sowie die sog. »Schnez-Studie«, abgedruckt in: Blätter für deutsche und internationale Politik, 15, 1970, S. 301—319.
[14] Vgl. die Ausarbeitung der Kirchenkanzlei (*OKR Dr. Dr. Niemeier*) vom Oktober 1953; Bericht von *Bischof Bender* an den Rat der EKD über die Arbeit des Ausschusses zur Vorbereitung der Wehrmachtsseelsorge, vom 5. Juli 1954, beides zitiert nach den Akten der Kirchenkanzlei (AKK) 244.
[15] Referat von *Prälat Kunst*, in: Berlin-Spandau 1957, S. 80.
[16] *H. Thimme*, »Der Dienst der Kirche an besonderen Gruppen«, in: Arbeitstagung Frankfurt 1965, S. 13 ff.
[17] Taschenbuch der evangelischen Kirchen, 1970, S. 267 f.

mäß, wenn man diese als einen Modellfall für das Verhältnis der Kirche zu gesellschaftlichen Gruppen auffaßt.

Das Verhältnis von Kirche und Öffentlichkeit ist herkömmlicherweise vielfach in den Kategorien des Verhältnisses von Kirche und Staat interpretiert worden. Gerade für dieses stellt die Militärseelsorge besonders interessante Probleme. Denn hier hat sich über das Ende des landesherrlichen Summepiskopats hinaus eine enge institutionelle Verbindung von Staat und Kirche erhalten. Trotz der Feststellung in der Weimarer Reichsverfassung, es bestehe keine Staatskirche[18], ging man nach 1919 sowohl staatlicher- als auch kirchlicherseits davon aus, daß eine Fortführung der Militärseelsorge in den überlieferten Strukturen auch unter der neuen Verfassung legitim sei. Ebenso wurden bei den Vorbereitungen der Militärseelsorge in der Bundeswehr keine Zweifel an der Verfassungsmäßigkeit einer Regelung geäußert, nach der sich Staat und Kirche in der Militärseelsorge institutionell verbinden. Solche Bedenken wurden zuerst in der DDR laut[19]; erst in jüngster Zeit werden sie auch in der Bundesrepublik mit größerer Entschiedenheit vertreten[20].

Schließlich bietet sich die Militärseelsorge als Gegenstand einer Fallstudie auf dem Hintergrund der These an, das Problem des Friedens stelle den Horizont dar, in dem das Verhältnis von Kirche und Öffentlichkeit gesehen werden müsse. In keinem ihrer Arbeitsbereiche ist die Kirche dem Problem des Friedens unmittelbarer konfrontiert als in der Militärseelsorge. Zugleich steht sie in keinem ihrer Arbeitsbereiche in einer größeren Versuchung, ihren Friedensauftrag zu verleugnen, als im Militär, in dem die Kampfbereitschaft oft zu einem Selbstzweck zu werden droht, hinter dem das Ziel des Friedens als Nebensache zurücktritt. Für die Frage, ob in der Militärseelsorge die Freiheit der Evangeliumsverkündigung gegeben ist und wahrgenommen wird, ist es ein Testfall, ob die der Friedenssicherung durch Abschreckung so deutlich widersprechende biblische Botschaft vom Frieden im Militär zu Gehör gebracht werden kann. Zu prüfen ist, ob die Struktur der Militärseelsorge, für die sich die Kirche entschieden hat, eine solche Verkündigung des Evangeliums

---

[18] Art. 137 Abs. 1 WRV; siehe unten S. 491 ff.
[19] Vgl. *U. Krüger*, Der Militärseelsorgevertrag und die Evangelischen Kirchen in der Deutschen Demokratischen Republik.
[20] Vgl. *W. Breyvogel*, »Die Militärseelsorge«; *H.-D. Bamberg*, Militärseelsorge in der Bundeswehr, S. 64 ff.

hemmt oder fördert. Den folgenden Überlegungen zur Struktur der Militärseelsorge liegt nicht die Meinung zugrunde, daß bestimmte Strukturen die richtige Wahrnehmung des kirchlichen Auftrags garantieren. Sie gehen auch nicht von der Meinung aus, daß »volkskirchliche« oder »freikirchliche« Strukturen die Unabhängigkeit der Verkündigung selbst schon gewährleisten. Ihnen liegt jedoch die Vermutung zugrunde, daß die gegenwärtige Struktur der Militärseelsorge nicht nur im Blick auf das Verfassungsrecht des Staates, sondern auch im Blick auf den Auftrag der Kirche zu überprüfen ist.

Die rechtlichen Grundlagen der Militärseelsorge werden in einer Reihe neuerer Arbeiten erörtert, insbesondere in der Münchner Dissertation von K. Steuber[21], der Hamburger Dissertation von J. Bleese[22], sowie in einem Beitrag von E. Busch[23]. Dagegen fehlen — von den von Mitarbeitern der Militärseelsorge vorgelegten Selbstdarstellungen abgesehen — theologische Untersuchungen zur Militärseelsorge nahezu vollständig. Einen ersten Versuch stellt eine Arbeit von H.-D. Bastian dar, der die Aufgaben und Möglichkeiten der Militärseelsorge unter »strukturalistischen« und »kommunikationstheoretischen« Fragestellungen erörtert[24]. Ferner enthält eine Untersuchung von K. Weymann[25] einen Ansatz dafür, unter theologischen Gesichtspunkten die Struktur der Militärseelsorge zu überprüfen. Einen kritischen Versuch aus aktuellem Anlaß stellt die Veröffentlichung von A. Bieber dar[26]. Politologisch orientierte Arbeiten haben G. Wolters[27] und H.-D. Bamberg[28] vorgelegt; an beiden Arbeiten ist — wenn auch in unterschiedlichem Maß — zu kritisieren, daß sie die politische Funktion der Militärseelsorge auf Grund eines sehr einseitig ausgewählten und interpretierten Quellenmaterials darstellen. Die Geschichte der Militärseelsorge ist noch relativ wenig erforscht. Zu nennen sind die Darstellung von A. Schübel, die die ältere Zeit verhältnismäßig summarisch schildert, um sich ausgiebiger der — im ganzen positiv gewürdigten — Militärseelsorge

---

[21] *K. Steuber*, Militärseelsorge in der Bundesrepublik Deutschland.
[22] *J. Bleese*, Die Militärseelsorge und die Trennung von Staat und Kirche.
[23] *E. Busch*, »Soldat und Kirche«.
[24] *H.-D. Bastian*, Strukturveränderung — eine Aufgabe der Militärseelsorge.
[25] *K. Weymann*, »Militärseelsorge und kirchliche Beratung der Kriegsdienstverweigerer«.
[26] *A. Bieber*, Ist die Truppe noch zu retten?
[27] *G. Wolters*, Die Militärseelsorge in der Bonner Bundeswehr.
[28] *H.-D. Bamberg*, Militärseelsorge in der Bundeswehr.

im Dritten Reich zuzuwenden[29]; diese wird auf der Grundlage umfangreichen Archivmaterials auch von M. Messerschmidt dargestellt[30]. Einen Überblick über die Geschichte der deutschen Militärseelsorge von den Anfängen bis zur Gegenwart enthält der erste Teil der zitierten Dissertation von J. Bleese[31]. H. Rudolph schließlich hat der Forschung einen neuen Anstoß gegeben, indem er auf der Grundlage umfangreicher Archivstudien die Entwicklung der evangelischen Militärseelsorge in Preußen vom Absolutismus bis zum Vorabend des Ersten Weltkriegs dargestellt hat[32]. In all diesen Arbeiten ist der Übergang von der Militärseelsorge in der konstitutionellen Monarchie zur Militärseelsorge in dem demokratisch verfaßten Staat der Weimarer Republik leider noch nicht untersucht. Damit sind wichtige historische Voraussetzungen für das Verständnis der gegenwärtigen Militärseelsorge noch nicht ausreichend geklärt. Diese Lücke kann in den im folgenden gegebenen kurzen Hinweisen natürlich nicht in vollem Umfang geschlossen werden.

Die geschilderte Forschungslage machte es erforderlich, außer den genannten Arbeiten Aktenmaterial des Evangelischen Kirchenamts für die Bundeswehr[33] und der Kirchenkanzlei der Evangelischen Kirche in Deutschland[34] heranzuziehen. Beiden Stellen bin ich für die Bereitwilligkeit, mit der mir die Einsichtnahme in die vorhandenen Aktenbestände erlaubt wurde, sehr dankbar. Darüber hinaus habe ich für persönliche Gespräche über Fragen der Militärseelsorge zu danken den Herren: Vizepräsident Dr. Dr. Niemeier, Generaldekan von Mutius, den Dekanen von Seggern, Wagner, Weymann, Wollschläger, wissenschaftl. Direktor Heinrici, Oberregierungsrat Meyer, Militärpfarrer Beer sowie einer Reihe weiterer Militärpfarrer. Durch diese Einzelinterviews wurde versucht, ein Element empirischer Methode in die Erörterung der Strukturen evangelischer Militärseelsorge einzuführen. Dadurch kann eine dringend erforderliche empirische Untersuchung dieses Feldes aber allenfalls angeregt, keinesfalls vorweggenommen

---

[29] *A. Schübel*, 300 Jahre evangelische Soldatenseelsorge.
[30] *M. Messerschmidt*, »Aspekte der Militärseelsorgepolitik in nationalsozialistischer Zeit«.
[31] Siehe Anm. 22.
[32] *H. Rudolph*, Das evangelische Militärkirchenwesen in Preußen.
[33] Zitiert EKA.
[34] Zitiert AKK.

werden[35]. Während für die deutsche Militärseelsorge derartige empirische Untersuchungen fehlen, sind sie in anderen westlichen Ländern bereits unternommen worden. Über die amerikanische Militärseelsorge sind eine — zum größten Teil unveröffentlichte — Untersuchung von Waldo W. Burchard aus dem Jahr 1953[36] sowie eine Studie von Gordon C. Zahn[37] zu nennen; über die Militärseelsorge in der englischen Luftwaffe (Royal Air Force) hat ebenfalls Zahn eine Untersuchung veröffentlicht[38]. Diese Arbeiten beschränken sich auf die Analyse und Interpretation der sozialen Rolle des Militärpfarrers und suchen den Rollenkonflikt bzw. die Rollenspannung (role-tension)[39] nachzuweisen, in der der Militärpfarrer lebt: die Spannung zwischen seinem Amt als Pfarrer und seiner Eingliederung in das militärische System. Zu den markantesten Ergebnissen der Untersuchung von Zahn gehört es, daß die Militärgeistlichen nach ihrem Selbstbild ausschließlich Pfarrer und nichts als Pfarrer sind[40]; die Rollenspannung, in der sie leben, nehmen sie also kaum wahr bzw. verdrängen sie. Diese Spannung zeigt sich am deutlichsten in folgendem: Die Existenz der Militärgeistlichen als solche ist die Bestätigung dafür, daß es keine fundamentale Inkompatibilität zwischen den durch die religiöse Gemeinschaft repräsentierten Werten und dem vom Staat geführten Krieg gibt[41]; darauf beruht die Erwartung, daß die christliche Religion zur Herstellung des Seelenfriedens und zur moralischen Stärkung des Soldaten beitragen kann. In Aussagen der christlichen Überlieferung und gegenwärtiger christlicher Urteilsbildung wird diese Kompatibilität jedoch

---

[35] Den einzigen mir bekannten Ansatz zu einer empirischen Untersuchung der deutschen Militärseelsorge stellt eine Fragebogenaktion der Militärpfarrer Beer, Draesner und Seifert dar, die 1970 durchgeführt wurde.
[36] W. Burchard, The Role of the Military Chaplain, Ph. D. dissertation, University of California at Berkeley, zitiert nach G. C. Zahn (siehe Anm. 38), S. 28 u. ö.; Kurzfassung: W. Burchard, »Role Conflicts of Military Chaplaincy«.
[37] G. C. Zahn, »Sociological Impressions of the Chaplaincy«; vgl. auch die anderen Beiträge in dem von H. G. Cox herausgegebenen Band: Military Chaplains mit einer Fülle weiterer Literaturangaben zur Geschichte und gegenwärtigen Praxis der Militärseelsorge in den USA.
[38] G. C. Zahn, Chaplains in the RAF.
[39] Zur Begründung des role-tension-Theorems vgl. *Ch. Y. Glock/R. Stark*, Religion and Society in Tension.
[40] *Zahn*, Chaplains in the RAF, S. 231 ff.
[41] Ebd., S. 225.

entschieden bestritten[42]. Der Ausweg, den die meisten der von Zahn befragten Militärseelsorger angesichts dieses Dilemmas wählen, besteht in dem Verweis darauf, daß sie ihre Tätigkeit in Friedenszeiten wahrnehmen; die Frage nach der Vereinbarkeit des Krieges oder bestimmter Kriegshandlungen mit dem christlichen Glauben ist deshalb kein vorwiegender Gegenstand ihrer ethischen Unterweisung und Beratung[43]. Zahn vermutet hinter dieser Auskunft eine tiefe Unklarheit in fundamentalen ethischen Fragen und einen Mangel an Ausbildung der Militärgeistlichen zu einer ethischen Beratung der Soldaten, die bis zu deren konkreter Lebenssituation vorstößt. Seine Konsequenzen bestehen zum einen in dem Vorschlag, die enge Bindung der Militärgeistlichen an die militärische Struktur zu lösen und sie in eindeutiger Weise als zivile Pfarrer auftreten zu lassen, die ausschließlich zivilkirchlichen Instanzen (civilian ecclesiastical authorities) unterstehen; sie bestehen zum andern in der Forderung, eine angemessene Spezialausbildung für diesen Bereich kirchlicher Tätigkeit einzuführen[44].

Während Zahn empirische Untersuchungen zur sozialen Rolle des Militärpfarrers vorgelegt hat, soll im folgenden ein anderer Weg beschritten werden: Auf dem Hintergrund der historischen Entwicklung soll die gegenwärtige Struktur der Militärseelsorge in der Bundesrepublik dargestellt und diskutiert werden. Dem wird eine Inhaltsanalyse von Unterlagen aus einem der Hauptarbeitsgebiete der Militärseelsorge, dem Lebenskundlichen Unterricht, gegenübergestellt. Die Ergebnisse dieser Inhaltsanalyse werden mit den Zielen verglichen, die in der Militärseelsorge selbst diesem Unterricht gesetzt werden. Dieses Vorgehen soll zur Klärung der Frage führen, ob die von der Militärseelsorge selbst formulierten Ziele in der Struktur, in der sie verfaßt ist, überhaupt realisiert werden können. Daran schließt sich die andere Frage an, welche Struktur evangelische Militärseelsorge haben müßte, wenn sie als Modellfall für das Verhältnis der Kirche zu einer gesellschaftlichen Gruppe betrachtet werden sollte.

---

[42] Ebd., S. 242 ff.: Zahn hat römisch-katholischen Militärpfarrern die entsprechenden Stellen der Pastoralkonstitution »Gaudium et Spes« des II. Vaticanums vorgelegt und sie gefragt, ob sie diese Äußerungen zur Grundlage und zum Gegenstand ihrer Tätigkeit machen.
[43] Ebd., S. 248 f.
[44] Ebd., S. 291 f.

2. Zur Geschichte der Militärseelsorge bis 1918

Die Einrichtung einer ständigen Militärseelsorge fällt für Preußen zusammen mit der Begründung eines stehenden Heeres durch den Großen Kurfürsten (1640—1688). Im Rahmen des ständisch-ganzheitlichen Lebensbewußtseins war der christliche Glaube in einer direkten Weise auf das Soldatentum bezogen[45]; ein Angriff auf die Religion galt als Angriff auf die ständische Existenz insgesamt und wurde entsprechend streng geahndet[46]. Damit die Religion in der Armee ausreichend gefördert würde, wurde jedem Regiment zu Fuß und zu Pferde mindestens eine Feldpredigerstelle zuerkannt. Die Feldprediger standen in einem dreifachen Unterordnungsverhältnis: In militärischer Hinsicht unterstanden sie den Militärbefehlshabern, von denen sie auch berufen und angestellt wurden; in Fragen der äußeren Gestaltung der Militärseelsorge waren sie dem Feldinspektor als leitendem Feldprediger unterstellt; in Fragen der Lehre hatten sie sich gegenüber den ordentlichen, zivilen Kirchenbehörden zu verantworten[47].

Die Disziplinarvorschriften, durch die der christliche Lebenswandel und der Gottesdienstbesuch in der Armee geregelt waren, wurden unter Friedrich I. (1688—1713) noch verschärft[48]. Zugleich wurde die Unterstellung der lutherischen Feldprediger unter die ordentlichen Konsistorien aufgehoben und ein eigenes Militärkonsistorium eingerichtet. Als Begründung für diesen Schritt wird angegeben, Friedrich I. habe

> »mit desto mehrerer Befremdung vernommen, daß bey unserer Armée ein und andere Unordnung, und absonderlich bey einigen Feld-Priestern, von welchen ein gott- und ruchlos, auch ärgerlicher Wandel geführet wird, einreisse, welchem Unwesen Wir dann umb so viel weniger nachsehen können, weilen dieselben billich Unsern Soldaten mit ihrem guten Exempel vorgehen, und sie damit zu einem unsträflichen Wandel, auch zur wahren Gottesfurcht anfrischen, und auffmuntern solten«[49].

---

[45] R. *Höhn*, Die Armee als Erziehungsschule der Nation, S. 171.
[46] Vgl. das »Churfürstliche Brandenburgische Kriegsrecht oder Articuls-Brief« von 1656 bei *J. Bleese*, Die Militärseelsorge und die Trennung von Staat und Kirche, S. 31 f.
[47] *J. Bleese*, a. a. O., S. 33 f.
[48] »Edict, die Soldaten durch gute Disciplin zur Gottesfurcht anzuhalten, daß sie auch Bet-Stunden und Predigten besuchen sollen« vom 17. Juli 1704; zitiert nach *Bleese*, a. a. O., S. 39.
[49] Militärkirchenordnung vom 7. April 1692, nach *Bleese*, a. a. O., S. 40.

In dieser Entwicklung kann man sich bereits einige der Strukturprobleme vergegenwärtigen, die in der späteren Geschichte der Militärseelsorge wiederkehren. Diese ist von der Tendenz gekennzeichnet, daß wegen der besonderen Verhältnisse im Militär die Militärseelsorge von der Landeskirche gelöst und selbständig organisiert wird. Nur dadurch meinte man die Militärseelsorge den besonderen Bedürfnissen der Armee anpassen und die Erziehung zu Gottesfurcht und Gehorsam, die der Staat von ihr erwartete, bewerkstelligen zu können. Die Instrumentalisierung der Religion für die Armee und die Entstehung einer besonderen Militärkirche hängen unmittelbar zusammen. Denn die Unterstellung der Feldprediger unter ein besonderes Militärkonsistorium hatte im nächsten Schritt die Begründung exemter Militärkirchengemeinden zur Folge. Schon das Militär-Konsistorial-Reglement von 1711[50], in dem die früheren Regelungen zusammengefaßt und modifiziert wurden, bestimmte, daß dem Militärkonsistorium die Jurisdiktion über alle Militärgeistlichen, Ober- und Unteroffiziere und gemeinen Soldaten mit ihren Frauen, Kindern und Hausangestellten zustehe. Damit war der Personenkreis umschrieben, der der von der landeskirchlichen Jurisdiktion eximierten Militärkirche angehören sollte. Das Militärkonsistorial-Reglement von 1711 scheint die Geburtsstunde der »Militärkirche«[51] im später geläufigen Sinn zu sein.

Die damit eingeleitete Entwicklung wurde unter Friedrich Wilhelm I. (1713—1740) konsequent fortgesetzt. Der bisherige Feldinspektor erhielt nun den Titel »Feldpropst« und wurde kraft landesherrlichen Kirchenregiments zum obersten geistlichen Vorgesetzten aller Feldprediger und zum Examinator und Ordinator der Kandidaten für das Feldpredigeramt; im Krieg unterstanden ihm auch die katholischen und reformierten Feldprediger[52]. Die Verbindung zwischen Landeskirche und Militärkirche wurde in der Hauptsache nur noch dadurch hergestellt, daß die Feldprediger nach einiger Zeit aus der Militärseelsorge ausschieden und in die Landeskirche zurückkehrten. Dabei erhielten sie gewöhnlich besonders gut dotierte Pfarrstellen; auch die Pfarrstellen, für die der König Patro-

---

[50] Vgl. *Bleese*, a. a. O., S. 43 ff.
[51] Vgl. zu diesem Begriff *H. Rudolph*, Das evangelische Militärkirchenwesen in Preußen, S. 27 ff.
[52] In Friedenszeiten bestand nur eine lutherische Militärseelsorge.

natsrechte innehatte, wurden in aller Regel mit ehemaligen Militärpfarrern besetzt[53].

Das funktionale Verständnis der Religion im Heer verstärkte sich noch unter Friedrich dem Großen (1740—1786). Nun herrschte in der Armee ein »System der Ergänzung von Religion und soldatischem Zwang«[54]. Dieses System wurde in der Regel nur für den einfachen Soldaten als notwendig betrachtet; der Offizier dagegen handelte aus Ehre, die nicht auf die christliche Religion als Stütze angewiesen war. Aus dem funktionalen Verständnis der Religion erklärt sich auch das Interesse an einer konfessionell einheitlichen Militärseelsorge: in der Armee Friedrichs des Großen herrschte lutherischer Pfarrzwang; in den seltenen Fällen, in denen katholische Geistliche das Recht hatten, bei Militärangehörigen Amtshandlungen vorzunehmen, mußte ein Dimissoriale des lutherischen Feldpredigers, der dafür die Stolgebühren einzog, vorgelegt werden[55].

Friedrich Wilhelm II. (1786—1797) und Friedrich Wilhelm III. (1797—1840) versuchten die religiöse Einstellung der Armee zu vertiefen. Zwar wurde am Ende des 18. Jahrhunderts unter dem Einfluß der Aufklärung zum ersten Mal die Frage öffentlich diskutiert, ob die Einrichtung einer besonderen Militärseelsorge überhaupt beibehalten werden solle[56]. Doch zu Änderungen im organisatorischen Aufbau führten solche Einwände zunächst nicht[57]. Erst die Niederlage in den napoleonischen Kriegen und die anschließende Neuorganisation der Armee in der preußischen Reform führten zu Überlegungen über die Neugestaltung der Militärseelsorge.

Diese muß man im Zusammenhang der gesamten kirchlichen Neuordnung nach 1806 betrachten. Die Reformer, insbesondere Stein,

---

[53] Vgl. *Bleese*, a. a. O., S. 43 ff.
[54] So die Formel von *R. Höhn*, Die Armee als Erziehungsschule der Nation, S. 177, auf Grund einer Analyse der zeitgenössischen Militärliteratur.
[55] *Bleese*, a. a. O., S. 59 f., in bezug auf das »Renovierte Militär-Consistorial-Reglement« von 1750; dazu ausführlich *H. Rudolph*, Das Evangelische Militärkirchenwesen in Preußen, S. 20 ff.; der Text des Militär-Consistorial-Reglements ebd., Dokumentarischer Anhang, Nr. 1.
[56] *A. Schübel*, 300 Jahre evangelische Soldatenseelsorge, S. 31; *H. Rudolph*, a. a. O., S. 61 f.
[57] Allerdings wurden seit 1791 Verhandlungen zur Revision des Militär-Consistorial-Reglements von 1750 geführt; vgl. *Rudolph*, a. a. O., S. 42 ff., dessen Darstellung hier und öfter auf der nur für den Dienstgebrauch gedruckten Denkschrift von *Martin Richter*, Die Entwickelung und die gegenwärtige Gestaltung der Militärseelsorge in Preußen, Berlin 1899, beruht.

legten auf sie besonderes Gewicht; denn sie sahen in der Religion eine geistige Macht, auf die der erneuerte Staat angewiesen sei; die Liebe zu Vaterland und Königtum, so sagte Stein in seinem »Politischen Testament« von 1808, könne nur gedeihen, wenn »der religiöse Sinn des Volkes neu belebt werde«[58]. Dieses staatliche Interesse an Religion hatte eine Reform der Kirchenverfassung zur Folge, in der man einen Rückschritt hinter einen bereits erreichten Stand sehen muß, auch wenn man die damit verbundenen Intentionen, die längerfristig auf eine Emanzipation der Kirche vom Staat zielen mochten, würdigt. Denn durch das »Publikandum über die veränderte Verfassung der obersten Staatsbehörden« vom 16. Dezember 1808[59] wurden das Oberkonsistorium und die lutherischen Konsistorien in den Provinzen aufgehoben. An die Stelle des Oberkonsistoriums trat die Abteilung für Kultus innerhalb der dem Innenministerium eingegliederten Sektion für den Kultus und den öffentlichen Unterricht; die Provinzialkonsistorien wurden durch Geistliche und Schul-Deputationen bei den Regierungspräsidenten ersetzt. In beiden Fällen handelte es sich um staatliche Behörden, die sowohl die staatliche Kirchenhoheit (ius circa sacra) als auch das Kirchenregiment (ius in sacra) wahrnahmen. Bei dieser Regelung ließ man die Einsicht unberücksichtigt, daß die staatliche Funktion des Monarchen als Inhaber der Kirchenhoheit von seiner bischöflichen Funktion als Inhaber des Kirchenregiments zu scheiden war und daß die *kirchliche* Aufgabe des Kirchenregiments nicht einer staatlichen Behörde übertragen werden konnte[60].

In den Jahren nach 1806 war die Frage zunächst umstritten, ob das Amt des Feldpredigers beibehalten werden sollte. 1809 entschied Friedrich Wilhelm III. diese Frage zugunsten des Feldpredigeramts[61]. Dabei wurde dessen Aufgabenbereich erweitert, indem die Verpflichtungen der Feldprediger zum Unterricht der jüngeren Offiziere und Junker nun obligatorisch wurden. Sie hatten die Fähnriche in deutschem Stil, Geographie, Geschichte, Moral, französischer Sprache und

---

[58] E. R. *Huber,* Deutsche Verfassungsgeschichte, Bd. I, S. 460.
[59] Text: E. R. *Huber/W. Huber,* Staat und Kirche im 19. und 20. Jahrhundert, Bd. 1, Nr. 274.
[60] Anderer Meinung ist E. R. *Huber,* a. a. O., S. 461; zur Kritik H. *Rudolph,* a. a. O., S. 59, Anm. 64.
[61] Allg. Kabinetts-Ordre vom 30. Juni 1809, bei *Rudolph,* a. a. O., Dokumentarischer Anhang, Nr. 2.

den Anfängen der Mathematik zu unterrichten; daneben oblag ihnen die Garnisonsschulleitung[62].

Ebenso gewichtig wie die Entscheidung, ein besonderes Feldpredigeramt auch in Friedenszeiten beizubehalten, war jedoch die Abschaffung des Feldpropstamtes und des Kriegskonsistoriums; nur in Kriegszeiten sollte es in Zukunft einen Feldpropst geben. Damit wurden die Feldprediger in den Fragen ihrer geistlichen Amtsführung wieder den zivilen geistlichen Behörden unterstellt, während sie »in ihren directen Diensthandlungen« den entsprechenden militärischen Vorgesetzten nachgeordnet waren. Parallel mit dem Bemühen der Reformer, eine Absonderung des Heeres vom Staatsvolk zu verhindern[63], geht also ihr Versuch, dem Nebeneinander von Landeskirche und Militärkirche ein Ende zu machen und die Militärseelsorge unmittelbar an die Landeskirche zu binden. Zwar schreckten sie vor einer vollständigen Integration der Militärseelsorge in die Landeskirche zurück; diese wäre erst erreicht gewesen, wenn Zivilgeistliche mit der Seelsorge an den Angehörigen der Armee beauftragt worden wären – eine Regelung, die in dieser Zeit von verschiedenen Seiten gefordert wurde[64]. Doch sie beschränkten die Befugnis der Feldprediger, Amtshandlungen vorzunehmen, auf die aktiven Militärpersonen und versuchten auch dadurch, die Entwicklung zu einer eigenständigen Militärkirche rückgängig zu machen.

Will man diese Entwicklung, die im Militär-Kirchen-Reglement vom 28. März 1811[65] ihren definitiven Niederschlag fand, würdigen, so muß man bedenken, daß die nähere Bindung der Militärkirche an die Landeskirche gleichzeitig mit einer Umgestaltung der landeskirchlichen Verfassung im staatskirchlichen Sinn stattfand. Insofern näherte sich die Kirchenverfassung insgesamt an Zustände an, die zuvor allein für die Militärseelsorge maßgeblich gewesen waren[66]. Gleichwohl muß man in dem Versuch, die Militärseelsorge an die Landeskirche zu binden, einen Fortschritt sehen, der unter Umständen der Instrumentalisierung der Religion in der Armee hätte entgegenwirken können. In den Befreiungskriegen (1813–1815) trat diese Instrumentalisierung allerdings in der neuen Form der religiös über-

---

[62] *Rudolph*, a. a. O., S. 63 f.
[63] *E. R. Huber*, a. a. O., S. 240.
[64] Beispiele dafür bei *Rudolph*, a. a. O., S. 69, 71.
[65] *Rudolph*, a. a. O., Dokumentarischer Anhang, Nr. 3.
[66] So auch *Rudolph*, a. a. O., S. 75 f.

höhten nationalen Begeisterung gleichwohl wieder auf; zugleich erwies sich, daß manche Regelungen des Militär-Kirchen-Reglements wenig praktikabel waren. Deshalb wurde nach 1815 im Zeichen der politischen Reaktion auch bald eine Revision der Militärseelsorge-Organisation in Aussicht genommen.

Die Integration der Militärseelsorge in die Landeskirche, die mit dem Militär-Kirchen-Reglement von 1811 intendiert war, ließ sich praktisch nur schwer realisieren. Immer wieder erwies sich die Militärkirche als de facto von der Landeskirche unabhängig; in der von Friedrich Wilhelm III. betriebenen Liturgiereform etwa bildete sie ein selbständig und leicht lenkbares Instrument. Während viele Zivilgemeinden der vom König entworfenen Liturgie Widerstand entgegensetzten, wurde diese 1822 für die Militärgemeinden ohne alle Schwierigkeiten eingeführt[67]. Die Bemühungen, wieder eine größere Selbständigkeit der Militärkirche zu erreichen, fanden schließlich in der neuen Militär-Kirchen-Ordnung von 1832 ihren Niederschlag[68]; das wichtigste Ergebnis der Revision war die Wiedereinführung des Feldpropstamtes auch in Friedenszeiten. Damit hatte die Militärkirche wieder ihre eigene, nur den staatlichen Behörden nachgeordnete Leitung. Durch die Einrichtung von Militäroberpfarrerstellen wurden darüber hinaus auch eigene Dienstaufsichtsorgane auf der mittleren Ebene, auf der bisher die Superintendenten diese Aufgabe wahrgenommen hatten, geschaffen. Dies bewirkte zweifellos eine stärkere Bindung der Militärkirche an die Strukturen und Erfordernisse der Armee. Allerdings blieben daneben auch Bindungen an die Landeskirche bestehen, da die Konsistorien[69] eine Reihe von Aufsichtsrechten behielten. Die Militäroberprediger waren kraft Amts Mitglieder der Konsistorien. Mit der Einrichtung des evangelischen Oberkirchenrats im Jahr 1850 erhielt auch der Feldpropst Sitz und Stimme in diesem zivilkirchlichen Gremium. Jedoch war er nicht von

---

[67] *Rudolph*, a. a. O., S. 112 ff.
[68] Text: *E. R. Huber/W. Huber*, a. a. O., Nr. 265; *Rudolph*, a. a. O., Dokumentarischer Anhang, Nr. 4; zur Interpretation ebd., Textteil, S. 120 ff.
[69] Durch die Verordnung vom 30. April 1815 (Text: *E. R. Huber/W. Huber*, a. a. O., Nr. 55) waren Provinzial-Konsistorien eingerichtet worden; sie waren — wie die Geistlichen und Schul-Deputationen — Staatsbehörden, denen die Rechte der Kirchenaufsicht und die kirchenregimentlichen Befugnisse zugleich zustanden; vgl. *E. R. Huber*, Deutsche Verfassungsgeschichte, Bd. I, S. 463.

Weisungen des Oberkirchenrats abhängig. Seine Stellung wurde vielmehr 1867 dadurch noch verstärkt, daß ihm das Recht zur Berufung sämtlicher evangelischer Militärpfarrer übertragen wurde[70]. In den neuen preußischen Provinzen verfügte er ohnehin über alle konsistorialen Befugnissen in bezug auf die Militärseelsorge[71].

Mit der Gründung des Deutschen Reiches gingen 1871 die Kosten für die Militärseelsorge auf das Reich über; an der — regional unterschiedlichen — Verfassung der Militärseelsorge änderte sich dadurch jedoch nichts. In den schon seit der Mitte des Jahrhunderts laufenden Verhandlungen zur Revision der Militärkirchenordnung[72] bemühte sich der Evangelische Oberkirchenrat darum, eine stärkere Bindung der Militärseelsorge an die Landeskirche zu erreichen[73]. Demgegenüber versuchte der Kriegsminister, eine völlige Lösung der Militärseelsorge von der Landeskirche durchzusetzen[74]. Da die Einführung einer neuen Militärkirchenordnung sich auf dieser Basis als unmöglich erwies, verzichtete das Kriegsministerium auf dieses Ziel. Gleichwohl wurde durch die Evangelische militärkirchliche Dienstordnung von 1902[75] (wie auch durch die Marinekirchenordnung von 1903) faktisch eine »militärkirchliche Organisation geschaffen..., die über keine wesentlichen kirchenregimentlichen Bindungen zur Landeskirche mehr verfügte«[76].

Diese Entwicklung war bereits in den Versuchen der Restaurationszeit angelegt, die Eingliederung der Militärseelsorge in die Landeskirche wieder rückgängig zu machen und dadurch die Militärseelsorge stärker an den militärischen Bedürfnissen zu orientieren. Die entscheidenden Schritte in dieser Richtung waren die Wiedereinführung des Feldpropstamtes 1832 und die Stärkung seiner Stellung in den sechziger Jahren. In den Verhandlungen, die schließlich zu der Evangelischen militärkirchlichen Dienstordnung von 1902 führten, zeigte sich, daß der Evangelische Oberkirchenrat nicht dazu im-

---

[70] Allg. Kabinetts-Ordre vom 19. Dezember 1867, bei *Rudolph*, a. a. O., Dokumentarischer Anhang, Nr. 8; vgl. ebd., Textteil, S. 209 ff.
[71] *Rudolph*, a. a. O., S. 204 ff., v. a. 205 f.
[72] Diese wurden auch durch die Einrichtung einer eigenen katholischen Militärseelsorge in Friedenszeiten erforderlich.
[73] Vgl. dazu H. *Rudolph*, a. a. O., S. 194 ff.
[74] Ebd., S. 220 ff.
[75] Hrsg. von *M. Richter*, 1903.
[76] *Rudolph*, a. a. O., S. 230.

stande war, diese von ihm erkannte und für schädlich gehaltene Entwicklung zu korrigieren[77].

Der Trennung der Militärseelsorge von der Landeskirche entsprach ihre Integration in die militärische Hierarchie wie in die militärischen Bedürfnisse. Im Rahmen dieser Instrumentalisierung wurde die christliche Religion nun auch zu einem bevorzugten Kampfmittel gegen den sozialistischen Einfluß im Heer[78]. Die Militärseelsorge akzeptierte diese Rolle, wie aus einem Vortrag des Feldpropsts Richter über »Heer und Volk in Preußen« von 1877 deutlich wird[79]:

»Wird der Armee die religiöse Pflege ihrer Glieder als wesentlicher Faktor der militärischen Erziehung, als feste religiöse Institution in ihr genommen; macht man, dem Zuge der Zeit folgend, die religiöse Pflege und die kirchlichen Pflichten auch in ihr nur zu einer Privatsache, die jedem Einzelnen überlassen bleibt, so büßt die Armee einen der Wesensfaktoren ein, aus denen sie geboren, durch die sie groß geworden ist; so sinkt sie von der Höhe ihres Berufes als Schule wahrhaft nationaler Erziehung herab und ist nicht mehr das unbedingt zuverlässige Correktiv gegen alle zersetzenden und auflösenden Tendenzen im Volke, denen vielmehr der Eingang in sie um vieles leichter gemacht würde.«

3. Militärseelsorge in der Weimarer Republik und im Dritten Reich

3.1. Die Beibehaltung staatlich organisierter Militärseelsorge nach 1918

Die Institution der Militärseelsorge stand im Ersten Weltkrieg vor ihrer großen Bewährungsprobe. War man nach den Befreiungskriegen der Meinung, daß die Integration der Militärseelsorge in die Landeskirche sich nicht bewährt habe, so war man umgekehrt nach dem Ersten Weltkrieg der Überzeugung, daß sie in den vorgegebenen Organisationsformen ihre Aufgabe erfüllt habe[80]. Deshalb mag es verständlich erscheinen, daß die evangelische Kirche sich nach 1918 alsbald um den Fortbestand einer selbständigen Militärseelsorge bemühte. Auf dem vom 1. bis 5. September 1919 in Dresden

---

[77] *Rudolph*, a. a. O., S. 231.
[78] Vgl. *R. Höhn*, Die Armee als Erziehungsschule der Nation, S. 169 ff.; ders., Sozialismus und Heer, Bd. III, S. 211 ff.
[79] Zitiert nach *Rudolph*, a. a. O., S. 254.
[80] *M. Schian*, Die deutsche evangelische Kirche im Weltkriege, Bd. 1, passim.

zusammengetretenen ersten Deutschen Evangelischen Kirchentag wurde ein Antrag in dieser Frage eingebracht, der von dem Feldpropst Schlegel verfaßt war:

»Der erste deutsche evangelische Kirchentag hält den Fortbestand einer besonderen Seelsorge in der Reichswehrmacht zu ihrem religiös-sittlichen Wiederaufbau für nötig und ersucht die Reichsregierung und Nationalversammlung, die erforderlichen Geldmittel zu gewähren.«[81]

Der Antrag wurde vom Kirchentag an den Deutschen Evangelischen Kirchenausschuß (DEKA) zur weiteren Veranlassung überwiesen. Dieser wandte sich am 20. September 1919 brieflich an den Reichsfinanzminister, den Reichswehrminister und die Nationalversammlung mit der Bitte, dem Antrag des Kirchentags zu entsprechen[82]. Der Reichsfinanzminister antwortete am 30. September, daß nicht beabsichtigt sei, die Militärseelsorge aufzuheben. »Die zu ihrer weiteren Ausübung nötigen Mittel werden durch den Reichshaushalt angefordert werden.«[83] Ergänzend teilte der Reichswehrminister am 2. Dezember 1919 mit, daß die erforderlichen Mittel in dem Haushaltsplan für das zweite Halbjahr 1919 vorgesehen seien[84].

Für die Nationalversammlung jedoch hatte sich bereits bei den Beratungen über die Reichsverfassung die Frage erhoben, ob eine staatlich finanzierte Militärseelsorge mit dem Verfassungsgrundsatz, es bestehe keine Staatskirche[85], zu vereinbaren sei. In der Niederschrift über die Verhandlungen des Verfassungsausschusses der Nationalversammlung heißt es dazu:

»Eine gewisse Meinungsverschiedenheit ist bezüglich der Heeresseelsorge hervorgetreten. Ein Vertreter des Reichswehrministeriums hat sich in warmen Worten für die Ersprießlichkeit und Notwendigkeit der Heeresseelsorge ausgesprochen; von anderer Seite wurde auf das Vorbild ausgesprochener Trennungsländer hingewiesen, die doch für das Heer die kirchliche Versorgung beibehalten haben. Schließlich wurde jedoch auf sachliche wie auf formelle Bedenken hin die Aufnahme der Heeresseelsorge in die Verfassung abgelehnt. Damit sollte aber das Institut selbst nicht getroffen werden.«[86]

---

[81] Original des Antrags mit den Unterschriften von Schlegel, Schowalter, Schian u. a. in den Akten der Kirchenkanzlei (AKK), Hannover, A 2/496.
[82] Entwurf des Schreibens AKK A 2/496.
[83] Ebd.
[84] Ebd.
[85] Art. 137 Abs. 1 WRV.
[86] Verhandlungen der verfassungsgebenden Deutschen Nationalversammlung,

Auf Grund dieser Erwägungen beschränkte man sich im Text der Weimarer Reichsverfassung auf folgende Formulierungen:

»Art. 140: Den Angehörigen der Wehrmacht ist die nötige freie Zeit zur Erfüllung ihrer religiösen Pflichten zu gewähren.
Art. 141: Soweit das Bedürfnis nach Gottesdienst und Seelsorge im Heer, in Krankenhäusern, Strafanstalten oder sonstigen öffentlichen Anstalten besteht, sind die Religionsgesellschaften zur Vornahme religiöser Handlungen zuzulassen, wobei jeder Zwang fernzuhalten ist.«

Diese beiden Artikel sprechen nicht von einer »besonderen Seelsorge« in der Wehrmacht, die staatlich finanziert ist. Der Verfassungsausschuß hat darauf bewußt verzichtet, weil Zweifel bestanden, ob die Einrichtung einer solchen besonderen Seelsorge mit dem Verfassungsgrundsatz, es bestehe keine Staatskirche, vereinbar sei. Gleichwohl hat man aus der Entstehungsgeschichte der Art. 140 und 141 WRV gefolgert, daß eine solche besondere Seelsorge zulässig sei[87]. Die Bemerkung im Protokoll des Verfassungsausschusses, man habe mit den sachlichen und formellen Bedenken nicht das Institut der Militärseelsorge selbst treffen wollen, reichte aus, alle Bedenken gegen deren Verfassungsmäßigkeit zu zerstreuen. Diese Verfassungsinterpretation war im Blick auf die Militärseelsorge in der Bundesrepublik erneut von Bedeutung.

Der zweite Deutsche Evangelische Kirchentag in Stuttgart sah sich veranlaßt, trotz der bereits gegebenen grundsätzlichen Zusagen einen erneuten Beschluß über die Militärseelsorge zu fassen. Dieser Beschluß heißt:

»Indem der zweite Deutsche Evangelische Kirchentag die Entschließung des Dresdner Kirchentags erneuert, fordert er um unseres evangelischen Volkes Willen die Erhaltung einer selbständigen, mit dem Heerwesen organisch verbundenen Militärseelsorge.«[88]

Dieser Beschluß wurde von Feldpropst Schlegel in einem Schriftsatz vom 11. Februar 1924 dahingehend interpretiert, daß der Kirchentag sich damit auf die Erhaltung bzw. Wiederherstellung exemter Militärkirchengemeinden festgelegt habe; denn nur dann könne von einer »selbständigen, mit dem Heerwesen organisch ver-

---

Bd. 328, 1920, S. 1645 f., zitiert nach *J. Bleese,* Die Militärseelsorge und die Trennung von Staat und Kirche, S. 147.
[87] *J. Bleese,* a. a. O., S. 146 f. mit Lit.
[88] Beschluß vom 15. 9. 1921, AKK A 2/496.

bundenen Militärseelsorge« die Rede sein[89]. In diesem Interesse an exemten Militärkirchengemeinden stimmte der Feldpropst mit dem Reichswehrminister überein, der dafür noch ein zusätzliches Argument geltend machte. Nach seiner Auffassung konnten Mittel aus dem Reichshaushalt überhaupt nur dann für die Militärseelsorge zur Verfügung gestellt werden, wenn diese in exemten Militärkirchengemeinden organisiert war. »Für die Militärseelsorge können... nur unter der Voraussetzung Reichsmittel aufgewendet werden, wenn die Wehrmachtsangehörigen nicht zur Ortskirchengemeinde gehören und deshalb seelsorgerisch auf die Fürsorge des Reiches angewiesen sind.«[90] Die allein übliche landeskirchliche Arbeitsform war die Parochie. Da die Angehörigen des Militärs sich nicht in die parochialen Strukturen eingliedern ließen, konnten die Landeskirchen für ihre seelsorgerliche Betreuung die Verantwortung und die Kosten nicht übernehmen; deshalb trat das Reich für sie ein. Dann durften die Wehrmachtsangehörigen, wie der Reichswehrminister ausdrücklich feststellte, jedoch auch nicht zur Kirchensteuer herangezogen werden.

So drängten sowohl die Reichsregierung als auch der Feldpropst darauf, die Selbständigkeit der Militärkirche gegenüber den Landeskirchen beizubehalten. In den Verhandlungen, die zur Evangelischen militärkirchlichen Dienstordnung von 1929 führten, setzten sie sich damit weitgehend durch.

Für den Wiederaufbau der Militärseelsorge nach 1918 bestand eine besondere Schwierigkeit darin, daß die Artikel 160 und 161 des Versailler Friedensvertrags, die den Umfang der deutschen Wehrmacht begrenzten, nicht nur die Höchstzahl für Soldaten, Unteroffiziere und Offiziere, sondern auch für Militärbeamte festlegten. Zu diesen aber gehörten auch die Militärgeistlichen. Nach Art. 161 durfte die Zahl der Militärbeamten nur noch ein Zehntel des Standes von 1913 erreichen[91]. Verständlicherweise war das Reichswehrministerium nicht bereit, von dem Gesamtkontingent an Militärbeamten einen allzu großen Anteil für Militärgeistliche freizugeben. Statt dessen forderte es − durch Vermittlung des Reichstagsab-

---

[89] AKK A 2/496.
[90] Schreiben des Reichswehrministers an den DEKA vom 8. 11. 1927 (AKK A 2/496).
[91] Vgl. *Bleese*, a. a. O., S. 148.

geordneten Mumm[92] — die Kirchen auf, ihre internationalen Verbindungen dafür einzusetzen, daß die Militärgeistlichen nicht zu den Militärbeamten nach Art. 161 des Versailler Friedensvertrages gerechnet würden. Daraufhin wandte sich der Vorsitzende des DEKA, Kapler, an den schwedischen Erzbischof Söderblom mit der Bitte, die deutsche Kirche in dieser Frage zu unterstützen. Aus den Akten des Kirchenausschusses geht nicht hervor, ob diese Aktion erfolgreich war[93].

3.2. Die Evangelische militärkirchliche Dienstordnung von 1929

Die Evangelische militärkirchliche Dienstordnung für das Reichsheer und die Reichsmarine (E. M. D.) vom 28. Februar 1929[94] stellt eine paktierte Verordnung dar. Das Reichswehrministerium legte im Oktober 1924 einen ersten Entwurf vor, der vom DEKA allen Landeskirchen mit der Aufforderung zur Stellungnahme zugeleitet wurde[95]. Gegen den Entwurf erhoben nur die Landeskirchen von Sachsen und Bayern Einspruch, da die landeskirchlichen Rechte und Besonderheiten in ihm nicht ausreichend berücksichtigt seien. Sachsen und Bayern hatten ebenso wie Württemberg in der Militärseelsorge schon zwischen 1871 und 1914 einen Sonderstatus eingenommen[96], auf den sie auch jetzt nur ungern verzichten wollten. Das Reichswehrministerium versuchte, in einem zweiten Entwurf die Einwände zu berücksichtigen, fand aber auch für diesen nicht die Zustimmung der beiden Landeskirchen. Daraufhin bat es den DEKA, aus Anlaß des Deutschen Evangelischen Kirchentags in Königsberg 1927 eine Besprechung zwischen dem Reichswehrministerium, dem DEKA und den widersprechenden Landeskirchen einzuberufen. Deren Ergebnis war der dritte Entwurf zur E. M. D., zu dem alle Landeskirchen zu Händen des DEKA ihre Zustimmung erklärten.

---

[92] Schreiben des Reichswehrministeriums an Mumm vom 7. Juli 1921; Schreiben Mumms an Adolf Deißmann vom 18. Oktober 1921; Schreiben Mumms an den DEKA vom 11. Mai 1922 (AKK A 2/496).
[93] *Bleese*, a. a. O., S. 149, sagt ohne Belege, die Militärpfarrer hätten den Status von »Zivilbeamten der Heeresverwaltung« innegehabt.
[94] Zusammen mit den Ausführungsbestimmungen separat veröffentlicht, Berlin 1929; auch bei G. J. *Ebers*, Deutsches und preußisches Staatskirchenrecht, S. 73 ff., 77 ff.
[95] Dies und das folgende nach AKK A 2/496 und 497.
[96] Vgl. dazu *J. Bleese*, a. a. O., S. 124 ff.

Daraufhin wurde die E. M. D. im Februar 1929 im Reichsgesetzblatt veröffentlicht. Sie stellt also nicht eine einseitige Rechtssetzung durch den Staat, sondern eher einen Vertrag zwischen dem Staat und den Kirchen dar, der nur die Rechtsform der einseitigen Verordnung hat[97]. Der Wandel im Verhältnis zwischen Staat und evangelischer Kirche, dessen Ausdruck die Staatskirchenverträge aus der Zeit der Weimarer Republik sind[98], fand also auch in der rechtlichen Ordnung der Militärseelsorge seinen Niederschlag.

Während die E. M. D. selbst eine paktierte Verordnung darstellt, wurden die Ausführungsbestimmungen einseitig vom Reichswehrministerium erlassen. Sie sollen nur regeln,»was von Reichswegen unbeschadet landeskirchlicher Zuständigkeiten bestimmt werden kann und bestimmt werden muß, um das Durchführen der Militärseelsorge nach der E. M. D. innerhalb der Wehrmacht sicherzustellen«[99].

Die E. M. D. von 1929 bestimmt im einzelnen folgendes: Die Zugehörigkeit zu den Militärgemeinden richtet sich nach den bestehenden staatlichen und kirchlichen Vorschriften. Abweichende Regelungen bedürfen der Zustimmung auch der beteiligten Landeskirchen (Nr. 1). Damit wird auch weiterhin die Existenz exemter Militärkirchengemeinden als der Normalfall vorausgesetzt. Die Militärseelsorge wird durch hauptamtliche Militärpfarrer des Reichsheeres und der Reichsmarine oder nebenamtliche Standortpfarrer ausgeübt (Nr. 2). Die hauptamtlichen Militärpfarrer werden auf Antrag des Reichswehrministers vom Reichspräsidenten ernannt. Der Feldpropst legt dazu dem Reichswehrminister den Antrag zusammen mit der Einverständniserklärung der beteiligten Landeskirchen vor (Nr. 13 Ausf.-Best.). Die Militärgemeinden teilen den Bekenntnisstand der Landeskirchen, in deren Bereich sie liegen. Die in ihnen tätigen Militärpfarrer und Standortpfarrer müssen dem Bekenntnis dieser Landeskirche angehören (Nr. 3). Gottesdienste und Amtshandlungen werden nach der Ordnung der zuständigen Landeskirche vollzogen.

Die Militärseelsorge steht unter der Leitung des Feldpropstes, der auf Antrag des Reichswehrministers vom Reichspräsidenten ernannt wird. Der

---

[97] Dieses Faktum wird hier auch deshalb hervorgehoben, weil über den Militärseelsorgevertrag von 1957 häufig gesagt wird, hier sei zum ersten Mal die Struktur der evangelischen Militärsseelsorge zwischen Staat und Kirche vereinbart und nicht einseitig vom Staat dekretiert worden. Vgl. den sachlich in mehreren Punkten falschen Satz von *A. von Mutius*, »Kritische Solidarität«, in: Offiziersbrief 2, Juli 1967, S. 7: »Das Neue dieser Regelung, das frühere Zeiten nicht kannten, kann man sich daran klarmachen, daß noch die Militärkirchenordnung der Reichswehr von 1926 lediglich vom Chef der Heeresleitung erlassen und keine Kirchenleitung vorher gefragt wurde.«
[98] Siehe unten S. 503 ff.
[99] Ausführungsbestimmungen, Anm. 1, a. a. O., S. 8.

Reichswehrminister versichert sich zuvor der Zustimmung des DEKA (Nr. 5). Der Feldpropst ist ausführende Stelle des Reichswehrministeriums in militärkirchlichen Angelegenheiten (Nr. 6). Seine Stellung gegenüber den Landeskirchen wird durch Vermittlung des DEKA geregelt (Nr. 7). Der Feldpropst erstattet den Landeskirchen auf Wunsch Jahresberichte (Nr. 9) und Visitationsberichte (Nr. 8). Er führt die Militärpfarrer in ihr Amt ein, wobei er zum Ausdruck bringt, daß er zugleich im Auftrag der jeweiligen Landeskirche handelt. Behält sich eine Landeskirche die Amtseinführung selbst vor, so beteiligt sich der Feldpropst dadurch, daß er den Militärpfarrer begrüßt und ihm die Anstellungsurkunde übergibt (Nr. 10). Diese letzte Regelung entspricht Forderungen der sächsischen und der bayerischen Landeskirche.

Die Militärpfarrer haben eine Doppelstellung als Reichsbeamte und als kirchliche Amtsträger[100]. Als Reichsbeamte unterstehen sie dem Feldpropst und dem Reichswehrminister (Nr. 11). Ihre Rechte und Pflichten als kirchliche Amtsträger bestimmen sich nach den kirchlichen Vorschriften. Ihre Ernennung und Versetzung erfolgt im Einvernehmen mit den beteiligten Landeskirchen (Nr. 12). Sie regeln den äußeren Gang der Militärseelsorge nach den Anordnungen des Feldpropstes und den Weisungen des militärischen Befehlshabers, dem sie zugeordnet sind (Nr. 13). Auf Wunsch informieren sie die zuständigen Landeskirchen über die Militärseelsorge in ihrem Bereich (Nr. 15 und 16). Sie verkehren als Reichsbeamte unmittelbar mit den landeskirchlichen Behörden ihres Dienstbereichs (Nr. 17).

Die Bindung der Militärseelsorge an die Landeskirchen bestand nach diesen Regelungen vor allem in folgenden Punkten: in der Verständigung über die Benennung des Feldpropsts und in seiner Berichtspflicht; im Einfluß der Landeskirchen auf die Ernennung der Militärgeistlichen sowie in deren Berichtspflicht; in der Bindung der Militärgemeinden an Bekenntnisstand und Gottesdienstordnung der jeweiligen Landeskirche. Dem standen auf der anderen Seite eine Reihe von Verfassungselementen gegenüber, die eine starke Unabhängigkeit der Militärkirche von den Landeskirchen und ihre Integration in das Militär bewirkten: die Unterordnung des Feldpropsts, der keiner kirchenleitenden Behörde mehr angehörte, unter das Reichswehrministerium und der Militärpfarrer unter die militärischen Befehlshaber; ihre Stellung als Reichsbeamte; die Exemtion der Militärgemeinden. Besonders gravierend ist, daß ebensowenig wie im 19. Jahrhundert synodale Vertretungsorgane in den Aufbau der Militärseelsorge eingeführt wurden. Im Widerspruch zu evangelischen Kirchenverfassungsprinzipien war die evangelische Militärseelsorge nach hierarchischen Grundsätzen aufgebaut.

---

[100] Ausführungsbestimmungen, Anm. 6, a. a. O., S. 12.

3.3. Militärseelsorge im Dritten Reich

Unumstritten war in dieser ganzen Entwicklung, daß die Militärseelsorge auf der Seite der nationalen und ständisch-konservativen Kräfte stand. Sie teilte in der Zeit der Weimarer Republik den »Attentismus«, der die Wehrmacht insgesamt kennzeichnete, jene Haltung, die dem Nationalismus der Vorkriegs- und Kriegszeit näher verbunden war als demokratischen Überzeugungen, eine politische Einstellung, nach der sich Deutschland unter dem »Unrecht« von Versailles in einem politischen Wartestand befand[101]. Die verbreitete Tendenz des evangelischen Pfarrerstandes zu national-konservativen Einstellungen[102] begegnete aus begreiflichen Gründen in verstärktem Maß in der Militärseelsorge. So mag es nicht verwundern, wenn die evangelische Militärseelsorge relativ unangefochten die ersten Jahre des Nationalsozialismus überstand.

Die ersten Veränderungen, von denen sie betroffen war, hatten darin ihren Grund, daß die katholische Militärseelsorge durch das Reichskonkordat vom 20. Juli 1933 einen neuen Status erhielt. Die katholische Militärseelsorge war in Preußen erst 1845 auf Dauer eingerichtet worden[103]. Bis zu diesem Zeitpunkt gab es — von Ausnahmen abgesehen — nur in Kriegszeiten eine eigene katholische Feldseelsorge; dies hatte unter anderem zur Folge, daß bei der monatlichen Kommandierung zum Kirchgang auch die katholischen Soldaten den lutherischen Gottesdienst besuchen mußten. 1848 erklärte Friedrich Wilhelm IV. seine Zustimmung dazu, daß der Fürstbischof von Breslau zum katholischen Armeebischof ernannt werden sollte. Dieser sollte seine Pflichten, soweit notwendig, an den katholischen Feldpropst übertragen. 1849 wurde demgemäß ein apostolisches Breve zur Regelung der katholischen Militärseelsorge in Preußen erlassen. Diese Regelung, nach der ein residierender Bischof die Aufgaben des Armeebischofs im Nebenamt wahrnahm, galt de jure bis 1868, wenn auch de facto seit 1853 kein Bischof mehr diese Funktionen wahrnahm. Die Konstruktion des Militärbischofs im Nebenamt begegnet jedenfalls in der Geschichte der deutschen Militärseelsorge hier zum ersten Mal. 1868 wurde die Leitung der katholischen Militärseelsorge beim katholischen Feldpropst konzen-

---

[101] M. *Messerschmidt*, Aspekte der Militärseelsorgepolitik in nationalsozialistischer Zeit, S. 6.
[102] Vgl. K.-W. *Dahm*, Pfarrer und Politik, S. 9 u. ö.
[103] Vgl. J. *Bleese*, a. a. O., S. 96 ff.

triert, der zugleich zum Titularbischof ernannt werden sollte. Allerdings wurde die Feldpropstei im Kulturkampf aufgelöst und erst 1888 wieder eingerichtet[104]. Seitdem war die Organisation der katholischen Militärseelsorge derjenigen der evangelischen vergleichbar, bis der Apostolische Stuhl dem Feldpropst im Jahr 1920 die Jurisdiktion über die Militärgeistlichen und katholischen Angehörigen der Reichswehr entzog[105]. Die Jurisdiktion fiel nun den Diözesanbischöfen zu; in der Weimarer Republik bestand auf diese Weise keine exemte katholische Militärseelsorge mehr. In der Folgezeit, insbesondere nach dem Erlaß der E. M. D. von 1929 wurden Verhandlungen geführt, die eine Vereinbarung zwischen dem Apostolischen Stuhl und dem Reich über die Militärseelsorge zum Ziel hatten. Deren Ergebnis liegt im Art. 27 des Reichskonkordats vor. Da das Konkordat über das Jahr 1945 hinaus Gültigkeit behielt, entfaltete dieser Artikel langfristige Wirkungen nicht nur für die katholische, sondern auch für die evangelische Militärseelsorge; deshalb sei er hier im deutschen Wortlaut wiedergegeben:

»Der Deutschen Reichswehr wird für die zu ihr gehörenden katholischen Offiziere, Beamten und Mannschaften sowie deren Familien eine exemte Seelsorge zugestanden.
Die Leitung der Militärseelsorge obliegt dem Militärbischof. Seine kirchliche Ernennung erfolgt durch den Heiligen Stuhl, nachdem letzterer sich mit der Reichsregierung in Verbindung gesetzt hat, um im Einvernehmen mit ihr eine geeignete Persönlichkeit zu bestimmen.
Die kirchliche Ernennung der Militärpfarrer und sonstigen Militärgeistlichen erfolgt nach vorgängigem Benehmen mit der zuständigen Reichsbehörde durch den Armeebischof. Letzterer kann nur solche Geistliche ernennen, die von ihrem zuständigen Diözesanbischof die Erlaubnis zum Eintritt in die Militärseelsorge und ein entsprechendes Eignungszeugnis erhalten haben. Die Militärgeistlichen haben für die ihnen zugewiesenen Truppen und Heeresangehörigen Pfarrechte.
Die näheren Bestimmungen über die Organisation der katholischen Heeresseelsorge erfolgen durch ein apostolisches Breve[106]. Die Regelung der beamtenrechtlichen Verhältnisse erfolgt durch die Reichsregierung.«[107]

[104] *Bleese*, a. a. O., S. 101 ff.
[105] *Bleese*, a. a. O., S. 153.
[106] Das Breve ist am 19. September 1935 ergangen (Text: W. *Weber*, Die deutschen Konkordate und Kirchenverträge, Bd. 1, S. 33 ff.). Die neuen Statuten wurden auf der Grundlage der Instructio »Sollemne semper« vom 23. April 1951 (Acta Apostolicae Sedis 43, 1951, S. 562—565) durch das Breve »Ad perpetuam rei memoriam« vom 31. Juli 1965 erlassen (Text: W. *Weber*, a. a. O., Bd. 2, S. 13 ff.).
[107] W. *Weber*, a. a. O., Bd. 1, S. 26 f. Nach Art. 2 des Gesetzes über die

Die unmittelbare Folge dieser Konkordatsregelung für die evangelische Militärseelsorge war, daß der Reichspräsident dem evangelischen Feldpropst am 30. November 1933 die Amtsbezeichnung »Evangelischer Feldbischof der Wehrmacht« verlieh; dies wurde ihm durch Vermittlung des Reichsinnenministers und des Reichsbischofs mitgeteilt[108]. Daran schlossen sich Versuche zur Revision der E. M. D. an[109]; jedoch kam es nicht zur Verabschiedung einer neuen Dienstordnung, so daß die E. M. D. von 1929 bis 1945 in Kraft blieb[110]. Alle weiteren Veränderungen wurden auf dem Weg einseitiger staatlicher Verordnung eingeführt.

Mit der Einführung der allgemeinen Wehrpflicht im Jahr 1935 stiegen auch die Anforderungen an die Militärpfarrer. Man unterschied nun vier Gattungen von Militärgeistlichen: Heeresoberpfarrer, Heerespfarrer, Standortpfarrer im Hauptamt und Standortpfarrer im Nebenamt[111]. Zur gleichen Zeit wurde die Rüstzeiten- und Exerzitienarbeit der Militärseelsorge unmöglich gemacht[112]. Nachdem sich der Widerstand gegen die nationalsozialistische Kirchenpolitik vor allem unter den Standortpfarrern verstärkt hatte, verfügte der Oberbefehlshaber der Wehrmacht 1937, daß die Militärseelsorge nur noch durch beamtete Wehrmachtspfarrer auszuüben sei[113]. Dies war ein weiteres Zeichen für die Einschränkung der Militärseelsorge. Von 1939 an nahm das Kirchenministerium eine »kirchenpolitische Prüfung« der zur Militärseelsorge anstehenden Geistlichen ab; Angehörige der Bekennenden Kirche und erklärte Gegner des nationalsozialistischen Regimes wurden nicht mehr als Wehrmachtspfarrer zugelassen[114]. In der Folgezeit wurden weitere

---

Militärseelsorge vom 27. Juli 1957 stellt der Militärseelsorgevertrag von 1957 die Regelung der beamtenrechtlichen Verhältnisse auch der katholischen Militärgeistlichen dar (ebd., S. 131).
[108] AKK A 2/497. Feldbischof war bis zum 31. März 1934 Schlegel, dann Dohrmann.
[109] Entwürfe vom 2. Dezember 1933 und vom 13. April 1934, AKK A 2/497.
[110] Seit 1935 galt sie auch für die Luftwaffe; vgl. *Bleese*, a. a. O., S. 162; *Messerschmidt*, a. a. O., S. 10; unrichtig *A. v. Mutius*, in: RGG IV, Sp. 948.
[111] *Bleese*, a. a. O., S. 164.
[112] *Schübel*, 300 Jahre evangelische Soldatenseelsorge, S. 86; *Bleese*, a. a. O., S. 168.
[113] *Schübel*, a. a. O., S. 73; *Bleese*, a. a. O., S. 164.
[114] *Schübel*, a. a. O., S. 84; *Bleese*, a. a. O., S. 165 f.

einschränkende Maßnahmen gegen die Militärseelsorge ergriffen[115]; andererseits schreckte man vor ihrer Auflösung zurück, da man in ihr »ein wichtiges Mittel zur Stärkung der Schlagkraft des Heeres« und zur »Förderung und Aufrechterhaltung der inneren Kampfkraft« sah[116]. Erneut wurde Religion als Instrument zugunsten militärischer Zwecke verstanden[117].

4. Evangelische Militärseelsorge in der Bundesrepublik

4.1. Die Entstehung des Militärseelsorgevertrags und die Anfänge der Militärseelsorge

Am 29. August 1950 erklärte Bundeskanzler Adenauer in einem Memorandum, über das er vorher das Bundeskabinett nicht informiert hatte, den Alliierten gegenüber die Bereitschaft zu einer deutschen Teilnahme an einer westeuropäischen Verteidigungsarmee[118]. Zwei Tage zuvor hatte der Rat der EKD bei einer Zusammenkunft, die aus Anlaß des Kirchentags in Essen stattfand, ein Wort zur Wiederaufrüstung beschlossen, in dem es unter anderem hieß[119]:

»Einer Remilitarisierung Deutschlands können wir das Wort nicht reden, weder was den Westen noch was den Osten anbelangt. Die Pflicht der Kirche kann es immer nur sein, die schwergerüsteten Mächte der Welt wieder und wieder zu bitten, dem heillosen Wettrüsten ein Ende zu machen und friedliche Wege zur Lösung der politischen Probleme zu suchen.«

Befürworter der westdeutschen Wiederaufrüstung wie Eberhard Müller haben später darauf hingewiesen, der Rat der EKD sei bei der Verabschiedung dieses Worts nicht vollzählig versammelt gewesen, das Ergebnis der Beratungen hätte anders ausgesehen, wenn alle

---

[115] Zu den Einzelheiten, auf die ich hier nicht eingehen kann, vgl. *Schübel*, a. a. O., S. 73 ff.; *Bleese*, a. a. O, S. 169 ff.; *Messerschmidt*, a. a. O., S. 21 ff.
[116] Merkblatt über Feldseelsorge des Oberkommandos des Heeres vom 21. August 1939; abgedruckt bei *Bleese*, a. a. O., Anlage 1, S. 433—440 (434).
[117] Die Rolle von Militärseelsorge und Heimatkirche im Zweiten Weltkrieg erörtert im einzelnen *Messerschmidt*, a. a. O., S. 46 ff.
[118] Zur Vorgeschichte und den Konsequenzen des Memorandums vgl. bes. *A. Baring*, Außenpolitik in Adenauers Kanzlerdemokratie, S. 76 ff.; *K. von Schubert*, Wiederbewaffnung und Westintegration, S. 38 ff.
[119] *G. Heidtmann*, Hat die Kirche geschwiegen?, S. 99.

Ratsmitglieder anwesend gewesen wären, schließlich habe sich der Rat in diesem Wort nicht eindeutig gegen eine Wiederbewaffnung ausgesprochen[120]. Damit wurde die weitere Entwicklung in den offiziellen Stellungnahmen der EKD bereits in dieses Wort hineininterpretiert. Denn tatsächlich haben sich die offiziellen Vertreter der EKD in ihrer Mehrheit sehr bald mit der Wiederbewaffnung abgefunden. In einer kennzeichnenden Abwandlung des Ratsbeschlusses von 1950 schrieb Otto Dibelius am 25. Oktober 1951 in »Christ und Welt«, die evangelische Kirche stehe entschieden für den Frieden und die Einheit Deutschlands ein und könne »der Wiedereinführung der allgemeinen Wehrpflicht nicht das Wort reden«[121]. Ihren Abschluß fand diese Entwicklung in der Konferenz in Königswinter am 5. November 1951, bei der Adenauer, begleitet von einer Gruppe evangelischer Politiker, mit Vertretern der EKD zusammentraf. Dibelius forderte eine stärkere gesamtdeutsche Initiative der Bundesregierung und wiederholte, die EKD könne die Einführung einer allgemeinen Wehrpflicht nicht unterstützen, fügte aber hinzu, daß sie in keine Agitation dagegen eintreten werde[122]. Adenauer konnte nun mit einer weitgehenden Duldung, wenn nicht sogar partiellen Unterstützung seiner Politik durch die EKD rechnen.

Zu diesem Zeitpunkt hatten die ersten Verhandlungen über die Wiedereinrichtung einer Militärseelsorge bereits begonnen. Die Initiative dazu ging von der Dienststelle Blank aus. Im Juni 1951 fanden erste Gespräche zwischen Ministerialdirigent Wirmer und Regierungsrat Lubbers von der Dienststelle Blank auf der einen, Prälat Kunst als Beauftragtem des Rats der EKD und Prälat Böhler als Beauftragtem der Fuldaer Bischofskonferenz auf der anderen Seite statt[123]. Die staatlichen Stellen waren an Regelungen interessiert, die für beide Kirchen annehmbar, zugleich aber auch der militärischen Organisation angemessen waren; dabei wurden gleichartige Regelungen für beide Kirchen angestrebt. Damit kam von vornherein dem Art. 27 des Reichskonkordats entscheidende Be-

---

[120] E. *Müller*, in: Berlin 1956, S. 164 f.
[121] Vgl. *A. Baring*, a. a. O., S. 215. Im Essener Beschluß war nicht von der allgemeinen Wehrpflicht, sondern von der Remilitarisierung die Rede.
[122] *A. Baring*, a. a. O., S. 215 f.
[123] *K. Steuber*, Evangelische Militärseelsorge für die Bundeswehr, S. 13, auf Grund einer mündlichen Auskunft von Ministerialrat Lubbers.

deutung zu; denn durch ihn war die Struktur der katholischen Militärseelsorge bereits in entscheidenden Zügen festgelegt. Der Spielraum für Regelungen auf evangelischer Seite war jedenfalls dann empfindlich eingeschränkt, wenn die EKD sich auf die Forderung nach gleichen Regelungen für beide Kirchen einließ.

Veranlaßt durch diese ersten Beratungen, benannte der Rat der EKD am 15. Februar 1952 offiziell Oberkirchenrat Osterloh als kirchlichen Verhandlungsführer gegenüber den staatlichen Stellen[124]; am 13. März 1952 faßte er darüber hinaus einen geheimen Beschluß über die Militärseelsorge[125]:

»Der Rat stimmt grundsätzlich dem Plan zu, den Aufbau der evangelischen Seelsorge in etwaigen deutschen Einheiten durch einen Vertrag zwischen Staat und Evangelischer Kirche in Deutschland zu regeln.

In diesem Vertrag soll vorgesehen werden, daß die Pfarrer für diesen Sonderdienst jeweils für 5 Jahre von den Landeskirchen beurlaubt werden und danach normalerweise in den landeskirchlichen Dienst zurückkehren. Eine Verlängerung der Beurlaubung für die Seelsorge unter den Soldaten soll im Einzelfall nicht ausgeschlossen sein. Es soll aber kein Stand sogenannter ›aktiver Militärgeistlicher‹ wieder entstehen. Die Landeskirchen sollen das Recht haben, einzelne Pfarrer auch vor Ablauf der Beurlaubung in den landeskirchlichen Dienst zurückzuberufen, wenn das aus Gründen der geistlichen Amtsführung des Betreffenden als erforderlich erscheint, und wenn die betreffende Landeskirche Ersatz stellt.

Die Verteilung dieser Pfarrer auf die deutschen Einheiten soll nach Möglichkeit ihre landeskirchliche Beheimatung berücksichtigen. In allen rein geistlichen Angelegenheiten sollen sie mit der für sie zuständigen Landeskirchenleitung unmittelbar in Verbindung treten können.

Die Dienstaufsicht über diese evangelische Seelsorge in deutschen Einheiten soll von einem Geistlichen ausgeübt werden, der auf Vorschlag des Rates vom Staat auf Lebenszeit in dieses leitende Amt berufen wird. Ihm sollen — ebenfalls auf Lebenszeit auf Vorschlag des Rates berufen — für die Ausübung seiner leitenden Funktionen ein weiterer Pfarrer und ein evangelischer Jurist zur Seite stehen.

Der leitende Geistliche soll die Dienstbezeichnung Propst tragen. Er soll als Gast an der Kirchenkonferenz teilnehmen.

Gesangbücher, Gottesdienstordnungen und Lebensordnungen für die evangelischen Soldatengemeinden sollen der Genehmigung durch den Rat der Evangelischen Kirche in Deutschland bedürfen.

Die Kirchenkanzlei soll die Verhandlungen mit den Bonner Dienststellen

---

[124] K. *Steuber*, Militärseelsorge in der Bundesrepublik Deutschland, S. 14 f.
[125] Anlage zum Schreiben der Kirchenkanzlei der EKD an die Dienststelle Blank vom 18. März 1952, Tagebuch-Nr. 1083 III (auch veröffentlicht bei *Steuber*, a. a. O.).

über den Aufbau dieser Seelsorge fortsetzen und dem Rat rechtzeitig den Entwurf eines entsprechenden Vertrages zur Stellungnahme vorlegen.«

Schon an diesem Beschluß erkennt man die grundsätzliche Bereitschaft des Rats der EKD, eine evangelische Militärseelsorge für die neuen Streitkräfte in den überlieferten Strukturen wieder aufzunehmen. Die einzige Änderung von grundsätzlichem Gewicht, die der Rat forderte, war, daß die Militärpfarrer nur 5 Jahre im Amt bleiben sollten, um dann wieder in den Dienst ihrer Landeskirche zurückzukehren.

Durch Beschluß des Rats der EKD vom 7./8. Mai 1953 wurde ein »Ausschuß für Fragen einer Seelsorge in etwaigen deutschen Einheiten« unter dem Vorsitz von Landesbischof Bender eingesetzt[126]. Den Beratungen des Ausschusses lag bei seiner ersten Sitzung am 13. Oktober 1953 eine Ausarbeitung von Oberkirchenrat Niemeier zugrunde, die offensichtlich auf dem gerade zitierten Beschluß des Rats der EKD beruhte, wenn auch dieser Beschluß in den Unterlagen des Ausschusses nirgendwo erwähnt wird; sie geht zudem auf Vorbesprechungen mit der Dienststelle Blank und mit der katholischen Kirche zurück. Die wichtigsten Grundsätze, von denen diese Ausarbeitung ausgeht, sind folgende[127]: Der Aufbau einer Militärseelsorge ist als gesamtkirchliche Aufgabe zu begreifen; er stellt eine qualifizierte Möglichkeit dar, EKD zu verwirklichen und Ökumene zu praktizieren. Der kirchliche Charakter der Militärseelsorge muß unverkürzt gewahrt bleiben. Die Möglichkeit einer exemtem Militärkirche und die einfache Restauration vergangener Verhältnisse sind ausgeschlossen[128].

An den strukturellen Vorschlägen dieser Ausarbeitung ist neu die Position des Militärbischofs. Die Leitung der Militärseelsorge, so heißt es hier, liegt beim Rat der EKD, der sie an einen leitenden kirchlichen Amtsträger, der in dieser Funktion den Titel eines Militärbischofs erhält, delegieren kann. Dieser steht außerhalb der militärischen Hierarchie. Er wird vom Militärbischofsamt unterstützt, dessen Leiter auf Vorschlag des Rats der EKD vom Bundesverteidi-

---

[126] Mitglieder des Ausschusses waren: Bischof Bender, OKR Dibelius, OKR Heidland, Prälat Kunst, Direktor Münchmeyer, Dekan Putz, Dekan Schuster, Studentenpfarrer Weymann. Zuständiger Referent der Kirchenkanzlei war OKR Niemeier.
[127] Zitiert nach AKK 244.
[128] A. a. O., S. 1 f.

gungsminister auf Lebenszeit berufen wird. Diese Lösung, auf die man sich später immer wieder berufen hat, um die Unabhängigkeit und Kirchlichkeit der Militärseelsorge zu beweisen[129], geht auf einen katholischen Vorschlag zurück[130], der den evangelischen Verhandlungspartnern von der Dienststelle Blank nahe gebracht wurde. Sie entspricht der Regelung, die für die katholische Militärseelsorge schon nach 1849 galt und auch in der Weimarer Republik angestrebt wurde[131].

Die Ausarbeitung von Oberkirchenrat Niemeier nennt einige grundsätzliche Fragen, die weiterer Klärung bedürfen. Die letzte dieser Fragen heißt: »Wie kann die Militärgemeinde beteiligt und betätigt in Erscheinung treten?«[132] Auffälligerweise kehrt diese Frage in der Niederschrift über die Beratung des Ausschusses nicht wieder. Nur ein Mitglied des Ausschusses, Studentenpfarrer Weymann, insistierte in einem Brief an Oberkirchenrat Niemeier vom 21. Oktober 1953[133] auf der Frage nach der Beteiligung der Gemeinde:

»Hier ist m. E. der entscheidende Punkt, an dem die ›durchgängige Verkirchlichung der Militärseelsorge‹ Wirklichkeit werden muß.« Die Gründung einer mündigen Gemeinde in Seelsorge und Bibelarbeiten, Gottesdiensten und Sakramentsfeiern sowie kleinen Aussprachekreisen stellt sich ihm als Hauptaufgabe der Militärseelsorge dar. »Das frühere patriarchalische bzw. autoritative System der Heeresseelsorge verbietet sich m. E. von selber.«[134]

In der Niederschrift über die Sitzung des Bender-Ausschusses am 17. Dezember 1953 heißt es zu dieser Frage nur lakonisch: »Die

---

[129] Regierungsbegründung zum MSV, in: *W. Weber,* Die deutschen Konkordate und Kirchenverträge der Gegenwart, Bd. 1, S. 143; *H. Kunst,* »Der Dienst der Kirche unter den Soldaten«, in: Arbeitstagung Frankfurt 1965, S. 30; *H. Heinrici,* »Militärpfarrer«, S. 164 f.
[130] *J. Bender,* »Bericht an den Rat der EKD über die Arbeit des Ausschusses zur Vorbereitung der Wehrmachtsseelsorge« vom 5. Juli 1954 (AKK 244); vgl. auch *F. Lubbers,* Rezension der Dissertation von Simon: Die katholische Militärseelsorge nach dem Codex Juris Canonici, in: Militärseelsorge, Zeitschrift des katholischen Militärbischofs, 1963, S. 75 f.; *J. Bleese,* Militärseelsorge und die Trennung von Staat und Kirche, S. 371.
[131] Siehe oben S. 244 f. Vor dem Dritten Reich fand der Bischofstitel für die Spitze der evangelischen Militärseelsorge niemals Verwendung.
[132] A. a. O., S. 13.
[133] Zitiert nach den Akten von Dekan *Weymann.*
[134] Weymann hat diese Frage später wiederholt; vgl. *K. Weymann,* »Militärseelsorge und kirchliche Beratung der Kriegsdienstverweigerer«; siehe unten S. 290 ff.

militärseelsorgerliche Arbeit muß von einer Soldatengemeinde getragen sein; jedoch sind noch keine bestimmten Aussagen zu machen, da gerade an dieser Stelle Erfahrungen nicht oder nur in bescheidenem Umfang vorliegen.«[135] Damit unterblieb eine weitere Untersuchung der Frage, ob und wie ein evangelischem Kirchenverständnis gemäßer Aufbau der Militärseelsorge möglich sei. Es ist nicht zufällig, daß man später zum Beweis der »Verkirchlichung« der Militärseelsorge immer wieder auf die Stellung des Militärbischofs hingewiesen hat; für die Frage nach dem Verhältnis von Militärseelsorge und Gesamtkirche hatte die evangelische Kirche damit eine katholische Lösung übernommen; eine eigene evangelische Lösung stand ihr nicht zu Gebote.

Ebensowenig wie die Frage nach der Stellung der Gemeinde wurde bei den Vorbereitungen des Militärseelsorgevertrags die Frage erörtert, ob sich aus der angestrebten »Verkirchlichung« der Militärseelsorge nicht notwendigerweise eine andere Stellung der Militärpfarrer ergeben mußte. Hätte man die Militärseelsorge konsequent als Teil des kirchlichen Gesamtauftrags betrachtet, dann wäre es konsequent gewesen, die Militärpfarrer im landeskirchlichen Dienst zu belassen, für die Militärseelsorge also kirchliche »Sonderpfarrämter« einzurichten. Nur Präses Wilm warf in einem Schreiben an Bischof Bender vom 20. November 1954 diese Frage auf; er stellte seinen Überlegungen den Grundsatz voran: »Wir haben kein Recht, unsere ordinierten Brüder als Beamte einer staatsgebundenen ›Militärkirche‹ mit fremden Bindungen abzugeben.«[136] Doch dieser Widerspruch stieß auf kein Echo.

Man war vielmehr einhellig der Meinung, daß sich evangelische Militärseelsorge nur realisieren lasse, wenn man den Beamtenstatus des Militärpfarrers akzeptiere. Dafür wurden im Lauf der Verhandlungen vor allem folgende Gründe geltend gemacht:

a) Durch Art. 27 des Reichskonkordats war für die katholischen Militärgeistlichen der Beamtenstatus festgelegt. Den Grundsatz der Parität verstand man so, daß der Status der katholischen Militärgeistlichen auch für die evangelischen Militärpfarrer maßgebend sein müsse[137].

---

[135] A. a. O., S. 4.
[136] AKK 244, a. a. O., S. 1.
[137] Vgl. dazu *K. Weymann*, »Militärseelsorge und kirchliche Beratung der Kriegsdienstverweigerer«, S. 118 f.

b) Die Dienststelle Blank bestand darauf, daß die evangelische Kirche für ihre Militärpfarrer den Beamtenstatus beantragen solle[138]. Sie wollte den Zugang zum militärischen Bereich nur für Personen gestatten, die dienstrechtlich belangt werden konnten. Die Militärpfarrer nähmen, so argumentierte sie, hoheitsrechtliche Funktionen wahr. Sie erteilten den Lebenskundlichen Unterricht als Teil der militärischen Gesamterziehung. Ferner hätten die Militärpfarrer auch in früherer Zeit den Beamtenstatus innegehabt. Schließlich seien auch die Militärgeistlichen in ausländischen Streitkräften entweder Beamte oder Offiziere[139].

c) Die evangelischen Verhandlungspartner akzeptierten diese Gesichtspunkte. Sie gingen davon aus, daß die Möglichkeit der Gruppenseelsorge auf der Solidarität mit der anzusprechenden Gruppe beruhe; im Fall des Militärs setze diese Solidarität die Integration in den militärischen Apparat, die Möglichkeit, daß der Militärpfarrer Geheimnisträger sei, und ähnliches voraus; dies sei jedoch nur möglich, wenn der Militärpfarrer über den Beamtenstatus verfüge[140].

Umstritten waren bei der Vorbereitung der Militärseelsorge vor allem zwei Punkte: die Frage der Militärkirchengemeinden und die Frage, ob die EKD über diese Materie einen Vertrag abschließen könne. Aus ähnlichen Gründen, aus denen die staatlichen Stellen den Beamtenstatus des Militärpfarrers für notwendig erklärten, forderten sie auch die Einrichtung selbständiger Militärkirchengemeinden. Diese Position findet sich in Diskussionspapieren des Amts Blank[141] ebenso wie in späteren Vertragsentwürfen[142]. In der Tat hängen

---

[138] Protokoll des Bender-Ausschusses vom 10. Mai 1954, Anhang, S. 2; *H. Kunst*, in: Berlin-Spandau 1957, S. 82.
[139] Fragen und Vorschläge der Dienststelle Blank (AKK 244).
[140] S. z. B. *L. Raiser*, in: Berlin-Spandau 1957, S. 300 f.; *H. Kunst*, »Bericht des evangelischen Militärbischofs«, in: Arbeitstagung Frankfurt 1965, S. 201: Der Militärpfarrer »ist ›Bundesbeamter auf Zeit‹. Durch diesen Status kann allen Erfordernissen Rechnung getragen werden, die aus dem militärischen Charakter dieses Lebensbereiches erwachsen (völkerrechtliche Notwendigkeiten, Geheimhaltungsfragen, Frage der Zugehörigkeit)«.
[141] Z. B. Entwurf des Amts Blank vom 29. September 1954 (AKK 244), S. 4.
[142] Noch der Entwurf VII (Stand September 1956) sieht nur Militärkirchengemeinden vor (abgedruckt bei *J. Bleese*, Die Militärseelsorge und die Trennung von Staat und Kirche, Anlage 7, S. 489 f.). Erst in der Schlußphase der Verhandlungen konnte die EKD durchsetzen, daß personale Seelsorgebereiche vorgesehen wurden (vgl. Entwurf X bei *Bleese*, a. a. O., Anlage 8, S. 505 ff.).

der Beamtenstatus des Militärpfarrers und die Bildung exemter Militärkirchengemeinden zwingend zusammen. Begründet man den Beamtenstatus des Militärpfarrers damit, daß die Seelsorge in der Armee wegen der Eigengesetzlichkeit des militärischen Bereichs und der erforderlichen Solidarität nicht von Pfarrern im landeskirchlichen Dienst geleistet werden könne, dann kann man nicht auf der anderen Seite fordern, daß die Militärgemeinden als personale Seelsorgebereiche in die jeweiligen Ortsgemeinden integriert werden sollen. Leitet man den Status des Militärpfarrers aus der Mobilität der Truppe her, so muß man auch zu dem Ergebnis kommen, daß sich in dieser mobilen Truppe nur eine selbständige Militärkirchengemeinde institutionalisieren lasse[143]. In diesen Widerspruch geriet die evangelische Seite jedoch deshalb, weil sie die Forderung nach »Verkirchlichung« der Militärseelsorge nicht bis hin zum Status des Militärpfarrers durchführte. Deshalb beharrten die staatlichen Stellen auch noch bei den Vertragsverhandlungen auf der Bildung von Militärkirchengemeinden. Die Kompromißlösung bestand darin, daß Art. 6 des Militärseelsorgevertrags (MSV) sowohl personale Seelsorgebereiche, die Teil der Ortskirchengemeinden sind, als auch selbständige Militärkirchengemeinden vorsieht. Von wenigen Ausnahmen abgesehen, vollzieht sich evangelische Militärseelsorge heute in personalen Seelsorgebereichen[144].

Die andere, vor allem auf seiten des evangelischen Verhandlungspartners umstrittene Frage war, ob die Vereinbarungen über die Militärseelsorge die Form eines Vertrags zwischen der EKD und der Bundesrepublik erhalten sollten. Dazu heißt es bereits in der Ausarbeitung der Kirchenkanzlei vom 13. Oktober 1953, von der wir ausgingen:

> »Wenn die rechtliche Möglichkeit zum Abschluß eines Staatsvertrags für die EKD auch gegeben ist, so dürfte sie jedoch kaum praktiziert werden können, so lange die Zweiteilung Deutschlands dauert und die EKD auch die östlichen Gliedkirchen vertritt, denen aus dem Abschluß eines Staats-

---

[143] Vgl. den Entwurf des Verteidigungsministeriums vom 15. Juni 1955 (*Bleese*, a. a. O., Anlage 5, S. 461); Regierungsbegründung zum MSV, in: W. *Weber*, Die deutschen Konkordate und Kirchenverträge, Bd. 1, S. 143.
[144] Auch die katholische Militärseelsorge vollzieht sich in »Seelsorgebezirken«, für die — neben der primären Jurisdiktion des Militärbischofs — dem Ortsbischof eine sekundäre Jurisdiktion verbleibt (Statuten für die kath. Militärseelsorge, Art. 3,7; *Weber*, Die deutschen Konkordate und Kirchenverträge, Bd. II, S. 14 f.).

vertrages über den Aufbau einer Seelsorge in etwaigen deutschen Streitkräften Nachteile erwachsen könnten... Eine Rechtsverordnung besitzt ausreichende Rechtswirksamkeit; sie ist zugleich den Gefahren parlamentarischer Mehrheitsverhältnisse entnommen, da sie das Parlament nicht zu passieren braucht; ihre Rechtswirksamkeit ist jedoch geringer als die eines Staatsvertrages.«[145]

Doch schon in seiner Sitzung am 22. Oktober 1953 in Dresden entschied sich der Rat der EKD für die Form des Vertrages. Diesem Beschluß wurde hinzugefügt:

»Bedenken hinsichtlich der Beteiligung der Ratsmitglieder aus der DDR dürften nicht bestehen. Eine rechtliche Möglichkeit, daß der Vertrag nur von den westlichen Mitgliedern des Rates beschlossen werden könnte, ist nicht gegeben, da die Organe der EKD nach der Grundordnung in ihrer Gesamtheit dazu berufen sind, die EKD zu vertreten.«[146]

Erst nachdem sich gezeigt hatte, daß der Vertrag tatsächlich nachteilige Folgen für die Gliedkirchen in der DDR und für die Einheit der EKD nach sich zog, entdeckte der Rat im Jahr 1959 doch Möglichkeiten, die Verantwortung für die Fragen der Militärseelsorge einem Ratsausschuß zu übertragen, dem nur die westlichen Mitglieder angehörten[147]. Solange jedoch war er für die Verhandlungen wie für den Vertrag und seine Konsequenzen als ganzer verantwortlich.

Nachdem Rudolf Smend am 9. Juni 1955 gutachtlich bestätigt hatte, daß die EKD rechtlich dazu befugt sei, über die Frage der Militärseelsorge einen Vertrag abzuschließen[148], setzte der Rat der EKD einen zweiten Ausschuß, den »Ausschuß zur Erarbeitung eines Staatsvertrages betr. die Militärseelsorge« ein, der am 10. November 1955 unter dem Vorsitz von Prälat Kunst zu seiner ersten Sitzung zusammentrat[149]. Zu diesem Zeitpunkt hatte die Militärseelsorge

---

[145] Ausarbeitung *Niemeier* vom 13. Oktober 1953 (AKK 244), S. 5.
[146] Zitiert nach AKK 244.
[147] Vgl. die Beschlüsse des Rats der EKD vom 4./6. März 1959 und den undatierten Beschluß der Kirchenkonferenz, in: Arbeitstagung Frankfurt 1965, S. 242 f.
[148] Diesem dem Rat der EKD erstatteten Gutachten entspricht staatlicherseits ein Gutachten von Armin Füllkrug, das zu demselben Ergebnis kommt; vgl. K. *Steuber*, Militärseelsorge in der Bundesrepublik Deutschland, S. 28 ff.
[149] Mitglieder des Ausschusses waren: Prälat Kunst (als Vorsitzender), OKR Dibelius (als Schriftführer), LKR Dr. Dahlhoff, Pastor Dr. Juhnke, OKR Dr. Dr. Niemeier, OKR Dr. Ruppel, OKR Dr. Schattenmann, Prof. Dr. Scheuner, Prof. Dr Smend.

ihre Arbeit bereits aufgenommen. Das Referat von Bischof Kunst vor der Arbeitstagung der EKD-Synode in Frankfurt 1965 beginnt mit dem Satz: »Der Dienst der Militärseelsorge begann vor 10 Jahren am 1. November 1955.«[150] Es gehört zu den bemerkenswerten Vorgängen im Verhältnis von Staat und Kirche, daß ohne gesetzliche Ermächtigung auf seiten des Staates wie auf seiten der Kirche mit der Einrichtung der Militärseelsorge begonnen wurde.

Zum 1. September 1955 erteilte der Rat der EKD an Pfarrer Dr. Juhnke den Auftrag, dem jeweiligen Stand der Verhandlungen entsprechende Maßnahmen zu treffen[151]. Am 1. November 1955 übernahm der Landesmännerpfarrer der rheinischen Kirche bei den ersten Einheiten der Bundeswehr in Andernach die Aufgaben der Militärseelsorge.

Am 15./16. Dezember 1955 beschloß der Rat der EKD unter Zustimmung der Kirchenkonferenz, Prälat Kunst mit der Führung der Geschäfte des Militärbischofs kommissarisch zu beauftragen, und fügte hinzu: »Über die Beauftragung darf zur Zeit in der Presse nicht berichtet werden.« Am 21. Dezember 1955 unterrichtete der Ratsvorsitzende den Bundesverteidigungsminister, der am 30. Januar 1956 sein Einverständnis erklärte. Zum 1. Februar 1956 wurde Kunst demgemäß mit der Wahrnehmung der Aufgaben des Militärbischofs beauftragt. Schon am 24. März 1956 drängte Prälat Kunst gegenüber dem Präsidenten der Kirchenkanzlei, Brunotte, auf eine endgültige Ernennung und das Recht, den Titel »Bischof« zu führen. Doch erst in seiner Sitzung am 13. Dezember 1957 ernannte der Rat der EKD Prälat Kunst definitiv zum Militärbischof. Diesem Beschluß fügte er hinzu: »Der Beschluß soll nicht veröffentlicht und der Bundesregierung nicht mitgeteilt werden.«[152]

Am 1. März 1956 nahm das Evangelische Kirchenamt für die Bundeswehr seine Arbeit auf; am 1. April 1956 traten die Wehrbereichsdekane ihren Dienst an[153].

---

[150] Arbeitstagung Frankfurt 1965, S. 30.
[151] Jahresbericht des Militärbischofs von den Anfängen bis 31. März 1958, S. 1.
[152] Alle Angaben nach AKK 244; vgl. *K. Steuber*, a. a. O., S. 168. Auf katholischer Seite war Kardinal Wendel bereits am 4. Februar 1956 zum Militärbischof ernannt worden *(Steuber,* a. a. O., S. 79).
[153] Bericht des Evangelischen Militärbischofs, in: Arbeitstagung Frankfurt 1965, S. 201.

Die wichtigsten Dienststellen der Militärseelsorge traten also schon zu einer Zeit in Funktion, zu der den beteiligten Landeskirchen der erste Entwurf für den MSV mit der Bitte um Stellungnahme zuging[154]. Bereits im August 1956 wurden durch die Zdv 66/1, eine Merkschrift das Bundesverteidigungsministeriums über Militärseelsorge, Einrichtungen und Aufgaben der Militärseelsorge und die Zusammenarbeit zwischen Militär und Seelsorge beschrieben und geregelt.

Die Militärseelsorge war in ihren Grundzügen eingerichtet, bevor die Synode der EKD sich zum ersten Mal mit diesem Gegenstand beschäftigte. Auch bei ihrer Tagung vom 27. bis 29. Juni 1956 in Berlin wurde die Synode durch den Rat der EKD nicht über den Stand der Verhandlungen informiert und zur Stellungnahme aufgefordert. Gleichwohl wurde sie durch eine Eingabe des Pfarrkonvents des Kirchenbezirks Stuttgart-Bad Cannstatt veranlaßt sich zu äußern. Zu dieser Eingabe faßte der Ausschuß II (Einheit der Kirche) folgenden Beschluß, dem sich die Synode einstimmig anschloß:

»Die Eingabe des Pfarrkonvents des Kirchenbezirks Stuttgart-Bad Cannstatt wegen ›Militärseelsorge‹ hat der Ausschuß besprochen. Mit Rücksicht darauf, daß der Rat der Evangelischen Kirche in Deutschland beschlossen hat, endgültige Maßnahmen zur Ordnung der Militärseelsorge nicht zu treffen, bevor nicht ein von der Synode zu beschließendes Gesetz die Rechtsgrundlage schafft, empfiehlt der Ausschuß, die Eingabe jetzt nicht zum Gegenstand der Verhandlung in der Synode zu machen. Er spricht dabei die Erwartung aus, daß der Beschluß des Rates beachtet wird und daß keine neuen Tatsachen geschaffen werden, die die Evangelische Kirche in Deutschland in dieser Sache binden. Er betont nachdrücklich, daß an der Entscheidung über diese Angelegenheit die Synode der Evangelischen Kirche in Deutschland in ihrer Gesamtheit zu beteiligen ist.«[155]

---

[154] Entwurf I mit Anschreiben der Kirchenkanzlei an die Landeskirchen vom 8. Februar 1956 (EKA 36-05-01-01). Vorher waren die Landeskirchen über einen Entwurf der Dienststelle Blank über die Ordnung der Militärseelsorge vom 6. Juni 1955 informiert worden (Schreiben der Kirchenkanzlei vom 15. Juni 1955, Tagebuch-Nr. 1782 III); vgl. K. Steuber, Militärseelsorge in der Bundesrepublik Deutschland, S. 39.

[155] Berlin 1956, S. 128, 177; das Abstimmungsergebnis ebd., S. 178. Wie unangenehm dieser Beschluß der Kirchenkanzlei der EKD gewesen sein muß, geht daraus hervor, daß sie ihn nicht wie alle anderen Beschlüsse im Anhang des Synodalprotokolls veröffentlicht hat, so daß man seine endgültige Fassung aus dem Protokoll selbst rekonstruieren muß. Dieselbe sachliche Position der Synode ergibt sich jedoch auch aus der Entschließung »Die Einheit der Evangelischen Kirche in Deutschland«, 3 (ebd., S. 229).

Der Rat der EKD hat sich nicht an diesen Synodalbeschluß gehalten; vielmehr unterzeichneten Dibelius als Vorsitzender des Rats und Brunotte als Präsident der Kirchenkanzlei zusammen mit Bundeskanzler Adenauer und Verteidigungsminister Strauß am 22. Februar 1957 den Militärseelsorgevertrag. Damit war eine »neue Tatsache geschaffen«; denn die Synode hatte nun keine Möglichkeit mehr, auf den Inhalt des Vertrags Einfluß zu nehmen. Bei ihrer Tagung vom 3. bis 8. März 1957 konnte sie vielmehr nur noch das Zustimmungsgesetz annehmen oder verwerfen; ändern konnte sie nur noch das kirchliche Ausführungsgesetz. Diese ohnmächtige Lage, in die die Synode trotz ihres eigenen vorbeugenden Beschlusses geraten war, tritt noch dem Leser des Synodalprotokolls sehr deutlich vor Augen[156]. Gleichwohl stimmte die Synode dem Vertrag mit Zweidrittelmehrheit zu[157]. Am 26. Juli 1957 wurde er vom Bundestag einstimmig angenommen. Nachdem auch die meisten der betroffenen Landeskirchen zugestimmt hatten, trat er mit dem Austausch der Ratifikationsurkunden am 30. Juli 1957 in Kraft[158], eindreiviertel Jahre, nachdem mit dem Aufbau der Militärseelsorge begonnen worden war.

Beim Rückblick auf die Geschichte der Militärseelsorge und die Entstehung des Militärseelsorgevertrags fällt insbesondere zweierlei auf, das abschließend festgehalten zu werden verdient:

1. Die Struktur der evangelischen Militärseelsorge verbleibt in wesentlich größerem Umfang in traditionellen Bahnen, als gelegentlich angenommen wird. Neu gegenüber der Tradition sind insbesondere die Tatsache, daß die Rückkehr der Militärpfarrer in den landeskirchlichen Dienst nach sechs bis acht, höchstens zwölf Jahren bindend vorgeschrieben wird (Art. 19 Abs. 3 MSV), sowie der Gedanke des personalen Seelsorgebereichs. Dagegen sind sowohl die Institution des nebenamtlichen Militärbischofs, die aus der Geschichte der katholischen Militärseelsorge bekannt ist, als auch der rechtliche Doppelstatus der Militärpfarrer (als Staatsbeamte und kirchliche Amtsträger) traditionell.

---

[156] Vgl. etwa die Äußerungen von *L. Metzger*, in: Berlin-Spandau 1957, S. 94 ff., und des Ausschußberichterstatters *Dipper*, ebd., S. 232 ff. Weder Prälat Kunst noch Bischof Dibelius gaben in ihren Voten der Synode eine Erklärung, warum man den Synodalbeschluß von 1956 übergangen hatte.
[157] Abstimmungsergebnisse: Berlin-Spandau 1957, S. 322 f.
[158] Vgl. die Bekanntmachung vom 25. September 1957, in: Arbeitstagung Frankfurt 1965, S. 240 f.

2. Im Militärseelsorgevertrag hat die Kirche ihr Verhältnis zu einem bestimmten Bereich der Öffentlichkeit geregelt. Sie hat dafür die Form eines Vertrags gewählt, hinter dem deutlich die Vorstellung von der »Partnerschaft« zwischen Staat und Kirche steht[159]. Bischof Halfmann erläuterte die Bedeutung des Militärseelsorgevertrags bei den Synodalverhandlungen von 1957 mit den Worten: »Hier nun wird der Evangelischen Kirche erstmalig eine rechtlich gesicherte Sphäre zur Erfüllung ihres Öffentlichkeitsauftrags geboten.«[160] Um so bemerkenswerter ist der Mangel an »innerverbandlicher Demokratie«[161], von dem die Vorbereitung des Militärseelsorgevertrags und die Einrichtung der Militärseelsorge gekennzeichnet war. Die Diskussion wurde – von Ausnahmen abgesehen – auf die Ebene der Kirchenleitungen beschränkt[162]. Schon die Synode der EKD wurde – entgegen ihren eigenen Beschlüssen – nur in sehr unzureichender Weise informiert und beteiligt. Die kirchliche Öffentlichkeit wurde von den die Militärseelsorge vorbereitenden Überlegungen ausgeschlossen. Der episkopal-hierarchischen Struktur der Militärseelsorge, für die man sich entschied, entsprach das hierarchisch-bürokratische Verfahren, mit dem man sie einführte. Insofern entsprach die Struktur der Militärseelsorge den faktischen Strukturen der Evangelischen Kirche in Deutschland doch stärker, als man zunächst anzunehmen geneigt ist. Eine Kritik der Strukturen der Militärseelsorge muß deshalb eine Kritik der Strukturen der EKD insgesamt zur Folge haben.

4.2. Militärseelsorge und das Verhältnis von Staat und Kirche

Die Kooperation und Koordination von Staat und Kirche, die in der Militärseelsorge erfolgt, wird sehr deutlich bereits in den Grundsätzen formuliert, mit denen die Zdv 66/1 »Militärseelsorge« des Bundesverteidigungsministeriums vom August 1956 einsetzt:

»Die Militärseelsorge ist der von den Kirchen geleistete, vom Staat gewünschte und unterstützte Beitrag zur Sicherung der freien religiösen Betätigung in den Streitkräften. Sie stellt sich die Aufgabe, unter Wahrung der freiwilligen Entscheidung des einzelnen das religiöse Leben zu wecken, zu

---

[159] Vgl. unten S. 502 ff.
[160] Berlin-Spandau 1957, S. 261.
[161] Vgl. dazu oben S. 30 f.
[162] Vgl. K. Weymann, »Militärseelsorge und kirchliche Beratung der Kriegsdienstverweigerer«, S. 122 f.

festigen und zu vertiefen. Dadurch fördert sie zugleich die charakterlichen und sittlichen Werte in den Streitkräften und hilft die Verantwortung tragen, vor die der Soldat als Waffenträger gestellt ist.

Militärseelsorge ist Teil der gesamten kirchlichen Arbeit, ausgerichtet auf die Besonderheiten des militärischen Dienstes. Ihren Auftrag erhält sie deshalb von den Kirchen. Ihre Träger, die Militärgeistlichen, verwalten ein kirchliches Amt, auch wenn sie im staatlichen Bereich tätig sind.

Die Militärseelsorge sieht in Deutschland auf eine jahrhundertelange Geschichte zurück. Sie nimmt in einer den geänderten Verhältnissen angemessenen Form auch in den neuen Streitkräften wieder ihren Platz ein.«[163]

Fragt man nach dem staatlichen Interesse an Militärseelsorge, so sind, wie schon dieser Text zeigt, zwei Ebenen zu unterscheiden:

a) Durch Art. 4 GG und Art. 141 WRV in Verbindung mit Art. 140 GG ist der Staat verpflichtet, die freie Religionsausübung auch im Militär zu gewährleisten und die Religionsgesellschaften zu religiösen Handlungen zuzulassen, wobei jeder Zwang fernzuhalten ist. Im Soldatengesetz vom 19. März 1956 hat dieser Grundsatz entsprechend einem Vorschlag des SPD-Bundestagsabgeordneten Fritz Erler[164] folgende Fassung erhalten: »Der Soldat hat einen Anspruch auf Seelsorge und ungestörte Religionsausübung. Die Teilnahme am Gottesdienst ist freiwillig« (§ 36 SG). Aus diesen Grundsätzen ergibt sich keine Pflicht des Staates, seinerseits zur Einrichtung der Militärseelsorge aktiv beizutragen und diese zu finanzieren.

b) Man hat allerdings aus dem § 36 SG eine »Bringeschuld« des Staates hergeleitet[165]. Insbesondere behauptet die Regierungsbegründung zum MSV, die staatliche Bereitstellung der Organisation und der finanziellen Mittel für die Militärseelsorge ergebe sich aus § 36 SG[166]. Dieser Gedanke ist jedoch im Soldatengesetz nicht ausgesprochen. Dagegen begegnet er schon wesentlich früher in einem Entwurf der Dienststelle Blank »Grundzüge der Militärseelsorge« vom 29. September 1954. Dort wird ausgeführt, die Militärseelsorge sei eine Bringeschuld des Staates, die ergänzend zum Seelsorgeauftrag der Kirche hinzutrete. In der Begründung zu diesem Satz heißt es:

---

[163] Zitiert nach: Dokumentation zur evangelischen Militärseelsorge, S. 23.
[164] Sten. Protokoll der 74. Sitzung des Ausschusses für Verteidigung am 8. Februar 1956, S. 41 (zitiert nach EKA 36-05-01-02).
[165] Vgl. *H. Kunst*, in: Berlin-Spandau 1957, S. 87; *F. Hengsbach*, in: Dokumentation zur katholischen Militärseelsorge, Heft 2, S. 3 f.; *M. Gritz*, in: Dokumentation zur katholischen Militärseelsorge, Heft 3, S. 20 f.
[166] *W. Weber*, Die deutschen Konkordate und Kirchenverträge, Bd. 1, S. 143.

»Der Staat selbst hat an der Militärseelsorge ein echtes Interesse. Denn der Wert seiner Streitkräfte hängt von Charakter und seelischer Einstellung der Soldaten nicht weniger ab als vom waffentechnischen Ausbildungsstand. Diese Eigenschaften werden aber bei den meisten Menschen von der religiösen Grundlage her bestimmt.«[167]

Aus dieser Erwartung wurde in den Verhandlungen keineswegs der Versuch hergeleitet, die Militärpfarrer in ihrer Verkündigung von staatlichem Einfluß abhängig zu machen; vielmehr konnte zu Recht darauf hingewiesen werden, daß der Vertrag die Unabhängigkeit der Verkündigung gewährleiste, und daß dies der Auffassung der beteiligten staatlichen Stellen entspreche[168]. Die staatlichen Stellen gingen offenbar davon aus, daß Militärpfarrer in voller Unabhängigkeit einen lohnenden Beitrag zum »Wert der Streitkräfte« leisten würden. Man erwartete deshalb von ihnen nicht Abhängigkeit in der Verkündigung, wohl aber Loyalität in der politischen Einstellung[169].

Der staatliche und militärische Erwartungshorizont, der in dem zitierten Entwurf zum ersten Mal dokumentiert ist, begegnet in der Geschichte der Militärseelsorge immer wieder. Dies soll an wenigen ausgewählten Beispielen veranschaulicht werden.

Das Interesse des Staates konzentrierte sich vor allem zu Beginn sehr stark auf den Lebenskundlichen Unterricht, der von den Militärpfarrern in der Dienstzeit erteilt wird. In einem undatierten Entwurf der Dienststelle Blank heißt es dazu, man erwarte vom Lebenskundlichen Unterricht einen Beitrag zur Erziehung der Soldaten.

»Die Vermittlung des vollen, vom Christentum entscheidend geformten Menschenbildes wird ein wichtiger Beitrag sein. Dadurch wird jede Verzerrung, besonders die bolschewistisch-materialistische, in ihrem folgenschweren Irrtum durchschaubar werden und das Bewußtsein um den Wert unserer Lebensordnung sich festigen. Dies ermöglicht erst eine erfolgreiche geistige Auseinandersetzung und wird damit in unserer konkreten Situation zur unabdingbaren Voraussetzung für die Bereitschaft zur militärischen Abwehr.«[170]

---

[167] A. a. O., S. 2; zitiert nach AKK 244.
[168] *H. Kunst*, in: Berlin-Spandau 1957, S. 80.
[169] Diese Loyalität der Militärpfarrer wurde z. B. von Prälat Kunst bereits in der Sitzung des Verteidigungsausschusses am 8. 2. 1956 ausdrücklich zugesichert (sten. Protokoll, S. 25, zitiert nach EKA 36-05-01-02).
[170] Zitiert nach AKK 244.

In einer Notiz des Studien-Büros des Amtes Blank vom 23. Mai 1953 heißt es über das Verhältnis von Innerer Führung und Militärseelsorge:

»Eine Kontrolle (sc. der Militärseelsorge) ist nur insofern angebracht und erforderlich, als in der religiösen Betreuung nicht Tendenzen gepflegt werden dürfen, die den Kampfgeist und die Moral der Truppe schwächen oder gefährden könnten (z. B. extremer Pazifismus).«[171]

Die Vorstellung, daß die Militärseelsorge nicht die Kampfkraft gefährden dürfe, sondern im Gegenteil dazu beizutragen habe, »daß der Soldat zu kämpfen bereit ist«, begegnet auch in späteren Stellungnahmen immer wieder. In einem Aufsatz über »Das Führungsgrundgebiet G 1« aus dem Jahr 1962 bezeichnete Oberst Dr. Schröder es als die Aufgabe der Generalstabsabteilung G 1 (Personal, Innere Führung), dafür zu sorgen, »daß der Soldat zu kämpfen bereit sei«. Dieser Abteilung sei als Spezialabteilung neben dem Personaloffizier, dem Presseoffizier und Rechtsberater auch der Militärseelsorger zugeordnet. Dessen Aufgabe ergibt sich aus folgenden Sätzen:

Die NATO-Stabsübung »Fallex 62« hat wieder deutlich erwiesen, »daß nur derjenige Soldat im Inferno eines mit den modernen Hochleistungswaffen geführten Krieges bestehen kann, der den seelischen Belastungen gewachsen ist. Dazu bedarf er in erster Linie eines festen christlichen Glaubens an die göttliche Allgegenwart und Liebe, aber auch einer Überzeugung von dem Wert der unter Einsatz des eigenen Lebens zu verteidigenden Güter.«[172]

Als letztes Beispiel für derartige Erwartungen an die Militärseelsorge sei die sogenannte »Schnez-Studie« aus dem Jahre 1969 zitiert:

»a) Das Vorhandensein einer Militärseelsorge verpflichtet die Seelsorger zur strikten Loyalität gegenüber dem Auftrag der Streitkräfte, insbesondere auch bei der Beratung von Kriegsdienstverweigerern.
b) Falls sich einzelne Seelsorger aus Gewissensgründen oder persönlicher Einstellung in einen inneren Gegensatz zu den militärischen Erziehungsmaximen gesetzt glauben, muß eine rasche Ablösung durch das Kirchenamt möglich sein.«[173]

Die Instrumentalisierung der Religion zu militärischen Zwecken, die für die Geschichte der Militärseelsorge weithin kennzeichnend

---

[171] Zitiert nach AKK 244.
[172] Zitiert nach dem Sonderdruck des Evangelischen Kirchenamts für die Bundeswehr »Zum Problem Militärseelsorge und Innere Führung«, S. 17 f.
[173] Blätter für deutsche und internationale Politik, 15, 1970, S. 314.

ist, hat auch in der Bundeswehr noch kein Ende gefunden. Dies wird gelegentlich auch von Militärpfarrern deutlich erkannt. So heißt es in einer gemeinsamen Studie von drei Militärpfarrern zum Lebenskundlichen Unterricht über die Erwartungen, die der Staat an den Lebenskundlichen Unterricht heranträgt:

»Dahinter steht also konstantinisches und macchiavellisches Denken. Demnach hat die Kirche die Moral für den Staatsbürger in Uniform zu liefern, also abendländische, christlich-moralische Wertvermittlung zu betreiben. In der Tat, die militärischen Führer aller Ebenen sehen häufig... im Lebenskundlichen Unterricht einen psychologisch-pädagogischen Beitrag speziell zur soldatischen Ausbildung im Sinne der Inneren Führung. Häufig wird eine religiöse Rechtfertigung des politischen Handelns des Staates verlangt. Wird... dieser Erwartungshorizont nicht erfüllt..., dann herrscht oft Enttäuschung und Verbitterung.«[174]

Den strukturellen Anlaß zu allen Instrumentalisierungsversuchen bietet der Beamtenstatus der Militärpfarrer und die Tatsache, daß das Evangelische Kirchenamt für die Bundeswehr eine dem Verteidigungsministerium nachgeordnete Bundesbehörde ist. Nur daraus kann die Auffassung abgeleitet werden, die Militärseelsorger bildeten eine »Spezialstabsabteilung« und seien zu »strikter Loyalität gegenüber dem Auftrag der Streitkräfte« verpflichtet; nur daraus kann die Meinung hergeleitet werden, man könne das Kirchenamt dazu veranlassen, Pfarrer, die sich in einen inneren Gegensatz zu militärischen Erziehungsmaximen gesetzt glauben, von ihrer Aufgabe abzuberufen. Die Mißverständnisse, denen sich die Militärseelsorge ausgesetzt sieht, hängen also mit ihrer Struktur unmittelbar zusammen. Solange diese Struktur fortbesteht, so muß man vermuten, wird auch das Interesse an einer Instrumentalisierung der Militärseelsorge allem Widerspruch zum Trotz kein Ende finden. Denn den zitierten Meinungen ist zwar von zuständigen Beamten des Bundesverteidigungsministeriums[175] wie vom Militärgeneraldekan[176] widersprochen worden; gleichwohl haben sie sich bis hinein in die Führungsspitze der Bundeswehr erhalten.

---

[174] *Beer-Draesner-Seifert*, »Praxis und Problematik des Lebenskundlichen Unterrichts«, S. 4 f.
[175] *E. Wirmer*, »Militärseelsorge und Innere Führung«, in: Zum Problem Militärseelsorge und Innere Führung, S. 19 ff.
[176] Durch ein Schreiben an Bundesverteidigungsminister Schmidt zur Schnez-Studie; laut mündlicher Auskunft von Generaldekan von Mutius am 25. Januar 1971.

Solche Versuche zur Instrumentalisierung der Militärseelsorge sind ohne Zweifel verfassungswidrig. Sie widersprechen dem Grundrecht der freien Religionsausübung ebenso wie dem Grundsatz der Religionsneutralität des Staates[177]. In ihnen zeigt sich ein Verständnis des christlichen Glaubens als politischer Religion, wonach der Glaube bürgerliche Tugendhaftigkeit, soldatischen Gehorsam und Kampfbereitschaft zu fördern hat. Daraus erklärt sich das Interesse an einer Institutionalisierung von Militärseelsorge innerhalb der militärischen Organisation; daraus erklärt sich auch die staatliche Einrichtung und Förderung von Militärseelsorge, die in Ländern mit sehr unterschiedlichen Verfassungsbestimmungen über das Verhältnis von Staat und Kirche in prinzipiell gleicher Weise erfolgt. Gleichwohl stellt sich für den Bereich der Bundesrepublik die Frage, ob eine solche Form der Militärseelsorge mit dem verfassungsrechtlich verankerten Grundsatz, es bestehe keine Staatskirche, vereinbar ist. Mit dem Hinweis auf die Entstehungsgeschichte des Art. 137 Abs. 1 WRV[178] allein ist diese Frage noch nicht beantwortet; vielmehr bedarf sie einer erneuten Prüfung.

Um dabei nicht der Gefahr einer einseitigen Verfassungsinterpretation zu verfallen, gehe ich von der Minimalinterpretation des Art. 137 Abs. 1 aus, die A. Hollerbach vorgeschlagen hat[179]: Der Satz »Es besteht keine Staatskirche« besagt, daß jede institutionelle Verbindung von Staat und Kirche »im inneren Verfassungsrechtskreis« untersagt ist. Es ist also zu prüfen, ob die im Militärseelsorgevertrag niedergelegten Regelungen eine solche Verbindung darstellen.

Die wichtigsten Bestimmungen des MSV und der dazugehörigen Gesetze und Verordnungen sind folgende: Die Militärseelsorge wird als Teil der kirchlichen Arbeit im Auftrag und unter der Aufsicht der Kirche ausgeübt. Der Staat sorgt für den organisatorischen Aufbau und trägt die Kosten (Art. 2). Die Seelsorge wird in der Regel von hauptamtlichen Militärgeistlichen ausgeübt. Für je 1500 evangelische Soldaten soll ein Militärpfarrer berufen werden. In Ausnahmefällen können auch Militärgeistliche im Nebenamt beauftragt werden (Art. 3). In Wortverkündigung, Sakramentsverwaltung und Seelsorge ist der Militärgeistliche im Rahmen der kirchlichen Ordnung selbständig und nur an Bekenntnis und Lehre seiner Gliedkirche gebunden (Art. 4). Die Militärseelsorge wird in personalen Seelsorgebereichen,

---

[177] Vgl. v. a. Art. 4 GG; siehe dazu unten S. 491.
[178] Siehe oben S. 238 f.
[179] *A. Hollerbach*, Die Kirchen unter dem Grundgesetz, S. 62; siehe unten S. 501 f.

die Teil der jeweiligen Ortskirchengemeinde sind, oder in selbständigen Militärkirchengemeinden ausgeübt, die durch Vereinbarung zwischen dem Militärbischof und den beteiligten Landeskirchen nach vorheriger Verständigung mit dem Bundesverteidigungsminister gebildet werden (Art. 6 und 8). Zu den personalen Seelsorgebereichen und Militärkirchengemeinden gehören die Berufssoldaten, Soldaten auf Zeit und Beamten und Angestellten der Bundeswehr mit ihren Ehefrauen und Kindern sowie die Wehrpflichtigen des Grundwehrdienstes und die im Verteidigungsfall einberufenen Soldaten (Art. 7). Im Unterschied zur früheren Regelung werden die Angehörigen der personalen Seelsorgebereiche und Militärkirchengemeinden zur Kirchensteuer herangezogen (Schlußprotokoll zu Art. 7). Die Kirchensteuern der Militärangehörigen werden zu zwei Dritteln zur Deckung derjenigen Kosten der Militärseelsorge verwendet, für die staatliche Mittel nicht zur Verfügung stehen (Kirchengesetz zur Regelung der ev. Militärseelsorge, § 8).

Die kirchliche Leitung der Militärseelsorge obliegt dem Militärbischof, der diese Aufgabe nebenamtlich wahrnimmt. Er wird vom Rat der EKD ernannt, nachdem dieser sich versichert hat, daß die Bundesregierung keine schwerwiegenden Bedenken gegen die in Aussicht genommene Persönlichkeit hat. Der Rat der EKD kann den Militärbischof aus wichtigen kirchlichen Gründen abberufen, nachdem er die Bundesregierung darüber verständigt und ihr den vorgesehenen Nachfolger genannt hat (Art. 10 und 11). Der Militärbischof ist für alle kirchlichen Angelegenheiten der Militärseelsorge zuständig, von denen die wichtigsten in Art. 12 genannt werden. Soweit seine Verfügungen auch staatliche Verhältnisse betreffen, bedürfen sie der Zustimmung des Bundesministers der Verteidigung (Art. 13). Die zentralen Verwaltungsaufgaben der Militärseelsorge nimmt das »Evangelische Kirchenamt für die Bundeswehr« wahr, das dem Bundesminister der Verteidigung unmittelbar nachgeordnet ist. Sein Leiter ist der Militärgeneraldekan, der in der Wahrnehmung kirchlicher Aufgaben dem Militärbischof und in der Wahrnehmung staatlicher Aufgaben dem Bundesminister der Verteidigung untersteht. Der Militärbischof kann den Militärgeneraldekan mit der Wahrnehmung seiner Befugnisse beauftragen (Art. 14 und 15).

Die Militärgeistlichen stehen in einem rechtlichen Doppelstatus. Sie sind zugleich Bundesbeamte und kirchliche Amtsträger. Die leitenden Militärgeistlichen sind Beamte auf Lebenszeit. Die übrigen werden als Beamte auf Zeit für 6—8 Jahre berufen; die Amtszeit kann um höchstens vier Jahre verlängert werden. Personelle Entscheidungen bedürfen des Einverständnisses des Militärbischofs, der für die Einstellung von Militärgeistlichen auf die Zustimmung der beteiligten Landeskirche angewiesen ist (Art. 16—20). In kirchlichen Angelegenheiten unterstehen die Militärpfarrer der Dienstaufsicht des Militärbischofs, des Militärgeneraldekans und der Militärdekane. Als Bundesbeamte unterstehen sie dem Bundesminister der Verteidigung als oberster Dienstbehörde und dem Militärgeneraldekan als unmittelbarem Dienstvorgesetztem (Art. 22). Sie sind den entsprechenden militärischen Dienststellen »auf Zusammenarbeit zugeordnet« (Zdv 66/1, Nr. 13). Die Militärgeistlichen sind zu entlassen bei Verlust der durch die Ordination erworbenen Rechte oder dienststrafrechtlicher Entfernung aus dem kirchlichen Amt sowie auf Antrag des Militärbischofs, wenn ihre Verwendung im Dienst der

Kirche im wichtigen kirchlichen Interesse liegt (Art. 23)[180]. Jedem Militärgeistlichen wird eine Hilfskraft zugeteilt (Art. 20 mit Schlußprotokoll).

Im MSV wie in den ihn begleitenden Gesetzen fehlen auffälligerweise Bestimmungen über den Lebenskundlichen Unterricht. Nach vom Bundesverteidigungsminister erlassenen vorläufigen Bestimmungen über den Lebenskundlichen Unterricht vom 21. Mai 1957 wurde dieser durch die Zdv 66/2 des Bundesverteidigungsministers vom 5. November 1959 geregelt. Seiner Durchführung liegt also eine einseitige staatliche Verordnung zugrunde. Eine gesetzliche Grundlage fehlt ihm sowohl auf staatlicher wie auf kirchlicher Seite[181].

Prüft man diese Regelungen an den staatskirchenrechtlichen Bestimmungen, die das Grundgesetz aus der Weimarer Reichsverfassung übernommen hat, so liegt das Ergebnis, daß sie mit diesen nicht vereinbar sind, auf der Hand. Es handelt sich bei der Militärseelsorge um eine institutionelle Verbindung zwischen Staat und Kirche »im inneren Verfassungsrechtskreis«: der Staat hat sich an der Festlegung kirchlicher Strukturen insbesondere durch die Forderung einer Gleichgestaltung der katholischen und der evangelischen Militärseelsorge sehr nachdrücklich beteiligt; der Doppelstatus der Militärpfarrer und die Stellung des Evangelischen Kirchenamts für die Bundeswehr machen die institutionelle Verbindung offenkundig. Die Militärseelsorge verstößt weiter gegen Art. 137 Abs. 3 WRV: durch die enge Verbindung mit dem Staat ist die Kirche in der selbständigen Verwaltung ihrer Angelegenheiten beeinträchtigt; gegen das ausdrückliche Verfassungsverbot wirkt der Staat an der Verleihung kirchlicher Ämter mit. Denn da die Kirche die Militärseelsorge als eine kirchliche Aufgabe und das Amt des Militärpfarrers als ein kirchliches Amt betrachtet, handelt es sich bei den Ämtern der Militärpfarrer und Militärdekane um kirchliche Ämter, an deren Besetzung der Staat nicht beteiligt werden darf[182]. Der

---

[180] Durch einen Austausch von Briefen zwischen dem Rat der EKD und der Bundesregierung wurde festgestellt, daß die Vorschrift auch anzuwenden sei, wenn die Fortsetzung des Dienstes eines Militärgeistlichen nicht mehr dem kirchlichen Interesse entspricht (vgl. Berlin-Spandau 1957, S. 639 f.).
[181] Siehe unten S. 272 ff.
[182] Das Amt des Militärpfarrers ist also von denen des Religionslehrers und des Theologieprofessors zu unterscheiden. Denn diese sind nicht kirchliche Ämter, sondern kirchlich gebundene Staatsämter. Ihre Inhaber nehmen nicht kirchliche Aufgaben, sondern Staatsaufgaben wahr. Eine andere Auffassung vom Begriff des »konfessionellen Staatsamts« vertritt *E.-L. Solte,* Theologie an der Universität, S. 128 ff.

Doppelstatus der Militärgeistlichen ist also ein rechtlicher Status, der nach den Bestimmungen des Grundgesetzes nicht möglich ist. Eine Lösung dieses Problems kann nur in einer konsequenten »Verkirchlichung« der Militärseelsorge, durch die die Militärpfarrer ausschließlich kirchliche Amtsträger werden, bestehen.

Gegen diese Argumentation kann man einwenden, der Staat sei nur insoweit an den Grundsatz der kirchlichen Autonomie gebunden, als die Kirche auf die selbständige Regelung ihrer Angelegenheiten Anspruch erhebe. Man kann Art. 137 Abs. 3 WRV so interpretieren, daß dem Staat durch ihn nur untersagt wird, *gegen den Willen der Kirche* in den Bereich der kirchlichen Autonomie einzugreifen. Die Kirche kann jedoch durch diesen Verfassungsartikel nicht daran gehindert werden, ihre Autonomie aus freien Stücken preiszugeben; der Staat ist durch ihn nicht genötigt, die ihm von der Kirche angebotenen Mitwirkungsrechte zurückzuweisen. Damit wird die uns beschäftigende Frage in der Hauptsache eine kirchenrechtliche Frage: Sind kirchliche Institutionen befugt, an der Gestaltung der kirchlichen Ordnung »im inneren Verfassungsrechtskreis« den Staat mitwirken zu lassen? Erinnert man sich der dritten These der Barmer Theologischen Erklärung, die in einer Reihe von Kirchenordnungen[183] rezipiert worden ist, so wird man das bestreiten. Die dritte Barmer These hat die notwendige und unaufgebbare Eigenständigkeit der kirchlichen Ordnung hervorgehoben:

> Die Kirche »hat mit ihrem Glauben wie mit ihrem Gehorsam, mit ihrer Botschaft wie mit ihrer Ordnung mitten in der Welt der Sünde als die Kirche der begnadigten Sünder zu bezeugen, daß sie allein sein Eigentum ist... Wir verwerfen die falsche Lehre, als dürfe die Kirche die Gestalt ihrer Botschaft und ihrer Ordnung ihrem Belieben oder dem Wechsel der jeweils herrschenden weltanschaulichen und politischen Überzeugungen überlassen.«[184]

Da die Kirche auch in ihrer Ordnung die ihr aufgetragene Botschaft zu repräsentieren hat, ist sie dazu verpflichtet, ihre rechtliche Autonomie zu wahren. Deshalb widerspricht die Regelung der Militärseelsorge dem Kern evangelischen Kirchenverfassungsrechts, wie er in der Zeit des Kirchenkampfs wieder ins Bewußtsein getreten ist.

Wir kehren nochmals zu den Problemen des staatlichen Verfassungsrechts zurück. Umstritten ist die Frage, ob der Staat gegen das

---

[183] Vgl. etwa die Grundordnung der EKD, Art. 1 Abs. 2.
[184] G. *Heidtmann*, Glaube im Ansturm der Zeit, S. 33.

Gebot der Gleichbehandlung der Religions- und Weltanschauungsgemeinschaften, die öffentlich-rechtliche Körperschaften sind, mit dem Argument verstoßen darf, daß 95 % der Angehörigen der Bundeswehr Mitglieder in einer der beiden großen Kirchen sind; mit diesem Hinweis wird in der Regel die Tatsache begründet, daß nur für sie eine Militärseelsorge in der Bundeswehr eingerichtet ist[185]. Aus den Artikeln 137 bis 141 WRV könnte auch die Schlußfolgerung gezogen werden, daß der Staat dazu verpflichtet sei, alle öffentlich-rechtlichen Religions- und Weltanschauungsgemeinschaften »zur Vornahme religiöser Handlungen« in der Bundeswehr zuzulassen, ohne einzelne von ihnen dadurch zu privilegieren, daß er die Organisation und Finanzierung ihrer Militärseelsorge übernimmt.

Doch unabhängig von dieser Streitfrage kann nicht bezweifelt werden, daß die derzeitige Organisation der Militärseelsorge mit Art. 137 Abs. 1 und 3 WRV nicht vereinbar ist. Ist sie durch andere Verfassungsartikel gedeckt? Man hat diese Frage in der Regel unter dem Hinweis auf Art. 141 WRV in Verbindung mit Art. 140 GG bejaht[186]. Zwar muß man zugeben, daß auch dem Art. 141 WRV die Zulässigkeit einer institutionellen Verbindung von Staat und Kirche im Bereich der Militärseelsorge nicht zu entnehmen ist. Deshalb kann man eine solche Zulässigkeit nur aus der Entstehungsgeschichte dieses Artikels herleiten[187]. Aus dieser[188] ergibt sich jedoch nur, daß die Weimarer Nationalversammlung Bedenken hatte, ob die bestehende Regelung der Militärseelsorge mit den staatskirchenrechtlichen Grundsätzen der WRV vereinbar sei, daß sie jedoch nicht entschlossen war, um dieser Grundsätze willen der bereits vorhandenen militärkirchlichen Organisation ein Ende zu machen. Man kann daraus jedoch nicht schließen, daß die *Neubegründung* einer Militärseelsorge in analoger Form nach 1945 durch die Entstehungsgeschichte des Art. 141 WRV gedeckt sei. Im Gegensatz zum Jahr 1918 hatte die Militärseelsorge 1945 zu bestehen aufgehört. Wollte man sie von neuem einrichten, mußte man dies in einer

---

[185] Zdv 66/1, Nr. 2, Anm.; vgl. *H.-D. Bamberg*, Militärseelsorge in der Bundeswehr, S. 69 ff.
[186] Vgl. etwa *K. Hesse*, »Die Entwicklung des Staatskirchenrechts seit 1945«, S. 61 ff.; *A. Hollerbach*, Verträge zwischen Staat und Kirche, S. 137 ff.
[187] So *J. Bleese*, Militärseelsorge und die Trennung von Staat und Kirche, S. 261 ff.
[188] Siehe oben S. 238 f.

Form tun, die dem geltenden Verfassungsrecht entsprach. Die Frage nach der Verfassungsmäßigkeit des MSV ist jedoch, soweit die mir zugänglichen Akten Auskunft geben, überhaupt nicht gestellt worden. Hätte man diese Frage geprüft, so hätte man feststellen müssen, daß die Voraussetzungen, die nach 1918 die staatliche Organisation und Finanzierung der Militärseelsorge allenfalls noch rechtfertigen mochten, nicht mehr gegeben waren. Die eine Voraussetzung, daß die Angehörigen des Militärs keine Kirchensteuer bezahlten, wurde auf ausdrücklichen Wunsch der Kirchen beseitigt[189]. Die andere Voraussetzung, daß wegen der besonderen Gegebenheiten im Militär »eine Verweisung der Kirchen auf die Formen der Gemeindeseelsorge... unangemessen« sei[190], war deshalb unerheblich, weil die Kirchen nach 1945 eine Fülle neuer Arbeitsformen neben der Gemeindeseelsorge entwickelt hatten. Das Eintreten des Staates nach 1918 hatte zur Voraussetzung, daß die parochiale Gemeindeseelsorge die einzige in der Kirche übliche Arbeitsform sei; in sie aber lasse sich das Militär nicht einordnen. Inzwischen jedoch hatten die Kirchen die Konzeption der Gruppenseelsorge entwickelt, der in der kirchlichen Diskussion auch die Militärseelsorge zugeordnet wurde[191]. Deshalb war nicht einzusehen, wieso die Kirchen nicht auch die alleinige und vollständige Verantwortung für die Militärseelsorge als eine besondere Form von Gruppenseelsorge übernehmen sollten.

Dem Hinweis auf die Entstehungsgeschichte des Art. 141 WRV hat J. Bleese noch zwei Argumente für die Verfassungsmäßigkeit der Verbindung von Staat und Kirche in der Militärseelsorge hinzugefügt. Zum einen behauptet er, die Fortgeltung des Reichskonkordats von 1933 nötige dazu, den Art. 141 im Sinn seiner Vereinbarkeit mit der staatlich geförderten Militärseelsorge zu verstehen. Dies ist deshalb irrig, weil das Konkordat auf seine Vereinbarkeit mit der Verfassung *überprüft* werden muß und diese Vereinbarkeit nicht schlicht vorausgesetzt werden kann. Ist es mit der Verfassung unvereinbar, so ist es ganz oder teilweise nichtig[192]. Aus der Entscheidung des Bundesverfassungsgerichts über die Fortgeltung

---

[189] Schlußprotokoll zu Art. 7 MSV.
[190] A. *Hollerbach*, Verträge zwischen Staat und Kirche, S. 139.
[191] Siehe oben S. 220 f.
[192] Vgl. A. *Hollerbach*, Verträge zwischen Staat und Kirche, S. 131.

des Reichskonkordats[193] kann noch nicht geschlossen werden, daß dessen Artikel 27 verfassungsgemäß ist; denn diese Frage wurde in dem Urteil nicht geprüft. Es ist jedenfalls nicht möglich, die Verfassungsmäßigkeit dieses Artikels von vornherein zu postulieren. Vielmehr ergibt sich aus den oben angestellten Überlegungen die Folgerung, daß der Art. 27 des Reichskonkordats verfassungswidrig und deshalb nichtig ist.

Das andere von Bleese vorgebrachte Argument ist der Hinweis auf die Geschichte der Militärseelsorge und deren Situation in anderen vergleichbaren Ländern. Aus diesem Vergleich leitet er den Satz her: »Es entwickelte sich eine besondere Form des Staatskirchenrechts, das Militärkirchenrecht, in dem die sonst geltenden staatskirchenrechtlichen Grundsätze nicht verwirklicht wurden.«[194] Mit dieser Feststellung ist jedoch die Frage noch nicht beantwortet, ob die Fortdauer eines besonderen Militärkirchenrechts verfassungsrechtlich zulässig sei. Bleese behauptet, sie sei zulässig, da es »notwendig gewesen« wäre, »die institutionelle Verflechtung im Bereich der Militärseelsorge ausdrücklich zu verbieten. Dies ist jedoch nicht geschehen.«[195] Diese Argumentation ist unrichtig. Denn zweifellos muß in der Verfassung nicht festgestellt werden, daß sie gelten soll; vielmehr muß ausdrücklich festgestellt werden, wenn einzelne Verfassungsgrundsätze für bestimmte Bereiche nicht gelten sollen. Innerhalb des Staatskirchenrechts wird etwa durch Art. 7 Abs. 3 GG eine solche Ausnahme statuiert, indem eine Verbindung von Staat und Kirche im Bereich des Religionsunterrichts ausdrücklich gestattet, ja sogar gefordert wird. Dagegen fehlt eine solche Ermächtigung für die Militärseelsorge. Der Verweis auf die analoge Situation in anderen Ländern zeigt nur, wie stark das Interesse des Staates an der Propagierung der »politischen Religion« durch die Militärseelsorge ist, und wie schwer es fällt, diesem Interesse gegenüber allgemein gültige staatskirchenrechtliche Grundsätze durchzusetzen. Die Tatsache, daß die Organisation der Militärseelsorge in anderen Ländern verfassungswidrig ist, kann jedoch niemals beweisen, daß dieselbe Organisation im eigenen Land verfassungsgemäß sei.

Hinzu kommt, daß der Militärseelsorgevertrag nach dem ausdrücklichen Willen der Vertragspartner kein vom Staatskirchenrecht

---

[193] BVerfGE Bd. 6, S. 309.
[194] *J. Bleese*, a. a. O., S. 263.
[195] Ebd., S. 276.

unabhängiges Militärkirchenrecht darstellen soll. Denn ein selbständiges Militärkirchenrecht kann es allenfalls dort geben, wo eine selbständige, exemte Militärkirche existiert. Die Gründung einer solchen wurde jedoch von der EKD ausdrücklich abgelehnt; diese Ablehnung wurde vom Staat akzeptiert[196]. Deshalb müssen die Regelungen über die Militärseelsorge den allgemeinen Grundsätzen des Staatskirchenrechts entsprechen. In den Punkten, in denen dies nicht der Fall ist, sind diese Regelungen verfassungswidrig und deshalb nichtig.

Wir gelangen also zu zwei einander ergänzenden Ergebnissen: Die institutionelle Verbindung von Staat und Kirche in der Militärseelsorge widerspricht den Grundsätzen evangelischer Kirchenverfassung und ist nach staatlichem Recht verfassungswidrig. Sie schadet aber auch der Wahrnehmung des kirchlichen Verkündigungsauftrags, da die mit dem Staat verbundene Militärseelsorge von staatlichen und militärischen Stellen immer wieder als eine Agentur der »politischen Religion« mißverstanden wird. Erst in einer auch institutionell unabhängigen Militärseelsorge würde für alle Seiten deutlich, daß es sich in der Militärseelsorge um die Wahrnehmung der *kritischen* Solidarität der Kirche mit der gesellschaftlichen Gruppe der Soldaten handelt. Erst dann könnte die Militärseelsorge ein nachahmenswertes Modell für das Verhältnis von Kirche und Öffentlichkeit sein. Mit diesen Feststellungen soll nicht ausgeschlossen werden, daß die Wahrnehmung der kritischen Solidarität in der Militärseelsorge immer wieder gelingt und daß es immer wieder möglich ist, falsche Erwartungen zu durchbrechen[197]. Doch es ist ihr offenbar nicht gelungen, auf einer breiten Basis ein neues Verständnis für die Aufgabe der Kirche gegenüber den Soldaten als gesellschaftlicher Gruppe zu wecken. Diese Vermutung soll im folgenden an einem der für die heutige Militärseelsorge charakteristischen Arbeitsgebiete überprüft werden.

---

[196] Siehe oben S. 250 ff.
[197] Dafür, daß die Militärseelsorge in manchen Fällen den falschen Erwartungen allzu genau entspricht, hat *H.-D. Bamberg*, Militärseelsorge in der Bundeswehr, Beispiele angeführt, die trotz *Bambergs* Einseitigkeit in der Auswahl und Interpretation der Dokumente Beachtung verdienen. Das von ihm herangezogene Material, das schwerpunktmäßig aus dem katholischen Bereich stammt, soll hier nicht noch einmal diskutiert werden. Vielmehr beschränke ich mich in dem folgenden Abschnitt auf die Erörterung von Materialien aus der evangelischen Militärseelsorge, die von deren Ver-

4.3. Lebenskundlicher Unterricht

Die Merkschrift über »Militärseelsorge« des Bundesverteidigungsministeriums vom August 1956 (Zdv 66/1) nennt folgende Aufgaben der Militärgeistlichen: Militärgottesdienste, kirchliche Amtshandlungen, kirchliches Gemeindeleben, Sprechstunden, Mitwirkung bei militärischen Feiern, Mitwirkung bei der Betreuung der Soldaten, Lebenskundlicher Unterricht (Nr. 19—30); hinzuzufügen ist noch die Abhaltung von Rüstzeiten bzw. (in der katholischen Militärseelsorge) von Exerzitien. Wenn aus diesen Aufgaben im folgenden der Lebenskundliche Unterricht herausgegriffen wird, so geschieht das aus einer Reihe von Gründen. Der Lebenskundliche Unterricht stellt im Vollzug der Militärseelsorge das interessanteste Beispiel für die Verzahnung von Staat und Kirche dar; er wurde ursprünglich als eine staatliche Aufgabe verstanden, die den Militärgeistlichen als »Zweitverantwortlichen« übertragen wurde. Er ist derjenige Arbeitsbereich des Militärpfarrers, in dem er die größte Zahl von Menschen erreicht und der den größten Teil seiner Zeit in Anspruch nimmt[198]. Durch die von Militärpfarrern erarbeiteten ›Stundenbilder‹ für die Hand des Pfarrers und die Hefte »Zum Thema« für die Hand des Soldaten verfügt man über repräsentatives Material darüber, welche Ziele mit dem Unterricht verfolgt und welche Inhalte in ihm behandelt werden[199]. An diesem Material muß sich auch am ehesten die Frage prüfen lassen, welche inhaltlichen Ziele sich die Militärseelsorge setzt und ob sie diese Ziele zu realisieren vermag.

---

tretern als für die Arbeit der vergangenen Jahre kennzeichnend angesehen werden.
[198] Viele Pfarrer halten monatlich 60—70 Stunden Lebenskundlichen Unterricht (Auskunft von Dekan Wagner am 25. Januar 1971).
[199] Dies macht die Erörterung des Lebenskundlichen Unterrichts sehr viel leichter als eine Untersuchung der — gleichfalls sehr wichtigen — Rüstzeiten. Im Jahr 1969 kam die Rüstzeitenarbeit der Militärseelsorge auf die stattliche Zahl von 19 100 Teilnehmern. Der Eindruck dieser Zahl relativiert sich allerdings, wenn man sie auf die 148 hauptamtlichen Militärpfarrer umrechnet — eine Rechnung, die in den offiziellen Verlautbarungen bisher niemals erscheint. Auch wenn man die Dekane des EKA nicht in die Rechnung einbezieht, ergibt sich, daß jeder Militärpfarrer im Jahr durchschnittlich 132 Soldaten durch Rüstzeiten erreicht. Dabei ist davon ausgegangen, daß keiner der 75 nebenamtlichen Militärpfarrer Rüstzeiten veranstaltet. (Zahlenangaben nach *H. Heinrici*, »Militärpfarrer«, S. 167, 171.)

4.3.1. Aufgaben

Der Vorschlag, einen Lebenskundlichen Unterricht in den Dienstplan der neuen Bundeswehr aufzunehmen, wurde den Vertretern der Kirchen von der Dienststelle Blank schon in den ersten Verhandlungen über die Militärseelsorge vorgetragen. Seine Vorbilder sind nicht so sehr in den »Kasernenstunden« zu sehen, die von Militärpfarrern in der Weimarer Republik und im Dritten Reich gehalten wurden, sondern im »Heerwesenunterricht«, der in Reichswehr und Wehrmacht von jüngeren Offizieren erteilt wurde, und im »Character Guidance Program« der amerikanischen Armee, das von Militärseelsorgern durchgeführt wird[200]. Als Aufgabe des Unterrichts wurde in einer ersten Ausarbeitung der Dienststelle Blank formuliert:

»Der Lebenskundliche Unterricht soll dem Soldaten Gültiges über seine Person, über die Stellung des Menschen in der Schöpfungsordnung und seine Aufgabe in der menschlichen Gemeinschaft sichtbar machen. Ihm muß die Einsicht vermittelt werden, daß erst die Anerkennung bestimmter Grundregeln dem Menschen die Entfaltung seiner Persönlichkeit ermöglicht und das Leben in einer sozialen Gemeinschaft erträglich macht. Nur der Mensch, der sein Verhalten bestimmten Grundordnungen unterwirft, kann zu einem verstehbaren und verläßlichen Kameraden werden.
Die Auswirkung auf sein Verhalten zu den anderen Menschen muß in mindestens gleicher Weise in der bürgerlichen wie in der militärischen Gemeinschaft spürbar werden. Es handelt sich hier um eine Erziehungsaufgabe in einem Bereich, in dem auf den Soldaten in seiner persönlichen Haltung eingewirkt wird.«[201]

Dieser Unterricht sollte allen Soldaten zur Pflicht gemacht und überkonfessionell durchgeführt werden. Damit die Gewissensfreiheit der Soldaten geachtet würde, sollten nur »solche Wahrheiten« behandelt werden, »die vom Menschen mit Hilfe seiner Vernunft erkannt werden können«[202]; religiöse Themen sollten von diesem Unterricht ausgeschlossen sein[203], ebenso Begriffe und Vorstellungen, die »dem Wandel der Auffassungen unterworfen« seien[204]. Die im Lebenskundlichen Unterricht vertretenen »Wahrheiten« sollten »im Sinn

---

[200] Vgl. *K. Weymann*, »Anmerkungen«, S. 2.
[201] Entwurf »Lebenskundlicher Unterricht im Rahmen der Aufgaben des Militärseelsorgers«, ohne Datum (AKK 244), S. 7.
[202] Ebd., S. 8.
[203] Ebd., S. 9.
[204] Ebd., S. 12.

des Naturrechts oder der Schöpfungsordnungen auf einen von möglichst allen Konfessionen vertretenen Nenner« gebracht werden[205].

Man wollte diesen Unterricht, den man als eine »unabdingbare Voraussetzung für die Bereitschaft zur militärischen Abwehr« ansah, den Militärpfarrern übertragen, weil man davon ausging, daß die Einheitsführer durch diese Aufgabe überfordert seien. In dieser Situation forderte Blank die Kirchen zur Übernahme auf, »um abzuwehren, daß andere weltanschauliche oder parteipolitische und gewerkschaftliche Kreise den Zutritt zu dem Unterrichtsraum verlangen«[206]. Hinter dieser Bitte stand die Vorstellung von der »Partnerschaft« zwischen Staat und Kirche als einer Dyarchie öffentlicher Gewalten, die gemeinsam den gesellschaftlichen Gruppen gegenüberstehen (und deren Eindringen in den öffentlichen Raum abzuwehren suchen)[207]; zugleich äußerte sich darin eine Tendenz zur Instrumentalisierung der Religion, die mit den Grundsätzen der Gewissensfreiheit und der religiösen Neutralität des Staates nur mühsam in Einklang zu bringen war.

Auf der Seite der Kirchen wurden keine Bedenken dagegen laut, diese Aufgabe zu übernehmen[208]. Ebensowenig wurde eine eigene Konzeption für diesen Unterricht entwickelt[209]. Bedenken bestanden nur gegen den überkonfessionellen Charakter des Unterrichts. Deshalb einigte man sich schließlich darauf, daß der Unterricht für Mannschaften und Unteroffiziere nach Konfessionen getrennt und nur für die Offiziere gemeinsam — und zwar in der Form von Arbeitsgemeinschaften — durchgeführt werden sollte. Zugleich wurde festgelegt, daß die Teilnahme freiwillig sei, d. h. daß man sich vom Unterricht abmelden könne. Diese Regelungen finden sich in der Zdv 66/2 vom November 1959, in der die notwendigen Bestimmungen über den Lebenskundlichen Unterricht durch einseitige staatliche Verordnung festgelegt werden. Sinn und Aufgabe dieses Unter-

---

[205] Notiz des Studienbüros des Amtes Blank vom 23. Mai 1953 (AKK 244).
[206] *J. Bender*, »Bericht an den Rat der EKD über die Arbeit des Ausschusses zur Vorbereitung der Wehrmachtsseelsorge« vom 5. Juli 1954 (AKK 244).
[207] Vgl. unten S. 511 ff.
[208] In der Niederschrift über die Verhandlungen des Bender-Ausschusses vom 25./26. November 1954 heißt es: »Trotz erheblicher theologischer Bedenken wird die Beteiligung der Militärgeistlichen am LKU grundsätzlich bejaht.« Doch diese »erheblichen theologischen Bedenken« werden nicht genannt.
[209] Vgl. *K. Weymann*, »Anmerkungen«, S. 4.

richts werden in diesem maßgeblichen Dokument nun folgendermaßen beschrieben:

»Der lebenskundliche Unterricht in der Truppe ist im Zusammenhang mit der Gesamterziehung des Soldaten zu sehen. Er behandelt sittliche Fragen, die für die Lebensführung des Menschen, seine Beziehung zur Umwelt und die Ordnung des Zusammenlebens in jeder Gemeinschaft wesentlich sind. Er hat die Aufgabe, dem Soldaten Hilfen für sein tägliches Leben zu geben und damit einen Beitrag zur Förderung der sittlichen, geistigen und seelischen Kräfte zu leisten, die ›mehr noch als fachliches Können den Wert des Soldaten bestimmen‹ (Zdv 11/1, Ziff. 2).

In besonderer Weise soll der lebenskundliche Unterricht dem einzelnen Soldaten die Verantwortung für seine Lebensführung klarmachen, ihn die Notwendigkeit von Selbstzucht und Maß erkennen lehren und sein Pflichtbewußtsein stärken. Er soll dem einzelnen die Quellen zeigen, die dem Leben Sinn geben, und zu den Ordnungen hinführen, durch die die Gemeinschaft lebenswert und damit verteidigenswert wird.

Der lebenskundliche Unterricht fußt auf den Grundlagen christlichen Glaubens und wird von den Militärgeistlichen erteilt. Er appelliert an die freie und freudige Mitarbeit des einzelnen.«[210]

Solche Formulierungen knüpfen zum einen an Traditionen der deutschen Militärethik des 19. Jahrhunderts an[211]; zum andern stehen sie im Zusammenhang mit dem Konzept der Inneren Führung[212]. Dieser Bezug ist jedoch immer in einer undeutlichen Schwebe geblieben — ebenso wie auf der Seite der Militärseelsorge bis heute unentschieden ist, ob man den Lebenskundlichen Unterricht als »staatlichen« oder »kirchlichen« Unterricht begreifen will[213].

Diese Unklarheit tritt in verschiedenen Voten zum Lebenskundlichen Unterricht von Vertretern der evangelischen Militärseelsorge deutlich hervor. In zehn »Thesen zum Lebenskundlichen Unterricht« von A. von Mutius etwa heißt es, Lebenskundlicher Unterricht sei »Verkündigung des in Jesus Christus geschehenen Heils..., nichts anderes als der Gottesdienst und die sonstige Seelsorge«; er

---

[210] Zdv 66/2, Nr. 1—3 (in: Dokumentation zur evangelischen Militärseelsorge, S. 30).
[211] Vgl. den Hinweis auf den Satz der Zdv 11/1, die Kraft eines Heeres beruhe weniger auf dessen zahlenmäßiger Stärke oder technisch-materieller Überlegenheit, als auf »sittlichen, geistigen und seelischen Kräften«; vgl. dazu H. *Heinrici*, »Lebenskundlicher Unterricht — ein Chamäleon?«, S. 8 ff.
[212] *Heinrici*, a. a. O., S. 11 ff.
[213] Zur Parallele in der religionspädagogischen Diskussion vgl. als Überblick die Redaktionsartikel »Religionsunterricht von morgen« und »Wozu Religion in der Schule?«

mache Ernst damit, »daß Jesus Christus nicht abstrakt, jenseits der Situation, verkündet und ... vergegenwärtigt wird«; er sei »nicht ein fremdes Werk«, das stellvertretend für andere, die es nicht können, ausgeübt werde, sondern ein »Dienst an der Welt und für die Welt. Dies aber gilt für alle Verkündigung der Kirche. Der Unterricht steht deshalb innerhalb des Missionsauftrags.«[214]

Während von Mutius die Zielsetzung des Lebenskundlichen Unterrichts vom Verkündigungsauftrag der Kirche her beschreibt, versteht K. Weymann ihn von seiner Entstehungsgeschichte her als »grundsätzliche Hilfe zur Standortgewinnung«[215]. Er sieht in ihm staatlichen Unterricht, der in einem Akt der Amtshilfe von den Militärpfarrern wahrgenommen wird; ursprünglich ging Weymann davon aus, daß man diesen Unterricht nach einigen Jahren den Offizieren übertragen könne[216]. Gegen die Behauptung von von Mutius, der Lebenskundliche Unterricht sei »Verkündigung des in Jesus Christus geschehenen Heils«, wendet Weymann ein, dieser Interpretationsversuch gehe an der Aufgabe vorbei. Denn es handle sich im Lebenskundlichen Unterricht nicht um verlängerten Konfirmandenunterricht oder Erwachsenenkatechumenat, sondern um Erwachsenenbildung in den Bereichen der Berufswelt, der gesellschaftlichen Bezüge und des privaten Lebens[217]. Der Bezug dieses Unterrichts auf das Militär und seinen Ort in der Gesellschaft hat also Vorrang vor seinem Bezug zur Kirche und ihrer Verkündigung. »Geistige Hilfe zur Standortgewinnung« vermag die Kirche gerade deshalb zu leisten, weil der christliche Glaube zur Nüchternheit im Streit der Ideologien mahnt[218].

Ähnlich wie Weymann begründet Bick den Lebenskundlichen Unterricht. Er sieht in ihm kein Privileg der Kirche, sondern »die vom Staat erbetene Hilfe der Kirche zum Wohl der Soldaten«[219]. Die Bundeswehr muß in ihren Reihen den Kampf gegen das geistige Desinteresse führen; dazu soll der Lebenskundliche Unterricht ein Beitrag sein[220]. Er ist, wie Bick in einer zweifelhaften Gegenüber-

---

[214] Zitiert nach *Heinrici*, a. a. O., S. 22; vgl. auch *A. von Mutius*, »Kritische Fragen innerhalb der Militärseelsorge« (Sonderdruck), S. 11 ff.
[215] *K. Weymann*, »Aufgaben und Probleme der Militärseelsorge«, S. 471.
[216] Weymann in einem Gespräch am 11. November 1970.
[217] *Weymann*, »Anmerkungen«, S. 7.
[218] *Weymann*, »Aufgaben und Probleme der Militärseelsorge«, S. 472.
[219] *R. Bick*, »Gedanken zum lebenskundlichen Unterricht«, S. 10.
[220] Ebd., S. 9.

stellung sagt, nicht Religionsunterricht, sondern »Hilfe zu sozialem Verhalten«[221]; der Militärpfarrer tritt in ihm nicht als Prediger des Evangeliums, sondern als Leiter eines freien Gesprächs auf[222].

Wenn diese Gegenüberstellungen wirklich Alternativen wären, müßte man fragen, ob es bei diesem Verständnis des Lebenskundlichen Unterrichts überhaupt vertretbar ist, daß die Militärpfarrer den größten Teil ihrer Arbeitskraft diesem Unterricht widmen. Man müßte zumindest zu dem Ergebnis kommen, daß die Militärpfarrer doch Funktionäre des Militärs sind, da der Schwerpunkt ihrer Tätigkeit auf einem Gebiet liegt, auf dem sie lediglich dem Staat Amtshilfe leisten.

Ähnlich widersprüchlich wie die Aufgabenbestimmung ist das Urteil über den Erfolg des Lebenskundlichen Unterrichts: Manche sehen in ihm nach wie vor eine große volksmissionarische Chance[223] und verweisen auf die eineinhalb Millionen Reservisten, die die Bundeswehr bisher durchlaufen haben; andere meinen, die negative Einstellung der Soldaten zur Kirche könne durch ihn allenfalls zu Gleichgültigkeit oder Neutralität (»von Minus auf Null«) gemildert werden, seine Bedeutung liege darin, daß der Militärpfarrer sich auf diesem Wege allen seinen »Männern« bekanntmachen könne[224]; manche werden diese Unterrichtsarbeit auch mit einiger Resignation betrachten. Die Frage, welchen Einfluß der Lebenskundliche Unterricht auf den geistigen Standort der Bundeswehr insgesamt hat, ist einstweilen wohl noch offen.

4.3.2. Beispiele

Der Ort des Lebenskundlichen Unterrichts zwischen Staat und Kirche zeigt sich auch in seiner organisatorischen Gestalt. Er gehört zwar zum militärischen Dienst; man kann sich jedoch von ihm abmelden. Er wird zwar von den Kirchen verantwortet; die zehn Monatsthemen, die in ihm jährlich behandelt werden, werden jedoch in einer Übereinkunft zwischen der Abteilung »Innere Führung« des

---

[221] Ebd., S. 2.
[222] Ebd., S. 7.
[223] »Bericht des Evangelischen Militärbischofs«, in: Arbeitstagung Frankfurt 1965, S. 214.
[224] Dekan Wagner in einem Gespräch am 25. Januar 1971.

Bundesverteidigungsministeriums und den beiden Leitungsämtern der Militärseelsorge festgelegt. Er pendelt zwischen »allgemein orientierten« und »kirchlich orientierten« Themen[225]. Für jedes Thema wird von einem Militärpfarrer ein »Stundenbild« erarbeitet, das zusammen mit Textbeispielen als Manuskriptdruck für die unterrichtenden Militärgeistlichen erscheint, während das parallele illustrierte Heft »Zum Thema« für die Soldaten bestimmt ist.

Die Koordination dieser Arbeit befand sich für den untersuchten Zeitraum in der Hand von Dekan von Seggern. Er vertritt eine Auffassung des Lebenskundlichen Unterrichts, in der die oben dargestellten Alternativen in gewissem Umfang aufgehoben sind[226]. Nach ihr sind im Lebenskundlichen Unterricht Lebensfragen zu behandeln, die zugleich Fragen des Glaubens sind. Bei jedem Thema ist nach dem Sitz im Leben des jungen Mannes und nach dem Sitz im Leben des Glaubens zu fragen. Das Zentrum des Lebenskundlichen Unterrichts bildet die Friedensproblematik, über die jeder Militärpfarrer sich sorgfältig zu informieren hat. Mit der Behandlung dieses Themas mutet die Militärseelsorge dem Staat eine »Last« zu; sie versucht so, die gebotene »kritische Solidarität« mit den Soldaten wahrzunehmen.

Im folgenden sollen einige Stundenbilder an dem Anspruch geprüft werden, daß die Friedensproblematik für den Lebenskundlichen Unterricht zentrale Bedeutung habe. Zugleich soll geprüft werden, wie weit die »kritische Solidarität« in solchen Stundenbildern sichtbar wird, und ob sie sich auch in kritischen Fragen an die Militärseelsorge selbst niederschlägt — wenn anders Selbstkritik die Voraussetzung kritischer Solidarität ist. Ausgewählt sind Stundenbilder aus den Jahren 1967 bis 1971, die sich von ihrer Thematik her für eine solche Analyse nahelegen. Dabei werden insbesondere auch diejenigen Stundenbilder berücksichtigt, die von dem verantwortlichen Referenten des Evangelischen Kirchenamts für die Bundeswehr in diesem Zusammenhang für besonders wichtig gehalten werden[227].

---

[225] Man achte inzwischen auf ein »ausgewogenes Verhältnis« beider Themengruppen, bemerkt *H. Heinrici*, »Lebenskundlicher Unterricht — ein Chamäleon?«, S. 15.
[226] Nach einem Gespräch am 25. Januar 1971. Seine Konzeption findet sich zusammengefaßt auch im Jahresbericht des Evangelischen Militärbischofs 1969 vom 6. Mai 1970, S. 26 f.
[227] Vgl. die methodische Bemerkung, oben S. 271 f., Anm. 197.

1. Das Stundenbild »Schritte auf dem Weg des Friedens« vom Juni 1967[228] enthält als Formulierung des Unterrichtsziels eine Reihe von Thesen:
»1. Dauerhafter Friede ist auf dieser unruhigen und bewegten Welt nicht zu haben. Doch mitten in allem Streit sind Zeichen des Friedens möglich.
2. Man kann sich aus vielen Gründen (Ehrgeiz, Idealismus usw.) für die Sache des Friedens begeistern. Das Beste ist immer noch, Gott seinen Friedenswillen zu glauben und sich an seiner Art Frieden zu stiften, zu orientieren.
3. Dazu gehören: Toleranz, Versöhnlichkeit, Verstehen- und Helfenwollen, und die Bescheidenheit, sich mit kleinen Schritten auf dem Weg des Friedens zu begnügen...
5. Regeln, Verträge und Ordnungen können höchstens den Unfrieden eindämmen und den Frieden vorbereiten, ihn selber jedoch weder schaffen noch sichern.«[229]

Überall vertrete, so sagte Bischof Kunst 1965 bei der Arbeitstagung der EKD-Synode in Frankfurt wie bei anderen Gelegenheiten, die Militärseelsorge die elf Heidelberger Thesen aus »Atomzeitalter — Krieg und Frieden«[230]. Doch in den Stundenbildern des Lebenskundlichen Unterrichts haben sich die dort ausgesprochenen Einsichten kaum niedergeschlagen. Die im Jahr 1959 veröffentlichten Thesen fanden erstmals im April 1963 in einem Stundenbild Erwähnung[231]; erwähnt sind sie auch im Literaturverzeichnis des Stundenbilds »Schritte auf dem Weg des Friedens«, jedoch ohne daß sich dies auf dessen Inhalt ausgewirkt hätte[232]. Das Stundenbild orientiert sich nicht an der Einsicht in die unausweichliche Notwendigkeit des Weltfriedens, sondern versteht den Frieden als den Zwischenzustand zwischen zwei Kriegen. Es geht in seinem inhaltlichen Teil infolgedessen mit keinem Wort auf die Frage nach dem »Sitz im Leben des jungen Mannes« ein; denn es erörtert nicht, ob und wie der Beruf des Soldaten in der Gegenwart auf das Ziel des Friedens bezogen sei. Diese Frage taucht erst als selbstverständliche Voraussetzung im Unterrichtsvorschlag auf: man solle mit der Überschrift »Soldat für den Frieden« einsetzen und darunter schreiben: »Integration in

---

[228] Bearbeitet von Militärpfarrer *Scheel*.
[229] A. a. O., S. 8.
[230] Arbeitstagung Frankfurt 1965, S. 209; die Thesen in: *G. Howe* (Hrsg.), Atomzeitalter — Krieg und Frieden, S. 225 ff.
[231] *K. Weymann*, »Anmerkungen«, S. 7.
[232] Die Feststellung von *H. Heinrici* (»Lebenskundlicher Unterricht«, S. 20): »Teilumfragen haben jedenfalls ergeben, daß die Verarbeitung der Grundgedanken von ›Atomzeitalter — Krieg und Frieden‹ und der darin enthaltenen ›Heidelberger Thesen‹ erst 1966/67 richtig begann, als die Verantwortung für den Frieden durch den Evangelischen Kirchentag von Hannover 1967 öffentlich bewußt gemacht wurde« — diese Feststellung bewährt sich also an diesem Stundenbild nicht. — Ähnlich negative Beobachtungen macht man übrigens auch für die von G. Picht herausgegebenen Studien zur politischen und gesellschaftlichen Situation der Bundeswehr, für die es auch keine Versuche der Vermittlung in den Lebenskundlichen Unterricht gibt (vgl. *Weymann*, a. a. O., S. 7).

die NATO, Eindämmung der östlichen Expansion, Freiheit Westberlins usw.«[233] Hier geht es also lediglich um eine Bestätigung des Auftrags der Bundeswehr.

Der christlichen Eschatologie wird in diesem Stundenbild eine deutlich friedensgefährdende Funktion zugesprochen: die »Illusion eines Weltfriedensreiches« wird abgetan mit der Begründung, daß »Gott den ewigen Frieden seinem Reiche vorbehalten hat«[234]. Aus der Eschatologie wird ein geschichtlicher Fatalismus abgeleitet, der die Bemühungen um die Herstellung eines dauerhaften Friedens als illusionär darstellt, ohne den Satz, daß dieser dauerhafte Friede unter den Bedingungen des technischen Zeitalters notwendig sei, überhaupt zu diskutieren. Danach mag es verständlich erscheinen, daß unter der Überschrift »Worte berühmter Männer über den Frieden« nach Äußerungen von Augustin, Kant, Reinhold Schneider, Konrad Lorenz, John F. Kennedy und Paul VI. zum Abschluß folgende Sätze von Kardinal Spellmann in Saigon zitiert werden:

»Wie unser Präsident und Außenminister gesagt haben, gewinnt man einen Krieg nicht halb. Aus diesem Grunde beten wir auch, daß der Mut und die Hingabe unserer Soldaten nicht vergeblich bleiben, auf daß der Sieg rasch errungen werde, dieser Sieg, den wir mit allen unseren Kräften in Vietnam und in der ganzen übrigen Welt erflehen... Wir müssen siegen, da auf diese Weise bewahrt wird, was wir die Zivilisation nennen.«[235]

2. Das darauf folgende Stundenbild vom Juli 1967 behandelt das Thema »Kirche und Politik in der jüngsten Vergangenheit«[236]. Man erwartet in diesem Stundenbild eine Darstellung des Kirchenkampfs, eine Erörterung der gegenwärtigen Relevanz der Barmer Theologischen Erklärung, eine Würdigung der Versuche der EKD von der Synode in Berlin-Weißensee 1950 bis zur Vertriebenendenkschrift von 1965, Beiträge zum Problem des Friedens zu leisten — von alledem aber findet man hier nichts. Statt dessen ist in erstaunlicher Ausführlichkeit von der liturgischen Bewegung die Rede[237]. Als — in seinen inhaltlichen Ausführungen relativ wenig vorbereitetes — Unterrichtsthema schlägt der Verfasser »Die Kirche im Dritten Reich« vor, wobei er anregt, von Lebensbildern von Paul Schneider oder Dietrich Bonhoeffer auszugehen. Daraus sollen Konsequenzen für die gegenwärtige Situation gezogen werden. Dabei wird nichts kritisch in Frage gestellt — weder die politische Rolle der Kirche noch der Auftrag der Soldaten.

3. Eine relativ gute Information bietet das Stundenbild vom November 1967 »Soziale Entwicklung bei uns und draußen«[238]. Es behandelt den Abstand zwischen reichen und armen Ländern, vergleicht die heutige Situation in diesen Ländern mit der Lage in den Industrienationen zu Beginn der Industrialisierung und fragt nach heutigen sozialen Problemen in der Bun-

---

[233] A. a. O., S. 9.
[234] A. a. O., S. 6.
[235] A. a. O., Beilage, S. 13.
[236] Bearbeitet von Militärpfarrer *Riehe*.
[237] A. a. O., S. 8 ff., 15 ff.
[238] Bearbeitet von Militärpfarrer *Schauer*.

desrepublik Deutschland. Es erörtert Schwierigkeiten, die dem wirtschaftlichen Aufstieg der unterentwickelten Länder entgegenstehen, und Möglichkeiten der Entwicklungshilfe, unter ihnen auch die kirchlichen Beiträge. Kritische Fragen werden nur sehr beiläufig oder gar nicht gestellt. Die Frage, was die Industrienationen dazu beigetragen haben und beitragen, daß die Länder der Dritten Welt unterentwickelt sind, begegnet in dem Stundenbild nicht. Die Genfer Konferenz für Kirche und Gesellschaft von 1966 wird zwar genannt; das Problem der Revolution wird gleichwohl nur gestreift[239]. Angedeutet wird die Frage nach einer Revision der internationalen Wirtschaftspolitik[240]; daß internationale Handelsbedingungen gegenwärtig eine ausbeuterische Funktion haben, wird jedoch nicht deutlich gemacht. Es wird zwar darauf hingewiesen, wie schwer es falle, angesichts des Nord-Süd-Gegensatzes noch immer die Ost-West-Spannung für den wesentlichen Gegensatz in unserer heutigen Welt zu halten[241]. Was diese Aussage in einer Armee bedeutet, deren Existenzberechtigung unmittelbar mit dem Ost-West-Konflikt verknüpft ist, welche Konsequenzen aus einer solchen Aussage für die Relation von Rüstungsausgaben und Ausgaben für Entwicklungshilfe gezogen werden müßten — diese Fragen nach dem »Sitz im Leben des jungen Mannes« werden nicht gestellt.

4. Das Stundenbild vom Februar 1969 behandelt den »Neomarxismus« am Beispiel Herbert Marcuses[242]. Von der ersten Seite an ist klar, daß es in einem solchen Stundenbild um Parteinahme geht. Marcuse gilt dem Verfasser zwar nicht als der stärkste Vertreter des Neomarxismus; er behandelt ihn, da er der Prophet der studentischen Protestbewegung ist. Indem Marcuse widerlegt wird, wird also zugleich die studentische Protestbewegung widerlegt, durch die die Bundeswehr sich verunsichert fühlt. Der Effekt eines solchen Unterrichts ist Verfestigung von Vorurteilen und Stabilisierung des Selbstbewußtseins der Bundeswehr.

Der Verfasser behauptet zwar, von dem revolutionären Pathos Marcuses unterscheide sich die Theologie dadurch, daß sie immer eine selbstkritische Haltung einnähme[243]. Von ihr bemerkt man allerdings in diesem Stundenbild wenig. Vielmehr nimmt der Autor unkritisch die Position des »viel geschmähten Bürgers« ein[244]. Den »Jüngern der Revolution« wirft er vor, daß die Forderung nach Revolution und die von der studentischen Protestbewegung angewandten gewaltsamen Methoden in den Menschen Unsicherheit und Angst hervorrufen. Jesus dagegen befreit die Menschen zuerst von der Angst[245]. Die Folgerung daraus ist nicht etwa, daß die Kirche den Menschen zur Befreiung von Angst verhelfen, sondern daß sie verhindern solle, daß Verunsicherung und Angst überhaupt aufkommen können. Kritische

---

[239] A. a. O., S. 19.
[240] A. a. O., S. 18.
[241] A. a. O., S. 10.
[242] Bearbeitet von Militärpfarrer *Jochen Senft*.
[243] A. a. O., S. 11.
[244] A. a. O., S. 15.
[245] A. a. O., S. 17 f.

Rückfragen werden auch hier vermieden. So wird nicht gefragt, welche Entwicklungen die studentische Protestbewegung hervorgerufen haben; ebensowenig wird gefragt, welche Konsequenzen die (in diesem Stundenbild ausgesprochene) Ablehnung der Gewalt für die Anwendung von Gewalt durch Soldaten in internationalen Konflikten oder in inneren Notständen haben könnte.

5. Das Thema wird fortgesetzt in einem Stundenbild »Müssen Christen revolutionär sein?« vom November 1969[246]. In einer sehr abgewogenen Weise wird hier die Entwicklung der ökumenischen Sozialethik vom Leitbild der »verantwortlichen Gesellschaft« zur »Theologie der Revolution« bzw. der »Theologie der Erneuerung« dargestellt. Der Verfasser kommt zu dem Ergebnis, daß Christen einzelne revolutionäre Ziele bejahen können, daß sie alle möglichen Wege der Veränderung versuchen sollten, daß schließlich dort, wo sich das Establishment als völlig fest erweist, der Weg der Revolution als ultima ratio angemessen sein kann[247]. Doch wieder vermißt man den Bezug auf die Wirklichkeit des Militärs: was ergibt sich aus der Bejahung revolutionärer Ziele für die in aller Regel konterrevolutionäre Rolle des Militärs? Was folgt aus der kritischen Einstellung des Verfassers zur Gewaltanwendung für die Frage der militärischen Gewalt? Welche Gründe haben dazu geführt, daß in Südamerika entwickelte Revolutionsvorstellungen auch von oppositionellen Studenten in der Bundesrepublik aufgenommen wurden[248]?

6. Im Mai 1970 behandelt ein Stundenbild »Fünfundzwanzig Jahre danach«[249] die Frage nach den Konsequenzen aus der bedingungslosen Kapitulation Deutschlands am 8. Mai 1945. Es geht diesem Stundenbild nicht um »Vergangenheitsbewältigung«, sondern um die Klärung des Standorts einer gegenwärtigen deutschen Armee angesichts des Endes der vorangehenden deutschen Armee. Hier findet man also jenen expliziten Bezug auf die Probleme der Soldaten, den wir in anderen Stundenbildern vergeblich gesucht haben. Der Verfasser leitet aus dem Zusammenbruch von 1945 einen zusätzlichen Impuls dafür ab, daß sich die Soldaten der Bundeswehr als »Soldaten für den Frieden« zu verstehen haben, und daß die Gesichtspunkte von Friedenssicherung und Friedensförderung für die Bundeswehr bis hinein in ihre Organisation und Taktik bestimmend sein müssen[250]. In der Kritik an dem üblichen statischen Mißverständnis des Komplementaritätsgedankens aus den Heidelberger Thesen[251], in dem Eintreten für Überlegungen des Grafen Baudissin[252], im Widerspruch gegen den Antikommunismus als ideologische

---

[246] Bearbeitet von Militärpfarrer *Reinhard Gramm*.
[247] A. a. O., S. 26 f.
[248] Diese werden von vornherein als »Revoluzzer« abgetan, a. a. O., S. 31.
[249] Bearbeitet von Militärdekan i. R. *Weymann*.
[250] Vgl. etwa a. a. O., S. 20 f., 24 ff.
[251] A. a. O., S. 17; vgl. G. *Howe*, Atomzeitalter, Krieg und Frieden, bes. S. 230 ff.
[252] A. a. O., S. 15; vgl. W. *Graf Baudissin*, Soldat für den Frieden.

Basis der Bundeswehr[253] unterscheidet sich dieses Stundenbild von vielen anderen Materialien der Militärseelsorge[254].

7. Das Stundenbild »Kirche und Staat«[255] vom Juni 1970 gibt zunächst einen historischen und theologischen Überblick über das Thema. Dann werden die gegenwärtigen Verzahnungen zwischen Kirche und Gesellschaft dargestellt. Daran schließt sich ein Überblick über Modelle an, die nach der Auffassung des Autors zukunftsweisenden Charakter haben. Kein Thema bietet sich mehr dafür an, Rolle und Struktur der Militärseelsorge selbst kritisch zu diskutieren, als dieses; doch die Militärseelsorge ist dem Verfasser ganz unproblematisch und wird deshalb nur beiläufig genannt[256]. Bei keinem Thema legt es sich näher, die — auch für Militär und Militärseelsorge kritische — Haltung der historischen Friedenskirchen zum Staat, die von derjenigen der Großkirchen charakteristisch unterschieden ist, darzulegen. Doch unter dem Stichwort »Freikirchen« erfolgt lediglich ein Hinweis auf die Zeugen Jehovas[257], mit deren »unlogischer« Haltung der Autor schnell fertig wird. In der Darstellung der politischen Diakonie der Kirche fehlt die Frage nach ihren Kriterien vollständig.

8. Ein analoger Mangel zeigt sich an dem Stundenbild »Vorurteile verbauen die Wirklichkeit« vom August 1970[258], das der »Schlager des Jahres 1970« war[259]. Das Stundenbild erörtert psychologische, soziologische, politologische und theologische Aspekte des Vorurteils. Es klammert jedoch alle Fragen aus, die unmittelbar auf die Lebenswirklichkeit und den Beruf des Soldaten bezogen sind. Es erörtert nicht den Zusammenhang zwischen Vorurteil und Aggression, zwischen Projektion von Feindbildern und »Wehrbereitschaft«[260]. Überhaupt fehlt eine eindringliche Analyse kollektiver Vorurteile, unter denen im Lebenskundlichen Unterricht der Bundeswehr der

---

[253] A. a. O., S. 21.

[254] Vgl. auch den kritischen Hinweis (den einzigen, den ich bisher in der offiziellen Literatur der Militärseelsorge gefunden habe) auf die »Stellungnahme zur Frage der Kriegsdienstverweigerung« vom Frühjahr 1969, an deren Ausarbeitung die Spitze der evangelischen Militärseelsorge beteiligt war (a. a. O., S. 17). Vom zuständigen Referenten des Ev. Kirchenamts für die Bundeswehr wurde der Verfasser *nicht* auf dieses Stundenbild hingewiesen; auch nach dessen Auffassung scheint es für die Praxis des Lebenskundlichen Unterrichts und den Versuch, das Friedensproblem in ihm zu thematisieren, nicht charakteristisch zu sein.

[255] Bearbeitet von Militärpfarrer *Heinz Stix.*

[256] A. a. O., S. 23; in den Vorschlägen zum Unterricht selbst wird das Thema überhaupt nicht mehr genannt.

[257] A. a. O., S. 16.

[258] Bearbeitet von Militärpfarrer *Dr. Kirchhoff.*

[259] So Dekan *von Seggern* am 25. 1. 1971.

[260] Vgl. *D. Senghaas,* Abschreckung und Frieden, z. B. S. 149 ff., 176 ff.

Antikommunismus auf keinen Fall hätte fehlen dürfen. Hingewiesen wird nur auf kollektive Vorurteile, von denen die Soldaten sich in der Regel nicht betroffen fühlen: auf Antisemitismus und Negerdiskriminierung[261]. Der Schwerpunkt jedoch liegt auf dem individuellen Vorurteil bzw. auf der Auswirkung kollektiver Vorurteile für den Bereich personaler Beziehungen:

»Das Unterrichtsziel wäre dann erreicht, wenn die Schwierigkeit eines Sichlösens von einem Vorurteil einsichtig geworden ist: wenn verstanden wird, wie schwierig die Situation ist, wenn z. B. Vater und Sohn sich darüber entzweien, weil dieser eine Negerin heiraten will.«[262]

Diejenigen Bereiche, die innerhalb der Bundeswehr unter dem Thema »Vorurteile verbauen die Wirklichkeit« behandelt werden müssen, sind damit allerdings noch nicht berührt[263].

9. Das Stundenbild vom März 1971 behandelt das Thema »Wie werde ich mit den Konflikten fertig«[264] und konzentriert sich dabei auf den »Aspekt der Erziehung und des Lernens«[265]. Als Ziel des Unterrichts wird ausdrücklich angegeben, er solle den Teilnehmer »dazu bringen, sich oder seine Gruppe in den dargebotenen Erkenntnissen wiederzufinden«[266]. Doch jeder ausdrückliche Bezug auf das Konfliktfeld, in dem sich die »Gruppe« Bundeswehr bewegt, wird sorgfältig vermieden. Als notwendige »moralische Verhaltensweisen« werden die Bereitschaft zur Selbstkritik und die Fähigkeit, sich in die Situation des anderen hineinzuversetzen, gefordert[267]; das Stundenbild verzichtet jedoch darauf, dies den Soldaten an einem ihnen naheliegenden Beispiel zu verdeutlichen. Vielmehr werden als Beispiele für »Systemaggressionen« zwar »Flüchtlingslager in Jordanien, Existenznot, verhinderte Entwicklung, gebremste Freiheit« genannt[268]; vom Verhältnis der hochgerüsteten westlichen und östlichen Industrienationen indes ist nicht die Rede. Die Frage »Ist der Friede lernbar?«[269] kann jedoch zureichend nicht erörtert werden, wenn man das gegenwärtige Abschreckungssystem aus der kritischen Betrachtung ausklammert[270]. Tut man dies zudem noch

---

[261] A. a. O., S. 35.

[262] A. a. O., S. 35. Das Hauptbeispiel in den beigefügten Textauszügen ist ebenfalls auf den personalen Bereich beschränkt (»Die Ohrfeige«, a. a. O., Beilage, S. 11 ff.).

[263] Einen Schritt weiter geht das zugehörige Heft »Zum Thema«: »verurteile vorurteile«. Es berührt wenigstens die Vorurteile zwischen Soldaten und Kriegsdienstverweigerern (S. 10 f.).

[264] Bearbeitet von Militärpfarrer *Bodo Hammermeister*.

[265] A. a. O., S. 7.

[266] A. a.O., S. 27.

[267] A. a.O., S. 19.

[268] A. a. O., S. 16.

[269] So der Untertitel; vgl. a. a. O., S. 7.

[270] Vgl. *D. Senghaas*, Abschreckung und Frieden, S. 263 ff.

in einem Stundenbild für Soldaten, so wird man nicht beanspruchen können, den »Sitz im Leben« dieser Gruppe getroffen zu haben[271].

Überblicken wir rückschauend die neun Stundenbilder für den Lebenskundlichen Unterricht, so ist das Resultat — gemessen an den Anforderungen, die die Militärseelsorge selbst an diesen Unterricht stellt — recht negativ. Das Problem des Friedens, das das Leitthema dieses Unterrichts abgeben soll, tritt selbst dort erstaunlich weit in den Hintergrund, wo von ihm notwendigerweise die Rede sein müßte[272]. Die Arbeiten der Evangelischen Studiengemeinschaft, um die der Militärbischof selbst zur Klärung der Position der Militärseelsorge gebeten hatte, bleiben unberücksichtigt[273]. Die »kritische Solidarität«, die die Arbeit des Militärpfarrers leiten soll, wirkt sich in aller Regel nur als unkritische Bestätigung aus. Eine Selbstkritik der Militärseelsorge, die eine Voraussetzung für diese kritische Solidarität wäre, erfolgt in den Stundenbildern für den Lebenskundlichen Unterricht nicht.

Man fragt nach diesem Überblick erneut, worin das Ziel des Lebenskundlichen Unterrichts (wie der Militärseelsorge überhaupt) gesehen werden soll[274]. Will die Militärseelsorge Beiträge leisten, die

---

[271] A. a. O., S. 27. Auch hier ist das Heft »Zum Thema« der Sachproblematik sehr viel näher als das Stundenbild; von seinem Umfang her kann es jedoch nur Hinweise auf die Probleme des Friedens geben, deren ausführlichere Darstellung man in dem Stundenbild vermißt.
[272] *H.-D. Bastian*, »Militärseelsorge als Friedensdienst« belegt die im Titel dieses Aufsatzes ausgesprochene These sachlich allein mit einer Stellungnahme des Militärgeneraldekans zum Verteidigungsweißbuch 1969 (a. a. O., S. 408 f.); im übrigen bewegt sich der Aufsatz auf der semantischen und argumentativen Ebene der Vorurteile, die er widerlegen möchte. Aus unserer Inhaltsanalyse ergibt sich, daß Bastians These sich nicht halten läßt.
[273] *H.-D. Bastian*, Strukturveränderung — eine Aufgabe der Militärseelsorge, S. 8, urteilt: »M. E. ist die Militärseelsorge die einzige kirchliche Aktivität, die sich den nun wahrhaftig nicht verbreiteten ›Luxus‹ geleistet hat, die Strukturen der Gesellschaft zuerst einmal nüchtern zur Kenntnis zu nehmen, auf die sich die kirchliche Aktivität hin bewegt. Ich meine die drei Bände der ›Heidelberger Studien‹.« Man muß wohl entgegnen, daß diese in der Militärseelsorge nicht ausreichend zur Kenntnis genommen wurden.
[274] Dieses Dilemma wird auch in der Gemeinschaftsstudie von *Beer-Draesner-Seifert*, »Praxis und Problematik des Lebenskundlichen Unterrichts« deutlich formuliert. Ebenso zeigt sich diese Unklarheit in einer nachfolgenden, von den drei Autoren durchgeführten Befragung von Soldaten, Unteroffizieren und Offizieren. Gleichwohl plädiert die überwiegende Mehrheit der Befragten für die Beibehaltung des Lebenskundlichen Unterrichts; ein sehr großer Teil

dem Soldaten als Staatsbürger wie als Christ zur Mündigkeit verhelfen — oder leistet sie Beiträge zur Anpassung und Unmündigkeit? Will sie Erziehung zum Frieden oder Erziehung zur »Wehrbereitschaft« betreiben? Bewährt sich in dem Hauptarbeitsgebiet der Militärpfarrer die Unabhängigkeit, von der so vielfach die Rede ist? Die Beispiele, die wir überprüft haben, sind eher ein Beleg für die Integration der Militärseelsorge in das Militär als für ihre Unabhängigkeit; sie erzieht ebenso sehr zur Anpassung, wie sie selbst weithin angepaßt ist; das Thema des Friedens schließlich wird selbst dort an den Rand gerückt, wo es das Kriterium alles Redens und Handelns abgeben müßte[275].

5. Abschließende Erwägungen: ein alternatives Strukturmodell

In den bisherigen Abschnitten wurden die Entstehung und gegenwärtige Struktur der evangelischen Militärseelsorge in der Bundeswehr wie auch eine ihrer wichtigsten Aufgaben dargestellt. Der kritische Ertrag dieses Überblicks zeigt sich vor allem in folgenden Ergebnissen:

Die Militärseelsorge stellt einen besonders exponierten Teil kirchlicher Tätigkeit dar, weil sie zugleich zwei institutionellen Bereichen und zwei gesellschaftlichen Gruppen zugeordnet ist, die keineswegs von identischen Zielvorstellungen und Wertsystemen ausgehen: dem Militär und der Kirche. In der Tradition der Militärseelsorge wurde diese Spannung institutionell in aller Regel so gelöst, daß die Militärseelsorge in den militärischen Bereich weitgehend integriert und gegenüber den anderen Bereichen kirchlicher Arbeit verselbständigt wurde. Der deutlichste Ausdruck für diese Verselbständigung ist noch

---

jedoch fordert die Beteiligung von Experten für die verschiedenen Fragenkreise. Den Einblick in den Fragebogen und seine Ergebnisse verdanke ich den Militärpfarrern *Beer*, Neubiberg, und *Seifert*, München.

[275] Ich teile das positive Urteil über das didaktische Material für den Lebenskundlichen Unterricht also nicht, das *H.-D. Bastian*, a. a. O., S. 26 fällt: »Hier ist mit hohem Respekt anzumerken, daß diese didaktischen Materialien ausgesucht sind gerade im Blick auf Strukturen. Und, das muß man besonders positiv herausstellen, sie wurden ausgesucht im Blick auf mögliche Konflikte in diesen Strukturen.« — Die Frage, ob die Militärpfarrer über die didaktischen Voraussetzungen für die Abhaltung des Lebenskundlichen Unterrichts verfügen, habe ich hier nicht diskutiert; vgl. zu ihr skeptisch: *H. Heinrici*, »Lebenskundlicher Unterricht — ein Chamäleon?«, S. 34.

heute die staatliche Organisation und Finanzierung der Militärseelsorge. Sie begegnet — in häufig noch ausgeprägterem Maß als in der Bundesrepublik Deutschland — auch in Ländern wie den USA und Frankreich, deren Staatskirchenrecht insgesamt vom Grundsatz der Trennung von Staat und Kirche bestimmt ist. In der staatlichen Bereitschaft, die Militärseelsorge einzurichten und zu unterhalten, wirkt das Interesse des Staates an einer Kirche fort, die die bürgerlichen Tugenden fördert und die Wehrbereitschaft stärkt. Dieses Interesse prägt sich auch in den Erwartungen aus, mit denen viele Soldaten der Militärseelsorge begegnen; Abweichungen von dem dadurch vorgezeichneten Verhaltensrahmen werden deshalb als »Verunsicherung« des Militärs interpretiert. In dieser Situation kann die Militärseelsorge ihren *kirchlichen* Auftrag vielfach nur in schroffem Gegensatz gegen die Erwartungen, die sich an ihre Organisationsstruktur knüpfen, durchführen. Unsere Analyse von Stundenbildern zum Lebenskundlichen Unterricht läßt die Vermutung zu, daß es nur relativ selten gelingt, den vorgegebenen Erwartungshorizont wirksam zu durchbrechen.

Unter kirchenrechtlichem Gesichtspunkt muß man gegen die gegenwärtige Struktur der evangelischen Militärseelsorge einwenden, daß hier ein bestimmter Bereich kirchlicher Tätigkeit nicht von den Grundsätzen evangelischen Kirchenrechts, sondern von den Forderungen und Interessen des Staates aus rechtlich geordnet wurde. Dies widerspricht insbesondere der 3. Barmer These, die durch die Grundordnung der EKD rezipiert worden ist. Die Bereitschaft, auf staatliche Vorstellungen zur Rechtsgestalt der Militärseelsorge einzugehen und sich dabei an der durch Art. 27 des Reichskonkordats vorgezeichneten Struktur der katholischen sowie an der traditionellen Form der evangelischen Militärseelsorge zu orientieren, hat sich insbesondere in einem hierarchischen Aufbau der evangelischen Militärseelsorge niedergeschlagen.

Auch unter staatskirchenrechtlichem Gesichtspunkt müssen gegen die gegenwärtige Struktur der Militärseelsorge Bedenken geltend gemacht werden. Art. 137, Abs. 1 WRV in Verbindung mit Art. 140 GG bestimmt, daß keine Staatskirche besteht. Art. 137, Abs. 3 WRV in Verbindung mit Art. 140 GG garantiert die Selbständigkeit der Religionsgesellschaften in der Verwaltung ihrer Angelegenheiten und in der Verleihung ihrer Ämter. Nach herrschender Auffassung verbieten diese Verfassungsbestimmungen jede Verbindung von Staat und Kirche »im inneren Verfassungsrechtskreis«. Mit der Ordnung der Militärseelsorge hat der Staat jedoch in den inneren Verfassungsrechtskreis der Kirchen eingegriffen; bei der Bestellung der Militärpfarrer wirkt er in ausdrücklichem Widerspruch gegen Art. 137, Abs. 3 WRV an der Verleihung kirchlicher Ämter mit. Denn im Gegensatz zum Amt des Theologieprofessors an staatlichen Universitäten und des Religionslehrers an staatlichen Schulen stellt das Amt des Militärpfarrers — wie schon die Verwendung kirchlicher Amtsbezeichnungen, die Art der Amtseinführung u. a. anzeigt und die öffentliche Diskussion der letzten Jahrzehnte vielfach belegt — nicht ein konfessionell gebundenes Staatsamt, sondern ein kirchliches Amt dar. Daß für den Bereich der Militärseelsorge das geltende Staatskirchenrecht in verfassungsmäßiger Weise durchbrochen werden könne, läßt sich weder aus Art. 141 WRV in Verbindung mit Art. 137 GG noch aus der Entstehungsgeschichte der staatskirchenrechtlichen Artikel der Weimarer Verfassung begründen. Vielmehr ergibt sich aus Art. 141 WRV in Verbindung mit Art. 137 GG sowie aus § 36 des Soldatengesetzes lediglich die Pflicht des Staates, eine kirchliche Seelsorge bei den Streitkräften zuzulassen. Eine den geltenden staatskirchenrechtlichen Grundsätzen widersprechende Mitwirkung des Staates bei der Gestaltung dieser Militärseelsorge läßt sich daraus nicht ableiten. Vielmehr ist der Staat auf die Mitgestaltung der res mixtae, der gemeinsamen Angelegenheiten, beschränkt. Aus alldem ergibt sich der — oben ausführlicher begründete — Schluß, daß die gegenwärtige Struktur der Militärseelsorge mit dem geltenden Verfassungsrecht nicht vereinbar ist.

Konsequenzen, die aus diesen kritischen Überlegungen gezogen werden, müssen notwendigerweise in einen Vorschlag für eine alternative Struktur der evangelischen Militärseelsorge münden. Der Vorschlag, der im folgenden entwickelt wird[276], geht davon aus, daß die Militärseelsorge als Teil des kirchlichen Gesamtauftrags zu verstehen ist. Sie ist Seelsorge an einer bestimmten gesellschaftlichen Gruppe in Formen, die dieser Gruppe in besonderem Umfang gemäß sind. Militärseelsorge ist wie alles kirchliche Handeln Proklamation und Repräsentation des in Jesus Christus geschehenen Heils.

---
[276] Die folgenden Erwägungen gehen von der gegenwärtigen Verfassungsstruktur der EKD aus. Strukturreformen in der EKD würden entsprechende Veränderungen in dem vorgeschlagenen Strukturmodell für die Militärseelsorge nach sich ziehen.

Daraus muß zuallererst die Folgerung gezogen werden, daß die »Kirchlichkeit« der Militärseelsorge auch in ihren organisatorischen Formen verwirklicht werden muß. Als kirchliche Aufgabe muß die Militärseelsorge soweit wie möglich aus kirchlichen Mitteln finanziert werden. Im Gegensatz zur früheren Zeit werden die Soldaten heute zur Kirchensteuer herangezogen. In der Weimarer Republik hatte der Reichswehrminister die Auffassung vertreten, daß dann jeder Grund dafür entfalle, daß das Reich für die Kosten der Militärseelsorge aufkomme[277]. Heute jedoch treten diese Mittel ergänzend zu den staatlichen Aufwendungen für die Militärseelsorge hinzu. Zwei Drittel der Kirchensteuern der Soldaten werden im Sonderhaushalt des Militärbischofs zusammengefaßt und für diejenigen Aufwendungen der Militärseelsorge verwandt, für die der Staat nicht aufkommt, obgleich er prinzipiell »für den organisatorischen Aufbau der Militärseelsorge sorgt und ihre Kosten trägt« (Art. 2 Abs. 2 MSV). Im Jahr 1969 betrug der Sonderhaushalt des Militärbischofs 9,4 Millionen DM[278], das Gesamtkirchensteueraufkommen der evangelischen Militärangehörigen betrug demnach 14,1 Millionen DM. Der Haushaltsplan der Bundesrepublik weist für dasselbe Jahr unter Kapitel 1406 für evangelische und katholische Militärseelsorge zusammen rund 17,2 Millionen DM aus[279]. In diesem Betrag sind allerdings staatliche Beiträge zu Baumaßnahmen der Militärseelsorge nicht enthalten[280].

Versteht man die Militärseelsorge als kirchliche Aufgabe, so sollte man sie in eigener kirchlicher Verantwortung durchführen und dafür das Kirchensteueraufkommen der Militärangehörigen in vollem Umfang heranziehen. Staatliche Zuschüsse zu bestimmten einzelnen Aktivitäten der Militärseelsorge (Freizeitbetreuung u. ä.) werden dadurch nicht ausgeschlossen. Doch es würde deutlich, daß Militärseelsorge von der Kirche durchgeführt wird; sie stellt Pfarrer für diese Spezialaufgabe frei, die im kirchlichen Dienst bleiben und von der Kirche bezahlt werden. Der Einwand, daß der Staat nur Personen in den militärischen Bereich hineinlasse, die »dazugehören«[281], ist

---

[277] Siehe oben S. 240
[278] Jahresbericht des Evangelischen Militärbischofs 1969, S. 30 f.
[279] *H.-D. Bamberg*, Militärseelsorge in der Bundeswehr, S. 81.
[280] Vermutungen darüber, wie hoch diese sein mögen, stellt *H.-D. Bamberg*, a. a. O., S. 82, an.
[281] So etwa Militärgeneraldekan *von Mutius* in Gesprächen am 25. und 26. 1. 1971.

nicht stichhaltig; denn der Staat ist durch Art. 4 GG und Art. 141 WRV in Verbindung mit Art. 140 GG dazu verpflichtet, die kirchliche Seelsorge im Militär zuzulassen und die dafür notwendige Bewegungsfreiheit von Pfarrern im militärischen Bereich zu gewährleisten. Der Beamtenstatus der Militärpfarrer kann keine Voraussetzung dieser verfassungsmäßig gebotenen Zulassung sein.

Auch bei organisatorischer und finanzieller Trennung der Militärseelsorge vom Staat bleibt diese eine »gemeinsame« Angelegenheit von Kirche und Staat. Denn in vielen Einzelfragen ist auch dann eine Verständigung zwischen beiden über die Durchführung der Militärseelsorge notwendig: die Bereitstellung von Räumen für die Durchführung der Seelsorge, die Beurlaubung der Soldaten für Rüstzeiten, die Beteiligung der Kirchen am Lebenskundlichen Unterricht oder an anderen Unterrichtsveranstaltungen — all dies muß durch Vereinbarung geregelt werden.

Die organisatorische und finanzielle Verselbständigung der Militärseelsorge ist jedoch lediglich die äußere Voraussetzung dafür, daß sie sich um so enger an die Gesamtkirche bindet und daß in ihr Strukturen verwirklicht werden, die eher als die gegenwärtigen evangelischem Kirchenverständnis gemäß sind.

Die gegenwärtige Struktur der Militärseelsorge entspricht den hierarchischen militärischen Strukturen. Die Parallelität läßt sich folgendermaßen verdeutlichen[282]:

Militärbischof	— Verteidigungsminister
Militärgeneraldekan	— Abteilungsleiter
und Referenten im EKA	— und Referenten im Bundesverteidigungsministerium
Militärdekane	— Korps-, Wehrbereichs-, Flottenstäbe
Militärpfarrer	— Divisionen und Brigaden.

Ein Aufbau der Militärseelsorge von der Gemeinde und ihren differenzierten Diensten her ist in dieser Struktur nicht vorgesehen. Entsprechend fehlen alle Elemente synodaler Verantwortung. Die Beteiligung von Gemeindegliedern aus dem Bereich des Militärs an den landeskirchlichen synodalen Organen ist äußerst spärlich[283].

---

[282] Nach *K. Weymann*, »Militärseelsorge und kirchliche Beratung der Kriegsdienstverweigerer«, S. 126.
[283] Ergebnisse einer Umfrage des EKA nach der Arbeitstagung der EKD-Synode in Frankfurt 1965 (zitiert nach AKK 244).

Der Beirat für Militärseelsorge, der vom Rat der EKD für seine eigene Beratung und zur Beratung des Militärbischofs berufen wird[284], stellt kein synodales Vertretungsorgan dar. Entgegen einer anders lautenden Behauptung im Bericht des evangelischen Militärbischofs vor der Arbeitstagung der EKD-Synode in Frankfurt 1965[285] hat dies der Beirat selbst in einem Gutachten ausdrücklich festgestellt[286].

Eine evangelischem Kirchenverständnis gemäß von der Gemeinde und ihren Diensten her aufgebaute Militärseelsorge könnte folgende Strukturelemente in sich enthalten[287]:

Die Verantwortung der Gemeinde für das, was in ihr geschieht, wird stellvertretend durch einen Beirat der Soldatengemeinde (des personalen Seelsorgebereichs bzw. der Militärkirchengemeinde) wahrgenommen. Wo immer möglich, steht dieser in unmittelbarem Austausch mit dem Kirchengemeinderat der Orts- bzw. Gesamtkirchengemeinde oder dem entsprechenden Gremium einer größeren Region. Mitglieder des Beirats der Soldatengemeinde gehören dem Kirchengemeinderat, Mitglieder des Kirchengemeinderats dem Beirat der Soldatengemeinde an. Die Mitverantwortung der Gesamtkirche für die Soldatengemeinde und die Beteiligung der Soldatengemeinde am gesamtkirchlichen Leben wird durch diesen Austausch auf der untersten Ebene manifest. Dieser Austausch sollte zu intensiver gemeinsamer Arbeit am Problem des Friedens führen. Eine Reflexion der Soldaten über ihre eigene Aufgabe im Horizont des christlichen Glaubens und die Bildung von gemeinsamen Arbeits- und Aktionsgruppen kann die Folge sein.

Der Militärpfarrer ist nicht mehr Bundesbeamter auf Zeit, sondern landeskirchlicher Pfarrer. Wo immer möglich hat er eine Pfarrstelle innerhalb einer Gesamtkirchengemeinde inne, deren Dienstauftrag die Seelsorge an den Soldaten und ihren Familien in diesem Gemeindeverband ist. In kleinen Standorten wird die Seelsorge an den Soldaten von Standortpfarrern im Nebenamt oder von Bezirks-

---

[284] Kirchengesetz über die Militärseelsorge, § 14.
[285] »Der ... Beirat für Militärseelsorge stellt das synodale Element in der Leitung der Militärseelsorge dar« (Arbeitstagung Frankfurt 1965, S. 204).
[286] Gutachten vom 10. 11. 1966 (zitiert nach AKK 244).
[287] Im folgenden nehme ich den »Modellvorschlag für eine Militärseelsorge« von *K. Weymann*, »Militärseelsorge und kirchliche Beratung der Kriegsdienstverweigerer«, S. 129 ff., auf, den ich in einigen Einzelpunkten etwas modifiziere.

pfarrern wahrgenommen. Die Pfarrstellenbesetzung wird analog dem allgemeinen kirchlichen Recht geregelt.

Die überregionale Planung und Koordinierung wird entsprechend der militärischen Gliederung in Wehrbereiche vorgenommen. Für diese Koordinationsaufgabe werden Geistliche von den Landeskirchen auf Zeit freigestellt. Ihnen stehen Bezirksbeiräte zur Seite, die aus den lokalen Beiräten der Soldatengemeinden gebildet werden. Der Austausch zwischen diesen Bezirksbeiräten und den landeskirchlichen Synoden findet analog zu dem Austausch auf der unteren Ebene statt. Zu den Befugnissen dieser Bezirksbeiräte gehört die Wahl der leitenden Geistlichen auf Vorschlag der beteiligten Landeskirchen, die Beratung über geistliche und organisatorische Fragen der Militärseelsorge in diesem Bezirk und die Vermittlung von Anregungen an die örtlichen Soldatengemeinden.

Die Koordination der gesamten Militärseelsorge in der Bundesrepublik und ihre Vertretung gegenüber staatlichen Stellen erfolgt durch eine Kollegialbehörde. An ihrer Spitze steht ein Theologe, der nicht den Titel eines »Militärbischofs« führt, da dieser Titel allenfalls in einer exemten Militärkirche sinnvoll ist[288]. Der Behörde gehören ferner die notwendige Anzahl theologischer, juristischer und sonstiger Mitarbeiter[289] an. Außerdem ernennt der Rat der EKD eines seiner Mitglieder zum »Beauftragten des Rates der EKD für Fragen der Militärseelsorge«, dessen Position und Aufgaben denen des »Beauftragten des Rates der EKD für Fragen der Kriegsdienstverweigerung und Ersatzdienstleistung« vergleichbar sind.

Zu den Leitungsorganen gehört ferner eine synodale Vertretung, die sich aus Vertretern der Beiräte der Soldatengemeinden bildet. Diese synodale Vertretung steht im Austausch mit der Synode der EKD. Mitglieder der EKD-Synode gehören zur synodalen Vertretung, während Mitglieder der synodalen Vertretung Sitz und Stimme in der EKD-Synode haben. Die synodale Vertretung wählt auf Grund von jeweils mehrere Namen umfassenden Vorschlägen des Rats der EKD und der Kirchenkonferenz die leitenden Amtsträger der Militärseelsorge. Sie entscheidet über die Verwendung

---

[288] Für die Beibehaltung dieses Titels: *Weymann*, a. a. O., S. 131.
[289] Darunter müssen Mitarbeiter sein, die zur Anregung und Koordination der notwendigen pädagogischen Bemühungen im Feld der Militärseelsorge in der Lage sind; vgl. *H. Heinrici*, »Lebenskundlicher Unterricht — ein Chamäleon?«, S. 25.

der Kirchensteuern der Militärangehörigen und über grundsätzliche Fragen der gesamten Militärseelsorge.

Auch ein solches Strukturmodell ist so angelegt, daß in ihm den besonderen Bedürfnissen der Soldaten als gesellschaftlicher Gruppe entsprochen werden kann. Doch zugleich ist von vornherein gewährleistet, daß die Militärseelsorge nicht in das militärische System integriert werden kann, sondern einen freien Partner dieses Systems darstellt. Nur auf einer solchen Grundlage wird es möglich sein, das Problem des Friedens und den Auftrag der Christen zum Frieden in der Militärseelsorge nachdrücklicher und kritischer zu Gehör zu bringen, als dies bisher nach unseren Feststellungen gelungen ist. Der Konflikt zwischen Wehrdienst und Friedensdienst könnte bei einer solchen Struktur in der Kirche offen ausgetragen und produktiv ausgewertet werden. In einer solchen Struktur ist die Militärseelsorge ferner tatsächlich mit der Gesamtkirche auf allen Ebenen — und nicht nur in ihren obersten Leitungsorganen — verzahnt. Daß die Seelsorge an dieser Gruppe eine gesamtkirchliche Aufgabe ist, wird in einer solchen Verbindung deutlich. Die besonderen Probleme dieser Gruppe werden in das Leben der Gesamtkirche vermittelt; der dauernde Austausch zwischen den verschiedenen Gruppen in der Kirche wird intensiviert. Denn das Verhältnis der Kirche zu einer bestimmten Gruppe in der Öffentlichkeit ist nicht nur der Auftrag eines bestimmten Sektors der kirchlichen Bürokratie, sondern Aufgabe der Gesamtkirche. Schließlich böte eine solche Struktur die Möglichkeit, die ökumenischen Kontakte zwischen Soldatengruppen zu intensivieren. Die Militärseelsorge müßte sich die Durchführung ökumenischer Kontakte zum Ziel setzen, die zugleich blocküberschreitend sind[290]. Die Ökumenizität der Christenheit könnte sich dann vielleicht als Ansatz zur Friedensförderung bewähren.

Versucht man, aus einem solchen Strukturmodell generalisierende Schlußfolgerungen für das Verhältnis von Kirche und Öffentlichkeit insgesamt zu ziehen, so könnte sich ergeben: die kritische Solidarität der Kirche mit einer bestimmten gesellschaftlichen Gruppe als einem Teil der Öffentlichkeit ist Aufgabe der Gesamtkirche. Der Rückhalt an der Basis der Gemeinden ist die Voraussetzung dafür, daß diese Solidarität kritisch sein kann. Andernfalls wird die Wahrnehmung kirchlicher Verantwortung gegenüber einer solchen gesellschaftlichen Gruppe zu einer kirchlichen Sonderaufgabe, die von einem darauf

---

[290] Vgl. *Weymann*, a. a. O., S. 133 f.

spezialisierten Teil der kirchlichen Bürokratie wahrgenommen wird. Deren Basis ist jedoch dann nicht mehr die Kirche als ganze, sondern jene besondere gesellschaftliche Gruppe. Deshalb sieht sich diese kirchliche Bürokratie einem sehr großen Identifikationsdruck ausgesetzt; sie hat die Tendenz, sich in diese gesellschaftliche Gruppe zu integrieren und ihre Normen und Verhaltensregeln zu übernehmen. Nur wenn die Verantwortung gegenüber gesellschaftlichen Gruppen als *kirchliche* Verantwortung wahrgenommen und von der kirchlichen Basis her begründet wird, besteht eine gewisse Gewähr dafür, daß sie *kritisch* wahrgenommen wird[291].

---

[291] Im Vorstehenden konnte die Arbeit von *A. Cremers*, Staat und evangelische Kirche im Militärseelsorgevertrag von 1957, die mir erst während der Drucklegung zugänglich wurde, nicht mehr berücksichtigt werden. Sie enthält eine eingehende juristische Interpretation des Militärseelsorgevertrags sowie als Anhang eine detaillierte Darstellung seiner Entstehungsgeschichte.

V. Der öffentliche Status der theologischen Fakultäten

1. Zur Problemstellung

Die Universität des Mittelalters verdankt der Theologie ihre Entstehung; die Reformation hat auch für die protestantischen Territorien nichts an der Stellung der Theologie an den Universitäten geändert. Vielmehr wurde der Grundsatz, daß protestantische Geistliche eine Universitätsausbildung zu durchlaufen hätten, mit zunehmender Ausschließlichkeit durchgesetzt. Noch dem 19. Jahrhundert war die Theologie ein selbstverständlicher Bestandteil der universitas litterarum; die preußischen Universitätsneugründungen dieses Jahrhunderts — Berlin und Bonn — wurden deshalb auch mit theologischen Fakultäten ausgestattet[1]. Die letzte Neugründung einer theologischen Fakultät, die unter diesen überlieferten Voraussetzungen stand, war die Gründung der evangelisch-theologischen Fakultät in Münster, die im Wintersemester 1914/15 ihre Tätigkeit aufnahm[2].

Nach 1918 hatten sich die Voraussetzungen für die Eingliederung der theologischen Fakultäten in die Universität grundlegend gewandelt; nun erst wurde der öffentliche Status der theologischen Fakultäten zu einem verfassungsrechtlichen Problem[3]. Als Hauptaufgabe dieser Fakultäten betrachtete man die Ausbildung von Geistlichen; diese jedoch sah man als eine primär kirchliche Tätigkeit an. In einer solchen Betrachtung erschienen die theologischen Fakultäten als Funktion der Kirche. Es war nicht unbedingt einzusehen, daß der Staat für diese kirchliche Funktion aufzukommen habe; es erschien überdies als fraglich, ob sich die Existenz theologischer Fakultäten mit dem Grundsatz, es bestehe keine Staatskirche, vereinbaren lasse. Diese Frage wurde durch Art. 149 Abs. 3 WRV in dem Sinn entschieden,

---

[1] Vgl. W. *Maurer*, »Theologische Fakultäten«.
[2] Vgl. R. *Stupperich*, Die evangelisch-theologische Fakultät in Münster.
[3] Unter philosophischen Gesichtspunkten war die Existenzberechtigung theologischer Fakultäten natürlich schon lange zuvor — am nachdrücklichsten von Fichte — bestritten worden; vgl. dazu R. *Weth*, »Ort und Funktion der Theologie als Wissenschaft«, S. 27.

daß die Existenz der theologischen Fakultäten garantiert wurde. Gleichwohl blieb die Frage nach der Begründung einer solchen Verfassungsgarantie offen. Daß sie nicht mehr mit Selbstverständlichkeit aus dem Gedanken der universitas litterarum begründet werden konnte, zeigt sich besonders deutlich daran, daß die zwischen 1910 und 1920 gegründeten Großstadtuniversitäten in Hamburg, Köln und Frankfurt keine theologischen Fakultäten erhielten[4].

Der Überlegung, die theologische Fakultät sei als Ausbildungseinrichtung eine Funktion der Kirche, entsprach die Neubestimmung der Theologie, die von der frühen dialektischen Theologie vorgenommen wurde. Wenn Karl Barth die Aufgabe der Theologie als identisch mit der Aufgabe der Predigt beschrieb, wenn er Theologie als Funktion der Kirche bestimmte, dann war damit allen traditionellen Begründungen für die Existenz der Theologie an der Universität der Boden entzogen[5]. Von dem Satz, das Wort Gottes sei »die ebenso notwendige, wie unmögliche Aufgabe der Theologie«[6], ergab sich keine Brücke zum Selbstverständnis neuzeitlicher Wissenschaft. Deshalb konnte Barth die Existenz der Theologie an der Universität nur noch paradox begründen: gerade als Wissenschaft im Sinn der anderen Wissenschaften habe die Theologie an der Universität kein Daseinsrecht; gerade jenseits der Grenze der Wissenschaften habe sie für die Wissenschaften einen Sinn[7]. Im Rahmen der universitas litterarum könne die Theologie nichts anderes als ein Notzeichen sein, ein Zeichen dafür, daß etwas nicht in Ordnung ist[8].

Doch mit solchen Formulierungen ist lediglich ein bis heute ungelöstes Problem bezeichnet. Damit, daß die Theologie ihre Aufgabe gegenüber der Kirche erkannte, wurde ihr Verhältnis zu den Wissenschaften unbestimmt. Unklar wurde auch, wo der institutionelle Ort einer sich so verstehenden Theologie sei. Diese Frage verschärfte sich, nachdem, durch den Kirchenkampf erzwungen, Kirchliche Hochschulen Funktionen wahrzunehmen begannen, die bislang

---

[4] Vgl. v. a. *W. Bornemann*, Frankfurt am Main, eine Universität ohne theologische Fakultät?
[5] Dies scheint mir der — von beiden nicht ausgesprochene — Hintergrund der Kontroverse zwischen Harnack und Barth zu sein. Ihr Briefwechsel aus dem Jahre 1923 ist jetzt abgedruckt bei *J. Moltmann*, Anfänge der dialektischen Theologie, I, S. 323—347.
[6] *K. Barth*, »Das Wort Gottes als Aufgabe der Theologie«, S. 216.
[7] Ebd., S. 204.
[8] Ebd., S. 203.

ausschließlich den theologischen Fakultäten zukamen. Daraus ergab sich nach 1945 eine Spannung zwischen staatlichen und kirchlichen Ausbildungsstätten, die bis heute nicht gelöst ist.

Die Entwicklung im Selbstverständnis der Theologie, die durch die dialektische Theologie angebahnt wurde, kann heute nicht mehr rückgängig gemacht werden. Den institutionellen Ort der Theologie kann man heute nicht mehr ausschließlich von den Wissenschaften aus betrachten; man muß ihn vielmehr zugleich im Koordinatensystem des Verhältnisses von Kirche und Öffentlichkeit sehen. Bei aller Unabhängigkeit von der Kirche ist Theologie immer auch eine Funktion der Kirche. Diese Funktion der Kirche wird in einem bestimmten Bereich der Öffentlichkeit, nämlich im Rahmen wissenschaftlicher Öffentlichkeit, wahrgenommen.

Deshalb legt es sich nahe, den öffentlichen Status der theologischen Fakultäten in unserem Zusammenhang in einer Fallstudie zu untersuchen. Besondere Aufmerksamkeit beansprucht dabei die Frage, welches Interesse die beteiligten Instanzen jenseits der wissenschaftlich-literarischen Selbstdarstellung der Theologie an der Existenz theologischer Fakultäten haben. Die folgende Untersuchung geht von der Vermutung aus, daß sich diese Frage am besten an der Neugründung evangelisch-theologischer Fakultäten klären lasse. Deshalb ist der Diskussion der Neugründungen nach 1945 ein eigener Abschnitt gewidmet, wobei nach Möglichkeit unveröffentlichtes Aktenmaterial herangezogen wurde. Den Stellen, die mir die Einsichtnahme in die entsprechenden Akten gewährten, bin ich zu besonderem Dank verpflichtet. Außerdem habe ich einer Reihe von Gesprächspartnern, insbesondere den Professoren D. Heinrich Greeven und D. Georg Kretschmar, für zusätzliche Auskünfte zu danken.

Der gegenwärtige Status der theologischen Fakultäten ist am ausführlichsten von Juristen untersucht worden. Die Diskussion wurde nach 1945 durch einen Aufsatz von Werner Weber, »Der gegenwärtige Status der theologischen Fakultäten und Hochschulen«, eröffnet, dem sich ein Gutachten desselben Autors über »Rechtsfragen der Kirchlichen Hochschulen« anschloß. Seitdem sind einzelne Rechtsprobleme in einer Reihe von Dissertationen erörtert worden, unter denen vor allem die Arbeiten von H. Chr. Mahrenholz[9], Gisela

---

[9] H. Chr. Mahrenholz, »Die Mitwirkung der evangelischen Kirche bei der Besetzung der Lehrstühle in den evangelisch-theologischen Fakultäten«.

Heckel-Schmidt[10], Hartmut Gänger[11], Klaus Reppel[12] und Ernst-Lüder Solte[13] zu nennen sind. Außerdem hat nochmals W. Weber »die neuere Entwicklung in der kirchlichen Mitwirkung bei der Besetzung theologischer Lehrstühle an staatlichen Hochschulen« behandelt.
Demgegenüber fehlen theologische Untersuchungen, die die wissenschaftsorganisatorischen Voraussetzungen in die Betrachtung des Verhältnisses der Theologie zu den Wissenschaften einbeziehen, fast vollständig. Zwar gibt es einige neuere Beiträge zum Verhältnis der Theologie zu den Wissenschaften; hier sind aus dem Bereich evangelischer Theologie vor allem die Arbeiten von E. Steinbach[14], H. Thielicke[15], H. Gollwitzer[16], H. Vogel[17], W. Trillhaas[18], J. Moltmann[19], H. E. Tödt[20] und G. Sauter[21] zu nennen. Jedoch reflektieren diese Arbeiten gar nicht oder doch nur in geringem Umfang die wissenschaftstheoretische wie die theologische Relevanz institutioneller Regelungen. Ansatzweise ist diese Aufgabe neuerdings von Rudolf Weth[22] und Christoph Gestrich[23] in Angriff genommen worden. Beide verbleiben jedoch einseitig bei einer Ableitung des institutionellen Orts der Theologie aus einer wissenschaftstheoretischen Erörterung des Charakters und der Funktion von Theologie, ohne die wissenschaftstheoretischen Implikationen wissenschaftsorganisatorischer Maßnahmen selbst zum

---

[10] G. *Heckel* (G. Schmidt), Der Rechtsstatus der evangelischen kirchlichen Hochschulen in der Bundesrepublik Deutschland; vgl. auch M. *Baldus*, Die philosophisch-theologischen Hochschulen in der Bundesrepublik Deutschland.
[11] H. *Gänger*, Staat und Kirche in ihrem Verhältnis zu den evangelisch-theologischen Fakultäten nach den deutschen evangelischen Kirchenverträgen.
[12] K. *Reppel*, Der Staat und die Vorschriften über die Vorbildung der Geistlichen.
[13] E.-L. *Solte*, Theologie an der Universität. Staats- und kirchenrechtliche Probleme der theologischen Fakultäten; vgl. ders., »Die theologischen Fakultäten im Verfassungsrecht der Bundesrepublik Deutschland«.
[14] E. *Steinbach*, »Über die Stellung der theologischen Fakultät im Ganzen der Universität«.
[15] H. *Thielicke*, Was ist Wahrheit?
[16] H. *Gollwitzer*, »Die Theologie im Hause der Wissenschaften«.
[17] H. *Vogel*, »Die Stellung der Theologie im Raume der Universität«.
[18] W. *Trillhaas*, »Die Theologie in der Universität«.
[19] J. *Moltmann*, »Theologie in der Welt der modernen Wissenschaft«.
[20] H. E. *Tödt*, Die Theologie und die Wissenschaften.
[21] G. *Sauter*, Theologie als Wissenschaft; G. *Sauter* u. a., Wissenschaftstheoretische Kritik der Theologie.
[22] R. *Weth*, »Ort und Funktion der Theologie als Wissenschaft«.
[23] Chr. *Gestrich*, »Dogmatik und Pluralismus«.

Thema zu erheben. Demgegenüber gehen die folgenden Überlegungen von der These aus, daß in die Wissenschaftsorganisation erkenntnisleitende Interessen eingebunden sind. Deshalb ist die Wissenschaftsorganisation von wissenschaftstheoretischer Relevanz; der institutionelle Ort theologischer Forschung und Lehre hat unmittelbare Bedeutung für das Selbstverständnis wie für den Vollzug der Theologie.

Der Begriff des »erkenntnisleitenden Interesses« ist in dieser These, verglichen mit dem durch Jürgen Habermas üblich gewordenen Verständnis dieses Begriffs, in einem ausgeweiteten Sinn verwandt. Die Analyse von Habermas konzentriert sich auf diejenigen erkenntnisleitenden Interessen, die den einzelnen Wissenschaften von ihrem Gegenstandsbereich und ihrer Methode her eigentümlich sind[24]. Daneben muß man jedoch auch die Interessen der einzelnen Wissenschaftler und darüber hinaus die in die Forschungs- und Studienorganisation eingebundenen Interessen als erkenntnisleitende Interessen verstehen; nur dadurch können auch diese Interessen wissenschaftstheoretisch reflektiert und so auch der Kritik zugänglich gemacht werden.

Die folgende Fallstudie ist auf die Frage eingegrenzt, welche Bedeutung die öffentliche Stellung der theologischen Fakultäten für das Verhältnis von Kirche und Öffentlichkeit hat. Grundsätzlich muß eine derartige institutionelle Analyse jedoch auch die Frage erörtern, ob eine vorgegebene Wissenschaftsorganisation diejenigen Arbeitsvorgänge ermöglicht, die zur Lösung neu auftretender Probleme methodisch notwendig sind. Besteht die Aufgabe der Kirche in der Proklamation und Repräsentation des in Christus geschehenen Heils, so ist Aufgabe der Theologie die Reflexion dieses Vorgangs. Wie aber die Proklamation des geschehenen Heils in der Welt auf das gegenwärtige und künftige Heil für die Welt zielt, so kann auch Theologie nicht absehen von der Frage nach Heil oder Unheil des Ganzen[25]. Ergibt sich so die Frage nach der politischen und gesellschaftlichen Aufgabe der Kirche aus dem Zentrum ihres Auftrags, so folgt auch für die Theologie aus ihrem ursprünglichen Wesen mit Notwendigkeit ihre Orientierung an Fragen der kirchlichen und gesellschaftlichen Praxis[26]. Der auch von theologischer Theorie zu fordernde Bezug auf Praxis, in dem Theorie bezogen ist auf »Gesell-

---

[24] Vgl. *J. Habermas*, Technik und Wissenschaft als ›Ideologie‹, S. 146 ff.
[25] *J. Moltmann*, »Theologie in der Welt der Wissenschaften«, S. 274.
[26] Vgl. *W. Huber*, »Theologische Probleme der Friedensforschung«.

schaft (sc. und damit auch Kirche) als einen Handlungszusammenhang von sprechenden Menschen, die den sozialen Verkehr in den Zusammenhang bewußter Kommunikation einholen und sich selbst darin zu einem handlungsfähigen Gesamtsubjekt bilden müssen«[27], erfordert ein neues Verhältnis der theologischen Disziplinen zueinander. Nicht nur die Verhältnisbestimmung von systematischer und praktischer Theologie erweist sich angesichts solcher Fragestellungen als revisionsbedürftig; sondern darüber hinaus ergibt sich aus ihnen die Aufgabe, auch die Arbeitsvollzüge und Ergebnisse der historischen Disziplinen auf die Probleme gegenwärtiger Kommunikation und Konsensusbildung zu beziehen. Erforderlich ist also eine intensive Kooperation zwischen den historisch-hermeneutischen und den systematisch-handlungswissenschaftlichen Disziplinen in der Theologie[28].

Zum andern nötigen derartige Fragestellungen zur Kooperation zwischen der Theologie und anderen Wissenschaften. Sollen theologische Aussagen auf die empirische Realität von Kirche und Gesellschaft bezogen werden, so kann die Theologie auf deren empirische Analyse durch andere Wissenschaften nicht verzichten. Soll Theologie auf die Konsensusbildung handelnder Gruppen ausgerichtet sein, so ist sie auf intensive Kooperation mit den sogenannten Handlungswissenschaften angewiesen. Macht man sich deutlich, in welchem Umfang unsere gegenwärtige Welt von den modernen Naturwissenschaften geprägt ist und verändert wird, so erkennt man, daß die Theologie die Zusammenarbeit mit diesen Wissenschaften nicht entbehren kann.

Diese Zusammenhänge können hier nicht im einzelnen entfaltet werden. Sie müssen jedoch gegenwärtig sein, wenn der öffentliche Status der theologischen Fakultäten zur Diskussion steht. Denn solche Überlegungen ergeben sich mit Notwendigkeit aus der Erinnerung an den Öffentlichkeitsanspruch des Evangeliums: um dieses Öffentlichkeitsanspruchs willen eignet der Theologie eine unverzichtbare öffentliche Dimension, die sich heute in der geschilderten Kooperation niederschlagen muß. Im folgenden wird zu fragen sein, ob der öffentliche Status der theologischen Fakultäten zu dieser öffentlichen Dimension der Theologie in einer sinnvollen oder gar notwendigen Beziehung steht.

---

[27] *J. Habermas*, Theorie und Praxis, S. 233.
[28] Vgl. zur Terminologie wie zur Sache: *H. E. Tödt*, Die Theologie und die Wissenschaften.

2. Die Garantie des öffentlichen Status der theologischen Fakultäten

2.1. Die korporative Garantie der theologischen Fakultäten und ihre Begründung

Will man den gegenwärtigen Status der theologischen Fakultäten zureichend verstehen, so ist es unerläßlich, sich die in der Zeit der Weimarer Republik getroffenen Entscheidungen in ihren Begründungen und Folgen zu vergegenwärtigen. Denn die in der Weimarer Reichsverfassung und den Staatskirchenverträgen der Weimarer Zeit enthaltenen Regelungen haben direkte oder indirekte Wirkungen bis in unsere Gegenwart entfaltet.

Nach dem Ende des Kaiserreichs war die Fortexistenz theologischer Fakultäten an den staatlichen Universitäten alles andere als selbstverständlich. Sie war vielmehr publizistisch wie politisch gleichermaßen umstritten[29]. Insbesondere der Aufruf der neuen, aus Mehrheitssozialisten und unabhängigen Sozialisten zusammengesetzten preußischen Regierung vom 13. November 1918[30] mußte als Absage an die Fortexistenz theologischer Fakultäten interpretiert werden; ebenso war offensichtlich, daß der zu den unabhängigen Sozialisten zählende preußische Kultusminister Adolph Hoffmann mit der radikalen Trennung von Staat und Kirche auch das Ende der theologischen Fakultäten erreichen wollte.

In dieser Situation griffen die juristische, die medizinische und die philosophische Fakultät der Universität Marburg mit einer öffentlichen Erklärung in die Diskussion ein, der sich auch die entsprechenden Fakultäten der Berliner Universität anschlossen. Diese Erklärung hat folgenden Wortlaut[31]:

»Die juristische, medizinische und philosophische Fakultät erblicken in den theologischen Fakultäten vollwertige Glieder der Universitäten, die nicht nur Beamte des Staates und der Kirche ausbilden, sondern gleich den anderen Fakultäten der reinen Wissenschaft durch Forschung und Unterricht dienen und zur Erhaltung der Universitas litterarum unentbehrlich sind. Sollen, wie allseitig gewünscht, die Universitäten in Zukunft noch mehr als bisher Pflegestätten der Gesamtkultur des ganzen Volkes bilden,

---

[29] Vgl. dazu *A. v. Harnack*, »Die Bedeutung der theologischen Fakultäten«, S. 159; *A. Deißmann*, Reichsverfassung und Kirchenverfassung, S. 9.
[30] Text: *E. R. Huber*, Dokumente zur deutschen Verfassungsgeschichte, Bd. 3, Nr. 20.
[31] Zitiert bei: *A. v. Harnack*, a. a. O., S. 205 f.; *A. Deißmann*, a. a. O., S. 12 f.

so darf die theologische Wissenschaft keine Beeinträchtigung erfahren, denn sie ist mit anderen Wissensgebieten, namentlich philosophischen, historischen, philologischen und juristischen Fächern eng verknüpft und hat in reger Wechselbeziehung mit ihnen zum Aufbau der modernen deutschen Wissenschaft und Kultur wesentlich beigetragen. Nicht minder ist das Fortbestehen der theologischen Fakultäten an den Universitäten im Interesse der gesamten Volksbildung notwendig. Nach wie vor werden die Geistlichen einen großen Einfluß auf weite Volkskreise ausüben. Deshalb ist es dringend wünschenswert, daß die Ausbildung der angehenden Kirchendiener auf der Universität erfolgt, wo sie Vorlesungen aus allen Gebieten der Wissenschaft hören können und in ständiger Berührung mit den Vertretern anderer Berufskreise bleiben, nicht aber in Predigerseminaren und Konvikten, wo die großen Schäden einer völlig einseitigen Bildung unvermeidlich sind. Wir bitten daher die Unterrichtsverwaltung, auch im Falle der Trennung von Kirche und Staat den theologischen Fakultäten zum Nutzen der Wissenschaft und zum Wohle des Volkes ihre alte Stellung im Rahmen der Universität zu belassen.«

Diese Erklärung ist hier im Wortlaut wiedergegeben, da sie all die Argumente bereits enthält, die auch von Theologen in der Folgezeit dafür geltend gemacht wurden, daß die theologischen Fakultäten ihren Ort an den Universitäten behalten müßten. Wenn man diese Begründung im Blick auf die Fragestellung dieses Kapitels terminologisch etwas anders faßt, kann man sie folgendermaßen resumieren:

Der öffentliche Charakter der Theologie als *Wissenschaft* erfordert ihre Eingliederung in die Universität.

Der öffentliche Charakter des *Berufs des Theologen* erfordert seine Ausbildung an der Universität.

Diese beiden — auf die theologischen Fakultäten als Stätten der Forschung wie der Lehre bezogenen — Argumente kehren zunächst vor allem in einem Aufsatz Adolf von Harnacks über »Die Bedeutung der theologischen Fakultäten« wieder, der im März 1919 in den »Preußischen Jahrbüchern« erschien[32]. Harnack wollte mit diesem Aufsatz insbesondere auf die Verfassungsberatungen der Weimarer Nationalversammlung Einfluß nehmen — wie sich zeigen sollte, mit Erfolg.

Harnack argumentierte in diesem Aufsatz folgendermaßen: Die Forderung nach Abschaffung der theologischen Fakultäten ist aus den beiden altliberalen Obersätzen hergeleitet: »Religion ist Privatsache« und »Kirche und Staat müssen getrennt werden«. Die Auf-

---

[32] Abgedruckt in: Erforschtes und Erlebtes, S. 199 ff.

gabe der theologischen Fakultäten jedoch wird von diesen beiden Sätzen überhaupt nicht berührt. Vielmehr muß man sich zunächst vergegenwärtigen, welche Bedeutung die Theologie für die Freiheit und Entwicklung der Wissenschaft hat; Harnack nennt zum Beleg die Namen von Luther, Herder, Schleiermacher, Ferd. Chr. Baur, Hegel und Schelling. Er knüpft dann an die zitierte Erklärung der drei Marburger Fakultäten an und weist auf den inneren und äußeren Austausch der Theologie mit den anderen Wissenschaften an der Universität hin. »Es scheint hiernach«, so folgert er, »die eigentümliche Ausbildung, welche die evangelische Theologie gewährt, eine treffliche Voraussetzung für das universale Studium der Geisteswissenschaften zu sein.«[33]

Harnack bestimmt als Aufgabe der theologischen Fakultäten die Vertiefung der Erkenntnis und die Ausrüstung zum praktischen Handeln. Ihr Objekt ist die christliche Religion, genauer gesagt: »erstlich die Bibel, sodann die katholische Kirche und drittens der evangelische Glaube und die evangelische Frömmigkeit in ihrer Verkettung mit der Geistesgeschichte der letzten vier Jahrhunderte«[34]. Das wissenschaftliche Bemühen um diese Objekte wird niemals aufhören, ob nun die theologischen Fakultäten bestehen bleiben oder nicht. Die Frage ist also, wie dieses wissenschaftliche Bemühen am besten institutionalisiert werden kann.

An diese Frage schließt Harnack eine interessante Erwägung an: Wenn ein völliger Neuanfang in der Organisation der Universität möglich wäre, so sollte man auf die Schaffung starrer Fakultäten überhaupt verzichten; man sollte vielmehr einen einzigen Lehrkörper schaffen, der verschiedene und elastische Kommissionen zu bilden hätte – für die verschiedenen Gruppen der theoretischen Wissenschaft, für den akademischen Unterricht, für die Universitätsverwaltung und für die Volksbildung. Dadurch würde die Zusammenarbeit der bisher getrennten wissenschaftlichen Disziplinen angeregt. Solange jedoch die anderen Fakultäten bestehen bleiben, muß auch die theologische Fakultät gesondert weiter existieren. Ihre Eingliederung in die philosophische Fakultät würde ihren wissenschaftlichen Zweck wie ihre Ausbildungsaufgabe gefährden.

Harnack diskutiert im folgenden die Einwände gegen die theologischen Fakultäten, die sich dahin zusammenfassen lassen, die kirch-

---

[33] A. a. O., S. 207.
[34] A. a. O., S. 208.

liche Bindung der Theologie widerspreche der Freiheit der Wissenschaft. Harnack antwortet: Alle Fakultäten haben sich im Lauf des 18. und 19. Jahrhunderts von autoritären Bindungen befreien müssen; bei der Theologie hat dieser Prozeß am längsten gedauert; der Rest von Unfreiheit muß nun abgetan werden. »Jeder kirchliche Einfluß auf die Besetzung theologischer Lehrstühle hat aufzuhören, und die Nachforschungen über den ›theologischen Standpunkt‹ der zu Berufenden seitens des Staats sind einzustellen; ausschließlich die wissenschaftliche Tüchtigkeit hat zu entscheiden... Mißstände aber, die dadurch entstehen, daß Professoren in die theologischen Fakultäten kommen, die kein inneres Verhältnis zu der Sache haben, die sie dozieren, wiegen federleicht gegenüber der Verewigung des Mißtrauens, die theologischen Professoren seien äußerlich gebunden und unfrei.«[35] Es ist auch nichts dagegen einzuwenden, wenn ein Professor, der nicht evangelischer Konfession ist, in einer evangelisch-theologischen Fakultät lehrt[36]. Allerdings soll jedes Hauptfach mindestens mit einem Theologen evangelischen Bekenntnisses besetzt sein. Damit ist also nicht jede Bindung aus der Theologie verbannt; denn die innere Bindung des Forschers an seinen Gegenstand bleibt. Und ebensowenig wird die Theologie dem Ideal der »reinen Wissenschaft« vollständig unterworfen. Vielmehr lehnt Harnack den Ausschließlichkeitsanspruch des Begriffs der reinen Wissenschaft ab; denn »mit der reinen Wissenschaft bezwingt man nicht die Fülle des Wirklichen«[37]. Nur soll der Forscher »niemals von Außen gebunden sein, von Autoritäten und Überlieferungen, sondern sein Glaube, welcher es auch sei, soll rein innerlich bestimmt sein«[38].

Die Entfernung der theologischen Fakultäten aus den Universitäten würde nach Harnacks Überzeugung eine Isolierung der wissenschaftlichen und der religiösen Bildung voneinander zur Folge haben. Auch der, der dies für wünschenswert hält, »würde bald erleben, daß das Schwert des Geistes, welches die Religion führt, nicht stumpf geworden ist, und er würde sich in Kürze vor eine Entwicklung des Religiösen und Kirchlichen gestellt sehen, die weder im Interesse

---

[35] A. a. O., S. 214.
[36] Harnack verweist auf das Beispiel des Katholiken Leander van Eß, der Anfang des 19. Jahrhunderts außerordentlicher Professor der Theologie in Marburg war.
[37] A. a. O., S. 215.
[38] A. a. O., S. 215.

des Volks und Staats noch in dem der Kirche zu wünschen ist. Daher müssen die theologischen Fakultäten im Rahmen der Universitäten erhalten bleiben.«[39]

Man sucht in der späteren Literatur vergeblich nach einem Dokument, in dem das Plädoyer für den öffentlichen Status der theologischen Fakultäten mit vergleichbar radikalen Vorschlägen zu ihrer Veränderung verbunden wäre. Harnacks Aufsatz ist in gleicher Weise ein Manifest der liberalen Theologie wie des liberalen Wissenschaftsbegriffs. Unbefangen begreift er Theologie als Wissenschaft und fordert für die Wissenschaft die Freiheit von allen äußeren Bindungen, für die Theologie deshalb die Freiheit von allen institutionellen Bindungen an die Kirche. Legitim ist in der Wissenschaft nur die innere Bindung, die aus Überzeugung entspringt; und legitim ist auch diese nur so lange, so lange sich der Wissenschaftler des Unterschieds zwischen objektiver wissenschaftlicher Erkenntnis und innerer Überzeugung bewußt ist. Geht man von diesen Kriterien aus, so läßt sich gegen die Existenz der theologischen Fakultäten an den Universitäten nichts einwenden. Zu fordern ist sie vom Gegenstandsbereich theologischer Forschung wie von der Ausbildungsaufgabe theologischer Lehre her.

Harnack hat allerdings nur mit seinem Plädoyer für den öffentlichen Status der theologischen Fakultäten, nicht dagegen mit seinen Vorschlägen zu ihrer Veränderung Erfolg gehabt. Der Mehrheitssozialist Konrad Haenisch, der nach dem Rücktritt von Adolph Hoffmann allein das preußische Kultusministerium leitete, schrieb ihm am 12. März 1919: »Sie dürfen überzeugt sein, daß ich gerade *diese* Angelegenheit mit allem Ernst und aller Gewissenhaftigkeit behandeln werde. Dabei wird mir Ihr Aufsatz, gegebenenfalls auch ihr persönlicher Rat, von allergrößter Wichtigkeit sein.«[40] Der Abgeordnete der Deutschen Volkspartei und bedeutende Staatskirchenrechtler Wilhelm Kahl schrieb an Harnack aus Weimar: Ihre Ausführungen »kamen gerade zur rechten Zeit, um einige schwankende Gemüter fest zu machen. Ich hoffe zuversichtlich, daß die theologischen Fakultäten in der Verfassung selbst verankert werden.«[41]

Über diese literarische Einflußnahme hinaus wurde Harnack noch zur unmittelbaren Mitwirkung an den Verfassungsberatungen her-

---

[39] A. a. O., S. 217.
[40] *A. v. Zahn-Harnack,* Adolf von Harnack, S. 497.
[41] Ebd.

angezogen. Vom 1. bis 4. April 1919 nahm er als von der Regierung berufener Sachverständiger an den Verhandlungen in Weimar teil.

In den Beratungen der Nationalversammlung selbst zeigte sich deutlich, daß Harnacks Plädoyer auf fruchtbaren Boden gefallen war; insbesondere die Sicherheit, mit der Harnack vom Wissenschaftscharakter der Theologie ausgegangen war, hatte offensichtlich Eindruck gemacht[42]. In Art. 149 Abs. 3 WRV wurde die Fortexistenz der theologischen Fakultäten an den Universitäten garantiert: »Die theologischen Fakultäten an den Hochschulen bleiben erhalten.« Man wird diese Verfassungsgarantie in erheblichem Umfang als einen persönlichen Erfolg Harnacks zu werten haben. In einem Brief an Wilhelm Stapel aus dem Jahr 1925 hat Harnack selbst rückschauend seine Mitwirkung an den Verfassungsberatungen des Jahres 1919 folgendermaßen beschrieben[43]:

> »Ich stellte mich nun auf den Boden der Verfassung, weil ich *wirken* und versuchen mußte, im Vereine mit Anderen soviel Güter der Vergangenheit auf den neuen Boden zu verpflanzen als irgend möglich. In diesem Sinne habe ich in Weimar mit Naumann und Anderen an den Paragraphen über Kirche, Schule und Wissenschaft gearbeitet, und es ist wenigstens etwas leidliches zustande gekommen; selbst die Theologischen Fakultäten sind nicht nur gerettet, sondern sogar in der Verfassung ausgezeichnet worden.«

Allerdings war nicht ganz eindeutig, wie weit die Garantie der theologischen Fakultäten in der Weimarer Verfassung reichte. Sicherte sie nur die Institution der theologischen Fakultät als solche — oder gewährleistete sie zugleich den bisherigen Bestand an theologischen Fakultäten im Deutschen Reich? Enthielt Art. 149 Abs. 3 WRV also eine »Status-quo-Garantie« oder eine »institutionelle Garantie« für die theologischen Fakultäten?

Der Begriff der »institutionellen Garantie« wurde von Carl Schmitt in die Diskussion eingeführt; er wies darauf hin, daß der Grundrechtsteil der Weimarer Verfassung neben der Gewährleistung der liberalen Freiheitsrechte die Gewährleistung bestimmter Rechtsinstitute, also traditionell feststehender Normenkomplexe, und darüber hinaus die Gewährleistung von Institutionen, also bestimmten Rechtseinrichtungen, beinhalte[44]. E. R. Huber hat diese Unterschei-

---

[42] Vgl. Verhandlungen der verfassunggebenden Deutschen Nationalversammlung, Bd. 336, Berlin 1920, S. 192 ff.
[43] A. v. *Zahn-Harnack*, a. a. O., S. 483 f.
[44] C. *Schmitt*, »Freiheitsrechte und institutionelle Garantien«.

dung weiter verfeinert und die institutionellen Garantien in die Gewährleistungen zugunsten eines staatlichen Organisationsprinzips und die Gewährleistungen zugunsten einer rechtsfähigen Korporation unterschieden[45]. Zu den letzteren, den »korporativen Garantien«, zählt die Garantie der theologischen Fakultäten; diese sind also nach der Verfassung »als Einrichtung« zu erhalten, was bestimmte Veränderungen an ihrem Status quo nicht mit Notwendigkeit ausschließt. Die entscheidende Aufgabe der Interpretation dieses Verfassungsartikels besteht deshalb darin zu klären, was zum Wesen der theologischen Fakultät als Institution gehört. E. R. Huber hat dieses folgendermaßen umschrieben[46]:

»Zum Wesen einer solchen theologischen Fakultät gehört, daß sie nicht schlechthin das Wissen von den Glaubenssätzen einer bestimmten Religionsgesellschaft vermittelt, sondern daß die Fakultät selbst in ihrer persönlichen Zusammensetzung und in ihren sachlichen Zielen der Vertiefung und Übermittlung der Glaubenssätze einer bestimmten Bekenntnisgemeinschaft dient und die Ausbildung der künftigen Geistlichen dieser Gemeinschaft übernimmt. Erhaltung der theologischen Fakultäten bedeutet also Erhaltung der gegenwärtigen zur Forschung und Lehre im Rahmen einer bestimmten Konfession dienenden Fakultäten. Mit dieser Bindung der theologischen Fakultäten an den Dienst im Rahmen einer Konfession wird ein besonderer geschichtlich überkommener Grundzug der deutschen Universität aufrecht erhalten. Diese in der Natur der Sache liegende Bindung rechtfertigt es auch, daß in den neuen Kirchenverträgen Bayerns und Preußens den Religionsgesellschaften gewisse Einflußrechte auf die persönliche Zusammensetzung der theologischen Fakultäten zuerkannt worden sind.«

Wie diese juristische Argumentation zeigt, war mit der institutionellen Garantie der theologischen Fakultäten deren Bindung an die Kirchen — einschließlich der kirchlichen Mitwirkungsrechte bei der Besetzung theologischer Lehrstühle — zugleich gegeben, da diese zum überlieferten Wesen der theologischen Fakultäten gehörte. Harnacks Versuch, einerseits die Existenz der theologischen Fakultäten zu sichern, andererseits jedoch ihre volle Unabhängigkeit von äußeren Bindungen an die Kirchen zu erreichen, mußte scheitern, da mit dem bisherigen Status zugleich auch die kirchliche Bindung der Fakultäten gewährleistet wurde.

Die institutionelle Garantie der theologischen Fakultäten wurde mit Rücksicht auf die Kulturhoheit der Länder vom Bonner Grund-

---

[45] E. R. Huber, »Bedeutungswandel der Grundrechte«, S. 15.
[46] E. R. Huber, a. a. O., S. 70.

gesetz nicht übernommen. Jedoch ist der Bund durch Art. 19 des Reichskonkordats zur Erhaltung der katholisch-theologischen Fakultäten verpflichtet; aus Paritätsgründen gilt diese Pflicht auch gegenüber den evangelisch-theologischen Fakultäten. Seit der Bund eine Rahmenkompetenz in der Hochschulgesetzgebung erhalten hat[47], ist er verpflichtet, innerhalb dieser Kompetenz für die Beibehaltung der theologischen Fakultäten Sorge zu tragen[48].

Eine Verfassungsgarantie der theologischen Fakultäten fand nach 1945 in eine Reihe von Länderverfassungen Eingang[49]. In den Bundesländern, in denen eine solche Verfassungsgarantie fehlt, beruht die Bestandsgarantie der theologischen Fakultäten auf den entsprechenden Staatskirchenverträgen; ihnen kommt kein Verfassungs-, sondern allein Gesetzescharakter zu[50].

2.2. Der Fakultätsartikel des Preußischen Kirchenvertrags von 1931

Die in der Zeit der Weimarer Republik abgeschlossenen Kirchenverträge trugen der kirchlichen Bindung der theologischen Fakultäten weitgehend Rechnung. Die Entwicklung sei exemplarisch am Preußischen Kirchenvertrag von 1931 dargestellt — an den bayerischen Verträgen von 1924 und dem badischen Vertrag von 1932 ließe sich Ähnliches zeigen.

Für den Status der theologischen Fakultäten sind drei Komplexe von Bestimmungen ausschlaggebend, die in ihrer Zusammengehörigkeit gesehen werden müssen. Es handelt sich um die Bestandsgarantie der theologischen Fakultäten, ferner die Bestimmungen über die Vorbildung der Geistlichen und schließlich die Festlegung der kirchlichen Mitwirkungsrechte bei der Besetzung der theologischen Lehrstühle.

Die *Bestandsgarantie der theologischen Fakultäten* ist eine Folge-

---

[47] 22. Änderungsgesetz zum Grundgesetz vom 12. Mai 1969 (BGBl I, 363).
[48] Das Konkordatsurteil des Bundesverfassungsgerichts vom 26. März 1957 (BVerfGE 6, S. 309 ff.) entbindet ihn von dieser Verpflichtung nicht.
[49] Bayer. Verf. Art. 150, Abs. 2; Hess. Verf. Art. 60, Abs. 2; Rheinl.-Pfälz. Verf. Art. 39, Abs. 1; Nordrhein-Westf. Verf. Art. 23, Abs. 1 in Verb. mit Preuß. KV Art. 11, Abs. 1; Baden-Württ. Verf. Art. 85.
[50] Siehe auch unten S. 503 ff. Daß die »Verfassungsgarantie der Fakultäten weithin entfallen« sei (W. *Weber*, »Der gegenwärtige Status der theologischen Fakultäten«, S. 13), muß angesichts des geschilderten Befunds als übertriebene Ausdrucksweise erscheinen.

rung aus ihrer korporativen Garantie in Art. 149 Abs. 3 WRV. Art. 11 Abs. 1 des Preußischen Kirchenvertrags bestimmt:

»Für die wissenschaftliche Vorbildung der Geistlichen bleiben die evangelisch-theologischen Fakultäten an den Universitäten in Berlin, Bonn, Breslau, Göttingen, Greifswald, Halle, Kiel, Königsberg, Marburg und Münster bestehen.«[51]

Diese Bestandsgarantie steht in unmittelbarem Zusammenhang mit den Vorschriften über die *Vorbildung der Geistlichen*. Deren entscheidender Bestandteil ist die Forderung eines mindestens dreijährigen Studiums an einer deutschen staatlichen Hochschule (Art. 9 Abs. 1 in Verbindung mit Art. 8 Abs. 1 Preuß. KV)[52]. Als Gegenleistung für die Garantie der theologischen Fakultäten fordert der Staat von der Kirche — unbeschadet ihrer Autonomie — das mindestens dreijährige Studium aller Geistlichen an den staatlichen Hochschulen (Triennium). Diese im Preußischen Kirchenvertrag getroffene vertragliche Regelung geht auf die Gesetzgebung der Kulturkampfzeit zurück. Das Preußische Gesetz über die Vorbildung und Anstellung von Geistlichen vom 11. Mai 1873[53] schrieb ein dreijähriges theologisches Studium an einer deutschen theologischen Staatsfakultät, der auf der katholischen Seite ein staatlich anerkanntes bischöfliches Seminar gleichgestellt werden konnte, mit abschließender wissenschaftlicher Staatsprüfung vor. Zwar richtete sich dieses Gesetz, einschließlich des in ihm geforderten »Kulturexamens«[54], vor allem auf die Vorbildung der katholischen Geistlichen. Für die evangelischen Geistlichen war die Vorschrift des staatlichen Trienniums ohnehin unproblematisch, da für sie keine Alternative zu der Ausbildung an staatlichen Universitäten bestand. Gleichwohl ist die Feststellung von Interesse, daß die Vorschrift des Preußischen Kirchenvertrags über das staatliche Triennium in dem Gesetz von 1873 ihren Vorläufer hat.

Der staatlichen Gewährleistung der theologischen Fakultäten und der kirchlichen Bereitschaft, die Geistlichen an den staatlichen Fakul-

---

[51] W. *Weber*, Die deutschen Konkordate und Kirchenverträge, Bd. I, S. 171.
[52] Art. 8 regelt die Voraussetzungen für leitende Geistliche, Art. 9 bestimmt die analoge Geltung dieser Bestimmungen für alle Geistlichen.
[53] Preußische Gesetz-Sammlung, 1873, S. 191; vgl. E. R. *Huber*, Deutsche Verfassungsgeschichte, Bd. IV, S. 712 f.
[54] Als Bestandteil der wissenschaftlichen Staatsprüfung wurde der Nachweis einer hinreichenden Bildung auf dem Gebiet der Philosophie, der Geschichte und der deutschen Literatur verlangt.

täten ausbilden zu lassen, tritt als drittes Element das *kirchliche Mitspracherecht bei der Besetzung der theologischen Lehrstühle* zur Seite. Dieses war für Preußen zuerst in einer Königlichen Kabinettsordre vom 5. Februar 1855[55] festgelegt, die folgenden Wortlaut hat[56]:

»Auf den Bericht vom 13. Januar d. J. bestimme ich hierdurch zur Ergänzung des von mir genehmigten Ressortreglements für die innere Kirchenverwaltung vom 29. Juni 1850[57] und um den Behörden der evangelischen Kirche die Ausübung der ihnen obliegenden Pflicht zur Wahrung des Bekenntnisses beim evangelischen Religionsunterricht an den Volksschulen, den Schullehrer-Seminarien und höheren Schulen möglich zu machen, daß die in diesen Unterrichtsanstalten zu gebrauchenden Religionslehrbücher der Genehmigung der Kirchenbehörden unterliegen sollen, und daß auch bei der Anstellung der ordentlichen und außerordentlichen Professoren der Theologie an den Universitäten und der evangelisch-geistlichen Räte bei den Regierungen, insofern diese zugleich Mitglieder der Konsistorien sind, so wie der Direktoren an den evangelischen Schullehrer-Seminarien jedesmal das Gutachten des evangelischen Oberkirchenrats in Beziehung auf Bekenntnis und Lehre des Anzustellenden zu erfordern ist...«

In den 1866 annektierten preußischen Gebieten erhielt diese Kabinettsordre keine Gültigkeit. Die gutachtliche Äußerung des Oberkirchenrats blieb also auf Berufungen an die sieben altpreußischen theologischen Fakultäten beschränkt; Berufungen an die theologischen Fakultäten in Marburg, Göttingen und Kiel vollzogen sich ohne Mitwirkung einer Kirchenbehörde. Dieser Rechtszustand überdauerte das Jahr 1918 und fand erst mit dem Preußischen Kirchenvertrag von 1931 ein Ende. Unumstritten war bei den Verhandlungen über diesen Kirchenvertrag, daß den evangelischen Kirchenbehörden bei der Besetzung theologischer Lehrstühle nur ein konsultatives Votum, nicht dagegen ein dezisives Votum — wie den katholischen Kirchenbehörden — zukommen könne. Gleichwohl erhoben die neupreußischen Fakultäten Widerspruch dagegen, daß die altpreu-

---

[55] Vgl. dazu v. a. Regierungsbegründung zum Preußischen Kirchenvertrag zu Art. 11 (W. *Weber,* Die deutschen Konkordate und Kirchenverträge, S. 181); *J. Heckel,* »Der Vertrag des Freistaates Preußen mit den evangelischen Landeskirchen«, Sp. 202; *H. Chr. Mahrenholz,* »Die Mitwirkung der ev. Kirche bei der Besetzung der Lehrstühle«, S. 224 f.
[56] Staatsanzeiger Nr. 125 vom 1.7.1855.
[57] Mit diesem Ressortreglement (Preußische Gesetz-Sammlung, 1850, S. 344) wurde der Evangelische Oberkirchenrat errichtet und damit eine aus der staatlichen Verwaltung ausgegliederte Kirchenverwaltung geschaffen.

ßische Regelung durch den Kirchenvertrag auch auf die Fakultäten in Marburg, Göttingen und Kiel ausgedehnt werden sollte. Da die Kontroverse, die darüber entstand, für den Status der theologischen Fakultäten erhellend ist, seien hier die zentralen Gesichtspunkte erwähnt.

Angeführt wurde der Widerspruch von der Marburger Fakultät; literarisch vertreten wurde er insbesondere von Martin Rade. Rade hält zwar das kirchliche Interesse an der Besetzung der theologischen Lehrstühle für legitim; denn den Fakultäten ist die Ausbildung der künftigen Geistlichen anvertraut. Doch er geht davon aus, daß die Fakultäten selbst »Kirche« sind; sie stellen ebenso sehr eine kirchliche Instanz dar wie der Oberkirchenrat. Diese Instanz ist in höherem Maß dazu befugt, über Lehre zu urteilen, als eine kirchliche Verwaltungsbehörde. Dadurch, daß die Fakultät den Vorschlag für die Besetzung des Lehrstuhls macht, der Staat aber beruft, wirken also bereits Kirche und Staat zusammen. Es ist widersinnig, wenn einer kirchlichen Behörde das Recht gegeben werden soll, das Urteil, das die Fakultät als kirchliche Instanz getroffen hat, zu überprüfen[58]. Jedenfalls widerspricht es evangelischem Verständnis, wenn der Oberkirchenrat als eine der Fakultät übergeordnete kirchliche Behörde angesehen wird, die sich über den Kopf der Fakultät hinweg mit dem Kultusministerium als der übergeordneten staatlichen Behörde verständigt[59]. Dies gilt erst recht dann, wenn das kirchenbehördliche Gutachten geheim ist und weder der Fakultät noch dem Betroffenen zur Kenntnis gebracht wird[60].

Das zentrale Argument dieses Widerspruchs ist: »Wir halten es für unevangelisch, daß die theologische Fakultät einer kirchlichen Verwaltungsbehörde hinsichtlich Lehre und Bekenntnis unterstellt sein soll.« Deshalb erklärten die fünf Marburger Theologieprofessoren Balla, Bultmann, Frick, Hermelink und von Soden sowohl gegenüber den »Hochwürdigen Kirchenregierungen« von Nassau und Hessen-Kassel als auch gegenüber dem preußischen Kultusministerium, daß sie einer generellen Inkraftsetzung der Kabinettsordre von 1855 für ganz Preußen aus Gewissensgründen bis zum äußersten widerstehen müßten und im Fall der Einführung einer solchen Regelung nicht länger »Glieder eines derart unevangelisch gewordenen

---

[58] *M. Rade*, »Missio Canonica für die evangelischen Fakultäten?«, Sp. 170 f.
[59] *M. Rade*, »Der Marburger Vorschlag«, Sp. 233.
[60] *H. Frick*, »Die Marburger Opposition«, Sp. 655.

Kirchenkörpers und Inhaber von in ihrer wesentlichen Verantwortlichkeit geschwächten Lehrstühlen« bleiben könnten[61].

Es gelang der Marburger Fakultät nicht, eine einhellige Stellungnahme des evangelisch-theologischen Fakultätentags zugunsten ihrer Auffassung zu erreichen[62]. So fand sie auch für ihren eigenen Vorschlag, wie die berechtigten Interessen der verfaßten Kirche bei der Besetzung theologischer Lehrstühle zur Geltung gebracht werden könnten, nicht die erhoffte Unterstützung. Die Marburger Fakultät schlug folgendes Verfahren vor: Die notwendige Verständigung hat nicht über den Kopf der Fakultät hinweg zwischen Kirchenbehörde und Kultusministerium, sondern zwischen der Fakultät und der Kirchenbehörde zu erfolgen. Bevor die Fakultät dem Minister einen Berufungsvorschlag einreicht, soll sie der zuständigen Kirchenbehörde Gelegenheit zur gutachtlichen Äußerung geben und sich um eine Verständigung mit ihr bemühen[63]. Es kann nicht zweifelhaft sein, daß auch dieses Votum gegenüber der Fakultät nur konsultativen Charakter haben soll und die Autonomie der Fakultät in der Erstellung von Berufungslisten nicht berührt.

Die endgültige Vertragsformulierung ist von dem Bestreben gekennzeichnet, einerseits an der altpreußischen Regelung festzuhalten, andererseits doch die Bedenken der Marburger Fakultät zu berücksichtigen. Daraus hat sich eine komplizierte Bestimmung folgenden Wortlauts ergeben[64]:

Art. 11 Abs. 2: »Vor der Anstellung eines ordentlichen oder außerordentlichen Professors an einer evangelisch-theologischen Fakultät wird der kirchlichen Behörde Gelegenheit zu gutachtlicher Äußerung gegeben.«

---

[61] Schreiben von Hans von Soden an die Kirchenregierung der Evangelischen Kirche in Nassau vom 16. 11. 1930, in: *Barth-Bultmann*, Briefwechsel, S. 240 ff. (242). Bultmann begründete diesen Widerspruch in einem ebd., S. 243 ff., zum ersten Mal veröffentlichten Gutachten vom 18. 1. 1931, das die beiden folgenden Thesen entwickelt: »1) Es kann in der protestantischen Kirche keine Verwaltungsinstanz geben, die Lehrnorm festsetzt und autoritativ über rechte Lehre und Irrlehre entscheidet... 2) Der Anspruch des Kirchenregimentes auf Kontrolle der theologischen Fakultäten setzt eine gänzlich falsche Meinung über das Verhältnis von Kirchenbehörden und theologischen Fakultäten voraus.«
[62] Vgl. dazu vor allem das Schreiben der Marburger Theologischen Fakultät vom 24. 1. 1931, ebd., S. 248 ff.
[63] M. *Rade*, »Der Marburger Vorschlag«, Sp. 233.
[64] W. *Weber*, Die deutschen Konkordate und Kirchenverträge, Bd. 1, S. 171, 175.

Schlußprotokoll zu Art. 11 Abs. 2: »(1) Bevor jemand als ordentlicher oder außerordentlicher Professor in einer evangelisch-theologischen Fakultät erstmalig angestellt werden soll, wird ein Gutachten in bezug auf Bekenntnis und Lehre des Anzustellenden von derjenigen obersten kirchlichen Verwaltungsbehörde erfordert werden, in deren Amtsbereich die Fakultät liegt.
(2) Die der Anstellung vorangehende Berufung, d. h. das Angebot des betreffenden Lehrstuhls durch den Minister für Wissenschaft, Kunst und Volksbildung, wird in vertraulicher Form und mit dem Vorbehalt der in Abs. 1 vorgesehenen Anhörung geschehen. Gleichzeitig wird die kirchliche Verwaltungsbehörde benachrichtigt und um ihr Gutachten ersucht werden, für welches ihr eine ausreichende Frist gewährt werden wird.
(3) Etwaige Bedenken gegen Bekenntnis und Lehre des Anzustellenden werden von der kirchlichen Verwaltungsbehörde nicht erhoben werden, ohne daß sie sich mit Vertretern der übrigen Kirchen, die von diesen unter Berücksichtigung des Bekenntnisses der befragten Kirche zu bestimmen sind, beraten und festgestellt hat, ob ihre Bedenken überwiegend geteilt werden. Das Ergebnis wird in dem Gutachten angegeben werden. Bei einer ohne Widerspruch der Fakultät erfolgenden Berufung wird die kirchliche Verwaltungsbehörde vor der etwaigen Einleitung des in Satz 1 vorgesehenen Verfahrens durch Vermittlung des Ministeriums für Wissenschaft, Kunst und Volksbildung in eine vertrauliche mündliche Fühlungnahme mit der Fakultät eintreten, auf Wunsch der kirchlichen Verwaltungsbehörde oder der Fakultät unter Beteiligung eines der evangelischen Kirche angehörigen Vertreters des Ministeriums.
(4) Solange das Gutachten nicht vorliegt, wird eine Veröffentlichung der Berufung nicht erfolgen.
(5) Die vorstehenden Bestimmungen gelten auch für eine Wiederanstellung, falls der zu Berufende inzwischen die Zugehörigkeit zu einer evangelisch-theologischen Fakultät des Kirchengebietes verloren hatte.
(6) Wird die Versetzung eines ordentlichen oder außerordentlichen Professors von einer evangelisch-theologischen Fakultät im Gebiete der evangelischen Kirche der altpreußischen Union an eine andere evangelisch-theologische Fakultät dieses Gebietes beabsichtigt, so wird gleichzeitig mit der Berufung der Evangelische Oberkirchenrat vertraulich unterrichtet; es steht ihm frei, sich über die durch die Versetzung berührten provinzialkirchlichen Interessen binnen eines Monats zu äußern.«

In diesen Bestimmungen ist die Regelung der Kabinettsordre von 1855 aufgenommen. Doch sie ist insbesondere durch folgende Elemente ergänzt: Im Fall einer Beanstandung ist die Kirchenbehörde genötigt, mit der betroffenen Fakultät in eine unmittelbare Fühlungnahme zu treten; damit ist den Marburger Einwänden in gewissem Umfang Rechnung getragen[65]. Darüber hinaus kann die befragte

---

[65] Die fünf Marburger Professoren, die beim Kultusminister Widerspruch erhoben hatten, erklärten deshalb auch durch ein Schreiben vom 3. Juni 1931,

Kirchenbehörde erst dann Bedenken gegen Lehre und Bekenntnis eines zu Berufenden geltend machen, wenn sie festgestellt hat, daß diese Bedenken von der Mehrheit der anderen Landeskirchen im preußischen Staatsgebiet geteilt werden. Dadurch wird das Verfahren erschwert; es soll sichergestellt sein, daß kirchliche Bedenken nur in wirklich gravierenden Fällen geltend gemacht werden.

Das Bemerkenswerte an der geschilderten Kontroverse ist, daß der Widerspruch gegen eine Mitwirkung der Kirchenbehörde an der Besetzung theologischer Lehrstühle nicht mehr aus dem Grundsatz der Freiheit der Wissenschaft hergeleitet wird, auf den Harnack sich noch berufen hatte; vielmehr wird der kirchliche Charakter der theologischen Fakultäten, ihre kirchliche Kompetenz in Fragen von Lehre und Bekenntnis, zur Begründung angeführt. Nicht ihr Charakter als *wissenschaftlicher*, sondern ihr Charakter als *kirchlicher* Einrichtungen steht am Anfang der dreißiger Jahre im Mittelpunkt der Erörterungen und bestimmt die Argumentation. Auch Harnack hatte den Bezug der theologischen Fakultäten zur Kirche nicht geleugnet; er hatte jedoch darauf bestanden, daß die Kirche eine *wissenschaftliche* Theologie nötig habe und daß deshalb ihr selbst an der Freiheit der Fakultäten von aller äußeren kirchlichen Bindung gelegen sein müsse. Nun dagegen wird die notwendige Freiheit der Fakultäten von kirchenbehördlicher Bevormundung gerade aus dem *kirchlichen* Charakter der Fakultäten hergeleitet.

Darin zeigt sich deutlich eine Auswirkung der dialektischen Theologie, die weit über den Kreis von deren unmittelbaren Anhängern hinausgeht. Allerdings können aus der von ihr vertretenen These, die Theologie sei eine Funktion der Kirche, durchaus unterschiedliche Konsequenzen gezogen werden. Denn ein Karl Barth nahestehender Theologe, Karl Ludwig Schmidt, machte sich gerade, von dieser These ausgehend, zum Fürsprecher der in der Kabinettsordre von 1855 niedergelegten Regelung[66]. Entschieden wandte sich Schmidt gegen Rades Meinung, die theologischen Fakultäten seien selbst Kirche: eine solche Meinung verkennt den Doppelstatus der Fakultä-

---

daß sie bereit seien, sich mit der nun getroffenen Regelung abzufinden. Sie bedeute zwar für die neupreußischen Fakultäten einen Rückschritt, bringe jedoch einen deutlichen Fortschritt für die altpreußischen Fakultäten (Text bei: *Frick*, »Die Marburger Opposition«, Sp. 651 f.).
[66] *K. L. Schmidt*, »Evangelisch-theologische Fakultät und Kirche«, in: ThBl 1930 und 1931.

ten, die zugleich staatliche Einrichtungen sind und eine kirchliche Aufgabe wahrzunehmen haben. Diese kirchliche Aufgabe macht es notwendig, gegen die staatliche Bindung der Fakultäten dadurch ein Gegengewicht zu schaffen, daß sie auch an die Organe der verfaßten Kirche gebunden werden[67]. An Texten aus dem 16. und 17. Jahrhundert weist Schmidt nach, daß schon die reformatorische und nachreformatorische Zeit das Recht der Kirchenleitung, über die Lehre der Fakultäten zu urteilen, gekannt hat[68]. Nur wenn dieses Recht der Kirchenleitung auch in der Gegenwart anerkannt wird, läßt es sich weiterhin vertreten, daß der religiös neutrale Staat Träger der theologischen Fakultäten ist.

Am Beginn der Erörterungen in der Zeit der Weimarer Republik stand die Überzeugung, um des wissenschaftlichen Charakters wie um der Ausbildungsaufgabe der theologischen Fakultäten willen sei ihre Eingliederung in die Universitäten unerläßlich: Theologie als Wissenschaft muß im Zusammenhang der wissenschaftlichen Öffentlichkeit betrieben werden; wegen der Bedeutung des Pfarrerberufs für die gesamte Öffentlichkeit ist die Ausbildung der Theologen an der Universität beizubehalten. Am Ende der Weimarer Republik war diese Argumentation völlig in den Hintergrund getreten: die Kirchlichkeit der Theologie und die kirchliche Bindung der Fakultäten bildeten nun den Ausgangs- und Zielpunkt der Erörterungen. Damit aber wuchs die Schwierigkeit, den öffentlichen Status der theologischen Fakultäten zu begründen. So betrachtete man weithin die Existenz der theologischen Fakultäten an den Universitäten als einen überlieferten Zustand, dessen Veränderung man sich zwar nicht vorstellen konnte, den zu begründen gleichwohl Schwierigkeiten bereitete. Nur am Rande tauchten in dieser Diskussion Hinweise auf die Zugehörigkeit der Theologie zur universitas litterarum[69] oder auf die Notwendigkeit, daß sich auch die Theologie den Grundsätzen der freien Wahrheitsfindung unterwerfen müsse[70], auf. Dominiert wurde diese Debatte von dem Gesichtspunkt der Kirchlichkeit der theologischen Fakultäten; und gelegentlich tauchte in ihr die Frage auf, ob nicht die Abschaffung der Staatsfakultäten und die Begründung theologischer Fakultäten unter ausschließlicher kirchli-

---

[67] ThBl, 1930, Sp. 235 ff.
[68] ThBl, 1931, Sp. 74 ff.
[69] *J. Kübel*, »Konsistorium oder Fakultät?«, Sp. 787.
[70] *H. Frick*, »Die Marburger Opposition«, Sp. 653.

cher Verantwortung die sachgemäße Konsequenz aus der Trennung von Staat und Kirche gewesen wäre[71]. Doch diese Frage wurde nicht weiter verfolgt, obwohl das Beispiel der schon 1905 gegründeten theologischen Schule in Bethel dazu Anlaß hätte bieten können[72]. Erst durch den Kirchenkampf wurde sie in einer neuen und ungleich dramatischeren Weise akut.

3. Theologische Fakultäten und Kirchliche Hochschulen

3.1. Die Gründung Kirchlicher Hochschulen in der Zeit des Kirchenkampfs

An der gerade beispielhaft geschilderten Rechtslage hat sich in der Zeit des Dritten Reiches dem Wortlaut nach nichts geändert. Gleichwohl änderten sich deren Voraussetzungen von Grund auf, da das staatliche Hochschulrecht zu einer Waffe der staatlichen Kirchenpolitik wurde. Die Frage der Kirchlichkeit der theologischen Ausbildung gewann angesichts der nationalsozialistischen Kirchenpolitik und angesichts der Tatsache, daß eine Reihe theologischer Fakultäten dieser weit entgegenkam, ein völlig neues Gewicht. Am schärfsten stellte sich diese Frage im Bereich der »zerstörten Kirchen«, insbesondere im Gebiet der altpreußischen Union. Die Kirchlichen Hochschulen in Berlin und Wuppertal sind Kampfgründungen im eigentlichen Sinn. Kampfmaßnahmen waren ebenso die theologischen Vorlesungen der Bekennenden Kirche in Königsberg und Breslau[73]. Auch die Aufgaben der Theologischen Schule in Bethel veränderten sich unter der Einwirkung des Kirchenkampfes; die ebenfalls bereits vor dem dritten Reich gegründete Schule Elberfeld verschmolz sehr bald mit der Wuppertaler Hochschule.

Schon die Barmer Bekenntnissynode von 1934[74] bekannte sich zu ihrer Verantwortung für die »geistliche Erneuerung des Pfarrerstan-

---

[71] *M. Rade*, »Foerster und Kübel«, Sp. 928.
[72] Vgl. *G. Heckel*, Der Rechtsstatus der evangelischen Kirchlichen Hochschulen, S. 14 ff.
[73] Einzelheiten v. a. bei *G. Heckel*, Der Rechtsstatus der evangelischen Kirchlichen Hochschulen, S. 49 ff. (vgl. auch den ungekürzten Text in der mschr. Fassung unter dem Verfassernamen *G. Schmidt*).
[74] Vgl. zum folgenden *G. Heckel*, a. a. O., S. 54 ff.

des«[75]. Dazu zählte sie die »Betreuung des theologischen Nachwuchses durch Sammlung auf den Universitäten und in den Ferien, in geeigneten Vikariaten, in Predigerseminaren, in theologischen Schulen und durch Rüstzeiten«[76].

Die gleichzeitig tagende Bekenntnissynode der altpreußischen Union übertrug der Bekenntnissynode der jeweiligen Provinz die Verantwortung für die Theologenausbildung. Am 30. Oktober 1934 betraute der Reichsbruderrat die Bruderräte der Landeskirchen zusammen mit den Mitgliedern der theologischen Fakultäten, die der Bekennenden Kirche zugehörten, mit der Zuständigkeit für die Ausbildung der Kandidaten und Hilfsprediger und mit der Bestellung der theologischen Prüfungsämter der Bekennenden Kirche.

Bald darauf begründete die zweite Freie Reformierte Synode, die vom 26. bis 28. März 1935 in Siegen zusammentrat, ausführlich die Notwendigkeit einer Kirchlichen Hochschule für reformatorische Theologie[77]:

»Die Kirche hat den Auftrag, das Wort Gottes lauter und unverkürzt zu verkündigen. Daraus erwächst ihr die Aufgabe, die künftigen Prediger heranzubilden und die Reinheit und Gesundheit der kirchlichen Verkündigung immer neu zu erforschen und zu prüfen. Die Ausübung dieses Lehrauftrages, die bisher an den theologischen Fakultäten der staatlichen Hochschulen erfolgte, ist heute nahezu unmöglich gemacht. Wird aber die Lehre verfälscht, oder läßt man sie verkümmern, entartet die Verkündigung zur Menschenweisheit, und die Gemeinde verfällt dem geistlichen Tod. Darum beschließt die 2. Reformierte Synode: Angesichts dieses Tatbestandes muß die Bekennende Kirche die Errichtung einer Hochschule für reformatorische Theologie in die Wege leiten. Diese Kirchliche Hochschule für reformatorische Theologie hat die Aufgabe, die künftigen Prediger und Lehrer der Kirche für die Verkündigung des göttlichen Wortes in den Gemeinden des reformierten und lutherischen Bekenntnisses vorzubereiten. Die Erforschung und die Prüfung der kirchlichen Lehre soll durch gemeinsame Arbeit der Lehrer beider Bekenntnisse gefördert werden.« Die Synode bestellte einen Ausschuß, der die vorbereitenden Schritte unternehmen sollte.

Die Reichsbekenntnissynode in Augsburg vom 4. bis 6. Juni 1935 führte diese Beschlüsse fort. Sie machte es den Kirchenleitungen zur Pflicht, »überall da, wo die Not es erfordert, für Ersatz solcher

---

[75] Kirchliches Jahrbuch 1933—44, S. 67.
[76] Ebd.
[77] Zeugnisse der Bekennenden Kirche, S. 108 f.

Vorlesungen und Übungen Sorge zu tragen, deren Besuch den Studenten um des Gewissens willen nicht zugemutet werden kann«[78].

Am 28. August 1935 nahm der Bruderrat der altpreußischen Union die Berichte des lutherischen und des reformierten Ausschusses über die Errichtung einer Kirchlichen Hochschule für reformatorische Theologie entgegen und beschloß die Gründung einer solchen Hochschule mit einer Lehrstätte in Berlin und einer in Elberfeld. Am 30. August wurde den in Aussicht genommenen Dozenten die vorläufige Berufung mitgeteilt; zum Wintersemester 1935/36 nahmen beide Zweige der Hochschule den Lehrbetrieb auf. Beiden wurde unmittelbar nach dem Beginn von der Geheimen Staatspolizei alle Tätigkeit untersagt. In verschiedenen Formen arbeiteten sie gleichwohl weiter[79].

Die rechtliche Grundlage für das staatliche Eingreifen bot die 5. Durchführungsverordnung zu dem Gesetz zur Sicherung der Deutschen Evangelischen Kirche vom 2. Dezember 1935[80]. Sie verbot, soweit bei der Deutschen Evangelischen Kirche und den Landeskirchen Organe der Kirchenleitung gebildet waren, »die Ausübung kirchenregimentlicher und kirchenbehördlicher Befugnisse durch kirchliche Vereinigungen und Gruppen«. Unter den verbotenen Handlungen wurde ausdrücklich die Prüfung und Ordination von Kandidaten der evangelischen Landeskirchen genannt.

Die Antwort der Bekennenden Kirche auf diese staatliche Verfügung findet man am deutlichsten in einem Dokument der 4. Bekenntnissynode der altpreußischen Union, die vom 16. bis 18. Dezember 1936 zusammentrat; die »Erklärung der Synode zum Eingriff des Staates in die kirchliche Ausbildung der Prediger« wurde unmittelbar nach der zweiten Schließung der Kirchlichen Hochschule in Wuppertal verabschiedet[81]:

»1. Synode stellt fest, daß die Kirche in zunehmendem Maße durch staatliche Anordnungen verhindert wird, die wissenschaftlich-theologische Ausbildung ihres Nachwuchses für das geistliche Amt wahrzunehmen. An den theologischen Fakultäten wird die Arbeit in Forschung und Lehre entkirchlicht; die Teilnahme an theologischen Lehrgängen, die die Bekennende Kirche eingerichtet hat, ist den Studenten durch das Reichserziehungsministerium unter Androhung des Ausschlusses von allen deutschen Universi-

---

[78] Kirchliches Jahrbuch 1933—44, S. 92.
[79] G. *Heckel*, a. a. O., S. 58 ff.
[80] W. *Weber*, Staatskirchenrecht, S. 43 f.
[81] W. *Niesel*, Um Verkündigung und Ordnung, S. 23 f.

täten untersagt. Die theologischen Lehrgänge selbst werden als ›Eingriff in die Belange des Staates betr. Erziehung des theologischen akademischen Nachwuchses‹ verboten. Die Theologische Schule Elberfeld ist ohne Angabe des Grundes staatspolizeilich geschlossen worden. Mit alledem nimmt der Staat die wissenschaftlich-theologische Ausbildung der zukünftigen Träger des geistlichen Amtes als sein alleiniges Recht in Anspruch.

2. Die Synode sieht darin einen Eingriff in die Aufgabe der Kirche, eine Verletzung der ihr vom Staate zugesicherten Selbständigkeit, eine Antastung ihres Bekenntnisses und in alledem einen Angriff auf die künftige Predigt der Kirche.

3. Synode erklärt, daß es der Kirche von Schrift und Bekenntnis her verwehrt ist, das theologische Lehramt preiszugeben.

4. Synode nimmt die Wahrnehmung der kirchlich-theologischen Ausbildung durch die bisherigen Maßnahmen und Einrichtungen des Bruderrats auf ihre Verantwortung. Sie beauftragt den Bruderrat, für den Aufbau wissenschaftlich-theologischer Ausbildungsstätten und für eine verantwortliche Beratung der Studenten hinsichtlich ihres kirchlich-theologischen Studiums an kirchlichen Ausbildungsstätten Sorge zu tragen.

5. Synode erinnert die theologischen Lehrer an ihren kirchlichen Auftrag und erwartet, daß sie ihm unter allen Umständen gerecht werden. Sie erinnert die Studenten der Theologie daran, daß sie ein Amt der Kirche begehren, und erwartet, daß sie ihr Studium nach den Weisungen der Kirche durchführen. Sie weist die Gemeinden darauf hin, daß der Angriff auf das Katheder des Lehramtes der Angriff auf die Kanzel des Predigtamtes ist und ermahnt sie, nicht nachzulassen in der Fürbitte und dem Opfer für die Arbeit der Kirche an ihren künftigen Dienern.«

Die Synode ermahnt die Theologiestudenten, sich durch keine Drohung von dem Besuch der Lehrstätten der Bekennenden Kirche abhalten zu lassen[82]. Ausdrücklich hebt sie das Erfordernis des staatlichen Trienniums auf, »solange die Entkirchlichung der staatlichen Fakultäten andauert«; die an den Einrichtungen der Bekennenden Kirche verbrachten Semester werden den Studiensemestern an den theologischen Fakultäten gleichgestellt[83].

Auf diese Beschlüsse der Bekenntnissynode antwortete der sogenannte »Himmler-Erlaß« vom 29. August 1937[84]. Durch ihn wurden »die von den Organen der sog. Bekennenden Kirche errichteten Ersatzhochschulen, Arbeitsgemeinschaften und die Lehr-, Studenten-

---

[82] Ebd., S. 26.
[83] Ebd., S. 27 f.
[84] Runderlaß des Reichsführers SS und Chefs der Deutschen Polizei im Reichsministerium des Innern vom 29. August 1937 (W. *Weber*, Neues Staatskirchenrecht, S. 32 f.).

und Prüfungsämter aufgelöst und sämtliche von ihnen veranstalteten theologischen Kurse und Freizeiten verboten«.

Damit war der Lehrbetrieb der Kirchlichen Hochschulen in jeder Form untersagt; wollten sie gleichwohl weiterarbeiten, blieb ihnen keine andere Möglichkeit, als ein »Katakombendasein« zu führen. 1941 machten der Krieg und eine Verhaftungswelle der Kirchlichen Hochschule in Berlin ein Ende; eine Auflösung durch die Bekennende Kirche erfolgte jedoch nicht[85].

Die rechtliche Seite dieser Vorgänge ist auch für ihre theologische Beurteilung von Gewicht. Die Bekennende Kirche betrieb die theologische Ausbildung an Kirchlichen Hochschulen auf Grund innerkirchlichen Rechts, das jeder staatlichen Anerkennung entbehrte. Ihrerseits löste sie sich einseitig von dem mit dem Staat vereinbarten Recht, insbesondere von dem im Preußischen Kirchenvertrag festgelegten staatlichen Triennium. In einer Zeit, in der der Staat die Eigenständigkeit der Kirche nicht mehr respektierte, machte die Kirche von ihrer Autonomie Gebrauch; da der Staat die rechtlichen Vereinbarungen mit der Kirche zu deren Knebelung mißbrauchte, sagte sich die Kirche vom staatlichen Triennium los. In den Augen der Bekennenden Kirche bewährte sich der Status der theologischen Fakultäten an den Universitäten in der Kampfsituation nicht. Kam es zum Kampf zwischen Staat und Kirche, so gab es für die Kirchlichkeit der staatlichen Fakultäten keine Gewähr mehr. Dieser Grundsatz, unter dem Einfluß der Barthschen Theologie in den zwanziger Jahren entwickelt, diente als ausschließliches Kriterium für die Beurteilung der theologischen Fakultäten. Der Zusammenhang der Theologie mit den Wissenschaften konnte diesem Maßstab gegenüber keine selbständige Geltung beanspruchen; der Hinweis auf die universitas litterarum verfing nicht mehr, nachdem alle Wissenschaften — und so auch die wissenschaftliche Theologie — ihre Anfälligkeit gegenüber der nationalsozialistischen Weltanschauung dokumentiert hatten. Die Frage war, ob man nach dem Zusammenbruch des Dritten Reiches auf dieses Argument noch würde zurückgreifen können.

3.2. Theologische Fakultäten und Kirchliche Hochschulen nach 1945

Die Existenz der Kirchlichen Hochschulen war mit dem Jahr 1945 nicht erloschen. Die Frage nach dem angemessenen Ort der

---
[85] Vgl. *G. Heckel*, a. a. O., S. 63 f.

theologischen Ausbildung wurde bald im Sinn der Beibehaltung der Kirchlichen Hochschulen neben den theologischen Fakultäten entschieden. Die Existenzberechtigung und Notwendigkeit eigener kirchlicher Ausbildungsstätten habe sich, so argumentierte man, in der Zeit des Kirchenkampfs deutlich gezeigt. Die Anfechtung der Kirche durch den totalen Staat sei nicht ein einmaliger Vorgang, sondern ein Symptom »für die Anfechtung der Kirche in dem totalitären Gefälle des modernen Säkularisationsprozesses überhaupt«[86]. Als Aufgabe der Kirchlichen Hochschulen sah man es insbesondere an, das Erbe der Bekennenden Kirche zu wahren und in die theologische Ausbildung einzubringen[87]; daneben trat — insbesondere für die Kirchliche Hochschule in Bethel — das Motiv, daß nur in Kirchlichen Hochschulen die vita communis geübt werden könne, die neben dem wissenschaftlichen Studium unerläßlicher Bestandteil der Vorbereitung auf das geistliche Amt sei[88]. Schließlich begründete man die Existenz der Kirchlichen Hochschule in Berlin mit dem kirchlichen Notstand, der durch die Teilung Deutschlands entstanden sei[89]; auch in Hamburg sah man einen Notstand dadurch als gegeben an, daß der Universität eine theologische Fakultät fehlte, eine beträchtliche Zahl von Theologiestudenten jedoch in Hamburg studieren wollte, ohne die Möglichkeit zu haben, an eine andere Universität auszuweichen[90]. So brachten die Jahre nach 1945 sogar eine Vermehrung der Zahl der Kirchlichen Hochschulen. Neben Bethel, Berlin und Wuppertal traten 1947 die Augustana-Hochschule in Neuendettelsau-Heilsbronn und 1948 die Kirchliche Hochschule in Hamburg.

---

[86] *Wilkens*, zitiert bei G. *Heckel*, a. a. O., S. 67 f.; vgl. M. *Schmidt*, »Zu den geschichtlichen Grundlagen der Kirchlichen Hochschule«, S. 21 (vervielfältigtes Gutachten von 1952; Archiv der Landeskirche Hamburg, Bestand »Kirchliche Hochschule« 60).
[87] G. *Eichholz*, »Aufgabe und Verantwortung von Theologischer Fakultät und Kirchlicher Hochschule«, S. 381 f.
[88] J. *Fichtner*, »Gutachten der Theologischen Schule Bethel über ihr Selbstverständnis mit Bemerkungen zu dem Gutachten der Fakultäten«, S. 5 (1952, vervielf., Archiv Hamburg, a. a. O.); H. *Vogel*, »Wesen und Auftrag der Kirchlichen Hochschule im Blick auf die Theologischen Fakultäten innerhalb der staatlichen Universitäten in Deutschland«, S. 3 (1952, vervielf., ebd.).
[89] Vgl. W. *Weber*, »Der gegenwärtige Status der theologischen Fakultäten«, S. 14, 16; »Rechtsfragen der Kirchlichen Hochschulen«, S. 349.
[90] (V. *Herntrich*), Denkschrift Kirchliche Hochschule Hamburg, S. 1 (Archiv Hamburg, a. a. O.).

Während die Hamburger Kirchliche Hochschule von vornherein nur bis zu der eventuellen Gründung einer Hamburger theologischen Fakultät bestehen sollte[91], hat die Kirchliche Hochschule in Berlin die Rechte und Funktionen einer theologischen Fakultät an sich gezogen, ohne dadurch ihren besonderen kirchlichen Status zu verlieren. Der Grund für diese Entwicklung liegt in der besonderen politischen Lage West-Berlins. Bis 1961 bestand eine wichtige Funktion der Berliner Kirchlichen Hochschule darin, daß Theologiestudenten, die in der DDR wohnten, an ihr einen Teil ihres Studiums absolvieren konnten. Nachdem diese Möglichkeit entfallen war, hätte man die Kirchliche Hochschule zugunsten einer theologischen Fakultät an der Freien Universität auflösen können. Da man sich zu diesem Schritt, der sicher mit einer Reihe erheblicher Schwierigkeiten verbunden gewesen wäre, nicht entschließen konnte, erkannte der Senat des Landes Berlin an, daß die Kirchliche Hochschule die Funktionen einer theologischen Fakultät wahrnimmt, und verlieh ihr deshalb das Promotions- und das Habilitationsrecht. Die wichtigsten Bestimmungen über diesen neuen Rechtsstatus der Kirchlichen Hochschule finden sich in einer Vereinbarung vom 4./18. Juli 1969, die in das »Abschließende Protokoll über Besprechungen zwischen Vertretern des Evangelischen Konsistoriums in Berlin (West) der Evangelischen Kirche in Berlin-Brandenburg und des Senats von Berlin über die Regelung gemeinsam interessierender Fragen« vom 2. Juli 1970 eingegangen ist[92]. Der Rechtsstatus der Kirchlichen Hochschule wird hier folgendermaßen definiert[93]:

»(1) Der Senat von Berlin erkennt die Kirchliche Hochschule Berlin als wissenschaftliche Hochschule an. Der Hochschule steht neben dem Promotionsrecht auch das Habilitationsrecht zu; sie nimmt die Funktionen einer Evangelisch-Theologischen Fakultät wahr.
(2) Die Rechtsstellung der Hochschule als Einrichtung der Evangelischen Kirche bleibt unberührt. Die Hochschule ist eine Körperschaft des öffentlichen Rechts im Bereich der Evangelischen Kirche in Berlin-Brandenburg.«

---

[91] Ebd., S. 1 f. Die Kirchliche Hochschule wurde am 27. Oktober 1948 gegründet, hatte jedoch bereits das Kirchliche Vorlesungswerk als Vorläufer (vgl. Gesetze, Verordnungen und Mitteilungen der Ev.-luth. Kirche im Hamburgischen Staate, 1948, S. 43); siehe unten S. 344 ff.
[92] Text: *W. Weber*, Die deutschen Konkordate und Kirchenverträge der Gegenwart, Bd. 2, S. 158 ff.; vgl. *R. Herzog*, »Die Berliner Vereinbarung zwischen Staat und Kirchen«.
[93] A. a. O., S. 162 f.

Dieser Doppelstatus der Hochschule wirkt sich insbesondere in einer Beteiligung des Landes Berlin an den Kosten, in dem Recht des Senators für Wissenschaft und Kunst auf Information über Angelegenheiten der akademischen Selbstverwaltung und schließlich in der Regelung aus, daß die Ernennung von planmäßigen Professoren der Zustimmung des Senators bedarf. Diese Zustimmung kann nur verweigert werden, »wenn durch die Berufung der wissenschaftliche Charakter der Kirchlichen Hochschule gefährdet erscheint«[94]. Dem Land Berlin wird das Recht, diese Vereinbarung zu kündigen, für den Fall eingeräumt, daß »1. an der Freien Universität Berlin eine Evangelisch-Theologische Fakultät errichtet wird oder 2. die Hochschule Maßnahmen oder Entscheidungen trifft, die ihren wissenschaftlichen Charakter gefährden«[95].

Der so definierte Rechtsstatus der Kirchlichen Hochschule Berlin ist einmalig. Zu den nicht ausdrücklich erwähnten Konsequenzen der Vereinbarung zählt, daß das Land Berlin auf die im Preußischen Kirchenvertrag fixierte Pflicht aller Theologiestudenten, mindestens drei Jahre an einer staatlichen Universität zu studieren (Triennium), verzichtet. Dieser Verzicht gilt, so lange das Land Berlin keine staatliche theologische Fakultät errichtet und deshalb die Kirchliche Hochschule mit den Funktionen einer solchen Fakultät betraut[96].

Eine Sonderstellung nimmt auch die Augustana-Hochschule in Neuendettelsau-Heilsbronn ein. Sie wurde durch ein bayerisches Kirchengesetz vom 16. Mai 1947[97] gegründet und am 10. Dezember 1947 eröffnet. Bestimmend für diese Gründung war der Gesichtspunkt, eine dem lutherischen Bekenntnis gemäße Ausbildung der künftigen Geistlichen zu gewährleisten[98].

Das bayerische Kultusministerium stimmte dem Landeskirchenamt in der Auffassung zu, daß Art. 26 c des Bayerischen Kirchen-

---

[94] A. a. O., S. 163.
[95] Ebd.
[96] Auf die durch den »Fall Marquardt« 1971/72 aufgeworfene Frage, ob neben der Kirchlichen Hochschule auch die Freie Universität Berlin das Recht zur Habilitation in evangelischer Theologie besitzt, kann ich hier nicht eingehen.
[97] Kirchl. Amtsblatt, 1947, S. 42.
[98] Vgl. G. *Merz*, Die Verantwortung der Kirche für die Ausbildung ihrer Pfarrer; siehe auch den Brief der Augustana-Hochschule an die Mitglieder der Bayer. Landessynode vom 6. Oktober 1964 (Akten des bayer. Landeskirchenamts 18/12-7/1-1), S. 3.

vertrags von 1924, der ein staatliches Quadrennium – also ein mindestens vierjähriges Theologiestudium an einer staatlichen Hochschule – für die angehenden Geistlichen vorsah, durch Art. 150 Abs. I der bayerischen Verfassung von 1946 modifiziert worden sei, da dieser Artikel den Kirchen das Recht gewähre, ihre Geistlichen auf eigenen Kirchlichen Hochschulen auszubilden und fortzubilden. »Demnach können die evangelischen Geistlichen außer an einer deutschen staatlichen Hochschule auch an einer von der Evang.-luth. Landeskirche auf Grund des Art. 150 Abs. I der Bayer. Verfassung errichteten Kirchlichen Hochschule ausgebildet werden. Die Augustana-Hochschule in Neuendettelsau-Heilsbronn ist eine Kirchliche Hochschule im Sinne der bayerischen Verfassung.«[99]

Damit hatte sich die Kirche unter der Zustimmung des Kultusministeriums durch einen Verwaltungsakt von dem Erfordernis des staatlichen Quadrenniums gelöst[100]. Dies war rechtlich nicht zulässig. Die Erweiterung der kirchlichen Ausbildungsbefugnisse durch die bayerische Verfassung tat zwar den Weg zu einer Änderung des Bayerischen Kirchenvertrags von 1924 durch einen neuen Vertrag, der der Zustimmung der kirchlichen und staatlichen gesetzgebenden Organe bedurfte, auf[101]. Man konnte aus ihr jedoch nicht schließen, daß der Kirchenvertrag ipso facto geändert sei, und konnte diese Änderung auch nicht lediglich durch einen Verwaltungsakt feststellen. So bleibt die Verständigung zwischen Kultusministerium und Landeskirchenamt über die Anrechnung der an der Augustana-Hochschule verbrachten Semester ein Verstoß gegen den Bayerischen Kirchenvertrag von 1924.

Eine Parallele zu diesem Vorgang stellt die einseitige Lösung von dem Erfordernis des staatlichen Trienniums vor allem durch die Rheinische Landeskirche dar. Am 23. Oktober 1946 beschloß die Rheinische Provinzialsynode einstimmig: »Für die Zulassung zur er-

---

[99] Bekanntmachung des Bayer. Landeskirchenamts vom 26. 8. 1948 (Kirchl. Amtsblatt, 1948, S. 79).
[100] Unrichtig ist die Feststellung von W. Weber, »Der gegenwärtige Status der theologischen Fakultäten und Hochschulen«, S. 14: »Die Augustana-Hochschule scheint ungeachtet der Bestimmung in Art. 26 Buchst. c des Bayerischen Kirchenvertrags von 1924 die Befugnis zu einer vollgültigen Theologenausbildung in Anspruch zu nehmen.« Weber übersieht, daß dieser Anspruch staatlicherseits anerkannt wurde; er korrigiert seine Ansicht deshalb in: »Rechtsfragen der Kirchlichen Hochschulen«, S. 348.
[101] Vgl. W. Weber, »Rechtsfragen der Kirchlichen Hochschulen«, S. 354 f.

sten theologischen Prüfung werden bis zu vier Sprachsemester sowie bis zu zwei theologische Semester des Studiums an Kirchlichen Hochschulen kirchlicherseits angerechnet, doch im ganzen nicht mehr als vier Semester.«[102] Ebenso heißt es in einem Beschluß der Rheinischen Landessynode vom 8. bis 13. November 1948: »Für die Zulassung zur ersten theologischen Prüfung werden vier an den Kirchlichen Hochschulen verbrachte Semester kirchlicherseits angerechnet.«[103] Das Kirchengesetz betr. Vorbildung und Anstellungsfähigkeit der Pfarrer vom 15. November 1950[104] und das entsprechende Gesetz für Vikarinnen vom gleichen Tag[105] schließlich stellen das Studium an einer theologischen Fakultät und an einer Kirchlichen Hochschule vollständig gleichwertig nebeneinander. Gefordert wird »ein ordnungsgemäßes Studium der evangelischen Theologie von mindestens acht Semestern bei einer deutschen oder bei einer anderen von der Kirchenleitung als geeignet anerkannten theologischen Fakultät oder Kirchlichen Hochschule« (§ 4 I). »Mindestens zwei Studiensemester sind an den Universitäten Bonn oder Mainz oder an der Kirchlichen Hochschule Wuppertal zu verbringen« (§ 4 I 2). Obwohl die Gründe, die in der Zeit des Dritten Reiches den kirchlichen Kampf gegen das staatliche Triennium veranlaßt hatten, nach 1945 hinfällig geworden waren, löste sich die Rheinische Kirche auf diesem Weg — einseitig und ohne die Art. 8 und 9 des Preußischen Kirchenvertrags zu erwähnen — von den zwischen Kirche und Staat vereinbarten Bestimmungen über die Vorbildung der Geistlichen. Dies tat sie, obwohl sie die für Nordrhein-Westfalen und Rheinland-Pfalz wie für die meisten westdeutschen Bundesländer auch nach 1945 beibehaltene Garantie der theologischen Fakultäten selbstverständlich in Anspruch nahm[106] und unmittelbar nach Kriegsende auch an der Neugründung der evangelisch-theologischen Fakultät Mainz[107] beteiligt war[108].

---

[102] Verhandlungen, S. 156; zitiert bei G. *Schmidt*, Der Rechtsstatus der evangelischen Kirchlichen Hochschulen, S. 167.
[103] Verhandlungen, S. 139 f.; zitiert bei G. *Schmidt*, a. a. O., S. 167.
[104] Kirchl. Amtsblatt, 1951, Nr. 1/2, S. 1.
[105] Ebd., S. 3.
[106] Siehe oben S. 308.
[107] Siehe dazu unten S. 334 ff.
[108] Auch die Evangelische Kirche in Hessen und Nassau durchbrach in ihrem Kirchengesetz betr. die Vorbildung und Anstellungsfähigkeit der Pfarrer vom 14. April 1950, § 3 II (Amtsblatt 1950, S. 139) das staatliche Triennium, in-

Widerspruch gegen diese Entwicklung erhob sich nicht so sehr auf der Seite der Kultusverwaltungen als vielmehr beim Evangelisch-theologischen Fakultätentag und bei der Westdeutschen Rektorenkonferenz.

Bei den Erwägungen des Fakultätentags stand, wie schon vor 1933, die Frage der kirchlichen Stellung der evangelisch-theologischen Fakultäten im Mittelpunkt. Über diese Frage verabschiedete der Fakultätentag bei seiner Sitzung am 30. September/1. Oktober 1947 ein Gutachten, das den Status der theologischen Fakultäten in folgenden sieben Punkten beschreibt[109]:

1. Die Fakultäten und ihre Mitglieder »verstehen ihren Dienst unbeschadet ihrer akademischen Stellung als ein geistliches Amt«.
2. Dies ist aber nicht mit einer Abhängigkeit von der zuständigen Landeskirchenleitung gleichzusetzen. Die theologischen Fakultäten sind der Gesamtkirche, nicht den einzelnen Landeskirchen verpflichtet. Sie sind privilegierte Körperschaften, deren Privilegien nicht von den heutigen Landeskirchen stammen, sondern sowohl in den Stiftungsurkunden wie in ihrem Wesen begründet liegen. Diese Privilegien sind das Promotionsrecht, die freie Verwaltung des eigenen Lehramts, die Prüfung der Lehre, das Recht, unabhängige Schritte zur Ergänzung des Lehrkörpers zu unternehmen, schließlich das Ordinationsrecht.
3. Diese Privilegien sind sowohl als kirchliche wie als akademische zu verstehen. Sie begründen den kirchenregimentlichen Charakter der theologischen Fakultäten. Nur diese Privilegien »gewährleisten den Fakultäten die Freiheit, ihrer Kirche in theologischen Prüfungen, Synoden und beratenden Körperschaften unabhängige und unbeeinflußte Dienste zu leisten«.
4. Für die Theologischen Fakultäten muß wie für alle anderen Fakultäten die Freiheit von Forschung und Lehre gewährleistet sein.
5. »Die Berufung in das akademisch-theologische Lehramt ist in der Regel durch die Staatsverträge geordnet. Das Berufungsverfahren sollte vor Eintritt in das offizielle Stadium der Verhandlungen durch eine Fühlungnahme zwischen Fakultät und Kirchenleitung auf der Basis des Vertrauens und unter Wahrung der akademischen Rechte eingeleitet werden[110]. Ein nachträgliches Veto-Recht kirchlicher Stellen gegen theologische Lehrer wird abgelehnt.«
6. »Die Fakultäten stellen eine ganz unvergleichliche Möglichkeit dar, die Theologie im öffentlichen Konzert der Wissenschaften zur Geltung zu bringen.« Sowohl die Wissenschaften als auch die Theologie bedürfen des dadurch ermöglichten Austauschs.

---

dem sie sechs volltheologische Semester forderte, von denen vier an theologischen Fakultäten deutscher Universitäten verbracht werden müßten.
[109] Archiv der Landeskirche Hamburg, Bestand »Kirchliche Hochschule« 60.
[110] Dies entspricht den Marburger Vorschlägen von 1930/31; siehe oben S. 311 f.

7. Keine andere, vor allem keine engere Form der Ausbildung kann in dem Maß geistige Weite und Verantwortung vor der Welt vermitteln, in dem die Fakultäten dies im Rahmen der Universität vermögen. Der Fakultätentag respektiert die Existenz der Kirchlichen Hochschulen in Bethel, Wuppertal und Berlin, warnt jedoch vor weiteren landeskirchlichen Neugründungen.

Dieselbe Warnung spricht — wenn auch erst nach der Neugründung der Kirchlichen Hochschulen in Neuendettelsau[111] und Hamburg — ein Beschluß der Rektorenkonferenz zur Neugründung von Hochschulen vom 4./5. Januar 1951 aus[112]:

»Zweifellos steht den westdeutschen Ländern wie nach Maßgabe einiger Länderverfassungen auch den Kirchen das Recht zu, Hochschulen durch Gesetz zu errichten. Es widerspricht aber nach Auffassung der Rektorenkonferenz dem traditionellen Gewicht und dem internationalen Ansehen der deutschen Hochschulen, wenn von dem erwähnten Rechte der Länder und Kirchen unbedenklich, d. h. ohne Konsultation mit allen deutschen Ländern und vor allem den alten in der Rektorenkonferenz vertretenen Hochschulen Gebrauch gemacht wird.« Insbesondere wendet sich die Rektorenkonferenz gegen die Verleihung des Promotionsrechts an »nicht einwandfrei qualifizierte Institute«, die für das Ansehen der deutschen akademischen Grade in der Welt nur verderblich sein kann. »Die Rektorenkonferenz wendet sich nachdrücklich gegen alle Einzelaktionen durch Hochschulgründungen, gleich aus welchen standespolitischen, kirchlichen oder territorialen Interessen sie entsprungen sein mögen.«

Bald nach diesem Beschluß der Rektorenkonferenz ließ sich der Evangelisch-theologische Fakultätentag zwei Gutachten zum Verhältnis von theologischen Fakultäten und Kirchlichen Hochschulen erstatten, ein juristisches Gutachten von Werner Weber und ein theologisches von Werner Elert.

Werner Weber hatte bereits in seinem Aufsatz »Der gegenwärtige Status der theologischen Fakultäten und Hochschulen« den Weg kritisiert, der mit der Gründung der Kirchlichen Hochschulen und deren Gleichstellung mit den theologischen Fakultäten beschritten worden war:

»Wenn die Fakultäten nur noch wahlweise neben Kirchlichen Hochschulen für die Ausbildung der Geistlichen zur Verfügung stehen, ist der feierlichen

---

[111] Auch der Beschluß des Fakultätentags liegt zeitlich nach dem bayerischen Kirchengesetz über die Gründung der Augustana-Hochschule in Neuendettelsau-Heilsbronn, wenn auch vor deren Eröffnung.
[112] Archiv der Landeskirche Hamburg, Bestand »Kirchliche Hochschule« 60.

Verfassungs- und Vertragsgarantie dieser Fakultäten, mag sie noch so oft auf dem Papier wiederholt werden, der eigentliche Grund entzogen. Und wenn ferner die Fakultäten durch ein Übermaß kirchlicher Mitwirkungs- und Einflußrechte[113] ihres eigentlichen Charakters als staatlicher Institutionen entkleidet... werden, dann wird bald das Bewußtsein wachsen, daß für sie im Lebensstil der deutschen Universität kein Platz mehr vorhanden ist... Kurz, der beschrittene Weg führt, früher oder später, zur Preisgabe der staatlichen Theologie-Fakultäten überhaupt.«[114]

In seinem Gutachten über »Rechtsfragen der Kirchlichen Hochschulen« wendet sich Weber insbesondere gegen die Durchbrechung des staatlichen Trienniums, gegen den Anspruch einzelner Kirchlicher Hochschulen auf das Promotionsrecht und gegen die Verleihung des Professorentitels an Dozenten der Kirchlichen Hochschulen ohne staatliche Genehmigung und Mitwirkung. Er schließt sein Gutachten mit der Bemerkung:

»Es liegt im Sinne des durch die Gewährung (sc. kirchlicher Mitwirkungsrechte bei der Besetzung theologischer Lehrstühle) bekundeten Verhältnisses von Staat und Kirche, daß die Kirche ihrerseits nicht einseitig vollendete Fakten schafft, die zwangsläufig zu Rückwirkungen auf den Status der theologischen Staatsfakultäten und sogar auf das staatliche Hochschulwesen überhaupt führen müssen.«[115]

Nach Webers Auffassung droht also durch die einseitige kirchliche Durchbrechung der Regelungen, auf denen der öffentliche Status der theologischen Fakultäten beruht, dieser Status selbst ausgehöhlt zu werden. Die Folge wäre, daß auch der Staat die Gewährleistung der theologischen Fakultäten widerruft. Weber hält diese Entwicklung für verhängnisvoll; er führt allerdings nicht aus, warum er die Zugehörigkeit der theologischen Fakultäten zu den Universitäten als notwendig und legitim betrachtet.

Eine solche Begründung sucht man in dem theologischen Parallelgutachten von Werner Elert »Theologische Fakultät und Kirchliche Hochschule«[116]. Von ihm muß deshalb hier ausführlicher die Rede sein.

---

[113] Weber bezieht sich hier vor allem auf die Regelungen für die Mainzer evangelisch-theologische Fakultät, auf die unten S. 337 ff. einzugehen ist.
[114] W. Weber, »Der gegenwärtige Status«, S. 17.
[115] W. Weber, »Rechtsfragen der Kirchlichen Hochschulen«, S. 364.
[116] In der gemeinsamen Vervielfältigung mit dem Gutachten von W. Weber, S. 29—52; zitiert nach Archiv der Landeskirche Hamburg, Bestand »Kirchliche Hochschule« 60.

Elert begründet die Zugehörigkeit der theologischen Fakultäten zu den Universitäten mit einer Reihe von Argumenten[117]. Er verweist zunächst darauf, daß diese Zugehörigkeit zum geschichtlichen Bild der deutschen Universität gehört. Mit dem freiwilligen Rückzug an Kirchliche Hochschulen würde die Theologie darauf verzichten, an der öffentlichen Institution zur Pflege der Wissenschaft vertreten zu sein. Jedoch die Universität selbst ist an der Mitwirkung der Theologie interessiert.

Denn jedenfalls für den Bereich der Geisteswissenschaften erstrebt die deutsche Universität nach wie vor Universalität. Darüber hinaus kann sie in ihrer »Mitverantwortung für das Volksganze« auf die Mitwirkung der Theologie nicht verzichten. Die Universitäten sind »angesichts der tiefgreifenden Zerstörungsvorgänge in der europäischen Welt... berufen, bei der Schaffung neuer geistiger Existenzgrundlagen mitzuwirken. Sie bieten eine sonst nicht vorhandene Möglichkeit, alle geistigen Aufbaukräfte auf höchster Ebene zu gegenseitiger Aussprache zu bringen, und ihre Universalität hat damit eine neue, praktische Bedeutung erhalten.«[118]

Daran, daß die theologischen Fakultäten an diesem Vorgang beteiligt sind, hat die Kirche selbst ein elementares Interesse. »Wenn heute im öffentlichen Leben eine weitgehende Aufnahmebereitschaft für die Mitwirkung der Kirche besteht, so käme es einer praktischen Absage der Kirchen gleich, wenn sie sich für die theologischen Fakultäten nicht voll interessiert erklären wollten.«[119] Mit anderen Worten: *Der Öffentlichkeitsauftrag der Kirche, ihr notwendiges Interesse an öffentlicher Wirksamkeit, erfordert den öffentlichen Status der theologischen Fakultäten.*

Dieser Status ist die unerläßliche Voraussetzung für die Forschungsaufgabe der theologischen Fakultäten. Nur innerhalb der Universitäten verfügen sie über die notwendigen sachlichen Voraussetzungen für ihre Forschungstätigkeit. Nur hier bietet sich ihnen die Gelegenheit zur Kooperation mit anderen Wissenschaften, auf die sie angewiesen sind. Nur hier kann der Isolierung der theologischen Forscher gewehrt werden, durch die sie die dauernde allgemein-wissenschaftliche Kontrolle verlieren würden.

Ebenso notwendig ist der öffentliche Status der theologischen Fakultäten für ihre Ausbildungsaufgabe. Durch das Studium an den Universitäten werden die Theologiestudenten mit allen weltanschaulichen Strömungen der Zeit konfrontiert und von vornherein genötigt, den »Auftrag ihrer theologischen Existenz« gegenüber Kommilitonen aus anderen Fakultäten zu vertreten. Sie haben die Möglichkeit, sich Kenntnisse aus nicht-theologischen Wissenschaften anzueignen, was ihnen für ihre späteren beruflichen Aufgaben zugute kommt.

Auf Grund dieser Erwägungen hält Elert eine Entwicklung, durch die das Studium an Kirchlichen Hochschulen dem an theologischen Fakultäten gleichgestellt wird, für verhängnisvoll. Kirchliche Hochschulen können nach seiner Auffassung nur ein Notbehelf sein, nicht jedoch die regulären Stätten für die

---

[117] A. a. O., S. 42 ff.
[118] A. a. O., S. 43.
[119] A. a. O., S. 44.

wissenschaftliche Ausbildung der Theologen. Er wendet gegen sie vor allem ein, daß sie nach ihrer Struktur und Ausstattung keine Stätten der Forschung, sondern nur Ausbildungsstätten sind. Hinzu kommt die Vermutung, daß die Dozenten in der öffentlichen Vertretung ihrer Forschungsergebnisse Beschränkungen unterworfen sind. »Nach der Entstehungsgeschichte der Kirchlichen Hochschulen ... muß man ... annehmen, daß jedenfalls bei der Mehrzahl von ihnen« das Recht zur öffentlichen Vertretung der Forschungsergebnisse »nur besteht, soweit die Ergebnisse als ›kirchlich‹ anerkannt werden, und daß über die Kriterien der Kirchlichkeit entweder eine Aufsichtsbehörde oder der satzungsgemäße Charakter der einzelnen Hochschule entscheidet«[120]. Deshalb verdienen sie nicht den Titel einer Hochschule, sondern können nur als »theologische Fachschulen« bezeichnet werden. Verlegt man jedoch das Theologiestudium an solche Fachschulen, so werden die Studenten »niemals aus dem Zustand der Unmündigkeit entlassen«, da sie sich die Methodik selbständigen Forschens nicht anzueignen brauchen[121].

Auch Elert beschäftigt sich mit dem Kriterium der Kirchlichkeit der Theologie, das, wie wir sahen, seit den zwanziger Jahren eine dominierende Rolle spielte. Er akzeptiert dieses Kriterium, macht jedoch geltend, daß die Kirchlichkeit der Theologie nur unter der Voraussetzung der Freiheit der Theologie in angemessener Weise gewährleistet werden kann. Die Kirchlichkeit der an den Fakultäten betriebenen Theologie ergibt sich für ihn nicht nur aus den kirchenregimentlichen Befugnissen der Fakultäten (Mitwirkung an kirchlichen Prüfungen, Erstattung von Gutachten, Ordinationsrecht) und aus der Mitwirkung der Kirchenbehörden bei der Berufung von Theologieprofessoren, sondern zu allererst aus dem Gegenstand der Theologie selbst: »die theologische Wissenschaft ... erstreckt sich auf alles, was zur Kirche gehört«[122]. Die freie und sachgemäße Beschäftigung mit diesem Gegenstand ist die beste Gewähr für die Kirchlichkeit der Theologie; Kritik und Selbstkritik sind ihre unerläßlichen Voraussetzungen. »Wenn heute die Theologie in einer Einmütigkeit, wie sie mehrere Menschenalter hindurch nicht vorhanden war, zu ihrer eigenen Existenzgrundlage, die sie mit der Kirche verbindet, zurückgefunden hat, so darf man darin das Ergebnis der an der gemeinsam zu vertretenden Sache ausgerichteten Kritik und der entsprechenden Selbstkritik erblicken.«[123] Obwohl die an den Fakultäten betriebene Theologie oft in eine Spannung zu den Interessen der verfaßten Kirche tritt, ist die Kirchlichkeit der Theologie an Universitäten, an denen die Freiheit von Forschung und Lehre gewährleistet ist, besser gesichert als an Hochschulen, die von Kirchenbehörden abhängig sind.

Werner Elert benutzt, wie wir sahen, den Anlaß der Auseinandersetzung zwischen theologischen Fakultäten und Kirchlichen Hochschulen zu einer umfassenden Begründung des öffentlichen Status der

---

[120] A. a. O., S. 40 f.
[121] A. a. O., S. 41.
[122] A. a. O., S. 36.
[123] A. a. O., S. 37.

theologischen Fakultäten. Seine Argumentation hat drei Ausgangspunkte: das Interesse der *Universität* an der Universalität ihres Gegenstandsbereichs und ihre Verantwortung für das Volksganze; das Interesse der *Kirche* an der Öffentlichkeit und Kirchlichkeit der Theologie; das Interesse der theologischen *Fakultäten* an der Freiheit von Forschung und Lehre und an der Kooperation mit anderen Wissenschaften. Bei allen seitdem eingetretenen Veränderungen in der Terminologie scheint diese Position sachlich auch in der Gegenwart noch nicht überholt zu sein.

Die beiden im Auftrag des Evangelisch-theologischen Fakultätentags erstatteten Gutachten von Weber und Elert riefen verständlicherweise energischen Widerspruch der Kirchlichen Hochschulen hervor. Sie erstatteten ein gemeinsames Gegengutachten, dem sich Einzelgutachten für die Hochschulen Berlin, Bethel, Hamburg und Wuppertal anschlossen[124]. Deren Inhalt kann hier nicht im einzelnen referiert werden. Es mag genügen, an einem Punkt den Widerspruch gegen das Gutachten von Elert zu skizzieren und auf die Begründung für den eigenständigen Auftrag der Kirchlichen Hochschulen hinzuweisen.

Der Widerspruch richtet sich gegen die Charakterisierung der Kirchlichen Hochschulen als Fachschulen. »Wir können nicht in sachlicher Weise miteinander verhandeln«, heißt es in dem gemeinsamen Gutachten der Kirchlichen Hochschulen, »wenn das Ideal der Fakultäten mit einer unterbewerteten Wirklichkeit der Kirchlichen Hochschulen verglichen wird«[125]. Auch die theologischen Fakultäten sind von dem geschilderten Idealbild oft sehr weit entfernt[126], die Meinung aber, die Forschung an den Kirchlichen Hochschulen werde kirchenamtlich reglementiert und beaufsichtigt, muß zurückgewiesen werden. Deshalb kann den Kirchlichen Hochschulen der wissenschaftliche Charakter nicht abgesprochen werden.

Gerade um der (an den staatlichen Fakultäten bedrohten) Forschungs- und Lehrfreiheit willen sind die Kirchlichen Hochschulen in Berlin und Wupper-

---

[124] Sie sind mir aus dem Archiv der Landeskirche Hamburg, Bestand »Kirchliche Hochschule« 60, bekannt. Ein separates Gutachten für die Augustana-Hochschule Neuendettelsau-Heilsbronn ist mir nicht zu Gesicht gekommen. Nach meiner Kenntnis wurde nur das Gutachten von G. *Eichholz* — ohne daß der Grund seiner Entstehung angegeben wäre — in Ev Theol, 12, 1952/53, S. 380 ff., veröffentlicht.
[125] »Theologische Fakultäten und Kirchliche Hochschulen«, S. 4.
[126] Das Gutachten zitiert (S. 5) einen Satz von *Edo Osterloh:* »Einzelne Fakultäten drohen, sich zu Fachschulen zu entwickeln, die wenig oder nichts miteinander zu tun haben« (Ev Theol, 1946/47, S. 72).

tal gegründet worden[127] — »jedenfalls bilden die vom Staat gegebenen Verfassungsgarantien für Forschungs- und Lehrfreiheit keine besseren Garantien als das mit den Kirchlichen Hochschulen gegebene Programm, vom Evangelium her forschen und lehren zu wollen«[128]. Aus diesem Programm legitimiert sich die Existenz der Kirchlichen Hochschulen: konstitutiv für die Theologie ist ihr Bezug zur Verkündigung und zum Auftrag der Kirche; sie ist also »von der Gemeinde her zu sehen«[129]. Diese Ausrichtung der Theologie soll von den Kirchlichen Hochschulen exemplarisch wahrgenommen werden; sie beanspruchen dafür keine Ausschließlichkeit, meinen aber, für eine solche theologische Forschung und Lehre besonders günstige Voraussetzungen zu bieten. Zugleich dokumentieren sie die unmittelbare Verantwortung der verfaßten Kirche für eine solche »kirchliche Theologie«.

Die Diskussion zwischen theologischen Fakultäten und Kirchlichen Hochschulen hat Anfang der fünfziger Jahre ihren Höhepunkt erlebt, aber weit darüber hinaus angedauert. Es war eine Debatte um die *Kirchlichkeit* der Theologie einerseits, um ihre *Öffentlichkeit* und damit verbunden ihre *Wissenschaftlichkeit* andererseits. Daran zeigt sich, daß die Frage nach dem institutionellen Status theologischer Forschung und Lehre besonders aufschlußreich für die Beurteilung des Verhältnisses von Kirche und Öffentlichkeit ist.

Indem die Frage nach der Kirchlichkeit, Öffentlichkeit und Wissenschaftlichkeit der Theologie noch in den fünfziger Jahren den Kern der Diskussion ausmacht, verweist diese Diskussion zurück auf die Debatte zwischen Harnack und Barth zu Beginn der zwanziger Jahre. Während Harnack von der Überzeugung ausging, es gebe keine andere Theologie »als jene, die in fester Verbindung und Blutsverwandtschaft steht mit der Wissenschaft überhaupt«[130], erhob Barth den Satz: »Die Aufgabe der Theologie ist eins mit der Aufgabe der Predigt« zum Programmsatz[131]. Das damit angekündigte Stichwort von der Kirchlichkeit der Theologie kehrt bei Barth nicht nur im Titel der »Kirchlichen Dogmatik«, sondern sogleich auch in deren ersten Sätzen wieder. »Dogmatik ist keine ›freie‹, sondern eine an den Raum der Kirche gebundene, da und nur da mögliche und sinnvolle Wissenschaft«[132]; Theologie ist eine Funktion und eine Maß-

---

[127] Vgl. dazu auch *A. de Quervain*, Die akademische Lehrfreiheit als theologisches Problem, S. 19.
[128] »Theologische Fakultäten und Kirchliche Hochschulen«, S. 3.
[129] Ebd., S. 5.
[130] *K. Barth, A. v. Harnack*, »Briefwechsel von 1923«, S. 325.
[131] Ebd., S. 326.
[132] KD I/1, S. VIII.

nahme der Kirche[133]. Die von ihr zu leistende »Kritik und Korrektur der Rede von Gott nach Maßgabe des der Kirche eigenen Prinzips« könnte zwar auch von den anderen Wissenschaften geleistet werden; insofern ist die Sonderexistenz der Theologie nur eine »Notmaßnahme... angesichts des faktischen Versagens der anderen Wissenschaften«[134]. Doch daran, daß Theologie eine Wissenschaft sei, hängt nach Barths Auffassung nichts: »es gibt keine prinzipielle Notwendigkeit, keine inneren Gründe, die sie veranlassen könnten, ihre Zugehörigkeit gerade zu diesem Genus in Anspruch zu nehmen. Es könnte vielmehr allerlei Anlaß bestehen, in aller Form darauf Verzicht zu leisten.«[135]

Nachdem Jahrzehnte hindurch die Diskussion über Wesen und Aufgabe der Theologie von dem Kriterium der Kirchlichkeit bestimmt war, wird heute deutlich, daß die Dominanz dieses Kriteriums zu einer Engführung der theologischen Diskussion geführt hat[136]. Man kann zwar hinter diese Diskussion nicht mehr zurückkehren und muß deshalb daran festhalten, daß die Theologie zur Kritik, Klärung und Planung kirchlicher Lebens- und Handlungsprozesse beizutragen hat. Doch sie geht darin nicht auf. Das Interesse am Christentum, von dem christliche Theologie sich leiten läßt, geht über das Interesse an den verfaßten und organisierten Kirchen und der in ihnen geschehenden Verkündigung und Praxis hinaus. Es umfaßt insbesondere auch die Wirkungen christlicher Verkündigung und Praxis, die in der neuzeitlichen Welt als nichtkirchliche begegnen. Es bezieht sich nicht nur auf die Kirche als besonderen Bereich der Welt, sondern auf die Welt als den Ort der Kirche und der christlichen Existenz. Der Theologie muß es sowohl um eine sachgemäße Erkenntnis der christlichen Tradition und der gegenwärtigen Normen kirchlichen Handelns und christlicher Existenz als auch um eine sachgemäße Erkenntnis der Wirklichkeit gehen, in der die Christen und die Kirchen existieren. Deshalb hat

---

[133] Ebd., S. 1 f.
[134] Ebd., S. 5.
[135] Ebd.
[136] Vgl. v. a. *H. Graß*, »Theologie als kirchliche Wissenschaft?«, sowie die von T. Rendtorff in bewußtem Gegensatz zu K. Barth vertretene Forderung, Theologie solle sich als »Theorie des (neuzeitlichen) Christentums« verstehen; dazu zuletzt *T. Rendtorff,* Theorie des Christentums; *R. Weth,* »Ort und Funktion der Theologie als Wissenschaft«; *Chr. Gestrich,* »Dogmatik und Pluralismus«.

das Kriterium der Wissenschaftlichkeit eine eigenständige Bedeutung für die Theologie. Daß das Bewußtsein dafür auch in der Diskussion über die Kirchlichkeit der Theologie nicht verlorengegangen ist, mag man vielleicht daran ablesen, daß man an der Zugehörigkeit der theologischen Fakultäten zu den Universitäten gleichwohl festgehalten hat, und daß es darüber hinaus nach 1945 zur Neugründung einer Reihe von evangelisch-theologischen Fakultäten gekommen ist. Um die Motive zu erkennen, die zu diesen Neugründungen geführt und die Gestaltung der neuen Fakultäten bestimmt haben, wenden wir uns ihnen im einzelnen zu.

4. Die Neugründung theologischer Fakultäten nach 1945

4.1. Mainz

Am 22. Mai 1946 wurde die Johannes-Gutenberg-Universität in Mainz gegründet[137]. Von vornherein stand fest, daß ihr das Bischöfliche Priesterseminar, das aus der zu Beginn des 19. Jahrhunderts erloschenen alten Mainzer Universität hervorgegangen war, als katholisch-theologische Fakultät eingegliedert werden sollte[138]. Von Anfang an plante man, ihr eine evangelisch-theologische Fakultät zur Seite zu stellen. Dafür sprach nicht nur der Gesichtspunkt, daß dem südlichen Teil von Hessen mit der Aufhebung der Universität in Gießen die alte Landesfakultät verlorengegangen war[139]; auch auf Grund prinzipieller Erwägungen ging die französische Militärregierung davon aus, daß an der neuen Landesuniversität für Rheinland-Pfalz die konfessionelle Parität gewahrt werden müsse. Doch nicht nur die Militärregierung, sondern alle beteiligten Instanzen waren in ihrer Stellung zu der geplanten Fakultät vom Gesichtspunkt der Parität bestimmt, nicht zuletzt die zuständigen evangelischen Kirchenbehörden. Bei den Verhandlungen zwischen dem Su-

---

[137] Vgl. *A. Brück*, »Mainz«, Sp. 616.
[138] Vgl. die Vereinbarung über die katholisch-theologische Fakultät der Universität Mainz vom 15./17. April 1946 mit der Ergänzung vom 5. Oktober 1946 bei *H. Weber*, Staatskirchenverträge, S. 157 ff.; *H. Bröckmann*, »Die katholisch-theologische Fakultät der Johannes-Gutenberg-Universität in Mainz«.
[139] Vgl. *W. Jannasch*, »Die Anfänge der Ev.-Theol. Fakultät«, S. 16; *K. Dienst*, »Die Anfänge der Ev.-Theol. Fakultät«, S. 72.

perintendenten von Rheinhessen und dem Gründungsrektor der Universität am 15. Februar 1946[140] teilte der Rektor mit, die katholische Fakultät fordere 10 Lehrpersonen; aus Paritätsgründen solle die evangelische Seite ebensoviel fordern. Entsprechend dem Einfluß der katholischen Kirche auf die Besetzung der katholisch-theologischen Fakultät sollten die Vorschlagslisten für die Berufung der Professoren der evangelisch-theologischen Fakultät von den Kirchenleitungen der Landeskirchen Hessen und Pfalz aufgestellt werden. Damit war der von den Kirchenbehörden unabhängige Status evangelisch-theologischer Fakultäten für Mainz von vornherein in Frage gestellt. Da dieser Vorschlag der Universität mit dem Interesse der Kirchenbehörden an der »Kirchlichkeit« der Theologie zu konvergieren schien, waren die beteiligten Landeskirchen bereit, die Berufungslisten zusammenzustellen.

Nachdem die beiden ersten ordentlichen Professoren der neuen Fakultät — Kurt Galling für Altes Testament und Wilhelm Jannasch für Praktische Theologie — sowie Wilhelm Boudriot als außerordentlicher Professor für Reformierte Theologie auf Grund dieser formlosen Vereinbarung berufen worden waren, mußte das Berufungsverfahren durch eine schriftliche Übereinkunft zwischen der Universität und den beteiligten Kirchen geregelt werden. Dafür erstellte der Prorektor der Mainzer Universität, der Jurist Adalbert Erler, einen Entwurf, den er am 10. August 1946 den zuständigen kirchlichen Stellen übersandte. In dem Begleitschreiben zu diesem Entwurf heißt es: »Ich hoffe dadurch die Stellung der evangelischen Kirchen innerhalb der Universität Mainz in ähnlicher Weise verankert zu haben, wie dies bei der katholischen Kirche bereits der Fall ist.«[141] Die entscheidenden Bestimmungen dieses Entwurfs sind folgende[142]:

»Die Berufung und Ernennung der Hochschullehrer erfolgt nach dem Universitätsstatut. Bei der ersten Besetzung haben die drei Landeskirchen[143] ein gemeinschaftliches Vorschlagsrecht. Die Ernennung erfolgt durch den Rektor unter Berücksichtigung des gemeinsamen Vorschlages der Landeskirchen und nach Anhörung der Mitglieder der engeren Fakultät... Bei

---

[140] Niederschrift in den Akten der Kirchenleitung von Hessen-Nassau, AZ 2053 Mz-2.
[141] Brief von Prof. *Erler* an Kirchenpräsident *Müller* vom 10. 8. 1946 (Kirchenleitung Hessen-Nassau, AZ 2053 Mz-2).
[142] Kirchenleitung Hessen-Nassau, AZ 2053 Mz-2.
[143] Gemeint sind Hessen, Pfalz und Rheinland.

späterer Besetzung eines ordentlichen oder außerordentlichen Lehrstuhls wird den drei Landeskirchen vor der Anstellung Gelegenheit zu gutachtlicher Äußerung gegeben werden.«

Gegen diesen Vorschlag, der den Landeskirchen nur für die erste Besetzung ein Vorschlagsrecht zubilligte und den Berufungsvorgang langfristig an das allgemeine Recht der evangelisch-theologischen Fakultäten angleichen wollte, erhob alsbald der Bevollmächtigte der Rheinischen Kirche für die französische Zone der Rheinprovinz, Kirchenrat Sacchse, Protest[144]: in dem Entwurf würden den evangelischen Kirchen nicht die gleichen Rechte wie der katholischen Kirche zuerkannt, da er auf die Dauer die kirchliche Mitwirkung bei Berufungen auf eine gutachtliche Äußerung beschränke. Diesem Brief fügte Sacchse ein »Memorandum über die Bildung bzw. Ergänzung der evgl. theol. Fakultät an der Johannes Gutenberg Universität Mainz« bei, das folgende »Grundsätze« enthält:

1. Die Universität befindet sich in einer säkularen Umgebung; das wirkt sich auch auf die theologische Fakultät aus, falls sie in der bisherigen Weise gebildet und ergänzt wird. Der säkulare Staat bildet keine Garantie für die Erhaltung des kirchlichen Charakters der theologischen Fakultät. Dieser jedoch ist notwendig, wenn kein Hiatus zwischen dem Studium und dem kirchlichen Amt entstehen soll.

2. Die Kirche trägt die Verantwortung für die theologische Ausbildung ihres Nachwuchses. Deshalb sieht sie die Dozenten der theologischen Fakultäten als in einem kirchlichen Amt stehend an. Sie muß die Möglichkeit haben, den kirchlichen Charakter der Ausbildung an den staatlichen Fakultäten sicherzustellen. Dafür reicht das bisher bei Berufungen übliche konsultative Votum der Kirchenbehörden nicht aus. Vielmehr müssen Fakultät und Kirchenleitung schon bei der Aufstellung der Berufungsliste zusammenwirken.

3. Zu diesem Zweck soll aus je einem Vertreter der hessischen, pfälzischen und rheinischen Kirchenleitung ein Fakultätsbeirat für die Mainzer theologische Fakultät gebildet werden.

4. Bei Berufungen schlägt die Fakultät dem Fakultätsbeirat drei Persönlichkeiten vor. Der Beirat benennt im Einvernehmen mit den beteiligten Kirchenleitungen aus diesem Vorschlag die eine zu berufende Persönlichkeit. Die Fakultät schlägt diese daraufhin dem Rektor vor. Gegebenenfalls kann der Beirat der Fakultät einen Gegenvorschlag machen.

Die drei beteiligten Landeskirchen schlossen sich diesem Vorschlag nicht unmittelbar an. Sie bildeten zur Beratung des Abkommens

---

[144] Brief von *Lic. Sacchse* an Kirchenpräsident *Müller* vom 14. 8. 1946 (Kirchenleitung Hessen-Nassau, AZ 2053 Mz-2).

mit der Universität einen zwischenkirchlichen Ausschuß, der am 21. August 1946 zu seiner ersten Sitzung zusammentrat. Dieser beauftragte den Superintendenten Heinrich Held[145] mit der Erstellung eines Entwurfs. Die wichtigste Bestimmung dieses Entwurfs vom 24. August 1946[146] lautet:

»Die drei Landeskirchen machen auf Grund eingeholter Gutachten im Benehmen mit den Mitgliedern der engeren Fakultät für jeden freien Lehrstuhl einen dreifachen, in seiner Reihenfolge bindenden Berufungsvorschlag, dessen Durchführung dem Herrn Dekan der Evang.-theologischen Fakultät obliegt. Der Berufungsvorschlag muß von den drei Landeskirchen gemeinsam aufgestellt werden. Die Berufung und Ernennung der Hochschullehrer erfolgt nach dem Universitätsstatut.«

Diese Bestimmung ist mit dem überlieferten deutschen Hochschulrecht schlechterdings nicht in Einklang zu bringen. Sie negiert die Autonomie der Fakultät in der Aufstellung von Berufungslisten[147] und macht den Dekan der Fakultät zum ausführenden Organ der Kirchenleitungen. Nicht einmal das Einvernehmen der Fakultät ist erforderlich; vielmehr erscheint es als ausreichend, wenn die Kirchenleitungen sich mit der Fakultät ins »Benehmen« setzen. Die Bestimmung ignoriert auch, daß die berufende Behörde nach allgemeinem Hochschulrecht an die Reihenfolge des Berufungsvorschlags nicht unbedingt gebunden ist[148]. Der Entwurf ist deutlich von dem Bestreben gekennzeichnet, im Interesse an der »Kirchlichkeit« der theologischen Fakultät diese zu einer zwar staatlich finanzierten und dem Verband der Universität angehörenden, gleichwohl in ihrer Zusammensetzung und Ergänzung vollständig von den kirchlichen Behörden abhängigen Einrichtung zu machen. Wäre dieser Entwurf unterzeichnet worden, so wären die Rechte der theologischen Fakultät Mainz in Berufungsfragen noch geringer gewesen als die Rechte der Dozentenkollegien an manchen kirchlichen Hochschulen oder die Rechte katholisch-theologischer Fakultäten.

Der Entwurf wurde zwar in dieser Form von den Vertretern der Universität nicht akzeptiert. Die endgültige »Vereinbarung über die Berufung von Hochschullehrern der evangelisch-theologischen Fakultät der Johannes-Gutenberg-Universität in Mainz« vom 22. April

---

[145] Den späteren Präses der Rheinischen Kirche.
[146] Zitiert nach den Akten der Kirchenleitung Hessen-Nassau, AZ 2053 Mz-2.
[147] Vgl. dazu W. *Thieme*, Deutsches Hochschulrecht, S. 87 ff.
[148] Ebd., S. 88 f.

1947, die zwischen der Universität und den vier evangelischen Landeskirchen von Hessen, Nassau[149], Pfalz und Rheinland geschlossen und vom Kultusminister von Rheinland-Pfalz mit unterzeichnet wurde, hat jedoch der Sache nach nur das Vorschlagsrecht der Fakultät wiederhergestellt, die Notwendigkeit der Genehmigung durch die Landeskirchen jedoch beibehalten. Im einzelnen bestimmt die Vereinbarung folgendes[150]:

§ 1 legt die Zahl der Lehrstühle fest.

§ 2 bestimmt die Berücksichtigung des lutherischen und des reformierten Bekenntnisses bei der Besetzung der Lehrstühle.

§ 3: »Die Besetzung der theologischen Lehrstühle erfolgt gemäß dem allgemeinen Universitätsstatut. Die von der evangelisch-theologischen Fakultät eingereichte Vorschlagsliste bedarf jedoch der Genehmigung durch die vier Landeskirchen. Sollte eine Berufung ausnahmsweise ohne Berücksichtigung der Vorschlagsliste erfolgen, so geschieht dies im Einvernehmen mit den vier Landeskirchen.«

§ 4: »Sollte ein Hochschullehrer der evangelisch-theologischen Fakultät nach der gemeinsamen Entscheidung der vier Landeskirchen wegen seiner Lehre oder seines Wandels beanstandet werden, so wird die Universität im Einvernehmen mit den vier Landeskirchen die notwendigen Folgerungen in Bezug auf seine weitere Tätigkeit ziehen.«

§ 5 regelt die Berufung des evangelischen Universitätspredigers.

§ 6 enthält den Anspruch der Fakultät auf einen Lehrauftrag für evangelisches Kirchenrecht.

Nach § 7 soll wenigstens ein Professor der Philosophie und der Neueren Geschichte in der Philosophischen Fakultät der evangelischen Kirche angehören.

Durch diese Vereinbarung wurde für die Dauer von 15 Jahren das Recht der katholisch-theologischen Fakultäten für die evangelisch-theologische Fakultät der Universität Mainz in Kraft gesetzt. Die kirchliche Genehmigung ist nicht, wie das Recht zu gutachtlicher Äußerung in den evangelischen Kirchenverträgen, auf Lehre und Bekenntnis der zu Berufenden beschränkt, sondern erstreckt sich wie die katholische Missio canonica auf die Gesamtpersönlichkeit; besonders kennzeichnend ist, daß diese Genehmigung — entsprechend dem Entzug der Missio canonica — auch nachträglich wieder entzogen werden kann, was die staatlichen Behörden zu den entsprechenden

---

[149] Der Zusammenschluß beider Kirchen zur Evangelischen Kirche in Hessen und Nassau erfolgte am 30. 9. 1947.
[150] W. *Weber*, Die deutschen Konkordate und Kirchenverträge der Gegenwart, Bd. 1, S. 291 f.

Konsequenzen verpflichtet[151]. Vergegenwärtigt man sich noch einmal die Gründe für diese Angleichung an das Recht der katholischen Fakultäten, so stößt man einerseits auf den sowohl auf staatlicher wie auch auf kirchlicher Seite geltend gemachten Gesichtspunkt der konfessionellen Parität, zum andern auf das Bestreben, die Kirchlichkeit der theologischen Fakultät durch rechtliche Regelungen und durch Subordination der Fakultät unter die Kirchenbehörden zu garantieren. Kennzeichnend für die Situation nach 1945 ist es, daß die Universität den kirchlichen Ansprüchen offenbar keinen entschiedenen Widerstand entgegensetzte. Ebenso bemerkenswert ist es jedoch, daß die kirchlichen Instanzen sich über die Bedenklichkeit des von ihnen eingeschlagenen Verfahrens und der Voraussetzungen, auf denen es beruhte, keine Rechenschaft ablegten.

Denn mit dem Verfahren übernahmen die evangelischen Kirchenbehörden notwendigerweise auch das katholische Verständnis vom rechtlichen Status einer theologischen Fakultät. Nach diesem kommt der Fakultät eine Doppelstellung zu: einerseits gehört sie der Universität als einer Körperschaft unter staatlicher Aufsicht mit weitgehender Selbstverwaltung an; andererseits ist sie eine »Einrichtung der Kirche«, deren konkordatsrechtlich gesicherter Status der einer »Körperschaft des kirchlichen Rechts« ist. »Im kirchlichen Bereich ist ... die theologische Fakultät einer staatlichen Universität eine selbständige autonome Körperschaft, die im Rahmen des Konkordatsrechtes kirchlicher Aufsicht untersteht.«[152] Diese katholische Auffassung, nach der die Kirchlichkeit einer Institution immer an die rechtliche Subordination unter das hierarchische Amt gebunden ist[153], ist mit evangelischem Kirchenverständnis nicht vereinbar. Denn nach evangelischer Auffassung ergibt sich die Kirchlichkeit einer Institution nicht aus der Bindung an das kirchliche Amt, sondern aus der Bindung an das Evangelium. Kirchenamtliche Aufsicht bie-

---

[151] Nach dem Konkordatsrecht muß der Kultusminister beim Entzug der Missio canonica, »unbeschadet der dem Staatsdienstverhältnis des Betreffenden entspringenden Rechte, Abhilfe leisten, insbesondere für einen dem Lehrbedürfnis entsprechenden Ersatz sorgen« (Schlußprotokoll zu Art. 12 Abs. 1 Satz 2 Preuß. Konk.; *Weber*, Die deutschen Konkordate und Kirchenverträge, Bd. 1, S. 78).
[152] *E. H. Fischer*, »Theologieprofessor, Theologische Fakultät und Kirche«, S. 333 ff. (339); vgl. auch *J. Neumann*, »Die theologischen Fakultäten in den staatlichen Universitäten«.
[153] Vgl. auch *Eichmann-Mörsdorf*, Kirchenrecht, S. 202 ff.

tet für eine solche Bindung der theologischen Fakultäten keine bessere Gewähr als die wissenschaftliche Kritik und Selbstkritik der Theologie. Insofern verträgt sich diese sachliche Bindung nicht nur mit der »Freiheit von Forschung und Lehre«, sondern erfordert diese Freiheit sogar. Die Vereinbarung über die Berufung von Hochschullehrern der evangelisch-theologischen Fakultät Mainz jedoch negiert die Freiheit der Wissenschaft zugunsten einer kirchenamtlichen Bindung der Fakultät im katholischen Sinn.

Angesichts dieser Mainzer Regelung ist es verständlich, daß der Fakultätentag der evangelisch-theologischen Fakultäten sich veranlaßt sah, die Frage der kirchlichen Mitwirkung bei der Berufung von Theologieprofessoren erneut zu diskutieren. Das Ergebnis liegt in einem Vorschlag des Fakultätentags für eine »Grundsatzregelung über das Berufungsverfahren für ordentliche und außerordentliche Professoren der evangelischen Theologie« aus dem Jahr 1958 vor, die sich zwar nicht ausdrücklich gegen das Mainzer Verfahren ausspricht, aber implizit gegen dieses gerichtet ist[154]:

»1. Eine Stellungnahme der kirchlichen Behörden zu einem neu zu berufenden theologischen Lehrer wird von den betreffenden Länderministerien nicht eingeholt, bevor die vertrauliche Anfrage an den Betreffenden ergangen ist.
Die Bedenken der Kirchenleitung sind der Fakultät vor Verhandlungsbeginn schriftlich zuzuleiten.
2. Beabsichtigt eine Landeskirche, gegen Bekenntnis und Lehre eines zu Berufenden Bedenken geltend zu machen, so ist sie gehalten, zuvor bei anderen bekenntnisverwandten Kirchen ihrer Wahl festzustellen, ob ihre Bedenken geteilt werden. Das Ergebnis der Umfrage ist dem für die Berufung zuständigen Ministerium auf Verlangen mitzuteilen.
3. Falls solche Bedenken erhoben werden, werden die sich daraus ergebenden Verhandlungen nach Möglichkeit zwischen Landeskirche und Fakultät oder, wenn direkt zwischen Landeskirche und Ministerium, so doch nicht ohne gleichzeitige Mitwirkung der Fakultät geführt.«

Dieser Vorschlag schließt sich an die Regelung im Preußischen Kirchenvertrag von 1931 an. Er fällt zeitlich in die Verhandlungen zwischen dem Land Rheinland-Pfalz und den Landeskirchen von Hessen-Nassau, Pfalz und Rheinland über den Rheinland-Pfälzischen Kirchenvertrag[155], in dem auch der Status der Mainzer theologi-

---

[154] Zitiert nach: Archiv der Landeskirche Hamburg, Bestand ›Kirchliche Hochschule‹ 60.
[155] Das offizielle Verhandlungsangebot der Landesregierung erfolgte am 21. 4. 1956.

schen Fakultät neu geregelt werden sollte. Es gelang jedoch nicht, die vom Fakultätentag vorgeschlagene Grundsatzregelung in dem am 31. März 1962 unterzeichneten Vertrag zu verankern. Von der durch ihn eingeführten Regelung soll hier anhangsweise die Rede sein.

In dem Vertrag und seinen verschiedenen Anlagen spiegelt sich die wechselvolle und teilweise sehr heftige Auseinandersetzung um den Status der theologischen Fakultät und die Begrenzung der kirchlichen Einflußrechte[156]. Der Vertragstext selbst beschränkt sich in Art. 14 einerseits auf die Bestandsgarantie der Mainzer evangelischtheologischen Fakultät und andererseits auf die Feststellung: »Vor der Besetzung eines Lehrstuhles wird den Kirchen Gelegenheit zur Äußerung über die in der Vorschlagsliste enthaltenen Persönlichkeiten gegeben.«[157] Dazu heißt es ergänzend im Schlußprotokoll[158]:

»(1) Die Besetzung der Lehrstühle der Evangelisch-Theologischen Fakultät erfolgt nach den allgemeinen landesrechtlichen Bestimmungen und der Universitätssatzung. Bevor die Fakultät die Vorschlagsliste an den Minister für Unterricht und Kultus weiterleitet, soll sie mit den Kirchen in Verbindung treten.
(2) Der Minister für Unterricht und Kultus holt vor jeder Anfrage die Stellungnahmen der Landeskirchen zu der Vorschlagsliste ein. Werden in Bezug auf Lehre und Bekenntnis des Vorgeschlagenen Bedenken geltend gemacht, so werden die Kirchen diese in einem theologischen Gutachten begründen.«

Am Tag der Vertragsunterzeichnung tauschten der Ministerpräsident und die Vertreter der Kirchen einen Briefwechsel aus, der einen integrierenden Bestandteil des Vertrags bildet. In diesem wird festgestellt[159]:

»1. Das theologische Gutachten wird von den kirchlich dafür zuständigen Organen als Ablehnung der Theologie des Vorgeschlagenen im Blick auf Bekenntnis und Lehre der Kirchen dem Minister für Unterricht und Kultus mitgeteilt, ohne daß es im einzelnen einer theologischen Begründung bedarf.

---

[156] Vgl. bes. *G. May*, »Der Vertrag des Landes Rheinland-Pfalz mit den evangelischen Landeskirchen«; *E. Grauheding*, »Der Mainzer Staatsvertrag«; *W. Weber*, »Die neuere Entwicklung in der kirchlichen Mitwirkung bei der Besetzung theologischer Lehrstühle«, S. 419 ff.; *E.-L. Solte*, Theologie an der Universität, S. 207 ff.
[157] *W. Weber*, Die deutschen Konkordate und Kirchenverträge, Bd. 2, S. 199.
[158] Ebd., S. 205.
[159] Ebd., S. 208.

2. Der Minister wird das theologische Gutachten der Kirchen nicht durch Einholung anderer theologischer Gutachten — sei es von seiten der Fakultät, sei es von seiten anderer theologischer oder kirchlicher Stellen — in Zweifel ziehen, sondern danach seine Entscheidung ohne weitere Stellungnahme treffen.«

Die Ursache für diesen zusätzlichen Briefwechsel liegt darin, daß der hessen-nassauische Kirchenpräsident Niemöller es für gefährlich hielt, die Ablehnung eines in Aussicht genommenen Dozenten durch ein theologisches Gutachten zu begründen; dies könne den Minister veranlassen, ein Gegengutachten anzufordern. Die Kirche dürfe jedoch unter keinen Umständen auch nur in den Verdacht kommen, daß sie dem Staat zubillige, Richter über eine theologisch-kirchliche Frage zu sein[160].
Der durch diesen Einspruch hervorgerufene Schriftwechsel, der oben zitiert wurde, stieß jedoch auf energischen Widerstand der Mainzer Fakultät. Die Fakultät hatte sich durch einen Beschluß vom 24. Januar 1962[161] für die bereits vom Fakultätentag befürwortete preußische Regelung des Berufungsverfahrens ausgesprochen. Am 21. Februar 1962[162] verhandelte der Präses der Rheinischen Kirche, Joachim Beckmann, mit der Fakultät über den endgültigen Text des Schlußprotokolls; dabei einigte man sich darauf, daß die Kirchenleitungen im Fall von Bedenken gegen einen Vorgeschlagenen diese in einem theologischen Gutachten zu begründen hätten — auf genau jene Regelung also, die durch den Briefwechsel vom 31. März 1962 wieder neutralisiert wurde. Über diesen Briefwechsel jedoch wurde die Fakultät weder konsultiert noch informiert. Sie erfuhr davon durch Zufall erst am 9. Mai 1962. Darin sah die Fakultät »einen eindeutigen Vertrauensbruch« und erklärte ihr »äußerstes Befremden« über das von den Kirchenleitungen eingeschlagene Verfahren und den Inhalt des Schriftwechsels vom 31. März. Zum ersten Mal seit Bestehen der Mainzer Fakultät wurde ausdrücklich das Paritätsdenken kritisiert, das das kirchenamtliche Verhalten wie

---

[160] Vgl. Protokoll der Kirchenleitung Hessen-Nassau vom 20. 3. 1962, Nr. 131 (zitiert nach den Akten der Kirchenleitung Hessen-Nassau, AZ 1845-3).
[161] Der Beschluß befindet sich zusammen mit einem Begleitschreiben des Dekans der Fakultät, *Martin Schmidt*, in den Akten der Kirchenleitung Hessen-Nassau, AZ 1845-3.
[162] Die folgende Darstellung nach Schreiben des Dekans der Mainzer Fakultät, *Arnulf Kuschke*, vom 9. Mai, 24. Mai und 22. Juni 1962 (Kirchenleitung Hessen-Nassau, AZ 1845-3).

bei der Vereinbarung von 1947 so auch beim Vertrag von 1962 bestimmt hatte.

Erst am 20. Juli 1962 kam es auf Grund dieses Einspruches der Fakultät zu einer Verständigung zwischen der Fakultät und den drei Kirchenleitungen, die in folgenden vier Punkten festgehalten wurde[163]:

»1. Bevor die Evangelisch-Theologische Fakultät der Johannes-Gutenberg-Universität eine Vorschlagsliste zur Besetzung eines Lehrstuhles an den Kultusminister weiterleitet, soll sie mit den Kirchen in Verbindung treten.
2. Sollte ausnahmsweise zwischen Kirchen und Fakultät über die Vorschlagsliste eine Verständigung nicht erzielt werden, so können die Kirchen die im vorangegangenen Verständigungsverfahren nicht ausgeräumten Bedenken gegen Bekenntnis und Lehre des zu Berufenden dem Minister in einem angemessen begründeten theologischen Gutachten zur Kenntnis bringen.
3. Die Kirchen stellen dieses Gutachten gleichzeitig der Evangelisch-Theologischen Fakultät der Johannes-Gutenberg-Universität zu.
4. Der Minister entscheidet darauf im Rahmen seines Ermessens.«

Diese Vereinbarung wurde dem rheinland-pfälzischen Landtag zwar vorgelegt, im Ratifikationsgesetz[164] jedoch nicht erwähnt. Dagegen wurde sie in das Ratifikationsprotokoll vom 22. November 1962 aufgenommen; ihr wurde dort eine Erklärung des rheinland-pfälzischen Ministerpräsidenten angefügt, daß die Landesregierung gegen diese Vereinbarung keine Einwendungen erhebe und bei künftigen Berufungen danach verfahren werde[165]. Trotz dieser Erklärung bildet die Vereinbarung keinen Bestandteil des Vertrags; da sie diesen jedoch inhaltlich abändert, hätte sie als Zusatzvertrag der Zustimmung der gesetzgebenden Körperschaften bedurft; sie ist also nicht ordnungsgemäß zustandegekommen und rechtlich unwirksam[166]. Die verworrene Rechtslage, die auf diese Weise entstanden ist, könnte nur durch einen Änderungsvertrag zum rheinland-pfälzischen Kirchenvertrag geklärt werden.

Geht man gleichwohl von der Vereinbarung zwischen Kirchen und Fakultät als der letzten Interpretation des vorgesehenen Verfahrens aus, so bringt diese jedenfalls insofern eine Klärung, als die kirchlichen Bedenken eindeutig auf Lehre und Bekenntnis des Vor-

---

[163] W. *Weber*, a. a. O., S. 211.
[164] Ebd., S. 195.
[165] Ebd., S. 211.
[166] Vgl. A. *Hollerbach*, Verträge zwischen Staat und Kirche, S. 216 ff.

geschlagenen eingeschränkt werden[167]. Die Kirchen sind jedoch nicht, wie es der Tradition der evangelisch-theologischen Fakultäten entspräche, auf eine nachträgliche gutachtliche Äußerung zu den von der Fakultät vorgeschlagenen Wissenschaftlern beschränkt, sondern können unmittelbar in die Erstellung der Berufungsliste durch die Fakultät eingreifen. Diese doppelte Einflußmöglichkeit bleibt ohne Parallele in den evangelischen Staatskirchenverträgen; sie läßt sich auch durch den Verweis auf die noch weitergehenden Regelungen der Vereinbarung von 1947 nicht rechtfertigen[168]. Es ist deshalb kein Zufall, daß sich an die Regelungen des Mainzer Kirchenvertrags eine lebhafte öffentliche Kontroverse anschloß[169].

Im Rückblick auf diese etwas verwirrten Vorgänge tritt das kirchenamtliche Interesse an der »Kirchlichkeit« der Theologie als Konstante deutlich hervor. Dabei zeigt sich, daß weder durch die dialektische Theologie noch durch den Kirchenkampf ein evangelisches Verständnis dieser Kirchlichkeit gesichert wurde; die Verhandlungen um die Mainzer Fakultät sind vielmehr deutlich durch deren katholisierendes Mißverständnis gekennzeichnet. Dieses wurde dadurch verstärkt, daß der Gedanke der »Kirchlichkeit« mit dem Gesichtspunkt der konfessionellen Parität gekoppelt wurde. Dadurch wurde bis heute verhindert, daß der Status der Mainzer theologischen Fakultät auf angemessene Weise rechtlich geregelt wurde.

4.2. Hamburg

Die Universität Hamburg war im Jahr 1919 ebenso wie die in demselben Jahrzehnt entstandenen Großstadtuniversitäten von Köln und Frankfurt ohne eine theologische Fakultät gegründet worden. Bis 1945 scheint die Frage einer Ergänzung der Universität durch eine solche Fakultät auch nicht intensiv verfolgt worden zu sein. Bald nach dem Ende des Zweiten Weltkriegs jedoch wurde

---

[167] Um so merkwürdiger ist, daß *E. Grauheding*, a. a. O., S. 151, als einer der an den Verhandlungen Beteiligten darauf beharrt, »die Gesamtpersönlichkeit in ihrer ganzen Breite« könne zum Gegenstand der gutachtlichen Äußerung gemacht werden.
[168] Wie es *Grauheding*, a. a. O., S. 151, andeutet; vgl. dagegen *W. Weber*, »Besetzung theologischer Lehrstühle«, S. 421.
[169] Sie wurde insbesondere ausgelöst durch den Aufsatz von *F. Baumgärtel*, »Entmündigung der evangelisch-theologischen Fakultäten?«, in: Frankf. Allg. Zeitung vom 26. 3. 1963, S. 2.

die Forderung nach einer theologischen Fakultät nachdrücklich geltend gemacht. Darin spiegelt sich die veränderte öffentliche Einschätzung von Kirche und Theologie, die als Fundamente für den staatlichen und gesellschaftlichen Neubeginn angesehen wurden. Bei dem Festakt zur Wiedereröffnung der Universität am 6. November 1945 forderte der Rektor, Emil Wolff, öffentlich die Begründung einer evangelisch-theologischen Fakultät; der zuständige Senator Heinrich Landahl nahm diesen Wunsch positiv auf[170]. Am 11. September 1946 stellte der Vertreter der Universität in der Hamburger Bürgerschaft namens der CDU den Antrag, »der Hamburger Universität eine evangelisch-theologische Fakultät anzugliedern«. Der Antrag wurde zunächst einem Ausschuß überwiesen, dann aber nicht mehr weiter verfolgt, weil sich zeigte, daß die Mehrheit der SPD-Fraktion die Gründung einer theologischen Fakultät nicht unterstützte. Sie meinte offenbar, dem in Hamburg seit 1870 gültigen Grundsatz der Trennung von Staat und Kirche so am besten zu entsprechen[171].

Der Beginn der Verhandlungen über eine Hamburger theologische Fakultät war jedoch bereits öffentlich bekannt geworden. Infolgedessen sammelte sich eine größere Zahl von Theologiestudenten in Hamburg, die keine Möglichkeit hatten, an eine andere Universität auszuweichen[172]. Dem dadurch entstandenen Notstand begegnete die Evangelisch-Lutherische Kirche im Hamburgischen Staate durch die Einrichtung theologischer Kurse, die vor allem von den Hamburger Hauptpastoren gehalten wurden; daneben fanden theologische Vorlesungen im Rahmen der pädagogischen Ausbildung an der Universität statt. Als die Zahl der Theologiestudenten daraufhin anstieg, entschloß man sich zur Umwandlung dieses »Theologischen Vorlesungswerks« in eine Kirchliche Hochschule, die auf dem Gelände der diakonischen Anstalten in Hamburg-Alsterdorf untergebracht wurde. Die Gründung erfolgte durch ein Kirchengesetz vom 27. Oktober 1948[173], die feierliche Eröffnung fand im Rahmen einer internationalen »Lutherischen Woche« am 3. Mai 1949 statt. Die

---

[170] Vgl. hierzu und zum folgenden L. *Goppelt,* »Zehn Jahre Evangelisch-Theologische Fakultät Hamburg«.
[171] Vgl. (V. *Herntrich*), Denkschrift Kirchliche Hochschule Hamburg, o. J. (Archiv der Landeskirche Hamburg, Bestand ›Kirchliche Hochschule‹ 60), S. 4.
[172] Vgl. hierzu und zum folgenden die in Anm. 171 genannte Denkschrift.
[173] Gesetze, Verordnungen und Mitteilungen der Ev.-Luth. Kirche im Hamburg. Staate, 1948, S. 43.

Hochschule wurde in Absprache mit dem Senat der Hansestadt eingerichtet und von diesem de facto anerkannt; das zeigte sich am deutlichsten in der Beteiligung der Dozenten der Kirchlichen Hochschule an der Ausbildung der Pädagogen. Von vornherein war die Kirchliche Hochschule nicht als Alternative zu einer theologischen Fakultät, sondern lediglich als Zwischenlösung bis zu deren Gründung gedacht. Durch die Berufung hauptamtlicher habilitierter Dozenten, die seit 1950 die Amtsbezeichnung von »Professoren der Theologie an der Kirchlichen Hochschule Hamburg« führten, suchte man, die Anforderungen an den Forschungs- und Lehrbetrieb denjenigen der theologischen Fakultäten anzugleichen. Gleichwohl betonte man den besonderen Charakter einer Kirchlichen Hochschule. Volkmar Herntrich, der Rektor der Hochschule, sah diesen Charakter insbesondere in der durch den Standort gegebenen Verbindung von Theologie und Diakonie, wodurch die theologisch-wissenschaftliche Arbeit mit der Frage der »christlichen Verwirklichung« konfrontiert werde, und andererseits in der Begegnung mit der Ökumene[174]. Außerdem betonte er, daß sich in der Existenz der Hochschule die Verantwortung der Kirche für die wissenschaftlich-theologische Arbeit manifestiere; seit den Erfahrungen des Kirchenkampfs könne man nicht mehr von einem Monopol der theologischen Fakultäten für diese Arbeit ausgehen, wenn man auch deren Primat weiterhin anzuerkennen bereit sei[175].

Überraschend bald nach der Gründung der Kirchlichen Hochschule kam bereits wieder Bewegung in die Diskussion um die theologische Fakultät. Im Jahr 1950 wurde in Hamburg ein »Hochschulbeirat« gegründet, der als »Bindeglied zwischen den Hochschulen und der Öffentlichkeit« beratende Aufgaben wahrnehmen sollte. Da in verschiedenen Ausschüssen des Hochschulbeirats alsbald die Frage der theologischen Fakultät zur Erörterung kam, beauftragte dessen Vorstand einen eigenen Ausschuß, den »Religionsausschuß«, mit der Behandlung dieser Frage. Bei seiner ersten Sitzung am 31. Januar 1951 erzielte der Religionsausschuß unter Vorsitz von Oberkirchenrat Knolle und unter Beteiligung des Rektors der Kirchlichen Hochschule, Volkmar Herntrich, Übereinstimmung darüber, daß die Gründung einer theologischen Fakultät notwendig sei und die Kirchliche

---

[174] V. *Herntrich*, Die Kirchliche Hochschule in Hamburg, Ms. vom 11. 2. 1950 (Archiv der Landeskirche Hamburg, Bestand ›Kirchliche Hochschule‹ 55.1).
[175] Denkschrift Kirchliche Hochschule, a. a. O., S. 2 f.

Hochschule in diese Fakultät überführt werden solle[176]. Schon am
1. Februar 1951 schloß sich der Landeskirchenrat, am 16. Februar
1951 auch das Kuratorium der Kirchlichen Hochschule diesen Überlegungen an; beide Gremien sahen die Überführung der Kirchlichen Hochschule in eine zu gründende Fakultät als den einzigen gangbaren Weg an[177]. Daraufhin erstellte der Religionsausschuß unter Federführung von Knolle und Herntrich ein Gutachten, das vor allem folgende Gesichtspunkte geltend machte[178]:

> Das Bedürfnis nach einer theologischen Fakultät ergibt sich zunächst im Blick auf das Studium der künftigen Religionslehrer, für die in der gegenwärtigen geistigen Situation eine hervorragende wissenschaftliche Ausbildung unerläßlich ist. Dies Bedürfnis zeigt sich ferner an der Anzahl der Theologiestudenten an der Kirchlichen Hochschule Hamburg. Es ist schließlich im Blick auf die gesamte geistige Situation der Stadt Hamburg gegeben, die den wissenschaftlichen Austausch zwischen der Theologie und den anderen Fakultäten fordert. Vor allem aber geht es bei der Frage einer theologischen Fakultät um das Wesen der Universität überhaupt. Nach der Auffassung des Religionsausschusses wird die Universität Hamburg erst durch die Einfügung einer theologischen Fakultät zur Universität im vollen Sinn, die den benachbarten Universitäten gleichrangig zur Seite tritt.
> Die Schaffung einer theologischen Fakultät legt sich auch wegen der weltpolitischen Beziehungen der Hansestadt Hamburg nahe, die mit den ökumenischen Kontakten der Kirchlichen Hochschule verknüpft werden könnten. Sie drängt sich auch wegen der besonderen Möglichkeiten Hamburgs in der Ausbildung von Missionaren auf.

Auch in diesem Gutachten sprach sich der Religionsausschuß für die Übernahme der Kirchlichen Hochschule in die Universität aus. Dieser Weg wurde jedoch schließlich nicht eingeschlagen.

Zunächst machte sich der Hochschulbeirat in seiner Sitzung am 6. Dezember 1951 die Argumente des Religionsausschusses zu eigen und empfahl mit nur einer Gegenstimme dem Senat der Hansestadt die Einrichtung einer theologischen Fakultät[179]. Daraufhin brachte der Bürgerschaftsabgeordnete Pastor Lic. Dr. Paul Reinhardt (CDU)

---

[176] Protokoll der 1. Sitzung des Religionsausschusses (Archiv der Landeskirche Hamburg, Bestand ›Kirchliche Hochschule‹ 58).
[177] Protokoll der 147. Sitzung des Landeskirchenrats (ebd.); Protokoll der Sitzung des Kuratoriums der Kirchlichen Hochschule (Bestand ›Kirchliche Hochschule‹ 59).
[178] Gutachten des Religionsausschusses vom 1.6.1951 (Bestand ›Kirchliche Hochschule‹ 17).
[179] Protokoll der 3. Sitzung des Hochschulbeirats, S. 12 (Bestand ›Kirchliche Hochschule‹ 58).

die Frage in der Bürgerschaft aufs neue zur Sprache[180]. Nun erklärte sich auch die SPD-Fraktion für die Errichtung der theologischen Fakultät und die Gründung einer internationalen Missions-Akademie.

Sie begründete ihren Beschluß damit, »daß der Protestantismus durch die katholische Restauration in Westdeutschland weitgehend in die Defensive gedrängt sei. Der deutsche Protestantismus sei zur Stunde ohne eine feste politische Orientierung, aber durchaus aufgeschlossen gegenüber den sozialen Fragen unserer Zeit«. Die Presse- und Rundfunkstelle beim Landeskirchenrat kommentierte diesen Beschluß: »Man wird nicht fehlgehen in der Annahme, daß mit der Entschließung und ihrer Begründung zweifellos ein gewisser Bezug zur politischen Tagessituation und den kommenden Bundestagswahlen gegeben ist.«[181]

Nach diesem Beschluß war der Weg dazu frei, daß die Bürgerschaft am 22. Oktober 1952 das »Gesetz über die Errichtung einer evangelisch-theologischen Fakultät an der Universität Hamburg« einstimmig annahm[182]. Die zunächst vorgesehenen fünf Lehrstühle sollten nicht durch unmittelbare Übernahme der hauptamtlichen Dozenten der Kirchlichen Hochschule besetzt werden. Vielmehr wurde ein Berufungsausschuß eingesetzt, der Berufungslisten zusammenstellen sollte. Dieser Ausschuß bestand aus den Hamburger Professoren Snell, Flitner und Schubring, den Theologen von Campenhausen und Thielicke und dem Rektor der Kirchlichen Hochschule Herntrich[183]. Die erste Namensliste des Berufungsausschusses wies nur zwei Dozenten der Kirchlichen Hochschule auf[184]. Die Berufungsverfahren zogen sich in die Länge, so daß die Fakultät erst zum Wintersemester 1954/55 ihre Tätigkeit aufnehmen konnte. Ihr gehörten nun drei bisherige Dozenten der Kirchlichen Hochschule (Goppelt, Freytag, Schmidt) und zwei von auswärts berufene Professoren (Kraus,

---

[180] Vgl. *Goppelt*, a. a. O., S. 4.
[181] Information der Presse- und Rundfunkstelle beim Landeskirchenrat vom 1. 10. 1952 (Bestand ›Kirchliche Hochschule‹ 61).
[182] Vgl. *Goppelt*, a. a. O., S. 4 f. Das Gesetz ist veröffentlicht im Gesetz- und Verordnungsblatt Hamburg, 1954, S. 231, und abgedruckt bei *Liermann*, Staat und Kirche, Bd. II, S. 235.
[183] Mitteilung über die Konstituierung des Berufungsausschusses der Theologischen Fakultät Hamburg vom 11. 12. 1952 (Bestand ›Kirchliche Hochschule‹ 55.4).
[184] *Freytag* und *K. D. Schmidt*; daneben umfaßte sie die Namen von *G. Bornkamm*, *Noth* und *Tillich*.

Thielicke) an. In den folgenden Jahren wurde der Lehrkörper erweitert.

Vergleicht man diese Gründung mit den oben erörterten Vorgängen um die evangelisch-theologische Fakultät der Mainzer Universität, so fällt die Konsequenz ins Auge, mit der die Errichtung einer theologischen Fakultät als staatlicher Vorgang betrachtet und durchgeführt wurde. Die Vertreter der Hamburgischen Landeskirche waren nicht als Angehörige einer Kirchenbehörde, sondern als berufene Mitglieder des aus Vertretern der gesellschaftlichen Gruppen zusammengesetzten Hochschulbeirats an den Beratungen beteiligt. Ihre Stimme hatte nicht kraft einer privilegierten Stellung, sondern nur kraft ihrer Sachkompetenz ein besonderes Gewicht; auffälligerweise erstatteten weder Knolle noch Herntrich, sondern ein Nichttheologe (Dr. Reimers) den Bericht des Religionsausschusses vor dem Plenum des Hochschulbeirats. Der Versuch der Landeskirche, die Kirchliche Hochschule als ganze der Universität zu inkorporieren, scheiterte ebenso wie die Bemühung, von vornherein allen hauptamtlichen Dozenten der Kirchlichen Hochschule den Status von Honorarprofessoren mit Sitz und Stimme in der Fakultät zu sichern — dies wurde als Eingriff in die Autonomie der Fakultät vom zuständigen Senator zurückgewiesen. Am auffälligsten ist, daß keine Vereinbarung über kirchliche Mitwirkungsrechte bei der Besetzung der theologischen Lehrstühle getroffen wurde. Das Berufungsverfahren für Theologieprofessoren entspricht infolgedessen in Hamburg demjenigen für die Professoren anderer Fakultäten vollständig; die Information oder Konsultation des Landeskirchenrats steht im freien Ermessen der Fakultät. Bei keiner anderen deutschen evangelisch-theologischen Fakultät ist die Zugehörigkeit der Fakultät zur Universität mit gleicher Ausschließlichkeit und Folgerichtigkeit durchgeführt. Das Verhältnis der Fakultät zur Kirchenleitung ist das einer freien, durch keine rechtlichen Regeln fixierten Partnerschaft ohne jede Subordination der Fakultät unter die Kirchenbehörde.

Zum ersten Mal in der Diskussion über die Erhaltung oder Neugründung theologischer Fakultäten taucht mit Nachdruck der Hinweis auf die Ausbildung künftiger Religionslehrer auf. Das legte sich deshalb nahe, weil in Hamburg nicht nur die künftigen Gymnasiallehrer, sondern auch die künftigen Grund-, Haupt- und Realschullehrer an der Universität studieren. Die Ausbildungsaufgabe der theologischen Fakultäten beschränkt sich, wie an diesem Hinweis deutlich wird, nicht auf kirchliche Tätigkeiten; die Zugehörigkeit der theologischen Fakultäten zur Universität erfährt dadurch eine über den Hamburger Einzelfall hinaus wichtige, zusätzliche Begründung.

Gegenüber der Argumentation von den Ausbildungsaufgaben der Fakultät her tritt die Erörterung der Forschungsaufgaben einer theologischen Fakultät in der Hamburger Diskussion in den Hintergrund. Man beschränkt sich auf eine allgemeine Erwägung über den traditionellen Umfang einer vollständigen deutschen Universität, ohne die sachliche Notwendigkeit einer Beteiligung der Theologie an der wissenschaftlichen Auseinandersetzung eigens zu entfalten. Erst die Rede Thielickes zur Eröffnung der Fakultät[185] suchte dies nachzuholen.

Ist der Hinweis auf den überlieferten Bestand der Universität in diesem Zusammenhang nicht nur traditionell, sondern — etwa in dem Gutachten des Religionsausschusses — bereits formalistisch, so kommt in der Begründung der SPD-Fraktion für ihre Zustimmung zur Errichtung einer theologischen Fakultät eine neue Komponente in die Diskussion. Die Gründung der Mainzer theologischen Fakultät spiegelte den Respekt der staatlichen Stellen vor Kirche und Theologie als denjenigen Größen, von denen man sich nach dem Zusammenbruch von 1945 eine entscheidende Hilfe für den politischen Wiederaufbau erhoffte. Der Beschluß der SPD-Fraktion enthält ein erstes, verständlicherweise parteipolitisch gefärbtes Résumé dieser Entwicklung: Der große Spielraum, den man den Kirchen gewährt hatte, hatte zum Erstarken eines konservativen oder gar reaktionären politischen Katholizismus geführt, dem der Protestantismus nichts von gleichem Gewicht entgegenzusetzen hatte. Wollte man an dieser Stelle für einen Ausgleich der gesellschaftlichen Kräfte sorgen, so mußte man die Möglichkeiten des deutschen Protestantismus verbessern, seine öffentliche Aufgabe und seine politische Rolle zu reflektieren und zu klären. Dafür wurde der öffentliche Status der theologischen Wissenschaft als eine wichtige Hilfe angesehen. Die öffentliche Stellung der Theologie wurde hier also aus der Öffentlichkeitsbedeutung der Kirchen begründet.

---

[185] *H. Thielicke*, Was ist Wahrheit?

4.3. Bochum

Die Gründung der Evangelisch-theologischen Abteilung der Ruhr-Universität Bochum unterscheidet sich von den beiden bisher geschilderten Neugründungen — wie auch von der noch zu schildernden Gründung der Münchener Fakultät — in einem charakteristischen Punkt. Wie in Mainz handelt es sich hier um die Errichtung einer theologischen Fakultät im Zusammenhang einer Universitätsneugründung, während in Hamburg und München nachträglich eine evangelisch-theologische Fakultät in eine bereits bestehende Universität eingefügt wurde. Doch die Einrichtung der Bochumer Abteilung zu Beginn der sechziger Jahre vollzog sich unter völlig anderen Bedingungen als die der Mainzer Fakultät 1945. Die Gründung der Universität Bochum war von der Frage bestimmt, wie die wachsenden Studentenzahlen bewältigt werden könnten, nicht wie die Gründung der Universität Mainz von dem Gesichtspunkt, daß man aus Gründen des regionalen Gleichgewichts eine Landesuniversität für ein neu entstehendes Bundesland schaffen müsse. Bei der Gründung der Universität Bochum ging es in erster Linie um die Befriedigung von Ausbildungsbedürfnissen in den sogenannten »Massenfächern«[186], nicht um die Einrichtung einer klassischen Universität. Nicht deren Universalitätsanspruch, sondern der Gesichtspunkt der Effektivität der Ausbildung beherrschte die Erwägungen. Deshalb war es nicht verwunderlich, daß der von Kultusminister Schütz dem nordrhein-westfälischen Landtag am 18. April 1961 vorgelegte Plan für die Neugründung keine theologischen Fakultäten vorsah[187]. Ebensowenig enthielten die damaligen Pläne für die Neugründungen in Bremen und Konstanz, um nur die markantesten Beispiele zu nennen, theologische Fakultäten. In all diesen Fällen ging man von dem unbestreitbaren Faktum aus, daß die Ausbildung der Theologen durch die bisher bestehenden Fakultäten und Kirchlichen Hochschulen in ausreichendem Maß gewährleistet sei. Unter dem Gesichtspunkt der Ausbildung ließ sich die Vermehrung der theologischen

---
[186] Dies geht aus der Denkschrift des Gründungsausschusses, »Empfehlungen zum Aufbau der Universität Bochum«, vom Dezember 1962, S. 6 u. ö., sehr deutlich hervor.
[187] Vgl. hierzu und zum folgenden S. *Herrmann*, L. *Hödl*, »Für und wider die ›Ruhr-Theologie‹«; E. *Brühmann*, »›Konfessionshader‹ oder ›Der Westfälische Jammer‹«; R. *Krüsmann*, »Die Gründungszeit der Ruhr-Universität Bochum«.

Fakultäten auf keinen Fall begründen; im Gegenteil mußte man damit rechnen, daß die Neugründung attraktiver Fakultäten eine Existenzbedrohung für die bisher bestehenden darstellen würde.
Bereits vor der Landtagsvorlage des Kultusministers war die Forderung nach einer theologischen Fakultät zum ersten Mal laut geworden. In einem Gutachten des evangelischen Pfarrkonvents Bochum vom 14. Dezember 1960 heißt es[188]:

»Die evangelische Kirche sollte sich ernstlich dafür einsetzen, daß die neue Universität, wo immer sie ihren Platz bekommt, eine volle theologische Fakultät erhält, um einerseits Abiturienten aus dem Ruhrgebiet das Theologiestudium zu erleichtern und andererseits Studenten aus anderen Teilen Deutschlands die Möglichkeit zum Theologiestudium an diesem modernsten Typ der Universität zu geben.«

Unmittelbar vor der ersten Sitzung des Gründungsausschusses, am 13. September 1961, bat Kultusminister Schütz die Mitglieder der westfälischen Kirchenleitung, Vizepräsident Thimme und Landeskirchenrat Reiß, zu einer Besprechung ins Kultusministerium. Als Ergebnis des Gesprächs wurde festgehalten: »Es soll sichergestellt werden, daß an der neuen Universität auch Religionspädagogen voll ausgebildet und das zwischenwissenschaftliche Gespräch mit der Theologie wahrgenommen werden kann. Deshalb wird die Einrichtung von vier Lehrstühlen vorgeschlagen.«[189]

Eine volle theologische Fakultät wurde bei diesem Gespräch nicht gefordert. Deshalb bestand bei der ersten Sitzung des Gründungsausschusses am 15. September 1961 keine Nötigung, sich mit dem Wunsch nach theologischen Fakultäten eingehender zu beschäftigen. Der Kultusminister wiederholte, daß die Einbeziehung theologischer Fakultäten nicht vorgesehen sei, fügte allerdings hinzu, dabei »sei ihm persönlich nicht ganz wohl zumute, da die theologischen Fakultäten grundsätzlich zum Bestand der Universität gehörten«[190]. An

---

[188] Zitiert nach *Brühmann*, a. a. O., S. 72.
[189] Besprechungsprotokoll von Landeskirchenrat *Reiß*, zitiert nach einem Schreiben von Dr. Reiß an den Verf. vom 21. Mai 1971.
[190] *Herrmann-Hödl*, a. a. O., S. 75. — Die Vorgänge im Gründungsausschuß kann ich nur nach dem Bericht von Herrmann-Hödl wiedergeben, da das nordrhein-westfälische Ministerium für Wissenschaft und Forschung mit Schreiben vom 7. 6. 1971 die Bitte um Einsichtnahme in die Protokolle des Gründungsausschusses abgelehnt hat und andere Versuche, von ihnen Kenntnis zu erhalten, ergebnislos blieben. Nur ausgewählte Seiten aus den Protokollen der 2. und 6. Sitzung des Gründungsausschusses wurden mir durch das Ministerium nachträglich zugänglich gemacht.

dieser Äußerung zeigt sich, daß bei der Gründung der Ruhr-Universität manchen der Beteiligten unklar war, wie der Gesichtspunkt der Ausbildungseffektivität mit dem traditionellen Bild der deutschen Universität zu vermitteln sei.

Deshalb konnte der Hinweis auf den überlieferten Bestand für die Diskussion über die Konzeption der Bochumer Universität bedeutungsvoll werden. Am 3. November 1961 veröffentlichte der Professor für allgemeine Religionswissenschaft an der Universität Münster, A. Antweiler, eine Stellungnahme im »Rheinischen Merkur«, in der er den Plan zu einer Universität ohne Theologie als »vordergründig und verfehlt« bezeichnete. Sein maßgebliches Argument bestand darin, daß die Theologie im Rahmen der Universitätswissenschaften dem Ganzen und Umgreifenden zu dienen habe und so die Integration der disparat arbeitenden Einzelwissenschaften in die »Universität« ermögliche: »Will Universität das Ganze, so braucht sie die Theologie!«[191]

Bei der zweiten Sitzung des Gründungsausschusses am 6. November 1961 bezog sich der Philosoph Joachim Ritter auf Antweilers Argumentation und erklärte »die Vertretung der Theologie an der Universität vom Standpunkt der Forschung in den geisteswissenschaftlichen Fächern — unabhängig von der Bedürfnisfrage hinsichtlich der Ausbildung von Pfarramtskandidaten — für unbedingt notwendig«[192]. Damit wurde das von Ausbildungsnotwendigkeiten dominierte Konzept relativiert; der Gesichtspunkt der Forschung trat als eigenständige Komponente in die Diskussion ein. Dabei bestimmten das Postulat der »Universalität« des von der Universität jedenfalls in den Geisteswissenschaften zu behandelnden Gegenstandsbereichs und die Notwendigkeit des interdisziplinären Austauschs für produktive Forschung — zwei Erwägungen, die schon Werner Elert nachdrücklich zur Geltung gebracht hatte — die Debatte. Der Theologe Joseph Höffner unterstrich in dieser Sitzung, daß der Dialog der Theologie mit den anderen Disziplinen an der neuen Universität möglich und nötig sei.

Im Dezember 1961 veröffentlichte der Pressereferent der für Bochum zuständigen Westfälischen Landeskirche, Dr. Reiß, eine Stel-

---

[191] A. Antweiler, »Universität ohne Theologie?«, zitiert nach Herrmann-Hödl, a. a. O., S. 75.
[192] Herrmann-Hödl, a. a. O., S. 75 (Protokoll, S. 18).

lungnahme in »Kirche in der Zeit«, von der auch die Tagespresse berichtete[193].

Reiß betonte, die Universitäten stünden nicht nur vor der Frage nach der Erweiterung ihrer Ausbildungskapazitäten, sondern gleichzeitig vor der Frage ihrer inneren Neuordnung; diese sei von dem Problem der Einheit der Wissenschaft angesichts der fortschreitenden Spezialisierung bestimmt. Konstitutiv für die Lösung dieses Problems sei die Begegnung zwischen Natur- und Geisteswissenschaften. Sie könne jedoch von der philosophischen Fakultät allein nicht geleistet werden; vielmehr sei die Beteiligung der Theologie an diesem Dialog unerläßlich. Daraus ergibt sich nicht unbedingt die Notwendigkeit, eine theologische Fakultät zu errichten; denn dies ist unter dem Gesichtspunkt der Ausbildungskapazität nicht zu vertreten, wenn auch im Blick auf Theologiestudenten aus dem Ruhrgebiet und Religionsphilologen eine Ausbildungsmöglichkeit in Bochum zu begrüßen wäre: sie böte in einer glücklichen Weise die Möglichkeit eines Theologiestudiums inmitten der industriellen Welt. Doch für die notwendige Intensivierung der interdisziplinären Arbeit genügt die Einrichtung einiger theologischer Lehrstühle ohne Fakultätsstatus, durch die allerdings eine ausreichende theologische Ausbildung der Religionsphilologen gewährleistet sein müßte. Bemerkenswert ist die abschließende generelle Bemerkung: »Gerade weil der heutige Staat sich den Kirchen gegenüber fördernd verhält, sollten die Kirchen sich besonders davor hüten, durch juristische Festlegungen und unter Zurückdrängung der ihnen nicht genehmen geistigen Kräfte einen größeren Einflußbereich zu beanspruchen, als ihrer inneren Ausstrahlungskraft auf den Menschen unserer Tage entspricht.«

Trotz dieser Bemerkung wird man sich fragen müssen, ob nicht neben dem Hinweis auf die Notwendigkeit, die Theologie an der universitären Forschung zu beteiligen, der juristisch fixierte Status der Kirchen für die Einfügung theologischer Abteilungen in die Bochumer Universität eine maßgebliche Rolle spielte. In dem Vertrag zwischen dem Heiligen Stuhl und dem Land Nordrhein-Westfalen über die Errichtung des Bistums Essen vom 19. Dezember 1956[194] war dem Ruhrbistum in § 6 ausdrücklich das Recht zugesichert worden, ein Seminar zur wissenschaftlichen Ausbildung der Geistlichen zu besitzen; zu dieser Bestimmung bestand Anlaß, da keine der bestehenden theologischen Fakultäten im Bereich des Ruhrbistums lag. Auf Grund dieser Bestimmung und der Tatsache, daß das Bistum von ihr noch keinen Gebrauch gemacht hatte, lag es nahe, bei der Errichtung

---

[193] H. *Reiß*, »Zur Struktur der neuen Universität in Bochum«, in: Kirche in der Zeit, 16, 1961, S. 469—470.
[194] W. *Weber*, Die deutschen Konkordate und Kirchenverträge, Bd. 1, S. 99 f.

einer Universität im Ruhrgebiet die Frage zu prüfen, ob nicht anstelle eines bischöflichen Seminars eine katholisch-theologische Fakultät zur Verfügung gestellt werden sollte; nach der konfessionellen Struktur des Ruhrgebietes verstand es sich von selbst, daß dem eine evangelisch-theologische Fakultät zur Seite treten mußte. Nach der Errichtung der katholisch-theologischen Abteilung der Bochumer Universität verzichtete der Bischof von Essen in aller Form darauf, von seinem Recht, ein Seminar zur wissenschaftlichen Vorbereitung der Geistlichen einzurichten, Gebrauch zu machen; die Ausbildung im Priesterseminar nach Abschluß des Universitätsstudiums blieb von diesem Verzicht unberührt[195].

In der öffentlichen Diskussion und allem Anschein nach auch in den Erwägungen des Gründungsausschusses trat dieser Zusammenhang allerdings nicht hervor. Vielmehr beschränkte man sich hier auf Erwägungen über das Wesen der Universität und die Beteiligung der Theologie an der Arbeit der Geisteswissenschaften. Unterstützung erfuhren die Verfechter dieser Position auch von dem Fakultätentag der evangelisch-theologischen Fakultäten, der in einem einstimmigen Beschluß vom 27. Oktober 1961 die Zugehörigkeit einer theologischen Fakultät zur Universität als Leitvorstellung auch für Universitätsneugründungen bekräftigte[196].

In den folgenden Monaten kam die Frage der Errichtung theologischer Fakultäten in Bochum zur Entscheidung. Am 3. Januar 1962 legte der katholische Theologe Höffner dem Gründungsausschuß »Erwägungen zur Frage der Errichtung theologischer Fakultäten an der Ruhruniversität« vor. Auch er ging vom Gesichtspunkt der Forschung aus und betonte, es komme »nicht entscheidend auf die Zahl der Hörer an«. Seine Gesichtspunkte wurden bei der 4. Sitzung des Gründungsausschusses am 8. Januar 1962 von den Professoren Ratschow und Volk, die als wissenschaftliche Gutachter für evangelische und katholische Theologie hinzugezogen wurden, unterstützt. Ratschow hielt die Einrichtung von drei theologischen Lehrstühlen für ausreichend, um einerseits die Ausbildung von Religionsphilologen

---

[195] Notenwechsel zwischen dem Ministerpräsidenten von Nordrhein-Westfalen und der Apostolischen Nuntiatur in Deutschland vom 20./29. 12. 1967 (Amtsblatt des nordrhein-westf. Kultusministeriums, 1968, S. 87 f.).
[196] Zitiert nach einem Schreiben des Vorsitzenden des Fakultätentags, Prof. *Schneemelcher*, an den Vorsitzenden des Wissenschaftsrats, Prof. *Raiser*, vom 31. 12. 1961 (Akten des Ev.-Theol. Fakultätentags IV 377/61).

zu gewährleisten und um andererseits das »Bemühen um eine metaphysische Grundlegung ... im Sinne einer Umgreifung der Universalität« auch von der Theologie her sichtbar zu machen[197]. Der katholische Gutachter Volk dagegen hielt aus sehr ähnlichen Gründen volle theologische Fakultäten für erforderlich. Gleichwohl hatte der Gründungsausschuß Bedenken, ob sich diese Forderung dem nordrhein-westfälischen Landtag gegenüber durchsetzen lasse, solange nicht ein zwingendes Ausbildungserfordernis nachgewiesen werden könne.

Am 2. Februar 1962 fand eine Besprechung des Kultusministers mit Vertretern der beiden Kirchen statt. Insbesondere die katholische Kirche hatte inzwischen ihr Interesse daran angemeldet, daß in Bochum die Möglichkeit zu einem vollen Theologiestudium geschaffen werde. Man einigte sich auf diese Forderung und stellte fest, daß dazu die Einrichtung einer ausreichenden Zahl theologischer Lehrstühle erforderlich sei[198].

Man wird die Wirkung nicht unterschätzen dürfen, die in dieser Situation ein öffentlicher Vortrag des hannoverschen Landesbischofs Hanns Lilje beim Arbeitskreis Bochum der evangelischen Akademie Westfalen über das Thema »Von der Freiheit des Geistes« ausübte. Dem Wunsch der Veranstalter entsprechend, ging Lilje in diesem Vortrag, der am 19. Februar 1962 stattfand, auch auf die Frage der theologischen Fakultäten ein.

In Liljes Darlegungen kehren die Argumentationsmuster wieder, die schon die früheren Beiträge bestimmten. Er spitzt sie zu der rhetorischen Frage zu: »Will man einfach nur berufliche Ausbildungsstätten, oder will man wirklich Universitäten?«[199] Die Universität muß von der Freiheit des Geistes geleitet sein, die der Reformation entscheidende Impulse verdankt. Mit der Einfügung der Theologie in die Universität würde gerade nicht die Gefahr einer Bevormundung des geistigen Lebens heraufbeschworen; denn diese widerstrebt nach evangelischem Verständnis dem Wesen des Glaubens. Allerdings kann die Freiheit des Geistes im Sinne vollständiger Autonomie mißverstanden werden; soll die Universität dieser Gefahr nicht erliegen, bedarf sie der Theologie. Die Forderung nach einer vollen theologischen Fakultät ergibt sich deshalb in erster Linie nicht von der Kirche her, die ihren Ausbildungsbedürfnissen auch mit Kirchlichen Hochschulen entsprechen kann, sondern von der Universität her. In der Theologie kann zweckfreies Studium noch in exemplarischer Weise dargestellt werden.

---

[197] *Herrmann-Hödl*, a. a. O., S. 76.
[198] Schreiben von *Dr. Reiß* an den Verf. vom 21. Mai 1971.
[199] *H. Lilje*, »Von der Freiheit des Geistes« (Ms.), S. 5.

Vom 6. bis 8. März 1962 trat der Gründungsausschuß zu seiner 6. Sitzung zusammen. Unter dem Eindruck der bischöflichen Rede, der Gutachten der Professoren Ratschow und Volk und der Gespräche mit Vertretern beider Kirchen erklärte der Kultusminister, daß er nun die Errichtung zweier vollständiger theologischer Fakultäten für erforderlich halte. Dabei erklärte er eine paritätische Ausstattung beider Fakultäten für notwendig und schlug eine Anzahl von mindestens 8—10 Lehrstühlen in jeder Fakultät vor, womit er die Vorstellungen der Gutachter beträchtlich übertraf. Noch in der gleichen Sitzung wurden Berufungsausschüsse für evangelische und katholische Theologie gebildet, die alsbald ihre Tätigkeit aufnahmen[200].

Der damit erreichte Stand der Beratungen fand seinen Niederschlag in dem Gutachten des Gründungsausschusses »Empfehlungen zum Aufbau der Universität Bochum« vom Dezember 1962[201]. In dem darin enthaltenen Strukturplan für die neue Universität erscheint die evangelisch-theologische Abteilung als Abteilung I und die katholisch-theologische Abteilung als Abteilung II. Vorgesehen ist eine Ausstattung mit je fünfzehn Lehrstühlen; dadurch sollen außer den klassischen theologischen Disziplinen auch eine Reihe von Spezialaufgaben in Forschung und Lehre wahrgenommen werden können.

Vom Verzicht auf theologische Fakultäten überhaupt über die Forderung von je drei theologischen Lehrstühlen bis zu diesem Endstand wurde ein bemerkenswerter Weg zurückgelegt. Immer wieder wurde die Einbeziehung der Theologie damit begründet, erst durch ihre Beteiligung entstehe eine Universität im Vollsinn des Worts, erst dadurch könne man hoffen, daß der Zersplitterung der Einzelwissenschaften ein Moment der Integration gegenübertrete. Die evangelisch-theologische Abteilung hat diese Vorstellungen aufgenommen und ihr durch Angebote für Hörer aller Fakultäten und durch die Beteiligung an interdisziplinären Veranstaltungen zu entsprechen gesucht[202].

---

[200] Dem Berufungsausschuß für evangelische Theologie gehörten die Professoren *Ritter, Coing, Ratschow, G. Bornkamm* und *Schneemelcher* (als Vorsitzender des Fakultätentags), dem Berufungsausschuß für katholische Theologie die Professoren *Höffner, Braubach, Panzram, Reding* und *Volk* (an dessen Stelle später Prof. *Schäfer*) an (Protokoll, S. 37 ff.).
[201] »Empfehlungen«, S. 13 ff.
[202] Auskunft von Prof. *Greeven*, Bochum.

Gleichwohl fragt man sich, ob der Rückgriff auf das Bild der klassischen Universität allein die Bochumer Entwicklung zu erklären vermag. Die beiden großen Kirchen haben nach 1945 einen herausgehobenen Status in der gesellschaftlichen Ordnung der Bundesrepublik erhalten, zu dessen Merkmalen auch die Beibehaltung und Förderung der theologischen Fakultäten gehört. Auch im öffentlichen Status der theologischen Fakultäten manifestiert sich die öffentliche Stellung der Kirchen. Wäre die Theologie bei den Plänen für Universitätsneugründungen durchweg ausgeschlossen worden, so hätte dies einen erheblichen Eingriff in das bestehende gesellschaftliche Kräfteverhältnis dargestellt. Denn wäre bei einer Vermehrung der Zahl der Universitäten die Zahl der theologischen Fakultäten konstant geblieben, so hätte darin eine Minderung ihres öffentlichen Status und damit zugleich ein Eingriff in die öffentliche Stellung der Kirchen gelegen. Durch die Einfügung zweier theologischer Abteilungen in die Ruhr-Universität Bochum sollte also ein Beitrag dazu geleistet werden, daß das gegenwärtige Kräfteverhältnis der großen gesellschaftlichen Gruppen stabil gehalten wurde.

Man kann eine solche Interpretation als Vermutung aussprechen, da solche Gesichtspunkte aus verständlichen Gründen in den zugänglichen Unterlagen nicht auftauchen. Gleichwohl kann man eine solche Erwägung durch den Hinweis erhärten, daß die Argumentation mit dem klassischen Bestand der Universität und die Forderung nach Integration der zersplittert arbeitenden Einzelwissenschaften die Bochumer Entwicklung allein nicht zu erklären vermögen. Diese Argumente hätten schon die erste Vorlage des Ministeriums vom April 1961 bestimmen können; sie hätten darüber hinaus ebensogut wie für Bochum für jede andere Universitätsneugründung gelten können. Warum von allen Neugründungen seit 1960 allein Bochum eine evangelisch-theologische Fakultät erhielt, ist damit noch nicht erklärt. Entscheidend dafür war vielmehr, daß es in diesem Fall gelang, einen Teil der Öffentlichkeit zugunsten der Theologie zu mobilisieren[203] und dadurch Vertreter der Kirchenbehörden, Mitglieder des Gründungsausschusses und schließlich auch den Kultusminister zu veranlassen, sich für volle theologische Fakultäten einzusetzen. Erst

---

[203] An dieser Mobilisierung war der Vorsitzende des Arbeitskreises Bochum der Evangelischen Akademie Westfalen und spätere Geschäftsführer der Gesellschaft der Freunde der Ruhr-Universität, *Rudolf Krüsmann*, maßgeblich beteiligt.

durch die öffentlichen Aktionen zugunsten der theologischen Fakultäten wurde den zuständigen Stellen deutlich, daß der Verzicht auf theologische Fakultäten als eine Statusminderung für die Kirchen verstanden werden könnte; dem möglichen Konflikt kamen sie durch die Errichtung der beiden theologischen Abteilungen zuvor.

4.4. München

Schon unmittelbar nach dem Ende des 2. Weltkriegs stand die Frage der Errichtung einer Münchener evangelisch-theologischen Fakultät zur Debatte: als die 1939 aufgehobene katholisch-theologische Fakultät 1946 wiedereröffnet wurde, erwog man, ihr eine evangelisch-theologische Fakultät zur Seite zu stellen[204]. Die Evangelisch-Lutherische Landeskirche zog jedoch die Einrichtung einer kircheneigenen theologischen Ausbildungsstätte vor; so kam es 1947 statt zur Errichtung einer theologischen Fakultät in München zur Gründung der Augustana-Hochschule in Neuendettelsau-Heilsbronn[205]. Doch schon 1949/50 trat die Frage der Münchener Fakultät aufs neue auf. Da sich durch die Flüchtlingsbewegungen die Bevölkerungszahl Bayerns nach 1945 stark vermehrt hatte, ergab sich die Notwendigkeit, neue Studienplätze zu schaffen. Deshalb erwog man, die philosophisch-theologische Hochschule Regensburg zu einer Universität auszubauen; aus Paritätsgründen hätte man dann auch der Evangelischen Landeskirche eine weitere theologische Fakultät zubilligen müssen[206]. Jedoch wurden die Regensburger Pläne einstweilen zurückgestellt; erst als sie Anfang der sechziger Jahre wieder aufgenommen wurden, wurde auch der Gedanke einer evangelisch-theologischen Fakultät in München weiter verfolgt.

Bedenken dagegen erhoben sich vor allem bei der Erlanger theologischen Fakultät, die eine derartige Neugründung als existenzgefährdend empfinden mußte[207]. Im Mai 1963 fand deshalb ein Gespräch zwischen der Erlanger Fakultät und Vertretern des Landeskirchenrats statt. Die Repräsentanten der Landeskirche betonten, sie seien in

---

[204] Vgl. *L. Boehm*, »München«, Sp. 1175; Auskunft von Prof. *Kretschmar*, München.
[205] Vgl. oben S. 323 f.
[206] Vgl. *L. Goppelt*, »Die Anfänge der Evangelisch-Theologischen Fakultät« (Ms.).
[207] Das folgende nach den Akten des Evang.-luth. Landeskirchenrats, München (AZ 18/2-7/1).

dieser Frage noch nicht festgelegt; man vereinbarte, sich gegenseitig von allen weiteren Schritten zu verständigen. Schon im folgenden Monat schickte die Mehrheit der Mitglieder der Erlanger Fakultät eine schriftliche Stellungnahme an den Landeskirchenrat und an den bayerischen Kultusminister, in der sie die Konsequenzen einer Münchener Gründung für die Erlanger Fakultät darstellte.

Die Verhandlungen traten in ihr entscheidendes Stadium, als das Kultusministerium am 12. Juni 1964 die Universität und den Landeskirchenrat um Stellungnahmen zu der Frage bat, ob die Münchener Universität um eine evangelisch-theologische Fakultät erweitert werden solle[208]. Der Senat der Universität beantwortete die Anfrage nicht nur positiv, sondern stellte auf ein besonderes Votum der katholisch-theologischen Fakultät hin nun seinerseits einen förmlichen Antrag auf Errichtung einer evangelisch-theologischen Fakultät. In der Begründung dieses Antrags heißt es[209]:

»Der Akademische Senat hat das Problem im Zusammenhang mit den geplanten neuen Universitäten unter theologisch-wissenschaftlichem Gesichtspunkt diskutiert. Er kam zu der einstimmigen Überzeugung, daß die volle und erschöpfende wissenschaftliche Behandlung aller einschlägigen theologischen Probleme durch das Gespräch zwischen den evangelischen und den katholischen Theologen besser gefördert wird, ja daß sie ohne dieses Gespräch leidet. Tatsächlich zeigt die Erfahrung in jenen deutschen Universitäten, welche zwei Theologische Fakultäten besitzen, daß sich dieser Zustand wissenschaftlich außerordentlich fruchtbar erweist. Zwei Theologische Fakultäten sind auch die adäquate Entsprechung der in Deutschland bestehenden theologischen Situation.«

Dem Landeskirchenrat wurde durch diese Stellungnahme der Universität eine negative Antwort sehr erschwert. Er maß der Frage ein solches Gewicht bei, daß er seine Äußerung von der Entscheidung der Landessynode abhängig machte. Die Erlanger Fakultät sandte daraufhin die Stellungnahme vom Juni 1963, die sie inzwischen zum Fakultätsbeschluß erhoben hatte, allen Synodalen zu.

Die Erlanger Fakultät bekundete ihr Verständnis für das Interesse des Landeskirchenrats an der Wahrung der konfessionellen Parität durch die

---

[208] Da die Anfrage auch persönliche Angelegenheiten betrifft, war sie mir leider nicht zugänglich (Schreiben des bayer. Kultusministers Prof. *Hans Maier* vom 14. 5. 1971).
[209] Schreiben des Rektors der Universität München an das Bayer. Kultusministerium vom 7. 8. 1964; das Schreiben wurde mir freundlicherweise vom bayer. Kultusminister zugänglich gemacht.

Errichtung einer zweiten evangelisch-theologischen Fakultät in Bayern. Sie wandte jedoch ein, daß für die bayerische Landeskirche das Vorhandensein zweier theologischer Ausbildungsstätten (Erlangen und Neuendettelsau) bereits das Höchstmaß des Tragbaren und Sinnvollen darstelle. Für die Erlanger Fakultät, die durch die Teilung Deutschlands von ihrem einstigen Hinterland abgeschnürt sei, müsse die Gründung einer Fakultät in München nahezu tödlich sein. Die konfessionelle Parität solle zugunsten eines intensiven Ausbaus der Erlanger Fakultät in die Waagschale geworfen werden; dadurch würden auch die Gründe für eine eigene Fakultät in München hinfällig. Die Erlanger Fakultät bezog auch die Frage nach der Fortexistenz der Augustana-Hochschule in ihre Erwägungen ein: »Wenn schon ohne unseren Willen das Gespräch über eine eventuelle Münchner Fakultät in Gang gekommen ist, müssen wir fragen, inwiefern der Fakultät in Erlangen eine Münchner Fakultät zugemutet werden kann, während ein Verzicht auf die Augustana-Hochschule als nicht zumutbar von dem Landeskirchenrat von vornherein abgelehnt wird.«[210]

Diese Erwägung, über die die Augustana-Hochschule nicht informiert wurde, rief bei ihrem Bekanntwerden verständlicherweise deren entschiedenen Widerspruch hervor. Der Rektor der Hochschule, Prof. Wilhelm Andersen, richtete deshalb am 6. 10. 1964 einen Brief an alle bayerischen Synodalen, in dem er die Erlanger Erwägungen zurückwies. In ihnen sah er eine »Mißachtung der unter direkter kirchlicher Verantwortung geleisteten theologischen Arbeit«. Auf sie könne die Kirche jedoch nicht verzichten; die Gründe, die zur Bildung Kirchlicher Hochschulen geführt hätten, seien keineswegs überholt, sondern, wie ein Blick auf die teilweise glaubens- und kirchenzerstörende Universitätstheologie zeige, immer noch aktuell; eine aus kirchlich-theologischer Verantwortung ins Leben gerufene Institution könne deshalb nicht in der Weise zum Verhandlungsobjekt gemacht werden, in der dies im Erlanger Memorandum geschehen sei.

Bei ihren Beratungen im Oktober 1964 war die Landessynode besonders von dem Plädoyer des Münchener Synodalen Prof. Lentrodt, der sich auch innerhalb der Münchener Universität für die Gründung einer evangelisch-theologischen Fakultät eingesetzt hatte, bestimmt. Sie suchte gleichzeitig den Einwänden der Erlanger Fakultät und den Interessen der Augustana-Hochschule Rechnung zu tragen und faßte folgenden Beschluß:

»1. Die Landessynode würdigt die besonderen Gründe, die für die Errichtung einer evangelisch-theologischen Fakultät in München sprechen und stimmt zu, daß der Landeskirchenrat geeignete Schritte unternimmt.

---

[210] Memorandum der Evangelisch-theologischen Fakultät der Universität Erlangen-Nürnberg, S. 5.

2. Die Landessynode bittet den Landeskirchenrat, dafür Sorge zu tragen, daß durch wirksame Maßnahmen die jetzige Stellung der evangelisch-theologischen Fakultät Erlangen erhalten und die Fakultät auch in Zukunft gefördert wird.

3. Die Landessynode stellt fest, daß auf den Dienst der Augustana-Hochschule in Neuendettelsau nicht verzichtet werden kann.«

Auf Grund dieses Beschlusses teilte der bayerische Landesbischof dem Kultusminister am 25. November 1964 mit, daß der Landeskirchenrat der Errichtung einer evangelisch-theologischen Fakultät in München positiv gegenüberstehe. In dem Schreiben und einem beigefügten Memorandum des zuständigen Oberkirchenrats, Riedel, werden folgende Gründe für diese Stellungnahme angegeben:

1. Es wird — auch auf Seiten der Universität — zu Recht als ein Mangel angesehen, wenn München als die größte deutsche Universität »nicht die volle universitas litterarum in sich schließt«.

2. Die Errichtung der Universität Regensburg nötigt zu der Frage, ob es in Bayern bei der Beschränkung auf eine evangelisch-theologische Fakultät und eine Kirchliche Hochschule bleiben kann.

3. Durch die Teilung Deutschlands sind namhafte theologische Fakultäten für die Studenten aus der Bundesrepublik verlorengegangen.

4. Die zu große Hörerzahl an den theologischen Fakultäten in Heidelberg und Tübingen rechtfertigt die Errichtung einer weiteren Fakultät in Süddeutschland.

5. Durch diese Gründung würde die Zahl der bayerischen Theologiestudenten mit Sicherheit zunehmen. In Südbayern leben inzwischen fast 700 000, in München allein 300 000 Evangelische; es muß damit gerechnet werden, daß eine nicht unerhebliche Zahl von Abiturienten sich zum Theologiestudium entschließt, wenn in München eine evangelisch-theologische Fakultät besteht.

6. Nachdem in Bayern für Gymnasiallehrer die Möglichkeit eröffnet wurde, die Religionsfakultas zu erwerben, müssen in München die entsprechenden Studienbedingungen geschaffen werden.

7. Diese Gründe überwiegen gegenüber den Bedenken, die von der Erlanger Fakultät geltend gemacht wurden. Es muß alles getan werden, damit Erlangen nicht durch die Neugründung in München ernsthaft Schaden leidet. Dabei ist zu bedenken, daß viele bayerische Studenten, die jetzt an außerbayerischen Fakultäten studieren, München als zweiten Studienort wählen würden, daß viele nichtbayerische Studenten von München angezogen würden, und daß viele Studenten aus dem Münchener Raum nun Theologie studieren werden, die sonst ein anderes Fach gewählt hätten. Insofern erschließt eine Münchner Neugründung ein neues Studentenpotential, ohne dadurch die Existenzmöglichkeiten der Erlanger Fakultät zu gefährden.

8. Die Münchener Fakultät könnte besondere Forschungsaufgaben wahrnehmen, die an anderen Universitäten bisher nicht ausreichend gefördert werden.

9. Die Kirchliche Hochschule in Neuendettelsau wird durch die Neugründung nicht überflüssig. Sie ist von vornherein nur für eine begrenzte Zahl von Studenten, vornehmlich für das Sprachenstudium bzw. das Studium in den ersten Semestern, gedacht.

Trotz dieser eindeutigen Stellungnahme verzögerte sich die Gründung der Fakultät. Dafür lassen sich einige Gründe nennen: Die Erlanger Fakultät intensivierte ihren Widerstand[211]; das Verhältnis der zu gründenden Fakultät zu der (unbesetzten) evangelischen Weltanschauungsprofessur war ungeklärt[212]; die Weiterbearbeitung im Kultusministerium verzögerte sich. Im Sommer 1965 wurden Mittel für die evangelisch-theologische Fakultät in den Haushaltsplan 1966 eingesetzt; doch erst am 25. März 1966 konstituierte sich der Berufungsausschuß. Er bestand aus den Münchner Professoren Weber und Grundmann, dem Dekan der Erlanger theologischen Fakultät, Frör, sowie den Theologieprofessoren Hoffmann, Jeremias, von Rad und Thielicke. Im Oktober/November 1966 ergingen die ersten Rufe für die fünf klassischen theologischen Disziplinen[213]. Aus den Berufungsverhandlungen entwickelte sich die Gesamtplanung für die Fakultät, die im Januar 1967 in Gestalt von »Empfehlungen für den Aufbau der evangelisch-theologischen Fakultät der Universität München« von den bisher berufenen Professoren vorgelegt wurde[214]. Die Empfehlungen sehen eine Ausstattung der Fakultät mit dreizehn bis vierzehn Lehrstühlen vor, und zwar je zwei Lehrstühlen für die fünf klassischen theologischen Disziplinen sowie für Religions- und Missionswissenschaft und zwei Sonderlehrstühlen, z. B. für Konfessionskunde (Ökumenekunde) und Sozialethik. Die beteiligten Ministerien stimmten diesem Plan im Sommer 1967 grundsätzlich zu. Ebenfalls im Sommer 1967 wurde der rechtliche Status der Fakultät festgelegt. Seit Beginn der Verhandlungen hatte der Landeskirchenrat betont, die Bestimmung des Bayerischen Kirchenver-

---

[211] Der Dekan der Fakultät, Prof. *Georg Fohrer*, erklärte, bisher sei kein Grund für die Errichtung einer Münchener Fakultät genannt worden, es sei denn »Prestigebedürfnis und Lokalpatriotismus« (Fränkische Landeszeitung vom 14. 11. 1964, S. 8).
[212] Im Januar 1965 lehnte W. *Trillhaas* den Ruf auf die Weltanschauungsprofessur ab.
[213] An *H. W. Wolff, L. Goppelt, G. Kretschmar, W. Pannenberg* und *P. Krusche*.
[214] Vgl. *L. Goppelt*, »Die Anfänge der Evangelisch-Theologischen Fakultät«, S. 4 f.

trags von 1924, die den evangelisch-lutherischen Charakter der Erlanger theologischen Fakultät zusichert[215], müsse für eine Münchener theologische Fakultät analog Anwendung finden[216]. Da diese analoge Anwendung nicht einfach aus dem Vertragstext hergeleitet werden konnte, entschloß man sich zum Abschluß eines zusätzlichen »Vertrags zwischen dem Freistaat Bayern und der Evangelisch-Lutherischen Kirche in Bayern über die evangelisch-theologische Fakultät der Universität München«[217], der am 20. Juni 1967 unterzeichnet wurde. Dieser Vertrag legt die analoge Anwendung der Bestimmung des Vertrags von 1924 über die Erlanger Theologische Fakultät ausdrücklich fest.

Dem folgte die staatliche Errichtung der Fakultät durch Verfügung des Bayerischen Kultusministeriums über die Änderung der Satzung der Universität München vom 29. September 1967[218]. Es dauerte jedoch noch bis zum Sommersemester 1968, bis die neugegründete Fakultät den Lehrbetrieb aufnehmen konnte — etwa 4 Jahre, nachdem das Kultusministerium die offizielle Anfrage an die Universität und den Landeskirchenrat gerichtet hatte, wie sie den Plan der Errichtung einer Münchener evangelisch-theologischen Fakultät beurteilten.

Dominierend für das staatliche wie für das kirchliche Verhalten bei diesem Gründungsvorgang war der Gesichtspunkt der konfessionellen Parität. Die Gründung der Universität Regensburg, in die an Stelle der aufgelösten philosophisch-theologischen Hochschule eine katholisch-theologische Fakultät aufgenommen wurde, zog mit Notwendigkeit die Forderung, die Zahl der evangelisch-theologischen Fakultäten in Bayern zu vermehren, nach sich. Gegenüber diesem Argument haben alle anderen Gesichtspunkte, die von kirchlicher Seite geltend gemacht wurden, nur eine Hilfsfunktion. Zwar konnte man unter regionalem Gesichtspunkt eine Münchener theologische Fakultät begrüßen; unbestreitbar war gleichwohl das von der Erlan-

---

[215] Bayer. KV Art. 2 Abs. 1 (W. *Weber*, Die deutschen Konkordate und Kirchenverträge, Bd. 1, S. 152).
[216] Z. B. Brief des Landesbischofs an den Kultusminister vom 25. 11. 1964, S. 5.
[217] W. *Weber*, Die deutschen Konkordate und Kirchenverträge, Bd. 2, S. 147 f.
[218] Nr. I/9 — 5/25 — 747/66, zur Verfügung gestellt vom Bayer. Kultusminister. Kultusminister Prof. *Hans Maier* erklärte in einem Schreiben vom 14. 5. 1971 an den Verf. diesen Erlaß als entscheidend für die rechtliche Existenz der ev.-theol. Fakultät München.

ger Fakultät geltend gemachte Argument, daß zwei evangelisch-theologische Ausbildungsstätten in Bayern ausreichend seien.
Die Zahl der in Bayern studierenden evangelischen Theologen vermehrte sich durch die Münchener Gründung um etwas mehr als 100[219]; doch die Zahl der Theologiestudenten in der Bundesrepublik insgesamt blieb von der Mitte der sechziger Jahre bis zum Beginn der siebziger Jahre etwa konstant, so daß ein vermehrtes Ausbildungsbedürfnis sich nicht nachweisen läßt[220]. Die Befürchtung, die Münchener Gründung führe zu einer Auszehrung der Erlanger Fakultät, bestätigte sich bisher nicht; die Zahl der Studenten an der Augustana-Hochschule blieb etwa auf dem früheren Stand. Gleichwohl läßt sich aus der Entwicklung der Studentenzahlen die Notwendigkeit, in München eine theologische Fakultät zu gründen, nicht ableiten. Dabei ist allerdings zu berücksichtigen, daß in München sicherlich ein berechtigtes Interesse an Ausbildungsmöglichkeiten für Religionsphilologen[221] bestand; doch für dessen Befriedigung wäre die Gründung einer vollen theologischen Fakultät nicht notwendig gewesen.

So bleibt außer der kirchlichen Forderung nach Wahrung der konfessionellen Parität der Wunsch der Universität nach einer Entsprechung — vielleicht auch nach einem Gegengewicht — zur katholisch-theologischen Fakultät. Dem stimmte auch die katholisch-theologische Fakultät selbst unter Verweis auf den ökumenischen Geist des II. Vatikanischen Konzils zu[222]. Konsequent wäre dann allerdings die Gründung einer gemeinsamen Fakultät für evangelische und katholi-

---

[219] Die kleine Hochschulstatistik des Statistischen Bundesamtes, auf der diese Schätzung beruht, weist etwa im WS 1969/70 für Erlangen 216, für München 170, für Neuendettelsau 100, im SS 1970 für Erlangen 210, für München 156, für Neuendettelsau 76 Studierende aus. Im WS 1966/67 studierten zum Vergleich in Erlangen 252 und in Neuendettelsau 84 Studenten.
[220] Die Gesamtzahl der evangelischen Theologiestudenten an Universitäten und Kirchlichen Hochschulen betrug im WS 1965/66 3954, im WS 1966/67 4392, im WS 1969/70 4123 und im SS 1970 3935. — Daß sich die Zahl der Theologiestudenten aus dem Raum München durch die Neugründung wesentlich erhöht hat, wie man ursprünglich hoffte, wird vom Evang.-Luth. Landeskirchenamt inzwischen nicht mehr angenommen (Schreiben von Pfarrer Sudermann an den Verfasser vom 8. 6. 1971).
[221] Über deren Zahl gibt die »Kleine Hochschulstatistik« leider keine Auskunft.
[222] Vgl. *L. Goppelt,* »Die Anfänge der Evangelisch-Theologischen Fakultät«, S. 2.

sche Theologie gewesen; dem stehen jedoch in Deutschland einstweilen nur schwer überwindbare kirchliche Widerstände entgegen.

Der Argumentation der Universität und der katholisch-theologischen Fakultät hat sich auch das Bayerische Kultusministerium angeschlossen. Kultusminister Prof. Hans Maier hat in einem Schreiben an den Verfasser vom 14. Mai 1971 folgende Überlegungen als maßgeblich für die Entscheidung seines Ministeriums bezeichnet:

»Die wissenschaftliche Behandlung aller einschlägigen theologischen Probleme wird erst durch das Gespräch zwischen evangelischen und katholischen Theologen vertieft. Die Existenz beider Fakultäten an einer Hochschule entspricht auch der in Deutschland bestehenden theologischen Situation. Die Universität München mit über 20 000 Studenten besitzt erst dann die volle universitas litterarum, wenn die Theologie sowohl durch eine katholische als auch durch eine evangelische Fakultät vertreten wird.
Die Neugründung der Fakultät läßt eine Zunahme der Zahl der Studierenden der evangelischen Theologie in Bayern erwarten. Im Interesse der Entlastung der mit Religionsunterricht überlasteten Pfarrer wird die Fakultätsneugründung auch ein Anwachsen der die Religionsfakultas an höheren Lehranstalten anstrebenden Studenten mit sich bringen.«

Diese Argumentation stellt eine Kombination der von der Universität und von der Evangelischen Landeskirche vorgebrachten Begründungen dar. Der von beiden außerdem hervorgehobene Grund wird hier allerdings übergangen — nämlich die Tatsache der Neugründung einer Universität mit einer katholisch-theologischen Fakultät in Regensburg. Dieses Schweigen kann noch nicht davon überzeugen, daß nicht auch für die staatlichen Stellen der Gesichtspunkt der konfessionellen Parität bei der Münchner Neugründung eine maßgebliche Rolle spielte[223].

5. Abschließende Erwägungen

Von den vier nach 1945 gegründeten evangelisch-theologischen Fakultäten umfaßte im Sommersemester 1970 nur die Hamburger Fakultät mehr als 200 »Volltheologen«[224]. Man fragt sich, ob die

---

[223] In dem Schreiben des bayer. Kultusministers an den Verfasser allerdings heißt es: »Die in Ihrem Schreiben geäußerte Vermutung, für die Errichtung der Evangelisch-Theologischen Fakultät seien Paritätsgesichtspunkte von dominierender Bedeutung gewesen, vermag ich nicht zu bestätigen.«
[224] Die Zahlen sind: Bochum 178, Hamburg 239, Mainz 184, München 156.

Entwicklung der Studentenzahlen die Vermehrung der theologischen Fakultäten nach 1945 gerechtfertigt hat. Allerdings muß man dabei immer berücksichtigen, daß über die Zahl der Religionsphilologen keine exakten Angaben vorliegen. Darüber hinaus muß man bedenken, daß das Verhältnis von Lehrpersonen und Studenten in den theologischen Fakultäten keineswegs, wie man oft anzunehmen geneigt ist, in ungewöhnlichem Maß günstiger ist als in vergleichbaren Fachbereichen der philosophischen Fakultät (vgl. die Tabelle S. 368)[225].

Aus den Ausbildungsbedürfnissen, von denen die Universitätsneugründungen des letzten Jahrzehnts weithin bestimmt waren, läßt sich die Errichtung zusätzlicher theologischer Fakultäten nach 1945 gleichwohl nicht erklären. Sie ist vielmehr, wie wir sahen, im wesentlichen ein Ergebnis der öffentlichen Stellung der Kirchen in der Gesellschaft der Bundesrepublik und der damit zusammenhängenden Forderung nach konfessioneller Parität. Deshalb ist die Neugründung theologischer Fakultäten nach 1945 ein signifikantes Beispiel für das Verhältnis von Kirche und Öffentlichkeit. Die gesteigerte politische Rolle der Kirchen nach dem Ende des Zweiten Weltkriegs führte auch zu einer verstärkten öffentlichen Präsenz der Theologie an den Universitäten.

Der so erreichte Zustand — dies verdient nochmals hervorgehoben zu werden — hat einen rechtlich gesicherten Status der theologischen Fakultäten zur Grundlage[226]. Zwar wurde die korporative Garantie der theologischen Fakultäten durch Art. 149 Abs. 3 WRV nicht vom Grundgesetz übernommen. Doch im Rahmen ihrer Hochschulgesetzgebungskompetenz ist die Bundesrepublik durch Art. 19 des Reichskonkordats in Verbindung mit dem Grundsatz der konfessionellen Parität zur Erhaltung der theologischen Fakultäten verpflichtet; die einzelnen Länder haben durch Verfassungsbestimmun-

---

[225] Da zur Zeit der Erarbeitung dieser Studie exakte statistische Unterlagen erst für das Wintersemester 1966/67 vorlagen, muß ich zum Belege dieser Aussage auf diese Zahlen zurückgreifen, in denen spätere Erweiterungen in manchen Fachbereichen (vor allem im sog. »Mittelbau«) noch nicht berücksichtigt sind; ebenso schlägt sich für die evangelische Theologie vor allem die Neugründung der Münchener Fakultät noch nicht nieder. Die Zahlenverhältnisse würden sich für die Theologie wesentlich weniger günstig ausnehmen, wenn die »Religionsphilologen« voll erfaßt wären. Ich gebe in der Tabelle einen Vergleich zwischen der Theologie und einer Reihe geistes- bzw. sozialwissenschaftlicher Fächer für das WS 1966/67 und für den Bereich der wissenschaftlichen Hochschulen in der Bundesrepublik und West-Berlin.
[226] Vgl. oben S. 308.

Das Verhältnis Dozenten/Studenten in verschiedenen Fachbereichen im Wintersemester 1966/67

Fachbereich	Studenten	Lehrkörper insgesamt	Lehrstuhl- inhaber	Habilitierte Nichtordin.	Nichthab. sonst. wiss. Personal	Verhältnis Doz./Stud.
Ev. Theol.	4421*	441	159	57	225	1:10
Kath. Theol.	4071**	317	158	20	139	1:13
Rechtswiss.	24548	978	312	60	606	1:25
Klass. Philologie	2941	218	71	28	119	1:13
Germanistik	14463	465	107	34	324	1:31
Geschichts- wiss.	4599	501	157	64	280	1:9
Soziologie	3808	181	43	15	123	1:21
Pol. Wiss.	1745	186	40	5	141	1:9

* davon 451 »Evangelische Religionslehre«, was bei weitem nicht der Gesamtzahl der ev. »Religionsphilologen« entspricht.

** davon 710 »Katholische Religionslehre«, was ebenfalls nicht der Gesamtzahl der katholischen Religionsphilologen entspricht.

gen und Bestimmungen der Staatskirchenverträge eine korporative Garantie der theologischen Fakultäten ausgesprochen. Auch bei Veränderungen der Hochschulstruktur — etwa durch die Einrichtung von Gesamthochschulen — müssen Bund und Länder diese Garantie der theologischen Fakultäten berücksichtigen. Auf der anderen Seite sind die Kirchen durch die Regelungen der Staatskirchenverträge dazu verpflichtet, als Vorbildung ihrer Geistlichen in der Regel ein mindestens dreijähriges Studium an einer theologischen Fakultät zu fordern. Dieser Grundsatz ist von manchen Landeskirchen einerseits durch die Gleichstellung der Ausbildung an einer Kirchlichen Hochschule mit dem Studium an einer staatlichen Fakultät, andererseits durch die Zulassung nicht akademisch ausgebildeter Anwärter zum geistlichen Amt durchbrochen worden. Diese Verletzungen der Staatskirchenverträge sind von den staatlichen Stellen ausdrücklich oder stillschweigend geduldet worden und haben deshalb den Status der theologischen Fakultäten bisher nicht gefährdet. Seit 1970/71 jedoch richtet eine Reihe evangelischer Landeskirchen theologisch-praktische Fachbereiche an neu gegründeten Kirchlichen Fachhochschulen[227] ein; dadurch wird u. U. ein mit der Ausbildung an staatlichen Fakultäten konkurrierender Ausbildungsgang geschaffen[228]. Wenn ein solcher Fall eintritt, wird der staatlichen Garantie der theologischen Fakultäten der Sache nach der Boden entzogen; welche Konsequenzen sich daraus ergeben, muß zumindest als fraglich erscheinen.

Doch auch unabhängig von diesen rechtlichen Problemen, muß die Frage erörtert werden, ob die Eingliederung der Theologie in die Universitäten als die wichtigsten Stätten wissenschaftlicher Öffentlichkeit sowohl der Theologie selbst als auch der Universität gemäß ist. Dies wird einerseits von einem bestimmten Verständnis der Universität aus, andererseits von einer bestimmten Auffassung von Theologie aus bestritten oder doch angezweifelt. Vom Verständnis der Universität aus haben in neuerer Zeit vor allem Ernst Hermann Haenssler[229] und Rütger Schäfer[230] den theologischen Fakultäten die Existenzberechtigung abgesprochen. Beide argumentieren vom Begriff der Wissenschaft aus: Die Theologie beugt sich nicht dem in der Universität zur allgemeinen Geltung gelangten Begriff der Wissenschaft und genügt deshalb nicht den Mindestanforderungen, die die Universität an die in ihr vertretenen Disziplinen stellt[231]. Sie unterwirft sich nicht der Profanität der Wissenschaft; sie genügt nicht dem Postulat der Widerspruchsfreiheit; sie leistet nicht den notwendigen Verzicht auf eine dogmatische Fixierung ihrer Voraussetzun-

---

[227] Vgl. Der theologisch-praktische Fachbereich an Kirchlichen Fachhochschulen; Vorlage der Unterkommission I der EKD-Fachhochschulkommission, 1971.
[228] Einen mit dem Studium an staatlichen Universitäten konkurrierenden Studiengang bietet auch die 1970 gegründete »Freie Evangelisch-Theologische Akademie Basel« an.
[229] *E.-H. Haenssler*, Theologie — ein Fremdkörper in der Universität der Gegenwart.
[230] *R. Schäfer*, Die Misere der Theologischen Fakultäten.
[231] Vgl. *Haenssler*, a. a. O., S. 40 ff.; *Schäfer*, a. a. O., S. 9 ff.

gen; sie bemüht sich nicht um die Ausschaltung partikularer (nämlich kirchlicher) Interessen aus dem Erkenntnisprozeß; sie wendet die unbestreitbar wissenschaftlichen Methoden nur soweit an, wie es ihre Voraussetzungen und das kirchliche Interesse erlauben; sie entzieht sich der Forderung nach Rationalität und Nachprüfbarkeit der Aussagen[232]. Haenssler und Schäfer fordern die Abschaffung der theologischen Fakultäten und die Errichtung von Lehrstühlen für Religionswissenschaft.

Unbestreitbar enthält die Theologie Elemente, die »die wissenschaftliche Rationalität transzendieren«[233]. Charakteristische Inhalte des christlichen Glaubens, den die Theologie zu reflektieren hat, gehen nicht in die wissenschaftliche Rationalität ein. Gleichwohl beruht die Meinung, die Theologie sei nicht dazu in der Lage, sich den methodischen Regeln der anderen Wissenschaften zu unterwerfen und dadurch für diese anderen Wissenschaften kommunikationsfähig zu werden, auf einem verengten Wissenschaftsbegriff, der nicht nur gegenüber der Theologie, sondern auch gegenüber anderen, namentlich interdisziplinären, wissenschaftlichen Bemühungen an seine Grenze stößt[234]. Daß die Theologie Elemente in sich enthält, die die wissenschaftliche Rationalität (verstanden etwa im Sinn des »Kritischen Rationalismus«) transzendieren, ist gerade die Voraussetzung dafür, daß sie sich kritisch gegenüber den Ausblendungen verhält, die für die neuzeitliche Wissenschaft kennzeichnend sind. Die Theologie trägt zu einer Reflexion auf die Voraussetzungen der Wissenschaften bei, die heute angesichts der ambivalenten Auswirkungen wissenschaftlicher Erkenntnis nötiger ist als je. Sie kann dies nur, weil sie auf Inhalte jenseits der wissenschaftlichen Rationalität verweist. Würde sie sich den allgemeinen Kriterien der Wissenschaft — wie sie etwa von Schäfer verstanden werden — vollständig unterwerfen, so würde ihrer Zugehörigkeit zur Universität der eigentliche Grund gerade entzogen.

Mit dieser Erwägung ist allerdings das Problem der konfessionellen Bindung der Theologie noch nicht gelöst. Schon Harnack[235]

---

[232] *Schäfer*, a. a. O., S. 12 ff.; vgl. auch *H. Albert*, Traktat über kritische Vernunft, S. 129 f.
[233] *H. E. Tödt*, Die Theologie und die Wissenschaften, S. 141 ff.
[234] Daß die Behauptung eines angeblich allgemeingültigen einheitlichen Wissenschaftsbegriffs mißlich ist, hebt auch *R. Weth*, »Ort und Funktion der Theologie als Wissenschaft«, S. 13, hervor.
[235] Vgl. oben S. 302 ff.

hatte in seinem Plädoyer für den öffentlichen Status der theologischen Fakultäten vorgeschlagen, den konfessionellen Charakter der Fakultäten aufzulockern. Hinter diesem Votum stand die — unausgesprochene — Erwartung, für die Theologie als Wissenschaft könnten die konfessionellen Grenzen auf die Dauer keine exklusive Bedeutung haben. Denn für die Theologie als Wissenschaft verbietet sich nach Harnacks Auffassung jede äußere Bindung an eine Autorität; sie muß deshalb bereit sein, sich ihren eigenen Voraussetzungen gegenüber kritisch zu verhalten und diese Voraussetzungen nicht durch kirchenamtliche Autorität dogmatisieren zu lassen.

Weiter als Harnacks vorsichtige Erwägungen gingen schon im Jahr 1906 die Überlegungen von Ernst Troeltsch.

In seiner akademischen Rede »Die Trennung von Staat und Kirche, der staatliche Religionsunterricht und die theologischen Fakultäten« erörtert Troeltsch die Konsequenzen aus der wenn auch nicht für die unmittelbare Zukunft, so doch auf längere Sicht auch in Deutschland zu erwartenden Trennung von Staat und Kirche für die theologischen Fakultäten; diese versteht er als die Spitze des staatlichen Religionsunterrichts. Für die Gegenwart liegt der Daseinsgrund der theologischen Fakultäten in dem landeskirchlich-paritätischen System, in dem der Staat sich auch für die Ausbildung der Geistlichen verantwortlich weiß[236]. Doch auch nach der Trennung von Staat und Kirche müßten staatlicher Religionsunterricht und damit auch theologische Fakultäten, wenn auch in veränderter Gestalt, bestehen bleiben. Denn »die Trennung von Staat und Kirche kann keine Trennung von Staat und Christentum sein und daher auch keine unchristliche oder neutrale Schule zur Folge haben«[237]. Staat und Gesellschaft bleiben vielmehr an der religiösen Bildung ihrer Glieder interessiert, die sich nur am Christentum als der höchsten Stufe der Religion orientieren kann. Die Unterscheidung von Religion und Kirche bzw. von Christentum und konfessionellen Kirchen gewinnt dann praktische Relevanz. Der staatliche Religionsunterricht wird überkonfessionell sein; die dogmatische Unterweisung im konfessionellen Sinn bleibt den Kirchen überlassen. Das hat zur Folge, daß auch die Fakultäten überkonfessionell und streng wissenschaftlich orientiert sein werden; ihre Hauptaufgabe wird in der Ausbildung von Religionslehrern und Seminarlehrern (für die Seminare der Volksschullehrer) liegen. Die Kirchen werden als vom Staat unabhängige Korporationen »ihre starken Gemeinschaftskräfte kirchlich entfalten«[238]. Sie werden die theologischen Fakultäten für die Ausbildung der Geistlichen mitbenutzen, jedoch ohne staatlichen Zwang und ohne den Fakultäten ein ausschließliches Recht zur Ausbildung des Pfarrernachwuchses zuzuerkennen.

---

[236] A. a. O., S. 41.
[237] A. a. O., S. 37.
[238] A. a. O., S. 40.

Diese Prognose einer überkonfessionellen, rein wissenschaftlich orientierten theologischen Fakultät hat sich nach 1918 nicht erfüllt, weil die Ausbildung der Geistlichen weiterhin als die primäre Aufgabe der Fakultäten galt und deshalb ihr bisheriger konfessioneller Charakter gewahrt werden mußte. Harnacks im Vergleich zu Troeltsch wesentlich vorsichtigere Argumentationsweise erklärt sich aus der Rücksicht auf diese bleibende Ausbildungsaufgabe der theologischen Fakultäten. Da die Fakultäten die Pfarrer bestimmter konfessioneller Kirchen auszubilden haben, stößt eine Aufhebung der institutionellen Grenzen zwischen den evangelischen und katholischen Fakultäten auf große Hindernisse praktischer wie prinzipieller Art. Auch heute wird man zu dem Ergebnis kommen, daß eine Aufhebung dieser Grenzen nicht von organisatorischen Maßnahmen, sondern allenfalls von der Entwicklung der Theologie als Wissenschaft selbst und von der zunehmenden ökumenischen Kooperation der Theologie zu erwarten ist. Als Zwischenlösung wird man sich vorstellen können, daß evangelisch-theologische und katholisch-theologische Fachbereiche zu theologischen Gesamtfakultäten verbunden werden; auch eine solche Zwischenlösung bereits würde allerdings die Freiheit evangelischer wie katholischer[239] Theologie von kirchenamtlicher Subordination zur Voraussetzung haben. Darüber hinaus müssen gerade die großen Kirchen und die theologischen Fakultäten selbst ein Interesse an einer angemessenen Vertretung der anderen Religionsgemeinschaften und der Religionswissenschaft an den Universitäten haben[240].

Erwägt man solche Perspektiven, so ist man genötigt, sich mit dem Postulat der »Kirchlichkeit« der Theologie, das die Diskussion während des letzten halben Jahrhunderts weitgehend bestimmt hat, auseinanderzusetzen. Dieses Postulat hat der traditionellen Begründung für die Zugehörigkeit der theologischen Fakultäten zur Universität den Boden entzogen; im Gefolge dieses Postulats ist auch die kirchliche Kritik an der Eingliederung theologischer Arbeit in die Universität oder doch zumindest die Kritik an jedem Ausschließ-

---

[239] Für den Bereich der katholischen Theologie ist diese Forderung mit Entschiedenheit bisher v. a. von H. *Halbfas*, »Theologie und Lehramt«, erhoben worden; in wesentlich gemäßigter Form erscheint sie auch bei K. *Rahner*, »Die Theologie in der Universität«; ders., »Die Freiheit theologischer Forschung in der Kirche«; vgl. schließlich auch H. *Küng*, Unfehlbar?
[240] Vgl. R. *Weth*, a. a. O., S. 56.

lichkeitsanspruch der »Fakultätstheologie« formuliert worden. Diese Kritik am öffentlichen Status der theologischen Fakultäten unter »kirchlichem« Gesichtspunkt korrespondiert der oben genannten Kritik unter »wissenschaftlichem« Gesichtspunkt in einer eigentümlichen Weise: Nicht nur in dem gemeinsamen Resultat, daß beide die Einrichtung kircheneigener Ausbildungsstätten für den Pfarrernachwuchs fordern, sondern auch darin, daß beide einen klar definierten »säkularen« Wissenschaftsbegriff voraussetzen. Während allerdings die einen behaupten, die Theologie unterwerfe sich diesem Wissenschaftsverständnis nicht und habe deshalb an der Universität keinen Ort, werfen die anderen der Theologie gerade vor, sie übernehme diesen Wissenschaftsbegriff und verrate dadurch ihren kirchlichen Auftrag.

Die Forderung nach der Kirchlichkeit der Theologie ist in unserem Jahrhundert, wie früher gezeigt wurde[241], von Karl Barth formuliert und zur Wirksamkeit gebracht worden. Wie die kirchenpolitische Entwicklung gezeigt hat, war dieses Postulat gegen das katholisierende Mißverständnis nicht geschützt, daß Kirchlichkeit der Theologie deren Subordination unter Kirchenbehörden zur Voraussetzung habe[242].

In diesem Kapitel wurden die Diskussion über den Fakultätsartikel des Preußischen Kirchenvertrags und die Auseinandersetzungen um den Rechtsstatus der Mainzer evangelisch-theologischen Fakultät deshalb besonders ausführlich dargestellt, weil sich an diesen beiden Beispielen zeigen läßt, unter welchen Bedingungen allein sich ein solches katholisierendes Mißverständnis vermeiden läßt. Die Diskussion über den Preußischen Kirchenvertrag hat ergeben, daß der Versuch, den kirchlichen Status der theologischen Fakultäten rechtlich zu erfassen, davon ausgehen muß, daß diese selbst auf Grund der ihnen eigentümlichen Aufgabe eine kirchliche Funktion haben, die ihnen nicht erst durch einen kirchenbehördlichen Akt verliehen wird; deshalb erweist sich ihre Kirchlichkeit nicht an ihrer Subordination unter eine kirchliche Behörde, sondern an der Sachgemäßheit der von ihnen geleisteten theologischen Arbeit. Es widerspricht evangelischem Kirchenverständnis, eine Kirchenbehörde zum Richter über diese Sachgemäßheit theologischer Arbeit zu erheben; deshalb müssen die theologischen Fakultäten selbst bei ihren Entscheidun-

---

[241] Vgl. oben S. 296 f., 314 ff., 332 ff.
[242] Vgl. oben S. 334 ff.

gen — etwa über neu zu berufende Hochschullehrer — auf ihre Beziehungen zur Kirche in angemessener Weise Rücksicht nehmen. Das aber hat zur Folge, wie die Auseinandersetzungen um den Status der Mainzer Fakultät besonders nachdrücklich gezeigt haben, daß die zwischen Fakultät und Landeskirche sich ergebenden Fragen in freier Partnerschaft geklärt werden müssen. Die Frage, ob die Fakultät, wenn ein Lehrstuhl neu zu besetzen ist, Konsultationen mit den landeskirchlichen Behörden aufnimmt, bevor sie ihre Berufungsliste verabschiedet, kann jedoch nicht Gegenstand einer Regelung in einem Staatskirchenvertrag sein. Diese Frage kann vielmehr allein durch eine formlose oder auch förmliche Vereinbarung zwischen der Fakultät und der Kirchenleitung selbst entschieden werden. In Staatskirchenverträgen kann nur das Verfahren geordnet werden, in dem die Landeskirche gegenüber dem Kultusminister ihr Votum zu den vorgeschlagenen Hochschullehrern abgibt. Diese Äußerung muß deshalb auf ein konsultatives Votum beschränkt bleiben, weil in dem Urteil der Fakultät über die theologische Arbeit des zu Berufenden implizit oder auch explizit die kirchlichen Interessen bereits berücksichtigt sind. Hätte die Landeskirche das Recht zu einem dezisiven Votum, so bedeutete dies eine evangelischem Verständnis widersprechende Subordination der Fakultät unter eine landeskirchliche Behörde sowie eine Einengung der theologischen Wissenschaft, die nicht nur der durch das Grundgesetz garantierten Freiheit der Wissenschaft, sondern auch der Freiheit evangelischer Theologie, die sich seit der Reformation fortschreitend durchgesetzt hat, widersprechen würde.

Ernst-Lüder Solte hat die Auffassung vertreten, diese Beschränkung des kirchlichen Äußerungsrechts auf ein konsultatives Votum entspreche nicht den verfassungsrechtlichen Anforderungen, die an das Recht der evangelisch-theologischen Fakultäten zu stellen seien[243]. Allein das Recht der katholisch-theologischen Fakultäten, das durch das dezisive Votum des Bischofs und die Möglichkeit zum nachträglichen Entzug der Missio canonica charakterisiert ist, entspreche diesen Anforderungen in vollem Umfang. Das Recht der katholischen Fakultäten sei am Gebot der Trennung von Staat und Kirche orientiert, da es den Staat nicht mit der Entscheidung kirchlicher Fragen belaste; das Recht der evangelischen Fakultäten da-

---

[243] *E.-L. Solte*, Theologie an der Universität, bes. S. 182 ff.; ders., »Die theologischen Fakultäten im Verfassungsrecht der Bundesrepublik Deutschland«.

gegen sei noch dem christlichen Obrigkeitsstaat des 19. Jahrhunderts verhaftet, dem die Entscheidung darüber, ob die Lehre eines Theologen kirchlich vertretbar sei, zuzumuten war. Dies verbinde sich mit der traditionellen Rechtsfremdheit der evangelischen Kirchen, die sich davor scheuten, ihrer Verantwortung auch rechtliche Gestalt zu verleihen. Wollen die evangelischen Kirchen diesen Zustand überwinden, so müssen sie sich nach dieser Auffassung zu eindeutigen Verfahrensregeln bereitfinden, durch die den staatlichen Behörden jedes Ermessensurteil über kirchlich-theologische Fragen genommen wird. Dies ist nur möglich, wenn die Kirchenleitungen bei der Berufung von theologischen Hochschullehrern zu einem dezisiven Votum berechtigt sind, an das die Kultusbehörden unbedingt gebunden sind.

Solte behauptet, durch eine solche Regelung werde die Kirchenleitung nicht zum alleinigen Träger der Lehrgewalt — daß dies »unevangelisch« wäre, räumt auch er ein —; die Kirchenleitung werde hier vielmehr nur als dasjenige Organ betrachtet, das die Kirche dem Staat gegenüber vertritt. Er übergeht dabei jedoch, daß ein dezisives Votum der Kirchenleitung auch innerkirchliche Konsequenzen entfaltet: es hebt das Votum einer anderen Institution mit kirchlicher Autorität, der Fakultät, auf; damit wird de facto der Kirchenleitung eine ausschließliche Lehrgewalt zugebilligt. Würde also das Recht der Kirchenleitung zu gutachtlicher Äußerung in das Recht zu einem dezisiven Votum umgewandelt, so würde der innerkirchlichen Freiheit der Theologie sowie der kirchlichen Autorität der theologischen Fakultäten ein Ende gemacht; zugleich würde die Stellung der evangelischen Theologie innerhalb der wissenschaftlichen Öffentlichkeit, die auf ihrer Freiheit beruht, erschüttert. Es kann nicht als sinnvoll erscheinen, daß die evangelischen Kirchen diese Konsequenzen auf sich nehmen, nur um der Gefahr zu entgehen, daß das Kultusministerium im Einzelfall bei einander widersprechenden Gutachten der Fakultät und der Kirchenleitung eine eigene Entscheidung zu fällen hat. Mag man darin auch eine Inkonsequenz des gegenwärtigen staatskirchenrechtlichen Systems sehen, so wiegt diese doch um vieles leichter als die Folgen, die mit einer Subordination der theologischen Fakultäten unter eine Kirchenbehörde verbunden wären; denn sie würde der Freiheit der Theologie ein Ende setzen und der Eingliederung der theologischen Fakultäten in die Universität das innere Recht nehmen. Als Ergebnis dieser Erwägung ist deshalb festzuhalten, daß die kirchlichen Mitwirkungsrechte bei der Berufung theologischer Hochschullehrer auch in Zukunft auf ein konsultatives Votum zu beschränken sind.

Die Forderung nach der Kirchlichkeit der Theologie ist also gegenüber ihrem katholisierenden Mißverständnis sorgfältig abzugrenzen. Will man ihren berechtigten Inhalt besser verstehen und ihr zugleich eine Fassung geben, in der jenes Mißverständnis ausgeschlossen ist, so muß man Karl Barths Impuls mit Schleiermachers Darstellung des Problems verknüpfen.

Schleiermacher versteht Theologie als positive Wissenschaft[244]; sie geht also nicht mit Notwendigkeit aus der Idee der Wissenschaft hervor, sondern konstituiert sich im Blick auf die Lösung einer praktischen Aufgabe. Die Teile der Theologie sind zu einem Ganzen nur verbunden durch ihre gemeinsame Beziehung auf eine bestimmte Glaubensweise, die Teile der christlichen Theologie also durch ihre Beziehung auf das Christentum. Die praktische Aufgabe, auf die Theologie bezogen ist, besteht in der Kirchenleitung im weitesten Sinn dieses Worts: »Die christliche Theologie ist sonach der Inbegriff derjenigen wissenschaftlichen Kenntnisse und Kunstregeln, ohne deren Besitz und Gebrauch eine zusammenstimmende Leitung der christlichen Kirche, d. h. ein christliches Kirchenregiment, nicht möglich ist.«[245] Fehlt diesen wissenschaftlichen Kenntnissen und Kunstregeln der Bezug auf die Kirchenleitung, so sind sie nicht theologische, sondern »fallen jede der Wissenschaft anheim, der sie ihrem Inhalte nach angehören«[246]. Die so geschilderte Aufgabe der Theologie hat ein wissenschaftlich begründetes Wissen vom Wesen des Christentums zur Voraussetzung; dieses kann sie nur mit Hilfe der Religionsphilosophie, die »das Wesen der Frömmigkeit und der frommen Gemeinschaften in Zusammenhang mit den übrigen Tätigkeiten des menschlichen Geistes« versteht, und mit der »Religionswissenschaft«[247], die das Wesen des Christentums in seinem Gegensatz zu anderen Glaubensweisen und Kirchen erfaßt, erreichen[248].

---

[244] F. D. *Schleiermacher*, Kurze Darstellung des theologischen Studiums, § 1; vgl. zum folgenden auch H. E. *Tödt*, Die Theologie und die Wissenschaften, S. 50 ff.; siehe auch oben S. 68 ff. sowie W. *Huber*, »Schleiermacher und die Reform der Kirchenverfassung«.
[245] Kurze Darstellung, § 5.
[246] Kurze Darstellung, § 6.
[247] Diesen Begriff verwendet Schleiermacher noch nicht.
[248] Kurze Darstellung, § 21.

Dieser — hier äußerst knapp dargestellte — Theologiebegriff Schleiermachers leistet ein Dreifaches. Er interpretiert die Beziehung zwischen Theologie und Kirche nicht als eine vorgegebene Bindung der Theologie an bestimmte Konfessionen und deren partikulare Bekenntnisse, sondern als Orientierung der Theologie an der Aufgabe, eine Theorie der Kirchenleitung zu entwickeln. Diese Aufgabe hat gerade eine Beschäftigung mit dem Wesen und den geschichtlichen Erscheinungen des Christentums insgesamt zur Voraussetzung[249]. Dieser Ausgangspunkt ermöglicht es ferner, gerade unter dem Gesichtspunkt, daß Theologie auf das Handeln der Kirche bezogen sei, das Verhältnis der Theologie zu den Wissenschaften zu klären. Zum einen bedarf die Theologie eines geklärten wissenschaftlichen Instrumentariums, mit dem sie sich ihrem Gegenstand nähert; zum anderen bedarf sie der von anderen Wissenschaften entwickelten Kenntnisse und Kunstregeln, die sie kritisch auf die Aufgabe der Kirchenleitung beziehen muß. Obwohl auch das Schleiermachersche Theologieverständnis unter dem Stichwort der »Kirchlichkeit« der Theologie gefaßt werden kann, impliziert es also gerade nicht jene Isolierung der Theologie von den anderen Wissenschaften, die sich aus der Theologieauffassung Barths und seiner Nachfolger ergeben hat. Es verträgt sich auch nicht mit dem Versuch, die »Kirchlichkeit« der Theologie durch kirchenamtliche Reglementierung erzwingen zu wollen; vielmehr kann die Theologie ihre Aufgabe nur erfüllen, wenn ihre wissenschaftliche Freiheit gewährleistet ist. Schleiermacher hat die Kriterien der Wissenschaftlichkeit und der Kirchlichkeit der Theologie in einer Weise zum Ausgleich gebracht, die von späteren Ansätzen nicht überholt worden ist. Die doppelte Ausrichtung der Theologie auf die kirchliche wie auf die wissenschaftliche Öffentlichkeit ist hier im Ansatz bereits in einer überzeugenden Weise verklammert.

Auf dem Hintergrund eines derartigen Theologieverständnisses läßt sich die Zugehörigkeit der theologischen Fakultäten zur Universität sowohl hinsichtlich ihrer Forschungstätigkeit als auch hinsichtlich ihrer Ausbildungsaufgabe begründen:

In ihrer Forschung wie in ihrer Lehre ist Theologie auf die interdisziplinäre Kooperation mit anderen Wissenschaften angewiesen; weder die historisch-hermeneutischen noch die systematisch-handlungswissenschaftlichen Disziplinen der Theologie können — wie der-

---

[249] Vgl. *H. Graß*, »Theologie als kirchliche Wissenschaft?«

artige Bezeichnungen selbst schon andeuten — auf solche Kooperation verzichten. Sowohl die Erforschung der Geschichte des Christentums und der Kirchen als auch die Klärung ihrer gegenwärtigen geistigen Situation und Identität, ihrer Aufgaben und Handlungsmöglichkeiten erfordern die wissenschaftliche Kooperation und Kontrolle im Austausch mit anderen Wissenschaftsbereichen. Ebenso vermag aber die Kommunikation mit der Theologie auch für die anderen Wissenschaften von Nutzen zu sein. Denn die Geschichte wie die Gegenwart des Christentums sind auch für sie von sachlichem Interesse und Gewicht. Die Reflexion über die Voraussetzungen der Wissenschaften ist heute angesichts der Folgen der wissenschaftlichen Arbeitsteilung, der Ausblendungen in den spezialisierten Wissenschaften und der ambivalenten Auswirkungen wissenschaftlicher Erkenntnisse nötiger als je; zu ihr vermag die Theologie einen Beitrag zu leisten. Voraussetzung dafür ist, daß die Theologie zur Kommunikation mit anderen Wissenschaften fähig ist und daß sie am wichtigsten Ort wissenschaftlicher Öffentlichkeit, an der Universität, präsent bleibt[250].

Dieselbe Notwendigkeit ergibt sich auch aus den Ausbildungsaufgaben der theologischen Fakultäten. Schon bisher sind diese Aufgaben mindestens doppelter Art: sie liegen zum einen in der Ausbildung künftiger Pfarrer und zum anderen in der Ausbildung künftiger Lehrer an Gymnasien (in Hamburg auch an Grund-, Haupt- und Realschulen); daneben kann man noch die Ausbildung zu wissenschaftlicher Tätigkeit, zu besonderen Lehraufgaben, zur Tätigkeit in Massenkommunikationsmitteln und anderes nennen. Beschränken wir uns auf die beiden größten Gruppen unter den Studierenden an theologischen Fakultäten, so ist einerseits evident, daß künftigen Lehrern das Studium der Theologie an derselben Institution möglich sein muß, an der sie auch ihr Studium in anderen Fächern durchführen. Aber auch die Ausbildung künftiger Pfarrer sollte — von allen staatskirchenrechtlichen Erwägungen abgesehen — sich an dem zentralen Ort wissenschaftlicher Öffentlichkeit vollziehen. Dies entspricht dem öffentlichen Charakter, der dem Beruf des Theologen eignet; wie theologische Forschung so ist auch theologisches Studium auf die interdisziplinäre Kooperation der Theologie mit anderen Wissenschaften

---

[250] Diese Erwägungen gelten auch für den Fall der Einbeziehung von Universitäten in Gesamthochschulen, da in diesen angestrebt wird und angestrebt werden muß, die interdisziplinäre Kooperation zu intensivieren.

angewiesen. Darüber hinaus lassen sich eine Reihe zusätzlicher Ausbildungsaufgaben nennen, die deshalb an der Universität ihren Ort haben sollten, weil sie optimal nur von Theologen mit Vertretern anderer Wissenschaften zusammen durchgeführt werden können. Zu denken wäre an Aufbau- und Ergänzungsstudien, an Kontaktstudien sowie an Ergänzungsstudien in Theologie für Absolventen anderer Disziplinen[251]. Schließlich lassen sich die Bedingungen für eine qualifizierte Differenzierung der theologischen Ausbildung im Ganzen[252] nur durch eine Zusammenarbeit verschiedener Wissenschaftsbereiche herstellen.

So sind die Gründe, die für die Beibehaltung des öffentlichen Status der theologischen Fakultäten sprechen, zugleich Gründe zu dessen Veränderung: die interdisziplinäre Kooperation, die früher in der Zusammenarbeit einzelner Wissenschaftler bestand, bedarf heute neuer institutioneller und organisatorischer Formen.

---

[251] Vgl. dazu *H.-E. Heß/H. E. Tödt*, Reform der theologischen Ausbildung, Bd. 7, S. 72 ff., 82 ff., 125 f.
[252] Vgl. ebd., S. 112 ff.

VI. Die Vertriebenendenkschrift von 1965 und das Verhältnis von Kirche und Öffentlichkeit

1. Zur Problemstellung

Kaum ein deutschsprachiges kirchliches Dokument aus der Zeit nach 1945 hat eine so lebhafte Diskussion in Deutschland, aber auch im internationalen Bereich ausgelöst wie die Denkschrift »Die Lage der Vertriebenen und das Verhältnis des deutschen Volkes zu seinen östlichen Nachbarn«, die von der Kammer der EKD für öffentliche Verantwortung im Oktober 1965 vorgelegt wurde[1]. Aus einer ganzen Reihe von Gründen legt es sich nahe, dieses Dokument, seine Vorgeschichte und seine Wirkungen im Rahmen unserer Fragestellung zum Gegenstand einer Fallstudie zu machen. Einige dieser Gründe seien genannt.

In der Denkschrift reflektiert »die Kirche« als gesellschaftliche Gruppe ihr Verhältnis zu einer anderen gesellschaftlichen Gruppe, nämlich zu der Gruppe der Vertriebenen. Die Kommunikationsschwierigkeiten, die zwischen beiden Gruppen bestehen und in der Denkschrift gewürdigt werden, erweisen sich auch in der Diskussion über die Denkschrift noch als Hindernisse eines öffentlichen Dialogs. Dabei ist für das Verhältnis der Kirche zu den Vertriebenen das aus der Verbandsforschung allgemein bekannte Phänomen der »overlapping memberships«[2], d. h. der gleichzeitigen Mitgliedschaft in verschiedenen Verbänden, in besonderem Maß kennzeichnend. Für die Kirche stellt sich hier also die Aufgabe der Gruppenseelsorge gegenüber einer sich in ihrer Mitgliedschaft mit ihr überschneidenden Gruppe, von deren Zielsetzungen sie sich gleichwohl in der Denkschrift distanziert.

Die Evangelische Kirche in Deutschland stand hier jedoch nicht nur dem Phänomen von heimatvertriebenen Volksgruppen und von Vertriebenenverbänden, sondern auch dem Phänomen von »vertriebenen *Kirchen*« gegenüber. Zum Selbstverständnis vieler Heimatvertriebener gehört der Gedanke von der »Unverlierbarkeit evangeli-

---

[1] Die Denkschrift wird im folgenden nach der Ausgabe von *K.-A. Odin*, Die Denkschriften der EKD, zitiert.
[2] Vgl. *K. v. Beyme*, Interessengruppen in der Demokratie, S. 206.

schen Kirchentums aus dem Osten«[3]. Die Kirchen der ehemals deutschen Gebiete — das besagt dieser Gedanke — haben durch die Vertreibung nicht aufgehört zu existieren, sondern bestehen im »Exil« fort; ihr Erbe und ihre Eigentümlichkeit zu bewahren, gehört zu den Aufgaben der heimatvertriebenen Christen.

Besonders charakteristisch für die Denkschrift ist es, daß sie ein innergesellschaftliches Problem — die Eingliederung der Vertriebenen in die Gesellschaft der Bundesrepublik — mit einem Problem der internationalen Politik — dem Verhältnis Deutschlands zu seinen östlichen Nachbarn — verknüpft. Der Grund dieser Verknüpfung liegt darin, daß eine Versöhnung Deutschlands mit den osteuropäischen Völkern die Eingliederung der Vertriebenen und vor allem deren Bereitschaft zu solcher Versöhnung zur Voraussetzung hat und auf die geistigen und politischen Beiträge der Vertriebenen angewiesen ist. An diesem Beispiel zeigt sich, daß das Verhältnis von Kirche und Öffentlichkeit nicht nur im Rahmen nationaler Gesellschaften gesehen werden kann, sondern diesen Rahmen notwendigerweise immer wieder überschreitet.

Die Vertriebenendenkschrift ist ein Beispiel für eine neue Form öffentlicher Äußerungen der evangelischen Kirche — und zwar das Beispiel, das das größte Maß an öffentlicher Resonanz erfahren hat. Von der den Denkschriften der EKD insgesamt zugrunde liegenden Interpretation des Verhältnisses von Kirche und Öffentlichkeit soll zwar erst an einer späteren Stelle die Rede sein[4]. Die dort vorzunehmende systematische Diskussion bedarf jedoch einer vorbereitenden Analyse anhand dieses Beispiels, weil die strukturellen Bedingungen für eine solche Art kirchlicher Äußerungen gerade am Einzelfall der Vertriebenendenkschrift in voller Deutlichkeit hervortreten.

In besonderer Intensität ist aus Anlaß der Vertriebenendenkschrift die Frage nach Legitimation und Grenze kirchlicher Äußerungen zu politischen und gesellschaftlichen Fragen sowie die dahinterliegende Frage nach dem Verhältnis von Evangelium und politischer Vernunft diskutiert worden. In den Jahren nach der Veröffentlichung der Denkschrift ist diese immer wieder zum Ausgangspunkt und zum Exempel für Diskussionen über das Verhältnis von Kirche und Politik geworden; die Klärung dieses Verhältnisses erwies sich dabei

---

[3] Vgl. den unter diesem Titel von *C. Brummack* herausgegebenen Band.
[4] Siehe unten S. 579 ff.

in ständig wachsendem Maß als ein Kernproblem gegenwärtiger kirchlicher Existenz. Diese Diskussion hat den Rat der EKD dazu veranlaßt, den Grundsatzausschuß der Sozialkammer der EKD mit einer Ausarbeitung über »Aufgaben und Grenzen kirchlicher Äußerungen zu gesellschaftlichen Fragen« zu beauftragen. Auf diese ist später zurückzukommen; eine zusammenfassende Analyse jener Diskussion ist jedoch für ihr Verständnis unerläßlich. Die Diskussion aus Anlaß der Vertriebenendenkschrift gewann ihre Schärfe durch den Umstand, daß die Kirche hier nicht im Bereich politischer »Neutralität« verblieb, sondern, vom Gedanken der Versöhnung ausgehend, bestimmte Gesichtspunkte entwickelte, die festgelegten Verbandsmeinungen und -interessen deutlich entgegenstanden. Daß diese Gesichtspunkte »unbequem« waren, veranlaßte zuallererst zu der Frage, ob die EKD zu ihrer Formulierung legitimiert sei. Damit verband sich sofort die Frage nach dem kirchenamtlichen Charakter der Denkschrift. Sprach hier »die EKD«? Hatte die Denkschrift lehramtlichen Charakter? Die Antwort auf diese Fragen wurde von der Denkschrift vorausgesetzt und nicht selbst entfaltet[5].

Eigens dargestellt wird von ihr jedoch die Position, die sie in der Frage nach dem Verhältnis von Evangelium und politischer Vernunft ergreift: es gehört zu ihren besonderen Verdiensten, daß sie dieser Grundsatzfrage nicht ausgewichen ist. Von ihrer Beantwortung aus müssen sich die Kriterien für Legitimation und Begrenzung kirchlicher Äußerungen zu gesellschaftlichen Problemen ergeben.

Die Vertriebenendenkschrift steht unter dem Leitgedanken, daß das öffentliche Handeln der Kirche im Dienst von Versöhnung und Frieden zu stehen hat. Das Problem des Friedens bildet in unserer Gegenwart den Horizont, in dem das Verhältnis von Kirche und Öffentlichkeit gesehen werden muß. Die Vertriebenendenkschrift erweist sich gerade aus der Distanz einiger Jahre, in der die Tagesdiskussion hinter den längerfristigen Wirkungen zurücktritt, als Dokument einer kirchlichen Friedensethik. Sie in unserem Zusammenhang zu analysieren, ist deshalb von vordringlichem Interesse.

Möglich ist dies jedoch nur, wenn man sich auf einige wesentliche Gesichtspunkte beschränkt. Eine einigermaßen umfassende Darstellung der politischen, gesellschaftlichen und kirchlichen Voraussetz-

---

[5] Andeutungen dazu finden sich in dem Vorwort des Ratsvorsitzenden *Scharf* zur Denkschrift (*Odin*, a. a. O., S. 64).

zungen der Denkschrift, der in ihr behandelten Sachprobleme, der Diskussion, die sie hervorgerufen, und der Wirkungen, die sie erzeugt hat, könnte nur in einer umfangreichen — im übrigen dringend zu wünschenden — Monographie geleistet werden. Schon die Bibliographie von Jens Motschmann[6], die sich auf deutschsprachige Literatur beschränkt, lediglich die innenpolitischen Aspekte der Diskussion dokumentiert und mit dem Stand vom 15. 3. 1967 — also knapp anderthalb Jahre nach Erscheinen der Denkschrift — abschließt, umfaßt 588 Titel. Seitdem ist nicht nur neue Literatur erschienen, sondern sind auch neue Sachgesichtspunkte für eine solche umfassende Darstellung aufgetaucht, unter denen nur die Bedeutung der Denkschrift für die deutsche Ostpolitik seit 1966 genannt sei. Gegenüber dem Desiderat einer solchen umfassenden Darstellung muß sich die folgende Untersuchung auf eine knappe Auswahl aus dem verfügbaren Material sowie auf die Gesichtspunkte beschränken, die für die Frage nach dem Verhältnis von Kirche und Öffentlichkeit von dominierender Bedeutung sind.

Dafür konnte ich mich auf umfangreiche Materialsammlungen und Vorarbeiten stützen, die seit 1966 in der Forschungsstätte der Evangelischen Studiengemeinschaft durchgeführt wurden. Von ihnen sind nur die Untersuchung von Gerta Scharffenorth über die Aufnahme der Denkschrift in Polen[7] sowie ein grundsätzlicher Beitrag derselben Autorin[8] veröffentlicht worden. Daneben standen mir zur Verfügung ein unveröffentlichtes Vortragsmanuskript von Heinz Eduard Tödt vom Januar 1967 über »Die Vertriebenen-Denkschrift als Dokument kirchlicher Friedensethik«, Entwürfe von Ilse Tödt und Jörg Bopp mitsamt den zugehörigen Materialien sowie die schriftlichen Unterlagen einer Rezensionsübung, die sich, koordiniert von Kristian Hungar, im Wintersemester 1966/67 an der Heidelberger theologischen Fakultät mit der Diskussion über die Vertriebenen-Denkschrift beschäftigt hat. Diese Unterlagen habe ich dankbar verwendet.

---

[6] *J. Motschmann*, Literaturbericht und Bibliographie.
[7] *G. Scharffenorth*, Bilanz der Ostdenkschrift. Echo und Wirkung in Polen.
[8] *G. Scharffenorth*, Existenz zwischen Tradition und neuer Umwelt.

2. Die Situation der Vertriebenen in Gesellschaft und Kirche

Die Vertriebenendenkschrift verknüpft die Bemühung, der deutschen Ostpolitik Raum zu schaffen und eine neue Orientierung zu vermitteln, mit der Erörterung des Schicksals der Menschen, die aus den Gebieten jenseits der Oder-Neiße-Linie vertrieben wurden. Dies hat manche Beobachter überrascht, ist aber gleichwohl folgerichtig und sachlich notwendig. Nicht nur die Einsicht, daß eine Neuorientierung der deutschen Ostpolitik auf die Zustimmung möglichst weiter Kreise der Vertriebenen nicht verzichten könne, sondern vor allem der Gesichtspunkt, daß man für eine solche Neuorientierung einerseits zwar die Lebensinteressen der jetzigen polnischen Bevölkerung, ebenso aber auch das Lebensschicksal der früheren deutschen Bevölkerung der Gebiete jenseits von Oder und Neiße berücksichtigen müsse, nötigt zu einer solchen Verknüpfung. Denn Vertreibung und Flucht der ostdeutschen Bevölkerung seit 1945 gehören zu den großen Katastrophen der neueren Geschichte[9]; die Eingliederung der etwa 14 Millionen Vertriebenen in die Bundesrepublik bildete eine der am schwersten zu lösenden Aufgaben der Nachkriegsentwicklung. Ihr standen nicht nur die Armut der Vertriebenen sowie Zerstörung und Hunger in ganz Deutschland, sondern auch der Schmerz der Vertriebenen über den Verlust der Heimat und die erniedrigenden Umstände der Flucht und darüber hinaus in vielen Fällen eine durch die wirtschaftliche Lage noch gesteigerte Fremdenfeindlichkeit der Bevölkerung entgegen, in deren Mitte sie Aufnahme finden mußten. Doch auch die evangelischen Landeskirchen waren nicht in der Lage, den Vertriebenen mit ihren besonderen geistigen und seelischen Erfahrungen gerecht zu werden — insbesondere deshalb, weil sie die Eingliederung der Vertriebenen meist nur als eine Aufgabe der Sozialbetreuung begriffen. Viele der Vertriebenen verstanden ihr Schicksal als »stellvertretendes Leiden für das Gesamtvolk«[10], fanden aber gerade darin keine Resonanz und kein Verständnis. Vielmehr blieb der kirchliche Einsatz sehr oft auf die Hilfe zur äußeren Eingliederung beschränkt.

---

[9] Vgl. *Th. Schieder* u. a., Dokumentation der Vertreibung der Deutschen aus Ost-Mitteleuropa; *E. Lemberg, F. Edding*, Die Vertriebenen in Westdeutschland; *H. M. Jolles*, Zur Soziologie der Heimatvertriebenen und Flüchtlinge.
[10] Memorandum zur Lage der »Deutschen Evangelischen Kirche in Böhmen, Mähren und Schlesien«, S. 12.

In der evangelischen Kirche entwickelten sich bald nach 1945 die ersten organisatorischen Ansätze für die Unterstützung der Vertriebenen — zu einer Zeit, zu der die politische Selbstorganisation der Vertriebenen durch das Koalitionsverbot des Alliierten Kontrollrats noch untersagt war[11]. Im Herbst 1945 entstanden die ersten evangelischen Hilfskomitees; schon am 31. 7. 1946 wählten sie in dem »kirchlichen Hilfsausschuß für die Ostvertriebenen (Ostkirchenausschuß)« eine gemeinsame Vertretung. Die Hilfskomitees waren den einzelnen Heimatkirchen zugeordnet und übernahmen neben diakonischen Aufgaben auch die Verpflichtung, das kirchliche und kulturelle Erbe ihrer Heimat zu wahren. Der Ostkirchenausschuß vertrat diese Hilfskomitees gegenüber dem Rat der EKD; gegenüber den evangelischen Vertriebenen handelte er im Namen des Rats[12]. Neben ihn trat 1950 der »Konvent der zerstreuten evangelischen Ostkirchen«, zu dem sich die Hilfskomitees zusammenschlossen; er verzichtete darauf, ein »eigenes kirchliches Organ« zu sein und wollte lediglich beratende Aufgaben wahrnehmen[13]. Neben diesen besonderen Organen kirchlicher Vertriebenenarbeit setzte sich auch der Rat der EKD unmittelbar für die ostdeutsche Bevölkerung ein, zuerst mit seiner Eingabe an den Alliierten Kontrollrat und die UNO vom Frühjahr 1946, in der er vor den Folgen weiterer Aussiedlungen warnte[14].

Neben diese evangelischen Organisationen, denen mehr hierarchisch aufgebaute katholische Organe entsprachen[15], traten seit der Aufhebung des Koalitionsverbots im Jahr 1948 die konfessionell unabhängigen Landsmannschaften und Verbände der Vertriebenen. Man wird nicht leugnen können, daß sich in ihnen von vornherein Raum für nationalistische Ressentiments fand; man wird jedoch andererseits auch nicht bestreiten können, daß diese Selbstorganisation für die öffentliche Formulierung und Durchsetzung berechtigter politischer Interessen der Vertriebenen unentbehrlich war. Daß es in den

---

[11] Vgl. *F. Spiegel-Schmidt*, »Die Kirche, die Vertriebenen und das Heimatrecht«, S. 11 ff., sowie die Darstellung der Tätigkeit dieser kirchlichen Gremien, in: *C. Brummack*, Die Unverlierbarkeit evangelischen Kirchentums aus dem Osten.
[12] Vgl. die Geschäftsordnung des Ostkirchenausschusses, in: *Brummack*, a. a. O., S. 57 ff.
[13] *C. Brummack*, a. a. O., S. 13.
[14] *G. Heidtmann*, Hat die Kirche geschwiegen?, S. 21 ff.
[15] Vgl. *Spiegel-Schmidt*, a. a. O., S. 11.

fünfziger Jahren nicht zu einer politischen Radikalisierung der Vertriebenen kam, ist sicherlich auch den Vertriebenenverbänden zu verdanken; das Maß an Ideologisierung, von dem manche Gruppen in den Vertriebenenverbänden seit dem Ende der fünfziger Jahre gekennzeichnet waren und noch sind, ist nicht aus ihrer isoliert betrachteten Entwicklung allein zu erklären, sondern muß zur politischen Entwicklung der Bundesrepublik insgesamt in Beziehung gesetzt werden[16].

Denn in den Anfängen der Vertriebenenverbände waren auch andere Entwicklungen angelegt, als sie sich schließlich weithin durchsetzten.

So geht die Betrachtung von Eugen Lemberg über »Die Ausweisung als Schicksal und Aufgabe«[17] von der Einsicht aus, daß die Hoffnung auf eine baldige Rückkehr in die Heimat, nachdem sie zunächst »ein heilsamer Selbstschutz der menschlichen Natur« gewesen sei, sich »nunmehr als Selbsttäuschung« erweise[18]. »Eine Wiederherstellung vergangener und durch irgendeine geschichtliche Katastrophe veränderter Verhältnisse hat sich immer wieder als unmöglich und kurzlebig erwiesen.«[19] Deshalb stellt sich nicht mehr die Aufgabe, dieses Vergangene zurückgewinnen zu wollen, sondern aus dem Leid und der Erfahrung der Vertriebenen eine konstruktive Lösung zu entwickeln, die in Zukunft solches Leid verhindert. Dazu sollen sich die Vertriebenen nicht »als Opfer des Geschehenen..., sondern als Märtyrer des Kommenden« betrachten[20].

Hier wird der bewußte Verzicht auf die Heimat als der Beitrag der Vertriebenen zur politischen Gestaltung des Friedens in Europa verstanden. In dieselbe Richtung weist es vielleicht, daß sich der erste Verband der Ausgewiesenen nicht als Verband von »Vertriebenen«, sondern als Hilfsverband der »Neubürger« in Stuttgart bildete[21]. Dem von Lemberg formulierten Gedanken steht die Charta der deutschen Heimatvertriebenen vom 5. August 1950 noch sehr nahe[22]: Sie setzt mit dem feierlichen Verzicht auf Rache und Vergeltung

---

[16] Vgl. *G. Scharffenorth*, Bilanz der Ostdenkschrift, S. 74 ff.
[17] Gräfelfing 1949; die folgenden Zitate nach *Spiegel-Schmidt*, a. a. O., S. 13 f.
[18] *Lemberg*, a. a. O., S. 5.
[19] A. a. O., S. 14.
[20] A. a. O., S. 16 f.
[21] *Spiegel-Schmidt*, a. a. O., S. 15.
[22] Hier zitiert nach: *R. Henkys*, Deutschland und die östlichen Nachbarn, S. 231; vgl. die grundsätzliche Würdigung der Charta bei *G. Scharffenorth*, Existenz zwischen Tradition und neuer Umwelt, S. 13 ff.

ein; daran schließt sie die Forderung nach einem geeinten Europa an, in dem die Völker ohne Furcht und Zwang leben können. Sie bekennt sich zu dem Einsatz für den Wiederaufbau Deutschlands und Europas. Sie schließt damit, daß die deutschen Heimatvertriebenen sich auf Grund ihres Schicksals berufen fühlen zu verlangen, »daß das Recht auf die Heimat als eines der von Gott geschenkten Grundrechte der Menschheit anerkannt und verwirklicht wird«.

Damit wird nicht behauptet, das »Recht auf die Heimat« sei bereits Bestandteil des geltenden Völkerrechts; es wird deshalb auch nicht aus dem Völkerrecht ein Anspruch der Vertriebenen auf volle Restitution ihres angestammten Heimatrechts hergeleitet. Vielmehr wird die Forderung nach einer Weiterentwicklung des Völkerrechts und nach einer künftigen internationalen Anerkennung des »Rechts auf die Heimat« als eines elementaren Menschenrechts erhoben.

Die unmittelbaren politischen Forderungen der Vertriebenenverbände standen deshalb zunächst folgerichtigerweise unter dem Gesichtspunkt der Eingliederung der Vertriebenen in die westdeutsche Gesellschaft. Bald jedoch brach das Dilemma zwischen zwei konträren politischen Forderungen, das von der Charta der Heimatvertriebenen noch verdeckt worden war, offen hervor: das Dilemma zwischen der Forderung nach Eingliederung und der Forderung nach Restitution der alten Heimat[23]. Der Heimkehrwille der Vertriebenen wurde politisch in dem Augenblick interessant, in dem die Regierung Adenauer den Antikommunismus bewußt als ideologische Basis für die Integration der Bundesrepublik in das westliche Bündnis einsetzte: die antibolschewistischen Ressentiments der nationalsozialistischen Zeit und die Verbitterung der Vertriebenen wurden nun zugunsten dieser antikommunistischen Ideologie mobilisiert. Paradoxerweise wurde die Heimatpolitik der Vertriebenenverbände also zu dem Zeitpunkt aktiviert, zu dem die Westintegration gegenüber der Wiedervereinigung die politische Priorität erhielt[24].

Die seitdem sich entwickelnde Ideologie der Vertriebenenverbände war also durch die Synthese von Antikommunismus und Heimat-

---

[23] Vgl. *Spiegel-Schmidt*, a. a. O., S. 15.
[24] Vgl. die zusammenfassende Darstellung bei *K. von Schubert*, Wiederbewaffnung und Westintegration, S. 151 ff.

tradition gekennzeichnet[25] und unmittelbar an den Zustand des Kalten Kriegs gebunden. Da die Bundesregierung die antikommunistische Orientierung der Vertriebenenverbände förderte, mußte sie auch ihren Anspruch auf Rückkehr in die angestammte Heimat unterstützen[26]. So wurden die Vertriebenenpolitiker darin bestärkt, die Formel vom »Recht auf die Heimat« zunehmend einseitig zu interpretieren: als eine »Zumutung« bezeichnete der BHE-Politiker Feller im Jahr 1957 den Gedanken, daß Ostdeutsche unter polnische oder tschechische Herrschaft zurückkehren sollten[27]. Die Deklaration zum zehnjährigen Jubiläum der Charta der Heimatvertriebenen vom 6. August 1960[28] wie auch die Entschließung der ostdeutschen Landesvertretungen vom 22. März 1964[29] markieren diesen Wandel deutlich. Aus dem Selbstbestimmungsrecht der Völker wird die Forderung nach Wiederherstellung des Deutschen Reiches in den Grenzen von 1937 abgeleitet, ohne daß gesagt würde, auf welchem Weg diese Forderung durchgesetzt werden soll.

Als die Führungsmächte USA und UdSSR mit dem Versuch begannen, den Kalten Krieg durch einzelne Schritte der Entspannung zu überwinden, ergab sich auch für die Bundesregierung die Notwendigkeit, sich an solchen Bemühungen zu beteiligen. Wollte sie jedoch einen manifesten Konflikt mit den Vertriebenenverbänden, die eine große Wählergruppe repräsentierten, vermeiden, so konnte sie es sich nicht erlauben, die Konsequenzen, die sich für die Vertriebenen aus einer Entspannungspolitik ergeben könnten, offen zu formulieren. Weder suchte noch erkannte die Regierung die möglichen Anknüpfungspunkte für eine Entspannungspolitik bei denjenigen unter den Vertriebenen, die in ihrem Verzicht auf die angestammte Heimat einen Beitrag zum Frieden sahen. Die Möglichkeit, diese Gruppen zu einer öffentlichen Artikulation ihrer Position zu ermu-

---

[25] Diese Synthese ist bei *H. M. Jolles*, Zur Soziologie der Heimatvertriebenen und Flüchtlinge, S. 373 ff., wohl nicht richtig erkannt. Er meint, daß die Ideologie der Vertriebenen »zum Teil auf Grund ihrer Wesenszüge, zum Teil durch ihre Träger, sich überwiegend jenem Rechtsradikalismus zuneigt, der insbesondere frühere faschistische, nationalistische und nationalsozialistische Parteien gekennzeichnet hat«.
[26] Als besonders instruktives Beispiel vgl. die Erklärung der Bundesregierung vom 28. September 1956, zitiert nach: *F. P. Habel*, Dokumente zur Sudetenfrage, S. 20 f.
[27] *Spiegel-Schmidt*, a. a. O., S. 25 f.
[28] *Henkys*, Deutschland und die östlichen Nachbarn, S. 232 ff.
[29] Ebd., S. 234 f.

tigen, wurde weder auf staatlicher noch auf kirchlicher Seite wahrgenommen. Stattdessen war die deutsche Vertriebenen- und Ostpolitik zu Beginn der sechziger Jahre von innerer wie äußerer Unwahrhaftigkeit gekennzeichnet.
In dieser Lage zeigte sich, daß es auch den Kirchen nicht möglich gewesen war, den Vertriebenenverbänden zu einer nüchternen Unterscheidung zwischen Hoffnung und Illusion zu verhelfen. Vielmehr war die antikommunistische Haltung gegenüber dem Ostblock vielfach als eine christliche Tugend gepriesen worden. Die Wahrung des »Rechts auf die Heimat« erschien als Teil jenes Kreuzzugs, mit dem sich der christliche Westen dem bolschewistischen »Antikreuzzug« entgegenzustellen genötigt sei[30]. Auch dem Ostkirchenausschuß und dem Konvent der zerstreuten evangelischen Ostkirchen war es nicht möglich gewesen, einer Verhärtung des »Rechts auf die Heimat« und seiner Verknüpfung mit einer Kreuzzugsideologie zu wehren[31]. Nachdem man mehr als ein Jahrzehnt die Traumata, das politische Gewicht und auch die Religiosität der Vertriebenen ausgenutzt hatte, waren sie nun, in einer Phase der Neuorientierung, mit der Problematik ihres Selbstverständnisses allein gelassen. Aus dieser Situation erklären sich die zum Teil agitatorischen, zum Teil aber auch traumatischen Reaktionen auf die Vertriebenen-Denkschrift.

3. Die Vorgeschichte der Vertriebenendenkschrift

Die unmittelbare Vorgeschichte der Denkschrift beginnt mit dem Tübinger Memorandum, in dem acht in der Öffentlichkeit bekannte Glieder der evangelischen Kirche[32] am 6. November 1961 auf Notwendigkeiten und Gefahren der deutschen Politik hinwiesen. Das Memorandum[33], das durch eine Indiskretion im Februar

---

[30] H. Asmussen, Der Christ in der politischen Verantwortung, S. 60 f.
[31] Vgl. die vom Konvent der zerstreuten evangelischen Ostkirchen unternommenen Versuche, den Begriff »Recht auf die Heimat« theologisch und juristisch zu klären, dargestellt bei C. Brummack, Die Unverlierbarkeit evangelischen Kirchentums aus dem Osten, bes. S. 19 ff.
[32] Hellmut Becker, Joachim Beckmann, Klaus von Bismarck, Werner Heisenberg, Günter Howe, Georg Picht, Ludwig Raiser, Carl Friedrich von Weizsäcker.
[33] Im folgenden zitiert nach G. Picht, Die Verantwortung des Geistes, S. 411–418.

1962 bekannt wurde, war eine »Privatarbeit« der Verfasser und wurde von der Kirchenkanzlei und dem Rat der EKD auch ausdrücklich als solche bezeichnet[34]. Eine volle Unabhängigkeit von kirchenamtlichen Stellen konnte das Memorandum allerdings nicht beanspruchen. Dagegen sprach nicht nur die Mitwirkung des Präses der Rheinischen Kirche, Joachim Beckmann, sondern insbesondere die Tatsache, daß der Bevollmächtigte des Rates der EKD bei der Bundesregierung und evangelische Militärbischof Hermann Kunst zu Recht zu den Initiatoren des Memorandums gezählt wurde[35]; er war es auch, der das Schriftstück den evangelischen Bundestagsabgeordneten als Diskussionsgrundlage zusandte[36]. Es stellte sich bald heraus, daß die EKD sich mit der formalen Aussage, sie sei an diesem Memorandum nicht beteiligt, nicht begnügen, sondern zu dessen inhaltlichen Ausführungen Stellung nehmen mußte.

Unter ihnen erregten die Feststellungen zur deutschen Außenpolitik das größte Maß an öffentlichem Aufsehen.

Das Memorandum warnt davor, die Forderung nach Aufrechterhaltung der Freiheit in West-Berlin und nach der Selbstbestimmung der Deutschen in der DDR mit dem Anliegen nicht nur der Wiedervereinigung, sondern der Wiederherstellung der Grenzen von 1937 zu verknüpfen. Diese Ansprüche finden auch bei den Verbündeten der Bundesrepublik keine Zustimmung. »Wir sagen nichts Neues, wenn wir die Ansicht aussprechen, daß zwar die Freiheit der in Berlin lebenden Menschen ein von der ganzen Welt anerkanntes Recht ist, daß aber das nationale Anliegen der Wiedervereinigung in Freiheit heute nicht durchgesetzt werden kann und daß wir den Souveränitätsanspruch auf die Gebiete jenseits der Oder-Neiße-Linie werden verloren geben müssen.«[37] Das Memorandum drückt die Meinung aus, daß politisch verantwortliche Kreise aller Parteien diese Ansicht teilen, aber aus innenpolitischen Gründen nicht wagen, sie öffentlich auszusprechen. »Eine Atmosphäre, die es der politischen Führung unmöglich macht, dem Volk die Wahrheit zu sagen, ist vergiftet.«[38] Die Verfasser bezeichnen die Normalisierung der politischen Beziehungen Deutschlands zu seinen östlichen Nachbarn als das wichtigste Beispiel für Möglichkeiten einer aktiven Außen-

---

[34] Vgl. das Kommuniqué des Rats der EKD vom 12. Mai 1962, bei *J. von Braun*, Gericht ohne Gnade?, S. 8; K.-A. Odin, Die Denkschriften der EKD, S. 149.
[35] Vgl. *J. von Braun*, a. a. O., S. 8, der mitteilt, daß ihm diese Tatsache von Kunst durch Schreiben vom 13. Juli 1964 bestätigt wurde.
[36] Vgl. *Friedrich Kühn*, MdB, in: *Nasarski*, Stimmen zur Denkschrift der EKD, S. 13.
[37] *Picht*, a. a. O., S. 413.
[38] Ebd.

politik; dazu bedarf es der öffentlichen Anerkennung der Oder-Neiße-Grenze.

Zum ersten Mal war hier die Forderung nach politischer Anerkennung der Oder-Neiße-Grenze mit großer öffentlicher Resonanz erhoben worden. Es war nicht verwunderlich, daß die Behandlung dieser in Deutschland weithin tabuisierten Frage emotionale Vorwürfe gegen die Verfasser des Memorandums hervorrief, die man des Landesverrats bezichtigte und als »Verzichtler« bezeichnete. Schien das Memorandum so zunächst eine Polarisierung der öffentlichen Meinung zu bewirken, die den Handlungsspielraum der Bundesregierung nicht unbedingt erweiterte, so sollte sich langfristig erweisen, daß durch diesen Vorstoß eine der wichtigsten Entwicklungen der deutschen Außenpolitik nach 1945 vorbereitet wurde. Zunächst stellte sich für die EKD die Frage, wie sie den Anstoß des Memorandums aufnehmen sollte. In seinem Kommuniqué vom 12. Mai 1962 verzichtete der Rat der EKD zunächst auf eine Stellungnahme zum Inhalt des Memorandums, bedauerte aber »die von einigen Verbänden und Kreisen gewählte Form der Kritik an dem Memorandum und an der Person der Verfasser in einer Sachdiskussion, bei der es sich um Lebensfragen der Nation handelt«[39]. Im Spätherbst 1962 entschied er sich dann jedoch, ein Gutachten zu den Fragen der deutschen Ostpolitik erstellen zu lassen[40]. Er betraute damit nicht die Vertreter der Vertriebenen, in der EKD also in erster Linie den Ostkirchenausschuß, und auch nicht den Beauftragten des Rats für Umsiedler- und Vertriebenenfragen, Bischof Wester, sondern die Kammer der EKD für öffentliche Verantwortung. Damit war die wichtige Vorentscheidung getroffen, daß die Repräsentanten der Vertriebenen zwar zu den anstehenden Sachfragen gehört, nicht aber mit der Formulierung einer Stellungnahme der EKD betraut werden sollten.

Man hat dem Rat später vielfach vorgehalten, daß er es hier an der notwendigen Solidarität mit den Vertriebenen habe fehlen lassen[41]. Man wird rückblickend auch feststellen müssen, daß der Rat der EKD und die Kammer der EKD für öffentliche Verantwortung sich die Sachkunde von Vertriebenen nicht in dem Maß zu-

---

[39] Zitiert bei *J. v. Braun*, a. a. O., S. 8.
[40] Vgl. *K.-A. Odin*, a. a. O., S. 149.
[41] Als ein Beispiel von vielen vgl. *R. Rehs*, »Die Heimatvertriebenen und die Denkschrift«, S. 128 ff.

nutze gemacht haben, in dem dies möglich gewesen wäre; damit haben sie zugleich darauf verzichtet, unter den Vertriebenen eine vorbereitende Diskussion anzuregen, die die Aufnahme der Denkschrift möglicherweise erleichtert hätte. Auf der anderen Seite muß man die Intention, die hinter der Beauftragung der Kammer für öffentliche Verantwortung stand, würdigen. Hinter dieser Entscheidung des Rats der EKD stand offenbar die Einsicht, daß eine kirchliche Stellungnahme zu den Problemen einer gesellschaftlichen Gruppe von der Freiheit gekennzeichnet sein muß, die nur durch kritische Distanz zu dieser Gruppe ermöglicht wird und die Voraussetzung einer tragfähigen Solidarität bildet. Die Frage nach Distanz und Solidarität erweist sich auch hier als ein Grundproblem des Verhältnisses von Kirche und Öffentlichkeit: die Versuchung zu unkritischer Solidarität ergab sich auch in diesem Fall der kirchlichen Beschäftigung mit einer bestimmten gesellschaftlichen Gruppe; im Gegensatz zu anderen Vorgängen gelang es hier jedoch, dieser Gefahr zu entgehen.

Damit trat allerdings die neue Schwierigkeit auf, daß einer der Unterzeichner des Tübinger Memorandums, Ludwig Raiser, den Vorsitz in der nun beauftragten Kammer für öffentliche Verantwortung führte. Raiser bot von sich aus an, den Vorsitz niederzulegen, wurde allerdings von den Mitgliedern der Kammer wie vom Rat der EKD gebeten, die Verhandlungen und die Arbeit der Kammer weiterhin zu leiten[42]. Zusammen mit Oberkirchenrat Wilkens, dem Geschäftsführer der Kammer, ist er als Hauptverfasser der Denkschrift anzusehen.

Während die Kammer sich mit der Erarbeitung der Denkschrift beschäftigte, wurde die öffentliche wie die kirchliche Diskussion der Probleme fortgeführt. Für die öffentliche Diskussion ist vielleicht am meisten kennzeichnend die Auseinandersetzung über den von Hansjakob Stehle verantworteten Fernsehfilm »Deutschlands Osten — Polens Westen?«, der am 2. Oktober 1964 im Deutschen Fernsehen gesendet wurde.

Stehle stellte dar, daß die Integration der Gebiete jenseits der Oder-Neiße-Grenze in den polnischen Staat nahezu abgeschlossen sei; er zog die Konsequenz: nur Gewalt könnte die polnischen Bewohner aus diesen Gebieten wieder vertreiben. »Gewalt aber will niemand. Es gilt daher, den Blick auf die Tatsachen — auch die schmerzlichen — zu lenken. Eine Aufgabe

---

[42] Vgl. dazu Arbeitstagung Frankfurt 1965, S. 99, 106.

deutscher Politik; sie ist damit konfrontiert. Wenn nicht heute, dann an dem Tage, an dem Deutschland im Frieden Polens Nachbar wird.«[43] Stehle publizierte den Text des Films zusammen mit einer Dokumentation über die ihm vorausgehenden Auseinandersetzungen und das ihm nachfolgende Echo im November 1965, also unmittelbar nach der Veröffentlichung der Vertriebenen-Denkschrift. Die Reaktionen auf den Film lassen sich bei der Denkschrift weitgehend analog beobachten. Besonders deutlich geht aus Stehles Dokumentation hervor, daß dem lautstarken Widerspruch der Vertriebenenverbände und der rechtsextremen Presse eine sehr überwiegende Zustimmung in der Bevölkerung sowie in Presse und Rundfunk gegenübersteht. Aus einer Untersuchung des Infratest-Instituts in München leitet Stehle die Schlußfolgerung ab, daß die überwiegende Einstellung der deutschen Bevölkerung zur Oder-Neiße-Grenze »in starkem Kontrast zu den Stimmen aus den Aktivisten-Gruppen des Bundes der Vertriebenen« steht[44]. Man kann nur vermuten, daß eine empirische Untersuchung aus Anlaß der Vertriebenen-Denkschrift zu einem ähnlichen Ergebnis gekommen wäre.

Schon die Diskussion über Stehles Film zeigte also, wie sehr die Kommunikationsmöglichkeiten zwischen den politisch aktiven Gruppen der Vertriebenenverbände und anderen gesellschaftlichen Gruppen eingeschränkt waren, sobald die Frage nach der Zukunft der ehemaligen deutschen Ostgebiete zur Diskussion stand. Daran erweist sich die in der Denkschrift getroffene Feststellung als richtig, auch bei äußerer Eingliederung sei es noch nicht gelungen, »zu einer neuen Gemeinschaft aus Einheimischen und Vertriebenen zusammenzuwachsen«[45]. Dies behinderte auch die Kooperation zwischen der Kammer für öffentliche Verantwortung und Repräsentanten der Vertriebenen bei der Vorbereitung der Denkschrift[46].

Während der Vorbereitung der Denkschrift wurde nicht nur die allgemeine publizistische und politische, sondern auch die innerkirchliche Diskussion über das Verhältnis Deutschlands zu seinen östlichen Nachbarn fortgesetzt. Hier sind vor allem zwei Thesenreihen zu nennen, die auch in der Denkschrift selbst eine eingehende Diskussion erfahren[47]: die Bielefelder und die Lübecker Thesen.

---

[43] *H. Stehle*, Deutschlands Osten — Polens Westen?, S. 64.
[44] Ebd., S. 66.
[45] *Odin*, a. a. O., S. 72.
[46] Diese Vorgänge sind inbesondere von Vertriebenenvertretern vielfach dargestellt worden; ich verweise nur auf *R. Rehs*, »Die Heimatvertriebenen und die Denkschrift«, S. 128 ff.; *L. Harms*, in: *P. Nasarski*, Stimmen zur Denkschrift der EKD, S. 85 ff.; *J. von Braun*, Gericht ohne Gnade?, S. 10 f., sowie auf *K.-A. Odin*, Die Denkschriften der EKD, S. 152 f. Vgl. jedoch auch die kritische Bemerkung zur Vorbereitung der Denkschrift oben S. 391 f.
[47] *Odin*, a. a. O., S. 91 ff.

Die neunzehn »Bielefelder Thesen«[48] sind von einem westfälischen Arbeitskreis der kirchlichen Bruderschaften erarbeitet und von Wolfgang Schweitzer der Kammer für öffentliche Verantwortung am 29. November 1963 vorgetragen und erläutert worden[49]. Sie tragen die Überschrift: »Die Versöhnung in Christus und die Frage des deutschen Anspruchs auf die Gebiete jenseits der Oder und Neiße«. Von vornherein wird die politische Diskussion über die Anerkennung der Oder-Neiße-Grenze zurückbezogen auf den Begriff der Versöhnung und dessen christliches Verständnis. Ihn entfaltet der erste Teil der Thesen im Zusammenhang mit einer theologischen Interpretation der Begriffe Recht und Heimat. Er beginnt mit folgenden Sätzen: »In Jesus Christus hat Gott die Welt mit sich versöhnt. Durch dieses Versöhnungshandeln... schenkt er uns das Leben neu mit ihm und neue Lebensmöglichkeiten untereinander« (These 1). Versöhnung also wird verstanden als die Gewährung neuer Lebensmöglichkeiten der Menschen mit Gott und der Menschen mit ihren Mitmenschen. Dieses Verständnis der Versöhnung enthält Kriterien für die politischen Entscheidungen der Christen; denn ihre Aufgabe ist es, »als Zeugen des Friedens Gottes in der Kraft der empfangenen Liebe und unter Weisung des Gebotes der Nächstenliebe für Versöhnung und Frieden unter den einzelnen und den Völkern einzutreten« (These 5). Diesem Gedanken der Versöhnung wird das Recht zugeordnet: Jede Rechtsordnung steht im Dienst der jeweils besseren Rechtsverwirklichung, d. h. eines Friedens, in dem allen beteiligten Menschen ihre Lebensmöglichkeiten gewährt werden. Das Festhalten an absoluten Rechtsansprüchen kann demgegenüber nicht letzte Gültigkeit beanspruchen — dies auch deshalb, weil die Menschen und Völker in der Geschichte immer wieder aneinander schuldig werden (These 4). Erlittenes Unrecht gegen das vom eigenen Volk verübte Unrecht aufzurechnen, verwehrt das Evangelium; es läßt vielmehr das erlittene Unrecht als Gericht Gottes verstehen; dadurch wird der Mensch dazu ermächtigt, die neuen Möglichkeiten in der entstandenen Situation wahrzunehmen (These 12).

Während so der Gedanke der Versöhnung und der Begriff des Rechts eng miteinander verbunden sind, stehen die Erläuterungen zum Begriff der Heimat relativ unverbunden neben diesen Erwägungen. Die Thesen wehren ein Verständnis der Heimat als eines höchsten Werts ab, da dann mit der Fremdlingschaft der Christen in der Welt nicht Ernst gemacht sei (These 3). Diese Überlegungen leiden darunter, daß in ihnen zwischen Heimat überhaupt und der angestammten Heimat nicht unterschieden wird; ohne eine solche Unterscheidung wird jedoch jede Aussage, die sich vielleicht nur auf die Forderung nach Restitution der angestammten Heimat bezieht, auf das Verlangen nach Heimat überhaupt bezogen und auf diese Weise mehrdeutig und mißverständlich.

Der zweite Teil der Bielefelder Thesen fragt nach »Folgerungen für die

---

[48] Veröffentlicht in: Junge Kirche 24, 1963, S. 718 ff.; LM 4, 1965, S. 212 ff.
[49] Einen Kommentar zu den »Bielefelder Thesen« bildet der Sache nach W. *Schweitzer*, Gerechtigkeit und Friede an Deutschlands Ostgrenzen; vgl. ders., »Theologisch-ethische Erwägungen zur Denkschrift der EKD«, S. 35, Anm. 2.

gegenwärtige politische Situation Deutschlands«. Er erörtert die Forderung nach Wiederherstellung der Grenzen von 1937 und kommt zu dem Ergebnis, daß sie »— trotz gegenteiliger Beteuerung — auf friedliche, das Recht des anderen achtende Weise nicht zu erfüllen« ist (These 16). Auf diese Feststellung folgt die vielumstrittene These 17:

»In der gegenwärtigen Situation erscheint die Preisgabe des deutschen Anspruchs auf die verlorenen Ostgebiete und der Verzicht auf die Rückkehr dorthin um des Friedens und um eines guten Zusammenlebens mit unseren östlichen Nachbarn willen als geboten. Zu solcher Erkenntnis befreit das Evangelium die politische Vernunft.«

An dieser These hat man kritisiert, sie verbinde das Evangelium zu unmittelbar mit einer bestimmten politischen Entscheidung. Auch die Vertriebenendenkschrift scheint die Meinung zu vertreten[50], hier liege ein Rückfall in die theologische Argumentationsweise der kirchlichen Bruderschaften während der Debatte über die atomare Bewaffnung der Bundeswehr vor, in der sie jede Beteiligung schon an atomarer Rüstung als Verleugnung aller drei Glaubensartikel bezeichnet und so aus dem Evangelium *direkt* politische Entscheidungen deduziert hatten. Doch die Bielefelder Thesen bezeichnen die Entscheidung über die Anerkennung der Oder-Neiße-Grenze als eine Aufgabe der politischen Vernunft. Diese steht vor dem Problem der Wahl zwischen mehreren rational kalkulierbaren Alternativen. Für die Frage nach den Kriterien dieser Wahl hat das Evangelium Bedeutung: indem sich aus ihm ergibt, daß Versöhnung der leitende Gesichtspunkt für das Handeln der Christen sein muß, daß das Bedenken des Rechts die Rücksicht auf das Recht des andern impliziert, ermächtigt und befreit es die politische Vernunft zu einer Entscheidung, die um der Versöhnung willen auch zur Preisgabe eines eigenen Rechtsstandpunkts bereit ist. Man wird den Bielefelder Thesen also nicht vorwerfen können, sie leiteten ihre Ergebnisse auf einlinigdeduktivem Weg aus dem Evangelium ab. Zwar gewinnen sie aus diesem die Aussagen über die Versöhnung als bestimmenden Leitgedanken; doch sie fragen nach den Möglichkeiten der Versöhnung im Rahmen einer Analyse der politischen Situation.

Das Ergebnis unserer knappen Analyse ist weit über die Erörterung eines einzelnen Dokuments hinaus von Bedeutung. Denn es zeigt zum einen, daß der Versuch der Vertriebenendenkschrift, zwischen den Bielefelder Thesen und den ihnen widersprechenden Lübecker Thesen, auf die gleich einzugehen ist, einen Mittelweg zu wählen, gescheitert ist: der Sache nach vertritt die Denkschrift die Auffassung der Bielefelder Thesen, auch wenn sie, um weniger Anstoß zu erregen, deren Argumentationsgang nicht voll übernimmt. Doch diese Zurückhaltung hat eher zu Unklarheiten als zu einer größeren Stringenz der Argumentation geführt.

---

[50] *Odin*, a. a. O., S. 88 f., 94.

Darüber hinaus ergibt sich aus unserer Analyse der Bielefelder Thesen, daß die Kirche, wenn sie Versöhnung und Frieden als verpflichtende Leitbegriffe für ihr Reden und Handeln akzeptiert, in bestimmten Fällen zu sehr eindeutigen politischen Folgerungen genötigt wird, die sie weder der Eigengesetzlichkeit des Politischen noch der Entscheidungskompetenz der verantwortlichen Politiker überlassen kann. Die Anerkennung jener Leitbegriffe kann sie im Einzelfall zum Eintreten für politische Entscheidungen und zum Widerspruch gegen politische Erwägungen, die sich mit den Zielen von Frieden und Versöhnung nicht vereinbaren lassen, nötigen. Ist die Aussage richtig, daß das Problem des Friedens heute den Horizont abgibt, in dem das Verhältnis von Kirche und Öffentlichkeit gesehen werden muß, so ist der Kirche in solchen Fällen die politische Neutralität verwehrt, in die sie sich zurückzuziehen geneigt ist, wenn ihre Einsichten für eine große Gruppe der Gesellschaft unbequem zu werden drohen. Dies kann weder bedeuten, daß die Kirche den Politikern die einzelnen politischen Schritte vorzuschreiben oder auch nur anzuraten hätte: die Umsetzung im Glauben begründeter Entscheidungen in politische Maßnahmen kann ihnen durch das Eintreten der Kirche für Frieden und Versöhnung nicht abgenommen werden. Noch kann es bedeuten, daß die Grundhaltungen, für die die Kirche eintritt, nur im Licht des Evangeliums verständlich und der politischen Vernunft der Nicht-Christen unzugänglich wären[51].

Die Lübecker Thesen, die als Gegenvotum des Ostkirchenausschusses zu den Bielefelder Thesen der Kammer für öffentliche Verantwortung im Oktober 1964 vorgelegt wurden[52], stehen unter dem Titel: »Das Evangelium von Jesus Christus für die Heimatvertriebenen« und lassen sich weniger von einem politischen als von einem seelsorgerlichen Interesse leiten. Der Kern der von ihnen geforderten Seelsorge ist die Tröstung der Vertriebenen durch die Bestätigung, daß Recht doch Recht bleiben müsse und daß das Evangelium niemals von einem Menschen die Preisgabe eines Rechts fordere (These 10, 15, 16). Wie sich diese Aussage mit der fünften Antithese der Bergpredigt (Mt 5,38 ff.) verträgt, wird in den Lübecker Thesen nicht erörtert. Dies ist für sie jedoch nicht notwendig; denn sie lehnen »jedes Nebeneinander der Heilstatsachen Gottes und der Ordnungen dieser Welt« (wie es in den Bielefelder Thesen vorliege) ab, da es auf gefährliche Umwege führe (These 6). Der 17. Bielefelder These, die oben zitiert wurde, stellen die Lübecker Thesen ihrerseits die These entgegen:

---

[51] Vgl. W. *Schweitzer*, »Theologisch-kirchliche Erwägungen zur Denkschrift der EKD«, S. 41 f.
[52] Abgedruckt bei: P. *Nasarski*, Stimmen zur Denkschrift der EKD, S. 92 ff.

»Weil auf der Welt nichts befriedigend geregelt ist, was nicht gerecht geregelt ist, und weil ein auf Unrecht gegründeter Friede den Keim zu neuem Unfrieden in sich trägt und vor allem, weil Gott das Recht lieb hat und darum nirgends in der Schrift zu lesen steht, daß wir den Bestohlenen und Entrechteten mit dem freundlichen Rat beistehen sollen, daß sie sich mit dem Geschehenen abzufinden hätten, ist vom Evangelium her sogar geboten, daß wir gegen eine voreilige Verzichterklärung, wer immer sich das Recht dazu nehmen mag und welche vermeintlichen guten Gründe dafür ins Feld geführt werden mögen, warnend unsere Stimme erheben.«

Damit begeben sich die Lübecker Thesen in einen gefährlichen Selbstwiderspruch. Halten sie den Bielefelder Thesen auf der einen Seite vor, in ihnen finde sich ein unzulässiges »Nebeneinander der Heilstatsachen Gottes und der Ordnungen dieser Welt«, so leiten sie auf der anderen Seite selbst eine bestimmte politische Haltung direkt aus dem Evangelium ab. Sie übernehmen damit eine Argumentationsfigur, die wenige Jahre zuvor für die kirchlichen Bruderschaften kennzeichnend war. Wenn überhaupt, wie die Vertriebenen-Denkschrift behauptet, die Diskussion über das Heimatrecht und die deutschen Ostgrenzen wie eine Rückkehr zu den alten Frontstellungen der Atomdebatte anmutet[53], dann unter einem umgekehrten Vorzeichen: während der Ostkirchenausschuß den früheren theologischen Argumentationsstil der Kirchlichen Bruderschaften, der politische Forderungen direkt aus dem Evangelium meint ableiten zu können, übernommen hat, anerkennen die Bruderschaften nun das Eigengewicht politischer Zusammenhänge und bemühen sich um eine differenzierte Erfassung des Verhältnisses von Evangelium und politischer Vernunft.

4. Die Denkschrift und ihre Wirkungen

4.1. Publikation, Hauptthesen und Aufnahme der Denkschrift

Die Kammer der EKD für öffentliche Verantwortung stand vor der Frage, wie sie selbst angesichts der einander widersprechenden Bielefelder und Lübecker Thesen votieren wollte. Sie beauftragte Oberkirchenrat Danielsmeyer mit einem Gutachten über beide Thesenreihen, das bei der Sitzung im Dezember 1964 vorlag. Daniels-

---

[53] *Odin*, a. a. O., S. 88 f.

meyer behandelte die entstandene Kontroverse analog zu der kirchlichen Kontroverse um die atomare Bewaffnung der Bundeswehr und kam zu einem Schluß, der der im Atomwaffenstreit formulierten »Ohnmachtsformel« der EKD-Synode von 1958[54] nachgebildet war:

>»Die Kirche stellt fest, daß im Fragenbereich der deutschen Ostgrenzen die Überzeugungen einander widersprechen. Die Kirche hat keine Weisung für eine konkrete politische Entscheidung zu geben. Sie wird jedenfalls in der augenblicklichen Situation nicht dazu Stellung nehmen können, ob, wann, wie und unter welchen Bedingungen ein Verzicht auf die deutschen Ostgebiete geleistet werden muß.«[55]

Die Kammer hat diese »Ohnmachtsformel« nicht übernommen, sondern sich um eine Klärung in diesem Widerstreit der Überzeugungen bemüht. Sie hat allerdings darauf verzichtet, sich zu Umständen und Modalitäten eines eventuellen Verzichts zu äußern, und ihrem kirchlichen Auftrag gemäß ihre Aufgabe in einem Beitrag zur »Tiefenschicht der inneren Voraussetzungen, des realistischen Urteils und der wirklichen Bereitschaft zur Versöhnung«[56] gesehen.

Die Denkschrift gliedert sich in folgende Teile: I. Umfang und Zusammenhang der Probleme; II. Die Vertriebenen in Gesellschaft und Kirche; III. Zur gegenwärtigen Lage in den Gebieten jenseits der Oder-Neiße-Linie; IV. Völkerrechtliche Fragen; V. Theologische und ethische Erwägungen; VI. Die deutschen Ostgrenzen als politische Aufgabe. Ihre Ausführungen, die hier nicht im einzelnen dargestellt und diskutiert werden sollen, kristallisieren sich um folgende Hauptpunkte[57]: 1. Da noch immer viele Vertriebene wirtschaftlich und sozial benachteiligt sind, muß ihre äußere Integration in die westdeutsche Gesellschaft verbessert werden. 2. Die tiefen Störungen im Verhältnis zwischen Vertriebenen und »Einheimischen«, die in der Gesellschaft wie in der Kirche bestehen, müssen überwunden werden. 3. Das Unrecht, das die Ostdeutschen durch ihre Vertreibung erlitten haben, darf nicht zu Denkweisen veranlassen, die das Lebensrecht und die Lebensinteressen der Polen übersehen oder negieren. 4. Wenn der Frieden verwirklicht und gesichert werden soll, muß

---

[54] G. *Heidtmann*, Hat die Kirche geschwiegen?, S. 275 f.
[55] Zitiert nach *Odin*, Die Denkschriften der EKD, S. 154.
[56] *Odin*, a. a. O., S. 94 f.
[57] Ich übernehme diese Punkte von G. *Scharffenorth*, Bilanz der Ostdenkschrift, S. 43 f.

das politische Denken und Handeln Wege zu Ausgleich und Verständigung suchen. 5. Der Beitrag der Kirche zielt auf die Förderung der Versöhnungsbereitschaft; er betrifft die inneren Voraussetzungen für die politische Aufgabe des Ausgleichs.

Diese Grundgedanken hat die Denkschrift durch zum Teil detaillierte Einzelausführungen begründet und erläutert. Dabei ist ihr teilweise zu Recht, teilweise zu Unrecht vorgeworfen worden, daß sie es an der nötigen Sorgfalt habe fehlen lassen.

So hat sie in der Tat etwa Angaben aus der Dissertation von Georg Bluhm über »Die Oder-Neiße-Linie in der deutschen Außenpolitik« übernommen, die sich bei einer Nachprüfung als unrichtig herausgestellt haben[58]; so hat sie aus dem Erzbischof Kominek in Breslau einen »Erzbischof Komenek von Breslau« gemacht und damit den einstweilen provisorischen Charakter der Verwaltung der Erzdiözese nicht zum Ausdruck gebracht[59]; so hat sie — offenbar entgegen ihrer eigenen Absicht — der Kompensationstheorie, nach der die »Westgebiete« Polen als Ausgleich für die an Rußland übergegangenen »Ostgebiete« zustehen, Ausdruck gegeben[60]. Man kann schließlich auch nicht leugnen, daß der theologische Abschnitt vor allem mit dem Begriff des Gerichtes Gottes in einer sehr undifferenzierten Weise umgeht, die zu Recht der Kritik unterzogen worden ist[61].

Doch indem man auf diese Einzelpunkte der Kritik verweist, hat man das Phänomen der öffentlichen Reaktion auf die Denkschrift noch keineswegs erfaßt. Dafür ist zunächst ein äußerlicher Faktor von nicht zu unterschätzender Bedeutung zu nennen[62]: Der gedruckte Text der Denkschrift wurde Anfang Oktober 1965 den kirchlichen Stellen und der Presse übergeben. Mit Rücksicht auf die Regierungsbildung in Bonn trugen die der Presse zur Verfügung gestellten Exemplare einen Sperrfrist-Vermerk für den 20. Oktober, 19.00 Uhr. Bereits am 14. Oktober jedoch wurden durch die katholische Wochenzeitung »Echo der Zeit« Auszüge aus der Denkschrift bekannt gemacht. Die Wochenzeitung wollte dadurch auf die Regierungsbildung Einfluß nehmen; sie verband die vorzeitige Publikation mit Angriffen auf Außenminister Schröder.

---

[58] So die Angabe, Albanien und Polen seien die beiden Länder Europas mit dem größten Geburtenüberschuß (*Odin*, a. a. O., S. 80); vgl. zur Kritik *J. Motschmann*, Kritik an einer evangelischen Denkschrift, S. 23.
[59] *Odin*, a. a. O., S. 77; vgl. *Motschmann*, ebd.
[60] *Odin*, a. a. O., S. 86; vgl. ebd., S. 154 f.
[61] Vgl. *G. Krause*, »Gerichtspredigt oder Geschichtsdeutung«.
[62] Vgl. *Odin*, a. a. O., S. 155.

Am darauffolgenden Wochenende tagte eine Reihe von Spitzengremien der Vertriebenenverbände, die auf Grund dieser unzureichenden Information Stellungnahmen abgaben. Auch wenn sie detaillierte Auseinandersetzungen ankündigten, hatten sie auf Grund der einseitigen Publikation in »Echo der Zeit« ihre Position bereits fixiert; sie konnten in ihrer grundsätzlichen Stellungnahme zur Denkschrift kaum noch Modifikationen vornehmen.

Dieser Vorgang ist ein deutliches Beispiel für die Schwierigkeiten öffentlicher Kommunikation, an denen die Kirche voll partizipiert. Betrachtet man die Wirkungen der Denkschrift unter dem Gesichtspunkt, ob sie eine offene Kommunikation über die Sachprobleme unter den beteiligten Gruppen ermöglicht, ob sie also zur Verwirklichung von Öffentlichkeit beigetragen hat, dann erweist sich die geläufige Trennung der Äußerungen zur Denkschrift in »zustimmende« und »kritische« (im Sinn von ablehnende) Stellungnahmen[63] als vordergründig. Einem Vorschlag von R. Henkys folgend, wird man dann vielmehr unterscheiden müssen »1. zwischen den Stimmen, die eine offene, vorurteilslose Erwägung aller für das Verhältnis zu den östlichen Nachbarn in Betracht kommenden Fakten befürworten mit dem Ziel einer neuen Grundlagenbesinnung ohne vorher feststehendes Ergebnis, und 2. den anderen Stimmen, die das Ergebnis der Diskussion als von vornherein feststehende Bestätigung ihres eigenen Ansatzes vorwegnehmen und sich nur mit dem Ziel zu Wort melden, dieses feststehende Ergebnis zu sichern und unter dieser Voraussetzung ›gefährlichen‹ Positionen zu begegnen«[64]. Henkys bezeichnet diese beiden Positionen auch als »freies Denken« und »tabuisiertes Denken«; er kommt bei einer Analyse der öffentlichen Diskussion in den ersten Monaten nach dem Erscheinen der Denkschrift zu dem Ergebnis, »daß die Vertriebenenorganisationen und ihre Presse fast geschlossen das Tabu-Denken pflegen, während mehr als zwei Drittel der Kommentatoren der politischen Presse (und des Funks) im Zusammenhang mit der Denkschrift für ›freies‹ Denken votiert haben«[65]. Diese Unterscheidung kann zu der Trennung zwi-

---

[63] So das Gliederungsprinzip von *J. Motschmann*, Literaturbericht und Bibliographie nach dem Vorgang von *J. v. Braun*, Gericht ohne Gnade?, S. 226 ff.
[64] *R. Henkys*, »Die Denkschrift in der Diskussion«, S. 34.
[65] Ebd. Zu einem ähnlichen Ergebnis kommt die unveröffentlichte Studie von *G. Albrecht*, »Politische Einstellungen gegenüber ›Volk, Nation, Vaterland‹«, die in der Hauptsache Presseveröffentlichungen bis zum Mai 1966 berücksichtigt (v. a. S. 24 f.).

schen »zustimmenden« und »kritischen« Äußerungen querstehen; denn auch aus tabuisiertem Denken könnte sich eine Zustimmung, auch aus »freiem Denken« eine überwiegende Ablehnung der Denkschrift ergeben. Eine Analyse von Stellungnahmen allerdings zeigt, daß die ablehnenden Äußerungen meist aus einem tabuisierten Denken hervorgegangen sind, während eine offene Prüfung der Denkschrift zumindest zur Anerkennung einiger leitender Gesichtspunkte und Grundintentionen veranlaßt hat. Darüber hinaus läßt sich zeigen, daß dieses tabuisierte Denken im Fall der Vertriebenendenkschrift von ganz bestimmten gesellschaftlichen Gruppen, nämlich den Aktivgruppen der Vertriebenenverbände, rechtsextremen Gruppen und ihrer Presse sowie von der Notgemeinschaft evangelischer Deutscher betrieben wurde[66]. Die Denkschrift offenbarte nicht nur eine Kommunikationsstörung der Kirche mit diesen Gruppen, sondern eine weit darüber hinausgehende gesellschaftliche Desintegration bestimmter Gruppen unter den Vertriebenen sowie derjenigen, die sich um die rechtsextreme Presse sammelten.

Betrachtet man die innerdeutschen Reaktionen auf die Denkschrift, so muß man berücksichtigen, welche Konsequenzen diese für die internationale Diskussion hatten. Die »tabuisiertem Denken« entstammenden ablehnenden Äußerungen haben in Polen, aber auch in anderen Ländern zu einer Verschärfung des Urteils über den deutschen Revanchismus und damit zu einer Fehleinschätzung der tatsächlichen Diskussionslage in der Bundesrepublik geführt. Diese ablehnenden Äußerungen wurden in ihrem repräsentativen Gewicht überbewertet, was zu einer Verzerrung des Bildes von der deutschen Öffentlichkeit im Ausland führte[67]. Solche ausländischen Reaktionen wiederum führten eine Eskalation der innerdeutschen Diskussion herbei, weil man aus ihnen entnahm, daß insbesondere die östlichen Nachbarn Deutschlands zu einer unvoreingenommenen Beurteilung von Politik und öffentlicher Meinung in der Bundesrepublik nicht in der Lage seien. Längerfristig betrachtet stellte sich die Frage, ob die in der Denkschrift enthaltenen Ansätze zu einem offenen Dialog sich gegenüber diesen Verzerrungen der Kommunikation würden durchsetzen können oder ob sie in der Polarisierung der Diskussion er-

---

[66] In den von Albrecht berücksichtigten Presseartikeln wird in erstaunlich hohem Maß ausdrücklich darauf hingewiesen, daß die Einwände gegen die Denkschrift aus Vertriebenenkreisen stammen; vgl. *Albrecht*, a. a. O., S. 19.
[67] Vgl. dazu G. *Scharffenorth*, Bilanz der Ostdenkschrift, v. a. S. 72 ff.

stickt würden. Auch wenn man die Wirkungen der Denkschrift nicht überschätzt, wird man zu dem Urteil kommen, daß die Denkschrift sowohl die innerdeutsche Diskussion über das Schicksal der Vertriebenen und das Verhältnis Deutschlands zu seinen östlichen Nachbarn gefördert als auch einen Dialog über die Grenzen hinweg eingeleitet hat, der ohne sie wohl noch wesentlich zögernder zustande gekommen wäre. So haben selbst die verzerrten Diskussionsprozesse über die Denkschrift schließlich zu einem Gewinn an Information und Kommunikation geführt.

4.2. Die Vertriebenenverbände und die NPD

Nachdem die Wochenzeitung »Echo der Zeit« Auszüge aus der Denkschrift am 14. Oktober 1965 veröffentlicht hatte, beschäftigte sich das Präsidium des Bundes der Vertriebenen (BdV) am 16. Oktober mit dem Dokument. Nach einer Meldung von dpa kritisiert er es scharf:

»Mit großer Bestürzung hätten führende Kreise des BdV diese Denkschrift zur Kenntnis genommen, heißt es in einer Erklärung. Die deutschen Vertriebenen hätten 20 Jahre lang auf ein seelsorgerliches Wort der evangelischen Kirche gewartet, in dem auch die unmenschlichen Vertreibungsmaßnahmen und Annexion deutschen Staatsgebiets durch kommunistisch-atheistische Regierungen gebrandmarkt werden... Die Denkschrift... mißachte das im Grundgesetz verankerte Ziel der deutschen Wiedervereinigung und zementiere die atheistische Herrschaft in Ost- und Mitteleuropa...«[68]

Die Kirchenkanzlei der EKD vermutete wohl mit Recht, daß diese wie andere Stellungnahmen der Vertriebenenverbände ohne Kenntnis des vollen Wortlauts der Denkschrift formuliert worden seien[69]. Doch auch die weiteren Stellungnahmen weichen von dem schon in der Erklärung des BdV-Präsidiums vom 16. Oktober anklingenden Grundmuster nicht ab: Die Denkschrift verkennt die Konfrontation mit dem atheistischen Ostblock; sie betrachtet das Heimatrecht der Vertriebenen als einen Kaufpreis; sie kann deshalb als Diskussionsgrundlage nicht akzeptiert werden.

So bezeichnet auch ein von Wenzel Jaksch unterzeichnetes Rundschreiben des BdV[70] als den fundamentalen Irrtum der Denkschrift

---

[68] Zitiert nach R. *Henkys*, »Die Denkschrift in der Diskussion«, S. 35.
[69] Ebd., S. 36.
[70] Vom November 1965.

die Annahme, daß Völker wie das polnische irgendeine Diskussionsfreiheit hätten[71]; die Denkschrift gehe von einer fiktiven Ausgangsposition aus, da sie »die unser Schicksal beherrschende Konfrontation von Machtblöcken ignoriert«. Dieser klaren außenpolitischen Frontstellung entspricht im Denken des BdV auch eine innerpolitische Frontstellung:

»Wir dürfen die Hoffnung nicht aufgeben, daß die Irrtümer und Fehldiagnosen der Denkschrift an dem Bewußtsein der Gesamtverantwortung der patriotisch gesinnten Mehrheit der evangelischen Christen für die Zukunft des deutschen Volkes scheitern werden. Man muß aber auch mit der zweiten Möglichkeit rechnen, daß sich an der Auseinandersetzung über die Denkschrift die Kräfte der Selbstbehauptung und der Aufweichung im freien Teil Deutschlands scheiden.«

Patriotismus und Selbstbehauptung, die mit Antikommunismus und dem Festhalten an den Grenzen von 1937 identifiziert werden, stehen hier also gegen Aufweichung und Illusionismus. Der Denkschrift wird vorgehalten, daß sie Verzicht propagiere und damit die »Lebensinteressen des ganzen deutschen Volkes« gefährde[72]. Damit ist die »Jagd« auf die »Verzichtler« freigegeben, von der etwa die »Aktion Oder-Neiße« spricht, indem sie ihre »Kameraden« auffordert:

»Angreifen, so schnell als möglich und so wuchtig als notwendig, muß weiterhin unsere Parole bleiben... Damit nun wünsche ich Ihnen allen ein fröhliches Jagen auf unsere Verzichtler. Herzliche Grüße Ihr...«[73]

Die NPD hat in der Diskussion über die Denkschrift offenbar eine Chance gesehen, den Vertriebenen Zweifel an den demokratischen Parteien nahezulegen und sie auf ihre Seite zu ziehen. Deshalb hat sie eine ganze Nummer ihrer Zeitung »Deutsche Nachrichten« der Denkschrift gewidmet[74]. In deren Leitartikel heißt es:

»Die Sprecher der Vertriebenenverbände werden jetzt hoffentlich begreifen, wohin sie gekommen sind, als sie sich von jenen politischen Kräften abhängig machten, die in den vergangenen Jahren zwar niemals offen, aber immer im geheimen mit Ziel und Inhalt der Denkschrift der evangelischen Kirche einverstanden waren.«

---

[71] Vgl. zu dieser Meinung von *Jaksch* unten S. 407 ff.
[72] Stellungnahme des BdV-Präsidiums vom 22. 10. 1965, zitiert bei *Henkys*, a. a. O., S. 36 f.
[73] Rundschreiben der »Aktion Oder-Neiße«.
[74] Deutsche Nachrichten 1/1966.

Die hinter dieser Äußerung stehende Taktik ist durchsichtig. Im Zuge der gleichen Taktik vermeidet es die NPD, sich pauschal gegen die evangelische Kirche zu stellen; vielmehr macht sie sich zur Sachwalterin des patriotischen Erbes im Protestantismus. Zitate, angefangen von Martin Luther über einen früheren Reichsleiter der Deutschen Christen bis zu den Bischöfen Dibelius, Wölber, Hübner und Wester, werden dafür zu Hilfe genommen. Einerseits wird der EKD vorgehalten, daß sie sich in die Politik einmische, andererseits jedoch wird ihr folgendes empfohlen: Sie soll dazu beitragen, den Nullpunkt der Macht der Deutschen zu überwinden; sie soll mit Entschlossenheit das protestantische Kulturerbe, das sich im Preußentum und im hanseatischen Geist zeigt, behaupten; sie soll der Entseelung und Vermassung in der neuzeitlichen Gesellschaft entgegentreten.

Mit solchen Postulaten spekuliert die NPD auf die anhaltende Virulenz nationalprotestantischen Denkens. Ihre Stellungnahme stammt aus der Zeit vor ihren spektakulären Erfolgen in einer Reihe von Landtagswahlen, die sie ohne Zweifel unter anderem »nationalprotestantisch« gesinnten evangelischen Bevölkerungsgruppen verdankt[75].

4.3. Die »Notgemeinschaft evangelischer Deutscher«

Die Polarisierung der öffentlichen Diskussion fand bald ihr innerkirchliches Gegenbild. Im April 1966 trat die »Notgemeinschaft evangelischer Deutscher« mit einem Gründungsaufruf an die Öffentlichkeit, dessen Gedankengang in Kürze folgendermaßen lautet[76]:

> Im evangelischen Kirchenvolk Deutschlands geht die Sorge um über den Weg, den führende Vertreter und Organe der EKD mit ihren Äußerungen zu politischen Fragen eingeschlagen haben. »Seit dem Erscheinen der Ostdenkschrift der EKD hat sich der Eindruck verstärkt, daß das Verhältnis der evangelischen Kirche zu Staat, Volk und Vaterland nicht mehr in Ordnung ist.« Viele Kirchenglieder fühlen sich dadurch im Stich gelassen und erwägen oder vollziehen den Kirchenaustritt.

---

[75] Zum Nationalprotestantismus vgl. auch oben S. 140 ff.
[76] Der Gründungsaufruf ist abgedruckt bei *P. Nasarski*, Stimmen zur Denkschrift der EKD, S. 103 ff. Vgl. zur Notgemeinschaft besonders (Redaktionsartikel), »Politische Protestbewegung, pressure group oder Kirchenpartei« (dazu: Notgemeinschaft evangelischer Deutscher, »Stellungnahme«) sowie *E. Wolf*, »Volk, Nation, Vaterland im protestantischen Denken von 1930 bis zur Gegenwart«, S. 211 f., mit der dort genannten Literatur.

So wie für die Deutschen Christen das Jahr 1933 als neue Gottesoffenbarung galt, so »scheint das Jahr 1945 für tonangebende Kreise in unserer Kirche zu einer neuen Offenbarungsquelle geworden zu sein. Der deutsche Zusammenbruch wird als ein Wort Gottes aufgefaßt, dem man politische Weisung entnimmt. Man empfiehlt dem deutschen Volk eine Bußhaltung, die sich im Verzicht auf seine Rechte äußern soll. Die Sinnesänderung habe sich darin zu zeigen, daß sich unser Volk mit dem Ergebnis seiner Niederlage als mit einem endgültigen Urteilsspruch Gottes abzufinden habe. Der militärischen Kapitulation soll die geistige Unterwerfung folgen.« Das ist eine der Verirrung von 1933 entsprechende Schwarmgeisterei. Um die dadurch entstandene Not zu überwinden, sollen sich evangelische deutsche Menschen in der »Notgemeinschaft« zusammenschließen.

Die Gründung der Notgemeinschaft entspringt dem Protest dagegen, daß das Bündnis von Protestantismus und nationaler Gesinnung, das die Geschichte des deutschen Protestantismus seit den Befreiungskriegen geprägt hat[77], aufgekündigt werden soll. Doch gleichzeitig erklärt sich die Notgemeinschaft — ähnlich wie die Bekenntnisbewegung »Kein anderes Evangelium« — zur legitimen Nachfolgerin der Bekennenden Kirche, deren Erbe durch den herrschenden Linksprotestantismus verraten werde. Der »Abfall der evangelischen Kirche vom Vaterland«, den Alexander Evertz, einer der Begründer der Notgemeinschaft, schon 1964 beklagt hatte[78], ist zugleich ein Abfall von der Reformation und vom Erbe Luthers, das durch einen »vaterländischen Erdgeruch« gekennzeichnet ist[79]. Das Vaterland gehört zu den Ordnungen, in die Gott den Menschen gestellt hat. Selbstverständliche Aufgabe der Christen ist es deshalb, das »Vaterland vor Überfremdung und Entartung, vor Bosheit und Unrecht« zu schützen und für Einigkeit, Recht und Freiheit ihres Volkes einzutreten[80]. Dieser Ausgangspunkt bestimmt das Denken der Notgemeinschaft. In ihrem Namen verfaßte Karl Salm »Eine evangelische Antwort« auf die Denkschrift, in welcher er den Verfassern Unwahrhaftigkeit, Treulosigkeit, Lieblosigkeit vorwarf. In ihrem Namen forderten A. Evertz, W. Petersmann und H. Fechner die »Revision der Denkschrift«. In ihrem Namen auch erschien eine Schrift »Politik in der Kirche. Schwarmgeisterei oder fremde Machtpolitik?«, die durch maßlose Angriffe gegen die Verfasser der

---

[77] Vgl. oben S. 140 f.
[78] *A. Evertz*, Der Abfall der evangelischen Kirche vom Vaterland.
[79] *A. Evertz*, a. a. O., S. 15.
[80] *A. Evertz*, Glaubensnotstand, S. 119.

Vertriebenendenkschrift gekennzeichnet ist. Sie war im übrigen im Buchhandel nicht erhältlich und diente offenbar vor allem dem Zweck, Spenden der Industrie für die Notgemeinschaft zu bekommen[81].

Begründet wurde diese Spendenbitte mit der Behauptung, »daß sich starke Kräfte der Kirche, die ihr Erscheinungsbild in der Öffentlichkeit bestimmen, von Jahr zu Jahr mehr die Schlagworte der kommunistischen Propaganda zu eigen gemacht haben und damit objektiv den Zielsetzungen der sowjetischen Politik in die Hände arbeiten. Es kommt nicht von ungefähr, daß die östliche Presse in dem nach kommunistischer Auffassung sich jetzt rasch vollziehenden Verfallsprozeß des Kapitalismus dem heutigen Protestantismus eine zentrale Rolle zuschreibt... Die sachfremde Einmischung der Kirche auch in wirtschafts- und sozialpolitische Probleme erfordert eine stärkere Abwehrfront.«[82]

Die Notgemeinschaft knüpft an Elemente des Nationalprotestantismus an, von denen man meinen sollte, daß sie spätestens mit dem Ersten Weltkrieg oder jedenfalls mit der Perversion solchen Denkens bei den Deutschen Christen an ihr Ende gekommen wären. Sie verbindet diese mit dem Appell an antikommunistische Ressentiments und berührt sich gerade darin mit dem Denken der Vertriebenenverbände. Diese Mischung von Nationalgefühl und Antikommunismus gibt den Hintergrund für den Kampf gegen den »Linksprotestantismus« ab, der in der EKD angeblich die Herrschaft angetreten hat. Die Tatsache, daß die evangelische Kirche in den fünfziger Jahren dem Antikommunismus nicht entschieden Widerstand geleistet hat, ja, daß manche Theologen offen von dem notwendigen Kreuzzug des christlichen Westens gegen den kommunistischen Atheismus gesprochen haben[83], hat es manchen evangelischen Christen offenbar besonders schwer gemacht, in einer differenzierten Äußerung zum Verhältnis Deutschlands zu seinen östlichen Nachbarn eine legitime kirchliche Stellungnahme zu sehen. Zu sehr war der Antikommunismus als christliche Tugend erschienen.

---

[81] Vgl. das Schreiben des Geschäftsführers der Notgemeinschaft, Dekan i. R. *Berron*, an Industrielle vom 10. 9. 1967.
[82] Vgl. auch: Politik in der Kirche. Schwarmgeisterei oder fremde Machtpolitik?, S. 57: Es muß »mit aller Deutlichkeit ausgesprochen werden, daß die kommunistische Propaganda in der evangelischen Kirche ein dankbares Objekt für ihre offenen und versteckten Subversions- und Infiltrationsbemühungen gefunden hat«.
[83] Ich verweise nochmals auf *H. Asmussen*, Der Christ in der politischen Verantwortung, S. 60 f.

4.4. Die Wirkung der Denkschrift in Polen

Der Bund der Vertriebenen, die NPD und die Notgemeinschaft evangelischer Deutscher haben immer wieder die Meinung vertreten, die Vertriebenendenkschrift sei nur Wasser auf die Mühlen der polnisch-kommunistischen Propaganda. Deren Stimme werde die einzige Reaktion sein, die man auf die Denkschrift erfahren werde, da in Polen kein Recht zur freien Meinungsäußerung bestehe; auch die katholische Kirche schließe sich in ihrem überkommenen Nationalismus den kommunistischen Parolen gegen Deutschland an. In dem Rundbrief des Bundes der Vertriebenen vom November 1965 stellte Wenzel Jaksch darüber hinaus die Behauptung auf, in der polnischen Bevölkerung bestünden keine Furcht- und Haßgefühle gegen Deutschland; diese existierten nur in der kommunistischen Propaganda.

Diese Behauptungen lassen sich empirisch überprüfen und widerlegen. Gerta Scharffenorth hat die Wirkungen der Denkschrift in Polen ausführlich dargestellt[84]; wir können uns hier darauf beschränken, aus dieser Untersuchung einige résumierende Feststellungen zu übernehmen und zu kommentieren.

Die polnischen Reaktionen zeigen, daß die Behauptung, in einem sozialistischen Staat könne man nur uniforme Meinungsäußerungen erwarten, nicht zutrifft. Zwar muß das Recht auf freie Meinungsäußerung immer von neuem erkämpft werden und stößt immer wieder auf Grenzen. Doch gerade in der Erörterung der Denkschrift und des Verhältnisses zu Deutschland zeigt sich eine erstaunliche Vielfalt der Stellungnahmen. Dabei wird man es nicht auf kommunistische Indoktrination zurückführen wollen, wenn die Forderung der Vertriebenenverbände nach Restitution der alten deutschen Ostgebiete nirgends akzeptiert wird.

Daß die These, in Polen kämen nur die Kommunisten zu Wort, unzutreffend ist, zeigt sich am deutlichsten an der Rolle des polnischen Episkopats. Denn die katholischen Bischöfe Polens, die den deutschen Episkopat mit einem ausführlichen Schreiben vom 18. November 1965 zu den polnischen Milleniumsfeiern einluden, haben eine von der offiziellen Sprachregelung deutlich abweichende Position eingenommen. In stärkerem Maß, als es der endgültige, mit den

---

[84] G. *Scharffenorth*, Bilanz der Ostdenkschrift. Echo und Wirkung in Polen.

deutschen katholischen Bischöfen vereinbarte Text noch erkennen läßt, sollte das Einladungsschreiben der polnischen Bischöfe eine Antwort auf die Vertriebenendenkschrift darstellen[85]. Doch in den entscheidenden Schlußsätzen nimmt auch die endgültige Fassung noch auf die Denkschrift Bezug:

> »Überbringen Sie auch, wir bitten Sie darum, unsere Grüße und unseren Dank den deutschen evangelischen Brüdern, die sich mit uns und mit Ihnen abmühen, Lösungen für unsere Schwierigkeiten zu finden.
> In diesem allerchristlichsten und zugleich sehr menschlichen Geist strecken wir unsere Hände zu ihnen hin in den Bänken des zu Ende gehenden Konzils, gewähren Vergebung und bitten um Vergebung.«[86]

Diese Formulierung vor allem stieß auf den energischen Widerstand der polnischen Regierung: man hielt den Bischöfen vor, daß sie von der offiziellen polnischen Linie, die sie selbst bei den Feiern zum zwanzigsten Jahrestag der deutschen Kapitulation im Mai 1965 noch vertreten hatten, abgewichen seien; man kritisierte die – dazu noch ohne Konsultation der zuständigen staatlichen Stellen erfolgte – kirchliche Einmischung in die Außenpolitik, bei der falsche Auffassungen über die polnischen Ansprüche auf die Westgebiete verbreitet würden[87].

Der polnische Episkopat ließ sich von seiner Position nicht abdrängen. Zur Legitimation seines Vorgehens berief er sich ausdrücklich auf die Vertriebenendenkschrift als Beleg für Recht und Pflicht der Kirche, »den letzten Zeitraum des deutsch-polnischen Verhältnisses von der Seite internationaler Moralbegriffe zu erfassen und zu beleuchten«[88]. Der polnische Episkopat hatte angesichts der Denkschrift und im Zusammenhang des Briefwechsels mit dem deutschen Episkopat seinen noch im Sommer 1965 vertretenen anti-

---

[85] O. B. *Roegele*, Versöhnung oder Haß?, S. 24, behauptet, der Brief des polnischen Episkopats stelle keine Antwort auf die Vertriebenendenkschrift dar; diese Behauptung wird durch den im folgenden zitierten Text widerlegt. Zwar war die Einladung der deutschen Bischöfe als solche schon lange vor dem Erscheinen der Denkschrift geplant; der entscheidende Inhalt des Einladungsbriefs jedoch, die Gewährung der Vergebung und Bitte um Vergebung, stellt eine unmittelbare Antwort auf die evangelische Denkschrift dar (vgl. G. *Scharfenorth*, a. a. O., S. 28 f.).
[86] *Roegele*, a. a. O., S. 94.
[87] Vgl. den Brief des Ministerpräsidenten Cyrankiewicz an den polnischen Episkopat vom 5. 3. 1966, in: *Roegele*, a. a. O., S. 128 ff.
[88] Schreiben des polnischen Episkopats an Ministerpräsident Cyrankiewicz vom 10. 2. 1966, in: *Roegele*, a. a. O., S. 122.

deutschen Nationalismus revidiert; auch gegenüber staatlichen Angriffen hielt er daran fest, daß von und nach beiden Seiten christliche Vergebung erbeten und gewährt werden solle.

Indem die Denkschrift den Anlaß dazu gegeben hat, diese Einsicht zu formulieren und festzuhalten, hat sie keineswegs nur der kommunistischen Propaganda Stoff geliefert. Denn der damit offen formulierte und von großen Gruppen in der Bevölkerung beider Staaten getragene Wunsch nach *gegenseitiger* Aussöhnung sowie die damit verbundene öffentliche Diskussion haben den antideutschen Tendenzen des polnischen Regimes vor allem Schwierigkeiten bereitet. Stoff für polnische Propaganda dagegen lieferten insbesondere jene deutschen Reaktionen auf die Denkschrift, die Anlaß genug boten, die These vom deutschen Revanchismus bestätigt zu sehen.

So darf man die positiven Wirkungen der Vertriebenendenkschrift in Polen nicht zu hoch einschätzen. Doch durch sie wurde ein Dialog über die Aussöhnung beider Völker begonnen, dessen Fortsetzung auf der Ebene der Politiker im Jahr 1970 stattfand.

4.5. Die Fortführung der evangelischen und katholischen innerkirchlichen Diskussion

Wir kehren noch einmal zur Diskussion innerhalb der Bundesrepublik zurück und stellen die Frage, wie die verantwortlichen Organe der EKD die Debatte um die Denkschrift aufgenommen und weitergeführt haben, und welche parallelen Entwicklungen im Bereich des Katholizismus zu beobachten sind. Die Vertriebenendenkschrift war mit einem Vorwort des Ratsvorsitzenden Präses Scharf erschienen; dadurch wurde deutlich gemacht, daß der Rat der EKD ihre Veröffentlichung befürwortete und sie für einen kirchlich zu verantwortenden Beitrag zur innerdeutschen Diskussion hielt. Es gehört zu den auffälligsten Zügen an der Reaktion auf die Denkschrift, daß man allein diesen Umstand schon so interpretiert hat, als beanspruche die Denkschrift lehramtlichen Charakter, und als müsse sich der Widerspruch gegen sie zum Widerspruch gegen »die Kirche« selbst verschärfen[89]. Die Kirche handelte in der Denkschrift als Verband unter Verbänden, der eine bestimmte, begründete und theologisch verantwortete Meinung zur öffentlichen Diskussion stellte[90];

---

[89] Vgl. etwa *J. von Braun*, Gericht ohne Gnade?, S. 14 ff.
[90] Vgl. dazu ausführlicher unten S. 579 ff.

das Dokument wurde aber beurteilt anhand theologischer Kriterien, die einem katholischen Kirchenverständnis angemessen sein mögen, evangelischem Denken von der Kirche jedoch widersprechen: anhand der Auffassung nämlich, in der Kirche könne es nur eine — lehramtliche — Meinung geben; eine innerkirchliche Diskussion berge alsbald die Gefahr der Kirchenspaltung in sich.

Die Arbeitstagung der EKD-Synode, die vom 8. bis 10. November 1965 in Frankfurt zusammentrat, um Probleme der Gruppenseelsorge, im besonderen der Militärseelsorge, zu behandeln, sah sich genötigt, außerhalb der vorgesehenen Tagesordnung über die Denkschrift zu beraten. Sie kam zu folgender Entschließung[91]:

»Die in Frankfurt a. M. vom 8. bis 10. November 1965 versammelte Arbeitstagung der Synode der Evangelischen Kirche in Deutschland dankt der Kammer für öffentliche Verantwortung und dem Rat der Evangelischen Kirche in Deutschland für die wegweisende Denkschrift über ›Die Lage der Vertriebenen und das Verhältnis des deutschen Volkes zu seinen östlichen Nachbarn‹. Wir werden uns im kommenden Frühjahr nach weiterer gründlicher Vorbereitung ausführlich mit der Denkschrift befassen. Inzwischen bitten wir die Gemeinden, die Denkschrift sorgfältig zu lesen und ernstlich zu bedenken. Die Schärfe der gegenwärtigen Auseinandersetzungen sollte einem freimütigen und sachlichen Gespräch auch mit maßgeblichen Sprechern der Vertriebenen nicht im Wege stehen. Wir hoffen, daß die Denkschrift und ihre weitere Erörterung dem Geist der Versöhnung in unserem Volk und in den östlichen Nachbarvölkern Raum schaffen wird.«

Dieser Ankündigung entsprach die Synodaltagung im März 1966. Auf Grund mehrerer Referate und intensiver Vorarbeiten faßte die Synode eine Entschließung, die die Bedeutung der Denkschrift als eines kirchlichen Dokuments klarstellen und ihre Sachaussagen verdeutlichen sollte[92].

Zunächst erläutert diese Erklärung nochmals den Charakter der Denkschrift als eines kirchlichen Diskussionsbeitrags:

»Die Denkschrift bindet die Gewissen nicht als Glaubenswahrheit. Sie will ein redliches Angebot zum Nachdenken und zur Aussprache über die hier behandelten Probleme sein. Sie soll die Gewissen schärfen und dem Frieden der Welt dienen. Ein kirchliches Wort zu politischen Fragen muß mit Nach-

---

[91] Die Entschließung ist abgedruckt bei *E. Wilkens*, Vertreibung und Versöhnung, S. 64 f.; die Diskussion darüber findet sich in: Arbeitstagung Frankfurt 1965, S. 81 ff.
[92] Die Synodaldiskussion ist dokumentiert in: Berlin und Potsdam 1966, S. 143 ff., 188 ff., 242 ff. Die Referate und die Entschließung finden sich leicht zugänglich in: *E. Wilkens*, Vertreibung und Versöhnung.

druck geltend machen, daß politische Entscheidungen die personale Würde und Freiheit des Menschen zu achten haben. Das erfordert ein unvoreingenommenes sachliches Prüfen der politischen und sozialen Verhältnisse.«[93]

Unter diesem Gesichtspunkt nimmt die Synode die Denkschrift auf und formuliert ihre Stellungnahme zu den Sachfragen, die in der öffentlichen Diskussion am heftigsten umstritten waren[94]:

1. Wir müssen uns vor nationalistischer Übersteigerung ebenso hüten wie vor der Leugnung einer Bindung an das eigene Volk. Der irrigen Vorstellung von einer Kollektivschuld des deutschen Volkes setzt die Synode den Gedanken der Haftungsgemeinschaft entgegen.
2. Die Vertreibung geht das ganze Volk an; die Aufgabe der Eingliederung der Vertriebenen stellt sich deshalb auch dem ganzen Volk. Der Verzicht der Vertriebenen auf Vergeltung wird dankbar anerkannt.
3. Die Aufgabe der Aussöhnung mit den östlichen Nachbarn ist allen Deutschen gestellt. Dankbar nimmt die Synode die Gewährung der Vergebung und die Bitte um Vergebung in der polnischen Bischofsbotschaft vom 18. November 1965 auf.
4. Die Vertreibung der Ostdeutschen ist Unrecht; sie muß aber im Zusammenhang mit dem Unrecht und Leid gesehen werden, die den Völkern im Osten während des Krieges von deutscher Seite zugefügt wurden. Außerdem muß man die Rechte der neu angesiedelten polnischen Bevölkerung ernst nehmen und achten. »Wären wir dazu nicht bereit, so wären unser Verzicht auf Gewalt und unser Wille zum Frieden nicht glaubwürdig.«[95]
5. Es stellt sich also gleichzeitig die Aufgabe, ein neues und positives Verhältnis zur Geschichte des eigenen deutschen Volkes zu gewinnen, und über alle trennenden Gegensätze hinweg in ein Verhältnis der Partnerschaft zu den Menschen der anderen Völker zu treten.

Damit hat die Synode einerseits manche Gesichtspunkte weniger bestimmt formuliert, als es die Denkschrift getan hatte, und so auch den Mitgliedern des Ostkirchenausschusses die Möglichkeit zur Zustimmung gegeben[96]; andererseits hat sie die zentralen Aussagen der Denkschrift bekräftigt, ja teilweise noch deutlicher profiliert. Deshalb ist sie in der öffentlichen Diskussion von den einen als Bestätigung, von den anderen als Korrektur der Denkschrift interpretiert worden. Trotz der Gefahr, die in einer solchen ambivalenten Interpretationsmöglichkeit liegt, muß man in der Synodalerklärung ein gewichtiges Dokument für einen innerkirchlichen Lernprozeß sehen, in dem die öffentliche Diskussion rezipiert und die kirchliche Stel-

---

[93] *Wilkens*, a. a. O., S. 59.
[94] *Wilkens*, a. a. O., S. 59 ff.
[95] Ebd., S. 63.
[96] Vgl. *Wilkens*, a. a. O., S. 79.

lungnahme auf einem breiteren Konsensus innerkirchlicher Gruppierungen begründet wird. Dies war nur möglich, weil die Synode — vor allem in Bezug auf die notwendige Diskussion mit Vertretern der Vertriebenen — Schritte nachgeholt hat, die die Kammer für öffentliche Verantwortung versäumt hatte. Denn ein Lernprozeß der Art, wie er sich in der Erklärung der Synode niedergeschlagen hat, ist nur möglich, wenn zum einen die Diskussion der Kirche mit anderen gesellschaftlichen Gruppen gesucht und wahrgenommen wird, und wenn zum andern ein innerkirchlicher Diskussions- und Kommunikationsprozeß in Gang kommt, an dem die Gemeinden in ihrer ganzen Breite zu partizipieren vermögen.

Die Diskussion über die Denkschrift hat gleichzeitig zweierlei gelehrt: Einerseits hat sie die Chancen und Möglichkeiten eines solchen kirchlichen Lernprozesses deutlich gemacht. Andererseits hat sie gezeigt, daß die strukturellen Voraussetzungen für eine innerkirchliche Diskussion und Kommunikation im deutschen Protestantismus nur in unzureichendem Maß gegeben sind, und daß der Dialog der Kirche mit anderen gesellschaftlichen Gruppen wegen der verfestigten Erwartungshaltungen der Kirche gegenüber auf besondere Schwierigkeiten stößt.

Die Vertriebenendenkschrift hat nicht nur die innerprotestantische Diskussion vorangetrieben, sondern auch die Meinungsbildung innerhalb des deutschen Katholizismus gefördert, die gleichzeitig durch die Botschaft der polnischen Bischöfe an den deutschen Episkopat maßgeblich angeregt wurde. Man hat verschiedentlich festgestellt, daß die Antwort der deutschen Bischöfe auf diese Botschaft[97] in einer blassen Allgemeinheit verbleibe, und auch kritisiert, daß die Erklärung des Bamberger Katholikentags von 1966 zu den polnisch-deutschen Problemen von der »Flucht in allgemein gehaltene Formeln« gekennzeichnet sei[98]. Doch darin erschöpften sich die katholischen Stellungnahmen zur Versöhnung zwischen Deutschland und Polen nicht.

Am 7. und 8. Mai 1966, also etwa ein halbes Jahr nach der Veröffentlichung der Vertriebenendenkschrift, wurde von Freunden der katholischen Friedensbewegung »Pax Christi« der »Bensberger Kreis« gegründet, der sich die Aufgabe stellte, aus den Appellen des II. Vati-

---

[97] Abgedruckt bei O. B. *Roegele*, Versöhnung oder Haß, S. 96 ff.
[98] Vgl. G. *Erb*, Das Bensberger Memorandum. Vortrag beim Evangelisch-katholischen Publizistentreffen am 30. April 1968 in Loccum, Ms.

kanischen Konzils Konsequenzen für den Bereich der deutschen politischen Verantwortung zu ziehen. Die erste Aktion dieses Kreises war die Erarbeitung eines »Memorandums deutscher Katholiken zu den polnisch-deutschen Fragen«. Manche Vorgänge um die Vertriebenendenkschrift wiederholten sich bei dem Memorandum in nahezu grotesker Weise[99]. Schon im November 1967 veröffentlichte die — schon durch ihr Verhalten aus Anlaß der Vertriebenendenkschrift bekannte — Wochenzeitung »Echo der Zeit« Behauptungen über den Inhalt dieses vom Bensberger Kreis geplanten Memorandums. Am 18. Februar 1968 folgte »Welt am Sonntag« mit Auszügen aus einer inzwischen überholten vertraulichen Fassung dieser Ausarbeitung. Dem Bensberger Kreis blieb nun keine andere Möglichkeit, als in die bereits laufende öffentliche Diskussion über seine Stellungnahme möglichst schnell den authentischen Text seines Memorandums einzubringen. Auch hier nötigte also eine Indiskretion zur überstürzten Publikation des Textes; auch diese jedoch konnte die Polarisierung der öffentlichen Meinungsbildung nicht mehr aufhalten. Die Beobachtungen an den ersten Pressereaktionen[100] entsprechen sehr genau denjenigen, die auch nach der Publikation der Vertriebenendenkschrift gemacht wurden. Die allgemeine politische Presse und der Rundfunk akzeptierten das Memorandum weithin als Diskussionsbeitrag, identifizierten sich mit seinen Zielsetzungen oder hielten diese doch sorgfältiger Prüfung für würdig. Die offiziellen Vertreter der Vertriebenen äußerten sich fast nur negativ, ohne auf die Argumente des Memorandums einzugehen: es »ist erschütternd, wie niedrig der Grad der Kommunikationsfähigkeit dieser Gruppen immer noch ist«[101]. Bei den kirchlichen Vertriebenenorganisationen dagegen zeichnete sich allmählich eine Diskussionsbereitschaft ab. In Polen beobachtete man eine ähnliche Breite der Reaktionen wie nach der Vertriebenendenkschrift.

Auch die Diskussion der Frage, mit welcher kirchlichen Autorität hier gesprochen werde, fand in den Auseinandersetzungen um das Bensberger Memorandum seine Entsprechung. Man warf dem Bensberger Kreis vor, sich zu Unrecht anzumaßen, daß er im Namen der Kirche spreche — obgleich das Memorandum mit folgenden Sätzen beginnt[102]:

---
[99] Vgl. dazu *Erb*, a. a. O.
[100] Ebd.
[101] Ebd.
[102] Memorandum deutscher Katholiken, S. 3.

»Die Unterzeichner dieses Memorandums zu polnisch-deutschen Fragen sprechen weder für alle Deutschen noch für alle Katholiken, sie sind Bürger der Bundesrepublik Deutschland und sie sind Katholiken, sie sprechen für sich selbst und für alle, die ihren Überlegungen und Vorschlägen beizustimmen bereit sind. Ihr Motiv ist die Sorge um den Frieden. Der aber setzt sowohl die Versöhnung der beiden Völker wie eine von beiden bejahte gerechte und solidarische Ordnung ihrer Beziehungen voraus.«

Das Memorandum knüpft an die evangelische Denkschrift ausdrücklich an. Die Verfasser und Unterzeichner schließen sich dem Dank an, »den die polnischen Bischöfe der Initiative evangelischer Christen ausgesprochen und den die deutschen Bischöfe an sie weitergegeben haben. Sie erklären sich mit der Absicht der Denkschrift solidarisch, die als Veröffentlichung der ›Kammer der EKD für öffentliche Verantwortung‹ einen anderen Charakter trägt.«[103]

In dieser Solidarität und in sachlicher Übereinstimmung mit der Denkschrift entwickelt das Memorandum folgende Gesichtspunkte:

1. Die politische Verantwortung der Christen ist Kernstück ihrer Heilsverantwortung und Kriterium ihrer Wahrhaftigkeit. Dafür bildet die Versöhnung mit Polen einen Prüfstein.

2. Das polnisch-deutsche Verhältnis ist auf beiden Seiten durch besondere geschichtliche Erinnerungen belastet. Deshalb ist es nicht verwunderlich, daß die polnische Bevölkerung deutschen Gewaltverzichtserklärungen mißtrauisch gegenübersteht. Die Aufgabe der Versöhnung stellt an alle Beteiligten hohe moralische Anforderungen.

3. Wenn es um einen auf Gerechtigkeit gegründeten Frieden geht, müssen die Deutschen unzweideutig erklären, daß sie keine Lösungen anstreben, die für die polnische Nation oder viele polnische Bürger neues Unrecht zur Folge haben würden. Eine Lösung muß sowohl das Heimatrecht der vertriebenen Deutschen wie das Heimatrecht der heute in den Oder-Neiße-Gebieten lebenden Polen berücksichtigen. Da die Oder-Neiße-Gebiete inzwischen von Polen bewohnt und in das Land und die Staatsordnung Polens integriert sind, wird für die Deutschen die Einsicht unausweichlich, daß sie die Rückkehr dieser Gebiete in den deutschen Staatsverband nicht mehr fordern können. Eine zukunftsorientierte Friedensordnung zwischen Deutschland und Polen läßt sich kaum anders denken, als daß Grenzen überhaupt ihre bisherige, Nationalstaaten voneinander trennende Bedeutung verlieren.

4. Als Schritte der Versöhnung schlägt das Memorandum vor: eine gemeinsame Revision des gegenseitigen Geschichtsbildes; kulturelle Kooperation; eine volle Normalisierung des kirchenrechtlichen Zustands der Oder-Neiße-Gebiete; die Wiedergutmachung an den polnischen Opfern des nationalsozialistischen Terrors.

---

[103] Ebd.

Die Verfasser des Memorandums wollen zu einer Bewußtseinsänderung in der deutschen Bevölkerung beitragen, »weil ihnen die Lethargie der deutschen Öffentlichkeit, gerade auch die der Katholiken, als das größte Hindernis einer Arbeit am Frieden« erscheint[104]. Auch dem Bensberger Memorandum geht es darum, in der Tiefenschicht von Überzeugungen, Loyalitäten und Einstellungen dazu beizutragen, daß die deutsche Politik den Handlungsspielraum erhält, den sie braucht, wenn sie sich eine Aussöhnung Deutschlands mit seinen östlichen Nachbarn zum Ziel setzt. Auch in diesem Interesse trifft sich das Memorandum mit der evangelischen Denkschrift. Es bleibt die Frage zu stellen, ob diese Bemühung erfolgreich war und wie sie sich mit dem spezifisch kirchlichen bzw. christlichen Impuls verknüpft, der beide Dokumente leitet. Diese Frage führt uns zu einigen abschließenden Erwägungen.

5. Abschließende Erwägungen

Wenige Wochen nach dem Erscheinen der Vertriebenen-Denkschrift hat Ludwig Raiser gegenüber der Synode der EKD in folgenden Sätzen begründet, warum sich die Kirche mit der Lage der Vertriebenen und der Beziehung Deutschlands zu seinen östlichen Nachbarn zu beschäftigen habe[105]:

»Es ist die Sorge um das menschliche Schicksal der Vertriebenen unter uns; es ist die Sorge um das hinter allem politischen Handeln stehende sittliche Selbstverständnis des deutschen Volkes, um sein politisches Schicksal ... und es ist endlich die Sorge um die Erhaltung des Friedens der Welt gerade an der Stelle, an der unserer Kirche die Verkündigung des Evangeliums aufgetragen ist.«

Damit, daß die Kammer für öffentliche Verantwortung eine kirchliche Stellungnahme ausarbeitete, machte sie sich also nicht einer Grenzüberschreitung schuldig, sondern handelte aus der Verpflichtung der Christen und der Kirchen gegenüber der Aufgabe des Friedens. Im Hinblick auf die notwendigen politischen Entscheidungen hoffte sie, »einen Beitrag zur Versachlichung der Diskussion und zur Urteilsbildung zu leisten, einige der bestehenden Spannungen zu

---

[104] Ebd., S. 25.
[105] Arbeitstagung Frankfurt 1965, S. 85.

beseitigen und damit die Wege zum politischen Handeln zu ebnen«[106].

Eine solche Zielsetzung kann nicht mit der traditionellen autoritativen Form kirchlicher Äußerungen zu öffentlichen Fragen — mit »Worten«, »Kundgebungen« oder auch »Hirtenbriefen« — verfolgt werden; dazu bedarf es vielmehr einer neuen kirchlichen Äußerungsform, die die EKD in den Denkschriften gefunden hat. Denkschriften[107] sind nicht autoritative Weisungen, sondern Angebote zur Diskussion. In ihnen beansprucht die Kirche keinen Vorsprung in der Erkenntnis der Wahrheit, sondern läßt sich auf die gemeinsame und kooperative Suche nach der Wahrheit ein. In ihnen kann die Kirche nicht auf die Macht der Autorität, sondern nur auf die Kraft des Arguments vertrauen. Das bedingt einen Wandel im Selbstverständnis der Kirche: sie kann nicht mehr als öffentliche Hoheitsmacht der Gesellschaft gegenübertreten, sondern muß als Verband unter Verbänden in den Prozeß öffentlicher Meinungs- und Urteilsbildung eintreten.

Die Diskussion über die Vertriebenen-Denkschrift hat gezeigt, daß dieser Neuansatz im Selbstverständnis der Kirche sowohl zu den in der Öffentlichkeit verbreiteten Erwartungshaltungen als auch zu den überlieferten kirchlichen Strukturen im Widerspruch steht. Die Erwartungen der Kirche gegenüber konzentrieren sich zum einen darauf, daß die Kirche Seelsorge zu üben habe — zu den Vorwürfen gegen die Denkschrift gehört, daß sie nicht seelsorgerlich genug sei; sie richten sich zum anderen darauf, daß die Äußerungen der Kirche zu öffentlichen Fragen autoritative Äußerungen seien. Ein kirchlicher Beitrag zur öffentlichen und offenen Diskussion ist deshalb immer noch einer Vielfalt von Mißverständnissen ausgesetzt.

Die innerkirchliche Debatte über die Vertriebenendenkschrift hat gezeigt, daß ein solches Dokument, wenn es Ausdruck und Beitrag zur innerkirchlichen Konsensusbildung sein soll, einer Phase der vorbereitenden innerkirchlichen Diskussion bedarf. Diese Forderung muß verstärkt erhoben werden, wenn man sich vergegenwärtigt, daß die evangelische Kirche sich nach ihrem Selbstverständnis aus den Gemeinden heraus aufbaut. Nur wenn ein Prozeß innerkirchlicher Bewußtseinsklärung und Meinungsbildung öffentliche Stellungnahmen der Kirche bereits vorbereitet, kann der Eindruck vermieden

---

[106] Vorwort von Präses *Scharf* zur Vertriebenendenkschrift, in: *Odin*, Die Denkschriften der EKD, S. 64.
[107] Im einzelnen dazu unten S. 579 ff.

werden, auch bei den Denkschriften handle es sich letztlich um autoritative Weisungen[108]. Doch dazu fehlen dem deutschen Protestantismus in der Gegenwart noch die strukturellen Voraussetzungen: weder die Synoden noch die evangelischen Akademien noch die Kirchentage sind Orte innerkirchlicher Öffentlichkeit, an denen die Fragen geklärt werden können, vor denen das Christentum heute steht, und die Konflikte ausgetragen werden können, die sich zwischen den verschiedenen Gruppen in Gesellschaft und Kirche ergeben. Denn all diese Organe sind mehr und mehr zu Organen partikularer kirchlicher Gruppen geworden; es besteht jedoch keine innerkirchliche Kommunikation, in der alle kirchlichen Gruppen am Disput oder an der Konsensusbildung beteiligt werden können. Diese Form innerkirchlicher Öffentlichkeit wäre jedoch die Voraussetzung dafür, daß die Kirche zur Weiterentwicklung der gesellschaftlichen Öffentlichkeit etwas beizutragen vermag.

Will man aus dieser Forderung erste Konsequenzen ziehen, so wird man unter ihnen die Veränderung des kirchlichen Wahlsystems sowie die stärkere Bindung des Kirchentags und der evangelischen Akademien an die Basis unterschiedlicher kirchlicher und christlicher Gruppen zu nennen haben.

Noch stärker als mit anderen Äußerungsformen unterwirft sich die Kirche in den Denkschriften den Bedingungen der Publizität. Wie sehr eine mangelhafte Berücksichtigung dieses Gesichtspunkts die Aufnahme einer Denkschrift zu behindern vermag, ist an der Vertriebenen-Denkschrift sehr deutlich geworden. Dies sei an einem besonders äußerlich erscheinenden Punkt veranschaulicht.

Bedenkt man die Intensität, mit der die Öffentlichkeit auf die Vertriebenendenkschrift reagiert hat, dann registriert man mit Erstaunen, daß die Zahl der Presseveröffentlichungen bereits Anfang Dezember 1965 sprunghaft zurückging[109]. Der Grund liegt darin, daß sich in der Vorweihnachtszeit die Zahl der Veranstaltungen, in denen die Denkschrift diskutiert wurde, verminderte. Außerdem muß man vermuten, daß die Einstellung der Öffentlichkeit gegenüber der Kirche in eine Konfliktsituation geriet: »Denn im Blick auf Weihnachten wollte man zu einer zeitweiligen Kirchlichkeit zurückkehren und konfliktträchtige Hinweise auf die Denkschrift waren deshalb

---

[108] Vgl. *G. Scharffenorth*, Bilanz der Ostdenkschrift, S. 85.
[109] Zum Faktum und zur Interpretation: *G. Albrecht*, »Politische Einstellungen gegenüber ›Nation, Volk, Vaterland‹«, S. 6 ff.

nicht opportun.«[110] Die sehr stabile und zeitlich festgelegte Einstellung gegenüber Weihnachten wirkte sich also hemmend auf die Diskussion der Vertriebenen-Denkschrift aus; diese wurde nach Weihnachten nur noch in kleinen Gruppen wieder aufgenommen. Die öffentliche Diskussion war in weitem Umfang abgebrochen und wurde auch durch die Entschließung der EKD-Synode vom März 1966 nicht wieder belebt. Hätte man für die Veröffentlichung der Denkschrift einen anderen Zeitpunkt gewählt, so hätte man die Möglichkeit einer ausführlichen öffentlichen Diskussion und der Einstellungsänderung bei manchen Beteiligten erhöht.

Muß man so feststellen, daß die kurzfristige Wirkung der Denkschrift durch eine Reihe vorhersehbarer und unvorhersehbarer Faktoren eingeschränkt war, so muß man gleichzeitig zu dem Ergebnis kommen, daß sie langfristig sehr wesentliche Voraussetzungen für eine deutsche Ostpolitik geschaffen hat, die sich — mit Entschiedenheit seit dem Regierungswechsel von 1969 — an der Leitvorstellung einer Versöhnung Deutschlands mit seinen östlichen Nachbarn orientiert und als Teil einer Friedenspolitik konzipiert ist. Dies wird besonders deutlich, wenn man den Vortrag über »Deutsche Ostpolitik im Lichte der Denkschrift der evangelischen Kirche«, den Ludwig Raiser im März 1966 vor der Deutschen Gesellschaft für auswärtige Politik gehalten hat, zu Rate zieht. Raiser plädiert dort mit aller Entschiedenheit dafür, daß Deutschlands Verhältnis zu seinen östlichen Nachbarn vordringlich geklärt werden müsse, wenn Schritte in einer deutschen Wiedervereinigungspolitik überhaupt möglich sein sollen[111]. Er interpretiert die Denkschrift in dem Sinn, daß sie zu den Voraussetzungen für eine realistische und realisierbare deutsche Ostpolitik beizutragen suche: erst wenn seine östlichen wie westlichen Nachbarn nicht mehr zu befürchten brauchen, daß Deutschland einmal wieder die Rolle eines Friedensstörers in Europa spielen werde, bestehen begründete Hoffnungen für eine Annäherung der beiden deutschen Teilstaaten. Für eine solche, auf Frieden und Versöhnung gerichtete und gleichzeitig Deutschlands Lebensinteressen nicht verleugnende Politik will die Denkschrift Voraussetzungen schaffen; dabei will sie verständlich machen, daß derjenige auch Op-

---

[110] *Albrecht*, a. a. O., S. 6; bei der Diskussion über das Anti-Rassismus-Programm des Ökumenischen Rats der Kirchen im Jahr 1970 kann man einen ähnlichen Vorgang beobachten.
[111] *Raiser*, a. a. O., S. 207 f.

fer bringen muß, der den Frieden ernsthaft will. Die breite Resonanz, auf die die Ostpolitik der Bundesregierung seit 1969 in der deutschen Bevölkerung gestoßen ist, läßt darauf schließen, daß die Denkschrift mit dieser Intention einen Beitrag zur Bewußtseinsbildung und zur Friedensbereitschaft der Deutschen geleistet hat. Insofern ist sie nicht nur ein Dokument kirchlicher Friedensethik, sondern zugleich ein Beispiel kirchlicher Friedenspraxis.

Der Evangelischen Kirche in Deutschland ist es nur in eingeschränktem Maß gelungen, die mit der Vertriebenendenkschrift eingeschlagene Linie auch in ihren späteren Äußerungen zum Verhältnis Deutschlands zu seinen östlichen Nachbarn festzuhalten. Das Wort des Vorsitzenden des Rats der EKD, Bischof Dietzfelbinger, zur Unterzeichnung des deutsch-polnischen Vertrages vom Dezember 1970[112] ist dadurch charakterisiert, daß es zum einen die positiven Beiträge der Vertriebenen zur deutsch-polnischen Versöhnung hervorhebt und andererseits zur Mäßigung und Sachlichkeit in der innenpolitischen Auseinandersetzung um den Vertrag auffordert. Die Synode der EKD hat in ihrer Erklärung vom Februar 1971[113] ausdrücklich festgestellt, daß die Evangelische Kirche in Deutschland hinter die Denkschrift von 1965 und die Synodalerklärung von 1966 nicht mehr zurückgehen kann. Während in dieser ersten Phase der Auseinandersetzung die Vertriebenendenkschrift von 1965 für die Leitungsgremien der EKD noch verpflichtende Kraft entfaltete, ist die Stellungnahme des Rats der EKD zur Ratifikation der Ostverträge vom 17. März 1972[114] von Unsicherheit gekennzeichnet. Einerseits ruft sie zur Versöhnungsbereitschaft auf; andererseits aber betont sie: »Es ist nicht Aufgabe der Kirche, in der notwendigen Auseinandersetzung der politischen Parteien über die Ratifizierungsfrage für oder gegen eine der beiden Seiten Stellung zu nehmen. Weder ist sie über die Voraussetzungen besser unterrichtet, noch ist ihr Urteil über die Folgen fundierter als das der zur Entscheidung berufenen Politiker.« Insbesondere in Polen ist diese Erklärung als Rückfall hinter die Vertriebenendenkschrift aufgefaßt worden. Demgegenüber sprachen sich – neben einer größeren Anzahl anderer kirchlicher Gruppen – am 29. März 1972 fünfundzwanzig prominente Glieder der evangelischen Kirche für die Annahme der Verträge aus; sie ver-

---

[112] Veröffentlicht in: Ev Komm, 4, 1971, S. 49.
[113] Veröffentlicht in: Amtsblatt der EKD, 1971, S. 149 f.
[114] Vgl. Ev Komm, 5, 1972, S. 247.

traten die Auffassung, die Verträge würden denjenigen Beitrag zum Frieden ermöglichen, den die Deutschen in der Bundesrepublik leisten könnten und der von ihnen erwartet werde. Sie sahen in einem möglichen Scheitern der Verträge ein ungleich größeres Risiko als in der Annahme[115]. Während der Hamburger Bischof Wölber den Unterzeichnern vorwarf, gegen die Gemeinschaft der evangelischen Kirchen in der EKD verstoßen zu haben, sahen diese selbst in ihrer Erklärung den Versuch, für die gegebene politische Situation die Konsequenzen aus der Vertriebenendenkschrift zu ziehen.

Wir kehren zu dieser nochmals zurück und fragen abschließend, wie in ihr die politische Verantwortung der Kirche auf den Inhalt und den Auftrag des Evangeliums zurückbezogen ist. Wir stoßen dabei auf folgende, mit den Bielefelder Thesen[116] der Sache nach übereinstimmende Konzeption: Das Evangelium befreit die politische Vernunft dazu, Tabus in Frage zu stellen, um zu einer für alle verantwortbaren Lösung anstehender Probleme zu gelangen. Es enthält Vorschläge für die Kriterien, nach denen man unter Alternativen, die sich der politischen Vernunft stellen, auswählen kann. So werden nicht direkt aus dem Evangelium politische Folgerungen deduziert; gleichwohl ist das Evangelium für politische Entscheidungen relevant. Die Argumentation der Denkschrift ist deshalb auf der einen Seite für nichtchristliche Leser verständlich; auf der anderen Seite jedoch sollen ihren christlichen Lesern Hinweise gegeben werden, wie ihre Entscheidungen auch im Einzelfall mit den Grundaussagen des christlichen Glaubens zusammenhängen. So ist die Denkschrift auf der einen Seite der Diskussionsbeitrag eines Verbandes innerhalb der Öffentlichkeit; und sie ist andererseits doch ein den spezifischen Aufgaben der Kirche entsprechendes, der Predigt der Kirche verpflichtetes und so mit Grund als kirchlich zu bezeichnendes Dokument.

---

[115] Ebd., S. 310; vgl. auch den Auszug aus dem Vortrag von *L. Raiser* in Warschau: ebd., S. 233 f.
[116] Siehe oben S. 394 f.

VII. Die Gleichzeitigkeit des Ungleichzeitigen — Ergebnisse der Fallstudien

Dem Anspruch auf Vollständigkeit vermögen die vier vorstehenden Fallstudien nicht zu genügen; nicht einmal in exemplarischer Weise ist in ihnen der Gesamtbereich des Verhältnisses von Kirche und Öffentlichkeit präsent. Dafür bleiben zu viele Seiten dieses Verhältnisses in ihnen unberücksichtigt: vom kirchlichen Einfluß auf staatliche Gesetzgebung ist in ihnen so wenig die Rede wie von der Beziehung der Kirchen zur wirtschaftlichen Macht und ihrer Rolle in den Massenmedien; der Bereich der Diakonie bleibt ebenso unberücksichtigt wie das umstrittene Thema des Religionsunterrichts; die Evangelischen Akademien und der Deutsche Evangelische Kirchentag als spezifische Formen, in denen sich die Kirche der Öffentlichkeit zuwendet, werden nicht untersucht; die neuen Momente, die durch die ökumenische Verflechtung der Kirchen — besonders deutlich im kirchlichen Entwicklungsdienst und in den ökumenisch orientierten Friedensdiensten — in die Gestaltung ihres Verhältnisses zur Öffentlichkeit eintreten, werden nicht analysiert. Trotz dieser Begrenzung lassen sich aus den Fallstudien einige Folgerungen ziehen.

Deren erste muß sein, daß die Fallstudien kein einheitliches Bild der faktischen Gestaltung des Verhältnisses von Kirche und Öffentlichkeit vermitteln. Vielmehr zeigen sich sehr deutliche Unterschiede, die am ehesten einer historischen Interpretation zugänglich sind: historisch ungleichzeitige Konzeptionen und Institutionen im Verhältnis von Kirche und Öffentlichkeit begegnen in bestimmten Organisationen und Strukturen der Gegenwart gleichzeitig; das Verhältnis von Kirche und Öffentlichkeit ist also in seiner gegenwärtigen Gestalt durch die Gleichzeitigkeit des Ungleichzeitigen in einem sehr ausgeprägten Maß gekennzeichnet. Die insbesondere seit der Zeit des aufgeklärten Absolutismus nacheinander dominierenden Prinzipien für die öffentliche Stellung von Religion und Kirche begegnen heute gleichzeitig; auch dann, wenn sie ihre Notwendigkeit, ihre innere Legitimität oder auch nur ihre Verständlichkeit schon lange eingebüßt haben, dauern sie, in Strukturen verdinglicht, noch immer fort. Obwohl die Fallstudien vom Interesse an der Gegenwart geleitet sind, erwies es sich deshalb als unumgänglich, historische Rückblicke in sie einzubeziehen; und ebenso legte es sich nahe, eine besonders markante historische Situation — den Ausbruch des Ersten Weltkriegs — in die Analysen aufzunehmen. Denn erst in einer historischen Betrachtung klärt sich die Überlagerung der Motive auf, die gegenwärtig das Verhältnis von Kirche und Öffentlichkeit bestimmen.

Die Fallstudien führen uns also zu dem Ergebnis, daß eine monokausale Erklärung des Verhältnisses von Kirche und Öffentlichkeit nicht sachgemäß ist. Die gegenwärtige Gestalt dieses Verhältnisses erklärt sich weder einlinig aus theologisch-kirchlichen noch einlinig aus sozioökonomischen Entwicklungen. In den Konzeptionen des Verhältnisses von Kirche und Öffentlichkeit, die jeweils für einen Zeitabschnitt charakteristisch sind, spiegeln sich vielmehr gesellschaftliche bzw. staatliche Erwartungen an die Kirche und bestimmte Momente kirchlicher Selbstinterpretation zugleich. In diese Konzeptionen gehen sowohl gesellschaftliche Veränderungen, die durch die ökonomische Entwicklung bestimmt sind, als auch theologische Reflexionen ein. So sehr die theoretische Formulierung des Verhältnisses von Kirche und Öffentlichkeit durch gesellschaftliche Strukturen präformiert ist, so sehr sind auch umgekehrt theoretische Konzeptionen in Organisationsstrukturen verdinglicht. Nur aus dieser Wechselbeziehung läßt sich das Phänomen erklären, daß historisch einander ablösende Konzeptionen des Verhältnisses von Kirche und Öffentlichkeit in gegenwärtigen Strukturen gleichzeitig begegnen.

In diesem résumierenden Abschnitt kann es nicht darum gehen, in einem nochmaligen historischen Durchgang den Ursprung der unterschiedlichen Motive, die einander gegenwärtig überlagern, aufzusuchen und ihre Entwicklung zu verfolgen. Vielmehr sollen diese Motive lediglich zusammengestellt, die Beziehung, in der sie zueinander stehen, soll erörtert werden.

Die Formel vom »Bündnis von Thron und Altar«, mit der man häufig das 19. und beginnende 20. Jahrhundert zu charakterisieren pflegt, trifft als Metapher eher auf die Rolle zu, die der Kirche im aufgeklärten Absolutismus zugedacht war. An der Geschichte der Militärseelsorge haben wir gesehen, in welchem Maß im 17. und 18. Jahrhundert der »Altar« als Stütze des »Throns« verstanden wurde, in welchem Umfang Religion als Mittel eingesetzt wurde, den einzelnen der staatlichen Ordnung zu unterwerfen. Nur in der Zeit vor der hohen Aufklärung konnte eine Konzeption unbestrittene Gültigkeit beanspruchen, in der der Eingliederung der Religion in das Wertesystem des Staats kein dialektisches Widerspiel entgegenstand. Alle späteren Konzeptionen sind dadurch charakterisiert, daß sie gleichzeitig integrative und emanzipative Momente für das Verhältnis von Kirche und Staat enthalten. Jenes »Bündnis von Thron und Altar«, die Integration der Religion in das Wertesystem des Staats, ihr Einsatz zur Festigung der Staats-Loyalität bei den Bürgern überdauerte jedoch die aufklärerische Kritik. Es begegnete uns vor allem in den Kriegspredigten, die die Kampfkraft der Soldaten wie das Durchhaltevermögen der Zivilbevölkerung steigern sollten, und in der Struktur der Militärseelsorge, die teilweise immer noch daran orientiert ist, daß militärische Tüchtigkeit und die Eingliederung in das militärische System mit Hilfe der Religion gefördert werden.

Überlagert wurde das »Bündnis von Thron und Altar« im 19. Jahrhundert durch das »Bündnis von Religion und Nation«. Die Rolle, die der Protestantismus bei der Ausbildung des deutschen Nationalgefühls wie bei seiner Übersteigerung zum Nationalismus spielte, kann schwerlich überschätzt werden. Die — am nachdrücklichsten von Treitschke vertretene — These, die Geschichte Deutschlands und die Geschichte des Protestantismus seien im Grunde identisch, reflektiert nur diese Rolle des evangelischen Christentums. Die in der Zeit der Befreiungskriege vollzogene Verbindung von Nation und Religion enthielt jedoch nicht nur ein integratives, sondern auch ein emanzipatives Moment. Denn es entstand in einer Zeit der Zersplitterung Deutschlands; der Gedanke der Nationalkirche griff allen Bemühungen um die Einigung Deutschlands weit voraus, scheiterte allerdings deshalb auch an den politischen Gegebenheiten[1]. Dieser emanzipative, die politische Verfassung Deutschlands überschreitende Impuls verschwand, als die politische Einheit mit der Bismarckschen Reichsgründung hergestellt war. Nun diente die Verbindung von Religion und Nation nur noch zur Bestätigung der »nationalen Würde« und zu nationalistischer Übersteigerung; die Kriegstheologie in der Zeit des Ersten Weltkriegs bietet dafür Beispiele genug. Aber auch die Militärseelsorge trägt das Erbe dieser Verbindung noch in sich. In der Auseinandersetzung um die Vertriebenendenkschrift schließlich erwies sich seine Wirksamkeit am

---

[1] Vgl. *A. Adam*, Nationalkirche und Volkskirche, S. 29 ff.

nachhaltigsten in dem Vorwurf, in der Denkschrift habe die Kirche ihre Pflichten der deutschen Nation gegenüber verletzt. Die Tradition des Nationalprotestantismus erweist sich so auch in der Gegenwart noch als eine gewichtige Komponente für die faktische Gestalt des Verhältnisses von Kirche und Öffentlichkeit.

Dem Konzept der »Nationalkirche« wurde im 19. Jahrhundert das Ideal der »Volkskirche« entgegengestellt. Bei Schleiermacher begegnet der Ausdruck zum ersten Mal[2]; er richtet sich kritisch gegen den Versuch, durch die Bildung einer »Nationalkirche« den Protestantismus noch enger an die Landesfürsten zu binden. Von Schleiermacher bis Theodosius Harnack[3] bestimmt das Ziel, die Freiheit der Kirche von staatlicher Reglementierung zu erreichen, den Gedanken der Volkskirche. Bei Wichern schon wird dieses Ziel überlagert von dem Impuls, eine »Durchchristlichung des Volkes«[4] zu erreichen. Bald schon reduziert sich jedoch der Gedanke der Volkskirche auf das Charakteristikum der Kindertaufe und die daraus hergeleitete Pflicht der Kirche, sich um die christliche Erziehung des ganzen Volkes zu bemühen[5]. In dieser Reduktion hat der Gedanke der Volkskirche insbesondere auf den Pfarrerstand nachhaltigen Einfluß ausgeübt; für viele evangelische Pfarrer bedeutete der Ausbruch des Ersten Weltkriegs deshalb eine solche Bestätigung ihrer Aufgabe, weil sie die evangelische Kirche zum ersten Mal als Volkskirche erlebten. Der Gedanke der Volkskirche spielt auch heute für das Verhältnis von Kirche und Öffentlichkeit eine erhebliche Rolle; die Privilegierung der beiden Großkirchen gegenüber den anderen Religions- und Weltanschauungsgemeinschaften wird staatlicher- wie kirchlicherseits mit der Feststellung begründet, daß über 90 % der Bevölkerung diesen beiden großen Kirchen angehörten; dies verknüpft sich gelegentlich mit — an Wicherns Begriff der Volkskirche orientierten — volksmissionarischen Zielsetzungen. Der mit dem Begriff der Volkskirche ursprünglich verbundene Gedanke, daß die Kirche nur in Freiheit gegenüber dem Staat wahre »Volkskirche« sein könne, hat sich jedoch für die Gestaltung des Verhältnisses von Kirche und

---

[2] Die christliche Sitte, Anhang, S. 155; Glaubenslehre, § 151, 1; vgl. hierzu und zum folgenden *Adam*, a. a. O., S. 98 ff., sowie *W. Huber*, »Schleiermacher und die Reform der Kirchenverfassung«; siehe auch oben S. 68 ff.
[3] *Th. Harnack*, Die freie lutherische Volkskirche.
[4] *Adam*, a. a. O., S. 141.
[5] Vgl. *H.-R. Müller-Schwefe*, »Volkskirche«; *H. Wittram*, »Volkskirche«.

Öffentlichkeit nicht als wirksam erwiesen. Vielmehr wird aus dem Gedanken der Volkskirche lediglich ein Recht des Staates zur Privilegierung der Großkirchen einerseits, ein Recht der Großkirchen zu öffentlicher Wirksamkeit andererseits abgeleitet. Nicht nur für die Militärseelsorge, sondern auch für den öffentlichen Status der theologischen Fakultäten hat diese Argumentation heute noch Gewicht — obwohl die Feststellung einer gesamtgesellschaftlichen Präsenz des Christentums heute nicht mehr an den Begriff des Volkes angeknüpft werden kann.

Auch aus dem Begriff der Kirche kann diese Präsenz nur in eingeschränktem Sinn abgeleitet werden. Schon die Theologie der Aufklärungszeit hatte darauf verwiesen, daß die gesellschaftliche Bedeutung des Christentums die gesellschaftliche Rolle der organisierten Kirchen übersteigt. Der Kulturprotestantismus des 19. Jahrhunderts hat diese Beobachtung aufgenommen und in der Unterordnung der Kirche unter den Begriff des Reiches Gottes als jenes sittlichen Gesamtlebens der Menschheit, auf das die Christen ihr ethisches Bemühen auszurichten hätten, festgehalten. Die Kirchen haben deshalb zu einer Durchgeistigung und Versittlichung des Volkes beizutragen, die nicht exklusiv an den engen Kriterien der »Kirchlichkeit« (wie im Gedanken der Volkskirche) orientiert ist; so tragen sie zum Bau eines »Reiches der Sittlichkeit« bei. Die Wirkungen, die von diesem Gedanken ausgingen, begegneten uns im Lauf der Fall-Studien in der kulturprotestantischen Interpretation des Kriegs als eines Mittels zur sittlichen Verbesserung des Volkes, als einer Hilfe zu dem Aufstieg aus den materiellen Bindungen zu geistiger und sittlicher Freiheit; sie begegneten uns auch dort, wo der öffentliche Status der theologischen Fakultäten mit der Notwendigkeit begründet wurde, daß das Christentum einen Beitrag zum geistigen Leben des Volkes leiste. In veränderter Form, mit anderen Impulsen vermischt, tritt dieser Gedanke überall dort auf, wo die Kirche sich eine Verantwortung für die »sittliche Ordnung« der Gesellschaft im ganzen zuschreibt. Die von den höchsten Repräsentanten der evangelischen und der katholischen Kirche in Deutschland herausgegebene Stellungnahme zur Ehe- und Strafrechtsreform in der Bundesrepublik »Das Gesetz des Staates und die sittliche Ordnung« aus dem Jahr 1970[6] etwa knüpft an diesen Anspruch der Kirchen an.

---

[6] *Döpfner/Dietzfelbinger* (Hrsg.), Das Gesetz des Staates und die sittliche Ordnung.

In schroffem Widerspruch zu diesem Gedanken der Versittlichung aller Lebensbereiche steht der Gedanke, es gebe eine Eigengesetzlichkeit von Lebensbereichen, die christlichem Ethos unzugänglich sei. Dieser Gedanke entstand im 19. Jahrhundert unter dem Druck, den die methodisch objektivierenden Naturwissenschaften samt ihren Auswirkungen für die Gesellschaftsauffassung auf das Selbstverständnis von Kirche und Theologie ausübten[7]. Der dadurch veranlaßte theologische Rückzug aus den Bereichen der Natur, der Wirtschaft und der Politik wurde verknüpft mit einer dualistischen Interpretation der Zwei-Reiche-Lehre, als deren Sinn die Unterscheidung zwischen dem Reich der Welt als dem Bereich der Eigengesetzlichkeit und dem Reich Gottes als dem Bereich des individuellen Glaubens ausgegeben wurde[8]. In den Fall-Studien begegnete uns die Vorstellung von der Eigengesetzlichkeit weltlicher Bereiche insbesondere am Beispiel der Militärseelsorge: Die weitgehende Integration der Militärseelsorge in das militärische System wird vielfach mit dem Argument begründet, nur auf diesem Weg könne sich die kirchliche Seelsorge der »Eigengesetzlichkeit des militärischen Bereichs« in dem Maß anpassen, das als notwendig angesehen wird, damit ihre Arbeit erfolgreich ist. Um der Eigengesetzlichkeit eines weltlichen Bereichs willen werden also Grundsätze evangelischer Kirchenverfassung suspendiert, obwohl gleichzeitig auf die Kirchlichkeit der Militärseelsorge großes Gewicht gelegt wird.

Sowohl im Gegensatz zu dieser These von der Eigengesetzlichkeit der weltlichen Lebensbereiche als auch im Widerspruch zu kulturprotestantischen Gedanken befindet sich die in der dialektischen Theologie vorbereitete und im Kirchenkampf erprobte Auffassung des Verhältnisses von Kirche und Öffentlichkeit. Sie fordert die Eigenständigkeit der Kirche in ihren Verfassungsformen wie in ihrem öffentlichen Handeln — eine Eigenständigkeit, die am Auftrag der Verkündigung des Evangeliums zu messen ist. Aus diesem Postulat folgert sie aber gerade nicht den Rückzug der Kirche aus der Öffentlichkeit; sie leitet daraus vielmehr einen notwendigen Öffentlichkeitsauftrag der Kirche ab[9]. Aber auch an das öffentliche Handeln der Kirche und ihre institutionellen Verflechtungen in die

---

[7] Vgl. *U. Duchrow*, Christenheit und Weltverantwortung, S. 582 ff.
[8] Vgl. auch unten S. 437 ff.
[9] Vgl. auch unten S. 453 ff., 551 ff.

Öffentlichkeit ist das Kriterium der Kirchlichkeit bzw. Verkirchlichung anzulegen. Dieses Kriterium hat, wie wir sahen, in der Diskussion über den Status der theologischen Fakultäten um 1930 wie nach 1945 eine beachtliche Rolle gespielt; während des Kirchenkampfes wurde aus ihm die Konsequenz der Gründung eigener Kirchlicher Hochschulen gezogen. Aber auch bei der Einrichtung der Militärseelsorge in der Bundesrepublik wurde von der Verkirchlichung der Militärseelsorge als erklärtem Ziel ausgegangen; man wollte dadurch der theologischen Diskussion seit den zwanziger Jahren wie den Erfahrungen des Kirchenkampfs auch in der Gestaltung dieses Bereichs kirchlicher Tätigkeit gerecht werden.

Geht das Postulat der Kirchlichkeit allen öffentlichen Handelns der Kirche von der Frage aus, wie dieses Handeln vor dem Selbstverständnis der Kirche zu legitimieren sei, so fragt die Konzeption einer gesellschaftlichen und politischen Diakonie der Kirche von den Bedürfnissen der Öffentlichkeit nach möglichen Beiträgen der Kirche zurück[10]. Diese nach 1945 entwickelte Konzeption hat ebenfalls in den offiziellen Aussagen über die Aufgaben der Militärseelsorge ihren Niederschlag gefunden: diese Aufgaben werden in der »Gruppenseelsorge«, in der »kritischen Solidarität« der Kirche mit einer bestimmten gesellschaftlichen Gruppe gesehen. Aber auch durch manche neueren Konzeptionen über den öffentlichen Status der theologischen Fakultäten schimmert das Konzept gesellschaftlicher und politischer Diakonie hindurch — insbesondere dort, wo auf den Beitrag der Theologie zur Herstellung einer kritischen Öffentlichkeit abgehoben wird. Insbesondere aber ist die Vertriebenendenkschrift von diesem Konzept bestimmt: hier äußert sich die Kirche in der Fürsorge gegenüber einer bestimmten gesellschaftlichen Gruppe und in der Verantwortung für die Versöhnung zwischen den Völkern.

Die geschilderten Motive für die Gestaltung des Verhältnisses von Kirche und Öffentlichkeit — Bündnis von Thron und Altar; Verbindung von Religion und Nation; Volkskirche; Reich der Sittlichkeit; Eigengesetzlichkeit der weltlichen Bereiche; Eigenständigkeit und Öffentlichkeitsauftrag der Kirche; gesellschaftliche und politische Diakonie — begegneten uns in den Fallstudien nicht in einer säuberlichen Trennung und klaren Profilierung, sondern einander überlagernd und miteinander vermischt.

---

[10] Vgl. auch unten S. 465 ff., 579 ff.

In den Stellungnahmen evangelischer Theologen zum Ersten Weltkrieg hat sich eine relativ nahe zusammengehörige Gruppe von Motiven als dominant erwiesen: die Verbindung von Religion und Nation, der Gedanke der Volkskirche und die Idee der Versittlichung des Volkes. Die »Kriegstheologie« beruhte also auf den Konzepten des Verhältnisses von Kirche und Öffentlichkeit, die im 19. Jahrhundert maßgebliche Bedeutung gewonnen hatten. Dadurch wird es verständlich, daß diese Kriegstheologie das Bild der kirchlichen Äußerungen bestimmte; es war schwer, ihr gegenüber andere Konzeptionen zum Zuge zu bringen, da diese nicht an verbreitete Vorstellungen über die Rolle der Kirche in der Öffentlichkeit anzuknüpfen vermochten. Die kirchlichen und theologischen Stellungnahmen zum Ausbruch und Fortgang des Ersten Weltkriegs sind hier deshalb dargestellt worden, weil in ihnen die für das 19. Jahrhundert charakteristischen Motive in einer besonderen Konzentration und Intensität zur Geltung kommen. Sieht man, wie eng diese Motive mit der politischen Geschichte des 19. Jahrhunderts verknüpft sind, so ist die Einsicht um so überraschender, daß die Niederlage Deutschlands im Ersten Weltkrieg, das Ende des landesherrlichen Summepiskopats sowie die Krise von Theologie und Kirchlichkeit nicht die geschichtliche Wirksamkeit dieser Motive beendet haben. Nur der kulturprotestantische Gedanke der Versittlichung des ganzen Volkes auf dem Weg zum Reich Gottes, der der schärfsten Kritik durch die dialektische Theologie unterlag, hat nach 1918 keine herausgehobene und deutlich artikulierte Rolle gespielt; daß er nicht mehr wirksam gewesen wäre, wird man daraus nicht leichthin schließen dürfen. Das Konzept der Volkskirche jedoch bildete auch weiterhin einen Leitbegriff kirchlicher Praxis[11]. Die enge Verbindung von Religion und Nation bestimmte in weitem Umfang das öffentliche Handeln der Kirche in der Weimarer Republik — zu der sich weite Kreise des Protestantismus in Distanz befanden, weil sie nicht als »nationaler Staat« akzeptiert wurde — wie im Dritten Reich; noch nach 1945 hat der Nationalprotestantismus — bis hin zur Auseinandersetzung um die Vertriebenendenkschrift — seine geschichtliche Wirksamkeit erwiesen. Daran zeigt sich schon, daß die erörterten Motive nicht allein einer als »Überbau« verstandenen Sphäre des Bewußtseins angehören, sondern daß sie sich in Strukturen verdinglicht und in historischen Prozessen eine langanhaltende Kraft gewonnen haben.

---

[11] Vgl. programmatisch O. *Dibelius*, Das Jahrhundert der Kirche.

In keinem der in diesen Fallstudien behandelten Bereiche begegnet eine größere Fülle der Motive als in der Militärseelsorge. Ohne allzu große Übertreibung kann man sagen: In allen Epochen ihrer Geschichte hat die Militärseelsorge das in dieser Epoche bestimmende Motiv für die Gestaltung des Verhältnisses von Kirche und Öffentlichkeit in sich aufgenommen und mit den Motiven der vorangehenden Epochen zu verknüpfen gesucht. Wendet man das Ergebnis kritisch, so bedeutet dies: In der Militärseelsorge ist die Anpassung der Kirche an ihre jeweilige Zeit und deren politische Strukturen besonders groß; zugleich jedoch ist sie vom Interesse an historischer Kontinuität bestimmt. Dies führt zu einer besonders krassen Gleichzeitigkeit des Ungleichzeitigen, die sich heute in den inneren Widersprüchen Ausdruck verschafft, in die die Militärseelsorge verstrickt ist. Das Motiv der Eigenständigkeit und Verkirchlichung der Militärseelsorge steht ihrer auf das Bündnis von Thron und Altar zurückverweisenden Funktion als cultus publicus ebenso entgegen, wie sich der Gedanke der kritischen Solidarität nicht mit dem Amalgam von Religion und Nationalismus verträgt, das die Geschichte der Militärseelsorge ebenso wie gegenwärtige Erwartungen an sie in großem Umfang prägt. Da die Struktur der evangelischen Militärseelsorge über geschichtliche Brüche hinweg relativ konstant geblieben ist, erscheint es als verständlich, daß die in ihren Strukturen verdinglichten Motive früherer Epochen auch dort ihre bestimmende Kraft nicht eingebüßt haben, wo neue Konzeptionen als die allein maßgeblichen behauptet werden. Die Konsequenzen, die eine unaufgeklärte Überlagerung der Motive im Verhältnis von Kirche und Öffentlichkeit nach sich zieht, zeigen sich daran ebenso wie die Folgen, die sich aus der Inkompatibilität zwischen den Strukturen einer gesellschaftlichen Institution und ihren proklamierten Zielsetzungen ergeben. So werden Struktur und Arbeitsweise der Militärseelsorge immer aus den Gesichtspunkten der kirchlichen Eigenständigkeit und der gesellschaftlichen Diakonie begründet. Unsere Analyse hat jedoch gezeigt, daß ihre Struktur und ihre Arbeitsweise faktisch wesentlich stärker von den überlieferten Motiven des cultus publicus, des kirchlichen Nationalismus und der Volkskirche geprägt sind. Die starke Betonung neuer Motive verdeckt den Betroffenen geradezu, in welchem Umfang frühere Motive in Strukturen eingegangen sind und deren Funktionieren bestimmen.

Auch der öffentliche Status der theologischen Fakultäten hat sich mit verschiedenen Motiven verknüpft; auf Grund mancher Motive ist er auch in Frage gestellt worden. Doch er erweist sich nicht in vergleichbar starkem Maß als Anziehungspunkt für Motive aus dem Bereich des Verhältnisses von Kirche und Öffentlichkeit; denn lange Zeit hindurch sind die theologischen Fakultäten viel weniger im Blick auf ihren Status zwischen Kirche und Staat, als im Blick auf ihre Funktion in Forschung und Lehre betrachtet worden. Deswegen ist eine weitgehende Einhelligkeit darüber, daß das Verständnis der Theologie als Wissenschaft für den Status der theologischen Fakultäten im Vergleich zu anderen Motiven dominierende Bedeutung haben muß, relativ leicht herzustellen. So hat sich dieser Gesichtspunkt gegenüber einer starken Betonung der Kirchlichkeit der Theologie, aus der eine Subordination der theologischen Fakultäten unter die Kirchenbehörden abgeleitet wurde, bisher auch weitgehend durchsetzen können. Als eines der bestimmenden Motive bei der Neugründung theologischer Fakultäten zeigte sich jedoch der Gesichtspunkt der konfessionellen Parität, der auch für die Struktur der Militärseelsorge eine erhebliche Bedeutung besitzt. In der Gesellschaft der Bundesrepublik verknüpft sich dieser Paritätsgrundsatz mit einem politischen Kalkül, das auf die Stabilität der Machtverteilung zwischen den großen gesellschaftlichen Gruppen zielt. Dies ist eine der Erklärungen dafür, daß in den sechziger Jahren theologische Fakultäten unabhängig von der Frage, ob sie durch Ausbildungsnotwendigkeiten erfordert wurden, neu gegründet worden sind.

Keine Verbindungslinien zu den Motiven des 19. Jahrhunderts haben sich bei der Analyse der Vertriebenendenkschrift ergeben. Sie ist am eindeutigsten unter den gewählten Beispielen einer zeitgenössischen Konzeption des Verhältnisses von Kirche und Öffentlichkeit, dem Gedanken der gesellschaftlichen und politischen Diakonie, verpflichtet. Die Denkschrift birgt keine unausgeglichene Spannung zwischen verschiedenen Motiven für die Gestaltung des Verhältnisses von Kirche und Öffentlichkeit in sich, sondern ist von drei Motiven bestimmt, die alle dem Gedanken der gesellschaftlichen und politischen Diakonie der Kirche zuzuordnen sind: von dem Motiv der Gruppenseelsorge, von der Einsicht, daß die Kirche einen Beitrag zu Versöhnung und Frieden zu leisten hat, und von der Überzeugung, daß die Kirche sich als gesellschaftliche Gruppe an der öffentlichen Diskussion über die politische Entwicklung dieser Gesellschaft beteiligen kann. Mit dem Vorteil, der in dieser in sich geschlossenen Konzeption liegt, verbindet sich auch ein Nachteil: Weil die Vertriebenendenkschrift nicht diejenigen Motive in sich aufnimmt, die für die Geschichte des Verhältnisses von Kirche und Öffentlichkeit bestimmend sind, vermögen sehr viele Mitglieder der Kirche wie Vertreter der Öffentlichkeit in ihr nicht eine legitime kirchliche Äußerung zu sehen. Konservative Leser vermissen in ihr das vertraute Bild von der öffentlichen Rolle der Kirche. Dafür wurden in unserer Fallstudie Beispiele zitiert. Hier sei nur ergänzt, daß nicht nur konservative Journalisten wie H. G. v. Studnitz[12] sich durch die Vertriebenendenkschrift dazu veranlaßt fühlten, vor der Politisierung der Kirche zu warnen, sondern daß auch ein konservativer Wissenschaftler wie Arnold Gehlen durch die Vertriebenendenkschrift und die Eigentumsdenkschrift der EKD so gereizt ist, daß er von den »para-marxistischen Enzykliken der EKD« spricht[13] — ein Urteil, das weniger einer genauen Lektüre der Texte als vielmehr dem Umstand zuzuschreiben ist, daß diese Denkschriften sich vom traditionellen Bild kirchlicher Äußerungen entfernen. Nicht das, was diese Denkschriften sagen, sondern das, was sie nicht enthalten, bestimmt ein solches Urteil. Noch in der emphatischen Ablehnung einer neuen Form kirchlicher Äußerungen zeigt sich die Kraft vergangener Motive; so ist auch eine solche Negation noch ein Beleg für die Gleichzeitigkeit des Ungleichzeitigen.

Da sich unter diesem Stichwort das Ergebnis unserer Fallstudien zusammenfassen läßt, können aus diesen allein systematische Folgerungen für die Bestimmung des Verhältnisses von Kirche und Öffentlichkeit noch nicht gezogen werden. Wir haben verschiedene Beispiele für dieses Verhältnis analysiert, haben die Motive erhoben, die in ihnen Gestalt gewinnen, und haben an diese Analysen kritische Erwägungen geknüpft. Dabei wurde auf Wertungen nicht verzichtet; doch solche Wertungen stellten Vorgriffe auf ein Ergebnis dar, das aus den Fallstudien allein nicht abzuleiten ist. Diese verschärfen vielmehr zunächst nur das Problem: Im Verhältnis von Kirche und Öffentlichkeit überlagern einander unterschiedliche geschichtliche Motive und Formen, bald einander ergänzend, bald einander widersprechend. Eine in sich konsequente systematische Konzeption des Verhältnisses von Kirche und Öffentlichkeit ergibt sich aus diesen Fallstudien noch nicht; vielmehr bedarf es, um diese zu erheben,

---

[12] *H. G. v. Studnitz*, Ist Gott Mitläufer?
[13] *A. Gehlen*, Moral und Hypermoral, S. 134, vgl. S. 138.

eines weiteren Arbeitsganges. In ihm müssen die theoretischen Erörterungen des Verhältnisses von Kirche und Öffentlichkeit zum Thema gemacht und an Beispielen diskutiert werden. So führt uns das Ergebnis der Fallstudien vor die Notwendigkeit, uns einer Reihe von Interpretationsanalysen zuzuwenden.

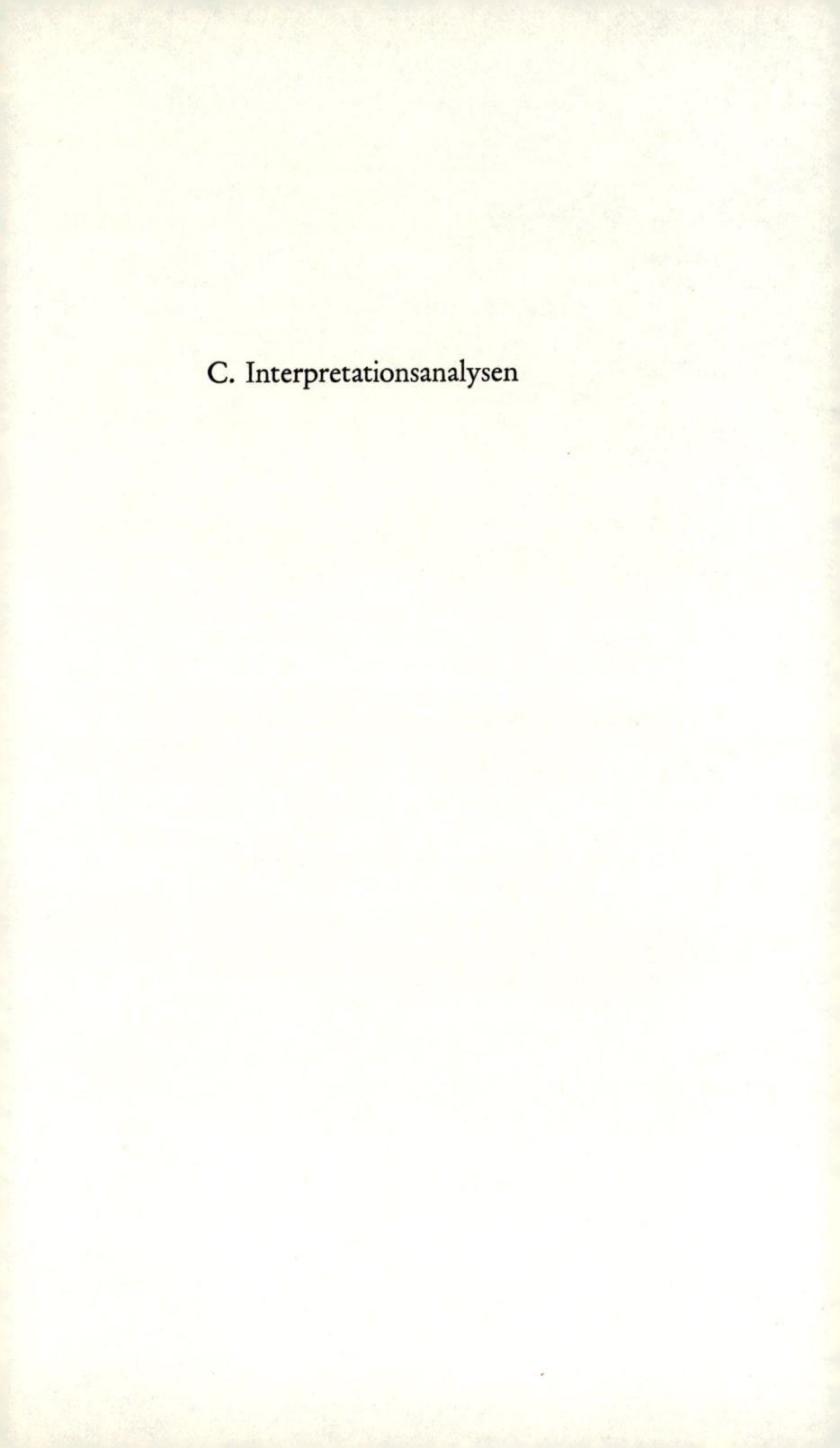

C. Interpretationsanalysen

VIII. Theologische Interpretationen des Verhältnisses von Kirche und Öffentlichkeit

Fragt man nach theologischen Interpretationen des Verhältnisses von Kirche und Öffentlichkeit, so stößt man zunächst auf den Bereich der Ekklesiologie. Denn im Zusammenhang theologischer Aussagen über Begründung, Wesen und Ziel der Kirche erwartet man auch Erwägungen über die Kriterien und die Formen des öffentlichen Handelns der Kirche. Wir haben uns deshalb dem Bereich der Ekklesiologie bereits in der »Einführung« zugewandt[1], um den Rahmen zu verdeutlichen, in dem wir nach dem Verhältnis von Kirche und Öffentlichkeit fragen. Die exemplarische Erörterung von Ansätzen der evangelischen Ekklesiologie führte dabei zu dem Ergebnis, daß die Aussagen der Ekklesiologie über das Verhältnis von Kirche und Öffentlichkeit ein gewisses Maß an Allgemeinheit in der Regel nicht überschreiten. Die förderlichste Konzeption für die Bestimmung des Verhältnisses von Kirche und Öffentlichkeit fanden wir in der Ekklesiologie Dietrich Bonhoeffers; diese ist von einem Begriff bestimmt, in dem sich Christologie, Ekklesiologie und Ethik zusammenschließen – von dem Begriff der Stellvertretung. Dieses Ergebnis gibt zu der Vermutung Anlaß, daß präzisere Aussagen zum Verhältnis von Kirche und Öffentlichkeit nicht so sehr im Bereich der Ekklesiologie, sondern im Bereich der ethischen Theoriebildung zu suchen sind. Indem diese aus dem Evangelium Kriterien für das Handeln der Christen zu entwickeln sucht, ist sie genötigt, auch die Konsequenzen für das korporative Handeln der Kirche als der Gemeinschaft der Christen zu bedenken.

Dieses Ergebnis der einleitenden Überlegungen nehmen wir nun wieder auf und fragen nach Ansätzen zur Klärung des Verhältnisses von Kirche und Öffentlichkeit innerhalb der theologisch-ethischen Theoriebildung. Dabei ist »Ethik« in einem umfassenden Sinn verstanden: Gemeint sind theologische Konzeptionen, von denen aus das Handeln und Verhalten des Menschen in der Welt insgesamt interpretiert werden kann; die Frage besteht darin, ob von ihnen aus auch der Ort der Kirche in der Welt interpretierbar ist. Unser Interesse be-

---
[1] Siehe oben S. 49 ff.

zieht sich also vordringlich gerade nicht auf Konzeptionen, in denen die Ethik sich verselbständigt und das Evangelium dadurch zum Gesetz wird, sondern auf Versuche, die Interpretation des Evangeliums in seinem Verhältnis zum Gesetz bis in den Bereich individuellen und korporativen Handelns hinein voranzutreiben. Die Frage nach dem Verhältnis von Evangelium und Gesetz durchzieht deshalb die folgenden Interpretationsanalysen insgesamt; gleichwohl wird sie an der gebotenen Stelle eigens zum Thema gemacht.

Der allgemeinen Begrenzung der Arbeit folgend, beschränkt sich dieser Teil auf vier Konzeptionen, die im Bereich des deutschen Protestantismus nach 1945 eine dominierende Rolle gespielt haben: die Zwei-Reiche-Lehre, die Lehre von der Königsherrschaft Christi, die Konzeption der gesamtgesellschaftlichen Diakonie und die politische Theologie. Während es sich bei den drei ersten Themen um spezifische Theoriebildungen der evangelischen Theologie handelt, überschreiten wir mit der »politischen Theologie« die konfessionellen Grenzen; dies liegt nicht nur an der Entstehung dieser Konzeption, sondern auch daran, daß konfessionelle Unterschiede in ihr selbst nicht mehr von dominierender Bedeutung sind. So kommt der ökumenische Zusammenhang, der in dieser Arbeit an vielen Stellen vernachlässigt werden muß, wenigstens in der Erörterung der politischen Theologie ansatzweise zu seinem Recht.

Es kann nicht die Aufgabe der folgenden Darstellung sein, die theologische Diskussion über die Stichworte Zwei-Reiche-Lehre, Königsherrschaft Christi, Gesamtgesellschaftliche Diakonie und Politische Theologie umfassend darzustellen. Sie setzt sich vielmehr zum Ziel, die Konsequenzen für das Verhältnis von Kirche und Öffentlichkeit zu erheben, die sich aus dieser Diskussion ergeben. Dabei muß einerseits geklärt werden, welche Kriterien für eine theologisch legitime Gestaltung des Verhältnisses von Kirche und Öffentlichkeit sich aus diesen theologischen Konzepten ablesen oder entwickeln lassen; andererseits muß geprüft werden, ob die Konsequenzen für das Verhältnis von Kirche und Öffentlichkeit in überzeugender Weise aus den jeweiligen theologischen Ansätzen abgeleitet werden.

1. Zwei-Reiche-Lehre

1.1. Zur Interpretation der Zwei-Reiche-Lehre

Die Zwei-Reiche-Lehre stand in den letzten Jahrzehnten häufig im Mittelpunkt der theologischen Auseinandersetzung. Dafür wird man zwei Gründe angeben können. Zum einen wurde die Zwei-Reiche-Lehre dafür verantwortlich gemacht, daß sich im deutschen Luthertum ein quietistischer Gehorsam gegenüber der Obrigkeit herausgebildet habe und daß in der preußisch-deutschen Politik die Bindung an ethische Maßstäbe verloren gegangen sei. Vor allem Karl Barth hat diese Auffassung zu Beginn des Zweiten Weltkriegs vertreten; er knüpfte damit an das Urteil an, das er 1914 beim Ausbruch des Ersten Weltkriegs über den Zusammenhang der deutschen Kriegstheologie mit der lutherischen Tradition gefällt hatte[2]. Hatte er damals eine Linie von Luther über Friedrich den Großen und Bismarck zum Ersten Weltkrieg und zur Kriegstheologie gezogen, so verlängerte er diese Linie nun bis zu Hitler. In einem offenen Brief an französische Protestanten schrieb er 1939:

»Das deutsche Volk leidet an der Erbschaft des größten christlichen Deutschen: an dem Irrtum Martin Luthers hinsichtlich des Verhältnisses von Gesetz und Evangelium, von weltlicher und geistlicher Ordnung und Macht, durch den sein natürliches Heidentum nicht sowohl begrenzt und beschränkt als vielmehr ideologisch verklärt, bestätigt und bestärkt worden ist.«[3]

In einem Brief aus dem Jahr 1940 an holländische Protestanten heißt es:

»Das Luthertum hat dem deutschen Heidentum gewissermaßen Luft verschafft, ihm (mit seiner Absonderung der Schöpfung und des Gesetzes vom Evangelium) so etwas wie einen eigenen sakralen Raum zugewiesen. Der deutsche Heide kann die lutherische Lehre von der Autorität des Staates als christliche Rechtfertigung des Nationalsozialismus gebrauchen, und der christliche Deutsche kann sich durch die gleiche Lehre zur Anerkennung des Nationalsozialismus eingeladen fühlen. Beides ist tatsächlich geschehen.«[4]

Sollte die theologische Interpretation der Weltverantwortung der Christen weiterhin von der Zwei-Reiche-Lehre ausgehen, so mußte man sich mit diesen Vorwürfen auseinandersetzen. Insbesondere

---

[2] Siehe oben S. 207.
[3] K. Barth, Eine Schweizer Stimme, S. 113.
[4] Ebd., S. 122.

P. Althaus hat versucht, die Zwei-Reiche-Lehre gegenüber dieser Kritik zu verteidigen[5]. Neben diesen Anstoß trat der zweite, daß Johannes Heckel eine neue, systematisch durchkonstruierte Interpretation der Zwei-Reiche-Lehre vorlegte[6]. Dieser Herausforderung durch einen juristischen Interpreten mußten sich die Theologen stellen. Heckel behauptete, daß Luthers Zwei-Reiche-Lehre sowohl eine Rechtstheologie als auch eine ausgeprägte theologische Deutung des Verhältnisses von Staat und Kirche enthalte. Während für die meisten anderen Interpreten das Gewicht der Zwei-Reiche-Lehre auf ihrer Bedeutung für das »Reich der Welt« bzw. das »Reich zur Linken« lag und sie diese deshalb in ihrer »sozialtheologischen« Relevanz[7] darzustellen suchten, legte Heckel den Schwerpunkt auf die Bedeutung dieser Lehre für das Kirchenverständnis und für eine evangelische Auffassung vom Kirchenrecht[8].

Weder über die historische Bedeutung noch über die aktuellen Konsequenzen der Zwei-Reiche-Lehre wurde in diesen Auseinandersetzungen Übereinstimmung erzielt. Im Blick auf den historischen Befund ist dafür wohl ausschlaggebend, daß Luther oft wechselnde Begriffe verwendet bzw. mit den gleichen Begriffen unterschiedliche Sachverhalte bezeichnet. Die entscheidende terminologische Schwierigkeit liegt darin, daß er sowohl im Blick auf den Gegensatz von Reich Gottes und Reich des Teufels als auch im Blick auf den Unterschied von geistlichem und weltlichem Regiment Gottes von den »zwei Reichen« spricht. Aus diesen Überschneidungen im Sprachgebrauch Luthers ergeben sich Unterschiede der Interpretation, die vor allem dann groß sind, wenn man eine Seite von Luthers Terminologie als allein maßgeblich ansieht. So hat P. Althaus die Zwei-Reiche-Lehre rein als Lehre von den zwei Regimenten Gottes — dem geistlichen Regiment durch Wort und Sakrament und dem weltlichen Regiment zur Erhaltung und Ordnung des zeitlichen Lebens durch Recht und Gewalt — entfaltet[9]. J. Heckel dagegen hat die Reichslehre »im Grundsinn« als die Lehre vom Dualismus zwischen dem Reich

---

[5] *P. Althaus*, »Luthers Lehre von den beiden Reichen«.
[6] *J. Heckel*, Lex charitatis; ders., Im Irrgarten der Zwei-Reiche-Lehre.
[7] Vgl. *G. Törnvall*, »Die sozialtheologische Hauptaufgabe der Regimentenlehre«.
[8] Vgl. dazu auch *J. Heckel*, »Kirche und Kirchenrecht nach der Zwei-Reiche-Lehre«.
[9] *P. Althaus*, a. a. O., und ebenso »Zwei-Reiche-Lehre«.

Gottes und dem Reich des Teufels als zwei personalen Verbänden aufgefaßt[10]. In diese dualistische Reichslehre hat er sodann die Regimentenlehre sowie Luthers Auffassung von der Kirche und dem politischen Gemeinwesen eingezeichnet.

Diese Unklarheiten im Verständnis der Zwei-Reiche-Lehre sind erst durch U. Duchrows konsequent traditionsgeschichtliche Interpretation dieser Lehre beseitigt worden[11]. Duchrow hat überzeugend dargelegt, daß und wie Luther zwei traditionsgeschichtliche Elemente miteinander verknüpft. Er übernimmt Augustins Lehre von den zwei civitates, den beiden Herrschaftsverbänden Gottes und des Teufels, hinter der die biblische Tradition von den zwei Äonen sowie die mit ihr verbundene Lehre vom »alten« und »neuen« Menschen steht. Mit der civitates-Lehre verbindet Luther Elemente der mittelalterlichen Theorie von den beiden potestates, der geistlichen und weltlichen Gewalt. Dadurch wird diese Theorie grundlegend modifiziert: die geistliche Gewalt wird als geistliches Regiment Gottes verstanden; damit wird der Machtanspruch der mittelalterlichen Kirche negiert. Doch auch die weltliche Gewalt wird nun konsequent vom weltlichen Regiment Gottes, von seiner Zuwendung zu seiner Schöpfung her aufgefaßt: damit wird der Bereich der Welt als der Bereich, in dem die Liebe zur Wirksamkeit kommen soll, dargestellt. Die Zweiheit der Regimente steht jedoch nicht beziehungslos neben der Doppelheit der Reiche. Vielmehr sind beide Regimente das Feld der eschatologischen Auseinandersetzung zwischen Gott und dem Bösen. Damit dies deutlich wird, stellt Duchrow zur Diskussion, ob man in Zukunft nicht von einer Drei-Reiche-Lehre sprechen solle[12]: es handelt sich um die zwei Reiche (bzw. Regimente) Gottes — sein geistliches und weltliches Reich — und das Reich des Bösen. Der Angriff dieses Reiches richtet sich nicht nur auf das weltliche, sondern auch

---

[10] *J. Heckel*, a. a. O., und »Zwei-Reiche-Lehre«; im Anschluß an ihn v. a. auch *M. Heckel*, »Rechtstheologie Luthers«, v. a. Sp. 1764 ff.
[11] *U. Duchrow*, Christenheit und Weltverantwortung, v. a. S. 437 ff. In ähnlicher Richtung auch *F. Beißer*, »Zur Deutung von Luthers Zwei-Reiche-Lehre«, der die unterschiedliche systematische Funktion von »Reichslehre« und »Regimentenlehre« hervorhebt. — Zur Frage der Abhängigkeit Luthers von Wilhelm Ockham vgl. *H. Junghans*, »Das mittelalterliche Vorbild für Luthers Lehre von den beiden Reichen«.
[12] A. a. O., S. 526; in dieselbe Richtung weist auch *A. Peters*, »Kirche und Welt im Lichte des eschatologischen Richter- und Erretterhandelns Gottes«, bes. S. 277.

auf das geistliche Regiment. Die Unterscheidung der beiden Reiche gilt also sowohl innerhalb des geistlichen wie des weltlichen Regiments; der eschatologische Kampf zwischen ihnen spielt sich in beiden Regimenten ab.

Luther charakterisiert das weltliche Regiment einerseits negativ als Mittel gegen die sozialen Folgen der Sünde; andererseits bezieht er es positiv auf die Erhaltung der Schöpfung, auf die Durchsetzung von Gottes Schöpferwillen in der Welt. Kennzeichnend für das weltliche Regiment ist deshalb nicht allein, wie es zumeist dargestellt wird, die Gewalt; sondern das weltliche Regiment ist der Bereich, in dem sich die menschliche Vernunft in der cooperatio hominis cum deo bewähren soll. Der politische »Stand« steht deshalb bei Luther mit den beiden anderen Ständen, dem status oeconomicus und dem status ecclesiasticus, auf einer Stufe[13]. In allen drei Ständen kommt es darauf an, daß der Mensch als cooperator Dei seinem Mitmenschen hilft[14]. Dadurch, daß Luther die aus römisch-rechtlicher Tradition stammende und im Mittelalter rezipierte Unterscheidung von persona publica und persona privata übernimmt[15], kann er verständlich machen, wie das Gebot der Liebe in allen Ständen zur Wirksamkeit kommt, wie es aber zu unterschiedlichen Konsequenzen führt, wenn der Mensch »für sich« und wenn er »für andere« handelt[16]. Wird der Mensch als homo privatus selbst von einem Unrecht betroffen, so muß er das Unrecht leiden und seinen Feind lieben: damit ist die Geltung der Bergpredigt in ihrer Radikalität für alle Menschen wieder aufgerichtet. Aufgabe des homo publicus ist es jedoch, für den Nächsten zu handeln und für dessen Recht einzutreten; trifft diesen ein Unrecht, so muß der Christ ihm also beispringen. Doch damit ist die Geltung der Bergpredigt nicht aufgehoben; denn der homo publicus darf nicht sein eigenes, sondern nur das Recht anderer verteidigen, um den Übeltätern zu wehren[17].

---

[13] *Duchrow*, a. a. O., S. 501.
[14] Vgl. WA, 15, 625, 7.
[15] Vgl. *Duchrow*, a. a. O., S. 387 ff.
[16] Vgl. v. a. WA, 2, 150, 32 ff.; WA, 11, 259; siehe dazu G. *Scharffenorth*, Römer 13 in der Geschichte des politischen Denkens, S. 93 ff.; *Duchrow*, a. a. O., S. 540 ff.
[17] Vgl. auch H. *Bornkamm*, in: *Schrey*, Reich Gottes und Welt, S.187; G. *Forck*, ebd., S. 392.

1.2. Die Zwei-Reiche-Lehre und die Unterscheidung von Gesetz und Evangelium

Die Unterscheidung der beiden Reiche ist vielfach mit der Unterscheidung von Gesetz und Evangelium gleichgesetzt worden[18]: das Reich der Welt ist der Bereich des Gesetzes, das Reich Gottes (das geistliche Regiment) der Bereich des Evangeliums. Aus dieser Gleichsetzung lassen sich Folgerungen für die Bestimmung des Verhältnisses von Kirche und Öffentlichkeit unmittelbar ableiten; denn aus ihr ergibt sich, daß die öffentliche Wirksamkeit der Kirche in ihrem Grundmodus die Gestalt der Gesetzespredigt hat, die sich im Horizont des eschatologischen Richterhandelns Gottes vollzieht[19]. Ihre biblische Begründung findet diese Interpretation des Verhältnisses von Kirche und Öffentlichkeit insbesondere in dem Gotteswort an Hesekiel vom Wächteramt des Propheten (Hes. 3,16—21; 33,7—9) sowie der Abschiedsrede des Paulus an die Gemeinde in Ephesus (Apg. 20,17—35)[20]. Die öffentliche Aufgabe der Kirche wird in der Wahrnehmung eines Wächteramts gesehen, in dem sie die Übertreter des Gesetzes mahnt und ihnen Gottes drohendes Gericht vor Augen stellt.

Eine Überprüfung dieser Konzeption vermag uns die Bedeutung der Zwei-Reiche-Lehre über das bisher Gesagte hinaus zu verdeutlichen. Wir haben gesehen, daß Luthers Auffassung konsequenterweise als »Drei-Reiche-Lehre« interpretiert werden muß: die beiden Regimente Gottes und das Reich des Bösen stehen einander gegenüber. Deshalb ist es unzutreffend, die Unterscheidung der beiden Reiche bzw. Regimente mit der Unterscheidung von Gesetz und Evangelium gleichzusetzen. Dies kann man sich an der Unterscheidung der beiden usus des Gesetzes in der ursprünglichen Interpretation Luthers[21] verdeutlichen[22]. Zwar deckt sich der erste, politische

---

[18] Vgl. *W. Joest*, »Das Verhältnis der Unterscheidung der beiden Regimente zu der Unterscheidung von Gesetz und Evangelium«; *E. Wolf*, »Habere Christum omnia Mosi«.
[19] Vgl. *A. Peters*, »Kirche und Welt im Lichte des eschatologischen Richter- und Erretterhandelns Gottes«; zu weiteren Folgerungen aus dieser These für das Verhältnis von Kirche und Öffentlichkeit siehe unten S. 446.
[20] *Peters*, a. a. O., S. 281, unter Berufung auf Luther.
[21] Luther spricht noch nicht vom tertius usus legis; vgl. *W. Elert*, Zwischen Gnade und Ungnade, S. 161 ff.; *G. Ebeling*, »Zur Lehre vom triplex usus legis in der reformatorischen Theologie«.
[22] Das Folgende nach *U. Duchrow*, Christenheit und Weltverantwortung, S. 489 f., in der Interpretation von WA, 11, 249, 28 ff.

Gebrauch des Gesetzes mit der Aufgabe der weltlichen Gewalt, Recht und Frieden im Zusammenleben der Menschen zu schützen. Doch der zweite, überführende Gebrauch des Gesetzes, durch den die Menschen ihr Unvermögen vor Gott erkennen, gehört in das Feld des geistlichen Regiments. Auch das Evangelium ist nicht auf ein Regiment beschränkt. Zwar entfaltet es seine Wirkung als die befreiende Zusage der Gerechtigkeit Gottes zunächst im geistlichen Regiment. Doch es bringt »durch die Erneuerung der Menschen in ihrem Gottesverhältnis auch ihm gemäße Werke im zivilen Zusammenleben der Menschen hervor ... Damit aber reichen die Wirkungen des Evangeliums auch über das Feld des geistlichen Regiments hinaus in die Sphäre des den äußeren Frieden erhaltenden weltlichen.« Die Unterscheidung von Gesetz und Evangelium entspricht also nicht der Unterscheidung von geistlichem und weltlichem Regiment, wohl aber der Unterscheidung von Reich des Bösen (Reich der Welt) und Reich Gottes. So wie sich der eschatologische Kampf zwischen diesen beiden Reichen in beiden Regimenten abspielt, so haben auch Gesetz und Evangelium in beiden Regimenten ihren Ort. Deshalb kann die Wirksamkeit der Kirche gegenüber der »Welt« nicht unter Berufung auf die Unterscheidung von Gesetz und Evangelium auf das Wächteramt der Gesetzespredigt beschränkt oder doch konzentriert werden.

Die geschilderte Differenz zwischen der Zwei-Reiche-Lehre und der Unterscheidung von Gesetz und Evangelium wird in einer Reihe von Arbeiten aufgenommen, die für die Erörterung des Verhältnisses von Kirche und Öffentlichkeit nach 1945 von erheblicher Bedeutung waren. An ihrer Spitze steht Karl Barths Vortrag über »Evangelium und Gesetz« von 1935[23], in dem Barth die traditionelle lutherische Reihenfolge »Gesetz und Evangelium« umkehrt. Barth behauptet, das Gesetz als der Wille Gottes werde den Menschen nur von der gnädigen Offenbarung Gottes in Christus her offenbar; das Gesetz sei – wie die bekanntgewordene Formel lautet – »die notwendige Form des Evangeliums, dessen Inhalt die Gnade ist«[24]. Das Gesetz erschließt sich – sowohl in seiner richtenden, das Unvermögen des Menschen aufdeckenden als auch in seiner heilschaffenden, den Menschen zu einem dem Schöpferwillen gemäßen Umgang mit der Schöpfung anleitenden Funktion – allein vom Evangelium her. Betrachtet

---
[23] K. Barth, »Evangelium und Gesetz«.
[24] A. a. O., S. 9.

man die Unterscheidung von Gesetz und Evangelium von der Zwei-Reiche-Lehre her, so wird man nicht leugnen können, daß Barths These durchaus in der Konsequenz von Luthers Ansatz liegt[25]. Allerdings entfernt sie sich von Luthers Terminologie erheblich. Deshalb haben lutherische Theologen vorgeschlagen, die Lehre von Gesetz und Evangelium zu erweitern. So fordert Paul Althaus[26], man müsse zwischen Gebot, Gesetz und Evangelium unterscheiden: Am Anfang begegnet dem Menschen – im Urstand – das Gebot als »die andere Seite des Angebotes, mit dem die ewige Liebe Gottes dem Menschen ursprünglich begegnet«[27], nämlich als das Gebot, Gott die Ehre zu geben und der Berufung zum Ebenbild Gottes zu entsprechen. Durch den Fall wird das Gebot zum richtenden Gesetz; doch das Evangelium als das Ende des Gesetzes macht das Gesetz wieder zum Gebot, das auf der Heilszusage Gottes gründet und heilsames Handeln des Menschen ermöglicht.

In ähnliche Richtung weist Emund Schlinks Unterscheidung von Gesetz und Paraklese[28]. Während mit »Gesetz und Evangelium« die Unterscheidung von Verdammnis und Freispruch bezeichnet wird, bezeichnet »Paraklese« den im Evangelium gründenden Aufruf, sich von der Sünde zu trennen, nachdem durch das Evangelium die Sünde vergeben ist. Aus dieser Unterscheidung zwischen Gesetz und Paraklese ergibt sich, daß auch das mahnende öffentliche Wort der Kirche nicht allein den Charakter des Gesetzes, das auf das Gericht Gottes verweist, sondern auch den Charakter der Paraklese hat, die auf die allem menschlichen Handeln vorausliegende Gnade Gottes begründet ist.

Aus der Differenzierung zwischen Gesetz und Gebot bzw. zwischen Gesetz und Paraklese wird erneut deutlich, daß der Unterschied der beiden Regimente Gottes nicht mit der Unterscheidung zwischen Gesetz und Evangelium gleichgesetzt werden kann. Das Gesetz hat im weltlichen Regiment die Gestalt des Zwangs, durch den der Sünder daran gehindert wird, seinem Mitmenschen Übel zuzufügen; es hat im geistlichen Regiment die Gestalt des überführenden Worts, durch das dem Sünder seine Unfähigkeit vor Augen gestellt wird, die Gerechtigkeit vor Gott aus eigener Kraft zu erlangen. Das

---

[25] Vgl. *E. Wolf*, »Habere Christum omnia Mosi«, v. a. S. 167 f., 187 f.
[26] *P. Althaus*, »Gebot und Gesetz«.
[27] A. a. O., S. 206.
[28] *E. Schlink*, »Gesetz und Paraklese«.

Evangelium hat im geistlichen Regiment den Charakter des freisprechenden und ermächtigenden Worts; es hat im weltlichen Regiment den Charakter der Paraklese, durch die die Glaubenden aufgerufen werden, in ihrem weltlichen Handeln die Folgerungen daraus zu ziehen, daß ihnen ihre Sünden vergeben sind.

1.3. Konsequenzen aus der Zwei-Reiche-Lehre für das Verhältnis von Kirche und Öffentlichkeit

Es kann hier nicht darum gehen, Luthers Zwei-Reiche-Lehre vollständig darzustellen. Vielmehr sollten nur ihre wichtigsten Elemente skizziert werden, damit Kriterien zur Überprüfung der Konsequenzen zur Verfügung stehen, die aus dieser Lehre für das Verhältnis von Kirche und Öffentlichkeit gezogen worden sind. Diese Konsequenzen sind sehr unterschiedlicher Art; der Zusammenhang mit den Unterschieden in der Interpretation der Zwei-Reiche-Lehre selbst ist dabei offensichtlich. Versucht man, sich die wichtigsten Konzeptionen zu vergegenwärtigen, so stößt man auf die folgenden Typen der Deutung des Verhältnisses von Kirche und Öffentlichkeit:

1. Ernst Kinder hat die Zwei-Reiche-Lehre Luthers als die Lehre von der eschatologischen Spannung zwischen Gottesreich und Weltreich interpretiert[29] und damit das von Augustin herkommende Element in Luthers Lehre zum maßgeblichen erklärt. Demgegenüber hält er die Lehre von den zwei Regimenten weitgehend für einen Fremdkörper in Luthers Theologie, insbesondere dort, wo Luther dem weltlichen Regiment eine positive Bedeutung beimißt[30]. Ebenso hält er die damit zusammenhängende »Drei-Stände-Lehre« für einen Fremdkörper bei Luther und schreibt ihr verhängnisvolle kirchengeschichtliche und sozialethische Folgen zu. Mit diesen »Nebenmotiven«, die zu Luthers eigentlicher Anschauung im Widerspruch stehen, ist Luthers Zwei-Reiche-Lehre geschichtlich wesentlich stärker wirksam geworden als mit ihrem Zentrum.

Dieses Zentrum sieht Kinder also in dem dualistischen Verständnis

---

[29] E. Kinder, »Gottesreich und Weltreich«, in: Schrey, Reich Gottes und Welt, S. 40 ff.
[30] Dies ist nach Kinder vor allem dort der Fall, wo Luther sowohl geistliches wie weltliches Regiment aus dem 4. Gebot herleitet; vgl. E. Kinder, »Die Ableitung der geistlichen und weltlichen ›Oberkeit‹«, in: Schrey, Reich Gottes und Welt, S. 221 ff.

von Gottesreich und Weltreich (Reich des Teufels) als zweier miteinander in eschatologischem Kampf liegender personaler Verbände. Für das Verhältnis von Kirche und Staat folgert er daraus, daß Luther — ebenso wie Augustin, von dem er seine Lehre im Kern übernommen habe — noch einmal grundsätzlich hinter die konstantinische Wende zur neutestamentlich-urchristlichen Haltung zurückgegangen sei; alle anderen Zwei-Reiche-Konzeptionen dagegen, die die eschatologische Spannung aus dem Verhältnis der beiden Reiche entfernt hätten, hätten sich auf den Boden der konstantinischen Wende gestellt und das Verhältnis zwischen dem empirischen Staat und der empirischen Kirche entweder staatskirchlich oder theokratisch bestimmt[31]. Luther dagegen sah die mittelalterliche Einheitskultur als eine Fehlentwicklung an, die er als geschichtlich vergangen betrachtete und selbst noch zu überwinden half. Ihr gegenüber betonte er von neuem die eschatologische Distanz der Christen zur Welt und zum Staat, dem sich der Christ aus dieser Distanz heraus gemäß Römer 13 unterordnet, und die eschatologisch begründete Unabhängigkeit der Kirche von Welt und Staat, die jede geschichtliche Verfestigung der Kirche und jede systematische Lösung des Staatsproblems verbietet[32].

Kinders These vom Rückgang Luthers hinter die konstantinische Wende verbindet sich mit einer Interpretation der Zwei-Reiche-Lehre, die nur *ein* Element dieser Lehre als gültig anerkennt. Dadurch wird das Verständnis dafür gerade versperrt, warum Luther sich dazu genötigt sah, die Tradition der augustinischen zwei-civitates-Lehre mit Elementen der mittelalterlichen Theorie von den zwei potestates zu verknüpfen und so diese Theorie nicht schlechthin zu negieren, sondern in seiner Zwei-Regimenten-Lehre in veränderter Gestalt »aufzuheben«. Der Grund liegt eben darin, daß der Rückgang hinter die konstantinische Wende für Luther nicht vollziehbar war. Deshalb versuchte er, in der Zwei-Regimenten-Lehre nicht nur die Differenz von Kirche und Staat zu bestimmen, sondern diese durch den Bezug auf Gottes Zuwendung zu seiner Schöpfung auch einander zuzuordnen. Deshalb versuchte er ferner, in der Drei-Stände-Lehre das Wirken des Christen im öffentlichen Leben als cooperatio hominis cum deo zu begreifen[33].

---

[31] *E. Kinder*, »Gottesreich und Weltreich«, S. 64 f.
[32] Ebd., S. 67 f.
[33] Grundlegend dafür: »De servo arbitrio«, WA, 18, 754, 1 ff.

2. Weil Kinder die Gegenüberstellung von Reich Gottes und Reich der Welt als allein gültigen Bestandteil der Zwei-Reiche-Lehre ansieht, kommt er zu dem Ergebnis einer völligen Distanzierung der Kirche von der Welt. Zu einem sehr ähnlichen Ergebnis kommt Althaus, indem er umgekehrt die Zwei-Regimenten-Lehre Luthers als den bestimmenden Inhalt der Zwei-Reiche-Lehre betrachtet[34]. Die beiden Regimente führt Althaus auf zwei Offenbarungen, die revelatio generalis und die revelatio specialis, zurück. Im weltlichen Regiment werden Recht und Frieden durch Gewalt gewahrt. Das auf die revelatio generalis zurückgehende weltliche Regiment betrifft also den Bereich der Schöpfungsordnungen, denen eine in der Schöpfung gesetzte, gleichbleibende Struktur eignet. Eine Verbindung zwischen den beiden Regimenten gibt es nur »in Gottes Willen und des Christen Haltung, nämlich der Liebe«[35]. Demgegenüber gibt es keine theologisch begründete Beziehung zwischen den *Institutionen* des geistlichen und weltlichen Regiments. Sie stehen vielmehr in einer unüberbrückbaren Distanz zueinander. Ein Auftrag der Kirche in der Welt und der Welt gegenüber kann aus einer so verstandenen Zwei-Reiche-Lehre nicht hergeleitet werden. Ihr Auftrag beschränkt sich vielmehr auf die Predigt von Gesetz und Evangelium und die Verwaltung der Sakramente gegenüber dem einzelnen, der das, was er so als Christ empfangen hat, als Weltperson in Taten der dienenden Liebe umzusetzen hat.

Verschärft wird diese Position noch, wenn — wie dies insbesondere durch W. Elert geschehen ist[36] — die Unterscheidung der Zwei-Reiche-Lehre mit der Unterscheidung von Gesetz und Evangelium gleichgesetzt wird[37]. Denn dadurch wird das weltliche Regiment als Bereich des Gesetzes so vom Evangelium isoliert, daß auch »Gesetze« wie der »Volksnomos« dafür als gültig angesehen werden können, ohne daß sie der Kritik des Evangeliums unterworfen werden müßten. Die Kirche hat dann dieses zeitlos gültige Gesetz zu verkündigen und sich selbst ihm zu unterwerfen bzw. sich seinen wandelbaren geschichtlichen Ausformungen gegenüber neutral zu verhalten[38].

---

[34] Vgl. *Althaus*, »Luthers Lehre von den beiden Reichen«; ders., »Zwei-Reiche-Lehre«.
[35] *Althaus*, »Luthers Lehre«, S. 112.
[36] *W. Elert*, Das christliche Ethos, S. 378 ff. u. ö.
[37] Siehe oben S. 441 ff.
[38] Vgl. den »Ansbacher Ratschlag« bei *K. D. Schmidt*, Die Bekenntnisse, Bd. 2, 2, S. 102 ff., und dazu *E. Wolf*, Barmen, S. 88 ff. Über die Aufgabe der Kirche

Die Distanzierung der Kirche von der Welt haben auch all diejenigen Darstellungen zum Ergebnis, die von einer (relativen) Eigengesetzlichkeit der weltlichen Bereiche sprechen. Sie stimmen also im Ergebnis mit der Lehre von den Schöpfungsordnungen weithin überein. Im Sinn solcher Eigengesetzlichkeit der weltlichen Bereiche hat vor allem Ernst Troeltsch die Zwei-Reiche-Lehre interpretiert und deshalb von der »doppelten Moral« des Luthertums gesprochen[39]. Dieses Ergebnis begegnet in aller Deutlichkeit wieder bei Franz Lau, wenn er Luthers Auffassung dahingehend zusammenfaßt, »daß der Christ, sofern er unter dem Kaiser steht, nicht auf Christi Gebot zu hören hat«[40].

Diese Trennung begründet Lau in der Unterscheidung von Amt und Person. Da der Christ in seinem Handeln immer im Amt steht, ist das Personenhandeln »kaum ein Handeln. Das Christusgebot betrifft nur die Sphäre der Innerlichkeit«.[41] Demgemäß beschränkt sich auch das Handeln der Kirche prinzipiell auf die Sphäre der Innerlichkeit; für das Leben der Menschen in der Welt entfaltet die Existenz der Kirche keine unmittelbare Wirkung.

Helmut Thielicke hat zwar die lutherische Zwei-Reiche-Lehre — die auch er als Regimentenlehre versteht — deshalb kritisiert, weil ihr das eschatologische Moment fehle, das für die Ethik der Bergpredigt kennzeichnend sei[42]. Er hat sich ferner von der Lehre von den Schöpfungsordnungen dadurch distanziert, daß er die weltlichen Ordnun-

---

heißt es im Ansbacher Ratschlag: Sie »hat erstens das Gesetz Gottes zu verkündigen. In dieser Hinsicht ist ihre Aufgabe zu allen Zeiten die gleiche. Das bedeutet die Begründung der Ordnungen in ihrer Hoheit und Erinnerung an ihre Aufgabe. Zweitens sind ihre Glieder selbst den natürlichen Ordnungen unterworfen. Indem sie immer einem bestimmten Volk und einem bestimmten Augenblick zugeordnet sind, empfängt ihre Verpflichtung gegenüber ihrem Volk den konkreten Inhalt durch die gegenwärtige völkische Staatsordnung. In dieser Hinsicht unterliegt die Beziehung der Kirchenglieder auf die natürlichen Ordnungen der geschichtlichen Veränderung. Unveränderlich ist dabei nur das Verpflichtetsein als solches.« Wichtig ist hier die Unterscheidung zwischen der Aufgabe der Kirche, die in der Predigt des zeitlosen Gesetzes besteht, und der Aufgabe der einzelnen, die in der Wahrnehmung der geschichtlichen Notwendigkeit zu sehen ist.
[39] E. Troeltsch, Sozialehren, S. 500 ff.; vgl. in diesem Zusammenhang auch Naumann, siehe dazu oben S. 189 ff. Vgl. auch E. Wolf, Peregrinatio, I, S. 216 ff.
[40] F. Lau, Luthers Lehre von den beiden Reichen, S. 26.
[41] Ebd., S. 31.
[42] H. Thielicke, Theologische Ethik, I, S. 602.

gen als Notverordnungen des noachitischen Äons versteht, die durch das Nicht-mehr der urständlichen Ordnung und durch das Nochnicht der verheißenen Gottesherrschaft gekennzeichnet sind. Doch innerhalb dieses Rahmens stehen die weltlichen Ordnungen unter ihren »Eigengesetzen«, in einer »relativen Eigengesetzlichkeit«, für die die Verkündigung des Evangeliums unzuständig ist[43]. Ihre »Zeitjenseitigkeit« hindert die Kirche daran, sich von ihrer »Zeitgebundenheit« dazu verleiten zu lassen, daß sie sich in die Situation »einmengt«[44].

Davor bewahrt sie die Zwei-Reiche-Lehre, die sie an die relative Eigengesetzlichkeit der verschiedenen Lebensbereiche erinnert. Die Kirche muß sich zwar zu diesen verschiedenen Lebensbereichen äußern, insofern auch sie durch die Gebote Gottes beansprucht werden, und insofern das Schicksal der Menschen in ihnen betroffen ist. Doch auf der anderen Seite kann sie nicht »unmittelbar« in sie »hineinreden«; »sie kann nicht selber Politik machen«[45]. In der Frage der politischen Verantwortung der Kirche führt Thielickes Verwendung der Zwei-Reiche-Lehre in eine tiefe (und nicht weiter aufgehellte) Zweideutigkeit: auf der einen Seite hat die Kirche in die verschiedenen Lebensbereiche ihrer Eigengesetzlichkeit wegen nicht hineinzureden; auf der anderen Seite muß sie sich zu diesen Lebensbereichen äußern, da auch sie unter dem Gebot Gottes stehen.

3. Allen unter 2. erörterten Interpretationen ist gemeinsam, daß sie den Christen als »Bürger zweier Reiche« verstehen. Demgegenüber hat Johannes Heckel[46] betont, daß der Christ nur »Bürger eines Reiches«, nämlich des Reiches Gottes sei. Dem Reich der Welt gehört er nicht an.

Heckel kommt zu diesem Ergebnis vor allem deshalb, weil er die beiden Reiche in erster Linie als die personalen Verbände der »Christen« und der »Unchristen« versteht; deshalb schließt die Mitgliedschaft in dem einen Verband die Mitgliedschaft in dem andern aus. Das Reich der Welt erscheint jedoch nicht nur als Reich des Teufels, sondern zugleich als Reich Gottes zur Linken, als sein Regiment über die gefallene Welt. Deshalb ordnen sich die Christen freiwillig und aus Nächstenliebe diesem Bereich ein und unterwerfen sich der welt-

---

[43] Ebd., S. 603.
[44] Ebd.
[45] Theologische Ethik, II/1, S. 521 ff., 535 f.
[46] *J. Heckel*, v. a. Lex charitatis, S. 43, 134, zusammenfassend »Zwei-Reiche-Lehre«, Sp. 1940 f.

lichen Obrigkeit. Doch sie bleiben dabei ausschließlich Bürger des Reiches Christi und sind nur »Pilger« und »Gäste« im Reich der Welt[47]. Die weltliche Obrigkeit ist also eine der Kirche gegenüber selbständige Rechtsgemeinschaft, wie auch die Kirche als Rechtsgemeinschaft von der politia unabhängig ist. Nach Heckel hat Luther die theologische Begründung für die Selbständigkeit und Trennung der beiden Rechtsgemeinschaften Kirche und Staat in der Moderne gegeben. Mit dem Stichwort »Kirche in der Welt« ist nicht die Zuwendung der Kirche zur Welt, sondern lediglich die Tatsache bezeichnet, daß die ecclesia universalis als Taufgemeinschaft mit der ecclesia spiritualis als Glaubensgemeinschaft nicht identisch ist, daß aber in der Welt die Glaubensgemeinschaft nicht von der Taufgemeinschaft abgesondert werden kann, sondern alle Getauften zur Kirche gehören, die sich nicht von sich aus von ihr gelöst haben.

4. Eine Modifikation der bisher genannten Standpunkte ergibt sich dort, wo man sich der Texte erinnert, in denen Luther von der Bedeutung der Predigt für das weltliche Regiment spricht[48]. Ansatzweise hat E. Mülhaupt diesen Gesichtspunkt aufgenommen: die Verkündigungsaufgabe der Kirche besteht in der Predigt von Gesetz und Evangelium. Als Gesetzespredigt ist die Verkündigung der Kirche auch an die Obrigkeit gerichtet, die an Gottesfurcht, Gottesgebot, Dienst und Nächstenliebe zu erinnern ist[49]. Daß auch die Predigt des Evangeliums Bedeutung für die politische Welt haben könnte, bestreitet Mülhaupt; ein spezifisch christlicher Einfluß auf die Politik ist vielmehr nur »als ein allgemein geistiger bzw. ausgesprochen persönlicher Einfluß« möglich[50].

5. Sowohl die völlige Absonderung der Kirche gegenüber dem weltlichen Regiment als auch die Begrenzung der kirchlichen Verkündigungsaufgabe in dem Sinn, daß zwar die Predigt des Gesetzes auch der Obrigkeit gilt, die Predigt des Evangeliums jedoch nur die Einzelperson in ihrer Innerlichkeit betrifft, haben wichtige Aussagen Luthers gegen sich:

---

[47] Die wichtigsten Belege bei Luther sind WA, 12, 321, 32 ff. (1. Petr. gepredigt und ausgelegt, 1523); WA, 32, 308, 5 ff. (Bergpredigtauslegung).
[48] In erster Linie ist hier die »Predigt, daß man Kinder zur Schulen halten solle« zu nennen (WA, 30 II, 537, 20 ff.).
[49] E. *Mülhaupt*, in: *Schrey*, Reich Gottes und Welt, S. 447 f.
[50] E. *Mülhaupt*, in: Rückert-Festschrift, S. 267 f.

a) Als Kennzeichen der reformatorischen Kirche hat Luther auffälligerweise außer der rechten Lehre des Evangeliums und dem rechten Gebrauch der Sakramente auch die Einsicht in die Aufgaben von »Welt- und Hausregiment« angesehen[51].

»Unsere Kirche ist von Gottes Gnaden der Aposteln Kirche am nähesten und ähnlichsten; denn wir haben die reine Lehre, den Katechismum, die Sacrament recht, wie es Christus gelehret und eingesetzt hat, auch wie man Welt- und Hausregiment brauchen soll.«[52]

Eine entsprechende Äußerung findet sich in den Schmalkaldischen Artikeln:

»Denn unser Kirchen sind nu durch Gottes Gnaden mit dem reinen Wort und rechtem Brauch der Sakrament, mit Erkenntnis allerlei Ständen und rechten Werken also erleucht und beschickt, daß wir unserhalben nach keinem Concilio fragen und in solchen Stücken vom Concilio nicht Bessers zu hoffen noch zu gewarten wissen.«[53]

Die reformatorische Erkenntnis betrifft also nicht nur den status ecclesiasticus, sondern auch den status politicus und den status oeconomicus — und zwar nicht nur negativ, indem sie diese beiden Stände aus dem Verantwortungsbereich der Kirche aussondert, sondern gerade positiv, indem sie Erkenntnis über die spezifische Verantwortung der Menschen in diesen Lebensbereichen vermittelt.

b) Gerta Scharffenorth hat darauf aufmerksam gemacht, daß wesentliche Teile der Lehre vom weltlichen Regiment bei Luther von der bisherigen Forschung übergangen wurden[54]. In der Auslegung des Magnificat von 1521[55] bietet Luther einen ausgeführten Rechtsunterricht, in dem er die Rechte der Menschen aus dem Schöpferwillen Gottes entwickelt. Zu ihnen gehören drei Gruppen: die groben menschlichen Rechte, die Rechte der Vernunft und die Rechte des Glaubens. Zugleich macht Luther deutlich, daß die Verwirklichung dieser Rechte nicht mit der Verwirklichung der Gerechtigkeit Gottes identisch ist, die im Glauben empfangen, aber nicht durch Menschenwerk, auch nicht durch das Handeln der Menschen im weltlichen Regiment, verwirklicht wird. So befreit die Verkündigung des Evange-

---

[51] Vgl. *E. Wolf*, Peregrinatio, I, S. 214.
[52] WA TR, 4, 4172.
[53] Bekenntnisschriften, S. 411, 20 ff.
[54] *G. Scharffenorth*, Römer 13, S. 75 ff.
[55] WA, 7, 544 ff.

liums das Recht zu seiner Zeitlichkeit und Weltlichkeit; darin liegt eine gewichtige Bedeutung der Evangeliumspredigt für das weltliche Regiment. An dieser Evangeliumspredigt findet das weltliche Recht zugleich eine Schranke: es soll nicht den Glauben oder Gottes Wort, sondern die bösen Werke meistern[56].

Auch in der »Predigt, daß man Kinder zur Schulen halten solle«, entwickelt Luther an einer Reihe von Stellen[57] einen Katalog menschlicher Grundrechte, deren Gewährleistung und Schutz zu den Aufgaben weltlicher Obrigkeit gehört. Hier wie an anderen Stellen beschränkt Luther sich nicht auf eine Ermahnung der *Personen*, die ein öffentliches Amt wahrnehmen, sondern nimmt Stellung zu den *institutionellen Bereichen* des weltlichen Regiments, in denen das Recht verwirklicht und Nächstenliebe geübt werden soll. Gerta Scharffenorth hat für die Zeit zwischen 1520 und 1531 zwölf Stellungnahmen Luthers aufgeführt, in denen er sich an der Klärung politischer Fragen seiner Zeit beteiligt hat[58]. Gewiß sah Luther in dieser Klärung eine Aufgabe der Vernunft, in der Christen und Nichtchristen zusammenzuwirken haben. Doch er ging davon aus, daß die Liebe die Vernunft zu wahrer Vernünftigkeit befreit und daß sich erst im Licht der Liebe der Dienst am Nächsten als die wahre Grundstruktur des weltlichen Regiments erweist[59].

c) Gelegentlich betont Luther scharf, daß man die Welt nicht mit dem Evangelium und weltlicher Liebe regieren könne[60]. Er tut das immer dort, wo er sich auf die Aufgabe der Obrigkeit, dem Unrecht mit Gewalt zu begegnen, bezieht. Doch auf der anderen Seite kann er die Verwirklichung von zeitlichem Recht und zeitlichem Frieden im weltlichen Regiment und die Vollendung von Gerechtigkeit und Frieden im Reich Christi auch in eine positive Beziehung zueinander bringen[61]:

> »So viel nu das ewige leben ubertrifft dis zeitliche leben, so weit und hoch gehet auch das predigt ampt uber welltliche ampt, das ist gleich wie ein schatten gegen dem cörper selbs. Denn weltliche herschaft ist ein bilde, schatten und

---

[56] »Von weltlicher Obrigkeit«, WA, 11, 266.
[57] WA, 30, 554, 555, 560, 561, 563, 581.
[58] G. *Scharffenorth*, a. a. O., Anhang S. 13 f.
[59] Vgl. z. B. »Ob Kriegsleute auch in seligem Stande sein können«, WA, 19, 625; dazu U. *Duchrow*, a. a. O., S. 528 ff.
[60] Z. B. »Von Kaufhandlung und Wucher«, WA, 15, 302 und 306.
[61] »Eine Predigt, daß man Kinder zur Schulen halten solle«, WA, 30, 2, 2, 554.

figur der herrschaft Christi. Denn des predig ampt (wo es ist, wie es Gott geordent hat) bringt und gibt ewige gerechtigkeit, ewigen fride und ewiges leben (Hinweis auf 2. Kor. 4). Aber das weltlich regiment erhelt zeitlichen und vergenglichen frieden, recht und leben.«

In Aufnahme der altkirchlichen und mittelalterlichen Tradition typologischer Auslegung setzt Luther weltliches Regiment und Herrschaft Christi hier in ein typologisches Verhältnis zueinander; in dem zeitlichen Frieden des weltlichen Regiments sieht er eine vorwegnehmende Entsprechung des ewigen Friedens. Deshalb kann er auch umgekehrt den zeitlichen Frieden als eine Frucht des Predigtamts, also der Verkündigung des ewigen Friedens bezeichnen[62].

Luthers Lehre vom geistlichen und weltlichen Regiment enthält demnach Konsequenzen für das Verhältnis von Kirche und Öffentlichkeit, die über die unter 1. bis 4. dargestellten Positionen weit hinausgehen. Luther betrachtet den Bereich des weltlichen Regiments als das Feld der Kooperation zwischen Christen und Nichtchristen auf der Basis der Vernunft. Doch wie Luther von seinem cooperatio-Gedanken aus das Zusammenwirken von menschlicher Vernunft mit dem Handeln Gottes in den politischen Institutionen behaupten kann[63], so steht für ihn auch die Liebe nicht im Gegensatz zur Vernunft. Vielmehr erkennt die Vernunft erst von der Liebe aus die wahren Strukturen des weltlichen Regiments, die von der eigenen Person weg auf den Nächsten weisen. Deshalb auch hat die Predigt einen notwendigen Beitrag zur Erkenntnis der Aufgaben im weltlichen Regiment zu leisten, und zwar sowohl als Predigt des Evangeliums wie als Predigt des Gesetzes. Das Verhältnis von Kirche und Öffentlichkeit bestimmt sich maßgebend von dieser Bedeutung der Predigt für das weltliche Regiment her. Aus dem reformatorischen Verständnis der Rechtfertigung und der Gebote Gottes ergibt sich eine neue Klarheit über die Aufgaben, die sich in den verschiedenen institutionellen Bereichen der Öffentlichkeit stellen. Diese Erkenntnisse sind der weltlichen Obrigkeit zu bezeugen; für die Christen wie die Kirche sollen diese Erkenntnisse zum Maßstab werden, dem gemäß sie sich in den weltlichen Lebensbereichen verhalten. Das Ergebnis ist jedoch nicht eine Verchristlichung der Institutionen und Strukturen, da deren richtige Gestaltung auch für Nichtchristen vernünftig und einsehbar sein muß. Die Aufgabe der Kirche besteht nicht darin, eine Hierokratie im Sinn

---

[62] Ebd., 538.
[63] Dazu *Duchrow*, a. a. O., S. 530 f.

der mittelalterlichen Einheitskultur anzustreben, sondern um des Nächsten willen zu einer vernünftigen Ordnung der weltlichen Institutionen beizutragen. Doch diese vernünftige Ordnung der Welt ist Dienst an dem noch ausstehenden Reich Christi; als vorläufige begrenzte Ordnung ist sie bezogen auf die endgültige Herrschaft Gottes, in der der Selbstwiderspruch der Welt überwunden sein wird[64].

2. Königsherrschaft Christi

2.1. Königsherrschaft Christi und Zwei-Reiche-Lehre

Um die öffentliche Verantwortung der Christen und der Kirchen besser begründen zu können, hat man in den letzten Jahrzehnten versucht, statt an die Zwei-Reiche-Lehre an die Lehre von der Königsherrschaft Christi anzuknüpfen. Die Zwei-Reiche-Lehre, so erklärte man, habe sich in ihren politischen Konsequenzen als so zweifelhaft erwiesen, daß man sie ersetzen oder doch zumindest suspendieren müsse[65]. Während man lutherischerseits die Lehre von der Königsherrschaft Christi als eine reformierte »Sonderlehre« bezeichnet hat, haben deren Vertreter diese Bezeichnung — unter Verweis auf entsprechende Stellen bei Luther — abgelehnt. Auf der anderen Seite hat man darauf aufmerksam gemacht, daß auch bei Calvin Zwei-Reiche-Lehre und Lehre von der Königsherrschaft Christi gemeinsam auftreten[66]; eine polemische Konfrontation beider Lehren muß deshalb in theologiegeschichtlicher Perspektive als äußerst fragwürdig erscheinen.

Den Anstoß zur Lehre von der Königsherrschaft Christi gab der Kirchenkampf; als ihre Basisformulierung gilt die 2. Barmer These:

»Wie Jesus Christus Gottes Zuspruch der Vergebung aller unserer Sünden ist, so und mit gleichem Ernst ist er auch Gottes kräftiger Anspruch auf unser ganzes Leben; durch ihn widerfährt uns frohe Befreiung aus den gottlosen Bindungen dieser Welt zu freiem, dankbarem Dienst an seinen Geschöpfen.«[67]

---

[64] In ähnlicher Richtung: *M. Heckel*, »Rechtstheologie Luthers«, Sp. 1758.
[65] Vgl. *H. Simon* in seinem Diskussionsbericht, in: *Schmauch/Wolf*, Königsherrschaft Christi, S. 62: »Es bestand ferner Bereitschaft, die Lehre von den beiden Reichen vorläufig zu suspendieren.«
[66] *J. Staedke*, »Die Lehre von der Königsherrschaft Christi und den zwei Reichen bei Calvin«.
[67] *Heidtmann*, Glaube im Ansturm der Zeit, S. 32.

Diese These stellt die Herrschaft Jesu Christi über alle Lebensbereiche in unmittelbaren Zusammenhang mit dem Öffentlichkeitsauftrag der Kirche. Entwickelt wurde dieser, durch die reformatorische Tradition vorgeprägte Gedanke unter unmittelbarem Rückgriff auf neutestamentliche Texte, in denen von der Herrschaft Christi über die Mächte und Gewalten die Rede ist[68]. In diesem Sinn wird die Lehre von der Königsherrschaft Christi in der neueren Diskussion zuerst und maßgeblich von Karl Barth in seiner Schrift »Rechtfertigung und Recht« dargestellt. Barth verwendet allerdings den Begriff »*Königs*herrschaft Christi« kaum, sondern spricht lieber lediglich von der *Herrschaft* Christi. Er beginnt seine neutestamentliche Studie zum Verhältnis von Rechtfertigung und Recht, von Reich Christi und den anderen Reichen, von Kirche und Staat[69] mit Erwägungen zur Distanz von Kirche und Staat nach dem Neuen Testament; erst von hier aus fragt er nach möglichen Verbindungen. Diese sind durch das Verhältnis Christi zu den Gewalten des Himmels und der Erde bestimmt, das vor allem in 1. Kor. 15,24 f.; Phil. 2,9 f.; Eph. 1,21; Kol. 2,15; 1. Petr. 3,22 als Herrschaft charakterisiert ist[70]. Daraus folgert Barth, daß auch die politische Macht, daß auch »der Staat als solcher ursprünglich und endlich zu Jesus Christus gehört, daß er in seiner relativ selbständigen Substanz, Würde, Funktion und Zielsetzung der Person und dem Werk Jesu Christi und also der in ihm geschehenen Rechtfertigung des Sünders zu dienen hat«[71]. Damit verknüpft sich eine zweite Beobachtung: Das Neue Testament bezeichnet die Ordnung des neuen Äons mit politischen Begriffen: als βασιλεία τοῦ θεοῦ oder τῶν οὐρανῶν, als himmlische πόλις. »Nicht in einem himmlischen Spiegelbild ihrer eigenen Existenz, sondern gerade in dem realen *himmlischen Staat* sieht die reale irdische Kirche ihre Zukunft und Hoffnung.«[72] Auf diese Vollendung in der Herr-

---

[68] In dieser Reihenfolge — Kirchenkampf, Biblisches Zeugnis — behandelt auch W. A. *Visser't Hooft*, The Kingship of Christ, das Thema.
[69] So charakterisiert Barth die Aufgabenstellung seiner Schrift: Rechtfertigung und Recht, S. 7.
[70] Barths Argumentation ist also nicht von seiner Interpretation von Römer 13,1—7 (a. a. O., S. 14 ff.) abhängig, nach der ἐξουσίαι in V. 1 die »Engelmächte« bezeichnet. Zur Unhaltbarkeit dieser Interpretation vgl. bes. *A. Strobel*, »Zum Verständnis von Römer 13«; vgl. auch *E. Käsemann*, »Römer 13, 1—7, in unserer Generation«; ders., »Grundsätzliches zur Interpretation von Römer 13«.
[71] A. a. O., S. 18.
[72] Ebd., S. 23 f.

schaft Gottes ist also gerade der irdische, der unvollendete Staat ausgerichtet. Die wahre Zuordnung des Staates zur Herrschaft Gottes wird also erst eschatologisch offenbar werden.

Oscar Cullmann hat diese exegetischen Erwägungen fortgeführt, indem er auf die Differenz zwischen der »Herrschaft des Sohnes« und der »Herrschaft Gottes« im Neuen Testament hingewiesen hat[73]. Die Herrschaft Christi ist die Zeit zwischen Christi Himmelfahrt und seiner Parusie, bei der er Gott selbst die Herrschaft übergeben wird. Die Herrschaft Christi ist also gegenwärtig als die Herrschaft des Gekreuzigten und Auferstandenen; sie erstreckt sich auf alle Lebensbereiche.

Die Wurzel der Aussage über die Herrschaft Christi ist im Neuen Testament das Bekenntnis: »Herr ist Jesus Christus.«[74] Die Aussage, Christus herrsche über die Mächte und Gewalten, expliziert also einen Bekenntnissatz, der seinerseits mit dem Glauben an die Auferstehung Jesu unlöslich zusammengehört[75]. Dieser Zusammenhang zeigt, daß es in die Irre führt, wenn man die Lehre von der Königsherrschaft Christi als eine Metaphysik des Staates, als eine christologische Staats*begründung* versteht[76]. Bei der Aussage, die Herrschaft Christi erstrecke sich wie auf andere Lebensvollzüge so auch auf den staatlichen Bereich, handelt es sich vielmehr um eine theologische Aussage über die Stellungnahme der *Christen* zum Staat; es handelt sich um die theologische Explikation eines Bekenntnisses. Vor allem Ernst Wolf hat diesen Charakter der Lehre von der Königsherrschaft Christi zu präzisieren versucht[77]: Die Lehre von der Königsherrschaft Christi ist eine Entfaltung der Aussage, daß Jesus Christus »sei mein Herr«[78]. Sie zielt auf die Frage, wie der Christ

---

[73] Vgl. v. a. 1. Kor. 15,23 ff.; Kol. 1,2 f.; siehe dazu O. *Cullmann,* Königsherrschaft Christi und Kirche im Neuen Testament, S. 11 ff.
[74] Phil. 2,11; vgl. O. *Cullmann,* a. a. O., S. 5 f.
[75] Vgl. Röm. 10,9.
[76] W. *Trillhaas,* »Die lutherische Lehre«, S. 32, war offenbar von seinem Interesse an einer »Metaphysik des Staates« (ebd., S. 28) geleitet, als er die »christologischen« Begründungen staatlicher Ordnungen als »Harmlosigkeiten« bezeichnete.
[77] Vgl. v. a. seine Arbeiten: »Die Königsherrschaft Christi und der Staat«; »Was heißt ›Königsherrschaft Christi‹ heute?«; »Königsherrschaft Christi und lutherische Zwei-Reiche-Lehre«; sowie »Königsherrschaft Christi«.
[78] Vgl. die Erklärung Luthers zum 2. Artikel des Glaubensbekenntnisses im Kleinen Katechismus (Bekenntnisschriften, S. 511).

diese im Bekenntnis anerkannte Herrschaft Christi über sein ganzes Leben in seinem weltlichen Handeln in allen Lebensbereichen zu bezeugen vermag. Der Christ bekennt, daß die Welt nun nicht mehr dämonischen Mächten, sondern Christus unterstellt ist, daß sie damit entmythisiert ist und in ihrer Weltlichkeit und Zeitlichkeit erkannt werden kann. Die Welt gilt ihm als Schöpfung Gottes, an deren Bewahrung er mitarbeitet. Aus der Lehre von der Königsherrschaft Christi folgt so die Mitverantwortung der Christen für alle Lebensbereiche, also auch für Staat, Politik, Recht und Wirtschaft. Weil die Welt als Raum der Herrschaft Christi bekannt wird, nimmt der Christ seine Verantwortung für sie in der Nachfolge Jesu und im Gehorsam des Glaubens wahr; weil sie der Raum der Herrschaft des Gekreuzigten ist, bildet die Solidarität mit den Leidenden einen Grundzug dieser Verantwortung[79].

Die Betonung der Königsherrschaft Christi soll die Einheit christlicher Verantwortung in der Kirche und im weltlichen Gemeinwesen herausheben. Der Unterschied zwischen beiden soll dadurch ebensowenig verwischt werden, wie der Kampf zwischen den »beiden Reichen« dadurch geleugnet werden soll: dieser Kampf ist in der Gegenwart noch nicht *beendet*, wenn er für den Christen in Jesu Kreuz und Auferstehung auch schon grundsätzlich *entschieden* ist. Damit stellt sich die Frage, wie sich die Lehre von der Königsherrschaft Christi zur Zwei-Reiche-Lehre verhält. Die Vereinbarkeit beider Anschauungen wird von denen bestritten, die in der Lehre von der Königsherrschaft Christi eine christologische, »christomonistische« oder »christokratische« Staats*begründung* sehen[80]. Demgegenüber haben H.-D. Wendland vor allem im Anschluß an die neutestamentlichen Aussagen über die Herrschaft Christi[81], G. Forck in der Interpretation von Luthers Aussagen[82], E. Wolf in systematischen Erwägungen

---

[79] Vgl. *E. Wolf*, »Was heißt ›Königsherrschaft Christi‹ heute?«, S. 72 ff.
[80] Vgl. *F. Lau*, »Die Königsherrschaft Jesu Christi«, in: *Schrey*, Reich Gottes und Welt, S. 507 ff.; *E. Mülhaupt*, »Herrschaft Christi bei Luther«, ebd., S. 234 ff.
[81] *H.-D. Wendland*, »Die Weltherrschaft Christi und die Zwei-Reiche-Lehre«, in: *Schrey*, Reich Gottes und Welt, S. 457 ff.; ders., »Thesen zur Zwei-Reiche-Lehre und ihrer Bedeutung für die Zukunft«.
[82] *G. Forck*, »Die Königsherrschaft Christi und das Handeln der Christen«, in: *Schrey*, Reich Gottes und Welt, S. 381 ff.; ders., Die Königsherrschaft Jesu Christi bei Luther.

im Anschluß an Luther[83] und J. Staedke in der Interpretation von Calvins Aussagen[84] zu zeigen versucht, daß die Lehre von der Königsherrschaft Christi und die Zwei-Reiche-Lehre einander keineswegs ausschließen, ja daß sie einander sogar bedingen. E. Wolf knüpft dabei an G. Ebelings Interpretation der Zwei-Reiche-Lehre an[85]. Ebeling hat gezeigt, daß man zur Interpretation der Lehre von den zwei Reichen — dem Reich Gottes und dem Reich der Welt — bei der Unterscheidung zwischen Gesetz und Evangelium einsetzen muß[86]: Das Fundamentalproblem der Theologie ist, wie das *Evangelium* zu Gehör kommen kann; deshalb bedarf es der Unterscheidung von Gesetz und Evangelium. »Entsprechend gilt: Weil es in der Theologie um das regnum Christi geht, entfaltet sich Theologie als Lehre von den *zwei* Reichen.«[87] In der Verkündigung der Herrschaft Christi geht es um den Selbstwiderspruch der Welt, die ihren Stand als Schöpfung Gottes verleugnet, und um die Aufhebung dieses Selbstwiderspruchs[88]. Reich Christi und Reich der Welt stehen also in einer doppelten Relation zueinander: in der Relation des Widersprechens, in der die Welt den Anspruch Gottes auf seine Schöpfung leugnet, und in der Relation des Entsprechens, in der Christus die Welt aus diesem Widerspruch befreit[89]. Bei Luther findet der Widerspruch seinen Ausdruck in dem *Gegenüber* von Reich Gottes und Reich der Welt (Reich des Bösen); die Entsprechung findet ihren Ausdruck in der Einheit und Unterschiedenheit der Herrschaft Gottes in geistlichem und weltlichem Regiment (Reich)[90]. »Das regnum Christi ist überhaupt nichts anderes als die Proklamation dessen, daß die Zeit des Selbstwiderspruchs des regnum mundi an ihr Ende gekommen ist.«[91]

Damit ergibt sich für das Verhalten der Christen in den beiden Regimenten, daß es als Ganzes unter dem regnum Christi steht. Dieses Ergebnis entspricht demjenigen, das bereits oben für die Lehre von der Königsherrschaft Christi formuliert wurde. Es muß jedoch noch

---

[83] *E. Wolf*, »Königsherrschaft Christi und lutherische Zwei-Reiche-Lehre«.
[84] *J. Staedke*, »Die Lehre von der Königsherrschaft Christi und den zwei Reichen bei Calvin«.
[85] *G. Ebeling*, »Die Notwendigkeit der Lehre von den zwei Reichen«.
[86] Siehe oben S. 441 ff.
[87] *Ebeling*, a. a. O., S. 410.
[88] Ebd., S. 411 ff.
[89] Ebd., S. 416 ff.
[90] Vgl. dazu oben S. 437 ff.
[91] *Ebeling*, a. a. O., S. 423.

einmal an der Zwei-Reiche-Lehre überprüft werden; denn diese wurde häufig in einer Weise interpretiert, die unserem bisherigen Ergebnis widerspricht. Das Leben und Handeln des Christen, so sagt man auf Grund der Zwei-Reiche-Lehre, ist dadurch gekennzeichnet, daß er »Bürger zweier Reiche« ist[92]. Demgegenüber hat J. Heckel die These vertreten, nach Luther sei der Christ nicht Bürger zweier Reiche, sondern nur Bürger des Reiches Gottes[93]. G. Forck hat diese Lutherinterpretation fortgeführt, indem er gezeigt hat, wie Luthers Unterscheidung zwischen dem Verhalten des Christen für sich und dem Verhalten des Christen im Amt[94] darauf ausgerichtet ist, die Geltung der Bergpredigt für beide Bereiche herauszustellen: sie zielt also darauf, daß sich der Christ im Reich der Welt gerade als Bürger des Reiches Christi bewähren soll. Deshalb ist der Christ nicht Bürger zweier Reiche, sondern er steht »als Bürger des Reiches Christi im Reich der Welt«. Seine Verantwortung im Reich der Welt tritt also nicht erst nachträglich als etwas Zweites zu seiner Mitgliedschaft im Reich Christi hinzu; sondern mit seiner Gliedschaft im Reich Christi ist seine Verantwortung im Reich der Welt zugleich gesetzt und als Verantwortung aus der Liebe qualifiziert.

Versteht man die Lehre von der Königsherrschaft Christi nicht als eine Lehre von der Staats*begründung*, sondern als Lehre vom Verhältnis des Christen zu den beiden Reichen und von seinem Verhalten zu ihnen, dann steht diese Lehre zur Zwei-Reiche-Lehre nicht im Widerspruch. Allerdings ist dieser Charakter der Lehre von der Königsherrschaft Christi nicht immer konsequent durchgehalten worden[95]. Wird jedoch die Lehre von der Königsherrschaft Christi als Lehre von der Staatsbegründung verstanden, so wird behauptet, daß sich das Phänomen des Staats nur einer christologischen Betrachtung wahrhaft erschließt. Die Wahrnehmung der Wirklichkeit durch die menschliche Vernunft wird dabei auf eine allzu unmittelbare Weise vom Glauben abhängig gemacht. Die Unterscheidung der Gottesbeziehung und der Weltbeziehung des Menschen wird dann wegen des Interesses an ihrer Zusammengehörigkeit außer acht gelassen. Als theologische Aussage läßt sich die Lehre von der Königsherrschaft

---

[92] Vgl. etwa *F. Lau*, Luthers Lehre von den beiden Reichen, S. 26 ff.
[93] Siehe oben S. 448 f.
[94] Vgl. dazu S. 440.
[95] Das gilt vor allem für *A. de Quervain*, Kirche, Volk, Staat, S. 196 ff., aber auch, wie gleich zu erörtern ist, für manche Passagen bei *K. Barth*.

Christi nicht vom Glauben des Menschen, in dem mit seiner Gottesrelation auch seine Weltrelation gesetzt ist, trennen; sie darf also aus einer theologischen nicht zu einer ontologischen Aussage gemacht werden. Die Konsequenzen, die aus der Lehre von der Königsherrschaft Christi für das Verhältnis von Kirche und Öffentlichkeit gezogen worden sind, müssen deshalb daraufhin überprüft werden, ob sie den theologischen Charakter dieser Lehre durchgehalten haben.

2.2. Christengemeinde und Bürgergemeinde

Mit der Frage, wie sich das Verhältnis von Kirche und Öffentlichkeit im Licht der Königsherrschaft Christi darstellt, haben sich vor allem Karl Barth und Ernst Wolf auseinandergesetzt. Die folgende Erörterung orientiert sich insbesondere an den Äußerungen von Karl Barth. Dabei ist zu bedenken, daß Barths Stellungnahmen in einem doppelten Kontext gesehen werden müssen: zum einen in dem politischen und kirchenpolitischen Zusammenhang des Kirchenkampfs; zum andern in dem systematischen Zusammenhang, der die drei Schriften Barths »Evangelium und Gesetz«[96], »Rechtfertigung und Recht«[97], »Christengemeinde und Bürgermeinde« sowie die entsprechenden Abschnitte der Kirchlichen Dogmatik[98] miteinander verbindet. Die Vorordnung des Evangeliums vor das Gesetz und die Überordnung der Königsherrschaft Christi über die Eigengesetzlichkeit der Welt bestimmen Barths Stellungnahmen zu dem Verhältnis von Kirche und Öffentlichkeit[99].

Karl Barth hat das Verhältnis von Christengemeinde und Bürgergemeinde in dem Bild zweier konzentrischer Kreise beschrieben[100]. Damit hat er zum einen hervorgehoben, daß auch die Menschen in der Bürgergemeinde unter der Herrschaft Gottes bzw. Christi stehen; er hat zum andern die Tatsache berücksichtigt, daß Christengemeinde und Bürgergemeinde Verbände mit teilweise identischer Mitgliedschaft sind. Die Glieder der Christengemeinde gehören auch der Bürgerge-

---

[96] Dazu oben S. 442 f.
[97] Dazu oben S. 454 f.
[98] Vgl. bes. den Abschnitt: »Die Ordnung der Gemeinde«, in: Kirchliche Dogmatik IV/2, S. 765 ff., und dazu oben S. 99 ff.
[99] Zum einzelnen vgl. *H. G. Jung*, Befreiende Herrschaft, S. 75 ff.; *A. Schwan*, »K. Barths dialektische Grundlegung der Politik«.
[100] Christengemeinde und Bürgergemeinde, S. 5 ff., 12 ff.

meinde an; aber sie leben in ihr mit Nichtchristen zusammen. Daraus folgt, daß das Verhältnis zu Gott kein Bestandteil der staatlichen Rechtsordnung sein kann. Die Bürgergemeinde hat nur äußerliche und vorläufige Ziele und Aufgaben; in religiösen Fragen ist Toleranz »ihre letzte Freiheit«[101]. Die Kirche muß sich also religiöser Intoleranz des Staates widersetzen — und zwar auch dann, wenn sich diese Intoleranz zu ihren eigenen Gunsten auswirkt.

Das Verhältnis von Kirche und Staat hat Karl Barth weiterhin als das der gegenseitigen Garantie gekennzeichnet[102]. Die Verkündigung der Kirche gilt allen Menschen; sie bedarf deshalb der Freiheit im Bereich aller Menschen. Diese Freiheit kann ihr nur vom Staat garantiert oder auch verweigert werden. Die Garantie der Kirche für den Staat ist begründet in ihrem »Gebet für die Obrigkeit«[103], aus dem sich die tätige Mitverantwortung der Christen für den Staat ergibt. Auf dieser Ebene zeigt sich besonders deutlich, daß die Christengemeinde innerhalb der Bürgergemeinde von vornherein ein politischer Faktor ist, der gewisse politische Rechte beansprucht und politische Funktionen wahrnimmt.

In »Christengemeinde und Bürgergemeinde« hat Barth mit Entschiedenheit die Meinung abgelehnt, die Christengemeinde sei dazu in der Lage, eine christliche Theorie des Staats zu vertreten und auf einen der christlichen Kirche entsprechenden christlichen Staat hinzuarbeiten[104]. In eigentümlichem Widerspruch dazu heißt es in »Rechtfertigung und Recht«, »daß die Predigt der Rechtfertigung als Predigt vom Reich Gottes schon jetzt und hier das wahre Recht, den wahren Staat begründet«[105]. Barth fügt zwar hinzu, die Kirche könne dies nur prophetisch andeuten und nicht in ihrer eigenen Existenz dem irdischen Staat den wahren Staat gegenüberstellen[106]. Gleichwohl ist diese Formulierung für das Mißverständnis offen, daß die Kirche auf Grund der Rechtfertigungsbotschaft die wahre Lehre über den Staat zu vertreten habe. Gemeint ist jedoch, daß die Botschaft vom Reich Gottes Aussagen auch über das Ziel der staatlichen Existenz enthält — Aussagen, an denen auch das Tun des irdischen Staates zu

---

[101] Ebd., S. 7.
[102] Rechtfertigung und Recht, S. 29.
[103] Vgl. 1. Tim. 2,1—7.
[104] Christengemeinde und Bürgergemeinde, S. 18.
[105] Rechtfertigung und Recht, S. 25.
[106] Ebd., S. 25 f.

messen ist. Daß die Zielbegriffe Frieden, Gerechtigkeit, Freude, Freiheit als Prädikate des Reiches Gottes gelten, macht sie zugleich zu Kriterien, an denen das vorläufige, endliche Handeln der Staaten gemessen werden muß.

Man geht allerdings in die Irre, wenn man aus Formulierungen wie der zitierten schließt, daß Barth eine christologische Lehre über den Staat vertreten habe[107]. Denn seine Argumentation zielt darauf, daß sowohl das Verhalten der Christen als auch das Verhalten der Kirche gegenüber dem Staat durch die Botschaft von der Rechtfertigung und vom Reich Gottes als den Ausgangspunkt christlicher und kirchlicher Existenz bestimmt sein muß. Die Kirche verkündet »keine Idee, kein System, kein Programm« des Staates und der Politik; wohl aber bemüht sie sich um »eine unter allen Umständen zu erkennende und innezuhaltende *Richtung* und *Linie* der im politischen Raum zu vollziehenden christlichen Entscheidungen«[108]. Barth versucht also, die Lehre von der Königsherrschaft Christi als Aussage über das Verhalten der Christen und der Kirche für den politischen Bereich fruchtbar zu machen. Die Richtung der christlichen Entscheidungen im politischen Raum ist orientiert an Gottes gnädiger Zuwendung zu der in ihrem Selbstwiderspruch gefangenen Welt; sie ist orientiert an der Verheißung des Reiches Gottes. Der Staat ist keine Vorwegnahme des Reiches Gottes. Doch für den Christen ist »die Gerechtigkeit des Staates ... seine Existenz als ein Gleichnis, eine Entsprechung, ein Analogon zu dem in der Kirche geglaubten und von der Kirche verkündigten Reich Gottes«[109]. Der Christ mißt die Gerechtigkeit des Staates an der verheißenen Gerechtigkeit des Reiches Gottes; deshalb wird sie ihm zum Gleichnis. Hier nimmt Barth eine für seine frühe Theologie charakteristische Denkfigur auf[110]; dagegen kann diese Argumentation Barths nicht aus seinen Aussagen über die analogia relationis hergeleitet werden[111].

---

[107] Dieses Mißverständnis liegt insbesondere *H. Thielickes* Kritik an K. Barth zugrunde: Theologische Ethik, II/2, S. 710 ff.
[108] Christengemeinde und Bürgergemeinde, S. 22.
[109] Ebd., S. 29.
[110] Vgl. oben S. 209 ff.
[111] Wie es in *Thielickes* Kritik geschieht, a. a. O., S. 712. Die analogia relationis beschreibt bei Barth eine »Beziehung im Sein Gottes auf der einen«, eine »Beziehung zwischen dem Sein Gottes und dem des Menschen auf der anderen Seite« (Kirchliche Dogmatik, III/2, S. 262).

Barth hat sich in »Christengemeinde und Bürgergemeinde« darum bemüht, an einer Reihe von Beispielen zu zeigen, wie sich die Richtung und Linie christlicher Entscheidungen im politischen Raum aus der Rechtfertigungsbotschaft und der Verkündigung des Reiches Gottes ergibt. An diesen Beispielen ist auf der einen Seite kritisiert worden, daß die politischen Folgerungen auf exegetisch gewaltsamem Wege zustande kämen[112]; auf der anderen Seite hat man ihnen vorgehalten, daß die angewandte Methode der »Analogiebildung« der politischen Wirklichkeit nicht gerecht werde, weil sie das Problem der relativen Eigengesetzlichkeit des politischen Bereichs verkenne[113]. Für beide Einwände wird als Beispiel vor allem Karl Barths Argumentation in der Frage der Geheimpolitik und der Geheimdiplomatie angeführt[114]:

> »Die Christengemeinde lebt von der Enthüllung des wahren Gottes und seiner Offenbarung, von ihm als dem Licht, das in Jesus Christus dazu aufgeleuchtet ist, damit es die Werke der Finsternis zerstöre ... Die notwendige politische Entsprechung dieses Sachverhalts besteht darin, daß die Christengemeinde die abgesagte Gegnerin aller Geheimpolitik und Geheimdiplomatie ist.«

Daß diese Argumentation theologisch wie politisch unhaltbar ist, leuchtet unmittelbar ein. Man hat sich jedoch durch die berechtigten methodischen Einwände gegen Barths Argumentation auch den Zugang zu seiner sachlichen Intention verstellt. Er will beispielhaft Grundkomponenten des christlichen Glaubens erheben, aus denen sich wie für das Handeln der Christen überhaupt so auch für ihre politischen Entscheidungen unverzichtbare Maßstäbe ableiten lassen. Die Würde und der Vorrang des Menschen vor dem Zwang anonymer Sachen, die Sicherung des Rechts des Nächsten, der Einsatz für die wirtschaftlich und gesellschaftlich Schwachen, die Freiheit der Person, die Verantwortlichkeit für politische Entscheidungen vor der gesamten Bürgergemeinde, die Gleichheit aller als mündig anzusprechenden Bürger bei aller Verschiedenheit ihrer Aufgaben und Funktionen, die Freiheit der Meinungsäußerung und Diskussion, der dienende Charakter aller Herrschaft, die ökumenische Offenheit an der Stelle von partikularen Lokal-, Regional- und Nationalinteressen, der Vorrang des Friedens als des Ziels politischen Handelns[115] — solche Stichworte

---

[112] Vgl. z. B. *Schwan*, a. a. O., S. 63.
[113] Vgl. z. B. *Thielicke*, Theologische Ethik, II/2, S. 714.
[114] *K. Barth*, Christengemeinde und Bürgergemeinde, S. 38.
[115] Ebd., S. 32 ff.

kennzeichnen nach Barth die Grundrichtung für politische Entscheidungen der Christen. Man wird Barth darin zustimmen, daß diese Grundrichtung in der Reflexion auf die Mitte des Glaubens, die Rechtfertigung in Jesus Christus, ermittelt werden muß. Man wird jedoch daran Kritik üben müssen, daß Barth den Anschein erweckt, als ergebe sich diese Grundrichtung auf dem Weg einer einlinigen Deduktion aus dem neutestamentlichen Befund. Dieser Anschein täuscht; vielmehr bedarf es für sie eines methodisch durchdachten Zusammenspiels zwischen der Analyse der neuzeitlichen politischen Entwicklung sowie der gegenwärtigen politischen Situation auf der einen und der Reflexion auf die Impulse der christlichen Tradition auf der anderen Seite. Die vielfach geäußerte Kritik an Barths Versuch hat selbst allerdings nicht zu einer größeren Klarheit in dieser Frage der Hermeneutik politisch-ethischer Entscheidungen, der politischen Hermeneutik des Evangeliums also, geführt.

Die Bedeutung der beispielhaft dargestellten Grundrichtung der politischen Entscheidungen der Christen besteht für Barth insbesondere darin, daß sie zugleich Richtlinien für die Gestaltung der kirchlichen Ordnung enthält. In ihrer eigenen Gestalt muß die Kirche zu allererst zeigen, daß und wie die Botschaft der Rechtfertigung und die Hoffnung auf das Reich Gottes sich in der Ausbildung menschlichen vorläufigen Rechts auswirken kann. Auch in ihrer Rechtsordnung hat die Kirche Zeugnis vom Evangelium Jesu Christi abzulegen. Die dem Evangelium gemäße, die Würde des Menschen respektierende Gestaltung ihrer eigenen Ordnung ist deshalb der wichtigste Beitrag der Kirche zur Gestaltung der öffentlichen Ordnung. In ihrem eigenen Recht erinnert sie an das Recht des in Jesus Christus schon proleptisch aufgerichteten Reiches Gottes. In ihrem eigenen Recht realisiert sie Möglichkeiten eines zwar unvollkommenen, vergänglichen, aber doch besseren Rechts. Darin kann auch für die Bürgergemeinde das Angebot besserer Möglichkeiten der Rechtsgestaltung enthalten sein[116].

Die Kirche bringt deshalb ihre eigenen Rechtsüberzeugungen in die Öffentlichkeit nicht auf dem unmittelbaren Weg der Gründung einer christlichen Partei ein; dieser Weg würde der Tatsache nicht gerecht werden, daß die Kirche nicht eine christliche Lehre vom Staat zu vertreten hat und daß die weltliche Rechtsordnung eine Ordnung

---

[116] K. *Barth*, Kirchliche Dogmatik IV/2, S. 817—824.

für Christen und Nichtchristen sein muß. Sondern sie bringt ihre Rechtsüberzeugungen durch die verantwortliche Teilnahme ihrer Glieder an der Politik, durch ihre Beteiligung an der öffentlichen Diskussion darüber, was dem Wohl des Gemeinwesens dient, und vor allem durch die Vorbildlichkeit ihrer eigenen Ordnung in den Prozeß öffentlicher Konsensusbildung ein. Gegenüber dem Plan, in Deutschland eine »christliche Partei« zu gründen, hat Barth in einem Brief an Gustav Heinemann aus dem Jahr 1946 diesen anderen Weg der öffentlichen Wirksamkeit der Kirche in seinen einzelnen Abschnitten geschildert[117]:

»1. Grundsätzliche Neubesinnung über die von der Schrift und vom Glauben her gebotene Gestalt der christlichen Gemeinden und ihres gesamtkirchlichen Zusammenschlusses (Aufbau von unten!).
2. Schaffung entsprechender (und inmitten der deutschen Wirklichkeit für sich selber sprechender!) kirchlicher Tatsachen.
3. Grundsätzliche Neuverständigung innerhalb der Kreise des gemeindlichen Amtes (Presbyter und Pastoren) über den Sinn und die Gestaltung des rechten Staates.
4. Entsprechende Unterweisung der Gemeinde (vor allem der jungen Generation) in Predigt und Unterricht.
5. Die Christen haben die ›Demokratie‹ zunächst auf ihrem eigenen Boden (1. und 2.) kennen und exerzieren gelernt; sie haben (3. und 4.) von da aus begriffen, daß eben das Gesetz, unter dem sie selbst stehen, mutatis mutandis dasselbe ist, unter dem auch das Volk (wenn durch Gottes Gnade überhaupt) allein genesen kann. Sie arbeiten, von da aus in einer unvergleichlichen Weise ausgerüstet und ausgewiesen, in einer der bestehenden Parteien *oder* sie bilden (aber ohne christlichen Titel und Anspruch) eine den bestehenden politischen Bedürfnissen nach ihrer politischen Einsicht besser entsprechende neue Partei.«

Wir gingen von der Frage aus, ob in der Explikation der Lehre von der Königsherrschaft Christi für das Verhältnis von Kirche und Öffentlichkeit deren theologischer Charakter gewahrt wurde. Diese Frage ist zu bejahen. Barth hat es vermieden, eine christliche Lehre vom Staat oder eine Theorie des christlichen Staates zu entwickeln. Statt dessen hat er zu zeigen versucht, wie das politische Verhalten der Christen und die politische Rolle der Kirche auf die Verkündigung der Rechtfertigung und des Reiches Gottes zu beziehen sind. Die methodischen Bedenken gegen diesen Versuch sind oben genannt worden. Darüber hinaus bleibt noch zu erwägen, ob Barths Versuch mit

---

[117] K. *Barth*, Der Götze wackelt, S. 99; zum Empfänger des Briefs vgl. *D. Koch*, Heinemann und die Deutschlandfrage, S. 66.

dem Begriff von der Königsherrschaft Christi besonders glücklich gekennzeichnet ist. Denn dieser Ausdruck verdeckt, daß der herrschende Christus kein anderer ist als der ohnmächtige, leidende und gekreuzigte Jesus von Nazareth, daß der »Gott der Bibel ... durch seine Ohnmacht in der Welt Macht und Raum gewinnt«[118]. Der Ausdruck verdeckt ferner, daß die Rechtfertigung dem Menschen die Freiheit vermittelt, aus der heraus er zu politischen Entscheidungen in eigener Verantwortung fähig ist. Er verdeckt schließlich, daß die Christen in der Hoffnung auf das künftige Reich Gottes in der Gegenwart selbst an der Herstellung vorläufiger, begrenzter Gleichnisse dieses Reiches beteiligt sind und so an dem auf Gottes Zukunft hin offenen Geschichtsprozeß partizipieren. Dies alles kommt in dem Begriff der Königsherrschaft Christi nicht zum Ausdruck, weil er sich mit dem Gedanken der Mündigkeit derjenigen, die dieser Herrschaft unterworfen sind, kaum verbinden läßt.

3. Gesamtgesellschaftliche Diakonie

»Weder die ›Theologie der Ordnungen‹ noch eine christliche Lehre vom Naturrecht, weder die Proklamation der Christokratie über Staat und Gesellschaft noch die Unterscheidung der ›zwei Reiche‹ können in ihren überlieferten Fassungen angesichts unserer, der heutigen Verantwortungen und Aufgaben als zureichend angesehen werden. Sie alle müssen in den Schmelztiegel der Umformung und Bewährung geworfen werden, sie müssen mit den Realitäten unserer Welt konfrontiert werden.«[119]

Mit diesen Worten hat H.-D. Wendland die Aufgabe geschildert, die sich einer Theologie der Gesellschaft heute stellt. In ihr müssen sich eine Analyse und Kritik der »Realitäten unserer Welt« mit einer Analyse und Kritik der theologischen Traditionen und der kirchlichen Strukturen verbinden. Beide münden in die Forderung nach der gesellschaftlichen Diakonie der Kirche sowie nach entsprechenden kirchlichen Strukturen[120]. Da Wendland in den zitierten Sätzen beansprucht, eine theologische Interpretation der Gesellschaft und des Verhältnisses der Kirche zu ihr zu bieten, die über die Alternative von Zwei-Reiche-Lehre und Lehre von der Königsherrschaft Christi

---

[118] *D. Bonhoeffer*, Widerstand und Ergebung, Neuausgabe, S. 394.
[119] *H.-D. Wendland*, Die Kirche in der modernen Gesellschaft, S. 32.
[120] Vgl. *H. E. Tödt*, »Theologie der Gesellschaft oder theologische Sozialethik?«, S. 221.

hinausgeht, soll seine Konzeption hier in ihren Grundzügen dargestellt werden[121].

Die neue Aufgabe, die sich nach Wendlands Auffassung der Theologie stellt, entspringt einer neuen Lage im Verhältnis zwischen Kirche und Gesellschaft. Die erste Phase dieses Verhältnisses ist das konstantinische Zeitalter, die Epoche des Bündnisses von Thron und Altar. Diese wurde abgelöst durch die Zeit der großen Auswanderung fast aller tragenden Schichten der Gesellschaft, der Arbeiter, Angestellten und Intellektuellen, aus der Kirche. Gegenwärtig beginnt, so vermutet Wendland, eine dritte Phase.

Sie »würde dadurch gekennzeichnet sein müssen, daß die Kirche auf neuen Wegen in die Massen der heutigen Gesellschaften eindringt und ›aus ihren Mauern‹ heraustritt, daß ihre Diener versuchen, die Gemeinden zum Bewußtsein der missionarischen Sendung und Verantwortung gegenüber den ausgewanderten Massen in der modernen Gesellschaft zu erwecken, daß Mission und sozialkirchliche Arbeit sich miteinander verschmelzen, damit die Kirche die Lasten und die Leiden der arbeitenden Menschen in der technisierten Massengesellschaft zu den ihrigen machen kann.«[122]

War die erste Phase durch die Unterordnung der Kirche unter den Staat, die zweite durch die Beziehungslosigkeit zwischen Kirche und gesellschaftlicher Entwicklung gekennzeichnet, so muß in der neuen Phase das Verhältnis der Kirche zur Gesellschaft ein *diakonisches* sein. Der »Öffentlichkeitsanspruch« der Kirche läßt sich nur als der Anspruch auf öffentliche, gesellschaftliche Diakonie der Kirche verantworten.

Dieser kirchengeschichtlichen Herleitung der gegenwärtigen Situation entspricht eine sozialgeschichtliche Darstellung der gegenwärtigen Gesellschaftsverfassung, die sich hauptsächlich an den Überlegungen der Soziologen Freyer, Schelsky und Gehlen orientiert. Vor allem im Anschluß an Freyer beschreibt Wendland[123] die gegenwär-

---

[121] Die wichtigsten seiner zahlreichen neueren Veröffentlichungen sind im Literaturverzeichnis angegeben. Vgl. den kritischen Bericht von *H. E. Tödt*, a. a. O., sowie die Darstellung bei *H. G. Fischer*, Evangelische Kirche und Demokratie, v. a. S. 158 ff.; zur Diskussion zwischen *H. Krimm* und *H.-D. Wendland* über die Begriffsbestimmung von Diakonie vgl. zusammenfassend *P. Heyde*, »Die gesellschaftliche Diakonie als Aufgabe der Kirche«; *H. Krimm*, »Zur Wesensbestimmung der Diakonie«.
[122] *Wendland*, Die Kirche in der modernen Gesellschaft, S. 12; zur Vorgeschichte dieses Motivs im 19. Jahrhundert, bes. bei Lamennais u. a., vgl. *H. Maier*, Revolution und Kirche, S. 127 ff.
[123] Vgl. v. a. *Wendland*, Botschaft an die soziale Welt, S. 124 ff.

tige Gesellschaft als eine Gesellschaft der »sekundären Systeme«, in der die organischen Gliederungen und Gemeinschaften zurückgedrängt werden. Die moderne Gesellschaft ist funktional und funktionalisiert den Menschen; dabei entgleitet dem einzelnen der Sinn der Funktion, die er im Gesamten der Gesellschaft wahrnimmt. Der Mensch wird zum Instrument (wobei Wendland allerdings nicht angibt, *wessen* Instrument er wird)[124]; er nimmt eine Rolle wahr, auf die die alten sozialethischen Leitbilder nicht mehr anwendbar sind. So bringt die Funktionalisierung eine Schwäche und Hilflosigkeit hervor, die die Menschen für totalitäre Bewegungen besonders anfällig macht. Dies verbindet sich mit einem allgemeinen Konformismus, der sich in dem Konsum von Mode, Film und Fernsehen den deutlichsten Ausdruck verschafft. Der instrumentalisierte Mensch ist nur noch ein »Torsomensch«, dem »ganze Dimensionen des Daseins abhanden gekommen sind, so vor allem das Verhältnis zu Gott«[125].

Wendland übernimmt in solchen Darlegungen eine kulturkritische Wertung der Gegenwart, in der die gegenwärtige Gesellschaftsverfassung am Defizit vergangener Möglichkeiten, nicht aber an der Verhinderung neuer Möglichkeiten menschlicher Selbstverwirklichung gemessen wird. Diese soziologische Interpretation verbindet er mit einer theologischen Deutung der gegenwärtigen Gesellschaft, für die der Begriff des »Dämonischen« eine Schlüsselstellung einnimmt[126]. Christliche Sozialethik ist, so sagt er, nur innerhalb einer eschatologischen Perspektive möglich, in der man um die dämonischen Mächte weiß »und die eigentümliche Dynamik kennt, die zur letzten Konzentration und Gesamtoffenbarung des Dämonischen in der Gestalt der Selbstzerstörung der Menschheit und der Zerreißung der Schöpfung drängt, aus der die Menschheit bisher gelebt hat«[127]. Gegen diese »dämonologische« Interpretation des »Kulturverfalls« muß man einwenden[128], daß sie eine soziologische Interpretation der Gesellschaft theologisch verfestigt, daß sie kerygmatische Aussagen des Neuen Testaments mit den mythologischen Vorstellungen identifiziert, deren es sich bedient, und daß sie auf eine dualistische Interpretation der Welt hinausläuft, die dem Neuen Testament kaum gemäß ist.

---

[124] *Wendland*, Die Kirche in der modernen Gesellschaft, S. 177 ff.
[125] Ebd., S. 180.
[126] Vgl. z. B. ebd., S. 17, 50 f., 65, 70 f., 76 f., 82, 110, 167 u. ö.; Einführung in die Sozialethik, S. 33 ff.
[127] Ebd., S. 77.
[128] Vgl. auch die Kritik von *H. E. Tödt*, a. a. O., S. 235 ff.

Wendland hat sich in einem späteren Zusammenhang selbstkritisch gegen eine Dämonisierung der Technik, wie sie in konservativen christlichen Kreisen üblich sei, gewandt[129]; er hat jedoch auf der anderen Seite ausdrücklich erklärt, daß er an dem Begriff der »dämonischen Pervertierungen« festhalten wolle, um damit zu verdeutlichen, daß es über das individuelle Böse hinaus »soziale Verhärtung und Objektivierung der Ungerechtigkeit, der Unfreiheit, der Unmenschlichkeit usf.«[130] gibt. Doch die Frage bleibt, ob man diese Erscheinungen als Ergebnisse menschlichen Handelns, die zu überwinden deshalb auch Aufgabe der Menschen ist, oder als dämonische Mächte, denen der Mensch unterworfen ist, interpretieren soll.

Wendland hat trotz der Einwände, die dagegen vorgebracht wurden, an dem Begriff der »dämonischen Pervertierung« festgehalten; denn dieser ist für ihn ein notwendiger Bestandteil des universaleschatologischen Ansatzes, auf dem Sozialethik nach seiner Auffassung beruhen muß. Dieser Ansatz geht von der Universalität des erhofften Reiches Gottes aus, in dem der Gegensatz von Reich Gottes und Reich der Welt, der die Gegenwart noch bestimmt, aufgehoben sein wird[131]. Der Gegensatz hat zwar nur transitorischen Charakter; doch für die Gegenwart ist gerade unter eschatologischem Aspekt die Zweideutigkeit der Welt, die zugleich dämonisch pervertiert und Schöpfung Gottes ist, kennzeichnend. Das Reich Gottes ist nicht rein zukünftig, sondern bereits gegenwärtig in der Kirche, die seine Vorhut darstellt[132]. In der Kirche ist das künftige Reich Gottes bereits in der Geschichte präsent.

Die Kirche ist also in ihrer Existenz auf das Reich Gottes ausgerichtet und kann deshalb nie mit der Gesellschaft identisch werden. Fragt man nach dem Verhältnis von Kirche und Gesellschaft, so muß man als erstes diese eschatologisch bestimmte Distanz zwischen beiden ins Auge fassen. Da diese Distanz im künftigen Reich Gottes aufgehoben wird, hat sie jedoch nur vorläufige Bedeutung; angesichts solcher Relativität kann man zugleich von der Einheit beider[133] sprechen. Diese zeigt sich vor allem in der heilsgeschichtlichen Zuordnung der Kirche zur Welt; die Kirche ist Gemeinde für die Welt, weil das

---

[129] Die Kirche in der revolutionären Gesellschaft, S. 168.
[130] Sozialethik im Umbruch der Gesellschaft, S. 23.
[131] Vgl. z. B.: Die Kirche in der modernen Gesellschaft, S. 67.
[132] Ebd., S. 68.
[133] Vgl. Die Kirche in der revolutionären Gesellschaft, S. 64 ff.

Heil durch Christus in der Welt gegenwärtig ist; daraus ergibt sich die missionarische und diakonische Aufgabe der Kirche. Darüber hinaus bilden sich in der Geschichte Formen der Verwirklichung kirchlicher Existenz, in denen diese sich mit der Welt zu einer begrenzten Einheit zusammenfügt. Es entstehen Institutionen, welche das »Gegenüber« von Kirche und Gesellschaft geschichtlich vermitteln, »christlich-weltliche Zwischengebilde«, »die keineswegs einfach als ›Abfall‹ vom Kirche-Sein der Kirche verurteilt werden können, da sie, aus der Verkündigung und Unterweisung der Kirche selbst hervorragend, christliche Überlieferung schaffen und erhalten«[134]. Die theologische Entgegensetzung von Kirche und Welt unterliegt also einer soziologischen Relativierung: die Kirche ist Institution in der Gesellschaft; sie verwirklicht sich in institutionellen Formen, die auch für andere gesellschaftliche Gruppen möglich sind; sie partizipiert an den sozialen Formen, die sich im Wandel der Geschichte herausbilden.

Dies alles hebt den Gegensatz von Kirche und Welt nicht auf; es zeigt vielmehr, daß die Unterscheidung und die Einheit von Kirche und Gesellschaft zusammengedacht werden müssen. Die Freiheit der Kirche von der Welt ist die Voraussetzung dafür, daß sie Gemeinde für die Welt sein kann. »›Gemeinde für die Welt‹ kann die Kirche nur in der Kraft der durch Christus bewirkten, doppelten Selbstunterscheidung von ihrer eigenen historisch-sozialen Gestalt und von der Gesellschaft sein.«[135] Neben dieser eschatologisch begründeten Freiheit bedarf die Kirche zugleich der rechtlich gesicherten Freiheit von den gesellschaftlichen Institutionen, um für die Gesellschaft da sein zu können.

Nur aus dieser Freiheit heraus kann die Kirche ihr Verhältnis zur Gesellschaft demnach als diakonisches Verhältnis gestalten. Wendland hat zur Verdeutlichung der These, daß das Verhältnis von Kirche und Gesellschaft in der gegenwärtigen Phase diakonisch sein müsse, zwischen verschiedenen Begriffen der Diakonie unterschieden[136]. Der erste Begriff von Diakonie bezieht sich darauf, daß das gesamte kirchliche Handeln und alle Lebensäußerungen der Kirche diakonischen Charakter tragen und nur insoweit im Namen Christi geschehen können, als sie diesen Charakter nicht verleugnen. Der zweite Begriff verweist auf die Urform der Diakonie in der unmittelbaren Bruder-

---

[134] Die Kirche in der revolutionären Gesellschaft, S. 68.
[135] Ebd., S. 74.
[136] Botschaft an die soziale Welt, S. 253 ff.

und Nächstenliebe. An ihn schließt sich der dritte Begriff an, in dem die Nächstenliebe wegen des Umfangs der Aufgabe zur institutionellen Gestalt »diakonischer Werke« findet. Dies aber führt mit Notwendigkeit zu dem vierten Begriff der »universalen, gesamtgesellschaftlichen Diakonie«, zu der auch die »politische Diakonie« zählt. Der Übergang zu diesem vierten Begriff der Diakonie ist deshalb notwendig, weil das helfende Handeln der Kirche dem ganzen Menschen — und das heißt: dem Menschen in seiner gesellschaftlichen Verflochtenheit — zugute kommen muß. Je stärker die gesellschaftlichen Bindungen des einzelnen werden, je weniger durch die direkte Hilfe gegenüber dem einzelnen die Ursachen seiner Not behoben werden, desto mehr muß die Diakonie der Kirche gesamtgesellschaftlichen und politischen Charakter annehmen. Der Gesamtbereich der »Öffentlichkeitsverantwortung« der Kirche gehört, recht verstanden, zur Diakonie im vierten, gesamtgesellschaftlichen Sinn. Zu ihr zählt die »vermittelte Liebe«, die sich der gesellschaftlichen Apparaturen und Organisationen bedient, wie die Mitwirkung an der Umbildung und Reform der gesellschaftlichen Institutionen. Diese Mitwirkung ist Diakonie, wenn sie unter der Frage steht, was am besten der Freiheit und der Gerechtigkeit für den Menschen dient. »Gesellschaftliche Diakonie der Kirche vereinigt Person und Gesellschaft durch dienende Liebe.«[137]

Für diese gesamtgesellschaftliche Diakonie der Kirche hat Wendland eine Reihe von Prinzipien entwickelt[138]. An deren Spitze steht das Prinzip der kritischen Solidarität. Damit ist die Form der Zuwendung zur Gesellschaft und zu den in ihr lebenden Menschen gemeint, die die Verkehrung sozialer Institutionen aufdeckt und kritisch über den jeweiligen Zustand der Gesellschaft hinausweist. Diese Kritik bezieht sich auch auf die kirchlichen Institutionen und Arbeitsformen selbst. Ein weiteres Prinzip kirchlicher Diakonie ist die Offenheit gegenüber gesellschaftskritischen Bewegungen, eine Offenheit, die die ideologische Selbstabschließung verhindern soll. Damit hängt das Prinzip zusammen, daß die christliche Ethik zur allgemein humanen Ethik hin offen ist, so daß die Kooperation zwischen Christen und Nichtchristen auf dem Feld der gesellschaftlichen Diakonie möglich ist.

Versuchen wir, auf Grund dieser knappen Skizze zu würdigen, worin der Beitrag von Wendlands Konzeption der gesamtgesellschaft-

---

[137] Die Kirche in der revolutionären Gesellschaft, S. 180; vgl. dazu auch P. *Heyde*, »Die gesellschaftliche Diakonie als Aufgabe der Kirche«.
[138] Zusammenfassend in: Einführung in die Sozialethik, S. 63 ff.

lichen Diakonie für die theologische Klärung des Verhältnisses von Kirche und Öffentlichkeit besteht, so stoßen wir auf folgende Hauptpunkte:

1. Wendland geht von der These aus, daß die überlieferten theologischen Interpretationsschemata angesichts der gewandelten Situation nicht mehr ausreichen. In einem universal-eschatologischen Ansatz versucht er, die Zwei-Reiche-Lehre und die Lehre von der Königsherrschaft Christi miteinander zu verbinden. Doch während z. B. bei Ernst Wolf[139] diese Verbindung dazu führt, daß die Tendenz zum Dualismus, die der späteren Entwicklung der Zwei-Reiche-Lehre innewohnte, vermieden wird, führt Wendland einen derartigen Dualismus seinerseits ein, indem er gesellschaftliche Erscheinungen mit dämonologischen Kategorien interpretiert.

2. An manchen Stellen verknüpft Wendland seine Überlegungen mit den Ergebnissen, die die rechtstheologischen Arbeiten der Nachkriegszeit, insbesondere die Institutionen-Diskussion[140], erbracht haben[141]. Doch ebenso wie jene zieht er die Institutionenlehre nur heran, um die dem Menschen im Grundriß vorgegebenen und zugleich zur Gestaltung anvertrauten Institutionen als solche zu erklären, nicht aber um ihr *Verhältnis* zueinander, insbesondere also auch das Verhältnis der *Kirche* als Institution zu den Institutionen des Staates, der Ehe und Familie, der Arbeit und des Eigentums zu bestimmen.

3. Im Gegensatz zu anderen hat Wendland seine Sozialethik von der Kirche her entwickelt. Die Kirche als handelndes Subjekt, als Subjekt ethischer Verantwortung, geht in den Ansatz seiner Sozialethik ein. Der Ort der Kirche »ist am ›Anfang‹ der Ethik und Sozialethik; denn diese ist primär Ethik der Kirche, der Gemeinde für die Gemeinde«[142]. Der traditionelle personalistische Ansatz der Ethik wird vor allem darin überwunden, daß die Ethik nicht nur nach der Selbstvergewisserung des einzelnen im Blick auf mögliches Handeln, sondern nach dem Konsensus handelnder Gruppen fragt. Dabei vermeidet Wendland eine Verengung seines Ansatzes, indem er den Begriff der »weltlichen Christenheit« einführt.

---

[139] Siehe oben S. 457.
[140] Vgl. *H. Dombois* (Hrsg.), Recht und Institution; ders., Recht und Institution. Zweite Folge.
[141] Die Kirche in der modernen Gesellschaft, S. 81; Botschaft an die soziale Welt, S. 207.
[142] Die Kirche in der revolutionären Gesellschaft, S. 31.

Die weltliche Christenheit ist die »Kirche im Überschritt zur Welt...«, die im Verkündigen, Denken und Handeln ihrer in der Gesellschaft tätigen Glieder den Übergang aus dem Reiche Christi in die Welt der menschlichen Gesellschaft vollzieht, weil ihr *in* der Welt zu glauben, zu lieben und zu hoffen geboten ist und sie dazu die Sendung und die Vollmacht von Christus, dem Herrn der Kirche und der Welt empfängt«[143].

Diese weltliche Christenheit besteht nicht aus isolierten einzelnen, sondern bedarf der Bildung von lockeren, aber handlungsfähigen Gruppen, die ihre christliche Verantwortung gemeinsam wahrnehmen können. Die weltliche Christenheit »ist die einzige Brücke, durch die das Kerygma und die soziale Ordnung zu einer realen, offenen Begegnung miteinander gebracht werden können«[144].

4. Wendland hat dem Verhältnis von Kirche und Öffentlichkeit eine klare begriffliche Fassung gegeben, indem er es insgesamt als diakonisches Verhältnis gedeutet hat. Diese Interpretation enthält bemerkenswerte kritische Momente gegenüber jedem Verständnis des Verhältnisses von Kirche und Öffentlichkeit, in dem sich der »Öffentlichkeitswille« und der »Öffentlichkeitsanspruch« der Kirche in den Vordergrund schieben[145]. Demgegenüber empfängt das kirchliche Handeln als Ganzes vom Liebesgebot her seine Ausrichtung, seinen Impuls und seine kritische Begrenzung. Der Begriff der Diakonie enthält jedoch die Gefahr, daß er von vielen einengend interpretiert wird; dadurch wird die gesellschaftskritische und gesellschaftsverändernde Tendenz, die er in seiner umfassenden Bedeutung enthält, gerade ausgeblendet[146].

5. Wendland hat gefordert, daß Gesellschaftsanalyse und -kritik Teil des theologischen Erkenntnisprozesses sein müßten. Er hat damit die Forderung, in der Theologie müsse die historisch-kritische durch eine empirisch-kritische Methode ergänzt werden[147], im Grundsatz bereits vorweggenommen. Allerdings hat er selbst diese Forderung keineswegs erfüllt. Er übernimmt die Urteile einer bestimmten Richtung der Soziologie; doch eine detaillierte Analyse gesellschaftlicher Vorgänge bietet er nicht. Vielleicht hängt es damit zusammen, daß

---

[143] Botschaft an die soziale Welt, S. 139.
[144] Ebd., S. 57.
[145] Vgl. oben S. 121 ff.
[146] An der Auseinandersetzung über den Begriff der »gesellschaftlichen Diakonie« ließe sich dies zeigen; vgl. dazu *Wendland,* Die Kirche in der revolutionären Gesellschaft, S. 175 ff.; *Heyde,* a. a. O.
[147] Z. B. W. *Herrmann,* »Mündigkeit, Vernunft und die Theologie«.

die Prinzipien der gesellschaftlichen Diakonie, die er entwickelt, formal bleiben und der inhaltlichen Präzision entbehren.

4. Politische Theologie

Entschiedener noch als das Programm der »gesamtgesellschaftlichen Diakonie« ist das Konzept der »politischen Theologie« durch den Versuch gekennzeichnet, zu einer Neubestimmung der gesellschaftlichen Rolle von Religion und Kirche unter den Bedingungen der neuzeitlichen Gesellschaft zu gelangen. Im deutschsprachigen Bereich stellt dieses Konzept den ersten Versuch einer gesellschaftsbezogenen theologischen Theorie dar, an dem katholische und evangelische Theologen in gleicher Weise beteiligt sind und der dadurch überkonfessionellen Charakter trägt.

Mit dem allmählichen Rückgang traditioneller gesellschaftlicher Funktionen der Kirchen verlieren auch spezifische konfessionelle Differenzen in der gesellschaftlichen Rolle der Kirchen an Bedeutung. Dieser Vorgang spiegelt sich in dem Versuch, die politische Dimension des christlichen Glaubens und die öffentliche Aufgabe der Kirchen jenseits konfessioneller Differenzen kritisch zu bestimmen.

Diese Beobachtung ist von prinzipiellem Gewicht. Bereits die Fallstudien — nicht zuletzt diejenige über den öffentlichen Status der theologischen Fakultäten[148] — haben zu dem Ergebnis geführt, daß die traditionellen Lehrdifferenzen zwischen den beiden Großkirchen von ständig abnehmender Bedeutung für die faktische Gestaltung des Verhältnisses von Kirche und Öffentlichkeit sind. Dieser Gleichförmigkeit der faktischen Gestaltung standen bisher jedoch noch konfessionell charakteristisch unterschiedene Ansätze zur Interpretation des Verhältnisses von Kirche und Öffentlichkeit gegenüber. Mit der »politischen Theologie« jedoch tritt ein Interpretationsansatz auf, der der historischen Entwicklung gerade darin entspricht, daß er konfessionelle Grenzen hinter sich läßt. Dies gilt unbeschadet der Tatsache, daß die politische Theologie ihr Pathos nicht zuletzt aus der Kritik an der faktischen Gestaltung des Verhältnisses von Kirche und Öffentlichkeit bezieht.

In der Forderung nach einer »politischen Theologie«, die seit dem Buch von J. B. Metz »Zur Theologie der Welt« (1968) geläufig ge-

---

[148] Oben S. 295 ff.

worden ist, strömen eine Reihe von theologie- wie zeitgeschichtlichen Anstößen zusammen. Einige dieser Anstöße sollen im folgenden genannt werden. Außerdem soll auf einige der Aufgaben hingewiesen werden, die sich einer »politischen Theologie« stellen. Denn im Bereich der »politischen Theologie« kann bisher in der Hauptsache nur von Aufgaben, kaum aber schon von ihrer Durchführung die Rede sein. Die Fragen, die sich aus diesem Überblick ergeben, sollen in den »Abschließenden Erwägungen« dieses Kapitels weitergeführt werden.

4.1. Gründe für eine politische Theologie

Aus den bisherigen Beiträgen[149] ergibt sich, daß die Forderung nach einer politischen Theologie vor allem durch folgende Entwicklungen und Probleme veranlaßt wurde:

1. Der Prozeß der Säkularisierung wartet immer noch auf eine angemessene theologische Deutung[150]. Weder die These, in der Säkularisierung handle es sich um einen weltgeschichtlichen Abfall von Gott, noch der Versuch, die Welt in eine mittelalterliche Gottunmittelbarkeit zurückzuholen, sind heute noch vertretbar. Erkennt man jedoch an, daß der neuzeitliche Verweltlichungsprozeß in seinem Grund, wenn auch nicht in seinen einzelnen Etappen und Ausformungen, auf das Christentum selbst zurückzuführen ist, so stellt sich die Frage, wie Theologie diese Konsequenzen des Christentums angemessen zu interpretieren vermag.

2. Die Privatisierungstendenz, die für die neuzeitliche Theologie kennzeichnend ist, steht einer solchen Interpretation des Säkularisierungsprozesses und der säkularen Welt im Wege. J. Moltmann hat schon in der »Theologie der Hoffnung« auf die Privatheit als Kenn-

---

[149] Vgl. v. a. *J. B. Metz*, Zur Theologie der Welt, wo frühere Arbeiten aufgenommen oder zusammengefaßt sind; *H. Peukert* (Hrsg.), Diskussion zur »politischen Theologie« (mit Lit.); *J. B. Metz, J. Moltmann, W. Oelmüller*, Kirche im Prozeß der Aufklärung; *H. Maier*, Kritik der politischen Theologie; *D. Sölle*, Politische Theologie; *J. M. Lochman*, Perspektiven politischer Theologie; *M. Xhaufflaire*, La »théologie politique«; *H.-H. Schrey*, »Politische Theologie« und »Theologie der Revolution«.
[150] Vgl. *Metz*, Zur Theologie der Welt, S. 11 ff.; vgl. zur Diskussion über das Säkularisierungsproblem bes. *D. Goldschmidt/J. Matthes*, Probleme der Religionssoziologie; *H. Lübbe*, Säkularisierung; *H. E. Tödt*, »Säkularisierung«; *J. Matthes*, Religionssoziologie; *H. Blumenberg*, Die Legitimität der Neuzeit, jeweils mit weiterer Literatur.

zeichen von Religion und Kirche in der neuzeitlichen Gesellschaft hingewiesen[151] und die These vertreten, eine Theologie, die den Glauben in der »Existenz« des einzelnen, in der persönlichen Begegnung und existenziellen Entscheidung ansiedle, befinde sich wissenssoziologisch genau dort, wohin die Gesellschaft die Religion als cultus privatus gestellt habe, um sich von ihr zu emanzipieren[152]. Diese Situation, in der sich Religion und Kirche als cultus privatus vorfinden, kann nicht durch eine Rückkehr zu der vorneuzeitlichen »konstantinischen« Lage, in der sie die Rolle des cultus publicus wahrnahmen, aufgehoben werden. Vielmehr muß die Rolle der Christenheit in der Gesellschaft im Erwartungshorizont des Reiches Gottes neu bestimmt werden. Moltmann selbst allerdings diskutiert die sich aus der Erwartung des Reiches Gottes ergebende Sendung der Christenheit im Kontext des reformatorischen Berufsgedankens; dadurch beschränkt er sich auf einen Rahmen, in dem er doch nur den Beruf des *Christen* in der Gesellschaft, nicht aber den »Beruf der *Christenheit* an der Gesellschaft«[153] erörtern kann. Doch erst wenn dieser wirklich thematisiert wird, können Ansätze, die Privatisierung des Christentums zu überwinden, auch im Blick auf die Ekklesiologie gefunden werden. Denn auch die Tatsache, daß man nur die einzelnen Christen, nicht aber Kirchen und christliche Gruppen als Subjekte christlicher Verantwortung wahrnimmt, ist ein Resultat der Privatisierung des Christentums.

3. Wie wirkungsvoll diese ist, zeigt sich nicht zuletzt an der These von der politischen Neutralität der Kirche, die sich, obgleich sie zur Realität in einem so augenscheinlichen Widerspruch steht, einer noch heute andauernden Beliebtheit erfreut. Die These von der politischen Neutralität ist zwar einer Kirche gemäß, die die ihr von der Gesellschaft zugedachte Rolle des cultus privatus akzeptiert. Sie verträgt sich jedoch nicht mit der Tatsache, daß diese Kirche eine der großen gesellschaftlichen Institutionen ist. Denn damit kommt ihr immer schon eine politische Funktion zu, auch wenn sie diese verleugnet. Durch die These von der politischen Neutralität der Kirche wird diese Rolle zwar verschleiert, aber keineswegs eliminiert. Der Versuch einer politischen Theologie entspringt der Erkenntnis dieses Sachverhalts und stellt sich der Notwendigkeit, das politische Handeln der Kirche theoretisch zu reflektieren. Versteht sich Theologie als poli-

---

[151] *J. Moltmann*, Theologie der Hoffnung, S. 280 ff.
[152] Ebd., S. 291.
[153] So die Überschrift, ebd., S. 304.

tisch, so versteht sie sich als handlungsorientiert. Das handelnde Subjekt, auf das sie sich zu allererst bezieht, ist die Kirche. Eine politische Theologie muß es sich zur Aufgabe stellen, die unreflektierte — und dann meist herrschende Interessen bestätigende — politische Funktion der Kirche der Kritik zu unterziehen und reflektierte, auf die Ursprünge des Glaubens zurückbezogene Handlungsorientierungen zu entwickeln.

4. Die Frage nach der politischen Rolle der Kirchen verschärft sich, seitdem deutlich geworden ist, daß ihnen eine unausweichliche Mitverantwortung für die großen Zukunftsaufgaben der Menschheit zukommt. Die ökumenische Christenheit hat Teil an den großen Konflikten der Weltgesellschaft. Sie muß versuchen, einen Beitrag zur produktiven Überwindung dieser Konflikte zu leisten. Die ökumenische Gemeinschaft der Christen ist heute durch nichts so herausgefordert wie durch das Problem des Weltfriedens und durch die Frage, wie die unterentwickelten Länder zu einer angemessenen Entwicklung kommen können. Stärker als durch den Dialog über ihre je eigenen Traditionen wird die Gemeinschaft der getrennten Konfessionen durch die gemeinsame Konfrontation mit den Herausforderungen der gegenwärtigen Welt vorangetrieben. Dies als »indirekte Ökumene« zu bezeichnen oder gar den Ausdruck »postökumenisch« für diese Entwicklung zu erwägen[154], erscheint als unangemessen, wenn man sich die Anfänge der ökumenischen Bewegung im Weltbund für Freundschaftsarbeit der Kirchen und in der Bewegung für Praktisches Christentum (Life and Work) vergegenwärtigt.

Erste Versuche, diese Situation der ökumenischen Christenheit theologisch zu erfassen, wurden vor allem in der Diskussion über die »Theologie der Revolution« unternommen. Doch diese Ansätze wurden im ökumenischen Rahmen nur unzureichend weiterverfolgt; sie wieder aufzunehmen und zu einer theologischen Interpretation der politischen Aufgabe der ökumenischen Christenheit weiterzuführen, wäre die vordringliche Aufgabe jeder »politischen Theologie«.

---

[154] *Metz*, Reform und Gegenreformation heute, S. 11, 33; vgl. auch das Themaheft »Postökumenisches Zeitalter« (Concilium 1970, Heft 4) sowie die Diskussion über den Säkular-Ökumenismus (dazu das Dokument des Instituts des Lutherischen Weltbunds für Ökumenische Forschung, in: LM, 9, 1970, S. 185—191); *Ans J. van der Bent* fragt m. E. mit Recht, ob der Begriff »Säkular-Ökumenismus« nicht als Tautologie verworfen werden müsse (in: Ev. Komm. 3, 1970, S. 300).

5. Die revolutionäre Situation in vielen Ländern der dritten Welt, die in der »Theologie der Revolution« ihren theologischen Niederschlag gefunden hat, hat auch zu einer neuen Virulenz marxistischen Denkens in großen Teilen der Welt geführt. Die »politische Theologie« ist nicht zufälligerweise im Zusammenhang des christlich-marxistischen Dialogs entstanden[155]; und ebensowenig ist es ein Zufall, daß man der »politischen Theologie« ihre große Nähe zu marxistischem Denken vorhält[156]. Diese neue Virulenz des Marxismus reflektiert und fördert zugleich eine starke Zukunftsorientierung des zeitgenössischen Denkens; für die Theologie stellt sich die Frage, wie sich die auch im deutschen Sprachraum seit Moltmanns »Theologie der Hoffnung« wieder in den Vordergrund getretene eschatologische Dimension der Theologie zu dieser Ausrichtung auf die Zukunft verhält[157]. Metz hat die »Theologie der Hoffnung« selbst zur Basis seiner »politischen Theologie« erklärt, indem er von der These ausgegangen ist: »Eschatologie darf in einer christlichen Theologie nicht nur regional, sie muß radikal verstanden werden: als Form *aller* theologischen Aussagen.«[158] Indem Theologie sich *als* Eschatologie entfaltet, ist sie zugleich politische Theologie.

4.2. Aufgaben einer politischen Theologie

1. Wenn die »politische Theologie« in dem eben geschilderten Zusammenhang zu sehen ist, stellt sich mit um so größerem Nachdruck die Frage, was mit dem *Begriff der politischen Theologie* gemeint sei. Man geht in die Irre, wenn man meint, in ihm sei lediglich das Politische als einer unter mehreren Gegenständen der Theologie bezeichnet, so daß besser von der »Theologie des Politischen« oder von »Politik im Lichte der Theologie« die Rede sei[159]. Vielmehr soll »das ›Politische‹ zum Vorzeichen aller verantwortlichen Theologie gemacht« werden. »Politische Theologie bezeichnet ... das Feld, das

---

[155] Metz, Moltmann und andere waren an den christlich-marxistischen Gesprächen der Paulus-Gesellschaft beteiligt.
[156] *D. A. Seeber,* »Was will die ›politische Theologie‹?«, S. 36.
[157] Vgl. *J. B. Metz,* Zur Theologie der Welt, S. 75 ff.; *K. Rahner,* »Die Frage nach der Zukunft«.
[158] *Metz,* Zur Theologie der Welt, S. 83.
[159] So *G. Ermecke,* »›Politische Theologie‹ und realistische Sozialtheologie«, S. 165, Anm. 11; gegen eine solche Genetivtheologie auch *D. Sölle,* Politische Theologie, S. 74 f.

Milieu, den Raum und die Bühne, auf welchen christliche Theologie in der Neuzeit bewußt getrieben werden soll.« Das setzt den Nachweis voraus, »daß es wohl naive und politisch bewußtlose Theologie gibt, aber grundsätzlich keine a-politische Theologie«[160]. Diese Formulierung macht deutlich, in welchem Ausmaß der Begriff der »politischen Theologie« in diesem Zusammenhang ein polemischer, gegen die Privatisierung des Christentums gerichteter Begriff ist. Nachdem in der neuzeitlichen Theologie vielfach gerade das Private als Raum des Glaubens und damit auch als Feld der Theologie angesehen worden war, soll nun das Öffentliche, das Politische als dieses Feld gelten. Gerade das aber könnte es nahelegen, statt von politischer Theologie im Anschluß an den französischen Begriff der »théologie publique« von *öffentlicher Theologie* zu reden[161]. Denn zum einen ist die Kategorie des Politischen gerade nicht geeignet, die Verflochtenheit menschlicher Existenz in gesellschaftliche Prozesse und politische Entscheidungen hervorzuheben; denn zu häufig wird der Begriff des Politischen auf einen bestimmten Sektor des gesellschaftlichen Lebens eingeschränkt. Daß Metz sich zur Begründung seiner Terminologie auf die neuzeitliche Unterscheidung von Staat und Gesellschaft beruft, unterstreicht nur diese Schwierigkeit, ohne sie zu beheben[162]. Denn die neuzeitliche Unterscheidung von Staat und Gesellschaft hat gerade das Politische mit dem Staatlichen identifiziert und das Gesellschaftliche als das Private davon abgesondert. Demgegenüber ist die Kategorie des Öffentlichen eher geeignet, deutlich zu machen, daß die Existenz des einzelnen von der Gesellschaft, in der er lebt, nicht isoliert werden kann und daß die gesamtgesellschaftlichen Prozesse den Horizont bilden, in dem der Glaube verantwortet und deshalb auch Theologie formuliert werden muß. Allerdings fehlt dem Begriff einer »öffentlichen Theologie« die notwendige Trennschärfe; denn jede Theologie wird für sich beanspruchen, zumindest intentional öffentliche Theologie zu sein.

Deshalb behalten wir im folgenden den Begriff der »politischen Theologie« bei, obwohl er geschichtlich bereits festgelegt ist[163]. Zu den

---

[160] *J. Moltmann*, in: Kirche im Prozeß der Aufklärung, S. 17.
[161] Der Vorschlag stammt von *H. Maier*, Kritik der politischen Theologie, S. 22, und ist auch unabhängig von den restriktiven Intentionen, die Maier mit ihm verfolgt, erwägenswert.
[162] *Metz*, »›Politische Theologie‹ in der Diskussion«, S. 269 f.; siehe oben S. 24.
[163] Vgl. zur Begriffsgeschichte zuletzt: *E. Feil*, »Von der ›politischen Theologie‹ zur ›Theologie der Revolution‹?«; *C. Schmitt*, »Politische Theologie II«.

auffälligsten Mängeln der bisherigen Entwürfe von Metz gehört es, daß er sich, als er den Begriff der »politischen Theologie« vorschlug, an keiner Stelle mit der Geschichte dieses Begriffs auseinandergesetzt hat. Dabei greift die These noch zu kurz, Metz habe einen Begriff, der bisher für Traditionalisten, die zur Sicherung einer geschichtlich bereits überholten Staatsform theologische Argumente zu Hilfe nahmen, verwandt wurde, nun für eine gesellschaftskritische Position beansprucht[164]. Zwar trifft es zu, daß vor allem Traditionalisten sich in der Neuzeit ausdrücklich der Argumentationsfiguren einer politischen Theologie bedienten; jedoch ist dies nur die Oberfläche einer tieferliegenden Struktur alles politischen oder staatstheoretischen Denkens. Carl Schmitt hat die These vertreten, daß alle staatstheoretischen Begriffe der Neuzeit in theologischen oder metaphysischen Begriffen ihre Entsprechung haben[165]. Politische Theologie im üblichen Sinn findet man dort vor, wo diese Entsprechung ausdrücklich formuliert und zur Legitimation bestimmter politischer Zielsetzungen herangezogen, wenn also z. B. die Monarchie ausdrücklich aus dem Monotheismus hergeleitet wird[166]. Doch diese Entsprechung findet sich auch dort, wo sie nicht ausdrücklich formuliert und wo die metaphysische Analogie nicht mehr als Legitimationsgrundlage herangezogen wird. So ist die Rede vom »omnipotenten Staat« oder vom »omnipotenten Gesetzgeber« sehr deutlich eine Säkularisierung des Begriffs der Allmacht Gottes. Und so hat die deistische Theologie der Aufklärung ihre sehr deutlichen Parallelen in der gleichzeitigen Staatstheorie. Der liberalen und positivistischen Staatslehre hat Schmitt es zum Vorwurf gemacht, daß sie sich selbst diesen Zusammenhang zu verschleiern suche und meine, die grundlegenden staatstheoretischen Begriffe formulieren zu können, ohne ihren Zusammenhang mit den metaphysischen Grundentscheidungen eines Zeitalters zu reflektieren. Ein solcher Liberalismus, so meint Schmitt in seiner Interpretation des Donoso Cortes, könne jedenfalls nur »in dem kurzen Interim« leben, »in dem es möglich ist, auf die Frage: Christus oder Barrabas, mit einem Vertagungsantrag oder der Ein-

---

[164] So *Feil*, a. a. O., S. 126; *D. Sölle*, Politische Theologie, S. 73.
[165] *C. Schmitt*, Politische Theologie, S. 49 ff.
[166] Mit dieser Herleitung beschäftigt sich die »Widerlegung« der politischen Theologie durch *E. Peterson*, Der Monotheismus als politisches Problem; C. *Schmitt*, »Politische Theologie II«, wendet mit Grund gegen diese Widerlegung ein, daß damit nur eine Form der politischen Theologie getroffen sei.

setzung einer Untersuchungskommission zu antworten«[167]. Moltmanns These, es gebe keine a-politische Theologie, gilt also in den Augen Carl Schmitts ebenso — oder eher umgekehrt: es gibt keine a-theologische Staatstheorie.

Folgt man der Analyse von Carl Schmitt, so stößt man auf ein Grundmuster, das aller politischen Theologie oder theologischen Staatstheorie, verborgen auch noch in ihren säkularisierten Formen, zugrunde liegt, nämlich auf die Lehre von der analogia entis. Alle bisherige politische Theologie beruht auf der These, daß das Sein Gottes sich in der Verfassung der Gesellschaften und Staaten abbilde oder doch abbilden müsse. Will man diese analogia entis, nach der das Sein Gottes und die Gegenwart der Welt in einem Verhältnis statischer Abbildlichkeit zueinander stehen, nicht nachvollziehen, sondern fragt man nach dem Verhältnis der kommenden Gottesherrschaft zur Zukunft der Welt, so wird diese Bemühung durch den Begriff der »politischen Theologie« eher belastet als gefördert. Die Tatsache, daß es sich in ihr um etwas anderes handelt als in der traditionellen politischen Theologie, sollte man auf der anderen Seite nicht durch pauschale Behauptungen, sondern durch differenzierte Analysen nachzuweisen suchen[168].

2. Metz hat den Begriff der politischen Theologie dadurch erläutert, daß er ihre wichtigsten *theologischen Aufgaben* charakterisiert hat[169]. Er nennt drei derartige Aufgaben: eine theologische Hermeneutik im zeitgenössischen gesellschaftlichen Kontext; die Bildung eines kritischen Korrektivs gegenüber einer gewissen Privatisierungstendenz der neueren Theologie; die Kritik bestimmter kirchlicher Institutionen und Traditionen als primäre Form theologischer Gesellschaftskritik.

Dabei scheint mir das ungelöste Problem einer theologischen Hermeneutik, die die öffentliche Dimension des Evangeliums zum Zuge

---

[167] Politische Theologie, S. 78.
[168] Bisher stehen nur Behauptungen gegeneinander. Während *Metz* (»›Politische Theologie‹ in der Diskussion«, s. 269 f.), *Feil* (»Von der ›politischen Theologie‹ zur ›Theologie der Revolution‹«, S. 126 f.), *Moltmann* (Kirche im Prozeß der Aufklärung, S. 11) und *D. Sölle* (Politische Theologie, S. 73) die Vergleichbarkeit der neuen politischen Theologie mit der früheren kurzerhand bestreiten, behauptet *Maier* (Kritik der politischen Theologie, z. B. S. 22, 103), Metz vertrete einen »Integralismus von links«, der mit dem historischen Gegenbild eines »Integralismus von rechts« wesentlich mehr gemeinsam habe, als auf den ersten Blick sichtbar werde.
[169] *Metz*, »›Politische Theologie‹ in der Diskussion«, S. 274 ff.

bringen will[170], darin zu bestehen, daß sie das Verhältnis der Antizipation von Zukunft in den Formen von Voraussage, utopischem Entwurf und Planung zur eschatologischen Hoffnung zu bestimmen hätte und daß sie klären müßte, wie sich Antizipation von Zukunft, Analyse gegenwärtiger Handlungsbedingungen und Rückgriff auf durch Tradition vermittelte Sinnentwürfe und Handlungsorientierungen zueinander verhalten. Die Aufgabe, die sich einer kritischen Korrektur der neuzeitlichen Privatisierung des Glaubens stellt, würde ferner gerade darin bestehen, in der Hervorhebung der öffentlichen Dimension des Evangeliums zugleich dem Verdacht zu entgehen, »das Eigentliche des Christlichen primär im Modus politisierender Existenz zu begreifen«[171] und die mit der Gottesrelation des Menschen gesetzte Personalität sowie die legitime »Privatheit«, die gerade in der modernen Gesellschaft Voraussetzung von Intersubjektivität ist, zum Zuge zu bringen[172]. Die Kritik kirchlicher Institutionen und Traditionen schließlich bedürfte als ihrer Entsprechung einer Ausarbeitung der These, daß die Kirche als Institution gesellschaftskritischer Freiheit des Glaubens zu verstehen sei[173].

Diesen Aufgaben einer politischen Theologie hat Moltmann noch die Kritik der »politischen Religion« hinzugefügt[174]. Er hat als Beispiele die politische Religion genannt, die Axel Springer bei verschiedenen Anlässen vertreten hat[175], und diejenige, die R. Bellah in seinem Aufsatz »Civil Religion in America«[176] beschrieben hat. Diese bürgerliche politische Religion[177], auf die man auch bei der Analyse

---

[170] Auch *D. Sölle*, Politische Theologie, S. 72 ff., begreift die Aufgabe der politischen Theologie als die Aufgabe einer »politischen Interpretation des Evangeliums« und zieht diesen letzteren Terminus dem Begriff »Politische Theologie« vor.
[171] *F. Böckle*, »Moraltheologische Überlegungen zur ›politischen Theologie‹«, S. 179.
[172] *K. Lehmann*, »Die ›politische Theologie‹«, S. 205.
[173] *Metz*, Zur Theologie der Welt, S. 107 ff.; »›Politische Theologie‹ in der Diskussion«, S. 296 ff.
[174] *Moltmann*, in: Kirche im Prozeß der Aufklärung, v. a. S. 32 ff.
[175] Vgl. seinen Briefwechsel mit H. Bannach, 1968, der von der Evangelischen Akademikerschaft in Deutschland separat veröffentlicht wurde, sowie seinen Brief an M. Saller, in: Der Spiegel, 1969, Nr. 17, S. 81 f.
[176] *R. Bellah*, »Civil Religion in America«.
[177] *W.-D. Bukow*, »Politische Theologie oder politische Religion« hat einen Begriff der politischen Religion vorgeschlagen, der das Gegenbild des hier erörterten Phänomens ins Auge faßt und sich auf die Aktualisierung emanzipatorischer Potentiale richtet. Bukow (a. a. O., S. 355) nennt vier Bedingungen,

der Umfrage »Was glauben die Deutschen?«[178] stößt, läßt sich auf fünf Punkte reduzieren, die bereits Rousseau als die Dogmen der positiven bürgerlichen Religion genannt hat[179]: das Dasein des Allmächtigen; eine alles umfassende Vorsehung; ein zukünftiges Leben; die Belohnung der Gerechten und die Bestrafung der Ungerechten; die Heiligkeit des Gesellschaftsvertrags und der Gesetze. Überall, wo der christliche Glaube sich mit dieser bürgerlichen Religion identifiziert, identifiziert er sich zugleich mit den Formen von Herrschaft und Staatsräson, die durch eine solche Religion gestützt werden. Demgegenüber kommt es, so fordert Moltmann, darauf an, Eschatologie und Kreuzestheologie zusammenzudenken, »den Universalismus der Hoffnung mit der konkreten Dialektik der gegenwärtig Unterdrückten und Mißachteten zu verbinden, um die christlichen Kirchen weder zur Religion noch zur Sekte der Gesellschaft werden zu lassen«[180].

5. Abschließende Erwägungen

Mit der Frage nach dem Verhältnis von Kreuzestheologie und Eschatologie scheint das zentrale theologische Problem jeder politischen Theologie, die sich als eschatologische Theologie versteht, genannt zu sein. Denn ohne die Verbindung mit der Kreuzestheologie wird der eschatologische Universalismus zu einem geschichtsphilosophischen Prinzip; und der eschatologische Vorbehalt, der allem geschichtlichen Handeln entgegengesetzt wird, wird zu einem innergeschichtlichen »Noch-nicht«. Nur vom Kreuz Jesu her sind dagegen Scheitern und Gelingen, Leiden und Handeln, Empfangen und Verwirklichen, Sünde und Heil zusammenzudenken. Nur vom Kreuz her läßt sich die Universalität der Hoffnung trotz aller Unterdrückung

---

in denen sich die »explizite politische Religion« von anderen Formen politisch-christlichen Denkens unterscheidet: »a) Erfahrung der Deprivation; b) Aufbau herrschaftsfreier Kommunikation; c) Rekonstruktion der eigenen Interessen und solidarische Ausweitung auf andere Gruppen, die zur Rekonstruktion noch nicht in der Lage sind; d) Aktualisierung des geschichtlich verfestigten Wandlungspotentiales, das einerseits zur Rollendistanz gegenüber gesellschaftlich festgelegtem Wissen verhilft und das andererseits mit dem verdrängten Wissen den Status quo zu transzendieren vermag.«
[178] W. *Harenberg* (Hrsg.), Was glauben die Deutschen?
[179] *Rousseau*, Contrat social, Buch 4, Kap. 8; vgl. unten S. 649.
[180] Ebd., S. 35; vgl. *J. Moltmann*, Der gekreuzigte Gott, bes. S. 293 ff.

und allen Leidens durchhalten und in vorläufige, begrenzte Handlungsorientierungen übersetzen. Eine politische Hermeneutik, eine Hermeneutik also der öffentlichen Wirkung des Evangeliums, hat eben diese Spannung zwischen Kreuz Jesu und Reich Gottes zu formulieren und zu fragen, wie in dieser Spannung die Vergewisserung von einzelnen wie die Kommunikation von Gruppen im Geist des Evangeliums möglich ist. Daraus, daß die Hoffnung auf das kommende Reich um des Kreuzes Jesu willen auf die Leiden der Gegenwart bezogen wird, ergibt sich in jedem Fall, daß die sorgfältige Klärung der gegenwärtigen und künftigen Bedingungen menschlichen Lebens wie christlichen Handelns ein notwendiger Bestandteil einer solchen Hermeneutik sein muß. Dann aber muß eine derartige Hermeneutik die Funktion empirisch-kritischer neben historisch-kritischen Methoden in der Theologie zu bestimmen vermögen.

Einer derartigen politischen Hermeneutik stellt sich insbesondere die Frage, wie Theologie und Kirche dem Schicksal entgehen können, sich unter der Überschrift einer »politischen« oder auch einer »öffentlichen Theologie« lediglich anzupassen — sei es an vorhandene Ordnung, vorhandene Veränderung oder vorhandene Kritik[181]. Auf diese Frage wird geantwortet, daß gesellschaftskritische Theologie damit einzusetzen hat, daß sie die kirchliche und christliche Wirklichkeit selbst mit ihrem eigenen christlichen Anspruch konfrontiert. Nur wenn kritische Theologie aus dem Ursprung und Zentrum der Kirche selbst kommt, kann sie der Gefahr, zur Ideologie von Vorhandenem zu werden, entgehen[182]. Es wird weiter geltend gemacht, daß die christliche Gemeinde ihren universalen Anspruch und ihre universale Hoffnung in der Gesellschaft nur als befreiende *Kritik* formulieren kann, wenn sie sie ideologiefrei formulieren will[183]. Doch wie kann diese Kritik in Handlungsorientierung überführt werden? Ist dies anders möglich als so, daß aus der universalen Hoffnung partikulare Ziele abgelöst werden? Metz beantwortet diese Frage mit der Forderung, die Kirche müsse eine neue Sprech- und Aussageweise finden. Sie müsse den Mut zum »hypothetisch-kontingenten Sprechen« haben, zu einem »weisenden Wort, das weder unverbindlich-beliebig noch doktrinell-dogmatisierend ist«[184].

---

[181] Vgl. *Moltmann*, in: Kirche im Prozeß der Aufklärung, S. 18.
[182] Ebd.
[183] *Metz*, Zur Theologie der Welt, S. 145.
[184] Ebd., S. 113.

Doch solche Formulierungen, in denen aus der »politischen Theologie« Konsequenzen für das Verhalten, Reden und Handeln der Kirchen gezogen werden, bleiben in den Beiträgen zur politischen Theologie einstweilen noch selten. Der Versuch, die Christenheit als in der Öffentlichkeit handelndes Subjekt zu begreifen, der H.-D. Wendland zu dem Begriff der »weltlichen Christenheit« geführt hat[185], hat in diesen Beiträgen bisher noch keine Parallele gefunden. Insofern bleiben sie bisher noch hinter K. Barths Konzeption in »Christengemeinde und Bürgergemeinde«[186], aber auch hinter Wendlands Konzeption der »gesamtgesellschaftlichen Diakonie« zurück. Doch in stärkerem Maß als diese bietet die politische Theologie Ansatzpunkte dafür, die eschatologische Dimension der Theologie für die Frage nach dem Verhältnis von Kirche und Öffentlichkeit fruchtbar zu machen und die kritisch-befreiende Kraft des Evangeliums für dieses Verhältnis zum Zuge zu bringen.

Vergegenwärtigt man sich die Konsequenzen, die sich aus den in diesem Kapitel dargestellten theologischen Konzeptionen für das Verhältnis von Kirche und Öffentlichkeit ergeben, so stößt man auf unterschiedliche Schwerpunkte: Für die Zwei-Reiche-Lehre steht der Gesichtspunkt im Vordergrund, daß die Christen und die Kirchen sich an der vernünftigen Gestaltung des gesellschaftlichen und politischen Zusammenlebens beteiligen; die Liebe befähigt zu dem vernünftigen Einsatz für das Recht des Mitmenschen im öffentlichen Bereich. Die Lehre von der Königsherrschaft Christi legt das Gewicht darauf, daß die Grundlinien christlicher Existenz, die sich dem Glaubenden erschließen, auch im Bereich von Staat und Gesellschaft für sein Handeln maßgebend sind; der Verfassung wie dem Handeln der Kirche kommt, wird sie ihrem Auftrag gerecht, für den Gesamtbereich der Öffentlichkeit vorbildhafter Charakter zu. Aus dem Konzept der gesamtgesellschaftlichen Diakonie ergibt sich, daß das Verhältnis von Kirche und Öffentlichkeit als diakonisches Verhältnis zu begreifen ist. Die Hilfe für die Notleidenden steht im Vordergrund allen kirchlichen Handelns; diese Aufgabe aber führt die Kirche über den Bereich der direkten Hilfe hinaus in die Beteiligung an der gesamtgesellschaftlichen Meinungsbildung und an der Veränderung ungerechter Strukturen. In der »politischen Theologie« kommt der Kirche eine primär gesellschaftskritische Funktion zu; ihren Beitrag zur humanen

---

[185] Siehe oben S. 471 f.
[186] Oben S. 459 ff.

Gestaltung des menschlichen Zusammenlebens leistet sie zu allererst in einer eschatologisch begründeten Kritik aller Verhältnisse, in denen Menschen unterdrückt und entrechtet, notleidend und friedlos sind.

Betrachtet man die vier Konzeptionen auf ihr Ergebnis hin, so wird man kaum sagen können, daß sie einander ausschließende Folgerungen für das Verhältnis von Kirche und Öffentlichkeit ziehen. Sie setzen unterschiedliche Schwerpunkte; ein umfassendes Verständnis des Verhältnisses von Kirche und Öffentlichkeit wird man aber allenfalls dann erreichen können, wenn man alle genannten Gesichtspunkte berücksichtigt. Aber auch im Blick auf die diesen Konsequenzen zugrunde liegenden theologischen Konzeptionen wird man voreilige Alternativen vermeiden müssen. So hat sich in der Analyse bereits gezeigt, daß die Zwei-Reiche-Lehre und die Lehre von der Königsherrschaft Christi einander keineswegs ausschließen. Vielmehr verbinden sie sich, wenn man berücksichtigt, daß auch die Zwei-Reiche-Lehre nur innerhalb der Aussage von der eschatologischen Herrschaft Christi Gültigkeit beanspruchen kann. Die Zwei-Reiche-Lehre gibt also die universale Hoffnung nicht auf, sondern gilt nur in deren Rahmen. So verhilft gerade eine stärkere Betonung der eschatologischen Dimension der Theologie auch zu einem angemesseneren Verständnis der Zwei-Reiche-Lehre. Diese eschatologische Dimension jedoch ist der Ausgangspunkt sowohl für das Konzept der gesamtgesellschaftlichen Diakonie wie für die politische Theologie. So legt es sich nahe, das Verhältnis von Kirche und Öffentlichkeit von der Eschatologie aus zu bestimmen und in diesem eschatologischen Horizont nach Kriterien zu fragen, die für die Gestaltung dieses Verhältnisses leitend sein sollen.

Bedenkt man das Verhältnis von Kirche und Öffentlichkeit im Horizont der Eschatologie, so ergibt sich vor allem, daß es der Kirche in jedem Fall verwehrt ist, christliche Programme der Gesellschaftsgestaltung zu entwickeln und für deren Durchsetzung zu sorgen. Denn die eschatologische Botschaft enthüllt gerade den Trug aller Programme, die partikulare Momente absolut setzen und ideologisieren. Die Negation dieses Trugs ist eine vordringliche Aufgabe der Theologie. In solcher Negation tritt sie für die Offenheit der Geschichte und die Universalität der Hoffnung ein. Aus diesem Grund muß sich die christliche Verantwortung in der Öffentlichkeit primär im Modus der Kritik äußern. Das aber setzt voraus, daß die Kirche zur Selbstkritik fähig ist, daß sie ihre eigene Ordnung und ihr eigenes Verhalten an ihrem Anspruch kritisch zu messen vermag. Nur aus der Selbstkritik der Kirche kann die Gesellschaftskritik, die sie übt, ihre Legitimation empfangen. Die Vorbildhaftigkeit kirchlicher Ordnung müßte sich zuallererst darin zeigen, daß sie als Institution zu radikaler Selbstkritik fähig ist.

Aus der eschatologischen Botschaft ergibt sich zum zweiten der Mut zum »kontingent-hypothetischen Sprechen«, zur Entwicklung vorläufiger Handlungsorientierungen angesichts begrenzter Ziele. Die Kirchen müssen glaubhaft machen, daß sie solche Handlungsorientierungen nicht lehramtlich dekretieren, sondern partnerschaftlich mit anderen Gruppen zu erarbeiten versuchen; das allerdings setzt eine Strukturveränderung der Kirchen voraus, durch die die Mitbestimmung und Mitverantwortung der Gemeinden gestärkt und die christliche Gemeinde nicht mehr länger als Amtskirche mißverstanden wird. Nur wenn die Kirchen sich selbst demokratisieren, können sie einen Beitrag zur Demokratisierung der Gesellschaft leisten.

Soll die eschatologische Dimension der Theologie nicht »regional« mißverstanden und zu einer Form der Geschichtstheologie dogmatisiert werden, die sich selbst der eschatologischen Kritik gerade entzieht, so muß man Eschatologie und Kreuzestheologie zusammendenken. Im stellvertretenden Leiden hat Jesus die Hoffnung auf die Gottesherrschaft eröffnet; nur deshalb kann diese Hoffnung angesichts des Leidens festgehalten werden; nur deshalb vermag sie dazu anzuleiten, menschliches Leiden zu vermindern. Jede triumphalistische Identifikation der Kirche mit dem Reich Gottes ist durch den Bezug auf das Kreuz Jesu verwehrt; vielmehr hat die Existenz der Kirche in der Öffentlichkeit, soll sie eine ihrem Ursprung gemäße Existenz sein, die Struktur der Stellvertretung: nur indem sie für andere da ist, ist sie Kirche[187]. Indem die Kirche für andere Menschen eintritt, tritt sie zugleich für die Herrschaft Gottes ein, deren Vollendung noch aussteht.

Einer solchen Konzeption, die von der Zusammengehörigkeit von Eschatologie und Kreuzestheologie aus das Verhältnis von Kirche und Öffentlichkeit zu bestimmen versucht, lassen sich die in diesem Kapitel geschilderten Interpretationen in ihrem Ansatz, wenn auch nicht in ihrer Ausformung im einzelnen, zuordnen. Daß sie einander nicht negieren, zeigt sich deutlicher noch als an den positiven Folgerungen,

---

[187] Vgl. oben S. 107 ff., 435.

die aus ihnen zu ziehen sind, an der Gemeinsamkeit, daß bestimmte Folgerungen für das Verhältnis von Kirche und Öffentlichkeit von ihnen her ausgeschlossen sind. Alle genannten Positionen vertragen sich nicht mit der These von der politischen Neutralität der Kirche. Sie behaupten vielmehr, daß eine bestimmte Form der Parteinahme für die Kirche wie für den einzelnen Christen unverzichtbar ist: die Parteinahme nämlich für diejenigen, denen ihr Recht genommen oder vorenthalten wird. Dieser durch die Liebe geforderten Parteilichkeit kann sich die Kirche so wenig entziehen wie der einzelne Christ[188]. Die andere von den vier genannten theologischen Positionen nicht gedeckte Weise des Verhältnisses von Kirche und Öffentlichkeit ist die Konfessionalisierung des öffentlichen Lebens. In ihr treten die Kirchen der Gesellschaft als soziale Gruppen gegenüber, die ihre partikularen Wertüberzeugungen und Interessen zum Zuge bringen wollen[189]. Dabei wird die Kirche in aller Regel nicht in der direkten Wahrnehmung eines »Öffentlichkeitsauftrags«, bei der sie die Gründe ihrer öffentlichen Stellungnahme zu verantworten hat, sondern in einer indirekten, besonders auch in der katholischen Kirche ausgeprägten Form wirksam[190]; sie versucht also, durch eigene Organisationen (wie die Katholische Aktion oder den Volkswart-Bund) oder durch Vertreter in Parteien, Verbänden und anderen Institutionen kirchlich-konfessionelle Interessen durchzusetzen. Nicht wenn die Kirche durch ihre eigenen Organe oder Vertreter begründet zu politischen Problemen Stellung nimmt, nicht wenn Christen in den demokratisch legitimierten Gremien der Gesellschaft sich am sachorientierten Prozeß der Meinungsbildung beteiligen oder sich anders in den Prozeß der Konstitution öffentlicher Meinung einschalten, sondern wenn kirchlich-konfessionelle Ansprüche mit Hilfe eines solchen neuen »bracchium saeculare« durchgesetzt werden sollen, vollzieht sich eine unverantwortliche Verbindung von Kirche und Politik. Nicht die Politisierung der Kirche, sondern die Konfessionalisierung der Politik hat sich in der bisherigen Entwicklung der Bundesrepublik als Gefahr für das Verhältnis von Kirche und Öffentlichkeit erwiesen[191].

---

[188] Zu der ekklesiologischen Unhaltbarkeit der Unterscheidung vgl. unten S. 564ff.
[189] Vgl. dazu *F. Fürstenberg*, »Konfessionalisierungstendenz und Gesellschaftsstruktur«, S. 404.
[190] Vgl. *J. H. Kaiser*, Die Repräsentation organisierter Interessen, S. 137ff.
[191] Vgl. zur Situation in der Bundesrepublik: *Fürstenberg*, a. a. O., S. 407 ff.

Es hat den Anschein, daß gegenwärtig die Konfessionalisierungstendenzen zurücktreten und sachgemäßere Tendenzen an Gewicht gewinnen[192]. Gleichwohl muß man darauf hinweisen, daß in der Vergangenheit eine Form des Verhältnisses von Kirche und Öffentlichkeit eine dominierende Bedeutung hatte, die durch keine der verschiedenen Weisen der theologischen Reflexion dieses Verhältnisses gedeckt war. Das politische Handeln der Kirche und die Theologie als Kritik, Klärung und Planung kirchlichen Handelns hatten sich offenbar zu weit auseinander entwickelt.

Obwohl das Ergebnis unserer Untersuchung darin besteht, daß die vier erörterten Positionen einander weder im Ansatz noch im Ergebnis notwendigerweise ausschließen, sind faktisch sehr gegensätzliche Folgerungen aus ihnen gezogen worden. Soweit diese Folgerungen mit der Zwei-Reiche-Lehre verknüpft wurden, haben die Gegensätze in der Interpretation dieser Lehre, vor allem ihre Verknüpfung mit einer »Theologie der Ordnungen«, dabei eine gewichtige Rolle gespielt[193]. Doch aus solchen Unterschieden in der Interpretation bestimmter theologischer Lehrtraditionen allein lassen sich Gegensätze, wie sie nach 1945 etwa in der Diskussion über die Wiederaufrüstung der Bundesrepublik, die atomare Bewaffnung der Bundeswehr oder die Anerkennung der Oder-Neiße-Grenze aufgetreten sind, nicht herleiten — und zwar auch dann nicht, wenn die jeweiligen politischen Entscheidungen direkt mit bestimmten theologischen Traditionen legitimiert wurden. Das weist darauf hin, daß all diesen Positionen ein entscheidender Mangel gemeinsam ist, nämlich das Fehlen einer reflektierten politischen Hermeneutik. Weil diese fehlte, konnte man den Anschein erwecken, als ergäben sich bestimmte politische Entscheidungen auf einlinig-deduktivem Weg aus gewissen theologischen Traditionen und Positionen und als deuteten die Gegensätze in der politischen Entscheidung in jedem Fall auf die Unvereinbarkeit dieser theologischen Prämissen. Bei einer derartigen Argumentation unterschätzt man jedoch das Gewicht, das der Wahrnehmung der gegenwärtigen Handlungsbedingungen und Handlungsalternativen für ein theologisches Urteil auch dann zukommt, wenn man meint, dieses Urteil komme auf einem rein deduktiven Weg zustande[194]. Die Unterschiede in der konkreten Entscheidung erklären sich unter Um-

---

[192] Das wird unten S. 579 ff. am Beispiel der Denkschriften erörtert.
[193] Vgl. oben S. 444 ff.
[194] Das wurde oben S. 462 f. am Beispiel Karl Barths exemplifiziert.

ständen viel eher aus der unterschiedlichen Wahrnehmung gegenwärtiger Möglichkeiten und Aufgaben als aus den Unterschieden des theologischen Ansatzes. Die Berufung auf theologische Voraussetzungen hat nicht selten die Funktion, *diese* Unterschiede zu verschleiern. Sie kann außerdem eine nicht minder gefährliche Funktion darin haben, daß man sich der Notwendigkeit einer sorgfältigen Analyse der Bedingungen und Möglichkeiten des Handelns entzieht. Demgegenüber ist es die Aufgabe einer politischen Hermeneutik, die konstitutive Bedeutung von Analyse und Antizipation für die Bildung theologischer Urteile über das Verhältnis von Kirche und Öffentlichkeit und für konkrete Entscheidungen in diesem Feld aufzudecken.

IX. Juristische Interpretationen des Verhältnisses von Kirche und Öffentlichkeit

1. Die Stellung der Kirchen nach dem Bonner Grundgesetz

Unter dem begrenzten Gesichtspunkt des Verhältnisses von Kirche und Staat hat das Verhältnis von Kirche und Öffentlichkeit im Staatskirchenrecht seine ausgeprägteste theoretische Fassung und zugleich praktische Normierung gefunden. Dabei spiegeln sowohl die rechtlichen Formulierungen als auch die theoretischen Diskussionen den Tatbestand, daß das Verhältnis von Staat und Kirche in der deutschen Tradition weithin im Horizont der Trennung von Staat und Gesellschaft gesehen wurde. Wo die Gesellschaft als die Sphäre des Privaten definiert wurde[1], war schon entschieden, daß die Kirche auch unter rechtlichem Gesichtspunkt nicht als Teil der Gesellschaft bestimmt werden konnte. Mit der fortschreitenden Emanzipation des Staates von der Kirche und der Kirche vom Staat entwickelte sich deshalb aus der zweipoligen Verhältnisbestimmung von Staat und Gesellschaft eine dreipolige Verhältnisbestimmung von Staat, Kirche und Gesellschaft, in der Staat und Kirche als partnerschaftlich einander zugeordnete öffentliche Mächte der Gesellschaft gegenüberstanden. Erst neuerdings versucht man, dieses Denkmodell durch ein anderes zu ersetzen, das die Kirche als Verband im politischen Gemeinwesen begreift und deshalb auch ihr Verhältnis zu anderen Verbänden einerseits, zum Staat andererseits neu zu bestimmen sucht. Von diesen beiden Interpretationen zu unterscheiden ist eine dritte, die entweder von einem etatistischen oder von einem liberalen Ausgangspunkt aus die These von der Trennung von Staat und Kirche verficht.

Diese Haupttypen staatskirchenrechtlicher Interpretation — Partnerschaft von Staat und Kirche, Trennung von Staat und Kirche, Kirche als gesellschaftlicher Verband — werden von ihren Vertretern als Konsequenz der Regelung des Verhältnisses von Staat und Kirche im Bonner Grundgesetz oder doch als mit dieser Regelung vereinbar dargestellt. Deshalb wenden wir uns zunächst dieser grundgesetzlichen Regelung zu.

[1] Vgl. oben S. 15 ff.

1.1. Grundgesetz und Weimarer Reichsverfassung

Das Grundgesetz (GG) hat die umfassende Gewährleistung der Religionsfreiheit im Grundrechtsteil der Verfassung gegenüber der Weimarer Reichsverfassung (WRV) noch verstärkt und die staatskirchenrechtlichen Regelungen der WRV unmittelbar übernommen.
Art. 4 GG bestimmt folgendes:

»(1) Die Freiheit des Glaubens, des Gewissens und die Freiheit des religiösen und weltanschaulichen Bekenntnisses sind unverletzlich. (2) Die ungestörte Religionsausübung wird gewährleistet. (3) Niemand darf gegen sein Gewissen zum Kriegsdienst mit der Waffe gezwungen werden. Das Nähere regelt ein Bundesgesetz.«

Mit dieser Bestimmung[2] wird die negative Religionsfreiheit ebenso geschützt wie die positive; die weltanschaulichen werden den religiösen Bekenntnissen gleichgestellt; eine Privilegierung der großen Kirchen gegenüber den kleinen Religions- und Weltanschauungsgemeinschaften in der Gewährleistung der ungestörten Religionsausübung kann aus dem Artikel nicht hergeleitet werden. Die Bekenntnisfreiheit steht in unmittelbarem Zusammenhang mit der Meinungsfreiheit (Art. 5 GG) und mit der Vereinigungsfreiheit (Art. 9 GG). Ohne diese beiden Freiheitsgewährleistungen wäre auch die Religionsfreiheit beeinträchtigt. Ferner gehört in den unmittelbaren Zusammenhang der Religionsfreiheit, daß der Genuß bürgerlicher und staatsbürgerlicher Rechte, die Zulassung zu öffentlichen Ämtern sowie die im öffentlichen Dienst erworbenen Rechte vom religiösen Bekenntnis unabhängig sind; deshalb darf niemandem aus seiner Zugehörigkeit oder Nichtzugehörigkeit zu einem Bekenntnis oder einer Weltanschauung ein Nachteil erwachsen (Art. 33, Abs. 3 GG). Während diese Regelungen von Anfang der Beratungen über das Grundgesetz an zu seinen Bestandteilen gehören sollten, waren staatskirchenrechtliche Regelungen zunächst nicht vorgesehen[3]. Nachdem in Eingaben der Konferenz der Kirchen in der britischen Zone vom 25. Oktober 1948 und des Rats der EKD vom 9. November 1948 Vorschläge zur Regelung dieser Materie vorgelegt worden waren, brachten die Fraktionen der

---

[2] Zu ihr siehe v. a. *W. Hamel*, »Glaubens- und Gewissensfreiheit«.
[3] Vgl. zum folgenden v. a. Jahrbuch des öff. Rechts NF 1, 1951, S. 74 ff., 899 ff.; *K.-E. Schlief*, Die Entwicklung des Verhältnisses von Staat und Kirche, S. 67 ff.; *P. Mikat*, »Kirchen und Religionsgesellschaften«, S. 111 ff.; *G. Scheffler*, Die Stellung der Kirchen im Staat, S. 69 ff.

CDU/CSU, des Zentrums und der DP im Parlamentarischen Rat einen Antrag ein, der auch heute noch von Interesse ist und deshalb im Wortlaut wiedergegeben werden soll[4]:

»(1) Die Kirchen werden in ihrer Bedeutung für die Wahrung und Festigung der religiösen und sittlichen Grundlage des menschlichen Lebens anerkannt. Es besteht keine Staatskirche.
(2) Die Kirchen und Religionsgesellschaften ordnen ihre Angelegenheiten selbständig aus eigenem Recht. Sie haben das Recht, ihre Ämter ohne Mitwirkung des Staates und der politischen Gemeinden zu verleihen und zu entziehen.
(3) Kirchen und Religionsgesellschaften sowie ihre Einrichtungen behalten, ohne deshalb einer besonderen Staatsaufsicht zu unterliegen, die Rechte von Körperschaften öffentlichen Rechts, soweit sie diese bisher besaßen. Anderen sind die gleichen Rechte auf Antrag zu verleihen, wenn sie durch die Verfassung oder die Zahl ihrer Mitglieder die Gewähr der Dauer bieten. Bei der Ausübung des ihnen eigenen Rechts, Steuern zu erheben, können Kirchen und Religionsgesellschaften sich der staatlichen Steuerlisten bedienen.
(4) Das Eigentum und andere Rechte der Kirchen und Religionsgesellschaften sowie ihre Einrichtungen an ihren für Kultus-, Unterrichts- und Wohltätigkeitszwecke bestimmten Anstalten, Stiftungen und sonstigen Vermögen sowie das Recht zum Neuerwerb von Eigentum, auch von Grundbesitz, zur Erfüllung ihrer Aufgaben werden gewährleistet.
(5) Die den Kirchen und Religionsgesellschaften gemäß Gesetz, Vertrag oder anderen Rechtstiteln zustehenden Leistungen des Staates, der politischen Gemeinden oder Gemeindeverbände können nur durch Vereinbarung abgelöst werden.
(6) Die von den Kirchen und Religionsgesellschaften oder ihren Organisationen unterhaltenen Wohlfahrts- und Erziehungseinrichtungen werden als gemeinnützig im Sinne der Steuergesetzgebung anerkannt.
(7) Die am 1. Januar 1945 bestehenden Verträge mit den Kirchen bleiben in Kraft, bis sie durch neue, von den Ländern abzuschließende Vereinbarungen abgelöst sind.«

Dieser Antrag stieß bei der Diskussion im Hauptausschuß des Parlamentarischen Rats auf den Widerspruch von SPD und FDP. Die Vertreter der SPD hielten eine Regelung dieser Frage im Grundgesetz für unnötig, da sie in die Hoheit der Länder falle. Die Vertreter der FDP wandten vor allem ein, daß der Antrag geltendem Recht, wie es sich aus den unter der Weimarer Verfassung geschlossenen Kir-

---

[4] Jahrbuch des öff. Rechts, 1, S. 899 f. Verfasser des Antrags war vermutlich der CDU-Abgeordnete Adolf Süsterhenn. Über den Einfluß, den der Beauftragte des Vorsitzenden der Fuldaer Bischofskonferenz in Bonn, Prälat Wilhelm Böhler, auf Süsterhenn ausübte, vgl. *A. Baring*, Außenpolitik in Adenauers Kanzlerdemokratie, S. 206. Vgl. auch unten S. 514, Anm. 75.

chenverträgen ergebe, widerspreche; statt einer solchen weiterreichenden Regelung sollte die rechtliche Ordnung, wie sie in der Weimarer Verfassung geschaffen wurde, auch im Grundgesetz ihren Niederschlag finden. Bei der Abstimmung im Hauptausschuß wurde der zitierte Antrag mit 11 gegen 10 Stimmen abgelehnt[5]. Daraufhin einigte man sich auf die von den FDP-Vertretern Höpker-Aschoff und Heuß angedeutete Möglichkeit, die Kirchenartikel der Weimarer Verfassung zum Bestandteil des Grundgesetzes zu erklären.

Art. 140 GG bestimmt: »Die Bestimmungen der Artikel 136, 137, 138, 139 und 141 der Deutschen Verfassung vom 11. August 1919 sind Bestandteil dieses Grundgesetzes.« Die entsprechenden Artikel der WRV heißen:

»Art. 136. (1) Die bürgerlichen und staatsbürgerlichen Rechte und Pflichten werden durch die Ausübung der Religionsfreiheit weder bedingt noch beschränkt.

(2) Der Genuß bürgerlicher und staatsbürgerlicher Rechte sowie die Zulassung zu öffentlichen Ämtern sind unabhängig von dem religiösen Bekenntnis.

(3) Niemand ist verpflichtet, seine religiöse Überzeugung zu offenbaren. Die Behörden haben nur soweit das Recht, nach der Zugehörigkeit zu einer Religionsgemeinschaft zu fragen, als davon Rechte und Pflichten abhängen oder eine gesetzlich angeordnete statistische Erhebung dies fordert.

(4) Niemand darf zu einer kirchlichen Handlung oder Feierlichkeit oder zur Teilnahme an religiösen Übungen oder zur Benutzung einer religiösen Eidesform gezwungen werden.

Art. 137. (1) Es besteht keine Staatskirche.

(2) Die Freiheit der Vereinigung zu Religionsgesellschaften wird gewährleistet. Der Zusammenschluß von Religionsgesellschaften innerhalb des Reichsgebiets unterliegt keinen Beschränkungen.

(3) Jede Religionsgesellschaft ordnet und verwaltet ihre Angelegenheiten selbständig innerhalb der Schranken des für alle geltenden Gesetzes. Sie verleiht ihre Ämter ohne Mitwirkung des Staates oder der bürgerlichen Gemeinde.

(4) Religionsgesellschaften erwerben die Rechtsfähigkeit nach den allgemeinen Vorschriften des bürgerlichen Rechtes.

(5) Die Religionsgesellschaften bleiben Körperschaften des öffentlichen Rechtes, soweit sie solche bisher waren. Anderen Religionsgesellschaften sind auf ihren Antrag gleiche Rechte zu gewähren, wenn sie durch ihre Verfassung und die Zahl ihrer Mitglieder die Gewähr der Dauer bieten. Schließen sich mehrere derartige öffentlich-rechtliche Religionsgesellschaften zu einem Verbande zusammen, so ist auch dieser Verband eine öffentlich-rechtliche Körperschaft.

(6) Die Religionsgesellschaften, welche Körperschaften des öffentlichen Rechtes sind, sind berechtigt, auf Grund der bürgerlichen Steuerlisten nach Maßgabe der landesrechtlichen Bestimmungen Steuern zu erheben.

---

[5] Die Stimmenverteilung im Parlamentarischen Rat war: CDU/CSU 8, SPD 8, FDP 2, DP, KPD und Zentrum je eine Stimme.

(7) Den Religionsgesellschaften werden die Vereinigungen gleichgestellt, die sich die gemeinschaftliche Pflege einer Weltanschauung zur Aufgabe machen.

(8) Soweit die Durchführung dieser Bestimmungen eine weitere Regelung erfordert, liegt diese der Landesgesetzgebung ob.

Art. 138. (1) Die auf Gesetz, Vertrag oder besonderen Rechtstiteln beruhenden Staatsleistungen an die Religionsgesellschaften werden durch die Landesgesetzgebung abgelöst. Die Grundsätze hierfür stellt das Reich auf.

(2) Das Eigentum und andere Rechte der Religionsgesellschaften und religiösen Vereine an ihren für Kultus-, Unterrichts- und Wohltätigkeitszwecke bestimmten Anstalten, Stiftungen und sonstigen Vermögen werden gewährleistet.

Art. 139. Der Sonntag und die staatlich anerkannten Feiertage bleiben als Tage der Arbeitsruhe und der seelischen Erhebung gesetzlich geschützt.

Art. 141. Soweit das Bedürfnis nach Gottesdienst und Seelsorge im Heer, in Krankenhäusern, Strafanstalten oder sonstigen öffentlichen Anstalten besteht, sind die Religionsgesellschaften zur Vornahme religiöser Handlungen zuzulassen, wobei jeder Zwang fernzuhalten ist.«

Art. 140 WRV (»Den Angehörigen der Wehrmacht ist die nötige freie Zeit zur Erfüllung ihrer religiösen Pflichten zu gewähren«) wurde nicht aufgenommen, da der Parlamentarische Rat nicht mit der Aufstellung deutscher Streitkräfte rechnete oder die Erwähnung der ›Wehrmacht‹ in dieser Form nicht für opportun hielt.

Man hat die Regelung des Art. 140 GG schon bald als eine »notgedrungene Kompromißformel« bezeichnet[6], die dem tatsächlichen Verhältnis zwischen Staat und Kirche nicht gerecht werde. Doch geht aus dieser Kompromißformel, vergleicht man sie mit dem Antrag, der sie erst veranlaßt hat, hervor, was der Verfassungsgeber jedenfalls nicht kodifizieren wollte. Die Unterschiede zwischen dem Antrag vom 29. November 1948 und den Kirchenartikeln der Weimarer Verfassung sind demnach, obwohl sie bisher in der Literatur kaum sorgfältig gewürdigt wurden, für ein zureichendes Verständnis jener »Kompromißformel« von erheblicher Bedeutung. Diese Unterschiede bestehen vor allem in folgendem:

a) Der Antrag anerkennt die Bedeutung der Kirchen für die Wahrung und Festigung der religiösen und sittlichen Grundlagen des menschlichen Lebens. Der aus der WRV übernommene Satz, es bestehe keine Staatskirche, wird dadurch relativiert.

b) Der Antrag anerkennt, daß das Kirchenrecht »eigenes Recht«, d. h. nicht aus dem staatlichen Recht abgeleitetes, vom Staat verliehenes Recht ist. Er anerkennt damit implizit die These von der ursprünglichen Herrschaftsgewalt der Kirche, die dem Staat als gleichgeordnete Macht gegenübertritt. Eine der-

---

[6] *R. Smend*, »Staat und Kirche nach dem Bonner Grundgesetz«, in: *Quaritsch/Weber*, Staat und Kirchen, S. 34.

artige Anerkennung fehlt in der WRV. Die Formel »aus eigenem Recht« tritt in dem Antrag an die Stelle der Bestimmung der WRV, daß die Religionsgesellschaften ihre Angelegenheiten selbständig »innerhalb der Schranken des für alle geltenden Gesetzes« ordnen.

c) Nach der WRV ist eine staatliche Mitwirkung bei der Besetzung kirchlicher Ämter ausgeschlossen; nach dem Antrag haben die Kirchen das Recht, ihre Ämter ohne staatliche Mitwirkung zu besetzen, was nicht ausschließt, daß sie dieses Recht freiwillig vertraglich einschränken.

d) Aus dem Antrag ergibt sich eine Dreistufigkeit von Kirchen, Religionsgesellschaften des öffentlichen Rechts und Religionsgesellschaften des Privatrechts. Die WRV kennt demgegenüber nur zwei Gruppen: die Religionsgesellschaften des öffentlichen und des Privatrechts. Die Unterscheidung von Kirchen und öffentlich-rechtlichen Religionsgesellschaften ist ihr also fremd.

e) Die in der WRV festgelegte Gleichstellung von Religionsgesellschaften und Weltanschauungsgemeinschaften wird von dem Antrag nicht übernommen.

f) Während nach der WRV die Staatsleistungen an die Religionsgesellschaften nach Grundsätzen, die das Reich aufzustellen hat, durch Landesgesetzgebung abzulösen *sind, können* sie nach dem Antrag — und zwar nur durch Vereinbarungen — abgelöst werden.

g) In dem Antrag fehlen Entsprechungen zu Art. 136, Abs. 3 und 4 WRV. Entsprechungen zu Art. 136, Abs. 1 und 2 WRV waren in dem Antrag dagegen nicht erforderlich, da diese bereits in Art. 4 und Art. 33, Abs. 3 GG aufgenommen waren.

Übereinstimmung besteht zwischen dem Antrag und der Regelung der WRV vor allem in folgenden zentralen Punkten: Die institutionelle Verbindung von Staat und Kirche in Form einer Staatskirche wird ausgeschlossen; den Religionsgesellschaften wird das Recht zugebilligt, ihre Angelegenheiten selbständig zu ordnen; sie behalten, soweit sie diese bereits hatten, die Rechte von Körperschaften des öffentlichen Rechts oder können diese Rechte erwerben, wenn sie durch ihre Verfassung und (Antrag: oder) die Zahl ihrer Mitglieder die Gewähr der Dauer bieten. Diese Körperschaftsqualität wirkt sich vor allem darin aus, daß diese Religionsgesellschaften auf Grund der bürgerlichen Steuerlisten Steuern erheben dürfen. Das Eigentum der Religionsgesellschaften wird gewährleistet.

Doch auch durch diese Gemeinsamkeiten verlieren die genannten Unterschiede nicht an Gewicht. Allerdings erhebt sich die Frage, ob sowohl die faktische Gestaltung des Verhältnisses von Staat und Kirche in der Bundesrepublik als auch seine lange Zeit herrschende Interpretation in der staatskirchenrechtlichen Literatur nicht diesem vom Hauptausschuß des Parlamentarischen Rats abgelehnten Antrag wesentlich näher stehen als den im Grundgesetz rezipierten Artikeln der Weimarer Verfassung.

1.2. Eine neue Stufe im Verhältnis von Staat und Kirche?

Die mindestens ein Jahrzehnt herrschende Auffassung des Verhältnisses von Staat und Kirche wurde 1951 programmatisch von R. Smend formuliert[7]. Smend beginnt seinen Aufsatz über »Staat und Kirche nach dem Bonner Grundgesetz« mit den Worten:

»Unwiderruflich und unübersehbar ist das Verhältnis von Staat und Kirche in Deutschland mit dem Dritten Reich in eine neue Phase eingetreten. Nur der Bonner Gesetzgeber hat es nicht bemerkt oder gemeint, in der notgedrungenen Kompromißformel des Bonner Grundgesetzes darüber hinweggehen zu können. Er kehrt zu dem Stande vor 1933 zurück: ›Die Bestimmungen der Artikel 136, 137, 138, 139 und 141 der Deutschen Verfassung vom 11. August 1919 sind Bestandteile dieses Grundgesetzes‹ (Art. 140). Aber wenn zwei Grundgesetze dasselbe sagen, so ist es nicht dasselbe. Es ist nicht einmal das Paradoxeste an der gegenwärtigen staatskirchenrechtlichen Lage im Bereich der Bundesrepublik, daß das Grundgesetz über sie nicht im klaren ist.«[8]

Das Verhältnis von Staat und Kirche ist nach Smends Auffassung unwiderruflich in eine neue, dritte Stufe eingetreten. Die drei Stufen, die einander nicht zeitlich rein ablösen, sondern vielfach überlagern, bestimmt er folgendermaßen[9]:

Die *erste* Stufe, die mit der nachreformatorischen Entwicklung einsetzt und in Ausläufern bis ins 20. Jahrhundert reicht, ist gekennzeichnet durch eine weitgehende Problemlosigkeit des Verhältnisses von Staat und Kirche[10]. Dazu zählt die Gewährleistung des konfessionellen Besitzstandes durch den Westfälischen Frieden wie die gleichmäßige Anerkennung der Konfessionen spätestens seit 1815; dazu zählen die Regelungen über finanzielle Auseinandersetzungen zwischen Staat und Kirche im Zusammenhang des Reichsdeputationshauptschlusses von 1803 wie die Bestimmungen über die Besetzung leitender kirchlicher Ämter bis hin zum preußischen Konkordat von 1929. All diese Bestimmungen und Vereinbarungen sind noch von der Problemlosigkeit gekennzeichnet, die das konstantinische Verhältnis von Staat und Kirche auszeichnet.

---

[7] Der hier nach *Quaritsch/Weber*, a. a. O., zitierte Aufsatz eröffnete den ersten Jahrgang der Zeitschrift für evangelisches Kirchenrecht.
[8] A. a. O., S. 34.
[9] A. a. O., S. 34 ff.; zuletzt wieder aufgenommen bei *H. Maier*, Kirche und Gesellschaft, S. 27 ff.
[10] Die Kennzeichnung des nachreformatorischen Verhältnisses von Staat und Kirche als »problemlos« wird scharf und zu Recht kritisiert von *M. Heckel*, »Die Kirchen unter dem Grundgesetz«, S. 9: »Wer einen Blick in die Tiefennöte, Pervertierungen und Verzerrungen des deutschen Staatskirchentums seit dem konfessionellen Zeitalter geworfen hat, der kann nur staunen über das Bild jener Idylle, das sich die herrschende Sicht davon gezeichnet hat...«

Die *zweite* Stufe ist dadurch bestimmt, daß die Kirche die Nähe zum nunmehr konfessionell neutralen Staat verliert. Am deutlichsten zeigt sich dies im Kulturkampf mit seinen Begleit- und Folgeerscheinungen. In der Konsequenz dieser Auseinandersetzungen versucht insbesondere die katholische Kirche, ihren Handlungsspielraum dadurch zu erweitern und zu sichern, daß sie die umfassende Anwendung des Freiheits- und Gleichheitsgrundsatzes auf die Kirchen fordert. Diese wird in der Weimarer Verfassung vollzogen; die in ihr festgelegte Gewährleistung überkommener Rechte der Kirchen ist demgegenüber nur von sekundärer Bedeutung. Die Weimarer Verfassung interessiert sich nicht positiv für die Kirchen in ihrem eigentlichen Wesen und Auftrag, sondern zieht ihnen nur negativ die Grenze des »für alle geltenden Gesetzes« und ebnet alle Kirchen und Religionsgemeinschaften abstrakt zu »Religionsgesellschaften« ein.

Die *dritte* Stufe des Verhältnisses von Staat und Kirche wird durch das Dritte Reich hervorgerufen; in ihr übernimmt die evangelische der katholischen Kirche gegenüber wieder die führende Rolle. In der Abwehr der nationalsozialistischen Kirchenpolitik besinnt sich die Kirche in der Barmer Theologischen Erklärung auf ihr eigentliches Wesen; dies hat eine Distanzierung vom Staat, eine stärkere innere Eingliederung in die Ökumene, zugleich aber eine um so vollere Zuwendung zu Welt und Staat zur Folge, die in der Formel vom »Öffentlichkeitsanspruch der Kirche« ihren Ausdruck findet. Die Anerkennung dieses Anspruchs ist das erste, was die Kirche heute vom Staat zu fordern hat. Nur auf dieser Basis kann das Verhältnis von Staat und Kirche neu geordnet werden, selbst wenn dieses formell durch die Wiederherstellung der Weimarer Verfassungsartikel geregelt ist. Der Anspruch der Kirche auf Zulassung ihres Dienstes in der Öffentlichkeit muß auf dieser dritten Stufe das Zentrum jeder Regelung des Verhältnisses von Kirche und Staat darstellen.

Smend fordert also, daß der Staat sein Verhältnis zur Kirche auf Grund der Einsicht in ihren Öffentlichkeitsauftrag zu gestalten habe. Er nähert sich damit dem oben zitierten Antrag im Parlamentarischen Rat, wenn dieser auch auf dem Hintergrund katholischen Denkens, nicht auf dem der Barmer Theologischen Erklärung formuliert ist. Er folgert daraus eine Interpretation der Stellung der Kirchen als Körperschaften des öffentlichen Rechts, die über die Intentionen der Weimarer Reichsverfassung offensichtlich hinausgeht[11]. Smend verbindet die rechtliche Kategorie der Körperschaft des öffentlichen Rechts mit dem Öffentlichkeitsanspruch der Kirche und bezieht beide auf einen materiellen Begriff von Öffentlichkeit; nach diesem ist öffentlich »das, was in die den modernen Staat rechtfertigende Fülle seines Sinns ... und damit zugleich in den Bereich irgendwelchen bestimmenden oder doch billigenden Anteils des Volks an diesem Sinngehalt

---

[11] Vgl. v. a. *H. Weber*, Die Religionsgemeinschaften als Körperschaften des öffentlichen Rechts, S. 46 ff.

gehört, damit aber auch von Rechts wegen einen bestimmten Geltungsanspruch hat«[12]. Darin, daß die Kirchen auf Grund ihres Öffentlichkeitsanspruchs an Öffentlichkeit in diesem Sinn partizipieren, ist ihre Stellung als Körperschaften des öffentlichen Rechts begründet. Die Kirchen haben diesen Status, so sagt Smend in anderem Zusammenhang, weil »hinter ihren vom Staat anerkannten und geschützten Formen und Bezeichnungen ... eine vom Staat anerkannte und in gewissem Sinn gewährleistete würdige, das sittliche Gesamtleben mittragende, Vertrauen verdienende Wirklichkeit vorhanden« ist[13]. Die Gewährung der Rechte einer Körperschaft des öffentlichen Rechts beinhaltet also nicht nur die Anerkennung einzelner überlieferter Rechte der Kirchen, insbesondere des Besteuerungsrechts, sondern sie anerkennt einen den Kirchen eigentümlichen öffentlichen Gesamtstatus. Dieser Status wird den Kirchen nicht vom Staat verliehen, sondern als ihnen ihrem Wesen nach zugehörig anerkannt. Die Qualifikation als Körperschaft des öffentlichen Rechts ist also Ausdruck des öffentlichen Gesamtstatus der Kirchen[14].

1.3. Die Kirchen als Körperschaften des öffentlichen Rechts

Mit dieser Interpretation versucht man, zu den Anfängen des Begriffs der »Körperschaft des öffentlichen Rechts« zurückzukehren. J. Heckel[15] hat darauf aufmerksam gemacht, daß der Begriff der »Körperschaft des öffentlichen Rechts« in seinen Wurzeln auf Melanchthons Kirchenverständnis zurückgeht, in dem die Kirche als »öffentliche Kirche« qualifiziert wird[16]; das Recht zur öffentlichen Wirksamkeit gehört deshalb zu ihrer Freiheit und muß vom Staat garantiert werden. Dieser Grundsatz ist in das Staatsrecht der pro-

---

[12] *Smend*, a. a. O., S. 42; vgl. die Ausführung dieses Öffentlichkeitsbegriffs bei dems., »Zum Problem des Öffentlichen und der Öffentlichkeit«.
[13] R. *Smend*, »Zur Gewährung der Rechte einer Körperschaft des öffentlichen Rechts«, S. 376.
[14] So in der Linie der Smendschen Argumentation v. a. auch *K. Hesse*, Der Rechtsschutz durch staatliche Gerichte im kirchlichen Bereich, S. 66 ff. Vgl. auch *A. Hollerbach*, »Die Kirchen als Körperschaften des öffentlichen Rechts«, S. 55 f.: »Die Kirchen sind für den Staat, bei aller Inkommensurabilität im Legitimationsgrund und in ihren Aufgaben, ihm verwandte, herrschaftlich-genossenschaftlich strukturierte, nicht auf Privatautonomie beruhende gewachsene und geschichtsmächtige Lebensverbände.«
[15] *J. Heckel*, Das blinde undeutliche Wort ›Kirche‹, S. 326 f.
[16] CR 13, 1210; siehe oben S. 53 f.

testantischen deutschen Territorien aufgenommen worden. Die protestantische Staatslehre[17] bezeichnete wegen dieses Rechts zu öffentlicher Wirksamkeit die Kirche als einen Teil des regimen publicum und bildete für sie die Rechtsfigur des corpus publicum, der öffentlichen Körperschaft. Pufendorfs Terminologie wurde von seinem Editor Johann Nikolaus Hertius fortgeführt. Er unterscheidet zwischen corpora publica und corpora privata. »Publica sunt illa, quae autoritate summi imperii civilis constituta sunt.«[18] Die corpora publica oder — wie sie etwa bei Justus Henning Boehmer[19] heißen — collegia publica sind also staatliche Institutionen, die vom Fürsten für öffentliche Zwecke eingerichtet sind. Das preußische Allgemeine Landrecht bezeichnet deshalb als »öffentliche« oder »privilegierte Corporationen« die Dorfgemeinden, die Stadtgemeinden, die Zünfte und die Kirchen[20]. Die Kirchen gelten dieser Zeit als »öffentliche Korporationen«, weil sie Staatsanstalten sind und über eine Reihe von Privilegien, wie die öffentliche Religionsausübung und die bürgerliche Gültigkeit kirchlicher Amtshandlungen, verfügen[21].

So ist die im 19. Jahrhundert sich vollendende Entwicklung zur Rechtsfigur der »Körperschaft des öffentlichen Rechts« im 18. Jahrhundert bereits dadurch vorbereitet, daß der Begriff der »öffentlichen Korporation«, der an den Kirchen entwickelt worden war, auf andere Einrichtungen übertragen wurde[22]. Im 19. Jahrhundert, in dessen erster Hälfte noch der Begriff der »öffentlichen Körperschaft« vorherrschte, galt dieser in erster Linie für die Körperschaften der Selbstverwaltung, also die Gemeinden, Kreise, Provinzen[23]. Daneben traten im Lauf der Entwicklung berufsständische Verbände, Lenkungsverbände im Bereich der Wirtschaft und schließlich Lastenverbände im Bereich der sozialen Sicherung. Die Körperschaften des öffentlichen

---

[17] Vgl. *Samuel Pufendorf*, Ius naturae et gentium, 1672, 1. I cap. 1 § 13 mit 1. VII cap. 2 § 21; vgl. *J. Heckel*, a. a. O.
[18] De iure naturae et gentium, Ausg. 1716, lib. VII, cap. 2 § 21, zitiert nach *H. Kirchner*, Beiträge zur Geschichte der Entstehung der Begriffe »öffentlich« und »öffentliches Recht«, S. 32.
[19] Vgl. *Kirchner*, a. a. O., S. 35.
[20] § 19, II,7; § 17,II,11; § 20,II,11 ALR (die beiden letzten Stellen in: *E. R. Huber/W. Huber*, Staat und Kirche im 19. und 20. Jahrhundert, Bd. I, Nr. 1).
[21] Vgl. *W. Kahl*, Lehrsystem des Kirchenrechts und der Kirchenpolitik, 1. Hälfte, S. 336.
[22] Unverständlicherweise wird in einer Reihe einschlägiger Arbeiten, v. a. bei *H. Weber*, a. a. O., dieser Zusammenhang nicht beachtet.
[23] Vgl. *H. Weber*, a. a. O., S. 48.

Rechts verfügen über vom Staat verliehene Hoheitsgewalt und sind demgemäß staatlicher Rechtsaufsicht (im Fall übertragener Angelegenheiten auch staatlicher Fachaufsicht) unterworfen[24].

Durch diese Entwicklung trat die paradoxe Lage ein, »daß der zuerst an den Landeskirchen entwickelte Begriff der öffentlichen Korporation sich von der ursprünglichen historischen Situation soweit fortentwickelt hat, daß er heute für eben diese Kirchen unverwendbar erscheint«[25]. Der allgemeine Begriff der »Körperschaft des öffentlichen Rechts« wird für die Kirchen in dem Maß unbrauchbar, in dem diese nicht mehr als Staatsanstalten zu verstehen sind und in dem die staatliche Kirchenaufsicht in den Hintergrund tritt und schließlich verschwindet. Heute hat die Qualifikation von Kirchen und anderen Religionsgemeinschaften als Körperschaften des öffentlichen Rechts mit dem allgemeinen Begriff der Körperschaft des öffentlichen Rechts nichts mehr gemein und kann nicht mehr aus diesem allgemeinen Begriff hergeleitet werden[26]. Fragt man, warum trotzdem die Korporationsqualität der Religionsgesellschaften in der Weimarer Verfassung aufrecht erhalten wurde, so muß man den Zusammenhang beachten, in dem die Gewährleistung der Rechte einer Körperschaft des öffentlichen Rechts in Art. 137 Abs. 5 WRV steht. In Art. 137 Abs. 6 WRV wird diese Gewährleistung ausdrücklich mit dem Recht dieser Religionsgesellschaften, Steuern zu erheben, in Beziehung gesetzt. Das weist darauf hin, daß die Aufrechterhaltung des Körperschafts-Status den Sinn einer Garantie öffentlich-rechtlicher Gestaltungsmöglichkeiten und Privilegien hat[27]. Diese Interpretation wird durch die Verhandlungen, die zur Entstehung des Art. 137 WRV geführt haben, bestätigt[28]. Friedrich Naumann wies in der Weimarer Nationalversammlung ausdrücklich darauf hin, daß der Begriff der Körperschaft des öffentlichen Rechts in seiner Anwendung auf die Kirchen ein »notwendiger Hilfsbegriff zur Erreichung des finanziellen Aufbaus« sei[29]. Das primäre Ziel der Erhaltung der Korporationsqualität der

---

[24] Zusammenfassend *H. J. Wolff,* »Körperschaft«, Sp. 1080 f.
[25] *K. Hesse,* Der Rechtsschutz, S. 66.
[26] Zu diesem Ergebnis kommen übereinstimmend *H. Weber,* a. a. O., S. 47 ff.; *P. Mikat,* »Kirchen und Religionsgesellschaften«, S. 162, und andere.
[27] Im Ergebnis ähnlich *H. Weber,* a. a. O., S. 91 ff.
[28] Vgl. *H. Weber,* a. a. O., S. 54.
[29] Protokolle der Nationalversammlung, Bd. 328, S. 1654; vgl. auch die Äußerungen von *Mausbach* und *Gröber,* ebd., S. 1645 und S. 1656. Kennzeichnend ist die Bemerkung Naumanns (ebd., S. 1653): »Es handelt sich hier

Religionsgesellschaften bestand also darin, ihnen das Steuerrecht zu gewährleisten. Zu diesem in der Verfassung ausdrücklich gewährleisteten Recht tritt eine Reihe anderer Rechte, die als traditioneller Bestand direkt aus der Korporationsqualität abgeleitet werden können, insbesondere die Dienstherrenfähigkeit, die Disziplinargewalt und die Behandlung des kirchlichen Kultus- und Verwaltungsvermögens als öffentlicher Sachen[30].

Wenn man sich auf diesem Stand der Überlegungen zusammenfassend die Grundstruktur des Verhältnisses von Staat und Kirche, die in der Weimarer Verfassung niedergelegt und durch das Bonner Grundgesetz rezipiert ist, vor Augen hält, heben sich folgende Momente als zentral heraus: Grundlegend ist die Normentrias von Art. 4 GG, Art. 137 Abs. 1 und Art. 137 Abs. 3 WRV[31]. In ihnen wird die öffentliche Kirchenfreiheit grundrechtlich gewährleistet, womit die Eigenständigkeit der Kirchen in der Ordnung und Gestaltung ihrer Verhältnisse notwendigerweise verbunden ist. Diese Eigenständigkeit findet ihre Grenze nur »an zwingenden Erfordernissen für ein friedliches Zusammenleben in einem religiös und konfessionell neutralen Staat«[32]. Durch Art. 137 Abs. 1 WRV ist schließlich jede institu-

---

(sc. bei den öffentlichen Korporationsrechten der Kirchen) um das schwer definierbare höher (sc. als die private Rechtsfähigkeit) stehende Recht, von dem die Kollegen Mausbach und Kahl mit kirchenrechtlicher Klugheit gesprochen haben und über das kein Mensch in diesem Raum klar zu sein sich rühmen dürfte.«
[30] Im einzelnen diskutiert bei *H. Weber*, a. a. O., S. 109 ff. Der Auffassung, die Körperschaftsqualität sei nicht für den Gesamtstatus der Kirchen maßgeblich, sondern habe nur noch praktisch-technische Bedeutung, hat sich jetzt — entgegen seiner früheren Meinung — auch *K. Hesse* (»Kirche und Staat«, Sp. 922 f.) angeschlossen.
[31] Vgl. *A. Hollerbach*, »Die Kirchen unter dem Grundgesetz«, S. 60 ff.
[32] Ebd., S. 102; die entsprechende Formulierung ebd., S. 62, »zwingende Erfordernisse für ein friedliches Zusammenleben von Kirche und Staat« ist weit weniger glücklich und kann im Gegensatz zu der oben zitierten Formel keineswegs als angemessene Interpretation des Vorbehalts der »Schranken des für alle geltenden Gesetzes« (Art. 137 Abs. 3 WRV) angesehen werden. Für die Interpretation dieses Vorbehalts war lange Zeit maßgebend die Formulierung von *J. Heckel*, Das blinde, undeutliche Wort ›Kirche‹, S. 593: »Das ›für alle geltende‹ Gesetz ist ... jedes für die Gesamtnation als politische, Kultur- und Rechtsgemeinschaft unentbehrliche Gesetz, aber auch nur ein solches Gesetz.« Diese Formel ist vom Bundesgerichtshof modifiziert aufgenommen worden: Das »für alle geltende Gesetz« bezeichne »alle, aber auch nur diejenigen Normen, die sich als Ausprägungen und Regelungen grundsätzlicher, für unse-

tionelle Verbindung von Staat und Kirche »im inneren Verfassungsrechtskreis«[33] untersagt; funktionelle Zusammenarbeit dort, wo sie sachlich geboten und verfassungsmäßig erlaubt ist (z. B. Religionsunterricht[34], Anstaltsseelsorge[35]), ist dadurch nicht ausgeschlossen. Die Stellung von Religionsgesellschaften als Körperschaften des öffentlichen Rechts hat dieser Grundstruktur gegenüber nur sekundäre Bedeutung. Denn sie gehört in den Zusammenhang der einzelnen Gewährleistungen, die sich nicht notwendig aus dieser Grundstruktur ergeben, aber bei richtigem Verständnis und insbesondere bei sachgemäßer (d. h. unmittelbar auf die Aufgaben der Kirche bezogener) Beschränkung dieser Grundstruktur zu entsprechen vermögen.

2. *Partnerschaft zwischen Staat und Kirche*

Die Einzelregelungen im Verhältnis von Staat und Kirche sind nach dem Grundgesetz dem Landesrecht vorbehalten; die Länder haben davon vor allem so Gebrauch gemacht, daß sie ihr Verhältnis zu den Kirchen durch Verträge geregelt haben. Vor allem an diesen Staatskirchenverträgen hat man zu zeigen versucht, daß das Verhältnis von Staat und Kirchen in der Bundesrepublik in ein qualitativ neues Stadium getreten sei[36].

---

ren sozialen Rechtsstaat unabdingbarer Postulate darstellen« (BGHZ 22, 387). Unter neueren Interpretationen nenne ich noch *E. G. Mahrenholz*, Die Kirchen in der Gesellschaft der Bundesrepublik, S. 105: »Das für alle geltende Gesetz ist ... dasjenige Gesetz, das unter voller Würdigung der Religionsfreiheit als gesellschaftsbezogenen Grundrechts und unter Berücksichtigung verfassungs- und vertragsmäßig verbriefter Sonderrechte der Religionsgemeinschaften dazu bestimmt ist, die Rechtsgüter der Allgemeinheit zu schützen.« Bei allen Unterschieden in der Interpretation besteht Übereinstimmung darüber, daß durch Art. 137 Abs. 3 WRV »Ausnahme-, d. h. Verbotsgesetze« gegenüber den Religionsgesellschaften ausgeschlossen sind, womit nicht Sondergesetze über Rechte und Pflichten der Religionsgesellschaften, die sich aus ihrer Sonderstellung ergeben, generell untersagt sind; deren Notwendigkeit ergibt sich vielmehr z. B. aus Art. 137 Abs. 6 und Art. 138 WRV; vgl. dazu *E. R. Huber*, Verträge zwischen Staat und Kirche, S. 45 ff.

[33] *Hollerbach*, a. a. O., S. 62; vgl. oben S. 264.
[34] Art. 7 Abs. 3 GG.
[35] Art. 141 WRV.
[36] Vgl. *U. Scheuner*, »Die staatskirchenrechtliche Tragweite des niedersächsischen Kirchenvertrages«; *R. Smend*, »Der Niedersächsische Kirchenvertrag«; *W. Conrad*, Der Öffentlichkeitsauftrag der Kirche.

2.1. Verträge zwischen Staat und Kirche

Nun sind vertragliche Vereinbarungen zwischen Staat und Kirche keine neue Erscheinung; vielmehr hat man die Rechtsform des Konkordats bis auf eine Abmachung zwischen dem Kaiser Justin und dem Papst Hormisdas aus dem Jahr 519 zurückverfolgt[37]. Im Mittelalter begegnet eine Fülle von Konkordaten. In der Neuzeit jedoch, beginnend mit dem französischen Konkordat von 1801[38], gewinnen die Konkordate ein neues Gewicht. Denn während im Mittelalter die Konkordate Verträge zwischen Partnern innerhalb des gleichen Rechtsverbandes sind, erhalten sie in der Neuzeit den Charakter von Verträgen zwischen zwei sich jeweils als souverän betrachtenden Partnern, die verschiedenen Rechtskreisen angehören und die sich deshalb auf vertraglichem Weg verständigen, weil sie ein ihnen gemeinsam übergeordnetes Recht nicht kennen. Zwar begegnen im 19. Jahrhundert auch vereinzelt Verträge mit evangelischen Landeskirchen[39]; doch erst durch die beiden bayerischen Verträge, die zusammen mit dem bayerischen Konkordat 1925 abgeschlossen wurden[40], wurde man allgemein darauf aufmerksam, daß jedenfalls nach dem Ende des landesherrlichen Summepiskopats auch die evangelischen Landeskirchen mögliche Vertragspartner des Staates seien. Am Ende der Weimarer Republik bestanden für Bayern, Preußen und Baden parallel Konkordate und evangelische Kirchenverträge[41]. Eine Sonderstellung

---

[37] Vgl. hierzu und zum folgenden *E. R. Huber*, Verträge zwischen Staat und Kirche, S. 63 ff.
[38] *E. R. Huber/W. Huber*, Staat und Kirche im 19. und 20. Jahrhundert, Bd. I, Nr. 2.
[39] Hamburgischer Vertrag von 1875; Oldenburgische Verträge von 1870 und 1883; vgl. *E. R. Huber*, Garantie der kirchlichen Vermögensrechte, S. 88 ff., 101 ff.; ders., Verträge zwischen Staat und Kirche, S. 65. Von ihnen steht der hamburgische Vertrag heute noch in Geltung; vgl. *A. Hollerbach*, Verträge zwischen Staat und Kirche, S. 16, 47.
[40] Vorangegangen war ihnen ein braunschweigischer Vertrag von 1923, der durch den niedersächsischen Kirchenvertrag von 1955 seine Gültigkeit verloren hat, während der bayerische Vertrag mit der bayerischen Landeskirche mit einigen Modifikationen noch in Geltung steht; der bayerische Vertrag mit der pfälzischen Landeskirche ist durch den rheinland-pfälzischen Kirchenvertrag abgelöst worden.
[41] Sie sind ebenso wie die im folgenden genannten Verträge abgedruckt bei *W. Weber*, Die deutschen Konkordate und Kirchenverträge, I, 1962; II, 1971; und bei *H. Weber*, Staatskirchenverträge. Textsammlung, 1967.

nahm lediglich das Reichskonkordat vom 20. Juli 1933 ein, das der Sache nach keine evangelische Entsprechung finden konnte.

Diese Verträge blieben nach 1945 in Geltung[42]. Sie wurden jedoch ergänzt und teilweise abgelöst[43] durch eine Reihe insbesondere evangelischer Kirchenverträge. Diese wurde durch den niedersächsischen Kirchenvertrag vom Kloster Loccum von 1955 eröffnet; ihm folgten Verträge in Schleswig-Holstein, Nordrhein-Westfalen, Hessen und Rheinland-Pfalz; neben ihnen steht der Vertrag der Bundesrepublik mit der EKD zur Regelung der evangelischen Militärseelsorge[44]. Die Zahl der Verträge auf katholischer Seite ist wesentlich geringer, da das Reichskonkordat für das gesamte Bundesgebiet gilt, so daß hier neue vertragliche Vereinbarungen nicht in demselben Umfang notwendig waren. Zu nennen sind auf katholischer Seite vor allem der Vertrag des Landes Nordrhein-Westfalen mit dem Heiligen Stuhl über die Errichtung des Bistums Essen von 1956, der hessische Vertrag mit den katholischen Bistümern in Hessen von 1963 und das niedersächsische Konkordat von 1965. In Berlin wurde eine Reihe staatskirchenrechtlicher Fragen durch parallele Protokolle über Besprechungen zwischen dem Senat von Berlin und den beiden Kirchen vom 2. Juli 1970 geregelt.

Nach diesem, hier nur in groben Umrissen erwähnten Stand des Vertragsrechts zwischen Staat und Kirchen gilt auf katholischer Seite das Reichskonkordat für das gesamte Bundesgebiet, wobei es für den größten Teil der Bundesrepublik durch die entsprechenden Konkordate und Verträge ergänzt wird[45]; die vertragsrechtliche Regelung kann in gewissem Sinn als umfassend bezeichnet werden. Aber auch auf evangelischer Seite ist das Verhältnis von Staat und Kirche für

---

[42] Die umstrittene Frage der Fortgeltung des Reichskonkordats hat das Bundesverfassungsgericht in den Gründen seines Konkordatsurteils vom 26. März 1957 (BVerfGE 6, S. 309 ff., 330 ff.) positiv entschieden.

[43] Im folgenden beschränke ich mich auf die wichtigsten Verträge; eine vollständige Aufstellung nach dem Stand von 1964 findet sich bei *A. Hollerbach*, Verträge zwischen Staat und Kirche, S. 23 ff.; Ergänzungen dazu bei *A. Hollerbach*, »Die neuere Entwicklung des Konkordatsrechts«, S. 117 ff., 139 ff.; W. *Weber*, a. a. O., Bd. II, S. 10 ff.

[44] Siehe dazu oben S. 247 ff.

[45] Kein deutsches Bundesland ist völlig frei von landeskonkordatärer Bindung. Weitgehend frei sind Hamburg, Bremen und das Saarland; ferner stehen das alte Württemberg und das ehemalige Hessen-Darmstadt nicht unter einem Landeskonkordat; vgl. *A. Hollerbach*, Verträge zwischen Staat und Kirche, S. 61 ff.

den größten Teil des Bundesgebietes durch Verträge geregelt. Ausnahmen bilden lediglich der württembergische Teil[46] von Baden-Württemberg, das Saarland[47] und Bremen; in Hamburg steht zwar nach wie vor der Vertrag von 1875 in Geltung[48] — seitdem aufgetretene Fragen haben jedoch keine vertragliche Regelung mehr gefunden.

Durch die Vervollständigung des Vertragsrechts nach 1945 wird der Tatbestand dokumentiert, daß in der Bundesrepublik eine staatliche Kirchenhoheit nicht mehr besteht. Diese war nach herrschender Lehre in der Weimarer Republik noch in Geltung; nach ebenso allgemeiner Auffassung hat sie jedoch in der Bundesrepublik zu existieren aufgehört[49]. Allerdings enthalten die neuen Staatskirchenverträge einzelne Bestimmungen (insbesondere über die kirchliche Vermögensverwaltung), deren Vorgeschichte in der Zeit staatlicher Kirchenhoheit noch deutlich zu erkennen ist. Doch hier ist nicht der Inhalt dieser Staatskirchenverträge im einzelnen zu erörtern[50]. Ebenso soll die Frage übergangen werden, wie sich die partikularistische Kirchenstruktur der evangelischen Kirchen auf die vertragliche Gestaltung des Verhältnisses von Staat und Kirche auswirkt. Es sei nur darauf hingewiesen, daß z. B. die rheinische Kirche faktischer oder potentieller Vertragspartner von vier Bundesländern (Nordrhein-Westfalen, Rheinland-Pfalz, Hessen, Saarland) ist, und daß umgekehrt der niedersächsische Kirchenvertrag mit fünf Landeskirchen (Hannover, Refor-

---

[46] Mit Ausnahme des ehemaligen Hohenzollern, für das auch nach seiner kirchlichen Vereinigung mit der württembergischen Landeskirche im Jahr 1950 der preußische Kirchenvertrag von 1931 in Geltung steht; vgl. *Hollerbach*, a. a. O., S. 64. Auch für Württemberg gilt die Vereinbarung zwischen der Regierung des Landes Baden-Württemberg und den Kirchenleitungen über die Lehrerbildung vom 4. Februar 1969.
[47] Es existieren lediglich ein Vertrag zwischen dem Saarland und der Evangelischen Kirche im Rheinland über die Errichtung eines Lehrstuhls für Evangelische Theologie an der Universität des Saarlandes vom 30. 11./5. 12. 1967 und eine Vereinbarung zwischen dem Saarland, der Evangelischen Kirche im Rheinland und der Pfälzischen Landeskirche über die Erteilung von evangelischem Religionsunterricht vom 27./29. Mai 1968 (Amtsblatt der Pfälzischen Landeskirche 1968, S. 199 ff.; bei *W. Weber*, a. a. O. nicht abgedruckt).
[48] Vgl. oben Anm. 39; insofern ist die Angabe bei *W. Weber*, Die deutschen Konkordate und Kirchenverträge, Bd. I, S. 10, inkorrekt, der zudem das Saarland übergeht.
[49] Vgl. *U. Scheuner*, »Kirche und Staat«, Sp. 1334.
[50] Vgl. die vergleichende Übersicht über die Gegenstände der Konkordate und Kirchenverträge bei *W. Weber*, Die deutschen Konkordate und Kirchenverträge, Bd. I, S. 293 ff.

mierte Kirche in Nordwestdeutschland, Braunschweig, Oldenburg, Schaumburg-Lippe) abgeschlossen werden mußte. In unserem Zusammenhang ist allein die Frage zu stellen, was die tendenziell umfassende Regelung des Verhältnisses von Staat und Kirche auf dem Weg des Vertrags — statt auf dem Weg staatlicher Gesetzgebung — für die Grundstruktur des Verhältnisses von Staat und Kirche bedeutet.

Das staatskirchenrechtliche System der Weimarer Verfassung schließt die Festlegung der Rechte und Pflichten der Kirche, soweit sie nicht in die kirchliche Autonomie gehören, sowie die Feststellung der staatlichen Verpflichtungen durch einseitiges staatliches Gesetz nicht aus. So waren die Verhältnisse für die preußischen evangelischen Landeskirchen zunächst durch das Staatsgesetz von 1924 geregelt[51], bevor dieses durch den preußischen Kirchenvertrag von 1931 abgelöst wurde. Ebenso wurde in Württemberg 1924 ein Kirchengesetz erlassen[52], das noch heute in Geltung steht, da es nicht durch einen Kirchenvertrag abgelöst wurde.

Beide Beispiele zeigen, daß die Weimarer Verfassung keine Verpflichtung des Staates, sein Verhältnis zu den Kirchen auf vertraglichem Weg zu regeln, enthält. Gleichwohl kann man sich angesichts der tendenziell umfassenden vertraglichen Regelung des Verhältnisses von Staat und Kirche nicht mit der Aussage begnügen, daß diese sowohl nach dem geltenden Staatsrecht wie auch nach dem Recht der Kirchen *möglich* ist[53]. Sondern man muß darüber hinaus feststellen, daß die Tatsache der weitgehenden vertraglichen Vereinbarung die Grundstruktur des Verhältnisses von Staat und Kirche in der Bundesrepu-

---

[51] Text: *H. Liermann*, Kirchen und Staat, I, S. 234 ff.
[52] Text: ebd., II, S. 97 ff. Sehr mißverständlich sagt *A. Hollerbach*, Verträge zwischen Staat und Kirche, S. 59, die Baulastrichtlinien 1958 des baden-württembergischen Finanzministeriums (die sich nur auf die Kirchen in den württembergischen Landesteilen erstrecken) mitsamt der Novelle von 1963 stellten materiell einen Staatskirchenvertrag dar. Denn kennzeichnend ist gerade, daß hier eine Materie, die in anderen Ländern in Staatskirchenverträgen geordnet ist, durch einen — wenn auch mit den Kirchenverwaltungen vereinbarten — ministeriellen Erlaß geregelt wird, der staatlicherseits nicht einmal publiziert wurde, geschweige denn, daß er den staatlichen und kirchlichen Gesetzgebungskörperschaften zur Beschlußfassung vorgelegt worden wäre. Die Aussage, es handele sich hier materiell um einen Staatskirchenvertrag, verdeckt gerade die singuläre staatskirchenrechtliche Situation in den württembergischen Landesteilen von Baden-Württemberg.
[53] Dazu im einzelnen *A. Hollerbach*, Verträge zwischen Staat und Kirche, S. 83 ff.

blik in einer irreversiblen Weise bestimmt. Der Grundsatz, daß das Verhältnis des Staates zur katholischen Kirche durch Konkordate zu regeln sei, hatte sich bereits vor der Zeit der Weimarer Republik durchgesetzt. Nach dem Ende des landesherrlichen Summepiskopats wurde deutlich, daß schon allein der Grundsatz, daß die großen Konfessionen paritätisch zu behandeln seien[54], auf eine vertragliche Gestaltung des Verhältnisses von Staat und evangelischen Landeskirchen drängte.

Aus dieser Entwicklung mußte die Folgerung gezogen werden, daß zwischen den Verträgen des Staates mit der katholischen Kirche und denen mit der evangelischen Kirche kein rechtlicher Unterschied bestehe[55]. Wenn der Begriff des Konkordats auf die evangelischen Staatskirchenverträge nicht angewandt wurde, so war dies rechtlich ohne Bedeutung. Vielmehr war durch die Entwicklung zu einem umfassenden Vertragsrecht die Frage nach der Rechtsnatur des Konkordats und zugleich die nach der Grundstruktur des Verhältnisses von Staat und Kirche neu gestellt.

Die traditionelle Interpretation der Rechtsnatur des Konkordats besagt[56], bei den Konkordaten handle es sich um völkerrechtliche Verträge zwischen dem jeweiligen Staat und dem Heiligen Stuhl als Völkerrechtssubjekt oder doch um »quasi-völkerrechtliche Verträge«. Gegenüber der Privilegientheorie, die, von einer Überordnung der Kirche über den Staat ausgehend, die Konkordate als dem Staat von der Kirche gewährte Privilegien versteht, und der Legaltheorie, die, von der Omnipotenz des staatlichen Rechts ausgehend, in den Konkordaten einseitige Staatsgesetze sieht, die zwar in Vertragsform gekleidet sind, jedoch jederzeit einseitig vom Staat aufgehoben werden können, hat sich die Vertragstheorie weitgehend durchgesetzt. Sie geht — in verschiedenen Varianten — davon aus, daß Staat und Kirche sich in den Konkordaten und Staatskirchenverträgen als gleichgeordnete Rechtssubjekte anerkennen; die Theorie der *Koordination von Staat und Kirche* ist also die Basis dieses Verständnisses der Konkordate als echter Verträge[57]. Dabei wird die Koordination von

---

[54] Zur Entwicklung des Grundgesetzes der Parität vgl. *M. Heckel*, »Parität«; zusammenfassend ders., Art. »Parität«.
[55] Diese Folgerung hat zuerst *E. R. Huber*, Verträge zwischen Staat und Kirche, 1930, umfassend begründet.
[56] Vgl. dazu *P. Mikat*, »Konkordat«.
[57] Vgl. *A. Albrecht*, Koordination von Staat und Kirche.

manchen als Rechtsprinzip, an das der Staat in der Gestaltung seines Verhältnisses zu den Kirchen verpflichtend gebunden sei, von anderen als politisches Prinzip, das sich — ohne dieses Maß an rechtlicher Verbindlichkeit — für die Beziehungen zwischen Staat und Kirche als förderlich erwiesen hat, interpretiert.

Für die katholische Kirche wurde das koordinationsrechtliche Verständnis der Konkordate maßgeblich durch Äußerungen Leos XIII. über das Verhältnis von Staat und Kirche bestimmt: Gott hat die Sorge für das Menschengeschlecht zwei Gewalten, der kirchlichen und der staatlichen, zugeteilt. Jede der beiden Gewalten ist in ihrem Bereich die höchste — die eine in der Sorge für die göttlichen, die andere in der Sorge für die menschlichen Belange. Innerhalb ihres jeweiligen Bereichs, in der Führung und Ordnung ihrer eigenen Angelegenheiten ist keine der beiden Gewalten der anderen unterworfen; beiden kommt als den einzigen sozialen Gebilden das Prädikat »societas perfecta« zu. In gemischten Angelegenheiten (res mixtae), die dem Recht und Richterspruch beider Gemeinschaften unterstehen, sollen sie nicht auf Trennung, noch weniger auf Streit, sondern auf Eintracht hinarbeiten[58].

Für das staatliche Verständnis wurde die koordinationsrechtliche Auffassung der Konkordate endgültig durch die Kodifizierung der kirchlichen Autonomie in der Weimarer Verfassung eröffnet. Zugleich aber bedurfte die Rechtsnatur des Konkordats einer Neuinterpretation; sie mußte davon bestimmt sein, daß den evangelischen Kirchenverträgen der gleiche Charakter wie den Konkordaten zukomme. Dabei konnte man nicht von der Meinung ausgehen, die evangelischen Kirchenverträge seien völkerrechtliche oder quasi-völkerrechtliche Verträge. Denn die evangelischen Landeskirchen konnten nicht als Völkerrechtssubjekte den deutschen Ländern gegenübertreten. Das veranlaßte zu einer Überprüfung der Frage, ob es sich bei den Konkordaten um völkerrechtliche Verträge handle.

---

[58] Vgl. die Enzykliken Leos XIII. Diuturnum illud vom 29. 6. 1881 und Immortale Dei vom 1. 11. 1885; die für unsere Frage wichtigsten Passagen daraus bei E. *Marmy*, Mensch und Gemeinschaft in christlicher Schau, Dokumente, 1945, Nr. 803, 857, 858. Man erkennt aus diesen Texten deutlich, daß die kirchliche Koordinationstheorie sich herausbildete, weil die kirchenpolitische Notwendigkeit des Koordinationsprinzips (anstelle des Gedankens der kirchlichen Suprematie) nicht mehr bezweifelt werden konnte; vgl. *Albrecht*, a. a. O., S. 113.

E. R. Huber⁵⁹ hat als erster gezeigt, daß die geläufigen Argumente für den völkerrechtlichen Charakter der Konkordate nicht stichhaltig sind. Weder aus dem geistlichen Rang der Kirche noch aus der internationalen politischen Bedeutung des Papsttums kann gefolgert werden, daß der Papst als Oberhaupt der Gesamtkirche Völkerrechtssubjekt ist; dies ergibt sich auch nicht aus einzelnen völkerrechtlichen Privilegien, die das Papsttum genießt, und läßt sich auch nicht mit dem Argument begründen, daß die Abmachungen zwischen Staat und Kirche herkömmlich die Form völkerrechtlicher Verträge haben, da aus dieser Vertragsform nicht mit Notwendigkeit auf ihre Rechtsgrundlage geschlossen werden kann. Auch dadurch, daß der Papst mit den Lateranverträgen von 1929 Herr der vatikanischen Stadt geworden ist, hat sich nichts geändert, da er die Konkordate nicht als Souverän des Kirchenstaates, sondern als Oberhaupt der Gesamtkirche abschließt. »Keines der Argumente, die für die völkerrechtliche Natur der Konkordate beigebracht werden, ist somit wirklich stichhaltig.«⁶⁰ Auch die Bildung des Begriffs der »quasi-völkerrechtlichen Verträge« hilft nicht weiter, da Gründe für diese Analogiebildung nicht angeführt werden können; vielmehr ergeben sich aus dem Völkerrecht, das für zwischenstaatliche Beziehungen gilt, bestimmte Rechtsgrundsätze, die auf die Beziehung von Staat und Kirche nicht angewandt werden können. Auf der anderen Seite lehnt E. R. Huber auch die Kennzeichnung der Konkordate als »öffentlich-rechtlicher Verträge« ab, da diese ihrem Begriff nach zwischen dem Staat und ihm subordinierten Körperschaften abgeschlossen werden; das subordinationsrechtliche Verständnis des Verhältnisses von Staat und Kirche ist jedoch mit der Gewährleistung der kirchlichen Autonomie unvereinbar⁶¹. Weil die Konkordate also unter keiner dieser Kategorien zu begreifen sind, stellen sie »einen besonderen Typus des koordinationsrechtlichen Vertrages dar, der nach eigenen Grundsätzen, die sich aus der besonderen Struktur der staatlich-kirchlichen Beziehungen ergeben, zu behandeln ist«⁶². Dabei unterliegen sie dem allgemeinen Rechtsgrundsatz, daß Verträge rechtlich verbinden (pacta sunt servanda). Einen den Vertragskontrahenten übergeordneten Wahrer der Verpflichtungen aus diesen Verträgen gibt es jedoch

---

⁵⁹ Verträge zwischen Staat und Kirche, S. 70 ff.
⁶⁰ Ebd., S. 75.
⁶¹ Ebd., S. 77.
⁶² Ebd., S. 84.

nicht⁶³. In diesem Rechtscharakter sind die Konkordate mit der katholischen Kirche und die Kirchenverträge mit den evangelischen Kirchen gleich. Beide entsprechen einem koordinationsrechtlichen Verständnis des Verhältnisses von Staat und Kirche.

Trotz dieser Argumentation hat man vielfach an der These vom völkerrechtlichen Charakter der Konkordate und damit auch an der rechtlichen Differenz zwischen katholischen Konkordaten und evangelischen Staatskirchenverträgen festgehalten⁶⁴. In den neuesten umfassenden Arbeiten zur Koordinationstheorie und zum Vertragsrecht wurde diese herrschende Auffassung jedoch erneut entschieden bestritten und die These wiederholt, die Staatskirchenverträge gehörten zu einem eigenen Bereich koordinationsrechtlicher Gestaltung, der seine Legitimation aus den beiden zugrunde liegenden Rechtskreisen des staatlichen Verfassungsrechts und des Kirchenrechts empfange⁶⁵.

Dieser Hinweis auf die den Verträgen zwischen Staat und Kirche zugrunde liegenden Rechtskreise verdeutlicht zugleich, daß diese Verträge den beiden Rechtskreisen selbst durch Gesetzgebungsverfahren

---

⁶³ Vgl. auch *K. Hesse*, Der Rechtsschutz durch staatliche Gerichte, S. 76, der die analoge Einsicht in bezug auf Art. 137 Abs. 3 WRV zu der These zuspitzt: »Alles ist auf den Zwang zur Verständigung und die Loyalität beider Partner abgestellt. Es gibt nur die Alternative der Einigung oder des Kulturkampfes.«

⁶⁴ So stellt *P. Mikat* 1959 beides als die herrschende Meinung dar (»Konkordat«, Sp. 1215, 1223), während *H. Barion* allerdings im gleichen Jahr bemerkte, die Mehrheitsmeinung sei hier mehr ein »statistisches Phänomen« als ein juristisches Datum (»Ordnung und Ortung im kanonischen Recht«, S. 28).

⁶⁵ *A. Albrecht*, Koordination von Staat und Kirche, S. 53 ff.; *A. Hollerbach*, Verträge zwischen Staat und Kirche, S. 96 ff. Die beiden Autoren kommen unabhängig voneinander zu sachlich übereinstimmenden Ergebnissen. Hollerbach hat, unter grundsätzlicher Beibehaltung seines Standpunkts, diesen später durch folgende Sätze modifiziert: »Es ist freilich einzuräumen, daß die Veränderung der Struktur des Völkerrechts (sc. nach der das Völkerrecht nicht mehr nur als zwischenstaatliches System, sondern als universale Grundordnung der Völker und Menschen erscheint) das Maß der Anomalie, welche die Qualifizierung der Konkordate als völkerrechtliche Verträge darstellt, als nicht mehr so groß erscheinen läßt. Insbesondere aber wird man zuzugeben haben, daß die überkommene Anschauung nahezu gewohnheitsrechtlich verfestigt ist, daß es aber vor allem nicht angängig ist, wenn bei bestehendem Vertragsverhältnis der eine Partner anders qualifiziert als der andere; denn es muß davon ausgegangen werden, daß der Hl. Stuhl aus allgemeinen staatskirchenpolitischen Erwägungen am völkerrechtlichen Charakter festhält« (»Die Kirchen unter dem Grundgesetz«, S. 80 f.). An den grundsätzlichen Feststellungen vermag diese politische Erwägung, die zudem noch zum Grundsatz der Parität in ein Verhältnis gesetzt werden müßte, allerdings nichts zu ändern.

inkorporiert werden müssen. In Analogie zu völkerrechtlichen Verträgen werden Staatskirchenverträge von beiden vertragschließenden Parteien ratifiziert und erlangen dadurch in beiden Bereichen Gesetzeskraft. Deshalb vermag auch die Beurteilung der Rechtsnatur der Konkordate und Staatskirchenverträge im staatlichen und im kirchlichen Bereich zu differieren. Die vatikanische Auffassung, bei den Konkordaten handle es sich um völkerrechtliche Verträge, hindert den Staat nicht daran, in ihnen — allein schon um der Gleichstellung mit den evangelischen Staatskirchenverträgen willen — eine Sonderform öffentlich-rechtlicher Verträge zu sehen. Dabei entspricht die Differenz zwischen den Staatskirchenverträgen und den üblichen öffentlich-rechtlichen Verträgen der Differenz zwischen den normalen Körperschaften des öffentlichen Rechts, die einer staatlichen Rechts- und gegebenenfalls auch Fachaufsicht unterworfen sind, und den Kirchen als Körperschaften des öffentlichen Rechts, die einer solchen staatlichen Aufsicht nicht unterliegen. Durch eine derartige Konzeption könnte die — juristisch immer unbefriedigende — Folgerung vermieden werden, daß die Staatskirchenverträge, vom staatlichen Recht aus betrachtet, ein Rechtsinstitut sui generis darstellen; zugleich aber könnte der besondere Charakter dieser Verträge einer juristischen Interpretation zugänglich bleiben.

Die Verträge zwischen Staat und Kirche sind bereits nach dem Ersten und in verstärktem Maß nach dem Zweiten Weltkrieg zu einem umfassenden Instrument staatskirchenrechtlicher Normierung geworden. Das Prinzip der Koordination zwischen Staat und Kirche hat sich in dieser Zeit — und hierin liegt ein für die Interpretation des Verhältnisses von Staat und Kirche wichtiges Ergebnis — *politisch* durchgesetzt und wird wohl auch weiterhin politisch bestimmt sein, wenn daraus auch keine absolute *rechtliche* Verbindlichkeit dieses Prinzips begründet werden kann.

Aus der Tatsache wie aus dem Inhalt der Staatskirchenverträge sind allerdings noch weiterreichende Konsequenzen für das Verhältnis von Kirche und Öffentlichkeit abgeleitet worden. Ihnen wenden wir uns nun zu.

2.2. Die Anerkennung des Öffentlichkeitsauftrags der Kirche

Die bisherigen Überlegungen haben gezeigt, daß der Verweis auf die Verträge zwischen Staat und Kirche allein die These noch nicht begründen kann, am Vertragsrecht zeige sich der fundamentale Wandel des Verhältnisses zwischen Staat und Kirche, der auch durch die Aufnahme der Weimarer Kirchenartikel in das Bonner Grundgesetz nicht verdeckt werden könne. Denn bereits das Staatskirchenrecht der Weimarer Republik ist durch eine kontinuierliche Tendenz zur vertragsrechtlichen Gestaltung charakterisiert, die nach 1933 allerdings jäh abbrach. Diese Tendenz wurde nach 1945 wieder aufgenommen und fand in den seitdem geschlossenen Staatskirchenverträgen ihren Niederschlag. Entsprach die vertragsrechtliche Gestaltung vor 1933 den Weimarer Kirchenartikeln, so tat sie dies auch nach 1945; die Polemik gegen die Rezeption dieser Artikel im Grundgesetz[66] erscheint dann als unbegründet.

Für die These, das Verhältnis von Staat und Kirche sei nach 1945 qualitativ anderer Art als vor 1933, hat man sich allerdings nicht nur auf die Tatsache der Staatskirchenverträge, auch nicht nur auf ihre inhaltlichen Normierungen im einzelnen, sondern insbesondere auf die Präambeln der Verträge berufen; in ihnen vor allem komme dieses neue Verhältnis zum Ausdruck[67]. Tatsächlich findet die zum erstenmal 1951 von Rudolf Smend vertretene These, das Verhältnis von Staat und Kirche habe seine Grundlage unter den veränderten Bedingungen nach 1945 in der staatlichen Anerkennung des »Öffentlichkeitsanspruchs« der Kirche[68], ihre erste unmittelbare Entsprechung in einem Gesetzes- oder Vertragstext in der Präambel des niedersächsischen Kirchenvertrags (Loccumer Vertrag) von 1955. Diese Präambel wurde offensichtlich unter dem Einfluß der Smendschen These formuliert und heißt[69]:

»Die Niedersächsische Landesregierung und die verfassungsmäßigen Vertreter der Evangelischen Landeskirchen in Niedersachsen,
im Bewußtsein der gemeinsamen Verantwortung für den evangelischen Teil der niedersächsischen Bevölkerung und geleitet von dem Wunsche, das freundschaftliche Verhältnis zwischen Land und Landeskirchen zu festigen und zu fördern, ausgehend von der Tatsache, daß der Vertrag des Freistaates Preußen mit den Evangelischen Landeskirchen vom 11. Mai 1931 nebst dem dazugehörenden Schlußprotokoll zwischen dem Land einerseits und der Evangelischlutherischen Landeskirche Hannovers und der Evangelisch-reformierten Kirche in Nordwestdeutschland andererseits unbestritten in Geltung steht,

---

[66] Siehe oben S. 496.
[67] Vgl. *R. Smend*, »Der Niedersächsische Kirchenvertrag«; *W. Conrad*, Der Öffentlichkeitsauftrag der Kirche.
[68] Siehe oben S. 497.
[69] *W. Weber*, Die deutschen Konkordate und Staatskirchenverträge, Bd. 1, S. 212 f.

und in Würdigung jenes Vertrages als eines Schrittes zur Gewinnung der durch die deutsche Verfassung vom 11. August 1919 gebotenen freiheitlichen Ordnung des Verhältnisses von Staat und Kirche, haben in Übereinstimmung über den Öffentlichkeitsauftrag der Kirchen und ihre Eigenständigkeit beschlossen, den Vertrag unter Wahrung der Rechte der Kirchen im Sinne echter freiheitlicher Ordnung fortzubilden und zu einheitlicher Gestaltung des Verhältnisses des Landes zu allen Landeskirchen wie folgt zu fassen.«

Die Formel von der »Übereinstimmung über den Öffentlichkeitsauftrag der Kirchen und ihre Eigenständigkeit«, die sich hier zum ersten Mal findet, ist nach dem Vorbild des Loccumer Vertrags vom schleswig-holsteinischen, hessischen und rheinland-pfälzischen Kirchenvertrag[70] übernommen worden. Damit hat der Anspruch der Kirchen auf das Recht zu öffentlicher Wirksamkeit staatliche Anerkennung gefunden. Die Unverzichtbarkeit dieses Anspruchs hatte sich für die Kirchen aus den Erfahrungen des Kirchenkampfs ergeben. Zu seinen Resultaten gehört, daß ein selbständiges Existenzrecht der Kirche in der Gesellschaft mit der Möglichkeit öffentlicher Wirksamkeit unverzichtbar zu Wesen und Auftrag der Kirche gehört[71].

Für den Staat mag bei der ausdrücklichen Anerkennung dieses Anspruchs eine Rolle gespielt haben, daß die Kirchen nach 1945 als die einzigen großen gesellschaftlichen Körperschaften erschienen, die das nationalsozialistische Regime unkompromittiert und unzerstört überstanden hatten. Da das staatliche Bewußtsein im geteilten Deutschland nach dem Machtmißbrauch des Dritten Reichs und dem Zusammenbruch des Jahres 1945 geschwächt war[72], war der neu entstehende Staat auf die Kirchen zu seiner Legitimation angewiesen. Dies zeigte sich z. B. bereits daran, in welch ungewöhnlichem Umfang die Besatzungsbehörden die Kirchen bei der Bildung der ersten deutschen Landesregierungen konsultierten[73]. So vollzog sich nach 1945 ein »weites Vorstoßen der Kirchen in den staatspolitischen Bereich«[74], das ganz überwiegend die Gestalt der Legitimation der neu entstehenden staatlichen Ordnung besaß.

---

[70] W. *Weber*, Die deutschen Konkordate und Staatskirchenverträge, Bd. 1, S. 235, S. 272; Bd. 2, S. 196.
[71] Vgl. H. *Dombois*, Naturrecht und christliche Existenz, S. 38; W. *Conrad*, Der Öffentlichkeitsauftrag der Kirche, S. 60.
[72] Vgl. U. *Scheuner*, »Kirche und Staat in der neueren Entwicklung«, in: *Quaritsch/Weber*, Staat und Kirchen, S. 180.
[73] Vgl. H. *Ridder*, »Kirche und Staat«, Sp. 1023.
[74] Ebd.

Diese Funktion wurde von einer Reihe von Länderverfassungen ausdrücklich anerkannt. In der Verfassung für Rheinland-Pfalz von 1947 heißt es in Art. 41: »Die Kirchen sind anerkannte Einrichtungen für die Wahrung und Festigung der religiösen und sittlichen Grundlagen des menschlichen Lebens.« Diese Aussage ist nahezu identisch mit dem ersten Satz des Antrags im Parlamentarischen Rat von 1948[75]. In verschiedenen Modifikationen begegnet sie auch in anderen Landesverfassungen. So erklärt die Verfassung des Landes Baden-Württemberg von 1953 in ihrem Art. 1, der Mensch sei berufen, »in der ihn umgebenden Gemeinschaft seine Gaben in Freiheit und in der Erfüllung des christlichen Sittengesetzes zu seinem und der anderen Wohl zu entfalten«; in Art. 4 heißt es, die Bedeutung der Kirchen und der anerkannten Religions- und Weltanschauungsgemeinschaften »für die Bewahrung und Festigung des religiösen Lebens« werde anerkannt[76].

Solche Formulierungen zeigen, daß der Staat den Kirchen eine hervorgehobene Bedeutung bei der Wertbildung und Wertpropagierung beimißt; bei der Regelung seines Verhältnisses zu den Kirchen geht er deshalb davon aus, daß er auf sie als Institution der Legitimierung und Stabilisierung staatlicher Existenz angewiesen ist. Daraus erklärt sich auch die Tatsache, daß die meisten Länderverfassungen im Gegensatz zur Weimarer Verfassung und damit auch im Gegensatz zum Grundgesetz die Kirchen von den anerkannten Religions- und Weltanschauungsgemeinschaften unterscheiden; denn da die beiden großen Kirchen die überwältigende Mehrheit der Bevölkerung zu ihren Mitgliedern zählen, kommt ihnen bei der Wertpropagierung eine ungleich größere Bedeutung zu als den übrigen Religions- und Weltanschauungsgemeinschaften. Während für einen Teil der Verfassungen diese Differenzierung rein terminologischer Natur ist[77], ergeben

---

[75] Siehe oben S. 492. Das wird vor allem darauf zurückzuführen sein, daß A. Süsterhenn, der bereits an den Beratungen über die rheinland-pfälzische Verfassung mitwirkte, offenbar maßgeblich an der Formulierung dieses Antrags im Parlamentarischen Rat beteiligt war (vgl. oben S. 492, Anm. 4).
[76] In Art. 5 wird dann Art. 140 GG zum Bestandteil der baden-württembergischen Verfassung erklärt. Bemerkenswert ist bereits die Gliederung der baden-württembergischen Verfassung: Der Erste Hauptteil handelt »Vom Menschen und seinen Ordnungen« und enthält drei Abschnitte: I. Mensch und Staat; II. Religion und Religionsgemeinschaften; III. Erziehung und Unterricht. Der Zweite Hauptteil handelt »Vom Staat und seinen Ordnungen«.
[77] Hessische Verfassung Art. 48 ff.; Verfassung von Bremen Art. 59 ff.; nord-

sich für andere daraus beachtliche Unterschiede in der Rechtsstellung der Kirchen gegenüber den anderen öffentlich-rechtlich anerkannten Religionsgesellschaften. Die baden-württembergische Verfassung beschränkt jedenfalls ihrem Wortlaut nach (Art. 9) das Recht, zur Ausbildung der Geistlichen Seminare und Konvikte zu errichten und zu führen, auf die Kirchen, wie auch diese nur einen Anspruch auf wiederkehrende staatliche Leistungen haben (Art. 7). Ebenso beschränkt die bayerische Verfassung das selbständige Ausbildungsrecht auf die Kirchen (Art. 150)[78]. Am weitesten geht die saarländische Verfassung von 1947[79]. Sie spricht in Art. 35 Abs. 3 das Recht der autonomen Gestaltung nur den Kirchen zu und gewährt in Art. 35 Abs. 2 den Kirchen das Recht, im Einvernehmen mit dem Staat theologische Fakultäten einzurichten, während das Recht auf eigene Hochschulen auch den anderen Religionsgesellschaften zusteht (Art. 36 Abs. 1). Es ist eindeutig, daß Art. 35 Abs. 3 im Widerspruch steht zu Art. 137 Abs. 3 WRV, der ausdrücklich bestimmt, daß *jede* Religionsgesellschaft ihre Angelegenheiten selbständig ordnet und verwaltet. Das durch die saarländische Verfassung gewährte Recht der Kirchen, selbst theologische Fakultäten an staatlichen Universitäten einzurichten, widerspricht der Autonomie der Universität.

In manchen Länderverfassungen finden sich also Reste einer voraufklärerischen Bindung der Kirchen an den Staat und des Staates an die Kirchen. Der Staat ist im Verständnis dieser Verfassungen zwar konfessions-neutral, aber nicht religions-neutral. Die Kirchen behalten nach dieser Auffassung Reste ihrer Rolle als cultus publicus, die ihnen bis zur Aufklärung fraglos zukam. Doch die Überwindung der neuzeitlichen Privatisierung des Christentums[80] kann nicht in der

---

rhein-westfälische Verfassung Art. 19 ff.; rheinland-pfälzische Verfassung Art. 41 ff. (doch vgl. den oben zitierten Satz aus Art. 41).

[78] Das ist deshalb erstaunlich, weil im übrigen Art. 142 ff. der bayerischen Verfassung die rechtliche Gleichstellung von Kirchen und Religionsgemeinschaften wahren; auch in Art. 35, der die Zusammensetzung des Senats regelt, ist diese Gleichstellung nicht verletzt.

[79] Aus der Wiedergabe bei *H. Weber*, Staatskirchenverträge, S. 230 ff., ergibt sich, daß die entsprechenden Artikel heute noch in Geltung stehen. Weder die Verträge zwischen dem Saarland und dem Heiligen Stuhl bzw. der Evangelischen Kirche im Rheinland und das dazugehörige Landesgesetz noch die entsprechende Regierungsbegründung (*W. Weber*, Die deutschen Konkordate und Kirchenverträge, Bd. 2, S. 141 ff., 223) nehmen auf diese Verfassungsbestimmung Bezug.

[80] Siehe oben S. 31 ff., 474 ff.

Rückkehr zur Rolle der Religion als cultus publicus, sondern nur im Durchbruch zu einem neuen Verständnis des Verhältnisses von Kirche und Öffentlichkeit liegen. Dem im Anschluß an die Barmer Theologische Erklärung formulierten Öffentlichkeitsauftrag der Kirche entspricht es nicht, wenn die Kirche in der konstantinischen Tradition erneut zu einer Institution wird, die staatliche Herrschaft legitimiert und stabilisiert. Die Solidarität der Kirche und der Christen mit den Nöten und Aufgaben von Gesellschaft und Staat kann vielmehr nur aus einer durch das Evangelium gesetzten, unaufhebbaren kritischen Distanz zu allen Formen von Gesellschaft und Staat entspringen[81].

Auf diesem Hintergrund stellt sich noch einmal die Frage, welche Bedeutung die »Übereinstimmung über den Öffentlichkeitsauftrag der Kirchen«, die zum ersten Mal im Loccumer Vertrag dokumentiert wurde, besitzt.

W. Conrad, der dieser »Loccumer Formel« die bisher eingehendste Untersuchung gewidmet hat, kommt vor allem zu folgenden Ergebnissen[82]: Die Loccumer Formel stellt eine Projektion kirchlichen Selbstverständnisses auf die Ebene staatlicher Rechtsordnung dar. Zu einer zureichenden Interpretation dieser Formel bedarf es deshalb des Rückgriffs auf das Selbstverständnis der Kirche[83]. Im Kirchenkampf hat die evangelische Kirche ein neues Verständnis ihrer Aufgabe gewonnen[84]; dieses besteht vor allem in der Einsicht, daß die Verkündigung des Evangeliums notwendigerweise als »öffentliches Zeugnis«, als »Botschaft an die Welt«[85] geschehen muß. Es handelt sich bei der Wahrnehmung des Öffentlichkeitsauftrags um in Bibel und Bekenntnis begründete, deshalb auch in unmittelbarem Zusammenhang mit der Verkündigung stehende Stellungnahmen zu öffentlichen Problemen. Das Recht zu solchen Stellungnahmen kommt nach den Kirchenordnungen in erster Linie den Bischöfen, gegebenenfalls auch den Kirchenleitungen, den Synoden, der Bischofskonferenz der VELKD oder dem Rat der EKD zu[86].

Die Loccumer Formel, betont Conrad auf der anderen Seite, ist gleichzeitig Ausdruck eines neuen staatlichen Verständnisses von der

---

[81] Vgl. die Bemerkungen zur Barmer Theologischen Erklärung unten S. 551 ff.
[82] Vgl. W. *Conrad*, Der Öffentlichkeitsauftrag der Kirche, bes. S. 127 ff.
[83] Ebd., S. 34 ff.
[84] Ebd., S. 35 ff.
[85] So die Terminologie aus der Zeit des Kirchenkampfes, ebd., S. 39 f.
[86] Ebd., S. 43 ff.

öffentlichen Struktur und Funktion der Kirche. Der Staat nimmt das Selbstverständnis der Kirche zur Kenntnis und akzeptiert es. Auch der moderne Staat will auf die »herrschaftslegitimierende Kraft der kirchlichen Mächte«[87] nicht verzichten. Er hat sich »die Kirche in ihrer Funktion als Mitträgerin der freiheitlichen Gesellschaftsordnung dienstbar gemacht«[88] — und zwar gerade dadurch, daß er der Kirche gegenüber auf seinen umfassenden Hoheitsanspruch verzichtete, sich den Vorstellungen der Kirche von ihren Aufgaben in der Öffentlichkeit annäherte und sein Verhältnis zu ihr koordinationsrechtlich ordnete.

Die Loccumer Formel hat nach Conrads Auffassung *normativen* Charakter. Im Gegensatz zu anderen Präambelteilen setzt sie objektives Recht mit unmittelbarer Wirksamkeit. Sie hat verfassungsgestaltenden Inhalt und ist als »deutende Positivierung«, als »authentische Interpretation«[89] der im Grundgesetz getroffenen Grundentscheidung über das Verhältnis von Staat und Kirche anzusehen. Sie bestimmt den Rechtsstatus der Kirche als einen »privilegierten eigenständig-öffentlichen Sonderstatus. Dieser Sonderstatus der Kirche bestimmt die gesamte Rechtsstellung der Kirche in einem Bereich öffentlichen Rechts, der Staat und staatsbezogene Gesellschaft der freiheitlich demokratischen Grundordnung im Sinne der Art. 18, 21 Abs. 2 GG gleichermaßen umfaßt.«[90] Aus diesem Sonderstatus der Kirche ergibt sich ein besonderer eigenständig-öffentlicher Status der kirchlichen Amtsträger. Neben die schon im Grundgesetz verbürgte institutionelle Sicherung der Kirche tritt eine funktionelle Garantie. Diese besteht in der »Anerkennung der im Amt institutionalisierten öffentlichen Verkündigung der Kirche als eines aliud gegenüber jeder Meinungsäußerung«[91]. So wird bei klarer institutioneller und funktioneller Trennung von Staat und Kirche und bei Selbstbeschränkung beider Partner auf ihren je eigenen Bereich ein Weg eröffnet, auf dem sie

---

[87] *H. Heller*, Staatslehre, S. 210; *Conrad*, a. a. O., S. 53.
[88] *Conrad*, a. a. O., S. 59.
[89] *R. Smend*, »Der Niedersächsische Kirchenvertrag«, S. 50. *K. Müller* (in: Die öffentliche Verwaltung 8, 1955, S. 422; zitiert bei *Quaritsch*, »Kirchen und Staat«, in: *Quaritsch/Weber*, Staat und Kirchen, S. 393, Anm. 104) meint sogar die Frage stellen zu können, ob der Loccumer Vertrag »die mißverständliche Bonner Entscheidung (sc. Art. 140 GG) korrigiert [!] und den neuen Ansprüchen der Kirche eindeutiger Geltung verschafft hat«.
[90] *Conrad*, a. a. O., S. 128.
[91] Ebd.

sich »ergänzend zu einer harmonischen Ordnung der Gesellschaft zusammenfinden«[92]. Den verfassungsrechtlichen Rang der Loccumer Formel faßt Conrad in der These zusammen, diese habe »vergleichsweise den qualitativen und systematischen Rang im Verhältnis von Staat und Kirche wie Art. 1 GG[93] im Rahmen der Grundrechtsordnung des Grundgesetzes ... Die staatsbürgerliche Entscheidung, die Kirche nach ihrem Selbstverständnis und im Einvernehmen mit ihr in den weltlichen Bereich öffentlicher Ordnung einzuordnen, ist damit zum Wendepunkt einer jahrzehntelangen kirchenpolitischen und staatskirchenrechtlichen Entwicklung geworden.«[94]

Methodisch muß man gegen die von Conrad gezogenen Konsequenzen einwenden, daß in ihnen der Unterschied zwischen der Ebene des Verfassungsrechts und der Ebene des Vertragsrechts in einer nicht begründbaren Weise verwischt und nivelliert wird[95]. Die Staatskirchenverträge können niemals das Verfassungsrecht authentisch weiterentwickeln. Sie können lediglich in einer Weise, die dem Verfassungsrecht nicht widerspricht, dieses durch staatskirchenpolitische Entscheidungen ergänzen, die für das Verhältnis von Kirche und Staat konstitutive Bedeutung haben.

Darüber hinaus veranlaßt die Interpretation, die Conrad der Loccumer Formel gegeben hat, zu Überlegungen über die Tragfähigkeit dieser Formel selbst. Vermag sie wirklich auf Dauer die Voraussetzungen zu kennzeichnen, unter denen Staat und Kirche einander als gleichgeordnete Vertragspartner begegnen[96]? Der Kontext der Loccumer Formel macht die Vorstellungswelt sehr deutlich, in die diese Formel eingebettet ist. Wenige Sätze vor ihr heißt es in der Präambel, die Landesregierung und die Vertreter der evangelischen Landeskirchen schlössen diesen Vertrag »im Bewußtsein der gemeinsamen Verantwortung für den evangelischen Teil der niedersächsischen Bevölkerung«. Dieser Satz steht offensichtlich im Horizont des Gedankens, daß Staat und Kirche als die beiden öffentlichen Mächte der Gesellschaft als der Sphäre des Privaten und damit der ihnen anvertrauten Bevölkerung gegenüberstehen. Die Partnerschaft zwischen Staat und

---

[92] Ebd.
[93] »Die Würde des Menschen ist unantastbar. Sie zu achten und zu schützen ist Verpflichtung aller staatlichen Gewalt.«
[94] *Conrad*, a. a. O., S. 128 f.
[95] Vgl. *D. Pirson*, »Öffentlichkeitsanspruch«, Sp. 1393.
[96] Dies bejaht auch *Pirson*, a. a. O.

Kirche wird dann aus einem obrigkeitlichen Verständnis sowohl des Staates als auch der Kirche begründet. Diese Form der Partnerschaft muß notwendigerweise zu Ende gehen, wenn dieses obrigkeitliche Denken seine bestimmende Kraft verliert. Es ist kein Zufall, daß bereits die anderen evangelischen Kirchenverträge, die die Loccumer Formel wiederholen, den gerade zitierten Satz nicht übernommen haben[97]. Die Präambel geht von einer tatsächlich nicht vorhandenen *Sonder*stellung der Kirche als öffentlicher Ordnungsmacht aus und beachtet zudem nicht die verfassungsgebotene Religionsneutralität des Staates[98]. Von dieser aus ist aber auch die Loccumer Formel selbst zu kritisieren. Dem religionsneutralen Staat sind nur die öffentlichen Auswirkungen kirchlichen Handelns zugänglich, nicht aber das Wesen und der Auftrag der Kirche. Ebenso wie diese staatlichem Eingriff entzogen sein müssen, sind sie auch staatlicher Anerkennung entzogen. Anzuerkennen vermag der Staat nur den Anspruch der Kirchen auf öffentliche Wirksamkeit, nicht aber den diesem zugrunde liegenden *Auftrag*. Zu einer derartigen Aussage ist er genauso wenig befugt wie dazu, Religion zur Privatsache zu erklären – mit beidem überschreitet er seine Kompetenz. Die staatliche Anerkennung des kirchlichen Anspruchs auf öffentliche Wirksamkeit kann deshalb auch nicht aus Wesen und Auftrag der Kirche, sondern nur aus der staatlichen Rechtsordnung abgeleitet werden. Aus der Garantie der Glaubens- und Gewissensfreiheit, der Meinungsfreiheit und der Vereinigungsfreiheit (Art. 4, Art. 5, Art. 9 GG) folgt diese Gewährleistung der öffentlichen Wirksamkeit der Kirchen mit Notwendigkeit.

---

[97] Vgl. *E. G. Mahrenholz*, Die Kirchen in der Gesellschaft der Bundesrepublik, S. 39: Die Wendung »ist patriarchalisch, indem sie nur von der Verantwortung *für*, nicht von derjenigen *gegenüber* der evangelischen Bevölkerung spricht, und sie konstatiert eine *gemeinsame* Verantwortung, die den Vertragschließenden niemand übertragen hat und die der Staat auch ablehnen muß. Wo es eine staatliche Verantwortung für einen konfessionell abgegrenzten Teil der Bevölkerung gibt, muß diese Verantwortung abgewogen werden gegen die Verantwortung gegenüber den anderen Bevölkerungsteilen (man denke nur an das Problem der Bekenntnisschule). Die Wendung ist schief und mißverständlich. Genau betrachtet kann sie nicht mehr besagen als die logische Voraussetzung für den Vertrag, daß er gemeinsame Angelegenheiten der Vertragspartner regelt, die sich zu einem Teil auf einen identischen Personenkreis beziehen (z. B. Religionsunterricht, Anstaltsseelsorge, Kirchensteuer).«
[98] Zu deren Interpretation vgl. *K. Schlaich*, Neutralität als verfassungsrechtliches Prinzip, S. 129 ff.

Der Staat vermag also allein den *Öffentlichkeitsanspruch,* nicht aber den *Öffentlichkeitsauftrag* der Kirche anzuerkennen. So unangemessen der Begriff des »Öffentlichkeitsanspruchs« als theologischer Begriff ist[99], so angemessen wäre er in einem Dokument, an dem der Staat beteiligt ist. Die Paradoxie besteht jedoch darin, daß der staatlicher Terminologie angemessene Begriff »Öffentlichkeitsanspruch« sich in der theologischen Literatur verbreitet hat, während der theologisch allein angemessene Begriff »Öffentlichkeitsauftrag« sich erst dadurch durchzusetzen begonnen hat, daß er in Verträge zwischen Staat und Kirche Aufnahme fand. Diese Paradoxie weist darauf hin, daß über das theologische Verständnis des kirchlichen Auftrags einerseits und andererseits über die Grenzen dessen, was der Staat zu erkennen und anzuerkennen vermag, mancherlei Unklarheiten bestehen.

So wenig die Anerkennung des Öffentlichkeitsauftrags der Kirche staatlicherseits möglich ist, so wenig kann der Kirche auf die Dauer daran gelegen sein. W. Conrad hat deutlich gemacht, wie sehr diese Anerkennung mit dem Interesse des Staates verknüpft ist, sich die Kirche zur Wertpropagierung und Herrschaftslegitimation dienstbar zu machen[100]. Unter diesem Gesichtspunkt repräsentiert die Loccumer Formel jedoch keineswegs eine neue Stufe im Verhältnis zwischen Staat und Kirche, sondern erweist sich als später Ausläufer einer konstantinischen Verbindung zwischen ihnen. Gerade von ihrem eigenen Verständnis des Öffentlichkeitsauftrags her vermag die Kirche diese Rolle jedoch nicht mehr zu akzeptieren. Das Evangelium, das sie zu vertreten hat, eignet sich nicht zur Legitimation politischer Herrschaft. Indem der Staat den *Sonderstatus* der Kirchen gegenüber allen anderen gesellschaftlichen Verbänden betont und anerkennt und die Kirche sich auf diese Anerkennung einläßt, verliert sie selbst die Distanz gegenüber Gesellschaft und Staat, aus der heraus sie ihren Auftrag allein richtig wahrnehmen kann.

Die vertragsrechtliche Gestaltung des Verhältnisses von Staat und Kirche kann nicht länger in einer paternalistischen Partnerschaft zwischen Staat und Kirche ihren Grund haben. Sie erweist sich vielmehr deshalb als sachgemäß, weil durch sie die kirchliche Autonomie, die eine notwendige Konsequenz des Grundrechts der Glaubens- und Gewissensfreiheit darstellt, am besten gewährleistet werden kann. Aus staatlicher Sicht kann dabei zwar ein politischer, nicht aber ein recht-

---

[99] Siehe oben S. 119 ff., unten S. 620 f.
[100] Siehe oben S. 516 f.

licher Unterschied zwischen den großen Kirchen und den kleineren anerkannten Religions- und Weltanschauungsgemeinschaften bestehen. Deshalb muß die Möglichkeit der vertraglichen Vereinbarung für die kleineren Gemeinschaften, die den Status von Körperschaften des öffentlichen Rechts besitzen, ebenso geschaffen werden wie für die großen Kirchen. Für ihre Anerkennung als Körperschaften des öffentlichen Rechts sind allein formale Kriterien ausschlaggebend: durch Mitgliederzahl und Verfassung müssen sie die Gewähr der Dauer bieten (Art. 137 Abs. 5 WRV); das Recht, über die »Schranken des für alle geltenden Gesetzes« hinausgehend die Würdigkeit der Religions- und Weltanschauungsgemeinschaften für die Körperschaftsqualität zu prüfen, steht dem Staat nicht zu[101]. Die »Schranken des für alle geltenden Gesetzes«, die der kirchlichen Autonomie eine Grenze setzen, begrenzen zugleich das Prüfungsrecht des Staates. Innerhalb dieser Grenze sind alle Religionsgemeinschaften in ihrer Lehre, ihrer Ordnung und in ihrer öffentlichen Wirksamkeit frei.

Wir stellten oben die Frage[102], ob sich Theorie und Praxis des Verhältnisses von Staat und Kirche in der Bundesrepublik nicht eher entsprechend dem im Parlamentarischen Rat abgelehnten Antrag als entsprechend den vom Grundgesetz rezipierten Artikeln der Weimarer Verfassung entwickelt haben. Wie sich im Rückblick zeigt, war dies weitgehend der Fall[103]. Bereits der Ausschnitt aus der staatskirchenrechtlichen Entwicklung und der ihr gewidmeten Literatur, der bisher diskutiert wurde, weist eine große Nähe zu jenem Antrag von CDU/CSU, Zentrum und DP auf. Die herrschende Ansicht von der Partnerschaft zwischen Staat und Kirche, die Anerkennung des »Öffentlichkeitsauftrags« der Kirche, das Verständnis der Loccumer Formel als eines das Verfassungsrecht weiterbildenden Satzes – all dies erklärt sich aus der Meinung, die Weimarer Artikel würden der neuen Nähe zwischen Staat und Kirche nicht gerecht[104] und bedürften angesichts der veränderten Lage einer Neuinterpretation, Ergänzung und Weiterentwicklung. Die Neuinterpretation und Weiterentwicklung,

---

[101] Gegen *Smend*, »Zur Gewährleistung der Rechte einer Körperschaft des öffentlichen Rechts«, S. 378.
[102] Siehe oben S. 495.
[103] Vgl. auch *H. Quaritsch*, »Kirchen und Staat«, in: *Quaritsch/Weber*, Staat und Kirchen, S. 281; *U. Scheuner*, »Erörterungen und Tendenzen im gegenwärtigen Staatskirchenrecht der Bundesrepublik«, S. 108 f.
[104] Vgl. nochmals *Smend*, »Staat und Kirche nach dem Bonner Grundgesetz«.

die man forderte, stand dem sehr nahe, was in dem Antrag im Parlamentarischen Rat formuliert worden war.

Nur vereinzelt trat in der Zeit bis 1960 Widerspruch gegen diese, vor allem von Smend begründete, herrschende Ansicht auf[105]. Erst seit 1961/62 mehrten sich die Stimmen, die eine Revision der staatskirchenrechtlichen Auffassungen forderten[106]. Diese Forderung mußte notwendigerweise auch eine neue Diskussion des Trennungsprinzips hervorrufen.

3. Trennung von Staat und Kirche

Unter allen deutschen Landesverfassungen formuliert allein die Verfassung von Bremen den Grundsatz der Weimarer Reichsverfassung, es bestehe keine Staatskirche, ausdrücklich im Sinn einer Trennung von Staat und Kirche: »Die Kirchen und Religionsgesellschaften sind vom Staate getrennt« (Art. 59). Sehr nah kommt diesem Artikel eine Verfassungsbestimmung der hessischen Verfassung. Nach der Feststellung, es bestehe keine Staatskirche, heißt es: »Es ist Aufgabe von Gesetz oder Vereinbarung, die staatlichen und kirchlichen Bereiche klar gegeneinander abzugrenzen. Die Kirchen, Religions- und Weltanschauungsgemeinschaften haben sich, wie der Staat, jeder Einmischung in die Angelegenheiten des anderen Teiles zu enthalten« (Art. 50).

An solchen Formulierungen hat eine Interpretation Anhalt, die die Kirchenartikel der Weimarer Reichsverfassung konsequent im Sinn des Trennungsgedankens interpretiert. Gleichwohl stand die Diskussion des Trennungsprinzips jedenfalls im ersten Jahrzehnt der Bundesrepublik völlig im Hintergrund gegenüber der herrschenden Lehre von der Partnerschaft zwischen Staat und Kirche. Während vor dem Ersten Weltkrieg, veranlaßt durch die französische Trennungsgesetzgebung von 1905[107] und durch die Erwartung ähnlicher Entwick-

---

[105] Zu nennen ist vor allem *H. Krügers* Rezension über Konrad Hesse, Der Rechtsschutz.
[106] Vgl. *E.-W. Fuß*, »Kirche und Staat unter dem Grundgesetz«; *R. Zippelius*, »Kirche und Staat und die Einheit der Staatsgewalt«; *H. Quaritsch*, »Kirchen und Staat«.
[107] Vgl. dazu *A. von Campenhausen*, Staat und Kirche in Frankreich; *R. Metz*, »Staat und Kirche in Frankreich«.

lungen in Deutschland, der Trennungsgedanke intensiv diskutiert wurde[108], während er bei den Verhandlungen über die Weimarer Verfassung eine gewichtige Rolle spielte und auch für deren Interpretation vor 1933 eingehend berücksichtigt wurde[109], war von diesem Prinzip in der Bundesrepublik nach 1945 kaum die Rede. Erst im Zusammenhang mit der Kritik an der herrschenden staatskirchenrechtlichen Theorie gewann das Trennungsprinzip wieder an Bedeutung. Dabei tauchte es vor allem in zwei Varianten auf: Eine etatistische Interpretation des Verhältnisses von Staat und Kirche versteht die Trennung vor allem im Sinn der Selbständigkeit und Souveränität des Staates; dem souveränen Staat steht in dieser Konzeption also eine subordinierte Kirche gegenüber. Eine andere, liberale Interpretation versucht die Kirche völlig auf den Bereich ihrer autonomen Gestaltungsmöglichkeiten zu beschränken; die Frage nach Koordination von Staat und Kirche oder Subordination der Kirche unter den Staat verliert in dieser Konzeption alle Bedeutung. In beiden Auffassungen wird versucht, die Trennung von Staat und Kirche dadurch zu ermöglichen, daß die gemeinsamen Angelegenheiten von Staat und Kirche negiert oder auf ein Minimum beschränkt werden.

3.1. Die etatistische Interpretation

Der Etatismus der im folgenden zu erörternden Konzeption zeigt sich zu allererst in methodischer Hinsicht: Will man, so heißt es hier, den öffentlichen Status der Kirchen innerhalb der gegenwärtigen Verfassungsordnung untersuchen, so interpretiert man die *staatliche* Verfassung und muß von deren Blickpunkt ausgehen. Das kirchliche Selbstverständnis ist für eine solche Interpretation nur insoweit von Interesse, als es in der staatlichen Verfassung seinen Niederschlag und ausdrückliche Anerkennung gefunden hat[110]. Der Gedanke der Koordination von Staat und Kirche wird hier bereits *methodisch* ausgeschlossen: die Rechtsstellung der Kirche wird allein vom staatlichen Recht und vom staatlichen Interesse her betrachtet; die Kirche bildet für diese Betrachtung keinen eigenen Rechtskreis. Konsequenzen, die

---

[108] In erster Linie sind zu nennen: *E. Troeltsch*, Die Trennung von Staat und Kirche; *K. Rothenbücher*, Die Trennung von Staat und Kirche.
[109] Vgl. *G. J. Ebers*, Staat und Kirche im neuen Deutschland.
[110] Vgl. *H. Weber*, Die Religionsgemeinschaften als Körperschaften des öffentlichen Rechts, S. 18; *H. Quaritsch*, in: *Quaritsch/Weber*, a. a. O., S. 277.

sich aus dem Selbstverständnis der Kirchen für deren öffentliche Stellung ergeben könnten[111], werden aufgrund einer etatistisch-juristischen Methodik abgelehnt.

Noch wichtiger als dieser methodische ist der sachliche Ausgangspunkt der etatistischen Konzeption. Schon Herbert Krüger hat gegen die von Smend und seinen Schülern vertretene Interpretation des Verhältnisses von Staat und Kirche eingewandt, in ihr werde die virtuelle »Allumfassendheit« des modernen Staates preisgegeben; diese virtuelle Omnipotenz müsse jedoch in jedem Fall festgehalten werden, wenn auch der freiheitliche sich vom totalen Staat dadurch unterscheide, daß dieser von seiner Omnipotenz vollständigen, jener nur teilweisen Gebrauch mache[112]. Im Anschluß an Krüger haben vor allem Zippelius und Quaritsch[113] auf die Gültigkeit des Satzes von der Einheit der Staatsgewalt hingewiesen. Die Entstehung des neuzeitlichen Staates in der Renaissance ist dadurch gekennzeichnet, daß der Landesherr den in einem Staatsgebiet herrschenden Zustand der Polyarchie beendet und die Hoheitsgewalt über dieses Staatsgebiet in einer Hand zusammenfaßt. Bodin hat diesen Wesenszug des modernen Staates durch den Rechtsbegriff der Souveränität gekennzeichnet. »Der Gedanke einer homogenen Herrschaftsgewalt im Staat enthüllt sich als eine mühevoll gegen den Zwist errungene Idee, die aus der politischen Notwendigkeit und nicht aus bloßer Spekulation geboren ist und die nicht leichthin aufgegeben werden darf.«[114] Daß heute eine Vielzahl von gesellschaftlichen Gruppen und Verbänden Einfluß auf den Staat hat und auf die politische Willensbildung einzuwirken sucht, nötigt nicht dazu, den Gedanken der einheitlichen Staatsgewalt aufzugeben. Die Staatsgewalt ist eine zu einem System von rechtlichen Zuständigkeiten ausgeformte Macht, durch die allein die Interessen und Wünsche gesellschaftlicher Gruppen in die Rechtswirklichkeit transformiert werden können[115]. Die rechtliche Kompetenz des Staates vermag sich gegenüber allen anderen Kompetenzansprüchen im Staatsgebiet durchzusetzen – eine Tatsache, die im Ge-

---

[111] Dazu, daß nur diese Konsequenzen, nicht kirchliches Selbstverständnis als solches für staatliches Erkennen und Anerkennen zugänglich sind, siehe oben S. 518 ff.
[112] *H. Krüger*, in: *Quaritsch/Weber*, a. a. O., S. 142.
[113] *Zippelius*, ebd., S. 318 ff.; *Quaritsch*, ebd., S. 297 ff.
[114] *Zippelius*, ebd., S. 319.
[115] Ebd., S. 322.

waltmonopol des Staates ihren greifbaren Niederschlag findet. Der Begriff der Hoheitsgewalt oder der Herrschaftsgewalt impliziert, daß der Inhaber dieser Gewalt über die Zwangsmittel verfügt, seine Entscheidungen durchzusetzen. »Hoheitsgewalt ist die Fähigkeit, einen anderen auch gegen seinen Willen rechtlich zu verpflichten und die Pflichterfüllung mit eigenen Mitteln, notfalls mit physischer Gewalt, durchzusetzen.«[116] Im Staatsgebiet kann es neben der staatlichen nur abgeleitete, vom Staat verliehene, aber keine zweite originäre Hoheitsgewalt geben.

Damit tritt der Gedanke der Einheit der Staatsgewalt in Widerspruch zu der These von der originären Hoheitsgewalt der Kirche — einer These, die in der Diskussion nach 1945 am entschiedensten von Hans Peters vertreten wurde. Peters formulierte:

»Die Eigenschaft der Kirche als öffentlich-rechtlicher Körperschaft bedeutet im Bereich der errungenen Freiheit, daß der Staat die Kirchen als mit eigenen, ursprünglichen, hoheitlichen Funktionen ausgestattete juristische Personen des öffentlichen Rechts anerkennt. Daraus folgt, daß die Kirche den mit vom Staate abgeleiteten Hoheitsrechten ausgestatteten Körperschaften des öffentlichen Rechts nicht gleichzusetzen ist und daß daher eine Staatsaufsicht wesensmäßig nicht zu begründen ist, sondern nur soweit besteht, als sie in Kirchenverträgen ausdrücklich zugestanden ist.«[117]

Nach dieser Formulierung bedeutet die Korporationsqualität der Kirche eine deklaratorische Anerkennung der vor jeder Anerkennung existierenden originären Herrschaftsgewalt der Kirche. Diese These wurde vielfach undiskutiert übernommen[118] und fand schließlich sogar Eingang in ein Urteil des Bundesgerichtshofs[119].

Der Begriff der Hoheitsgewalt, der sich im Laufe der staatsrechtlichen und staatstheoretischen Entwicklung herausgebildet hat, ist jedoch auf die Kirchen nicht anwendbar. Die Kirche verfügt nicht über obrigkeitliche Zwangsmittel; der Zwang, der ihr zur Verfügung steht, ist rein negativer Art — wie die Verweigerung finanzieller Leistungen,

---

[116] *Quaritsch*, a. a. O., S. 299.
[117] *H. Peters*, »Die Gegenwartslage des Staatskirchenrechts«, in: *Quaritsch/Weber*, a. a. O., S. 119.
[118] Nachweise bei *Quaritsch*, a. a. O., S. 297, Anm. 119; S. 305 f., Anm. 164.
[119] BGHZ 34, S. 373 f.: »Die Kirchen sind der staatlichen Hoheitsgewalt grundsätzlich nicht mehr unterworfen... In den so (sc. durch Art. 137 Abs. 3 WRV) abgegrenzten Hoheitsbereich der Kirchen darf und kann der Staat rechtens nicht eindringen, und insoweit stehen staatliche und kirchliche Hoheitsgewalt gleichgeordnet nebeneinander.«

die Verweigerung von Amtshandlungen etc. — oder ist vom Staat verliehene Gewalt — wie die Eintreibung von Kirchensteuern, die Disziplinargewalt etc. Darüber hinaus ist jedenfalls der evangelischen Kirche äußerer Zwang von ihrem Wesen her fremd[120]. Dagegen hat die katholische Kirche immer hoheitliche Gewalt beansprucht, was sich bereits aus ihrem Verständnis als societas perfecta ergibt. Doch fehlt auch ihr das Recht zur Durchsetzung mittels physischer Gewaltanwendung[121]. Will man dennoch von kirchlicher Herrschaftsgewalt sprechen, so entbehrt diese Aussage jedes spezifischen Sinns; überdies ist nicht einsichtig, welches Interesse die Kirchen an *dieser* Gleichstellung mit dem Staat haben sollten. Die Gewalt der Kirchen über ihre Mitglieder ist deshalb sinnvollerweise nicht als originäre Hoheits- oder Herrschaftsgewalt, sondern als eigenständige und inkommensurable Kirchengewalt zu beschreiben[122]. Der Status der Kirchen als Körperschaften des öffentlichen Rechts bedeutet also nicht die deklaratorische Anerkennung einer ursprünglichen kirchlichen Hoheitsgewalt, sondern die Gewährleistung bestimmter Rechte und Privilegien der Religionsgemeinschaften[123]. Der Rechtsstatus der Kirchen ist nicht vom Staat unabhängig; dies zeigt sich an nichts deutlicher als daran, daß der Staat zweifellos in der Lage ist, auf dem Weg der Gesetzgebung — also einseitig — den Rechtsstatus der Kirchen einschneidend zu verändern, indem er ihnen zum Beispiel die öffentliche Korporationsqualität entzieht[124].

Was folgt daraus für die gemeinsamen Angelegenheiten von Staat und Kirche? Nach der Auffassung von Quaritsch entscheidet der Staat in letzter Instanz über sie. So wie er in der Verfassung souverän über sie befunden hat, so behält er die Souveränität zur ständigen

---

[120] Dies ist der unaufgebbare Kern von *Sohms* These, das Wesen des Kirchenrechts stehe mit dem Wesen der Kirche im Widerspruch (Kirchenrecht I, S. 700); vgl. etwa *J. Heckel*, Lex Charitatis, S. 139, Anm. 1139: »Eine Obrigkeit mit einer Befehlsgewalt wie im weltlichen Recht gibt es im Kirchenwesen nicht.«
[121] Vgl. *Quaritsch*, a. a. O., S. 303; *J. H. Kaiser*, Die Repräsentation organisierter Interessen, S. 134 ff.
[122] *Quaritsch*, a. a. O., S. 309.
[123] Siehe oben S. 500 f.
[124] Vgl. *Zippelius*, a. a. O., S. 325. Ebenso eindeutig ist, daß der Staat im einzelnen die Grenzen der kirchlichen Korporationsrechte bestimmen und überprüfen kann, wie dies vor allem die Kirchensteuerurteile des Bundesverfassungsgerichts anschaulich gezeigt haben; vgl. zu ihnen v. a. *A. Hollerbach*, »Das Staatskirchenrecht in der Rechtsprechung des Bundesverfassungsgerichts«.

Revision der einmal getroffenen Entscheidung[125]. Damit aber wird der Begriff der »gemeinsamen Angelegenheiten« gegenstandslos. Die etatistische Interpretation kann gerade deshalb als eine Form der Trennungstheorie aufgefaßt werden, weil sie auf eine Eliminierung der kirchlichen Mitbestimmung aus dem Bereich der ehemals gemeinsam genannten Angelegenheiten hinausläuft. Alles, was vom staatlichen Blickpunkt aus nicht eindeutig in den Bereich der inneren, geistlichen Angelegenheiten der Kirche fällt, wird in dieser Argumentation zu den Staatsaufgaben gezählt: die Festsetzung von Kirchensteuern, die Handhabung der Disziplinargewalt gegenüber kirchlichen Amtsträgern, die Verwaltung kirchlicher Friedhöfe und die Erteilung von Religionsunterricht — all dies ist die »Erfüllung von Staatsaufgaben« durch die Kirchen[126]. Von einer koordinationsrechtlichen oder partnerschaftlichen Gestaltung des Verhältnisses von Staat und Kirche kann dann schlechterdings nicht die Rede sein; die Kirchen sind vielmehr eindeutig der Hoheitsgewalt des Staates untergeordnet[127]. Würde die Lehre von Koordination und Partnerschaft faktisch verwirklicht, so bedeutete das nach dieser Interpretation allerdings auch das Ende des Staates: denn ihm würde die Möglichkeit des »letzten Wortes« genommen, und er würde dadurch seiner Staatlichkeit entkleidet[128]. Doch die Koordinationslehre, so behauptet Quaritsch, hat sich faktisch nicht durchgesetzt, sondern die staatliche Souveränität hat sich den Kirchen gegenüber ungebrochen erhalten. Deshalb stehen die Verträge zwischen Staat und Kirche unter permanentem Verfassungsvorbehalt[129]; deshalb kann ferner in keiner Weise von einer rechtlichen Koordination zwischen Staat und Kirche, sondern lediglich von Kooperation als Verwaltungsmittel die Rede sein[130].

---

[125] *Quaritsch*, a. a. O., S. 277.
[126] Ebd., S. 308 f.
[127] Ebd., S. 277.
[128] Ebd., S. 291. Es sei an dieser Stelle doch darauf aufmerksam gemacht, mit welcher Ausschließlichkeit Quaritsch das Wesen des Staates vom Ausnahmezustand, vom Konfliktfall her bestimmt; vgl. dazu C. *Schmitt*, Politische Theologie, S. 11.
[129] *Quaritsch*, ebd., S. 293; vgl. ebd., S. 277 mit Anm. 47, wo Quaritsch sich zur Begründung auf das Konkordatsurteil des Bundesverfassungsgerichts beruft.
[130] Ebd., S. 296. Da die Rechtsnatur des Konkordats so doch nur schwer zu erklären ist, greift Quaritsch dafür wieder auf die These zurück, die Konkordate seien völkerrechtliche Verträge (vgl. »Neues und Altes«, in: *Quaritsch/ Weber*, a. a. O., S. 366 ff.) und konstatiert demgemäß einen Unterschied zwi-

Mit der Tendenz zur extensiven Auslegung staatlicher Vollmachten verbindet sich in der etatistischen Interpretation des Verhältnisses von Staat und Kirche leicht eine restriktive Auffassung vom öffentlichen Wirken der Kirche. So behauptet H. Krüger, die Kirchen dürften zwar religiöse Normen auch für den politischen Bereich aufstellen; es sei ihnen jedoch verwehrt, konkrete Sachverhalte oder bestimmte Personen unter diese Normen zu subsumieren. Sie könnten zwar lehren, daß Lüge auch in der Politik dem christlichen Sittengesetz widerspreche; aber es sei ihnen nicht gestattet, einen »konkreten Minister« der Lüge zu bezichtigen[131]. Wenige Jahrzehnte, nachdem Vertreter der Kirche sich selbst für schuldig bekannt haben und von anderen für schuldig gehalten wurden, gegen das von Politikern im Dritten Reich verübte Unrecht nicht konkret genug protestiert zu haben[131a], wird hier von neuem festgestellt, daß die Kirchen die Grenzen ihrer inneren Angelegenheiten nicht überschreiten, daß sie über das Verkündigen allgemeiner religiöser Normen nicht hinausgehen dürften.

Die im Vorangehenden geschilderte Kritik an der seit Smends Aufsatz von 1951 herrschenden Interpretation des Verhältnisses von Staat und Kirche ist in vielen Einzelpunkten überzeugend. Vor allem leuchtet ein, daß die Kirchen nicht über eine originäre, der staatlichen vergleichbare Hoheitsgewalt, sondern über eine eigenständige und inkommensurable Kirchengewalt verfügen. Doch diese Theorie enthält selbst systematische Brüche, durch die unmittelbare Interessen hindurchschimmern. So wird die These, eine Koordination von Staat und Kirche sei nicht möglich, auf den Satz zurückgeführt, weltliche und geistliche Sphäre seien so inkommensurabel, daß zwischen ihnen weder Konkurrenz noch Koordination stattfinden könnten[132]. Diese These, die durch die Geschichte vielfach widerlegt ist, wird jedoch keineswegs streng durchgeführt. Vielmehr wird der Anschein ihrer Richtigkeit nur dadurch aufrechterhalten, daß alle Gegenstände, in denen Konkurrenz oder Koordination durchaus möglich sind, einsei-

---

schen Konkordat und evangelischem Kirchenvertrag (vgl. ders., »Kirchenvertrag und Staatsgesetz«). Konsequent ist das nicht, da einmal das völkerrechtliche Verständnis der Konkordate jedenfalls nur koordinationsrechtlich zu begründen wäre und zum andern der Unterschied zwischen Konkordat und Kirchenvertrag nicht zu rechtfertigen ist (siehe oben S. 507 ff.).
[131] *H. Krüger*, Allgemeine Staatslehre, S. 951.
[131a] Vgl. die Stuttgarter Schulderklärung vom 19. Oktober 1945, in: Heidtmann, Hat die Kirche geschwiegen?, S. 19 f.
[132] *Quaritsch*, Kirchen und Staat, a. a. O., S. 276; vgl. oben S. 507 ff.

tig in die Kompetenz des Staates verwiesen werden. Indem die Existenz der Probleme geleugnet wird, welche die Koordinationstheorie zu beantworten sucht, wird einer Trennungstheorie der Weg geebnet, die meint, die Grenzen zwischen Staat und Kirche stünden klar und unverbrüchlich fest.

3.2. Die liberale Interpretation

Während die etatistische Interpretation die Grenzen der Kirche vom umfassenden Souveränitätsanspruch des Staates, von der Einheit der Staatsgewalt, von der virtuellen staatlichen Omnipotenz aus zu bestimmen sucht, geht die liberale Trennungstheorie von den Freiheitsrechten des einzelnen aus. In neuerer Zeit hat am umfassendsten E. Fischer von dieser Basis aus den Trennungsgedanken durchzuführen versucht[133]. Fischer geht von der Vorordnung der Grundrechte vor die institutionellen Regelungen der Verfassung aus; diese institutionellen Regelungen müssen den auf sie bezogenen Grundrechten gemäß ausgelegt werden. Daraus ergibt sich, daß die grundrechtlichen Bestimmungen über die Religions- und Gewissensfreiheit den durch das Grundgesetz rezipierten Bestimmungen über die Religionsgesellschaften übergeordnet sind. Aus der Anerkennung der Religionsfreiheit aber folgt mit zwingender Notwendigkeit die Trennung der religiösen Angelegenheiten von den Angelegenheiten des Staates und die Trennung der Kirchen vom Staat[134]. Religion kann deshalb nur als Privatsache verstanden werden[135]; der Satz der Weimarer Verfassung,

---

[133] *E. Fischer,* Trennung von Kirche und Staat; vgl. dazu v. a. *H. Engelhardt,* »Staat und Religion«; *A. Hollerbach,* »Trennung von Staat und Kirche?«; *E. Denninger,* »Rezension«. Fischer hat seine Thesen nochmals in dem Aufsatz »Trennung von Staat und Kirche« zusammengefaßt.
[134] *E. Fischer,* Trennung von Kirche und Staat, S. 32.
[135] Ebd., S. 23 (vgl. dazu oben S. 32 ff.); Fischer versucht neuerdings, diese Prämisse durch einen Rekurs auf die Unterscheidung von Staat und Gesellschaft abzuschwächen: »Aus dem Gegensatz von Staat und Bürger ergibt sich naturgemäß der Unterschied von Staat und Gesellschaft, da sich diese aus zahlreichen von Bürgern gebildeten Gruppen, Verbänden und Organisationen zusammensetzt. Auch die Religionsgesellschaften sind als Bürgerverbände ein Teil dieser Gesellschaft. Sie wirken daher auch im Bereich der Öffentlichkeit, den die Gesellschaft bildet. Der Vorwurf ist daher verfehlt, daß die Anhänger einer grundsätzlichen Trennung von Staat und Kirche daraus eine Verkürzung der Religionsfreiheit und eine Verweisung der Religionsgesellschaften in den privaten Bereich ableiten« (»Trennung von Staat und Kirche«, S. 246). Die Schwierigkeit dieser Argumentation zeigt sich darin, daß Fischer den

es bestehe keine Staatskirche, kann dann nur im Sinn einer konsequenten Trennung von Staat und Kirche interpretiert werden. Die Grundlage für diese These besteht, was von Fischer nicht klar ausgesprochen wird[136], darin, daß er das Grundrecht der Religionsfreiheit vorwiegend im Sinn der negativen, nicht aber der positiven Religionsfreiheit, d. h. im Sinn des Rechts auf Ablehnung jedes Bekenntnisses, nicht aber im Sinn des Rechts auf ungehinderte Religionsausübung interpretiert[137]. Dies kombiniert er mit einer Interpretation des Wesens der Religion, nach der Religion auf den Bereich des Kultus und den Lebensbereich beschränkt ist, der außerhalb des vom Staat verbindlich geordneten Raumes besteht[138]; der Satz, Religion sei Privatsache, ist also die unbefragte Basis dieser Argumentation. Abweichende Auffassungen vom Wesen der Religion werden als »überholt« oder »atavistisch« abgelehnt[139]. Aussagen des Neuen Testaments, die sich gegen die Privatisierung des Christentums sperren, werden uminterpretiert[140]. Mit dem von den Kirchen erhobenen »Öffentlichkeitsanspruch«

Religionsgesellschaften jedes Recht, auf staatliche Entscheidungen Einfluß zu nehmen, bestreitet. Gilt das dann für alle gesellschaftlichen Verbände? Das wäre eine Rückkehr zu einem absolutistischen Staatsverständnis, in dem den Bürgern (und ihren Gruppierungen) jede Kritik und Einflußnahme in bezug auf Entscheidungen der Obrigkeit verwehrt ist. Oder geht Fischer doch von einem Sonderstatus der Religionsgesellschaften aus, der auf dem Satz beruht, Religion sei Privatsache? Dann entpuppen sich die oben zitierten Sätze als Scheinargumentation. — Wesentlich differenzierter behandelt das Problem *A. Podlech, Das Grundrecht der Gewissensfreiheit*, S. 77 ff. Er geht von dem Verständnis des Staats als eines Subsystems des gesamtgesellschaftlichen Systems aus (vgl. oben S. 23 ff.) und modifiziert das übliche Verständnis des Trennungsgedankens aufgrund der Einsicht, daß Bereiche wie die von Schule und Erziehung in einem solchen Modell nicht dem staatlichen Subsystem untergeordnet, sondern dem gesamtgesellschaftlichen System zugeordnet werden müssen; sie sind »als soziale Gebilde Teilglieder des Gemeinwesens, auf die sich die Leitungs- und Lenkungsgewalt des Staates in einer besonderen Weise erstreckt« (ebd., S. 87). Die Trennung von Staat und Kirche betrifft nur die Ebene der staatlichen und kirchlichen Hierarchien, nicht das Verhältnis von Gemeinwesen und Religionsgesellschaften bzw. Kirchen als Personenverbänden.
[136] Vgl. *Engelhardt*, a. a. O., S. 558.
[137] Diese Interpretation der Religionsfreiheit liegt z. B. auch dem bekannten Schulgebetsurteil des hessischen Staatsgerichtshofs von 1965 zugrunde; zur Kritik vgl. v. a. *E.-W. Böckenförde*, »Religionsfreiheit und öffentliches Schulgebet«.
[138] *Fischer*, a. a. O., S. 27.
[139] Ebd., S. 117, 134.
[140] Vgl. z. B. ebd., S. 245, 264.

soll nach Fischers Verständnis nur ihr Bestreben gerechtfertigt werden, wichtige öffentliche Positionen mit ihnen genehmen Personen besetzen zu lassen[141]. So berechtigt dieser Vorwurf in vielen Fällen sein mag, so sehr geht er daran vorbei, daß das Selbstverständnis von Religion und Kirche sich gegen die — angeblich ihrem Wesen gemäße — Privatisierung sperrt und daß der Versuch, den religiösen Bereich aus dem öffentlichen Bereich auszugrenzen, mit dem Wesen des Christentums in einem eklatanten Widerspruch steht. Indem Fischer das Grundrecht der Religionsfreiheit so auslegt, als ob damit eine bestimmte Interpretation von Religion zugleich mitgesetzt sei, geht er über die Grenze hinaus, die der Staat auch bei der Kodifizierung des Rechts auf Religionsfreiheit wahren mußte: dem religionsneutralen Staat ist eine — positive oder negative — Einsicht in das Wesen der Religion versperrt.

Auf der anderen Seite besteht die Bedeutung von Fischers Konzeption darin, *daß* überhaupt die institutionelle Stellung der Religionsgesellschaften im Zusammenhang des Grundrechts der Religionsfreiheit erörtert wird. Mit Recht wendet Fischer gegen die frühere staatskirchenrechtliche Diskussion ein, sie habe diesen Zusammenhang völlig außer acht gelassen[142]. Aus dem Ansatz bei der Religionsfreiheit ergibt sich überdies eine über weite Strecken berechtigte Kritik an der Staats- und Verwaltungspraxis der Bundesrepublik, in der das Recht der negativen Religionsfreiheit oder das Recht, über die Religionszugehörigkeit zu schweigen, zugunsten der Kooperation zwischen Staat und Kirchen vernachlässigt werden[143]. Doch Fischer berücksichtigt nicht, daß weder die Weimarer Reichsverfassung noch das Bonner Grundgesetz ein konsequentes Trennungssystem eingeführt haben. Die Schwierigkeit, die Weimarer Regelung systematisch klar einzuordnen, hat nirgendwo deutlicheren Niederschlag gefunden als in der Bezeichnung als »hinkende Trennung«, die Ulrich Stutz dem System des Art. 137 WRV gegeben hat[144]. Der Verfassungsgeber entschied sich also nicht für ein reines Trennungssystem, sondern verknüpfte den Trennungsgedanken mit Elementen der Verbindung von Staat

---

[141] Ebd., S. 90.
[142] Ebd., S. 143.
[143] Vgl. z. B. ebd., S. 94 ff.
[144] *U. Stutz*, »Das Studium des Kirchenrechts an den deutschen Universitäten«, S. 2; vgl. auch *H. Liermann*, »Hinkende Trennung und Disestablishment«.

und Kirche, die allerdings am Verbot der Staatskirche einerseits, an der Gewährleistung der kirchlichen Autonomie andererseits ihre Grenze finden. Auch der Parlamentarische Rat hatte bei seinen Beratungen 1948/49 nicht die Verwirklichung eines konsequenten Trennungssystems im Sinn[145]. Vielmehr entschied er sich angesichts des Vorschlags, eine weitergehende Verbindung von Staat und Kirche sowie eine *verfassungs*mäßige Privilegierung der großen Kirchen gegenüber den anderen Religionsgesellschaften einzuführen, für die Beibehaltung des »hinkenden Trennungssystems« der Weimarer Verfassung.

Kennzeichnend für dieses System ist z. B. die Anerkennung des Religionsunterrichts als ordentlichen Lehrfachs in Art. 7 Abs. 3 GG — also im Grundrechtsteil der Verfassung. Fischer bezeichnet diese Bestimmung als einen »Fremdkörper in unserem kirchenpolitischen System«[146], als eine »atavistische Regelung« »entgegen aller Vernunft«[147], als einen legalen Verfassungswiderspruch[148]. Darin liegt jedoch offensichtlich eine einseitige Interpretation der Verfassung. Denn diese ist so zu interpretieren, daß ihre Bestimmungen nicht in Widerspruch zueinander treten. Tatsächlich widerspricht die Gewährleistung des Religionsunterrichts auch dem Grundrecht der Religionsfreiheit nicht, da er zwar als Pflichtfach für die Schule, nicht jedoch als Pflichtfach für Schüler und Lehrer vorgesehen ist[149]. Einen Widerspruch kann man nur dann konstatieren, wenn man dem Grundgesetz ein staatskirchenrechtliches System unterlegt, das von diesem in Wahrheit nicht gedeckt wird.

Es kann nicht Aufgabe dieser Arbeit sein zu untersuchen, unter welchen Bedingungen sich ein konsequentes Trennungssystem realisieren ließe[150]. Auf der historischen Basis, die der Trennungsgedanke in Deutschland hat, läßt er sich jedenfalls nicht verwirklichen. Denn

---

[145] Vgl. oben S. 491 ff.
[146] *Fischer*, a. a. O., S. 227.
[147] Ebd., S. 231.
[148] Ebd., S. 142.
[149] Vgl. *v. Mangoldt-Klein*, Das Bonner Grundgesetz, Bd. 1, S. 286.
[150] Dazu, daß das französische Trennungssystem auf die Dauer nicht durchführbar war und deshalb vielfältige Modifikationen erfahren hat, vgl. *A. von Campenhausen*, Staat und Kirche in Frankreich, zusammenfassend S. 155 ff.; *J. Chélini*, »Die Beziehungen von Staat und Kirche in Frankreich«; zum amerikanischen Trennungssystem vgl. z. B. *A. V. Murray*, The State and the Church in a Free Society, S. 108 ff.; *J. C. Murray*, »Das Verhältnis von Kirche und Staat in den USA«; *J. M. Swomley*, Religion, the State and the Schools; *K. Schlaich*, Neutralität als verfassungsrechtliches Prinzip, S. 139 ff.

diese Basis besteht in dem Satz, Religion sei Privatsache — einem Satz, den die Kirchen als angemessene Beschreibung des christlichen Glaubens niemals zu akzeptieren vermögen. Zwar darf der Emanzipationsprozeß, in dem die Unabhängigkeit des Staates von den Kirchen und die Freiheit der Kirchen vom Staat errungen wurde, nicht mehr rückgängig gemacht werden; er muß allen Konfessionalisierungstendenzen gegenüber vielmehr weiter vorangetrieben werden. Doch zugleich muß die Trennung von Staat und Kirche in einer Weise interpretiert werden, die für den Öffentlichkeitsauftrag der Kirche Raum läßt. Dies ist aber nur möglich, wenn man den Bereich in die Betrachtung einbezieht, in dem sich die öffentliche Wirksamkeit der Kirchen vollzieht, nämlich den Bereich der Gesellschaft. An der überlieferten Trennungstheorie ist nicht zuletzt zu kritisieren, daß sie in den Denkbahnen der Trennung von Staat und Gesellschaft verbleibt, denen die Kirche als dritter, von beiden gleichermaßen isolierter Partner zur Seite tritt[151]. Weder die faktische noch die rechtliche Stellung der Kirchen kann jedoch auf dem Boden dieser Vorstellung zureichend verstanden werden.

4. Die Kirche als Verband in der Gesellschaft

Der Theorie von der Koordination zwischen Staat und Kirche und der Theorie von der Trennung zwischen Staat und Kirche ist gemeinsam, daß sie das Verhältnis beider Größen zueinander vorwiegend statisch betrachten, als das Verhältnis zwischen zwei Herschaftsverbänden, deren Beziehung auf Dauer geregelt werden kann, ohne daß diese Regelung dem Prozeß permanenter geschichtlicher Prüfung und Veränderung unterworfen wäre. Der Staat erscheint in solchen Theorien vorwiegend als Obrigkeit, als Inhaber von Souveränität und Hoheitsgewalt; die Kirche erscheint als Amtskirche, als verfaßte Institution. Damit aber wird ein zentraler Aspekt des Verhältnisses von Staat und Kirche ausgeblendet. Begreift man beide nicht als Herrschaftsinstitutionen, sondern zunächst als Verbände von Menschen, versteht man also den Staat als das politische Gemeinwesen und die Kirche als Gemeinschaft der Gläubigen, so muß man auch bei einer rechtlichen Betrachtung von der partiellen Identität der Mitgliedschaft

---

[151] Vgl. S. 529 f., Anm. 135.

in beiden Verbänden ausgehen. Alle Mitglieder der Kirchen sind zugleich Glieder des politischen Gemeinwesens; mehr oder weniger Glieder des politischen Gemeinwesens stehen in einer festen oder lockeren Gliedschaft zu den Kirchen. Zugespitzt läßt sich die Frage nach dem Verhältnis von Staat und Kirche nicht nur — wie es üblicherweise geschieht — als eine Frage nach dem Verhältnis der Institutionen und Bürokratien zueinander, sondern als eine Frage charakterisieren, die im einzelnen Menschen ausgetragen werden muß: er muß sich darüber klar werden, wie seine verschiedenen Aufgaben und Lebensvollzüge sich zueinander verhalten[152]. Es ist nicht neutestamentliche Blindheit für die institutionellen Zusammenhänge, daß das Problem sowohl in Jesu Aussage über die Kaisersteuer[153] als auch in dem Wort, man solle Gott mehr gehorchen als den Menschen[154] genau in diesem Horizont gesehen und beantwortet wird. Denn in diesen Worten wird die Frage nach dem Verhältnis verschiedener menschlicher Verbände zueinander bis in die Entscheidung des einzelnen, der diesen Verbänden angehört, zurückverfolgt. Heute zeigen sich unter gruppentheoretischem Aspekt gerade die großen Kirchen als gesellschaftliche Verbände, für die das Phänomen der »overlapping memberships« von besonderer Bedeutung ist[155].

Als nach 1945 die anderen großen gesellschaftlichen Gruppen und Verbände zerstört oder diskreditiert waren, haben die Kirchen die Rolle der Vermittlung zwischen Individuum und politischem Gemeinwesen, die die großen Verbände innehaben[156], mit großer Selbstverständlichkeit wahrgenommen. Am deutlichsten zeigt sich diese Rolle vielleicht in dem Selbstverständnis der Kirchen als der letzten gesamtdeutschen Organisationen nach der deutschen Teilung und in ihrem

---

[152] *J. C. Murray*, »Contemporary Orientation of Catholic Thought on Church and State in the Light of History«, in: Theological Studies (1949), S. 192 f., zitiert bei *K. Hesse*, »Freie Kirche im demokratischen Gemeinwesen«, in: *Quaritsch/Weber*, a. a. O., S. 345.
[153] Mt. 22,21.
[154] Apg. 5,29; dazu sei verwiesen auf *H. Dörries*, »Gottesgehorsam und Menschengehorsam bei Luther«, der die Auslegungsgeschichte von Apg. 5,29 von der alten Kirche bis in die Gegenwart verfolgt.
[155] Das Konzept der »overlapping membership« wurde entwickelt von *D. B. Truman*, The Governmental Process, bes. S. 535; vgl. *K. von Beyme*, Interessengruppen in der Demokratie, S. 206.
[156] Als »soziale Vermittlerorganisationen« bezeichnet O. *Kirchheimer*, »Privatmensch und Gesellschaft«, S. 109 ff., die großen gesellschaftlichen Verbände, in erster Linie die Gewerkschaften und religiösen Organisationen.

Eintreten für die Wiedervereinigung Deutschlands. Indem sie sich selbst als Repräsentanten der deutschen nationalen Einheit darstellten[157], erleichterten sie ihren Mitgliedern zugleich die Integration in die beiden deutschen Teilstaaten. Ein Interesse daran, den Unterschied der Kirchen zu anderen sozialen Vermittlerorganisationen zu betonen, entstand erst, als die anderen gesellschaftlichen Verbände wieder erstarkten. Nun wies man darauf hin, daß die Kirchen nicht mit anderen »intermediären Kräften« auf eine Stufe gestellt werden dürften. Die Kirchen bildeten, so betonte man, nicht einen »partikularen Verband« innerhalb der Gesellschaft, sondern ein »echtes Gegenüber« des Staates[158]. Es entsprach deutscher Tradition, die Kirchen als einzige öffentliche Macht neben dem Staat zu betrachten und von der Gesellschaft als der »Sphäre der Interessen« zu distanzieren[159].

Deshalb wurde nur selten der Versuch gemacht, die öffentliche Rolle und die rechtliche Stellung der Kirchen von ihrer Zugehörigkeit zur Gesellschaft her zu bestimmen. Unter den deutschen Juristen, die diesen Versuch unternommen haben, sind in erster Linie Werner Weber und Joseph H. Kaiser zu nennen. Werner Weber hat die Verfassungswirklichkeit der Bundesrepublik als einen »Pluralismus (d. h. eine ungeordnete Vielzahl) oligarchischer Herrschaftsgruppen« beschrieben[160]. Vergleichbar sei dieses System am ehesten mit dem Ständestaat, in dem das politische Gemeinwesen trotz aller Differenzierung in verschiedene Stände gleichwohl noch als Einheit zur Darstellung

---

[157] Der Evangelische Kirchentag 1951 in Berlin und der Katholikentag 1952 in Berlin wurden von vielen als »Bekenntnis zum Deutschtum und den tragenden Werten seiner Geschichte« verstanden (*J. H. Kaiser*, Die Repräsentation organisierter Interessen, S. 125). Am 16. April 1952 schlug Otto Dibelius in Dortmund vor, man solle die Kontrolle gesamtdeutscher Wahlen der evangelischen und katholischen Kirche übertragen — ein Vorschlag, von dem sich die katholische Kirche distanzierte, weil es sich um eine rein politische Angelegenheit handle, zu deren Durchführung überdies außer der moralischen Autorität eine Polizeimacht notwendig sei (vgl. *Kaiser*, ebd., S. 126). Kennzeichnend ist, daß der damalige Vorsitzende des Rats der EKD in einem derartigen Vorschlag offenbar keine unzulässige »Politisierung der Kirche« sah; vgl. unten S. 564 ff.
[158] Vgl. z. B. *U. Scheuner*, »Der Staat und die intermediären Kräfte«, S. 37.
[159] Vgl. oben S. 15 ff.
[160] *W. Weber*, Spannungen und Kräfte im westdeutschen Verfassungssystem, S. 49; vgl. *R.-P. Calliess*, Kirche und Demokratie, S. 16: die öffentliche Stellung der Kirchen in der Bundesrepublik Deutschland sei ein Restbestand ständischer Gesellschaftsordnung.

kam und die Stände einerseits einen eigenen, abgegrenzten Bereich bildeten, andererseits jedoch am Ganzen teilhatten. Dieses Bild wiederholt sich nach Webers Auffassung in der Bundesrepublik. Als die wichtigsten »Stände« unserer Zeit nennt er die politischen Parteien, die Gewerkschaften, die Wirtschaftsverbände und die Kirchen[161]. Zwar sind diese Gruppen durch viele Unterschiede in ihrem Selbstverständnis wie in ihrem politischen und rechtlichen Status gekennzeichnet; gleichwohl haben sie im Blick auf das politische Gemeinwesen alle die Funktion von Ständen inne. Dabei nehmen die Kirchen einen öffentlichen Status in Anspruch, der dem aller anderen »Stände« überlegen ist. »Ihr theologisch verstandener Öffentlichkeitsanspruch und ihre von der kirchlichen Aufgabe her legitimierte Freiheit fließen mit ihren öffentlich-rechtlichen Privilegierungen als eines unabhängigen und selbständigen Gliedes der politischen Gesamtordnung zu einer untrennbaren Einheit zusammen. Darin liegt ... das Hintergründige, vielleicht könnte man auch sagen: das Abgründige ihrer gegenwärtigen Lage.«[162] Der Partner der Kirchen in der Wahrnehmung ihres Öffentlichkeitsanspruchs ist nicht mehr der Staat, sondern es sind die anderen »Stände«. Die Kehrseite der ständischen Verselbständigung der Kirchen besteht darin, daß sie unentrinnbar in die politischen Auseinandersetzungen der gesellschaftlichen Gruppen einbezogen sind[163].

J. H. Kaiser hat diese Analyse aufgenommen; er hat allerdings den Tatbestand anders interpretiert. Er versteht die großen gesellschaftlichen Verbände als die Organisation gesellschaftlicher Interessen; dabei lehnt er eine Verengung des Interesse-Begriffs auf ökonomische Interessen ausdrücklich ab[164]. In solcher Organisation finden diese Interessen die für die moderne Massendemokratie angemessene Form der Repräsentation. Die Kirchen partizipieren unzweifelhaft an dieser »Repräsentation organisierter Interessen«. Sie tun es, wenn sie politische Funktionen (etwa als Repräsentanten der deutschen Einheit) wahrnehmen; sie tun es ebenso, wenn sie partikulare kirchliche Interessen in der öffentlichen Meinung oder bei politischen Entscheidungsinstanzen durchzusetzen suchen. Dabei verwenden sie die allen zur Verfügung stehenden Mittel wie auch die spezifischen Formen, die

---

[161] W. *Weber*, »Die Gegenwartslage des Staatskirchenrechts«, S. 173.
[162] Ebd., S. 174.
[163] Ebd., S. 175.
[164] J. H. *Kaiser*, Die Repräsentation organisierter Interessen, S. 129.

nur den Kirchen zugänglich sind[165]. Die Rolle der großen gesellschaftlichen Verbände interpretiert Kaiser im Rahmen einer Pluralismustheorie[166], die er mit der Dialektik von Staat und Gesellschaft verbindet. »Die Freiheit des Individuums und seine soziale Sicherheit sind unter den Bedingungen der industriellen Massengesellschaft nur unter zwei Voraussetzungen gewährleistet: erstens müssen staatsunabhängige Organisationen in der Lage sein, die Interessen der Einzelperson und der Gruppen gegenüber anderen Gruppen und gegenüber der Staatsgewalt wahrzunehmen, und zweitens muß der Staat stark genug sein, den einzelnen gegen die willkürliche Handhabung der Organisationsmacht und die nationale Gemeinschaft gegen den Machtmißbrauch einer Minorität zu schützen.«[167] Aus dem Kräftespiel der gesellschaftlichen Gruppen erhebt sich im Prozeß der Integration die Einheit des Staates[168]. Zu dieser Integration bedarf es nicht der Einrichtung einer Zweiten oder Dritten Kammer, in der die großen gesellschaftlichen Gruppen am Prozeß der Staatswillensbildung durch Repräsentanten beteiligt werden. Vielmehr ist die organisierte Interessenwahrnehmung als solche eine faktische Repräsentation[169]. An dieser faktischen Repräsentation sind auch die Kirchen beteiligt.

In der Beurteilung der Rolle der Kirchen spiegelt Kaisers Arbeit die Situation des ersten Nachkriegsjahrzehnts. Etwa ein Jahrzehnt später hat Konrad Hesse die rechtliche Stellung der Kirchen erneut unter dem Gesichtspunkt ihrer gesellschaftlichen Funktion untersucht. Dabei geht er davon aus, daß sich die Rolle der Kirchen gegenüber

---

[165] Dafür, daß auch Gebete derartige »öffentliche« Funktionen haben können, nennt *Kaiser* (a. a. O., S. 215) ein eindrucksvolles Beispiel: In einer Anordnung des Erzbischöflichen Ordinariats Köln vom 10. 3. 1952 heißt es: »Der Landtag von Nordrhein-Westfalen wird in den nächsten Wochen überaus wichtige Entscheidungen über ein neues Schulgesetz treffen. Bei der großen Bedeutung, die ein solches Gesetz für unsere Kinder und die Zukunft unseres Volkes hat, ordnen wir hiermit an, daß bis Ostern d. J. an den Sonntagen in allen Kirchen und öffentlichen Kapellen unserer Erzdiözese entweder bei einer der heil. Messen oder bei der Nachmittagsandacht ein besonderes Gebet gesprochen wird, um den Segen Gottes für eine glückliche Entwicklung unseres Schul- und Erziehungswesens zu erflehen.«
[166] Dazu auch oben S. 29 ff.
[167] *J. H. Kaiser*, a. a. O., S. 338.
[168] Vgl. *R. Smend*, »Verfassung und Verfassungsrecht«, S. 136 ff., an den *Kaiser*, a. a. O., S. 339, sich anschließt.
[169] *Kaiser*, a. a. O., S. 354 f.

der Nachkriegszeit erheblich gewandelt habe; dieser Wandel zeige sich vor allem in folgendem[170]: Das Ansehen und die Autorität der Kirchen sind deutlich zurückgegangen; eine distanzierte oder ablehnende Einstellung der Öffentlichkeit zu den Kirchen wächst; eine stärkere Scheidung von staatlichem und kirchlichem Bereich wird von verschiedenen Seiten gefordert. Dem entspricht die Tendenz der Kirchen, sich von Staat und Welt zu distanzieren; damit verbindet sich eine innere Fremdheit der Kirchen gegenüber der Demokratie: weder der Protestantismus noch der Katholizismus haben bisher eine tiefere Beziehung zur Demokratie entwickelt. Äußere und innere Nähe von Staat und Kirche stehen nach diesem Befund in einem Mißverhältnis zueinander. Die weitgehende institutionelle Sicherung der Kirchen durch den Staat stellt ferner einen Widerspruch zu ihrem Mangel an innerer Stärke dar. Der christliche Glaube verliert an bestimmender Kraft für das individuelle wie für das soziale Leben.

»Wenn die Kirchen trotz dieser inneren Krise eine Position äußerer Stärke anstreben und gewonnen haben, so ist das in gewisser Weise folgerichtig: Sie suchen das, was sie an unmittelbarem Einfluß auf die moderne Gesellschaft verloren haben, mittelbar durch staatskirchenrechtliche Institutionalisierung zurückzugewinnen. Dabei kommt ihnen das Bestreben der politischen Parteien — die sich in einer ähnlichen Lage befinden — entgegen, sich der Unterstützung der Kirchen zu versichern. Nur kann durch einen solchen Bund weder intensiveres geistliches noch reicheres politisches Leben geweckt werden. Statt dessen entsteht der Eindruck eines Kompensationsversuches, der schwerlich geeignet ist, die Kluft zwischen institutionellem Rahmen und geistlicher Substanz, zwischen Anspruch und Möglichkeiten zu überbrücken.«[171]

Für eine angemessene Interpretation des Verhältnisses von Kirche und Staat muß man nach Hesses Auffassung in dieser Situation von drei Grundtatbeständen ausgehen[172]. Der *erste* besteht in der prinzipiellen Wesensverschiedenheit von Kirche und Welt. Nach der Phase der Einheit von Kirche und Welt und der auf sie folgenden einer unmittelbaren Polarität beider Bereiche innerhalb einer als christlich verstandenen Daseinsgestaltung hat das Verhältnis von Kirche und Welt jetzt eine dritte Phase erreicht: die Welt als Bereich des rational Machbaren steht dem Religiösen autonom gegenüber; von daher ist

---
[170] K. *Hesse*, »Freie Kirche im demokratischen Gemeinwesen«, in: *Quaritsch/Weber*, a. a. O., S. 336 ff.
[171] Ebd., S. 341 f.
[172] Vgl. außer dem in Anm. 170 zitierten Aufsatz auch K. *Hesse*, »Kirche und Staat«, Sp. 910 ff.

das Wesen des modernen Staates als weltlich, das Wesen der Kirche dagegen als geistlich zu bestimmen. Der *zweite*, damit zusammenhängende Grundtatbestand ist die Entchristlichung und Säkularisierung der Welt. Der *dritte* Grundtatbestand ist der Wandel des modernen Staates, der sich nicht mehr als vorgegebene Einheit, sondern nur noch als *Vorgang* der Einheitsbildung aus dem Pluralismus gesellschaftlicher Kräfte begreifen läßt. Deshalb ist der Staat offen für den Einfluß organisierter gesellschaftlicher Gruppen. Diese Offenheit können sich auch die Kirchen zunutze machen und sich selbst als gesellschaftliche, auf politischen Einfluß bedachte Verbände verstehen. Doch sie gehen damit über ihren eigenständigen geistlichen Auftrag hinaus; diesem allein gilt die Garantie eines besonderen verfassungsrechtlichen Status. Nehmen die Kirchen eine politische Funktion wahr, so stehen sie auf derselben Stufe wie Parteien, Gewerkschaften und andere Verbände.

Auf dem Hintergrund dieser Tatbestände versucht Hesse das Verhältnis von Kirche und Staat in der Formel von der »freien Kirche im demokratischen Gemeinwesen« zu fassen. Er meint mit dieser Formel nicht so sehr die institutionellen Beziehungen zwischen der Amtskirche und dem Regierungs- und Verwaltungsapparat, sondern das Verhältnis zwischen der Kirche als der Gemeinschaft der Gläubigen und dem Staat als dem Gemeinwesen der Staatsbürger. Da es sich in beiden Fällen weitgehend um dieselben Menschen handelt, muß die Kirche für die Welt und das demokratische Gemeinwesen offen sein und sich auf die geschichtliche Situation einlassen, auf die sie in ihrem eigenen Wirken trifft. Die freie geistige Auseinandersetzung wird dabei für die Kirche wichtiger als die institutionelle Sicherung ihrer Position; der indirekte Einfluß durch die »Früchte ihrer geistigen Wirksamkeit« ist ihrem Wesen gemäßer als die unmittelbare politische Mitwirkung[173]; greift die Kirche zu dem Mittel direkter politischer Wirksamkeit, so steht sie allen anderen Verbänden innerhalb des politischen Gemeinwesens gleich. Die Gewährleistung religiöser und politischer Freiheit durch den Staat ist für ein solches Verständnis der Beziehungen zwischen Staat und Kirche wichtiger als die institutionelle Sicherung der Kirchen. Die religiöse Neutralität des Staates, der Verzicht auf institutionelle Verbindungen zwischen Staat und Kirche, die Garantie freier kirchlicher Wirksamkeit sind die wichtigsten Elemente einer staatskirchenrechtlichen Ordnung, die

---

[173] Vgl. *H. Dombois*, Politische und christliche Existenz, S. 146.

der Formel von der »freien Kirche im demokratischen Gemeinwesen« gemäß ist.

Die Frage, ob die Kirchen den anderen gesellschaftlichen Verbänden gleichzustellen sind, beantwortet Hesse also nur zurückhaltend: sie sind es nicht, soweit sie sich ihren eigentlichen, geistlichen Aufgaben widmen; sie sind es, sobald sie unmittelbar in den Prozeß der politischen Willensbildung eingreifen. Diese Unterscheidung vermag nicht zu befriedigen. Die geistliche, »unpolitische« Wirksamkeit der Kirchen läßt sich von ihrer politischen nicht so säuberlich trennen. Indem die Kirchen für ihre geistliche Wirksamkeit staatliche Freiheitsgarantien in Anspruch nehmen, entfalten sie bereits politische Wirksamkeit. Indem sie diakonisch tätig werden, was nach allgemeiner Auffassung zu den unmittelbaren kirchlichen Aufgaben gehört, sind sie genötigt, von der direkten zur gesellschaftlichen und politischen Diakonie überzugehen[174] und sich an der Kritik und Verbesserung gesellschaftlicher Strukturen zu beteiligen. Sobald die Kirchen als Institutionen in der Gesellschaft in Erscheinung treten, nehmen sie eine politische Funktion wahr.

In der amerikanischen Diskussion hat man diese Tatsache sehr viel unbefangener registriert als in der Bundesrepublik. Deshalb besteht in der amerikanischen Interessengruppenforschung keinerlei Zweifel daran, daß die Kirchen zu den Interessengruppen, den pressure groups, gehören[175]. Dabei wird gerade die Unabhängigkeit der Kirchen vom Staat als entscheidende Voraussetzung ihrer politischen Wirksamkeit gewertet[176]. Die amerikanischen Kirchen bedienen sich ungehindert und ohne Scheu der Formen, welche für den Einfluß der Verbände auf politische Entscheidungen üblich sind. So sind die evangelischen Kirchen der USA in Washington durch eine Reihe von Lobbyisten vertreten, die sich nach 1945 zum »Joint Washington Staff of Church Legislative Representatives« zusammenschlossen[177]. Ebenso hat die katholische Kirche in Frankreich nach der Trennungsgesetzgebung von 1905 eine politische Wirksamkeit entfaltet, die ihren politischen Einfluß vor der Trennung zu übertreffen scheint[178]. Verglichen mit diesen Beispielen ist die politische Wirksamkeit der großen Kirchen

---

[174] Siehe oben S. 120 und 465 ff.
[175] Vgl. K. von Beyme, Interessengruppen in der Demokratie, S. 31 ff.
[176] Vgl. O. Kirchheimer, »Privatmensch und Gesellschaft«, S. 112.
[177] Vgl. L. E. Ebersole, Church Lobbying in the Nation's Capitale, S. 97; K. von Beyme, a. a. O., S. 50.
[178] Vgl. A. von Campenhausen, Staat und Kirche in Frankreich; Kirchheimer, a. a. O., S. 114.

in Deutschland gerade durch ihren offiziellen Status eingeschränkt, da dieser sie als nicht völlig vom Staat unabhängig erscheinen läßt[179]. Doch auch sie bedienen sich der Einflußmöglichkeiten, die ihnen wie anderen Verbänden offenstehen; unzweifelhaft nehmen etwa das Amt des Bevollmächtigten der EKD bei der Bundesregierung und das Kommissariat der Deutschen Bischöfe in Bonn unter anderem lobbyistische Funktion wahr[180].

Es gibt darüber hinaus eine Vielzahl von Beispielen dafür, daß die Kirchen in der politischen Wirklichkeit der Bundesrepublik Deutschland Verbandsfunktionen[181] wahrnehmen. Insbesondere zeigt sich dies an ihrer Mitwirkung in Beratungskörperschaften. Peter von Tiling nennt 44 verschiedene Gruppen von Mitwirkungsrechten der Kirchen im staatlichen Bereich[182]. In den meisten von ihnen werden den Kirchen bestimmte Rechte analog zu anderen gesellschaftlichen Verbänden eingeräumt; nur in einer Minderzahl der Fälle handelt es sich um kirchliche Sonderrechte. Die wichtigsten derartigen Mitwirkungsrechte der Kirchen seien hier genannt[183]: der bayerische Senat; Rundfunkräte und Sendezeiten im Rundfunkwesen; Selbstkontrolle und Förderungsausschüsse im Filmwesen; Selbstkontrolle der illustrierten Zeitschriften und Bundesprüfstelle für jugendgefährdendes Schrifttum; Bildungskommission des Deutschen Bildungsrats; Landesschulbeiräte und lokale Schulgremien; Lehrerbildung; Besetzung der Lehrstühle an den theologischen Fakultäten und der Konkordatslehrstühle; Gremien der Erwachsenenbildung; Regelung des Feiertagsrechts; Beirat für Innere Führung des Bundesverteidigungsministeriums; Gremien der Jugendwohlfahrt und der Sozialhilfe; Vertriebenenbeiräte; Beiräte der Kriegsopferfürsorgebehörden; wissenschaftlicher Beirat für Familienfragen des Bundesgesundheits- und -familienministeriums; Strafvollzug und Bewährungshilfe; Verbraucherausschüsse, Raumordnungsausschüsse.

---

[179] *Kirchheimer*, a. a. O., S. 112.
[180] Vgl. *F. Greiner*, »Die Kirchen in der modernen Gesellschaft«, S. 384; *E. G. Mahrenholz*, Die Kirchen in der Gesellschaft der Bundesrepublik, S. 45 f.
[181] Vgl. zu diesen Funktionen auch *K. Sontheimer*, Grundzüge des politischen Systems der Bundesrepublik Deutschland, S. 111 ff.
[182] *P. v. Tiling*, »Die Kirche in der pluralistischen Gesellschaft«, S. 259 ff.; vgl. ders., Die Mitwirkung der Kirchen im staatlichen Bereich; *G. D. Belemann*, Kirchliche Beteiligung an staatlichen Einrichtungen.
[183] Zu Einzelheiten über die Art und die Rechtsgrundlage der kirchlichen Mitwirkung vgl. die Übersicht bei *v. Tiling*, »Die Kirche in der pluralistischen Gesellschaft«, a. a. O.

Betrachtet man die Vielfalt von Funktionen, die kirchliche Amtsträger hier als »Verbandsfunktionäre« wahrnehmen, so erscheint die Behauptung, die Kirchen seien mit den Verbänden nicht auf eine Stufe zu stellen, ebenso wie die These, die Kirche habe immer politische Neutralität zu wahren, als eine spezifische Verbandsideologie. Zu den Funktionen von Verbandsideologien gehört die Integration der Mitglieder, deren Interessen keineswegs immer identisch sind[184]. Die Kirchen vertreten als Verbände sehr oft Interessen und Normen, für deren Durchsetzung sie sich zwar auf die große Zahl ihrer Mitglieder berufen, die aber keineswegs von allen Mitgliedern gedeckt werden[185]. Die Behauptung, die Kirchen handelten dabei nicht als Verbände, soll, als Verbandsideologie verstanden, bei den Kirchenmitgliedern den Eindruck erwecken, die Kirchen träten nicht für Interessen ein, die den Intentionen ihrer Angehörigen nicht entsprechen. Bei dem hohen »Organisationsgrad« der Kirchen — d. h. dem hohen Anteil von Kirchenmitgliedern an der Gesamtbevölkerung — liegt diese Verbandsideologie nahe, da man vermutet, der Organisationsgrad sei höher, wenn politische Neutralität zum Selbstverständnis des Verbandes gehört[186]. Doch dieses Selbstverständnis darf nicht mit der realen politischen Funktion verwechselt werden. Aus dem abweichenden Selbstverständnis der Kirchen darf nicht geschlossen werden, daß ihre Bezeichnung als Verbände unangemessen sei. Denn kaum ein Verband ist von seinem Selbstverständnis her »pressure group«[187].

Angesichts der Tatsache, daß die Kirchen in den geschilderten Mitwirkungsrechten unzweifelhaft die Funktion von Verbänden wahrnehmen, hat man versucht, eine Differenzierung zwischen ihrem öffentlichen Gesamtstatus einerseits und ihren Verbandsfunktionen andererseits durchzuführen[188]. Dabei wird der »öffentliche Gesamt-

---

[184] *K. von Beyme*, Interessengruppen in der Demokratie, S. 40.
[185] *Greiner*, »Die Kirchen in der modernen Gesellschaft«, S. 384, nennt als Beispiele für solche Positionen, die von einem erheblichen Teil der Kirchenmitglieder nicht gedeckt werden, die Bestimmungen über die Konfessionsschule im Niedersächsischen Konkordat und das Subsidiaritätsprinzip im Bundessozialhilfegesetz und in der Novelle zum Jugendwohlfahrtsgesetz von 1961.
[186] Dieser Gesichtspunkt ist vor allem im Blick auf die Gewerkschaften diskutiert worden; vgl. *K. v. Beyme*, a. a. O., S. 53.
[187] *K. v. Beyme*, a. a. O., S. 35—43, 132.
[188] So vor allem *P. von Tiling*, »Die Kirche in der pluralistischen Gesellschaft«, S. 241 ff.

status« der Kirche als die angemessene Antwort auf ihren geistlichen Auftrag verstanden; er äußert sich nach wie vor in den klassischen Institutionen des Staatskirchenrechts, insbesondere der Körperschaftsqualität der Kirchen[189]. Lassen sich nach dieser Auffassung die tradierten Inhalte des Staatskirchenrechts unmittelbar auf die geistlichen Aufgaben der Kirche zurückführen, so gilt dies für die ihr neuerdings zugewachsenen Verbandsfunktionen allenfalls in indirekter und eingeschränkter Weise. Aus einer solchen Betrachtung wird deshalb der Schluß gezogen[190]:

»Ehe die Kirche Positionen zur direkten Einflußnahme auf die weltlichen Ordnungen im Rahmen des Verbändewesens anstrebt, sollte sie um ihrer Glaubwürdigkeit willen mehr diejenigen Möglichkeiten nutzen, die ihr aus dem Vertrauen erwachsen, das ihr von staatlicher Seite in Anbetracht ihres öffentlichen Ranges entgegengebracht wird, und sich dies Vertrauen erhalten.«

Nun ist die Glaubwürdigkeit der Kirche weniger dadurch gefährdet, daß sie sich auf die Ebene der gesellschaftlichen Verbände begibt, als vielmehr dadurch, daß sie einen privilegierten öffentlichen Sonderstatus beansprucht. Nicht die gleichberechtigte Mitwirkung in Rundfunkräten, sondern der Sonderstatus der Militärseelsorge, nicht die Mitwirkung in der Sozialhilfe, sondern die Fortdauer der Staatsleistungen an die Kirchen erregen die öffentliche Diskussion über den Status der Kirchen. Das deutet darauf hin, daß sich die von Tiling und anderen vorgeschlagene Unterscheidung zwischen dem »öffentlichen Gesamtstatus« und den Verbandsfunktionen der Kirchen nicht halten läßt. In ihrer öffentlichen Wirksamkeit erscheint die Kirche als Verband unter Verbänden; eine sachlich nicht gebotene Privilegierung der Kirchen in der öffentlichen Rechtsordnung muß deshalb als unangemessen betrachtet werden.

Das schließt Differenzen zwischen dem öffentlichen Status der Kirchen und anderer großer Verbände nicht aus: Glaubens- und Gewissensfreiheit, Gewährleistung des Religionsunterrichts, Gewährleistung der rechtlichen Autonomie innerhalb der Schranken des für alle geltenden Gesetzes und der Feiertagsschutz sind Beispiele für den sachlich gebotenen Sonderstatus der Kirchen. Das Kirchensteuerrecht ist ein Beispiel für einen historisch überlieferten Sonderstatus, der durch die Verfassung ausdrücklich bestätigt wird und unter den gegenwär-

---

[189] Damit übernimmt *v. Tiling* die von *Smend* vorgeschlagene Interpretation der Körperschaftsqualität der Kirchen; dazu kritisch oben S. 497 ff.
[190] *v. Tiling*, a. a. O., S. 259.

tigen »volkskirchlichen« Bedingungen weiterhin als sinnvoll angesehen werden kann[191]. Jedoch die überlieferten Staatsleistungen, die konfessionelle Lehrerbildung und die Bekenntnisschule, ein besonderer Schutz durch Gotteslästerungsparagraphen, die staatliche Finanzierung und Organisation der Militärseelsorge[192] stellen Privilegien der Kirche dar, die weder aus ihrem Selbstverständnis noch aus ihrer gesellschaftlichen Funktion zu begründen sind. Wenn man der Kirche das Festhalten an diesen Privilegien anrät und ihr gleichzeitig empfiehlt, sich von den gesellschaftlichen Verbänden zu distanzieren[193], dann repristiniert man ein überholtes Bild von der übergesellschaftlichen Stellung der Kirche[194]. Nach diesem Bild, das uns in der Analyse juristischer Interpretationen des Verhältnisses von Kirche und Öffentlichkeit schon mehrfach begegnet ist, sind Staat und Kirche als die beiden einzigen öffentlichen Hoheitsmächte der Gesellschaft als der Sphäre der partikularen Interessen übergeordnet. Demgegenüber gilt es festzuhalten, daß Staat und Kirche Subsysteme des gesamtgesellschaftlichen Systems bilden[195]; beide bestehen in der Gesellschaft und haben keinen übergesellschaftlichen Ort.

Mit einer solchen Argumentation wird nicht einer gedankenlosen Nivellierung der gesellschaftlichen Verbände das Wort geredet[196]. Wie bereits deutlich wurde, gibt es vielmehr notwendige Differenzierungen in ihrem rechtlichen Status. Darüber hinaus greift das Selbstverständnis der Kirche über ihr Verständnis als Verband immer weit hinaus[197]. Schließlich vermag sie sich von den anderen Verbänden da-

---

[191] Vgl. *W. Hammer*, »Die Kirche unter den Bedingungen von morgen«; ausführlich wird die Kirchensteuer im Rahmen einer verwandten staatskirchenrechtlichen Konzeption verteidigt von *W. Kewenig*, »Das Grundgesetz und die staatliche Förderung der Religionsgemeinschaften«.
[192] Dazu oben S. 259 ff.
[193] So *v. Tiling*, a. a. O., S. 241 ff.
[194] Vgl. zur Kritik dieses Bildes auch *W.-D. Marsch*, Institution im Übergang, S. 215 ff.
[195] Zur Begründung dieses Gedanken vgl. oben S. 23 ff.
[196] Auch *K. Schlaich*, Neutralität als verfassungsrechtliches Prinzip, tritt dafür ein, den Status der Kirchen in der pluralistischen Gesellschaft vom Begriff des Verbands neu zu entwickeln, ohne dadurch einer »prinzipiellen, sachlichen Statuseinebnung« das Wort zu reden, die auf das Selbstverständnis und die besonderen Aufgaben der Kirchen keine Rücksicht mehr nimmt (vgl. bes. S. 179). Er knüpft daran die interessante Forderung, den verfassungsrechtlichen Sonderstatus des Staatskirchenrechts zu relativieren und dieses stärker als bisher in das Kulturverfassungsrecht einzubeziehen (ebd., S. 157 ff.).
[197] Vgl. dazu bes. oben S. 49 ff., unten S. 632 ff.

durch zu unterscheiden, daß sie eher als diese dazu in der Lage ist, sich von partikularen Interessen zu distanzieren. Denn anders als die großen Verbände legitimiert sie sich nicht unmittelbar aus dem gesellschaftlichen Produktions- und Reproduktionsprozeß; mit ihrem Selbstverständnis verträgt es sich nicht, wenn sie sich partikularen gesellschaftlichen Interessen ausliefert. Geschieht dies doch, trifft sie mit Recht die schärfste Kritik.

Der Unterschied zwischen der Kirche und anderen Verbänden zeigt sich nicht darin, daß sie sich vom gesellschaftlichen Bereich distanziert, sondern darin, *wie* sie ihre gesellschaftliche Funktion erfüllt. Der Unterschied manifestiert sich nicht darin, daß die Kirche keine Interessen vertritt, sondern *welche* Interessen sie wahrnimmt. Die Legitimation für die Funktion der Kirche als Verband ist dann erreicht, wenn sie gerade darin ganz »Kirche für andere«[198] ist. Die Kirche unterscheidet sich von der Gesellschaft in *erster* Linie nicht durch die gesellschaftlichen Organisationsformen, deren sie sich bedient, sondern durch die *Inhalte*, die sie vertritt. In ihren Organisationsformen unterscheidet sie sich nur insoweit, als diese jenen Inhalten gemäß sein müssen und so die sachliche Differenz der Kirche zur Gesellschaft spiegeln. Den Bezug der Kirche auf das ihr anvertraute Evangelium sichert man nicht dadurch, daß man die Kirche als Institution von der Gesellschaft und ihren Verbänden distanziert – und gleichzeitig mit der These von der Partnerschaft zwischen Staat und Kirche in die Nähe des Staates rückt –, sondern dieser Bezug kann sich nur im Vollzug ihres Lebens und Handelns in der Öffentlichkeit manifestieren.

5. Abschließende Erwägungen

Wir haben in diesem Kapitel drei Typen der Interpretation, die das Verhältnis von Staat und Kirche erfahren hat, unterschieden: Partnerschaft zwischen Staat und Kirche; Trennung von Staat und Kirche; die Kirche als Verband in der Gesellschaft. Wir haben abschließend das Verhältnis dieser Interpretationen zueinander und mögliche Konsequenzen zu erörtern.

Die These von der Partnerschaft zwischen Staat und Kirche hat zu dem Mißverständnis Anlaß gegeben, Staat und Kirche bildeten »ein System koordinierender Dyarchie öffentlicher Gewalten, in dem die

---
[198] Siehe dazu oben S. 107 ff.

Verbindung von Thron und Altar in ›demokratischer‹ Metamorphose wieder auflebt«[199]. Dieses Verständnis ist weder dem Selbstverständnis der demokratischen Gesellschaft noch dem der Kirche angemessen. Die politischen Auswirkungen des Partnerschaftsprinzips in der Geschichte der Bundesrepublik haben zu erheblicher Kritik an der politischen Rolle der Kirchen Anlaß gegeben. Dieses Prinzip beruht auf einer Unterscheidung von Staat, Kirche und Gesellschaft, nach der Staat und Kirche als die öffentlichen Mächte der Gesellschaft als der Sphäre der Interessen gegenüberstehen. Dieses paternalistische Verständnis von Staat und Kirche läßt sich nicht mehr aufrecht erhalten. Muß deshalb die These von der Partnerschaft zwischen Staat und Kirche preisgegeben werden, so wird damit nicht notwendigerweise zugleich die vertragsrechtliche Gestaltung ihres Verhältnisses preisgegeben. Denn das politische Prinzip der Koordination ist nicht an das politische Prinzip der Partnerschaft gebunden[200]. Das paternalistische Prinzip der Partnerschaft zwischen Staat und Kirche trifft die Situation der Kirche in einer demokratischen Gesellschaft nicht mehr; die Koordination dagegen kann sich in der Demokratie als ein tragfähiges Gestaltungsmittel erweisen. Die religiöse Neutralität des Staates und die Autonomie der Kirchen finden in der vertragsrechtlichen Gestaltung ihres Verhältnisses einen angemessenen Niederschlag[201].

Welche Konsequenzen die geschilderte Verbindung des Koordinationsprinzips mit dem Partnerschaftsprinzip hat, läßt sich an einem Beispiel veranschaulichen. Das Oberverwaltungsgericht Münster, das höchste Verwaltungsgericht Nordrhein-Westfalens, hatte 1962 die

---

[199] *K. Hesse*, »Freie Kirche im demokratischen Gemeinwesen«, in: *Quaritsch/Weber*, Staat und Kirche, S. 356.
[200] Die geläufige Verbindung beider Prinzipien in Begriffen wie »partnerschaftliche Koordination« hat dazu geführt, daß von manchen Autoren mit dem Partnerschaftsprinzip auch das Koordinationsprinzip verworfen wurde (vgl. z. B. *S. Ott*, Christliche Aspekte unserer Rechtsordnung, S. 43 f.; *K. Obermayer*, »Staatskirchenrecht im Wandel«, in: *Quaritsch/Weber*, a. a. O., S. 390; anders und m. E. zutreffend dagegen ders., »Die Konkordate und Kirchenverträge«, S. 179 ff.).
[201] Es besteht keine zwingende Verpflichtung des Staates zur vertragsrechtlichen Gestaltung, jedoch eine Tendenz auf umfassende Anwendung der Vertragsform; siehe oben S. 503 ff. Mit einem nicht übersteigerten staatlichen Souveränitätsbegriff steht diese Tendenz nicht im Widerspruch (gegen *K. Obermayer*, »Staatskirchenrecht im Wandel«, S. 390 ff.; ders., »Kirchenreform und Kirchenrecht«, S. 348).

Frage zu entscheiden, ob ein Hirtenbrief zur Wahl eine unzulässige Wahlbeeinflussung darstelle. Das Gericht verneinte diese Frage. In der Begründung wird darauf hingewiesen, daß die Stellung der Kirchen im Staat sich nach 1945 wesentlich gewandelt habe, obwohl Art. 140 GG die Kirchenartikel der Weimarer Verfassung aufgenommen hat. Dann heißt es wörtlich:

»Der Rechtsstatus der Kirchen erschöpft sich heute nicht mehr in dem einer vom Staat beaufsichtigten öffentlichen Körperschaft. Die beiden großen Kirchen wirken heute rein tatsächlich ... neben den politischen Parteien, den Gewerkschaften und entsprechenden Organisationen der Arbeitgeber und der Wirtschaft im Verfassungsleben mit und stellen im Verein mit diesen Kräften einen bedeutsamen Teil des Balancesystems der gegenwärtigen deutschen Staatsordnung dar, das in mancher Hinsicht die nie streng durchgeführte Gewaltenteilung zwischen Legislative, Exekutive und richterlicher Gewalt ergänzt. Die beiden großen Kirchen sind aus den historischen Bindungen an die Reste der staatlichen Kirchenhoheit entlassen und stärker als in der Weimarer Zeit in die öffentliche Ordnung des politischen Gemeinwesens hineingezogen worden. Sie sind Glied unserer vielschichtigen öffentlich-rechtlichen Gesamtordnung, und zwar ein tragendes Glied geworden. Die Kirchen haben und nehmen Anteil an der Verantwortung für das politische Gesamtschicksal. Sie können sich in der augenblicklichen politischen Situation Deutschlands dieser Verantwortung nicht entziehen, auch wenn sie es wollten.«

In diesen Erwägungen beschreibt das Urteil die Funktion der Kirchen als Verbände im politischen Gemeinwesen. Doch hieran knüpft es Feststellungen über die staatliche Anerkennung des »Öffentlichkeitsauftrags«, des »Öffentlichkeitsanspruchs«, des »Wächteramts« der Kirche. Daraus folgert das Urteil: Die Kirche übt, »wenn sie ihr Wächteramt erfüllt, staatskirchenrechtlich innerhalb gewisser Grenzen anerkannte öffentliche Gewalt aus« und nimmt nicht etwa das Recht der freien Meinungsäußerung wahr[202]. Die politische Funktion der Kirche wird damit als »öffentliche Gewalt« interpretiert; die kirchliche Einflußnahme auf das politische Geschehen wird damit der Einflußnahme anderer gesellschaftlicher Gruppen übergeordnet; die Kirche gilt gerade in ihrer politischen Wirksamkeit als dem Staat zugeordnet. Eine solche Auffassung von der »Partnerschaft zwischen Staat und Kirche« widerspricht jedoch einem demokratischen Verständnis des Gemeinwesens, das von der Gleichheit der gesellschaftlichen Gruppen im Prozeß der politischen Meinungsbildung ausgeht; es widerspricht auch der gegenwärtigen staatskirchenrechtlichen Ord-

---

[202] Das Urteil ist in Auszügen abgedruckt in: ZevKR 9, 1962/63, S. 428—438; die Zitate, S. 432 und 434.

nung, die eine Privilegierung der Kirchen in ihrer politischen Funktion nicht kennt[203].
Entfalten die Kirchen öffentliche, politische Wirksamkeit, so tun sie dies als Verband unter Verbänden. Gegenüber einem partnerschaftlichen Verständnis des Verhältnisses von Staat und Kirche impliziert diese These zweifellos einen relativen Rangverlust der Kirchen[204]. Doch diese Relativierung des äußeren Ranges der Kirchen ergibt sich mit Notwendigkeit. Denn die Kirchengewalt kann nicht länger als eine mit der staatlichen vergleichbare Hoheitsgewalt betrachtet werden[205]; und eine weitgehende institutionelle Sicherung der Kirchen befindet sich mit ihrer inneren Stärke in einem auffälligen Widerspruch[206]. Deshalb ist ein solcher relativer Rangverlust nicht so sehr mit Einbußen als mit neuen Möglichkeiten der Kirchen verbunden: Wenn durch eine solche Relativierung die immer noch bestehende Bindung der Kirchen an den Staat gelöst wird, so kann dies der Wahrnehmung ihres Öffentlichkeitsauftrags nur förderlich sein. Eine solche Relativierung meint gerade nicht die Preisgabe der Autonomie der Kirchen, sondern die Stärkung ihrer Selbständigkeit. Ohne echte Unabhängigkeit vermag jedoch die öffentliche Wirksamkeit der Kirchen nicht länger überzeugend zu sein[207]. Eine solche Relativierung zielt auch nicht darauf, die Differenz der Kirchen gegenüber anderen gesellschaftlichen Verbänden, die sich aus ihrem Selbstverständnsi ergibt, einzuebnen und eine sachgemäße, auf ihre besonderen Aufgaben bezogene rechtliche Sonderstellung der Kirchen abzulehnen. Vielmehr wird, anknüpfend an den Begriff des Verbands, eine Interpretation des Rechtsstatus der Kirchen angestrebt, die mit ihrer tatsächlichen Funktion vereinbar ist.

Die These von der Trennung zwischen Staat und Kirche ist in einem solchen Verständnis der Kirchen als unabhängiger Verbände im politischen Gemeinwesen aufgehoben. In ihren überlieferten und neuerdings repristinierten Formen scheitert die Trennungstheorie an ihren weltanschaulichen Implikationen, nämlich an der Erklärung der Religion zur Privatsache. Eine angemessene Interpretation der gesell-

---

[203] Vgl. *K. Hesse*, »Partnerschaft zwischen Kirche und Staat?«, S. 145 ff.
[204] Vgl. *J. H. Kaiser*, in: *Heckel/Hollerbach*, Die Kirchen unter dem Grundgesetz, S. 128.
[205] Siehe oben S. 526, 528.
[206] Siehe oben S. 538.
[207] Vgl. *O. Kirchheimer*, »Privatmensch und Gesellschaft«, S. 112.

schaftlichen Rolle der Kirchen ist von diesem Ausgangspunkt her nicht möglich. Deshalb ist auch für die Länder, die rechtlich das Trennungssystem durchgeführt haben, wie die USA und Frankreich, die Trennungstheorie eine unzureichende Interpretation der entstandenen staatskirchenrechtlichen Lage. Die gesellschaftliche Funktion, die die vom Staat unabhängigen Kirchen in Frankreich und den USA wahrnehmen, läßt sich innerhalb der Interessengruppentheorie wesentlich besser erklären als durch die Trennungstheorie.

Das Verständnis der Kirchen als gesellschaftlicher Verbände schließt Sonderrechte, wie sie vor allem mit dem Status der Kirchen als Körperschaften des öffentlichen Rechts verbunden sind, nicht aus. Denn mit diesem Verständnis ist keine schematische Gleichheit der Verbände verknüpft. Ihr rechtlicher Status variiert vielmehr entsprechend ihrem Selbstverständnis und ihren Aufgaben. Wenn die Kirchen öffentliche Wirksamkeit entfalten, tun sie dies jedoch nicht als dem Staat zugeordnete »öffentliche Mächte«; sie nehmen dann vielmehr die Funktion gesellschaftlicher Verbände wahr. Damit ist die Existenz der Kirchen keineswegs umfassend umschrieben, sondern nur ihre für das politische Gemeinwesen unmittelbar relevante Funktion bezeichnet. Die Kirche als Gemeinschaft der Gläubigen, die sich im Gottesdienst konstituiert, kann durch eine derartige Beschreibung nicht erfaßt werden. Ihre spezifische Existenz wird durch die Begriffe des politischen Gemeinwesens nicht angemessen gekennzeichnet.

Doch in ihrem Verhältnis zur Öffentlichkeit sind die Kirchen als Verbände zu verstehen, die an dem Prozeß öffentlicher Kommunikation teilnehmen. Die Kirchen übernehmen diese Rolle, weil ihr Öffentlichkeitsauftrag sie zu öffentlicher Wirksamkeit nötigt und weil sie mit den Nöten der Gesellschaft solidarisch sind. Sie identifizieren sich mit dieser Rolle nur partiell, weil sie sich mit keiner geschichtlichen Gestalt voll identifizieren können. Denn jede geschichtliche Gestalt der Kirche ist nur ein Gleichnis der Gemeinschaft, auf die das Evangelium Jesu zielt.

X. Kirchenpraktische Interpretationen des Verhältnisses von Kirche und Öffentlichkeit

Beschränkt man sich auf das Feld wissenschaftlich-theologischer und wissenschaftlich-juristischer Interpretationen des Verhältnisses von Kirche und Öffentlichkeit, so entgehen einem wesentliche Ansätze zum Verständnis des öffentlichen Handelns der Kirche. Einerseits übersieht man dann wissenschaftliche Interpretationsversuche außerhalb dieser Disziplinen[1]; andererseits entgehen einem Theorieansätze aus dem Zwischenbereich zwischen Praxis und wissenschaftlicher Theoriebildung, die gerade für das Handeln der Kirche von besonderem Gewicht sind[2]. Denn dieses wird vielfach weniger von einer ausgebildeten Dogmatik als vielmehr von Handlungsmaximen angeleitet, die einem vorgängigen Praxisbezug entstammen und insofern häufig reaktiver Art sind. Während die wissenschaftliche Theologie sich vielfach in weiter Distanz zu den Problemen des öffentlichen Handelns der Kirche befindet, und während umgekehrt die Kirche in ihrer Praxis häufig nicht imstande ist, Ergebnisse wissenschaftlicher Forschung in Handlungsorientierungen umzusetzen, wirken die Theorieansätze aus dem Zwischenbereich zwischen wissenschaftlicher Theologie und kirchlicher Praxis vielfach sehr unmittelbar auf Gestalt und Handeln der Kirche ein. Deshalb sollen in diesem Kapitel einige Beispiele solcher kirchenpraktischer Interpretationen des Verhältnisses von Kirche und Öffentlichkeit erörtert werden. Dabei greifen wir über den Bereich der evangelischen Landeskirchen in der Bundesrepublik hinaus, um zumindest an einigen Punkten des gesamtdeutschen und des ökumenischen Rahmens ansichtig zu werden, innerhalb dessen die Bemühungen des westdeutschen Protestantismus um das Verhältnis von Kirche und Öffentlichkeit zu verstehen sind. Dieses Kapitel soll die ausführlichere Auseinandersetzung mit der Interpretation des Verhältnisses von Kirche und Öffentlichkeit, die in den Denkschriften der EKD enthalten ist, vorbereiten.

---

[1] Zu dem wichtigsten, derartigen Versuch, der die Rolle der Kirchen innerhalb der Interessengruppentheorie interpretiert, vgl. insbes. oben S. 540 ff.
[2] Vgl. zu dieser Fragestellung oben S. 127 ff.

1. Die Barmer Theologische Erklärung

»Der Satz, daß Religion ›Privatsache‹ sei, ist ein Satz, der dem Evangelium widerstreitet. So wenig Christus eine ›persona privata‹ ist, sondern κύριος, der Herr der Welt, so wenig gibt es in der Welt für den Christen eine ›private‹ Existenz.«[3] Mit diesen Worten hat Ernst Wolf die Zielrichtung der zweiten These der Barmer Theologischen Erklärung[4] zusammengefaßt. Diese These heißt[5]:

»Wie Jesus Christus Gottes Zuspruch der Vergebung aller unserer Sünden ist, so und mit gleichem Ernst ist er auch Gottes kräftiger Anspruch auf unser ganzes Leben; durch ihn widerfährt uns frohe Befreiung aus den gottlosen Bindungen dieser Welt zu freiem dankbarem Dienst an seinen Geschöpfen.«

Diese Sätze enthalten den Ansatzpunkt, an den das Verständnis des Öffentlichkeitsauftrags der Kirche nach 1945 anknüpfte, bevor er durch die Rückkehr zu dem »Öffentlichkeitswillen« der Zeit vor 1933 überlagert wurde[6]. Von diesem »Öffentlichkeitswillen« unterscheidet sich die Barmer Theologische Erklärung dadurch, daß sie zwei Grundtendenzen miteinander verknüpft: zum einen die Distanzierung des Glaubens von den »gottlosen Bindungen dieser Welt«, zugleich damit die Distanzierung der Kirche vom Staat; zum andern die Zuwendung des Glaubens zur Welt und der Kirche zu ihrer Aufgabe in der Öffentlichkeit. Beide Tendenzen gehören zusammen, weil sie beide christologisch begründet sind: in dem umfassenden Herrschaftsanspruch Christi über den Glaubenden und über die Kirche. Die Unbedingtheit des in Jesus Christus ergehenden Wortes Gottes läßt keine Bindungen des Menschen an staatlich-politische oder »natürliche« Ordnungen zu, in denen diese zu obersten Werten erklärt, so vergöttert und dadurch gerade gottlos werden.

Das Wort Gottes ruft vielmehr in die Distanz zu solchen Bindungen — und zwar deshalb, weil die Christen in *allen* Bereichen Christus als ihrem Herrn zu eigen sind[7] und sich deshalb nicht diesen Berei-

---

[3] *E. Wolf*, Barmen, S. 113.
[4] Aus der umfangreichen Literatur zur Barmer Theologischen Erklärung vgl. für unseren Zusammenhang *E. Wolf*, Barmen; *M. Karnetzki*, Ein Ruf nach vorwärts; *D. Schellong*, »Barmen II und die Grundlegung der Ethik«; *Kl. Scholder*, »Die Bedeutung des Barmer Bekenntnisses für die Evangelische Theologie und Kirche«.
[5] *G. Heidtmann*, Glaube im Ansturm der Zeit, S. 32.
[6] Siehe oben S. 121 ff.
[7] 2. Barmer These, Verwerfungssatz (*Heidtmann*, a. a. O.); vgl. zur Interpretation dieses Satzes *E. Wolf*, Barmen, S. 115.

chen selbst in einer politischen oder natürlichen Religion unterwerfen können. Aus dieser Position kann der begrenzte Auftrag des Staates anerkannt und gewürdigt werden, der Auftrag nämlich, »nach dem Maß menschlicher Einsicht und menschlichen Vermögens unter Androhung und Ausübung von Gewalt für Recht und Frieden zu sorgen«; ebenso wird der Auftrag der Kirche als ein begrenzter angesehen. Zugleich damit muß ein weitergehender Anspruch des Staats, die »einzige und totale Ordnung menschlichen Lebens« zu sein, verworfen werden[8]. Vielmehr hat auch die Kirche einen Auftrag im Raum der Öffentlichkeit: den Auftrag nämlich, Gottes Zuspruch und Anspruch zu bezeugen. Daraus ergibt sich die »Befreiung ... zu freiem, dankbarem Dienst an seinen Geschöpfen«[9]. »Der *Öffentlichkeitsauftrag* der Kirche und der Christenmenschen, das Handeln als Mitarbeiter Gottes in seinem Werk der Versöhnung der Welt mit sich selbst in der Sorge um die Menschlichkeit des Menschen und um eine relative Ordnung in der Unordnung der Welt, vor allem aber, daß der Christ gerade in der Welt ganz seinem Herrn gehört, *das* soll hier ausgesprochen werden.«[10]

So stark die Barmer Theologische Erklärung die Eigenständigkeit der staatlichen Aufgaben einerseits, des kirchlichen Auftrags und der kirchlichen Ordnung andererseits auch betont, so verfällt sie dennoch nicht in eine dualistische Interpretation der Beziehungen zwischen Kirche und Öffentlichkeit. Vielmehr proklamiert sie die Herrschaft Christi auch über das Handeln der Menschen im politischen Bereich; gerade deshalb vermag sie eine Totalisierung und Vergöttlichung dieses Bereichs abzulehnen: nur wenn man die Grenzen des politischen Bereichs kennt, vermag man in ihm vernünftig zu handeln. Die früher[11] begründete These, die Lehre von der Königsherrschaft Christi und die Zwei-Reiche-Lehre stünden miteinander nicht im Widerspruch, bewährt sich auch hier. Im Horizont des umfassenden Herrschaftsanspruchs Christi erschließt sich die Weltlichkeit der Welt und die Aufgabe, sich in ihr mit Mitteln der Vernunft um Recht und Frieden zu bemühen; in diesem Horizont verbietet sich jedoch jede dualistische Interpretation der Zwei-Reiche-Lehre, die eine »Eigengesetzlichkeit« des politischen Bereichs meint konstatieren zu können.

---

[8] 5. Barmer These (*Heidtmann*, a. a. O., S. 34).
[9] 2. Barmer These (ebd., S. 32).
[10] *E. Wolf*, Barmen, S. 114.
[11] Siehe oben S. 456 ff.

Die christologische Konzentration, von der die Barmer Thesen gekennzeichnet sind, prägt sich insbesondere in ihrem Kirchenbegriff aus. Die 3. Barmer These heißt[12]:

»Die christliche Kirche ist die Gemeinde von Brüdern, in der Jesus Christus in Wort und Sakrament durch den Heiligen Geist als der Herr gegenwärtig handelt. Sie hat mit ihrem Glauben wie mit ihrem Gehorsam, mit ihrer Botschaft wie mit ihrer Ordnung mitten in der Welt der Sünde als die Kirche der begnadigten Sünder zu bezeugen, daß sie allein sein Eigentum ist, allein von seinem Trost und von seiner Weisung in Erwartung seiner Erscheinung lebt und leben möchte.«

Von dieser These hat Klaus Scholder gesagt[13], sie enthalte, was dem deutschen Protestantismus seit der Reformation gefehlt habe: eine evangelische Definition der Kirche.

In der Tat ist ein Vergleich der dritten Barmer These mit dem siebten Artikel der Confessio Augustana[14] aufschlußreich[15]. Der erste Satz der Barmer These nimmt den zweiten Satz von CA VII auf: Die heilige christliche Kirche »ist die Versammlung aller Gläubigen, bei welchen das Evangelium rein gepredigt und die heiligen Sakrament lauts des Evangelii gereicht werden«. Doch während die Confessio Augustana sich auf diese Aussage beschränkt, führt die Barmer Theologische Erklärung sie ausdrücklich auf ihren Ursprung zurück: Die Predigt, die Ordnung und das Handeln der Kirche sind nur Zeugnis dafür, daß sie Eigentum Christi ist. Damit nimmt sie auch diejenigen Inhalte von Luthers Kirchenverständnis wieder auf, die die CA im Interesse an der Einheit der Kirche übergangen hat: die Bestimmung der Kirche als Braut und geistlicher Leib Christi, als die allein durch ihr Haupt Jesus Christus bestimmte geistliche Christenheit[16]. Diese Bestimmung verbietet eine statische, an der Lehre orientierte Trennung von sichtbarer und unsichtbarer Kirche, wie sie in der lutherischen Orthodoxie vorgenommen wurde, nachdem die Formulierung von CA VII nicht mehr als regulativer, sondern als konstruktiver Kirchenbegriff verstanden wurde. Diese Entwicklung wird in der dritten Barmer These wieder überwunden. Indem der Kirchenbegriff erneut streng christologisch orientiert wird, wird jede statische

---

[12] G. Heidtmann, a. a. O., S. 32 f.
[13] Kl. Scholder, »Die Bedeutung des Barmer Bekenntnisses«, S. 442.
[14] Siehe dazu oben S. 52 f.
[15] Vgl. Scholder, a. a. O., S. 454 ff.
[16] Vgl. die oben S. 51 ff. erörterten Belege, dazu »Vom Abendmahl Christi, Bekenntnis« (WA 26, 506); vgl. auch Scholder, a. a. O., S. 446 f.

Trennung zwischen der ecclesia proprie dicta und ihrer sichtbaren Gestalt negiert. Vielmehr wird auch die sichtbare Gestalt der Kirche daran geprüft, daß sie die Zugehörigkeit der Kirche zu Christus zu bezeugen hat. Dementsprechend wird die falsche Lehre verworfen, »als dürfe die Kirche die Gestalt ihrer Botschaft und ihrer Ordnung ihrem Belieben oder dem Wechsel der jeweils herrschenden weltanschaulichen und politischen Überzeugungen überlassen«[17]. Der Dualismus von Wesenskirche und Rechtskirche, den Rudolph Sohm am schärfsten auf den Begriff gebracht hat[18], wird hier im Ansatz überwunden: Die sichtbare Gestalt der Kirche ist nicht als Zwangsordnung, sondern als Zeugnis von der Herrschaft Christi zu verstehen. Diese These hat das evangelische Verständnis des Kirchenrechts tief beeinflußt; die neueren Gesamtentwürfe des Kirchenrechts sind ohne sie nicht zu verstehen[19]. Sie hat sich jedoch auf die Rechtsgestalt der evangelischen Kirchen in Deutschland nur in sehr eingeschränktem Maß ausgewirkt. Weder die Denkschrift des preußischen Bruderrats von 1943 »Von rechter Kirchenordnung«[20] noch die Denkschrift des Bruderrats der Bekennenden Kirche zur Kirchenverfassung von 1945[21] haben – sieht man von Oldenburg und der evangelischen Kirche in Hessen und Nassau ab – sich in der Ausgestaltung evangelischer Kirchenverfassungen nach 1945 niedergeschlagen[22]. Gleichzeitig mit der Rückkehr zu älteren Konzeptionen des Verhältnisses von Kirche und Öffentlichkeit kehrte man auch zu älteren Modellen evangelischer Kirchenverfassung zurück.

Auch daran zeigt sich, wie eng die Interpretation des Verhältnisses von Kirche und Öffentlichkeit mit dem Verständnis der sichtbaren Gestalt der Kirche zusammenhängt. Hatte man in der Nachfolge der Barmer Theologischen Erklärung beides unmittelbar auf die christologische Begründung der Kirche zurückbezogen, so wurde später in beiden Richtungen wieder ein Verständnis der Kirche als Anstalt und

---

[17] 3. Barmer These, Verwerfungssatz (*Heidtmann*, a. a. O., S. 33).
[18] Siehe oben S. 89 ff.
[19] Das gilt vor allem für *Erik Wolf*, Die Ordnung der Kirche; *H. Dombois*, Das Recht der Gnade; vgl. auch *K. Barth*, KD IV/2, S. 765 ff.
[20] Zu ihr: *Ernst Wolf*, »Das Problem der Rechtsgestalt der Kirche im Kirchenkampf«, S. 21 f.
[21] Zu ihr: *Kl. Scholder*, »Die Gestalt der Kirche — ihre Institutionen im Wandel«, S. 31 ff.
[22] Vgl. zu dieser Kritik schon *H. Wehrhahn*, »Die kirchenrechtlichen Ergebnisse des Kirchenkampfes«; *Ernst Wolf*, a. a. O., S. 22 ff.

eine damit verbundene Dualität von Amt und Gemeinde bestimmend. Im Kirchenkampf dagegen hat man nicht nur die Ordnung, sondern auch das öffentliche Handeln der Kirche danach auszurichten gesucht, daß es als Zeugnis von der Herrschaft Jesu Christi zu verstehen sei. Das bedeutendste Dokument für den Versuch, diesen Ansatz der Barmer Theologischen Erklärung zu realisieren, ist die Denkschrift der Zweiten vorläufigen Leitung der Deutschen Evangelischen Kirche vom 28. Mai 1936[23]. Diese Denkschrift wendet sich zum einen gegen die Ausschaltung der Kirche aus dem öffentlichen Leben durch staatliche Maßnahmen der Entchristlichung, durch die irreführende Formel vom »positiven Christentum« sowie durch die staatliche Kirchenpolitik. Sie wendet sich zum andern gegen die religiöse Überhöhung des staatlichen Lebens, vor allem durch den Führerkult und durch die nationalsozialistische Weltanschauung, gegen die Zerstörung von Sittlichkeit und Recht und gegen das Unrecht des Antisemitismus und der Konzentrationslager. Zum ersten Mal seit der Reformationszeit hat hier ein repräsentatives Organ des Protestantismus den Öffentlichkeitsauftrag der Kirche in der Form eines rückhaltlosen Protests gegen einen Staat wahrgenommen, der die öffentliche Wirksamkeit der Kirche einengte und seinen eigenen Auftrag verfälschte. In diesem Schritt wurde deutlich, daß die Kirche politisch Stellung nehmen muß, wenn sie es als ihren Auftrag ansieht, öffentlich für die Menschlichkeit des Menschen einzutreten[24].

G. Jacob hat im Anschluß an diese Denkschrift vom »Öffentlichkeitsbezug« und »Weltbezug« der Kirche gesprochen: diesen versuche der nationalsozialistische Staat ihr streitig zu machen; dadurch werde die evangelische Kirche in die Rolle der Sekte abgedrängt, während der Staat sich in die Position eines »Kirchenstaates« dränge[25]. Es scheint, daß sich daraus die Ausdrücke »Öffentlichkeitsauftrag« und »Öffentlichkeitsanspruch« entwickelt haben[26]. Neben ihnen steht

---

[23] Text sowie Vor- und Nachgeschichte der Denkschrift bei W. *Niemöller*, Die Bekennende Kirche sagt Hitler die Wahrheit, ergänzt durch den gleichnamigen Aufsatz von W. *Niemöller*, in: Ev. Theol., 18, 1958, S. 190 ff.; vgl. auch E. *Wolf*, »Volk, Nation, Vaterland im protestantischen Denken«, S. 197.
[24] Vgl. noch das Wort der 12. Preußischen Bekenntnissynode vom 16./17. Oktober 1943 in Breslau zur Auslegung des 5. Gebots, in: W. *Niesel*, Um Verkündigung und Ordnung, S. 107.
[25] G. *Jacob*, »Kirche oder Sekte« (1939), v. a. S. 42 f.
[26] Der erste mir bekannte Beleg für den Ausdruck »Öffentlichkeitsanspruch« ist die »Ansprache an die Vorstände der politischen Parteien in Deutschland«,

der Begriff des »Wächteramts« der Kirche, mit dem die kritische Verantwortung der Kirche gegenüber dem staatlichen Handeln bezeichnet wird[27]. Der »Öffentlichkeitsauftrag« der Kirche erfährt durch das »Wächteramt« eine inhaltliche Zuspitzung: Aufgabe der Kirche ist es, für die Menschlichkeit des Menschen einzutreten und gegen deren Verletzung Protest einzulegen. Daß diese Aufgabe die Bereitschaft der Kirche zur Selbstkritik einschließen muß, ist durch die beiden wichtigsten Dokumente für den Öffentlichkeitsauftrag der Kirche aus den ersten Jahren nach 1945, die Stuttgarter Schulderklärung vom 19. Oktober 1945[28] und das Wort des Bruderrats der Evangelischen Kirche in Deutschland vom 8. August 1947[29], deutlich geworden. Um zu kritischer Solidarität mit Staat und Gesellschaft fähig zu sein, bedarf die Kirche der kritischen Distanz zu sich selbst: dies gehört zu den wichtigsten Lehren des Kirchenkampfs.

2. Verantwortliche Gesellschaft

Der zweite wichtige Ausgangspunkt für die Wahrnehmung des Öffentlichkeitsauftrags der Kirche nach 1945 war die Gemeinschaft der Ökumene. Die Einsicht in die soziale Verantwortung der Christenheit bildete einen wichtigen Impuls für die Anfänge der ökumenischen Bewegung. 1948 wurden die bis zu diesem Zeitpunkt erarbeiteten Erkenntnisse in der Formel von der »verantwortlichen Gesellschaft« zusammengefaßt[30].

---

die *Oskar Hammelbeck* im August 1946 halten wollte, dann aber nicht gehalten hat, in: Um Heil oder Unheil im öffentlichen Leben, S. 18. Doch der Ausdruck scheint damals bereits geläufig gewesen zu sein; so verwendet ihn auch *H. Thielicke*, Kirche und Öffentlichkeit, v. a. S. 20 ff., mit völliger Selbstverständlichkeit.
[27] Vgl. *Jacob*, a. a. O., S. 43; dieser Ausdruck wird auf Luther (vgl. die Auslegung des 82. Psalms von 1530, WA 31 I, 189—218) zurückgeführt; vgl. *E. Wolf*, Peregrinatio II, S. 99. Siehe auch oben S. 441.
[28] *Heidtmann*, Hat die Kirche geschwiegen?, S. 19 f.
[29] Ebd., S. 33 ff.
[30] Zu dieser Formel vgl. insbes. *P. Abrecht*, »Verantwortliche Gesellschaft«; *R. Nesmith*, The Development of the Concept of the Resonsible Society; *E. Duff*, The Social Thought of the World Council of Churches, S. 159 ff.; *H.-D. Wendland*, Die Kirche in der modernen Gesellschaft, S. 124 ff.; ders., Die Kirche in der revolutionären Gesellschaft, S. 99 ff .; *H. E. Tödt*, in: *Howel Tödt*, Frieden im wissenschaftlich-technischen Zeitalter, S. 12 f.; ders., »Die

Der Begriff der »verantwortlichen Gesellschaft« wurde in der ökumenischen Diskussion als Antwort auf die Gefährdungen der wissenschaftlich-technischen Zivilisation entwickelt; in einem zweiten Schritt erst wurde er zum Schlüsselbegriff für die Stellung der ökumenischen Bewegung im Ost-West-Konflikt[31]. Geprägt wurde der Gedanke in erster Linie durch die Überlegungen von J. H. Oldham[32]. Er ging von folgender Voraussetzung aus: Erst wenn die Kirche das Ausmaß der Veränderungen zu erkennen vermag, die Wissenschaft und Technik in das Leben der Menschen gebracht haben, ist sie dazu imstande, ihre Aufgaben in der Gesellschaft wahrzunehmen. Von einer solchen Erkenntnis ist die Kirche noch weit entfernt; erst sie jedoch bildet die Basis für ein Konzept des christlichen Lebens und des kirchlichen Handelns in der Gesellschaft.

Deshalb muß die Analyse der durch Wissenschaft und Technik geschaffenen Situation am Anfang einer derartigen Überlegung stehen[33]. Oldham hebt die Ausweitung der menschlichen Handlungsmöglichkeiten durch technische Mittel hervor und stellt dieser die Gefährdungen gegenüber, denen die Humanität menschlichen Lebens durch Wissenschaft und Technik ausgesetzt wird. Diese sieht er inbesondere in folgenden Punkten: in der engen Verbindung zwischen der technischen und ökonomischen Entwicklung einerseits, der militärischen Entwicklung andererseits; in der brutalen Verachtung des Menschenlebens als einem faktischen, wenn auch nicht notwendigen Kennzeichen der industriellen Revolution; in der Verachtung der Menschenwürde durch die Unterordnung des Menschen unter die Maschine; in der Verdrängung personaler Kommunikation durch technische Vollzüge; schließlich in den Möglichkeiten der sozialen und psychischen Manipulation des Menschen.

Demgegenüber erhebt Oldham die Forderung, Gesellschaftsformen zu entwickeln, in denen die Freiheit des Menschen gewahrt und ihm die Möglichkeit verantwortlichen Entscheidens und Handelns eröffnet wird. Diese Forderung stellt er unter den Begriff der »freien

---

Marxismus-Diskussion in der ökumenischen Bewegung«, S. 14 ff.; ders., »Friedensforschung als Problem für Kirche und Theologie«, S. 49 ff.; *K. Spennemann*, Die ökumenische Bewegung und der Kommunismus in Rußland, S. 233 ff.; *J. Bopp*, Unterwegs zur Weltgesellschaft, S. 62 ff., 90 ff.

[31] Diese These entwickelt v. a. *K. Spennemann*, a. a. O., S. 241 ff.

[32] Vgl. insbes. *J. H. Oldham*, »Technik und Zivilisation«; ders., »Eine verantwortliche Gesellschaft«.

[33] Vgl. »Technik und Zivilisation«, S. 35 ff.

Gesellschaft«, an dessen Platz bald der Begriff der »verantwortlichen Gesellschaft« trat. Als erstes Element einer solchen »verantwortlichen Gesellschaft« nennt Oldham die Stärkung des Zusammenlebens in kleinen Gruppen. Nur auf diesem Weg, so meint er im Anschluß an eine Formulierung von G. D. H. Cole, können »demokratische Lebensmethoden für kleine Menschen in großen Gemeinschaften« gefunden werden[34]. In dieser Stärkung des Zusammenlebens in kleinen Gruppen sieht Oldham eine vordringliche Aufgabe der Kirchen. Sie tragen zum Gemeinschaftsleben bei durch ihr gottesdienstliches Leben wie durch die Bildung von Gruppen, in denen Christen in gemeinsamem Leben und Handeln die »Erfahrung der Erneuerung« machen[35]; sie müssen darüber hinaus dafür eintreten, daß in der Gesellschaft »ein möglichst weiter Raum offengehalten wird, innerhalb dessen der Mensch direkte und verantwortliche Beziehungen zu anderen haben kann«[36]. In dieser Betonung der kleinen Gemeinschaften stimmt Oldham mit dem Subsidiaritätsprinzip der katholischen Soziallehre überein[37]; er interpretiert dieses als einen Grundsatz zur Begrenzung staatlicher Macht. Damit verknüpft sich ein weiterer Gedanke, nämlich das Postulat, den verschiedenen gesellschaftlichen Tätigkeiten der Menschen – der religiösen, kulturellen, wirtschaftlichen, politischen – ein Höchstmaß von Unabhängigkeit voneinander zu geben; darin sieht Oldham das mächtigste Bollwerk gegen die mit der industriellen Entwicklung selbst gegebene Tendenz zum omnipotenten und totalitären Staat[38].

Spätestens durch diese Erwägung wird das Konzept der verantwortlichen Gesellschaft notwendigerweise in die Auseinandersetzung mit dem Kommunismus hineingezogen. Den Hintergrund dieser Auseinandersetzung bilden, wie gerade Oldhams Bemerkungen besonders deutlich zeigen, die Erfahrungen mit dem Nationalsozialismus; das Grundmuster der Argumentation besteht darin, daß zwischen den humanen Zielen des Kommunismus und der totalitären Staatspraxis in den sozialistischen Ländern unterschieden wird[39]. Dieser totalitä-

---

[34] »Eine verantwortliche Gesellschaft«, S. 157.
[35] Ebd., S. 158.
[36] Ebd., S. 159.
[37] Er beruft sich ausdrücklich auf die Sozialenzyklika Pius XI. »Quadragesimo anno« (ebd., S. 159 f.).
[38] Ebd., S. 187.
[39] Vgl. dazu *Spennemann*, a. a. O., S. 234 ff., u. ö.

ren Praxis werden die Ideale der westlichen liberalen und parlamentarischen Tradition entgegengestellt. Dadurch wird nicht eine Identifikation des Konzepts der »verantwortlichen Gesellschaft« mit dem westlichen Kapitalismus vollzogen, wenngleich die Kritik an diesem im Schlußbericht der Amsterdamer Vollversammlung des Ökumenischen Rats aus politischen Gründen gemildert wurde[40]. Doch bestimmend für dieses Konzept wurde, daß die Prinzipien des demokratischen Rechtsstaats, wie sie den Verfassungen der westlichen Länder zugrunde liegen, als Kriterien einer »verantwortlichen Gesellschaft« anerkannt wurden. Oldham nennt vor allem folgende Kriterien: Meinungsfreiheit, Toleranz, Kontrolle politischer und wirtschaftlicher Macht, Gleichheit, die Freiheit eines Volkes, seine Regierung zu kontrollieren, zu kritisieren und zu wechseln[41].

Diese Erwägungen von Oldham muß man sich vergegenwärtigen, wenn man die Formulierung würdigen will, die der Begriff der »verantwortlichen Gesellschaft« im Bericht der dritten Sektion der Amsterdamer Vollversammlung von 1948 gefunden hat[42]:

»Der Mensch ist geschaffen und berufen, ein freies Wesen zu sein, verantwortlich vor Gott und seinem Nächsten. Alle Tendenzen innerhalb des Staates und der Gesellschaft, die den Menschen der Möglichkeit des verantwortlichen Handelns berauben, sind eine Verleugnung des Willens Gottes über den Menschen und seines Erlösungswerkes. Eine verantwortliche Gesellschaft ist eine solche, in der Freiheit die Freiheit von Menschen ist, die sich für Gerechtigkeit und öffentliche Ordnung verantwortlich wissen und in der jene, die politische Autorität oder wirtschaftliche Macht besitzen, Gott und den Menschen, deren Wohlfahrt davon abhängt, für ihre Ausübung verantwortlich sind.

Der Mensch darf niemals zum bloßen Mittel für politische oder wirtschaftliche Zwecke gemacht werden. Der Mensch ist nicht für den Staat geschaffen, sondern der Staat für den Menschen. Der Mensch ist nicht für die Produktion geschaffen, sondern die Produktion für den Menschen. Für eine Gesellschaft, die unter modernen Bedingungen verantwortlich bleiben soll, ist es erforderlich, daß die Menschen die Freiheit haben, ihre Regierungen zu kontrollieren, zu kritisieren und zu wechseln, daß die Macht durch Gesetz und Tradition verantwortlich gemacht und, soweit wie möglich, auf die ganze Gemeinschaft verteilt wird. Es ist erforderlich, daß wirtschaftliche Gerechtigkeit und die Bereitstellung gleicher Entfaltungsmöglichkeiten für alle Mitglieder der Gesellschaft gesichert werden.

---

[40] Nachgewiesen bei *Spennemann*, a. a. O., S. 238 ff.
[41] »Eine verantwortliche Gesellschaft«, S. 183 ff.
[42] Die Unordnung der Welt und Gottes Heilsplan, Genf 1948, Bd. III, S. 233 f.; Bd. V, S. 100 f.; nach *Spennemann*, a. a. O., Anmerkungsband, S. 125 (Anm. 71), stammt die Formulierung von *C. L. Patijn*.

Daher verwerfen wir:

a) jeden Versuch einer Beschränkung des freien Zeugnisses der Kirche für ihren Herrn und Seinen Heilsplan sowie jeden Versuch einer Beeinträchtigung der Freiheit, Gott zu gehorchen und dem Gewissen gemäß zu handeln, denn diese Freiheiten sind mit der Verantwortlichkeit des Menschen vor Gott gesetzt;

b) jedes Versagen der Möglichkeit, an der Gestaltung der Gesellschaft Anteil zu nehmen, denn dies ist eine Pflicht, die mit der Verantwortlichkeit des Menschen gegenüber seinem Nächsten gesetzt ist;

c) jeden Versuch, den Menschen an der Erforschung und Verbreitung der Wahrheit zu hindern.«

Hinter dem in diesen Formulierungen zusammengefaßten Konzept steht ein evolutionäres, am westlichen Freiheitsideal orientiertes Bild der gesellschaftlichen Entwicklung[43]. Zwar hat man in der Ökumene immer wieder zu Recht betont, daß das Konzept der verantwortlichen Gesellschaft sich mit keinem der bestehenden politischen oder wirtschaftlichen Systeme identifizieren lasse: »Die Idee der verantwortlichen Gesellschaft als eines christlichen Ziels gründet sich auf die Annahme, daß kein bekanntes wirtschaftliches und politisches System allen den Forderungen gerecht wird, die für den Christen im sozialen Leben einen zwingenden Anspruch bedeuten.«[44] Gleichwohl konnte es nicht ausbleiben, daß das Konzept der verantwortlichen Gesellschaft in der Zeit des Kalten Krieges wegen seiner Nähe zu westlichen Freiheitsvorstellungen in den Dienst des Antikommunismus gestellt wurde; den kirchlichen und theologischen Vertretern des Antikommunismus ist nicht bewußt geworden, daß sie sich im Gegensatz zu dem Konsensus ökumenischen Sozialdenkens befanden, wie er im Konzept der verantwortlichen Gesellschaft formuliert worden war[45].

Dieses Konzept wurde verstanden als »das Ziel, für welches die Kirchen in allen Ländern arbeiten müssen«[46]. Wie die Texte zeigen, hat man in Amsterdam jedoch die Frage nur unzureichend erwogen,

---

[43] Dies soll durch eine zusammenfassende Formulierung von *J. H. Oldham* belegt werden: »Es stehen nicht nur die Rechte des Individuums auf dem Spiel, sondern der sittliche Fortschritt der Gesellschaft als Ganzer. Nur eine Gesellschaft, die die Gewissen ihrer Mitglieder achtet, ist schöpferischen Impulsen offen, durch welche sie zu einem volleren sittlichen und geistigen Leben aufsteigen kann« (»Eine verantwortliche Gesellschaft«, S. 183).
[44] »Der christliche Einsatz im öffentl. Leben I: Die verantwortl. Gesellschaft«, Stud. Abt. 49/309, Genf, Dez. 1949, S. 5 (zitiert nach *Spennemann*, a. a. O., S. 247).
[45] Vgl. auch oben S. 389.
[46] Die Unordnung der Welt und Gottes Heilsplan, Bd. III., S. 240.

daß die Kirchen in diesen Ländern mit nichtchristlichen Gruppen zusammenarbeiten müssen, um dieses Ziel zu erreichen. Man hat das Konzept der verantwortlichen Gesellschaft zwar häufig so interpretiert, als stelle es eine geeignete Basis für die Zusammenarbeit zwischen Christen und Nichtchristen dar[47]; demgegenüber muß man jedoch beachten, mit welchem Nachdruck der Begriff der Verantwortung in diesem Konzept als Verantwortung vor Gott definiert wird. An der Selbstverständlichkeit, mit der dies geschieht, zeigt sich, daß man den Säkularisierungsprozeß, der das Konzept der verantwortlichen Gesellschaft veranlaßt hat, in der Formulierung dieses Konzepts gleichwohl noch nicht ernst genug genommen hat. Das Postulat der verantwortlichen Gesellschaft rückt dadurch in große Nähe zu der Forderung nach einer »christlichen Gesellschaft«[48]. In der Formulierung, die es in Amsterdam gefunden hat, ist das Konzept der verantwortlichen Gesellschaft an entscheidenden Punkten von bestimmten, christlichen Glaubensüberzeugungen geprägt und insofern einer »humanistisch orientierten Vernunft«[49] nur teilweise zugänglich. Die Bemühungen darum, zwischen Christen und Nichtchristen eine Verständigung über das »Humanum« zu finden, die unabhängig von christlichen Voraussetzungen zu formulieren sei, standen dem Ökumenischen Rat der Kirchen erst noch bevor[50].

Schon in den vorbereitenden Gesprächen vor der Amsterdamer Vollversammlung hat der Inder M. M. Thomas gegen dieses Konzept eingewandt, in ihm identifiziere sich der Ökumenische Rat der Kirchen mit der anglo-amerikanischen Politik und versperre sich dadurch das Verständnis für die Situation in den asiatischen Ländern; denn in diesen Ländern seien die Kommunisten die eigentlich progressiven Kräfte und die Träger der liberalen Tradition. Thomas wies schon 1948 darauf hin, daß der Befreiungskampf in Asien allein bei der UdSSR und den kommunistischen Parteien Europas Unterstützung fände; deshalb müßten die asiatischen Christen den Eindruck gewinnen, »die politischen Formen der westeuropäischen und nordamerikanischen Länder könnten nur um den Preis aufrechterhalten werden, daß die Hälfte der Erdbevölkerung in der Lage einer unpersönlichen,

---

[47] Vgl. H. E. Tödt, in: T. Rendtorff/H. E. Tödt, Theologie der Revolution, S. 13.
[48] Vgl. J. Bopp, Unterwegs zur Weltgesellschaft, S. 68 f.
[49] Tödt, a. a. O.
[50] Vgl. Appell an die Kirchen der Welt, S. 110; Bericht aus Uppsala, S. 213 f.

mechanischen Masse gehalten wird«; sie müßten die Christen in diesen Ländern bitten zu prüfen, »ob nicht ein grundlegender Widerspruch in dem System ihres Gemeinschaftslebens liegt, das eine imperialistische Beherrschung von Nationen und die Absonderung und Unterdrückung anderer Rassen erzwingt«[51]. Damit klang ein späteres Hauptthema des ökumenischen Sozialdenkens zum ersten Mal an; auf die Formulierung des Konzepts der verantwortlichen Gesellschaft blieb der Einwand von Thomas jedoch zunächst ohne Einfluß.

Dies änderte sich bereits bei der zweiten Vollversammlung des Ökumenischen Rats 1954 in Evanston. Schon die Studienkonferenz und die Tagung des Zentralausschusses des ÖRK in Lucknow/Indien (1952 bzw. 1953) hatten zu einer »Neuorientierung für viele Mitglieder« des Ökumenischen Rats geführt: »Der Ruf ... nach der Bereitschaft der reicheren Völker, die Güter dieser Welt mit ihren notleidenden Brüdern zu teilen, ... klang in vielen Ohren, wie es niemals zuvor der Fall gewesen war.«[52] Durch diese Erfahrung sah sich die Vollversammlung veranlaßt, die sozialethische Grundformel der Ökumene zu erweitern; man sprach nun von der »verantwortlichen Gesellschaft in weltweiter Sicht«[53] und erhob die internationale Solidarität und den Einsatz für die ökonomische, soziale und politische Entwicklung der jungen Völker zu wichtigen Kriterien innerhalb dieses Konzepts.

Damit erhielten die sozialen und wirtschaftlichen Menschenrechte ein stärkeres Gewicht als in den Amsterdamer Formulierungen. Gleichwohl dauerte es noch lange, bis der Konflikt zwischen den hochindustrialisierten Regionen und den unterentwickelten Ländern der Erde innerhalb der Ökumene so manifest wurde, daß die von Thomas bereits 1948 erkannten Grenzen des Konzepts der verantwortlichen Gesellschaft allgemein erkannt wurden. Zum Durchbruch kam diese Einsicht bei der Genfer Weltkonferenz für Kirche und Gesellschaft von 1966, in der das insbesondere von der Situation in Lateinamerika bestimmte Konzept einer Theologie der Revolution dem angelsäch-

---

[51] *M. M. Thomas*, »Die Lage in Asien«, S. 93; vgl. die von *Spennemann*, a. a. O., S. 234, referierten unveröffentlichten Kommentare von Thomas aus dem Jahre 1947.
[52] *F. Lüpsen*, Evanston-Dokumente, S. 161; vgl. *J. Bopp*, Unterwegs zur Weltgesellschaft, S. 102.
[53] Ebd., S. 88 ff.

sischen Konzept der verantwortlichen Gesellschaft gegenübertrat[54]. Die Grenzen dieses Konzepts zeigten sich nicht nur in seiner engen Verbindung mit westlich-liberalen Traditionen, sondern ferner darin, daß es vorwiegend auf das Leben innerhalb nationaler Gesellschaften ausgerichtet war und die Entwicklung zu der einen Welt-Gesellschaft noch nicht in sich aufgenommen hatte. Damit hängt zusammen, daß es die Herstellung sozialer Gerechtigkeit, den Ausgleich der sozialen und ökonomischen Unterschiede innerhalb der Welt-Gesellschaft, noch nicht als vordringliches Ziel verantwortlichen, öffentlichen Handelns deutlich bezeichnete; es war stärker am Ziel der Freiheit als am Ziel der sozialen Gerechtigkeit, stärker an den individuellen als an den sozialen Menschenrechten orientiert. Diesen Mangel hat man bei der Vollversammlung des Ökumenischen Rats in Uppsala dadurch auszugleichen versucht, daß man die Formel erweiterte und von der »weltweiten verantwortlichen Gesellschaft mit Gerechtigkeit für alle« sprach[55]. Der Ausschuß für Kirche und Gesellschaft stellte in Uppsala die Frage, ob die Idee der verantwortlichen Gesellschaft in eine »Theorie der progressiven Gesellschaft« weiterentwickelt werden könne[56]. Dahinter stand die Frage, ob das ursprünglich mit dem Begriff der verantwortlichen Gesellschaft verknüpfte evolutionäre Konzept eines permanenten Fortschritts durch friedlichen Wettbewerb nicht einer gründlichen Revision bedürfe, die die Bedingungen und Strategien eines progressiven gesellschaftlichen Handelns und die Beiträge der Kirchen dazu klärt. Das Phänomen der staatlichen und der revolutionären Gewalt ließ sich nun aus dem sozialethischen Ansatz der Ökumene nicht mehr ausklammern[57]. Für den Ökumenischen Rat der Kirchen stellt sich die Frage nach der politischen Verantwortung der Kirche heute insbesondere als die Frage nach ihrer Beteiligung am »raschen sozialen Wandel«. An der Entwicklung des Konzepts der verantwortlichen Gesellschaft läßt sich aufzeigen, daß heute im Konsensus der ökumenischen Bewegung Frieden und soziale Gerechtigkeit als vordringliche Ziele nicht nur für das Han-

---

[54] Vgl. bes. *H. E. Tödt*, »Friedensforschung als Problem für Kirche und Theologie«, S. 52 ff.
[55] Bericht aus Uppsala, 1968, S. 46, 52.
[56] Ebd., S. 256.
[57] Vgl. dazu das Arbeitspapier der Abteilung »Kirche und Gesellschaft« des ÖRK: Gewalt, Gewaltlosigkeit und der Kampf um soziale Gerechtigkeit, das im August 1973 vom Zentralausschuß des ÖRK verabschiedet wurde.

deln der Kirchen anerkannt sind. Ein Zurückweichen vor dieser Aufgabe wurde in Uppsala mit aller Schärfe als »Häresie« bezeichnet[58].

Mit dieser Aufgabe verbindet sich ein weiteres Element, das für die Orientierung des öffentlichen Handelns der Kirchen in der Gegenwart unverzichtbar ist. Ihrer Verantwortung für Frieden und Gerechtigkeit können die Kirchen nur in ökumenischer Kooperation entsprechen. Das hat zur Folge, daß auch das Verhältnis von Kirche und Öffentlichkeit innerhalb der einzelnen nationalen Gesellschaften nicht mehr konfessionell bestimmt werden kann. Der Konfessionsproporz[59] kann in der Zeit der ökumenischen Zusammenarbeit nicht mehr als vertretbares Mittel der öffentlichen Wirksamkeit der Kirchen betrachtet werden.

3. Der einzelne und die Kirche

Kennzeichnend für die Entwicklung des ökumenischen Sozialdenkens ist, daß es zu keinem Zeitpunkt den einzelnen Christen eine Verantwortung auflud, von denen es nicht zugleich die Kirchen betroffen sah. Das Konzept der »verantwortlichen Gesellschaft« gilt für die politischen Entscheidungen der einzelnen Christen ebenso wie für das öffentliche Handeln der Kirchen. Die Parteinahme für die in der gegenwärtigen Weltsituation ökonomisch und politisch Benachteiligten wird von den Kirchen insgesamt ebenso gefordert wie von ihren Gliedern; die Verweigerung dieser Solidarität durch die Kirchen gilt ebenso als Häresie wie ihre Verweigerung durch die christlichen Bürger der wohlhabenden Länder.

Demgegenüber hat man in der deutschen Diskussion immer wieder eine scharfe Trennung zwischen der politischen Verantwortung des einzelnen und dem öffentlichen Handeln der Kirche durchzuführen versucht. Begründet wurde diese Unterscheidung häufig mit einer bestimmten Interpretation der Zwei-Reiche-Lehre, nach der der Bereich der Politik einer Eigengesetzlichkeit unterliegt, die von der Botschaft des Evangeliums nicht berührt wird[60].

---

[58] Ebd., S. 53 (Bericht der Sektion III), S. 337 (*W. A. Visser't Hooft*).
[59] Vgl. oben S. 122 ff.
[60] Vgl. oben S. 446 ff.

Nach 1945 hat zunächst insbesondere Helmut Thielicke diese Interpretation in die Auseinandersetzungen um kirchliche Stellungnahmen zu politischen Fragen eingeführt. In seiner Schrift »Die evangelische Kirche und die Politik« von 1953 machte er gegenüber kirchlichen Voten zur Frage der deutschen Wiederbewaffnung folgende Erwägungen geltend:

> Die Frage einer deutschen Remilitarisierung ist eine »politische Ermessensfrage«, zu der die Kirche sich nicht äußern kann[61]. Denn die »Weltbereiche« unterliegen einer »relativen Eigengesetzlichkeit«, die es unmöglich macht, auf sie das Liebesgebot oder die Gebote Gottes überhaupt unmittelbar anzuwenden[62]. Die Kirche kann lediglich »den ihr anvertrauten Christen die Verantwortung aufs Gewissen legen, hier vor Gott eine Entscheidung zu treffen, diese Entscheidung also auch als Christen zu treffen«[63]. Sie ist also nicht dazu imstande, den Christen Kriterien für ihre Entscheidung zu vermitteln. Deshalb ist die rheinische Synode — die in einer Entschließung vom November 1950 fragte, »ob eine deutsche Wiederaufrüstung oder ein deutscher Beitrag zur europäischen Verteidigung in der gegenwärtigen Lage dem Frieden dient« — nach Thielickes Auffassung »nahezu für jedes Argument, das sie gebraucht, notorisch unzuständig«[64]. Deshalb ist ferner der Satz Gustav Heinemanns: »Gott hat uns die Waffen aus der Hand geschlagen« zwar menschlich respektabel, aber, da Heinemann Präses der Synode der EKD war, »theologisch ... unhaltbar«[65].

Das Problem jedoch, wie die Einheit des Glaubens gewahrt werden kann, wenn innerhalb der Kirche einander ausschließende politische Positionen bezogen werden, konnte durch einen solchen Versuch, die politische Entscheidung dem Bereich »relativer Eigengesetzlichkeit« zuzuweisen und die Kirche von ihrer unmittelbaren Verantwortung zu entbinden, nicht gelöst werden. Dieses Problem konnte vielmehr nur bewältigt werden, wenn die in der Gemeinde kontroverse politische Entscheidung auch als Krisis für die Einheit des Glaubens ver-

---

[61] Die evangelische Kirche und die Politik, S. 29.
[62] Ebd., S. 27.
[63] Ebd., S. 29.
[64] Ebd., S. 36. Daß der Rat der EKD im selben Jahr erklärt hatte: »Einer Remilitarisierung Deutschlands können wir das Wort nicht reden« (»Wort des Rates der EKD zur Wiederaufrüstung«, in: *Heidtmann*, Hat die Kirche geschwiegen?, S. 99), erwähnt Thielicke in diesem Zusammenhang nicht.
[65] Ebd., S. 42. Thielickes Angriff richtet sich offensichtlich in erster Linie gegen M. Niemöller, der allerdings nie namentlich genannt, sondern auf den mit Formeln wie »maßgebliche Kirchenführer« (S. 27) oder »von gewisser Seite und gewissen kirchlichen Amtsträgern« (S. 41) nur angespielt wird.

standen wurde⁶⁶, und wenn deshalb immer wieder von neuem nach den dem Glauben gemäßen Kriterien politischer Entscheidung gefragt wurde. Nahm die Kirche die Verantwortung für »die ihr anvertrauten Christen« ernst, konnte sie dieser Frage nicht mit dem Hinweis auf ihre Unzuständigkeit aus dem Wege gehen.

Fünfzehn Jahre später begegnet Thielickes Unterscheidung zwischen der Verantwortung des Gewissens und der Eigengesetzlichkeit der Weltbereiche wieder in H.-O. Wölbers Unterscheidung zwischen »Person« und »Struktur«[67]; auch hinter ihr steht ein bestimmtes Verständnis der lutherischen Zwei-Reiche-Lehre: Das Evangelium wendet sich an die Person, der das Heil zugesprochen wird; es gilt nicht den Strukturen menschlichen Zusammenlebens, die dem Bereich des Gesetzes zugehören[68]. Die Kirche hat zwar »die Gewissen in politischen Fragen zu schärfen«; im Blick darauf ist ihr »die Proklamation des Grundgesetzes unseres Lebens aufgetragen«[69]. Sie hat sich jedoch vor Konkretionen zu hüten, da diese in den Bereich der »politischen Vernunft« fallen[70]. Davon, daß die Vernunft der Liebe bedarf, um wahrhaft vernünftig sein zu können, redet Wölber nicht; dort, wo man in einer Theorie der politischen Ethik die Entwicklung von Kriterien politischer Entscheidung aus dem Evangelium erwartet, spricht er deshalb auch von dem »Wertesystem« des Menschen, »das in seiner Herkunft wurzelt, in seinem Temperament, in Zorn und Leidenschaften und in Angst und Furcht«[71]. Wölbers Bedenken gegen politische Konkretionen in der Kirche gipfeln in der Befürchtung, daß die Kirche ihren derzeitigen gesellschaftlichen Spielraum verlieren könnte, wenn sie aufhört, über den Fronten zu stehen[72]. Daß er selbst damit für eine bestimmte Form der »Politisierung der Kirche« —

---

[66] Vgl. *K. Barth*, Politische Entscheidung in der Einheit des Glaubens.
[67] Vgl. *H.-O. Wölber*, »Politisierung — Gefahr für die Einheit der Kirche«.
[68] Zur Auseinandersetzung zwischen H.-O. Wölber und H. E. Tödt über diese Frage bei der Vollversammlung des Lutherischen Weltbundes in Evian 1970 vgl. *H. E. Tödt*, »Den künftigen Menschen suchen. Schöpferische Nachfolge in der Krise unserer Welt«; *H.-O. Wölber*, »Über die Verantwortung des einzelnen«; *H. E. Tödt*, »Das bewußte Engagement für die Menschenrechte«.
[69] *H.-O. Wölber*, »Politisierung — Gefahr für die Einheit der Kirche?«, S. 143; 142.
[70] A. a. O., S. 139.
[71] A. a. O., S. 140. Politische Verantwortung und politische Urteilsbildung entstehen nach Wölber aus drei Elementen: dem Wertesystem des einzelnen, seinem politischen Instinkt und großräumiger aktueller Information.
[72] A. a. O., S. 141.

nämlich die Wahrung ihres gesellschaftlichen Besitzstandes – plädiert, scheint Wölber zu entgehen.

Nicht nur im Namen einer dualistisch interpretierten Zwei-Reiche-Lehre wird vor einer »Politisierung der Kirche« gewarnt; auch Theologen, die im Kirchenkampf für den Öffentlichkeitsauftrag der Kirche eintraten und sich nach 1945 an kritischen kirchlichen Stellungnahmen zu politischen Fragen beteiligten, haben sich inzwischen von dieser Position abgewandt. So macht Joachim Beckmann gegen eine »Politisierung der Kirche« geltend, das politische Engagement sei Sache des *einzelnen*, nicht der Kirche[73]. In der Auseinandersetzung um das Anti-Rassismus-Programm des Ökumenischen Rats hat dieses Argument erneut eine hervorgehobene Rolle gespielt. Es wird von Vertretern sehr unterschiedlicher theologischer, kirchlicher und politischer Positionen vorgebracht. Doch bei allen tritt es nur dann auf, wenn sich das politische Engagement kirchlicher Gruppen oder kirchlicher Amtsträger kritisch gegen herrschende politische Zustände oder Entwicklungen wendet: Es begegnet, wenn die Wiederaufrüstung der Bundesrepublik abgelehnt, nicht aber, wenn ein Vertrag über staatlich finanzierte Militärseelsorge abgeschlossen wird; es begegnet, wenn in »Politischen Nachtgebeten« z. B. das Problem des Strafvollzugs behandelt, nicht aber, wenn eine Kommission der EKD für die Frage der Strafrechtsreform oder des Strafvollzugs eingesetzt wird; es begegnet, wenn von Studentengemeinden die Veränderung der internationalen Wirtschaftsbeziehungen im Geist des Evangeliums gefordert, nicht aber, wenn eine Kammer der EKD mit einer Denkschrift zum kirchlichen Entwicklungsdienst beauftragt wird, in der sie sich mit genau derselben Frage auseinandersetzen muß. Es besteht also weithin ein Konsensus darüber, daß die Kirche zur Solidarität mit der Gesellschaft, in der sie existiert, aufgefordert ist. Es besteht nur Unklarheit darüber, daß diese Solidarität auch die Form der Kritik und des Protestes annehmen kann[74].

---

[73] Zitiert nach *Sölle-Steffensky*, Politisches Nachtgebet (1), S. 135.
[74] A. J. *Rasker*, »Politische Predigt heute«, S. 551, sprach in der Situation des Kalten Krieges von der »echten Solidarität der christlichen Gemeinde mit dem Volk, der Kirche mit dem Staat, der Synode mit der Landesregierung«, einer Solidarität, »die keine Vermischung der Ideen und keine Gemeinschaft der Belange ist, die ganz etwas anderes ist als religiöse Umkleidung ideologischer Grundsätze, politischer Ideale, ökonomischer Interessen oder militärischer Methoden. In dieser Solidarität aber ist die Kirche eines jeden Landes und ist die weltweite Kirche in ihrer Verbundenheit heutzutage aufgerufen zu

Das Argument, das politische Engagement sei Sache des einzelnen, nicht der Kirche, ist insbesondere der katholischen Tradition wohl vertraut und in der Diskussion über die »politische Theologie« vor allem von Hans Maier wieder aufgenommen worden[75]. Dabei verkennt Maier nicht, daß politische Verantwortung heute nur in Ausnahmefällen von einzelnen wahrgenommen werden kann und daß sie in der Regel Gruppen als ihre Subjekte benötigt. Deshalb anerkennt er die katholischen Laienvereinigungen als Träger politischer Verantwortung, während der Amtskirche eine solche Verantwortung nicht zukomme.

Evangelischer Ekklesiologie steht diese Unterscheidung nicht in gleicher Weise zur Verfügung: denn eine Gruppe von Laien bildet ebenso eine Gemeinde wie eine Parochie mit einem beamteten Pfarrer. Und der Ausweg, wenn Christen politische Stellung nähmen, täten sie dies nicht als Christen, sondern als Staatsbürger, erweist sich als ungangbar[76]; denn gerade ihr Glaube bietet ihnen Anstoß und Kriterium für ihre politische Beteiligung. So geht es in politischen Aktionen und Stellungnahmen von Christen immer zugleich um die politische Stellung der Kirche; denn diese handelt nicht anders als in den Aktionen ihrer Glieder[77]. Dabei muß freilich im Einzelfall geprüft werden, ob die Kirche sich zu politischen Problemen äußern soll und vor allem auf welcher Ebene, nach welchen Regeln der Willensbildung, mit welcher Autorisation sie im Einzelfall zu politischen Themen das Wort nimmt oder politisch handelt[78]. Nur die Meinung, die Kirche bewahre schon dadurch politische Neutralität, daß sie zu bestimmten Problemen schweigt, sollte nicht die Basis für eine Argumentation gegen die »Politisierung der Kirche« bilden. Denn die Kirche ist, da sie in der Gesellschaft existiert, immer schon eine politische Größe[79]. Theologisch betrachtet, geht die Kirche zwar aus von ihrer durch das Evangelium gesetzten Distanz zur Welt, ihrer Inkommensurabilität mit gesellschaftlichen Gruppen und Verbänden.

---

einem unablässigen Protest gegen alle die tödlichen Selbstverständlichkeiten einer verblendeten Christenheit.«
[75] Vgl. H. *Maier*, Kritik der politischen Theologie, S. 40 ff.
[76] Vgl. zu dieser Frage die besonders entschiedene Stellungnahme von *H. Diem*, Die politische Verantwortung der Christen heute.
[77] Vgl. K. *Barth*, Politische Entscheidung in der Einheit des Glaubens, S. 5.
[78] Diese Frage soll unten S. 579 ff. am Problem kirchlicher Denkschriften exemplifiziert werden.
[79] Vgl. W.-D. *Narr*, »Glaube und öffentliche Willensbildung«, S. 33 ff.

Jedoch soziologisch betrachtet, geht die gegenwärtige Kirche aus von ihrer Verflochtenheit in die Gesellschaft, davon, daß sie wie andere Gruppen und Verbände Institution in der Gesellschaft ist. Die Distanz zur Welt ist ihr, sieht man sie unter diesem Gesichtspunkt, nicht vorgegeben, sondern muß von ihr ständig neu erworben werden. Diese Distanz zur Welt erreicht sie zu allererst dadurch, daß sie Distanz zu sich selbst als gesellschaftlicher Institution gewinnt, d. h., daß sie die jeder Institution innewohnende Tendenz überwindet, ihre eigenen partikularen Interessen zu allgemeinen Interessen zu erklären und zum Maßstab ihres Handelns zu machen[80]. Sie gewinnt diese Distanz zur Welt ferner dadurch, daß sie in Distanz zu den partikularen nationalen und gesellschaftlichen Zielsetzungen tritt, mit denen sie durch ihre Geschichte verknüpft ist; das erfordert jedoch, daß sie sich zu ihrer politischen Umwelt in ein kritisches Verhältnis setzt. Das ist notwendig, damit die Kirche die Solidarität mit den Nöten der Welt-Gesellschaft bewähren kann, die ihr durch die Liebe Jesu aufgegeben ist.

Die Vorstellung, die Kirche könne politisch neutral sein, während sich die Christen politisch engagieren, widerspricht dem christlichen Verständnis von Liebe, das sich in der neueren ökumenischen Diskussion herausgebildet hat. Insbesondere Max Kohnstamm hat in einer Reihe von Beiträgen[81] darauf hingewiesen, daß die von Christen geübte Liebe in der Gegenwart vorrangig die Gestalt von »Liebe durch Strukturen« annehmen muß. Denn die Nöte, auf die christliches Handeln heute zu reagieren hat, sind vorwiegend von einer Art, daß ihnen durch individuelle Hilfe nicht mehr begegnet werden kann. Die Hilfe muß deshalb auf dem Weg über die Veränderung der Strukturen, die Not, Unrecht und Leiden hervorrufen, geleistet werden. Liebe kann sich nicht mehr abseits der gesellschaftlichen Ursachen und der politischen Zusammenhänge individueller wie kollektiver Not vollziehen. Die Verantwortung für diese »Liebe durch Strukturen« kann man jedoch nicht den einzelnen Christen anlasten. Vielmehr müssen die christlichen Gemeinden und Kirchen sowie die ökumenische Christenheit zu Trägern solcher Hilfe, damit aber auch zu Trägern politischer Aktion werden. Am deutlichsten ist diese Aufgabe im Blick

---

[80] Vgl. *G. Picht*, Die Verantwortung des Geistes, S. 232 ff., 241 ff.
[81] Vgl. Appell an die Kirchen der Welt, S. 100—103; Protestantische Texte aus dem Jahr 1967, S. 158—165; Die Zukunft der Kirche und die Zukunft der Welt, S. 17—41.

auf das Problem weltweiter Entwicklung gesehen worden. Die Vollversammlung des Ökumenischen Rats in Uppsala hat die Verleugnung dieser Aufgabe als Häresie gebrandmarkt und damit zum Ausdruck gebracht, daß in ihr der christliche Glaube selbst auf dem Spiel steht[82].

4. Die Zehn Artikel über Freiheit und Dienst der Kirche

In der deutschen Diskussion begegnet mit der Unterscheidung zwischen der politischen Verantwortung des einzelnen und derjenigen der Kirche ein Argument, das, wie wir sahen, weder durch den Ansatz der Barmer Theologischen Erklärung noch durch den Konsensus des ökumenischen Sozialdenkens gedeckt ist. Die Barmer Theologische Erklärung impliziert, daß ihre öffentliche Verantwortung die Kirche zu eindeutigen politischen Aussagen gegen die Gefährdung von Gerechtigkeit und Frieden nötigt; in der Entwicklung des ökumenischen Denkens hat sich eine immer größere Klarheit darüber ergeben, daß das Eintreten für soziale Gerechtigkeit und die Solidarität mit den ökonomisch und politisch Entrechteten als vordringliche Aufgabe der Kirchen zu betrachten ist.

Diese Diskrepanz zwischen dem Denken der Bekennenden Kirche und der ökumenischen Bewegung einerseits, bestimmten deutschen Stellungnahmen andererseits soll im folgenden an zwei Dokumenten überprüft werden, die aus einem anderen Kontext als die bisher erörterten kirchenpraktischen Interpretationen des Verhältnisses von Kirche und Öffentlichkeit stammen: an den »Zehn Artikeln über Freiheit und Dienst der Kirche«, die von der Konferenz der evangelischen Kirchenleitungen in der DDR am 8. März 1963 beschlossen wurden, und an den Überlegungen über »die politische Verantwortung der Kirche«, die die Generalsynode der Nederlandse Hervormde Kerk am 18. Februar 1964 verabschiedet hat.

Die »Zehn Artikel über Freiheit und Dienst der Kirche«[83] bilden den Versuch, angesichts der politischen und kirchenpolitischen Lage in der DDR die Frage nach dem Ort der Kirche in der Gesellschaft und nach der Verbindlichkeit des christlichen Glaubens für das politische Handeln der einzelnen wie der Kirche zu klären. Sie setzen mit dem Auftrag der Verkündigung (I) ein und behandeln dann nacheinan-

---

[82] Bericht aus Uppsala, S. 52, 337 (vgl. oben S. 564).

der: das Leben im Glauben und Gehorsam (II); Wissenschaft und Wahrheit (III); Rechtfertigung und Recht (IV); Versöhnung und Friede (V); die Arbeit (VI); die Obrigkeit (VII); Leben und Dienst der Kirche (VIII); die Ordnung der Kirche (IX); die Hoffnung der Kirche (X).

»Jesus Christus hat seine Gemeinde in die Welt gesandt, allen Menschen die Versöhnung Gottes zu verkündigen und ihnen Gottes Willen in allen Bereichen des Lebens zu bezeugen.«[84] Von diesem Ausgangspunkt her verbietet sich der Gemeinde auf der einen Seite die Meinung, daß bestimmte Gesellschaftsordnungen aus sich heraus den Glaubensgehorsam ermöglichen; es verbietet sich aber auch die Begrenzung der Verkündigung auf einen Bezirk des religiösen und individuellen Lebens: »Scheut sich die Gemeinde, den Willen Gottes in allen Bereichen des Lebens zu bezeugen, so wird auch ihre Predigt von der Vergebung der Sünden verkürzt und kraftlos.«[85] Die Herrschaft Gottes über das ganze Leben der Christen schließt aus, daß sie sich in ihrem täglichen Leben dem Absolutheitsanspruch einer Ideologie unterwerfen; deshalb müssen sie versuchen, in der sozialistischen Gesellschaftsordnung zwischen dem Dienst an der Erhaltung des Lebens und der Verweigerung der atheistischen Bindung zu unterscheiden[86]. Auch in dieser Gesellschaftsordnung trägt die Gemeinde eine Mitverantwortung für die Wahrung und Verbesserung des Rechts. Denn »Gottes Gerechtigkeit gebietet, daß alles irdische Recht die Würde des von Gott geschaffenen und erlösten Menschen achtet und die Gleichheit aller vor dem Gesetz wahrt, daß es den Schutz der Schwachen sichert und Raum für die Verkündigung des Evangeliums und das Leben in der Liebe zum Nächsten gewährt«[87]. Ebenso verpflichtet der ihr aufgetragene Dienst der Versöhnung die Kirche dazu, für den Frieden innerhalb der Gesellschaft und für den Frieden zwischen den Völkern einzutreten; sie muß Widerspruch einlegen, wenn der Dienst am Frieden weltpolitischen oder nationalen Eigeninteressen gleichgesetzt wird; sie tritt dafür ein, daß Wehrdienstverweigerer aus Glaubens- und Gewissensgründen gesetzlichen Schutz erfahren. In all dem haben die Glieder und Vertreter der Kirche der staatlichen Macht die Wahrheit zu bezeugen, auch wenn sie dafür leiden müssen. Die Kirche »handelt im Ungehorsam, wenn sie träge wird, sich hinter Kirchenmauern zurückzieht oder die Verantwortung, die allen Gliedern der Gemeinde auferlegt ist, nur einzelnen Personen, Gruppen oder kirchlichen Organen überläßt«[88]. In all dem muß sie

---

[83] Zu der Diskussion, die diese Artikel ausgelöst haben, wie zu ihrer Interpretation vgl. *E. Wilkens*, Die zehn Artikel über Freiheit und Dienst der Kirche; ausdrücklich hingewiesen sei auf *K. Barth*, »Theologisches Gutachten zu den Zehn Artikeln über Freiheit und Dienst der Kirche«.
[84] Art. I (*Wilkens*, a. a. O., S. 10; *G. Heidtmann*, Hat die Kirche geschwiegen?, S. 390).
[85] Ebd.
[86] Art. II (*Wilkens*, a.a.O., S. 11; *Heidtmann*, a.a.O., S. 391).
[87] Art. IV (*Wilkens*, a. a. O., S. 13; *Heidtmann*, a. a. O., S. 393).
[88] Art. VIII (*Wilkens*, a. a. O., S. 17; *Heidtmann*, a. a. O., S. 399).

bei ihrem Auftrag und bei ihrem Thema bleiben: »Die Kirche hat mit ihrer Botschaft wie mit ihrer Ordnung zu bezeugen, daß sie allein ihres Herrn Eigentum ist und ihm gehorchen soll.«[89]

Die Nähe dieser Artikel zur Barmer Theologischen Erklärung ist offenkundig. Wie diese gehen sie von der Herrschaft Gottes über alle Lebensbereiche des Menschen aus. Von hier aus verbietet sich jede Vergöttlichung und Totalisierung irdischer Lebensbereiche einerseits, jeder Rückzug auf einen ausgegrenzten Bereich religiösen und individuellen Lebens andererseits. Vielmehr gilt der Dienst der Kirche dem Menschen in allen seinen Lebensbereichen und Lebensvollzügen. Dieser Dienst ist als Dienst der Versöhnung bestimmt: er verpflichtet die Kirche dazu, für Frieden und Gerechtigkeit einzutreten. Mit besonderer Entschiedenheit üben die Zehn Artikel daran Kritik, wenn die Kirche diese Verantwortung für Frieden und Gerechtigkeit ihren Gliedern oder Amtsträgern als einzelnen überläßt und nicht *als Kirche* zu übernehmen bereit ist. Die Unterscheidung zwischen der politischen Verantwortung des einzelnen und der Kirche wird hier also nachdrücklich abgelehnt.

5. Die politische Verantwortung der Kirche

Unter dem Titel »Die politische Verantwortung der Kirche« hat die Generalsynode der Nederlandse Hervormde Kerk 1964 das Ergebnis einer langjährigen Kommissionsarbeit vorgelegt[90]; die Kommission hatte den Auftrag, sich mit Einwänden gegen politische Stellungnahmen kirchlicher Körperschaften auseinanderzusetzen. Vergegenwärtigt man sich, mit welcher Intensität die holländischen Kirchen sich nach 1945 an der Auseinandersetzung um politische Fragen — zunächst vor allem die Militärpolitik und die Dekolonialisierung, später die Probleme von Frieden und Entwicklung in einem umfassenden Sinn — beteiligt haben[91], so erkennt man das Gewicht, das in

---

[89] Art. IX (*Wilkens*, a. a. O., S. 17; *Heidtmann*, a. a. O., S. 399).
[90] Es wurde vom Boekencentrum n. v. — 's Gravenhage veröffentlicht; hier wird es unter Angabe der originalen Seitenzahlen nach einer hektographierten Übersetzung von *E.-A.* und *M. Scharffenorth* zitiert.
[91] In die jüngste Phase dieses kirchlichen Engagements gibt der Bericht von *C. P. van Andel*, »Die Rolle der Kirche in einer internationalen Strategie des Friedens«, einen Einblick.

diesem Kontext einer grundsätzlichen Besinnung über die politische Verantwortung der Kirche zukommt.

Den Ausgangspunkt dieser Überlegungen bildet der Begriff des Reiches Gottes[92]. Aus ihm wird die Grundorientierung der christlichen Gemeinde in ihrem politischen Handeln abgeleitet: sie allein weiß, daß Gott der Herr dieser Welt ist. Daraus ergibt sich auf der einen Seite, daß sie alle politischen Institutionen daran prüft, ob sie Gerechtigkeit im politischen und sozialen Leben zu verwirklichen suchen; auf der anderen Seite muß die Gemeinde an der Zukünftigkeit des Reiches Gottes festhalten und »der Versuchung des Vorausgreifens auf die endgültige Gestalt des Königreiches Gottes widerstehen«[93]. Innerhalb des auf die Herrschaft Gottes gerichteten, geschichtlichen Prozesses haben Kirche und Staat je ihre eigene, selbständige, nicht aus der des anderen ableitbare Verantwortung. Die Kirche darf jedoch ihr »Fremdlingsein« in der Welt nicht als politische Abstinenz in einem freiwillig gewählten Ghettodasein, aber auch nicht als (nonkonformistisches oder konformistisches) weltliches Parteisein mißverstehen[94]. »Wie das Wort Gottes Fleisch geworden und in die Zeit eingegangen ist, so hat auch das Wort, das die Kirche auf Grund dieses Wortes spricht, in die Zeitlichkeit einzugehen und also auch auf die Fragen der Zeit einzugehen. Und wie Christus gekommen ist, um zu dienen, so hat auch Seine Kirche eine dienende Gestalt in der Welt, die auch in der politischen Tat ihrer Glieder fortgesetzt werden darf.«[95] Schon durch ihr Dasein vermag die Kirche den Staat vor der Gefahr der Vergöttlichung zu schützen; in dem Leben der Gemeinden verwirklicht sie exemplarisch eine Existenzweise, die »ohne Machtausübung Kraft entfaltet«[96]; sie realisiert Institutionen gesellschaftlicher Diakonie, Verhaltensmuster und Wertmaßstäbe im öffentlichen Leben, bevor diese politisch allgemein anerkannt sind. Durch all dies ist die Kirche bereits eine politische Institution; die Frage kann deshalb nicht darin bestehen, *ob* sie unmittelbare politische Verantwortung übernehmen soll, sondern *wie* sie diese wahrnimmt[97]. Zu den funda-

---

[92] Kritik an der theologischen Begründung des Berichts übt *C. P. van Andel*, »Theologische vraagtekens bij politieke overwegingen«.
[93] A. a. O., S. 8.
[94] A. a. O., S. 12.
[95] Ebd.
[96] A. a. O., S. 13.
[97] Vgl. ebd., S. 38.

mentalen Bedingungen für ihre politische Wirksamkeit gehört die Herstellung der Ökumenizität im Leben der Kirchen selbst; zu ihnen gehört ferner ein neues Verständnis von elementaren Prinzipien der Gerechtigkeit, wie es in früheren Zeiten mit dem Gedanken des Naturrechts angestrebt wurde; zu ihnen gehört schließlich ein entschiedenes Eintreten der Kirchen für den Grundsatz der Toleranz. Die Kirche bejaht die Existenz politischer Parteien; auch die Bildung christlicher Parteien wird für möglich gehalten. Einer der wesentlichen Unterschiede zwischen der Kirche und politischen Parteien wird in folgendem gesehen: »Durch ihre lebendige Bindung an die heilige Schrift sieht die Kirche — wenn sie ihre Berufung recht versteht — sich öfters dazu gezwungen, ganz konkret zu werden und mit göttlichem Ernst aufzutreten, während die Parteien Gefahr laufen, die Wirklichkeit des politischen Lebens sich nach eigener Gesetzmäßigkeit vollziehen zu lassen und sich selbst in eine gewisse Allgemeinheit der Programme zurückzuziehen.«[98]

Die Kirche kann sich also ihrer politischen Verantwortung nicht entziehen; sie vermag diese jedoch nur dann wahrzunehmen, wenn sie in Unabhängigkeit und Distanz den politischen Institutionen gegenübersteht. Sie verwirklicht ihre politische Verantwortung insbesondere durch die politische Fürbitte, die politische Seelsorge und die politische Prophetie. In ihrer *politischen Fürbitte* »wird die Gemeinde nach der Welt hin offen gehalten und bleibt bedacht auf Gottes Regierung über und mittels der Regierungen des Volkes; sie wird jedesmal erneut in die Solidarität mit Obrigkeit und Volk gestellt«[99]. In der *politischen Seelsorge* müssen neue Formen entwickelt werden, in denen Politiker und Beamte — etwa auf dazu veranstalteten Tagungen — pastorale Begleitung erfahren; zu ihr gehört auch, daß die Gemeinde sich in Studiengruppen und Kreisen mit politischen Fragen beschäftigt, um so einen Beitrag zur öffentlichen Meinungsbildung zu leisten. *Politische Prophetie* schließlich ist es, »die politische Situation in das Licht der Predigt von Gericht und Gnade, von Urteil und Bewahrung zu stellen, damit die Geister sich an ihr scheiden und trennen«[100]; sie geschieht zu allererst in der Predigt, in der »alle Dinge des Lebens und der Welt ins Licht des Heils und des Reiches

---

[98] A. a. O., S. 30.
[99] A. a. O., S. 39.
[100] A. a. O., S. 42

gestellt werden«[101], daneben aber auch in anderen Formen des Sprechens der Kirche.

Damit brechen die Überlegungen über die »politische Verantwortung der Kirche« ab. Sie verzichten darauf, die verschiedenen Formen kirchlicher Äußerungen und Aktivitäten zu erläutern; sie entfalten auch nicht im einzelnen, welche politischen Konsequenzen aus dem Evangelium abzuleiten, zu welchen politischen Problemen kirchliche Stellungnahmen in erster Linie zu erarbeiten sind[102]. Doch der in einer Reihe von Zügen der Position Karl Barths[103] nahestehende Grundgedanke ist deutlich: Die Gemeinde ist in ihrer empirischen Gestalt immer schon ein politischer Faktor; in ihren Institutionen, ihren Verhaltensweisen und den von ihr vertretenen Wertvorstellungen vermag sie für das politische Gemeinwesen einen vorbildhaften Charakter zu gewinnen; darüber hinaus wirkt sie politisch vor allem in den Formen der politischen Fürbitte, der politischen Seelsorge und der politischen Prophetie. Dadurch wird das politische Handeln des einzelnen Christen eingebettet in die politische Verantwortung der Gemeinde.

6. Abschließende Erwägungen

Die Nähe der dargestellten kirchenpraktischen Interpretationen des Verhältnisses von Kirche und Öffentlichkeit zu den früher erörterten theologischen Interpretationen[104] ist offenkundig. Der vorherige Durchgang durch juristische Interpretationen[105] ermöglicht es uns jedoch, in diesen kirchenpraktischen Interpretationen auf Elemente zu achten, die sich aus jenen theologischen Interpretationen noch nicht ergeben haben.

Deutlich ist zunächst die Nähe der Barmer Theologischen Erklärung, der Zehn Artikel über Freiheit und Dienst der Kirche und der Überlegungen über die »politische Verantwortung der Kirche« zu dem Konzept der »Königsherrschaft Christi«. Dabei ist jedoch insbesondere

---

[101] Ebd.
[102] Mangel an Konkretion wird dem Bericht besonders von C. L. *Patijn*, »Kerk en politiek«, vorgeworfen.
[103] Siehe oben S. 459 ff.
[104] Siehe oben S. 435 ff.
[105] Siehe oben S. 490 ff.

zu dem Dokument der niederländischen Hervormde Kerk einschränkend festzustellen, daß die christologische Konzentration, die das Konzept der Königsherrschaft Christi kennzeichnet, bei ihr nicht zu beobachten ist[106]. Die politische Konkretion geht in den genannten Dokumenten über die theologischen Beiträge zur »Königsherrschaft Christi« weit hinaus. Erst durch die Betrachtung der kirchenpraktischen Interpretationen wird deutlich, daß das Konzept der »Königsherrschaft Christi« unabhängig von der Konfrontation der Kirche mit totalitären Staaten nicht zu begreifen ist. Die »Königsherrschaft Christi« ist der Topos, von dem aus der theologische Protest gegen die »Vergöttlichung« des Staates erhoben wird. Aus dieser Frontstellung erklärt sich vielleicht auch der »autoritäre« Zug dieses Konzepts, auf den schon früher aufmerksam gemacht wurde[107]. Daraus wird aber schließlich auch verständlich, daß man versuchen konnte, dieses Konzept in einer veränderten politischen Situation ganz anderen politischen Zielen dienstbar zu machen.

Die Barmer Theologische Erklärung hatte, von dem Gedanken der Königsherrschaft Christi ausgehend, die Eigenständigkeit der Kirche in ihrer Botschaft und in ihrer Ordnung sowie die Pflicht der Kirche zu öffentlicher Wirksamkeit betont. Darin sah man nach 1945 den Beginn einer neuen Ära im Verhältnis von Kirche und Staat[108]. Man verknüpfte jedoch den »Öffentlichkeitsanspruch« der Kirche mit dem Gedanken der Partnerschaft zwischen Staat und Kirche als den beiden einzigen öffentlichen Hoheitsmächten; statt des eigenständigen, kritischen Auftrags der Kirche in der Öffentlichkeit konstatierte man die gemeinsame Verantwortung von Staat und Kirche für den evangelischen Bevölkerungsteil[109]. An die Stelle der Kritik an jeder Totalisierung der Staatsmacht trat ein paternalistisches Konzept der Überordnung von Staat und Kirche über die Gesellschaft. Dazu, den gesellschaftlichen Ort der Kirche neu zu bestimmen, reichte das Konzept der »Königsherrschaft Christi« allein nicht aus. Dafür bedurfte es der Ergänzung und Korrektur.

Ebenso wie die Nähe der drei genannten Dokumente zum Konzept der Königsherrschaft Christi ist auch der Zusammenhang zwischen

---

[106] Eine analoge Feststellung wurde oben S. 116 zur holländischen Apostolatstheologie getroffen.
[107] Siehe oben S. 465.
[108] Siehe oben S. 496 f.
[109] Siehe oben S. 512 f.

der Zwei-Reiche-Lehre und jenen Überlegungen, die zwischen der politischen Verantwortung des einzelnen und derjenigen der Kirche unterscheiden, offenkundig. Doch aus einer bestimmten Interpretation der Zwei-Reiche-Lehre allein sind diese Überlegungen nicht zu erklären. Vielmehr erweist sich in ihnen der Verbandscharakter der Kirche gerade auf die Weise als wirksam, daß er negiert wird. Dadurch, daß die Kirche dieser Auffassung gemäß auf konkrete politische Stellungnahmen verzichten soll, soll zum einen ihre Geschlossenheit als Verband gesichert, zum anderen ihr gegenwärtiger gesellschaftlicher Spielraum gewahrt werden. Die Warnung vor einer »Politisierung der Kirche« erfolgt im Namen der kirchlichen Verbandsinteressen. Daran aber wird folgendes deutlich: Indem die Kirche ihre Funktion als gesellschaftlicher Verband leugnet, unterliegt sie gerade den Mechanismen, denen sie durch ihren Verbandscharakter ausgesetzt ist. Nur wenn sie diese Funktion erkennt und akzeptiert, besteht die Möglichkeit, das »institutionelle Dilemma«[110], in dem sie als gesellschaftlicher Verband steht, zu überwinden.

Die Trennung zwischen der politischen Verantwortung des einzelnen und der Verantwortung der Kirche führt mit Notwendigkeit zu der Konsequenz, daß Religion nur noch als Privatsache betrachtet werden kann. Die Behauptung, der politische Bereich unterliege einer Eigengesetzlichkeit, korrespondiert jener Forderung nach der Trennung von Staat und Kirche, als deren Hintergrund wir die Erklärung der Religion zur Privatsache erkannt haben[111]. Beide haben einen in präzisem Sinn reaktionären Charakter, indem sie eine Rückkehr zu bestimmten altliberalen und positivistischen Axiomen des 19. Jahrhunderts darstellen. Eine theologisch vertretbare und der gegenwärtigen Situation angemessene Konzeption des Verhältnisses von Kirche und Öffentlichkeit ist auf dieser Basis nicht möglich.

In den geschilderten Interpretationsansätzen tritt die Verantwortung der Kirche für Frieden und soziale Gerechtigkeit immer deutlicher als bestimmendes Moment hervor. Dieser Gedanke führt zu den Veränderungen, denen das ökumenische Konzept der verantwortlichen Gesellschaft unterworfen wurde; von ihm sind auch die Zehn Artikel über Freiheit und Dienst der Kirche geprägt. Die Anerkennung einer kirchlichen Verantwortung für Frieden und soziale Ge-

---

[110] Vgl. *T. Fusé*, »Religion, War and the Institutional Dilemma«.
[111] Siehe oben S. 31 ff., S. 529 ff.

rechtigkeit schließt ein, daß die Kirche sich in ihrem diakonischen Handeln nicht auf Individualhilfe, so notwendig sie ist, beschränken kann, sondern ein umfassenderes Konzept gesamtgesellschaftlicher und politischer Diakonie entwickeln muß[112]. Diese Einsicht wird uns bei der Erörterung der kirchlichen Denkschriften erneut begegnen.

---

[112] Siehe oben S. 465 ff.

XI. Kirchliche Denkschriften und das Verhältnis von Kirche und Öffentlichkeit

Kirchliche Denkschriften haben das Verhältnis von Kirche und Öffentlichkeit während der letzten Jahre in erheblichem Maß bestimmt. In einem früheren Kapitel wurde ihre Bedeutung auf die Weise verdeutlicht, daß die Vorgeschichte, der Inhalt und die Diskussion einer Denkschrift als *Exempel* für das Verhältnis von Kirche und Öffentlichkeit analysiert wurde[1]. Wenn die Erörterung der Denkschriften im ganzen nun noch einmal aufgenommen wird, so deshalb, weil in ihnen eine bestimmte *Konzeption* dieses Verhältnisses ihren Niederschlag findet. Diese Konzeption soll im folgenden erhoben und neben die bisher erörterten theologischen, juristischen und kirchenpraktischen Positionen gestellt werden. Daraus bestimmt sich die Aufgabe der folgenden Darstellung; ihr Ziel ist die Analyse der reflektierten oder unreflektierten, ausgesprochenen oder verschwiegenen Interpretation des Verhältnisses von Kirche und Öffentlichkeit, die die Evangelische Kirche in Deutschland dazu veranlaßt hat, ihren Beitrag zu wichtigen öffentlichen Fragen in der Gestalt von Denkschriften zu leisten. Für eine solche Analyse kommt der Denkschrift »Aufgaben und Grenzen kirchlicher Äußerungen zu gesellschaftlichen Fragen« vom Januar 1970 natürlich besondere Bedeutung zu. Ihrer Erörterung muß jedoch eine knappe Bestandsaufnahme über die Entwicklung dieser Äußerungsform der EKD vorausgeschickt werden. Dabei wird aus methodischen Gründen bei dieser Bestandsaufnahme von den Aussagen der Denkschrift über »Aufgaben und Grenzen kirchlicher Äußerungen zu gesellschaftlichen Fragen« (im folgenden auch »Denkschrift über die Denkschriften« genannt) zunächst abgesehen.

---

[1] Siehe oben S. 380 ff.

1. Bestandsaufnahme

1.1. Vom »Wort« zur »Denkschrift«

Seit dem »Wort der Kirchenkonferenz der Evangelischen Kirche in Deutschland an die Gemeinden« vom August 1945[2] hat die EKD in einer Vielzahl von »Worten« und »Kundgebungen« zu öffentlichen Problemen Stellung genommen. Der Grund solcher Stellungnahmen war zum einen die im Kirchenkampf neu gewonnene Einsicht in die öffentliche Verantwortung der Kirche; es war auf der anderen Seite das damit keinesfalls identische Selbstverständnis der Kirche als »öffentlicher Macht«[3] und als »Wahrerin der deutschen Einheit«[4]. Man hat errechnet[5], daß von 124 »Worten« der EKD zwischen 1945 und 1966 23, also ein Fünftel, der deutschen Spaltung und dem Verlangen nach Wiedervereinigung gewidmet sind; 24 beziehen sich auf die besonderen politischen Verhältnisse der »Ostzone« — von den Landtagswahlen im Herbst 1946[6] bis zu den Methoden bei der Sozialisierung der Landwirtschaft[7]. Eine weitere Gruppe von 14 Worten gilt den Problemen des Friedens, der Wiederaufrüstung, der Atomfrage und der Obrigkeitsdebatte. Daneben steht eine Vielzahl von Worten zu anderen politischen Themen, die ausgehend von der Aufforderung zur Einsicht in die Schuld am deutschen Zusammenbruch, zu Buße und Neuanfang sich Einzelfragen des politischen »Wiederaufbaus« zuwenden. Speziell kirchliche Themen behandeln nur 15 Worte.

Rechtliche Grundlage solcher Äußerungen ist Art. 20 Abs. 1 der Grundordnung der EKD von 1948. Er bestimmt, daß die EKD »in Erfüllung ihrer Aufgaben ... Ansprachen und Kundgebungen ergehen lassen« kann; für sie ist die Synode (Art. 23 Abs. 2) und, wenn sie nicht versammelt ist, der Rat der EKD (Art. 29 Abs. 1) zuständig. Die Flut von derartigen Erklärungen nahm im Jahr 1958 ein Ende; von 1959 bis 1965 etwa hat der Rat der EKD nur acht, die Synode der

---

[2] G. *Heidtmann,* Hat die Kirche geschwiegen?, S. 16 ff.
[3] Siehe oben S. 513 ff.
[4] Siehe oben S. 534 f.
[5] *K.-A. Odin,* Die Denkschriften der EKD, S. 13; die Worte und Erklärungen bis Mai 1959 sind vollständig erfaßt bei G. *Merzyn,* Kundgebungen; der leichten Zugänglichkeit halber wird hier jedoch gewöhnlich nach der Auswahl von G. *Heidtmann,* Hat die Kirche geschwiegen?, zitiert.
[6] *Heidtmann,* a. a. O., S. 28 f.
[7] Ebd., S. 322 ff.

EKD hat bis zum Frühjahr 1966 sechs »Worte« veröffentlicht[8]. Seitdem hat sich die Zahl derartiger Äußerungen nicht wieder vermehrt. Die Form des »Wortes«, der »Kundgebung« wurde nun weitgehend durch eine andere Art der öffentlichen kirchlichen Stellungnahme, durch die Denkschriften, abgelöst.

Als unmittelbare Vorläufer dieser neuen Art der Stellungnahme kann man zwei nicht kirchenamtlich autorisierte Dokumente ansehen, nämlich die »Heidelberger Thesen« von 1959[9] und — in einem etwas anderen Sinn — das »Tübinger Memorandum« von 1961[10]. Gemeinsam ist bereits diesen beiden Dokumenten, daß sie nicht durch einen kirchenamtlichen Charakter und durch die Anknüpfung an das Bekenntnis der Kirche den Leser zur Annahme bewegen wollen, sondern daß sie aus der Diskussion zwischen Sachverständigen hervorgegangen sind und auf kritische und weiterführende Diskussion in der Öffentlichkeit und in der Kirche zielen.

Die »Heidelberger Thesen« entstammen der Arbeit einer Kommission der Evangelischen Studiengemeinschaft; das »Tübinger Memorandum« ist — formal betrachtet — eine Privatarbeit der acht Unterzeichner. An diesen beiden »Vorläufern« der Denkschriften waren also die nach der Grundordnung der EKD für derartige Arbeiten vorgesehenen Kammern nicht beteiligt.

Art. 22 Abs. 2 der Grundordnung von 1948 bestimmt: »Zur Beratung der leitenden Organe sind für bestimmte Sachgebiete kirchliche Kammern aus sachverständigen kirchlichen Persönlichkeiten zu bilden.« Der Gedanke einer derartigen Einrichtung[11] geht auf die Verfassung der Deutschen Evangelischen Kirche von 1933 (Art. 5 Abs. 9 und Art. 9) zurück; als ihre Aufgabe wird dort vor allem das »ratsame Gutachten« genannt. In der DEK wurden solche Kammern allerdings nicht gebildet; dagegen wurden von der Bekennenden Kirche beratende Kammern eingerichtet, die, wie vor allem die Schul- und die Jugendkammer, von beträchtlicher Bedeutung waren. Daran knüpft die Grundordnung der EKD an. Auf ihrer Grundlage wurden bereits im Jahr 1949 fünf Kammern eingesetzt: die Kammer für Erziehung und Unterweisung (»Schulkammer«; später: Kammer für

---

[8] *Odin*, a. a. O., S. 14.
[9] *G. Howe*, Atomzeitalter, Krieg und Frieden, S. 225 ff.
[10] Abgedruckt bei *G. Picht*, Die Verantwortung des Geistes, S. 411 ff.
[11] Vgl. zum folgenden *H. Brunotte*, Die Grundordnung der Evangelischen Kirche in Deutschland, S. 222 ff.

Kulturpolitik und Bildungsfragen); die Jugendkammer; die Kammer für öffentliche Verantwortung; die Kammer für soziale Fragen; die Kammer für publizistische Arbeit; 1969 trat die Kammer für kirchlichen Entwicklungsdienst hinzu. Neben den Kammern wurden im Lauf der Jahre noch eine Reihe von Kommissionen der EKD berufen, von denen die für unseren Zusammenhang wichtigsten hier genannt seien: die Familienrechtskommission; die Ehekommission; die Kommission für sexualethische Fragen. Schließlich besteht eine Reihe von Ausschüssen der EKD[12]. Während die Arbeit der Kommissionen vor allem auf bestimmte staatliche Gesetzesvorhaben oder Einzelprobleme der evangelisch-katholischen Beziehungen ausgerichtet ist, haben die Kammern einen weiteren Aufgabenkreis, der von Fall zu Fall durch Aufträge des Rats der EKD oder der Synode präzisiert wird.

Davon, daß die Kammern der EKD auch Denkschriften erarbeiten könnten, ist bereits der maßgebliche Kommentar zur Grundordnung der EKD ausgegangen[13]; vor allem durch die Denkschrift der zweiten vorläufigen Leitung der Bekennenden Kirche von 1936[14] war dieser Typ kirchlicher Stellungnahmen zu einer besonderen Bedeutung gelangt. Gleichwohl ist es im ersten Jahrzehnt der Existenz von Kammern nicht zu derartigen Denkschriften gekommen; die Kammern haben sich vielmehr auf die unmittelbare »Beratung« der Organe der EKD beschränkt und sind nicht selbst als Verfasser größerer Stellungnahmen an die Öffentlichkeit getreten[15]. Erst nach dem Zurücktreten der kirchlichen »Worte« wurden die »Denkschriften« das wichtigste Medium für kirchliche Stellungnahmen zu öffentlichen Fragen. Dieser Wandel wurde in seiner grundsätzlichen Bedeutung von der kirchlichen wie von der gesellschaftlichen Öffentlichkeit, wenn überhaupt, dann nur sehr zögernd erkannt; er wurde auch von den Verfassern mancher Denkschriften selbst nicht voll wahrgenommen. Gleichwohl stößt man schon bei einer formalen Betrachtung auf eine Reihe fundamentaler Unterschiede, die es zu beachten gilt: Mit

---

[12] Einen Überblick über diese Einrichtungen vermittelt das Taschenbuch der Evangelischen Kirche in Deutschland, 1970, S. 13 ff.
[13] *Brunotte*, a. a. O., S. 223.
[14] Siehe oben S. 555.
[15] Als paradigmatische Darstellung einer derartigen beratenden Tätigkeit seien die Ausführungen von *H. Dombois* über die Familienrechtskommission genannt; vgl. *H. Dombois*, »Widerspruchsrecht bei Zerrüttungsscheidungen«, S. 174 ff.

den Denkschriften tritt die Sachautorität einer Gruppe von Experten tendenziell an die Stelle der Amtsautorität kirchenleitender Gremien; die Verfasserschaft dieser Gruppe wird eindeutig festgestellt, auch wenn die Denkschriften durch den Rat der EKD als Auftraggeber »gebilligt«, »veröffentlicht« oder »zur Diskussion gestellt« werden; ein argumentativer Stil löst jedenfalls prinzipiell die bekenntnishaft-pastorale Sprache ab; anstatt zur Annahme von Glaubensüberzeugungen wird zum kritischen Prüfen von Argumenten aufgefordert.

Folgende Denkschriften wurden seit 1962 veröffentlicht:

Eigentumsbildung in sozialer Verantwortung (1962);
Denkschrift über die Teilzeitarbeit von Frauen (1965)[16];
Die Neuordnung der Landwirtschaft in der Bundesrepublik als gesellschaftliche Aufgabe (1965);
Die Lage der Vertriebenen und das Verhältnis des deutschen Volkes zu seinen östlichen Nachbarn (1965)[17];
Zur Reform des Ehescheidungsrechts in der Bundesrepublik Deutschland (1969);
Aufgaben und Grenzen kirchlicher Äußerungen zu gesellschaftlichen Fragen (1970);
Denkschrift zu Fragen der Sexualethik (1971);
Der Entwicklungsdienst der Kirche — ein Beitrag für Frieden und Gerechtigkeit in der Welt (1973)[17a];
Die soziale Sicherung im Industriezeitalter (1973).

Auffälligerweise wurde nach der lebhaften Diskussion über die Vertriebenen-Denkschrift von 1965 der Titel einer »Denkschrift« vier Jahre lang nicht mehr für ein vergleichbares Dokument der EKD verwandt. Vielmehr traten in dieser Zeit an die Stelle des Titels der Denkschrift eine Reihe von anderen Titeln für sachlich vergleichbare

---

[16] Diese Denkschrift des Ausschusses der EKD für die Zusammenarbeit von Mann und Frau in Kirche, Familie und Gesellschaft nimmt eine Sonderstellung ein, da sie nicht von der EKD veröffentlicht, sondern nur den Kirchenleitungen der Landeskirchen in der Bundesrepublik und Berlin (West) mit der Bitte um eingehende Stellungnahme übersandt wurde. (Vgl. *Odin*, Die Denkschriften der EKD, S. 35.)
[17] Diese vier Denkschriften sind bei *K.-A. Odin*, Die Denkschriften der EKD, abgedruckt; die folgenden Texte sind nach den im Literaturverzeichnis nachgewiesenen Einzeldrucken zitiert.
[17a] Mit einem Nachwort des Katholischen Arbeitskreises Entwicklung und Frieden.

Äußerungen. Zu den Denkschriften sind deshalb der Sache nach noch folgende Dokumente zu zählen:

Friedensaufgaben der Deutschen (Studie, 1968);
Mitbestimmung in der Wirtschaft (Studie, 1968);
Gesellschaft und öffentliche Kommunikation in der Bundesrepublik (Sachverständigengutachten, 1968)[18];
Der Friedensdienst der Christen. Eine Thesenreihe zur christlichen Friedensethik in der gegenwärtigen Weltsituation (1970);
Sport, Mensch und Gesellschaft (Studie, 1972);
Konflikte im Erziehungsfeld. Am Beispiel politischer Auseinandersetzungen in der Schule (Studie, 1972);
Soziale Ordnung des Baubodenrechts (Memorandum[18a], 1973);
Gewalt und Gewaltanwendung in der Gesellschaft (Thesenreihe, 1973).

Eine Sonderstellung nimmt das Arbeitsergebnis des auf Veranlassung der EKD-Synode von 1965 berufenen Arbeitskreises »Schrift und Verkündigung« ein. Da die Mitglieder des Arbeitskreises sich nicht auf eine gemeinsame Denkschrift verständigen konnten, wurde mit Genehmigung des Rats 1971 als Arbeitsergebnis dieses Ausschusses eine Reihe von Einzelbeiträgen unter dem Titel »Schrift. Theologie. Verkündigung« veröffentlicht. Diese Publikation unterscheidet sich auch durch ihre äußere Ausstattung von den übrigen Denkschriften und Studien der EKD. Dagegen ist durch die äußere Aufmachung und durch ein Geleitwort des Vorsitzenden des Rats der EKD noch eine von einem einzelnen verantwortete Arbeit den Denkschriften nahegerückt worden:

G. Howe, Kriegsverhütung und Friedensstrukturen. Eine Studie über den Vertrag zur Nichtverbreitung von Kernwaffen (1968).

Auch die Ergebnisse der »Bildungssynode« der EKD vom November 1971 sind in der Gestalt der Denkschriften veröffentlicht worden:

Die evangelische Kirche und die Bildungsplanung (Dokumentation, 1972).

---

[18] Veröffentlicht in: Ev. Komm. 1, 1968, S. 715—721.
[18a] Gemeinsames Memorandum der Kammer für soziale Ordnung der EKD und des Arbeitskreises »Kirche und Raumordnung« beim Kommissariat der katholischen deutschen Bischöfe, hrsg. von Julius Kardinal Döpfner und Landesbischof D. Hermann Dietzfelbinger.

In der äußeren Aufmachung gleicht schließlich auch die Publikation »Das Gesetz des Staates und die sittliche Ordnung« (1971) den Denkschriften. Sie wurde von einem kleinen Kreis evangelischer und katholischer Verfasser[19] ausgearbeitet und durch den Vorsitzenden des Rats der EKD und den Vorsitzenden der Deutschen Bischofskonferenz mit einem gemeinsamen Vorwort versehen und herausgegeben. Diese Schrift beschäftigt sich mit der aktuellen Diskussion über die rechtlichen Probleme von Ehescheidung, Pornographie und Schwangerschaftsabbruch. Bei der Ausarbeitung wurden die zuständigen Kommissionen der EKD nicht zu Rate gezogen[20]; der Veröffentlichung in der äußeren Gestalt einer Denkschrift ging kein entsprechender Beschluß des Rats der EKD voraus. So muß schon das formelle Verfahren, das zur Publikation dieses Dokuments geführt hat, als fehlerhaft betrachtet werden. An seinem Inhalt zeigt sich, daß die Diskussion zwischen Sachverständigen, die der Publikation der anderen Denkschriften vorausging, hier nicht in ausreichendem Maß stattgefunden hat. Deshalb stellt diese kirchliche Veröffentlichung keinen Beitrag zur »Versachlichung der Diskussion«[21], sondern den Versuch der Durchsetzung partikularer kirchlicher Interessen dar. Man muß in ihm eine Konfessionalisierungsbestrebung am Werk sehen, zu der sich führende Vertreter der beiden großen Konfessionen zusammengetan haben; der Öffentlichkeitsauftrag der Kirche wird in einer solchen Bestrebung mißbraucht[22].

Dadurch, daß Vertreter der EKD diesen Versuch in die äußere Form einer Denkschrift gekleidet haben, haben sie das Gewicht, das diese Äußerungsform in der öffentlichen Diskussion gewonnen hat,

---

[19] Bischof D. Kunst, OKR Wilkens und Dr. Wrage auf evangelischer, Prälat Dr. Forster, Professor Dr. Mikat und Prälat Wöste auf katholischer Seite.
[20] Dies gilt vor allem für die Familienrechts- und Strafrechtskommission. Die Kommission für sexualethische Fragen war nur durch ihren Vorsitzenden, Dr. Wrage, beteiligt.
[21] Zu dieser Formel siehe unten S. 589 ff.
[22] Siehe oben S. 487 f. Die Ausarbeitung betont zwar, es könne in der staatlichen Gesetzgebung nicht darum gehen, spezifische Moralvorstellungen von Religionen und Weltanschauungen zu fixieren (S. 6, 11). Dennoch ist ihr Ausgangspunkt, daß die Rechtsordnung der Bundesrepublik von christlichen Überzeugungen geprägt sei (S. 13), die deshalb auch im Gesetzestext fixiert werden müßten (S. 15). — Zur Kritik an dieser Ausarbeitung vgl. bes. *K. Lefringhausen* u. a., Das Gesetz der Moral und die staatliche Ordnung; *H. E. Tödt*, »Was ist eigentlich Moral?«, S. 17 ff.

aufs Spiel gesetzt. — Im folgenden soll die Eigenart kirchlicher Denkschriften unabhängig von diesem Mißgriff dargestellt werden[23].

Über den Bereich der EKD hinaus greift auch die Denkschrift »Gerechtigkeit und Solidarität« (1970), die Empfehlungen zum Wirtschaftsverhalten der EWG gegenüber den Entwicklungsländern enthält; sie stellt eine Gemeinschaftsarbeit europäischer Christen dar[24]. Einen ähnlichen Charakter haben die Vorschläge einer Expertenkommission zur dritten Welthandelskonferenz, die vom Rat der EKD und der Deutschen Bischofskonferenz im März 1972 an die Bundesregierung und die Kommission der Europäischen Gemeinschaft geleitet wurden[24a].

Auch in der katholischen Kirche hat die Äußerungsform der Denkschrift in den letzten Jahren an Bedeutung gewonnen. Allerdings handelt es sich hierbei nicht um kirchenamtlich akzeptierte oder veröffentlichte Denkschriften, sondern um Memoranden, die von einer Gruppe katholischer Intellektueller, dem Bensberger Kreis, zur Diskussion gestellt wurden. Der Bensberger Kreis hat bisher drei derartige Memoranden veröffentlicht: Memorandum deutscher Katholiken zu den polnisch-deutschen Fragen[25]; Die Christen und der Krieg in Vietnam[26]; Demokratisierung der Kirche[27]. Die folgenden Feststellungen und Überlegungen bleiben im wesentlichen auf die im Bereich der EKD erarbeiteten Denkschriften und Studien beschränkt.

1.2. Zielsetzung und Adressaten

In keinem der genannten Texte[28] redet die evangelische Kirche im »status confessionis«, in einer Situation also, in der politische Ent-

---

[23] Deshalb sei hier angemerkt, daß diese Ausarbeitung sich von den Denkschriften auch dadurch unterscheidet, daß sie die Kirche nicht als Verband in der Gesellschaft versteht (dazu unten S. 589 ff.), sondern Staat und Kirche (als die öffentlichen Gewalten) der Gesellschaft gegenüberstellt (S. 31). — Als Kuriosität sei erwähnt, daß dies die erste derartige Veröffentlichung jedenfalls der EKD ist, bei der unter dem Copyright ausdrücklich vermerkt ist: »Nachdruck, auch auszugsweise, nur mit schriftlicher Genehmigung der beiden Verlage.« Der öffentlichen Erregung über das Dokument konnte durch diese Vorsichtsmaßregel nicht vorgebeugt werden.
[24] K. Lefringhausen (Hrsg.), Gerechtigkeit und Solidarität.
[24a] Vgl. EvKomm, 5, 1972, S. 247.
[25] Mainz 1968.
[26] Mainz 1969.
[27] Mainz 1970.

scheidungen sich zum christlichen Glauben in der Weise im Widerspruch befinden, daß die Christen und die Kirche sich aus Gründen des Glaubens zum Widerstand genötigt sehen. Wer davon ausgeht, kirchliche Stellungnahmen zu öffentlichen Problemen seien nur im »status confessionis«, nur in der dann gebotenen Wahrnehmung des »Wächteramts« der Kirche[29] erlaubt, muß die Legitimation all dieser kirchlichen Äußerungen bestreiten. Nach der in den Denkschriften vorausgesetzten Auffassung sind kirchliche Stellungnahmen zu öffentlichen Problemen jedoch nicht auf diesen Fall, der z. B. für die Denkschrift der Bekennenden Kirche von 1936[30] gegeben war, zu begrenzen. Die Verkündigung des Evangeliums, so wird in den Denkschriften argumentiert, läßt sich nicht auf die Botschaft vom persönlichen Heil der Menschen beschränken, sondern bezieht sich auch auf die »sittlichen und menschlichen Bedingungen des Zusammenlebens der Menschen in Staat und Gesellschaft und einer auf den Frieden gerichteten Völkerordnung«[31]. Die Kirche hat in diesem Bereich die Aufgabe, »für die Allgemeinheit« das einzubringen, »was ihr im Horizont des christlichen Glaubens an Einsichten über den Menschen und das menschliche Zusammenleben erschlossen ist«[32]. Solche kirchlichen Stellungnahmen, so wird hinzugefügt, hüten sich aber davor, »die Grenzen in die Tagespolitik hinein mit Einzelratschlägen zu überschreiten«[33].

Hinter den Denkschriften steht also eine Dreistufung der politischen Probleme:

a) Es gibt Fragen, in denen für die Kirche der status confessionis gegeben ist. Solche Fragen waren nach der Überzeugung der Bekennenden Kirche im Dritten Reich die Judenverfolgung, die Euthanasie, die Beschränkung der Bekenntnisfreiheit. Hier konnte es vom christlichen Glauben aus nur *eine* Stellungnahme geben, die deshalb von der Sache her christlich verpflichtend war, auch wenn die evangelische

---

[28] Der Einfachheit halber sind sie im folgenden gelegentlich zusammenfassend als »Denkschriften« bezeichnet, obwohl nur ein Teil von ihnen diesen Namen trägt.
[29] Vgl. Aufgaben und Grenzen kirchlicher Äußerungen zu gesellschaftlichen Fragen, S. 8.
[30] Oben S. 555.
[31] Friedensaufgaben der Deutschen, S. 7.
[32] Zur Reform des Ehescheidungsrechts, S. 7.
[33] Friedensaufgaben der Deutschen, S. 8.

Kirche solche Stellungnahmen für ihre Glieder nicht einfach kraft amtlicher Autorität verpflichtend machen kann.

b) Es gibt Fragen, die für Staat und Gesellschaft von großer Bedeutung sind und zu denen die Kirche wegen des ethischen Gewichts dieser Probleme, wegen der gesellschaftlichen Dimension des Evangeliums und wegen der Mitverantwortung der Kirche für den Frieden Stellung nimmt. Solche Äußerungen sind nicht beliebig, denn sie entspringen dem Bemühen um Sachgemäßheit wie um theologische Angemessenheit. Sie sind gleichwohl nur als Diskussionsbeiträge gedacht, die die innerkirchliche wie die öffentliche Klärung und Meinungsbildung vorantreiben sollen.

c) Es gibt Fragen der »Tagespolitik«, Entscheidungen, die auf Grund vorgegebener Ziele im Bereich politischer Zweckmäßigkeit verbleiben. Zu ihnen sind spezifisch kirchliche Beiträge weder möglich noch notwendig.

Eine solche Hierarchisierung politischer Probleme birgt Schwierigkeiten in sich. Zum einen wird man mit Überschneidungen und fließenden Übergängen zwischen diesen drei Gruppen rechnen müssen. Damit hängt ein anderer Umstand zusammen: Die innerkirchliche Sachauseinandersetzung über politische Probleme wird sehr leicht auf die Ebene der Frage verlagert, welcher der drei Gruppen ein bestimmtes Problem zuzuordnen sei, ob und mit welcher Legitimation eine kirchliche Stellungnahme dazu also möglich sei. Bestimmte politische Interessen werden in vielen Fällen hinter einer solchen formalen Zuordnungsdiskussion verborgen. Diese Tendenz kann man sowohl an der Debatte über die deutsche Wiederaufrüstung und die atomare Bewaffnung der Bundeswehr als auch an der Diskussion über die Vertriebenendenkschrift beobachten. Während die Befürworter der Wiederaufrüstung und der atomaren Bewaffnung wie die Verfechter der »Grenzen von 1937« diese Fragen nahezu zu Problemen der »Tagespolitik«, jedenfalls zu kirchlichen Adiaphora zu erklären suchten[34], neigten die kompromißlosen Gegner von Wiederbewaffnung und atomarer Rüstung wie manche Gegner einer Anerkennung der

---

[34] Vgl. *H. Thielicke*, Die evangelische Kirche und die Politik (siehe oben S. 565); ders., Die Atomwaffe als Frage an die christliche Ethik; in der Oder-Neiße-Frage am krassesten *H.-G. von Studnitz*, Ist Gott Mitläufer?, S. 136 ff., 201 ff.

[35] Vgl. die Dokumente der kirchlichen Bruderschaften bei *W. Schlenker*, Politik in der Kirche?; zur Vertriebenendenkschrift siehe oben S. 396 f.

Oder-Neiße-Grenze dazu, in diesen Problemen unmittelbare Glaubensfragen zu sehen[35].

Nach der Auffassung, die sich in den Denkschriften selbst niedergeschlagen hat, gehören die von ihnen behandelten Probleme durchweg der zweiten innerhalb der oben genannten drei Gruppen an. Warum in einem kirchlichen Dokument zu solchen Gegenständen Stellung genommen wird, erklärt sich jedoch nicht allein aus der jeweiligen Fragestellung als solcher, sondern aus dem politischen Kontext, in dem diese in der öffentlichen Diskussion behandelt wird, sowie aus der Zielsetzung und den Adressaten der Denkschriften. Auskunft darüber geben in mehr oder weniger bestimmten Wendungen die Vorworte und Präambeln der Denkschriften. Aus den Vorworten geht zugleich hervor, inwieweit der Rat der EKD sich mit den Ergebnissen der von ihm in Auftrag gegebenen Untersuchungen identifiziert[36]; auf diese Frage wird, da sie für das sachliche Gewicht der Denkschriften nicht von ausschlaggebender Bedeutung ist, im folgenden nicht weiter eingegangen. Dagegen bedürfen die Wendungen, mit denen Zielsetzung und Adressaten der Denkschriften angegeben werden, der Erörterung.

Im Vorwort des Rats der EKD zur Eigentumsdenkschrift heißt es:

»Der Rat übergibt diese evangelische Denkschrift zur Eigentumsbildung in sozialer Verantwortung der Öffentlichkeit. Er hofft, dadurch ein konstruktives Handeln in Politik und Wirtschaft zu fördern.«[37]

Eberhard Müller, der Vorsitzende der für die Denkschrift verantwortlichen Sozialkammer der EKD, kommentiert diesen Passus folgendermaßen:

»Durch die Veröffentlichung hat der Rat die Überzeugung ausgedrückt, daß ein konstruktives Handeln heute weithin gefährdet ist, weil die verschiedenen politischen Richtungen und Interessengruppen sich ohne Klarheit der ethischen Zielsetzung durch einseitige Interessenstandpunkte gegenseitig lahmlegen und

---

[36] Besonders bemerkenswert ist in diesem Zusammenhang, daß die Ausarbeitungen der Kammer für öffentliche Verantwortung, die nach der Vertriebenendenkschrift erschienen sind, nicht mehr mit einem Vorwort des Rats der EKD, sondern des Vorsitzenden der Kammer versehen sind, wie sie auch nicht mehr den Titel »Denkschrift« tragen. Durch beides soll offenbar das Verständnis für den Charakter dieser Dokumente als Diskussionsbeiträge gefördert werden.
[37] *Odin*, Die Denkschriften der EKD, S. 25.

darum zu bloßen Aushilfen statt zu gerechten und sachgemäßen Entscheidungen kommen.«[38]

Deutlicher als aus dem kommentierten Text geht aus dem Kommentar hervor, welches Selbstverständnis der Kirche hinter ihrer Stellungnahme zum Problem der Eigentumsbildung steht: Die Kirche ist Teil der Öffentlichkeit, die in der modernen Gesellschaft durch Verbände und Interessengruppen konstituiert wird.

Die Kirche unterscheidet sich von ihnen dadurch, daß sie nicht an partikulare Interessen gebunden ist. Dadurch, daß sie die — solche partikularen Interessen übergreifenden — ethischen Zielsetzungen des politischen und gesellschaftlichen Handelns deutlich macht, vermag sie zu einer Versachlichung der öffentlichen Diskussion beizutragen, die durch die Verhärtung der Interessenstandpunkte blockiert ist. Aus diesem Verständnis leitet die Kirche das Recht her, sich in ihrer Denkschrift nicht nur an die evangelischen Christen zu wenden — mit der Aufforderung, bei ihrem eigenen Handeln in der Öffentlichkeit die in der Denkschrift dargestellten Gesichtspunkte zu berücksichtigen —, sondern mit ihren Vorstellungen direkt an »die Öffentlichkeit« zu treten.

Durch die verbreitete These, die Kirche vertrete keine partikularen Interessen, wird die tatsächliche Abhängigkeit kirchlicher Stellungnahmen von gesellschaftlichen Interessen allerdings vielfach verdeckt. Diese Abhängigkeit zeigt sich bereits in der »Repräsentation organisierter Interessen« innerhalb der Kammern der EKD; insbesondere in den bisherigen Denkschriften der Kammer für soziale Ordnung wirkt sie sich in der Form aus, daß entschiedene Vorschläge verhindert werden und Formelkompromisse an deren Stelle treten[39].

Die Zielsetzung, zur »Versachlichung der Diskussion« beizutragen, wird in einer ganzen Reihe von Denkschriften ausgesprochen. Deutlicher als die Eigentumsdenkschrift nimmt die Vertriebenendenkschrift bereits im Vorwort auf die politische Situation Bezug, in der sie steht:

> Die Wunden des Zweiten Weltkriegs haben kaum angefangen zu verheilen; die Sprecher der Vertriebenen erheben immer wieder den Anspruch auf Wiederherstellung des früheren Rechtszustands, der von der Bundesregierung bestätigt wird; unter den Vertriebenen entsteht in dieser Situation Unruhe und Ungewißheit, von der die Kirche mitbetroffen ist. »Sie hält es daher um ihrer

---

[38] *E. Müller*, Eigentumsbildung in sozialer Verantwortung, S. 14.
[39] Besonders aufschlußreich dafür ist die Studie über Mitbestimmung in der Wirtschaft.

Verantwortung für diese Menschen willen, aber auch im Blick auf den ihr an ihrem Ort aufgetragenen Dienst für den Frieden zwischen den Völkern für ihre Pflicht, diesen Problemen und den Wegen zu ihrer Lösung nachzugehen. Sie kann und will sich damit nicht an die Stelle der zum politischen Handeln Berufenen setzen, aber sie kann hoffen, einen Beitrag zur Versachlichung der Diskussion und zur Urteilsbildung zu leisten, einige der bestehenden Spannungen zu beseitigen und damit die Wege zum politischen Handeln zu ebnen.«[40]

Schon das Tübinger Memorandum von 1961 hatte erklärt, »daß wir den Souveränitätsanspruch auf die Gebiete jenseits der Oder-Neiße-Linie werden verloren geben müssen«; dies sei eine Ansicht, die zwar von politisch verantwortlichen Kreisen in allen Parteien geteilt, aber aus innenpolitischen Rücksichten nicht ausgesprochen werde. »Eine Atmosphäre, die es der politischen Führung unmöglich macht, dem Volk die Wahrheit zu sagen, ist vergiftet.«[41] Ein Beitrag zur »Versachlichung der Diskussion«, durch die es möglich werden sollte, die reale Lage der Vertriebenen wie des deutschen Volkes insgesamt zur Kenntnis zu nehmen, war 1965 noch genauso dringend erforderlich wie 1961. Die evangelische Kirche hat in dieser Situation ihre Aufgabe darin gesehen, Einsichten auszusprechen, die politische Parteien mit Rücksicht auf ihre Wähler, gesellschaftliche Verbände mit Rücksicht auf ihre Mitglieder nicht auszusprechen wagten. Die damit übernommene Aufgabe, politische Tabus zu durchbrechen, konnte die Kirche nur durchhalten, wenn sie tatsächlich in der Lage war, sich von partikularen, gesellschaftlichen und nationalen Interessen frei zu machen, wenn sie das Risiko des Protests unter ihren eigenen Mitgliedern auf sich nahm und auf den ungeteilten Beifall der öffentlichen Meinung verzichtete. Darin, daß ihr dies möglich war, erwies sie sich jedenfalls bei diesem einen Vorgang als eine »Institution gesellschaftskritischer Freiheit«[42]; sie nahm stellvertretend eine Aufgabe wahr, die von den anderen Gruppen und Verbänden der Öffentlichkeit gescheut wurde.

Die Formel, die Denkschriften dienten der Versachlichung und Weiterführung der »öffentlichen Diskussion«, begegnet in verschiedenen Varianten ebenso in späteren Beiträgen der Kammer für öffentliche Verantwortung[43] wie auch in der Ehescheidungsdenkschrift[44]

---

[40] *Odin*, Die Denkschriften der EKD, S. 64.
[41] »Tübinger Memorandum«, in: *Picht*, Verantwortung des Geistes, S. 413.
[42] Siehe oben S. 481.
[43] Friedensaufgaben der Deutschen, S. 5; Friedensdienst der Christen, S. 5.

und der Landwirtschaftsdenkschrift, die verständlicherweise darüber hinaus die Bauern als Adressaten eigens erwähnt[45]. Einen anderen Weg geht die Mitbestimmungsstudie, in deren Vorwort es heißt:

> »Der Rat (sc. der EKD) legt diese Studie dem Deutschen Bundestag, der Bundesregierung, den Parteien sowie den Gewerkschaften und Arbeitgebervereinigungen vor. Er bittet sie, bei ihren Beratungen und Entscheidungen die dargelegten sozialethischen Erwägungen zu berücksichtigen.«[46]

Hier werden die Verbände und Organe der Öffentlichkeit, die für die Entscheidungsbildung in der Frage der Mitbestimmung maßgeblich sind, unmittelbar angesprochen. Die EKD versteht sich dabei als ein Verband, der sich an der Vorbereitung einer derartigen Entscheidung legitimerweise beteiligen kann, da er spezifische sozialethische Erwägungen in die Diskussion einzubringen hat. Ähnlich, wenn auch nicht so konkret, heißt es in der Vorbemerkung zu dem Sachverständigengutachten über »Gesellschaft und öffentliche Kommunikation in der Bundesrepublik Deutschland«, der Rat der EKD habe die Kirchenkanzlei beauftragt, das Gutachten »an interessierte Stellen und Persönlichkeiten in Kirche, Staat und Gesellschaft weiterzugeben«[47].

All diese Dokumente richten sich an die »Öffentlichkeit«[48], die sie unmittelbar und nicht vermittels einer innerkirchlichen Öffentlichkeit zu erreichen suchen; diese innerkirchliche Diskussion suchen sie freilich zugleich anzuregen, da die allgemeinen gesellschaftlichen Probleme sich als innerkirchliche Probleme spiegeln. Jedoch nur zwei der oben aufgezählten Dokumente wenden sich primär an kirchliche Adressaten — und zwar die Denkschrift über die Teilzeitarbeit von Frauen[49] sowie die Denkschrift über »Aufgaben und Grenzen kirchlicher Äußerungen zu gesellschaftlichen Fragen«, die in erster Linie als Beitrag »zur innerkirchlichen Klärung«, aber auch »als Grundlage für das Gespräch mit anderen Personen und Gruppen gedacht« ist[50]. Diese

---

[44] Zur Reform des Ehescheidungsrechts, S. 5.
[45] *Odin*, Die Denkschriften der EKD, S. 47.
[46] *E. Müller*, Mitbestimmung in der Wirtschaft, S. 6.
[47] Ev Komm 1, 1968, S. 715.
[48] Diesen Terminus verwendet auch die Denkschrift zu Fragen der Sexualethik, S. 5.
[49] Sie ist als Hilfe zur Urteilsbildung in den Gliedkirchen der EKD und den gesamtkirchlichen Werken und Verbänden gedacht (*Odin*, Die Denkschriften der EKD, S. 35). Mit dieser Aufgabenstellung stellt diese Arbeit unter den kirchlichen Denkschriften eine Ausnahme dar.
[50] Aufgaben und Grenzen kirchlicher Äußerungen zu gesellschaftlichen Fragen, S. 10.

Denkschrift bildet also eine Reaktion auf die lebhafte innerkirchliche Diskussion der Frage, ob und in welchen Grenzen die Kirche zu Äußerungen über politische Fragen legitimiert sei.

Dieser Verständigungsversuch nimmt unter den Denkschriften eine Sonderstellung ein. Diese, so sahen wir, sollen in aller Regel der öffentlichen Diskussion unmittelbar zugute kommen; daß sie gleichzeitig der innerkirchlichen Meinungsbildung dienen sollen, ist eine gewichtige, aber gleichwohl sekundäre Aufgabe. Die Kirche begreift sich in solchen Stellungnahmen selbst als Verband in der Gesellschaft, der sich an der öffentlichen Meinungsbildung beteiligt. Ihrem Selbstverständnis nach unterscheidet sie sich von den anderen Gruppen und Verbänden dadurch, daß sie nicht an partikulare Interessen gebunden ist, sondern auf das Wohl aller Menschen bezogene ethische Zielsetzungen in die Diskussion einführen will. Dort, wo diese ethischen Zielsetzungen durch die Verhärtung der Interessengegensätze oder durch die Tabuisierung eines Problems verdeckt werden, ist ein kirchlicher Beitrag in besonderem Maß notwendig, der der Versachlichung der Diskussion und der Verständigung zugute kommen soll.

2. Die Denkschrift »Aufgaben und Grenzen kirchlicher Äußerungen zu gesellschaftlichen Fragen«

Die bisher aus der Betrachtung der Denkschriften gewonnenen Ergebnisse sollen nun mit den Aussagen verglichen werden, die die von der Kammer für soziale Ordnung erarbeitete und 1970 vom Rat der EKD veröffentlichte Denkschrift über »Aufgaben und Grenzen kirchlicher Äußerungen zu gesellschaftlichen Fragen« macht. Diese Denkschrift geht davon aus, daß die umfangreiche und vielgestaltige Öffentlichkeitsarbeit der EKD nach 1945 auf die Erfahrungen und Einsichten des Kirchenkampfs zurückzuführen ist. Die öffentliche Wirksamkeit der Kirche ist nicht auf den status confessionis zu beschränken, sondern greift über ihn hinaus; in all ihren Formen ist sie Teil des Verkündigungsauftrags, der auch das Nachdenken über eine gute und glaubwürdige Ordnung für eine »verantwortliche Gesellschaft« umfaßt. Die Beteiligung der Kirche an der öffentlichen Diskussion ist in der demokratischen Gesellschaft selbstverständlich, da diese auf den partnerschaftlichen Dialog der gesellschaftlichen Kräfte gar nicht verzichten kann und insbesondere auf Gruppen angewiesen ist, die an den jeweiligen Problemen kein besonderes Eigeninteresse haben[51].

An diesen einleitenden Überlegungen der Denkschrift fällt zweierlei auf. Der Denkschrift liegt ein Verständnis der Öffentlichkeit zugrunde, nach dem diese nicht unmittelbar durch die Individuen, sondern durch gesellschaftliche Gruppen und Verbände konstituiert wird. Diesen ordnet die Denkschrift die Kirchen mit großer Selbstverständlichkeit zu. Die Kirche kann sich der Stellungnahme zu wichtigen gesellschaftlichen Problemen also schon deshalb nicht entziehen, weil das ihrer Rolle als Verband in der demokratischen Gesellschaft widerspräche. Diese aus dem Wesen der demokratischen Gesellschaft abgeleitete Rolle konvergiert insofern mit dem der Kirche eigentümlichen Verkündigungsauftrag, als auch dieser die gesellschaftlichen und politischen Bezüge der Menschen mit umfaßt. Die zweite Beobachtung an der Einleitung der Denkschrift ist, daß sie auf die Begriffe verzichtet, mit denen das Verhältnis der Kirche zur Gesellschaft nach 1945 in Deutschland üblicherweise charakterisiert wurde; die Begriffe »Öffentlichkeitsanspruch« und »Öffentlichkeitsauftrag« der Kirche kommen in diesem Dokument nicht vor. Damit hängt zusammen, daß die Denkschrift zur Legitimation der öffentlichen Wirksamkeit der Kirche nicht auf staatskirchenrechtliche Normierungen, also auch nicht auf die »Loccumer Formel«[52] zurückgreift; dem Verdacht, sie würde das Verhältnis von Staat, Kirche und Gesellschaft im Sinn einer »Dyarchie öffentlicher Gewalten«[53] begreifen, unterliegt sie nicht. Sie beansprucht keinen Sonderstatus für die öffentliche Wirksamkeit der Kirchen im Vergleich mit anderen gesellschaftlichen Gruppen, sondern spricht ausdrücklich von einem »partnerschaftlichen Dialog«[54]. Das paternalistische Konzept des Verhältnisses von Kirche und Öffentlichkeit, das sich mit den Begriffen »Öffentlichkeitsanspruch« und »Öffentlichkeitsauftrag« nach 1945 vielfach verband, wird von der Denkschrift nicht übernommen. Eine innerkirchliche Diskussion und Rezeption dieser Denkschrift müßte deshalb weit über die unmittelbare Klärung der Aufgabe von Denkschriften hinaus eine Korrektur der Auffassungen über das Verhältnis von Kirche und Öffentlichkeit

---

[51] Aufgaben und Grenzen kirchlicher Äußerungen zu gesellschaftlichen Fragen, S. 7—9. — Vgl. zum Verständnis dieser Denkschrift insgesamt den ausführlichen Kommentar von *H. Schulze*, Ethik im Dialog.
[52] Siehe oben S. 512 f.
[53] Siehe oben S. 545 f.
[54] A. a. O., S. 9.

insgesamt zur Folge haben, die sich nach 1945 im allgemeinen durchgesetzt haben. Die »Denkschrift über die Denkschriften« selbst verzichtet darauf, aus ihren Überlegungen weiterreichende Konsequenzen für das Verhältnis von Kirche und Öffentlichkeit und insbesondere für die Beziehungen zwischen Kirche und Staat zu ziehen. Doch deutlich ist, daß die von ihr vertretenen Anschauungen weder mit einer dualistischen Interpretation der Zwei-Reiche-Lehre[55] noch mit der Theorie einer besonderen »Nähe« zwischen Kirche und Staat und der daraus hergeleiteten »Partnerschaft« beider »Gewalten«[56] zu vereinen ist. Nach der Konzeption der Denkschrift hat die Kirche nicht zuerst auf Grund institutioneller Sicherungen, sondern vielmehr durch den Inhalt ihrer öffentlichen Stellungnahmen auszuweisen, was sie von allen gesellschaftlichen Verbänden unterscheidet und wodurch ihrer Wirksamkeit zugleich öffentliche Bedeutung zukommt. Die Frage nach Distanz und Solidarität der Kirche in ihrem Verhältnis zur Gesellschaft ist also primär keine organisatorische, sondern eine inhaltliche Frage.

Die Denkschrift der Sozialkammer wendet sich nach den einleitenden Überlegungen sechs Fragen zu: 1. Warum soll und muß sich die Kirche zu politischen und gesellschaftlichen Fragen äußern? 2. Wer redet in solchen Stellungnahmen? 3. Zu wem wird gesprochen? 4. Wann soll das geschehen? 5. Welche Gesichtspunkte sind bei der Erarbeitung kirchlicher Stellungnahmen zu beachten? 6. Was ist für die Aufnahme und Auswirkung kirchlicher Äußerungen in den Gemeinden und in der Öffentlichkeit zu bedenken? Die Thesen der Denkschrift zu diesen Fragen seien hier in aller Kürze referiert.

1. Die Legitimation von kirchlichen Stellungnahmen zu politischen und gesellschaftlichen Problemen beruht auf dem umfassenden Verkündigungs- und Sendungsauftrag der Kirche und auf der mit diesem gegebenen Solidarität der Kirche mit den Nöten der Gesellschaft. Dieser Auftrag ist nicht auf den status confessionis beschränkt; vielmehr hat die Verkündigung in jeder Situation deutlich zu machen, daß das Evangelium keine wirklichkeitsferne Heilsbotschaft ist. Denn es enthält die Weisung an die Christen, ihr Leben als versöhnte Menschen in Mitmenschlichkeit zu führen und gemeinsam nach Bedingungen für eine gute Ordnung des menschlichen Zusammenlebens zu suchen. Die Ergebnisse solchen Überlegens kann die Kirche der Gesellschaft in der Form vernünftiger Argumentation vermitteln. In der von industriellen Arbeitsformen geprägten Gruppengesellschaft ist es Aufgabe der Kirche zu zeigen, »daß die

---

[55] A. a. O., S. 14; siehe oben S. 444 ff., 564 ff., 576 f.
[56] Siehe oben S. 502 ff.

Entwicklung der Gesellschaft den Einflüssen machtvoller Gruppeninteressen nicht einfach ausgeliefert ist, sondern daß es möglich ist, im Wirken für Gerechtigkeit und Frieden zu der gemeinsamen Willensbildung aus christlicher Verantwortung beizutragen«[57]. Die Kirche nimmt als eine Gruppe an dem gesellschaftlichen Dialog teil, die an dessen Ergebnis kein unmittelbares Eigeninteresse hat. Diesem Reden der Kirche muß die Entwicklung kirchlicher Dienste für die verschiedenen gesellschaftlichen Bereiche entsprechen[58].

2. Legitimes kirchliches Reden ist dadurch gekennzeichnet, daß in ihm der kirchliche Auftrag zur Verkündigung des Willens Gottes zum Ausdruck kommt. Dieser Gesichtspunkt, nicht die Frage nach der verbandsrechtlichen Legitimation der Redenden ist ausschlaggebend. Für kirchliche Äußerungen zu politischen und gesellschaftlichen Fragen ist entscheidend nicht die kirchenrechtliche Legitimation, sondern die Frage der Schrift- und Sachgemäßheit. In solchen Äußerungen spricht die Kirche rechtlich unverbindlich, aber sachlich verbindlich, »weil und soweit ihre Äußerung in Beziehung steht zu dem Anspruch des Evangeliums und zu der Entscheidung auffordert, diese Rede als mit dem Gebot Gottes und gewissenhaft angewandter Vernunft übereinstimmend anzunehmen oder sie als nicht übereinstimmend abzulehnen«[59]. Für die Verbindlichkeit kirchlicher Äußerungen kann deshalb die Einmütigkeit nicht der ausschlaggebende Maßstab sein. Auch zu gesellschaftlichen und politischen Problemen sind allerdings Äußerungen anzustreben, die von kirchenleitenden Organen verantwortet werden. Dabei sind Verfahren zugrunde zu legen, die ein größtmögliches Maß an Objektivität, Sachkunde und theologischer Sorgfalt gewährleisten. »Nur sofern die Öffentlichkeit aus gemachter Erfahrung damit rechnen kann, daß die leitenden kirchlichen Gremien besonders sorgfältig vorgehen, ... vermutet sie auch ein besonderes sachliches und theologisches Gewicht.«[60] Die faktisch erhöhte Autorität, die solchen Dokumenten zukommt, wenn sie durch kirchenleitende Organe verantwortet werden, darf jedoch nicht als lehramtliche Verbindlichkeit mißverstanden werden. In einem solchen Verfahren eine Gefährdung kirchlicher Einheit zu sehen, widerspricht dem Selbstverständnis der Kirche; denn sie braucht die Auseinandersetzung über Sach- und Schriftgemäßheit ihrer Äußerungen nicht zu fürchten, sondern muß sie anstreben. Die gesellschaftliche Mitverantwortung der einzelnen Christen zu bejahen, die der Kirche dagegen zu verneinen, ist unmöglich, da jede Konkretisierung des Wortes Gottes eine Beurteilung zeitbedingter Sachverhalte einschließt und die Scheidung zwischen dem Bereich des einzelnen Christen und dem Bereich der Kirche deshalb undurchführbar ist. Dem Vorwurf, die Kirche betreibe in ihren Stellungnahmen Interessenpolitik wie andere Verbände, kann nur dann begegnet werden, wenn zwischen Stellungnahmen, in denen die Kirche sich zur Wahrung eigener Interessen äußert, und Stellungnahmen zu gesellschaftlichen und politischen Problemen aus christlicher Verantwortung von vornherein streng unterschieden wird. Kirchliche Verbandsinteressen dürfen

---

[57] A. a. O., S. 13.
[58] Ebd., S. 10—13.
[59] Ebd., S. 19.
[60] Ebd., S. 21. Man messe an diesem Kriterium nochmals die oben S. 584 f. erwähnte Publikation »Das Gesetz des Staates und die sittliche Ordnung«.

nicht zu einem Verhalten führen, das dem Dienstcharakter der öffentlichen Wirksamkeit der Kirche widerspricht. Es muß erkennbar sein, daß die Kirche nicht die Verwirklichung einer »christlichen Gesellschaftsordnung« auf Kosten Andersdenkender anstrebt, sondern einen Beitrag zum dialogischen Prozeß der Entscheidungsfindung leisten will.« »Diese Zielrichtung würde verdeckt und der Vorwurf der Klerikalisierung zurecht herausgefordert, wenn die Kirche ein Maximum an institutioneller Sicherheit und politischem Einfluß anstreben und zugleich ihre Äußerungen gegen öffentliche Kritik abschirmen wollte.«[61]

3. Kirchliche Äußerungen zu gesellschaftlichen und politischen Fragen zielen zunächst auf innerkirchliche Klärung und Besinnung. Sie leisten darüber hinaus einen Beitrag zur öffentlichen Diskussion; dabei ist es besonders wichtig, daß sie zur Auflockerung und Überwindung verhärteter Fronten zu verhelfen suchen. Indem sie sich an den einzelnen Christen wenden, fordern sie ihn auf, seinen Glauben auch im politisch-gesellschaftlichen Bereich zu bewähren. Als unmittelbares Angebot an die Gesellschaft suchen die kirchlichen Äußerungen die Verwirklichung von »Liebe durch Strukturen«[62] voranzutreiben. Solche Stellungnahmen decken sich nicht selten mit Argumentationen von Nichtchristen und zielen unter anderem auf die Kooperation der Kirchen und der Christen mit nichtkirchlichen Organisationen und mit allen Menschen guten Willens[63].

4. Für die Frage nach dem Zeitpunkt kirchlichen Redens gelten vier Gesichtspunkte: 1) Der Verkündigungsauftrag läßt eine prinzipielle zeitliche Beschränkung nicht zu. 2) Das Reden der Kirche hat immer nur eine begrenzte zeitliche Reichweite und muß deshalb immer wieder überprüft werden. 3) Die Kirche darf mit ihrem Wort nicht zu spät kommen, muß es auf der anderen Seite jedoch vermeiden, Unausgereiftes zu sagen. 4) »Die Kirche *darf* und *soll* reden, wenn sie sich durch konkrete Inanspruchnahme oder durch ihre Beurteilung der Lage aufgefordert sieht. Sie *muß* spätestens reden, wenn Schweigen nicht möglich ist, ohne schuldig zu werden.«[64] »Der Zeitpunkt für einen Beitrag der Kirche ist namentlich dann gekommen, wenn die konkurrierenden gesellschaftlichen Gruppen zu sachgemäßen Analysen und Lösungen infolge übermäßiger Interessenbindungen außerstande sind, wenn das erforderliche Handeln durch Wunschdenken blockiert ist, wenn eine Gruppe ihre Belange nicht zu Gehör bringen kann und dadurch gesellschaftlich benachteiligt wird oder wenn die ›Berufenen‹ untätig bleiben.«[65]

5. Für die Erarbeitung kirchlicher Stellungnahmen ist eine sachkundige Analyse des Sachverhalts auf der einen, die sorgfältige theologische Reflexion auf der anderen Seite notwendig. Die Denkschrift übernimmt den in der ökumenischen Diskussion entwickelten Gedanken der »mittleren Axiome«, wonach sich aus der Verbindung von Glaubensaussagen und vernunftgemäßem Erfahrungswissen verallgemeinerte, geschichtlich überholbare Richtlinien zur Handlungs-

---

[61] Ebd., S. 25; zum Ganzen ebd., S. 17–25.
[62] Siehe oben S. 569 f.
[63] A. a. O., S. 25–27.
[64] Ebd., S. 28.
[65] Ebd., S. 29; zum Ganzen ebd., S. 27–29.

orientierung ergeben. Kirchliche Äußerungen können sich der Aufgabe nicht entziehen, vorausschauende Konzeptionen für menschliches Zusammenleben im Horizont der Weltgesellschaft zu entwickeln. Sie dürfen auf Konkretisierung nicht verzichten und brauchen den dann zu erwartenden Vorwurf der Unzuständigkeit und Parteilichkeit nicht zu scheuen. Wenn einzelne Gruppen durch kirchliche Stellungnahmen besonders betroffen sind, sollten ihre Vertreter an vorbereitenden Gesprächen beteiligt werden; es gibt jedoch keinen Grund, sie an der endgültigen Entscheidung unmittelbar mitwirken zu lassen, da diese in relativer Unabhängigkeit getroffen werden sollte[66].

6. Im Blick auf die Aufnahme von Denkschriften in der Öffentlichkeit ist zu berücksichtigen, daß ihre Leser nur selten Hörer der Predigt sind. Die Diskussion mit den betroffenen Gruppen nach der Veröffentlichung ist vor allem durch übergemeindliche Veranstaltungen herbeizuführen. Daneben sollten Denkschriften in den Gemeinden durch besondere Veranstaltungen erläutert werden; dafür sind zu jeder Denkschrift Arbeitshilfen erforderlich[67].

Die Denkschrift »Aufgaben und Grenzen kirchlicher Äußerungen zu gesellschaftlichen Fragen« beschreibt nicht, welche Überlegungen für die bisherigen Denkschriften faktisch bestimmend waren, sondern welche — nach der Überzeugung der Verfasser — grundsätzlich leitend sein müssen. Dennoch ist ein Vergleich dieser Überlegungen mit den bisherigen Denkschriften aufschlußreich. Dabei tritt ein Unterschied besonders deutlich hervor. Die »Denkschrift über die Denkschriften« nennt als Adressaten kirchlicher Äußerungen die innerkirchliche Öffentlichkeit an erster Stelle; die früheren Denkschriften haben das, wir wir sahen, fast nie getan[68], sondern waren unmittelbar an die gesellschaftliche Öffentlichkeit gerichtet. Sie sprachen direkt zu den von einer gesellschaftlichen oder politischen Entscheidung betroffenen oder an ihr beteiligten Gruppen; erst in zweiter Linie wurde hinzugefügt, daß sie auch zur innerkirchlichen Meinungsbildung beitragen sollten. Man mag diesen Unterschied für geringfügig halten, zumal die Unterscheidung von gesellschaftlicher und innerkirchlicher Öffentlichkeit in einer — sei es auch weitgehend nur noch formal — volkskirchlichen Situation nur relative Bedeutung besitzt: es läßt sich nicht eindeutig sagen, ob ein Vertriebener durch die Vertriebenendenkschrift in seiner Rolle als Vertriebener oder in seiner Rolle als Kirchenmitglied angesprochen wurde, ob seine Reaktion als Beitrag zur innerkirchlichen Meinungsbildung oder zum Dialog zwischen gesellschaftlichen Gruppen zu zählen ist. Das Problem der »overlapping

---

[66] Ebd., S. 30—34.
[67] Ebd., S. 34—35.
[68] Siehe oben S. 592 f.

memberships«[69] zeigt sich auch an diesem Beispiel. Doch trotz dieser Relativierung kommt der Frage nach dem Stellenwert innerkirchlicher Diskussion grundsätzliche Bedeutung zu. Die »Denkschrift über die Denkschriften« wertet sie zwar im Vergleich zu früheren Dokumenten auf. Doch auch sie kennt diese Diskussion nur als ein Konsekutivum, nicht als Voraussetzung einer kirchlichen Stellungnahme. Die Frage wird gar nicht gestellt, ob innerkirchliche Öffentlichkeit ein Medium ist, in dem kirchliche Stellungnahmen zu gesellschaftlichen und politischen Fragen diskutiert und erarbeitet werden müßten, wenn sie als *kirchliche* (und nicht nur kirchenamtliche) Äußerungen angesehen werden sollen. Auch die Denkschriften der letzten Jahre entbehren, wie die meisten Formen kirchenleitender Tätigkeit, des Rückhalts an der Basis der christlichen Gemeinden: Die Tatsache, daß kirchliche Gremien sich mit bestimmten Fragen beschäftigten, war unbekannt; die Namen der Mitglieder dieser Gremien blieben im Dunkeln[70]; die Art, wie diese Gremien zustande kamen, war unklar[71]; damit war für die Gemeinden die persönliche und sachliche Legitimation der Autoren der Denkschriften undeutlich.

Auch an den Denkschriften zeigt sich also, daß die Kirche als Institution insbesondere in ihren übergemeindlichen Aktivitäten von ihrer Basis isoliert ist; die »Denkschrift über die Denkschriften« hat dieses Problem leider nicht ausreichend erörtert. Den Denkschriften muß, wenn sie einen wirklich erheblichen Beitrag zur Förderung der politischen und gesellschaftlichen Entwicklung leisten wollen, »ein Prozeß vorbereitender Bewußtseinsklärung«[72] vorausgehen. Andernfalls werden sie zu leicht als autoritative Dokumente mißverstanden, was die Diskussion ihrer Sachargumente auf gefährliche Weise erschwert. Sind die Denkschriften nicht in einen längerfristigen Prozeß innerkirchlicher Bewußtseinsklärung eingebettet, so bringen sie nur ans Licht, daß die Kirche die Verfassung der Gesamtgesellschaft genau widerspiegelt; dann kann sie jedoch bei der Austragung von Kon-

---

[69] Siehe oben S. 533 f.
[70] Erst seit der Mitbestimmungsstudie enthalten die meisten Denkschriften Listen der Kammer- bzw. Kommissionsmitglieder; eine solche fehlt dagegen noch in der Thesenreihe über den »Friedensdienst der Christen« und in der Studie »Sport, Mensch und Gesellschaft«.
[71] Schon 1954 hielt *H. Brunotte* in seinem Kommentar zur Grundordnung der EKD (S. 223) ein Kirchengesetz über die Kammern für notwendig; dazu ist es bis heute nicht gekommen.
[72] *G. Scharffenorth*, Bilanz der Ostdenkschrift, S. 85; vgl. oben S. 416 f.

flikten in keinem Sinn einen paradigmatischen Charakter beanspruchen und eine helfende Funktion wahrnehmen. Wenn die Denkschriften zur Versachlichung der öffentlichen Diskussion beitragen sollen, dann müssen sie an die Basis der Gemeinden rückgekoppelt sein, damit diese dazu in der Lage sind, ihrerseits in ihrer gesellschaftlichen Umwelt einen Beitrag zur Versachlichung des Konfliktaustrags zu leisten. In diesem Sinn stellt sich auch angesichts der Denkschriften die Frage nach der »Demokratisierung« der evangelischen Kirche. Denn außer den beiden von der »Denkschrift über die Denkschriften« genannten Kriterien muß noch ein drittes Kriterium dafür genannt werden, daß ein Dokument den Namen einer »evangelischen Denkschrift« verdient: außer Schriftgemäßheit und Sachgemäßheit ist als dieses dritte Kriterium die »Gemeindegemäßheit« zu nennen. Damit ist nicht gemeint, daß eine evangelische Denkschrift die Interessenlage der evangelischen Gesamtbevölkerung zu spiegeln habe, sondern daß Denkschriften einem Diskussions- und Kommunikationsprozeß entstammen sollen, der an der Basis der Gemeinden seinen Ausgangspunkt nimmt und auf diese zurückwirkt. Nur dann kann man von den Gemeinden auch eine Mitverantwortung für mögliche Konsequenzen solcher kirchlicher Äußerungen erwarten[73].

3. Abschließende Erwägungen: Der theologische Ort der Denkschriften

Wie sich in dem Überblick über juristische Interpretationen des Verhältnisses von Kirche und Öffentlichkeit ergab[74], steuert die staatskirchenrechtliche Diskussion mit einer gewissen Notwendigkeit darauf hin, die Kirchen unter dem Blickwinkel der Öffentlichkeit als Verbände zu begreifen. Diese Rolle wird von der evangelischen Kirche wenigstens in einem Bereich ihrer Wirksamkeit akzeptiert: nach der den Denkschriften zugrunde liegenden Konzeption partizipiert die Kirche als Verband an der öffentlichen Meinungsbildung. Diese Konzeption wird von der »Denkschrift über die Denkschriften« ausdrücklich bestätigt. Das Verständnis der Kirche als Verband ist weder theologisch noch soziologisch noch rechtlich eine umfassende Bestimmung des Wesens der Kirche und ihres Ortes in der modernen Gesellschaft.

---

[73] Vgl. die Aufnahme dieser Überlegungen bei *U. Duchrow*, »Kirchentag mit neuer Öffentlichkeit«.
[74] Siehe oben S. 545 ff.

Doch an seiner Durchsetzung zeigt sich, daß die Kirche die Kommunikationsbedingungen der modernen Gesellschaft zu akzeptieren beginnt und in ihrer Teilnahme an der öffentlichen Meinungsbildung mehr und mehr auf den privilegierten Status verzichtet, den man aus ihrer Stellung als »Körperschaft des öffentlichen Rechts« herleitete und der der deutschen Tradition in besonderem Maß entsprach.

Welche Bedeutung haben die Denkschriften für das öffentliche Handeln der Kirche als Verband? Hans Schulze hat die evangelischen Denkschriften als »Modelle theologischer Handlungslehre« interpretiert[75]. Theologische Handlungslehre, so definiert er, »ist Ethik, die es mit den auf das irdische Wohl der Menschen bezogenen Zielen und Mitteln des Handelns unter der Voraussetzung des von Gott geoffenbarten Heils zu tun hat. In diesem Sinne gibt sie Anweisung zu einem im Rahmen gesellschaftsimmanenter Zusammenhänge an Gott orientierten Handeln.«[76] Schulze unterscheidet theologische Handlungslehre von paränetischer Ethik einerseits, von ordnungstheologischer Ethik andererseits. Beide sind orientiert an vorgefundenen Ordnungen und Schemata des Verhaltens, die mit dem Willen Gottes identifiziert werden. Theologische Handlungslehre dagegen geht davon aus, daß die Ordnungen der Gesellschaft »nicht auf unwandelbaren Schöpfungsordnungen aufruhen, sondern Produkte des menschlichen Handelns sind«[77]. In der modernen Welt produziert der Mensch selbst, indem er gesellschaftsgestaltend tätig wird, Dasein; für diese Gestaltung von Welt und Gesellschaft übernimmt die Christenheit Mitverantwortung. Theologische Handlungslehre ist die Reflexion dieser Mitverantwortung. Sie kann nur im Dialog und in Kooperation mit der pluralistischen Umwelt entwickelt werden; in diesem Dialog kann sich die Theologie nicht auf einen traditionellen ethischen Bestand, sondern nur auf die Kraft ihrer Argumente stützen. Theologische Handlungslehre unterscheidet sich von anderen Handlungslehren dadurch, daß sie in der Frage der Handlungsimpulse auf Gott verweist. Die Distanz zur Gegenstandswelt, die Freiheit zum

---

[75] *H. Schulze,* »Begriffe und Kriterien einer theologischen Handlungslehre«, S. 195 ff. — Auch *G. Sauter,* »Kirche und Öffentlichkeit«, expliziert das theologische Problem von »Kirche und Öffentlichkeit« vorzugsweise an den Denkschriften. Er verfolgt die »öffentlichkeitsbildende« Rolle der Kirche in ihre Verkündigung zurück und sieht deren Aufgaben in der Anleitung zur Urteilsbildung (vgl. bes. S. 94 ff.).
[76] *H. Schulze,* a. a. O., S. 188.
[77] Ebd., S. 191.

Handeln überhaupt erst ermöglicht, gewinnt der Christ, so sagt sie, aus seinem Sein coram deo. Diese zur Handlungsfreiheit notwendige Distanz also ist der soziologische Ort des Eschatologischen[78].

Die Besonderheit evangelischer Denkschriften, versteht man sie als Modelle theologischer Handlungslehre, hat Schulze durch eine Reihe von Unterscheidungen zu verdeutlichen gesucht. Die Denkschriften sind situationsspezifisch und unterscheiden sich darin von »apostolischer Heilsverkündigung«, die »situationsunspezifisch« ist[79]. Sie sind nicht Rede an die Gottesdienstgemeinde, sondern an die »weltliche Christenheit«[80], also an die Gemeinde, »sofern sie sich zugleich in gesellschaftlicher Position befindet«[81]. Theologische Relevanz gewinnen sie nicht infolge ihrer Verkündung durch kirchenleitende Organe, sondern durch eine gelungene Zuordnung von Sachaussagen und Glaubensaussagen[82]. Sie sind nicht Proklamation vorgegebener Ordnung, sondern Ratschlag zu einem öffentlichen Problem mit begrenzter Reichweite, Anstoß zu einem Dialog[83]. Sie sind »nicht Paränese, also Seelsorge im engeren Sinne, weil sie stets zugleich Rede an die Öffentlichkeit« sind; sie sind nicht nur Schärfung der Gewissen, sondern Durchdringung von komplexen Tatbeständen; sie sind nicht Mission, sondern Konfrontation von Sachverhalten und Glaubensaussagen[84].

Diese Unterscheidungen scheinen in erheblichem Umfang mißverständlich oder irreführend zu sein. Dieser Einwand läßt sich am ehesten an dem Gebrauch erläutern, den Schulze von der Unterscheidung zwischen »Gottesdienstgemeinde« und »weltlicher Christenheit« macht. Bei Wendland, der diese Unterscheidung vorgeschlagen hat, hat diese den Sinn, den sozialen Träger, der den Überschritt des Kerygmas in die Gesellschaft ermöglicht, näher zu bezeichnen: die »weltliche Christenheit« ist »die einzige Brücke, durch die das Kerygma und die soziale Ordnung zu einer realen, offenen Begegnung miteinander gebracht werden können«[85]. Konstitutiv für die weltliche Christenheit ist deshalb aber gerade der Rückbezug auf Sendung und Auftrag Christi und damit ihr unmittelbarer Zusammenhang mit

---

[78] Ebd., S. 194.
[79] Ebd., S. 196.
[80] Siehe oben S. 471 f.
[81] A. a. O., S. 197.
[82] Ebd.
[83] Ebd.
[84] Ebd., S. 198.
[85] *H. D. Wendland,* Botschaft an die soziale Welt, S. 57.

der Gottesdienstgemeinde. Die Gottesdienstgemeinde kann dann jedoch nicht lediglich der Ort einer »apostolischen Heilsverkündigung« von »situationsunspezifischem« Charakter sein; sie ist vielmehr Ort einer Verkündigung, die zum Handeln der weltlichen Christenheit ermächtigt und ermutigt, die deshalb in hohem Maß »situationsspezifisch« ist. Die »Schärfung der Gewissen« in Gottesdienst und Seelsorge ist deshalb auch von den komplexen Tatbeständen nicht zu trennen, denen Christen sich in der Gesellschaft gegenüber sehen, sondern kann nur in der Auseinandersetzung mit ihnen vollzogen werden.

Die von Schulze vorgeschlagenen Unterscheidungen isolieren die Denkschriften als Modelle theologischer Handlungslehre vom Lebensvollzug christlicher Gemeinden; dadurch wird auch die Frage ausgeschaltet, inwieweit evangelische Denkschriften einem kirchlichen Kommunikationsprozeß entstammen und auf diesen zurückwirken sollen. Sie werden vielmehr als »wissenschaftliche Vorleistung« des theologischen Vermittlungsdienstes, den die weltliche Christenheit zu leisten habe[86], bezeichnet und damit in die *ausschließliche* Kompetenz der Sachverständigen, die an ihrer Ausarbeitung beteiligt sind, gestellt.

Unter den Bedingungen der wissenschaftlichen Zivilisation läßt sich zwischen der »Schärfung der Gewissen« und der »Durchdringung komplexer Tatbestände« nicht mehr prinzipiell unterscheiden; angesichts des grundsätzlich öffentlichen Charakters der Evangeliumsverkündigung[87] kommt auch der Unterscheidung von »Paränese« und »Rede an die Öffentlichkeit« allenfalls eine sehr eingeschränkte Bedeutung zu. Orientiert man sich zur Aufklärung dieser Unterscheidung an der paulinischen Theologie, so wird man statt von »Paränese« von »Paraklese« zu sprechen haben[88]: Paraklese meint die Entfaltung der neuen, durch Christus eröffneten Lebenswirklichkeit der Christen in die verschiedenen Weltbezüge hinein. Paradigmatisch für den Vorgang der Paraklese ist die Aufforderung an die Christen zu prüfen, »was der Wille Gottes sei: das Gute, Wohlgefällige und Vollkommene« (Rm 12,2). Solche Prüfung vollzieht sich in der kritischen Wahrnehmung der Wirklichkeit, in der kritischen Rezeption christlicher wie nichtchristlicher Orientierungen des Handelns in die-

---

[86] *H. Schulze,* a. a. O., S. 200.
[87] Siehe oben S. 53 ff., unten S. 616 ff.
[88] Vgl. *A. Grabner-Haider,* Paraklese und Eschatologie bei Paulus; *U. Duchrow,* Christenheit und Weltverantwortung, S. 113 ff.

ser Wirklichkeit, in der kritischen Prüfung all dessen im Licht der Liebe. Versteht man den Ansatz christlicher Ethik in dieser paulinischen Perspektive, so ist die Unterscheidung zwischen der Schärfung der Gewissen (Paränese) im Sinn eines Verweises auf das immer Gleiche einerseits und der Durchdringung der sich wandelnden komplexen Tatbestände andererseits nicht mehr möglich. Allerdings zeigt sich gerade im Licht dieses Ansatzes die ungeheure Veränderung, der alles ethische Denken heute unterworfen ist: ethische Entscheidungen setzen ein ständig wachsendes Maß an Information voraus. Wegen der komplexen Struktur ethischer Probleme werden Information und Kommunikation zu Prozessen, in denen allein ethische Wahrheit noch gewiß werden kann. »Das ethisch Gute und das Vernünftige und für die Welt Heilsame scheint sich ... in den Vorgang der Kommunikation selbst zu verlagern. Wahrheit scheint sich nur in universaler Kommunikation zu entschlüsseln.«[89] Die intensive Kommunikation zwischen Sachverständigen unter Berücksichtigung der einschlägigen und verfügbaren Informationen und die Konfrontation einer dadurch gewonnenen Sachanalyse mit den humanen Kriterien, die sich aus den Impulsen der christlichen Tradition ergeben, wird deshalb zum paradigmatischen Vorgang für ethische Urteilsbildung überhaupt. Die Bildung ethischer Urteile über die zentralen Probleme des gegenwärtigen gesellschaftlichen und politischen Lebens ist nur in einem solchen vielseitigen Kommunikationsprozeß möglich; ihre wissenschaftliche Erarbeitung bedarf deshalb der interdisziplinären Kooperation. Die Denkschriften gehören also nicht einer von der »Paränese« getrennten Handlungslehre an; sondern zusammen mit dem Prozeß ihrer Entstehung bilden sie ein — weiter zu entwickelndes — Modell möglicher christlicher Ethik in der Gegenwart überhaupt; sie sind ein Modell der »Paraklese«, der Entfaltung der durch Christus eröffneten Lebenswirklichkeit in die verschiedenen Weltbezüge hinein.

Verständlicher als der Begriff der »Paraklese« mag der Begriff einer theologischen Handlungstheorie sein. Er ist dem Begriff der »Handlungslehre« vorzuziehen, weil er den argumentativen gegenüber dem autoritativen Charakter einer solchen Theorie hervorhebt. Außerdem lassen sich an ihm die Forderungen verdeutlichen, die auch an Denkschriften zu stellen sind, wenn sie den paradigmatischen Charakter haben sollen, von dem hier die Rede ist. Sie müssen

---

[89] *U. Duchrow*, »Leib Christi und moderne Kommunikationsstrukturen«, S. 172.

dann für einen bestimmten Problemkreis die Bedingungen des Handelns ebenso darstellen wie die möglichen Handlungsalternativen und das Verhältnis der von ihnen vorgeschlagenen Zielorientierung zu den Kriterien christlicher Tradition.

Theologische Handlungstheorie ist primär am Handeln der Christen, christlicher Gruppen, der Kirchen und der ökumenischen Weltchristenheit orientiert; sie sind in erster Linie die möglichen sozialen Träger einer Praxis dieser Theorie. Von daher mag es fraglich sein, ob man die Denkschriften einer theologischen Handlungstheorie zurechnen kann. Denn zum einen wenden diese sich in der Regel, wie wir sahen, unmittelbar an die Öffentlichkeit und nur in zweiter Linie auch an die Kirchen oder christlichen Gruppen. Zum andern sind sie sehr häufig nicht in einem strengen Sinn handlungsorientiert, sondern bewußtseinsorientiert: sie versuchen, auf das öffentliche Bewußtsein in bestimmten Fragen Einfluß zu nehmen und so Voraussetzungen dafür zu schaffen, daß die zuständigen Organe handeln können. Gelegentlich sind sie auch unmittelbar an politische Entscheidungsinstanzen oder an Verbände adressiert[90]. Die Ausarbeitung von Handlungsmodellen, die Darstellung der Konsequenzen einer bestimmten Zielfestlegung für das Handeln christlicher Gruppen – beides Elemente, die notwendigerweise zum Begriff einer theologischen Handlungstheorie gehören – sind in den Denkschriften bisher noch nicht entwickelt. Auch um dies zu leisten, wären die Autoren von Denkschriften auf die Kommunikation mit der Basis, etwa mit christlichen Gruppen, die auf eine Veränderung drängen, angewiesen[91].

Obgleich sie sich in aller Regel nicht an christliche Gruppen, sondern an »die Öffentlichkeit« wenden, können die Denkschriften als Modell theologischer Handlungstheorie angesehen werden, da entscheidende Kriterien für eine solche Theorie ihr argumentativer Charakter und ihre Kommunikabilität sind. Maßgeblich dafür ist, daß christliche Vorgaben und Impulse in den Denkschriften nicht verdeckt, sondern klar ausgesprochen und dadurch kommunikabel werden. Theologische Handlungstheorie kann heute ohne interdisziplinäre Diskussion nicht mehr formuliert werden. Schon hier also wird von der Theologie die Bereitschaft zu einem partnerschaftlichen, argumentierenden Dialog mit

---

[90] Vgl. dazu oben S. 591 f.
[91] Vgl. zu der Bedeutung derartiger Gruppen z. B. *U. Duchrow*, »Weltfrieden und das Problem ökumenischer Strukturen der Kirche«, S. 251 ff.; *Y. Spiegel*, Kirche als bürokratische Organisation, S. 67 ff.

den Wissenschaften gefordert. Die damit konstituierte Offenheit setzt sich durch die Denkschriften auf der Ebene der Gesellschaft fort. Denkschriften sind Vorschläge und Angebote der Kirche für die öffentliche Diskussion, die auch der Kritik derer ausgesetzt werden, die die christlichen Prämissen der Denkschriften nicht teilen. Sie sind Beiträge zu einem partnerschaftlichen Dialog zwischen der Kirche und den anderen Gruppen der Gesellschaft über elementare Probleme des gesellschaftlichen und politischen Zusammenlebens. Sie müssen auf einen deduktiven Argumentationsstil, der behauptet, aus christlichen Wahrheiten würden sich die richtigen gesellschaftlichen Konsequenzen ein für allemal in voller Eindeutigkeit ergeben, mit Notwendigkeit verzichten. Vielmehr sind sie durch ein »Hin und Her zwischen theologischen und durch Sachanalyse geleiteten Erwägungen« gekennzeichnet[92]. Die Unbestimmtheit dieser Formulierung zeigt sehr deutlich, daß auch die methodischen Probleme der Denkschriften in dem weithin ungeklärten Problem einer politischen Hermeneutik des Evangeliums ihren Grund haben. Gerade darin erweisen sich die Denkschriften als Exempel einer möglichen theologischen Handlungstheorie.

Fragen wir abschließend, welches Modell des Verhältnisses von Kirche und Öffentlichkeit uns in den Denkschriften entgegentritt, so ist es das Modell der gesamtgesellschaftlichen Diakonie. In den Denkschriften befindet sich die Kirche im »Überschritt zur Welt«[93]. Sie nimmt stellvertretend Aufgaben in der Gesellschaft wahr, die von anderen noch nicht wahrgenommen werden; sie durchbricht Tabus, die eine sachgemäße Diskussion politischer Probleme hindern; sie weist auf Gesichtspunkte hin, die jenseits der Interessenstandpunkte der beteiligten Gruppen liegen; sie führt ethische Zielvorstellungen in die öffentliche Diskussion ein, die in der Auseinandersetzung der Interessenten verdrängt werden; sie leistet Beiträge zur öffentlichen Konsensusbildung, die an den Zielen des Friedens und der sozialen Gerechtigkeit orientiert sind[94]. In all dem vertraut sie darauf, daß es ihr gelingt, partikulare Interessen zu überwinden und Stellungnahmen zu erarbeiten, die am *öffentlichen Interesse* orientiert sind.

---

[92] Aufgaben und Grenzen kirchlicher Äußerungen zu gesellschaftlichen Fragen, S. 31.
[93] Siehe oben S. 472.
[94] Als Intentionen der Denkschriften müssen diese Zielsetzungen festgehalten werden, obwohl den Kammern der EKD die Distanzierung von partikularen Interessen keineswegs immer gelungen ist; siehe dazu oben S. 590.

Indem sie sich auf den argumentativen Stil der Denkschrift einläßt, kann sie ihre eigene Freiheit von partikularen Interessen nicht nur deklaratorisch behaupten, sondern muß sie argumentierend unter Beweis stellen.

In den Denkschriften akzeptiert die evangelische Kirche ein Bild der Öffentlichkeit, nach dem diese sich in der Auseinandersetzung und in der Kommunikation der gesellschaftlichen Gruppen und Verbände konstituiert. Sie anerkennt damit ihre eigene Rolle als Verband, ohne sich in allen Merkmalen mit den anderen Verbänden zu identifizieren. Doch nicht durch einen herausgehobenen gesellschaftlichen Status, sondern durch Art und Ziel ihres Redens und Handelns hat die Kirche in der Gegenwart nachzuweisen, worin ihr Unterschied zu den anderen gesellschaftlichen Gruppen besteht: daß sie sich in der Nachfolge Jesu befindet, der lebte und starb, um für andere dazusein.

D. Schluß

XII. Der Öffentlichkeitsanspruch des Evangeliums und das öffentliche Handeln der Kirche

Es ist das Ziel dieser Untersuchungen, Beiträge zu einer Theorie der Kirche zu leisten — und zwar zu einer Theorie der Kirche, die ihr Augenmerk vor allem auf das korporative, öffentliche Handeln der Kirche richtet. In den »Fallstudien« haben wir exemplarisch verschiedene Gestalten des Verhältnisses von Kirche und Öffentlichkeit untersucht; wir sind zu dem Ergebnis gekommen, daß die gegenwärtige Gestalt dieses Verhältnisses durch die Überlagerung heterogener Motive gekennzeichnet ist, die am ehesten einer historischen Interpretation zugänglich sind. Die »Interpretationsanalysen« haben insbesondere zwei Ergebnisse erbracht: Zum einen ist deutlich geworden, daß theologische, juristische und kirchenpraktische Interpretationen nach 1945 eine erhebliche Bedeutung für die faktische Gestaltung des Verhältnisses von Kirche und Öffentlichkeit gewonnen haben; erinnert sei an die Rolle der Zwei-Reiche-Lehre oder des Konzepts von Staat und Kirche als öffentlichen Hoheitsmächten. Zum andern hat sich gezeigt, daß sich in den theologischen, juristischen und kirchenpraktischen Interpretationen des letzten Jahrzehnts die Tendenz zu einer Neubestimmung des Verhältnisses von Kirche und Öffentlichkeit abzeichnet, die selbst noch nicht zu vollständiger Klarheit gebracht und von der faktischen Gestaltung dieses Verhältnisses noch keineswegs eingeholt worden ist. Schematisierend kann man drei Ausgangspunkte für diese Neubestimmung angeben:

1. Im Rahmen einer eschatologisch orientierten Theologie muß das Verhältnis der Kirche zu Staat und Gesellschaft als ein kritisches (nicht als ein affirmatives oder legitimierendes) Verhältnis bestimmt werden.
2. In ihren rechtlichen Beziehungen zu Staat und Gesellschaft, in ihrem öffentlichen Handeln und in ihren Beiträgen zu öffentlicher Meinungsbildung muß die Kirche als Verband neben anderen Verbänden betrachtet werden.
3. Dieses öffentliche Handeln und diese Beiträge zu öffentlicher Meinungsbildung sollen einen gesellschaftsdiakonischen Charakter tragen.

Wir versuchen diese Interpretationsansätze abschließend weiterzuführen, indem wir folgende Schritte vollziehen: Wir achten zunächst auf die Veränderung des Horizonts für die Bestimmung des Verhältnisses von Kirche und Öffentlichkeit, die uns in den bisherigen Untersuchungen entgegengetreten ist; wir fragen sodann nach den Bestimmungen für die Öffentlichkeit der Kirche, die mit ihrem Ursprung gesetzt sind; wir erläutern schließlich zusammenfassend noch einmal die Kategorien, mit deren Hilfe das öffentliche Handeln der Kirche theoretisch erfaßt und eine solche Theorie auf ihre Kompatibilität mit den Aussagen der Ekklesiologie überprüft werden kann. Nicht eine summierende Aufreihung von Einzelergebnissen der vorstehenden Untersuchungen, sondern eine zusammenfassende und weiterführende Urteilsbildung, die auch für kirchliche Praxis orientierende Bedeutung zu entfalten vermag, ist das Ziel dieses Schlußkapitels.

1. Der Horizont für die Bestimmung des Verhältnisses von Kirche und Öffentlichkeit

Die Frage nach dem Verhältnis von Kirche und Öffentlichkeit wird immer innerhalb eines bestimmten zeitgeschichtlichen Zusammenhangs gestellt; er beeinflußt die Perspektiven, unter denen diese Frage diskutiert und die grundlegenden Entscheidungen getroffen werden. Alles kommt darauf an, daß dieser Zusammenhang bewußt gemacht und diese Perspektiven aufgeklärt werden; andernfalls werden die Grundentscheidungen für dieses Verhältnis auf der Basis unreflektierter Prämissen getroffen — bestimmend ist der zeitgeschichtliche Zusammenhang gleichwohl. In einer solchen Reflexion auf den Horizont für die Bestimmung des Verhältnisses von Kirche und Öffentlichkeit muß die jeweilige Herausforderung der Zeit für dieses Verhältnis deutlich werden; nur dadurch kann verhindert werden, daß man sich in dessen Bestimmung von vergangenen, in institutionellen Regelungen geronnenen Fragestellungen leiten läßt.

Für das 19. Jahrhundert stellte die Bildung und Entfaltung eines deutschen Nationalstaats weithin den Horizont für das Verhältnis von Kirche und Öffentlichkeit dar. Das »Bündnis von Thron und Altar« ging in ein »Bündnis von Nation und Religion« über. Die Konzepte von »Nationalkirche« und »Volkskirche«, das Programm einer Verchristlichung oder Verkirchlichung des ganzen deutschen Volkes fügten sich in diesen Horizont ein[1]. Seinen Höhepunkt und seine Krisis erlebte dieses Bündnis in Deutschland wie in anderen Ländern im Ersten Weltkrieg[2].

Diese Tradition behielt über die Zeit der Weimarer Republik und des Dritten Reichs hinweg auch nach 1945 Gewicht. Doch neben sie trat ein weiteres Element. Für Karl Barth und die Hauptvertreter der Bekennenden Kirche gaben die Erfahrungen des Kirchenkampfs weit über 1945 hinaus den Horizont ab, innerhalb dessen sie nach dem Verhältnis von Kirche und Öffentlichkeit fragten: die Eigenständigkeit der Kirche in ihrer Verkündigung wie in ihrer rechtlichen Gestalt, die Bedeutung der biblischen Botschaft für alle Bereiche der menschlichen Existenz, die Verbindlichkeit kirchlicher Ordnung für die Gestaltung auch des gesellschaftlichen und staatlichen Zusammenlebens traten auf Grund dieser Erfahrungen in den Vordergrund[3].

Überlagert wurde dieser Horizont nach 1945 von einem weiteren, der durch die Aufgabe des deutschen Wiederaufbaus und die Rolle, die der Kirche in ihm zukam, bestimmt war[4]. Aus theologischer Sicht wurde dieser Horizont in den ersten Nachkriegsjahren programmatisch von H. Thielicke folgendermaßen beschrieben:

»Die Kirche Jesu Christi in Deutschland befindet sich augenblicklich dabei, ihr Verhältnis zur Welt ganz neu zu ordnen, und zwar einfach deshalb, weil diese Welt äußerlich durch die ungeheuren Zerstörungen und Menschenausfälle und weil sie innerlich durch die Beseitigung des Nationalsozialismus total anders geworden ist.«[5] Das Besondere der Nachkriegssituation besteht darin, »daß die Kirche Jesu Christi einfach durch die Situation einer Welt, in der sie als einer der ganz wenigen Vertrauensfaktoren übrig geblieben ist, aufgefordert oder besser gezwungen ist, zu ganz konkreten Problemen der Öffentlichkeit Stellung zu nehmen: so zu Fragen der politischen und kommunalen Verwaltung; zur Wirtschaftsethik und damit auch — da lauter leere Räume entstanden sind — zum Aufbau einer neuen Wirtschaftsstruktur, zur Frage der Parteibildung und hier wieder besonders zum Problem einer christlichen Partei, ferner zum Schulproblem und zur Frage der Erziehung überhaupt; darüber hinaus zu allen Kulturgebieten, nicht zuletzt zu dem der Presse, und zwar keineswegs nur der christlichen Presse«[6].

Parallel zu der in diesen Worten sich andeutenden Entwicklung ist

---

[1] Siehe oben S. 422 ff.
[2] Siehe oben S. 140 ff.
[3] Siehe oben S. 453 ff., 551 ff.
[4] Siehe oben S. 120 ff.
[5] *H. Thielicke*, Kirche und Öffentlichkeit, S. 10.
[6] Ebd., S. 22.

eine andere Tendenz zu beobachten, in der die Impulse der Bekennenden Kirche stärker aufgenommen, der »politische Weg unseres Volkes« kritisch überprüft und Alternativen aus christlicher Verantwortung diskutiert werden. Als das entscheidende Dokument für den Beginn dieser Entwicklung wird man neben der Stuttgarter Schulderklärung von 1945[7] das »Wort des Bruderrates der Evangelischen Kirche in Deutschland zum politischen Weg unseres Volkes«[8] von 1947 anzusehen haben. Es geht davon aus, daß der Beitrag der Kirche zur politischen Entwicklung sich darauf gründen muß, daß ihr das »Wort von der Versöhnung der Welt mit Gott« aufgetragen ist. Der darin enthaltene Freispruch von aller Schuld vermag die Augen für die Irrwege zu öffnen, denen Volk und Kirche anheimgefallen sind. Als Irrweg wird der »Traum einer besonderen deutschen Sendung« bezeichnet; Irrweg und Verrat an der christlichen Freiheit wird das »Bündnis der Kirche mit den das Alte und Herkömmliche konservierenden Mächten« genannt; ein Irrweg wird darin gesehen, daß die marxistische Lehre von der Kirche nur verworfen, nicht aber als Hinweis dafür beachtet wurde, »die Sache der Armen und Entrechteten gemäß dem Evangelium von Gottes kommendem Reich zur Sache der Christenheit zu machen«. Die Parole »Christentum und abendländische Kultur« wird abgelehnt, die Formel »Umkehr zu Gott und Hinkehr zum Nächsten« ihr gegenübergestellt. Recht, Wohlfahrt, innerer Frieden und Versöhnung der Völker werden als Ziele christlicher Beteiligung am deutschen Wiederaufbau genannt.

In der Linie dieser Erklärung verstanden sich in den fünfziger Jahren die Stimmen im Bereich der Evangelischen Kirche in Deutschland, die sich kritisch gegen den herrschenden Antikommunismus wandten, gegen eine deutsche Wiederaufrüstung Einwände erhoben und die atomare Bewaffnung der Bundeswehr ablehnten. Am Ende der fünfziger Jahre ergab sich jedoch als Resultat dieser Entwicklung die Feststellung, daß diese kritische Wahrnehmung der öffentlichen Verantwortung der Christen und der Kirche sich nicht durchgesetzt habe. 1960 zog Karl Gerhard Steck das Résumé[9]:

»Obendrein könnten wir ja auch zu denen gehören, die sich einmal etwas von der Wahrnehmung unserer ethisch-politischen Verantwortung versprochen haben, die aber jetzt in tiefer Enttäuschung und Resignation erkennen

---

[7] G. *Heidtmann*, Hat die Kirche geschwiegen?, S. 19 f.
[8] Ebd., S. 33 ff.
[9] K. G. *Steck*, »Verlegenheit der Theologie heute«, S. 18.

müssen, daß wir hier nicht ohne weiteres etwas zu sagen haben, daß wir jedenfalls zu keinem wirklichen, umfassenden Konsensus der Christenheit kommen und daß das, was unter uns gesagt wird, im großen und ganzen wirkungslos bleibt.«

Die sechziger zeigen gegenüber den fünfziger Jahren ein verändertes Bild. Äußerlich wird das bereits daran sichtbar, daß Denkschriften nun zu den maßgeblichen Formen kirchlicher Äußerungen zu gesellschaftlichen Fragen werden[10]. Inhaltlich zeigt es sich daran, daß zwei Fragenkreise in den Mittelpunkt dieser kirchlichen Äußerungen treten: die Frage gesellschaftspolitischer Reformen und das Problem des Friedens stellen in zunehmendem Maß den Horizont dar, in dem das Verhältnis von Kirche und Öffentlichkeit artikuliert wird. Dabei stehen diese beiden Fragenkreise zunächst noch weithin unverbunden nebeneinander. Wie zunehmend deutlicher wird, muß jedoch das Problem des Friedens zur Leitfrage kirchlicher wie christlicher Weltverantwortung insgesamt werden; die Frage nach innergesellschaftlichen Reformen kann also von der Aufgabe des Friedens nicht mehr isoliert werden.

Daß diese für die Kirche einen hohen Rang einnehme, ist nach 1945 schon bald betont worden. So ging das oben zitierte Wort des Bruderrats der EKD von 1947 sehr pronociert von der Verkündigung der Versöhnung als dem zentralen Auftrag der Kirche aus. Noch deutlicher hat die Botschaft der EKD-Synode in Berlin-Weißensee »Was kann die Kirche für den Frieden tun?«[11] 1950 die Verantwortung der Kirche für den Frieden betont. Die heftige Auseinandersetzung über die Westorientierung der Bundesrepublik, über die Wiederbewaffnung, über die Einrichtung der Militärseelsorge[12] und über die atomare Bewaffnung der Bundeswehr in den folgenden Jahren gab vielfältigen Anlaß, die grundsätzliche Orientierung an der Aufgabe des Friedens in praktische Entscheidungen umzusetzen. Doch diese Entwicklung zeigte deutlich, daß für die Kirche als gesellschaftlichen Verband andere Interessen der Orientierung an der Friedensaufgabe konkurrierend zur Seite traten. Die Friedensverantwortung der Kirche wurde überlagert oder neutralisiert durch andere Faktoren in ihrem politischen Verhalten, die die Verbindung mit herrschenden Interessen förderten. Gleichwohl ist an der These festzuhalten,

---

[10] Siehe oben S. 380 ff., 579 ff.
[11] *Heidtmann*, a. a. O., S. 87 ff.
[12] Siehe oben S. 247 ff.

daß das Problem des Friedens sich immer deutlicher als der Horizont darstellt, innerhalb dessen das Verhältnis von Kirche und Öffentlichkeit gesehen werden muß. Dieses Problem kann heute nicht mehr allein unter der Perspektive des Ost-West-Verhältnisses betrachtet werden. Vielmehr haben insbesondere die großen ökumenischen Konferenzen der sechziger Jahre nachdrücklich deutlich gemacht, daß der Herd globaler Krisen und Konflikte sich im letzten Drittel des 20. Jahrhunderts zunehmend auf das Verhältnis zwischen Industriestaaten und Dritter Welt verschiebt. Eine neue Dimension erhält die Friedensproblematik ferner durch die ökologische Krise, die eine Umorientierung gesellschaftlicher Wertvorstellungen insbesondere in den Industriestaaten erfordert und neue Formen internationaler Kooperation erzwingt. Die ökumenische Christenheit gehört zu den wenigen nicht-gouvernementalen transnationalen Organisationen, die an einer Bewußtseinsveränderung in der Weltöffentlichkeit mitwirken und in einzelnen Konfliktsituationen zu produktiven Lösungen beitragen können. Sie hat an den großen Konflikten der gegenwärtigen Welt teil und muß ihren Auftrag zum Dienst der Versöhnung in diesen Konflikten verwirklichen[13]. In einer Zeit, die die Notwendigkeit des Weltfriedens einzusehen beginnt, tritt auch das Verhältnis von Kirche und Öffentlichkeit unausweichlich in diesen Horizont.

2. Der Öffentlichkeitsanspruch des Evangeliums

Das Verhältnis von Kirche und Öffentlichkeit gestaltet sich immer innerhalb eines zeitgeschichtlich bestimmten Horizonts. Doch aus diesem Horizont allein lassen sich nicht die Kriterien für dieses Verhältnis ableiten. Vielmehr bedarf es dazu eines Rückgriffs auf die christliche, insbesondere auf die biblische Tradition. Fragt man nach den ursprünglichen Bestimmungen für die öffentliche Dimension der Kirche, so wird man über das Neue Testament hinaus auf das Alte Testament zurückverwiesen. Denn nach dem Alten Testament überschneiden der Bereich des öffentlichen, politischen Lebens und der Bereich von Religion und Kultus einander nicht nur, sondern sie kommen miteinander zur Deckung. Dies ist darin begründet, daß der Ursprung der politischen Existenz des Volkes Israel in der geschichtlichen Füh-

---

[13] Vgl. *K.-H. Dejung*, Die Ökumenische Bewegung im Entwicklungskonflikt.

rung durch Jahwe, im Auszug aus Ägypten, gesehen wird[14]. Nach dem Bekenntnis Israels wird es zum Volk durch das geschichtliche Handeln Jahwes und ist deshalb auch als politische Größe »Volk Jahwes«, »Eigentum Jahwes«[15]. Der Stämmeverband Israels ist dadurch charakterisiert, daß er sich zur gemeinsamen und ausschließlichen Verehrung Jahwes zusammengeschlossen und verpflichtet hat[16]. Diese Verehrung Jahwes und die Beziehung zur Welt gehören für Israel zusammen: nicht die zeitlose Gegenwart Gottes in der ewigen Wiederkehr des Naturkreislaufes, sondern das geschichtliche Handeln Jahwes bestimmt den Ausgangspunkt für das Weltverhältnis des Alten Testaments[17]. Von dem Bekenntnis zur Rettungstat Gottes ist die Bildung des Zwölfstämmeverbands ebenso geprägt wie die Entwicklung Israels zum Königsvolk und die Verwandlung zum priesterlichen »Kirchenstaat« nach dem Exil[18]. Davon ist auch die Botschaft der Propheten geprägt; nicht nur die Kritik an den religiösen, sondern auch die damit untrennbar verbundene Kritik an den sozialen Zuständen in Israel hat ihren Grund in dem Verweis auf die geschichtliche Führung durch den Gott Israels[19]. Insofern kann man sagen, die prophetische Gesellschaftskritik wurzle darin, daß sie Jahwe als »Grund allen öffentlichen Lebens« auffaßt[20]. Deshalb besteht auch die Kritik an sozialen Zuständen zu allererst in dem Vorwurf, daß Israel die »Führungen und Gaben seines Gottes mißachtet hat«[21]. Daraus leiten die Propheten — vor allem Amos, Jesaja und Micha — das Recht her, im Namen Jahwes für die Aufrechterhaltung bzw. Wiederherstellung der besonderen Verfassung Israels einzutreten:

---

[14] Vgl. Dt. 26,5—10; dazu v. a. *G. von Rad*, Gesammelte Studien, S. 9 ff.; *L. Rost*, Das kleine Credo, S. 11 ff.; zuletzt *W. Zimmerli*, »Alttestamentliche Traditionsgeschichte und Theologie«, S. 632 ff.
[15] Vgl. die Arbeiten zu »Volk Gottes im Alten Testament«, insbesondere *L. Rost*, Das kleine Credo, S. 76 ff.; *H. W. Wolff*, »Volksgemeinde und Glaubensgemeinde«; *H.-J. Kraus*, Das Volk Gottes im Alten Testament; *N. Lohfink*, »Beobachtungen zur Geschichte des Ausdrucks ›ᶜām jahwaeh‹«.
[16] Vgl. Jos. 24; vgl. dazu *H.-J. Kraus*, a. a. O., S. 9 ff.
[17] *W. Zimmerli*, Die Weltlichkeit des Alten Testamentes, S. 15 ff.
[18] Ebd., S. 85.
[19] Vgl. v. a. *H.-J. Kraus*, Prophetie und Politik; ders., »Die prophetische Botschaft gegen das soziale Unrecht Israels«; *O.-H. Steck*, »Prophetische Kritik der Gesellschaft«; *K. Koch*, »Die Entstehung der sozialen Kritik bei den Profeten«.
[20] *O.-H. Steck*, a. a. O., S. 51.
[21] *G. von Rad*, Theologie des Alten Testaments, II, S. 423.

gleichzeitig mit der Treue zu dem Geschichtshandeln Jahwes fordern sie die Wahrung der Freiheit für die Familien des unteren Bauernstandes[22].

Die öffentliche Wirksamkeit der Propheten hat also vor allem den Charakter der Gesetzespredigt. Besonders deutlich ist die Beschreibung der Aufgabe des Propheten als Wächteramt bei Hesekiel (Hes. 33,1—9) auf die Aufgabe der Gesetzespredigt bezogen. Von diesem Verständnis der prophetischen Aufgabe ausgehend, ist auch in der Christentumsgeschichte die öffentliche Wirksamkeit der Kirche immer wieder als Predigt des Gesetzes bestimmt worden. Das Verhältnis von Kirche und Öffentlichkeit wurde so mit der Unterscheidung von Gesetz und Evangelium verknüpft[23]: während die Verkündigung des Evangeliums in der Gemeinde der Glaubenden geschieht, richtet sich die Predigt des Gesetzes — wegen der Universalität des göttlichen Gerichts — an alle Menschen; die öffentliche Aufgabe der Kirche besteht darin, diese Stimme des Gesetzes vernehmbar zu machen. Angesichts des alttestamentlichen Befunds ist es allerdings fraglich, ob eine derartige Isolierung der Gesetzespredigt theologisch vertretbar ist. Denn die Gesetzespredigt ist nach dem alttestamentlichen Verständnis auf die Rettungstat Jahwes bezogen; nicht nur das Gesetz, sondern auch der Segen Jahwes hat universalen Charakter. Auch nach neutestamentlichem Verständnis muß die Universalität des göttlichen Gerichts mit der Universalität des göttlichen Heilswillens zusammen gesehen werden; deshalb kann die öffentliche Wirksamkeit der Kirche nicht aus dem Auftrag der Gesetzespredigt allein, sondern sie muß aus dem Auftrag zur Predigt von Evangelium und Gesetz abgeleitet werden.

Ausgehend von der Rettungstat Jahwes, greift der Glaube Israels aus auf den Gesamtbereich von Geschichte und Natur; so wenig er eine Trennung der »Glaubensgemeinde« von der »Volksgemeinde« kennt, so wenig kennt er eine Isolierung eines religiösen Bereichs von der Öffentlichkeit der Welt. Deutlich ist dieser Zusammenhang insbesondere in Gen. 12,1—3, dem Zielpunkt der — jahwistischen — Urgeschichte[24], formuliert: Die Abraham gegebene Verheißung gilt nicht nur ihm und seiner Nachkommenschaft, sondern an der Stellung zu dieser Verheißung entscheidet sich für alle Menschen Heil und Gericht.

---

[22] Vgl. *K. Koch*, a. a. O., bes. S. 256.
[23] Siehe oben S. 441 ff.
[24] Zu der Diskussion über diesen Zusammenhang vgl. zuletzt *O.-H. Steck*, »Genesis 12,1—3 und die Urgeschichte des Jahwisten«.

Der Segen Abrahams ist verstanden als eine »Quelle universalen Segens«[25]. Dieser universale Grundzug findet sich an entscheidenden Stellen des Alten und Neuen Testaments wieder[26].

Blickt man von der geschilderten alttestamentlichen Linie auf das Neue Testament, so muß man sich allerdings zunächst vergegenwärtigen, daß die Voraussetzungen für das Verhältnis der christlichen Gemeinden zur Öffentlichkeit des römischen Reichs zunächst sehr anderer Art als die das Alte Testament prägenden Lebensbedingungen waren. Denn die christliche Kirche galt im vorkonstantinischen Imperium als cultus privatus — im Gegensatz zum offiziellen Staatskult, dem cultus publicus[27]. Gleichwohl war ihr der Auftrag zu öffentlicher Wirksamkeit von Anfang an mitgegeben. Mit Recht verweist man dafür immer wieder auf den Missionsbefehl (Mt. 28,18 ff.)[28]. Dort wird der alle Welt betreffende Auftrag der Kirche in der Universalität, der »Öffentlichkeit« Jesu, dem »alle Gewalt gegeben« ist »im Himmel und auf Erden« (v. 18), begründet. Dieser Text enthält also keinen »Öffentlichkeitsanspruch« der Kirche um ihrer selbst willen, sondern einen Öffentlichkeitsanspruch des Evangeliums bzw. Jesu selbst, den die Kirche zu vertreten und in dessen Dienst sie sich zu stellen hat. Dies wird auch daran deutlich, daß man im Neuen Testament Äquivalente für das, was wir heute unter der öffentlichen Wirksamkeit der Gemeinde verstehen, am ehesten unter den dem Predigtgeschehen zugeordneten Begriffen findet: κηρύσσειν bezeichnet von der Wortbedeutung her einen öffentlichen Vorgang[29]: es ist die öffentliche Proklamation des Heilsgeschehens. Ebenso bezeichnet παρρησιάζεσθαι, das sich vor allem in der Apostelgeschichte findet, öffentliches, freimütiges Reden vor Juden (Apg. 2,29; 9,27 f.; 13,46; 18,26; 19,8), jüdischen Behörden (4,13; 26,26; cf. 4,5 ff.) oder Juden und Heiden (14,3)[30]. παρρησιάζεσθαι ist Reden vor dem »Forum der Öffent-

---

[25] G. von Rad, Das erste Buch Mose, Kap. 1—12,9, S. 133.
[26] Vgl. C. Westermann, »God and His People«, S. 260.
[27] Anders Ernst Wolf, in: ESL, Sp. 681: die Kirche sei von Anfang an ein »öffentlicher Körper«, nicht ein privater Kultverein gewesen. Der Versuch von G. Krüger, Rechtsstellung, dies nachzuweisen, muß jedoch wohl als gescheitert gelten. Vgl. v. a. A. Alföldi, Studien, S. 341 ff.; Vogt/Last, »Christenverfolgung«; P. Cornehl, »Öffentlicher Gottesdienst«, S. 128, S. 131.
[28] E. Wolf, a. a. O., Sp. 682; D. Pirson, in: EStL, Sp. 1390; H.-R. Müller-Schwefe, »Verkündigung und Öffentlichkeit«, S. 188.
[29] Vgl. G. Friedrich, Art. »κῆρυξ etc.«; S. von Kortzfleisch, Verkündigung und »öffentliche Meinungsbildung«, S. 106 ff.
[30] Vgl. Kortzfleisch, a. a. O., S. 99 f.

lichkeit des Volkes und der politisch-richterlichen Instanzen«[31]. Diese Öffentlichkeit erscheint in der Apostelgeschichte als feindliche Öffentlichkeit; das öffentliche Reden der Apostel hat immer den Charakter des Bekenntnisses.

Liegt in dem Wort κηρύσσειν der Hinweis auf den Herrn, dessen Auftrag der Bote auszurichten hat, so liegt ebenso in dem Wort παρρησιάζεσθαι der Hinweis auf das Evangelium, zu dem sich die Glieder der Gemeinde vor der Öffentlichkeit freimütig bekennen. Der öffentliche Anspruch, den sie vertreten, ist der Anspruch des Evangeliums und Jesu selbst.

Fragt man also nach der Dimension von »Öffentlichkeit«, auf die das Neue Testament zielt, so ist es die Universalität des Heilswillens Gottes, die in Jesus Christus offenbar geworden ist (vgl. 1. Tim. 2,4), jene Universalität, die jede Begrenzung auf eine regionale, nationale oder religiöse Öffentlichkeit sprengt (vgl. Eph. 2,14). Darauf gründet sich der Öffentlichkeitsanspruch des Evangeliums, in dessen Dienst der einzelne Apostel (vgl. 1. Tim. 2,7) wie die Kirche als ganze steht. Will man vom Verhältnis von Kirche und Öffentlichkeit theologisch zureichend sprechen, so muß also der Hinweis auf den universalen Heilswillen Gottes und den darauf bezogenen Anspruch des *Evangeliums* auf öffentliche, universale Geltung am Anfang stehen. Erkennt man diesen als einzig legitim an, so muß sich alle öffentliche Wirksamkeit der Kirche daran prüfen lassen, ob sie diesem Öffentlichkeitsanspruch des Evangeliums entspricht und dient. Ein derartiger »Anspruch« kommt dann allein dem Evangelium selbst zu, während man im Blick auf die Kirche lediglich von einem daraus abgeleiteten »Öffentlichkeitsauftrag« sprechen kann. Dagegen leistet die nach 1945 üblich gewordene Rede vom »Öffentlichkeitsanspruch der Kirche«[32] dem Verdacht Vorschub, daß die Kirche partikulare, wenn auch als allgemein ausgegebene Interessen in der Öffentlichkeit durchzusetzen sucht[33]. Allein der Ausdruck »Öffentlichkeitsauftrag der Kirche« würde deutlich machen, daß die Kirche ihre öffentliche Wirksamkeit nicht im eigenen Namen entfaltet, sondern als Dienst am Öffentlichkeitsanspruch des Evangeliums[34] versteht. Dieser erscheint den Nicht-

---

[31] H. *Schlier*, Art. »παρρησία etc.«, S. 880.
[32] Unter diesem Titel ist das Problem auch in die Nachschlagewerke eingegangen; vgl. *Wolf*, a. a. O.; *Pirson*, a. a. O.
[33] Vgl. G. *Picht*, Verantwortung des Geistes, S. 226 ff.
[34] Vgl. A. de *Quervain*, Der Öffentlichkeitsanspruch des Evangeliums. Mir

christen wie dem religiös neutralen Staat zwar als ein *Anspruch* auf öffentliche Wirksamkeit; gleichwohl muß er im Selbstverständnis der Kirche seine Grenze darin finden, daß die Kirche nicht zu einer öffentlichen Wirksamkeit um ihrer selbst willen berechtigt ist. Diese Grenze muß auch nach außen deutlich, sie muß auch für Nichtchristen und für den Staat verstehbar expliziert werden und am Handeln der Kirche ausweisbar sein. Eine sonderbare Verkehrung der Maßstäbe tritt jedenfalls dann ein, wenn — wie es nach 1945 geschehen ist — in Verträgen zwischen Staat und Kirche vom Öffentlichkeits*auftrag* der Kirche, in theologischen und kirchlichen Texten dagegen von ihrem Öffentlichkeits*anspruch* die Rede ist[35]. Denn allein der umgekehrte Sprachgebrauch ist sachlich zu begründen: der Staat vermag allein den *Anspruch* der Kirche auf öffentliche Wirksamkeit anzuerkennen; die Kirche vermag vor ihrem Selbstverständnis allein einen *Auftrag* zu öffentlichem Wirken zu rechtfertigen. Die staatliche Anerkennung eines kirchlichen Öffentlichkeitsauftrags nach 1945 ist allerdings in erster Linie auch nicht, wie immer wieder behauptet wurde, auf das staatliche Verständnis für die theologischen Einsichten des Kirchenkampfs zurückzuführen; sie entspricht vielmehr dem System einer Dyarchie der öffentlichen Gewalten von Staat und Kirche, das 1945 nach dem Zusammenbruch der staatlichen Ordnung in Deutschland errichtet wurde. In diesem dyarchischen System traf sich das Interesse des Staates an der herrschaftslegitimierenden Funktion der Kirche mit einem »Öffentlichkeitswillen« der Kirche[36], in dem allzu leicht der Öffentlichkeitsanspruch des Evangeliums mit dem Selbstentfaltungsinteresse der Kirche als eines gesellschaftlichen Verbandes identifiziert wurde. Ein Rückblick auf das Neue Testament belehrt uns darüber, daß ein solcher »Öffentlichkeitsanspruch« oder »Öffentlichkeitswille« der Kirche der theologischen Kritik unterliegt.

Doch auch aus gegenwärtiger theologischer Urteilsbildung läßt sich dieses Konzept des »Öffentlichkeitsanspruchs« oder »Öffentlichkeitswillens« der Kirche nicht begründen. Weder mit der Zwei-Reiche-Lehre noch mit der Lehre von der Königsherrschaft Christi, weder mit der Lehre von der gesellschaftlichen Diakonie der Kirche noch

---

scheint, daß man diesen Begriff trotz der Bedenken von *S. von Kortzfleisch*, Verkündigung und »öffentliche Meinungsbildung«, S. 110, aufnehmen kann.
[35] Siehe oben S. 520.
[36] Siehe oben S. 121 f.

mit den Ansätzen einer politischen Theologie[37] läßt sich dieses Konzept vereinbaren. Denn all diese theologischen Ansätze zielen auf ein Verhältnis von Kirche und Öffentlichkeit, wie es in den Vorstellungen über eine gesellschaftliche Diakonie der Kirche[38] besonders deutlich charakterisiert wird: auf den solidarischen Dienst der Kirche an der Gesellschaft, der sich an der Liebe Gottes in Jesus und an der Verheißung des Reiches Gottes orientiert und sich der Mittel der Vernunft bedient. Dieser Ansatz verbietet ein öffentliches Handeln der Kirche, das von deren Interesse an Selbstentfaltung und gesellschaftlichen Machtpositionen bestimmt ist; er verbietet auch christliche Programme der Gesellschaftsgestaltung, in denen die humane Entwicklung der Gesellschaft mit ihrer Verchristlichung und Verkirchlichung einfach gleichgesetzt wird. Denn in solchen Programmen wird der solidarische Dienst der Kirche an der Gesellschaft von dem Streben nach einer Ausweitung ihres Machtbereichs überdeckt; zugleich wird die eschatologische Kritik aller, gerade auch christlicher Programme verkannt, die partikulare Momente absolut setzen und ideologisieren.

Fragt man nach Vorstufen für das Konzept eines Öffentlichkeitsanspruchs oder Öffentlichkeitswillens der Kirche, so stößt man auf diejenigen Traditionen des 19. Jahrhunderts, die die Verkirchlichung des öffentlichen Lebens mit Hilfe einer »Volkskirche« forderten[39] oder das anzustrebende »Reich der Sittlichkeit« mit einem »Reich der christlichen Kultur« identifizierten[40]. In solchen Traditionen kommt der diakonische Charakter alles gesellschaftlichen Handelns der Kirche jedoch nur unzureichend zur Geltung; in ihnen bleibt ferner unberücksichtigt, daß in der Neuzeit alle Beiträge von Christen zur Humanität in der Gesellschaft die Bereitschaft zur Kooperation mit Nichtchristen voraussetzen. Deshalb stehen alle Formen eines christlichen »Imperialismus« solchen Beiträgen hindernd im Wege.

Das öffentliche Handeln der Kirche ist als Dienst am Öffentlichkeitsanspruch des Evangeliums, der Botschaft vom universalen Heilswillen Gottes, zu bestimmen. Es ist deshalb daraufhin zu prüfen, ob es dem Dienst Jesu für die Menschen, den das Neue Testament bezeugt, entspricht. Durch Leben und Tod Jesu ist die Verantwortung der einzelnen Christen wie der verantwortliche Dienst der Kirche in

---

[37] Siehe oben S. 435 ff.
[38] Siehe oben S. 465 ff.
[39] Siehe oben S. 87, 424 f.
[40] Siehe oben S. 92 f., 425.

der Welt als Stellvertretung bestimmt, als Dasein für andere und um der anderen willen. Stellvertretung bezeichnet dabei eine doppelte Beziehung: Die Kirche tritt ganz für die Welt ein, um in ihr zu der Humanität beizutragen, die in Jesus sichtbar geworden ist; zugleich steht sie selbst — da sie ihre Existenz in Christus hat und daher »neue Schöpfung« ist (2. Kor. 5,17) — an der Stelle, an der nach dem Willen Gottes die Welt zu ihrer eigenen Erfüllung kommt[41]. Eine solche Bestimmung öffentlichen kirchlichen Handelns ist bezogen auf eine christologische Begründung der Ekklesiologie, nach der die Kirche in ihrem Dasein für andere Jesu Einsatz für die Menschen zu entsprechen und so die Versöhnung Gottes mit den Menschen zu bezeugen sucht[42].

An dieser Stelle können wir zwei Kriterien für das öffentliche Handeln der Kirche formulieren, die später weiterer Ergänzung bedürfen:

1. Das öffentliche Handeln der Kirche ist Dienst am Öffentlichkeitsanspruch des Evangeliums; die Öffentlichkeit der Verkündigung ist deshalb der Kern allen öffentlichen Handelns der Kirche.

2. Das öffentliche Handeln der Kirche ist diakonisches Handeln; es ist der Versuch, im Dasein für andere dem Dasein Jesu für andere zu entsprechen.

Nach diesem Zwischenergebnis kehren wir noch einmal zu der Frage zurück, welche Orientierungen sich für das öffentliche Handeln der Kirche aus den Anfängen der christlichen Tradition ergeben. Wir stellen diese Frage nun in der Zuspitzung, welche Aussagen über das Verhältnis der Kirche zum Staat als der öffentlichen Macht dem Neuen Testament zu entnehmen sind. Zwar finden sich im Neuen Testament nur Aussagen über das Verhältnis der *Christen* zum Staat; über die Stellung der Kirche zum Staat wird noch nicht eigens reflektiert[43]. Gerade daraus aber kann man schließen, daß dem Neuen Testament eine Differenzierung zwischen der öffentlichen Verantwortung der Christen und der öffentlichen Stellung der christlichen Gemeinschaft noch fremd war. Als entscheidende neutestamentliche Aussage über das Verhältnis der Christen zum Staat wird üblicherweise Rm. 13 verstanden, wo Paulus die Christen ermahnt, »sich über die

---

[41] Vgl. *D. Bonhoeffer*, Ethik, S. 318.
[42] Siehe oben S. 107 ff.
[43] Vgl. die zusammenfassende Darstellung von *W. Schrage*, Die Christen und der Staat nach dem Neuen Testament.

irdisch-alltäglichen Pflichten nicht hinwegzusetzen, sondern sie mit Anstand und Verantwortung hinter sich zu bringen«[44]. Doch diese Aufforderung kann auch für Paulus nur innerhalb der Begrenzung Gültigkeit haben, die in dem Jesus-Wort Mk. 12,17 auf die Formel gebracht ist: »Was des Kaisers ist, gebt dem Kaiser, und was Gottes ist, Gott!« Diese Formel darf nicht im Sinn eines »Bündnisses von Thron und Altar« interpretiert werden; sie besagt vielmehr: »Gebt dem Kaiser nicht mehr, als was ihm gebührt! Gebt ihm nicht, was Gottes ist!«[45] Die mit Jesus in die Welt hereinbrechende Herrschaft Gottes jedoch beansprucht den ganzen Menschen (vgl. Mk. 12,28 ff.); die Formel ist deshalb auch nicht in dem Sinn zu interpretieren, daß die Verantwortung vor Gott auf den Sektor religiösen und individuellen Lebens eingegrenzt wird, während der politische Bereich seiner Eigengesetzlichkeit überlassen bleibt — wie dies manchen Fehlinterpretationen der Zwei-Reiche-Lehre entnommen wurde[46]. Vielmehr enthält das Wort Jesu nicht eine »regionale«, sondern eine qualitative Begrenzung der staatlichen Macht, die sich an dem Auftrag des Staats zur Verwirklichung von Frieden und Gerechtigkeit und an der Freiheit der Menschen zum Gehorsam gegenüber Gott bemißt. Für die Anerkennung dieser Grenze ist Jesus mit seinem Leben eingetreten[47]. Blickt man auf diesen Ausgangspunkt, so fallen die Aussagen über die Dämonisierung des Staats in Apk. 13 bei aller spezifischen Färbung nicht aus jener Grundauffassung heraus, von der die Aussagen des Neuen Testaments über das Verhältnis zum Staat bei allen Unterschieden im einzelnen gekennzeichnet sind: Die Christen orientieren sich an dem in Jesus Christus geschehenen Anbruch der Gottesherrschaft, den sie als Gnadenzusage für die Gottlosen und als Beauftragung zum Dienst in der Welt erfahren; sie nehmen diese Zusage und diesen Auftrag wahr in der Hoffnung auf die kommende Vollendung der Gottesherrschaft. Jede Vergöttlichung des Staats, seiner vergänglichen Strukturen und Herrschaftsformen verbietet sich ihnen von selbst; jedes Versagen des Staats vor der ihm — von Gott — gesetzten Aufgabe unterliegt der Kritik[48].

---

[44] *Schrage*, a. a. O., S. 55.
[45] O. *Cullmann*, Der Staat im Neuen Testament, S. 25.
[46] Siehe oben S. 446 ff.
[47] Vgl. *Schrage*, a. a. O., S. 46.
[48] Ebd., S. 77.

Diese Linie des neutestamentlichen Denkens ist in unserem Jahrhundert vor allem in der Auseinandersetzung mit totalitären Staaten aufgenommen worden; in der Konfrontation mit dem Nationalsozialismus hat man die Folgerungen aus ihr zu der Formel von der »Königsherrschaft Christi« verdichtet[49]. Diese Frontstellung ist an den verschiedenen Formulierungen der Lehre von der Königsherrschaft Christi deutlich abzulesen; sie bringt den Angriff auf jede Vergöttlichung irdischer Lebensbereiche deutlicher zum Ausdruck als die *Freiheit* der Christen zum Dienst in der Welt.

Auch die Zwei-Reiche-Lehre zielt in verschiedenen Interpretationen[50] auf eine Aufnahme und Weiterführung dieser neutestamentlichen Gedanken. Eine »regionale« Interpretation der Zwei-Reiche-Lehre, aus der die »Eigengesetzlichkeit« bestimmter Lebensbereiche abgeleitet wird, kann sich jedoch nicht auf das Neue Testament stützen; vielmehr ist auch vom Neuen Testament her die Zwei-Reiche-Lehre so aufzufassen, daß sowohl das geistliche als auch das weltliche Regiment das Feld der Auseinandersetzung zwischen Gott und dem Bösen bilden; in beiden Regimenten steht deshalb der Christ unter dem Anspruch und der Verheißung des Reiches Gottes. Diesen Anspruch und diese Verheißung auch im Bereich des weltlichen Regiments zu Gehör zu bringen, gehört deshalb zu den Aufgaben der Kirche.

Wir können an dieser Stelle ein weiteres Zwischenergebnis formulieren: Das Verhältnis von Kirche und Öffentlichkeit läßt sich nicht so bestimmen, daß die Bereiche der Kirche und der Öffentlichkeit eindeutig voneinander abgegrenzt werden; es läßt sich auch nicht so bestimmen, daß die öffentliche Verantwortung des einzelnen Christen und die Verantwortung der Kirche voneinander getrennt werden[51]. Vielmehr ist die Kirche die Gemeinschaft von Menschen, die auch ihre öffentliche Verantwortung als Christen wahrnehmen wollen. Auch im Bereich des »weltlichen Regiments« hat die Kirche die Verheißung und den Anspruch der Gottesherrschaft auszulegen; ihre öffentliche Wirksamkeit wurzelt in dem Auftrag zur Verkündigung von Evangelium und Gesetz. Sie hat die nicht nur »regionale«, sondern qualitative Begrenzung der staatlichen Macht zu verdeutlichen; in ihrem diakonischen Handeln wie in ihrem Eintreten für Versöhnung und Gerechtigkeit wird sie unausweichlich zu einem politischen Faktor.

---

[49] Siehe oben S. 453 ff., 551 ff.
[50] Siehe oben S. 437 ff.
[51] Siehe oben S. 564 ff.

Diese unausweichliche politische Funktion der Kirche muß im Zusammenhang ihres Versöhnungsauftrags gesehen werden. Als Aufgabe der Kirche nennt das Neue Testament betont und andere Formulierungen zusammenfassend den »Dienst der Versöhnung« (2. Kor. 5,18). Dem versöhnenden Handeln Gottes in Christus entspricht der Versöhnungsdienst der Christen in der Welt. Dienst (diakonia) meint dabei die umfassende »verantwortliche Repräsentation«[52] der universalen Versöhnung Gottes mit der Welt (vgl. v. 19), also deren stellvertretende Verwirklichung in der jeweiligen sozialen Umwelt. Diese Linie fortsetzend, interpretiert Eph. 2,14—18, der »zusammenfassende Höhepunkt der urchristlichen Versöhnungsverkündigung«, den durch Christus gestifteten und in ihm gegenwärtigen Frieden als eine »durch die Kirche als Leib Christi in Wort, Sakraments- und Lebensgemeinschaft bezeugte Wirklichkeit«[53]; die christliche Friedensbotschaft verhilft dazu, daß jahrhundertealte Feindschaft zwischen Menschengruppen — so die Feindschaft zwischen »Juden« und »Heiden« — überwunden wird; sie entfaltet also Wirkungen für das soziale Leben der Menschen in der Gemeinde und über die Grenzen der Gemeinde hinaus. Die Bedeutung dieser Aufgabenbestimmung für die christliche Gemeinde würde sich erst voll herausstellen, wenn wir ihre geschichtliche Vermittlung durch die Jahrhunderte verfolgen würden. Das kann hier nicht geschehen; der Versuch, den von Gott geschenkten Frieden innerweltlich voll zu realisieren; die ihm entgegenstehende Reduktion auf den inneren Frieden der Menschen mit Gott; die Bemühung, die Differenz zwischen der Friedensbotschaft und dem gegenwärtigen Unfrieden durch die Trennung von eschatologischer Verheißung und geschichtlicher Wirklichkeit in ihrem herausfordernden Charakter für das Handeln der Christen zu neutralisieren — dies alles kann hier nicht dargestellt werden.

In unserem Jahrhundert hat die wachsende Einsicht in die Notwendigkeit eines dauerhaften politisch-gesellschaftlichen Friedens dazu verholfen, daß die Versöhnungsaufgabe der christlichen Kirchen nach mancherlei Reduktionen, Modifikationen und Verdrängungen wieder deutlicher ans Licht trat. Für diese Entwicklung kommt der ökumeni-

---

[52] *D. Georgi*, Die Gegner des Paulus im 2. Korintherbrief, S. 31; *M. Hengel*, »Der Kreuzestod Jesu Christi«, S. 65.
[53] *P. Stuhlmacher*, »›Er ist unser Friede‹«; vgl. ders., »Der Begriff des Friedens im Neuen Testament«, S. 54 ff.; *E. Dinkler*, »Friede«, Sp. 464.

schen Bewegung eine besondere Bedeutung zu[54]. Denn deren Anfänge sind von der Einsicht bestimmt, daß die Bindung der Kirchen an nationale und nationalistische Interessen ihrem Versöhnungsauftrag zuwiderläuft[55]. Der »Weltbund für Freundschaftsarbeit der Kirchen«, der 1914 am Vorabend des Ersten Weltkriegs gegründet wurde, wie die Bewegung für Praktisches Christentum (»Life and Work«) setzten sich ausdrücklich die Überwindung dieser nationalen Bindung und das gemeinsame Eintreten der Kirchen in den verschiedenen Nationen für den Frieden zum Ziel. Damit suchten sie die universale Ausrichtung des christlichen Glaubens, das universale und deshalb alle rassischen, nationalen und konfessionellen Grenzen überschreitende Verständnis der Kirche aufzunehmen, das im Neuen Testament begründet ist (vgl. Eph. 2,11 ff.). Gegenüber diesen Anfängen der ökumenischen Bewegung gewinnt die universale Perspektive heute noch an Bedeutung. Denn die technisch-wissenschaftliche Zivilisation bewirkt eine ständig wachsende Interdependenz der verschiedenen Staaten und Gebiete der Erde. Insbesondere die modernen Kommunikationsmittel stellen zumindest in ersten Anfängen eine Einheit der Menschheit her, auch wenn diese durch die Dominanz partikularer Interessen immer wieder verhindert und durchbrochen wird. Gleichwohl tritt die wissenschaftlich-technische Welt unausweichlich in den universalen Horizont ein, der durch das Evangelium bereits umrissen[56] und auf den die Kirche in ihrer Existenz bezogen ist. In dieser Situation wird es zur Aufgabe für das öffentliche Handeln der Kirchen, die in Christus begründete Universalität sichtbar herzustellen, damit diese zum Zeichen für die notwendige Universalität der Weltgemeinschaft werden kann. Friedenszeugnis und Friedensarbeit der Christen erfordern die Ökumenizität der Kirche. Der partikulare Absolutheitsanspruch der getrennten Konfessionen wie die distanzlose Bindung der Kirchen an nationalpolitische Interessen müssen zugunsten der ökumenischen Gemeinschaft und der ökumenischen Kooperation überwunden werden.

Zusammenfassend halten wir fest: Das öffentliche Handeln der Kirche muß sich inhaltlich an ihrem Auftrag zum »Dienst der Versöhnung« orientieren; dies korrespondiert unserer Einsicht, daß das

---

[54] Vgl. *H. E. Tödt*, »Friedensforschung als Problem für Kirche und Theologie«, S. 45 ff.; *J. Bopp*, Unterwegs zur Weltgesellschaft.
[55] Siehe oben S. 140 ff.
[56] Vgl. *H. E. Tödt*, »Ethik«, S. 261.

Problem des Friedens heute den Horizont für die Bestimmung des Verhältnisses von Kirche und Öffentlichkeit darstellt[57]. Eine solche Orientierung am »Dienst der Versöhnung« hat zur Folge, daß das Verhältnis von Kirche und Öffentlichkeit nicht mehr konfessionell bestimmt werden kann; vielmehr vermag die Kirche der ihr gestellten Aufgabe nur noch in ökumenischer Kooperation gerecht zu werden.

Eine solche Interpretation des öffentlichen Handelns der Kirche wirkt mit Notwendigkeit auf das Kirchenverständnis selbst zurück. Sie gibt dazu Anlaß, den Charakter der christlichen Gemeinde als Dienstgemeinschaft einem anstaltlichen Kirchenverständnis gegenüber hervorzuheben; gerade als »Leib Christi« besteht die Kirche im Handeln ihrer Glieder — denn in ihr gibt es keine »passive Mitgliedschaft«. Die Gegenwart des Geistes in der Gemeinde ermächtigt die Christen zu gemeinsamem, die Gemeinde erbauendem und dem Versöhnungsauftrag entsprechendem Handeln gemäß ihren verschiedenen Gaben (Charismen). So wirkt das kirchengründende Versöhnungshandeln Jesu in der Gemeinde fort[58].

3. Öffentlichkeitsauftrag und cultus publicus

Ergebnisse, wie sie im Vorstehenden formuliert sind, lassen sich nicht auf dem Weg gewinnen, daß man in einem Rückgriff auf das Alte und Neue Testament die Christentumsgeschichte und damit die Wirkungsgeschichte dieser Texte überspringt. So ist auch unsere Rückfrage nach den ursprünglichen Bestimmungen für das öffentliche Handeln der Kirche angeleitet durch bestimmte Beobachtungen in den Fallstudien und Interpretationsanalysen der früheren Kapitel — und das heißt: durch bestimmte Momente dieser Wirkungsgeschichte selbst. Zur Klärung unserer abschließenden Urteilsbildung müssen wir eine Dimension dieser Wirkungsgeschichte noch einmal zusammenfassend hervorheben, die bereits in früheren Zusammenhängen eine gewichtige Rolle spielte: die Interpretation des kirchlichen Öffentlichkeitsauftrags im Sinn des cultus publicus.

Wir fragen zunächst nach den Folgerungen, die die alte Kirche[59]

---

[57] Siehe oben S. 615 f.
[58] Siehe oben S. 70.
[59] Unter ähnlichem Aspekt: P. *Cornehl*, »Öffentlicher Gottesdienst«, S. 129 ff.; vgl. v. a. G. *Kretschmar*, »Der Weg zur Reichskirche«.

aus dem »Öffentlichkeitsanspruch des Evangeliums« gezogen hat. Sie zeigen sich innergemeindlich im Gottesdienst, im Ethos und in der vorbildlichen Sozialarbeit, nach außen vor allem in der Weigerung der Christen, sich dem offiziellen Staatskult zu unterziehen. Um so bemerkenswerter ist es, daß das Christentum das Erbe der römischen Staatsreligion übernommen hat. Denn die »Bekehrung« Konstantins ist lediglich die biographische Fassung der Erhebung des christlichen Glaubens zum cultus publicus[60] — eine Erhebung, die von Theodosius auch reichsgesetzlich bestätigt wurde[61]. Diese neue öffentliche Stellung manifestierte sich zuerst in dem öffentlichen Charakter der von Konstantin gestifteten Kirchen[62]: sie waren nun nicht mehr private Vereinskirchen, sondern Basiliken, also öffentliche Bauten. Seitdem gilt der Charakter der Kirchenbauten, später insbesondere ihre Ausstattung mit Türmen und Glocken, als sichtbarstes Zeichen für den öffentlichen Charakter des christlichen Gottesdienstes und für den öffentlichen Auftrag der Kirche. An dieser Entwicklung zeigt sich die Ambivalenz der »konstantinischen Wende«: So sehr die Erklärung zur Staatsreligion dem Wesen des christlichen Glaubens widersprach, so sehr lag die »Veröffentlichung des Gottesdienstes« durch Konstantin in der Konsequenz des öffentlichen, universalen Geltungsanspruchs des Evangeliums[63]. So sehr die Verwendung des Christentums zur Rechtfertigung politischer Macht verhängnisvolle Konsequenzen hatte, so wenig läßt sich die grundlegende Veränderung, durch die die Öffentlichkeit des christlichen Gottesdienstes manifest und die Verantwortung der Christen für das öffentliche Leben bewußt und realisierbar geworden ist, rückgängig machen.

Dem Beitrag des Kaisers zur »Veröffentlichung« des christlichen Gottesdienstes entsprach es, daß die Christen ihrerseits ihren Gottesdienst in den Dienst »öffentlicher Interessen« stellten. Seit Konstantin oder sogar schon seit der späten Verfolgungszeit vertraten sie den Satz, »daß die Preisgabe des heidnischen Aberglaubens und der Schutz der wahren Religion das Reich erneuern und erhalten würden«[64]. So hatten die Christen, insbesondere die führenden Vertreter der

---

[60] Vgl. H. Dörries, Konstantin; H. Kraft, Konstantin; G. Kretschmar, »Der Weg zur Reichskirche«, S. 30 ff.
[61] Cod. Theod. 16,1,2.
[62] Vgl. L. Voelkl, Kirchenstiftungen, v. a. S. 29 ff.
[63] Vgl. Cornehl, »Öffentlicher Gottesdienst«, S. 140, 142.
[64] H. von Campenhausen, Lateinische Kirchenväter, S. 195.

»Reichstheologie« wie Euseb von Caesarea, selbst dem Vorwurf den Boden bereitet, der nach dem Fall Roms (410) erhoben wurde: Rom fiel, weil der Kult der alten Staatsgötter preisgegeben und das Schicksal des Reiches so an den Gott der Christen gebunden worden war. Gegen diese Vorwürfe — und damit zugleich gegen die Reichstheologie, die sie ermöglichte — wendet sich Augustins Werk De civitate dei[65]: Augustin sah sich vor der Aufgabe, »theologisch den Weg der Kirche vom Schicksal des Reiches« zu lösen[66].

Damit sind die beiden Komponenten genannt, die für die Entwicklung des Verhältnisses von Kirche und »Öffentlichkeit« im Mittelalter entscheidend sind[67]: Kirche und weltliche Macht umfassen nun denselben Personenkreis und können deshalb nur als innerhalb einer umfassenden Einheit unterschieden verstanden werden, für die sie beide verantwortlich sind. E. Troeltsch hat diese Komponente der Entwicklung im Begriff der »christlichen Einheitskultur« zu fassen versucht[68]; man könnte auch sagen, das Mittelalter sei durch die Einheit der Öffentlichkeit bestimmt. Doch innerhalb dieser Einheitskultur stellt sich die oft heiß umkämpfte Frage nach dem Verhältnis von sacerdotium und imperium: hier beansprucht die Kirche eine eigene und sogar überlegene Hoheitsgewalt gegenüber der weltlichen Macht. So ist die Auseinandersetzung zwischen den zwei potestates die zweite Komponente, die die mittelalterliche Entwicklung bestimmt.

Die Frage nach Verantwortung und Anspruch der Kirche gegenüber der Öffentlichkeit war so der Reformation durch die mittelalterliche Entwicklung gestellt. Erst die Reformation jedoch hat diese Frage wieder mit Entschiedenheit vom Öffentlichkeitsanspruch des Evangeliums und von der der Kirche aufgegebenen Verkündigung des Evangeliums her beantwortet[69]. Nicht weil die Kirche einen vom Staat her bestimmten cultus publicus wahrnimmt, sondern weil das Evangelium auf Öffentlichkeit drängt, ist die Kirche — mit einem Ausdruck Melanchthons — »publica ecclesia«. Die Verurteilung der »Winkelmessen« durch Luther wie die Vorordnung des öffentlichen Gottesdienstes vor alle Formen privater Andacht in der späteren Tradition[70] sind Ausdruck dafür, daß im reformatorischen Denken die

---

[65] Vgl. *U. Duchrow*, Christenheit und Weltverantwortung, S. 247 ff.
[66] *G. Kretschmar*, »Die zwei Imperien und die zwei Reiche«, S. 108.
[67] Dazu *Duchrow*, a. a. O., S. 321 ff.
[68] *E. Troeltsch*, Sozialiehren, S. 178 ff.
[69] Siehe oben S. 51 ff.
[70] Vgl. z. B. *Schleiermacher* (oben S. 73 ff.) und *Bonhoeffer* (oben S. 111).

Bestimmung des Verhältnisses von Kirche und Öffentlichkeit unlöslich mit der Bestimmung des Verhältnisses von Wort und Glaube verknüpft ist: Der exklusiven Beziehung des Glaubens auf das Wort entspricht, daß die Öffentlichkeit der Kirche in der Öffentlichkeit der Verkündigung gründet und daß das öffentliche Handeln der Kirche als Dienst am Öffentlichkeitsanspruch des Evangeliums zu bestimmen ist.

In der nachreformatorischen Entwicklung jedoch war die Öffentlichkeit der Kirche sehr bald stärker davon bestimmt, daß die christliche Religion als cultus publicus eine die staatliche Herrschaft legitimierende Funktion wahrzunehmen hatte. Die Einbettung der Kirchenverfassung in die Staatsverfassung ist für diese Entwicklung, die im Absolutismus ihren Höhepunkt erlebte, der äußere Ausdruck[71]; die Funktionalisierung der Religion im Heer bildet dafür das drastischste Beispiel[72]. Der frühe Absolutismus versuchte die mittelalterliche Einheit der Öffentlichkeit unter den neuen Bedingungen des konfessionellen Zeitalters dadurch wiederherzustellen, daß innerhalb eines Landes nur eine Konfession öffentlich anerkannt war (»cuius regio, eius religio«); dadurch konnte die Religion als Fundament und Garant für Zucht und Ordnung des absoluten Staates gelten und verwandt werden. Je mächtiger dieser Staat im Laufe des 18. Jahrhunderts wurde, desto weniger war er auf eine solche Sicherung durch konfessionelle Intoleranz angewiesen[73]. Der Protest der Aufklärung gegen die Verknüpfung zwischen staatlicher Autorität und kirchlicher Autorität verstärkte die Tendenz zum paritätischen und konfessionsneutralen Staat. Gleichwohl behielt der christliche Glaube noch lange die Funktion eines cultus publicus, wenn auch nicht mehr so sehr mit dem Charakter einer staatlichen, sondern vielmehr einer gesellschaftlichen Religion. Die bürgerliche politische Religion der Neuzeit[74] speist sich weitgehend aus den Traditionen, die mit der Funktion der christlichen Kirchen als cultus publicus verknüpft sind. Auch dort, wo der christliche Glaube nicht mehr zur Legitimation staatlicher Herrschaft in Anspruch genommen wird, dient er gleichwohl noch der Stabilisierung gesellschaftlicher Normen und Verhaltensweisen.

---

[71] Siehe oben S. 61 f., 65 f.
[72] Siehe oben S. 230 ff.
[73] Vgl. *Th. Strohm*, Kirche und demokratischer Sozialismus, S. 73.
[74] Siehe oben S. 481 f.

In seinen radikalen Formen richtete sich der aufklärerische Protest allerdings nicht nur gegen die Verbindung der Kirche mit staatlichen Interessen, sondern gegen jede gesellschaftliche Relevanz des Christentums überhaupt. Die religionspolitische Konsequenz aus dieser Forderung war die Erklärung der Religion zur Privatsache, die in ihren Wirkungen auf das individuelle und innerliche Leben des Individuums einzuschränken sei[75]. Damit wurde jedoch nicht nur die Funktion der Kirche als cultus publicus, sondern zugleich der Öffentlichkeitsanspruch des Evangeliums bestritten. Die Erklärung der Religion zur Privatsache und die Forderung nach konsequenter Trennung von Staat und Kirche, soweit sie auf jene begründet wird, sind deshalb selbst nicht religionsneutral, weil sie in ihrer Konsequenz die Kirche an der Entfaltung der öffentlichen Wirksamkeit hindern, die mit dem Öffentlichkeitsanspruch des Evangeliums verbunden ist. Auf der anderen Seite vermag die Kirche nicht länger auf einer voraufklärerischen Position zu verharren oder zu ihr zurückzukehren, wonach sie ihr Ziel in der Verkirchlichung oder Verchristlichung des öffentlichen Lebens sieht und im Bündnis mit konservativen Kräften der Legitimation staatlicher Herrschaft und überlieferter gesellschaftlicher Normen dient. Die Kirche muß also selbst zu einer neuen Interpretation ihrer Wirksamkeit im Rahmen neuzeitlicher Öffentlichkeit vordringen.

4. Kirche als gesellschaftlicher Verband

Wir haben den Ort erreicht, an dem wir versuchen können, das öffentliche Handeln der Kirche zusammenfassend zu bestimmen. Wir setzen damit ein, daß wir uns die Charakterisierung des Begriffs der Öffentlichkeit in Erinnerung rufen, mit dem diese Untersuchungen begonnen haben[76]. Am Anfang der Geschichtsepoche, die mit der Aufklärung und der Französischen Revolution einsetzt, stand die Einsicht, daß für eine Politik, die dem allgemeinen Wohl dient, nur dann eine gewisse Gewähr gegeben ist, wenn diese Politik der öffentlichen Kritik und Kontrolle unterworfen ist. Die Rationalisierung politischer Herrschaft ist nur durch Publizität möglich. Deshalb entwickelte Kant das transzendentale Prinzip des öffentlichen Rechts,

---

[75] Siehe oben S. 32 ff.
[76] Siehe oben S. 11 ff.

wonach dieses auf das öffentliche Interesse gerichtet sein und deshalb dem Grundsatz der Publizität genügen muß. Dieses Prinzip hatte darin seine Grenze, daß man sich die Herstellung von Öffentlichkeit nur im Dialog der freien Bürger vorstellen konnte, von dem die niederen Schichten ausgeschlossen waren. Der Öffentlichkeitsbegriff hatte also faktisch einen klassenbezogenen Charakter; er war auf das Besitz- und Bildungsbürgertum eingeschränkt. Hinzu kam, daß im Rahmen der Trennung von Staat und Gesellschaft der Begriff der Öffentlichkeit dem Staat zugeordnet wurde, während die Gesellschaft als die Sphäre der privaten Interessen galt. Diese Trennung läßt sich jedoch nicht länger in der Form des 19. Jahrhunderts aufrechterhalten, wenn man erkennt, daß die elementaren Lebensbedürfnisse aller Menschen das öffentliche Interesse ausmachen; man muß dann diese Bedürfnisse und die Institutionen zu ihrer Regelung und Befriedigung in den Begriff der Öffentlichkeit aufnehmen. Öffentlichkeit ist deshalb ein der Gesamtgesellschaft als politischem Gemeinwesen zugeordneter Begriff. Die Unterscheidung zwischen Staat und Gesellschaft erfolgt als Unterscheidung innerhalb des Begriffs der Öffentlichkeit; der Staat bildet ein Untersystem des gesamtgesellschaftlichen Systems.

Publizität ist seit der Aufklärung bestimmt als Mittel zur Rationalisierung politischer Herrschaft. Solche Rationalisierung ist heute jedoch nicht mehr durch die freie Diskussion von Bürgern als Privatleuten zu leisten. Denn zwischen das politische Gemeinwesen und den einzelnen sind heute die Verbände getreten[77], die als gesellschaftliche Organisationen zugleich politische Macht entfalten. Diese Entwicklung hat jedenfalls dann eine »Refeudalisierung«[78] der Öffentlichkeit zur Folge, wenn es nicht gelingt, den Grundsatz öffentlicher Kontrolle auch auf die großen gesellschaftlichen Verbände selbst anzuwenden und so, durch diese vermittelt, auch im gesellschaftlichen System im ganzen zum Zuge zu bringen. Ohne solche öffentliche Kontrolle streben die gesellschaftlichen Organisationen danach, mit den staatlichen Instanzen politische Kompromisse unter Ausschluß der Öffentlichkeit zu schließen; das öffentliche Interesse verkommt zum Kompromiß zwischen partikularen Interessen. Nur wenn es gelingt,

---

[77] Zum Begriff des Verbands siehe oben 28 ff.
[78] Der Ausdruck bei *J. Habermas*, »Öffentlichkeit«, S. 225; auch *W. Weber* hat den modernen Staat als Ständestaat beschrieben (Spannungen und Kräfte im westdeutschen Verfassungssystem, z. B. S. 49).

innerverbandliche Öffentlichkeit herzustellen, kann auch eine gesamtgesellschaftliche Öffentlichkeit erreicht werden. Öffentlichkeit ist heute also »nur noch zu verwirklichen als eine Rationalisierung der sozialen und politischen Machtausübung unter der wechselseitigen Kontrolle rivalisierender, in ihrem inneren Aufbau ebenso wie im Verkehr mit dem Staat und untereinander auf Öffentlichkeit festgelegter Organisationen«[79].

Die Kirchen bilden in ihrem öffentlichen Handeln derartige Organisationen; sie sind gesellschaftliche Verbände. Sie nehmen an der durch die Verbände bestimmten politischen Kommunikation teil und können der Notwendigkeit, von den Regeln dieser Kommunikation Gebrauch zu machen, nicht ausweichen. Wir haben an früherer Stelle gesehen, daß die Kirchen heute in einer Vielzahl von Fällen auch offiziell Verbandsfunktionen wahrnehmen — selbst dann, wenn sie sich in ihren amtlichen Verlautbarungen nicht mit dieser Rolle identifizieren[80]. Wir sind darüber hinaus in den Denkschriften der EKD[81] einem hervorstechenden Beispiel dafür begegnet, daß die evangelische Kirche diese Funktion akzeptiert und ihre öffentlichen Stellungnahmen zu politischen Fragen als Stellungnahmen eines gesellschaftlichen Verbands interpretiert.

Dieses Verständnis der Kirche als Verband steht im Widerspruch zu ihrem Verständnis als öffentlicher Hoheitsmacht. Dieses geht auf die Rolle von Religion und Kirche als cultus publicus im voraufklärerischen Staat zurück; es konnte im 19. Jahrhundert auf die Weise aufrechterhalten und weiterentwickelt werden, daß man, ausgehend von der Trennung zwischen Staat und Gesellschaft, Staat und Kirche als die beiden der Gesellschaft gegenüberstehenden öffentlichen Gewalten interpretierte. In Deutschland erhielt dieses Verständnis durch den Zusammenbruch des Staats und der gesellschaftlichen Institutionen in der nationalsozialistischen Zeit stärksten Auftrieb. Deshalb entwickelte sich nach 1945 ein Herrschaftssystem, das den Charakter einer Dyarchie von Staat und Kirche hatte und auch so interpretiert wurde[82]. Diese Interpretation konnte jedoch nur aufrechterhalten werden, solange nicht gesellschaftliche Verbände mit politischem Machtanspruch dem Staat und der Kirche zur Seite traten. Mit der

---

[79] *Habermas*, a. a. O., S. 226.
[80] Siehe oben S. 541.
[81] Siehe oben S. 380 ff., 579 ff.
[82] Siehe oben S. 496 ff., 511 ff.

Entwicklung dieser Organisationen entsprach dem vielfach weiterhin beanspruchten politischen Sonderstatus der Kirchen die gesellschaftliche Realität immer weniger; parallel dazu ging das Interesse des Staates an der herrschaftslegitimierenden Funktion der Kirchen zurück. Die gesellschaftlichen Voraussetzungen dafür, daß das öffentliche Handeln der Kirche als legitimierend aufgefaßt wird, schwinden fortschreitend dahin; in zunehmendem Maß wird es statt dessen als Verbandshandeln verstanden. Solange dieses Handeln im Selbstverständnis der Kirchen und in seiner öffentlichen Wirkung als legitimierend gemeint ist und gedeutet wird, wird es von großen Gruppen der Bevölkerung (und damit auch der Kirchenmitglieder) immer deutlicher als unangemessene Grenzüberschreitung empfunden[83]. Zugleich damit, daß das legitimierende Handeln der Kirche gesellschaftlich bodenlos wird, wird aber auch sein theologisches Recht zunehmend in Zweifel gezogen. Suchte eine frühere »politische Theologie« die bestätigende politische Funktion der Kirche zu rechtfertigen, so sucht heutige »politische Theologie« ihre kritische Funktion zu begründen[84].

Wenn die Veränderung in der politischen Stellung der Kirchen, die sich in den vergangenen Jahrzehnten vollzogen hat und immer noch vollzieht, von vielen — insbesondere auch von leitenden kirchlichen Amtsträgern — nur als ein Verlust an öffentlicher Wirksamkeit verstanden wird, so liegt dies daran, daß diese Veränderung theoretisch nicht angemessen interpretiert wird. Man kann sie dann nur auf dem Hintergrund der Lehre von der Kirche als öffentlicher Hoheitsmacht sehen und muß deshalb die Tatsache, daß diese Lehre von der gesellschaftlichen Realität nicht mehr gedeckt wird, als eine Geringschätzung der Kirche auffassen. Hinzu kommt, daß man das diese Lehre ablösende Verständnis der Kirche als eines gesellschaftlichen Verbands häufig im Sinn einer gedankenlosen Gleichstellung der Kirche mit Interessenverbänden deutet.

Das Verständnis der Kirche als Verband rückt jedoch erst dann ins rechte Licht, wenn man auf die Differenzen zwischen den großen gesellschaftlichen Organisationen achtet. Die Kirchen sind — darin besteht der wichtigste Unterschied — die einzigen großen gesellschaftlichen Organisationen, die nicht unmittelbar in den Prozeß gesellschaftlicher Produktion, Reproduktion und Erhaltung eingebunden sind; sie un-

---

[83] Vgl. die oben S. 40 wiedergegebenen Befragungsergebnisse.
[84] Siehe oben S. 473 ff.

terstehen deshalb auch nicht vollständig dem permanenten Zwang zur Legitimation durch Leistung, der für alle anderen großen Organisationen der Industriegesellschaft charakteristisch ist. Sie unterwerfen sich diesem Zwang zwar partiell, indem sie Elemente bürokratischer Organisation in sich aufnehmen oder bestimmte Aufgaben in der Form wirtschaftlicher Unternehmungen durchführen. Doch ihr organisierendes Prinzip steht außerhalb dieses gesellschaftlichen Produktions- und Reproduktionsprozesses und deshalb auch außerhalb des Zwangs zur Legitimation durch Leistung. Deshalb enthalten die Kirchen als gesellschaftliche Organisationen ein Potential zur Emanzipation von den Zwängen dieser Gesellschaft. Dieses Potential in ihrem öffentlichen Handeln zu aktualisieren, sind sie verpflichtet, wenn anders sie in diesem Handeln nicht ihr organisierendes Prinzip verleugnen und ihre Identität preisgeben wollen.

Ein zweites Charakteristikum der Kirchen als gesellschaftlicher Organisationen ist die permanente Differenz zwischen ihren Handlungen und dem Anspruch, unter dem sie stehen. Denn auch als gesellschaftliche Verbände stehen sie unter der Anforderung, die mit ihrem Ursprung gesetzt ist. Kirche ist die auf das befreiende Handeln und die Versöhnungstat Gottes in Christus gegründete Gemeinschaft von Menschen, in der dieses Handeln Gottes in verschiedenen Weisen der auf Befreiung und Versöhnung gerichteten Kommunikation und Praxis bezeugt wird. Die Differenz vorfindlichen kirchlichen Verhaltens zu dem in dieser Grundbestimmung von Kirche enthaltenen Anspruch wird in der konfessionellen Aufspaltung der Kirchen ebenso manifest wie in ihrer Verflechtung in innergesellschaftliche und internationale Friedlosigkeit[85]. Die Bevollmächtigung dazu, sich trotz dieser Differenz weiterhin und verstärkt um versöhnende Kommunikation und befreiendes Handeln zu bemühen, kann die Kirche nur daraus gewinnen, daß mit ihrem Ursprung in Christus die Verheißung verbunden ist, daß das Reich Gottes als ein Reich der Gerechtigkeit, des Friedens und der Freude (vgl. Mt. 6,33; Rm. 14,17 f.) sich vollenden wird. An dieser Verheißung muß ihr gesellschaftliches Handeln orientiert sein; denn sie setzt Gleichnisse des Gottesreiches aus sich heraus, begrenzte, überholbare Entwürfe menschlicher Zukunft, in der mehr Gerechtigkeit, mehr Frieden und mehr Freude verwirk-

---

[85] Zu der hier aufgenommenen korrelativen Bestimmung des Kirchenbegriffs vgl. oben S. 50.

licht sein sollen[86]. Solche Entwürfe menschlicher Zukunft sind mit der Erwartung des Reiches Gottes nicht identisch; doch diese Erwartung ruft derartige Entwürfe hervor. Die eschatologische Erwartung qualifiziert auch Entwürfe menschlicher Zukunft, die nicht von Christen stammen, als Anzeichen der Gottesherrschaft, wenn sie deren Geist spiegeln[87]. Das Zusammenwirken des Menschen mit Gott, von dem Luther sprach[88], hat einen protologischen und einen eschatologischen Aspekt in einem: es ist Zusammenwirken an dem fortgehenden Schöpfungswerk Gottes, das doch darin Werk Gottes bleibt; und es ist Zusammenwirken im Hinblick auf die eschatologische Herrschaft Gottes, die doch darin Gottes Herrschaft bleibt. Frieden, Gerechtigkeit und Freude behalten als Prädikate des Reiches Gottes eine unaufhebbare Differenz zu den politisch-gesellschaftlichen Zielen, die mit denselben Worten bezeichnet werden[89]; doch als eschatologische Begriffe treten sie zu den politisch-gesellschaftlichen Zielsetzungen zugleich in eine inspirierende und in eine kritisch-begrenzende Relation. Diese Relation ermöglicht der Kirche die Mitarbeit an schrittweiser und vorläufiger Verwirklichung solcher Ziele. So kann und muß die Kirche in der Geschichte erneuernde und verändernde Wirkungen entfalten, auch wenn sie sich — kraft ihrer eschatologischen Bestimmtheit — nicht »als innovatorische Größe in die Geschichte verrechnen läßt«[90]. Die bleibende Differenz zwischen eschatologischer Bestimmtheit und geschichtlicher Wirksamkeit gehört so zu den Charakteristika, die die Kirche von allen anderen gesellschaftlichen Organisationen unterscheiden.

Diese Differenz ermöglicht der Kirche eine befreiende Selbstkritik, die die Voraussetzung allen befreienden Handelns in der Gesellschaft ist. Die Veränderungsfähigkeit einer vorwiegend durch die großen Organisationen bestimmten Gesellschaft hängt an der Transformationsfähigkeit dieser Organisationen; deren erste Voraussetzung ist die Fähigkeit der gesellschaftlichen Verbände zur Selbstkritik. In den Kirchen ist das Wissen von der eschatologischen Differenz und Zu-

---

[86] Zum Begriff »Gleichnis des Reiches Gottes« vgl. oben S. 209 f.
[87] Zur christologischen Begründung dieses Gedankens vgl. *K. Barth*, KD, IV/3, 1. Hälfte, S. 122 ff.
[88] Siehe oben S. 440.
[89] Diese Differenz wird vom Leitsatz 5 des Ökumenischen Ausschusses der VELKD, in: *Baur/Goppelt/Kretschmar*, Die Verantwortung der Kirche in der Gesellschaft, S. 226, hervorgehoben.
[90] *J. Baur*, »Geschichte und Eschatologie in sozialethischem Aspekt«, S. 53.

ordnung von Reich Gottes und Kirche aufbewahrt; deshalb bilden sie gesellschaftliche Verbände, die in besonderem Maß zur Selbstkritik disponiert sind. Wo diese Fähigkeit zur Selbstkritik verschüttet ist, dort haben sich die Kirchen den anderen Verbänden zu sehr angeglichen — und dies auch dann, wenn sie jede Identifikation mit den gesellschaftlichen Verbänden von sich weisen[91].

Ein weiteres Kennzeichen der Kirche als gesellschaftlicher Organisation ist die Universalität, an der sie orientiert ist. Diese Universalität ist begründet in der Versöhnungstat Jesu Christi, die allen Menschen gilt (vgl. z. B. 1. Tim. 2,4). Als Grundbestimmung der Kirche begegnet diese Universalität insbesondere in der Pfingsterzählung der Apostelgeschichte (Apg. 2,1–41)[92]. An die Gegenwart des Geistes in der Gemeinde knüpft die Christenheit die Gewißheit, daß sprachliche, kulturelle, religiöse, rassische, gesellschaftliche und politische Grenzen keine letzte Gültigkeit beanspruchen können; die Verwirklichung der Ökumene gehört deshalb zu ihren unumgänglichen Aufgaben. Partikulare Interessen, die sich an jene Grenzen knüpfen, stellen deshalb keine vertretbaren Begründungen für das öffentliche Handeln der Kirchen dar. So wirkt sich die Universalität des Evangeliums unmittelbar auf die Formulierung von Kriterien für die öffentliche Wirksamkeit der Kirchen aus.

Bildet der Bezug auf die Versöhnungstat Gottes in Christus das »organisierende Prinzip« der Kirche, so ergibt sich daraus erneut, daß sie solche Kriterien nicht aus dem gesellschaftlichen Produktions- und Reproduktionsprozeß ableiten kann[93]; diese hängen vielmehr unlöslich mit der Zuwendung Gottes zu seiner Schöpfung und mit der Verheißung des Reiches Gottes zusammen. Daraus ergibt sich jedoch nicht, daß diese Kriterien kirchlichen Handelns mit den Handlungskriterien anderer gesellschaftlicher Gruppen nicht zu vermitteln sind. Über die Kriterien des Friedens und der Gerechtigkeit etwa läßt sich ein Konsensus erzielen, der weit über christliche Gruppen hinausreicht. Die Aufgabe der Kirche, die mit dem christlichen Glauben verbundenen Kriterien des gesellschaftlichen Handelns in die öffentliche

---

[91] Siehe dazu oben S. 542.
[92] Unter der Überschrift »Universalismus und Sprache« behandelt G. Kretschmar, »Welterfahrung und Weltverantwortung in der Alten Kirche«, S. 111 ff., die Pfingstgeschichte.
[93] Damit setze ich mich erneut von dem oben S. 128 ff. geschilderten Modell des »Pragmatismus« ab.

Kommunikation einzubringen, kann deshalb nicht mit einem Monopolanspruch auf den Besitz der allein richtigen Kriterien verwechselt werden. Vielmehr ist an Karl Barths frühe Erkenntnis zu erinnern, daß vielfach die »Gottlosen« Gott besser verstanden und die »Gleichnisse des Reiches Gottes« für die Gegenwart deutlicher erkannt haben als die Christen; dann aber heißt es, »Gott die Ehre und in diesem Fall den Gottlosen Recht geben«[94]. Hierin liegt der theologische Grund dafür, daß die Kirche sich an der öffentlichen Diskussion über die Ziele der gesellschaftlichen Entwicklung nur als zu gleichberechtigter Auseinandersetzung bereiter Verband unter Verbänden, nicht als eine über den Verbänden stehende Hoheitsmacht und auch nicht als die Instanz, die über die Wahrheit gesellschaftlichen Lebens zu verfügen meint, beteiligen kann. So führt uns eine Erwägung über die Differenzen zwischen der Kirche und anderen Verbänden zu dem Ausgangspunkt zurück, daß die Kirche in ihrem öffentlichen Handeln als gesellschaftlicher Verband neben anderen Verbänden zu begreifen ist.

In diesem Ergebnis treffen also theologische, soziologische und juristische Einsichten zusammen. Theologisch hat sich gezeigt, daß die Kirche gerade dann, wenn sie ihrem Ursprung zu entsprechen sucht und sich ihrer Differenz zu den gesellschaftlichen Verbänden bewußt ist, in ihrem öffentlichen Handeln keine Überordnung über diese Verbände fordern kann. Soziologisch hat sich ergeben, daß dem System einer Dyarchie von Staat und Kirche als öffentlichen Hoheitsmächten die gesellschaftliche Wirklichkeit nicht mehr entspricht; deshalb wird die Kirche heute — so mißverständlich dies ist — unter die »Interessengruppen« gezählt[95]. Im Blick auf die juristischen Interpretationen haben wir schon früher bemerkt[96], daß auch die rechtliche Stellung der Kirchen zunehmend und mit guten Gründen als die Stellung von Verbänden in der Gesellschaft verstanden wird. Interpretiert man die Kirchen in ihrem öffentlichen Handeln als Verbände, so lassen sich also Theoriestücke aus verschiedenen Wissenschaften zu einer zusammenhängenden Theorie über das Verhältnis von Kirche und Öffentlichkeit zusammenfügen.

Dieses Ergebnis soll noch nach zwei Seiten — in juristischer und in theologischer Hinsicht — entfaltet werden. Wie verhält sich die Bestimmung der Kirche als Verband zu ihrer gegenwärtigen Rechtsstel-

---

[94] *K. Barth*, »Vergangenheit und Zukunft«, in: *Moltmann*, Anfänge, I, S. 47 f.
[95] Siehe oben S. 29, 541 ff.
[96] Siehe oben S. 533 ff.

lung? Diese weist gegenüber der Stellung anderer Verbände eine Reihe von Besonderheiten auf. Will man den Unterschied angemessen würdigen, so muß man zwischen der Privilegierung von Verbänden auf der einen Seite und Differenzen in der Rechtsstellung von Verbänden, die sich aus ihrer inneren Struktur oder den von ihnen übernommenen gesellschaftlichen Aufgaben als sachgemäß begründen lassen, auf der anderen Seite unterscheiden[97]. Unter Privilegien[98] sind bei einer derartigen Unterscheidung rechtliche Ausnahmebestimmungen sowie finanzielle und sachliche Bevorzugungen, die auf einer überlieferten Sonderstellung beruhen, verstanden. Die Privilegien der Kirchen stehen, soweit sie noch aufrechterhalten werden, im Widerspruch oder doch in Spannung zum geltenden Verfassungsrecht[99]. Dies wurde früher an dem Privileg der staatlichen Organisation und Finanzierung der Militärseelsorge[100] verdeutlicht; daneben müssen als Privilegien vor allem betrachtet werden: die traditionellen Leistungen des Staats an die Kirchen, die nicht an die Übernahme bestimmter gesellschaftlicher Aufgaben durch die Kirchen gebunden sind und trotz des Verfassungsauftrags zu ihrer Ablösung (Art. 138, Abs. 1 WRV in Verbindung mit Art. 140 GG) immer noch aufrechterhalten werden; konfessionelle Lehrerbildung und Bekenntnisschulen; die strafrechtliche Verfolgung von Gotteslästerung[101]. Demgegenüber läßt sich eine Reihe von anderen Besonderheiten an der Rechtsstellung der Kirchen aus ihrer inneren Struktur und den in der gegenwärtigen Gesellschaft von ihnen wahrgenommenen Aufgaben begründen; dazu gehört: die finanzielle Förderung der kirchlichen Sozialarbeit und Entwicklungshilfe; die mit der Rechtsstellung der theologischen Fakultäten[102] verbundene Ausbildung der künftigen Geistlichen an

---

[97] Siehe schon oben S. 544 f.
[98] Die neuere staatskirchenrechtliche Diskussion hat dem Problem erstaunlich wenig Aufmerksamkeit gewidmet; auch die größeren Lexikonartikel (zuletzt: *Hessel/Gerstenmaier*, »Kirche und Staat«) behandeln es nicht.
[99] Zu dessen Interpretation siehe v. a. oben S. 491 ff.
[100] Siehe oben S. 259 ff.
[101] *W.-D. Marsch*, Institution im Übergang, S. 223, Anm. 19, zählt zu den Privilegien noch »Hirtenworte im Wahlkampf« — zu Unrecht: hier handelt es sich nicht um die staatliche Gewährung eines Privilegs, sondern um typisches Verbandshandeln der Kirche, für das sie ihre spezifischen Möglichkeiten einsetzt. Die Kritik an diesem Verhalten ist vor allem ein innerverbandliches Problem: hier handelt die Kirche als Partei und verletzt dadurch die ihr eigentümlichen Verbandsaufgaben.
[102] Siehe oben S. 301 ff.

staatlichen Universitäten; die Anerkennung und Unterstützung kirchlicher Beiträge zum allgemeinen Bildungswesen (kirchliche Schulen, Kindergärten, Religionsunterricht); ein nicht extensiv ausgelegter Feiertagsschutz; die Zulassung der Kirchen zur Seelsorge im Militär, in Krankenhäusern, Strafanstalten oder anderen öffentlichen Anstalten; die staatliche Verwaltungshilfe beim Einzug der Kirchensteuer; die Anerkennung der kirchlichen Autonomie innerhalb der Schranken des für alle geltenden Gesetzes. Daneben jedoch gibt es Bereiche, in denen eine solche Sonderstellung der Kirchen nicht angemessen ist; so ist z. B. eine Beteiligung der Kirchen an den Aufsichtsgremien der Rundfunkanstalten über das Maß der Beteiligung anderer Verbände hinaus nicht zu rechtfertigen.

In ihrer öffentlichen Rechtsstellung sind die Kirchen also den anderen Verbänden im Prinzip gleichzustellen; jedoch sind diejenigen Differenzen, die sich aus der inneren Struktur und den gesellschaftlichen Aufgaben der Kirchen ergeben, angemessen zu berücksichtigen[103]; eine Privilegierung der Kirchen läßt sich jedoch nach dem Wortlaut der Verfassung wie auch der Sache nach nicht rechtfertigen. Deshalb kann die Privilegierung der Kirchen nicht als Argument gegen ihren Verbandscharakter geltend gemacht werden.

Abschließend muß — den methodischen Gesichtspunkten, die oben entwickelt wurden, entsprechend[104] — die Frage nach der Kompatibilität des gewonnenen Ergebnisses mit den Aussagen der Ekklesiologie über das Wesen der Kirche noch gesondert gestellt werden. An einer früheren Stelle wurde vorgeschlagen, den Begriff der Kirche auf drei korrelativen Wegen zu bestimmen[105]: a) Kirche ist die auf das versöhnende und befreiende Handeln Gottes in Christus gegründete Gemeinschaft von Menschen, in der dieses versöhnende und befreiende Handeln in Wort und Sakrament sowie in verschiedenen Formen der Kommunikation und der Praxis bezeugt und repräsentiert wird; b) die Kirche begegnet geschichtlich in der Aufspaltung von Konfessionen, ist aber zugleich immer auf ihre Einheit in Christus bezogen, die sich heute in der ökumenischen Bewegung Gestalt verschafft; c) die Kirchen erscheinen in ihrem öffentlichen Handeln als

---

[103] Solche Differenzen finden sich auch bei anderen Verbänden; als Beispiel sei die rechtliche Sonderstellung der Parteien, die in der Erstattung von Wahlkampfkosten Ausdruck findet, erwähnt.
[104] Siehe oben S. 130 f.
[105] Siehe oben S. 50.

Verbände in der Gesellschaft. Die Ekklesiologie hat vorwiegend die erste dieser drei Bestimmungsweisen von Kirche entfaltet, gelegentlich durch die zweite ergänzt. Wir können jetzt deutlicher als an dieser früheren Stelle erkennen, daß die dritte Bestimmung des Kirchenbegriffs vor allem deshalb in der bisherigen Ekklesiologie nur unzureichend entfaltet wurde, weil der Verbandscharakter der Kirche erst in der neueren gesellschaftlichen Entwicklung voll ans Licht getreten ist. Hinzu kommt, daß der Ekklesiologie das Instrumentarium zur Erfassung des korporativen, öffentlichen Handelns der Kirche weithin nicht zur Verfügung stand.

In der Entwicklung der ersten Bestimmung von Kirche sind drei Tendenzen zu beobachten[106]: Auf der einen Seite veranlaßt die Spannung zwischen dem geistlichen Charakter der Kirche und ihrer irdisch-geschichtlichen Existenzform zu einer Spiritualisierung des Kirchenbegriffs, durch die das geistliche Wesen der Kirche und ihre sichtbare Gestalt sowie ihr korporatives Handeln auseinandergebrochen werden; auf der anderen Seite begegnet ein Verständnis der Kirche als Heilsanstalt, in dem die Präsenz ihres geistlichen Charakters an das kirchliche Amt gebunden wird. Doch neben diesen beiden Tendenzen findet sich der Versuch, den Zusammenhang zwischen dem geistlichen Charakter und der irdisch-geschichtlichen Existenzform der Kirche dadurch zum Ausdruck zu bringen, daß man für die Beschreibung der Kirche Kategorien wählt, die deren geistliche und soziale Dimension miteinander verbinden. Diese Kategorien können dem theologischen, sie können auch dem allgemein-gesellschaftlichen Sprachgebrauch entnommen sein. Derartige Kategorien des theologischen Sprachgebrauchs sind »Volk Gottes« und »Leib Christi«. Aber auch in der — einem allgemein-gesellschaftlichen Sprachgebrauch entnommenen — Bezeichnung der Kirche als societas durch den frühen Kollegialismus[107] soll nicht nur die Sozialität der Kirche ausgedrückt werden; vielmehr ist in ihre Bestimmung als societas aequalis ihre geistliche Dimension aufgenommen: da die Kirche die Gemeinschaft der mit Gott Versöhnten ist, muß sie auch in ihrer empirischen Gestalt davon bestimmt sein, daß die Gläubigen vor Gott gleich und an der Gestaltung der Kirche durch das allgemeine Priestertum in gleicher Weise beteiligt sind. Die Bezeichnung der Kirche als societas soll also beides zugleich leisten: den Zusammenhang zwischen dem geistlichen

---

[106] Siehe oben S. 51 ff.
[107] Siehe oben S. 63 ff.

Charakter der Kirche und ihrer irdisch-geschichtlichen Existenzform verdeutlichen und die Teilnahme der Kirche am gesellschaftlichen Prozeß zum Ausdruck bringen[108]. Offensichtlich ist die Bezeichnung der Kirche als Verband mit einem derartigen Kirchenverständnis nicht unvereinbar. Jedoch vermag diese Bezeichnung nicht dasselbe zu leisten, was der frühe Kollegialismus mit seinem Verständnis der Kirche als societas meinte erreichen zu können. Die Betrachtung der Kirche als Verband betrifft nur ihr öffentliches, korporatives Handeln; nur die Beteiligung der Kirche am gesellschaftlichen Prozeß, nicht dagegen das Verhältnis zwischen dem geistlichen Charakter und der empirischen Sozialgestalt der Kirche wird damit erfaßt. Doch die Eigentümlichkeit der Kirche, die mit ihrem geistlichen Charakter gegeben ist, wird durch eine solche Betrachtungsweise nicht verdeckt.

Wollen wir dessen Bedeutung für unser Thema erfassen, so müssen wir nochmals auf die Ergebnisse früherer Erwägungen zur Ekklesiologie zurückgreifen. So wie die neutestamentliche Bezeichnung der Kirche als Leib Christi darauf verweist, daß die Kirche in ihrer geistlichen Existenz, zugleich damit aber auch als Sozialkörper durch den Bezug auf Christus bestimmt ist, so hat man in der neueren Ekklesiologie den konstitutiven Zusammenhang von Christologie und Ekklesiologie erneut herauszuarbeiten versucht. Karl Barth[109] und Dietrich Bonhoeffer[110] etwa gehen in ihrer Ekklesiologie übereinstimmend von einer christologischen Begründung des Kirchenverständnisses aus. Der jeweilige Schlüsselbegriff ihrer Ekklesiologie läßt sich als der Versuch einer Aufnahme und Interpretation des neutestamentlichen Leib-Christi-Gedankens auffassen. Bezeichnet Karl Barth

---

[108] Dieser Zusammenhang wurde in der weiteren Entwicklung der kollegialistischen Theorie wie im popularisierten Kirchenverständnis der Aufklärungszeit nicht gewahrt. So enthält z. B. die Deutsche Enzyklopädie oder allgemeines Realwörterbuch aller Künste und Wissenschaften von einer Gesellschaft Gelehrter (Frankfurt a. M. 1799) zwei Artikel »Kirche«, die unverbunden nebeneinanderstehen. Der erste behandelt die Kirche in »dogmatisch-protestantischer« Sicht, die von der bürgerlichen Gesellschaft durch ihr »jenseitiges Ziel« unterschieden ist (S. 511). Der andere handelt von der Kirche »nach natürlichen oder allgemeinen Rechtsgrundsätzen«; sie ist eine Gemeinschaft, zu der sich die Menschen aus Vernunftgründen und moralischen Empfindungen zusammenschließen (S. 554). Vgl. *A. Kuhn*, »Der Herrschaftsanspruch der Gesellschaft und die Kirche«, S. 342 ff.
[109] Siehe oben S. 98 ff.
[110] Siehe oben S. 107 ff.

die Kirche als die »irdisch-geschichtliche Existenzform Jesu Christi«[111], so heißt die zentrale Formulierung in Bonhoeffers Dissertation, die Kirche sei »Christus als Gemeinde existierend«[112]. Hält man die christologische Begründung des Kirchenverständnisses in dessen dogmatischer Entfaltung durch, so muß der Zusammenhang von Christus und Kirche auch für die Aussagen über die »Ordnung der Gemeinde«[113] wie für die Aussagen über den »Dienst der Gemeinde«[114] konstitutiv sein. Diesen Zusammenhang hat die dritte Barmer These in folgenden Worten formuliert[115]:

> »Die christliche Kirche ist die Gemeinde von Brüdern, in der Jesus Christus in Wort und Sakrament durch den Heiligen Geist als der Herr gegenwärtig handelt. Sie hat mit ihrem Glauben wie mit ihrem Gehorsam, mit ihrer Botschaft wie mit ihrer Ordnung mitten in der Welt der Sünde als die Kirche der begnadigten Sünder zu bezeugen, daß sie allein sein Eigentum ist, allein von seinem Trost und von seiner Weisung in Erwartung seiner Erscheinung lebt und leben möchte.«

Wenn der Zusammenhang zwischen Christologie und Ekklesiologie auch im Blick auf Ordnung und Dienst der Gemeinde gewahrt werden soll, dann muß in ihnen die Grundbestimmung der Kirche zum Ausdruck kommen, daß ihre Existenz stellvertretende Existenz ist: da Jesus stellvertretend für andere lebte und starb, da er ganz für andere da war, ist die Kirche nur dann Kirche, wenn sie – in ihrem Glauben wie in ihrem gemeinsamen Handeln, in ihrer Verkündigung wie in ihrer Verfassung – ganz für andere da ist. Der Horizont dieser ihrer stellvertretenden Existenz ist die Welt im ganzen, da Gottes in Christus offenbarer Heilswille der Welt gilt. Vertritt die Kirche Gottes Interesse am Heil des Ganzen, so muß sie in ihrem stellvertretenden Handeln am Heil des Ganzen orientiert sein. Dieser Zusammenhang ist auch für die Bestimmung des öffentlichen Handelns der Kirche festzuhalten. Deshalb ist dieses Handeln als politische Diakonie zu begreifen und an deren Maßstäben kritisch zu prüfen. Kirchliches Handeln empfängt in allen seinen Formen vom Liebesgebot, vom Auftrag zum stellvertretenden Einsatz für andere, seinen Impuls, seine Ausrichtung und seine kritische Begrenzung. Daraus er-

---

[111] *K. Barth*, KD, IV/1, S. 718; IV/2, S. 695; IV/3, S. 780.
[112] *D. Bonhoeffer*, Sanctorum Communio, S. 137 u. ö.
[113] *K. Barth*, KD, IV/2, S. 765 ff.
[114] KD, IV/3, S. 951 ff.
[115] *G. Heidtmann*, Glaube im Ansturm der Zeit, S. 32 f.; vgl. oben S. 553.

gibt sich für das öffentliche Handeln der Kirche eine Reihe von negativen Abgrenzungen: Ausgeschlossen ist vor allem die Absonderung des kirchlichen Handelns vom gesamtgesellschaftlichen Prozeß; gerade weil das Handeln der Kirche immer Diakonie sein muß, hat es stets eine politische Dimension. Ferner bildet der »Öffentlichkeitswille« oder »Öffentlichkeitsanspruch« der Kirche keine theologisch mögliche Bestimmung des öffentlichen Handelns der Kirche, weil hier das Interesse der Kirche an öffentlicher Wirkung um ihrer selbst willen ihren diakonischen Auftrag überlagert. Weiterhin ist die Isolierung individueller Lebenshilfe von der gesellschaftlichen und politischen Diakonie der Kirche ausgeschlossen; das an der Hoffnung auf das Reich Gottes — auf das Reich des Friedens, der Gerechtigkeit und der Freude — orientierte Handeln der Kirche enthält notwendigerweise gesellschaftskritische und gesellschaftsverändernde Elemente. Die Orientierung des kirchlichen Handelns am Liebesgebot, sein Verständnis als gesellschaftliche Diakonie schließt endlich auch die Trennung der politischen Verantwortung des einzelnen Christen von der politischen Verantwortung der Kirche aus. Die Verantwortung für Frieden, Gerechtigkeit, Freude, die Verantwortung für den Abbau von Gewalt, von Unfreiheit und von Not ist nicht nur eine Verantwortung der einzelnen Christen, sondern eine Verantwortung der Kirche als »irdisch-geschichtlicher Existenzform Jesu Christi«. Indem sie diese Verantwortung wahrnimmt, handelt sie als gesellschaftlicher Verband.

5. Konsequenzen

Wir gingen von der Frage nach dem gegenwärtigen Horizont für die Bestimmung des Verhältnisses von Kirche und Öffentlichkeit aus und stellten fest, daß das Problem des Friedens heute diesen Horizont abgibt. Versuchen wir abschließend, unsere bisherigen Ergebnisse ausdrücklich mit diesem Horizont zu verknüpfen, so ergeben sich einige zusammenfassende Konsequenzen für das Verständnis und die Aufgabenbestimmung von Theologie wie für das Verhältnis von Kirche und Öffentlichkeit[116].

Betrachtet man das öffentliche Handeln der Kirchen im Horizont des Friedensproblems, so wird deutlich, daß die Kirchen sich den rea-

---

[116] Vgl. W. *Huber,* »Theologische Probleme der Friedensforschung«, S. 571 ff.

len Konflikten und Gefährdungen gegenüber, denen die Menschheit heute ausgesetzt ist, nicht abwartend verhalten können. Die Konflikte innerhalb der einzelnen Gesellschaften spiegeln sich als Konflikte innerhalb der Kirchen. Die Konflikte innerhalb der Weltgesellschaft spiegeln sich als Konflikte innerhalb der ökumenischen Christenheit; ja, als transnationale Organisation ist die ökumenische Christenheit *Teil* dieser Weltkonflikte, wie auch die einzelnen Kirchen als gesellschaftliche Verbände *Teil* der Konflikte in ihren jeweiligen Gesellschaften sind. Die Aufgabe der Versöhnung besteht darin, daß die Kirchen zu einer produktiven Überwindung der Konflikte, an denen sie teilnehmen und die doch über sie hinausgreifen, beizutragen suchen.

Diese Aufgabe hat eine Neuorientierung der Theologie zur Voraussetzung[117]. Sie muß in ihr Kirchenverständnis die Konfliktfelder einbeziehen, in denen die Kirche jeweils leidend oder handelnd existiert. Nur dann kann es gelingen, Überlegungen über das öffentliche Handeln der Kirche mit Aussagen der Ekklesiologie über das Wesen der Kirche in Verbindung zu bringen; nur dann kann es auch möglich werden, den Zusammenhang zwischen dem geistlichen Charakter der Kirche und ihrer Sozialgestalt sowie ihrem öffentlichen Handeln zu klären. Erst wenn die Theologie die Analyse der Konfliktfelder, in denen sich die Kirche befindet, in ihre Arbeit einbezieht, wird sich der weite Abstand zwischen wissenschaftlicher Theologie und kirchenpraktischen Entscheidungen, der vielfach beklagt worden ist, verringern lassen[118]. Soll die Theologie zur Kritik, Klärung und Planung des kirchlichen Lebens- und Handlungsprozesses beitragen, so muß sie von den gegenwärtigen und zukünftigen Handlungsaufgaben der Kirche her entworfen werden. Begreift Theologie ihre wissenschaftliche Aufgabe in Relation zu dem »Dienst der Versöhnung«, so muß sie theologische Aussagen im Blick auf die Konflikte und Gefährdungen zu machen suchen, die die Welt bedrohen und an denen die ökumenische Christenheit beteiligt ist. Das aber bedeutet, daß die handlungsorientierte Dimension, die christlicher Theologie schon immer zu eigen war, in der Theologie als ganzer, also in all ihren Teildisziplinen, zum Zuge kommen muß. Denn der Druck der Handlungsaufgaben, vor denen die gesamte Christenheit steht, erfordert eine theologische Handlungstheorie[119], die zur Konsensus-

---

[117] Vgl. dazu auch *H. E. Tödt*, Die Theologie und die Wissenschaften.
[118] Siehe oben S. 550.
[119] Vgl. zu diesem Begriff schon oben S. 604 ff.

bildung und Handlungsorientierung der ökumenischen Christenheit beizutragen vermag[120]. Auch von den exegetisch-historischen Disziplinen der Theologie wird also erwartet, daß sie einen Beitrag zur Kommunikation kirchlicher und christlicher Gruppen im Hinblick auf gemeinsames Handeln zu leisten vermögen. Eine solche Erwartung greift tief in das Selbstverständnis einzelner theologischer Disziplinen wie der Theologie als ganzer ein. Unter dem Handlungsdruck, dem sich die Christenheit gegenübersieht, wird Theologie nicht mehr als die kontinuierliche Weiterentwicklung einer zweitausendjährigen Tradition verstanden. Sie wird vielmehr aufgefaßt als handlungsorientierte Theorie, als Beitrag zur Konsensusbildung handelnder Gruppen. Diese Konsensusbildung vollzieht sich im Rückgriff auf durch Tradition vermittelte Sinnentwürfe und Zielvorstellungen, die von den Menschen nicht beliebig produzierbar sind. Sie vollzieht sich als Kritik überlieferter Handlungsorientierungen angesichts künftiger Aufgaben und zugleich als Kritik gegenwärtiger Handlungsmodelle durch deren Überprüfung an der Tradition. Solche Konsensusbildung theoretisch zu erfassen und zu fördern, ist die Aufgabe einer theologischen Handlungstheorie, die sowohl auf das Handeln des einzelnen wie auf das Handeln christlicher Gruppen – das bedeutet auch: ihre Zusammenarbeit mit Nichtchristen – und das korporative Handeln der Kirchen bis zur Ebene der Weltchristenheit bezogen ist. Diese Aufgabe erfordert zugleich eine intensive Zusammenarbeit der theologischen Disziplinen untereinander wie auch deren Kooperation mit nichttheologischen Wissenschaften. Zur Lösung dieser Aufgabe ist der öffentliche Status der theologischen Fakultäten von beträchtlichem Gewicht[121].

Die andere Konsequenz betrifft das Verhältnis von Kirche und Öffentlichkeit. Wenn das Problem des Friedens heute den Horizont des Verhältnisses von Kirche und Öffentlichkeit bildet, wenn ferner das Verhältnis von Kirche und Öffentlichkeit nicht mehr als legitimierend oder affirmativ, sondern als kritisch und diakonisch bestimmt werden muß, so ergibt sich daraus die Notwendigkeit, die Rolle der Großkirchen in der Gesellschaft zu überprüfen. Denn sie stehen immer in der Gefahr, sich herrschenden Tendenzen in der Gesellschaft – wenn

---

[120] Diese These berührt sich mit der These von T. *Rendtorff*: »Das ethische Zeitalter des Christentums übt einen sich rasch verstärkenden Druck auch auf die Theologie aus« (»Theologie in der Welt des Christentums«, S. 360 f.).
[121] Siehe oben S. 295 ff., 366 ff.

auch mit spezifischer Begründung — anzupassen. Die Kirchen unterliegen also dem »institutionellen Dilemma«[122] aller großen Organisationen, auf exponierte und kritische Positionen zu verzichten, weil sie sich genötigt sehen, sich den unter ihren Mitgliedern herrschenden Durchschnittsmeinungen anzupassen[123]. Durch dieses institutionelle Dilemma geraten die Kirchen jedoch in die Gefahr, um ihrer Anpassung an die Gesellschaft willen ihre Vollmacht und ihre Aufgabe zu verleugnen. Denn die Aufgabe, die Versöhnung Gottes in der Welt zu repräsentieren, führt die Kirchen in eine kritische Distanz zu allen Tendenzen in der Gesellschaft, die Frieden, Gerechtigkeit und Freiheit hemmen oder gefährden. Häufig überlassen sie diese Distanzierung Randgruppen; die Rolle der kirchlichen Bruderschaften in der Auseinandersetzung über die Wiederbewaffnung der Bundesrepublik und die atomare Bewaffnung der Bundeswehr, aber auch die Rolle der Friedensdienste in der Auseinandersetzung um die kirchliche Verantwortung im Nord-Süd-Konflikt bieten dafür manche Beispiele. Diese Randgruppen werden einerseits gegenüber der Gesamtkirche neutralisiert, haben jedoch andererseits eine Alibifunktion, indem in ihnen der Versöhnungsauftrag der Kirche gleichwohl präsent ist. Dieses institutionelle Dilemma der Großkirchen kann allenfalls dann überwunden werden, wenn die Kirchen sich von den anderen großen Verbänden dadurch unterscheiden, daß sie ihre spezifische Möglichkeit zur Selbstkritik realisieren[124]. Nur wenn die Kirche als Institution zur Selbstkritik fähig ist, kann sie zu einer »Institution gesellschaftskritischer Freiheit« werden[125]; nur dann kann sie in kritischer Solidarität mit der Gesellschaft, in der sie existiert, ihre politische Diakonie wahrnehmen. Dazu muß sie das Handeln von Initiativgruppen als gesamtkirchliches Handeln akzeptieren und die Motive und Erfahrungen solcher Gruppen in die innerkirchliche Kommunikation einbeziehen. Die Kommunikation zwischen der Kirche als Großorganisation und christlichen Initiativgruppen bildet eine der Voraussetzungen für die Veränderungsprozesse, die die Kirche als sozialer Träger von Friedensverantwortung durchlaufen muß.

---

[122] Vgl. *T. Fusé*, »Religion, War and the Institutional Dilemma«.
[123] Zu dem Versuch, dieses Dilemma mit der Unterscheidung zwischen der politischen Verantwortung des einzelnen und der Verantwortung der Kirche zu lösen, siehe oben S. 564 ff.
[124] Siehe oben S. 480 f., 636 ff.
[125] Vgl. *J. B. Metz*, Zur Theologie der Welt, S. 107 ff.

Im Horizont des Friedensproblems wird besonders deutlich, daß zwischen zwei Schichten im Verhältnis von Kirche und Öffentlichkeit unterschieden werden muß. In der einen Schicht zeigt sich die Kirche als Agentur der »civil religion«[126], der bürgerlichen politischen Religion, die sich in fünf Punkten zusammenfassen läßt: das Dasein des Allmächtigen; eine alles umfassende Vorsehung; ein zukünftiges Leben; die Belohnung der Gerechten und Bestrafung der Ungerechten; die göttliche Sanktionierung beziehungsweise unbefragte Geltung vorgegebener Ordnungen[127].

Diese positive bürgerliche Religion erleichtert dem einzelnen die Anpassung an vorhandene gesellschaftliche und politische Strukturen und trägt zu deren Legitimation und Stärkung bei. Betrachtet man die Kirche als Agentur einer solchen stabilisierenden politischen Religion, so zeigt sich das »Bündnis von Thron und Altar«, die »Partnerschaft zwischen Staat und Kirche« als »Dyarchie öffentlicher Gewalten«, die »Nähe zwischen Staat und Kirche« als den beiden einzigen öffentlichen Hoheitsmächten[128] als die angemessene Entsprechung. Die Funktion der Kirche als Agentur der politischen Religion vermag sich jedoch auch durchzuhalten, wenn die in den genannten Formeln sich ausdrückende institutionelle Verbindung von Kirche und Staat zugunsten eines Trennungssystems aufgegeben ist: die »civil religion« in den USA[129] und die traditionelle Einstellung der Kirchen zum Problem von Krieg und Frieden in diesem Land[130] zeigen das deutlich. Auffällig ist, daß gerade in Staaten wie den USA und Frankreich das Prinzip der Trennung von Staat und Kirche zumindest noch an einem Punkt, nämlich in der staatlich finanzierten und auch weithin reglementierten Militärseelsorge, durchbrochen wird; hier manifestiert sich das Interesse des Staates an einer positiven politischen Religion unmittelbar[131]. Selbst in Ländern, in denen man sich generell auf die nach der Aufklärung unausweichlichen Voraussetzungen des religions-

---

[126] Siehe oben S. 481 f.
[127] Rousseau, der den Begriff der »réligion civile« prägte, formulierte den fünften Punkt folgendermaßen: »die Heiligkeit des Gesellschaftsvertrags und der Gesetze«. Vgl. *H. Maier*, Revolution und Kirche, S. 76; *A. Kuhn*, »Der Herrschaftsanspruch der Gesellschaft und die Kirche«, S. 339; *J. Moltmann*, in: Kirche im Prozeß der Aufklärung, S. 32 ff.
[128] Siehe zu diesen verschiedenen Varianten oben S. 422 ff., 496 ff.
[129] Vgl. *R. Bellah*, »Civil Religion in America«.
[130] Vgl. *T. Fusé*, »Religion, War and the Institutional Dilemma«.
[131] Siehe oben S. 270.

neutralen Staats und der vom Staat unabhängigen Kirche einzustellen versuchte, kehrt man doch zumindest an diesem einen Punkt in den institutionellen Regelungen zu einer voraufklärerischen Position zurück, nach der die Kirche als cultus publicus verstanden ist und sich als Agentur der politischen Religion gerade in ihrer Seelsorge an Soldaten zu bewähren hat.

Die andere Schicht im Verhältnis von Kirche und Öffentlichkeit zeigt sich, wenn man sich die institutionellen Konsequenzen verdeutlicht, die mit einem entschiedenen Eintreten der Kirchen und christlicher Gruppen für den Frieden verbunden sind. Mit dem Engagement der ökumenischen Bewegung für eine friedliche Verständigung zwischen den Völkern war von Anfang an die Forderung verknüpft, die Kirchen müßten sich von der distanzlosen Bindung an die Nationalstaaten und deren partikulare Interessen und Ideologien lösen; erst dann seien sie in der Lage, ihre Verantwortung für die Weltgesellschaft wie auch für die nationalen Gesellschaften wahrzunehmen. Den Nachweis für diese Forderung erbrachten am deutlichsten die ökumenisch orientierten Friedensdienste[132]: um ihren Dienst am Frieden realisieren zu können, mußten sie in Distanz zu den Nationalstaaten treten; das aber hatte zur Folge, daß sie sich zugleich von den national gebundenen Großkirchen distanzieren mußten. Sie konstituierten sich organisatorisch nach den Regeln, nach denen gesellschaftliche Gruppen und Verbände sich konstituieren, und suchten in dieser Organisationsform ihre Unabhängigkeit vom Staat wie von der Kirche durchzusetzen; sie partizipierten nicht an dem öffentlichen Sonderstatus der Großkirchen. Als gesellschaftliche Gruppen versuchten sie, ihren die nationalen Gesellschaften transzendierenden Beitrag zum Frieden zu leisten.

Die Evangelische Kirche in Deutschland hat nach 1945 ihren wohl wichtigsten Beitrag zum Frieden in Gestalt einer Denkschrift — »Die Lage der Vertriebenen und das Verhältnis des deutschen Volkes zu seinen östlichen Nachbarn« — geleistet[133]. Hinter den Denkschriften aber steht, wie wir sahen[134], ein Selbstverständnis der Kirche, nach dem diese sich in ihrer öffentlichen Wirksamkeit nicht als dem Staat zugeordnete Macht, sondern als gesellschaftlichen Verband begreift. Auch an diesem Beispiel zeigt sich, daß die Kirche dann am ehesten

---

[132] Vgl. W. von Eichborn, Freiwillige für den Frieden.
[133] Siehe oben S. 380 ff.
[134] Siehe oben S. 586 ff.

einen Beitrag zum Frieden zu leisten vermag, wenn sie in ihrer öffentlichen Wirksamkeit auf staatliche Privilegierung verzichtet und dadurch auch zu einem vom Staat unabhängigen Handeln in der Lage ist, wenn sie sich auf einen partnerschaftlichen Dialog mit den anderen gesellschaftlichen Gruppen einläßt und wenn sie sich im Bewußtsein ökumenischer Solidarität von partikularen nationalen Interessen zu distanzieren vermag.

Solche Beispiele können nicht die Konsequenz haben, daß man die Kirche in ihrer gesamten Existenz als Verband beschreibt[135]. Sie können auch nicht Anlaß dazu sein, die sachgemäßen Differenzen zwischen der Kirche und anderen gesellschaftlichen Verbänden — die sich aus ihrem Selbstverständnis ergeben und in ihrer öffentlichen sowie rechtlichen Stellung ausdrücken — abzuwerten. Aus ihnen kann schließlich auch nicht gefolgert werden, mit der Tatsache, daß sich die Kirche in ihrer öffentlichen Wirksamkeit als gesellschaftlichen Verband begreift, sei bereits die Garantie verbunden, daß sie zu versöhnendem und befreiendem Handeln in der Lage sei. Denn auch dann unterliegt die Kirche dem »institutionellen Dilemma« einer großen gesellschaftlichen Organisation, die dazu neigt, sich den beharrenden gesellschaftlichen Tendenzen anzupassen und Kritik zu isolieren oder zu Alibi-Zwecken zu mißbrauchen. Nicht als Garantie, wohl aber als Voraussetzung für wirksames versöhnendes und befreiendes Handeln der Kirche unter den gegenwärtigen gesellschaftlichen Bedingungen läßt sich allerdings formulieren, daß sie für dieses der Unabhängigkeit vom Staat und von den Machteliten bedarf; diese Unabhängigkeit kann sie jedoch nur dann erreichen, wenn sie in ihrer öffentlichen Wirksamkeit auf einen privilegierten Sonderstatus verzichtet. Als weitere Bedingung läßt sich angeben, daß sie auf jeden die Kommunikation abbrechenden Absolutheitsanspruch verzichten und sich um Dialog, Konsensus und Kooperation mit anderen gesellschaftlichen Gruppen und transnationalen Organisationen bemühen muß. Betrachten wir für die Gegenwart und die vor uns liegende Zukunft das Problem des Friedens als den Horizont für die Bestimmung des Verhältnisses von Kirche und Öffentlichkeit, so drängt uns auch diese Betrachtung dazu, die Kirche in ihrem öffentlichen Handeln als gesellschaftlichen Verband zu begreifen und daraus Konsequenzen für die kirchliche Praxis zu ziehen.

---

[135] Siehe oben S. 632 ff.

Abkürzungsverzeichnis

Allgemeine Abkürzungen (wie S., a. a. O.) und die Abkürzungen biblischer Bücher sind in dieses Verzeichnis nicht aufgenommen; vgl. dazu das Abkürzungsverzeichnis in RGG, 3. Aufl.

AELKZ	Allgemeine evangelisch-lutherische Kirchenzeitung.
AKK	Archiv der Kirchenkanzlei der Evangelischen Kirche in Deutschland.
AÖR	Archiv des öffentlichen Rechts.
Apol.	Apologia Confessionis.
ArchkathKR	Archiv für katholisches Kirchenrecht.
ATD	Das Alte Testament Deutsch, hrsg. v. A. Weiser, Göttingen.
Barth, KD	K. Barth, Die Kirchliche Dogmatik.
Bekenntnisschriften	Die Bekenntnisschriften der evangelisch-lutherischen Kirche, hrsg. vom Deutschen Evangelischen Kirchenausschuß, ⁵Göttingen 1959.
BGHZ	Urteile des Bundesgerichtshofs in Zivilsachen.
BhTh	Beiträge zur historischen Theologie.
BVerfGE	Entscheidungen des Bundesverfassungsgerichts.
CA	Confessio Augustana.
CcW	Chronik der Christlichen Welt.
CR	Corpus Reformatorum.
CW	Die Christliche Welt.
DEKA	Deutscher Evangelischer Kirchenausschuß.
DtPfBl	Deutsches Pfarrerblatt.
DVBl	Deutsches Verwaltungsblatt.
EA	Europa-Archiv.
EKA	Evangelisches Kirchenamt für die Bundeswehr.
EKD	Evangelische Kirche in Deutschland.
EKL	Evangelisches Kirchenlexikon. Kirchlich-theologisches Handwörterbuch, hrsg. von H. Brunotte und O. Weber, Göttingen 1955 ff.
ELKZ	Evangelisch-lutherische Kirchenzeitung.
E. M. D.	Evangelische militärkirchliche Dienstordnung.
ERE	Ecumenical Research Exchange, Rotterdam.
es	edition suhrkamp, Frankfurt.
ESL	Evangelisches Soziallexikon, hrsg. von F. Karrenberg, ⁵Stuttgart 1965.
EStL	Evangelisches Staatslexikon, hrsg. von H. Kunst und S. Grundmann, Stuttgart 1966.
EvKomm	Evangelische Kommentare.
EvTheol	Evangelische Theologie.
FEST	Forschungsstätte der Evangelischen Studiengemeinschaft, Heidelberg.

FEST F	Forschungsstätte der Evangelischen Studiengemeinschaft, Friedensforschungsprojekt (unveröff. Arbeitspapiere).
FGLP	Forschungen zur Geschichte und Lehre des Protestantismus.
GG	Grundgesetz für die Bundesrepublik Deutschland vom 23. 5. 1949.
GWU	Geschichte in Wissenschaft und Unterricht.
HDSW	Handwörterbuch der Sozialwissenschaften, Stuttgart/Tübingen/Göttingen 1956 ff.
HK	Herder-Korrespondenz.
HZ	Historische Zeitschrift.
JÖR	Jahrbuch des öffentlichen Rechts.
JZ	Juristenzeitung.
KfS	Kölner Zeitschrift für Soziologie und Sozialpsychologie.
KidZ	Kirche in der Zeit.
KlT	Kleine Texte für theologische und philologische Vorlesungen und Übungen, begr. v. H. Lietzmann, hrsg. von K. Aland, Berlin.
KuD	Kerygma und Dogma.
KV	Kirchenvertrag.
LM	Lutherische Monatshefte.
LR	Lutherische Rundschau.
LThK	Lexikon für Theologie und Kirche, hrsg. von J. Höfer und K. Rahner, ²Freiburg 1957 ff.
MPTh	Monatsschrift für Pastoraltheologie.
MSV	Vertrag der Bundesrepublik Deutschland mit der Evangelischen Kirche in Deutschland zur Regelung der evangelischen Militärseelsorge (Militärseelsorgevertrag) vom 22. 2. 1957.
MThZ	Münchener Theologische Zeitschrift.
NF	Neue Folge.
NJW	Neue Juristische Wochenschrift.
NWB	Neue Wissenschaftliche Bibliothek, Köln.
NZSTh	Neue Zeitschrift für systematische Theologie.
ÖR	Ökumenische Rundschau.
ÖRK	Ökumenischer Rat der Kirchen.
PrBl	Protestantenblatt.
PrJ	Preußische Jahrbücher.
PTh	Pastoraltheologie.
RAC	Reallexikon für Antike und Christentum, hrsg. v. Th. Klauser, Stuttgart 1950 ff.
RE	Realencyklopädie für protestantische Theologie und Kirche, hrsg. v. A. Hauck, ³Leipzig 1896 ff.
RGG	Die Religion in Geschichte und Gegenwart, ¹Tübingen 1909 ff.; ²Tübingen 1927 ff.; ³Tübingen 1957 ff.[1].
RK	Konkordat zwischen dem Heiligen Stuhl und dem Deutschen Reich (Reichskonkordat) vom 20. 7. 1933.

---

[1] Die 3. Auflage wird nur als »RGG« zitiert.

SB	Sitzungsberichte (mit Ortsangabe der jeweiligen Akademie der Wissenschaften).
SG	Gesetz über die Rechtsstellung der Soldaten (Soldatengesetz), Neufassung vom 22. April 1969.
SGV	Sammlung gemeinverständlicher Vorträge und Schriften aus dem Gebiet der Theologie und der Religionsgeschichte, Tübingen.
StdZ	Stimmen der Zeit.
StL	Staatslexikon, hrsg. von der Görres-Gesellschaft, ⁶Freiburg 1957 ff.
ThB	Theologische Bücherei, München.
ThBl	Theologische Blätter.
ThExh	Theologische Existenz heute, München.
ThLZ	Theologische Literaturzeitung.
ThR	Theologische Rundschau.
ThSt	Theologische Studien, Zürich.
ThViat	Theologia Viatorum. Jb. der Kirchl. Hochschule Berlin.
ThWB	Theologisches Wörterbuch zum Neuen Testament, begr. von H. Kittel, hrsg. von G. Friedrich, Stuttgart 1933 ff.
ThZ	Theologische Zeitschrift, Basel.
TRT	Taschenlexikon Religion und Theologie, hrsg. von E. Fahlbusch, Göttingen 1971.
VELKD	Vereinigte Evangelisch-lutherische Kirche Deutschlands.
VF	Verkündigung und Forschung.
WA	M. Luther, Werke. Kritische Gesamtausgabe (»Weimarer Ausgabe«), Weimar 1883 ff.
WATR	M. Luther, Werke. Kritische Gesamtausgabe. Tischreden, Weimar 1912 ff.
WKL	Weltkirchenlexikon, Handbuch der Ökumene, hrsg. von F. H. Littell und H. H. Walz, Stuttgart 1960.
WMANT	Wissenschaftliche Monographien zum Alten und Neuen Testament, Neukirchen.
WPKG	Wissenschaft und Praxis in Kirche und Gesellschaft.
WRV	Verfassung des Deutschen Reichs vom 11. 8. 1919 (Weimarer Reichsverfassung).
Zdv	Zentrale Dienstvorschrift.
ZEE	Zeitschrift für evangelische Ethik.
ZevKR	Zeitschrift für evangelisches Kirchenrecht.
ZfPol	Zeitschrift für Politik.
ZgesStW	Zeitschrift für die gesamte Staatswissenschaft.
ZKG	Zeitschrift für Kirchengeschichte.
ZkTh	Zeitschrift für katholische Theologie.
ZNW	Zeitschrift für die neutestamentliche Wissenschaft und die Kunde der älteren Kirche.
ZRG (Kan. Abt.)	Zeitschrift der Savigny-Stiftung für Rechtsgeschichte (Kanonistische Abteilung).
ZThK	Zeitschrift für Theologie und Kirche.
ZZ	Zwischen den Zeiten.

Literaturverzeichnis

Ältere Quellentexte sowie die benutzten unveröffentlichten Aktenstücke sind nur in den Anmerkungen zitiert und nicht in das Literaturverzeichnis aufgenommen. Auch Zeitungsartikel und ähnliche Materialien sind in der Regel nur in den Anmerkungen nachgewiesen. Schließlich sind Handbücher, Artikel in Nachschlagewerken und Rezensionen in dieses Verzeichnis nur in Ausnahmefällen aufgenommen worden.

Abrecht, P., »Verantwortliche Gesellschaft«, in: WKL, Sp. 1528—1530.
Ackermann, R., siehe Dienst, K.
Adam, A., Nationalkirche und Volkskirche im deutschen Protestantismus, Göttingen 1938.
—, »Der manichäische Ursprung der Lehre von den zwei Reichen bei Augustin«, in: ThLZ, 77, 1952, Sp. 385—390, auch in: Schrey, Reich Gottes und Welt, S. 30—39.
Adorno, Th. W., »Gesellschaft«, in: EStL, Sp. 636—643.
Albert, H., Traktat über kritische Vernunft, ²Tübingen 1969.
Albrecht, A., Koordination von Staat und Kirche in der Demokratie. Eine juristische Untersuchung über die allgemeinen Rechtsprobleme der Konkordate zwischen der katholischen Kirche und einem freiheitlich-demokratischen Staat, Freiburg, Basel, Wien 1965.
Albrecht, G., Politische Einstellungen gegenüber »Nation, Volk, Vaterland« (eine soziologische Analyse der Reaktionen auf die »Vertriebenendenkschrift« der EKD), unveröffentlichtes Manuskript o. O. o. J.
Alföldi, A., Studien zur Geschichte der Weltkrise des 3. Jahrhunderts nach Christus, Darmstadt 1967.
Allgemeine evangelisch-lutherische Kirchenzeitung, 47, 1914 — 51, 1918.
Allgemeines Kirchenblatt für das evangelische Deutschland, 63, 1914.
Althaus, P., »Die Christenheit und die politische Welt«, in: Jb. des Martin-Luther-Bundes, 3, 1948, S. 47—65.
—, »Die beiden Regimente bei Luther. Bemerkungen zu Johannes Heckels ›Lex charitatis‹«, in: ThLZ, 81, 1956, Sp. 129—136, auch in: Schrey, Reich Gottes und Welt, S. 517—527.
—, »Zwei-Reiche-Lehre«. A und B, in: EKL, III, Sp. 1928—1936.
—, »Luthers Lehre von den beiden Reichen im Feuer der Kritik«, in: Luther-Jahrbuch, 24, 1957, S. 40—68; auch in: Schrey, Reich Gottes und Welt, S. 105—141.
—, »Gebot und Gesetz«, in: Kinder/Haendler, Gesetz und Evangelium, S. 201—238.
Altmann, R., Das Problem der Öffentlichkeit und seine Bedeutung für die moderne Demokratie, Diss. phil. Marburg 1954 (mschr.).
—, »Zur Rechtsstellung der öffentlichen Verbände«, in: ZfPol, 2, 1955, S. 211—227.
—, »Abschied von den Kirchen«, in: Der Spiegel, 28/1970, S. 120—121.
Andel, C. P. van, »Theologische vraagtekens bij politieke overwegingen«, in: Wending, 20, 1965, S. 31—42.

Andel, C. P. van, »Die Rolle der Kirche in einer internationalen Strategie des Friedens«, in: G. Picht/W. Huber, Was heißt Friedensforschung?, Stuttgart/München 1971, S. 58—67.
Angermann, E., »Das Auseinandertreten von Staat und Gesellschaft im Denken des 18. Jahrhunderts«, in: ZfPol, 10, 1963, S. 89—101.
Anschütz, G., Die Verfassung des Deutschen Reiches, Photomech. Nachdruck der 14. Aufl. 1933, Bad Homburg 1960.
—, Die bayerischen Kirchenverträge von 1925, Berlin o. J.
Appell an die Kirchen der Welt, Stuttgart 1967.
Arbeitstagung Frankfurt 1965. Bericht über die Arbeitstagung der dritten Synode der Evangelischen Kirche in Deutschland vom 8. bis 10. November 1965 in Frankfurt a. M., Hannover 1968.
Arndt, A., »Umwelt und Recht. Die Verbände im Bereich des Öffentlichen«, in: NJW, 13, 1, 1960, S. 423—425.
Asmussen, H., Der Christ in der politischen Verantwortung, Freiburg 1960.
Auerbach, E., Literatursprache und Publikum in der lateinischen Spätantike, Bern 1958.
Aufgaben und Grenzen kirchlicher Äußerungen zu gesellschaftlichen Fragen. Eine Denkschrift der Kammer für soziale Ordnung der Evangelischen Kirche in Deutschland, Gütersloh 1970.

Bachrach, P., Die Theorie demokratischer Elitenherrschaft, Frankfurt 1970.
Baerwald, F., »Die Verbände in der Demokratie der Gegenwart«, in: ZfPol, 10, 1963, S. 54—62.
Bahr, H.-E., Verkündigung als Information. Zur öffentlichen Kommunikation in der demokratischen Gesellschaft (Konkretionen 1), Hamburg 1968.
—, siehe Cornehl, P.
Bahrdt, H. P., Die moderne Großstadt. Soziologische Überlegungen zum Städtebau, Hamburg 1969.
Baldus, M., Die philosophisch-theologischen Hochschulen in der Bundesrepublik Deutschland. Geschichte und gegenwärtiger Rechtsstatus, Berlin 1965.
Bamberg, H.-D., Militärseelsorge in der Bundeswehr. Schule der Anpassung und des Unfriedens, Köln 1970.
Bannach, H. (Hrsg.), Glaube und öffentliche Meinung. Der Beitrag christlicher Verbände zum politischen Entscheidungsprozeß (Der Kreis, D 26), Stuttgart 1970.
Bárczay, G., Ecclesia semper reformanda. Eine Untersuchung zum Kirchenbegriff des 19. Jahrhunderts, Zürich 1961.
Baring, A., Außenpolitik in Adenauers Kanzlerdemokratie. Bonns Beitrag zur Europäischen Verteidigungsgemeinschaft (Schriften des Forschungsinstituts der Deutschen Gesellschaft für Auswärtige Politik, 28), München, Wien 1969.
Barion, H., Rudolph Sohm und die Grundlegung des Kirchenrechts (Recht und Staat, 81), Tübingen 1931.
—, »Ordnung und Ortung im kanonischen Recht«, in: Festschrift für Carl Schmitt, Berlin 1959, S. 1—34.
—, »Potestas indirecta«, in: EStL, Sp. 1592 f.
Barion, J., Hegel und die marxistische Staatslehre, Bonn 1963.

Bartels, F., »Militärseelsorge«, in: ELKZ, 1957, S. 53—57.
Barth, K., »Der Glaube an den persönlichen Gott«, in: ZThK, 24, 1914, S. 21—32, 65—95.
—, »Die Hilfe« 1913«, in: CW, 33, 1914, Sp. 774—778.
—, Der Römerbrief, 1. Aufl. München 1918.
—, Der Römerbrief, 9. Abdruck der neuen Bearbeitung, Zürich 1954.
—, Das Wort Gottes und die Theologie, München 1924.
—, Die Theologie und die Kirche. Gesammelte Vorträge, 2, München 1928.
—, »Der politische Gottesdienst«, in: ders., Gotteserkenntnis und Gottesdienst nach reformierter Lehre, Zürich 1938, S. 203—216.
—, Rechtfertigung und Recht, ²Zürich 1944.
—, Eine Schweizer Stimme 1938 bis 1945, Zürich 1945.
—, Christengemeinde und Bürgergemeinde, München 1946.
—, Die protestantische Theologie im 19. Jahrhundert, ihre Vorgeschichte und ihre Geschichte, ²Zürich 1952.
—, Politische Entscheidung in der Einheit des Glaubens (ThExh, NF 34), München 1952.
—, Kirchliche Dogmatik, I/1 — Register, Zürich 1955—1970.
—, Brief an einen Pfarrer in der Deutschen Demokratischen Republik, Zürich 1958.
—, Der Götze wackelt. Zeitkritische Aufsätze, Reden und Briefe von 1930 bis 1960, hrsg. v. K. Kupisch, Berlin 1961.
—, »Theologisches Gutachten zu den Zehn Artikeln über Freiheit und Dienst der Kirche«, in: EvTheol, 23, 1963, S. 505—510.
—, »Der Christ in der Gesellschaft«, in: Moltmann, Anfänge der dialektischen Theologie, I, S. 3—37.
—, »Vergangenheit und Zukunft«, in: Moltmann, Anfänge der dialektischen Theologie, I, S. 37—49.
—, »Das Wort Gottes als Aufgabe der Theologie«, in: Moltmann, Anfänge der dialektischen Theologie, I, S. 197—218.
—, »Evangelium und Gesetz«, in: Kinder/Haendler, Gesetz und Evangelium, S. 1—29.
—, Nachwort zur Schleiermacher Auswahl (Siebenstern-Taschenbuch, 113/114), München 1968.
—, Einführung in die evangelische Theologie, München/Hamburg 1968.
— /Thurneysen, E., Ein Briefwechsel aus der Frühzeit der dialektischen Theologie (Siebenstern-Taschenbuch, 17), München und Hamburg 1966.
— /Harnack, A. von, »Briefwechsel von 1923«, in: Moltmann, Anfänge der dialektischen Theologie, I, S. 323—347.
— /Bultmann, R., Briefwechsel 1922—1966, hrsg. von B. Jaspert, Zürich 1971.
Bartsch, H.-W., »Die politische und theologische Bedeutung des Militärseelsorgevertrags«, in: Blätter für deutsche und internationale Politik, 12, 1967, S. 930—939.
Bastian, H.-D., Strukturveränderung — eine Aufgabe der Militärseelsorge (Beiträge aus der ev. Militärseelsorge, 2), Bad Godesberg 1970.
—, »Militärseelsorge als Friedensdienst«, in: EvKomm, 4, 1971, S. 407—409.
Baudissin, W. Graf von, Soldat für den Frieden. Entwürfe für eine zeitgemäße Bundeswehr, hrsg. von P. v. Schubert, München 1969.

Baumgarten, O., Meine Lebensgeschichte, Tübingen 1929.
Bäumler, Chr., Die Lehre von der Kirche in der Theologie Karl Barths (ThExh, NF 118), München 1964.
Bäumlin, R., »Staatslehre und Kirchenrechtslehre, über gemeinsame Fragen ihrer Grundproblematik«, in: Staatsverfassung und Kirchenordnung, Smend-Festschrift, Tübingen 1962, S. 3—22.
Baumotte, M. / Schütte, H. / Wagner, F. / Renz, H., Kritik der politischen Theologie (ThExh, 175), München 1973.
Baur, J., »Geschichte und Eschatologie in sozialethischem Aspekt«, in: Baur / Goppelt / Kretschmar, Die Verantwortung der Kirche in der Gesellschaft, S. 31—56.
— */ Goppelt, L. / Kretschmar G.* (Hrsg.), Die Verantwortung der Kirche in der Gesellschaft. Eine Studienarbeit des Ökumenischen Ausschusses der Vereinigten Evangelisch-Lutherischen Kirche Deutschlands, Stuttgart 1973.
Beckmann, J. (Hrsg.), Kirchliches Jahrbuch für die evangelische Kirche in Deutschland, Jg. 1933—1945, Gütersloh 1948; Jg. 1945—1948, 1950; Jg. 1949 ff., jährlich fortlaufend, Gütersloh.
Beckmann, K.-M., Der Begriff der Häresie bei Schleiermacher (FGLP, X, 16), München 1959.
—, »›Christus als Gemeinde existierend‹. Der Begriff der Kirche in Dietrich Bonhoeffers ›Sanctorum Communio‹ im Blick auf die Ökumene«, in: EvTheol, 21, 1961, S. 327—338.
—, Unitas Ecclesiae. Eine systematische Studie zur Theologiegeschichte des 19. Jahrhunderts, Gütersloh 1967.
Beißer, F., »Zur Deutung von Luthers Zwei-Reiche-Lehre«, in: KuD, 16, 1970, S. 229—241.
Beiträge zum politischen Reden der Kirche (Veröffentlichungen der Kirchlichen Hochschule Wuppertal, 2), Neukirchen 1966.
Belemann, G. D., Kirchliche Beteiligung an staatlichen Einrichtungen, Diss. jur. Bonn 1968.
Bellah, R. N., »Civil Religion in America«, in: R. N. Bellah, Beyond Belief. Essays on Religion in a Post-Traditional World, New York/Evanston/London 1970, S. 168—189.
Benedict, H.-J., »Die ›Pastorenkirche‹ als Demokratisierungsfaktor in der bundesrepublikanischen Gesellschaft. Pfarrer in der außerparlamentarischen Opposition«, in: Th. Ebert / H.-J. Benedict, Macht von unten. Bürgerrechtsbewegung, außerparlamentarische Opposition und Kirchenreform (Konkretionen 5), Hamburg 1968, S. 179—199.
—, »›Sprechen für die, die keine Stimme haben‹. Über eine mögliche Rolle der Kirche in der Formaldemokratie«, in: DtPfBl, 70, 1970, S. 570—572.
Bennett, J. C. (Hrsg.), Christian Social Ethics in a Changing World. An Ecumenical Theological Inquiry, New York 1966.
Bensberger Kreis (Hrsg)., Memorandum deutscher Katholiken zu den polnisch-deutschen Fragen, Mainz 1968.
Berger, P. L., Kirche ohne Auftrag. Am Beispiel Amerikas, Stuttgart 1962.

Bergmann, J. / Brandt, G. / Körber, K. / Mohl, Th. / Offe, C., Herrschaft, Klassenverhältnis und Schichtung, in: Th. W. Adorno (Hrsg.), Spätkapitalismus oder Industriegesellschaft. Verh. d. 16. dt. Soziologentags, Stuttgart 1969, S. 67—87.
Berlin 1956. Bericht über die außerordentliche Tagung der zweiten Synode der Evangelischen Kirche in Deutschland vom 27. bis 29. Juni 1956, Hannover o. J.
Berlin-Spandau 1957. Bericht über die zweite Tagung der zweiten Synode der Evangelischen Kirche in Deutschland vom 3. bis 8. März 1957, Hannover o. J.
Berlin und Potsdam 1966. Bericht über die vierte Tagung der dritten Synode der Evangelischen Kirche in Deutschland vom 13. bis 18. März 1966 in Berlin-Spandau und vom 16. bis 18. März 1966 in Potsdam-Babelsberg, Hannover 1970.
Bertholet, A., Religion und Krieg (Religionsgeschichtliche Volksbücher, V, 20), Tübingen 1915.
Besch, F., Der Begriff der anerkannten Religionsgemeinschaft im deutschen Staatskirchenrecht unter besonderer Berücksichtigung des Staatskirchenrechts der Länder Bayern und Baden-Württemberg. Diss. jur. Freiburg 1965.
Besch, G., »Die Heimatvertriebenen und unsere Kirche«, in: Kommunität. Vierteljahreshefte der Evangelischen Akademie Berlin, 11, 1967, S. 11—14.
Besson, W., »Die christlichen Kirchen und die moderne Demokratie«, in: W. P. Fuchs (Hrsg.), Staat und Kirche im Wandel der Jahrhunderte, Stuttgart 1966, S. 201—216.
Bethge, E., Dietrich Bonhoeffer. Theologe — Christ — Zeitgenosse, ²München 1967.
—, »Was heißt: Kirche für andere? Überlegungen zu Dietrich Bonhoeffers Kirchenverständnis«, in: PTh, 58, 1969, S. 94—105.
Beyerhaus, P., »Mehr Wege zum Pfarramt. Brauchen wir schon wieder kirchliche Hochschulen?«, in: LM, 9, 1970, S. 7—9.
Beyme, K. von, Interessengruppen in der Demokratie, München 1969.
Beyschlag, K. / Goldschmidt, D. / Künneth, W. / Michel, D. / Peters, A. / Wilkkens, U., Streit um das politische Mandat der Kirche (Evangelische Zeitstimmen 49 / 50), Hamburg 1969.
Bick, R., »Gedanken zum Lebenskundlichen Unterricht«, Hektogr. Ms. FEST F IV 25 a, Heidelberg 1970.
Bieber, A. (Hrsg.), Ist die Truppe noch zu retten? Oder: Kriegsdienstverweigerung und Militärseelsorge (ad hoc, 5), Gelnhausen/Berlin 1971.
Biot, F., Théologie du politique (Témoignage chrétien), Paris 1972.
Birkner, H.-J., Spekulation und Heilsgeschichte. Die Geschichtsauffassung Richard Rothes (FGLP, X, 17), München 1959.
—, Schleiermachers Christliche Sittenlehre im Zusammenhang seines philosophisch-theologischen Systems, Berlin 1964.
Birnbaum, N. / Lenzer, G. (Hrsg.), Religionssoziologie, Köln 1967.
Blasius, D., siehe Stein, L. von.
Bleese, J., Die Militärseelsorge und die Trennung von Staat und Kirche, Diss. jur. Hamburg 1969.

Bluhm, G., Die Oder-Neiße-Linie in der deutschen Außenpolitik, Freiburg 1963.
Blumenberg, H., Die Legitimität der Neuzeit, Frankfurt 1966.
Blumhardt, Chr., Gottes Reich kommt. Predigten aus den Jahren 1907 bis 1917 (Eine Auswahl aus seinen Predigten, Andachten und Schriften, hrsg. von R. Lejeune, Bd. 4), Erlenbach 1932.
Böckenförde, E.-W., »Religionsfreiheit und öffentliches Schulgebet. Eine Auseinandersetzung mit dem Urteil des Hessischen Staatsgerichtshofs vom 27. 10. 1965«, in: Die öffentliche Verwaltung, 1966, S. 30—38.
—, »Das Ethos der modernen Demokratie und die Kirche«, in: Wendland / Strohm, Politik und Ethik, S. 218—240.
—, »Politisches Mandat der Kirche?«, in: Eunomia, Freundesgabe für Hans Barion, o. O. o. J. (1970), S. 7—21.
—, siehe Stein, L. von.
Böcker, O., siehe Dienst, K.
Böckle, F., »Kirche — Staat — Gesellschaft. Theologische Bemerkungen zu ihrem Verhältnis«, in: Krautscheidt / Marré, Essener Gespräche, Bd. 2, S. 32—46.
—, »Moraltheologische Überlegungen zur ›politischen Theologie‹«, in: Peukert, Diskussion zur »politischen Theologie«, S. 178—184.
Böckmann, H., »Die katholisch-theologische Fakultät der Johannes-Gutenberg-Universität in Mainz (SS 1946 — WS 1953/54)«, in: Jahrbuch der Vereinigung »Freunde der Universität Mainz«, 1954, S. 10—15.
Bodenstein, W., Die Theologie Karl Holls im Spiegel des antiken und reformatorischen Christentums (Arbeiten zur Kirchengeschichte, 40), Berlin 1968.
Boehm, L., »München I. Universität«, in: RGG, IV, Sp. 1173—1176.
Bohatec, J., »Das Territorial- und Kollegialsystem in der holländischen Publizistik des XVII. Jahrhunderts«, in: ZRG, 66, 1948 (Kan. Abt., 35), S. 1—149.
Böhme, W., »Die evangelische Kirche und die politische Wirklichkeit«, in: Frankfurter Hefte, 8, 1953, S. 350—358.
—, »Akademien, kirchliche, I«, in: EStL, Sp. 27—28.
— / *Wilkens, E.* (Hrsg.), Möglichkeit und Grenze politischer Wirksamkeit der Kirche (Radius Projekte, 32), o. O. o. J. (1970).
Boman, Th., »Kirche und Staat in den nordischen Ländern. Eine Darstellung und eine Würdigung«, in: Das Verhältnis von Kirche und Staat (Studien und Berichte der katholischen Akademie in Bayern, 30), Würzburg 1965, S. 73—100.
Bonhoeffer, D., Gesammelte Schriften, Bd. I—IV, [2]München 1965 f.
—, Ethik, [7]München 1966.
—, Nachfolge, [9]München 1967.
—, Sanctorum Communio. Eine dogmatische Untersuchung zur Soziologie der Kirche, [4]München 1969.
—, Widerstand und Ergebung, Neuausgabe, München 1970.
—, Das Wesen der Kirche. Aus Hörernachschriften zusammengestellt und herausgegeben von O. Dudzus (Kaiser Traktate, 3), München 1971.
Bopp, J., Unterwegs zur Weltgesellschaft. Die Ökumene zwischen westlichem Führungsanspruch und universaler Verantwortung, Stuttgart 1971.

Bornemann, W., Frankfurt am Main, eine Universität ohne theologische Fakultät?, Gießen 1913.
Bornkamm, G., »Paulinische Anakoluthe im Römerbrief«, in: Das Ende des Gesetzes. Paulusstudien, ⁵München 1966, S. 76—92.
Bornkamm, H., »Staat und Kirche in der Sicht des neueren Katholizismus«, in: ZevKR, 7, 1959/60, S. 273—279.
—, Luthers Lehre von den zwei Reichen im Zusammenhang seiner Theologie, ²Gütersloh 1960, auch in: Schrey, Reich Gottes und Welt, S. 165—195.
Bošnjak, B., »Die Religion als Privatsache und das Problem des Dialogs«, in: U. Duchrow (Hrsg.), Marxismus-Studien, 6. Folge, Tübingen 1969, S. 152 bis 171.
Bosse, H., »Marx, Freud und die Christen«, in: J.-M. Lohse (Hrsg.), Menschlich sein — mit oder ohne Gott?, Stuttgart 1969, S. 84—107.
—, Marx-Weber-Troeltsch. Religionssoziologie und marxistische Ideologiekritik, München/Mainz 1970.
—, »Öffentlichkeit«, in: TRT, III, S. 124—128.
Boyens, A., Kirchenkampf und Ökumene, München 1969.
Braaten, C. E., »Zur Theologie der Revolution«, in: LM, 7, 1968, S. 215 bis 220.
Brandenburger, E., Adam und Christus. Exegetisch-religionsgeschichtliche Untersuchung zu Röm. 5,12—21 (1. Kor. 15), (WMANT, 7), Neukirchen 1962.
Brandt, W., Der Heilige Geist und die Kirche bei Schleiermacher, Zürich 1968.
Braun, J. Freiherr von, Gericht ohne Gnade?, Würzburg 1966.
Breitling, R., »Die zentralen Begriffe der Verbandsforschung. Pressure Groups, Interessengruppen, Verbände«, in: Politische Vierteljahresschrift, 1, 1960, S. 47—73.
Breyvogel, W., »Die Militärseelsorge«, in: Sczcesny, Club Voltaire IV, S. 312—320.
Bridston, K., Church Politics. An Analysis of the Church as a Political Institution, New York/Cleveland 1969.
Bring, R., »Der Glaube und das Recht nach Luther«, in: Elert-Gedenkschrift, Berlin 1955, S. 140—162, auch in: Schrey, Reich Gottes und Welt, S. 290 bis 325.
Brück, A., »Mainz II. Universität«, in: RGG, IV, Sp. 615—617.
Brühmann, E., »›Konfessionshader‹ oder ›Der Westfälische Jammer‹«, in: Materialien zur Geschichte der Ruhr-Universität Bochum, S. 67—73.
Brummack, C. (Hrsg.), Die Unverlierbarkeit evangelischen Kirchentums aus dem Osten. Ertrag und Aufgaben des Dienstes an den vertriebenen evangelischen Ostkirchen, Ulm 1964.
Brunner, E., Das Gebot und die Ordnungen, ²Tübingen 1933.
—, Gerechtigkeit, Zürich 1943.
—, Das Mißverständnis der Kirche, Stuttgart 1951.
—, Dogmatik III, Zürich 1960.
Brunner, O., Land und Herrschaft. Grundfragen der territorialen Verfassungsgeschichte Südostdeutschlands im Mittelalter, ³Brünn-München-Wien 1943.
Brunner, P., Pro Ecclesia, Bd. 1, ²Berlin und Hamburg 1966; Bd. II, ebd. 1966.

—, »Gebundenheit und Freiheit der theologischen Wissenschaft«, in: Pro Ecclesia, I, S. 13—22.
—, »Der Christ in den zwei Reichen«, in: Pro Ecclesia, I, S. 360—374.
Brunotte, H., Die Grundordnung der Evangelischen Kirche in Deutschland, Berlin 1954.
Bühler, A., Kirche und Staat bei Rudolph Sohm (Basler Studien zur hist. u. syst. Theologie, 6), Zürich 1965.
Bühler, K.-W., Die Kirchen und die Massenmedien. Intentionen und Institutionen konfessioneller Kulturpolitik in Rundfunk, Fernsehen, Film und Presse nach 1945 (Konkretionen, 4), Hamburg 1969.
Bukow, W.-D., »Politische Theologie oder politische Religion? Zur Kritik der politischen Theologie«, in: ZEE, 16, 1972, S. 337—356.
Bultmann, R., siehe Barth, K.
Bund der Vertriebenen, Ausschuß für gesamtdeutsche Fragen (Hrsg.), Die völkerrechtlichen Irrtümer der evangelischen Ost-Denkschrift, Bonn 1966.
Burchard, W., Role Conflicts of Military Chaplains, in: American Sociological Review, October 1954, S. 528 ff.
Burger, A., Religionszugehörigkeit und soziales Verhalten. Untersuchungen und Statistiken der neueren Zeit in Deutschland (Kirche und Konfession, 4), Göttingen 1964.
Busch, E., »Soldat und Kirche. Probleme der Militärseelsorge«. Sonderdruck aus: B. Fleckenstein (Hrsg.), Bundeswehr und Industriegesellschaft, Boppard 1971.

Calliess, R.-P., Kirche und Demokratie (ThExh, NF 133), München 1966.
—, »Kirche und Schule in der Demokratie«, in: ZevKR, 14, 1968/69, S. 58—84.
Campenhausen, A. Freiherr von, Staat und Kirche in Frankreich (Göttinger Rechtswissenschaftliche Abhandlungen, 41), Göttingen 1962.
—, Erziehungsauftrag und staatliche Schulträgerschaft. Die rechtliche Verantwortung für die Schule, Göttingen 1967.
—, »Staat, Schule und Kirche«, in: ZevKR, 14, 1968/69, S. 26—58.
Campenhausen, H. Freiherr von, Lateinische Kirchenväter (Urban-Buch, 50), Stuttgart 1960.
Casalis, G. / Hollenweger, W. J. / Keller, P. (Hrsg.), Vers une église pour les autres, Genf 1966.
Casper, B. / Hemmerle, K. / Hünermann, P., Theologie als Wissenschaft. Methodische Zugänge (Quaestiones disputatae, 45), Freiburg 1970.
Chélini, J., »Die Beziehungen von Staat und Kirche in Frankreich von der Trennung bis zur Gegenwart. Entwicklung und Bedeutung«, in: Das Verhältnis von Kirche und Staat (Studien und Berichte der katholischen Akademie in Bayern, 30), Würzburg 1965, S. 13—47.
Die Christliche Welt, 28, 1914 bis 32, 1918.
Chronik der Christlichen Welt, 24, 1914 bis 25, 1915.
Classe, W., Die kirchlichen Rechtsbeziehungen zur theologischen Fakultät der Universität Leipzig in ihrer rechtshistorischen Entwicklung und nach der gegenwärtigen Rechtslage, Diss. jur. Leipzig 1952 (mschr.).
Conrad, W., Der Öffentlichkeitsauftrag der Kirche. Eine Untersuchung über den Rechtscharakter der Einigungsformel der deutschen Staatskirchenver-

träge seit 1945 (Göttinger Rechtswissenschaftliche Abhandlungen, 52), Göttingen 1964.
Conze, W. (Hrsg.), Staat und Gesellschaft in der frührevolutionären Epoche Deutschlands, Stuttgart 1962.
—, siehe Schieder, Th.
Cornehl, P., »Öffentlicher Gottesdienst. Zum Strukturwandel der Liturgie«, in: Cornehl/Bahr, Gottesdienst und Öffentlichkeit, S. 118—196.
— / *Bahr, H. E.* (Hrsg.), Gottesdienst und Öffentlichkeit (Konkretionen, 8), Hamburg 1970.
Cox, H., »Politische Theologie«, in: EvTheol, 29, 1969, S. 565—572.
— (Hrsg.), Military Chaplains. From Religious Military to a Military Religion, New York o. J. (1971).
Cullmann, O., Königsherrschaft Christi und Kirche im Neuen Testament (Theologische Studien, 10), ³Zürich 1950.
—, Der Staat im Neuen Testament, ²Tübingen 1961.

Dahl, N. A., Das Volk Gottes. Eine Untersuchung zum Kirchenbewußtsein des Urchristentums, ²Darmstadt 1963.
—, »Neutestamentliche Ansätze zur Lehre von den zwei Regimenten«, in: LR, 15, 1965, S. 441—462; auch in: Schrey, Reich Gottes und Welt, S. 3—29.
Dahm, K.-W., Pfarrer und Politik. Soziale Position und politische Mentalität des deutschen evangelischen Pfarrstandes zwischen 1918 und 1933 (Dortmunder Schriften zur Sozialforschung, 29), Köln und Opladen 1965.
— / *Luhmann, N. / Stoodt, D.*, Religion — System und Sozialisation, Neuwied 1972.
Dahrendorf, R., Gesellschaft und Demokratie in Deutschland, München 1965.
Damour, C., Die Epochen des Protestantismus. Studien zum Kirchenbegriff, Berlin-Leipzig 1935.
Daur, M., Die eine Kirche und das zweifache Recht. Eine Untersuchung zum Kirchenbegriff und der Grundlegung kirchlicher Ordnung in der Theologie Schleiermachers (Jus Ecclesiasticum, 9), München 1970.
Dawson, J. M., Separate Church and State now, New York 1948.
Dehn, G., Die alte Zeit, die vorigen Jahre. Lebenserinnerungen, ²München 1964.
— /*Wolf, E.*, Gottesrecht und Menschenrecht (ThExh, NF 42), München 1954.
Deißmann, A., »Die deutsche Erweckung«, in: Int. Monatsschrift, 9, 1914/15, Sp. 115—122.
—, Deutscher Schwertsegen, Stuttgart und Berlin 1915.
—, Reichsverfassung und Kirchenverfassung. Rede zur Verfassungsfeier der Friedrich-Wilhelms-Universität Berlin, Berlin 1931.
Dejung, K.-H., Die Ökumenische Bewegung im Entwicklungskonflikt 1910 bis 1968 (Studien zur Friedensforschung, 11), Stuttgart/München 1973.
Delekat, F., Die politische Predigt (Lebendige Wissenschaft, 2), Stuttgart 1947.
—, »Theologie und politische Probleme der Demokratie«, in: EvTheol, 11, 1951/52, S. 22—36.
—, Kirche über den Zeiten und Kirche in der Zeit. Aber wie? — Eine Auseinandersetzung mit dem Buch von Helmut Thielicke »Die evangelische Kirche und die Politik«, Düsseldorf 1953.

—, »Die Umsetzung der Grundprinzipien der Reformation in die Grundprinzipien der konstitutionellen Demokratie«, in: EvTheol, 14, 1954, S. 485 bis 498.
Denkschrift zu Fragen der Sexualethik, erarbeitet von einer Kommission der Evangelischen Kirche in Deutschland, Gütersloh 1971.
Denninger, E., »Rezension von: Fischer, Trennung von Staat und Kirche«, in: Theologia Practica, 2, 1967, S. 168—176.
Deutsch, K. W., Politische Kybernetik, Freiburg 1969.
Deutsch-evangelisch. Monatsblätter für den gesamten Protestantismus, 5, 1914 bis 9, 1918.
Dibelius, M., Wozu Theologie? Von Arbeit und Aufgabe theologischer Wissenschaft, Leipzig 1941.
Dibelius, O., Gottes Ruf in Deutschlands Schicksalsstunde. Fünf Predigten, Berlin-Lichterfelde 1915.
—, Das Jahrhundert der Kirche, ⁵Berlin 1928.
—, Nachspiel. Eine Aussprache mit Freunden und Kritikern des »Jahrhunderts der Kirche«, Berlin 1928.
—, Friede auf Erden?, Berlin 1930.
—, Grenzen des Staates, Berlin 1949.
—, Ein Christ ist immer im Dienst. Erlebnisse und Erfahrungen in einer Zeitenwende, ²Stuttgart 1963.
Dieckmann, K. J., Zur Auseinandersetzung um den Religionsunterricht im Schulwesen des modernen Staates. Eine juristisch-historische Untersuchung anhand des Schulwesens der Bundesrepublik und der Vereinigten Staaten, Diss. Bochum 1971.
Diem, Harald, Luthers Lehre von den zwei Reichen, untersucht von seinem Verständnis der Bergpredigt aus, München 1938.
Diem, Hermann, Restauration oder Neuanfang in der evangelischen Kirche, ²Stuttgart 1947.
—, Luthers Predigt in den zwei Reichen (ThExh, NF 6), München 1947.
—, »Um die politische Verantwortung der Kirche«, in: ThLZ, 75, 1950, Sp. 589—596; 76, 1951, Sp. 149—160.
—, Theologie als kirchliche Wissenschaft. Handreichung zur Einübung ihrer Probleme, München 1951.
—, Die politische Verantwortung der Christen heute (ThExh, NF 35), München 1952.
—, »Reiche, Lehre von den zwei R.«, in: ESL, Sp. 1026—1030.
—, Die Kirche und ihre Praxis, München 1963.
—, »›Est autem ecclesia congregatio sanctorum, in qua evangelium pure docetur...‹ Eine Auslegung des Art. VII der Confessio Augustana«, in: H. Diem, Sine vi — sed verbo. Aufsätze, Vorträge, Voten, hrsg. v. U. A. Wolf (ThB, 25), München 1965, S. 11—32.
—, »Zur Prüfung der 3. Barmer These an den lutherischen Bekenntnisschriften«, in: Sine vi — sed verbo, S. 60—72.
—, »Zur Prüfung der 4. Barmer These an den lutherischen Bekenntnisschriften«, in: Sine vi — sed verbo, S. 73—89.
—, »10 Thesen zum ›politischen Gottesdienst‹«, in: Sine vi — sed verbo, S. 238—246.

— / *Hesse, K.*, »Staat und Kirche«, in: ESL, Sp. 1193—1196.
Dienst, K., »Die Anfänge der evangelisch-theologischen Fakultät der Johannes-Gutenberg-Universität in Mainz«, in: Jahrbuch der Hess. Kirchengesch. Vgg., 15, 1964, S. 71—77.
—, »Eine ›Mainzer Theologie‹?«, in: DtPfBl, 71, 1971, S. 313—317.
— / *Böcker, O.* / *Ackermann, R.*, »Vom Studium der Evangelischen Theologie in Mainz aus der Sicht ehemaliger Studenten«, in: Jahrbuch der Hess. Kirchengesch. Vgg., 15, 1964, S. 77—187.
Diestelkamp, A., siehe Schieder, Th.
Dinkler, E. / *Dinkler - von Schubert, E.*, Friede, in: RAC, VIII, Sp. 434—505.
Dirks, W. / *Post, W.*, Kirche und Öffentlichkeit (Theologisches Interview, 12), Düsseldorf 1970.
Doehring, B. (Hrsg.), Ein feste Burg. Predigten und Reden aus eherner Zeit, Bd. I und II, Berlin 1914 f.
—, Gott und wir Deutsche. Gedanken zur Gegenwart, Berlin 1916.
—, Mein Lebensweg, Gütersloh 1952.
Doemming, K. B. von / *Füsslein, R. W.* / *Matz, W.*, »Die Entstehungsgeschichte der Artikel des Grundgesetzes«, in: JÖR, NF, I, 1951.
Doerne, M., »Wider den neuen Öffentlichkeitswillen«, in: ELKZ, 1931, Sp. 1109 ff., 1130 ff.
Dohrmann, R., Versöhnung hat politische Gestalt (Evangelische Zeitstimmen, 39), Hamburg 1968.
Dombois, H., Naturrecht und christliche Existenz, Kassel 1952.
—, »Politische und christliche Existenz«, in: Dombois / Wilkens, Macht und Recht, S. 98—147.
— (Hrsg.), Recht und Institution (Glaube und Forschung, 9), Witten 1956.
—, »Kirche und Staat nach evangelischem Verständnis«, in: Ordnung und Unordnung in der Kirche, Kassel 1957, S. 113—123.
—, Das Recht der Gnade. Ökumenisches Kirchenrecht I, ²Witten 1969.
—, »Widerspruchsrecht bei Zerrüttungsscheidungen. Die Reform des § 48, Abs. 2 des Ehegesetzes«, in: E. Wilkens (Hrsg.), Ehe und Ehescheidung (Stundenbücher 30), Hamburg 1963, S. 155—202.
—, Evangelium und soziale Strukturen, Witten 1967.
— (Hrsg.), Recht und Institution. Zweite Folge (Forschungen und Berichte der Evangelischen Studiengemeinschaft, 24), Stuttgart 1969.
—, »Die vierfache Gestalt der Kirche. Zur Revision des Kirchenbegriffs«, in: Solidarität + Spiritualität = Diakonie (Krimm-Festschrift), Stuttgart 1971, S. 231—236.
— / *Wilkens, E.* (Hrsg.), Macht und Recht. Beiträge zur lutherischen Staatslehre der Gegenwart, Berlin 1956.
Döpfner, J. Kardinal / *Dietzfelbinger, Landesbischof H.* (Hrsg.), Das Gesetz des Staates und die sittliche Ordnung. Zur öffentlichen Diskussion über die Reform des Eherechts und des Strafrechts, Gütersloh/Trier 1970.
Dörries, H., Das Selbstzeugnis Kaiser Konstantins, Göttingen 1954.
—, »Gottesgehorsam und Menschengehorsam bei Luther. Ein Beitrag zur Geschichte des Apostelworts Acta 5,29«, in: H. Dörries, Wort und Stunde, Bd. III, Göttingen 1970, S. 109—194.

Drügh, F., Die rechtliche Stellung der Theologischen Fakultäten nach der Reichsverfassung und den Kirchenverträgen, Diss. jur., Köln 1934.
Drühe, W., »Zur Problematik der Evangelischen Militärseelsorge«, in: DtPfBl, 72, 1972, S. 228—230.
Duchrow, U., »Leib Christi und moderne Kommunikationsstrukturen«, in: ZEE, 13, 1969, S. 164—178.
—, Christenheit und Weltverantwortung. Traditionsgeschichte und systematische Struktur der Zweireichelehre (Forschungen und Berichte der Evangelischen Studiengemeinschaft, 25), Stuttgart 1970.
—, »Weltfrieden und das Problem ökumenischer Strukturen der Kirche«, in: Duchrow / Scharffenorth, Konflikte zwischen Wehrdienst und Friedensdiensten, S. 246—255.
—, »Kirchentag mit neuer Öffentlichkeit. Versuch einer Kommunikation von unten«, in: EvKomm, 5, 1972, S. 402—405.
— / *Scharffenorth, G.* (Hrsg.), Konflikte zwischen Wehrdienst und Friedensdiensten. Ein Strukturproblem der Kirche (Studien zur Friedensforschung, 3), Stuttgart/München 1970.
— / *Hoffmann, H.* (Hrsg.), Die Vorstellung von Zwei Reichen und Regimenten bis Luther (Texte zur Kirchen- und Theologiegeschichte, 17), Gütersloh 1972.
Duff, E., The Social Thought of the World Council of Churches, London, New York, Toronto 1956.

Ebeling, G., Wort und Glaube (I), ²Tübingen 1962.
—, »Zur Lehre vom triplex usus legis in der reformatorischen Theologie«, in: Wort und Glaube, I, S. 50—68.
—, »Die Notwendigkeit der Lehre von den zwei Reichen«, in: Wort und Glaube, I, S. 407—428.
—, Theologie und Verkündigung, Tübingen 1962.
—, »Leitsätze zur Zweireichelehre«, in: ZThK, 69, 1972, S. 331—349.
Ebers, G. J., Staat und Kirche im neuen Deutschland, München 1930.
—, Reichs- und preußisches Staatskirchenrecht. Sammlung der religions- und kirchenpolitischen Gesetze und Verordnungen des Deutschen Reiches und Preußens nebst den einschlägigen kirchlichen Vorschriften, München 1932.
Ebersole, L. E., Church Lobbying in the Nation's Capital, New York 1951.
Edding, F., siehe Lemberg, E.
Ehmke, H., »›Staat‹ und ›Gesellschaft‹ als verfassungstheoretisches Problem«, in: Staatsverfassung und Kirchenordnung, Smend-Festschrift, Tübingen 1962, S. 23—49.
Eichborn, W. von, Freiwillige für den Frieden, Stuttgart 1970.
Die Eiche, 2, 1914 bis 6, 1918.
Eichholz, G., »Aufgabe und Verantwortung von Theologischer Fakultät und Kirchlicher Hochschule«, in: EvTheol, 12, 1952/53, S. 380—386.
Eichmann, E. / Mörsdorf, K., Lehrbuch des Kirchenrechts auf Grund des Codex Iuris Canonici, Bd. I und II, München/Paderborn/Wien 1964, 1967.
Eisfeld, R., Pluralismus zwischen Liberalismus und Sozialismus, Stuttgart 1972.
Eißfeldt, O., Krieg und Bibel (Religionsgeschichtliche Volksbücher, V, 15/16), Tübingen 1915.

—, »Krieg und Neues Testament«, in: PrBl, 1915, S. 214 ff., 227 ff.
Elert, W., »Kant und der ewige Friede«, in: AELKZ, 1915, Sp. 11 ff.
—, »Societas bei Melanchthon«, in: Das Erbe Martin Luthers und die gegenwärtige theologische Forschung. Festschrift für L. Ihmels, Leipzig 1928, S. 101—115.
—, Zwischen Gnade und Ungnade, München 1948.
—, Morphologie des Luthertums I und II, ²München 1952 f.
—, Abendmahl und Kirchengemeinschaft in der alten Kirche hauptsächlich des Ostens, Berlin 1954.
—, Das christliche Ethos. Grundlinien des lutherischen Ethos, ²Göttingen 1961.
Engel, I., Gottesverständnis und sozialpolitisches Handeln. Eine Untersuchung zu Friedrich Naumann (Studien zur Theologie und Geistesgeschichte des 19. Jahrhunderts, 4), Göttingen 1972.
Der Entwicklungsdienst der Kirche — ein Beitrag für Frieden und Gerechtigkeit in der Welt. Eine Denkschrift der Kammer der Evangelischen Kirche in Deutschland für kirchlichen Entwicklungsdienst, Gütersloh 1973.
Erler, A., Kirchenrecht, ³München, Berlin 1965.
Ermecke, G., »Kirche — Staat — Gesellschaft. Ihr Verhältnis in sozialtheologischer Sicht«, in: Krautscheidt/Marré, Essener Gespräche, Bd. 1, S. 77—96.
—, »›Politische Theologie‹ im Lichte einer realistischen Sozialtheologie. Luther-Kant-Marx: Ante Portas«, in: Peukert, Diskussion zur »politischen Theologie«, S. 162—177.
Eschenburg, Th., Herrschaft der Verbände?, Stuttgart o. J. (1955).
Die evangelische Kirche und die Bildungsfrage. Eine Dokumentation, hrsg. von der Kirchenkanzlei der EKD, Gütersloh/Heidelberg 1972.
Evangelische Kirchenzeitung, 88, 1914 bis 92, 1918.
Evangelische militärkirchliche Dienstordnung, hrsg. von M. Richter, Berlin 1903.
Evangelische militärkirchliche Dienstordnung für das Reichsheer und die Reichsmarine (E. M. D.) vom 28. Februar 1929 mit Ausführungsbestimmungen, Berlin 1929.
Evangelisches Kirchenamt für die Bundeswehr (Hrsg.), Dokumentation zur evangelischen Militärseelsorge, Bonn 1969.
Evangelisches Kirchenamt für die Bundeswehr (Hrsg.), Zum Problem Militärseelsorge und Innere Führung. Begriffsbestimmung und Material, Bonn o. J.
Evertz, A., Der Abfall der evangelischen Kirche vom Vaterland, ⁴Kettwig und Velbert 1966.
—, Glaubensnotstand. Die Krise des deutschen Protestantismus, Stuttgart 1967.
— / *Petersmann, W.* / *Fechner, H.*, Revision der Denkschrift. Eine Forderung an die Evangelische Kirche, Velbert und Kettwig 1966.

Fagerberg, H., Bekenntnis, Kirche und Amt in der deutschen konfessionellen Theologie des 19. Jahrhunderts, Uppsala 1952.
Faulhaber, M., Waffen des Lichts. Gesammelte Kriegsreden, ⁵Freiburg 1918.
Fausel, H., Im Jahre 1914 (ThExh, NF 121), München 1965.
Fechner, H., Vorverzicht, Völkerrecht und Versöhnung, ²Wolfenbüttel 1966.
—, siehe Evertz, A.

Feil, E., »Von der ›politischen Theologie‹ zur ›Theologie der Revolution‹«, in: Feil / Weth, Diskussion zur »Theologie der Revolution«, S. 110—132.
—, Die Theologie Dietrich Bonhoeffers. Hermeneutik-Christologie-Weltverständnis, München-Mainz 1971.
— / *Weth, R.* (Hrsg.), Diskussion zur »Theologie der Revolution«, München-Mainz 1969.
Feine, H. E., Staat und Kirche, Tübingen 1946.
Feine, P., »Nation, Kultur, Religion«, in: Int. Monatsschrift, 9, 1914/15, Sp. 361—372.
Fetscher, I., Der Marxismus. Seine Geschichte in Dokumenten, Bd. III, Politik, München 1965.
Feuerer, G., Der Kirchenbegriff in der dialektischen Theologie, Freiburg 1938.
Fichte, J. G., »Beiträge zur Berichtigung der Urtheile des Publicums über die französische Revolution«, in: Sämmtliche Werke, Bd. 6, Nachdruck Berlin 1965, S. 37—288.
Fischer, E., Trennung von Kirche und Staat. Die Gefährdung der Religionsfreiheit in der Bundesrepublik, München 1964.
—, »Trennung von Staat und Kirche«, in: G. Sczcesny (Hrsg.), Club Voltaire IV. Jahrbuch für kritische Aufklärung, Reinbek 1970, S. 231—249.
Fischer, E. H., »Theologieprofessor, Theologische Fakultät und Kirche«, in: Kirche und Überlieferung, Festschrift für J. R. Geiselmann, Freiburg 1960, S. 330—366.
Fischer, F., »Der deutsche Protestantismus und die Politik im 19. Jahrhundert«, in: HZ, 171, 1951, S. 473—518.
Fischer, H. G., Evangelische Kirche und Demokratie nach 1945. Ein Beitrag zum Problem der politischen Theologie, Lübeck-Hamburg 1970.
Fischer, M., »Theologie und Kirchenleitung«, in: EvTheol, 21, 1961, S. 49 bis 68.
Flatten, H., »Missio canonica«, in: Verkündigung und Glaube, Festschrift für F. X. Arnold, Freiburg 1958, S. 123 ff.
—, »Das bischöfliche Nihil obstat für Privatdozenten der Theologie nach deutschem Konkordatsrecht«, in: Im Dienste des Rechts in Kirche und Staat, Festschrift für F. Arnold, Wien 1963, S. 197—218.
Foerster, E., Rudolf Sohms Kritik des Kirchenrechts, Haarlem 1942.
Fohrer, G., »Das Problem von Lehrfreiheit und dogmatischer Bindung in der evangelischen Theologie und Kirche«, in: ThZ, 13, 1957, S. 260 ff.
Forck, G., »Die Königsherrschaft Christi und das Handeln des Christen in den weltlichen Ordnungen nach Luther«, in: KuD, 3, 1957, S. 23—52; (mit Nachtrag) auch in: Schrey, Reich Gottes und Welt, S. 381—431.
—, Die Königsherrschaft Jesu Christi bei Luther (Theol. Arb., 12), Berlin 1959.
Forsthoff, E., Die öffentliche Körperschaft im Bundesstaat. Eine Untersuchung über die institutionellen Garantien in den Art. 127 und 137 der Weimarer Verfassung, Tübingen 1931.
—, siehe Stein, L. von.
Frank, J., »Die niedersächsische Rechtsbereinigung und das Staatskirchenrecht«, in: ZevKR, 11, 1964/65, S. 308—313.
Das Frankfurter Publizitätsgespräch. Vorträge und Diskussionen der gleichnamigen Tagung in Königstein/Ts., 1962.

Frederking, A., »Krieg und Religion«, in: PrBl, 48, 1915, Sp. 99 ff.
Frey, Chr., Mysterium der Kirche — Öffnung zur Welt, Göttingen 1969.
Frick, H., »Die Marburger Opposition gegen den Fakultätenartikel im Staatsvertrag«, in: CW, 45, 1931, Sp. 650—662.
Frick, R., »Pfarrervorbildung und -weiterbildung«, in: RGG, V, Sp. 293 bis 301.
Friedberg, E., Die Gränzen zwischen Staat und Kirche, Tübingen 1872.
Friedeburg, L. von, »Zum Verhältnis von Militär und Gesellschaft in der Bundesrepublik«, in: Picht, Studien zur politischen und gesellschaftlichen Situation der Bundeswehr, Zweite Folge, S. 10—65.
Friedensaufgaben der Deutschen. Eine Studie, vorgelegt von der Kammer der Evangelischen Kirche in Deutschland für öffentliche Verantwortung, Gütersloh 1968.
Der Friedensdienst der Christen. Eine Thesenreihe zur christlichen Friedensethik in der gegenwärtigen Weltsituation, erarbeitet von der Kammer der Evangelischen Kirche in Deutschland für öffentliche Verantwortung, Gütersloh 1970.
Friedrich, G., Art. κήρυξ etc., in: ThWb, 3, Stuttgart 1938, S. 682—717.
Friedrich, O., Der evangelische Kirchenvertrag mit dem Freistaat Baden, Lahr 1933.
Fuchs, W. P. (Hrsg.), Staat und Kirche im Wandel der Jahrhunderte, Stuttgart 1966.
Fürstenberg, F. (Hrsg.), Religionssoziologie (Soz. Texte 19), Neuwied 1964.
—, »Konfessionalisierungstendenz und Gesellschaftsstruktur«, in: ZfPol, 13, 1966, S. 404—412.
Fuß, E. W., »Kirche und Staat unter dem Grundgesetz«, in: Quaritsch / Weber, Staat und Kirchen in der Bundesrepublik, S. 233—247.
Fusé, T., »Religion, War and the Institutional Dilemma«, in: Journal of Peace Research, 1968, S. 196—210.
Füsslein, R. W., siehe Doemming, K. B. von.

Gablentz, O. H. von der, »Staat und Gesellschaft«, in: Politische Vierteljahresschrift, 2, 1961, S. 2—23.
—, »Der politische Auftrag der Kirche«, in: Christliche Gemeinde und Gesellschaftswandel (Karrenberg-Festschrift), hrsg. von J. Beckmann und G. Weisser, Berlin 1964, S. 209—219.
Gadamer, H.-G., Wahrheit und Methode, ²Tübingen 1965.
Galtung, J., »Friedensforschung«, in: E. Krippendorff (Hrsg.), Friedensforschung, Köln 1968, S. 519—536.
—, »Gewalt, Frieden und Friedensforschung«, in: D. Senghaas (Hrsg.), Kritische Friedensforschung, Frankfurt 1971, S. 55—104.
Gänger, H., Staat und Kirche in ihrem Verhältnis zu den evangelisch-theologischen Fakultäten nach den deutschen evangelischen Kirchenverträgen, Diss. jur. Heidelberg 1966.
Gassmann, B., Ecclesia reformata (Ökumenische Forschungen, 1,4), Freiburg 1968.
Gatzemeier, M., Theologie als Wissenschaft? Wissenschafts-, Methoden- und Institutionenkritik, Stuttgart 1973.

Gehlen, A., Moral und Hypermoral. Eine pluralistische Ethik, ²Frankfurt/ Bonn 1970.
Genschel, D., Wehrreform und Reaktion, Hamburg 1972.
Georgi, D., Die Gegner des Paulus im 2. Korintherbrief (WMANT, 11), Neukirchen 1964.
Gerber, H., Hochschule und Staat, Göttingen 1953.
—, Das Recht der wissenschaftlichen Hochschulen, Bd. 1 u. 2, Tübingen 1965.
Gerstenmaier, E., Die Kirche und die Schöpfung. Eine theologische Besinnung zu dem Dienst der Kirche an der Welt, Berlin 1938.
—, »Demokratie II. Theologisch«, in: EStL, Sp. 285—287.
—, »Kirche und Staat in theologischer Sicht«, in: EStL, Sp. 926—930.
»Gesellschaft und öffentliche Kommunikation in der Bundesrepublik. Sachverständigengutachten der Kammer der EKD für publizistische Arbeit mit Minderheitenvotum von F. Lüpsen«, in: EvKomm, 1, 1968, S. 715—721.
Gestrich, Chr., »Dogmatik und Pluralismus«, in: Weth / Gestrich / Solte, Theologie an staatlichen Universitäten?, S. 58—89.
Gewalt und Gewaltanwendung in der Gesellschaft. Eine Thesenreihe der Kammer der Evangelischen Kirche in Deutschland für öffentliche Verantwortung, Gütersloh 1973.
Giese, F. / Heydte, F. A. von der (Hrsg.), Der Konkordatsprozeß, 4 Teilbände, München 1956—1959.
Girgensohn, H., Heilende Kräfte der Seelsorge. Aufsätze, Göttingen 1966.
Glaube und Gesellschaft; Beiträge zur Sozialethik heute (Beiheft zur LR), Stuttgart 1966.
Christlicher Glaube und politische Entscheidung. Eine Vortragsreihe der Arbeitsgemeinschaft sozialdemokratischer Akademiker München, München 1957.
Glock, Ch. Y. / Stark, R., Religion and Society in Tension, Chicago 1965.
Gnägi, A., Katholische Kirche und Demokratie, Einsiedeln 1970.
Goens, G., Gott mit uns! Feldpredigten im Großen Hauptquartier, Berlin 1914.
Gogarten, F., Religion und Volkstum (Tat-Flugschriften, 5), Jena 1915.
—, »Volk und Schöpfung«, in: PrBl, 1915, S. 51—57.
—, Die Kirche in der Welt, Heidelberg 1948.
—, »Der Öffentlichkeitscharakter der Kirche«, in: EvTheol, 8, 1948/49, S. 343 bis 350.
Goldschmidt, D. / Matthes, J. (Hrsg.), Probleme der Religionssoziologie (Sonderheft 6 der KfS), ²Köln/Opladen 1966.
Gollwitzer, Heinz, »Parteien und Weltanschauungen in der westdeutschen Bundesrepublik«, in: Internationales Jahrbuch für Politik, 1954, S. 210 bis 229.
Gollwitzer, Helmut, »Die Theologie im Hause der Wissenschaften«, in: Ev Theol, 18, 1958, S. 14—37.
—, »Krieg und Christentum«, in: RGG, IV, Sp. 66—73.
—, »Die neuere Theologie und die heutige Gemeinde«, in: Unter der Herrschaft Christi, München 1961, S. 92—115.
—, »Die marxistische Religionskritik und christlicher Glaube«, in: I. Fetscher (Hrsg.), Marxismusstudien, 4. Folge, Tübingen 1962, S. 1—143.

—, Forderungen der Freiheit. Aufsätze und Reden zur politischen Ethik, ²München 1964.
—, Militär, Staat und Kirche, Berlin 1965.
—, »Die Revolution des Reiches Gottes und die Gesellschaft«, in: Neuenzeit, Die Funktion der Theologie in Kirche und Gesellschaft, S. 129—155.
Golombek, O. (Hrsg.), Die katholische Kirche und die Völker-Vertreibung, Köln 1966.
Goppelt, L., Zehn Jahre Evangelisch-Theologische Fakultät Hamburg, Hamburg 1964.
—, »Prinzipien neutestamentlicher und systematischer Sozialethik heute«, in: Baur / Goppelt / Kretschmar, Die Verantwortung der Kirche in der Gesellschaft, S. 7—30.
Grabner-Haider, A., Paraklese und Eschatologie bei Paulus, Münster 1968.
Graß, H., »Der theologische Pluralismus und die Wahrheitsfrage«, in: Theologie und Kritik. Gesammelte Aufsätze und Vorträge, Göttingen 1969, S. 70—92.
—, »Theologie als kirchliche Wissenschaft?«, in: Theologie und Kritik, S. 93—109.
Grauheding, E., »Der Mainzer Staatskirchenvertrag«, in: ZevKR, 10, 1963, S. 143—172.
Greiffenhagen, M., Christengemeinde und moderne Gesellschaft (SGV, 254), Tübingen 1968.
Greinacher, N. / Risse, H.-Th. (Hrsg.), Bilanz des deutschen Katholizismus, Mainz 1966.
Greiner, F., »Die Kirchen in der modernen Gesellschaft. Überlegungen zur Frage der Anpassung«, in: ZfPol, 13, 1966, S. 375—387.
Greschat, M., »Reformationsjubiläumsjahr 1917. Exempel einer fragwürdigen Symbiose von Politik und Theologie«, in: WPKG, 61, 1972, S. 419—429.
Grimm, J. u. W., Deutsches Wörterbuch VII, Leipzig 1889.
Gritz, M., »Militärseelsorge«, in: LThK, 7, Sp. 417—418.
Grundmann, S., »Die Lehre von den zwei Reichen und ihre Bedeutung für die Begründung des Kirchenrechts bei Luther, in der Sicht von Joh. Hekkel«, in: ZevKR, 6, 1958/59, S. 278—284; auch in: Schrey, Reich Gottes und Welt, S. 548—556.
—, »Das Verhältnis von Kirche und Staat im zweigeteilten Deutschland«, in: Kirche und Staat, hrsg. von Th. Heckel, München 1960, S. 31 ff.
—, »Kirche und Staat nach der Zwei-Reiche-Lehre Luthers«, in: Im Dienste des Rechtes in Kirche und Staat, Festschrift für F. Arnold, Wien 1963, S. 38—54.
—, »Das Verhältnis von Staat und Kirche auf der Grundlage des Vertragskirchenrechts«, in: Quaritsch / Weber, Staat und Kirchen in der Bundesrepublik, S. 248—264.
—, »Militärseelsorge I—III«, in: EStL, Sp. 1305—1308.
—, »Vertragskirchenrecht«, in: EStL, Sp. 2378—2386.
—, »Zwei-Reiche-Lehre«, in: EStL, Sp. 2590—2598.
—, Abhandlungen zum Kirchenrecht, Köln 1969.

Gunkel, H., »Kriegsfrömmigkeit im Alten Testament«, in: Int. Monatsschrift, 9, 1914/15, Sp. 723—758.
Günther, G., »Evangelische Akademien«, in: RGG, I, Sp. 203—205.

Habel, F. P., Dokumente zur Sudetenfrage, ²München 1961.
Häberle, P., »Öffentlichkeit und Verfassung«, in: ZfPol, 16, 1969, S. 273 ff.
—, Öffentliches Interesse als juristisches Problem. Eine Analyse von Gesetzgebung und Rechtsprechung, Bad Homburg 1970.
Habermas, J., »Politik und Moral«, in: Wendland / Strohm, Politik und Ethik, S. 61—90.
—, Technik und Wissenschaft als ›Ideologie‹, Frankfurt 1968.
—, Erkenntnis und Interesse, Frankfurt 1968.
—, Strukturwandel der Öffentlichkeit, ⁴Neuwied 1969.
—, Theorie und Praxis, ³Neuwied 1969.
—, Zur Logik der Sozialwissenschaften. Materialien, Frankfurt 1970.
—, »Öffentlichkeit«, in: Staat und Politik, Fischerlexikon, ³Frankfurt 1970, S. 220—226.
Haendler, K., »Luthers Zwei-Reiche-Lehre und ihre Gegenwartsbedeutung«, in: LM, 3, 1964, S. 554—564; andere Fassung in: Schrey, Reich Gottes und Welt, S. 242—274.
Haenssler, E. H., Theologie — ein Fremdkörper in der Universität der Gegenwart, Bern 1960.
Halbfas, H., »Theologie und Lehramt«, in: Neuenzeit, Die Funktion der Theologie in Kirche und Gesellschaft, S. 171—186.
Hamann, R., Armee im Abseits?, Hamburg 1972.
Hamel, W., »Glaubens- und Gewissensfreiheit«, in: Bettermann / Nipperdey / Scheuner (Hrsg.), Die Grundrechte, IV/1, Berlin 1960, S. 37—110.
Hammelsbeck, O., Um Heil und Unheil im öffentlichen Leben (Gottes Wort und Geschichte, 5), München 1946.
Hammer, K., Deutsche Kriegstheologie 1870—1918, München 1971.
—, »Adolf von Harnack und der Erste Weltkrieg«, in: ZEE, 16, 1972, S. 85 bis 101.
Hammer, W., »Die Kirche unter den Bedingungen von morgen als Gegenstand kirchenrechtlicher Überlegungen heute«, in: ZevKR, 14, 1968/69, S. 84—101.
Hanstein, A. von, »Der Detmolder Kirchenvertrag vom 6. 3. 1958«, in: Zev KR, 6, 1958, S. 299—315.
Harbsmeier, G., Die Verantwortlichkeit der Kirche in der Gegenwart (ThExh, NF 1), München 1946.
Harenberg, W. (Hrsg.), Was glauben die Deutschen?, Mainz/München 1968.
Harnack, Adolf von, Die Dienstentlassung des Pfarrers Lic. G. Traub, Berlin 1912.
—, Aus der Friedens- und Kriegsarbeit (Reden und Aufsätze. Neue Folge, III), Gießen 1916.
—, Erforschtes und Erlebtes (Reden und Aufsätze, Neue Folge, IV), Gießen 1923.
—, »Die Bedeutung der theologischen Fakultäten«, in: Erforschtes und Erlebtes, S. 199—217.

—, siehe auch Barth, K.
Harnack, Axel von, »Der Aufruf Kaiser Wilhelms II. beim Ausbruch des Ersten Weltkrieges«, in: Neue Rundschau, 64, 1953, S. 612—620.
Harnack, Th., Die freie lutherische Volkskirche, Erlangen 1870.
Hase, H. Chr. von, »Begriff und Wirklichkeit der Kirche in der Theologie Dietrich Bonhoeffers«, in: Die Mündige Welt, I, ³München 1959, S. 26 bis 45.
—, u. a., »Die Diakonie in der Evangelischen Kirche in Deutschland. Grundsatzfragen, Berichte und Dokumente«, in: J. Beckmann, Kirchliches Jahrbuch, 92, 1965, S. 213—363.
Heckel, G., Der Rechtsstatus der evangelischen kirchlichen Hochschulen in der Bundesrepublik Deutschland, hektogr. Fassung der jur. Diss. Köln 1957; siehe G. Schmidt.
Heckel, J., »Der Vertrag des Freistaates Preußen mit den evangelischen Landeskirchen vom 11. 5. 1931«, in: ThBl, 1932, Sp. 193 ff.
—, Lex charitatis. Eine juristische Untersuchung über das Recht in der Theologie Martin Luthers (SB München, NF 36), München 1953.
—, »Zwei-Reiche-Lehre«, C, in: EKL, III, Sp. 1937—1945.
—, Im Irrgarten der Zwei-Reiche-Lehre (ThExh, NF 55), München 1957.
—, »Kirche und Kirchenrecht nach der Zwei-Reiche-Lehre«, in: ZRG, 79 (Kan. Abt., 48), 1962, S. 222—284.
—, Das blinde, undeutliche Wort ›Kirche‹, Köln/Graz 1964.
—, »Melanchthon und das heutige Staatskirchenrecht«, in: Das blinde, undeutliche Wort ›Kirche‹, S. 307—327; und in: Quaritsch / Weber, Staat und Kirchen in der Bundesrepublik, S. 17—33.
—, »Kirchengut und Staatsgewalt. Ein Beitrag zur Geschichte und Ordnung des heutigen gesamtdeutschen Staatskirchenrechts«, in: Das blinde, undeutliche Wort ›Kirche‹, S. 328—370; und in: Quaritsch/Weber, Staat und Kirchen in der Bundesrepublik, S. 44—78.
Heckel, M., »Parität«, in: ZRG, 80 (Kan. Abt., 49), 1963, S. 261—420.
—, »Parität«, in: EStL, Sp. 1467—1474.
—, »Rechtstheologie Luthers«, in: EStL, Sp. 1743—1774.
—, »Zur Entwicklung des deutschen Staatskirchenrechts von der Reformation bis zur Schwelle der Weimarer Verfassung«, in: ZevKR, 12, 1966/67, S. 1—39.
—, »Die Kirchen unter dem Grundgesetz«, in: Veröffentlichungen der Vereinigung der deutschen Staatsrechtslehrer, 26, Berlin 1968, S. 5—56.
—, Staat und Kirche nach den Lehren der evangelischen Juristen Deutschlands in der ersten Hälfte des 17. Jahrhunderts (Jus Ecclesiasticum, 6), München 1968.
—, Staat, Kirche, Kunst. Rechtsfragen kirchlicher Kulturdenkmäler (Tübinger Rechtswissenschaftliche Abhandlungen, 22), Tübingen 1968.
—, »Staat und Kirchen in der Bundesrepublik. Staatskirchenrechtliche Aufsätze 1950—1967«, in: ZevKR, 18, 1973, S. 22—61.
Hegel, G. W. F., Grundlinien der Philosophie des Rechts, hrsg. von J. Hoffmeister, ⁴Hamburg 1955.
—, »Glauben und Wissen oder Reflexionsphilosophie der Subjektivität in der Vollständigkeit ihrer Formen als Kantische, Jacobische und Fichtesche Phi-

losophie«, in: Werke 2, Jenaer Schriften (Theorie-Werkausgabe), Frankfurt 1970, S. 283—433.
Heidtmann, G., Hat die Kirche geschwiegen? Das öffentliche Wort der Evangelischen Kirche in den Jahren 1945—1964, ³Berlin o. J.
—, Glaube im Ansturm der Zeit. Zeugnisse und Manifeste der evangelischen Kirche 1933—1967 (Stundenbücher, 78), Hamburg 1968.
Heinrici, H., »›Lebenskundlicher Unterricht‹ — ein Chamäleon?« Hektogr. Ms. FEST F IV 25, Heidelberg 1970.
—, »Militärpfarrer«, in: Y. Spiegel, Pfarrer ohne Ortsgemeinde, München/Mainz 1970, S. 162—174.
Heller, H., Staatslehre, hrsg. von G. Niemeyer, Leiden 1934.
Hemmerle, K., siehe Casper, B.
Hengel, M., »Der Kreuzestod Jesu Christi als Gottes souveräne Erlösungstat. Exegese über 2. Korinther 5,11—21«, in: Theologie und Kirche. Reichenau-Gespräch der Evangelischen Landessynode in Württemberg, Stuttgart 1967, S. 60—89.
Henkys, R. (Hrsg.), Deutschland und die östlichen Nachbarn. Beiträge zu einer evangelischen Denkschrift, Stuttgart 1966.
—, »Die Denkschrift in der Diskussion«, in: Henkys, Deutschland und die östlichen Nachbarn, S. 33—91.
Hermann, R., Die Bedeutung der Kirche bei Schleiermacher (Greifswalder Universitätsreden, 39), Greifswald 1934.
Herpel, O., »Deutsche Theologie-Professoren zum Kriege«, in: CW, 29, 1915, Sp. 783 ff., 802 ff., 824 ff., 848 ff., 882 ff.
Herrmann, S. / Hödl, L., »Für und wider die ›Ruhr-Theologie‹. Zur Geschichte der Errichtung der beiden theologischen Fakultäten an der Ruhr-Universität Bochum«, in: Materialien zur Geschichte der Ruhr-Universität Bochum, S. 74—80.
Herrmann, Wilhelm, »Die Türken, die Engländer und die deutschen Christen«, in: CW, 29, 1915, S. 218 ff., 231 ff.
—, Ethik, ⁵1913, Neudruck Tübingen 1921.
Herrmann, Wolfgang, »Mündigkeit, Vernunft und die Theologie«, in: Hess / Tödt, Reform der theologischen Ausbildung, Bd. 2, S. 52—75.
Herzog, R., »Die Berliner Vereinbarung zwischen Staat und Kirchen«, in: ZevKR, 16, 1971, S. 268—286.
Hess, H.-E. / Tödt, H. E. (Hrsg.), Reform der theologischen Ausbildung, Bd. 1—8, Stuttgart 1967—1971.
Hesse, K., Der Rechtsschutz durch staatliche Gerichte im kirchlichen Bereich, Göttingen 1956.
—, »Staatskirchenrechtliche Voreiligkeiten? Zu Herbert Krügers Besprechung ZevKR, 6, 72 ff.«, in: ZevKR, 6, 1957/58, S. 177—182.
—, »›Partnerschaft‹ zwischen Kirche und Staat«, in: MPTh, 49, 1960, S. 385 bis 398.
—, »Die Entwicklung des Staatskirchenrechts seit 1945«, in: JÖR, NF 10, 1961, S. 3—121.
—, »Freie Kirche im demokratischen Gemeinwesen«, in: Quaritsch/Weber, Staat und Kirchen in der Bundesrepublik, S. 334—357.
—, »Partnerschaft zwischen Kirche und Staat? Zur heutigen staatskirchenrecht-

lichen Lage in der Bundesrepublik«, in: Das Verhältnis von Kirche und Staat (Studien und Berichte der Katholischen Akademie in Bayern, 30), Würzburg 1965, S. 127—151.
—, »Kirche und Staat«, in: EStL, Sp. 904—926.
Heuss, Th., Friedrich Naumann. Der Mann, das Werk, die Zeit, [2]Stuttgart und Tübingen 1949.
Heyde, P., »Die gesellschaftliche Diakonie als Aufgabe der Kirche«, in: Wendland, Sozialethik im Umbruch der Gesellschaft, S. 294—304.
Heydte, F. A. von der, siehe Giese, F.
Die Hilfe, 20, 1914 bis 24, 1918.
Hillerdal, G., Gehorsam gegen Gott und Menschen. Luthers Lehre von der Obrigkeit und die moderne evangelische Staatsethik, Göttingen 1955.
—, »Römer 13 und Luthers Lehre von den zwei Regimenten«, in: LR, 13, 1963, S. 17—34; auch in: Schrey, Reich Gottes und Welt, S. 350—370.
—, Kirche und Sozialethik, Gütersloh 1963.
Hirsch, E., Staat und Kirche im 19. und 20. Jahrhundert, Göttingen 1929.
—, Geschichte der neuern evangelischen Theologie, Bd. I—V, [2]Gütersloh 1960.
—, Hilfsbuch zum Studium der Dogmatik, [4]Berlin 1964.
Einerlei Hoffnung Eurer Berufung. Sammelband der Studienhefte zur 2. Vollversammlung des Ökumenischen Rats der Kirchen, Zürich/Frankfurt 1954.
Höhn, R., Die Armee als Erziehungsschule der Nation. Das Ende einer Idee, Bad Harzburg 1963.
—, Sozialismus und Heer, Band III: Der Kampf des Heeres gegen die Sozialdemokratie, Bad Harzburg 1969.
Hoekendijk, J. C., Die Zukunft der Kirche und die Kirche der Zukunft, [2]Stuttgart 1965.
—, Kirche und Volk in der deutschen Missionswissenschaft, München 1967.
Hoffmann, H., siehe Duchrow, U.
Hoffmann-Axthelm, D., »Die Freundlichkeit des Objektiven. Zur Kirchentheorie Richard Rothes«, in: EvTheol, 29, 1969, S. 307—333.
Hofmeister, P., »Die Militärseelsorge in neuerer Zeit«, in: MThZ, 11, 1960, S. 123—140.
Holl, K., Christliche Reden, Gütersloh 1926.
—, Gesammelte Aufsätze I—III, Tübingen 1928—1932.
—, Kleine Schriften, hrsg. von R. Stupperich, Tübingen 1966.
—, Briefwechsel mit Adolf von Harnack, hrsg. von H. Karpp, Tübingen 1966.
—, »Briefe an Adolf Schlatter«, hrsg. von R. Stupperich, in: ZThK, 64, 1967, S. 169—240.
—, »Briefe an P. Schattenmann«, in: ZKG, 79, 1968, S. 77—84.
Holl, K., »Konfessionalität, Konfessionalismus und demokratische Republik — zu einigen Aspekten der Reichspräsidentenwahl von 1925«, in: Vierteljahreshefte für Zeitgeschichte, 17, 1969, S. 254—275.
Hollenweger, W., siehe Casalis, G.
Hollerbach, A., Verträge zwischen Staat und Kirche in der Bundesrepublik Deutschland, Frankfurt 1965.
—, »Das Staatskirchenrecht in der Rechtsprechung des Bundesverfassungsgerichts«, in: Quaritsch/Weber, Staat und Kirchen in der Bundesrepublik, S. 401—426.

—, »Die Kirchen unter dem Grundgesetz«, in: Veröffentlichungen der Vereinigung der deutschen Staatsrechtslehrer, 26, Berlin 1968, S. 57—106.
—, »Die neuere Entwicklung des Konkordatsrechts«, in: JÖR, NF 17, 1968, S. 117—163.
—, »Die Kirchen als Körperschaften des öffentlichen Rechts«, in: Krautscheidt / Marré, Essener Gespräche, Bd. 1, S. 46—67.
Hollweg, A., Theologie und Empirie. Ein Beitrag zum Gespräch zwischen Theologie und Sozialwissenschaften in den USA und Deutschland, Stuttgart 1971.
Holstein, G., Die Staatsphilosophie Schleiermachers (Bonner Staatswissenschaftliche Untersuchungen, 8), Bonn/Leipzig 1923.
—, Die Grundlagen des Evangelischen Kirchenrechts, Tübingen 1928.
—, »Theologische Fakultäten und Lehrversprechen (Formula Sponsionis)«, in: Festschrift für M. Pappenheim, Breslau 1931, S. 191 ff.
Honecker, M., Kirche als Gestalt und Ereignis. Die sichtbare Gestalt der Kirche als dogmatisches Problem (FGLP, X, 25), München 1963.
—, Schleiermacher und das Kirchenrecht (ThExh, NF 148), München 1968.
—, Cura religionis Magistratus Christiani. Studien zum Kirchenrecht im Luthertum des 17. Jahrhunderts, inbesondere bei Johann Gerhard (Jus Ecclesiasticum, 7), München 1968.
—, »Sozialethische Aspekte des Kirchenverständnisses«, in: EvTheol, 30, 1970, S. 65—96.
—, Konzept einer sozialethischen Theorie. Grundfragen evangelischer Sozialethik, Tübingen 1971.
Horkheimer, M., Kritische Theorie, Bd. I und II, Frankfurt 1968.
—, »Die Funktion der Theologie in der Gesellschaft. Ein Gespräch«, in: Neuenzeit, Die Funktion der Theologie in Kirche und Gesellschaft, S. 222—230.
Horst, F., »Recht und Religion im Bereich des Alten Testaments«, in: Gottes Recht. Studien zum Recht im Alten Testament (ThB, 12), München 1961, S. 260—291.
Howe, G. (Hrsg.), Atomzeitalter, Krieg und Frieden (Ullstein-Buch, 614), Frankfurt/Berlin 1963.
—, Kriegsverhütung und Friedensstrukturen. Eine Studie über den Vertrag zur Nichtverbreitung von Kernwaffen, Gütersloh 1968.
— / Tödt, H. E., Frieden im wissenschaftlich-technischen Zeitalter. Ökumenische Theologie und Zivilisation, Stuttgart 1966.
Hünermann, P., siehe Casper, B.
Huber, E. R., Die Garantie der kirchlichen Vermögensrechte in der Weimarer Verfassung, Tübingen 1927.
—, Verträge zwischen Staat und Kirche im Deutschen Reich, Breslau 1930.
—, »Bedeutungswandel der Grundrechte«, in: AÖR, NF 23, 1932, S. 1—98.
—, Deutsche Verfassungsgeschichte seit 1789, Bd. I—IV, Stuttgart 1957—1969.
—, Dokumente zur deutschen Verfassungsgeschichte, Bd. 1—3, Stuttgart 1961 bis 1966.
—, »Lorenz von Stein und die Grundlegung der Idee des Sozialstaats«, in: Nationalstaat und Verfassungsstaat. Studien zur Geschichte der modernen Staatsidee, Stuttgart 1965, S. 127—143.

—, »Rechtsstaat und Sozialstaat in der modernen Industriegesellschaft«, in: Nationalstaat und Verfassungsstaat, S. 249—272.
—, siehe Stein, L. von.
— / *Huber, W.*, Staat und Kirche im 19. und 20. Jahrhundert. Dokumente zur Geschichte des deutschen Staatskirchenrechts, Bd. 1, Berlin 1973.
Huber, K., Maßnahmegesetz und Rechtsgesetz. Eine Studie zum rechtsstaatlichen Gesetzesbegriff, Berlin 1963.
Huber, U., »Das Öffentliche und das Private in der neueren Entwicklung des Privatrechts«, in: Studium Generale, 23, 1970, S. 769—785.
Huber, W., »Frieden als Problem der Theologie«, in: J. Bopp / H. Bosse / W. Huber, Die Angst vor dem Frieden, Stuttgart 1970, S. 95—138.
—, »Evangelische Theologie und Kirche beim Ausbruch des Ersten Weltkriegs«, in: W. Huber (Hrsg.), Historische Beiträge zur Friedensforschung (Studien zur Friedensforschung, 4), Stuttgart/München 1970, S. 134—215.
—, »Die ›Baukasten-Gesamthochschule‹ und die Reform der theologischen Ausbildung — Problemskizze«, in: Hess / Tödt, Reform der theologischen Ausbildung, Bd. 6, S. 33—42.
—, »Friedensforschung — Grundbegriffe und Modelle«, in: G. Picht / W. Huber, Was heißt Friedensforschung?, Stuttgart/München 1971, S. 34—57.
—, »Theologische Probleme der Friedensforschung«, in: EvTheol, 31, 1971, S. 559—575.
—, »Schleiermacher und die Reform der Kirchenverfassung«, in: Festschrift für E. R. Huber, Göttingen 1973, S. 57—74.
—, siehe Huber, E. R.
Huschke, R. B., Melanchthons Lehre vom ordo politicus (Studien zur evangelischen Ethik, 4), Gütersloh 1968.

Jacob, G., »Kirche oder Sekte«, in: G. Jacob, Die Versuchung der Kirche, Göttingen 1946, S. 36—49.
Jacobi, G., Der Öffentlichkeitsauftrag der Kirche und ihrer Ämter, Wilhelmshaven 1955.
Jacobs, M., »Die Entwicklung des deutschen Nationalgedankens von der Reformation bis zum deutschen Idealimus«, in: Zilleßen, Volk-Nation-Vaterland, S. 51—110.
Jannasch, W., »Die Anfänge der Ev.-Theol. Fakultät der Joh.-Gutenberg-Universität«, in: Jahrbuch der Vereinigung »Freunde der Universität Mainz«, 1954, S. 16—24.
Ihmels, L., »Die Aufgabe der Kirche in der Gegenwart«, in: AELKZ, 1914, S. 883 ff., 906 ff.
—, »Krieg und Theologie«, in: AELKZ, 1915, S. 410 ff., 434 ff., 458 ff.
Institut für Reformations- und Kirchengeschichte der böhmischen Länder (Hrsg.), Memorandum zur Lage der »Deutschen Evangelischen Kirche in Böhmen, Mähren und Schlesien« (in der Zerstreuung), Kirnbach 1966.
Joest, W., »Das Verhältnis der Unterscheidung der beiden Regimente zu der Unterscheidung von Gesetz und Evangelium«, in: Dank an Paul Althaus, Gütersloh 1958, S. 79—97; auch in: Schrey, Reich Gottes und Welt, S. 196—220.

Jolles, H. M., Zur Soziologie der Heimatvertriebenen und Flüchtlinge, Köln 1965.
Jung, H.-G., Befreiende Herrschaft. Die politische Verkündigung der Herrschaft Christi, München 1965.
Jung, W., »Der Hessische Kirchenvertrag vom 18. 2. 1960«, in: ZevKR, 7, 1960, S. 289—306.
Junghans, H., »Das mittelalterliche Vorbild für Luthers Lehre von den beiden Reichen«, in: Vierhundertfünfzig Jahre lutherische Reformation 1517 bis 1967. Festschrift für Franz Lau zum 60. Geburtstag, Göttingen 1967, S. 135—153.
Jürgensen, K., »Deutsche Abende — Flensburg 1914. Ein Beitrag zum Verhältnis von Volk, Staat und evangelischer Kirche nach dem Ausbruch des Ersten Weltkriegs«, in: GWU, 20, 1969, S. 1—16.
Iwand, H. J., »Kirche und Gesellschaft«, in: Bekennende Kirche, Martin Niemöller zum 60. Geburtstag, München 1952, S. 101—117.
—, »Kirche und Öffentlichkeit« (A), in: Nachgelassene Werke, Bd. 2, München 1966, S. 11—29.
—, »Die Kirche und die Öffentlichkeit« (B), in: Nachgelassene Werke, Bd. 2, S. 30—45.

Kaftan, J., »Wider England!«, in: Int. Monatsschrift, 9, 1914/15, Sp. 133 bis 140.
Kahl, W., Lehrsystem des Kirchenrechts und der Kirchenpolitik, 1. Hälfte, Freiburg und Leipzig 1894.
Kaiser, G., Pietismus und Patriotismus im literarischen Deutschland, Wiesbaden 1961.
Kaiser, J. H., Die politische Klausel der Konkordate, Berlin 1949.
—, Die Repräsentation organisierter Interessen, Berlin 1956.
—, »Politische Klausel«, in: RGG, V, Sp. 445—446.
Kaldrack, G., Offizier und politische Bildung, Diplomarbeit der Hochschule für Politische Wissenschaften, München 1970, mschr.
Kant, I., Studienausgabe, hrsg. von W. Weischedel, 6 Bände, ²/³Frankfurt 1966—1970.
Kantzenbach, Fr. Wilh., »Stätten der Freiheit. 25 Jahre kirchliche Augustana-Hochschule Neuendettelsau«, in: DtPfBl, 72, 1972, S. 824—826.
Karnetzki, M. (Hrsg.), Ein Ruf nach vorwärts. Eine Auslegung der Theologischen Erklärung von Barmen 30 Jahre danach (ThExh, NF 115), München 1964.
Karst, H., Das Bild des Soldaten, Boppard 1964.
Käsemann, E., »Amt und Gemeinde im Neuen Testament«, in: Exegetische Versuche und Besinnungen, I, Göttingen 1960, S. 109—134.
—, »Gottesdienst im Alltag der Welt«, in: Exegetische Versuche und Besinnungen, II, Göttingen 1964, S. 198—204.
—, »Grundsätzliches zur Interpretation von Römer 13«, in: Exegetische Versuche und Besinnungen, II, S. 204—222.
—, »Römer 13,1—7 in unserer Generation«, in: ZThK, 56, 1959, S. 316—376.
Kasper, W., siehe Küng, H.
Kather, L., Die Entmachtung der Vertriebenen, 2 Bände, München 1964 f.

Katholisches Militärbischofsamt (Hrsg.), Dokumentation zur katholischen Militärseelsorge, Heft 2, ²Bonn 1969; Heft 3, Bonn 1970.
Kattenbusch, F., »Das sittliche Recht des Krieges«, in: CW, 20, 1906, S. 515 ff., 532 ff., 553 ff.
Kehrer, G., Das religiöse Bewußtsein des Industriearbeiters. Eine empirische Studie, München 1967.
Keim, W., Schule und Religion. Die religiös-weltanschauliche Neutralität des Staates und die Verbreitung religiösen Gedankenguts mit Hilfe des Schulwesens in den Vereinigten Staaten und in Deutschland (varia iuris publici, 46), Hamburg 1967.
Kern, E., Staat und Kirche in der Gegenwart, Hamburg/Berlin/Bonn o. J. (1951).
Keller, M., »Volk Gottes« als Kirchenbegriff. Eine Untersuchung zum neueren Verständnis, Zürich/Einsiedeln/Köln 1970.
Keller, P., siehe Casalis, G.
Kellermann, H., Der Krieg der Geister, Weimar o. J. (1915).
Kessler, P., Glaube und Gesellschaftsgestaltung. Die Bedeutung Richard Rothes für das Verhältnis von Kirche und Welt im 20. Jahrhundert, Essen 1969.
Kewenig, W., »Das Grundgesetz und die staatliche Förderung der Religionsgesellschaften«, in: Krautscheidt/Marré, Essener Gespräche, Bd. 6, S. 9 bis 35.
Kinder, E., »Gottesreich und Weltreich bei Augustin und bei Luther. Erwägungen zu einer Vergleichung der ›Zwei-Reiche‹-Lehre Augustins und Luthers«, in: Elert-Gedenkschrift, Berlin 1955, S. 24—42; auch in: Schrey, Reich Gottes und Welt, S. 40—69.
—, »Kann man von einem ›lutherischen Kirchenbegriff‹ sprechen?«, in: ThLZ, 81, 1956, Sp. 363—368.
—, »Luthers Ableitung der geistlichen und weltlichen ›Oberkeit‹ aus dem 4. Gebot«, in: Für Kirche und Recht, Heckel-Festschrift, Köln/Graz 1959, S. 270 bis 286; auch in: Schrey, Reich Gottes und Welt, S. 221—241.
—, Der evangelische Glaube und die Kirche, ²Berlin 1960.
— / *Haendler, K.* (Hrsg.), Gesetz und Evangelium. Beiträge zur gegenwärtigen theologischen Diskussion (Wege der Forschung, 142), Darmstadt 1968.
Die Kirche. Bericht der Theologischen Kommission für Glauben und Kirchenverfassung (KlT, 176), Berlin 1955.
Die Kirche für andere und Die Kirche für die Welt. Im Ringen um Strukturen missionarischer Gemeinden. Schlußberichte der Westeuropäischen Arbeitsgruppe und der Nordamerikanischen Arbeitsgruppe des Referats für Fragen der Verkündigung, Genf 1967.
Kirche und Staat im 19. und 20. Jahrhundert. Vorträge — Aufsätze — Gutachten (Veröffentlichungen der Arbeitsgemeinschaft für das Archiv- und Bibliothekswesen in der ev. Kirche, 7), Neuwied a. d. A. 1968.
Kirchheimer, O., »Privatmensch und Gesellschaft«, in: O. Kirchheimer, Politische Herrschaft. Fünf Beiträge zur Lehre vom Staat (es, 220), Frankfurt 1967, S. 92—121.
Kirchner, H., Beiträge zur Geschichte der Entstehung der Begriffe »öffentlich« und »öffentliches Recht«, Diss. jur. Göttingen 1949 (mschr.).

Kirschner, D., »Präsenz in der Kaserne. Aus dem Alltag eines Militärpfarrers«, in: PTh, 57, 1968, S. 189—195.
Klausenitzer, F. A., »Die Diskussion um die Innere Führung. Zum Verhältnis von Bundeswehr und Öffentlichkeit«, in: Picht, Studien zur politischen und gesellschaftlichen Situation der Bundeswehr, Zweite Folge, S. 159—244.
Klein, F., siehe Mangoldt, H. von.
Klein, H. H., »Demokratisierung« der Universität? (Schriften des Hochschulverbandes, 21), ²Göttingen 1968.
Kluge, A., siehe Negt, O.
Koch, D., Heinemann und die Deutschlandfrage, München 1972.
Koch, K., »Die Entstehung der sozialen Kritik bei den Profeten«, in: H. W. Wolff (Hrsg.), Probleme biblischer Theologie (von Rad-Festschrift), München 1971, S. 236—257.
Koeniger, A. M., Die neuen deutschen Konkordate und Kirchenverträge mit der preußischen Zirkumskriptionsbulle (Kanonistische Studien und Texte, 7), Bonn 1932.
Koehler, F., Der Weltkrieg im Lichte der deutsch-protestantischen Kriegspredigt (Religionsgeschichtliche Volksbücher, V, 19), Tübingen 1915.
Köhler, W., Ernst Troeltsch, Tübingen 1941.
Konflikte im Erziehungsfeld. Am Beispiel politischer Auseinandersetzungen in der Schule. Eine Studie der Jugendkammer der Evangelischen Kirche in Deutschland, Gütersloh 1972.
Konrad, J., »Ja und nein zur Denkschrift der EKD«, in: KidZ, 20, 1965, S. 556—559.
Kortzfleisch, S. von, Verkündigung und »öffentliche Meinungsbildung«. Ein Beitrag zur Grundlegung kirchlicher Öffentlichkeitsarbeit, Stuttgart 1960.
Koselleck, R., Kritik und Krise, ²Freiburg 1969.
Köttgen, A., »Die Freiheit der Wissenschaft und die Selbstverwaltung der Universität«, in: Bettermann / Nipperdey / Scheuner, Die Grundrechte, Bd. II, Berlin 1954, S. 291—329.
—, Das Grundrecht der deutschen Universität. Gedanken über die institutionelle Garantie wissenschaftlicher Hochschulen (Göttinger Rechtswiss. Studien, 26), Göttingen 1959.
—, »Soziale Arbeit in Kirche, Staat und Gesellschaft«, in: ZevKR, 11, 1964, S. 225—280.
Kraft, H., Kaiser Konstantins religiöse Entwicklung, Tübingen 1955.
Krause, G., »Gerichtspredigt oder Geschichtsdeutung. Überlegungen und Fragen zum evangelischen Charakter der Denkschrift über ›Die Lage der Vertriebenen und das Verhältnis des deutschen Volkes zu seinen östlichen Nachbarn‹«, in: Jahrbuch der Albertus-Universität zu Königsberg/Pr., 17, Würzburg 1967, S. 5—23.
Kraus, H.-J., Prophetie und Politik (ThExh, NF 36), München 1952.
—, »Die prophetische Botschaft gegen das soziale Unrecht Israels«, in: EvTheol, 15, 1955, S. 295—307.
—, Das Volk Gottes im Alten Testament, Zürich 1958.
Krauss, G., Der Rechtsbegriff des Rechts. Eine Untersuchung des positivistischen Rechtsbegriffs im besonderen Hinblick auf das rechtswissenschaftliche Denken Rudolph Sohms, Hamburg 1936.

Krautscheidt, J. / Marré, H. (Hrsg.), Essener Gespräche zum Thema Staat und Kirche, Bd. 1—6, Münster 1969—1972.

Kretschmar, G., »Die zwei Imperien und die zwei Reiche«, in: Ecclesia und Res publica, Festschrift für K. D. Schmidt, Göttingen 1961, S. 89—112.

—, »Der Weg zur Reichskirche«, in: Verkündigung und Forschung, 13, 1968, S. 3 ff.

—, »Welterfahrung und Weltverantwortung in der Alten Kirche«, in: Baur / Goppelt / Kretschmar, Die Verantwortung der Kirche in der Gesellschaft, S. 111—142.

Kreuz-Zeitung, 1914.

Krimm, H., »Kirche und Staat in evangelischem Verständnis«, in: Kirche und Staat, Karlsruhe 1966, S. 38—45.

—, »›Gesellschaftliche Diakonie‹«, in: ZEE, 10, 1966, S. 361—367.

—, »Zwölf Thesen über das Verhältnis Deutschlands zu seinen östlichen Nachbarn«, in: Evangelische Verantwortung, 14, 1966, S. 11—13.

—, »Zur Wesensbestimmung der Diakonie«, in: ZEE, 12, 1968, S. 49—53.

Krüger, G., Die Rechtsstellung der vorkonstantinischen Kirchen, Stuttgart 1935.

Krüger, H., »Rezension über Konrad Hesse, Der Rechtsschutz durch staatliche Gerichte im kirchlichen Bereich (1956)«, in: ZevKR, 6, 1957/58, S. 72—82; auch in: Quaritsch / Weber, Staat und Kirchen in der Bundesrepublik, S. 139—149.

—, »Verfassungsänderung und Verfassungsauslegung«, in: Die öffentliche Verwaltung, 14, 1961, S. 727 ff. Auszug in: Quaritsch / Weber, Staat und Kirchen in der Bundesrepublik, S. 230—232.

—, Allgemeine Staatslehre, ²Stuttgart 1966.

Krüger, U., »Das Prinzip der Trennung von Staat und Kirche in Deutschland«, in: Festschrift für E. Jacobi, Berlin 1957, S. 260 ff.

—, Der Militärseelsorgevertrag und die Evangelischen Kirchen in der Deutschen Demokratischen Republik, Berlin 1958.

Krumwiede, H.-W., Zum politischen Weg der Deutschen. Vorträge und Aufsätze 1964—1969, Hannover 1969.

Krüsmann, R., Die Gründungszeit der Ruhr-Universität Bochum. Vom Hader zum Freundeskreis, und dann die Theologie, Bochum o. J. (1971).

Kübel, J., »Kirchenpolitik und Krieg«, in: CW, 28, 1914, Sp. 855.

—, »Wer ist die Kirche — Konsistorium oder Fakultät?« (mit Anmerkungen von E. Foerster), in: CW, 44, 1930, Sp. 729—733.

—, »Konsistorium oder Fakultät?«, in: CW, 44, 1930, Sp. 786—790.

—, Der Vertrag der evangelischen Landeskirchen mit dem Freistaat Preußen, Berlin 1931.

—, »Das evangelische Preußenkonkordat«, in: CW, 45, 1931, Sp. 477—486.

Kuhn, A., »Der Herrschaftsanspruch der Gesellschaft und die Kirche«, in: HZ, 201, 1965, S. 334—358.

Küng, H., Die Kirche (Ökumenische Forschungen 1,1), ³Freiburg 1969.

—, Unfehlbar?, Zürich 1970.

— / *Kasper, W.* / *Remmers, J.* (Hrsg.), Postökumenisches Zeitalter (Concilium 1970, Heft 4).

Künneth, W., Politik zwischen Dämon und Gott. Eine christliche Ethik des Politischen, 1. (erweiterte) Taschenbuch-Aufl. Berlin 1961.
Kunst, H., / *Vogel, H.*, »Die Militärseelsorge in der Bundeswehr«, in: Junge Stimme, 18, 1957, S. 452—469.
Kupisch, K., Friedrich Naumann und die evangelisch-soziale Bewegung, Diss. Berlin 1938.
—, Das Jahrhundert des Sozialismus und die Kirche, Berlin 1958.
—, Zwischen Idealismus und Massendemokratie, ⁴Berlin 1960.
—, »Demokratie und Protestantismus«, in: Karnetzki, Ein Ruf nach vorwärts, S. 69—86.
—, Durch den Zaun der Geschichte, Berlin 1964.
—, Die deutschen Landeskirchen im 19. und 20. Jahrhundert, Göttingen 1966.
—, Im Bann des Zeitgeistes. Zur Standortbestimmung von Kirche und Christentum in der heutigen Gesellschaft (ThExh, NF 159), München 1969.
—, »Die Wandlungen des Nationalismus im liberalen deutschen Bürgertum«, in: Zilleßen, Volk — Nation — Vaterland, S. 111—134.
—, Karl Barth in Selbstzeugnissen und Bilddokumenten (rowohlts monographien 174), Reinbek 1971.
Küppers, J., »Luthers Dreihierarchienlehre als Kritik an der mittelalterlichen Gesellschaftsauffassung«, in: EvTheol, 19, 1959, S. 361—374.

Laarhoven, J. van, »Luthers Lehre von den zwei Reichen. Notizen über ihre Herkunft«, in: Concilium, 2, 1966, S. 501—505; auch in: Schrey, Reich Gottes und Welt, S. 85—97.
Laible, W. (Hrsg.), Deutsche Theologen über den Krieg. Stimmen aus schwerer Zeit, Leipzig 1915.
Lange, D., Christlicher Glaube und soziale Probleme. Eine Darstellung der Theologie Reinhold Niebuhrs, Gütersloh 1964.
Lange, E., »Kirche für andere. Dietrich Bonhoeffers Beitrag zur Frage einer verantwortbaren Gestalt der Kirche in der Gegenwart«, in: EvTheol, 27, 1967, S. 513—546.
—, »Ein anderes Gemeindebild. Erwägungen zum Problem ›Kirche und Gesellschaft‹«, in: EvKomm, 1, 1968, S. 75—80.
Lange, H. M. de, »Die Kritik am Konzept der verantwortlichen Gesellschaft, in: Wending, 1971, S. 264—278 (dt. Übersetzung von M. Scharffenorth, hektogr. ERE II, 4).
Lau, F., Luthers Lehre von den beiden Reichen (Luthertum, Heft 8), ²Berlin 1953.
—, »Leges charitatis. Drei Fragen an Johannes Heckel«, in: KuD, 2, 1956, S. 76—89; auch in: Schrey, Reich Gottes und Welt, S. 528—547.
—, »Zwei-Reiche-Lehre«, in: RGG, VI, Sp. 1945—1949.
—, »Die Königsherrschaft Jesu Christi und die lutherische Zwei-Reiche-Lehre«, in: KuD, 6, 1960, S. 306—326; auch in: Schrey, Reich Gottes und Welt, S. 484—513.
Laun, R., siehe Schieder, Th.
Lazareth, W. H., »Luthers Zwei-Reiche-Ethik — eine Überprüfung«, in: Die Kirche als Faktor einer kommenden Weltgemeinschaft, Stuttgart 1966, S. 56—67.

Lefringhausen, K. (Hrsg.), Gerechtigkeit und Solidarität. 87 Empfehlungen zum Wirtschaftsverhalten der EWG gegenüber den Entwicklungsländern. Eine europäische Denkschrift, Gütersloh 1970.
—, u. a., Das Gesetz der Moral und die staatliche Ordnung, Wuppertal 1971.
Lehmann, K., »Die politische Theologie: Theologische Legitimation und gegenwärtige Aporie«, in: Krautscheidt / Marré, Essener Gespräche, Bd. 4, S. 90—151; gekürzte Fassung in: Peukert, Diskussion zur »politischen Theologie«, S. 185—216.
Lehmann, J., Die kleinen Religionsgesellschaften des öffentlichen Rechts im heutigen Staatskirchenrecht, Oldenstadt 1959.
Leibholz, G., Strukturprobleme der modernen Demokratie, Karlsruhe 1958.
Lemberg, E. / Edding, F. (Hrsg.), Die Vertriebenen in Westdeutschland. Ihre Eingliederung und ihr Einfluß auf Gesellschaft, Wirtschaft, Politik und Geistesleben, Bd. 1—3, Kiel 1959.
Lenz, F., Werden und Wesen der öffentlichen Meinung, München 1956.
Leuba, J. L., Institution und Ereignis. Das Wesen der Kirche nach dem Neuen Testament (Theologie und Ökumene, 3), Göttingen 1957.
Liermann, H., »Kirche und Staat in der Bundesrepublik«, in: Österreichisches Archiv für Kirchenrecht, 5, 1954, S. 207—220.
—, Kirchen und Staat, 2 Teilbände, München 1954 f.
—, »Hinkende Trennung und Disestablishment. Ein Beitrag zur Gegenwartsproblematik des deutschen Staatskirchenrechts auf geschichtlicher Grundlage«, in: ZRG, 84 (Kan. Abt., 53), 1967, S. 135—154.
Lindner, R., Grundlegung einer Theologie der Gesellschaft. Dargestellt an der Theologie Paul Tillichs (Studien zur evangelischen Sozialtheologie und Sozialethik, 8), Hamburg 1960.
Lindt, A., Friedrich Naumann und Max Weber. Theologie und Soziologie im wilhelminischen Deutschland (ThExh, 174), München 1973.
Link, Chr., Die Grundlagen der Kirchenverfassung im lutherischen Konfessionalismus des 19. Jahrhunderts, inbesondere bei Theodosius Harnack (Jus Ecclesiasticum, 3), München 1966.
Linton, O., »Ekklesia«, in: RAC, IV, Sp. 905—921.
Linz, M. (Hrsg.), Die sogenannte Politisierung der Kirche (Stundenbücher, 82), Hamburg 1968.
Lochman, J. M., Herrschaft Christi in der säkularisierten Welt (Theologische Studien, 86), Zürich 1967.
—, Perspektiven politischer Theologie (Polis, 42), Zürich 1971.
Löhe, W., Drei Bücher von der Kirche (Ges. Werke, 5,1), Neuendettelsau 1954.
Lohff, W. / Lohse, B. (Hrsg.), Christentum und Gesellschaft, Göttingen 1969.
Lohfink, N., »Beobachtungen zur Geschichte des Ausdrucks ›ͨam jahwaeh‹«, in: H. W. Wolff (Hrsg.), Probleme biblischer Theologie (von Rad-Festschrift), München 1971, S. 275—305.
Lohse, B., »Das Evangelium von der Rechtfertigung und die Weltverantwortung der Kirche in der lutherischen Tradition bei Luther und in der Reformationszeit«, in: Baur / Goppelt / Kretschmar, Die Verantwortung der Kirche in der Gesellschaft, S. 143—160.
—, siehe Lohff, W.
Lübbe, H., Politische Philosophie in Deutschland, Basel/Stuttgart 1963.

—, Säkularisierung. Geschichte eines ideenpolitischen Begriffs, Freiburg und München 1965.
Lubbers, F., »Die rechtlichen Grundlagen der Militärseelsorge«, in: Die Bundeswehrverwaltung, 1957, S. 16—19.
Luckmann, Th., Das Problem der Religion in der modernen Gesellschaft, Freiburg/Br. 1963.
Luhmann, N., Funktionen und Folgen formaler Organisation, Berlin 1964.
—, Grundrechte als Institution. Ein Beitrag zur politischen Soziologie (Schriften zum öffentlichen Recht, 24), Berlin 1965.
—, Soziologische Aufklärung. Ansätze zur Theorie sozialer Systeme, ²Opladen 1971.
—, »Öffentliche Meinung«, in: Politische Vierteljahresschrift, 11, 1970, S. 2—28.
—, »Religion als System. Religiöse Dogmatik und gesellschaftliche Evolution«, in: Dahm / Luhmann / Stoodt, Religion — System und Sozialisation, S. 11—132.
—, »Die Organisierbarkeit von Religionen und Kirchen«, in: J. Wössner (Hrsg.), Religion im Umbruch, Stuttgart 1972, S. 245—285.
Lüpsen, F. (Hrsg.), Evanston-Dokumente. Berichte und Reden auf der Weltkirchenkonferenz in Evanston, Witten 1954.
Lutz, H., Demokratie im Zwielicht. Der Weg der deutschen Katholiken aus dem Kaiserreich in die Republik 1914 bis 1925, München 1963.

Magass, W., »Modelle der Kirche von gestern«, in: Cornehl / Bahr, Gottesdienst und Öffentlichkeit, S. 44—87.
Mahr, G., »Wir Pfarrer und der Krieg«, in: CW, 29, 1915, Sp. 902 ff., 938 ff., 978 ff.
Mahrenholz, E. G., »Das niedersächsische Konkordat und der Ergänzungsvertrag zum Loccumer Vertrag«, in: ZevKR, 12, 1966/67, S. 217—282.
—, Die Kirchen in der Gesellschaft der Bundesrepublik, Hannover 1969.
Mahrenholz, H. Chr., Die Mitwirkung der evangelischen Kirche bei der Besetzung der Lehrstühle an den evangelisch-theologischen Fakultäten, Diss. jur. Tübingen 1956, auszugsweise in: ZevKR, 5, 1956, S. 219—273.
Maier, H., »Kirche und Staat seit 1945. Ihr Verhältnis in den wichtigsten europäischen Ländern«, in: GWU, 14, 1963, S. 558—590; 694—716; 741—773.
—, »Kirche und Politik«, in: ZfPol, 10, 1963, S. 329—345.
—, »Staat und Kirche in Deutschland«, in: Wort und Wahrheit, 19, 1964, S. 53—64.
—, Revolution und Kirche. Studien zur Frühgeschichte der christlichen Demokratie 1789—1850, ²Freiburg 1965.
—, »Staat und Kirche in Deutschland — von der Fremdheit zur ›neuen Nähe‹?«, in: Das Verhältnis von Kirche und Staat (Studien und Berichte der katholischen Akademie in Bayern, 30), Würzburg 1965, S. 101—126.
—, »Kirche — Staat — Gesellschaft«, in: Hochland, 60, 1967, S. 201—220.
—, »Kirche — Staat — Gesellschaft. Historisch-politische Bemerkungen zu ihrem Verhältnis«, in: Krautscheidt / Marré, Essener Gespräche, Bd. 1, S. 12—38.

—, Kritik der politischen Theologie, Einsiedeln 1970.
—, Kirche und Gesellschaft, München 1972.
Mangoldt, H. von / Klein, F., Das Bonner Grundgesetz, Bd. 1, ²Berlin und Frankfurt 1957.
Mann, Th., Betrachtungen eines Unpolitischen (Stockholmer Ausgabe), Frankfurt 1956.
Mann, U., Lorbeer und Dornenkrone, Stuttgart 1958.
—, »Kriegsdienst, Kriegsdienstverweigerung, theologisch«, in: EStL, Sp. 1142 bis 1146.
Mannheim, E., Die Träger der öffentlichen Meinung. Studien zur Soziologie der Öffentlichkeit, Brünn 1933.
Marcic, R., »Öffentlichkeit als staatsrechtlicher Begriff«, in: G. Nenning (Hrsg.), Richter und Journalisten, Wien/Frankfurt/Zürich 1965, S. 153 bis 228.
Margull, H. J. (Hrsg.), Mission als Strukturprinzip. Ein Arbeitsbuch zur Frage der Struktur missionarischer Gemeinden, Genf 1965.
Marienfeld, W., Heimatverzicht — ja oder nein? Eine Stellungnahme zu der Denkschrift der Evgl. Kirche in Deutschland, Dortmund-Marten 1965.
Marquardt, Fr.-W., Kirche der Menschen, Berlin 1960.
—, Theologie und Sozialismus. Das Beispiel Karl Barths, München/Mainz 1972.
Marré, H., »Zur Koordination von Staat und Kirche«, in: DVBl, 1966, S. 10—15.
—, »Staat und Kirche in der Bundesrepublik Deutschland. Neue Entwicklungen im Staatskirchenrecht«, in: ZfPol, 13, 1966, S. 388—403.
—, siehe Krautscheidt, J.
Marsch, W.-D., »Ist das Recht eine notwendige Funktion der Kirche? Zur Auseinandersetzung mit Rudolf Sohm«, in: ZevKR, 5, 1956, S. 117—158.
—, »Kirche als Institution in der Gesellschaft. Zur Grundlegung einer Soziologie der Kirche«, in: ZEE, 4, 1960, S. 73—92.
—, »Politische Predigt zu Kriegsbeginn 1914/15. Historische Reminiszenzen — der Gegenwart zur Erinnerung empfohlen«, in: EvTheol, 24, 1964, S. 513—538.
—, Institution im Übergang. Evangelische Kirche zwischen Tradition und Reform, Göttingen 1970.
Martens, W., Öffentlich als Rechtsbegriff, Bad Homburg 1969.
Marx, K., Die Frühschriften, hrsg. von S. Landshut, Stuttgart o. J. (1968).
Massing, O., »Die Kirchen und ihr ›image‹. Materialien und Meinungsprofile zu ihrer Situation in der Bundesrepublik«, in: Linz, Die sogenannte Politisierung der Kirche, S. 39—96.
Materialien zur Geschichte der Ruhr-Universität Bochum. Die Entscheidung für Bochum, hrsg. im Auftrag der »Gesellschaft der Freunde der Ruhr-Universität Bochum« von T. Grimm, G. Engler, R. Krüsmann, o. O. o. J. (1971).
Matthes, J., Gesellschaftspolitische Konzeptionen im Sozialrecht. Zur soziologischen Kritik der neuen deutschen Sozialhilfegesetzgebung 1961, Stuttgart 1964.
—, Die Emigration der Kirche aus der Gesellschaft, Hamburg 1964.

—, Einführung in die Religionssoziologie I. II. (rde 279/280, 312/313), Hamburg 1967, 1969.
—, siehe Goldschmidt, D.
Mattmüller, M., »Religiöser Sozialismus«, in: ZEE, 4, 1960, S. 321—341.
—, »Der Einfluß Christoph Blumhardts auf schweizerische Theologen des 20. Jahrhunderts«, in: ZEE, 12, 1968, S. 233—246.
—, Leonhard Ragaz und der religiöse Sozialismus, Bd. I und II, Zürich 1957, 1968.
Matz, W., siehe Doemming, K. B. von.
Maurer, W., »Fakultäten, Theologische, in Deutschland«, in: RGG, II, Sp. 859—862.
—, »Die Auseinandersetzung zwischen Harnack und Sohm und die Begründung eines evangelischen Kirchenrechts«, in: KuD, 6, 1960, S. 194—213.
—, »R. Sohms Ringen um den Zusammenhang zwischen Geist und Recht in der Geschichte des kirchlichen Rechtes«, in: ZevKR, 8, 1961, S. 26—60.
May, G., »Das Verhältnis der katholisch-theologischen Fakultät der Johannes-Gutenberg-Universität in Mainz zu dem Diözesanbischof nach der Vereinbarung zwischen Kirche und Staat vom 15./17. Apr. bzw. 5. Okt. 1946«, in: Im Dienste des Rechtes in Kirche und Staat, Festschrift für F. Arnold, Wien 1963, S. 171—196.
—, »Der Vertrag des Landes Rheinland-Pfalz mit den evangelischen Landeskirchen vom 31. März 1962«, in: Archkath KR 132, 1963, S. 61 ff., 434 ff.
—, »Die Funktion der Theologie in Kirche und Gesellschaft«, in: Neuenzeit, Die Funktion der Theologie in Kirche und Gesellschaft, S. 291—309.
Mayer, R., Christuswirklichkeit. Grundlagen, Entwicklung und Konsequenzen der Theologie Dietrich Bonhoeffers (Arbeiten zur Theologie, II, 15), Stuttgart 1969.
Mayer-Scheu, H., Grundgesetz und Parität von Kirchen und Religionsgesellschaften, Mainz 1970.
Memorandum des Dozentenkollegiums, »Die Kirchliche Hochschule Wuppertal. Ihre Aufgaben und ihre künftige Gestalt«, in: Das gnädige Recht Gottes und die Freiheitsidee des Menschen (Veröff. d. Kirchl. Hochschule Wuppertal, 3), Neukirchen 1967, S. 78—92.
Mehnert, G., Evangelische Kirche und Politik 1917—1919, Düsseldorf 1959.
Menzel, E., »Gibt es ›völkerrechtliche Irrtümer‹ in der EKD-Denkschrift?«, in: ZEE, 10, 1966, S. 321—343.
Merz, G., Die Verantwortung der Kirche für die Ausbildung ihrer Pfarrer, München 1948.
Merzyn (Hrsg.), Kundgebungen. Worte und Erklärungen der Evangelischen Kirche in Deutschland 1945—1959, Hannover o. J. (1959).
Messerschmidt, M., »Aspekte der Militärseelsorgepolitik in nationalsozialistischer Zeit«. Sonderdruck aus: Militärgeschichtliche Mitteilungen 1/68 und 1/69, Freiburg 1969.
Metz, J. B., »Das Problem einer ›politischen Theologie‹ und die Bestimmung der Kirche als Institution gesellschaftskritischer Freiheit«, in: Concilium, 4, 1968, S. 403—411.
—, Zur Theologie der Welt, Mainz/München 1968.
—, Reform und Gegenreformation heute, Mainz 1969.

—, »Politische Theologie‹ in der Diskussion«, in: Peukert, Diskussion zur »politischen Theologie«, S. 267—301.
—, Befreiendes Gedächtnis Jesu Christi, Mainz 1970.
—, »Kirchliche Autorität im Anspruch der Freiheitsgeschichte«, in: Metz / Moltmann / Oelmüller, Kirche im Prozeß der Aufklärung, S. 53—90.
— / *Moltmann, J.* / *Oelmüller, W.*, Kirche im Prozeß der Aufklärung, München/Mainz 1970.
— / *Rendtorff, T.* (Hrsg.), Die Theologie in der interdisziplinären Forschung (Interdisziplinäre Studien, 2), Düsseldorf 1971.
Metz, R., »Staat und Kirche in Frankreich. Auswirkungen des Trennungssystems — Neuere Entwicklungstendenzen«, in: Krautscheidt / Marré, Essener Gespräche, Bd. 6, S. 103—145.
Meyer, H., »Der Sinn der Konkordatsprofessuren«, in: MThZ, 3, 1952, S. 54—62.
Mezger, M., »Theologie als Wissenschaft«, in: S. Unseld (Hrsg.), Ernst Bloch zu ehren, Frankfurt 1965, S. 181—207.
Mikat, P., »Kirchen und Religionsgemeinschaften«, in: Bettermann / Nipperdey / Scheuner, Die Grundrechte IV/1, Berlin 1960, S. 111—243.
—, »Kirche und Staat (Grundsatzfragen)«, in: StL, 4, 1959, Sp. 1005—1016.
—, »Konkordat«, in: StL, 4, Sp. 1215—1226.
—, Das Verhältnis von Staat und Kirche in der Bundesrepublik, Berlin 1964.
—, »Kirche und Staat in nachkonziliarer Sicht«, in: Kirche und Staat, Festschrift für H. Kunst, Berlin 1967, S. 105—125; auch in: Quaritsch / Weber, Staat und Kirchen in der Bundesrepublik, S. 427—443.
—, »Gegenwartsaspekte im Verhältnis von Kirche und Staat in der Bundesrepublik Deutschland«, in: Ecclesia et Ius. Festgabe für Audomar Scheuermann, München/Paderborn/Wien 1968, S. 79—97.
Miko, N., »Kulturkampf«, in: LThK, VI, Sp. 673—675.
Mildenberger, F., Theorie der Theologie. Enzyklopädie als Methodenlehre, Stuttgart 1972.
Miller, M. E., Der Übergang. Schleiermachers Theologie des Reiches Gottes im Zusammenhang seines Gesamtdenkens, Gütersloh 1970.
Missala, H., Gott mit uns. Die katholische Kriegspredigt 1914—18, München 1968.
Moberg, D. O., The Church as a Social Institution. The Sociology of American Religion, Englewood Cliffs, New Jersey 1962.
Moltmann, J., Theologie der Hoffnung, München 1964; [8]München 1969.
— (Hrsg.), Anfänge der dialektischen Theologie (ThB, 17), 2 Teile, [2]München 1966.
—, »Die ›Rose im Kreuz der Gegenwart‹. Zum Verständnis der Kirche in der modernen Gesellschaft«, in: J. Moltmann, Perspektiven der Theologie, München/Mainz 1968, S. 212—231.
—, »Theologie in der Welt der modernen Wissenschaften«, in: Perspektiven der Theologie, S. 269—287.
—, »Theologische Kritik der politischen Religion«, in: Metz / Moltmann / Oelmüller, Kirche im Prozeß der Aufklärung, S. 11—51.
—, Der gekreuzigte Gott. Das Kreuz Christi als Grund und Kritik christlicher Theologie, München 1972.

Mommsen, W. J., »Die Regierung Bethmann Hollweg und die öffentliche Meinung 1914—1917«, in: Vierteljahreshefte für Zeitgeschichte, 17, 1969, S. 117—159.
Mörsdorf, K., »Kirche und Staat in katholischem Verständnis«, in: Kirche und Staat, Karlsruhe 1966, S. 26—37.
—, siehe Eichmann, E.
Motschmann, J., Kritik an einer evangelischen Denkschrift über die Lage der Vertriebenen und das Verhältnis des deutschen Volkes zu seinen östlichen Nachbarn, Hamburg 1966.
—, Zur Denkschrift der Evangelischen Kirche in Deutschland. »Die Lage der Vertriebenen und das Verhältnis des deutschen Volkes zu seinen östlichen Nachbarn.« Literaturbericht und Bibliographie, Frankfurt 1968.
Mulert, H., Die Lehrverpflichtung in der evangelischen Kirche Deutschlands. Zusammenstellung der Bestimmungen und Formeln, die eine Verpflichtung der Geistlichen, theologischen Universitätslehrer und Religionslehrer auf bekenntnismäßige Lehre enthalten, nebst Mitteilungen über die Lehrverpflichtung in der deutschen evangelischen Kirche der Nachbarländer, besonders der Schweiz, ²Tübingen 1906.
—, Wahrhaftigkeit und Lehrverpflichtung, Tübingen 1911.
—, Anti-Modernisteneid, freie Forschung und theologische Fakultäten, Halle 1911.
—, Evangelische Kirchen und theologische Fakultäten (SGV, 144), Tübingen 1930.
Mülhaupt, E., »Herrschaft Christi bei Luther«, in: NZSTh, 1, 1959, S. 165 bis 184; auch in: Schrey, Reich Gottes und Welt, S. 432—456.
—, »Luther und der politische Auftrag eines Christen«, in: Festschrift für Hanns Rückert, Berlin 1966, S. 255—270.
Müller, E., Friedens- und Wehrbereitschaft der Christen, Stuttgart 1956.
—, »Akademien, Evangelische«, in: ESL, Sp. 15—17.
—, Eigentumsbildung in sozialer Verantwortung. Der Text der Denkschrift der Evangelischen Kirche in Deutschland erläutert (Stundenbücher, 11), Hamburg 1962.
—, Neuordnung der Landwirtschaft. Eine evangelische Denkschrift mit Erläuterungen (Stundenbücher, 63), Hamburg 1966.
—, Mitbestimmung in der Wirtschaft. Die vom Rat der EKD herausgegebene Studie der Kammer für soziale Ordnung mit Erläuterungen (Stundenbücher, 85), Hamburg 1968.
— / *Stroh, H.* (Hrsg.), Seelsorge in der modernen Gesellschaft (Stundenbücher, 36), ²Hamburg 1964.
Müller, H., Von der Kirche zur Welt. Ein Beitrag zu der Beziehung des Wortes Gottes auf die societas in Dietrich Bonhoeffers theologischer Entwicklung, ²Leipzig 1966.
Müller-Gangloff, E., »Hoffnung aus der Kirche? Überwindung des Nullpunktes durch die Vertriebenendiskussion«, in: Kommunität. Vierteljahreshefte der Evangelischen Akademie Berlin, 10, 1966, S. 1—4.
Müller-Schwefe, H. R., »Volkskirche«, in: RGG, VI, Sp. 1458—1461.
—, »Verkündigung und Öffentlichkeit«, in: Ecclesia und Res publica, Festschrift für K. D. Schmidt, Göttingen 1961, S. 188—204.

—, Homiletik II, Hamburg 1965.
Murray, A. V., The State and the Church in a Free Society, Cambridge 1958.
Murray, J. C., »Das Verhältnis von Kirche und Staat in den USA«, in: Das Verhältnis von Kirche und Staat (Studien und Berichte der Katholischen Akademie in Bayern, 30), Würzburg 1965, S. 49—71.
Mutius, A. von, »Militärseelsorge«, in: RGG, IV, Sp. 946—949.
—, »Militärseelsorge in neuzeitlichen Streitkräften«, in: Wehrkunde, 1960 (Sonderdruck des EKA).
—, »Kritische Fragen innerhalb der Militärseelsorge«, in: Deutsches Pfarrerblatt, 1962 (Sonderdruck des EKA).

Narr, W.-D., Pluralistische Gesellschaft (Schriftenreihe der Niedersächs. Landeszentrale für Politische Bildung. Gesellschaft und Politik, 2), Hannover 1969.
—, Glaube und öffentliche Willensbildung, in: Bannach, Glaube und öffentliche Meinung, S. 33—53.
—, Theoriebegriffe und Systemtheorie (Narr / Naschold, Einführung in die moderne politische Theorie, I), ²Stuttgart 1971.
— / *Naschold, F.*, Theorie der Demokratie (Einführung in die moderne politische Theorie, III), Stuttgart 1971.
Nasarski, P. (Hrsg.), Stimmen zur Denkschrift der EKD, Köln 1966.
Naschold, F., Kassenärzte und Krankenversicherungsreform, Freiburg i. Br. 1967.
—, Organisation und Demokratie. Untersuchung zum Demokratisierungspotential in komplexen Organisationen, Stuttgart 1969.
—, Systemsteuerung (Narr / Naschold, Einführung in die moderne politische Theorie, II), ²Stuttgart 1971.
—, siehe Narr, W.-D.
Naumann, F., Werke, Bd. 1—5, hrsg. von W. Uhsadel und Th. Schieder, Köln/Opladen 1964—1967.
Negt, O. / Kluge, A., Bürgerliche und proletarische Öffentlichkeit (es, 639), Frankfurt 1972.
Nesmith, R., The Development of the Concept of the Responsible Society. Stockholm to Evanston, Boston University, Dissertation, 1957 (University Microfilms, Ann Arbor, Mich.).
Neue Wege, 1914—1918.
Neuenzeit, P. (Hrsg.), Die Funktion der Theologie in Kirche und Gesellschaft, München 1969.
Neumann, J., »Die Theologischen Fakultäten in den staatlichen Universitäten«, in: Jus sacrum, Klaus Mörsdorf zum 60. Geburtstag, München 1969, S. 853—879.
Niebergall, A., »Die Kriegs-Predigt«, in: CW, 28, 1914, Sp. 934 ff.; 29, 1915, Sp. 15 ff., 76 ff.
Niebuhr, R., Christlicher Realismus und politische Probleme, Stuttgart 1956.
Niedner, J., »Die Bedeutung des Militärkirchenwesens für das Verhältnis von Staat und Kirche«, in: ZfPol, 1, 1908, S. 471—487.
—, »Das Militärkirchenwesen«, in: ZfPol, 10, 1917, S. 300 ff.

Niemöller, W., Die Bekennende Kirche sagt Hitler die Wahrheit. Die Geschichte der Denkschrift der Vorläufigen Leitung von Mai 1936, Bielefeld 1954.
—, »Die Bekennende Kirche sagt Hitler die Wahrheit«, in: EvTheol, 18, 1958, S. 190—192.
Niesel, W. (Hrsg.), Um Verkündigung und Ordnung. Die Bekenntnissynoden der Evang. Kirche der altpreußischen Union (1934—1943), Bielefeld 1948.
Notgemeinschaft evangelischer Deutscher (Hrsg.), Politik in der Kirche. Schwarmgeisterei oder fremde Machtpolitik?, Frankfurt 1967.
—, »Stellungnahme«, in: EvKomm, 1, 1968, S. 602—603.
Nürnberger, R., »Imperialismus, Sozialismus und Christentum bei Friedrich Naumann«, in: HZ, 170, 1950, S. 525—548.
Nygren, A., »Luthers Lehre von den zwei Reichen«, in: ThLZ, 74, 1949, Sp. 1—8; auch in: Schrey, Reich Gottes und Welt, S. 277—289.

Obermayer, K., »Die Konkordate und Kirchenverträge im 19. und 20. Jahrhundert«, in: Fuchs, Staat und Kirche im Wandel der Jahrhunderte, S. 166—183.
—, »Staatskirchenrecht im Wandel«, in: Quaritsch / Weber, Staat und Kirchen in der Bundesrepublik, S. 382—400.
—, »Kirchenreform und Kirchenrecht. Gedanken zur Neuordnung der evangelischen Kirche«, in: Neuenzeit, Die Funktion der Theologie in Kirche und Gesellschaft, S. 341—357.
Odin, K.-A., Die Denkschriften der EKD. Texte und Kommentare, Neukirchen 1966.
Oelmüller, W., siehe Metz, J. B.
Oepke, A., Das neue Gottesvolk, Gütersloh 1950.
Offe, C., »Politische Herrschaft und Klassenstrukturen. Zur Analyse spätkapitalistischer Gesellschaftssysteme«, in: G. Kress / D. Senghaas (Hrsg.), Politikwissenschaft. Eine Einführung in ihre Probleme, Frankfurt 1969, S. 155—189.
Oldham, J. H., »Technik und Zivilisation«, in: Die Unordnung der Welt und Gottes Heilsplan, Bd. III, Genf 1948, S. 31—57.
—, »Eine verantwortliche Gesellschaft«, in: Die Unordnung der Welt und Gottes Heilsplan, III, S. 149—191.
Soziale Ordnung des Baubodenrechts. Ein gemeinsames Memorandum der Kammer für soziale Ordnung der Evangelischen Kirche in Deutschland und des Arbeitskreises »Kirche und Raumordnung« beim Kommissariat der deutschen katholischen Bischöfe, hrsg. von J. Kardinal Döpfner und Landesbischof D. H. Dietzfelbinger, Gütersloh 1973.
Ott, H., Wirklichkeit und Glaube, Bd. I. Zum theologischen Erbe Dietrich Bonhoeffers, Göttingen 1966.
Ott, S., Christliche Aspekte unserer Rechtsordnung, Neuwied 1968.
Oyen, H. van, »Öffentlichkeitsauftrag der evangelischen Kirche«, in: RGG, IV, Sp. 1565—1567.

Pachaly, E., Adolf von Harnack als Politiker und Wissenschaftsorganisator des deutschen Imperialismus in der Zeit von 1914—1920, Diss. phil. Humboldt-Universität Berlin 1964 (mschr.).

Pannenberg, W., »Ist Versöhnung unrealistisch?«, in: ZEE, 10, 1966, S. 116 bis 118.
—, »Der Friede Gottes und der Weltfriede«, in: Deutscher Evangelischer Kirchentag Hannover 1967, Dokumente, Stuttgart 1967, S. 730—747.
—, »Geschichtstatsachen und christliche Ethik«, in: Peukert, Diskussion zur »politischen Theologie«, S. 231—246.
—, Thesen zur Theologie der Kirche, München 1970.
—, Theologie und Reich Gottes, Gütersloh 1971.
Patijn, C. L., »Kerk en politiek. Signalement van een misverstand«, in: Wending, 20, 1965, S. 22—30.
Peters, A., »Kirche und Welt«, in: LM, 5, 1966, S. 352—361.
—, »Kirche und Welt im Lichte des eschatologischen Richter- und Erretterhandelns Gottes«, in: NZSTh, 9, 1967, S. 275—313.
Peters, H., »Die Besonderheiten der beamtenrechtlichen Stellung der katholischen Theologieprofessoren an den deutschen Universitäten«, in: Festschrift für Eduard Eichmann, Paderborn 1940, S. 401 ff.
—, »Die Gegenwartslage des Staatskirchenrechts«, in: Veröff. der Verein. der dt. Staatsrechtslehrer, 11, Berlin 1954, S. 177—214; auch in: Quaritsch / Weber, Staat und Kirchen in der Bundesrepublik, S. 88—120.
Petersmann, W., siehe Evertz, A.
Peterson, E., Der Monotheismus als politisches Problem. Ein Beitrag zur Geschichte der politischen Theologie im Imperium Romanum, Leipzig 1935 (auch in: Theologische Traktate, München 1951, S. 45—147).
Peukert, H. (Hrsg.), Diskussion zur »politischen Theologie«, Mainz/München 1969.
Pfaff, W., Zum Kampf um deutsche Ersatzwörter (Gießener Beiträge zur deutschen Philologie, 31), Gießen 1933.
Pfeifer, H., Das Kirchenverständnis Dietrich Bonhoeffers. Ein Beitrag zur theologischen Prinzipienlehre, Diss. theol. Heidelberg 1963 (mschr.).
Phillips, J., The Form of Christ in the World, London 1967.
Picht, G. (Hrsg.), Studien zur gesellschaftlichen und politischen Situation der Bundeswehr (Forschungen und Berichte der Evangelischen Studiengemeinschaft, 21), 3 Folgen, Witten 1965 f.
—, »Einführung«, in: ders., Studien zur politischen und gesellschaftlichen Situation der Bundeswehr, 1. Folge, S. 7—31.
—, Die Verantwortung des Geistes, Stuttgart (1965) 1969.
—, Wahrheit, Vernunft, Verantwortung, Stuttgart 1969.
—, »Ist eine Weltordnung ohne Krieg möglich?«, in: W. Huber (Hrsg.), Historische Beiträge zur Friedensforschung (Studien zur Friedensforschung, 4), Stuttgart/München 1970, S. 7—20.
—, »Was heißt Friedensforschung?«, in: G. Picht/W. Huber, Was heißt Friedensforschung?, Stuttgart/München 1971, S. 13—33.
Pirson, D., »Der Kirchenvertrag als Gestaltungsform der Rechtsbeziehungen zwischen Staat und Kirche«, in: Festschrift für Hans Liermann, Erlangen 1964, S. 177—195.
—, »Öffentlichkeitsanspruch«, in: EStL, Sp. 1390—1394.
Plessner, H., Das Problem der Öffentlichkeit und die Idee der Entfremdung (Göttinger Universitätsreden, 28), Göttingen 1960.

Plieninger, M., »Der Öffentlichkeitsauftrag der Kirche«, in: Auf dem Grunde der Apostel und Propheten, Festschrift für Th. Wurm, Stuttgart 1948, S. 250 ff.
Podlech, A., Das Grundrecht der Gewissensfreiheit und die besonderen Gewaltverhältnisse (Schriften zum öff. Recht, 92), Berlin 1969.
Post, W., siehe Dirks, W.
Pott, A., Vom Feld fürs Feld. Predigten, Marburg 1915.
Pressel, W., Die Kriegspredigt 1914—1918 in der evangelischen Kirche Deutschlands, Göttingen 1967.
Preuss, U. K., Zum staatsrechtlichen Begriff des Öffentlichen, untersucht am Beispiel des verfassungsrechtlichen Status kultureller Organisationen (Texte und Dokumente zur Bildungsforschung), Stuttgart 1969.
Protestantenblatt, 1914—1918.
Protestantische Texte aus dem Jahr 1967, Stuttgart 1968.

Quaritsch, H., »Kirchen und Staat. Verfassungs- und staatstheoretische Probleme der staatskirchenrechtlichen Lehre der Gegenwart«, in: Quaritsch / Weber, Staat und Kirchen in der Bundesrepublik, S. 265—310.
—, »Neues und Altes über das Verhältnis von Kirchen und Staat«, in: Quaritsch / Weber, Staat und Kirchen in der Bundesrepublik, S. 358—381.
—, »Kirchenvertrag und Staatsgesetz. Zum Problem der Einwirkung nachträglicher Verfassungs- und Gesetzesänderungen auf die von Staat und evangelischen Kirchen geschlossenen Verträge«, in: Hamburger Festschrift für F. Schack, Hamburg 1966, S. 125—141.
— / *Weber, H.* (Hrsg.), Staat und Kirchen in der Bundesrepublik. Staatskirchenrechtliche Aufsätze 1950—1967, Bad Homburg 1967.
Quervain, A. de, Kirche, Volk, Staat. Ethik II, 1, Zürich 1945.
—, Der Öffentlichkeitsanspruch des Evangeliums (ThSt, 4), ²Zürich 1946.
—, Die akademische Lehrfreiheit als theologisches Problem (ThSt, 25), Zürich 1948.

Raab, H. (Hrsg.), Kirche und Staat. Von der Mitte des 15. Jahrhunderts bis zur Gegenwart (dtv 238/39), München 1966.
Rad, G. von, Das erste Buch Mose, Kap. 1—12,9 (ATD, 2), ⁷Göttingen 1964.
—, Gesammelte Studien zum Alten Testament (ThB, 8), ³München 1965.
—, Theologie des Alten Testaments, Bd. 1, ⁶München 1969; Bd. 2, ⁵München 1968.
Rade, M., Mehr Idealismus in der Politik, Jena 1911.
—, Der Beitrag der christlichen Kirchen zur internationalen Verständigung, Stuttgart 1912.
—, Unsere Pflicht zur Politik, Marburg 1913.
—, Christenglaube in Krieg und Frieden. 1. Im Krieg, Marburg 1915.
—, Die Kirche nach dem Kriege (SGV, 79), Tübingen 1915.
—, Dieser Krieg und das Christentum (Der Deutsche Krieg, Politische Flugschriften, hrsg. von E. Jäckh, Heft 29), Stuttgart und Berlin 1915.
—, Das königliche Priestertum der Gläubigen und seine Forderung an die evangelische Kirche unserer Zeit (SGV, 85), Tübingen 1918.

—, »Missio canonica für die evangelischen Fakultäten?«, in: CW, 44, 1930, Sp. 170—171.
—, »Foerster und Kübel. Zum Fakultätenartikel des evangelischen Konkordats«, in: CW, 44, 1930, Sp. 927—931.
—, »Der Marburger Vorschlag«, in: CW, 45, 1931, Sp. 231—234.
Rahner, K., »Kirchliches Lehramt und Theologie nach dem Konzil«, in: Schriften zur Theologie, Bd. 8, Köln 1967, S. 111 ff.
—, »Die Freiheit theologischer Forschung in der Kirche«, in: StdZ, 94, 1969, S. 73 ff.
—, »Die Frage nach der Zukunft. Zur theologischen Basis christlicher Gesellschaftskritik«, in: Peukert, Diskussion zur »politischen Theologie«, S. 247 bis 266.
Raiser, L., »Deutsche Ostpolitik im Lichte der Denkschrift der Evangelischen Kirche«, in: EA, 21, 1966, S. 195—208.
Rasker, A. J., »Politische Predigt heute«, in: EvTheol, 18, 1958, S. 531—551.
Rassow, P., siehe Schieder, Th.
Rathje, J., Die Welt des freien Protestantismus, Stuttgart 1952.
Ratschow, C. H., Die Bedeutung der Theologie für Kirche und Gemeinde, Bad Salzuflen 1963.
(Redaktionsartikel), »Politische Protestbewegung, pressure group oder Kirchenpartei. Motive und Methoden der ›Notgemeinschaft evangelischer Deutscher‹«, in: EvKomm, 1, 1968, S. 306—312.
—, »Pax Christi — Pax mundi. Friedenszeugnis und Friedensarbeit in EKD und Ökumene«, in: EvKomm, 1, 1968, S. 552—559.
—, »Religionsunterricht von morgen. Stimmen aus der neuesten religionspädagogischen Diskussion«, in: EvKomm, 3, 1970, S. 192—198.
—, »Wozu Religion in der Schule? Verschiedene Antworten auf eine aktuelle Frage«, in: EvKomm, 3, 1970, S. 320—327.
—, »Welchen Sinn haben kirchliche Denkschriften?«, in: HK, 22, 1968, S. 153 bis 157.
Redeker, M., »Kirche und Politik«, in: Zeitwende/Die Neue Furche, 37, 1966, S. 237—246.
Zur Reform des Ehescheidungsrechts in der Bundesrepublik Deutschland. Eine Denkschrift der Familienrechtskommission der Evangelischen Kirche in Deutschland, Gütersloh 1969.
Rehs, R., »Die Heimatvertriebenen und die Denkschrift«, in: Henkys, Deutschland und die östlichen Nachbarn, S. 124—144.
Reibstein, E., Völkerrecht. Eine Geschichte seiner Ideen in Lehre und Praxis, Bd. I und II, Freiburg/München 1958, 1963.
Reicke, S., »Staat und Kirche«, in: EKL, III, Sp. 1113—1123.
Reischle, M., Sohms Kirchenrecht und der Streit über das Verhältnis von Recht und Kirche, Gießen 1895.
Remmers, J., siehe Küng, H.
Rendtorff, T., Die soziale Struktur der Kirchengemeinde, ²Hamburg 1959.
—, Kirche und Theologie. Die systematische Funktion des Kirchenbegriffs in der neueren Theologie, Gütersloh 1966.

—, »Kirche und Gesellschaft im Kontext des neuzeitlichen Christentums«. Einige Überlegungen zur Theorie gegenwärtiger Sozialethik«, in: Wendland, Sozialethik im Umbruch der Gesellschaft, S. 77—89.
—, Christentum außerhalb der Kirche. Konkretionen der Aufklärung (Stundenbücher, 89), Hamburg 1969.
—, »Theologie in der Welt des Christentums«, in: Neuenzeit, Die Funktion der Theologie in Kirche und Gesellschaft, S. 358—370.
—, »Politische Ethik oder ›politische Theologie‹?«, in: Peukert, Diskussion zur »politischen Theologie«, S. 217—230.
—, »Christentum«, in: Brunner, O. / Conze, W. / Koselleck, R., Geschichtliche Grundbegriffe. Historisches Lexikon zur politisch-sozialen Sprache in Deutschland, Bd. 1, Stuttgart 1972, S. 772—814.
—, Theorie des Christentums, Gütersloh 1972.
—, siehe Metz, J. B.
— / *Tödt, H. E.*, Theologie der Revolution, Analysen und Materialien, Frankfurt 1968.
Reppel, K., Der Staat und die Vorschriften über die Vorbildung der Geistlichen, Diss. jur. Bonn 1966.
Reuter, H.-R., siehe Siemers, H.
Rich, A., »Die Verantwortung der Christen für Staat und Politik«, in: Ev Theol, 20, 1960, S. 553—572.
—, »Die institutionelle Ordnung der Gesellschaft als theologisches Problem«, in: ZEE, 4, 1960, S. 233—244.
—, »Kirche und Demokratie in evangelischer Sicht«, in: Die neue Gesellschaft, 8, 1961, S. 104—114.
—, Glaube in politischer Entscheidung. Beiträge zur Ethik des Politischen, Zürich/Stuttgart 1962.
—, »Revolution als theologisches Problem«, in: Feil / Weth, Diskussion zur »Theologie der Revolution«, S. 133—158.
—, »Leonhard Ragaz. Eine Skizze von seinem Leben und Denken«, in: ZEE, 12, 1968, S. 193—209.
Ridder, H., »Kirche und Staat (in Deutschland)«, in: StL, 6. Aufl., Bd. 4, 1959, Sp. 1020—1030.
Riedel, M., Studien zu Hegels Rechtsphilosophie, Frankfurt 1969.
—, Bürgerliche Gesellschaft und Staat. Grundproblem und Struktur der Hegelschen Rechtsphilosophie, Neuwied 1970.
Rietschel, E., Das Problem der unsichtbar-sichtbaren Kirche bei Luther (Schriften des Vereins für Reformationsgeschichte, 154), Leipzig 1932.
Rilke, R. M., Werke in drei Bänden, Frankfurt 1966.
Rinken, A., Das Öffentliche als verfassungstheoretisches Problem, dargestellt am Rechtsstatus der Wohlfahrtsverbände, Berlin 1971.
Risse, H. Th., »Kirchliches Interesse oder säkulare Diakonie«, in: Kontexte, II, Stuttgart 1966, S. 24—32.
—, siehe Greinacher, N.
Ritschl, A., Schleiermachers Reden über die Religion und ihre Nachwirkungen auf die evangelische Kirche Deutschlands, Bonn 1874.
—, Die christliche Lehre von der Rechtfertigung und Versöhnung, Bd. 1, ³Bonn 1889; Bd. 2, ³Bonn 1889; Bd. 3, ³Bonn 1888.

—, »Über die Begriffe: sichtbare und unsichtbare Kirche« (1859), in: Gesammelte Aufsätze, I, Freiburg/Leipzig 1893, S. 68—99.
—, »Die Begründung des Kirchenrechts im evangelischen Begriff von der Kirche« (1869), in: Gesammelte Aufsätze, I, S. 100—146.
—, Die christliche Vollkommenheit, ein Vortrag. Unterricht in der christlichen Religion. Kritische Ausgabe von C. Fabricius, Leipzig 1924.
—, Unterricht in der christlichen Religion, hrsg. von G. Ruhbach (Texte zur Kirchen- und Dogmengeschichte, 3), Nachdruck der 1. Aufl., Gütersloh 1966.
Ritschl, O., Albrecht Ritschls Leben, Bd. 1, Freiburg 1892; Bd. 2, Freiburg 1896.
—, »Die christliche Religion und der Krieg«, in: Int. Monatsschrift, 9, 1914/15, Sp. 577—602.
Ritter, J., Hegel und die französische Revolution (Arbeitsgemeinschaft für Forschung des Landes Nordrhein-Westfalen, 63), Köln und Opladen 1957.
Robson, Ch. B., »Der Begriff des ›politischen Systems‹«, in: KfS, 17, 1965, S. 521—527.
Roegele, O. B., Versöhnung oder Haß? Der Briefwechsel der Bischöfe Polens und Deutschlands und seine Folgen, Osnabrück 1966.
Rolffs, E. (Hrsg.), Moderne Predigt-Bibliothek, 12. Reihe, Göttingen 1917.
Rost, L., Das kleine Credo und andere Studien zum Alten Testament, Heidelberg 1965.
Roterberg, E., »Tiefenschichten eines politischen Problems. Zur EKD-Denkschrift über die Lage der Vertriebenen und das Verhältnis des deutschen Volkes zu seinen östlichen Nachbarn«, in: KidZ, 20, 1965, S. 518—523.
Rothenbücher, K., Die Trennung von Staat und Kirche, München 1908.
Rothfels, H., siehe Schieder, Th.
Rudolph, F., »Öffentlichkeit«, in: EKL, II, Sp. 1659—1664.
Rudolph, H., Das evangelische Militärkirchenwesen in Preußen. Die Entwicklung seiner Verfassung und Organisation vom Absolutismus bis zum Vorabend des 1. Weltkriegs, Göttingen 1973.
Ruh, H., Sozialethischer Auftrag und Gestalt der Kirche, Zürich 1971.
Ruler, A. A. van, »Die prinzipielle, geistliche Bedeutung der Frage nach dem Verhältnis zwischen Kirche und Staat«, in: ZEE, 3, 1959, S. 220—233.
Ruppel, E., »Kirche und Staat bei Rudolph Sohm«, in: ZevKR, 14, 1968/69, S. 225—238.

Salm, K., Eine evangelische Antwort. Zur Denkschrift der EKD über die deutsche Ostpolitik, Stuttgart 1966.
Samson, H., Die Kirche als Grundbegriff der theologischen Ethik Schleiermachers, Zürich 1958.
Sauter, G., Die Theologie des Reiches Gottes beim älteren und jüngeren Blumhardt, Zürich 1962.
—, »Kirche und Öffentlichkeit«, in: F. Hahn / G. Sauter, Verantwortung für das Evangelium in der Welt (ThExh, NF 167), München 1970, S. 39—106.
—, Vor einem neuen Methodenstreit in der Theologie (ThExh, NF 164), München 1970.

—, »Planungseifer ohne Theorie. Theologische Anfragen zur Reform kirchlicher Strukturen«, in: EvKomm, 4, 1971, S. 189—193.
— (Hrsg.), Theologie als Wissenschaft. Aufsätze und Thesen (ThB, 43), München 1971.
—, u. a., Wissenschaftstheoretische Kritik der Theologie, München 1973.
Savramis, D., »Das Vorurteil von der Entchristlichung der Gegenwartsgesellschaft«, in: KfS, 19, 1967, S. 263—282.
—, Religionssoziologie, München 1968.
Seeber, D. A., »Was will die ›politische Theologie‹?«, in: Peukert, Diskussion zur »politischen Theologie«, S. 26—37.
Seeberg, E., Staat und Religion, Tübingen 1932.
Seeberg, R., Der Begriff der christlichen Kirche, 1. Teil: Studien zur Geschichte des Begriffs der Kirche mit besonderer Beziehung auf die Lehre von der sichtbaren und unsichtbaren Kirche, Erlangen 1885.
—, Christentum und Germanentum(Schriften der Treitschke-Stiftung), Berlin 1914.
—, »Das sittliche Recht des Krieges«, in: Int. Monatsschrift, 9, 1914/15, Sp. 169 bis 176.
Seeler, H.-J., »Die völkerrechtlichen Thesen der Denkschrift«, in: LM, 5, 1966, S. 18—21.
Seils, M., Der Gedanke vom Zusammenwirken Gottes und des Menschen in Luthers Theologie, Gütersloh 1962.
Senghaas, D., Abschreckung und Frieden. Studien zur Kritik organisierter Friedlosigkeit, Frankfurt 1969.
—, »Zur Pathologie organisierter Friedlosigkeit«, in: H.-E. Bahr (Hrsg.), Weltfrieden und Revolution, Reinbek 1968, S. 107—154.
Senghaas-Knobloch, E., Frieden durch Integration und Assoziation. Literaturbericht und Problemstudien (Studien zur Friedensforschung, Bd. 2), Stuttgart 1969.
Shaull, R., Befreiung durch Veränderung. Herausforderungen an Kirche, Theologie und Gesellschaft, Mainz/München 1970.
Die soziale Sicherung im Industriezeitalter. Eine Denkschrift der Kammer für soziale Ordnung der Evangelischen Kirche in Deutschland, Gütersloh 1973.
Siemers, H. / Reuter, H.-R. (Hrsg.), Theologie als Wissenschaft in der Gesellschaft, Göttingen 1970.
Simon, H., Katholisierung des Rechts?, Göttingen 1962.
Simon, J., Die kirchliche Gebundenheit des staatlichen Amtes der katholischen Theologieprofessoren in Bayern, Diss. jur. München 1964.
Smend, R., »Verfassung und Verfassungsrecht«, in: R. Smend, Staatsrechtliche Abhandlungen, ²Berlin 1968, S. 119—276.
—, »Protestantismus und Demokratie«, in: Staatsrechtliche Abhandlungen, S. 297—308.
—, »Zum Problem des Öffentlichen und der Öffentlichkeit«, in: Staatsrechtliche Abhandlungen, S. 462—474.
—, »Der Niedersächsische Kirchenvertrag und das heutige deutsche Staatskirchenrecht«, in: JZ, 1956, S. 50—53.
—, »Staat und Kirche nach dem Bonner Grundgesetz«, in: Staatsrechtliche

Abhandlungen, S. 411—422, und in: Quaritsch / Weber, Staat und Kirchen in der Bundesrepublik, S. 34—43.
—, »Zur Gewährung der Rechte einer Körperschaft des öffentlichen Rechts an Religionsgesellschaften gemäß Art. 137 WRV«, in: ZevKR, 2, 1952/53, S. 374—381.
—, »Grundsätzliche Bemerkungen zum Korporationsstatus der Kirchen«, in: ZevKR, 16, 1971, S. 241—248.
Smith, E. A. (Hrsg.), Church-State-Relations in ecumenical Perspective, Pittsburgh Pa. 1966.
Sohm, R., Das Verhältnis von Staat und Kirche aus dem Begriff von Staat und Kirche entwickelt (Libelli, 128), Darmstadt 1965.
—, Kirchenrecht I, Neudruck München und Leipzig 1923; II, München und Leipzig 1923.
—, Wesen und Ursprung des Katholizismus (Libelli, 93), Darmstadt 1967.
—, »Weltliches und geistliches Recht«, in: Festgabe der Leipziger Juristenfakultät für Binding, München/Leipzig 1914.
—, »Das altkatholische Kirchenrecht und das Dekret Gratians«, hrsg. von E. Jacobi und O. Mayer, in: Festschrift der Leipziger Juristenfakultät für Wach, München/Leipzig 1918, S. 1 ff.
Sölle, D., Politische Theologie. Auseinandersetzung mit Rudolf Bultmann, Stuttgart 1971.
— / *Steffensky, F.* (Hrsg.), Politisches Nachtgebet in Köln, Bd. 1, Stuttgart/Mainz, 3. Aufl. o. J. (1969); Bd. 2, Stuttgart/Mainz o. J. (1971).
Solte, E.-L., Theologie an der Universität. Staats- und kirchenrechtliche Probleme der theologischen Fakultäten (Jus Ecclesiasticum, 13), München 1971.
—, »Die theologischen Fakultäten im Verfassungsrecht der Bundesrepublik Deutschland«, in: Weth / Gestrich / Solte, Theologie an staatlichen Universitäten?, Stuttgart 1972, S. 90—111.
Sontheimer, K., Grundzüge des politischen Systems der Bundesrepublik Deutschland, München 1971.
Spennemann, K., Die ökumenische Bewegung und der Kommunismus in Rußland 1920—1956, Diss. theol. Heidelberg 1970.
Spiegel, Y., Theologie der bürgerlichen Gesellschaft. Sozialphilosophie und Glaubenslehre bei Friedrich Schleiermacher, München 1968.
—, Kirche als bürokratische Organisation (ThExh, NF 160), München 1969.
—, »Der statistische Christ und theologische Mutmaßungen«, in: EvTheol, 29, 1969, S. 442—452.
—, Der Pfarrer im Amt. Gemeinde, Kirche, Öffentlichkeit (Pfarrer in der Großstadt, II/III), München 1970.
— (Hrsg.), Pfarrer ohne Ortsgemeinde, München und Mainz 1970.
Spiegel-Schmidt, F., »Die Kirche, die Vertriebenen und das Heimatrecht«, in: Henkys, Deutschland und die östlichen Nachbarn, S. 10—32.
—, Die Kirche und das deutsche Volk, Stuttgart 1969.
Sport, Mensch und Gesellschaft. Eine sozialethische Studie der Kammer für soziale Ordnung der Evangelischen Kirche in Deutschland, Gütersloh 1972.

Süsterhenn, A., »Zur staatsrechtlichen Stellung kirchlicher Hochschulen unter besonderer Berücksichtigung der Rechtslage in Rheinland-Pfalz und Nordrhein-Westfalen«, in: DVBl, 1961, S. 181 ff.
Swomley, jr., J. M., Religion, the State and the Schools, New York 1969.
Szczesny, G. (Hrsg.), Club Voltaire. Jahrbuch für kritische Aufklärung IV, Reinbek 1970.

Schack, A. von, »Die völkerrechtliche Diskussion«, in: Henkys, Deutschland und die östlichen Nachbarn, S. 100—107.
Schaeder, E., Unser Glaube und der Krieg, Kiel 1914.
Schäfer, Rolf, »Das Reich Gottes bei Albrecht Ritschl und Johannes Weiß«, in: ZThK, 61, 1964, S. 68—88.
—, Ritschl. Grundlinien eines fast verschollenen dogmatischen Systems (BhTh, 41), Tübingen 1968.
Schäfer, Rütger, Die Misere der theologischen Fakultäten. Dokumentation und Kritik eines Tabus, Schwerte 1970.
—, »Die theologische Fakultät — ein staatskirchliches Relikt«, in: Sczcesny, Club Voltaire IV, S. 286—298.
Scharffenorth, G., Römer 13 in der Geschichte des politischen Denkens. Ein Beitrag zur Klärung der politischen Traditionen in Deutschland seit dem 15. Jahrhundert, Diss. Heidelberg 1964.
—, Bilanz der Ostdenkschrift. Echo und Wirkung in Polen (Stundenbücher, 77), Hamburg 1968.
—, »Konflikte in der Evangelischen Kirche in Deutschland 1950 bis 1969 im Rahmen der historischen und ökumenischen Friedensdiskussion«, in: Duchrow / Scharffenorth, Konflikte zwischen Wehrdienst und Friedensdiensten, S. 17—115.
—, Existenz zwischen Tradition und neuer Umwelt, Leer 1973.
Scheffler, G., Die Stellung der Kirche im Staat nach Art. 140 GG in Verbindung mit Art. 137 WRV (Hektogr. Veröff. d. Forschungsstelle für Völkerrecht u. ausl. öff. Recht der Universität Hamburg, 42), Hamburg 1964.
Schellong, D., »Barmen II und die Grundlegung der Ethik«, in: Parrhesia, Karl Barth zum 80. Geburtstag, Zürich 1966, S. 491—521.
Scheuner, U., »Die staatskirchenrechtliche Tragweite des niedersächsischen Kirchenvertrags von Kloster Loccum«, in: ZevKR, 6, 1957/58, S. 1—37.
—, »Der Staat und die intermediären Kräfte«, in: ZEE, 1, 1957, S. 30—39.
—, »Kirche und Staat in der neueren deutschen Entwicklung«, in: Quaritsch / Weber, Staat und Kirchen in der Bundesrepublik, S. 156—198.
—, »Die Verantwortung der Kirche in der Demokratie«, in: Die Mitarbeit, 13, 1964, S. 241—247.
—, »Darlegungen zum Militärseelsorgevertrag am 7. Mai 1969 vor der Landessynode in Speyer«, hektogr. Ms. 1969 (epd. Landesdienst Pfalz Nr. 40).
—, »Evangelische Kirchenverträge«, in: StL, 3, 1959, Sp. 171—177.
—, »Episkopalismus«, in: RGG, II, Sp. 532 f.
—, »Kirche und Staat (ev.)«, in: RGG, III, Sp. 1327—1336.
—, »Territorialismus«, in: RGG, VI, Sp. 692.
—, »Konkordat«, in: EStL, Sp. 1124—1130.

—, »Erörterungen und Tendenzen im gegenwärtigen Staatskirchenrecht der Bundesrepublik«, in: Krautscheidt / Marré, Essener Gespräche, Bd. 1, S. 108—138.
Schian, M., »Fakultäten, theologische«, in: RGG, ²II, Sp. 813—820.
—, »Bedeutet der gegenwärtige Krieg den Bankerott der Christenheit?«, in: Deutsch-evangelisch, 1914, S. 663 ff.
—, Das deutsche Christentum im Kriege, ²Leipzig 1916.
—, Die deutsche evangelische Kirche im Weltkrieg, 2 Bände, Berlin 1921, 1925.
—, Evangelische Kirche und Politik, Berlin 1930.
Schieder, Th., Staat und Gesellschaft im Wandel unserer Zeit. Studien zur Geschichte des 19. und 20. Jahrhunderts, Darmstadt 1970.
—, in Verbindung mit W. Conze / A. Diestelkamp / R. Laun / P. Rassow / H. Rothfels, Dokumentation der Vertreibung der Deutschen aus Ost-Mitteleuropa, Bd. I—V, Bonn 1953 f.
Schieder, W., »Einleitung« (zu den Mitteleuropa-Schriften), in: F. Naumann, Werke, Bd. 4, S. 374—399.
— (Hrsg.), Erster Weltkrieg: Ursachen, Entstehung und Kriegsziele (NWB, 32), Köln 1969.
Schildmacher, S., Kritik- und Kontrollfunktion der Öffentlichkeit, Diss. Saarbrücken 1968.
Schlaich, K., »Kirchenrecht und Vernunftrecht. Kirche und Staat in der Sicht der Kollegialtheorie«, in: ZevKR, 14, 1968/69, S. 1—25.
—, Kollegialtheorie. Kirche, Recht und Staat in der Aufklärung (Jus Ecclesiasticum, 8), München 1969.
—, »Zur weltanschaulichen und konfessionellen Neutralität des Staates«, in: Krautscheidt / Marré, Essener Gespräche, Bd. 4, S. 9—44.
—, Neutralität als verfassungsrechtliches Prinzip vornehmlich im Kulturverfassungs- und Staatskirchenrecht (Tübinger Rechtswissenschaftliche Abhandlungen, 34), Tübingen 1972.
Schleiermacher, F. D. E. (Pacificus Sincerus), »Über das liturgische Recht evangelischer Landesfürsten«, in: Sämtliche Werke, I, 5, Berlin 1846, S. 477 bis 535.
—, Die praktische Theologie nach den Grundsätzen der evangelischen Kirche im Zusammenhange dargestellt, hrsg. von J. Frerichs (Sämtliche Werke, I, 13), Berlin 1850.
—, Die christliche Sitte nach den Grundsätzen der evangelischen Kirche im Zusammenhange dargestellt, hrsg. von L. Jonas, ²Berlin 1884 (Sämtliche Werke, I, 12).
—, Der christliche Glaube nach den Grundsätzen der evangelischen Kirche im Zusammenhange dargestellt, hrsg. von M. Redeker, Bd. 1, 2, Berlin 1960.
—, Kurze Darstellung des theologischen Studiums zum Behuf einleitender Vorlesungen, hrsg. von H. Scholz, ⁴Darmstadt 1961.
—, Über die Religion. Reden an die Gebildeten unter ihren Verächtern, hrsg. von R. Otto, ⁶Göttingen 1967.
Schlenker, W. (Hrsg.), Politik in der Kirche? Argumente und Dokumente, Stuttgart 1969.
Schlette, H. R., »Religion ist Privatsache. Ein Beitrag zur ›politischen Theologie‹«, in: Peukert, Diskussion zur »politischen Theologie«, S. 72—81.

Schlief, K.-E., Die Entwicklung des Verhältnisses von Staat und Kirche und seine Ausgestaltung im Bonner Grundgesetz, Diss. jur. Münster 1961.
Schlier, H., »Rez. von W. Weber, Der gegenwärtige Status der theologischen Fakultäten und Hochschulen«, in: ZevKR, 1, 1951, S. 419—422.
—, »παρρησία«etc., in: ThWb, V, Stuttgart 1954, S. 869—885.
Schlink, E., Theologie der lutherischen Bekenntnisschriften, ³München 1948.
—, Der kommende Christus und die kirchlichen Traditionen, Göttingen 1961.
—, »Gesetz und Paraklese«, in: Kinder / Haendler, Gesetz und Evangelium, S. 239—259.
Schmauch, W. / Wolf, E., Königsherrschaft Christi. Der Christ im Staat (ThExh, NF 64), München 1958.
Schmidt, G., Der Rechtsstatus der evangelischen kirchlichen Hochschulen in der Bundesrepublik Deutschland, Diss. jur. Köln 1957 (mschr.), siehe G. Hekkel.
Schmidt, H., Frieden, Stuttgart 1969.
Schmidt, K. L., »Evangelisch-theologische Fakultät und Evangelische Kirche«, in: ThBl, 9, 1930, Sp. 235—240.
—, »Evangelisch-theologische Fakultät und Evangelische Kirche«, in: ThBl, 10, 1931, Sp. 74—80.
—, Kirchenleitung und Kirchenlehre im Neuen Testament im Hinblick auf den Vertrag des Freistaates Preußen mit den evangelischen Landeskirchen (Theologische Arbeiten aus dem wissenschaftlichen Predigerverein der Rheinprovinz, NF 26), Essen 1931.
Schmidt, K. D., Die Bekenntnisse und grundsätzlichen Äußerungen zur Kirchenfrage, Bd. 2: Das Jahr 1934, Göttingen 1935.
—, Staat und evangelische Kirche seit der Reformation, Göttingen 1947.
Schmidt, M., »Kirche und öffentliches Leben im Urteil der lutherischen Erweckungsbewegung des 19. Jahrhunderts«, in: ThViat, 2, 1950, S. 48—71.
—, »Das Evangelium von der Rechtfertigung und die Weltverantwortung der Kirche in der lutherischen Tradition vom 17.—19. Jahrhundert«, in: Baur / Goppelt / Kretschmar, Die Verantwortung der Kirche in der Gesellschaft, S. 161—176.
Schmithals, W., »Die Königsherrschaft Jesu Christi und die heutige Gesellschaft«, in: Evangelische Zeitstimmen, 53, Hamburg 1970, S. 14—42.
Schmitt, C., Römischer Katholizismus und politische Form (Der katholische Gedanke, 13), München 1925.
—, Verfassungslehre, München/Leipzig 1928.
—, Freiheitsrechte und institutionelle Garantien der Reichsverfassung, Berlin 1931.
—, Der Begriff des Politischen, München 1932.
—, Politische Theologie, ²München/Leipzig 1934.
—, »Politische Theologie II. Die Legende von der Erledigung jeder politischen Theologie«, in: Eunomia, Freundesgabe für Hans Barion, o. O. o. J. (1970), S. 83—145.
Schneemelcher, W., »Conf. Aug. VII im Luthertum des 19. Jahrhunderts«, in: EvTheol, 9, 1949/50, S. 308—333.
Schnur, R. (Hrsg.), Zur Geschichte der Erklärung der Menschenrechte, Darmstadt 1964.

Scholder, K., »Kirche, Staat, Gesellschaft«, in: EvTheol, 18, 1958, S. 241—255.
—, »Neuere deutsche Geschichte und protestantische Theologie«, in: EvTheol, 23, 1963, S. 510—536.
—, »Die Bedeutung des Barmer Bekenntnisses für die Evangelische Theologie und Kirche«, in: EvTheol, 27, 1967, S. 435—461.
—, »Die Gestalt der Kirche — ihre Institutionen im Wandel der Geschichte«, in: Herausgeforderte Kirche. 3. Reichenau-Gespräch der Ev. Landessynode Württemberg, Stuttgart 1970, S. 31—54.
Schöppe, L. (Hrsg.), Konkordate seit 1800, Frankfurt 1964.
Schott, E., »Rothes These vom Aufgehn der Kirche im Staat«, in: Communio Viatorum, 1959, S. 257—270.
Schowalter, A., Der Krieg in Predigten, 2. Teil: Feldpredigten, Barmen 1916.
Schrage, W., Die Christen und der Staat nach dem Neuen Testament, Gütersloh 1971.
Schrey, H.-H., »Aufhebung oder Erfüllung der Geschichte? Ein Beitrag zum Verständnis der Lehre von den zwei Reichen«, in: EvTheol, 15, 1955, S. 572—582; auch in: Schrey, Reich Gottes und Welt, S. 70—84.
—, »Luthers Lehre von den zwei Reichen und ihre Bedeutung für die Weltanschauungssituation der Gegenwart«, in: ThLZ, 81, 1956, Sp. 369—372; auch in: Schrey, Reich Gottes und Welt, S. 101—104.
—, »Kirche, Staat und Gesellschaft in evangelischer Sicht«, in: LR, 8, 1958/59, S. 2—15.
— (Hrsg.), Reich Gottes und Welt. Die Lehre von den zwei Reichen in der theologischen Diskussion der Gegenwart (Wege der Forschung, 107), Darmstadt 1969.
—, »›Politische Theologie‹ und ›Theologie der Revolution‹. Die Rezeption des Neomarxismus durch die Theologie«, in: ThR, 36, 1971, S. 346—377; 37, 1972, S. 43—77.
Schrift. Theologie. Verkündigung. Erarbeitet und mit Genehmigung des Rates der Evangelischen Kirche in Deutschland herausgegeben von dem theologisch-wissenschaftlichen Arbeitskreis »Schrift und Verkündigung«, Gütersloh 1971.
Schübel, A., 300 Jahre evangelische Soldatenseelsorge, München 1964.
Schubert, H. von, Die Weihe des Krieges (Unterm Eisernen Kreuz, 19), Berlin 1915.
Schubert, K. von, Wiederbewaffnung und Westintegration. Die innere Auseinandersetzung um die militärische und außenpolitische Orientierung der Bundesrepublik 1950—1952 (Schriftenreihe der Vierteljahreshefte für Zeitgeschichte, 20), Stuttgart 1970.
Schubring, W., »Krieg und Kirche«, in: PrBl, 48, 1915, Sp. 469 ff., 485 ff., 502 ff., 532 ff., 550 ff., 581 ff., 601 ff., 635 ff.
Schücking, W., »Der Weltkrieg und der Pazifismus«, in: CW, 28, 1914, Sp. 875.
Schulze, H., Gottesoffenbarung und Gesellschaftsordnung. Untersuchungen zur Prinzipienlehre der Gesellschaftstheologie, München 1967.
—, »Begriff und Kriterien einer theologischen Handlungslehre — im Gegenüber zu paränetischer und ordnungstheologischer Ethik«, in: EvTheol, 29, 1969, S. 183—202.

—, Ethik im Dialog. Kommentar zur Denkschrift der EKD »Aufgaben und Grenzen kirchlicher Äußerungen zu gesellschaftlichen Fragen«, Gütersloh 1972.
Schumann, F. K., Die Kirche und ihre Gestalt, in: Wort und Gestalt, Witten 1956, S. 272—363.
Schürmann, H., »Der gesellschaftliche und gesellschaftskritische Dienst der Kirche und der Christen in einer säkularisierten Welt«, in: Peukert, Diskussion zur »politischen Theologie«, S. 145—161.
Schwabe, K., Wissenschaft und Kriegsmoral. Die deutschen Hochschullehrer und die politischen Grundfragen des Ersten Weltkriegs, Göttingen 1969.
Schwan, A., »Karl Barths dialektische Grundlegung der Politik«, in: Civitas, 2, 1963, S. 31 ff.
Schwarte, M. (Hrsg.), Der Weltkrieg und seine Einwirkung auf das deutsche Volk, Leipzig 1918.
Schwartz, E., Der Krieg als nationales Erlebnis, Straßburg 1914.
Schwarz, J., Christologie als Modell der Gesellschaft. Eine Untersuchung zu den ersten Schriften Dietrich Bonhoeffers, Diss. theol. Wien 1968.
Schwarz, R., Der Rheinland-Pfälzische Kirchenvertrag vom 31. März 1962, Diss. jur. Freiburg 1970.
Schwarzkopf, D., »Der Standpunkt der Bundesrepublik«, in: Henkys, Deutschland und die östlichen Nachbarn, S. 145—159.
Schweitzer, W., Gerechtigkeit und Friede an Deutschlands Ostgrenzen, Berlin 1964.
—, »Theologisch-ethische Erwägungen zur Denkschrift der EKD über ›Die Lage der Vertriebenen und das Verhältnis des deutschen Volkes zu seinen östlichen Nachbarn‹«, in: ZEE, 10, 1966, S. 34—43.
—, »Nachtrag zur Frage der ›Geschichtlichkeit des Rechts‹«, in: ZEE, 10, 1966, S. 343—345.
—, Der entmythologisierte Staat. Studien zur Revision der evangelischen Ethik des Politischen, Gütersloh 1968.
Schweizer, E. / Baumgärtel, F., »σῶμα« etc., in: ThWB, VII, Stuttgart 1964, S. 1024—1091.

Staedke, J., »Die Lehre von der Königsherrschaft Christi und den zwei Reichen bei Calvin«, in: KuD, 18, 1972, S. 202—214.
Stahl, F. J., Die Kirchenverfassung nach Lehre und Recht der Protestanten, ²Erlangen 1862.
—, Die gegenwärtigen Parteien in Staat und Kirche, Berlin 1863.
—, Rechts- und Staatslehre auf der Grundlage christlicher Weltanschauung, ⁵Tübingen/Leipzig 1878 (= ⁶Darmstadt 1963).
Stammler, E., »Betroffenheit und Befreiung«, in: Henkys, Deutschland und die östlichen Nachbarn, S. 92—99.
—, »Zwischen Politisierung und Neutralisierung«, in: EvKomm, 1, 1968, S. 389—391.
Stankowski, M., »Militärseelsorge oder ›Wer betet, zittert nicht!‹«, in: Kritischer Katholizismus. Argumente gegen die Kirchengesellschaft, hrsg. von B. van Onna und M. Stankowski, Frankfurt 1969, S. 96—104.

Stapel, W., »Warum ich nicht zu Gott, sondern zum deutschen Gott bete«, in: CW, 29, 1915, Sp. 71 ff.
Stark, R., siehe Glock, Ch. Y.
Steck, K. G., »Autorität und Freiheit in der Theologie«, in: EvTheol, 14, 1954, S. 389—398.
—, Kirche und Öffentlichkeit (ThExh, NF 76), München 1960.
—, »Verlegenheit der Theologie heute«, in: Unter der Herrschaft Christi, München 1961, S. 9—25.
—, Kritik des politischen Katholizismus, Frankfurt 1963.
Steck, O. H., »Prophetische Kritik der Gesellschaft«, in: Lohff / Lohse, Christentum und Gesellschaft, S. 46—62.
—, »Genesis 12,1—3 und die Urgeschichte des Jahwisten«, in: H. W. Wolff (Hrsg.), Probleme biblischer Theologie (von Rad-Festschrift), München 1971, S. 525—554.
Stehle, H., Deutschlands Osten — Polens Westen (Fischer-Bücherei, 709), Frankfurt 1965.
Stein, L. von, Gesellschaft — Staat — Recht, herausgegeben und eingeleitet von Ernst Forsthoff mit Beiträgen von Dirk Blasius, Ernst-Wolfgang Böckenförde und Ernst Rudolf Huber, Frankfurt 1972.
Steinbach, E., »Über die Stellung der theologischen Fakultät im Ganzen der Universität«, in: ZThK, 48, 1951, S. 360—382.
—, »Christliche Verantwortung für Politik und Gesellschaft«, in: Die evangelische Christenheit in Deutschland, Gestalt und Auftrag, Stuttgart 1958, S. 229—240.
Steiner, F., Die Verträge des Bayerischen Staates mit der Evangelisch-lutherischen Kirche in Bayern rechts des Rheins und der Pfälzischen Landeskirche, Diss. jur. Würzburg 1928.
Steinmüller, W., Evangelische Rechtstheologie. Zwei-Reiche-Lehre — Christokratie — Gnadenrecht (Forschungen zur kirchlichen Rechtsgeschichte und zum Kirchenrecht, 8, I und II), Köln/Graz 1968.
Stephan, H. / Schmidt, M., Geschichte der deutschen evangelischen Theologie seit dem deutschen Idealismus, ²Berlin 1960.
Steuber, K., Militärseelsorge in der Bundesrepublik Deutschland. Eine Untersuchung zum Verhältnis von Staat und Kirche (Veröff. d. Komm. f. Zeitgeschichte, B, 12), Mainz 1972.
Stöcker, H. A., »Völkerrechtliche Implikationen des Heimatrechts«, in: EA, 21, 1966, S. 547—554.
Stokes, A. P., Church and State in the United States, 3 Bände, New York 1950.
Stoodt, D., Wort und Recht. Rudolf Sohm und das theologische Problem des Kirchenrechts (FGLP, X, 23), München 1962.
—, siehe Dahm, K.-W.
Storck, H., Das allgemeine Priestertum bei Luther (ThExh, NF 37), München 1953.
Strobel, A., »Zum Verständnis von Römer 13«, in: ZNW, 47, 1956, S. 67 bis 93.
Strohm, Th., »Zwischen Apokalyptik und Liberalität. Zur Geisteslage des gegenwärtigen deutschen Protestantismus«, in: MPTh, 54, 1965, S. 1—18.

—, »Wege der Verwirklichung. Zur Dialektik kirchlichen Engagements in der Gesellschaft«, in: Anstöße, Berichte aus der Arbeit der Evangelischen Akademie Hofgeismar, Nr. 3, Juli 1966, S. 55—68.
—, »Evangelische Bildungspolitik nach 1945«, in: PTh, 56, 1967, S. 12—31.
—, Kirche und demokratischer Sozialismus. Studien zur Theorie und Praxis politischer Kommunikation, München 1968.
—, Theologie im Schatten politischer Romantik. Eine wissenschafts-soziologische Anfrage an die Theologie Friedrich Gogartens, Mainz/München 1970.
—, »Der theologische Beitrag zur Friedensdiskussion«, in: EvTheol 30, 1970, S. 527—547.
— / *Wendland, H.-D.* (Hrsg.), Kirche und moderne Demokratie (Wege der Forschung, 205), Darmstadt 1973.
Strunk, R., Politische Ekklesiologie im Zeitalter der Revolution, München/Mainz 1971.
Studnitz, H.-G. von, Rettet die Bundeswehr, Stuttgart 1967.
—, Ist Gott Mitläufer? Die Politisierung der evangelischen Kirche. Analyse und Dokumentation, Stuttgart 1969.
Stuhlmacher, P., »Der Begriff des Friedens im Neuen Testament und seine Konsequenzen«, in: W. Huber (Hrsg.), Historische Beiträge zur Friedensforschung (Studien zur Friedensforschung, 4), Stuttgart/München 1970, S. 21—69.
—, »Er ist unser Friede« — Gedanken zur christlichen Friedensbotschaft nach Eph. 2,14—18, in: Festschrift für R. Schnackenburg, 1973.
Stupperich, R., Die evangelisch-theologische Fakultät der Universität Münster (Schriften der Gesellschaft zur Förderung der Westfälischen Wilhelms-Universität, 34), Münster 1955.
—, Otto Dibelius, Berlin 1970.
Stutz, U., »Das Bonner evangelische Universitätspredigeramt in seinem Verhältnis zu Staat, Kirche und Gemeinde«, in: SB Berlin, 1921, S. 171 ff.
—, »Das Studium des Kirchenrechts an den deutschen Universitäten«, in: Deutsche Akademische Rundschau, 6, 1924, 12. Semesterfolge, Nr. 5.

Tenbörg, W., Kirchliches Promotionsrecht und kirchliche akademische Grade in der staatlichen Rechtsordnung, Diss. jur. München 1962.
—, »Hochschulen, kirchliche«, in: EStL, Sp. 767—771.
Thielen, H.-H., Der Verfall der Inneren Führung, Frankfurt 1970.
Thielicke, H., Kirche und Öffentlichkeit, Tübingen 1947.
—, Die evangelische Kirche und die Politik, Stuttgart 1953.
—, Was ist Wahrheit? Die theologische Fakultät im System der Wissenschaften (SGV, 209), Tübingen 1954.
—, Christliche Verantwortung im Atomzeitalter. Ethisch-politischer Traktat über einige Zeitfragen, Stuttgart 1957.
—, Die Atomwaffe als Frage an die christliche Ethik, Stuttgart 1958.
—, Theologische Ethik I—II, ²/³Tübingen 1965—1968.
Thieme, W., Deutsches Hochschulrecht, Berlin/Köln 1956.
—, »Körperschaft des öffentlichen Rechts«, in: RGG, III, Sp. 1716—1718.
Thomas, M. M., »Die Lage in Asien«, in: Die Unordnung der Welt und Gottes Heilsplan, Bd. III, Genf 1948, S. 84—95.

Thurneysen, E., siehe Barth, K.
Tilgner, W., Volksnomostheologie und Schöpfungsglaube, Göttingen 1966.
—, »Volk, Nation und Vaterland im protestantischen Denken zwischen Kaiserreich und Nationalsozialismus (ca. 1870—1933)«, in: Zilleßen, Volk — Nation — Vaterland, S. 135—171.
Tiling, P. von, Die Mitwirkung der Kirchen im staatlichen Bereich, Diss. jur. Göttingen 1968.
—, »Die Kirche in der pluralistischen Gesellschaft«, in: ZevKR, 14, 1968/69, S. 238—277.
Timm, H., Theorie und Praxis in der Theologie Albrecht Ritschls und Wilhelm Herrmanns, Gütersloh 1967.
—, Friedrich Naumanns theologischer Widerruf (ThExh, NF 141), München 1967.
Tödt, H. E., »Theologie der Gesellschaft oder theologische Sozialethik?«, in: ZEE, 5, 1961, S. 211—241.
—, »Ernst Troeltschs Bedeutung für die evangelische Sozialethik«, in: ZEE, 10, 1966, S. 227—236.
—, »Säkularisierung«, in: EStL, Sp. 1896—1901.
—, »Ethik«, in: C. Westermann (Hrsg.), Theologie, VI × 12 Hauptbegriffe, Stuttgart 1967, S. 241—296.
—, »Die Marxismus-Diskussion in der ökumenischen Bewegung«, in: U. Duchrow (Hrsg.), Marxismusstudien, 6. Folge, Tübingen 1969, S. 1—42.
—, Die Theologie und die Wissenschaften. Hektographiertes Vorlesungs-Ms., Heidelberg 1969.
—, »Friedensforschung als Problem für Kirche und Theologie. Einführung in die ›Studien zur Friedensforschung‹«, in: G. Picht / H. E. Tödt (Hrsg.), Studien zur Friedensforschung, 1, Stuttgart 1969, S. 7—72.
—, »Die Lehre vom gerechten Krieg und der Friedensauftrag der Kirchen«, in: ZEE, 14, 1970, S. 159—173.
—, »Das bewußte Engagement für die Menschenrechte. Einige Akzente zu Evian«, in: LM, 9, 1970, S. 445—446.
—, »Den künftigen Menschen suchen. Schöpferische Nachfolge in der Krise unserer Welt«, in: LM, 9, 1970, S. 469—475.
—, »Was ist eigentlich Moral?«, in: R. Italiaander (Hrsg.), Moral — wozu?, München 1972, S. 9—32.
—, siehe Hess, H.-E., Howe, G., Rendtorff, T.
Tönnies, F., Kritik der öffentlichen Meinung, Berlin 1922.
Törnvall, G., »Die sozialtheologische Hauptaufgabe der Regimentenlehre«, in: EvTheol, 17, 1957, S. 407—416; auch in: Schrey, Reich Gottes und Welt, S. 326—338.
Traub, G., Aus der Waffenschmiede, Stuttgart 1915.
—, Erinnerungen, München 1949.
Trillhaas, W., »Die lutherische Lehre von der weltlichen Gewalt und der moderne Staat«, in: Dombois / Wilkens, Macht und Recht, S. 22—33.
—, Der Dienst der Kirche am Menschen, ²München 1958.
—, Dogmatik, Berlin 1962.
—, »Die Theologie in der Universität«, in: Die Universität. Kritische Selbst-

betrachtungen. Fünf Vorlesungen (Göttinger Universitätsreden, 42), Göttingen 1964, S. 75 ff.

Trillhaas, W., Ethik, ²Berlin 1965.

Troeltsch, E., Politische Ethik und Christentum, Göttingen 1904.

—, Die Trennung von Staat und Kirche, der staatliche Religionsunterricht und die theologischen Fakultäten, Heidelberg 1906.

—, Die Bedeutung des Protestantismus für die Entstehung der modernen Welt (Historische Bibliothek, Bd. 24), ²München 1911.

—, »Die Religion im deutschen Staate«, in: Gesammelte Schriften, II, Tübingen 1913, S. 68—90.

—, »Religion und Kirche«, in: Gesammelte Schriften, II, S. 146—182.

—, »Rückblick auf ein halbes Jahrhundert der theologischen Wissenschaft«, in: Gesammelte Schriften, II, S. 193—226.

—, »Grundprobleme der Ethik. Erörtert aus Anlaß von Herrmanns Ethik«, in: Gesammelte Schriften, II, S. 552—672.

—, Nach Erklärung der Mobilmachung. Heidelberger Rede am 2. August, Heidelberg 1914.

—, »Der Krieg und die Internationalität der geistigen Kultur«, in: Int. Monatsschrift, 9, 1914/15, Sp. 51—58.

—, Unser Volksheer. Mannheimer Rede am 3. November, Heidelberg 1914.

—, »Friede auf Erden«, in: Die Hilfe, 20, 1914, S. 833—834.

—, »Deutscher Glaube und deutsche Sitte in unserem großen Kriege«, in: Kriegsschriften des Kaiser-Wilhelm-Danks, 9, 1914.

—, Das Wesen der Deutschen. Karlsruher Rede am 6. Dezember 1914, Heidelberg 1915.

—, Der Kulturkrieg, Berlin 1915.

—, »Der Völkerkrieg und das Christentum«, in: CW, 29, 1915, Sp. 294 ff.

—, »Imperialismus«, in: Die Neue Rundschau, 26, 1915, S. 1 ff.

—, Deutscher Glaube und deutsche Sitte in unserem großen Kriege (Unterm eisernen Kreuz, 1914/15, Heft 9), Bonn 1915.

—, Deutsche Zukunft, Berlin 1916.

—, »Briefe über religiöses Leben und Denken im gegenwärtigen Deutschland«. Fünf anonyme Aufsätze, in: Schweizerische Theologische Zeitschrift, 34 bis 36, 1917—1919.

—, »Das Wesen des Weltkriegs«, in: Schwarte, Der Weltkrieg in seiner Einwirkung auf das deutsche Volk, S. 7—25.

—, Protestantisches Christentum und Kirche in der Neuzeit (Die Kultur der Gegenwart, hrsg. von P. Hinneberg, Teil I, Abt. IV, 1), 3., selbst. Aufl. Berlin/Leipzig 1922.

—, Die Sozialphilosophie des Christentums, Zürich 1922.

—, Der Historismus und seine Probleme (Gesammelte Schriften, III), Tübingen 1922.

—, Die Soziallehren der christlichen Kirchen und Gruppen (Gesammelte Schriften, I), ³Tübingen 1923.

—, Der Historismus und seine Überwindung, Berlin 1924.

—, Spektator-Briefe, hrsg. von H. Baron, Berlin 1924.

—, Deutscher Geist und Westeuropa, Tübingen 1925.

Trübners Deutsches Wörterbuch, begr. von A. Götze, hrsg. von W. Mitzka, Bd. 5, Berlin 1954.
Truman, D. B., The Governmental Process. Political Interests and Public Opinion, ⁴New York 1957.

Unruh, A. von, Dogmenhistorische Untersuchungen über den Gegensatz von Staat und Gesellschaft vor Hegel, Leipzig 1928.

Valeske, U., Votum Ecclesiae, München 1962.
Verhandlungen der verfassunggebenden Deutschen Nationalversammlung, Bd. 336, Berlin 1920.
Visser't Hooft, W. A., The Kingship of Christ, London 1948.
Voelkl, L., Die Kirchenstiftungen des Kaisers Konstantin im Lichte des römischen Sakralrechts (Arbeitsgemeinschaft für Forschung des Landes Nordrhein-Westfalen. Geisteswissenschaften, 117), Köln/Opladen 1964.
Vogel, H., Von der Verantwortung der Kirche für die Welt, Berlin 1948.
—, »Die Stellung der Theologie im Raume der Universität«, in: ThLZ, 82, 1957, S. 721—730.
—, siehe Kunst, H.
Vogt, J. / Last, H., »Christenverfolgung«, in RAC, II, Sp. 1159—1228.
Voigt, A., Kirchenrecht, Neuwied 1961.

Walther, Chr., »Der Reich-Gottes-Begriff in der Theologie Richard Rothes und Albrecht Ritschls«, in: KuD, 2, 1956, S. 115—138.
—, Typen des Reich-Gottes-Verständnisses (FGLP, X, 20), München 1961.
—, Theologie und Gesellschaft. Ortsbestimmung der evangelischen Sozialethik, Zürich/Stuttgart 1967.
Weber, Hans Emil, Reformation, Orthodoxie und Rationalismus, 3 Bände, Gütersloh 1937—1951 (2. Aufl. o. J.).
—, »Theologisches Verständnis der Kirche«, in: ThLZ, 73, 1948, Sp. 449—460.
Weber, Hartmut, Theologie, Gesellschaft, Wirtschaft. Die Sozial- und Wirtschaftsethik in der evangelischen Theologie der Gegenwart, Göttingen 1970.
Weber, Hermann, Die Religionsgemeinschaften als Körperschaften des öffentlichen Rechts im System des Grundgesetzes, Berlin 1966.
—, Staatskirchenverträge, Textsammlung, München 1967.
—, »Schule, Staat und Religion«, in: Der Staat, 8, 1969, S. 492—512.
—, siehe Quaritsch, H.
Weber, M., Wirtschaft und Gesellschaft. Grundriß der verstehenden Soziologie, 5. Aufl., hrsg. von J. Winckelmann, Tübingen 1972.
Weber, O., Grundlagen der Dogmatik, Bd. I und II, Neukirchen 1955 und 1962.
Weber, W., Staatskirchenrecht, Textausgabe, München/Berlin 1936.
—, Neues Staatskirchenrecht, Textausgabe, München/Berlin 1938.
—, Die Ablösung der Staatsleistungen an die Religionsgesellschaften, Stuttgart 1948.
—, »Der gegenwärtige Status der theologischen Fakultäten und Hochschulen«. Sonderdruck aus: Tymbos für W. Ahlmann, Berlin 1951.

—, »Rechtsfragen der kirchlichen Hochschulen«, in: ZevKR, 1, 1951, S. 346 bis 364.
—, Die Rechtsstellung des deutschen Hochschullehrers, Göttingen 1952.
—, »Die staatskirchenrechtliche Entwicklung des nationalsozialistischen Regimes in zeitgenössischer Betrachtung«, in: Rechtsprobleme in Staat und Kirche, Festschrift für R. Smend, Göttingen 1952, S. 366—386.
—, »Die Umwandlung des Lizentiatengrades in den theologischen Doktorgrad«, in: ZevKR, 2, 1952/53, S. 365—374.
—, »Die Gegenwartslage des Staatskirchenrechts«, in: Veröff. d. Verein. d. deutschen Staatsrechtslehrer, 11, Berlin 1954, S. 153—176.
—, Spannungen und Kräfte im westdeutschen Verfassungssystem, ²Stuttgart 1958.
—, »Kirchenverträge«, in: RGG, III, Sp. 1592—1595.
—, »Konkordate«, in: RGG, III, Sp. 1771—1776.
—, »Staatskirchenrecht«, in: HDSW, 9, S. 753—758.
—, Die deutschen Konkordate und Kirchenverträge der Gegenwart (I), Göttingen 1962.
—, Die Konfessionalität der Lehrerbildung in rechtlicher Betrachtung, Tübingen 1965.
—, »Die neuere Entwicklung in der kirchlichen Mitwirkung bei der Besetzung theologischer Lehrstühle an staatlichen Hochschulen«, in: AÖR, 95, 1970, S. 408—422.
—, Die deutschen Konkordate und Kirchenverträge der Gegenwart, Bd. II, Göttingen 1971.
Wehdeking, Th. P., Die Kirchengutsgarantien und die Bestimmungen über Leistungen der öffentlichen Hand an die Religionsgesellschaften im Verfassungsrecht des Bundes und der Länder (Jus Ecclesiasticum, 12), München 1971.
Wehrhahn, H., »Die kirchenrechtlichen Ergebnisse des Kirchenkampfes«, in: EvTheol, 7, 1947/48, S. 313—323.
Wehrung, G., Kirche nach evangelischem Verständnis, Gütersloh 1947.
Weizsäcker, C. F. von, »Militärische Tatsachen und Möglichkeiten«, in: G. Howe (Hrsg.), Atomzeitalter, Krieg und Frieden, Berlin 1963, S. 22—54.
—, Der ungesicherte Friede, Göttingen 1969.
— (Hrsg.), Kriegsfolgen und Kriegsverhütung, München 1971.
Weizsäcker, E. von, »Politik im B-Waffen-Zeitalter«, in: EvKomm, 2, 1969, S. 696—699.
—, »Politische Überlegungen zum B- und C-Waffenproblem«, in: ders. (Hrsg.), BC-Waffen und Friedenspolitik (Studien zur Friedensforschung, 5), Stuttgart/München 1970, S. 62—87.
Welcker, K. Th., »Öffentlichkeit«, in: Rotteck / Welcker, Staats-Lexikon, Bd. 10, ²Altona 1848, S. 246 ff.
Welte, B., »Die Wesensstruktur der Theologie als Wissenschaft«, in: Auf der Spur des Ewigen, Freiburg 1965, S. 351—365.
Wendebourg, E.-W., »Erwägungen zu Ebelings Interpretation der Lehre Luthers von den zwei Reichen«, in: KuD, 13, 1967, S. 99—131.
—, Die Christusgemeinde und ihr Herr. Eine kritische Studie zur Ekklesiologie

Karl Barths (Arbeiten zur Geschichte und Theologie des Luthertums, 17), Berlin/Hamburg 1967.
Wendland, H.-D., Die Kirche in der modernen Gesellschaft, ²Hamburg 1958.
—, Botschaft an die soziale Welt. Beiträge zur christlichen Sozialethik der Gegenwart, Hamburg 1959.
—, Der Begriff Christlich-Sozial (Arbeitsgemeinschaft für Forschung des Landes Nordrhein-Westfalen. Geisteswissenschaften, 104), Köln/Opladen 1962.
—, Einführung in die Sozialethik (Sammlung Göschen, 1203), Berlin 1963.
—, Person und Gesellschaft in evangelischer Sicht, Köln 1965.
—, Die Kirche in der revolutionären Gesellschaft, ²Gütersloh 1968.
—, Grundzüge der evangelischen Sozialethik, Köln 1968.
—, »Nationalismus und Patriotismus in der Sicht der christlichen Ethik«, in: Wendland / Strohm, Politik und Ethik, S. 91—115.
—, »Die Weltherrschaft Christi und die zwei Reiche«, in: Botschaft an die soziale Welt, S. 85—103; auch in: Schrey, Reich Gottes und Welt, S. 457 bis 483.
—, »Fragen der ökumenischen Sozialethik«, in: Wendland, Sozialethik im Umbruch der Gesellschaft, S. 29—38.
—, »Thesen zur Zwei-Reiche-Lehre und ihrer Bedeutung für die Zukunft«, in: Wendland, Sozialethik im Umbruch der Gesellschaft, S. 39—42.
— (Hrsg.), Sozialethik im Umbruch der Gesellschaft. Arbeiten aus dem Mitarbeiter- und Freundeskreis des Instituts für Christliche Gesellschaftswissenschaften an der Universität Münster, Göttingen 1969.
— / Strohm, Th. (Hrsg.), Politik und Ethik (Wege der Forschung, 139), Darmstadt 1969.
Wenner, J., Reichskonkordat und Länderkonkordate, ⁷Paderborn 1964.
—, Niedersächsisches Konkordat, Paderborn 1966.
Wessel, L., Von der Maas bis an die Memel, Bielefeld 1918.
Westermann, C., »God and His People. The Church in the Old Testament«, in: Interpretation, 17, 1963, S. 259—270.
—, »Der Frieden (Shalom) im Alten Testament«, in: G. Picht / H. E. Tödt (Hrsg.), Studien zur Friedensforschung, 1, Stuttgart 1969, S. 144—177.
Weth, R., »In der Zange von rechts und links. Häresie- und Ideologieverdacht: Kritik an der historisch-kritischen Theologie«, in: EvKomm, 3, 1970, S. 390—394.
—, »Ort und Funktion der Theologie als Wissenschaft«, in: Weth / Gestrich / Solte, Theologie an staatlichen Universitäten?, S. 9—57.
—, siehe Feil, E.
— / Gestrich, Chr. / Solte, E.-L., Theologie an staatlichen Universitäten?, Stuttgart 1972.
Wettig, G., Entmilitarisierung und Wiederbewaffnung in Deutschland 1943 bis 1955. Internationale Auseinandersetzungen über die Rolle der Deutschen in Europa, München 1967.
Weymann, K., »Aufgaben und Probleme der Militärseelsorge«, in: LM, 2, 1963, S. 468—473.
—, »Militärseelsorge und kirchliche Beratung der Kriegsdienstverweigerer«, in:

Duchrow / Scharffenorth, Konflikte zwischen Wehrdienst und Friedensdiensten, S. 116—146.

—, »Anmerkungen zu ›Lebenskundlicher Unterricht — ein Chamäleon‹ von Hartmut Heinrici«, hektogr. Ms. FEST F IV 25 b, Heidelberg 1970.

Wilcox, D. T. R., Bonhoeffers Anfänge und seine Wurzeln im 19. Jahrhundert, Diss. theol. Tübingen 1969.

Wilkens, E., Theologie und Politik, Berlin und Hamburg 1962.

—, Die zehn Artikel über Freiheit und Dienst der Kirche. Theologisch-politischer Kommentar, ²Stuttgart 1966.

—, Kirchlicher Beitrag zur deutschen Ostpolitik, Berlin 1966.

—, »Die Denkschrift als kirchlich-theologisches Dokument«, in: LM, 5, 1966, S. 17 f.

—, »Die Denkschrift — und was nun?«, in: Henkys, Deutschland und die östlichen Nachbarn, S. 160—175.

—, »Die Ostdenkschrift der Evangelischen Kirche. Rückblick auf ein bewegtes Jahr«, in: Kommunität. Vierteljahreshefte der Evangelischen Akademie Berlin, 11, 1967, S. 1—10.

—, »Aspekte der gegenwärtigen Situation der EKD«, in: EvKomm, 1, 1968, S. 32—34.

—, »›Friedensaufgaben der Deutschen‹. Zur Studie der Kammer der EKD für öffentliche Verantwortung«, in: EvKomm, 1, 1968, S. 187—189.

— (Hrsg.), Vertreibung und Versöhnung. Die Synode der EKD zur Denkschrift »Die Lage der Vertriebenen und das Verhältnis des deutschen Volkes zu seinen östlichen Nachbarn«, Stuttgart 1966.

—, »Dreimal soziale Verantwortung. Anmerkungen zu den neuen Denkschriften der EKD«, in: EvKomm, 6, 1973, S. 344—345.

—, siehe Böhme, W., Dombois, H.

Williams, C. W., Gemeinde für andere. Orientierung zum kirchlichen Strukturwandel, Stuttgart 1965.

Wingren, G., »Welt und Kirche unter Christus, dem Herrn«, in: KuD, 3, 1957, S. 53—60; auch in: Schrey, Reich Gottes und Welt, S. 339—349.

Wittkämper, G., Grundgesetz und Interessenverbände. Die verfassungsrechtliche Stellung der Interessenverbände nach dem Grundgesetz, Köln und Opladen 1963.

Wittmann, D., Der biblische Frieden und der Frieden der Welt. Untersuchungen zur Verkündigung der biblischen Friedensbotschaft in der evangelischen Kirche von der Jahrhundertwende bis zur Gegenwart, Diss. theol. Heidelberg 1970 (mschr.).

Wittram, H., Die Kirche bei Theodosius Harnack (Arbeiten zur Pastoraltheologie, 2), Göttingen 1963.

—, »Volkskirche«, in: TRT, IV, S. 236—238.

Wittram, R., Das Nationale als europäisches Problem, Göttingen 1954.

Wölber, H.-O., »Das Phänomen Denkschrift. Über Proportionen eines evangelischen Bußrufes«, in: LM, 5, 1966, S. 66—70.

—, »Die evangelische Friedensstudie«, in: LM, 7, 1968, S. 164—166.

—, »Politisierung — Gefahr für die Einheit der Kirche?«, in: EvKomm, 1, 1968, S. 136—143.

—, »Zum Thema: ›Politisierung der Kirche‹«, in: EvKomm, 1, 1968, S. 329.

—, »Über die Verantwortung des einzelnen«, in: LM, 9, 1970, S. 489—490.
—, Gesellschaft ohne Kirche? (Zur Sache, 1), Berlin/Hamburg 1970.
—, Luthertum im Engagement (Zur Sache, 5), Berlin/Hamburg 1970.
Wolf, Erik, Ordnung der Kirche. Lehr- und Handbuch des Kirchenrechts auf ökumenischer Basis, Frankfurt 1961.
Wolf, Ernst, »Kirche (I. Öffentlichkeitsanspruch)«, in: ESL, Sp. 681—683.
—, »Kirche«, in: HDSW, V, S. 623—628.
—, »Kirche und Öffentlichkeit«, in: Christlicher Glaube und politische Entscheidung, München 1957, S. 99—132.
—, »Die Königsherrschaft Christi und der Staat«, in: Schmauch / Wolf, Königsherrschaft Christi, München 1958.
— (Hrsg.), Christusbekenntnis im Atomzeitalter (ThExh, NF 70), München 1959.
—, »Die ›lutherische Lehre‹ von den zwei Reichen in der gegenwärtigen Forschung«, in: ZevKR, 6, 1959, S. 255—273; auch in: Schrey, Reich Gottes und Welt, S. 142—164.
—, »Das Problem der Rechtsgestalt der Kirche im Kirchenkampf«, in: ZevKR, 8, 1961/62, S. 1—26.
—, »Was heißt ›Königsherrschaft Christi‹ heute?«, in: Unter der Herrschaft Christi, München 1961, S. 67—91.
—, Ordnung und Freiheit. Zur politischen Ethik der Christen, Berlin 1962.
—, Peregrinatio, Bd. I, ²München 1962, Bd. II, München 1965.
—, »Zur Selbstkritik des Luthertums«, in: Peregrinatio, II, S. 82—103.
—, »Königsherrschaft Christi und lutherische Zwei-Reiche-Lehre«, in: Peregrinatio, II, S. 207—229.
—, »Verantwortung in der Freiheit«, in: Peregrinatio, II, S. 242—260.
—, »Kirche, Staat, Gesellschaft«, in: Peregrinatio, II, S. 261—283.
—, Die evangelischen Kirchen und der Staat im Dritten Reich, Zürich 1963.
—, Kirche im Widerstand? Protestantische Opposition in der Klammer der Zwei-Reiche-Lehre, München 1965.
—, »Königsherrschaft Christi«, in: EStL, Sp. 1077—1079.
—, Barmen. Kirche zwischen Versuchung und Gnade, ²München 1970.
—, »Volk, Nation, Vaterland im protestantischen Denken von 1930 bis zur Gegenwart«, in: Zilleßen, Volk — Nation — Vaterland, S. 172—212.
—, »Habere Christum omnia Mosi. Bemerkungen zum Problem ›Gesetz und Evangelium‹«, in: Kinder/Haendler, Gesetz und Evangelium, S. 166—186.
Wolff, H. J., »Körperschaft«, in: EStL, Sp. 1079—1081.
Wolff, H. W., »Volksgemeinde und Glaubensgemeinde im Alten Bund«, in: EvTheol, 9, 1949/50, S. 65—82.
Wollschläger, H., »Militärseelsorge« (I. II. IV), in: EStL, Sp. 1308—1310.
Wolter, G., Die Militärseelsorge in der Bonner Bundeswehr als Bestandteil der psychologischen Kriegführung des westdeutschen Militarismus, Diss. phil. Leipzig 1962.
Wurster, P. (Hrsg.), Kriegspredigten aus dem großen Krieg 1914 und 1915 von verschiedenen Verfassern, Stuttgart 1915.

Xhaufflaire, M., La »théologie politique«. Introduction à la théologie politique de J. B. Metz, Bd. I, Paris 1972.

Zahn, G. C., Chaplains in the RAF. A study in role tension, Manchester 1969.
—, »Sociological Impressions of the Chaplaincy«, in: H. G. Cox Jr. (Hrsg.), Military Chaplains, S. 59—86.
Zahn-Harnack, A. von, Adolf von Harnack, Berlin 1936.
Zeugnisse der Bekennenden Kirche. Eine Sammlung von Kundgebungen und Synodalbeschlüssen, ²Oeynhausen 1935.
Zieger, P., »Kirchenaustrittsbewegung in Deutschland«, in: RGG, III, Sp. 1344—1348.
Zilleßen, H. (Hrsg.), Volk — Nation — Vaterland. Der deutsche Protestantismus und der Nationalismus (Veröffentlichungen des Sozialwissenschaftlichen Instituts der evangelischen Kirchen in Deutschland, 2), Gütersloh 1970.
—, Dialektische Theologie und Politik. Eine Studie zur politischen Ethik Karl Barths, Berlin 1970.
—, Protestantismus und politische Form. Eine Untersuchung zum protestantischen Verfassungsverständnis (Veröffentlichungen des Sozialwissenschaftlichen Instituts der evangelischen Kirchen in Deutschland, 3), Gütersloh 1971.
Zimmerli, W., Die Weltlichkeit des Alten Testamentes, Göttingen 1971.
—, »Alttestamentliche Traditionsgeschichte und Theologie«, in: H. W. Wolff (Hrsg.), Probleme biblischer Theologie (von Rad-Festschrift), München 1971, S. 632—647.
Zippelius, R., »Kirche und Staat und die Einheit der Staatsgewalt«, in: Quaritsch / Weber, Staat und Kirchen in der Bundesrepublik, S. 311—333.
Die Zukunft der Kirche und die Zukunft der Welt, München 1968.

Nachtrag:

Böckenförde, E.-W., Kirchlicher Auftrag und politische Entscheidung, Freiburg 1973.
Cremers, A., Staat und evangelische Kirche im Militärseelsorge-Vertrag von 1957 — mit einem Anhang zur Dokumentation der Entstehungsgeschichte, Diss. jur. Freiburg 1973 (hektogr.).
Wolf, G. (Hrsg.), Luther und die Obrigkeit (Wege der Forschung, 85), Darmstadt 1972.
Wolf, U. A., »Die Selbstveröffentlichung Gottes als Grund und Grenze des ›Öffentlichkeitsauftrages‹ der Kirche«, in: Freude am Evangelium, Alfred de Quervain zum 70. Geburtstag, München 1966, S. 156 ff.

Sachregister

Absolutismus 422, 531
Agendenstreit, preußischer 235
Aggression 283 f.
Akosmismus 103
»Aktion Oder-Neiße« 403
Allgemeines Landrecht 38, 499
Alliierter Kontrollrat 385
Altkatholizismus 95
Amsterdam 560
Amt, kirchliches 53 f., 61, 71, 86, 88, 105, 326, 336, 339, 517, 555, 642
analogia entis 480
analogia relationis 461
Analogie 462
Ansbacher Ratschlag 446 f.
Anstaltsseelsorge 502, 519, 641
Antikommunismus 282, 284, 387 f., 389, 403, 406, 560, 614
Anti-Rassismus-Programm 567
Antisemitismus 555
Arbeit 15
Arbeiterschaft 167
Arbeitskreis Bochum der evangelischen Akademie Westfalen 356, 358
Arbeitsteilung, wissenschaftliche 378
Arkandisziplin 112
Armeebischof, katholischer 244
Asien 561
Atomwaffen 225, 397 f., 488, 580, 588, 614 f., 648
Attentismus 244
attitude groups 29
Aufbaustudium 379
Auferstehung Jesu 455 f.
Aufklärung 11, 63, 232, 631 f., 643, 649
Augsburg 317
Autonomie 356
—, kirchliche 38, 65, 266 f., 287, 309, 320, 495, 501, 508 f., 520 f., 532, 543, 546, 548, 641

Baden 503
Baden-Württemberg 505
Barmen 316
Barmer Theologische Erklärung 120, 267, 280, 287, 453, 497, 516, 551 ff., 570, 572, 575 f.
Basilika 629
Bayern 323 f., 359, 503
Bedürfnis 15, 19 f., 24
Begriff, dogmatischer und ethischer 81 ff.
Beirat für Innere Führung 541
Bekennende Kirche 246, 316 ff., 405, 581, 613 f.
Bekenntnisbewegung »Kein anderes Evangelium« 405
Bekenntnisfreiheit 587
Bekenntnisschule 123, 519, 544, 640
Bekenntnissynode der altpreußischen Union 318
Belgien 172
»Bensberger Kreis« 412 f.
Bensberger Memorandum 413 ff.
Bergpredigt 181, 187, 190, 216 f., 440, 447, 458
Berlin 295, 301, 309, 316, 318, 321 ff., 326, 331, 390, 504
Beruf 58, 84, 475
Besetzung theologischer Lehrstühle 310 ff., 326, 328, 330, 335 ff., 348 f., 374, 541
Bestandsgarantie 308, 341
Bethel 316, 321, 326, 331
Bewährungshilfe 541
Bewegung für Praktisches Christentum 476, 627
Bielefelder Thesen 394 f., 397, 420
Bischofskonferenz der VELKD 516
Bochum 351 ff.
Bonn 295, 309
Bonner Grundgesetz 260, 264, 266, 287, 290, 307 f., 367, 374, 402,

713

491 ff., 501, 512, 514, 517 f., 521,
  531 f., 547, 640
Braunschweig 503, 506
Bremen 351, 505
Breslau 309, 316, 399
Bruderrat der altpreußischen Union
  318
Bruderrat der Bekennenden Kirche
  554
Bruderschaften, kirchliche 394, 648
»Bündnis von Thron und Altar«
  422, 429, 466, 546, 612, 624, 649
»Bündnis von Religion und Nation«
  423, 428, 612
Bürgergemeinde 459 ff.
Bürgertum 14, 209
Bürokratie 217, 293 f.
Bund der Heimatvertriebenen und
  Entrechteten (BHE) 388
Bund der Vertriebenen (BdV) 402 f.,
  407
Bundesgerichtshof 525
Bundesgesundheits- und -familien-
  ministerium 541
Bundesministerium der Verteidigung
  222, 257, 259, 263, 265 f., 272,
  278, 290, 541
Bundesregierung, deutsche 265
Bundesrepublik Deutschland 384 ff.
Bundestag, deutscher 258
Bundesverfassungsgericht 504, 526
Bundeswehr 222 f., 247 ff.
Burgfrieden 158 ff.

Calvinismus 201, 207
CDU 345, 347
CDU/CSU 492, 521
Character Guidance Program 273
Charismenlehre 70
Charta der Heimatvertriebenen 386,
  388
Chauvinismus 200
Christengemeinde 459 ff.
Christenheit 49, 186, 200
—, geistliche 51 ff., 60, 553
—, leibliche 51 ff., 60
—, weltliche 471, 484, 602

Christentum 186, 333, 371, 376 f.,
  425
»Christliche Welt« 168 ff., 186, 204,
  207
Christologie 99 ff., 108 ff., 116 f.,
  623, 643
civitates 439, 444 f.
communio sanctorum 88 f.
Confessio Augustana 52 f., 55, 60,
  82, 85 f., 94, 100 f., 553
cooperatio 58, 440, 445, 452, 637
corpus christianum 56, 445, 453
cultus privatus 475, 619
cultus publicus 43, 61, 106, 422 f.,
  429, 475, 515 f., 619, 628 ff., 634,
  650

Dämonie 467 f.
Demokratie 30, 180, 201, 538 f.,
  559 f., 593
—, innerverbandliche 259
Demokratisierung 31, 47, 486
Denkschriften, kirchliche 380 ff., 416,
  579 ff., 634
Deutscher Bildungsrat 541
Deutsche Christen 405 f.
Deutsche Demokratische Republik
  (DDR) 225, 255, 570
Deutsche Evangelische Kirche 318,
  555, 581
Deutscher Evangelischer Kirchenaus-
  schuß 238, 241, 243
Deutscher Evangelischer Kirchentag
  120 f., 238 f., 241, 247, 279,
  417 f., 421, 535
Deutsche Gesellschaft für auswärtige
  Politik 418
»Deutsche Nachrichten« 403
Deutsche Partei (DP) 492, 521
»deutscher Gott« 482, 486
Deutsches Reich 236, 388
Diakonie 120, 346, 421, 469 f., 540,
  623, 626, 645
—, gesamtgesellschaftliche 436, 465 ff.,
  484 f., 578
—, gesellschaftliche 427, 429 f., 540,
  621 f.

—, politische 283, 427, 430, 540, 578, 644 f., 648
Dialog, christlich-marxistischer 477
Dienstherrenfähigkeit 501
Dimissoriale 232
Disziplinargewalt 501, 527
Dogmatik 78
Drei-Reiche-Lehre 92 f., 118, 439, 441
Drei-Stände-Lehre 56 ff., 62, 86, 114, 118, 440, 444 f., 450
Dreißigjähriger Krieg 164
Drittes Reich 223, 227, 237 ff., 280, 316 ff., 428, 496, 513, 634
Dritte Welt 280 f.
Dualismus 467, 471

ecclesia particularis 50, 72
ecclesia publica 53 ff., 498, 630
ecclesia spiritualis 449
ecclesia universalis 50, 449
»Echo der Zeit« 399, 402, 413
Eigengesetzlichkeit 216, 221, 396, 426, 447 f., 459, 462, 552, 564 ff., 577, 624 f.
Eigentumsdenkschrift der EKD 431, 589
Einheitskultur, christliche 630
Ekklesiologie 49 ff., 125 ff., 435, 623, 641 ff., 646
Elberfeld 316, 318 f.
Elite 30
Emanzipation 19
England 162, 171 f., 183, 189
Entspannungspolitik 388
Entwicklungsdienst, kirchlicher 281, 421, 567, 640
Entwicklungspolitik 281, 476
Episkopalismus 64 f.
Episkopat, deutscher 412
—, polnischer 407 ff.
Erbsünde 150, 155, 216
Ergänzungsstudium 379
Erlangen 359 ff., 362, 364 f.
Erwachsenenbildung 276, 541
Erwachsenenkatechumenat 276
Erziehung 59
—, christliche 424

Eschatologie 280, 468, 471, 477, 482, 484 ff.
Essen 354, 504
Etatismus 523
Ethik 435 f.
Ethik Jesu 155 f.
Europa 180, 386 f., 402, 418
Europäismus 170, 181
Euthanasie 587
Evangelische Akademien 120 f., 417, 421
Evangelische Hilfskomitees 385
Evangelische Kirche in Deutschland (EKD) 380 ff., 579 ff., 650
— Ausschüsse der EKD 582
— Bruderrat der EKD 556, 614
— Grundordnung der EKD 267, 287
— Kammern der EKD 581 f.
— Kammer der EKD für öffentliche Verantwortung 380, 391, 394, 396 f., 410, 412, 414 f.
— Kammer der EKD für soziale Ordnung 382, 590
— Kirchenkanzlei der EKD 224, 249, 257 f., 390, 402
— Kommissionen der EKD 582
— Rat der EKD 224, 247 ff., 250, 255 ff., 258, 265, 274, 291 f., 385, 390 ff., 409 f., 419, 491, 516, 535, 565, 580 f., 589
— — Beirat für Militärseelsorge 291
— — Beauftragter des Rats der EKD für Umsiedler- und Vertriebenenfragen 391
— — Bevollmächtigter des Rates der EKD bei der Bundesregierung 390, 541
— Synode der EKD 257 ff., 280, 291 f., 398, 410 ff., 415, 418 f., 580 f.
Evangelisches Kirchenamt für die Bundeswehr 256, 263, 265 f., 278, 290
Evangelische militärkirchliche Dienstordnung von 1902 236
Evangelische militärkirchliche Dienstordnung von 1929 240 ff., 245

715

Evangelisch-sozialer Kongreß 206, 210 f.
Evangelium u. Gesetz 436 f., 441 ff., 446, 452, 457, 459, 618, 625
Evanston 562
Exil 381
Existenz 475

Fakultätentag, evangelisch-theologischer 312, 326 f., 331, 340, 355
Fakultäten, theologische 295 ff., 425 f., 429 f., 473, 640, 647
—, katholisch-theologische 308, 334, 337, 339, 355, 359, 364 f.
Familie 16, 18
Faschismus 388
FDP 492 f.
Feiertagsrecht 541, 543, 641
Feindbild 283
Feindesliebe 148 f., 183
Feldinspektor 230
Feldprediger 230 f., 233 f.
Feldpropst 231, 234 f., 242 f.
—, katholischer 244 f.
Fernsehen 392
Film 541
Forschung 329 f., 353, 377
Frankfurt 296, 344
Frankreich 173, 522, 532, 540, 549
Französische Revolution 12, 19, 33, 632
»freier Protestantismus« 49, 121
Freie Reformierte Synode von 1935 317
Freiheit 411, 624 ff.
Freiheit von Forschung und Lehre 326, 330 ff., 340, 372, 374, 377
Freikirchen 226, 283
Freude 636 f.
Frieden 28, 115, 124 ff., 129, 135 ff., 140, 176, 183 ff., 203, 225, 278 ff., 282 f., 285, 291, 293, 382, 386, 388, 393 ff., 396 ff., 410 f., 414 f., 418 f., 430, 451 f., 476, 552, 563 f., 571 f., 577 f., 580, 588, 615 f., 624, 626, 628, 636 ff., 645 ff.
Friedensbewegung 203

Friedensdienste 421, 648, 650
Friedensethik, kirchliche 382
»Friedensfreunde« 165
»Friedensgesellschaft« 184
Friedhöfe 527
Fürbitte, politische 574
Fuldaer Bischofskonferenz 248

Garantien, institutionelle 306 f.
—, korporative 307, 328, 367 f.
Gebot 443 f., 448
Geisteswissenschaften 329, 354
Gemeinde 50, 198, 290 f., 332
Gemeindegemäßheit 600
Gemeindeseelsorge 269
Gemeingeist 69 f.
Gemeinwesen, politisches 23
Gemeinwohl 17, 24, 106
Genfer Konferenz von 1966 281, 562 f.
Gerechtigkeit 414, 451 f., 624, 636 ff.
Gerechtigkeit Gottes 450
Gericht Gottes 155, 198, 202, 208, 215, 394, 399, 405, 441
Gesamthochschulen 368, 378
Geselligkeit 74, 78
Gesellschaft 11, 15 ff., 92, 216, 426, 490, 529, 633
—, bürgerliche 14, 18
—, christliche 561
—, freie 557 f.
Gesellschaft der Freunde der Ruhr-Universität 358
Gesellschaftskritik 470
—, theologische 480 f.
Gesellschaftspolitik 615
Gesellschaftsprogramm, christliches 485
Gesellschaftstheorien, theologische 97, 114, 117
Gesetz 441 f., 566, 618
—, allgemeines 14
—, für alle geltendes 501 f., 521
Gesetz und Evangelium siehe Evangelium und Gesetz
Gewalt 150, 199, 201, 281 f., 440, 563
Gewaltlosigkeit 203

Gewaltmonopol des Staates 524 f.
Gewerkschaften 536, 539
Gewissen 162, 274, 410
Gießen 334
Gleichnis 209 ff., 215, 461, 465, 549, 636
Göttingen 309 ff.
Gottesdienst 549, 558
Gotteslästerung 544, 640
Gottesrelation 458 f., 481
Greifswald 309
Grenzen von 1937 388, 390, 395, 403
Grundrechte 306, 529
Gruppen 220, 280, 487, 524, 529, 558, 568 f., 594 f., 607
Gruppengesellschaft 595
Gruppenseelsorge 220, 224, 253, 269, 293, 380, 410, 427, 430

Habilitationsrecht 322
Häresie 564, 570
Haftungsgemeinschaft 411
Halle 309
Hamburg 296, 321 f., 331, 344 ff., 351, 503, 505
Handlungslehre, theologische 601 ff.
Handlungsorientierung 481, 486
Handlungstheorie, theologische 604 ff., 646 f.
Hannover 505
Heerespfarrer 246
Heerwesenunterricht 273
Heidelberg 362
Heidelberger Thesen 279, 282, 581
Heiliger Geist 70, 166
Heiliger Stuhl 245, 354, 507, 509
Heilsanstalt 86, 89, 642
Hermeneutik, politische 463, 480 f., 483, 488 f., 606
Herrschaft siehe Reich
Hessen 334, 335 ff., 504 f.
Hessen-Kassel 311
Hessen-Nassau 335, 340, 554
Hierokratie 452
»Die Hilfe« 189 ff., 205 f.
Himmelfahrt Christi 455

Himmler-Erlaß von 1937 319
Historische Friedenskirchen 283
Historismus 181
Hochschulrecht 308, 337
Hoffnung 482 f., 485
Hohenzollern 505
Humanum 561

Idealismus 40
Idee 16, 22
»Ideen von 1914« 166 f., 168, 174, 177, 197, 213
Ideologie 130, 212, 214, 276, 571
Imperialismus 139, 162 f., 201, 562
imperium 630
Individualethik 216
Individualseelsorge 220
Industrialisierung 280
Industrie 406
Industriegesellschaft 28, 221
Information 604
Initiativgruppen 50, 648
Inkompatibilität 221 ff., 224, 228, 429
»Innere Führung« 223 f., 262 f., 275, 277
Innerlichkeit 182, 190, 192, 216, 447, 449
Institution 471
»institutionelles Dilemma« 217, 577, 647 f.
Integration 27, 537, 539
— der Einzelwissenschaften 353, 357
Intelligenz, bürgerliche 212
Interdisziplinarität 303, 329, 377 ff.
Interesse 22, 220, 536
—, öffentliches 13, 606, 633
Interessengruppen 540, 549, 590 ff., 639
Islam 183
Israel 616 f.
ius in sacra 527

Japan 183
Judenverfolgung 587
Jugendwohlfahrt 541

Kabinettsordre, preußische von 1855
310 f., 313
Kalter Krieg 388, 560
Kapitalismus 406, 559
Kapitulation, deutsche 408
Kasernenstunden 273
Kategorischer Imperativ 14
Katholikentag 535
Katholische Aktion 487
Katholisches Militärbischofsamt 278
Katholizismus 146
—, deutscher 412 ff.
—, politischer 350
—, polnischer 407
Kiel 309 ff.
Kindergärten, kirchliche 641
Kindertaufe 424
Kirche 31, 49 ff., 166, 291, 295 ff., 314 f., 330 ff., 333, 410, 416, 425, 438, 468 f., 471, 486, 521 f., 544 f., 553
— für andere 101, 112, 115, 117
—, sichtbare und unsichtbare 60 ff., 63, 72, 86, 90 f., 94, 553
—, vertriebene 380 f.
— Kirche und Staat siehe Staat und Kirche
— Amtskirche 568
— Demokratisierung der Kirche 600
— Eigenständigkeit der Kirche 426, 429
— Freiheit der Kirche 460, 469
— Hoheitsgewalt der Kirche 525 f., 528, 548
— Politisierung der Kirche 431, 487, 535, 566 ff., 577
— politische Neutralität der Kirche 382, 396, 475, 487, 542, 568
— politische Verantwortung der Kirche 420, 448
— Theorie der Kirche 127 f., 611
— Vermögensverwaltung, kirchliche 505
Kirchenaufsicht 500, 525
Kirchenaustritt 143, 167, 404
Kirchengewalt 526, 528, 548
Kirchenglocken 629

Kirchenhoheit 233, 505
Kirchenkampf 267, 280, 296, 316 ff., 344, 346, 426 f., 453, 459, 513, 516, 555, 593, 613
Kirchenleitung 376 f., 516
Kirchenpolitik, nationalsozialistische 316
Kirchenrecht 88 ff., 438, 494
Kirchenreform 74
Kirchenregiment 68, 233
Kirchensteuer 240, 265, 269, 289, 293, 495, 519, 526 f., 543, 641
Kirchenverfassung 426, 554
Kirchliche Fachhochschulen 369
Kirchliche Hochschulen 296 f., 316 ff., 337, 345 f., 356, 359, 361 ff., 368 f., 427
Kirchlichkeit 417 f., 425 ff.
Koalitionsverbot 385
Köln 296, 344
Königsberg 309, 316
Königsherrschaft Christi 102, 436, 453 ff., 465, 471, 484 f., 551 ff., 575 f., 621, 625
Körperschaft des kirchlichen Rechts 339
Körperschaft des öffentlichen Rechts 39, 268, 322, 495, 497 f., 498 ff., 511, 521, 525 f., 543, 549, 601
Körperschaften, privilegierte 326
Kollegialismus 63 ff., 66, 71, 87, 89, 642 f.
Kollektivschuld 411
Kommissariat der deutschen Bischöfe 541
Kommunikation 25 ff., 32, 126, 604, 627, 634
—, innerkirchliche 411 f., 416 f., 648
—, öffentliche 400, 411 f., 549
Kommunismus 558, 561
Kompatibilität 131, 641
Kompensationstheorie 399
Komplementarität 124, 282
Konfession 50
Konfessionalisierung 487 f., 533, 585
Konfessionalität der theologischen Fakultäten 304, 370 ff.

Konfessionsneutralität 497, 501, 515, 631
Konfessionsproporz 123, 564
Konfessionsschule 542
Konfirmandenunterricht 276
Konflikt 284
Konkordat 503, 507 ff., 527
—, preußisches 496
Konkordatslehrstühle 541
Konkordatsrecht 339
Konsensus 647
Konsistorien 235
Konstantinische Wende 445, 466
Konstanz 351
Kontaktstudium 379
Konvent der zerstreuten evangelischen Ostkirchen 385, 389
Kosmopolitismus 148 f.
KPD 493
Kreuz 456, 465, 482 f.
Kreuzzug 389
Krieg 135 ff., 222
— Befreiungskriege 160, 164, 234, 237, 405, 423
— Eroberungskrieg 163
—, gerechter 148, 152, 156
— Verteidigungskrieg 151 f., 156, 163, 185
— Weltkrieg 189
— Weltkrieg, Erster 237, 406, 422 ff., 428, 437, 613
— Weltkrieg, Zweiter 223, 344, 367, 437
Kriegsdienstverweigerung 283 f., 292, 571
Kriegsglaube 191 f.
Kriegsopferfürsorgebehörden 541
Kriegspredigten 423
Kriegstheologie 138 f., 206 f., 209 ff., 213, 218 f., 423, 428, 437
Kriegsziele 156 ff., 213
Kritik 14, 20, 124
»Kritische Theorie« 130
»Kritischer Rationalismus« 370
Kultur 168
Kulturethik 155 f., 181 f.
Kulturexamen 309

Kulturhoheit der Länder 307
Kulturkampf 89, 147, 245, 309, 497
Kulturkrieg 169, 175, 179, 213
Kulturkritik 467
Kulturprotestantismus 73, 85, 87, 92 f., 118, 144, 153 f., 168 ff., 174, 185, 188, 195, 198, 202, 206, 214, 425 f., 428
Kulturstaat 149, 162
Kultusministerium, bayerisches 323 f., 360, 362, 364 f.
— von Nordrhein-Westfalen 352, 356 ff.
—, preußisches 305, 311
— von Rheinland-Pfalz 338, 341
Kultussektion im preußischen Innenministerium 233
Kultussenator von Hamburg 345, 349

Länderverfassungen 367 f.
Laienvereinigungen, katholische 568
Landeskirchen 234, 240 ff., 243, 257 f., 265, 292, 326, 384
—, bayerische 323 f.
— von Hessen und Nassau 325
—, rheinische 324 f.
Landeskirchenamt, bayerisches 323 f.
Landessynode, bayerische 360 ff.
—, rheinische 325
Landsmannschaften 385
Lateranverträge 509
Lebenskundlicher Unterricht 229, 253, 261, 263, 266, 272 ff., 290
Legaltheorie 507
Legitimation 513 f., 516 f., 520, 621, 631 f., 635 f., 649
Lehramt, kirchliches 409 f., 413 f., 416 f.
Lehrerbildung 541
—, konfessionelle 640
Lehrzuchtverfahren 193
Leib Christi 100, 126, 553, 628, 642 ff.
Leiden 482 f., 486
Liberalismus 139, 205, 210, 529 ff.
Liebe 148, 440, 446, 451 ff., 569, 644

Linksprotestantismus 405 f.
liturgische Bewegung 280
Loyalität 166 f., 415
Lübecker Thesen 395 ff.
Luthertum 145 f., 201, 207, 437, 447
—, konfessionelles 85 ff.
—, orthodoxes 60 ff., 154 f., 198, 202, 215, 553

Machtstaat 174, 177, 205
Mainz 325, 328, 334 ff., 351, 373 f.
Mandate 114, 118
Marburg 301, 309 ff., 312 f., 326
Marinekirchenordnung von 1903 236
Meinungsfreiheit 491, 519
Menschenrechte 27 f., 387, 557, 562 f.
Metaphysik des Staates 455, 458, 460
Militärbischof 245 f., 250 ff., 256, 258, 265, 285, 290 ff., 390
Militär-Consistorial-Reglement von 1750 323
Militärdekan 265 f., 290
Militärgeneraldekan 265, 290
Militärkirche 231, 234 f., 243, 252, 271, 286 f., 292
Militärkirchengemeinde 231, 242, 251, 253 f., 265, 291
Militärkirchenordnung von 1692 230
Militärkirchenordnung von 1832 235
Militärkirchenrecht 270 f.
Militär-Kirchen-Reglement von 1811 234
Militär-Konsistorial-Reglement von 1711 231
Militärkonsistorium 230 f., 234
Militärpfarrer 235, 242 f., 245, 252 f., 258, 261, 263 ff., 266, 272, 291
Militärregierung, französische 334
Militärseelsorge 146, 219, 220 ff., 410, 422 f., 425 ff., 429 f., 544, 567, 615, 640, 649
—, katholische 244
Militärseelsorgevertrag 252, 254 ff., 258 f., 260 ff., 269, 504
Millenniumsfeiern, polnische 407 f.

Ministerium für Wissenschaft und Forschung, nordrhein-westfälisches 352
Missio canonica 338 f., 374
Mission 115, 347, 466, 469 f.
Missionsauftrag 276, 619
Mitbestimmungsstudie der EKD 590, 592
Mittelalter 295, 630
Mitteleuropa 189, 191 f.
»mittlere Axiome« 597
München 351, 359 ff.
Münster 295, 309

Nassau 311, 338
Nation 140 f., 178, 217
Nationalismus 140 ff., 146, 178, 201 f., 213, 235, 244, 388, 407, 409, 411, 423, 429
Nationalkirche 423 f., 612
Nationalprotestantismus 188, 192, 195, 218, 404 ff., 423 f., 428
Nationalsozialer Verein 91 f.
Nationalsozialismus 387 f., 437, 513, 555, 558, 625
Nationalstaat 612, 650
Naturrecht 33, 147, 274, 574
Naturwissenschaften 216, 354, 426
Nederlandse Hervormde Kerk 572 ff., 576
Neomarxismus 281
Neuendettelsau-Heilsbronn 321, 323 f., 359, 361 ff., 365
Neuprotestantismus 63 ff.
Niedersachsen 503 ff.
Nordrhein-Westfalen 325, 354, 504 f.
Nord-Süd-Konflikt 281, 648
notae ecclesiae 52 ff., 61, 70, 72
Notgemeinschaft evangelischer Deutscher 401, 404 ff.
NPD 403

Oberkirchenrat, preußischer 235 f.
Oberverwaltungsgericht Münster 546 f.
Obrigkeit 155, 437, 580
Obrigkeitsstaat 24, 375

Oder-Neiße-Linie 384, 390 ff., 394, 414, 488
Öffentlichkeit 11 ff., 73 ff., 103 f., 106, 111, 118, 217 f., 220, 293, 296, 315, 358, 400, 417, 420, 478, 497 f., 594, 632 f.
—, eschatologische 43
—, innerkirchliche 417, 592, 598
—, wissenschaftliche 296, 315
Öffentlichkeitsanspruch des Evangeliums 106, 122, 300, 619 f., 622 f., 631
Öffentlichkeitsanspruch der Kirche 117, 123, 466, 472, 497, 512, 519 f., 530 f., 536, 547, 555 f., 576, 594, 619 ff., 645
Öffentlichkeitsauftrag der Kirche 117, 119, 122, 259, 329, 426, 454, 487, 511 ff., 516, 519 ff., 533, 547, 549, 551 f., 555, 594, 620 f.
Öffentlichkeitbedeutung der Kirche 350, 358, 367
Öffentlichkeitsbezug der Kirche 555
Öffentlichkeitsverantwortung der Kirche 470
Öffentlichkeitswillen der Kirche 121 f.,. 472, 551, 621, 645
öffentliche Sachen 501
Ökumene 50, 126, 293, 346 f., 372, 421, 436, 497, 556 ff., 574, 626 ff., 638, 650
Offenbarung 153 f., 219, 446
Oldenburg 503, 506, 554
Ordinationsrecht 326
Organisation 22, 542
Ostkirchenausschuß 385, 389, 391, 396, 411
Ostpolitik, deutsche 383 f., 389, 418
Ost-West-Konflikt 281, 284, 557
»overlapping membership« 380, 533 f., 598 f.

Papst 509
Paränese 601 ff., 604
Paraklese 126, 443, 603 f.
Parität 123, 249, 334, 339, 342, 344, 357, 359 ff., 362, 364, 367, 371, 430, 496, 507, 510, 631

Parlamentarischer Rat 492, 497, 514, 521 f., 532
Parochie 240
Parteien 29, 536, 538 f.
—, christliche 463 f.
—, kirchliche 157 ff., 160
—, politische 574
Parteilichkeit 487
Partizipation 30
Parusie 455
Patriotismus 185, 403 f.
Patronat 231 f.
Paulskirchenverfassung 38
»Pax Christi« 412 f.
Pazifismus 170, 180, 184, 199, 203 f., 210
Person 43, 440, 481, 566
Pfalz 335 ff., 340, 503
Philosophisch-Theologische Hochschule 359, 364
Pietismus 63
Pluralismus 21, 29, 44, 535, 537, 539
Polen 392 f., 398 f., 401 f., 407 ff., 411, 414, 419
Politik 217, 381
»Politisches Nachtgebet« 567
Polizei 15
potestas indirecta 487
potestates 439, 445, 630
Pragmatismus 128 ff.
Praxis 299, 550
Predigt 296, 332, 449, 452
Presbyterialverfassung 71
Presse 393, 400 f., 413, 541
Preußen 301, 404, 437, 503, 506
Priestertum, allgemeines 53, 64 f., 642
Privateigentum 14
Privatheit 19, 21 f., 26, 41, 73, 481
Privatisierung 40, 474, 478, 480 f., 515, 530 f.
Privatmoral 181 f.
Privatrecht 21
Privatreligion 32 f., 75, 79, 105
Privileg 89, 326, 424 f., 491, 499 f., 507, 509, 517, 526, 532, 536, 543 f., 640

Professorentitel 328
Promotionsrecht 322, 326 ff.
Propheten 617
Prophetie, politische 574
Protestantismus 160 ff., 168 f., 178, 191
Protestbewegung, studentische 281 f.
Provinzialkonsistorium 233
Provinzialsynode, rheinische 324
Publizistik 25
Publizität 11 ff., 25, 74, 417, 632 f.

Quadrennium 324
Quietismus 437

Rassismus 562
Rationalität 130
—, wissenschaftliche 370
Raumordnungsausschüsse 541
Recht 394 f., 397, 451 f., 463, 571
—, öffentliches 13
Recht auf Heimat 387 ff., 394, 402
Rechtfertigung 460 ff.
Rechtsradikalismus 388, 401
Rechtsstaat 14, 16, 559 f.
Reform, preußische 232
Reformation 295, 374, 405, 630
Reformierte Kirche in Nordwestdeutschland 505 f.
Regensburg 359, 364
Regierung 23
Regiment, geistliches 438
—, weltliches 438
Reich Christi 451, 453, 455
Reich der Gewalt 203, 215
Reich Gottes 37, 80 ff., 106, 113, 118, 130, 145, 198, 201, 202 ff., 209 ff., 214 f., 280, 425 f., 428, 455, 460 ff., 468, 475, 483, 486, 573, 622, 624, 636 f.
Reich der Sittlichkeit 17 f., 425, 622
Reich der Welt 438
Reichsbekenntnissynode von 1935 317
Reichsbischof 246
Reichsbruderrat der Bekennenden Kirche 317

Reichsdeputationshauptschluß 496
Reichserziehungsministerium 318
Reichsfinanzminister 238
Reichsgründung 423
Reichsinnenminister 246
Reichskirchenministerium 246
Reichskonkordat von 1933 244 f., 248, 252, 269 f., 287, 308, 367, 504
Reichspräsident 242
Reichsregierung 245
Reichswehrminister 238, 240 ff., 243
Religion 37
—, öffentliche 32 f.
—, politische 106, 217 f., 264, 270 f., 287, 422 f., 481 f., 631, 649 f.
— Instrumentalisierung der Religion 231 f., 234, 237, 247, 262 f., 274
— Religion als Privatsache 32 ff., 302 f., 519, 529, 533, 548, 551, 577, 632
Religionsfreiheit 38, 264, 491, 519 f., 529 ff., 543
Religionsgesellschaften 372, 424, 491, 495, 497, 500, 514 f., 521 f.
Religionskritik 43
Religionslehrer 347, 349, 352, 354, 362, 365 ff., 371, 378
Religionsneutralität 264, 268, 274, 501, 515, 519, 531, 539, 546, 632
Religionspädagogik 275
Religionsphilosophie 376
Religionsunterricht 270, 277, 371, 421, 502, 519, 527, 532, 543, 641
Religionswissenschaft 372, 376
Repräsentation 536 f.
res mixta 288, 290, 508, 526 f.
Revanchismus 401, 409
Revolution 176, 281 f.
Rheinhessen 335
Rheinland 335 ff., 340, 505
Rheinland-Pfalz 325, 334 f., 338, 340, 503 ff.
Rollenspannung 228
Rom 630
Romantik 40, 64
Rüstung 219, 281

Rundfunk 123, 393, 400 f., 413, 541, 641

Saarland 505
sacerdotium 630
Sachgemäßheit 596
Säkularisierung 210 f., 321, 336, 466, 474, 479, 539, 561
Seelsorge 416
—, politische 574
Seelsorgebereiche, personale 254, 258, 264, 291
Selbstbestimmungsrecht 388, 390
Senat, bayerischer 541
Serbien 172 f.
Siegen 317
societas 59, 62, 64 f., 642 f.
societas perfecta 508, 526
Soldatengesetz 260
Solidarität 199, 201 f., 456
—, kritische 218, 220, 271, 278, 285, 293 f., 392, 427, 429, 470, 516, 556, 567, 648
Souveränität 524, 533
Sozialarbeit, kirchliche 640
Sozialdarwinismus 150, 190 f.
Sozialethik 130, 216, 467 f., 471
—, ökumenische 282, 560, 570
Sozialgesetzgebung 123
Sozialhilfe 541
Sozialismus 200, 209, 211, 215, 237
—, christlicher 210 f.
—, religiöser 165, 196 ff., 210 f., 213, 215
Soziallehre, katholische 558
Sozialstaat 162
Soziologie 221
SPD 39, 152, 206, 209 ff., 301, 345, 348, 350, 492 f.
Spezialisierung der Wissenschaft 354, 378
Subsidiaritätsprinzip 542, 558
Sünde 208, 216, 440
Summepiskopat, landesherrlicher 62, 65 f., 87, 140 f., 165, 218, 225, 371, 428, 503, 507
Synode 290, 292, 417, 516

System, gesamtgesellschaftliches 530, 544
—, sekundäres 467
Systemtheorie 23

Schaumburg-Lippe 506
Schleswig-Holstein 504
Schöpfung 144 f., 437, 440, 442, 445, 456 f., 637 f.
Schöpfungsordnung 273 f., 446 f., 601
Schriftgemäßheit 596
Schulen, kirchliche 641
Schulwesen 371, 541
Schweiz 202

Staat 11 f., 15 ff., 18, 80, 149, 454 f., 490, 633
—, christlicher 460, 464
—, totalitärer 558, 576
Staat und Kirche 33, 79, 89, 113 f., 225, 259 ff., 283, 438, 623 ff.
— Dyarchie von Staat und Kirche 39, 41, 274, 545, 621, 634, 649
— Kooperation zwischen Staat und Kirche 527, 531
— Koordination von Staat und Kirche 507 f., 523, 527, 546
— Partnerschaft zwischen Staat und Kirche 259, 274, 502 ff., 518 f., 521 f., 527, 545 ff., 576, 595, 649
— Trennung von Staat und Kirche 34 ff., 39, 287, 301 f., 316, 345, 371, 374, 490, 520, 522 ff., 548, 577, 632, 649
Staatsamt, konfessionelles 266, 288
Staatsethik 216 f.
Staatsgerichtshof, hessischer 530
Staatskirche 162, 264, 494, 522, 532
Staatskirchenrecht 490 ff.
Staatskirchenverträge 242, 249, 254 ff., 301, 307 f., 326, 338, 368 f., 374, 502 ff., 518, 528
Staatskirchenvertrag, bayerischer 323 f., 363 f.
—, hessischer 513
—, niedersächsischer 512 f., 516 ff.

—, preußischer 308 ff., 320, 325, 340, 342, 373
—, rheinland-pfälzischer 340 ff., 513
—, schleswig-holsteinischer 513
Staatsleistungen 495, 515, 544, 640
Staatsmoral 181 f.
Staatsreligion 629
Ständestaat 535 f.
Standortpfarrer 242, 246
Status-quo-Garantie 306
Stellvertretung 108 ff., 435, 486, 623, 644
Strafvollzug 541
Studentengemeinde 567
Stuttgart-Bad Cannstatt, Kirchenbezirk 257
Stuttgarter Schulderklärung 528, 556, 614

Teilung Deutschlands 362
Territorialismus 64, 66
Theologie 212, 281, 295 ff., 435 ff., 550, 646 f.
—, dialektische 197, 296 f., 314, 344, 426, 428
—, kirchliche 332
—, liberale 305
—, öffentliche 478
—, Politische 24, 436, 473 ff., 477 ff., 484 f., 568, 622, 635
— Apostolatstheologie 115
— Erlanger Theologie 85, 87
— Erweckungstheologie 164 f.
— Freiheit der Theologie 374 f.
— Kirchlichkeit der Theologie 314 f., 320, 329, 332 f., 337, 339, 344, 372, 376 f., 430
— Konfessionalität der Theologie 377, 436, 473
— Kreuzestheologie 482, 486
— Ordnungstheologie 601
— Rechtstheologie 438, 471
— Reichstheologie 630
— Sozialtheologie 438
— Übergangstheologie 63
— Universitätstheologie 361, 373
— Wissenschaftlichkeit der Theologie 430

— Wort-Gottes-Theologie 98 ff.
Theologie der Erneuerung 282
Theologie der Revolution 282, 476 f., 562 f.
Theologie als Wissenschaft 68
theologische Ausbildung 379
theologische Disziplinen 300
Theologisches Vorlesungswerk Hamburg 345 f.
Toleranz 162, 574
Tradition 43, 479
Triennium 309, 319 f., 323 ff., 328, 368
Tübingen 362
Tübinger Memorandum 389 ff., 581, 591
Türkei 183
Typologie 452

UdSSR 388, 399, 561
Union, altpreußische 316 f.
Universalität 48, 482 f., 485, 618, 620, 622, 627, 638, 644
Universität 295 ff.
universitas litterarum 295 f., 301, 315, 320, 329, 347, 350 f., 353, 357, 362, 366
UNO 385
Uppsala 563 f.
USA 173, 388, 532, 540, 549
USPD 301

Vaterland 142, 166, 202, 210, 405
Vaterlandspartei 161, 179
II. Vatikanisches Konzil 229, 365, 412 f.
»verantwortliche Gesellschaft« 282, 556 ff., 593
Verantwortung 561
Verband 28, 50, 220, 380, 382, 409, 416, 420, 430, 448, 459 f., 490, 524, 529 f., 533 ff., 536, 547 f., 568 f., 577, 590 ff., 594 f., 600, 607, 633 ff., 639, 643, 651
—, Alldeutscher 212
Verbandsideologie 542
Verbraucherausschüsse 541
Verchristlichung 452, 612, 622, 632

Vergebung 408, 411
Vereinigungsfreiheit 491, 519
Verfassung, baden-württembergische 308, 514 f.
—, bayerische 308, 324, 515
—, bremische 514, 522
—, hessische 308, 514, 522
—, nordrhein-westfälische 308, 514 f.
—, rheinland-pfälzische 308, 514 f.
Verkirchlichung 251 f., 254, 267, 289, 427, 429, 612, 622, 632
Verkündigung 275 f., 332, 426, 517, 593 ff., 623, 630 f.
Vernunft 67, 382, 395 ff., 420, 440, 452, 458, 552, 566
Versailler Friedensvertrag 240 f., 244
Versittlichung 428
Versöhnung 201, 217, 219, 381 f., 395 f., 398 f., 409 ff., 414, 418, 427, 430, 571 f., 615, 623, 626 ff., 636, 646
Verständigungsfrieden 139, 213
Vertragstheorie 507, 509
Vertreibung 384, 411
Vertriebene 380 ff.
Vertriebenenbeiräte 541
Vertriebenendenkschrift 280, 380 ff., 423, 427 f., 430 f., 588, 590, 650
Vertriebenenverbände 385 ff., 400 ff., 406, 413
Verzicht 386, 391, 395, 397 f., 403, 405, 411
Vietnam 280
Völkergemeinschaftsmoral 182
Völkerrecht 172, 387, 510
Volk 12, 144, 166, 198, 200, 411
Volk Gottes 100, 642
»Volksbund für Freiheit und Vaterland« 179 f.
Volkskirche 143, 226, 424, 428 f., 612, 622
Volksmission 277, 424
Volksnomos 446
Volkswart-Bund 487
Vollversammlung des Ökumenischen Rats der Kirchen 559

Voraussetzungen der Wissenschaften 370, 378
Vorurteil 281, 283 f.
Votum, dezisives 310, 374 f.
—, konsultatives 310, 336, 374 ff.

Wächteramt 441 f., 547, 556, 587, 618
Wahlsystem, kirchliches 417
Wahrheit 13, 25
Wandervogel 210
Weimarer Nationalversammlung 302, 305 f.
Weimarer Reichsverfassung 38, 225, 238 f., 260, 264, 266, 268 f., 287, 290, 295 f., 301, 306, 309, 367, 491 ff., 497, 500 f., 506, 508, 512, 514 f., 521 ff., 529 ff., 532, 547, 640
Weimarer Republik 237 ff., 242, 245, 289, 301, 315, 428, 503, 505
»Welt am Sonntag« 413
Weltbund für Freundschaftsarbeit der Kirchen 476, 627
Weltgesellschaft 47, 563, 650
Weltöffentlichkeit 27 f.
Weltrelation 458 f.
Westdeutsche Rektorenkonferenz 327
Westfälischer Friede 496
Westfalen 352
Westintegration 387
Wiederaufbau 387, 613 f.
Wiederaufrüstung 219, 247 ff., 488, 565, 567, 580, 588, 614 f., 648
Wiedervereinigung 387, 390, 402, 418, 535, 580
Wissenschaft 44, 296, 303 ff., 314, 320, 326, 332 f., 347, 352, 354, 369 f., 373, 377
Wissenschaftsorganisation 298 f.
Wissenschaftssenator von Berlin 323
Wissenschaftstheorie 298 f.
Woellnersches Religionsedikt 38
Worte, kirchliche 580 ff.
Worte Gottes 296, 551, f., 573
Württemberg 505 f.
Wuppertal 316, 318, 321, 326, 331 f.

725

Zentrumspartei 147, 492, 521
Zwei-Regimenten-Lehre 438 ff., 444 ff.

Zwei-Reiche-Lehre 57, 92, 145, 216, 426, 436, 437 ff., 456 ff., 465, 471, 484 f., 488, 552, 564 ff., 577, 595, 621, 624 f.

Personenregister

Abrecht, P. 556
Adam, A. 423, 424
Adenauer, K. 247 f., 258
Albert, H. 370
Albrecht, A. 507 f., 510
Albrecht, G. 400 f., 417 f.
Alfödi, A. 619
Althaus, P. 438, 443, 446
Altmann, R. 27
van Andel, C. P. 572 f.
Andersen, W. 361
Angermann, E. 15
Antweiler, A. 353
Aristoteles 151
Arndt, E. M. 141, 195
Asmussen, H. 389, 406
Augustin 280, 439, 444 f., 630
Axenfeld, K. 152

Bachrach, P. 30
Bahr, H.-E. 16, 25, 105
Bahrdt, H. P. 26 f.
Baldus, M. 298
Balla, E. 311
Bamberg, H.-D. 225 f., 268, 271, 289
Bannach, H. 481
Baring, A. 247 f., 492
Barion, H. 90, 487, 510
Barion, J. 18
Barth, K. 50, 98 ff., 101 ff., 108, 117, 122, 138, 144, 172, 187, 196 f., 204 ff., 207 ff., 210 f., 213, 296, 312, 314, 332 f., 373, 376 f., 437, 442 f., 454, 458 ff., 461 ff., 464, 484, 488, 554, 566, 568, 571, 575, 613, 637, 639, 643 f.
Barth, P. 204
Bastian, H.-D. 223, 226, 285, 286
Baudissin, W. Graf 223, 282
Bäumer, G. 192
Bäumler, Chr. 98, 100
Baumgärtel, F. 344

Baumgarten, O. 157, 171, 188, 193
Baur, F. Chr. 303
Baur, J. 637
Becker, H. 389
Beckmann, J. 342, 389, 390, 567
Beckmann, K.-M. 68, 85, 107
Beer, J. 227 f., 263, 285 f.
Behr, W. J. 17
Beißer, F. 439
Belemann, G. D. 541
Bellah, R. 481, 649
Bender, J. 224, 250 ff., 274
van der Bent, A. J. 476
Bethge, E. 107, 109
von Bethmann Hollweg, Th. 156, 170, 172 f., 212
von Beyme, K. 29, 380, 540, 542
Bezzel, H. 153
Bick, R. 276
Bieber, A. 226
Birkner, H.-J. 69, 80
von Bismarck, Kl. 389
von Bismarck, O. 142, 160, 162, 164, 192, 195, 201, 437
Blank, Th. 274
Bleese, J. 226 f., 230 ff., 239 ff., 244 ff., 247, 251, 253 f., 268 ff.
Bluhm, G. 399
Blumenberg, H. 474
Blumhardt d. J., Chr. 196 ff., 202, 204, 209 f.
Bodenstein, W. 161
Bodin, J. 524
Böckenförde, E.-W. 530
Böckle, F. 481
Böhler, W. 248, 492
Boehm, L. 359
Böhme, W. 121, 164
Boehmer, J. H. 499
von Boetticher, Fr. 219
Bonhoeffer, D. 101, 107 ff., 110 ff., 113 ff., 116 ff., 128, 280, 435, 465, 623, 630, 643 f.

727

Bonwetsch, N. 156
Bopp, J. 383, 557, 561 f., 627
Bornemann, W. 296
Bornkamm, G. 348, 357
Bornkamm, H. 440
Bosnjak, B. 44
Bosse, H. 43, 120, 177
Boudriot, W. 335
Brandt, W. 68, 70
Braubach, M. 357
von Braun, J. 390 f., 393, 400, 409
Breyvogel, W. 225
Bridston, K. 131
Bröckmann, H. 334
Brück, A. 334
Brühmann, E. 351 f.
Brummack, C. 381, 385
Brunner, E. 100, 103
Brunner, P. 50
Brunotte, H. 256, 258, 581 f., 599
Buddeus, J. F. 63
Bühler, A. 88, 90 ff.
Bühler, K. W. 123
Bürdes, G. 12
Bukow, W.-D. 481
Bultmann, R. 311 f.
Burchard, W. W. 228
Busch, E. 226

Calliess, R.-P. 535
Calvin, J. 51, 453, 457
von Campenhausen, A. 123, 522, 532, 540
von Campenhausen, H. 348, 629
Casalis, G. 115
Chélini, J. 532
von Clausenitz, K. 223
Coing, H. 357
Cole, G. D. H. 558
Comte, A. 221
Conrad, W. 502, 512 f., 516 ff., 520
Cornehl, P. 619, 628 f.
Cortes, D. 479
Cox, H. G. 228
Cremers, A. 294
Cullmann, O. 455, 624
Cyrankiewicz, J. 408

Dahln, N. A. 100
Dahlhoff, E. 255
Dahm, K.-W. 136, 140, 244
Danielsmeyer, W. 397 f.
Daur, M. 68 f., 71, 77, 79, 90
Dehn, G. 194
Deißmann, A. 152, 156 f., 241, 301
Dejung, K.-H. 616
von Delbrück, Cl. 170
Delbrück, H. 157, 163, 176
Denninger, E. 529
Deutsch, K. W. 23
Dibelius, Fr. 153
Dibelius, O. 122, 144, 169, 248, 250, 255, 258, 404, 428, 535
Diem, Hermann 52, 122, 568
Dienst, K. 334
Dietzfelbinger, H. 419, 425, 584, 586
Dinkler, E. 626
Dipper, Th. 258
Doehring, B. 142
Döpfner, J. 425, 584, 586
Doerne, M. 122
Dörries, H. 534, 629
Dohrmann, F. 246
Dombois, H. 50, 98, 471, 513, 539, 554, 582
Draesner, H. 228, 263, 285
von Dryander, E. 142, 152 f., 208, 211
Duchrow, U. 54, 56 ff., 126, 216, 426, 439 ff., 451 f., 600, 603 ff., 630
Dudzus, O. 109
Duff, E. 556

Ebeling, G. 103 ff., 106, 110, 441, 457
Ebers, G. J. 241, 523
Ebersole, L. E. 540
Edding, F. 384
Ehmke, H. 23
von Eichborn, W. 650
Eichholz, G. 321, 331
Eichmann, E. 339
Eisfeld, R. 29 f.
Eißfeldt, O. 149

Elert, W. 56 f., 59, 62, 69, 149, 327 ff., 330 f., 353, 441, 446
Engel, I. 189
Engelhardt, H. 529 f.
Engels, F. 20
Erb, G. 412 f.
Erler, A. 335
Erler, Fr. 260
Ermecke, G. 477
van Eß, L. 304
Euseb von Caesarea 630
Evertz, A. 405

Fagerberg, H. 85 ff.
Fausel, H. 138
Fechner, H. 405
Feil, E. 108, 112, 478 ff.
Feller, E. 388
Fichte, J. G. 16, 33 ff., 36 ff., 178, 195, 295
Fichtner, J. 321
Fischer, E. 339, 529 ff., 532
Fischer, F. 141
Fischer, H.-G. 124, 466
Flitner, W. 348
Foerster, Fr. W. 165
Fohrer, G. 363
Forck, G. 440, 456, 458
Forster, K. 585
Forsthoff, E. 21
Frederking, A. 149
Frey, Chr. 51
Freyer, H. 466
Freytag, W. 348
Frick, H. 311, 314 f.
von Friedeburg, L. 219, 221 f.
Friedrich I. 230
Friedrich d. Große 232, 437
Friedrich Wilhelm I. 231
Friedrich Wilhelm II. 232
Friedrich Wilhelm III. 232 f., 235
Friedrich Wilhelm IV. 244
Friedrich, G. 619
Frör, K. 363
Füllkrug, A. 255
Fürstenberg, F. 487
Fusé, T. 577, 648 f.
Fuß, E.-W. 522

von der Gablentz, O. H. 23
Gänger, H. 298
Galling, K. 335
Gassmann, B. 51
Gehlen, A. 431, 466
Genschel, D. 223
Georgi, D. 626
Gerhard, J. 61 f.
Gerstenmaier, E. 640
Gestrich, Chr. 298, 333
Glock, Ch. Y. 228
Goethe, J. W. 164, 195, 201
Gogarten, Fr. 144 f.
Goldschmidt, D. 474
Gollwitzer, H. 41, 298
Goppelt, L. 345, 348, 359, 363, 365, 637
Grabner-Haider, A. 603
Gramm, R. 282
Graß, H. 333, 377
Grauheding, E. 341, 344
Greeven, H. 297, 357
Greiner, F. 541 f.
Grimm, J. und W. 11
Gritz, M. 260
Gröber, C. 500
Grubb, K. G. 137
Grundmann, S. 363
Günther, G. 121

Habel, F. P. 388
Habermas, J. 12, 14, 26, 28, 30, 130, 299 f., 633 f.
Haenisch, K. 305
Haenssler, E.-H. 369 f.
Halbfas, H. 372
Halfmann, W. 259
Hamann, R. 223
Hamel, W. 491
Hammelbeck, O. 556
Hammer, K. 136, 139, 171
Hammer, W. 544
Hammermeister, B. 284
Harenberg, W. 40, 482
von Harleß, A. 85, 87
Harms, L. 393
von Harnack, Adolf 144, 152, 157, 161, 163, 170 ff., 173 ff., 176, 184,

186 ff., 193, 204, 212, 214, 217, 296, 301 ff., 304 ff., 307, 314, 332, 370 ff.
von Harnack, Axel 170
Harnack, Th. 85, 87 f., 90, 424
von Hase, H. Chr. 107 f., 120
Haußleiter, J. 156
Heckel, G. 297 f., 316, 318, 320 f., 325
Heckel, J. 51, 53, 310, 438 f., 448 f., 458, 498 f., 501, 526
Heckel, M. 65 f., 123, 439, 453, 496, 507, 548
Hegel, G. W. F. 15 ff., 18 ff., 21 f., 24, 75 f., 80, 108, 303
Heidland, H.-W. 250
Heidtmann, G. 123 f., 247, 267, 385, 398, 453, 528, 551 ff., 554, 556, 565, 571 f., 580, 614 f., 644
Heinemann, G. 464, 565
Heinrici, H. 227, 251, 272, 275 f., 278 f., 286, 292
Heisenberg, W. 389
Held, H. 337
Heller, H. 22, 517
Hengel, M. 626
Hengsbach, F. 260
Hengstenberg, E. W. 159
Henkys, R. 386, 388 f., 400, 402 f.
Herder, J. G. 303
Hermelink, H. 311
Herntrich, V. 321, 345 ff., 348 f.
Herpel, O. 155, 186
Herrmann, S. 351 ff., 356
Herrmann, Wilhelm 81, 92 f., 103, 145, 149 ff., 152, 168, 183, 204
Herrmann, Wolfgang 472
Hertius, J. N. 499
Herzog, R. 322
Heß, H.-E. 379
Hesse, K. 268, 498, 500 f., 510, 522, 534, 537 ff., 540, 546, 548, 640
Heuss, Th. 91, 189, 192, 493
Heyde, P. 466, 470, 472
von Hindenburg, P. 188
Hirsch, E. 60 f., 63, 67 f., 73, 80, 85, 87

Hodgkin, H. 171
Hödl, L. 351 ff., 356
Höffner, J. 353, 355, 357
Höfling, J. F. W. 85, 87
Höhn, R. 230, 232, 237
Hoekendijk, J. C. 114 ff.
Höpker-Aschoff, H. 493
Hoffmann, A. 301, 305
Hoffmann, G. 363
Hoffmann-Axthelm, D. 80
Hoffmeister, J. 15 f., 19
Holl, K. 56 f., 69, 138, 156, 160 ff., 163 ff., 166, 173, 188, 218
Hollaz, D. 63
Hollenweger, W. J. 115
Hollerbach, A. 264, 268 f., 343, 498, 501 ff., 504 ff., 510, 526, 529, 548
Holstein, G. 71
Honecker, M. 51, 61 ff., 68, 71, 80 f., 98 f., 102, 107, 111, 128 ff.
Horkheimer, M. 130
Hormisdas (Papst) 503
Howe, G. 124, 279, 282, 389, 556, 581
Huber, E. R. 24, 38, 147, 158, 173, 176, 193 f., 233 ff., 301, 306 f., 309, 499, 502 f., 507, 509
Huber, K. 14
Huber, U. 21
Hübner, F. 404
Hungar, Kr. 383
Huschke, R. B. 59

Ihmels, L. 145 f., 155

Jacob, G. 555 f.
Jäckh, E. 180
Jaksch, W. 402 f., 407
Jannasch, W. 334 f.
Jatho, K. 193
Jellinek, G. 202
Jeremias, J. 363
Joest, W. 441
Johann Friedrich von Sachsen 58
Jolles, H. M. 384, 388
Juhnke, J. 255 f.
Jung, H. G. 459

Junghans, H. 439
Justin (Kaiser) 503

Käsemann, E. 43, 70, 454
Kaftan, Th. 201
Kahl, W. 157, 305, 499, 501
Kaiser, G. 141
Kaiser, J. H. 487, 526, 535 ff., 548
Kaldrack, G. 223
Kant, I. 13 ff., 16, 25, 27 f., 47, 74, 149, 164, 201, 280, 632
Kapler, H. 241
Karnetzki, M. 551
Karst, H. 224
Kattenbusch, F. 148 f.
Kawerau, G. 152
Kehrer, G. 41
Keller, M. 100
Keller, P. 115
Kennedy, J. F. 280
Kessler, P. 80
Kewenig, W. 544
Kinder, E. 51 f., 55, 60, 444 ff.
Kirchheimer, O. 534, 540 f., 548
Kirchhoff, W. 283
Kirchner, H. 11 f., 17, 499
Kjellén, R. 177
Klausenitzer, F. A. 223
Klein, Fr. 532
Klein, H. H. 30
Kliefoth, Th. 85 f.
Kluge, A. 20
Knolle, Th. 346 f., 349
Koch, D. 464
Koch, K. 617 f.
Köhler, W. 177, 181
Kohnstamm, M. 569
Kominek, B. 399
Konstantin (Kaiser) 629
von Kortzfleisch, S. 619, 621
Koselleck, R. 13, 27
Kraft, H. 629
Kraus, H. J. 348, 617
Krause, G. 399
Krauss, G. 90
Kretschmar, G. 297, 359, 363, 628 ff., 637 f.

Krimm, H. 466
Kropatschek, F. 156
Krüger, G. 619
Krüger, H. 13, 21 f., 522, 524, 528
Krüger, U. 225
Krüsmann, R. 351, 358
Krusche, P. 363
Kübel, J. 158 f., 315 f.
Kühn, Fr. 390
Küng, H. 51, 372
Küppers, J. 57
Kuhn, A. 643, 649
Kunst, H. 224, 248, 250 f., 253, 255 f., 258, 260 f., 279, 390, 585
Kupisch, K. 138, 140, 210
Kuschke, A. 343

Lahusen, Fr. 152
Lamennais, H. F. R. de 466
Landshut, S. 18, 43
Lange, E. 107 f.
Last, H. 619
Lau, Fr. 447, 456, 458
Lefringhausen, K. 585
Lehmann, K. 481
Leibniz, G. 164
Lemberg, E. 384, 386
Lenin, W. I. 39
Lentrodt, K. 361
Leo XIII. (Papst) 508
Liberius, Chr. 64
Liermann, H. 348, 506, 531
Lilje, H. 356
Lindt, A. 189
Link, Chr. 78, 85 ff.
Lochman, J. M. 474
Löhe, W. 85 f.
Lohfink, N. 617
Loofs, F. 152, 157
Lorenz, K. 280
Lubbers, F. 248, 251
Lübbe, H. 177, 181, 474
Lüpsen, F. 562
Luhmann, N. 23, 127
Luther, M. 51 ff., 54 ff., 57 ff., 62, 86, 97, 104, 114, 118, 161 f., 164 ff., 192, 195, 207, 303, 404 f.,

731

437 ff., 440 f., 443 ff., 446 f., 449 ff., 452 f., 455 ff., 458, 534, 553, 556, 630, 637
Lutz, H. 147

Mahr, G. 153
Mahrenholz, E. G. 502, 519, 541
Mahrenholz, H. Chr. 297, 310
Maier, H. 360, 364, 366, 466, 474, 478, 496, 568, 649
von Mangoldt, H. 532
Mann, Th. 168
Marcuse, H. 281
Margull, H. J. 115 f.
Marmy, E. 508
Marquardt, F.-W. 204
Marsch, W.-D. 88, 131, 138, 166, 185, 544, 640
Martens, W. 15, 22, 24, 26
Marx, K. 18 ff., 39, 42 ff.
Marx, W. 188
Massing, O. 40
Matthes, J. 29, 49, 121, 123, 474
Mattmüller, M. 172, 197, 199, 200 ff., 205, 209 f., 215
Maurer, W. 88, 295
Mausbach, J. 500 f.
May, G. 341
Mehnert, G. 136, 186, 188
Melanchthon, Ph. 51, 53 ff., 59, 62, 64, 498, 630
Merz, G. 323
Merzyn, G. 580
Messerschmidt, M. 227, 244, 246 f.
Metz, J. B. 24, 41, 473 f., 476 ff., 479 ff., 483, 648
Metz, R. 522
Metzger, L. 258
Meyer, H.-G. 227
Mikat, P. 487, 491, 500, 507, 510, 585
Miko, N. 147
Miller, M. 68
Missala, H. 147
Mörsdorf, K. 339
Moltmann, J. 197, 209, 296, 298 f., 474 f., 477 f., 480 ff., 483, 639, 649

Mommsen, W. J. 39, 156 f.
Mosheim, J. L. 64
Motschmann, J. 383, 399 f.
Mülhaupt, E. 449, 456
Müller, E. 121, 220, 248, 589, 591
Müller, Fr. 335 f.
Müller, H. 107
Müller, K. 517
Müller-Schwefe, H.-R. 105, 424, 619
Münchmeyer, Fr. 250
Mumm, R. 241
Murray, A. V. 532
Murray, J. C. 532, 534
von Mutius, A. 227, 242, 246, 263, 275 f., 289

Narr, W.-D. 23, 29 f., 568
Nasarski, P. 390, 393, 396, 404
Naschold, Fr. 29 f.
Naumann, Fr. 91, 139, 171, 187, 189 ff., 192, 195, 197, 202, 205 f., 209, 211, 306, 500
Negt, O. 20
Nesmith, R. 556
Neumann, E. P. 40
Neumann, J. 339
Niemeier, G. 224, 227, 250 f., 255
Niemöller, M. 342, 565
Niemöller, W. 555
Niesel, W. 318, 555
Nölle, E. 40
Noth, M. 348

Obermayer, K. 546
Ockham, W. 439
Odin, K.-A. 380, 382, 390 f., 393, 395, 397 ff., 416, 580 f., 583, 589, 591 f.
Oelmüller, W. 474
Oepke, A. 100
Oldham, J. H. 557 ff., 560
Osterloh, E. 249, 331
Ott, S. 123, 153, 546
Otto, R. 187
von Oyen, H. 120

Pachaly, E. 171
Pannenberg, W. 106 f., 363

Panzram, B. 357
Patijn, C. L. 559, 575
Paul VI. (Papst) 280
Paulus 441, 623 f.
Peters, A. 57, 439, 441
Peters, H. 525
Petersmann, W. 405
Peterson, E. 479
Peukert, H. 474
Pfaff, Chr. M. 63 ff., 66 f.
Pfaff, W. 12
Pfeifer, H. 107 f.
Philips, J. 107
Picht, G. 30, 44, 50, 123, 220, 279, 389 f., 569, 581, 591, 620
Pirson, D. 120, 518, 619 f.
Pius XI. (Papst) 558
Plenge, J. 177
Plessner, H. 21
Plieninger, M. 121 f.
Podlech, A. 530
Pressel, W. 136, 139, 154, 160, 166, 171, 197 ff.
Preuß, U. K. 22, 24
Puchta, G. F. 87
Pufendorf, S. 499
Putz, E. 250

Quaritsch 494, 496, 513, 517, 521 ff., 524 ff., 527 f., 534, 538, 546 f.
Quenstedt, J. A. 60 f.
de Quervain, A. 201, 332, 458, 620

von Rad, G. 363, 617, 619
Rade, M. 138, 142, 145, 148, 170 f., 176, 183 ff., 186 ff., 192 f., 199, 204 ff., 207 f., 211, 217, 311, 312, 314, 316
Ragaz, L. 165, 196 f., 199 ff., 202 ff., 207 ff., 213, 215
Rahner, K. 372, 477
Raiser, L. 253, 355, 389, 392, 415, 418, 420
Rasker, A. J. 567
Rathje, J. 171, 184, 186 f.
Ratschow, C. H. 355, 357
Reding, M. 357

Rehs, R. 391, 393
Reibstein, E. 27
Reinhardt, P. 347
Reiß, H. 352 ff., 356
Rendtorff, T. 32, 49, 68, 561, 647
Reppel, K. 298
Rich, A. 199
Richter, A. M. 237
Richter, M. 232, 236
Ridder, H. 513
Riedel, H. 362
Riedel, M. 15 f.
Riehe, H.-W. 280
Rilke, R. M. 169
Ritschl, A. 72, 80 ff., 83 ff., 89, 97, 101, 103, 118, 144 f., 148 f., 168, 184
Ritter, J. 15 f., 353, 357
Roegele, O. B. 408, 412
Roemer, Chr. 153
Rolland, R. 152 f.
Rost, L. 617
Rothe, R. 36, 80
Rothenbücher, K. 523
von Rotteck, K. 17
Rousseau, J.-J. 19, 482, 649
Rudolph, H. 227, 231 ff., 234 ff., 237
Ruh, H. 98, 102
Ruppel, E. 88, 255

Sacchse, K. 336
Saint-Simon, Cl. H. de 221
Saller, M. 481
Salm, K. 405
Sauter, G. 127 f., 197 f., 298, 600
Seeber, D. A. 477
Seeeberg, R. 156 f., 161, 212
von Seggern, H. 227, 278, 283
Seifert, D. 228, 263, 285 f.
Seippel, P. 201 f.
Semler, S. 32 f., 49
Senft, J. 281
Senghaas, D. 283 f.
Senghaas-Knobloch, E. 32, 166
Siegmund-Schultze, Fr. 171
Simon, H. 123, 453

..., 27, 188, 255, 494,
..., 512, 517, 521 f., 524,
..., 55...
..., 53...
Sn... B..., 311 f.
von ..., 153, 241
Söd..., 477, 479 ff., 567
Sö..., 56, 88 ff., 91 ff., 94 ff.,
S..., 190, 526, 554
..-L. 266, 298, 341, 374 f.
..mer, K. 541
..mann, Fr. J. 280
..nnemann, K. 557 ff., 560, 562
..piegel, Y. 40, 68 f., 74, 78, 221, 605
Spiegel-Schmidt, F. 385 ff., 388
Springer, A. 481
Sudermann, A. 365
Süsterhenn, A. 492, 514
Swomley, J. M. 532

Schäfer, K. Th. 357
Schäfer, R. 81, 369 f.
Scharf, K. 382, 409, 416
Scharffenorth, E.-A. 572
Scharffenorth, G. 58, 124, 383, 386, 398, 401, 407 f., 417, 440, 450 f., 599
Scharffenorth, M. 572
Schattenmann, P. 161, 164
Schattenmann, Th. 255
Schauer, A. 280
Scheel, F. K. 279
Scheffler, G. 491
Schelling, Fr. 303
Schellong, D. 551
Schelsky, H. 466
Scheuner, U. 65 f., 255, 502, 505, 513, 521, 535
Schian, M. 136, 140 f., 146, 152, 156 ff., 184, 186, 237 f.
Schieder, Th. 384
Schieder, W. 152, 189 f.
Schildmacher, B. 30
Schiller, F. 201
Schlaich, K. 63 f., 66 f., 519, 532, 544
Schlatter, A. 161, 165, 188
Schlegel, E. 238 ff., 246

Schleiermacher, Fr. 67 ff., 70 ff., 73 ff., 76 ff., 79 f., 85, 97, 118, 153 f., 164, 303, 376 f., 424, 630
Schlenker, W. 588
Schlette, H. R. 41 f., 44
Schlief, K.-E. 491
Schlier, H. 620
Schlink, E. 52, 83, 102, 443
Schmauch, W. 453
Schmidt G. siehe Heckel, G.
Schmidt, H. 263
Schmidt, K. G. 446
Schmidt, K. L. 314 f., 348
Schmidt, M. 87, 157, 321, 342
Schmitt, C. 306, 478 ff., 527
Schneemelcher, W. 85 f., 355, 357
Schneider, P. 280
Schneider, R. 280
Schnur, R. 202
Scholder, K. 53, 122, 141, 553 f.
Schott, E. 80
Schrage, W. 623 f.
Schrey, H.-H. 440, 444, 456, 474
Schröder, G. 399
Schröder, H.-U. 262
von Schubert, K. 247, 387
Schubring, W. 153, 348
Schübel, A. 226 f., 232, 246 f.
Schücking, W. 184 f., 187
Schütz, W. 351 f.
Schulze, H. 593, 600 ff., 603
Schuster, H. 250
Schwabe, K. 139, 156 f., 161, 172, 176, 180
Schwan, A. 459, 462
Schwarte, M. 177, 180
Schwarz, J. 107
Schweitzer, W. 394, 396
Schweizer, E. 100

Staedke, J. 453, 457
Stahl, Fr. J. 17 f., 85 ff.
Stapel, W. 306
Stark, R. 228
Steck, K. G. 120, 123, 614
Steck, O.-H. 617 f.
Steffensky, F. 567
Stehle, H. 392 f.

von Stein, Lorenz 22, 232 f.
Steinbach, E. 298
Stephan, H. 157
Steuber, K. 226, 248 f., 255 ff.
Stix, H. 283
Stoodt, D. 88
Storck, H. 53
Strauß, F. J. 258
Strobel, A. 454
Stroh, H. 220
Strohm, Th. 38 f., 123 f., 144, 631
Strunk, R. 68, 72, 85, 87
von Studnitz, H. G. 431, 588
Stuhlmacher, P. 130, 626
Stupperich, R. 295
Stutz, U. 39, 531

Theodosius (Kaiser) 629
Thielen, H.-H. 223
Thielicke, H. 119 f., 123, 298, 348 ff., 363, 447 f., 461 f., 556, 565 f., 588, 613
Thieme, W. 337
Thimme, H. 224, 352
Thomas, M. M. 561 f.
Thurneysen, E. 206, 208, 210
von Tiling, P. 541 ff., 544
Tillich, P. 348
Timm, H. 81, 84 f., 103, 145, 168, 189
Tödt, H. E. 120, 216, 298, 300, 370, 376, 379, 383, 465 ff., 474, 556, 561, 563, 566, 585, 627, 646
Tödt, I. 383
Tönnies, F. 26
Törnvall, G. 438
Traub, G. 157, 160, 192 ff., 195 f., 200 f., 208, 211
von Treitschke, H. 192, 423
Trillhaas, W. 298, 363, 455
Troeltsch, E. 36 f., 56, 154 ff., 157, 161, 169 ff., 176 ff., 179 ff., 182 f., 286 f., 193, 199, 213 f., 217, 371 f., 447, 523, 630
Truman, D. B. 534

von Valentini, R. 176
Valeske, U. 51

Vilmar, A. F. Chr. 85, 87
Visser't Hooft, W. A. 454, 564
Voelkl, L. 629
Vogel, H. 298, 321
Vogt, J. 619
Volk, H. 355 ff.
Vorwerk, D. 142

Wagner, R. 227, 272, 277
Walther, Chr. 80
Weber, G. 363
Weber, H. 334, 494, 496 ff., 499 ff., 503, 513, 515, 517, 523 ff., 527, 534, 538, 546
Weber, H. E. 60
Weber, M. 28, 161, 189
Weber, O. 115 f.
Weber, W. 21, 245, 251, 254, 260, 297 f., 308 ff., 312, 318 f., 321 f., 324, 327 f., 331, 338 f., 341, 343 f., 354, 364, 503 ff., 512 f., 515, 535 f., 633
Wehrhahn, H. 554
Weischedel, W. 13 f., 27
Weiß, J. 81
von Weizsäcker, C.-F. 389
Welcker, K. Th. 17
Wendel, J. 256
Wendland, H.-D. 456, 465 ff., 468 ff., 471 f., 484, 556, 602
Wester, R. 391, 404
Westermann, C. 115, 619
Weth, R. 295, 298, 333, 370, 372
Weymann, K. 226 f., 250 ff., 259, 273 f., 276, 279, 282, 290 ff., 293
Wichern, J. H. 424
Wilhelm II. (Kaiser) 141, 151, 158, 170, 176, 188
Wilkens, E. 321, 392, 410 f., 571 f., 585
Williams, C. W. 115
Willms, B. 16
Wilm, E. 252
Wirmer, E. 248, 263
Wittram, H. 85, 87, 424
Wittram, R. 141
Wölber, H.-O. 404, 420, 566 f.
Woellner, J. Chr. 38

735

Wöste, W. 585
Wohlenberg, G. 155
Wolf, Erik 554
Wolf, Ernst 53, 55, 57, 120, 122, 404, 441, 443, 446 f., 450, 453, 455 ff., 459, 471, 551 f., 554 ff., 619 f.
Wolff, H. J. 500
Wolff, H. W. 363, 617
Wollschläger, H. 227
Wolters, G. 226

Wrage, H. 585

Xhaufflaire, M. 474

Zahn, G. C. 228
von Zahn-Harnack, A. 170, 172, 176, 305 f.
Zieger, P. 143
Zimmerli, W. 617
Zippelius, R. 522, 524, 526
Zwingli, U. 51, 207